# 璆琳琅玕

——河南古代玉器和玻璃器的科学研究

上册

河南省文物考古研究院
中国科学院上海光学精密机械研究所
著

中原出版传媒集团
中原传媒股份公司
大象出版社
·郑州·

图书在版编目(CIP)数据

璆琳琅玕：河南古代玉器和玻璃器的科学研究／河南省文物考古研究院，中国科学院上海光学精密机械研究所著. — 郑州：大象出版社，2021. 12

ISBN 978-7-5711-1259-2

Ⅰ. ①璆… Ⅱ. ①河… ②中… Ⅲ. ①古玉器-研究-河南②玻璃器Ⅲ-研究-河南-古代 Ⅳ. ①K876. 84 ②K876. 54

中国版本图书馆 CIP 数据核字(2021)第 253318 号

QIU LIN LANG GAN

**璆琳琅玕**

——河南古代玉器和玻璃器的科学研究

河南省文物考古研究院
中国科学院上海光学精密机械研究所 著

出版人 汪林中
策划统筹 郭一凡 李建平
责任编辑 石更新 王军敏
责任校对 牛志远 万冬辉 张绍纳
装帧设计 王晶晶
封面题字 拾 柒

出版发行 大象出版社(郑州市郑东新区祥盛街 27 号 邮政编码 450016)
发行科 0371-63863551 总编室 0371-65597936
网 址 www.daxiang.cn
印 刷 郑州新海岸电脑彩色制印有限公司
经 销 各地新华书店经销
开 本 889 mm×1194 mm 1/16
印 张 49.75
字 数 864 千字
版 次 2021 年 12 月第 1 版 2021 年 12 月第 1 次印刷
定 价 498.00 元
若发现印、装质量问题，影响阅读，请与承印厂联系调换。
印厂地址 郑州市鼎尚街 15 号
邮政编码 450002 电话 0371-67358093

## 本书编委会


**主　编**　胡永庆

**副主编**　李青会　侯彦峰

**撰稿人**　胡永庆　李青会　侯彦峰

董俊卿　刘　松　张　羽

**摄　影**　祝　贺　聂　凡　董俊卿

# 序

河南地处中国腹地，得天独厚的地理环境使之成为中华民族和华夏文明的重要发源地之一。河南是中国近代考古学的发轫之地，是全国文物大省之一，在中华文明五千多年的发展过程中遗留下了大量的不可移动和可移动文化遗产。这些文化遗产蕴含了丰富的科学、历史和艺术价值，反映了河南在各个历史时期的政治、经济、文化、科技和社会生活的发展状况。深入开展多学科合作，做好河南出土文物和遗址的研究阐述工作，把我国文明起源和发展的历程及其对人类的重大贡献更加清晰、全面地呈现出来，具有重要的历史和现实意义。

河南考古发掘出土的可移动文物众多，典型的如青铜器、陶瓷器、玉器等，本书重点选取了河南省文物考古研究院所藏的新石器时代至东周时期的玉器，以及西周至汉代的玻璃器和相关文物作为主要研究对象。

中国具有超过八千年的悠久玉文化，玉器的材料属性、制作工艺、器形、纹饰和使用功能研究，对中国礼制形成和文明起源研究具有重要意义。河南迄今发现的最早玉器可上溯至裴李岗文化时期，与红山文化、凌家滩文化、良渚文化等文化区域相比，河南在新石器时代的玉文化发展较为缓慢，但具有明显的区域特征，对探讨中国古代文明演进的不同模式具有重要价值。二里头遗址出土的玉器与陶器、青铜器共同反映了二里头文化在其形成发展过程中与周边多支不同类型的考古学文化不同程度的交流和碰撞。二里头风格的玉璋向南传播至南阳盆地，长江中游的湖北和湖南，东南沿海的福建、广东、香港，乃至越南北部的红河三角洲，表明中原王朝的礼器可能作为权力地位的象征物被推广和接受，成为国家政治制度的物质象征。河南出土的夏、商、周时期的玉器对于复原中国早期国家形成过程中的礼仪制度与宗教信仰的发展演变具有极其重要的研究价值。

古代玻璃约在公元前2500年至前2000年出现在两河流域和古埃及地区，作为一种人工合成材料在人类文明发展进程中发挥了独特作用。中国自创的古代铅钡硅酸盐玻璃和钾钙硅酸盐玻璃大致出现在公元前5至前4世纪，虽然时间较晚，但有自己独特的功能和技术发展脉络。目前，国外学者对古代玻璃的研究主要集中在产地判定、制作原料与工艺、保护与修复等领域，区域性专题研究成果丰富，应用现代尖端分析技术较为广泛。与古代玉器的研究相比，国内学者对中国古代玻璃技术发展史的研究关注相对较少。中国科学院上海光学精密机械研究所干福熹院士在20世纪70年代末就关注中国古代玻璃研究，其研究团队在2003年之后陆续发表了一系列的研究论著，引起国内外学者的广泛关注，同时也促进了国内研究力量的增加，但与国外学者的研究相比，国内学者对古代玻璃的研究深度和广度仍有相当大的差距。

河南省文物考古研究院是新中国成立后最早建立的文物考古研究院所之一，承担着河南省地下文物的调查、发掘、保护和科学研究等任务，半个多世纪以来，特别是改革开放40多年来，围绕一些重要学术研究课题，进行了大量文物调查和田野发掘工作，取得了许多重大的考古发现和科研成果。中国科学院上海光学精密机械研究所科技考古中心在过去的10多年里应用并发展光学和光谱学技术，在硅酸盐质文物的科技考古以及丝绸之路上的中外交流研究领域取得了一系列成果。双方围绕河南出土的古代玉器和玻璃器持续进行了10余年的多学科研究，研究成果、思路和方法无疑为今后类似研究提供了有益的启示和借鉴。

本书是古代玉器和玻璃器多学科研究的一次成功实践，所采用的研究对象都是经过科学发掘的实物资料，典型器物如贾湖遗址、二里头遗址、郑州商城遗址、鹿邑太清宫长子口墓、固始侯古堆一号墓等地出土的玉器，平顶山应国墓地、淅川下寺、淅川徐家岭等地出土的玉器、玻璃器、费昂斯（釉砂）等。基于对相关玉器主要矿物组成、化学

2007 年 4 月，本书主编拜访干福熹院士

李青会在做实验

董俊卿在做实验

李青会（后）和刘松（前）在做实验

成分特征、石墨包裹体和制作微痕的系统检测分析，结合已有的考古学研究，本书探讨了随葬玉器的玉料特征、器形与墓主身份地位、时代、功能之间的内在联系，以及玉器材料属性与制作工艺的可能关系，无疑为深入阐释中原地区古代玉器的价值、用玉制度、玉文化发展奠定了坚实的科学基础。研究首次将河南出土的古代玻璃与费昂斯、低温釉陶等相关器物作为一个整体进行研究，系统分析和探讨了不同种类器物在助熔剂的使用、成型和施釉方法、着色工艺、使用功能等方面的内在联系，补充和丰富了古代玻璃技术起源和早期技术发展史的研究；通过中外比较研究，揭示了古代玻璃对于中外交流、国内各地区间交流的独特价值，为科学回答丝绸之路传入玻璃制品和技术对中国古代玻璃发展的客观影响提供了科学依据。

本书也是文物科技研究方法与技术的一个范例。由于文物是不可再生的资源，尽管理论上现代分析技术都可以应用于文物的科技分析，但在实践中可取样分析的样品是有较大局限的。因此，如何较为有效地系统获取文物的物理化学信息就是一个值得深入思考的问题。从合作双方10余年的研究历程看，所选用的检测技术和手段是随着仪器设备的发展和研究的深入而不断完善的。双方先后利用了大型的质子激发X射线荧光分析、共焦激光拉曼光谱分析、便携和手持式的X射线荧光和拉曼光谱分析、超景深体视显微镜、扫描电镜分析、硅胶覆膜技术等，并考虑到了表面风化、沁蚀、形状不规则等因素对古代玻璃和玉器科技分析结果的影响，从主要分析文物的化学成分和物相组成到逐渐重视对制作工艺和文化交流的研究。而对技术方法的不断选择和组合应用，无疑是双方对研究目的不断深化的一个过程，这些都是为了获取文物科学信息并尝试在合理范围内解释数据，以达到回答历史和考古学问题的目的。

文物的科学研究和保护是一项长期的基础性研究，研究团队在敏锐把握相关领域学科研究前沿和进展的基础上，进行了长期的实践探索。从所涉及的3000余件文物和大量科学研究数据，可知作者为此付出了艰辛的努力才使该书得以出版。借这本厚重研究著作出版之机，我谨代表主创人员表达对这项研究及其成果的祝贺之意，并期盼合作双方进一步拓展研究对象，再接再厉，更加紧密地将考古学和科技研究结合起来，以取得中国古代玉器和玻璃领域更多的专题研究成果。

中国社会科学院学部委员

中国社会科学院考古研究所所长、研究员

2021 年 1 月 17 日于北京昌平回龙观寓所

# 前 言

河南省位于我国中部偏东、黄河中下游，是中华文明的重要发源地之一，自夏商王朝在此建立，历经汉晋唐宋，一直是中国政治、经济、文化的中心。河南长期处于中华文明起源和发展的中心地带，五千年的文明史在这块土地上留下了丰厚的历史遗迹和文化遗产，地下和地上文物居全国前列。“一部河南史，半部中国史”，河南古代文化在五千年中华文明发展进程中具有标志性和引领性作用。

2006年，中国科学院上海光学精密机械研究所（简称中科院上海光机所）干福熹院士、顾冬红研究员等一行对河南省郑州市、洛阳市、安阳市、南阳市等地的文博单位进行考察访问。同年10月，干福熹院士一行访问河南省文物考古研究所（即现今的河南省文物考古研究院），参观考察了历年发掘出土的古代玻璃器、玉器、青铜器和陶瓷器等文物。干院士强调了河南出土的古代玻璃器、玉器在古代文明和手工业技术发展进程中的重要作用，认为很有必要应用现代科学分析技术对这些重要文物进行多学科的科学研究，进而揭示其丰富的历史、艺术和科学价值。鉴于古代玻璃、玉器、陶瓷器等文物的珍贵性和不可再生性，干院士提议河南省文物考古研究院与中科院上海光机所建立友好合作机制，采用多种无损分析技术方法，在国家和河南省相关课题的支持下，长期开展硅酸盐质文物的考古学与科技研究，共同探讨河南在中国古代玻璃技术起源与发展、中原地区玉器发展演变，以及不同考古学文化乃至中外文化与技术交流研究中的作用和地位。

作为合作的第一步，在河南省文物考古研究院领导和相关科室的大力支持下，双方精心挑选了78件西周至汉代具有考古学和科技史重要价值的玻璃和玉器，于2007年4月由胡永庆研究员带队，赴上海进行第一次系统的科技分析检测，拉开了河南省文物考古研究院与中科院上海光机所合作的序幕。时光荏苒，双方合作已走过 13 个年头，取得了丰硕的成果。总体来讲，合作历程按研究对象大致可分为三个阶段。

第一阶段，2007 年至 2008 年，研究对象主要为古代玻璃器。在这一阶段的工作中，主要从科技史角度，对河南出土古代玻璃的化学成分体系演变、产地来源、玻璃器与釉砂技术的发展关系有了较为清晰的认识，不仅为中国早期玻璃技术的起源和发展以及与此相关的中外交流研究积累了重要数据，而且为今后的深入研究奠定了基础。这一阶段，也对与玻璃器同出的玉器进行了初步探索性研究。这一阶段的科技检测工作主要在复旦大学现代物理研究所采用质子激发 X 射线荧光分析技术（PIXE）进行，侧重对化学成分的分析，同时也结合激光拉曼光谱和 X 射线衍射（XRD）分析技术进行了物相的分析检测。

第二阶段，2009 年至 2012 年，以古代玉器研究为主，同时也持续开展了古代玻璃及相关材料的研究。该阶段我们注重古代玉器材质时代的演变、玉料来源、玉器种类与墓葬级别的关系等问题的研究，不仅对中原地区新石器时代至东周时期玉器质地演变特征有了较为系统的认识，同时结合对各地采集的透闪石、蛇纹石、绿松石、南阳玉等矿物标本的多方法研究，探讨了玉器玉料的可能来源。限于可供取样分析的古代玉器数量有限和技术方法选择的局限，虽然确定了所分析透闪石质玉器所采用玉料的成矿类型，但仅对部分玉器的玉料来源有较为明确的认识，此后尚需通过微束分析技术、地质测年技术、微量元素分析技术等，进一步确定综合科技判定指标体系来判定玉料的来源。这一阶段，玉器的科技分析研究在一定程度上主要是为考古发掘报告的整理服务，科技考古与考古学的结合较为紧密。由于中科院上海光机所重点发展了便携式 X 射线荧光光谱（pXRF）、激光共聚焦显微拉曼光谱、便携式拉曼光谱等分析技术，因此科技检测工作的地点也由复旦大学转向中科院上海光机所，并且在实验上具有了较大的自主性。随着认识的不断深入，也对部分研究器物进行了复测，从而纠正和补充了早期研究中的一些错误和疏漏。

第三阶段，2013 年至 2020 年，将陶瓷器也列为了重点研究对象，开展了包括玻璃器、玉器在内的硅酸盐质文物综合研究。在前期工作的基础上，优化和改进了技术方法，发展和应用了光学相干层析成像技术（OCT）和超景深体视显微分析、激光三维扫描技术，

主要工作人员于 2013 年 11 月 16 日在中国科学院上海光学精密机械研究所合影

结合配备能谱仪的扫描电镜系统（SEM-EDS），基本形成了基于光学和光谱学分析技术的技术方法体系，将硅酸盐质文物的化学成分、物相组成、显微形貌、内部物理结构、制作工艺进行了系统表征，紧密围绕考古学问题，结合考古学研究结果，深入揭示了所分析器物的综合价值。这一阶段，对巩义黄冶窑、宝丰清凉寺窑、汝州张公巷窑、仰韶文化遗址等出土陶瓷器的认识取得了阶段性成果，对西方输入钠钙硅酸盐玻璃（如淅川下寺、叶县旧县出土蜻蜓眼玻璃珠）的助熔剂类型、着色和乳浊特征、可能产地有了明确的认识，对史前至两周时期的玉器制作工艺探索、古代玻璃与陶瓷和釉砂技术发展的内在联系取得了积极进展。

十余年来，合作双方共同研究的各类文物据不完全统计约 3296 件，其中玻璃器 172 件、玉器 2088 件、彩陶 105 件、陶瓷 931 件，研究内容包括器物的化学成分、物相组成、显微形貌、断面结构、制作工艺，以及器物所反映的国内各地区间交流、丝绸之路上的中外交流等。

这些研究得到了科技部973项目、国家科技支撑计划项目、国家重点研发专项项目、国家自然科学基金面上项目和青年基金项目、上海市公共研发平台专项项目、上海市科技创新行动计划科普项目、国家文物局指南针计划专项项目和河南省文物考古研究院项目等10余项课题资助。双方的精诚合作和团队成员的辛勤工作取得了丰硕的科研成果：共同发表各类期刊论文24篇，在国际、国内学术会议上口头报告30余人次，专著和发掘报告等收录12篇，培养硕士研究生9人、博士研究生5人、出站博士后1人。

在河南省文物考古研究院领导的重视和大力支持下，我们积极整理研究成果，组织撰写了该专著，系统介绍双方合作成果，以此纪念十余年的友好合作，并期盼该合作案例能为今后多学科研究起到一定的借鉴作用。

# 目 录

## 玉 器

## 玻 璃 器

# 插图目录

# 表格目录

# 彩版目录

## 舞阳贾湖遗址玉器



## 淅川下寨遗址玉石器



## 鹿邑太清宫长子口墓玉器

## 平顶山应国墓地玉器

## 淅川下寺墓地玉器

## 固始侯古堆一号墓玉器



## 徐家岭十号墓玉器 玻璃器

于复原中国早期国家形成过程中的礼仪制度与宗教信仰的发展演变具有极其重要的研究价值。

古代玻璃约在公元前2500年至前2000年出现在两河流域和古埃及地区，作为一种人工合成材料在人类文明发展进程中发挥了独特作用。中国自创的古代铅钡硅酸盐玻璃和钾钙硅酸盐玻璃大致出现在公元前5至前4世纪，虽然时间较晚，但有自己独特的功能和技术发展脉络。目前，国外学者对古代玻璃的研究主要集中在产地判定、制作原料与工艺、保护与修复等领域，区域性专题研究成果丰富，应用现代尖端分析技术较为广泛。与古代玉器的研究相比，国内学者对中国古代玻璃技术发展史的研究关注相对较少。中国科学院上海光学精密机械研究所干福熹院士在20世纪70年代末就关注中国古代玻璃研究，其研究团队在2003年之后陆续发表了一系列的研究论著，引起国内外学者的广泛关注，同时也促进了国内研究力量的增加，但与国外学者的研究相比，国内学者对古代玻璃的研究深度和广度仍有相当大的差距。

河南省文物考古研究院是新中国成立后最早建立的文物考古研究院所之一，承担着河南省地下文物的调查、发掘、保护和科学研究等任务，半个多世纪以来，特别是改革开放40多年来，围绕一些重要学术研究课题，进行了大量文物调查和田野发掘工作，取得了许多重大的考古发现和科研成果。中国科学院上海光学精密机械研究所科技考古中心在过去的10多年里应用并发展光学和光谱学技术，在硅酸盐质文物的科技考古以及丝绸之路上的中外交流研究领域取得了一系列成果。双方围绕河南出土的古代玉器和玻璃器持续进行了10余年的多学科研究，研究成果、思路和方法无疑为今后类似研究提供了有益的启示和借鉴。

本书是古代玉器和玻璃器多学科研究的一次成功实践，所采用的研究对象都是经过科学发掘的实物资料，典型器物如贾湖遗址、二里头遗址、郑州商城遗址、鹿邑太清宫长子口墓、固始侯古堆一号墓等地出土的玉器，平顶山应国墓地、淅川下寺、淅川徐家岭等地出土的玉器、玻璃器、费昂斯（釉砂）等。基于对相关玉器主要矿物组成、化学

# 玉器

# 第一章
# 中国古代玉器科学研究概述

中国有八千多年的玉器使用历史和悠久的玉文化，玉器在中国多元一体文明起源和发展进程中发挥了重要作用。在过去的几十年中，国内外学者对中国古代玉器的考古学研究和科技研究都取得了大量成果，并采用中文、英文、日文等语种以发掘报告、文物图录、学术专著、论文集、期刊论文、报纸、会议论文等形式进行了发表。本书对已发表的成果进行系统梳理，一方面是为了了解古代玉器研究的整体进展和研究热点，另一方面是需要明确河南出土古代玉器的已有研究成果和不足之处，以便为整理研究结果提供借鉴。本章将根据作者的认识将部分学者的研究从以下几个方面进行概述。

## 第一节　玉和玉文化

玉与石、玉器与石器的区别与联系，一直是学者们关注的问题之一。玉器使用“玉”制作，但是关于“玉”的定义，目前有不同的认识。一类观点认为，广义上采用“石之美者”所制成的，具有特定功能（如装饰、礼仪、祭祀、丧葬、图腾等）和象征意义（如权力、身份和社会地位的表征符号等）的器物，都可称为玉器。已有研究从技术、材料、功能等角度，探讨了“玉石分化”或“玉石分野”的时间、背景和以空间为核心的区域分化等问题[1-3]。从研究结果看，不同地区的玉石工业分化背景不同，时间有异，区域发展的特点有差异。袁永明认为，玉器起源的时间大约在距今10000年的新石器时代之初，地点最有可能在以中国东北地区为核心的东北亚[4]。另一类观点认为，狭义上只有具有交织纤维显微结构的透闪石–阳起石类质同象系列矿物（即软玉、闪石玉）和碱性单斜辉石类矿物（硬玉，即翡翠）才可以称为“真玉”，采用“真玉”制作的玉器才能称为“真玉器”[5–7]。

从玉器八千多年的发展历程看，古代先民对于玉料的选择和使用是一个动态发展的过程。石器制作工艺技术和玉料的获得是玉石分化的物质基础，而赋予玉器社会属性和功能、各地域间对玉器需求和使用理念的不同，则是促进和影响玉文化发展的因素之一。在此过程中，特别是汉代以后，对于“玉”的概念和认识逐渐统一化。先秦古籍《山海经》中有关于矿物的记载，东汉郑玄在《周礼 · 冬官考工记 · 玉人》的注中提到“玉多则重，石多则轻”，唐贾公彦在《周礼义疏》中提到“玉方寸重七两，石方寸重六两”，这些都反映了古人对于玉与石的早期认识[8]。

从自然属性看，玉和石均由矿物组成，只是矿物组合和结构不同。距今约 5500 年至商代末期，尽管古人对于软玉已经有了明晰的辨别能力并大量使用，但其他矿物质地玉器也广泛存在。从周代开始，软玉才在大范围内逐渐成为玉器的主体玉料。将玉德、玉的质量和宏观特征相关联的各种阐释，都是自周代开始逐渐提出的。将约 18 世纪晚期以后才在中国出现的翡翠界定为“真玉”，只是今人的标准。同时，考虑到器物功能、同时期各类矿物在加工和制作工艺上的一致性、石英质矿物与软玉在加工难度上的相似性等因素，本书中的“玉”指广义上的玉，即“石之美者”。

关于“玉文化”，目前尚未有统一的定义。于明认为：“玉文化是指中国古代玉器制作和使用过程中，经过历史沉淀所形成的典章制度、道德标准、信仰习俗、观念意识、艺术风格等的社会文化功能。”[9] 哲学上，文化是相对于经济、政治而言的人类全部精神活动及其产品，是智慧群族的一切群族社会现象与群族内在精神的既有、传承、创造、发展的总和。广义的文化，是人类在社会历史实践过程中所创造的物质财富和精神财富的总和。据此，可以将“玉文化”理解为古代工匠制作的各类玉器、技术，以及在玉器的制作和使用过程中所形成的以及与此相关的宗教信仰、道德情操、规范、律法、制度、价值观念、审美情趣、传统习俗等。玉文化的发展与把玉人格化并赋予玉器特定社会化功能、寓意密切相关。

距今 8000 年左右，我国新石器时代的查海–兴隆洼遗址就出土了包括各式玉玦（圆形、柱形）、匕形器、弯条形（近 C 形）饰、锛形饰、斧等类玉器，除一般性装饰功能外，一定程度上已经具有标识墓主人身份和地位的功能。兴隆洼遗址出土玉器中，玉玦的数量最多。这些玉玦采用了线切割和片切割的技术进行玦口的加工，是中国乃至东亚最早以砂绳切割玉器的技术；圆形玦的对称性好，是中国乃至东亚新石器时代最古老的对称哲学物质形态之一。而新石器时代中期（距今约 8000—6000 年）日本、俄罗斯滨海地区、中国东北及长江流域的玉玦多采用黄绿色质地玉料，则可能具有一种深层次颜色象征意义抑或人类植物宇宙观物化的体现 [10，11]。有学者以兴隆洼遗址玉玦为例，探讨了神话学与中国玉器起源的关系，认为“人体神话观视耳为通神通灵的标志性器官，玉质耳饰的美化性装饰意义是表象，通天通灵和辟邪护符才是其文化底蕴” [12]。

由于兴隆洼遗址出土玉器的制作技术已经较为成熟，推测玉器起源的时间可追溯至新石器时代起始期。例如，2015 年在黑龙江饶河县小南山遗址 III 区发掘的 8 座早期墓葬中随葬品的数量和种类差别明显，无明显组合，有的以石器（含打制和磨制石器）为主，有的以玉器为主，应处于“玉石分化”阶段。小南山遗址 8 座早期墓葬的年代距今 9135—8595 年，共出土 12 件玉器，包括珠、管、璧、斧及玉斧改制的玉料，是我国境内目前发现最早的玉器之一，为探索东亚玉文化的起源和传播提供了新的实物依据 [13]。

从红山文化开始，玉器的数量和种类逐步增多，如各种神化动物形象（如玉猪龙、C 形龙、玉蚕蛹、玉鸮、玉龟）、多联玉璧（如二联和三联）、兽面纹“Y”形器、近方形玉璧（有穿孔）、双龙首玉璜、玉镯（环）、石钺、特殊造型玉器（如勾云形器、斜口筒形器、箍形器、三孔器），材质有软玉、绿松石、蛇纹石等，较大型玉器的长和宽超过 10 厘米，而厚度小于 1 厘米，工匠对玉料和工艺（如切割、打磨、抛光和造型设计）的掌握已达到较高程度 [14，15]。晚些时候的石家河文化玉器和夏代的牙璋可能都受到了红山文化兽面纹“Y”形器的影响。根据郭大顺的研究，牛河梁遗址的红山文化积石冢墓葬随葬器物的主流是“唯玉为葬”，表明了玉器与礼的密切关系和用玉相关礼制的出现，同时玉器也开始被当作通神工具 [16]。此外，出于对玉料选择和加工技术的考虑，郭大顺认为“玉器的起源可能同渔猎文化和细石器的发达有某种内在联系” [17]。

新石器时代中后期，在我国辽河、黄河和长江流域的诸多遗址中都出土了大量玉器，至良渚文化时期，玉器的制作（如神人兽面图纹的琢刻）和使用达到了一个巅峰。玉文化总体呈现自西向东、从北至南的一个传播趋势。良渚文化玉器中的琮、璧、钺等礼器是夏商文明玉礼器的渊源之一。牟永抗认为：“（玉器）表明了集神权、军权及财权于一身的显贵阶层的出现。玉器上大量的神人兽面图像说明了玉的神化，并导致了我国历史上一系列超越玉器的自然属性的社会功能，并在中华民族心理上形成一种特殊地位。”[18] 方向明根据反山、瑶山的资料对良诸玉器的“神徽”、琮璧、钺杖、玉器纹饰演变及原始宗教与文明的关系作了深入探讨[19]。

新石器时代至宋元时期典型文化遗址和墓葬出土的玉器，多以专门图录或在发掘报告中以彩版形式出版，数量较多。例如《中国出土玉器全集》《中国玉器全集》《凌家滩玉器》《玉润东方：大汶口－龙山·良渚玉器文化展》《石家河遗珍——谭家岭出土玉器精粹》《石峁玉器》《三星堆出土文物全纪录》《金沙玉工 I——金沙遗址出土玉石璋研究》《新干古玉》《安阳殷墟出土玉器》《虢国墓地出土玉器》《张家坡西周玉器》《陕西出土汉代玉器》《龙飞凤舞 徐州汉代楚王墓出土玉器》等等[20–37]。

杨伯达借用地质学上的“板块”一词探讨了史前玉文化的宏观性质及微观特点，并将史前玉文化区域划分为东夷、淮夷、古越玉文化板块等三大玉板块，以及海岱玉文化东夷亚板块、陶寺玉文化华夏亚板块、石峁玉文化鬼国亚板块、齐家玉文化氐羌亚板块和石家河玉文化荆蛮亚板块等五个文化亚板块，它们最终融合为统一的中华玉文化[38]。杨伯达还以玉文化板块划分为基础，探讨了兴隆洼文化、大汶口文化和黑龙江出土史前玉器的事神功能和蕴含的原始宗教（巫觋理念、萨满教）内涵[39–41]。

总体上，从距今10000年左右至秦汉时期，中国古代玉器从美玉阶段逐步过渡到巫玉、礼玉、德玉阶段。其中，玉人、玉面具等带有人形、人面或兽面的玉器，以及牙璋、璇玑、玦、璧、琮、钺等类玉器，得到学者们的集中关注。王仁湘在《凡世与神界——中国早期信仰的考古学观察》一书中，探讨了距今8000—4000年间的白陶、彩陶、玉器（如兴隆洼文化、红山文化、凌家滩文化、良渚文化和石家河文化的玉器）艺术，认为这三类器物上共有的旋目、带獠牙神面和兽面及八角纹、鸟纹、鱼纹等图案的寓意与古人先后三次造神运动密切相关，体现了崇拜与信仰的广泛认同[42]。很多带有这些特殊纹饰的新石器时代玉器在殷商和周代的高级别墓葬中都有发现。

孙庆伟在对周代各类服饰、礼瑞及丧葬用玉进行详尽分析的基础上，全面考察了周代的用玉制度，探讨了所体现的时代、等级、性别和地域特征[43]。商周时期，随着使用弓箭的行为上升到“礼”的层面，玉质射护具——夬（玦、韘即护指）和拾（韝即护臂）都成为了射礼中必需的器具[44]。唐代以后玉器的功能逐渐世俗化，进入“民玉”阶段。

自夏代起，玉（松石、软玉、宝石）开始镶嵌在青铜等器物上，而唐代至明清时期玉器与金结合使用开始盛行，也有仿金银器和铜器的玉质器皿，体现了所谓的“金玉之缘”。汉代玉器中礼器已经大为简化，但用玉数量剧增，出现了玉衣、玉枕、镶玉漆棺等新的器物，用于陈设或丧葬的圆雕玉饰（多为动物造型）十分精美，琢玉使用钢铁工具。隋唐时期，出现了中西文化结合风格的玉器。

先秦两汉文献里涉及玉“德”的论述受到儒家思想发展和传播的强烈影响。汉代也逐渐提高了对玉的“符”（玉的颜色）的认识，认为“符”与“德”同样重要。卢兆荫采用考古学的方法对秦汉玉器，特别是玉衣、玉舞人、玉韘以及丧葬和礼仪用玉，进行了论述和研究，进而归纳讨论了儒家赋予玉的“十一德”“九德”“七德”“六美”“五德”等诸多美德[45]。李婵探讨了道家的“长生”“成仙”思想对汉代玉文化的影响，以及汉代吉祥文化的用玉思想，如铭刻征祥祝词的玉璧、刚卯与严卯、神兽灵禽类玉器的使用[46]。自西汉至南北朝，玉所具有的辟邪趋吉功能逐渐得到人们心理上的认可，进入了所谓的吉玉阶段。隋唐至宋元时期，玉器进入普通百姓的生活中，功能逐渐世俗化。

## 第二节　玉器的考古学研究

早在北宋时期，金石学家吕大临在《考古图》（1092年）中曾对古代玉器作过一定的考证[47]。清末吴大澂在《古玉图考》中将玉器和文献记载相互印证，考说玉器40余种凡200件[48]。现代考古学研究是揭示玉器综合价值的核心工作，内容涉及地层学、类型学和文化谱系分析等考古学的方法和手段，除了解决基本的时代、器形、纹饰、艺术风格、类型等问题外，更重要的是基于玉器出土位置、排列方式、组合关系并结合文献资料阐释玉器的功能，阐明玉器所反映的文明起源和发展、社会分工和手工业生产状况、区域间交流、社会习俗等相关问题。同时，通过科技手段研究玉料来源和制作工艺，也要与考古学关于制玉遗址的调查紧密结合。

## 一、国内整体研究状况

从 20 世纪 80 年代开始，中国玉文化研究进入了飞跃发展期，并逐步成熟。夏鼐在 20 世纪 80 年代初，发文讨论了玉的分类、定名和功能等问题[49，50]。2001 年，牟永抗撰文指出，玉器和丝绸、陶器一样是新石器时代重要的物质文化，玉器必须同时具有矿物学、社会学和工艺学的因素，在逐步建立古代玉器编年序列和宏观识别考古学诸单元之间整体的时空关系之外，更应注重各单元内部现象的辨认和剥剔，尽可能地找到零散玉质单体（如组装件、贯穿件、缝缀件和镶嵌件）的原有配伍关系[51]。2004 年，赵朝洪将古代玉器研究相关的文献进行了系统分类梳理，内容涵盖了通论、分论、纹饰、玉雕工艺、玉材、铭文及刻符等多个方面[52]。2011 年，杨晶出版的《中国史前玉器的考古学探索》一书，探讨了玉器考古学研究的方法、西辽河和环太湖系统玉器的系统文化，是通过对玉器所反映的群体特征、文化关系分析，用以研究考古学文化及其结构的范例之一[53]。

2014 年，陆建芳主编、国内多位学者共同参与出版了《中国玉器通史》，该书参照史学的叙事方法，按照时代顺序和玉器的自身发展阶段分为 12 卷，对玉器产生和发展的历史背景、类型、质地、纹饰、制作工艺、功能、时代和地域特点等进行了系统阐述[54]。刘国祥对中国玉器的考古学方法与实例进行了探析，归纳了夏鼐、苏秉琦、牟永抗、邓淑苹、杨建芳、费孝通等学者关于玉器考古研究、玉器的社会功能和历史作用的相关论述，强调了以科学发掘出土的玉器为主要研究对象对玉器进行考古学和多学科交叉研究的重要性[55]。

基于各地考古发掘出土的玉器，多位学者讨论了玉器的起源与中华文明起源的关系，地域涵盖西辽河流域、黄河中上游地区和长江上中下游地区[56−62]。1980—1990 年，有学者通过红山文化、良渚文化、大汶口−龙山文化等史前文化和玉器的讨论分析，以及东汉《越绝书》中风胡子所说黄帝时代“以玉为兵”的记述，认为这些文化都以玉器作为物质文化的先进代表，社会发展同步、经济形态类同，这一时期玉、神、巫三位一体，进而提出了在石器时代和青铜时代之间，中国有一个“玉兵时代”“玉琮时代”“玉器时代”（距今约 5500—4000 年）的观点，亦即从原始社会到国家城市社会中间的转变阶段[63−72]。这一观点引起了学者间的商榷和争论。有学者认为“玉器时代”的观点是片面的、不妥当的，玉器并不能够代表红山文化、良渚文化和中原龙山文化的主要特征和内涵，这些文化的特色是符合新石器时代的考古学定义的；发达的玉器制作也并非同时期其他考古学文化的普遍特征，无法涵盖中国新石器时代晚期的文化特征，玉器并非所涉及时代的主要生产工具；“玉器时代”不是一个考古学的概念，不能把它与考古学分期等同看待[73–79]。也有学者认为，从广义的角度将我国新石器时代悠久的玉器文化称为“玉器时代”无可厚非，但将其作为考古分期体系的一个基本概念，与石器、青铜、铁器时代等量齐观是不合适的[80]。上述争论与社会形态发展内涵和玉礼器是否适合用于划分人类历史发展阶段有密切关系。从上述讨论中也可以发现，新石器时代河南玉器的制作与其他地区类同，但其水平、文化内涵与他地有较大差距，并未体现出像同时代东北、华东和华南地区那样鲜明的特征，这从本书中对河南出土玉器的玉料分析也可以看出来。

无论“玉器时代”的提法是否恰当，无可否认的是中国发达的新石器时代玉文化体现了东西方文化最早的差异，在中国远古时期的某些地区，玉器对当地社会文化的发展曾起过至关重要的作用[81]。苏秉琦在谈到玉器的社会功能及其所体现的中国传统的价值标准和道德观念时，强调“中国史前史中虽不必划出一个玉器时代，但中国传统的价值观念、道德标准，却实实在在是在玉器被当成礼器、王权象征物、通神的媒介、美德的象征物那个阶段上形成的，这个时代趋势比‘青铜时代’为早”[82]。

目前，针对考古学文化区域内古代玉器的综合性研究、典型新石器时代遗址出土玉器比较与文化交流研究，已有较多的研究成果发表[83–95]，内容涉及出土玉器遗址的考古学背景、玉器分期和分类、随葬状况、使用功能、观念与制度、玉器断代、玉料和工艺研究等方面。特定种类玉器的专门性文物研究中，学者们最为关注的是琮、璧、钺、璋、圭、玦、玉人、玉冠、镶嵌绿松石铜牌饰、龙形玉器等与礼制相关、具有特殊寓意、与史前文化交流关系密切等类别的玉器[96–111]。其中，玦饰、璋、有领璧的研究对国内各地区间交流、国家起源，乃至整个东亚地区、环中国南海地区（包括越南、泰国等东南亚地区）的早期文化交流研究都有重要意义[112–121]。另外，对其他动物形或象生玉饰、玉器改制的研究也有较多关注[122–128]。

红山文化、良渚文化、石家河文化等新石器时代的玉器也出现在晚期遗址和墓葬中，这在殷墟妇好墓、虢国墓地、羊舌墓地、济阳刘台子西周墓、陕西韩城芮国墓地等处都有发现，早期玉器的风格也常延续并在后期得以发展[129–136]。这些都为探索早期文化交流与传播、族群迁移等相关研究提供了重要实物依据。从已发表研究成果也可以看出，尽管研究的深度和广度有差异，但高等院校的青年学者正在逐步成为玉器考古和玉文化研究的一个重要群体。

过去的十多年中，在玉器的美术考古领域，学者们对玉器（特别是良渚文化玉器）纹饰的组成元素、构图方式、艺术表现形式、文化内涵考释等进行了广泛研究[137–145]。拓片、手工绘图在玉器研究和赏析中的应用，比以往更加重视[146–148]。也有学者根据出土文物及文物中的图像，结合史料分析，开展了与玉器功能相关的研究，如对于“金声玉振”的文化阐释、二里头遗址出土玉舌铜铃的考证[149，150]。

## 二、河南出土玉器的考古学研究

就河南出土玉器的研究而言，从目前考古发掘出土玉器情况看，新石器时代河南的玉文化并不发达，但具有明显的区域特征。裴李岗文化贾湖遗址（公元前6680—前6420年）在先后8次的发掘过程中，出土有千余件的绿松石（主要在二期墓葬中）和其他质地小型坠饰[151]。2005年发掘的灵宝市西坡仰韶文化中期晚段（公元前3300年左右）的10座墓葬中，有6座随葬有玉器，但是数量只有10件，其中钺9件（素面，8件为蛇纹石质地，1件为方解石质地）、环1件（蛇纹石质地）。西坡墓地出土玉钺具有礼器性质，大部分玉钺的器身经过精心磨制，但顶部未做磨制或稍作磨制[152]。而2006年在西坡遗址发掘的两座大墓（M27和M29）中并无奢侈品随葬，玉器均出土于中型墓葬中，发掘者认为：“缺少奢侈品的大墓，连同以前发现的特大公共性房址，构成了仰韶文化中期社会复杂化过程的显著特点。”[153]李伯谦基于红山文化、良渚文化和西坡仰韶文化大墓随葬玉器的差异，对中国古代文明演进的两种模式进行了论述，认为“红山文化古国是以神权为主的神权国家，良渚文化古国是神权、军权、王权相结合的以神权为主的神权国家，仰韶文化古国是军权、王权相结合的王权国家”[154]。

进入文明社会时期，二里头文化在其产生发展的过程中与周边多支不同类型的考古学文化都存在着一定程度上的交流和碰撞，促进了考古学文化的重组，为大范围统一的考古学文化的形成奠定了基础，并造就了中国古代文明多元一体格局的初步形态[155，156]。这些交流和碰撞通过陶器、玉器及青铜器得以反映，玉器作为礼制中最重要的表征和物化形式之一在社会中发挥着重要作用。河南出土的夏、商、周时期的玉器（如钺、圭、璋、柄形器、戈、戚、镶嵌绿松石牌饰、绿松石龙形器等），证实了中华民族文化内核成形时期，在其中心区域的中原一带文明以汇聚和辐射的整合模式进行动态聚合的过程，对于复原中国早期国家形成过程中礼仪制度与宗教信仰的发展演变具有极其重要的研究意义[157−163]。二里头文化的牙璋西南进入到了越南北部红河三角洲的顶部，在冯原文化中有重要体现，同时也影响了当地的墓葬制度[164]。

二里头文化之后河南出土的玉器逐步增多，治玉技术也渐趋成熟。二里岗文化时期的偃师商城、郑州商城、郑州杨庄等地出土了众多精美的商代玉器，如戈、璋、璧、琮、柄形器、璜、玦、环、动物形饰、珠、管等。不同时代典型的玉器可参见相关图录[165，166]。商代晚期，以殷墟妇好墓出土玉器为代表，中国玉器的制作规模大、制玉工艺（如双钩线的应用）精湛、风格独特，达到了玉器发展史上的一个高峰。早在 1982 年，夏鼐等学者就已对殷墟玉器的出土情况、玉雕艺术、包括南阳玉在内的各类玉石等问题进行了讨论[167]，随后又陆续有相关论著出版[168−170]。丁思聪和唐际根将殷墟玉器的发现与研究划分为民国时期（1928—1937 年）和中华人民共和国成立后两个阶段。据不完全统计，共发现玉石器 6300 多件，玉器超过 2600 件[171]。殷墟玉器的研究涉及了定名、分类分期、考古学文化、原料和来源、制作工艺、受沁变化、文献学、玉器使用制度、社会文化等方面[172−180]。

殷墟妇好墓出土玉器共 755 件，包括礼玉（琮、璧、瑗、璜、玦、簋、圭等）、仪仗器和兵器（如戈、矛、斧、刀、钺）、工具、装饰用品、玉钻芯、玉料、早期遗玉（兴隆洼文化、红山文化、石家河文化、齐家文化、龙山文化、二里头文化、陶寺文化等，可辨识的 28 件，多经改制）。礼玉中璜的数量最多（73 件）；侧雕和圆雕相结合的动物造型玉器 228 件，动物品种多达 26 种（如龙、凤、虎、鹰、熊、羊、鹿、龟、蝉、鹅、蛙、马等），是殷墟玉器整体研究的重要组成部分[181−194]。

除殷墟玉器外，江西新干大洋洲商代大墓出土了 100 余件玉器（近千件的小玉管、小玉片未计算在内），包括礼器、仪仗器、装饰品等，同时出土了 450 多件青铜器，是长江中下游商代考古收获最丰富、出土文物最精彩的发现之一。彭适凡等学者将妇好墓和新干大洋洲商墓出土玉器，从埋葬方式、种类和数量、纹饰、玉质等方面作了比较研究，认为两地玉器的异同与两地在商王朝的地位、两地的民族文化习俗和社会生活习惯等因素有关[195，196]。

朱乃诚分析了殷墟妇好墓出土的21件有领玉璧和有领玉环，以及由有领玉璧及其残件改制的各种玉雕作品，提出4件素面有领玉璧中有3件是在商代制作的，1件可能是二里头文化时期制作；有领玉环是由有领玉璧改制的，改制年代可能在殷墟一、二期[197]。在系统比较分析淮河流域、长江中游地区、闽粤地区、新干大墓、妇好墓等地出土有领玉璧环的形制、年代，并考虑到族属、地理交通、文化交流的基础上，张强禄认为"有领玉石璧环伴随着牙璋在商代中期前后，渐次出现在环珠江口、闽南粤东和越南北部地区，反映出中原礼玉文化向南中国地区的传播和浸润，借此传递以中原为核心的多元一统的'天下观'，通过夏商礼制文化的南渐，潜移默化地推动了岭南'中国化'的进程"[198]。

周代是河南玉器的繁盛期，在包括周天子墓、各诸侯国国君或贵族墓葬（如鹿邑太清宫长子口墓、平顶山应国墓地、南阳楚国墓地、三门峡虢国墓地、固始侯古堆一号墓、新郑西亚斯、辉县琉璃阁等地）中出土了大量玉器[199-203]。20世纪20年代末到30年代初，被盗掘的8座洛阳金村大墓中出土的精美文物包括铜器、银器、漆器、玉器等，形制特殊，堪称绝无仅有，具有极高的历史、艺术和科学价值[204，205]。其中有超过61件（组）精美的东周王室玉器，如三龙透雕玉璧、玉玦、玉杯、玉璜、金链舞女组玉佩、各式玉带钩、玉樽、玉耳杯等。这些文物代表着中国东周时期社会文明的最高成就，遗憾的是它们如今流失在加拿大皇家安大略省博物馆、哈佛大学艺术博物馆、华盛顿弗利尔美术馆、日本泉屋博古馆等10多个国家的数十个城市。

河南南阳市有独山玉矿产，南阳周边发现了黄山、八里岗新石器时代遗址（出土有铲、斧、凿等玉质生产工具）等。偃师二里头遗址、妇好墓等地的玉器就使用了独山玉作为玉料[206-208]。2018年至今，在河南省文物考古研究院等单位对黄山遗址进行的考古发掘中，发现了与玉石器制作相关的大型聚落。在一座面积超过120平方米的仰韶文化晚期房址一侧，有玉料、玉器半成品和成品、下脚料，以及石钻、砺石等制玉工具，基本可以还原5000年前的玉石器制作工艺流程，填补了中原和长江中游地区新石器时代玉器作坊遗存的空白。

南阳市、淅川县、桐柏县等地东周时期墓葬中都出土了较多精美玉器。其中，淅川县下寺、和尚岭和徐家岭等楚国墓葬中出土的楚国玉器数量众多，时代从春秋中期至战国中期，有礼玉（璧、琮）、佩玉（璜、玦、珩、环、玉人、牌饰、冲牙、虎形饰等）、生活用具（玉梳、玉觿、笄等），造型别致的佩玉大量涌现；玉器的线条纹饰流畅，工艺精巧；铁质工具的使用，使得玉器的雕琢工艺特别是透雕技艺有了快速发展；玉料主要为透闪石–阳起石系列矿物和石英质矿物 [209]。目前对南阳桐柏月河墓地1号春秋时期墓葬出土玉器的研究比较详细，这些玉器主要使用透闪石–阳起石系列矿物作为玉料，玉器的阴刻纹饰精美，普遍使用了砣具和解玉砂组合进行玉器加工 [210–213]。

三门峡虢国墓地历经20世纪50年代和20世纪90年代两次大规模发掘，出土3万余件（套）珍贵文物，其中有9800余件（颗）玉（石）器，如璧、琮、圭、璋、璜、柄形器、戚、戈、玉刀、玦、觿、玉握、缀玉面罩、各式动物形佩饰和组玉佩，玉器的料（主要为软玉）、工、形均可以作为西周晚期到春秋早期玉器的标准器 [214，215]。如M2001虢季（国君）墓随葬有五组不同的项饰、头饰，胸佩七璜联珠组玉佩，腰下垫玉，足下踏玉，甚至八个脚趾缝中也夹以玉件。墓葬内发现的镶绿松石玉柄铜芯铁剑、镶绿松石的铜内铁援戈为目前国内所仅见。学者们对虢国墓地出土的玉器、青铜等器物从考古学、地质学、文献学、材料学方面进行了多学科研究，为周代用玉制度、玉文化、社会发展史、周人的生活习俗等研究提供了宝贵资料 [216–220]。值得指出的是，1983年河南信阳市光山县宝相寺黄君孟夫妇墓出土的一批玉器（185件），墓葬年代为春秋早中期，雕工精美，以片状玉饰为多，立体圆雕相对较少 [221，222]。

从目前发表资料的情况来看，河南出土玉器主要是夏商周时期，东周以后出土玉器骤降。河南汉代墓葬众多，但是随葬玉器都较少。河南汉代最为重要的玉器出自永城市芒砀山汉代梁国王室墓葬，这里共出土玉衣片1000多片、玉璧70多件、玉剑饰24件及玉戈、玉钺、玉圭、玉猪、玉舞人等。另外，在洛阳烧沟、洛阳市朱家仓、荥阳、南阳、新郑等地汉墓中也发现有玉器，类型包括礼玉、殓葬玉器、陈设玉器、装饰玉器、玉剑饰等。对这些汉代玉器的研究也集中在分类分期、器形纹饰、制作工艺、功能等方面 [223–225]。结合本书所研究玉器，下文将对河南出土玉器的相关情况做进一步介绍。

从总体研究状况看，河南出土玉器的多学科交叉研究已有不同程度开展，但总体侧重对玉器考古学领域的研究，玉器的科技研究尚有很大的提升空间。积极探索研究方法，以新的学术视角进行选题，进一步深化对玉器的价值挖掘并展示河南独具特色的玉文化，具有重要的历史和现实意义。

# 第三节　玉器的科技研究

## 一、玉料的科技检测和来源探讨

对玉料、雕刻工艺、器形、纹饰风格等的研究，是对玉器进行分类和比较研究的几个主要方面[226–229]。早在1921年，近代地质学家章鸿钊就在所著的《石雅》一书中，首次科学系统地介绍了奇石、宝玉石、矿物晶体，既有对于中国古代典籍的详赡考据，又有对西方地质学一些最新成果的运用，如对矿物成因、年代、物理和化学特征的介绍[230]。对玉器的早期科技研究，最具代表性的是闻广等的研究。他们采用扫描电子显微镜、红外光谱分析和X射线粉晶衍射等技术方法，对新石器时代至汉代多个遗址和墓葬出土的诸多玉器进行了检测分析，确定了玉料的种类，并探讨了与此相关的古代用玉制度[231–236]。

近十多年来，无损分析技术的运用，特别是激光拉曼技术（含共聚焦和便携式激光拉曼技术）、便携式能量色散型X射线荧光和红外分析技术、大样品腔X射线衍射分析技术的发展和普及，使得对玉器主要材料属性的研究变得普遍，已有较多对单个墓葬或墓地出土玉器的玉料检测结果发表[237–246]。中国科学院上海光学精密机械研究所干福熹院士团队与复旦大学、浙江省文物考古研究所、河南省文物考古研究院、南京博物院、江苏省考古研究所、合浦汉代文化博物馆等诸多单位合作，开展了玉器、宝石器的持续研究，积极探索技术方法和研究方法，在宝玉石器的矿物组成、化学成分（含微量和稀土元素）、包裹体、断面结构、色度特征、加工工艺、玉料来源判定等方面取得了较为系统的研究成果[247–255]。总体上，史前玉器除了较多使用软玉外，还采用了蛇纹石、石英质（如玛瑙、红玉髓、绿玉髓、水晶）、绿松石、云母、叶腊石、大理石、独山玉、天河石、滑石、萤石、煤精等硬度和透明度各异的矿物和岩石进行制作。

考古调查和发掘发现的制玉（石）作坊及其玉料、成品、工具，可以为玉器的制作地、制作流程和工艺、手工艺的生产组织形式等提供证据，但不能直接确定玉料的产地[256-260]。相对于玉器的玉料种类确定，玉料（特别是软玉）来源的判定受到诸多客观和主观因素的影响，如取样限制、玉器蚀变的影响、玉石标本数量有限、玉料资源分布广泛、同一矿区的玉料质量存在差异、古代采矿点难以找到、缺乏史前文献记载、数据共享性差、同位素和微量元素特征重叠、检测成本高、研究无顶层设计等，想要得出无争议的玉料产地判定结论要困难得多。从研究的长远性看，玉器玉料的产地判定可以分为两个步骤：首先判定遗址或墓葬出土的玉器是否采用了同一地区的玉料，然后将玉器的检测结果与目前已发表的已知矿区的玉料进行对比判定，对玉器的检测技术应侧重微区无损或微损为主，取样分析技术为辅，宏观与微观特征相结合的表征方法体系；其次对矿区玉石的分析应该按规划和标准大批量进行系统检测，尽可能地综合利用最有效的现代分析技术手段，通过地质学、考古学、历史学、玉器工艺学、地理学等多学科领域的交叉研究，逐步确立玉石产地的综合判定指标体系。

尽管如此，现有的研究从玉器和玉石的微量（含稀土元素）特征、包裹体（如石墨、铬铁矿）特征、宏观物理特征（颜色、透明度、光泽度、硬度、密度），以及周边矿产资料调查、玉石的成矿年代、玉料采集遗址等方面进行了较多探讨，所得出的结论为今后构建玉料产地判定的综合科技指标体系奠定了良好基础[261-268]。从研究结果看，根据较大范围内区域地球化学特征和与成矿作用相关的微量元素（如 Cr、Co、Ni、Zn、Mn、V）、包裹体、同位素（如氧和氢的同位素）、成矿年代、矿物组合等特征，可以将中酸性岩体与大理岩（主要是镁质大理岩）接触交代形成（如中国新疆和田玉矿床）和蛇纹石化超基性岩蚀变形成（如玛纳斯碧玉、台湾软玉矿床）这两种成因的软玉进行区分，也找到了部分产地软玉的一些独有特征。这些特征既可以作为玉器玉料来源的判定性指标，也可以作为排除某些推测的玉料产地的指标[269-272]。其中，洪晓纯等学者通过电子探针显微分析研究了台湾丰田软玉中的富锌铬铁矿包裹体，并以此为标型矿物，结合对“lingling-o”、带外廓玉环、玉铃铛、双头兽形玉饰、陶器、玻璃等器物的考古学研究，对公元前 500 年至公元 500 年之间台湾软玉在东南亚的流通进行了成功探索，是玉料来源判定的典型研究案例[273-276]。

由于可利用玉料分布的有限性，以及矿业开采能力低下的限制，新石器时代的玉器选择就近取材进行制作，是一种比较可行的做法。有证据表明，良渚文化晚期的软玉资源已经发生了枯竭，高等级大墓中出土的蛇纹石质玉器比重增加。兴隆洼文化、红山文化、良渚文化、齐家文化、台湾卑南文化、四川金沙遗址玉器的软玉和蛇纹石玉料应该主要为“就近地区取材”[277–279]。这些史前文化所在地区，很多至今仍在开采玉矿。特别值得关注的是敦煌旱峡玉矿遗址，该遗址面积约 3 平方千米，发现矿坑、矿沟、岗哨、房址等 140 余处，年代约在公元前 1 千纪，玉矿开采与月氏人群关系密切[280]。而甘肃肃北马鬃山玉料也约在青铜时代晚期至汉晋时期进行开采。另一方面，对玉器需求的不断增加是促进不同地域之间进行玉器和玉料交换的主要因素之一。大汶口文化的玉器就可能既有本地来源，同时也有从红山文化、良渚文化地区输入[281, 282]。广西陆川、广东信宜、陕西蓝田出产蛇纹石，青海格尔木、贵州罗甸、广西大化、河南淅川和栾川出产透闪石，淅川地区同时也是绿松石的产地之一，这些地区古代玉器所用部分玉料有很大可能取自邻近地区[283, 284]。俄罗斯外兴安岭地区在史前也曾使用软玉，这些玉料是否输入到我国东北地区，尚需进一步研究。

玉器的玉料来源和产地研究，是关系到原料开采、流通、交换、贡纳、掠夺、文化交流、社会分工等一系列多层次研究的一部分。玉料是一种珍贵资源，与对金属矿产、金属冶炼、青铜和铁器的控制相似，史前时期对玉料开采、玉料流通、玉器使用也有控制。在距今 6000—4000 年左右，东北、东南等玉文化区内部及其相互间为了交流玉石和玉器，已形成了交流网络[285]。关于“西玉东输”，有多位学者都以“玉石之路”为关键词，探讨了古代玉料流通、新疆和田玉输入中原的时间、路线，以及与此相关的不同文化区域之间所进行的技术和文化交流等问题[286–289]。综合出土玉器与新疆软玉宏观特征比对观察、玉器的玉料科技检测结果，可能早在殷商时期新疆和田软玉就输入到内地(含中原地区)，在西周至春秋时期软玉东输的规模增大，到战国时期和汉代达到一个高峰[290–293]。但是，中原及各地出土古代玉器的玉料基本都是多来源的，具体还需要今后的深入研究作更客观的解答。

## 二、古代玉器的制作工艺研究

玉器制作技术源于石器制作，并随着社会生产力的发展而日趋完善。切、磋、琢、磨是古人治玉的基本工艺流程。中国古代文献关于治玉工艺的介绍极少，但有限的几句如《诗经》中的“它山之石，可以攻玉”、《礼记·学记》中的“玉不琢，不成器”等，也为探索治玉工艺提供了有益线索。清末的李澄渊在1891年应美国收藏家必索普（Heber R. Bishop）所托，将传统琢玉技术的工具和工序以图文并茂的形式在《玉作图说》中记录下来。《玉作图说》将玉雕工艺分为捣沙、研浆、开玉、扎碢、冲碢、磨碢、上花、打钻、透花、打眼、木碢、皮碢等13道工艺[294, 295]。现今研究，主要通过细致观察分析考古发掘发现的玉料、玉器半成品、成品、残件、加工工具等遗物，以及玉器表面痕迹，并与模拟实验结果进行比对，以达到对玉器制作工艺（工艺学角度的连锁动作）较为清晰的认识。

1. 古代琢玉的主要技术

史前治玉主要利用自然界的竹、木、石、蚌等天然材料制作工具，制作玉器需要大量的人力。这一时期的玉器制作主要涉及敲击、琢磨、切割、穿孔技术，需按工序选择适合的解玉砂并加水，配合各种工具进行切割和琢磨。初期粗略打磨和后期细致抛光所需要的解玉砂不同。可以采用硬度较高的燧石、黑曜石类刚性工具或柔性的片状竹木进行片切割，也可采用柔性砂绳、皮绳进行线切割。自兴隆洼文化开始，线切割和片切割技术就一直应用于新石器时代玉器的开料和纹饰制作[296]。

牟永抗曾较早对史前玉器的开料、琢坯、线切割、片切割、钻孔等工艺和痕迹特征进行了详细讨论[297]。在良渚文化的塘山遗址制玉作坊、德清县中初鸣制玉作坊遗址群等地，工匠们获得玉料（透闪石、蛇纹石）后，主要使用线切割和片切割相结合的方式进行切割、减地、镂刻，利用空心管钻（如竹子、禽鸟肢骨）配合解玉砂进行钻孔，利用燧石工具进行线条的刻、划，利用不同粒度和硬度的富硅质磨砺石进行抛光等[298, 299]。

大约在距今6000年，即马家浜文化晚期至崧泽文化早期阶段，长江下游地区的玉石器制作开始使用管钻技术，包括单面管钻和双面管钻两种钻孔方式，孔壁的形状与玉料和管钻的相对硬度大小、管钻壁厚、解玉砂的性质等因素有关，很有可能由机械装置固定角度进行管钻[300]。在海岱地区，大汶口文化中晚期开始使用线切割、管钻技术进行玉料的加工，该技术可能来自凌家滩文化和崧泽文化−良渚文化系统；龙山文化时期开始使用片切割技术进行开料[301]，但山东和辽东管钻的史前玉器厚度一般不超过2厘米。

兴隆洼文化时期出现的砂绳切割技术，对整个东北亚地区史前玉器的发展都具有重要影响，这一技术至少延续到了距今4000年左右。马家浜文化、崧泽文化、良渚文化等时期的玉器，更是将砂绳切割技术应用到开料与成型、局部纹饰细加工、线镂等多个方面。史前玉器根据穿孔的大小，使用的工具包括燧石细石器、管钻、其他质地实心钻（桯钻），燧石细石器也可以作为镂刻工具；距今8000—6000年，主要使用的四种桯钻方式包括徒手持握法、拉弓法、凿磨法和两面旋磨法[302]。

邓聪以内蒙古哈民出土玉器（年代约相当于红山文化晚期阶段）为主要研究对象，探讨了玉器穿孔的南北体系以及勾云形器的制作工艺等问题，推测哈民玉器的穿孔是先以实心钻单面或双面开孔，固定穿孔位置后，再进行扩孔，组合使用了实心钻、琢击和旋转研磨等工艺。哈民式穿孔技术应该来自于中国吉林、黑龙江和俄罗斯贝加尔湖周围的玉文化[303]。此外，有学者也将史前东亚玦饰制作技术体系区分为辘轳和非辘轳机械技术体系两大类，并开展了实验考古研究，认为哈民玉器穿孔技术是非辘轳机械体系的代表，与牛河梁出土环镯类玉器的穿孔技术体系不同，这反映了两个互不相属的玉器工匠集团大约可能同时存在[304-306]。对于查海、凌家滩、良渚等地发现的史前石轴，是作为“辘轳轴承器”还是“研磨器”，学者们尚有争论。

砣具在中国出现的最早时间，目前尚没有统一认识，对切割痕迹形成原因的不同解释是引起争论的主要原因。有学者提出凌家滩文化、良渚文化玉器的制作已使用了砣具，运用在雕刻阴线图案、起凸、减地和钻孔中[307, 308]。综合现有研究结果，有学者赞同中国史前玉器主要使用了线切割和片切割的方式进行开料，史前和夏代都未出现砣具和砣切割技术的观点[309]。目前普遍认为砣具雕刻的出现应不早于西周，春秋晚期旋转砣具已经成熟地运用于玉器的阴刻工艺，偶尔运用于减地工艺，但尚未用于钻孔等其他工序[310]。殷商时期的玉器运用了研磨削切、勾线阴刻、阳刻浮雕、钻孔、抛光等多种琢制技术，并可能使用了青铜工具进行琢磨和穿孔，但尚需进一步的证据和研究对砣具的使用进行确定[311, 312]。制作工具的改进和发展、功能和审美需求的变化，是推动玉器制作工艺发展和风格变化的主要因素。铁质工具（包括砣）出现并在战国时期逐渐普及让中国的玉器制作进入了一个全新阶段，这从玉器风格的变化中得到了体现。

钻孔工具除了直接用于钻孔外，还广泛应用于雕刻、镂空和掏膛工艺中。王荣、李一凡等对巴林右旗出土的55件红山文化玉器的制作过程和技法进行了综合性解析和探讨，介绍了红山文化特有器形——斜口筒形器的制作过程中，以实心桯钻在坯料一侧贴边打孔，再用砂绳切割的方式去芯的掏孔技法[313]。

打磨抛光是玉器制作的最终阶段，是指利用抛光粉来消除先前加工阶段所遗留的细小微痕，使玉器表面达到温润光泽的效果。有学者认为在早期阶段并不存在抛光工艺，最后的抛光阶段采用粗糙度不同的砺石进行研磨，只能称为“粗磨”“细磨”[314]。但这样的研磨很难营造出光泽感的效果。棉布、皮革、毛毡等有机质材料或是早期的抛光工具，后与水凳等工具组合使用，大大加快了抛光速度，提升了抛光效果，进而演化出横轴和立轴抛光机。

孔富安基于大量考古出土的玉器实物，参照零星的历史文献，以技术史的研究方法，系统阐述了中国古代玉器制作技术的发展规律和特征。他认为解玉砂的利用，是古人在玉器制作技术发展史上的最突出贡献，而汉代玉工发明的制玉专用设备——水凳，更使我国古代玉器的制作技术发生了质的飞跃[315]。除基本制作工艺外，我国玉器史上还出现了镂空、掏膛、镶嵌、活链和俏色等复杂工艺，它们大都可看作是基本工艺的组合发展所致。如镂空工艺一般首先钻孔予以定位，接着使用线切割拉锯除料，或采取砣磨除料，综合了钻孔工艺、切割工艺和打磨工艺。

2. 古代玉器制作工艺的实验模拟和微痕分析方法

邓聪、吕红亮等以叶腊石为玉料，采用不同的切入方式进行线切割和片切割的模拟实验，结果表明这两种切割方式所产生的差别主要表现在两方面：一是切割平面上，柔性线切割受到切割方向和砂绳收合程度不同的影响，呈现弧度较浅的切割痕迹，而片切割多为直线痕迹或许多短线链接而成的弧线；二是切口形态上，柔性线切割的剖面呈“U”形，片切割的侧切口多呈“V”形，据此可简单分辨这两种不同的开料方式[316]。

霍有光综合了古代典籍的记载和甘肃、河南、山西等地早期出土的玛瑙、水晶类考古实物，推断战国时期广泛使用不同粒度、不同硬度的刚玉砂、石榴子砂、石英砂以至金刚石砂，从而满足玉材各项加工的需求[317]。邓峰、罗武干等以模拟实验探讨了古代工匠在利用砣具雕刻玉器时是否需要配合使用解玉砂的问题，认为使用砣具雕刻是否搭配有解玉砂还需从砣具材质、加工玉料的矿物属性来考虑，不可一概而论[318]。袁永明对河北、山西等地出土的玉器进行观察，发现战国时期大平面类玉器的平整度高，经由颗粒细腻的抛光粉处理后，表面微痕在显微观察中也难觅踪迹，说明此时的打磨抛光工艺已比较发达；而早期抛光技术不够成熟时，“粗磨”“细磨”处理的玉器在高倍显微观察下打磨部分会发现细密规整、深度较浅的平行磨痕[319]。

对于管钻钻具的材料研究，崔天兴、张健在透闪石玉和蛇纹石玉上分别以竹管和铜管进行了管钻钻孔，认为外置引孔是非常有效率的一种磨制石器的钻孔“定孔”技术[320]。黄可佳、王雪以竹管在玉石上模拟管钻实验，以竹管磨损程度和单位时间内钻孔深度反馈钻孔过程中不同阶段的效率，探讨了古人在利用管钻的过程中可能会遇到的一些实际问题[321]。李永强通过实验考古研究，认为史前遗址中发现的环砥石是旋转使用以进行研磨、扩孔的重要工具，在不同遗址的实际用途可能存在功能需求上的细微差别，并分析了扩孔工艺对环砥石石质、硬度和形状等的基本要求，以及各种磨损形态形成的原因[322]。丘志力等对广东省博罗县横岭山商周墓地 M177 出土的一对做工精美的石英质玉玦的基本特征、工艺及微痕进行了分析，推测当时使用了可以固定旋转轴的钻孔技术、硬度很高的抛光材料或专门的“垫托”工具；根据其红外透射光谱分析结果，岭南加工玉器的先民可能掌握了玉器上蜡工艺[323]。

玉器的微痕分析法是从石器研究中借鉴而来的，最早由苏联学者西蒙诺夫于 20 世纪 30 年代提出。他开创性地将显微观察技术应用到微痕迹的分析中，利用 20—30 倍的显微镜观察考古出土石制品的微痕迹以探索其用途和古人类行为，并于 1957 年将相关研究发表在《史前技术》一书。此后的 20 年中，欧美学者应用并丰富了该研究方法，并就哪种研究方法能更准确地分辨使用痕迹产生讨论。以牛津大学的劳伦 · 基利（L. Keeley）为代表的高倍法分析流派，主要以 100—400 倍且内置照明设备的金相显微镜为实验设备，对石器表面平整的平面进行观察，分析其光泽和擦痕，以判断石器使用的加工材料。以哈佛大学的乔治 · 奥代尔（G. Odell）为代表的低倍法分析流派，主要以 10—100 倍的体视显微镜为实验设备，对石器刃缘的破损和磨痕进行观察，侧重对石器的运动方式研究[324]。至 20 世纪 90 年代，这两种方法都被考古界接受。

玉器的微痕研究方法虽是借鉴石器研究，但在实际应用中需要注意玉器和石器在材料属性和功能上的差别。与以实用器为主的石器不同，古代玉器多作为装饰器、礼玉、丧葬用玉，器形、功能均比石器丰富；闪石质、石英质的玉器，硬度较高，不易留下明显的使用痕迹。高倍法研究可对玉器的打磨、抛光痕迹和使用痕迹进行区分，但过高倍率的显微观察反而会掩盖人为加工痕迹；而裸眼和低倍法观察能更有效地获取玉匠加工过程中遗留的痕迹。我们曾对河南新郑西亚斯出土的东周时期玉器、广西和东南亚发现的两汉时期宝（玉）石珠饰的表面微痕进行系统分析，探讨了玉料的硬度、制作工具、工艺与表面微痕的对应关系[325]。结合其他学者的研究[326]，我们认为玉器的微痕研究应以低倍（200倍以内）观察为主，高倍细节观察为辅。

目前，对于玉器表面微痕的分析主要有光学显微镜直接观察、硅胶覆膜后以扫描电镜观察这两种方式。目前国内开展此类研究较多的是叶晓红所在团队，这在上文中已有阐述。英国学者玛格丽特（S. Margaret）等采用微痕分析法，对大英博物馆收藏的中国玉器进行了研究。他们选择红山文化、良渚文化时期，以及东周和明清时期的8件玉器为对象，使用放大倍率20—40倍的双目显微镜直接观察微痕迹，并用硅胶材料复刻了一组对钻孔和部分阴刻痕迹，利用扫描电镜选取合适的角度对硅胶覆膜进行观察，对不易观察到的孔道形态和阴刻凹槽进行了清晰表征，总结了砣刻和实心钻钻孔时所产生的微痕特征[327]。玛格丽特和吉琨璋利用相似方法对山西天马－曲村西周晋侯墓出土的30件玉器样品进行了分析，对比了硬质片状工具、柔性线切割、砣具切割产生的微痕迹特征[328]。

张敬国等应用低倍法对安徽凌家滩遗址出土的9件玉器进行了观察，利用冷光源为光源并配备数码相机的偏光显微镜，分别在20—120倍的不同倍率下重点表征了样品中阴刻部分的断面、钻孔部位的孔型和孔壁内侧形貌及表面的打磨痕迹。结果显示，该批玉器样品阴刻痕迹细密规则，钻孔利用了管钻和实心钻两种，切割打磨痕迹较少，抛光细腻，说明当时已有高超的治玉水准[329]。徐飞以环珠江口岸各遗址出土玦饰和辘轳轴承为主要研究对象，结合民族学考察、作坊遗址考察、器物微痕特征的扫描电镜分析和模拟实验的结果，认为珠江口地区玦饰工艺传承自北方兴隆洼文化，玦饰工艺技术是由北方地区影响至南方地区的[330]。

## 三、玉器受沁机理和保护研究

玉器受沁机理研究主要涉及与埋藏环境（土壤酸碱度、地下水位、随葬器物、微生物等因素）、材料属性、制作工艺（如抛光程度）相关的本体变化、次生物质、转变机理等方面。

其中，以王荣等学者的研究最为系统。他们以各地出土的透闪石－阳起石质软玉、蛇纹石质玉器为研究对象，讨论了这些玉器的受沁过程、白化机制等相关问题[331−335]。王荣的研究表明，不同材质古代玉器受沁后，玉料的主量元素均有流失，但并不是按照化学计算量等成分流失的，而是按照化学键被破坏的难易程度流失的，即流失量 $Ca^{2+}$ > $Mg^{2+}$ > $Si^{4+}$；不同材质玉料酸性环境下的流失量大于碱性环境；酸性或者碱性环境下，蛇纹石矿物 $Mg^{2+}$ 的流失量均高于透闪石矿物 $Mg^{2+}$ 的流失量；方解石中 $Ca^{2+}$ 在酸性环境下的流失量远远大于透闪石和蛇纹石阳离子的流失量；透闪石古玉和蛇纹石古玉入土之后的受沁过程均经历了风化淋滤阶段和渗透胶结阶段[336]。他们通过对殷墟出土有白化现象的透闪石和蛇纹石质玉器的分析，认为抛光较好的部分比未抛光部分抗风化能力强，透闪石玉的抗风化能力强于蛇纹石玉；中碱性埋藏环境可以使两类白化玉器的结构变得异常疏松，钙盐会沉积渗透至玉器表面并形成点状分布的钙化现象[337]。

其他学者对我国出土的透闪石和蛇纹石质地玉器的受沁研究，所使用的技术方法主要包括红外吸收光谱（IR）、激光拉曼光谱、电子探针（EPMA）、扫描电镜和激光剥蚀电感耦合等离子体质谱仪（LA−ICP−MS）等。高洁对良渚文化庄桥坟遗址出土玉器受沁风化特征及机理进行了研究。结果表明，受沁风化后，古代玉器的透明度、光泽度、硬度均有降低，但是主体矿物组成没有发生变化；透闪石质玉器沁蚀较严重部位的化学元素均出现分段现象，其表皮和内部的化学成分存在差异性，表层会出现明显的轻稀土元素富集现象；古代玉器的自身结构影响其沁蚀纹的形态，而埋藏环境影响其侵蚀程度[338]。我们通过 X 射线荧光、激光拉曼光谱、X 射线衍射和扫描电镜技术，对良渚文化时期具有白化现象的透闪石质玉器的分析表明，受沁的玉料主体组成矿物仍是透闪石，但是透闪石纤维发生了断裂，玉器表面的孔隙率变高，玉器白化应该是与埋藏环境相互作用（如离子替代、元素流失）产生的物理结构和成分变化，以及物理结构变化对光的散射而导致的一个视觉效果。

透闪石−阳起石质矿物为主要组成矿物的软玉在经过高温（700℃—1100℃）处理后，会失去羟基结构水并产生热致相变，由透闪石−阳起石转变为透辉石、顽火辉石等物相，空洞和裂隙增多，透明度降低，同时颜色和光泽也会发生变化[339−341]。另外，目前已证实河南安阳殷墟、陕西秦汉血池遗址等地出土的玉器经过了火烧，这可能与古代燎祭以及降低玉料硬度和加工难度等原因有关[342−348]。鲍怡基于对古代燎祭的考证，以不同颜色的软玉标本为对象，对其经过不同时间和温度热处理后的颜色、结构、物相变化进行了系统测试，讨论了受热机理；同时将模拟实验结果与安阳殷墟妇好墓、成都金沙遗址、江西省李洲坳墓等地出土的，确认经过火烧的透闪石质玉器进行了比较分析，判断了可能的火烧温度，以及火烧后变化与玉料中铁含量不同的关系，提出了鉴别加热软玉质玉器的方法。另外，她也从材料科学的角度按古代玉器的沁色特征作了系统分类，探索了不同沁色的形成与埋藏环境和随葬器物的关系，并与仿古玉器上的作伪沁色进行了比较[349]。其他学者对于古代玉器自然沁色的形成以及与人工作沁的比较研究，可参见相关文献[350-353]。

关于玉器的保护和修复研究，目前十分缺乏。王荣、吴在君通过对出土古玉器修复痕迹的研判和梳理，归纳了中国古代玉器主要采用的常规修整、连缀修复、补配修复、改制（型）修复等四种修复方式，其中以连缀修复案例最多[354]。万俐以寺墩五号墓的 3 件蛇纹石质玉器为研究对象，在科技分析的基础上，对玉器的保护工艺进行了概要阐述[355]。目前急需对玉器按照病害特征和程度进行病害分级，加大对玉器保护材料与修复技术的研究，在文博单位进行玉器的预防性保护研究，并制定相关的规范与标准。

## 第四节　加强中国古代玉器研究的国际合作

古代玉器不仅在中国文明起源和发展过程中发挥了重要作用，也和古代玻璃一样是早期中国与周边地区交流的实物证据。1967 年在保加利亚的查塔尔卡（Chatalka）墓地 2 号墓曾出土了一件东汉时期（75—100）的中式带龙纹和蟠螭纹剑璏，这可能是在欧洲传播最远、时间最早的中国玉器[356]。墓地坐落于查塔尔卡河畔附近，这里曾是罗马帝国早期的色雷斯行省，墓葬时代大致断定为 1 世纪后半叶至 2 世纪后半叶这一时期。2 号墓的墓主人身份显赫，有大量的陪葬品，其中包括 2 把萨尔马提亚风格的铁剑和许多铁质或青铜盔甲。这件软玉剑饰可能是礼品或纪念品。俄罗斯的东萨彦岭地区有软玉矿产，并且在贝加尔湖附近多个地点发现了新石器时代的浅绿和深绿色调软玉以及蛇纹石质玉器。俄罗斯学者利用无损的化学成分和光谱学分析技术，对这一地区所开采的软玉矿石和新石器时代软玉器物的物理、化学特征进行了比较分析，确定了可能的玉料产地，探讨了早期的长距离玉料运输路线，并介绍了在蒙古国北部的匈奴墓（公元前1世纪）中发现的汉式玉珩[357]。他们认为，中国东北地区和贝加尔湖地区曾发现有相似的新石器时代（公元前3千纪至前2千纪）玉斧、玉锛等器物，当时软玉玉料可能自外贝加尔湖地区（Transbaikalia）经蒙古国传入中国东北地区[358]。也有学者将保加利亚西南部发现的旧石器时代晚期至新石器时代早期（前6300—前4000）的软玉质石器与贝加尔湖、中国各地发现的软玉玉料进行了对比分析，认为这些软玉质石器的玉料来自贝加尔湖地区[359]。清代乾隆皇帝对痕都斯坦玉器推崇有加，这类玉器具有浓郁的异域情调和独特的工艺特征，为了解不同区域间文化与艺术交流提供了实物参照，是中外文化交流和融合的见证[360-363]。

根据联合国教科文组织的统计，全世界47个国家的200多座博物馆中至少收藏了160万件中国文物，私人收藏更是不计其数。据估计有超过一千万件中国文物流落海外。国外学者以海外藏中国玉器为研究对象，较早开展了玉器的科学研究。例如，1950年英国学者汉斯福德出版的《中国琢玉》一书，可以说是玉器工艺、材料研究的经典之作，他所建立起的玉器科学研究的方法和规范，至今仍然是研究中国玉器的范本[364]。中国学者目前对海外藏中国玉器也给予了更多关注，并不同程度开展了国际合作研究[365-367]。我们相信，中国古代玉器的研究将在不久的将来取得更多具有国际影响的研究成果。

## 参考资料


[1] 朔知. 长江下游的“玉石分野”与社会变革——以五地墓葬材料为例[J]. 考古学研究，2012(00)：539-574.

[2] 姜坤鹏. 玉、石分化的人文因素[J]. 美术观察，2019(7)：56-59.

[3] 徐昭峰，高雪娇. 试论大连地区玉、石工业的分化[J]. 东北史地，2011(4)：46-48，69.

[4] 袁永明.“玉石分化”说辨正——兼论玉器的起源问题[J]. 中原文物，2003(5)：26-30.

[5] 干福熹. 中国古代玉器和玉石科技考古研究的几点看法[J]. 文物保护与考古科学，2008，20(S1)：17-26.

[6] 闻广. 辨玉[J]. 文物，1992(7)：75-80.

[7] 闻广. 玉说——谨以此文纪念王植先生逝世10周年[J]. 山西地质，1993，8(3)：247-254.

[8] 杨伯达. 中国古玉研究刍议五题[J]. 文物, 1986(9): 64–68.

[9] 于明. 博大精深的中国玉文化[G]//刘国祥, 于明主编. 名家论玉（一）——2008绍兴“中国玉文化名家论坛”文集. 北京：科学出版社, 2009: 475–476.

[10] 中国社会科学院考古研究所, 香港中文大学中国考古艺术研究中心编. 杨虎, 邓聪, 刘国祥著. 玉器起源探索　兴隆洼文化玉器研究及图录[M]. 香港：香港中文大学中国考古艺术研究中心, 2007: 290–291.

[11] 邓聪. 兴隆洼文化玉器与植物宇宙观[J]. 赤峰学院学报（汉文哲学社会科学版）, 2008, 000(S1): 21.

[12] 叶舒宪. 中国玉器起源的神话学分析——以兴隆洼文化玉玦为例[J]. 民族艺术, 2012(3): 21.

[13] 李有骞, 杨永才. 黑龙江饶河县小南山遗址2015年Ⅲ区发掘简报[J]. 考古, 2019(8): 3–20.

[14] 郭大顺, 洪殿旭. 红山文化玉器鉴赏[M]. 北京：文物出版社, 2010.

[15] 吕军, 栾兆鹏. 红山文化玉器研究综述[J]. 北方文物, 2000(3): 6–11.

[16] 郭大顺. 红山文化的“唯玉为葬”与辽河文明起源特征再认识[J]. 文物, 1997(8): 20–26.

[17] 郭大顺. 玉器的起源与渔猎文化[J]. 北方文物, 1996(4): 14–21.

[18] 牟永抗. 良渚玉器上神崇拜的探索[G]//《庆祝苏秉琦考古五十五年论文集》编辑组编. 庆祝苏秉琦考古五十五年论文集. 北京：文物出版社, 1989, 185.

[19] 方向明. 良渚文化玉器所反映的原始宗教[J]. 江西文物, 1991(1): 54–59.

[20] 古方主编. 中国出土玉器全集（全15册）[M]. 北京：科学出版社, 2005.

[21] 杨伯达主编. 中国玉器全集（上中下）[M]. 石家庄：河北美术出版社, 2015.

[22] 安徽省文物考古研究所编. 凌家滩玉器[M]. 北京：文物出版社, 2001.

[23] 山东博物馆, 良渚博物院编. 玉润东方：大汶口–龙山·良渚玉器文化展[M]. 北京：文物出版社, 2014.

[24] 湖北省文物考古研究所, 北京大学考古文博学院, 天门市博物馆编著. 石家河遗珍——谭家岭出土玉器精粹[M]. 北京：科学出版社, 2019.

[25] 北京艺术博物馆, 甘肃省博物馆, 青海省博物馆, 等. 玉泽陇西——齐家文化玉器[M]. 北京：北京美术摄影出版社, 2015.

[26] 神木市石峁文化研究会编. 石峁玉器[M]. 北京：文物出版社, 2018.

[27] 四川省文物考古研究院, 三星堆博物馆, 三星堆研究院编录. 三星堆出土文物全纪录（玉器石器）[M]. 成都：天地出版社, 2009.

[28] 王毅, 邓聪主编. 金沙玉工Ⅰ——金沙遗址出土玉石璋研究[M]. 成都：四川人民出版社, 2017.

[29] 彭适凡. 新干古玉[M]. 台北：典藏艺术家庭股份有限公司, 2003.

[30] 唐际根. 安阳殷墟出土玉器[M]. 北京：科学出版社, 2005.

[31] 虢国博物馆. 虢国墓地出土玉器（1）[M]. 北京：科学出版社, 2013.

[32] 中国社会科学院考古研究所. 张家坡西周玉器[M]. 北京：文物出版社, 2009.

[33] 姜涛. 良玉藏珍　商周篇[M]. 北京：文物出版社, 2019.

[34] 刘云辉. 陕西出土汉代玉器[M]. 北

京：文物出版社，2009.

[35] 北京艺术博物馆，徐州博物馆．龙飞凤舞　徐州汉代楚王墓出土玉器[M]．北京：北京美术摄影出版社，2016.

[36] 扬州博物馆，天长市博物馆编．汉广陵国玉器[M]．北京：文物出版社，2003.

[37] 刘云辉．北周隋唐京畿玉器[M]．重庆：重庆出版社，2000.

[38] 杨伯达．中国史前玉文化板块论[J]．故宫博物院院刊，2005(4)：6–24，156.

[39] 杨伯达．巫玉之光：中国史前玉文化论考[M]．上海：上海古籍出版社，2005.

[40] 杨伯达．莱夷玉文化板块探析——胶县三里河大汶口文化玉器解读[J]．故宫博物院院刊，2009(6)：99–111，159–160.

[41] 杨伯达．浅说"极北夷玉文化板块"——破译黑龙江出土史前玉器的内涵[J]．辽宁省博物馆馆刊，2008(3)：351–371.

[42] 王仁湘．凡世与神界——中国早期信仰的考古学观察[M]．上海：上海古籍出版社，2018.

[43] 孙庆伟．周代用玉制度研究[M]．上海：上海古籍出版社，2008.

[44] 左骏．决拾既佽——中国玉质射护具的流与变[J]．古代文明(辑刊)，2019(13)：114–168.

[45] 卢兆荫．玉振金声——玉器·金银器考古学研究[M]．北京：科学出版社，2007.

[46] 李婵．上古三代秦汉玉文化研究[D]．济南：山东大学博士学位论文，2011.

[47] (宋)吕大临等，廖连婷整理校点．考古图：外五种[M]．上海：上海书店出版社，2016.

[48] (清)吴大澂著，杜斌编．古玉图考[M]．北京：中华书局，2010.

[49] 夏鼐．所谓玉璿玑不会是天文仪器[J]．考古学报，1984(4)：403–412.

[50] 夏鼐．商代玉器的分类、定名和用途[J]．考古，1983(5)：455–467.

[51] 牟永抗．试论中国古玉的考古学研究[M]// 杨伯达主编．出土玉器鉴定与研究．北京：紫禁城出版社，2001：57–90.

[52] 赵朝洪主编．中国古玉研究文献指南[M]．北京：科学出版社，2004.

[53] 杨晶．中国史前玉器的考古学探索[M]．北京：社会科学文献出版社，2011.

[54] 陆建芳主编．中国玉器通史[M]．深圳：海天出版社，2014.

[55] 刘国祥．中国玉器考古研究方法与实例探析[J]．江汉考古，2019(5)：138–144.

[56] 黄慧．西辽河流域的文明起源研究[D]．重庆：重庆师范大学硕士学位论文，2016.

[57] 田广林，翟超．黄河中上游地区玉器的起源与早期发展[J]．辽宁师范大学学报(社会科学版)，2014，37(4)：576–581.

[58] 田广林，蔡憬萱．长江中上游史前玉器的起源与初步发展[J]．辽宁师范大学学报(社会科学版)，2014，37(1)：129–134.

[59] 田广林．中国北方西辽河地区的文明起源[D]．长春：东北师范大学博士学位论文，2003.

[60] 戴冲．从玉的宗教功能及演变看长江下游文明的起源[D]．武汉：华中师范大学硕士学位论文，2002.

[61] 牟永抗，吴汝祚．水稻、蚕丝和玉器——中华文明起源的若干问题[J]．考古，1993(6)：523–533，564.

[62] 曲石．古代玉器的起源和发展[J]．文博，1987(3)：73–76.

[63] 邓淑苹．由"绝地通天"到"沟通天

地”[J]. 故宫文物月刊, 1987(7): 13-31.

[64] 孙守道. 孙守道考古文集[G]. 沈阳: 辽宁人民出版社, 2017: 174-178.

[65] 张光直. 谈“琮”及其在中国古史上的意义[G]// 文物出版社编辑部编. 文物与考古论集——文物出版社成立三十周年纪念. 北京: 文物出版社, 1986: 252-260.

[66] 吴汝祚, 牟永抗. 谈谈玉器时代——中华文明起源的探索[N]. 中国文物报, 1990-11-01(003).

[67] 曲石. 中国玉器时代[M]. 太原: 山西人民出版社, 1991: 1-30.

[68] 曲石. 中国玉器时代及社会性质的考古学观察[J]. 江汉考古, 1992(1): 41-55.

[69] 杨菊华. 良渚文化与玉器时代[J]. 文博, 1994(4): 12-16.

[70] 吴汝祚, 牟永抗. 玉器时代说[J]. 中华文化论坛, 1994(3): 31-37.

[71] 碧莲. 略议所谓玉器或玉兵时代[J]. 文史杂志, 2013(4): 76-77.

[72] 叶舒宪. 玉教神话与华夏核心价值——从玉器时代大传统到青铜时代小传统[J]. 社会科学家, 2014(12): 126-132.

[73] 张明华. “玉器时代”之我见[N]. 中国文物报, 1991-10-27(003).

[74] 谷飞. 评《中国玉器时代》[J]. 考古, 1993(6): 534-535.

[75] 戴尔俭. 玉器时代献疑与美感探源[J]. 东南文化, 1992(2): 100-107.

[76] 谢仲礼. “玉器时代”——一个新概念的分析[J]. 考古, 1994(9): 832-836.

[77] 林华东. “玉器时代”管窥[J]. 浙江社会科学, 1996(4): 45-48.

[78] 陈星灿. 青铜时代与玉器时代——再论中国文明的起源[C]// 中国社会科学院考古研究所编著. 考古求知集 ’96 考古研究所中青年学术讨论会文集. 北京: 中国社会科学出版社, 1997: 29-42.

[79] 安志敏. 关于“玉器时代”说的溯源[J]. 东南文化, 2000(9): 31-33.

[80] 杨洋, 蒋小雨. “玉器时代”研究述评[J]. 陕西理工学院学报(社会科学版), 2013, 31(4): 32-36.

[81] 卢建英. 关于“玉器时代”的再思考[J]. 韶关学院学报, 2008(2): 48-51.

[82] 邵望平, 汪遵国. 迎接中国考古学的新世纪——中国考古学会理事长苏秉琦教授访谈录[J]. 东南文化, 1993(1): 1-17.

[83] 刘国祥. 文山文化研究(下册)[M]. 北京: 科学出版社, 2017.

[84] 田广林, 刘国祥主编. 红山文化论著粹编 玉器研究卷[M]. 大连: 辽宁师范大学出版社, 2015.

[85] 杭州良渚遗址管理区管理委员会, 浙江省文物考古研究所编. 良渚玉器(中文版)[M]. 北京: 科学出版社, 2018.

[86] 杜佳佳. 凌家滩玉器的考古学研究[D]. 南京: 南京师范大学硕士学位论文, 2011.

[87] 王玉华. 东北地区史前玉器研究——以辽西地区为中心[D]. 沈阳: 辽宁师范大学硕士学位论文, 2008.

[88] 周晓晶. 红山文化玉器研究[D]. 长春: 吉林大学博士学位论文, 2014.

[89] 郑龙龙. 汉水中游地区新石器时代出土玉器研究[D]. 郑州: 郑州大学硕士学位论文, 2013.

[90] 蔡憬萱. 长江中上游史前玉器的发现与研究[D]. 沈阳: 辽宁师范大学硕士学位论文, 2014.

[91] 杨小博. 东周楚地玉器的分类、分期、

分区和用玉制度研究[D]．济南：山东大学硕士学位论文，2014．

[92] 杨秀侃．吴越玉器研究[D]．上海：复旦大学博士学位论文，2011．

[93] 张卫英．山东地区新石器时代玉器综论[D]．武汉：华中师范大学硕士学位论文，2013．

[94] 栾丰实．简论晋南地区龙山时代的玉器[J]．文物，2010(3)：37−45，55．

[95] 石荣传．三代至两汉玉器分期及用玉制度研究[D]．济南：山东大学博士学位论文，2005．

[96] 孙曼．良渚遗址群琮、璧、钺使用制度研究[D]．南京：南京师范大学博士学位论文，2013．

[97] 薛琳．良渚文化出土玉琮研究[D]．南京：南京师范大学博士学位论文，2008．

[98] 郑建明．史前玉璧源流、功能考[J]．华夏考古，2007(1)：80−87．

[99] 刘晓亮．中国新石器时代晚期玉琮研究[D]．重庆：重庆师范大学硕士学位论文，2019．

[100] 王青．远方图物　早期中国神灵考古探索[M]．上海：上海古籍出版社，2019．

[101] 赵萌．东周时期单体龙形玉器的形制探讨——以“中原式”为重点[D]．北京：中国社会科学院研究生院硕士学位论文，2016．

[102] 汤超．西周至汉代出土玉琮功能初探[J]．南方文物，2017(3)：79−88．

[103] 张娇娇．商至西周玉人研究[D]．郑州：郑州大学硕士学位论文，2017．

[104] 孙庆伟．《考工记·玉人》的考古学研究[J]．考古学研究，2000(00)：115−139．

[105] 全博涵．辽西地区新石器时代出土玉玦研究[D]．沈阳：辽宁师范大学硕士学位论文，2019．

[106] 辛学飞．浅析红山文化玉玦在器型上的分类[J]．赤峰学院学报（汉文哲学社会科学版），2015，36(12)：10−14．

[107] 黄渭金．试论河姆渡文化玉石块[J]．史前研究，2002(00)：273−280．

[108] 黄韵璋．环珠江口玦饰制作工艺探讨[D]．厦门：厦门大学硕士学位论文，2009．

[109] 朱乃诚．红山文化兽面玦形玉饰研究[J]．考古学报，2008(1)：15−38．

[110] 阮行健．玉礼天地瑞仪四方——礼玉“六瑞”中的玉圭和玉璋[J]．中国博物馆通讯，2017(357)：28−30．

[111] 姜彩凡．试论古圭[J]．文博，2003(1)：12−17．

[112] 张强禄．论有角玉玦的起源和传播[J]．文博学刊，2019(2)：4−23．

[113] 邓聪，张强禄，邓学文．良渚文化玉器向南界限初探——珠江三角洲考古新发现的琮、镯、钺[J]．南方文物，2019(2)：26−37．

[114] 张茵凝．环中国南海凸纽形玦初探[N]．中国文物报，2012−09−14(008)．

[115] 邓聪．东亚玦饰四题[J]．文物，2000(2)：35−45．

[116] 姚乐音．东亚史前玉玦的分类与制作[D]．厦门：厦门大学硕士学位论文，2004．

[117] 王毅，邓聪主编：金沙玉工 I——金沙遗址出土玉石璋研究[M]．成都：四川人民出版社，2017．

[118] 邓聪主编．牙璋与国家起源　牙璋图录及论集[G]．北京：科学出版社，2018．

[119] 干小莉．从凸纽形玦看环南海区域土著文化的交流[J]．南方文物，2008(2)：109−112．

[120] 李青会，左骏，刘琦，等．文化交流

视野下的汉代合浦港[M]. 南宁：广西科技出版社, 2019.

[121] Charles Higham, Richanie Thosarat. Early Thailand: from Prehistory to Sukhothai [M]. River Books Co., Ltd., Bangkok, 2012, 107–159.

[122] 张帆. 红山文化动物形玉器考古发现和研究综述[J]. 黑龙江史志, 2010 (17): 119–120.

[123] 费玲伢. 长江下游新石器时代动物形玉器的研究[J]. 华夏考古, 2016(4): 78–85.

[124] 徐琳. 故宫博物院藏红山文化动物形玉及人形玉研究（上）[J]. 荣宝斋, 2012 (04): 42–53.

[125] 曹芳芳. 石家河系统玉器与用玉特征研究[J]. 文博学刊, 2018(3): 20–31.

[126] 耿庆刚. 试论汉代玉器的改制现象[J]. 文博, 2015(6): 38–43.

[127] 张昌平. 曾侯乙墓玉器的改制[J]. 中国历史文物, 2008(1): 9–14, 89–91.

[128] 高原. 浅论古代改制玉器[J]. 文物春秋, 2014(6): 11–16.

[129] 蒋闰蕾. 夏商西周遗址中所见良渚风格玉器研究[D]. 南京：南京师范大学硕士学位论文, 2014.

[130] 吴晓桐. 多璜联璧的起源、演变与传播[J]. 江汉考古, 2019(6): 87–97.

[131] 王青. 试论早期中国几种装饰神灵形象的组合式玉器——从山西羊舌晋侯墓出土的一件遗玉说起[J]. 中原文物, 2018 (4): 51–66.

[132] 朱章义, 王方. 成都金沙遗址出土玉琮初步研究[J]. 文物, 2004(4): 66–70, 97.

[133] 朱乃诚. 金沙良渚玉琮的年代和来源[J]. 中华文化论坛, 2005(4): 41–46.

[134] 王青. 妇好墓出土玉器中的遗玉略论[J]. 博物院, 2018(5): 58–72.

[135] 林继来. 山东济阳刘台子西周墓的史前遗玉[J]. 东南文化, 2002(3): 77–80.

[136] 姚星. 商代西周遗址中出土早期玉器研究[D]. 郑州：郑州大学硕士学位论文, 2018.

[137] 蔡青. 后石家河文化玉器艺术的特征与源流考[D]. 西安：西安美术学院博士学位论文, 2019.

[138] 蒋桐阳. 良渚玉器神人兽面纹的原型和涵义新探[D]. 天津：天津师范大学硕士学位论文, 2019.

[139] 杨媛. 良渚文化玉琮纹饰研究[D]. 南昌：江西师范大学硕士学位论文, 2013.

[140] 胡建升. 良渚神徽的物质文化和神话图像[J]. 民族艺术, 2013(6): 120–129.

[141] 徐峰. 良渚文化玉琮及相关纹饰的文化隐喻[J]. 考古, 2012(2): 84–94.

[142] 李艳红. 中国史前装饰品的造型和分区分期研究[D]. 苏州：苏州大学博士学位论文, 2008.

[143] 郑彤. 良渚文化玉琮纹饰新探[J]. 考古与文物, 2006(4): 93–99.

[144] 黄厚明. 良渚文化鸟人纹像的内涵和功能（上）[J]. 民族艺术, 2005(1): 44–51.

[145] 黄厚明. 良渚文化鸟人纹像的内涵和功能（下）[J]. 民族艺术, 2005(2): 38–44.

[146] 常素霞. 中国古代玉器图谱[M]. 北京：金城出版社, 2013.

[147] 陈燮君主编. 玉器（手工绘制上海博物馆玉器珍品）[M]. 上海：华东师范大学出版社, 2013.

[148] 方向明. 良渚玉器线绘（增补本）[M]. 杭州：浙江古籍出版社, 2019.

[149] 胡建升. 金声玉振的文化阐释[J]. 民族艺术, 2012(4): 75–82.

[150] 张立东. "金声玉振" 之考古学探索[J]. 大众考古, 2017(12): 28–32.

[151] 厚望. 贾湖遗址绿松石研究[D]. 合肥：中国科学技术大学硕士学位论文, 2019.

[152] 马萧林, 李新伟, 杨海青. 灵宝西坡仰韶文化墓地出土玉器初步研究[J]. 中原文物, 2006(2): 69–73.

[153] 李新伟, 马萧林, 杨海青. 河南灵宝市西坡遗址 2006 年发现的仰韶文化中期大型墓葬[J]. 考古, 2007(2): 3–6.

[154] 李伯谦. 中国古代文明演进的两种模式——红山、良渚、仰韶大墓随葬玉器观察随想[J]. 文物, 2009(3): 47–56.

[155] 中国社会科学院考古研究所编著. 二里头　1999 — 2006 (全五册) [M]. 北京：文物出版社, 2014.

[156] 袁广阔. 二里头文化研究[D]. 郑州大学博士学位论文, 2005.

[157] 陈国梁. 二里头文化嵌绿松石牌饰的来源[J]. 三代考古, 2017(00): 65–83.

[158] 张国英. 石峁文化与二里头文化玉器比较研究[D]. 石家庄：河北师范大学硕士学位论文, 2016.

[159] 郝炎峰. 二里头文化玉器的考古学研究[D]. 北京：中国社会科学院研究生院硕士学位论文, 2005.

[160] 陈雪香. 二里头遗址墓葬出土玉器探析[J]. 中原文物, 2003(3): 23–37.

[161] 何驽. 二里头绿松石龙牌、铜牌与夏禹、万舞的关系[J]. 中原文化研究, 2018, 6(4): 31–39.

[162] 许宏. 二里头 M3 及随葬绿松石龙形器的考古背景分析[J]. 古代文明(辑刊), 2016, 10(00): 39–53.

[163] 朱乃诚. 二里头文化"龙"遗存研究[J]. 中原文物, 2006(4): 15–21, 38.

[164] 邓聪. 夏家店下层文化中的二里头文化玉器因素举例[J]. 三代考古, 2009 (00): 171–175.

[165] 田凯主编. 中国出土玉器全集　河南[M]. 北京：科学出版社, 2005.

[166] 李宏, 姜涛主编. 中原文化大典·文物典·玉器[M]. 郑州：中原出版传媒集团中州古籍出版社, 2008.

[167] 中国社会科学院考古研究所编著. 殷墟玉器[M]. 北京：文物出版社, 1982.

[168] Jeffry Yu-teh Kao. The Archaeology of Ancient Chinese Jades: A Case Study from the Late Shang Period Site of Yinxu [D]. Thesis for the degree of doctor of philosophy, Havard University, Cambridge, Massachusetts, 1985.

[169] 中国社会科学院考古研究所编著. 安阳殷墟出土玉器[M]. 北京：科学出版社, 2005.

[170] 中国社会科学院考古研究所编著. 安阳殷墟花园庄东地商代墓葬[M]. 北京：科学出版社, 2007.

[171] 丁思聪, 唐际根. 殷墟玉器的发现与研究概述[J]. 博物院, 2018(5): 6–15.

[172] 王荣, 唐际根, 何毓灵, 等. 殷墟透闪石和蛇纹石玉器自然白化现象研究——兼谈重识"钙化"现象[J]. 南方文物, 2018(3): 79–87.

[173] 钱益汇, 朱雪峰. 迁台殷墟玉石器述略[J]. 博物院, 2018(5): 16–25.

[174] 任伟. 殷墟玉礼器研究[J]. 东南文化, 2000(9): 83–92.

[175] 叶晓红，唐际根，徐飞. 殷墟晚商玉器切割技术试析[J]. 南方文物，2016(4)：128–140.

[176] 刘敏. 殷墟玉器分类及组合研究[D]. 西安：陕西师范大学硕士学位论文，2013.

[177] 丁思聪. 殷墟墓葬的用玉制度——以安阳黑河路墓葬出土玉器为例[D]. 中国社会科学院研究生院硕士学位论文，2013.

[178] 魏小花. 殷墟墓葬玉器之研究[D]. 南京师范大学硕士学位论文，2012.

[179] 干福熹，承焕生，孔德铭，等. 河南安阳市新出土殷墟玉器的无损分析检测的研究[J]. 文物保护与考古科学，2008，20(4)：26–35.

[180] 宗毅. 浅谈殷墟玉器的继承与发展[J]. 华夏考古，1997(3)：58–60.

[181] 杜金鹏主编. 殷墟妇好墓出土玉器研究[M]. 北京：科学出版社，2018.

[182] 王青. 妇好墓出土玉器中的遗玉略论[J]. 博物院，2018(5)：58–72.

[183] 叶晓红. 妇好墓圆雕玉器工艺研究[J]. 中原文物，2018(2)：65–76.

[184] 王苹. 妇好墓出土人像及相关问题探讨[J]. 博物院，2018(5)：51–57.

[185] 叶晓红，唐际根，何毓灵. 殷墟妇好墓出土玉器阴刻技术试析[J]. 考古学集刊，2017(00)：175–182，317–323.

[186] 纪婧婷. 殷墟妇好墓跪坐玉人研究综述[J]. 艺术科技，2017，30(4)：417.

[187] 杜金鹏. 玉华流映 殷墟妇好墓出土玉器[M]. 北京：中国书店，2017.

[188] 中国社会科学院考古研究所，广东省博物馆编. 妇好墓玉器[M]. 广州：岭南艺术出版社，2016.

[189] 中国社会科学院考古研究所，北京艺术博物馆，首都博物馆，河南博物院编著. 王后·母亲·女将 纪念殷墟妇好墓考古发掘四十周年 玉器篇[M]. 北京：科学出版社，2016.

[190] 申斌. "妇好墓"玉器材料探源[J]. 中原文物，1991(1)：75–80.

[191] 杨红梅. 殷墟妇好墓玉阴阳人文化蕴含初探[J]. 殷都学刊，2011，32(3)：16–20.

[192] 张培善. 安阳殷墟妇好墓中玉器宝石的鉴定[J]. 考古，1982(2)：204–206，236.

[193] 尚艳. 安阳妇好墓出土玉器中动物造型研究[D]. 西安：西安美术学院硕士学位论文，2017.

[194] 朱乃诚. 殷墟妇好墓出土玉琮研究[J]. 文物，2017(9)：33–47.

[195] 倪翀. 妇好墓和新干大洋洲商墓出土玉器比较研究[J]. 首都博物馆论丛，2016(00)：128–136.

[196] 彭适凡，彭明瀚. 新干商墓与殷墟妇好墓的比较研究——兼论新干商代大墓的文化性质[J]. 南方文物，1992(2)：27–34，105.

[197] 朱乃诚. 殷墟妇好墓出土有领玉璧与有领玉环研究[J]. 江汉考古，2017(3)：109–118.

[198] 张强禄. 从华南所见有领璧环看夏商礼制南渐[J]. 古代文明（辑刊），2019，13(00)：57–91.

[199] 王震. 辉县琉璃阁墓地的年代及性质新论[J]. 考古，2019(11)：89–100.

[200] 古方. 河南辉县琉璃阁墓地出土玉器考察[J]. 考古，2005(8)：58–64.

[201] 河南博物院，台北历史博物馆编. 辉县琉璃阁甲乙二墓[M]. 郑州：大象出版社，2003.

[202] 河南省文物考古研究所，平顶山市文物管理局编. 平顶山应国墓地（I，上下）[M].

郑州：大象出版社，2012.

[203] 河南省文物考古研究所编. 新郑西亚斯东周墓地[M]. 郑州：大象出版社，2012.

[204] 梅原末治编. 洛阳金村古墓聚英（增订版）[M]. 京都：小林出版部，1943.

[205] William Charles White. Tombs of Old Lo-yang: A Record of the Construction and Contents of A Group of Royal Tombs at Chin-ts'un, Honan, probably Dating 550 B. C. [M]. Shanghai, Kelly & Walsh, Limited, 1934.

[206] 王凤剑，林丽霞. 河南省南阳市百里奚出土青铜器玉器[J]. 中原文物，1996(3)：30-32.

[207] 王建中. 南阳古代独玉初探[J]. 中原文物，2002(2)：51-55.

[208] 南阳市文物考古研究所编. 南阳古玉撷英[M]. 北京：文物出版社，2005.

[209] 齐延广，胡永庆主编. 淅川楚国玉器精粹[M]. 郑州：中州古籍出版社，2014.

[210] 石荣传. 桐柏月河一号墓玉器与东周文化交流[J]. 东南文化，2010(5)：71-77.

[211] 樊温泉. 河南桐柏月河墓地第二次发掘[J]. 文物，2005(8)：21-38.

[212] 赵成甫，董全生. 试论桐柏月河春秋墓出土的牙璋[J]. 中原文物，1997(4)：90-94.

[213] 叶晓红，刘新，蒋宏杰，等. 河南省南阳市桐柏县月河一号春秋墓出土玉器阴刻技术的微痕分析[J]. 南方文物，2015(4)：112-119.

[214] 中国科学院考古研究所. 上村岭虢国墓地[M]. 北京：科学出版社，1959.

[215] 虢国博物馆编著. 虢国墓地出土玉器（一）[M]. 北京：科学出版社，2013.

[216] 员雪梅. 三门峡市虢国墓地出土玉器考释[D]. 北京：中国地质大学（北京）硕士学位论文，2003.

[217] 龚曼. 西周鸟饰玉器[D]. 西安：西安美术学院硕士学位论文，2014.

[218] 鲍怡，朱勤文，辛军民，等. 三门峡虢国墓地M2012墓玉器材质研究[J]. 中原文物，2015(1)：117-121.

[219] 雷建鸽. 虢国墓地M2001出土的人形玉器[J]. 中原文物，2015(2)：124-125.

[220] 李铁青. 60年来虢国出土玉器研究述评[J]. 洛阳理工学院学报（社会科学版），2016，31(2)：9-13，32.

[221] 林继来. 论春秋黄君孟夫妇墓出土玉器[J]. 考古与文物，2001(6)：71-74，57.

[222] 欧潭生. 春秋早期黄君孟夫妇墓发掘报告[J]. 考古，1984(4)：302-332，348，385-390.

[223] 陈旭. 河南西汉墓葬出土玉器研究[D]. 昆明：云南大学硕士学位论文，2016.

[224] 王良田，张帆. 商丘博物馆藏西汉梁王陵出土玉器[J]. 中原文物，2008(3)：87-90，116-118.

[225] 河南商丘市文物管理委员会，河南省文物考古研究所，河南省永城市文物管理委员会编. 芒砀山西汉梁王墓地[M]. 北京：文物出版社，2001.

[226] 吴棠海. 中国古代玉器[M]. 北京：科学出版社，2012.

[227] 邓淑苹主编. 敬天格物——中国历代玉器导读[M]. 台北：故宫博物院，2011.

[228] 干福熹. 中国古代玉器和玉石科技考古研究的几点看法[J]. 文物保护与考古科学，2008，20(S1)：17-26.

[229] 干福熹. 关于加强中国古代玉器科技研究的建议[N]. 中国文物报，2010-04-09

(004).

[230] 章鸿钊. 石雅[M]. 天津：百花文艺出版社，2010.

[231] 闻广. 苏南新石器时代玉器的考古地质学研究[J]. 文物，1986(10)：42–49.

[232] 闻广. 中国古玉地质考古学研究——西汉南越王墓玉器[J]. 考古，1991(11)：1032–1038，1062–1064.

[233] 闻广，荆志淳. 福泉山与崧泽玉器地质考古学研究——中国古玉地质考古学研究之二[J]. 考古，1993(7)：627–644.

[234] 闻广，荆志淳. 沣西西周玉器地质考古学研究——中国古玉地质考古学研究之三[J]. 考古学报，1993(2)：251–261.

[235] 闻广. 高邮神居山二号汉墓玉器地质考古学研究——中国古玉地质考古学研究之四[J]. 文物，1994(5)：83–94.

[236] 闻广. 中国古玉地质考古学研究[J]. 地学研究，1997(29–30)：274–288.

[237] 岳超龙，朱剑. 中国古代玉器科技研究述评[J]. 中国科技史杂志，2017，38(1)：111–122.

[238] 王荣，李一凡，苏布德. 红山文化蚩石质鱼形饰的鉴别和探讨[J]. 文物保护与考古科学，2016，28(4)：113–119.

[239] Rong Wang, Lu Cai, Tian-tian Bao, Ji-gen Tang, Chang-sui Wang. Study on the Grossular Rabbit with High Hardness Excavated from Yin Ruins, Anyang, China [J]. Archaeological and Anthropological Sciences, 2019, 11(4)：1577–1588.

[240] Rong Wang, Chang-sui Wang, Ji-gen Tang. A Jade Parrot from the Tomb of Fu Hao at Yinxu and Liao Sacrifices of the Shang Dynasty [J]. Antiquity, 2018, 92(362)：364–382.

[241] 王荣，郝导华，尹纪亮. 沂水纪王崮一号春秋墓出土玉器和料器材质与工艺研究[J]. 江汉考古，2018(1)：89–100，114.

[242] Rong Wang, Zhang Wei-Shan. Application of Raman Spectroscopy in the Nondestructive Analysis of Ancient Chinese Jades [J]. Journal of Raman Spectroscopy, 2011, 42(6)：1324–1329.

[243] 王艳玲. X 射线荧光光谱技术与拉曼光谱技术在齐家文化玉器研究中的应用[J]. 文物保护与考古科学，2018，30(6)：106–110.

[244] 张学云，朱文斌，郭继春，等. 江苏兴化市蒋庄遗址良渚文化玉器的宝石学鉴定[J]. 宝石和宝石学杂志，2018，20(S1)：105–109.

[245] 王一凡，王会民，张娅红. 河北定州商墓出土玉器光学无损分析[J]. 文物保护与考古科学，2018，30(4)：91–98.

[246] 朱勤文，鲍怡，陈春，等. 湖北省博物馆藏出土战国玉（石）器材质研究[J]. 江汉考古，2016(5)：108–114.

[247] 干福熹等著. 中国古代玉石和玉器的科学研究[M]. 上海：上海科学技术出版社，2017.

[248] 刘珺，樊温泉，胡永庆，等. 新郑西亚斯东周玉器材料属性与加工工艺的科技分析[J]. 光谱学与光谱分析，2019，39(11)：3637–3645.

[249] 杨菊，刘珺，李青会. 唐幽州节度使刘济墓出土玉器加工工艺初探[J]. 人类文化遗产保护，2019(00)：68–74.

[250] 董俊卿，李青会，刘松，等. 合浦汉墓出土绿柱石宝石珠饰的科学分析[J]. 文物保

护与考古科学，2019，31（4）：30—38.

[251] 王亚伟，董俊卿，李青会. 广西合浦九只岭汉墓出土石榴子石珠饰的科学分析[J]. 光谱学与光谱分析，2018，38（1）：104—110.

[252] H. X. Zhao, Q. H. Li, S. Li. Investigation of Some Chinese Jade Artifacts (5000 B. C. to 770 B. C.) Fashioned from Colored Stones by Raman Micro spectroscopy and Other Techniques [J]. Journal of Raman Spectroscopy, 2016 (47): 545—552.

[253] J. Dong, Y. Han, J. Ye, Q. H. Li, S. Liu, D. Gu. In Situ Identification of Gemstone Beads Excavated from Tombs of the Han Dynasties in Hepu County, Guangxi Province, China using a Portable Raman Spectrometer [J]. Journal of Raman Spectroscopy, 2014, 45 (7): 596—602.

[254] Y. Y. Wang, F. X. Gan, H. X. Zhao. The Inclusions of Black-green Serpentine Jade Determined by Laser Raman Spectroscopy [J]. Vibrational Spectroscopy, 2013 (66): 19—23.

[255] 董俊卿，顾冬红，苏伯民，等. 湖北熊家冢墓地出土玉器的 pXRF 无损分析[J]. 敦煌研究，2013（1）：67—72.

[256] 陆建方，杭涛，韩建立. 江苏句容丁沙地遗址第二次发掘简报[J]. 文物，2001（5）：22—36.

[257] 孙周勇. 西周制玦作坊生产遗存的分析与研究——周原遗址齐家制玦作坊个案研究之一[J]. 三代考古，2009（00）：335—359.

[258] 孙周勇. 西周石玦的生产形态：关于原料、技术与生产组织的探讨——周原遗址齐家制玦作坊个案研究之二[J]. 考古与文物，2009（3）：49—63.

[259] 赵志楠. 桐庐方家洲新石器时代玉石器制造场遗址初探[J]. 东方博物，2012（2）：5—15，4.

[260] 方向明. 浙江桐庐方家洲：新石器时代玉石器制造场遗址[N]. 中国文物报，2012—01—06（005）.

[261] 佘玲珠，秦颍，罗武干，等. 利用稀土等微量元素示踪鄂西北一带古代绿松石的产地[J]. 稀土，2009，30（5）：59—62.

[262] 叶晓红，任佳，许宏，等. 二里头遗址出土绿松石器物的来源初探[J]. 第四纪研究，2014，34（1）：212—223.

[263] 周述蓉，罗清华，贺云翱，等. 氩氩同位素定年法在殷商文化玉器考古上之应用. 王宇信，宋镇豪，孟宪武主编. 夏商周文明研究·六——2004 年安阳殷商文明国际学术研讨会论文集[G]. 北京：中国社会科学文献出版社，2004，626—633.

[264] Z. W. Zhang, F. X. Gan. Analysis of the Chromite Inclusions Found in Nephrite Minerals Obtained from Different Deposits using SEM-EDS and LRS [J]. Journal of Raman Spectroscopy, 2011 (42): 1808—1811.

[265] C. Zhang, X. Yu, T. Jiang. Mineral Association and Graphite Inclusions in Nephrite Jade from Liaoning, Northeast China: Implications for Metamorphic Conditions and Ore Genesis [J]. Geoscience Frontiers, 2019, 10 (2): 425—437.

[266] 谷娴子，丘志力，李银德，等. 西汉狮子山楚王陵出土玉器中的石墨包裹体[J]. 中山大学学报（自然科学版），2007（6）：141—142.

[267] 陈卓. 湖北竹山绿松石与河南偃师

二里头出土绿松石宝石学对比研究[D]. 北京：中国地质大学（北京）硕士学位论文，2013.

[268] 员雪梅，赵朝洪，王金平，等. 侯马东周祭祀遗址出土玉器材质的矿物学测试及产源分析[J]. 中原文物，2007(1)：88−95.

[269] 程军，杨学明，杨晓勇，等. 良渚文化玉器的稀土元素特征及其考古学意义[J]. 稀土，2000(4)：1−4.

[270] 王时麒. 论同位素方法在判别古玉器玉料产地来源中的应用. 首届"地球科学与文化"学术研讨会暨中国地质学史专业委员会第17届学术年会论文集[C]. 北京：中国地质调查局，2005：234−242.

[271] Z. W. Zhang, F. X. Gan, H. S. Cheng. Pixe Analysis of Nephrite Minerals from Different Deposits [J]. Nuclear Inst. and Methods in Physics Research, B. 2010, 269(4)：460−465.

[272] 向芳，王成善，杨永富，等. 金沙遗址玉器的材质来源探讨[J]. 江汉考古，2008(3)：104−108.

[273] Y. Lizuka, P. Bellwood, H. C. Hung, E. Z. Dizon. A Non−destructive Mineralogical Study of Nephritic Artifacts from Itbayat Island, Batanes, Northern Philippines [J]. Journal of Austronesian Studies, 2005(1)：80−105.

[274] Y. Lizuka, H. C. Hung. Archaeology of Taiwan Nephrite: Sourcing Study of Nephrite Artifacts from the Philippines [J]. Journal of Austronesian Studies, 2005(1)：33−79.

[275] H. C. Hung, Y. Lizuka, P. Bellwood, K. D. Nguyen, B. Bellina, et al. Ancient Jades Map 3,000 years of Prehistoric Exchange in Southeast Asia [J]. PNAS, 2007, 104(50)：19745−19750.

[276] H. C. Hung, K. D. Nguyen, P. Bellwood, M. T. Carson. Coastal Connectivity: Long−term Trading Networks across the South China Sea [J]. The Journal of Island and Coastal Archaeology, 2013, 8(3)：384−404.

[277] 张钰岩，丘志力，杨江南，等. 甘肃马衔山软玉成矿及玉料产地来源地质地球化学特征分析[J]. 中山大学学报（自然科学版），2018, 57(2)：1−11.

[278] 栾秉璈. 兴隆洼文化和红山文化玉料来源问题[J]. 赤峰学院学报（汉文哲学社会科学版），2008(S1)：39−42.

[279] 王明达，方向明，徐新民，等. 塘山遗址发现良渚文化制玉作坊[N]. 中国文物报，2002−09−20(001).

[280] 陈国科，丘志力，蒋超年，等. 甘肃敦煌旱峡玉矿遗址考古调查报告[J]. 考古与文物，2019(4)：12−22.

[281] 杨光海，苏学忠，苗勇，等. 山东滕州岗上遗址出土大汶口文化玉器[J]. 海岱考古，2019(00)：58−64, 512−515.

[282] 冈村秀典著，姜宝莲译. 中国史前时期玉器的生产与流通[J]. 考古与文物，1995(6)：78−87.

[283] 凌潇潇，吴瑞华，白峰，等. 河南栾川透闪石玉的化学组成特征研究[J]. 岩石矿物学杂志，2008(2)：157−163.

[284] 廖宗廷，支颖雪. 贵州罗甸玉研究[M]. 武汉：中国地质大学出版社，2017.

[285] 杨伯达. "玉石之路"的布局及其网络[J]. 南都学坛，2004(3)：113−117.

[286] 叶舒宪. 草原玉石之路与红玛瑙珠

的传播中国（公元前2000年～前1000年）——兼评杰西卡·罗森的文化传播观[J]．内蒙古社会科学（汉文版），2018，39（4）：137－147．

[287] 逯宏．先秦时期北方草原玉石之路新考[J]．内蒙古社会科学（汉文版），2017，38（4）：77－82．

[288] 干福熹．玻璃和玉石之路——兼论先秦前硅酸盐质文物的中、外文化和技术交流[J]．广西民族大学学报（自然科学版），2009，15(4)：6－17．

[289] 徐良高，赵春燕．“绿松石之路”的价值及其探索的可行性讨论[J]．三代考古，2011（00）：497－502．

[290] 程越．古代和田玉向内地输入综略[J]．西域研究，1996（3）：36－42．

[291] 李丽娜．试析中原地区出土夏商周时期和田玉器及其相关问题[J]．西域研究，2008（4）：66－70．

[292] 陈志达．关于新疆和田玉东输内地的年代问题[J]．考古，2009（3）：81－82．

[293] 闫亚林．关于“玉石之路”问题的探讨[J]．考古与文物，2010（3）：38－41．

[294] S. W. Bushell, G. F. Kunz. Investigation and Studies in Jade: the Heber R. Bishop Collection (I,II) [M]. New York, 1906.

[295] 徐琳．古玉的雕工[M]．北京：文物出版社，2012．

[296] 叶晓红．中国玉文化科技人类学研究——史前玉器砂绳切割技术考[D]．北京：中央民族大学博士学位论文，2009．

[297] 牟永抗．关于史前琢玉工艺考古学研究的一些看法[G]// 牟永抗．牟永抗考古学文集．北京：科学出版社，2008：618－642．

[298] 方向明．良渚文化玉器的琢制工艺[J]．大众考古，2015（4）：60－65．

[299] 方向明．良渚琢玉·工篇[J]．玉器考古通讯，2017（1）：17－32．

[300] 盛文嘉．关于长江下游地区新石器时代管钻技术的若干认识[J]．南方文物，2013（4）：66－70．

[301] 王强．海岱地区新石器时代玉料来源及琢玉工艺初探[J]．华夏考古，2008（2）：76－83．

[302] 邓淑苹．古玉新诠　史前玉器小品文集[G]．台北：故宫博物院，2012．

[303] 吉平，邓聪主编．哈民玉器研究[M]．北京：中华书局，2018．

[304] 徐飞，邓聪，叶晓红．史前玉器大型钻孔技术实验研究[J]．中原文物，2018（2）：57－64．

[305] 邓聪．澳门黑沙玉作坊遗址 [M]．澳门：澳门特别行政区民政总署文化康体部，2013．

[306] 邓聪．澳门黑沙史前轮轴机械国际会议论文集[C]．澳门：澳门特别行政区民政总署文化康体部，2014．

[307] 杨伯达．关于琢玉工具的再探讨[J]．南阳师范学院学报，2007（2）：72－76．

[308] 张敬国，杨竹英，陈启贤．凌家滩玉器微痕迹的显微观察与研究——中国砣的发现[J]．东南文化，2002（5）：16－27．

[309] 杨建芳．关于线切割、砣切割和砣刻——兼论始用砣具的年代[J]．文物，2009（7）：53－67．

[310] 叶晓红．春秋晚期玉器工艺研究——以桐柏月河M1出土玉器为例[J]．中原文物，2017（6）：88－98．

[311] 北京市玉器厂技术研究组．对商代琢玉工艺的一些初步看法[J]．考古，1976（4）：

229–233, 286–287, 290.

[312] 牛清波. 论新石器时代及商代的琢玉工艺[J]. 南阳师范学院学报, 2015, 14 (11): 46–51.

[313] 王荣, 李一凡, 曹布敦嘎, 等. 内蒙古巴林右旗红山玉器制作工艺研究[J]. 考古与文物, 2017 (4): 28–38, 88.

[314] 黄韵璋. 环珠江口玦饰制作工艺探讨——以香港白芒遗址为例[D]. 厦门: 厦门大学硕士学位论文, 2009.

[315] 孔富安. 中国古代制玉技术研究 [D]. 太原: 山西大学博士学位论文, 2007.

[316] 邓聪, 吕红亮, 陈玮. 以今鉴古——玉石切割实验考古[J]. 故宫文物月刊, 2005 (264): 76–98.

[317] 霍有光. 从玛瑙、水晶饰物看早期治玉水平及琢磨材料[J]. 考古, 1992 (6): 89–92, 94.

[318] 邓峰, 罗武干, 杨益民. 砣具配合解玉砂雕刻玉器纹饰的可能性分析[J]. 人类学学报, 2015, 34 (4): 537–543.

[319] 袁永明. 战国时期玉器制作工艺的若干探讨[J]. 江汉考古, 2003 (1): 72–74.

[320] 崔天兴, 张健. 磨制 (玉) 石器定孔工艺的实验考古研究[J]. 华夏考古, 2017 (4): 127–130.

[321] 黄可佳, 王雪. 玉石器管钻工艺的动态模拟研究[J]. 文化遗产与公共考古 (第四辑), 2017: 18–26.

[322] 李永强. 环玦类石制品扩孔工艺的实验考古研究[J]. 东南文化, 2015 (6): 56–62.

[323] 丘志力, 吴沫, 吴海贵, 等. 广东横岭山出土玉玦的工艺特征及其用途浅析[J]. 宝石和宝石学杂志, 2008 (2): 21–25, 37.

[324] 张言. 石器微痕分析研究的回顾与前瞻 [D]. 长春: 吉林大学硕士学位论文, 2016.

[325] 刘珺. 古代宝玉石器物材料属性及加工工艺的科学研究 [D]. 上海: 中国科学院上海光学精密机械研究所硕士学位论文, 2019.

[326] 陈启贤. 琢碾微痕探索在古玉研究中的功用[J]. 文物, 2009 (7): 68–73.

[327] S. Margaret, K. Z. Ji. The Technology of Jades Excavated at the Western Zhou, Jin Marquis Cemetery, Tianma–Qucun, Beizhao, Shanxi Province: Recognition of Tools and Techniques [J]. Journal of Archaeological Science, 2013 (40): 1067 — 1079.

[328] S. Margaret, D. M. Nigel, M. Carol etc.The Identification of Carving Techniques on Chinese Jade [J]. Journal of Archaeological Science, 2004 (31): 1413–1428.

[329] 张敬国, 张敏, 陈启贤. 线性工具开料之初步实验——玉器雕琢工艺显微探索之一[J]. 东南文化, 2003 (4): 46–50.

[330] 徐飞. 玉石饰物传统加工技术的溯源与发展[D]. 北京: 中国地质大学 (北京) 硕士学位论文, 2014.

[331] 张希, 江姝, 王荣. 广州增城墨依山玉器材质和受沁过程分析[J]. 文物保护与考古科学, 2019, 31 (3): 68–76.

[332] 王荣. 中国古代透闪石–阳起石玉器白化机制研究述要[J]. 文物保护与考古科学, 2017, 29 (4): 88–100.

[333] 王荣, 诸诣. 中国古代蛇纹石玉的白化机制研究述要[J]. 文物保护与考古科学, 2016, 28 (1): 126–134.

[334] 王荣, 冯敏, 王昌燧. 古玉器的化学

风化机理初探之一——粉末态模拟实验[J].岩石矿物学杂志，2007(2):191-196.

[335] 冯敏，张敬国，王荣，等.凌家滩古玉受沁过程分析[J].文物保护与考古科学，2005，17(1):22-26.

[336] 王荣.古玉器受沁机理初探[D].合肥：中国科学技术大学博士学位论文，2007.

[337] 王荣，唐际根，何毓灵，等.殷墟透闪石和蛇纹石玉器自然白化现象研究——兼谈重识"钙化"现象[J].南方文物，2018(3):79-87.

[338] 高洁.良渚文化庄桥坟遗址出土玉器受沁风化特征及机理研究[D].北京：中国地质大学硕士学位论文，2008.

[339] 王春云，张惠芬.软玉的热谱特征与热转变机制[J].矿物学报，1991(3):251-257.

[340] 卢保奇，夏义本，亓利剑，等.四川软玉(透闪石玉)猫眼热相变的Raman光谱研究[J].光谱学与光谱分析，2005(11):82-84.

[341] F. Casadio, J. G. Douglas, K. T. Faber. Noninvasive Methods for the Investigation of Ancient Chinese Jades: An Integrated Analytical Approach [J]. Anal. Bioanal. Chem., 2007, 387: 791-801.

[342] R. Wang, C. S. Wang, Ji-gen Tang. A Jade Parrot from the Tomb of Fu Hao at Yinxu and Liao Sacrifices of the Shang Dynasty [J]. Antiquity, 2018, 92 (362): 368-382.

[343] 于洋.西周涉祭礼铭文校释与研究[D].长春：吉林大学硕士学位论文，2019.

[344] 付珈嘉.红山文化祭祀遗址中的"燎祭"浅析[J].遗产与保护研究，2017，2(5):138-140.

[345] 黄宣佩.良渚文化玉器变白之研究[J].上海博物馆集刊，2005(00):357-364.

[346] 许科.古代燎祭用物及其意义[J].四川大学学报(哲学社会科学版)，2008(3):138-143.

[347] 焦智勤.卜辞燎祭的演变[J].殷都学刊，2001(1):27-29.

[348] 李锦山.燎祭起源于东部沿海地区[J].中国文化研究，1995(1):37-42.

[349] 鲍怡.出土玉器沁色的材料科学研究[D].上海：复旦大学博士学位论文，2019.

[350] 何秋菊.古玉沁色的仿制及科技鉴别[J].首都博物馆论丛，2016(00):332-342.

[351] 张亚楠.古玉白沁作伪方法研究[D].北京：中国地质大学(北京)硕士学位论文，2011.

[352] 周晓晶.关于玉器鉴定与辨伪的基本方法[J].辽宁省博物馆馆刊，2008(00):426-441.

[353] 张娜.软玉自然沁色和人工作沁的对比研究[D].北京：中国地质大学(北京)硕士学位论文，2007.

[354] 王荣，吴在君.中国玉器的古代修复工艺研究——以出土玉器为例[J].东南文化，2015(3):11-23.

[355] 万俐.良渚风化玉器的化学保护[J].东南文化，2003(5):94-96.

[356] Érik Gonthier, Ruslan I. Kostov, Strack Elisabeth. A Han-dated 'Hydra'-type Nephrite Scabbard Slide Found in Chatalka (Bulgaria): the Earliest and Most Distant Example of Chinese Nephrite Distribution in Europe [J]. ArkéoLog n° 65-Avril 2014, 5-12.

[357] Natalia Tsydenova, Mikhail V. Morozov, Maria V. Rampilova, et al..

Chemical and spectroscopic study of nephrite artifacts from Transbaikalia, Russia: Geological sources and possible transportation routes [J]. Quaternary International, 2015 (355):114–125.

[358] A. P. Okladnikov. Neolithic and Bronze Age of Pribaikal'e. Parts I and II. In: Materials and Investigations in Archaeology of the USSR 18 [J]. Academy of Sciences, USSR, 1950, p.412(in Russian).

[359] Ruslan I. Kostov, Christo Protochristov, Chavdar Stoyanov, et al.. Micro-PIXE Geochemical Fingerprinting of Nephrite Neolithic Artifacts from Southwest Bulgaria [J]. Geoarchaeology: An International Journal, 2012(27):457–469.

[360] 张晓敏．清代痕都斯坦玉器工艺及文化研究[D]．北京：中国地质大学（北京）硕士学位论文，2018.

[361] 谷娴子．略论痕都斯坦玉器的地域来源特征——兼馆藏痕都斯坦玉器述例[J]．文博，2016(6):50–57.

[362] 许晓东．痕都斯坦及其玉器考[J]．故宫学刊，2011(00):169–179.

[363] 薛婕．首都博物馆藏痕都斯坦玉器[J]．文物，1985(8):90–92.

[364] S. Howard Hansford. Chinese Jade Carving [M]. Lund Humphries & Co. Ltd. London and Bradford, 1950.

[365] 尹志强．旅美华玉——美国藏中国玉器珍品[M]．南京：南京大学出版社，2011.

[366] 曹楠．加拿大皇家安大略博物馆明义士收藏的几件殷商玉石器[J]．中原文物，2017(6):83–87.

[367] 曹楠．加拿大皇家安大略博物馆明义士藏中国古代玉器[J]．文物，2016(11):72–82.

# 第二章

# 科技检测技术及常见玉石矿物的科学表征

文物的安全性是科学分析检测过程中的首要问题，分析检测方法的选择首先要保证文物的安全。本书主要采用了无损的光学和光谱学技术对文物进行检测。为进一步避免文物在运输过程中的风险，研究团队还多次携带便携式设备到文物保存地进行现场检测。在条件允许的情况下，进行了必要的取样分析。在河南省文物考古研究院与中国科学院上海光学精密机械研究所科技考古中心合作的十余年里，现代分析技术与设备也在不断地发展与更新。为了满足科学研究的需要，研究所采用的分析技术和设备也随之调整。

## 第一节　科技检测技术

### 一、化学成分分析技术

1. 外束质子激发X射线荧光光谱分析技术（Proton Induced X-Ray Emission Spectroscopy，PIXE）

PIXE分析技术采用复旦大学现代物理研究所加速器实验室NEC-9SDH-2串列加

速器。此加速器可提供 3.0 MeV 准直质子束用于检测分析，质子束束斑直径约为 1 毫米。分析样品放置于大气中，距离 Kapton 膜（厚度为 7.5 微米）10 毫米。质子束穿过 Kapton 膜和空气到达样品表面的实际能量为 2.8 MeV。为了检测原子序数较低的 Na 和 Mg 元素，可在样品与探测器之间通以氦气气流，以减少空气对轻元素特征 X 射线的吸收。X 射线探测器为 Si（Li）探测器，对 Mn Kα 线（5.9 keV）的能量分辨率为 165 eV。探测器铍窗与样品距离 10 毫米。测量常量元素时，质子束的流强约为 0.01 nA；测量微量元素时，为了提高 X 射线产额，可将束流强度提高到约 0.5 nA，同时在探测器前加一个 0.125 毫米厚的铝膜，以吸收掉样品中大量的低能 X 射线。质子束与样品表面法线之间的夹角为 45°，探测器与束线夹角为 90°。

PIXE 定量分析方法采用解谱软件 GUPIX 96 对厚靶 PIXE 进行定量分析[1]，利用 GSD 水系沉积物标准参考样品对 PIXE 分析的准确性进行验证。实验结果表明，对于主量元素，误差范围可控制在 3%—5% 以内；对于微量元素，其误差可控制在 10% 以内[2]。PIXE 分析方法已经成功应用于古代陶瓷器[3]、玉器[4]、玻璃器[5]等多个领域。

2. 能量色散型 X 射线荧光光谱分析技术（EDXRF）

所采用的能量色散型 X 射线荧光光谱分析仪型号为 OURSTEX 100FA，为日本 OURSTEX 公司研制。此设备在性能上可与大型 XRF 设备相媲美，同时其体积相对较小，可将设备携带至现场开展分析检测，为新一代的便携式 XRF（Portable XRF，pXRF）。该设备采用金属钯（Pd）作为 X 射线源，X 射线管的激发电压最高可达 40kV，最大功率为 50W，辐照到样品表面的 X 射线焦斑直径约为 2.5 毫米。该设备配备有低真空样品腔，测试时腔内气压约为 400Pa—600Pa，可有效减少空气对轻元素 Na、Mg 特征谱线的吸收。

XRF 定量分析方法主要采用工作曲线法：利用与分析样品具有相近材质属性的标准物质，建立兴趣组分及元素的线性工作曲线，进而对样品进行定量分析。针对古代玻璃样品，选用国际 XRF 校正玻璃标准样品（购买自德国 Breitlander GmbH 公司）建立工作曲线，并利用美国国家标准与技术研究院（National Institute of Standards and Technology，NIST）标准样品对仪器的精确度和准确度进行评估[6-9]。对于古代玉器，目前缺乏统一认证的固体块状标准物质。玉本身就是多种矿物的集合体，自身存在一定的不均匀性，这也是导致缺乏固体块状标准物质的重要原因之一。鉴于此，本书针对透闪石、蛇纹石、绿松石、滑石、玛瑙、水晶等常见矿物类型，利用 PIXE 分析结果作为参考值，建立 pXRF 玉石材料的定量分析工作曲线 [10]。

3. 手持式 X 射线荧光光谱分析技术（HXRF）

现场需要对大量样品进行快速分析时，主要采用手持式 XRF。HXRF 采用美国赛默飞世尔（Thermo Fisher Scientific）生产的能量色散型 X 射线荧光分析仪，型号为 Niton XL3t 950 GOLDD + Series，分析元素范围为 Mg−U。该设备激发源为微型 X 射线管，银（Ag）靶，最高加速电压和最大电流分别为 50kV/200μA；采用大面积硅飘移探测器（SDD）和半导体制冷技术（Peltier effect），使其具有分辨率更高、精度更高的优点。在不充氦气或非真空条件下具有轻元素（Mg、Al、Si、P、S）分析能力。配备 CamShot™ CCD 彩色摄像功能，可以实时记录测试部位的照片。可根据测试样品的材质属性，选取相应测量模式，进行定量分析。

## 二、物相组成分析技术

1.X 射线衍射分析技术（XRD）

X 射线衍射分析（XRD）先后采用了复旦大学表面化学实验室的 Bruker D8 Advance 型多晶 X 射线衍射仪和中国科学院上海光学精密机械研究所的 Ultima IV 日本理学 X 射线衍射仪。测试条件基本一致，均为室温进行测试。采用 Cu Kα1（波长 λ=1.54056Å）X 射线及 Si（Li）探测器。管电压为 40kV，管电流为 40mA。其中 Ultima IV 日本理学 X 射线衍射仪测角仪精度 0.0001 度，3kW 高频 X 射线发生器，高反射率的石墨单色器。由于其采用 $\theta-\theta$ 扫描方式，样品在测试过程中不需要旋转。

2. 共聚焦激光拉曼光谱分析技术（LRS）

共聚焦激光拉曼光谱分析技术（LRS）采用法国 Horiba 公司生产的型号为 LabRAM XploRA 型激光共聚焦拉曼光谱仪。仪器采用高稳定性研究级显微镜，配有反射及透射柯勒照明，物镜包括 10×、100× 和 LWD50×。采用 532 纳米高稳定固体激光器（25mW）以及相应的滤光片组件，及计算机控制多级激光功率衰减片。同时采用了针孔共焦技术，与 100× 物镜配合，空间分辨率横向优于 1 微米，纵向优于 2 微米。光谱仪拉曼频移范围为 50—4000cm$^{-1}$（532 纳米），光谱分辨率 ≤ 2cm$^{-1}$，内置四块光栅（2400gr/mm、

1800gr/mm、1200gr/mm、600gr/mm)。光谱重复性≤ ±0.2cm$^{-1}$。每次测定样品前均采用单晶硅标样的一阶峰（520.2±0.5cm$^{-1}$）作为参考峰位对激光拉曼光谱进行校正[11，12]。

部分实验也在复旦大学分析测试中心光谱实验室和中国科学院上海光学精密机械研究所高功率激光单元技术研发中心进行。前者采用法国 Dilor 公司生产的 LabRan-1B 型共焦显微拉曼光谱仪，实验参数：He-Ne 激光器，激光波长 632.8 纳米，功率 4.3mW，100 倍物镜，狭缝 100 微米，多道 CCD 探测器，光束作用面积 1μm$^2$。后者采用英国 Renishaw 公司生产的 inVia Reflex 型显微共焦激光拉曼光谱仪，测试条件：Ar 离子激光器（488 纳米），额定功率 20mW，半导体激光器（488 纳米），配有大样品台和光纤探头，额定功率 313mW；5 倍、20 倍和 50 倍物镜（光斑直径 1 微米），高灵敏度超低噪音 CCD 探测器，横向分辨率小于 1 微米。

3. 便携式激光拉曼光谱仪（PLRS）

研究采用美国必达泰克公司生产的 BTR111-785 型便携式激光拉曼光谱仪。该仪器采用 Cleanlaze TM 专利技术的长寿命、高稳定性的窄带宽 785 纳米激光器，带宽窄至 0.01 纳米，最大输出功率大于 300mW，光谱响应范围在 175—3200cm$^{-1}$，其高灵敏度响应范围在 175—2800cm$^{-1}$。采用 16 位模数转换仪、高通量 TE 致冷控温 2048 元 CCD 阵列传感器。每件样品根据具体情况采集 1—6 条谱图，设置的积分时间 1—10 秒，光谱分辨率为 10cm$^{-1}$。为了提高信噪比并降低积分时间，将激光输出功率在 1%—100% 之间进行调整[13]。

## 三、成像分析技术

采用两种成像分析技术对样品内部物理结构和样品表面进行成像分析。内部物理结构成像分析采用光学相干层析成像技术（OCT）。样品表面显微形貌分析则采用超景深光学显微系统（OM）和扫描电镜分析技术（SEM）进行分析。

1. 光学相干层析成像技术（OCT）

光学相干层析成像技术（OCT）采用日本圣德科（Santec）公司生产的 IVS-2000 型 OCT 系统。此系统由扫频源、干涉仪单元、OCT 探针以及计算机单元组成。扫频源中心波长为 1315—1340 纳米，谱峰半高宽为 110 纳米，扫频频率为 20kHz，激光最大功率为

50mW。OCT 探针扫描范围为 0—20 毫米。干涉仪单元则基于延迟线集成的马赫-泽德干涉系统。在硅酸盐材料中，轴向分辨率达到 5.3 微米，轴向探测深度达到 5 毫米，横向分辨率 <5 微米。该技术已经成功应用于中国玻璃器制作工艺及古代瓷釉断层结构分析研究中 [14]。

2. 超景深光学显微镜（OM）

研究采用日本基恩士公司研制、生产的 VHX-5000 型超景深光学显微镜。仪器配备有两种型号的光学显微镜头，型号分别为 VH-Z20（放大倍率 20—200）、VH-Z100R（放大倍率 100—1000），可实现 20 倍至 1000 倍的显微观测。同时，本系统还具有自动对焦、全幅对焦、深度合成、多角度观测、超高分辨率和高清晰度显示、三维合成、实时观测以及三维测量等先进功能。

3. 扫描电子显微镜分析系统（SEM-EDS）

（1）JSM-6360L 型扫描电子显微镜系统

采用日本电子株式会社生产的 JSM-6360L 型扫描电子显微镜系统，配备有能谱分析仪（EDS）和背散射电子探测器，不仅可对样品表面微观形貌进行观测，还可以对微观兴趣区域进行化学成分分析。

（2）欧波同 COXEM EM-30 PLUS 桌面 SEM-EDS 系统

采用上海欧波同仪器有限公司的 COXEM EM-30 PLUS 扫描电子显微镜，配备牛津（Oxford）X-act compact 1414 型电子能谱仪（EDS），进行了显微分析和元素分布分析，测试前样品表面进行喷金处理，测试时加速电压为 20kV。采用牛津的 AZtec ONE 软件对样品进行无标样法定量分析。

（3）泰思肯（TESCAN）VEGA 3 XMU 型 SEM-EDS 系统

采用北京科技大学科技史与文化遗产研究院泰思肯（TESCAN）VEGA 3 XMU 型 SEM，配备 Bruker Nano Gmbh 610M 型 EDS，测试电压为 15kV、电流为 20 μA。利用 Bruker Esprit 2 分析软件，用无标样的 ZAF 对样品的化学成分含量进行定量分析。为确保定量分析结果的准确性，采用康宁 B、C 和 D 玻璃标准品进行重复性测试评估 [15]。

（4）S4800 场发射扫描电子显微镜系统

实验在中国科学院上海硅酸盐研究所分析测试中心进行，采用的是日本日立公司 S4800 场发射扫描电子显微镜，配备布鲁克（Bruker）能谱仪，采用第六代 XFlash®6|60

型探测器，探头面积达 60mm$^2$，具有超高脉冲数据处理能力，保证最快的测量速度。具有良好的能量分辨率，保证最佳的轻元素和低能端分析。工作电压为 20kV，电流为 10 μA。采用无标样的 ZAF 法对样品进行定量分析。

（5）Ouanta 650 型环境 SEM-EDS 系统

采用河南省文物考古研究院的美国 Fei 公司 Quanta 650 型环境扫描电镜（ESEM）及 Edax 公司的 Apollo-X 型能谱仪进行无标样元素定性和定量分析。工作电压为 25kV，工作距离 10 毫米，扫描时间 50 秒 [16]。

### 四、硅胶覆膜技术

硅胶覆膜技术是微痕观测的一种辅助技术，主要是利用硅胶材料对文物样品表面纹饰或穿孔内部微痕等进行“复制”，再利用显微分析技术对其进行观测，从而获取纹饰及穿孔内部等微痕特征信息。硅胶覆膜技术是一种精度较高的微痕复制技术，利用此种技术不仅可以获取孔、槽等难以直接观察部位的微痕信息，还可以在现场进行微痕复印后，带回实验室进行观测，解决了珍贵文物不可移动的难题。同时，硅胶覆膜材料具有流动性好、黏性低、快速凝固等特征，对文物本身具有安全无损的特点。硅胶覆膜技术已经成为古代文物微痕观测中的常规辅助技术。经过对多种常见硅胶覆膜材料进行实验对比分析后，本书所采用的硅胶覆膜材料为 3M ESPE 公司的 7302 型绿色轻体硅胶，主要化学成分为乙烯基聚硅氧烷，无毒无味。实验时，在室温（23℃）下进行覆膜操作，填充 6 分钟后取模 [17]。提取的印模保存在稳定的室温下，避免高温或受压。

## 第二节 常见玉石矿物的物理化学特征

玉，现代人统称为珠宝玉石，可分为天然珠宝玉石和人工珠宝玉石两类。天然珠宝玉石又可细分为天然宝石、天然玉石和天然有机宝石。本书中所涉及玉器均为天然矿物，经人工制作而成，并不涉及人工珠宝玉石，故本书中其余部分将“天然”二字省略。宝石通常是指矿物单晶体（可含双晶），玉石则是指矿物集合体，少数为非晶质物质[18]。玉器材质判定是古代玉器科学认知的基本内容之一。物相组成分析技术和化学成分分析技术是玉器材质认知的两种常规分析技术。通过物相组成和化学成分两种分析技术相互结合的方法，可基本确定玉器的矿物类型，准确判定玉器材质属性。激光拉曼光谱分析技术具有无损、快速、原位分析等优势，十分适合古代玉器的材质分析与判定，本节主要是对河南出土玉器所用玉料主要组成矿物的矿物学特征和主要化学组分、特征拉曼图谱进行简要介绍。

## 一、硅酸盐类矿物

### 1. 透闪石-阳起石矿物

透闪石，即通常所说的软玉，属于角闪石族中的钙镁硅酸盐，摩氏硬度在6—6.5之间，相对密度在2.80—3.10之间，其化学结构式为$Ca_2(Mg,Fe)_5Si_8O_{22}(OH)_2$。透闪石中Mg和Fe可以完全类质同象替代，置换程度不同，矿物成分也不同。当Mg被Fe部分置换时，透闪石可以变为阳起石[$Ca_2Mg_5Si_8O_{22}(OH)_2 \rightarrow Ca_2(Mg,Fe)_5Si_8O_{22}(OH)_2$]；当Mg被Fe完全置换后，阳起石就成为铁阳起石[$Ca_2(Mg,Fe)_5Si_8O_{22}(OH)_2 \rightarrow Ca_2Fe_5Si_8O_{22}(OH)_2$]。由于Mg和Fe的置换是一种连续系列，因此矿物类型的划分有一定范围。当比值$R=Mg^{2+}/(Mg^{2+}+Fe^{2+(3+)}) \geqslant 0.9$时，称为透闪石；当$0.9>R\geqslant 0.5$时，称为阳起石；当$R<0.5$时，称为铁阳起石[19]。

透闪石-阳起石类型矿物的拉曼特征峰主要位于222cm$^{-1}$、390cm$^{-1}$、674cm$^{-1}$、930cm$^{-1}$、1060cm$^{-1}$等位置附近（图2.1），其中222cm$^{-1}$附近的特征峰归属于硅氧四面体畸变引起的变形振动，390cm$^{-1}$附近特征峰归属于硅氧键（Si—O）的弯曲振动，674cm$^{-1}$附近特征峰归属于

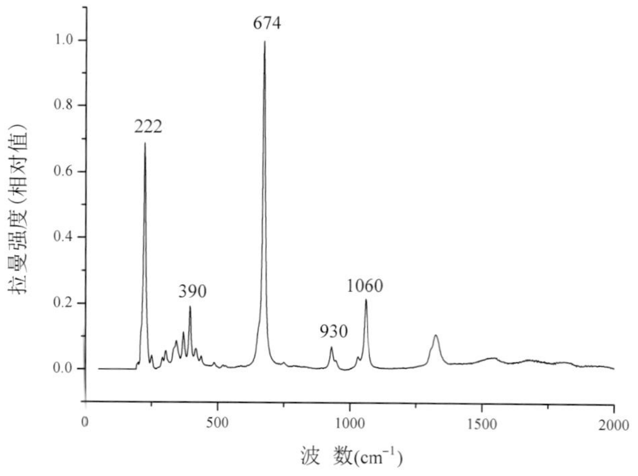

图2.1 透闪石-阳起石的特征拉曼图谱

硅离子和桥氧键（Si—$O_b$—Si）对称伸缩振动，900—1150$cm^{-1}$ 范围内的拉曼特征峰分别是硅离子和非桥氧键（Si—$O_{nb}$—Si）的伸缩振动及硅离子和桥氧键（Si—$O_b$—Si）的反对称伸缩振动。另外，在 3670$cm^{-1}$ 附近也存在一拉曼特征峰，此特征峰主要是羟基氢氧键（O—H）的拉伸振动引起 [20]。674$cm^{-1}$、222$cm^{-1}$ 附近拉曼特征峰强度较强，390$cm^{-1}$、930$cm^{-1}$、1060$cm^{-1}$ 等位置拉曼特征峰强度较弱。需要注意的是，不同波长的激发光源、不同的仪器设备、不同的样品表面状况等因素，对拉曼特征峰的位置都存在一定影响。

透闪石－阳起石类型矿物主要组分为 $SiO_2$、MgO、CaO、FeO/$Fe_2O_3$ 和结构水。由于常用的化学成分分析技术，如 XRF、PIXE 等无法检测水的含量，也无法判断矿物中铁元素的价态，因此，在讨论矿物组分时通常忽略结构水的含量，同时，铁的氧化物仅以 1 种氧化物形式表示，FeO 或 $Fe_2O_3$。透闪石类型矿物化学结构式为 $Ca_2(Mg)_5Si_8O_{22}(OH)_2$，其 $SiO_2$、MgO 和 CaO 的理论组分含量分别为 59.17%、24.81% 和 13.81%。由于实际矿物存在 Mg 与 Fe 相互替代，同时可能还有共生、伴生、次生等不同类型的杂质矿物，实验中测得的组分含量总会与理论值存在一定偏差。

### 2. 蛇纹石矿物

蛇纹石是一类含水的富镁硅酸盐矿物总称。常见蛇纹石颜色有黄绿、浅绿、翠绿、墨绿、灰绿等，常具蛇皮状青、绿斑纹。蛇纹石质地致密，略具有油脂或蜡状光泽；摩氏硬度为 2.5—4，相对密度为 2.2—3.6。岫岩玉是我国蛇纹石玉的典型代表 [21]。除辽宁岫岩玉外，陕西蓝田玉、甘肃酒泉玉、台湾花莲玉、山东泰山玉等都是我国蛇纹石玉的代表。

叶蛇纹石、纤蛇纹石和利蛇纹石是蛇纹石矿物的三种主要亚种类型。图 2.2 给出了三种不同亚种蛇纹石的特征拉曼图谱。128—135$cm^{-1}$ 范围内的拉曼特征峰可归属为晶格振动，228—230$cm^{-1}$ 附近的拉曼特征峰归属为 O—H—O 集团振动，345$cm^{-1}$ 附近拉

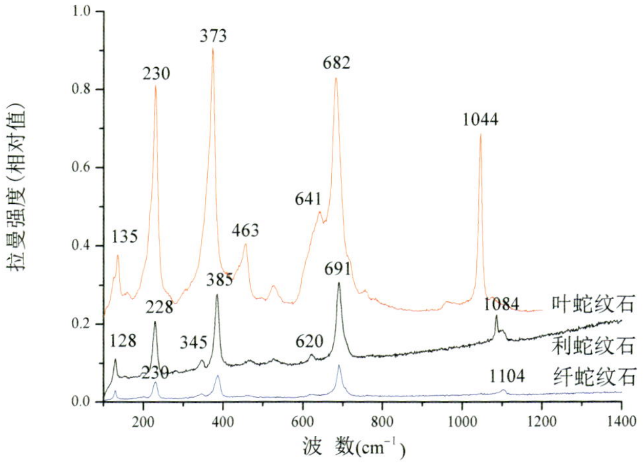


图 2.2　不同亚种蛇纹石的特征拉曼图谱

曼特征峰归属为硅氧四面体弯曲振动，373—386cm$^{-1}$范围内拉曼特征峰归属为硅氧四面体的对称性伸缩振动［$v_{5(e)}$］，682—691cm$^{-1}$范围内拉曼特征峰归属为硅氧键（Si—$O_b$—Si）对称性伸缩振动，1045—1102cm$^{-1}$范围内拉曼特征峰归属为硅氧键（Si—$O_b$—Si）非对称性伸缩振动[22]。由图2.2可以明显看出，三种不同亚种蛇纹石矿物在128—135cm$^{-1}$、228—230cm$^{-1}$、373—386cm$^{-1}$、682—691cm$^{-1}$范围内的拉曼特征峰位置存在一定差异，但差异不明显，不容易区分。但叶蛇纹石在1044cm$^{-1}$处的拉曼特征峰较容易识别，利蛇纹石和纤蛇纹石此处附近的拉曼特征峰分别位于1084cm$^{-1}$和1104cm$^{-1}$。有国外研究学者指出，三种不同类型的蛇纹石在3600—3800cm$^{-1}$范围内的拉曼特征峰亦有明显差异[23]。

蛇纹石矿物化学式为$Mg_6[Si_4O_{10}](OH)_8$，主要组分为$SiO_2$、MgO和$H_2O$，理论含量分别为43.37%、43.63%和13.00%。由于蛇纹石中的Mg离子通常可被Fe等元素离子所取代，同时，Al离子与Si离子可发生部分类质同象替代，因此，实际测试得到的蛇纹石化学成分分析结果与理论组分存在一定差异。

3．滑石矿物

滑石是最为常见的硅酸盐类矿物之一，通常呈致密块状、片状、鳞片状集合体。质纯者为白色或微带浅黄、粉红、浅绿、浅褐等色。颜色的变化主要是由杂质引起。摩氏硬度为1，相对密度为2.58—2.83。

滑石分子式为$Mg_3[Si_4O_{10}](OH)_2$，理论组分为MgO含量31.72%、$SiO_2$含量63.12%、$H_2O$含量4.76%。化学成分较稳定，Si有时会被Al或Ti代替，Mg常被Fe及少量的Mn、Ni、Al代替。铁滑石中氧化铁的含量可达33.7%。

滑石拉曼特征峰如图2.3所示。由图可以看出，滑石的强特征峰分别位于196cm$^{-1}$、364cm$^{-1}$和678cm$^{-1}$附近，其中196cm$^{-1}$附近特征峰归属于A1g（v1），364cm$^{-1}$附近特征峰归属于$v_{5(e)}$，678cm$^{-1}$附近特征峰归属于Si—

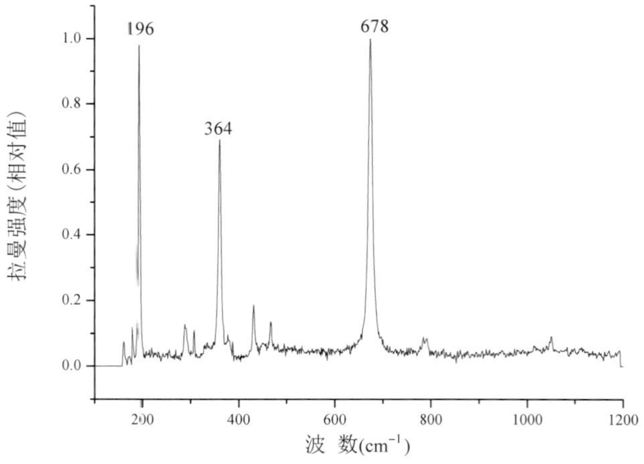


图2.3 滑石的特征拉曼图谱

$O_b$—Si 对称性伸缩振动。

4. 斜绿泥石矿物

斜绿泥石，其化学分子式为 $(Mg，Fe，Al)_3(OH)_6\{(Mg，Fe，Al)_3[(Si，Al)_4O_{10}](OH)_2\}$，属于绿泥石三八面体族，绿泥石的变种之一，存在于绿泥石–鲕绿泥石固溶体系列中。如果该八面体结构主要被 $Mg^{2+}$ 占据，称为富镁绿泥石（斜绿泥石）。$Mg^{2+}$ 被 $Fe^{2+}$ 置换后，则成为本系列中另一成员鲕绿泥石 [24]。呈斜绿泥石玉产出者，主要成块状，颜色从无色、浅黄、黄、褐黄、灰绿、浅绿到深绿色，随铁含量增加而颜色加深。其表面多为蜡状光泽和油脂光泽，不透明至半透明 [25]。

5. 云母类矿物

云母族矿物的化学成分可用通式 $XY_{2-3}[T_4O_{10}](OH)_2$ 表示，其中，X 位主要是钾元素（K），其次是钠元素（Na）；Y 位主要是镁、铁、铝和锂元素（Mg、Fe、Al、Li）；T 位为硅（Si）和铝元素（Al）。根据其化学成分，云母族矿物可分为三个亚族，即白云母、金云母和锂云母。白云母 $\{KAl_3[Si_3AlO_{10}](OH)_2\}$ 是广泛分布的造岩矿物之一，可形成于不同的地质条件，其晶体呈假六方柱状、板状、片状或鳞片状，集合体为片状、鳞片状。极细的鳞片状几何体并呈丝绢光泽者称为绢云母。硬度 2—4。

## 二、石英族矿物

石英族矿物也是古代玉器常见的组成矿物之一。人类使用石英质矿物可追溯至 60 万年前，陕西蓝田文化遗址中，蓝田猿人使用的石器石材就是石英岩、脉石英和石英砂岩等。在新石器时代的北阴阳营遗址、良渚文化遗址、大汶口文化遗址和龙山文化遗址等出土的文物中，也发现有多种石英质矿物制作的生产工具和各类装饰物。石英族矿物有一系列的同质多象变体，即具有相同的化学组成，却有不同的分子结构，如 α–石英、鳞石英和方石英。最常见的石英晶体为 α–石英（α–Quartz），可分为显晶质和隐晶质。显晶质的 α–石英包括单晶体的无色水晶、紫晶、茶晶、黄水晶等，通常呈六方柱和菱面体，因含有微量致色离子、细分散包裹体及色心等而呈现各种颜色，并致使透明度降低。隐晶质石英集合体，包括红玉髓、绿玉髓、玛瑙、燧石等，主要根据不同的宏观特征进行判断 [26]。单色微透明者，称为玉髓或石髓，带条纹斑纹呈微透者称玛瑙。

尽管存在多种类型的石英族矿物，但其主要化学组分均为二氧化硅（$SiO_2$），含量一般在 90% 以上，同时含有一些其他的次量组分，如氧化铝（$Al_2O_3$）、氧化铁（$Fe_2O_3$）等。常见的水晶、玛瑙等石英质矿物，其特征拉曼图谱也具有相似性（图 2.4）。α−石英的主要拉曼特征峰位于 460cm$^{-1}$ 附近，另外在 124cm$^{-1}$、203—265cm$^{-1}$、351—396cm$^{-1}$，以及 689—1161cm$^{-1}$ 范围内均存在拉曼特征峰。在确定玉器材质为石英质矿物之后，结合器物的外观特征，进一步确定器物材质为水晶或玛瑙等。

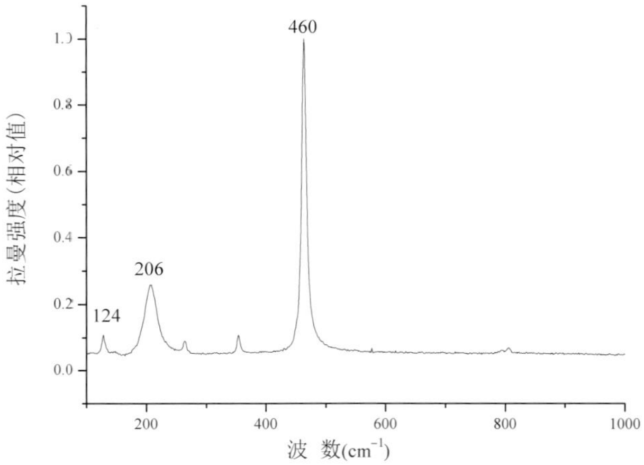


图 2.4　α−石英的特征拉曼图谱

## 三、磷酸盐类矿物

### 1. 绿松石

绿松石，简称“松石”，又名“土耳其玉”，是一种含水的基性磷酸盐。通常为隐晶质致密块体，或呈皮壳状、结核状、葡萄状、瘤状、豆状等集合体。颜色有蓝色、蓝绿色、黄绿色等，条痕白色或淡绿色，呈蜡状光泽。我国绿松石产地主要分布在湖北、陕西、安徽、河南等地。

绿松石特征拉曼图谱如图 2.5 所示，其最强特征峰位于 1045cm$^{-1}$ 附近，主要是由磷酸根（$PO_4$）$^{3-}$ 的对称性伸缩振动所导致。在 3475cm$^{-1}$ 附近也存在一个拉曼特征峰，主要是由于羟基氢氧键的伸缩振动所导致 [27]。在低波数范围，绿松石存在多个拉曼特征峰，强度相对比较低。

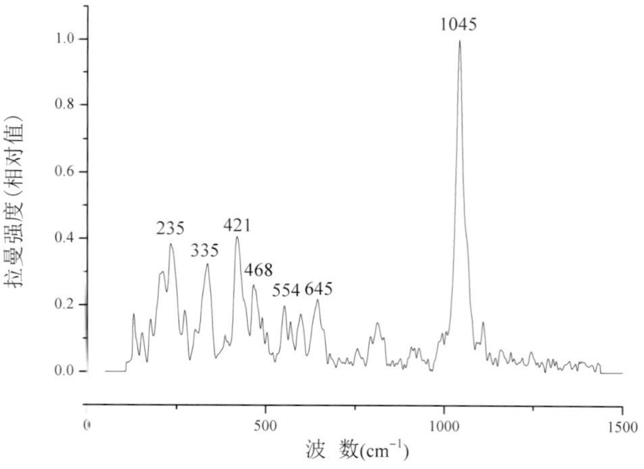


图 2.5　绿松石的特征拉曼图谱

绿松石化学分子式为 $CuAl_6(PO_4)_4(OH)_8 \cdot 4H_2O$，其主要组分为 $P_2O_5$、$Al_2O_3$、CuO 和 $H_2O$，各组分理论含量分别为 34.12%、36.84%、9.57% 和 19.47% [28]。由于地质环境的影响，绿松石矿物成分中的类质同象替代比较常见，如 $Cu^{2+}$ 常被 $Zn^{2+}$、$Ca^{2+}$、$Mn^{2+}$ 替代，$Al^{3+}$ 常被 $Fe^{3+}$ 替代，从而向锌绿松石和铁绿松石（又名磷铜铁矿）转变，而 $SiO_2$ 则可能来自伴生矿物或围岩，绿松石围岩的主要成分是石英（$SiO_2$）和云母等。

2. 磷灰石

磷灰石晶体呈六方柱形或是厚板状，集合体为粒状、致密块状、结核状等。颜色多样，以黄、绿、褐等颜色为常见。玻璃光泽，断口油脂光泽，摩氏硬度为 5。根据附加阴离子的不同，磷灰石可分为三个亚类，分别是氟磷灰石 {$Ca_5[PO_4]_3F$}、氯磷灰石 {$Ca_5[PO_4]_3Cl$} 和羟磷灰石 {$Ca_5[PO_4]_3(OH)$}。其中，羟磷灰石也是人类及动物骨骼、牙齿组分之一，但骨骼中的羟磷灰石具有独特的生物学性质，与自然界中的羟磷灰石矿物并不完全相同。

磷灰石的拉曼特征峰主要位于 960cm$^{-1}$ 附近（图 2.6），为磷酸根 $[PO_4]^{3-}$ 弯曲振动引起，在 432cm$^{-1}$、444cm$^{-1}$、580cm$^{-1}$、590cm$^{-1}$、608cm$^{-1}$、1028cm$^{-1}$、1048cm$^{-1}$、1076cm$^{-1}$ 等附近存在其他特征峰，但强度远小于 960cm$^{-1}$ 附近特征峰。从化学组成来说，磷灰石的主要组分为 CaO 和 $P_2O_5$，同时，含有少量其他杂质组分，如 $SiO_2$ 和 $Fe_2O_3$ 等。

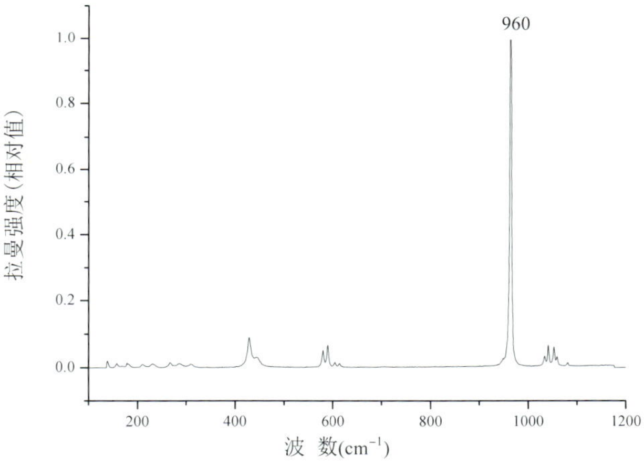


图 2.6　磷灰石的特征拉曼图谱

## 四、萤石矿物

萤石（$CaF_2$）是古代玉石器物中较为常见的一类矿物，其矿物集合体有粒状、块状、球粒状或钟乳状；透明至半透明，玻璃光泽，有无色、白色、紫色、绿色等多种颜色；摩氏硬度为 4 [29]。

根据张惠芬等人的研究，萤石的拉曼特征峰主要分布于310—325cm$^{-1}$、825—945cm$^{-1}$和1100—1500cm$^{-1}$等范围内[30]。位于310—325cm$^{-1}$范围内的拉曼特征峰为一强度高、谱峰尖锐的强峰，是萤石的主要拉曼特征峰。此拉曼特征峰是萤石中仅有一个拉曼活性的声子振动模式所引起的。位于825—945cm$^{-1}$范围内的拉曼特征峰是一组峰（830cm$^{-1}$、890cm$^{-1}$、900cm$^{-1}$、915cm$^{-1}$、925cm$^{-1}$、935cm$^{-1}$、945cm$^{-1}$等位置附近），强度相对较弱。位于1100—1500cm$^{-1}$范围内的拉曼特征峰也是一组峰，强度也较弱。上述两组组峰属于荧光峰，可能是萤石中的稀土离子的发光谱。需要注意的是，萤石矿物除了位于310—325cm$^{-1}$范围内的拉曼特征谱肯定存在之外，其余的拉曼特征峰并不一定会全部存在，这取决于萤石矿床成因和稀土元素含量。

萤石的化学分子式为$CaF_2$，由于常规XRF技术无法有效检测F元素，而仅能检测到Ca元素，因此，萤石的理论化学成分分析结果中仅有Ca元素，但实际测试过程中可能会检测到一定含量的Si和Fe等杂质元素。

## 五、方解石和文石矿物

方解石单晶有不同形状，如菱面体状、板状、片状、六方柱状等。双晶也较为常见。集合体形态则有致密块状、粒状、晶簇状、多孔状等多种形态。平行或近平行连生的片状称为层解石，无色透明者为冰洲石。玻璃光泽，摩氏硬度为3。方解石主要拉曼特征峰位于1086cm$^{-1}$附近，同时在155cm$^{-1}$、284cm$^{-1}$、712cm$^{-1}$附近存在强度相对较弱的特征峰（图2.7）。

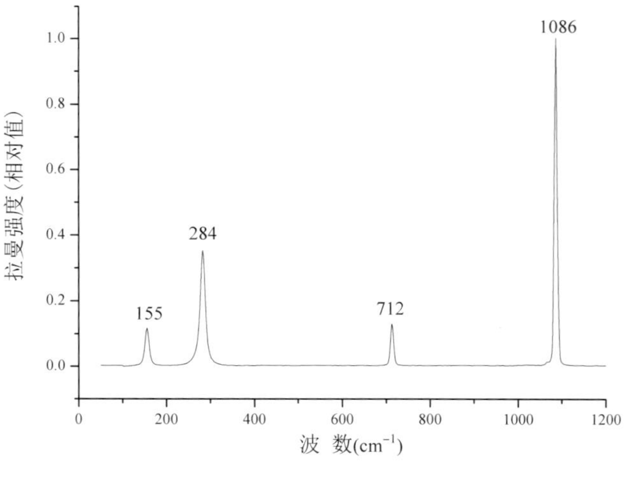

图2.7 方解石的特征拉曼图谱

文石晶体呈柱状或矛状，集合体呈柱状、显微状、晶簇状、珊瑚状等。多数软体动物的贝壳内壁珍珠质部分是由极细的片状文石沿贝壳面平行排列而成。颜色为白色、黄色，有时呈现浅绿色、灰色等。玻璃光泽，摩氏硬度在3.5—4.5。文石在自然界的分布远少于方解石。作为生物化学作用的产物，是许多动物贝壳、珍珠的主要矿物成分。文石与方解石为同质异构体，其主要拉曼特征谱线位于 1085cm$^{-1}$ 附近，同时在 703cm$^{-1}$、206cm$^{-1}$、152cm$^{-1}$ 附近存在强度较弱的特征峰（图 2.8）。从化学成分的角度来说，方解石和文石的主要组分均为 CaO。

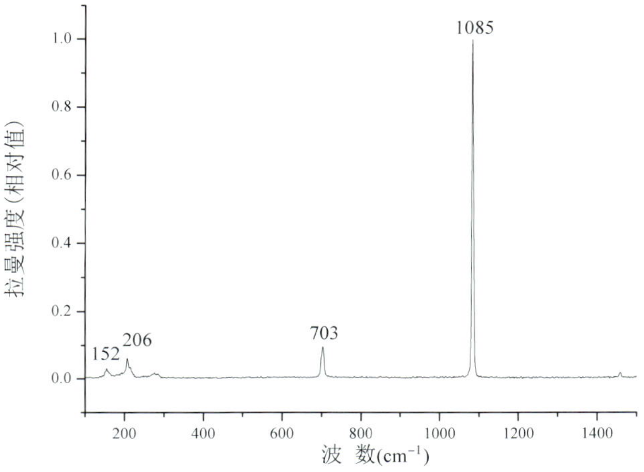


图 2.8　文石的特征拉曼图谱

## 参考资料

[1] J. L. Campell, J. A. Maxwell. Gupix 96: The Guelph PIXE Program [M]. Ontario: University of Guelph, 1996.

[2] 张朱武. 不同产地软玉玉石的主成分、微量元素、矿相结构和产地特征研究[D]. 北京：中国科学院大学博士学位论文，2011.

[3] H. S. Cheng, B. Zhang, D. Zhu. Some New Results of PIXE Study on Chinese Ancient Porcelain [J]. Nuclear Instruments and Methods in Physics Research B, 2005(240):527–531.

[4] Z. W. Zhang, F. X. Gan, H. S. Cheng. PIXE Analysis of Nephrite Minerals from Different Deposits [J]. Nuclear Instruments and Methods in Physics Research B, 2011(269):460–465.

[5] 李飞，李青会，干福熹，等. 一批中国古玻璃化学成分的质子激发 X 射线荧光分析[J]. 硅酸盐学报，2005, 33(5):581–586.

[6] S. Liu, Q. H. Li, F. X. Gan, P. Zhang. Characterization of Some Ancient Glass Vessels Fragments Found in Xinjiang, China, Using a Portable Energy Dispersive XRF Spectrometer [J]. X–Ray Spectrom., 2011(40):364–375.

[7] S. Liu, Q. H. Li, F. X. Gan, P. Zhang, J. W. Lankton. Silk Road Glass in Xinjiang, China: Chemical Compositional Analysis and Interpretation Using a High–resolution Portable XRF Spectrometer [J]. Journal of Archaeological Science, 2012, 39(7), 2128–2142.

[8] S. Liu, Q. H. Li, Q. Fu, F. X. Gan, Z. M. Xiong. Application of a

Portable XRF Spectrometer for Classification of Potash Glass Beads Unearthed from Tombs of Han Dynasty in Guangxi, China [J]. X-Ray Spectrometry, 2013, 42 (6): 470-479.

[9] Song Liu, Qinghui Li, Fuxi Gan. Chemical Analyses of Potash-lime Silicate Glass Artifacts from the Warring States Period in China [J]. Spectroscopy Letters, 2015, 48 (4): 302-309.

[10] H. X. Zhao, Q. H. Li, S. Liu, Y. Q. Hu, F. X. Gan. Nondestructive Analysis of Jade Artifacts from the Cemetery of the Ying State in Henan Province, China using Confocal Raman Microspectroscopy and Portable X-ray Fluorescence Spectroscopy [J]. Journal of Raman Spectroscopy, 2014, 45 (2): 173-178.

[11] H. X. Zhao, Q. H. Li, S. Liu, F. X. Gan. Characterization of Microcrystals in Some Ancient Glass Beads from China by Means of Confocal Raman Microspectroscopy [J]. Journal of Raman Spectroscopy, 2013, 44 (4): 643-649.

[12] Z. W. Zhang, F. X. Gan. Analysis of the Chromite Inclusions Found in Nephrite Minerals Obtained from Different Deposits using SEM-EDS and LRS [J]. Journal of Raman Spectroscopy, 2011(42): 1808-1811.

[13] J. Q. Dong, Y. L. Han, J. W. Ye, et al. In Situ Identification of Gemstone Beads Excavated from Tombs of the Han Dynasties in Hepu County, Guangxi Province, China Using a Portable Raman Spectrometer. Journal of Raman Spectroscopy, 2014, 45 (7): 596-602.

[14] 严鑫，董俊卿，李青会，等. 基于OCT技术对古代瓷釉断面结构特征的初步研究[J]. 中国激光，2014, 41 (9): 0908001-1-6.

[15] 周本源，马清林. 甘肃秦安大地湾遗址出土白色块状颜料成分分析[J]. 文物保护与考古科学.2019, 31 (4): 87-99.

[16] 王鑫光，梁法伟，唐静，等. 荥阳小胡村墓地出土部分铜器的科学分析[J]. 文物保护与考古科学，2018, 30 (1): 78-85.

[17] 刘珺. 古代宝玉石器物材料属性及加工工艺的科学研究[D]. 北京：中国科学院大学硕士学位论文，2019.

[18] 国家珠宝玉石质量监督检验中心，全国珠宝玉石标准化技术委员会. 珠宝玉石国家标准释义[M]. 北京：中国质检出版社 & 中国标准出版社，2018.

[19] B. E. Leake. Nomenclature of amphiboles [J]. American Mineralogist, 1978 (63): 1023-1052.

[20] C. Rinaudo, E. Belluso and D. Gastaldi. Assessment of the Use of Raman Spectroscopy for the Determination of Amphibole Asbestos [J]. Mineralogical Magazine, 2004, 68 (3): 455-465.

[21] 刘志勇，干福熹，承焕生，等. 辽宁岫岩玉的岩相结构和无损分析研究[J]. 岩石学报，2009, 25 (05): 1281-1287.

[22] 王永亚. 不同产地蛇纹石玉的成分、物相和结构特征[D]. 北京：中国科学院大学博士学位论文，2012.

[23] Petriglieri, J. R., Bersani, Danilo, Salvioli-Mariani, E., Mantovani, Luciana, Tribaudino, Mario, Lottici, Pier Paolo,

Christine, Laporte-Magoni. Polymorphs of Serpentine: Identification by Means of Raman Spectroscopy. 11th International GeoRaman Conference, 2014: 5064.

[24] Violeta Sontevska, Gligor Jovanovski, Petre Makreski. Minerals from Macedonia. Part XIX. Vibrational Spectroscopy as Identificational Tool for Some Sheet Silicate Minerals. Journal of Molecular Structure, 2007, 834-836: 318-327.

[25] 边智虹. 斜绿泥石玉的特征及其鉴别[J]. 资源环境与工程. 2005, 19(3): 239-241.

[26] 秦善，王长秋. 矿物学基础[M]. 北京：北京大学出版社，2006: 76.

[27] 陈全莉，亓利剑，陈敬中. 绿松石的激光拉曼光谱研究[J]. 光谱学与光谱分析，2009, 29(2): 406-409.

[28] 李亚光. 不同产地的绿松石特征浅析[J]. 文物鉴定与鉴赏，2017(6): 82-83.

[29] 秦善，王长秋. 矿物学基础[M]. 北京：北京大学出版社，2006: 47.

[30] 张惠芬，曹俊臣，谢先德. 天然萤石的喇曼光谱和发光谱研究[J]. 矿物学报，1996, 16(4): 394-402.

# 第三章

# 新石器时代玉器的科学研究

河南新石器时代文化谱系的发展顺序依次为裴李岗文化、仰韶文化、龙山文化。仰韶文化之后，在河南的西南部有屈家岭文化，东部有大汶口文化，距今4600年左右均被河南龙山文化所取代[1]。河南境内出土遗物丰富，玉器是其重要的组成部分，具有鲜明的特色，裴李岗文化、仰韶文化、龙山文化均有不少玉器出土，到了二里头文化至商周时期出土玉器已相当丰富，种类多样，有工具类、装饰类、礼仪类、日用类及殓玉类等。

裴李岗文化是新石器时代早期最具代表性和发展水平最高的一支，几乎遍布于河南全境，奠定了中原文化区的基础。典型遗址有新郑裴李岗、舞阳贾湖、长葛石固、郏县水泉、临汝中山寨、新郑唐户等。其中贾湖遗址发现有占卜用的龟甲、具有原始文字性质的刻划符号、绿松石制品以及中国最早的吹奏乐器——骨笛，展现了当时人们丰富的精神世界，是一批不可多得的珍贵资料。

仰韶文化是中国最早命名的史前文化，在学术史上占有重要地位。河南尤其是豫西处于仰韶文化的核心区域，以农业的进一步发达为基础，在聚落数量、规模乃至人口数量上都已领先于其他文化区。经过较大规模发掘的灵宝西坡、郑州大河村、郑州西山、邓州八里岗、淅川龙山岗、淅川下王岗和淅川下寨等遗址，表明这一时期聚落内部结构更加复杂，特别是西坡遗址发现的大型公共建筑和缺少奢侈品的大墓，充分展示了迥异于其他史前文化区的特色，对认识中原地区的文明化进程具有重要价值。

龙山时代是社会复杂化提速，不同文化传统之间相互交流、融合乃至重组的重要时期，河南成为融汇四方文化精华的巨大熔炉。中原大地上涌现出一大批城址，如登封王城岗、安阳后冈、淮阳平粮台、郾城郝家台、新密古城寨、辉县孟庄、新密新寨、焦作徐堡和平顶山蒲城店等城址，阶级和暴力因素开始凸显，国家文明开始孕育。终于，在广泛吸收周邻文化的基础上，伊洛河流域的二里头文化从不同的区系类型的多元竞争中脱颖而出，奠定了华夏文明早期传统的结构框架。

针对河南省新石器时代玉器出土情况，我们选择舞阳贾湖遗址、淅川下王岗遗址和下寨遗址出土的玉石器进行科技分析研究。

## 第一节　贾湖遗址玉器

贾湖遗址[2]位于河南省漯河市舞阳县北舞渡镇贾湖村，自1983年至2013年，河南省文物考古研究院对贾湖遗址先后进行八次发掘，发现绿松石坠饰48件和萤石珠20颗。其中方形绿松石坠饰7件，三角形绿松石坠饰11件，圆形穿孔绿松石坠饰26件，梭形和不规则形绿松石坠饰各2件。这些绿松石坠饰皆为小型饰件，和萤石珠一样，大多出自墓葬中，共存器物有陶器、石器和骨器等。贾湖遗址为新石器时代遗址，属于裴李岗文化，可分为三期，第一期的绝对年代为距今9000—8500年，第二期为距今8500—8000年，第三期为距今8000—7500年。绿松石制品的发现主要集中在第二期，第一期和第三期数量相对较少。

### 一、玉器基本信息

我们选取了贾湖遗址出土的36件玉器进行科学分析。这些玉器主要为小型装饰品，多为坠饰，有扁三角形、梭形、扁平圆珠形、扁平长条形、近半圆形、圆柱形及不规则形等，颜色有绿色、浅绿色和绿白色，计26件（彩版一—彩版七；彩版八，1−3、5、6）；次为扁圆珠形玉珠，皆为青白色，计9件（彩版九）；此外还有1件棒形白色水晶块（彩版八，4）。测试玉器基本信息见表3.1。

## 表 3.1 舞阳贾湖遗址玉器基本信息

| 样品编号 | 器名 | 原始编号 | 质量／克 | 尺寸／厘米 | 照片 |
|---|---|---|---|---|---|
| HNWKIII−24 | 萤石珠 | M249∶6 | 8.26 | 直径 2.05、厚 1.05 |  |
| HNWKIII−25 | 萤石珠 | M249∶7 | 6.32 | 直径 1.95、厚 0.85 |  |
| HNWKIII−26 | 萤石珠 | M58∶6 | 0.71 | 直径 0.95、厚 0.45 |  |
| HNWKIII−27 | 萤石珠 | M318∶1−1 | 6.26 | 直径 1.75、厚 1.1 |  |
| HNWKIII−28 | 萤石珠 | M318∶1−2 | 3.37 | 直径 1.55、厚 0.65 |  |
| HNWKIII−29 | 萤石珠 | M318∶1−3 | 3.86 | 直径 1.6、厚 0.77 |  |
| HNWKIII−30 | 萤石珠 | M318∶1−4 | 3.19 | 直径 1.5、厚 0.85 |  |
| HNWKIII−31 | 萤石珠 | M318∶1−5 | 2.56 | 直径 1.35、厚 0.6 |  |
| HNWKIII−32 | 萤石珠 | M318∶1−6 | 3.22 | 直径 1.42、厚 0.75 |  |
| HNWKIII−33 | 绿松石坠饰 | M249∶5 | 1.35 | 长 3.4、宽 0.85、厚 0.35 | 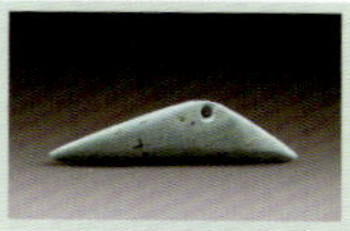 |
| HNWKIII−34 | 绿松石坠饰 | M249∶4 | 1.34 | 长 3.25、宽 0.85、厚 0.35 |  |
| HNWKIII−35 | 绿松石坠饰 | H282∶1 | 1.4 | 长 3.1、宽 0.75、厚 0.46 |  |

续表

| 样品编号 | 器名 | 原始编号 | 质量／克 | 尺寸／厘米 | 照片 |
|---|---|---|---|---|---|
| HNWKIII−36 | 绿松石坠饰 | M243 : 3 | 0.7 | 长 2.73、宽 0.65、厚 0.25 |  |
| HNWKIII−37 | 绿松石坠饰 | M243 : 4 | 0.88 | 残长 3.2、宽 0.6、厚 0.27 | 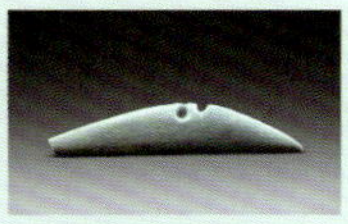 |
| HNWKIII−38 | 绿松石坠饰 | M121 : 12 | 1.08 | 长 3.18、宽 0.6、厚 0.37 |  |
| HNWKIII−39 | 绿松石坠饰 | H127 : 19 | 0.71 | 长 2.95、宽 0.7、厚 0.2 |  |
| HNWKIII−40 | 绿松石坠饰 | H127 : 5 | 0.32 | 长 2.3、宽 0.57、厚 0.15 |  |
| HNWKIII−41 | 绿松石坠饰 | M274 : 1 | 4.26 | 直径 1.75、厚 0.94 |  |
| HNWKIII−42 | 绿松石坠饰 | M335 : 17 | 2.77 | 直径 1.7、厚 0.6 |  |
| HNWKIII−43 | 绿松石坠饰 | M58 : 4 | 3.27 | 直径 1.6、厚 0.8 |  |
| HNWKIII−44 | 绿松石坠饰 | M386 : 15 | 1.76 | 直径 1.23、厚 0.82 |  |
| HNWKIII−45 | 绿松石坠饰 | M386 : 14 | 1.62 | 直径 1.25、厚 0.65 |  |
| HNWKIII−46 | 绿松石坠饰 | M385 : 5 | 1.05 | 直径 1.05、厚 0.52 |  |
| HNWKIII−47 | 绿松石坠饰 | M58 : 9 | 8.8 | 长 3、宽 2、厚 0.77 |  |
| HNWKIII−48 | 绿松石坠饰 | H127 : 7 | 2.03 | 长 3.8、宽 1、厚 0.35 |  |

续表

| 样品编号 | 器名 | 原始编号 | 质量／克 | 尺寸／厘米 | 照片 |
| --- | --- | --- | --- | --- | --- |
| HNWKIII－49 | 绿松石坠饰 | M58 : 7 | 3.2 | 长 2.84、宽 1.45、厚 0.6 |  |
| HNWKIII－50 | 绿松石坠饰 | M58 : 12 | 0.74 | 残长 1.74、宽 1、厚 0.3 |  |
| HNWKIII－51 | 绿松石坠饰 | M58 : 2 | 0.76 | 长 1.5、宽 0.9、厚 0.25 |  |
| HNWKIII－52 | 绿松石坠饰 | M115 : 5 | 3.65 | 长 2.2、宽 1.3、厚 0.4 |  |
| HNWKIII－53 | 绿松石坠饰 | M67 : 1 | 22.79 | 长 4.65、宽 2.75、厚 1.3 |  |
| HNWKIII－54 | 绿松石坠饰 | H114 : 1 | 1.98 | 长 1.6、宽 1.4、厚 0.6 |  |
| HNWKIII－55 | 绿松石坠饰 | M58 : 10 | 3.69 | 长 2.45、宽 1.5、厚 0.85 |  |
| HNWKIII－56 | 绿松石残段 | T15 ③ : 8 | 1.47 | 残长 1.9、直径 0.76 |  |
| HNWKIII－57 | 绿松石饰 | T12 ③ : 1 | 5.96 | 残长 4.67、直径 1.1 |  |
| HNWKIII－58 | 绿松石坠饰 | H273 : 1 | 1.45 | 直径 2.45、厚 0.27 |  |
| HNWKIII－59 | 水晶饰 | T11 ③ : 13 | 0.38 | 长 1.5、直径 0.45 |  |

## 二、材质判定

表 3.2 列举了所测试部分典型玉器的化学成分分析结果。结合拉曼光谱分析结果，确

定所分析的玉器主要有萤石、绿松石、磷灰石和蛇纹石等多种质地。

### 1. 萤石质玉器

该质地玉器有 9 件，即 HNWKIII-24—HNWKIII-32。表 3.2 结果表明其主要成分为 CaO（85.49%—88.28%）、$SiO_2$（8.01%—10.01%）。图 3.1 为 HNWKIII-29 的 XRD 图谱，其特征谱线与萤石矿物吻合。由于萤石为单晶，因晶面取向原因，粉晶 X 射线衍射仪无损分析时未检测到所有的衍射峰，仅检测到晶面间距 d 值为 3.1293、1.6516、1.5716 和 1.1184 的萤石特征峰出现。玉器 HNWKIII-27 的拉曼特征峰与 RRUFF 数据库中萤石的拉曼特征峰十分吻合，见图 3.2，属于萤石的特征峰及所含稀土元素的拉曼特征峰。萤石有多种颜色（如白色、无色、绿色、紫色、蓝色），与萤石的成因类型和稀土元素密切相关 [3]。

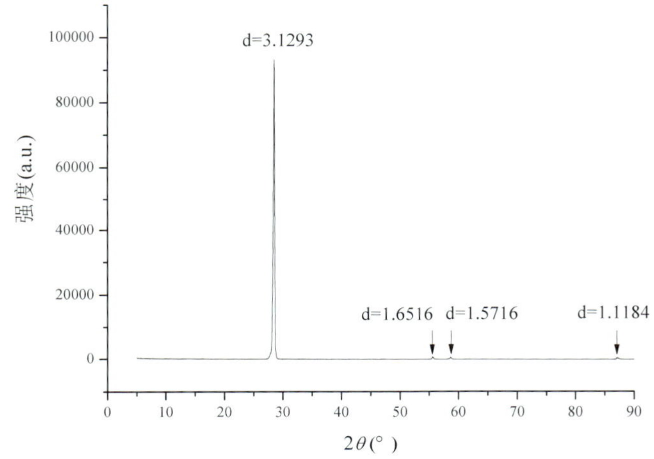


图 3.1　萤石质玉珠 HNWKIII-29 的 XRD 图谱

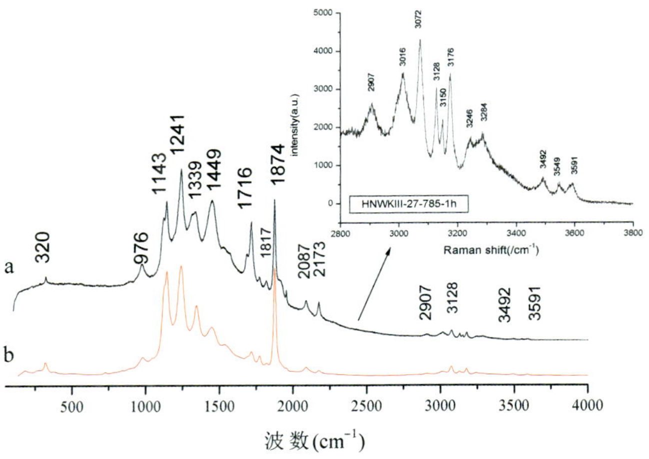


图 3.2　萤石矿物的特征拉曼图谱（拉曼激发波长 785 纳米）
a.HNWKIII-27　b. 湖南萤石矿物，编号 R050045.（RRUFF 数据库）

## 表 3.2 舞阳贾湖遗址玉器化学

| 编号 | 器名 | 标本号 | 测试部位 | $Na_2O$ | MgO | $Al_2O_3$ |
|---|---|---|---|---|---|---|
| HNWKIII−29 | 玉珠 | M318：1−3 | 基体 | n.d. [①] | n.d. | 1.89 |
| HNWKIII−31 | 玉珠 | M318：1−5 | 基体 | n.d. | n.d. | 0.14 |
| HNWKIII−59 | 水晶饰 | T11 ③：13 | 基体 | n.d. | n.d. | 10.64 |
| HNWKIII−48a | 绿松石饰 | H127：7 | 正面绿色部位 | 0.39 | 1.60 | 41.24 |
| HNWKIII−48b | 绿松石饰 | H127：7 | 反面黑色围岩 | n.d. | 1.03 | 15.47 |
| HNWKIII−33 | 绿松石饰 | M249：5 | 基体 | n.d. | 0.05 | 43.07 |
| HNWKIII−35 | 绿松石饰 | H282：1 | 基体 | n.d. | n.d. | 38.21 |
| HNWKIII−58 | 绿松石片 | H273：1 | 基体 | n.d. | 0.15 | 41.23 |
| HNWKIII−53 | 绿松石饰 | M67：1 | 基体 | n.d. | n.d. | 38.74 |
| HNWKIII−56a | 绿松石残段 | T15 ③：8 | 浅绿色 | n.d. | n.d. | 0.00 |
| HNWKIII−56b | 绿松石残段 | T15 ③：8 | 基体 | n.d. | n.d. | 1.25 |
| HNWKIII−57 | 绿松石残段 | T12 ③：1 | 内部白色 | 1.23 | 35.06 | 11.39 |

注：① n.d.：not detected，即氧化物或元素浓度低于仪器检出限，未检测出该化学成分。

成分的 PIXE 测试结果（wt.%）

| $SiO_2$ | $P_2O_5$ | $K_2O$ | CaO | $Cr_2O_3$ | MnO | $Fe_2O_3$ | NiO | CuO | ZnO |
|---|---|---|---|---|---|---|---|---|---|
| 10.01 | 0.50 | 1.60 | 85.49 | 0.11 | n.d. | n.d. | 0.21 | n.d. | 0.19 |
| 8.01 | 0.57 | 1.29 | 88.28 | n.d. | n.d. | n.d. | 1.48 | 0.20 | 0.03 |
| 86.12 | 0.99 | 2.16 | n.d. | 0.02 | n.d. | n.d. | 0.08 | n.d. | n.d. |
| 5.83 | 35.69 | n.d. | n.d. | 0.07 | n.d. | 3.51 | 0.04 | 11.37 | 0.26 |
| 78.05 | 1.49 | 3.71 | n.d. | 0.04 | n.d. | 0.16 | 0.05 | n.d. | n.d. |
| 4.66 | 35.53 | 0.87 | n.d. | 0.01 | n.d. | 2.80 | 0.04 | 12.64 | 0.33 |
| 6.93 | 32.12 | 1.07 | 0.12 | 0.02 | n.d. | 9.63 | 0.04 | 11.87 | n.d. |
| 7.22 | 33.66 | 0.86 | n.d. | 0.02 | n.d. | 4.43 | 0.04 | 12.38 | n.d. |
| 8.10 | 33.30 | 0.85 | n.d. | 0.02 | n.d. | 8.05 | 0.03 | 8.03 | 2.86 |
| 8.22 | 48.56 | 1.05 | 41.78 | 0.09 | n.d. | n.d. | n.d. | 0.25 | 0.06 |
| 7.66 | 46.27 | n.d. | 44.81 | 0.00 | n.d. | n.d. | n.d. | 0.00 | n.d. |
| 43.22 | n.d. | 1.16 | n.d. | n.d. | n.d. | 7.87 | 0.07 | n.d. | n.d. |

2. 绿松石质玉器

该质地玉器有24件，即HNWKⅢ-21、HNWKⅢ-33—HNWKⅢ-47、HNWKⅢ-49—HNWKIII-55和HNWKIII-58。化学成分分析结果表明，其主要组分为$Al_2O_3$、$P_2O_5$、CuO、$SiO_2$、$Fe_2O_3$，含量范围分别为38.21%—44.32%、32.12%—35.53%、8.03%—12.64%、4.66%—8.10%和2.80%—9.63%。这与绿松石[化学结构式为$CuAl_6(PO_4)_4(OH)_8 \cdot H_2O$]的理论值（$Al_2O_3$含量37.60%、$P_2O_5$含量34.90%、CuO含量9.78%、$H_2O$含量17.72%）是接近的。绿松石块HNWKIII-53还含有较高的ZnO（含量约3%）。

图3.3为绿松石片HNWKIII-58的XRD图谱，图中衍射峰主要为绿松石衍射峰。图3.4为绿松石饰HNWKIII-54的特征拉曼图谱，其主要拉曼特征峰出现在1040$cm^{-1}$、814$cm^{-1}$、622$cm^{-1}$、588$cm^{-1}$、541$cm^{-1}$、418$cm^{-1}$、330$cm^{-1}$、228$cm^{-1}$和137$cm^{-1}$附近。其中1040$cm^{-1}$附近的谱峰归因于磷酸根基团[$PO_4$]的伸缩振动，814$cm^{-1}$附近的谱峰归因于水的振动模式，588$cm^{-1}$附近的拉曼谱峰归因于磷酸根基团[$PO_4$]的弯曲模式，418$cm^{-1}$附近的拉曼谱峰归因于磷酸根基团[$PO_4$]的弯曲模式，330$cm^{-1}$附近的谱峰归因于Cu-O键的拉伸振动[4]。

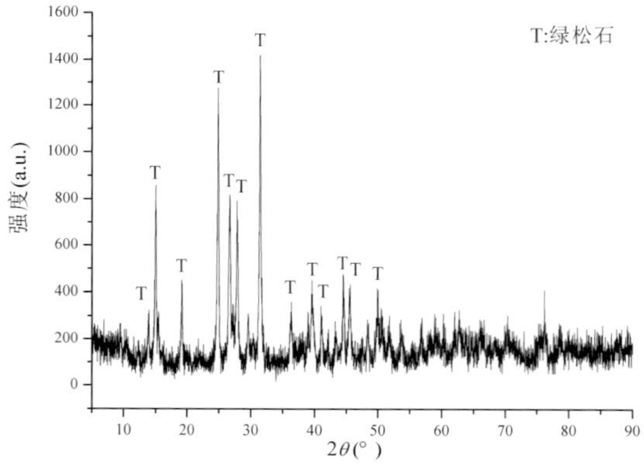


图3.3　绿松石质玉片HNWKIII-58的XRD图谱

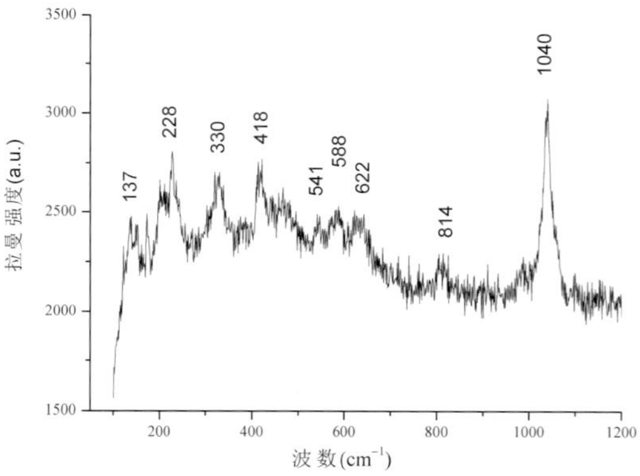


图3.4　绿松石质玉饰HNWKIII-54的特征拉曼图谱

这批绿松石质玉器的化学成分变化较大，多含有较高的ZnO、$Fe_2O_3$和$SiO_2$。绿松石HNWKIII-35和HNWKIII-58中已经发生了向铁绿松石转变的现象，尤其是器物HNWKIII-53所用玉料已经向铁绿松石和锌绿松石转变。

此外，绿松石质玉器HNWKIII-48的正面为浅绿色，背面为黑色围岩，XRD分析显示，正面浅绿色的主要组成矿物为绿松石（图3.5a），背面黑色围岩的主要组成矿物为石英（图3.5b），黑色部位也检测出460$cm^{-1}$附近的石英拉曼特征峰。正面绿色部位的

主要化学成分为 $Al_2O_3$ 含量41.24%、$P_2O_5$ 含量35.69%、CuO 含量11.37%、$SiO_2$ 含量5.83%、$Fe_2O_3$ 含量3.51%，背面黑色部位的主要成分为 $SiO_2$ 含量78.05%、$Al_2O_3$ 含量15.47%、$K_2O$ 含量3.71%、$P_2O_5$ 含量1.49%、MgO 含量1.03%和 $Fe_2O_3$ 含量0.16%等。

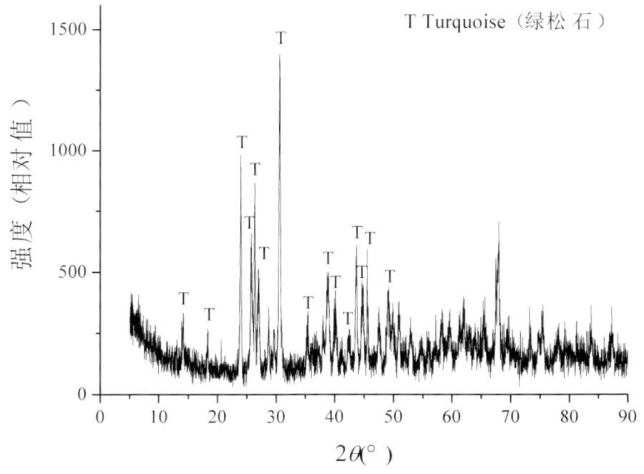


a. 正面浅绿色

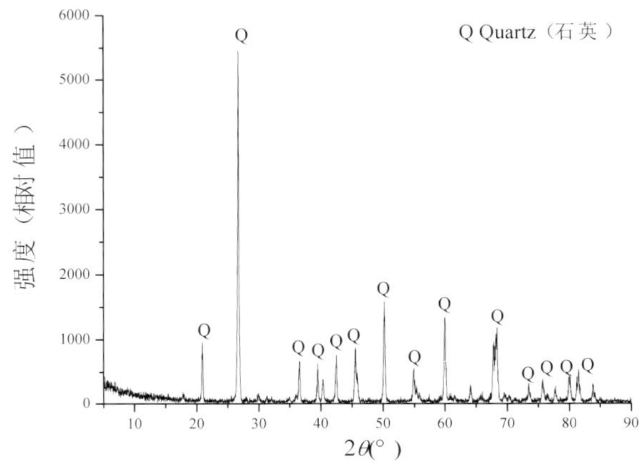


b. 背面黑色

图 3.5　绿松石质玉饰 HNWKIII-48 的 XRD 图谱

3. 磷灰石质玉器

该质地玉器仅1件，即HNWKIII-56。其主要成分为 $P_2O_5$ 和 CaO，含量范围分别为46.27%—48.56%和41.78%—44.81%，次要成分为 $SiO_2$7.66%—8.22%。其拉曼特征峰在963cm$^{-1}$附近（图3.6）。由于X射线衍射峰弥散，以及拉曼峰值单一，尚不能明确具体是哪一亚族的磷灰石。

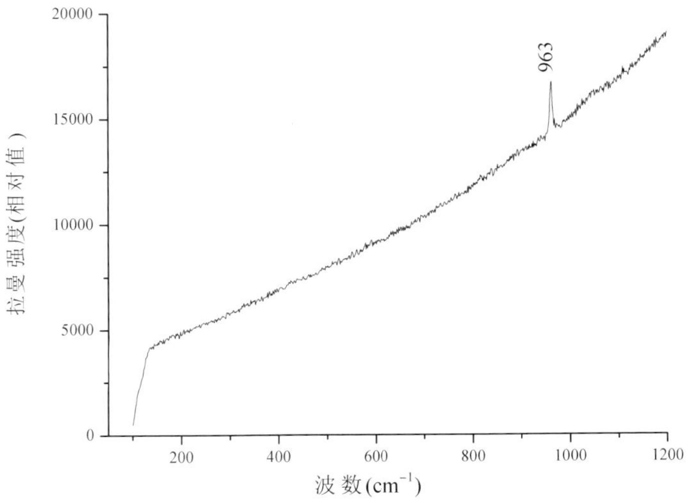


图 3.6　磷灰石质玉饰 HNWKIII-56 的特征拉曼图谱

4. 石英质玉器

该质地玉器有1件，为玉坠饰HNWKIII-59，其主要成分为 $SiO_2$（含量为86.12%），其他成分为 $Al_2O_3$（含量为10.64%）、$K_2O$（含量为2.16%），在463cm$^{-1}$、210cm$^{-1}$等处有一组石英的拉曼特征峰（图3.7）。结合玉器的宏观特征分析，认为采用了单晶水晶进行制作，所检测出

的较高 $Al_2O_3$ 和 $K_2O$ 可能是表面附着泥土所致。

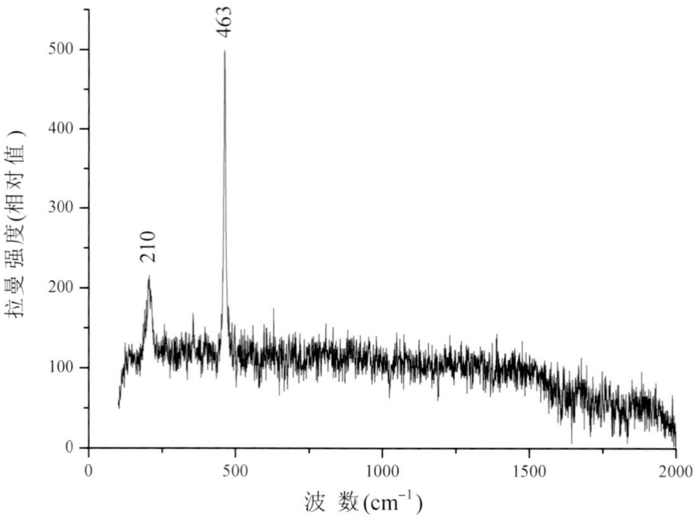


图 3.7 水晶质玉坠饰 HNWKIII-59 的特征拉曼图谱

5. 叶蛇纹石质玉器

该质地玉器有 1 件，即 HNWKIII-57。其主要成分为 MgO（35.06%）和 $SiO_2$（43.22%），比值 $w(SiO_2)/w(MgO)$ 为 1.23，其他成分为 $Al_2O_3$(11.39%)、$Fe_2O_3$(7.87%)、$Na_2O$（1.23%）及 $K_2O$（1.16%）。主要化学成分与蛇纹石的理论化学成分值接近。拉曼光谱分析显示，在 $1040cm^{-1}$、$682cm^{-1}$、$524cm^{-1}$、$462cm^{-1}$、$372cm^{-1}$、$229cm^{-1}$、$197cm^{-1}$ 及 $132cm^{-1}$ 处各有一组明显的叶蛇纹石拉曼峰，与 RRUFF 数据库中叶蛇纹石的拉曼特征峰符合（图 3.8），其中 $682cm^{-1}$ 附近特征峰归属于 Si—$O_b$—Si 的对称伸缩振动，$372cm^{-1}$ 附近特征峰对应 $[SiO_4]$ 四面体的弯曲振动，$229cm^{-1}$ 附近特征峰与 O—H—O 基团的振动相关。由于风化受沁，叶蛇纹石中的 MgO 有少量流失。

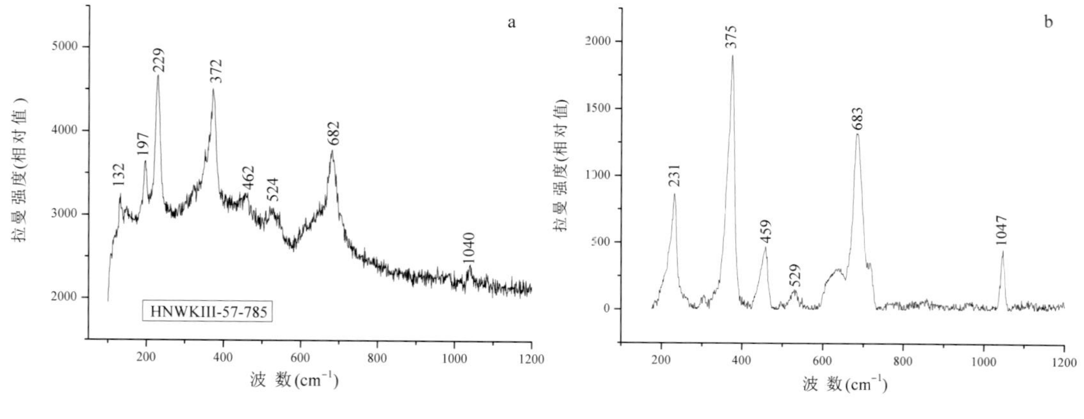


图 3.8 叶蛇纹石矿物的特征拉曼图谱（拉曼激发波长 785 纳米）
a. 玉饰 HNWKIII-57 b. 叶蛇纹石，RRUFF 数据编号 R070228

# 第二节　下王岗遗址玉器

下王岗遗址[5]位于淅川县宋湾乡（今盛湾镇）下王岗村，1971 至 1974 年，河南省文物考古研究院先后对其进行了多次发掘。下王岗遗址清晰地揭露了仰韶文化、屈家岭文化、龙山文化之间的叠压关系，不仅证明了三者之间的早晚顺序，而且可以看出三者之间的演变关系，对研究中国江汉地区新石器时代文化的发展变化有着重要意义。在仰韶文化墓葬以及仰韶文化、龙山文化、二里头文化、西周时期的地层中均发现有玉器和绿松石坠饰，在 2 座仰韶文化墓葬中还发现有水晶石。其中仰韶文化时期有玉环和玉坠饰各 1 件、绿松石坠饰 19 件、水晶石 7 件；龙山文化时期有玉管和玉坠饰各 2 件；二里头文化时期有玉璧、玉环、玉坠饰各 1 件，玉戈和绿松石坠饰各 2 件；西周时期有玉璜 2 件，玉璧和绿松石坠饰各 1 件。共存器物有陶器、石器和骨器等。

## 一、玉器基本信息

所分析淅川下王岗遗址出土仰韶文化玉器计 9 件，年代为仰韶文化一期至三期。基本信息见表 3.3。

## 二、材质判定

根据 PIXE（表 3.4）、XRD 和拉曼光谱分析结果，淅川下王岗遗址 9 件玉器的玉料主要是石英质和绿松石质，另外还有 1 件蛇纹石质和 1 件斜绿泥石质玉器。

### 1. 石英质玉器

该质地玉器有 3 件，即 HNWKII−1、HNWKII−2 和 HNWKII−3。PIXE 分析结果显示其主要化学成分均为 $SiO_2$，含量分别为 97.05%、90.99% 和 87.75%。HNWKII−2

和 HNWKII−3 含有较高的 $Al_2O_3$，分别为 3.58% 和 4.30%，而 HNWKII−1 仅含 0.72%。由 XRD 分析结果可知，水晶块 HNWKII−1 和 HNWKII−2（图 3.9）的主要组成矿物为石英，X−射线衍射峰较为弥散。HNWKII−1 的主要拉曼特征峰在 461cm$^{-1}$、204cm$^{-1}$、110cm$^{-1}$（图 3.10），与石英的拉曼特征峰符合。对石球 HNWKII−3（仰韶文化一期）的弧面和平面分别进行 XRD 检测衍射峰较为弥散，衍射峰强度较低，弧面和平面仅仅各有一个衍射峰（d 值为 1.27 和 1.97），这与石球中石英的结晶度较差石球表面不平整有一定关系。结合器物的宏观特征，判断 HNWKII−1 采用水晶制作，HNWKII−2 采用玉髓制作，而 HNWKII−3 的质地为石英岩。

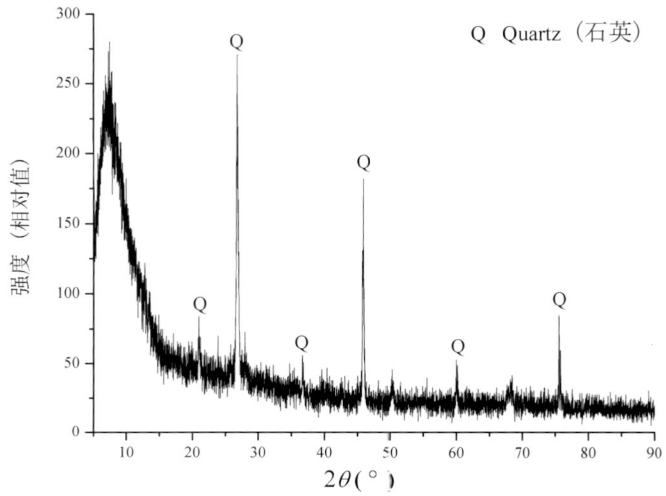


图 3.9　石英质玉器 HNWKII−2 的 XRD 图谱

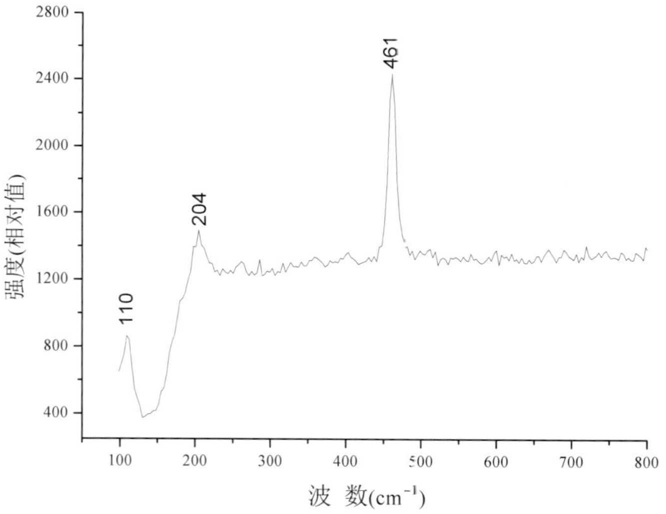


图 3.10　石英质玉器 HNWKII−1 的特征拉曼图谱

## 表 3.3　淅川下王岗遗址玉器基本信息

| 样品编号 | 器名 | 标本号 | 样品描述 | 质量/克 | 尺寸/厘米 | 时代 | 色泽 | 完残情况 | 出土时间 |
|---|---|---|---|---|---|---|---|---|---|
| HNWKII-1 | 水晶块 | M705：2 | 自然块状 | 17.05 | 长 3.3、宽 2.05、厚 1.4 | 仰韶文化一期 | 白色 | 自然块状 | 1974年 |
| HNWKII-2 | 水晶块 | M705：7 | 自然块状 | 52.08 | 长 5.7、宽 4.9、厚 1.1 | | 白色 | 自然块状 | |
| HNWKII-3 | 石球 | M454：5 | 自然球状 | 13.25 | 长径 2.25、短径 1.8 | | 白色 | 完整 | 1972年 |
| HNWKII-4 | 绿松石坠饰 | M413：3 | 椭圆形片状，正面微鼓，上端有一小穿孔 | 0.71 | 长 2、宽 0.85、厚 0.25 | | 绿色 | 周边有磕伤 | |
| HNWKII-5 | 玉坠饰 | M176：3 | 近长方形片状，上端有一小穿孔 | 4.44 | 长 4.95、宽 1.9、厚 0.28 | 仰韶文化二期 | 绿色 | 两端有磕伤 | |
| HNWKII-6 | 绿松石坠饰 | M686：9 | 近三角形片状，上端有一小穿孔 | 1.5 | 长 2.2、宽 1.57、厚 0.25 | | 绿色 | 周边有磕伤 | |
| HNWKII-7 | 绿松石坠饰 | T4 ③：279 | 近三角形片状，上端有一小穿孔 | 4.2 | 长 2.65、宽 2.15、厚 0.41 | 仰韶文化三期 | 绿色 | 周边有磕伤 | |
| HNWKII-8 | 玉坠饰 | T14 ⑤：162 | 半圆形片状，两端各有一小穿孔 | 7.21 | 长 4.86、宽 2.25、厚 0.39 | | 黑色 | 两端有磕伤 | |
| HNWKII-9 | 绿松石坠饰 | T14 ⑤：175 | 长条薄片形 | 1.32 | 残长 2.1、宽 0.91、厚 0.39 | | 绿色 | 残 | |

### 表 3.4 淅川下王岗遗址玉器

| 样品编号 | $Na_2O$ | MgO | $Al_2O_3$ | $SiO_2$ | $P_2O_5$ | $SO_3$ | $K_2O$ |
|---|---|---|---|---|---|---|---|
| HNWKII-1 | 0.15 | 0.18 | 0.72 | 97.05 | 1.25 | 0.27 | 0.07 |
| HNWKII-2 | 0.95 | 1.01 | 3.58 | 90.99 | 1.97 | 0.44 | 0.37 |
| HNWKII-3 | 1.63 | 1.10 | 4.30 | 87.75 | 2.35 | 0.55 | 0.75 |
| HNWKII-4a | 0.73 | 1.20 | 41.96 | 4.27 | 35.78 | 2.10 | 0.25 |
| HNWKII-4b | n.d. | 0.96 | 41.17 | 5.18 | 34.21 | 2.75 | 0.31 |
| HNWKII-6 | 0.95 | 1.38 | 40.20 | 5.18 | 34.36 | 2.99 | 0.22 |
| HNWKII-7 | 0.31 | 1.00 | 40.56 | 5.15 | 35.06 | 2.60 | 0.19 |
| HNWKII-9 | n.d. | 0.99 | 30.67 | 16.59 | 27.40 | 6.06 | 0.81 |
| HNWKII-5 | 0.98 | 37.81 | 3.81 | 49.33 | 0.60 | 1.31 | 0.25 |
| HNWKII-8 | 0.80 | 33.15 | 22.73 | 35.20 | 0.41 | 0.74 | 0.06 |

注：① n.d.：not detected，即氧化物或元素浓度低于仪器检出限，未检测出该化学成分。

2. 绿松石质玉器

该质地玉器有 4 件，即 HNWKII-4、HNWKII-6、HNWKII-7 和 HNWKII-9，皆为坠饰。其主要化学成分为 $Al_2O_3$、$P_2O_5$ 和 CuO，含量分布范围分别为 30.67%—41.96%、27.40%—35.78% 和 9.09%—12.04%，次要成分为 $SiO_2$ 和 $Fe_2O_3$，含量分布范围分别为 4.27%—16.59% 和 1.21%—2.30%。XRD 分析结果表明，上述玉器的主要组成矿物为绿松石，如 HNWKII-4 和 HNWKII-9 的主要 X 射线衍射 d 值为 6.13、3.66、3.42、2.90、2.06 等，HNWKII-6 和 HNWKII-7 的主要 X 射线衍射 d 值为 6.08、3.65、3.40、2.89 等，典型 XRD 图谱见图 3.11。

## 化学成分的 PIXE 测试结果（wt.%）

| CaO | $TiO_2$ | $V_2O_5$ | $Cr_2O_3$ | MnO | $Fe_2O_3$ | CuO | ZnO | BaO |
|---|---|---|---|---|---|---|---|---|
| 0.31 | n.d.[①] | n.d. | n.d. | n.d. | n.d. | n.d. | n.d. | n.d. |
| 0.42 | n.d. | n.d. | n.d. | n.d. | 0.22 | n.d. | n.d. | n.d. |
| 0.87 | n.d. | n.d. | n.d. | 0.05 | 0.52 | n.d. | n.d. | n.d. |
| 0.53 | n.d. | 0.04 | 0.30 | 0.03 | 1.82 | 10.62 | 0.13 | 0.24 |
| 0.69 | 0.02 | 0.02 | 0.34 | n.d. | 1.77 | 12.04 | 0.14 | 0.21 |
| 0.88 | 0.05 | 0.12 | 0.52 | n.d. | 2.30 | 10.35 | 0.20 | 0.24 |
| 0.81 | 0.02 | 0.20 | 0.88 | 0.02 | 1.21 | 11.75 | 0.00 | 0.18 |
| 5.36 | 0.12 | 0.11 | 0.63 | 0.04 | 1.88 | 9.09 | 0.14 | 0.11 |
| 0.52 | 0.03 | n.d. | 0.14 | 0.07 | 5.10 | 0.02 | n.d. | n.d. |
| 0.43 | 0.03 | n.d. | n.d. | 0.07 | 6.30 | 0.01 | 0.01 | n.d. |

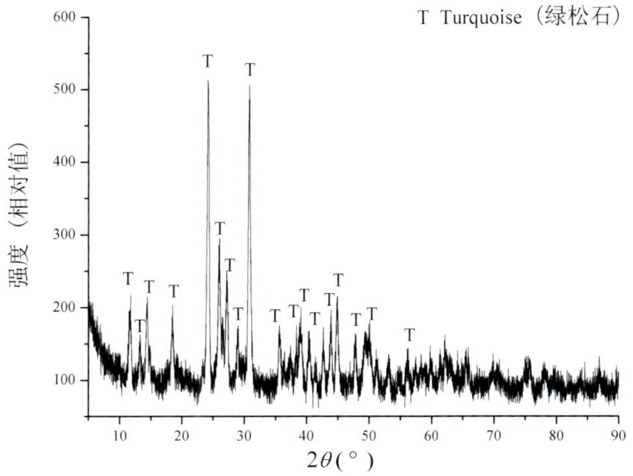


图 3.11　绿松石质玉坠饰 HNWKII-7 的 XRD 图谱

3. 蛇纹石质玉器

该质地玉器仅1件，即玉坠饰HNWKII-5，其主要化学成分为MgO和$SiO_2$，含量分别为37.81%和49.33%，比值w($SiO_2$)/w(MgO)为1.30，次要成分为$Fe_2O_3$和$Al_2O_3$，含量分别为5.1%和3.81%。与蛇纹石理论化学组成相比，MgO的含量略低而$SiO_2$的含量略高，并含有少量杂质$Al_2O_3$。XRD分析结果表明，其主要组成矿物为叶蛇纹石（图3.12）。

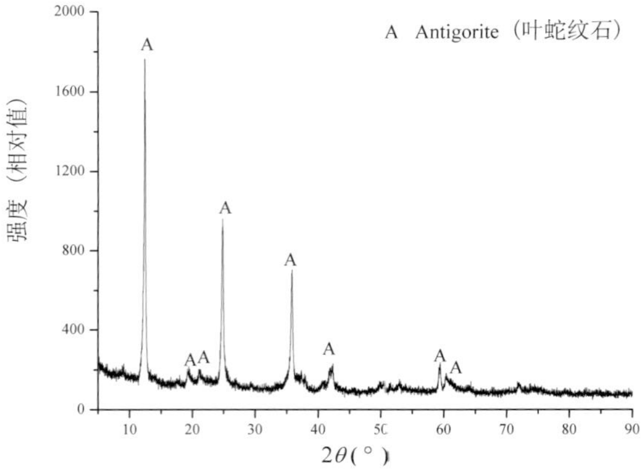


图3.12 叶蛇纹石质玉坠饰HNWKII-5的XRD图谱

4. 斜绿泥石质玉器

该质地玉器仅1件，即玉坠饰HNWKII-8，其主要化学成分为MgO、$Al_2O_3$和$SiO_2$，含量分别为33.15%、22.73%和35.20%，次要成分为$Fe_2O_3$，含量为6.30%。XRD分析表明，主要组成矿物为斜绿泥石（图3.13）。由于荧光背景较强，未检出其有效的拉曼特征峰。玉料中含有较高的$Fe_2O_3$，呈褐绿色，不透明，说明$Mg^{2+}$被$Fe^{2+}$置换，并发生了斜绿泥石向鲕绿泥石转变现象。

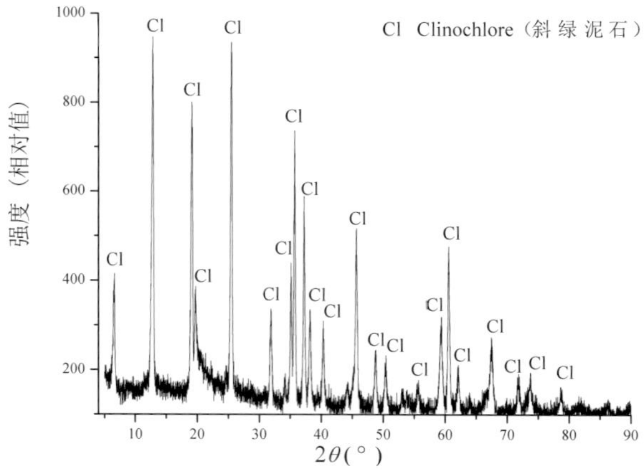


图3.13 斜绿泥石质玉坠饰HNWKII-8的XRD图谱

# 第三节　下寨遗址玉器

下寨遗址[6]位于南阳市淅川县滔河乡下寨村北部，地处滔河与丹江的交汇处。2009至2013年河南省文物考古研究院对其进行了发掘，在新石器时代仰韶文化和龙山时期石家河文化墓葬中发现49件玉器，其中仰韶文化墓葬中出土玉器41件，计有玉钺37件，玉璜、玉凿各1件，玉饰2件；石家河文化墓葬中出土玉器8件，计有玉钺4件，玉钻心2件，玉凿、玉镞各1件。这些玉器皆出土于小型土坑竖穴墓，与其共存的器物为陶器，但有一些墓葬仅随葬玉器，没有共存陶器。这些玉器均为素面，但皆经过抛光。

## 一、玉器基本信息

选取下寨遗址新石器时代仰韶文化晚期至石家河文化时期墓葬出土的典型玉器进行科学分析，器型主要为钺、环、凿等，共计49件（彩版一〇—彩版一六），见表3.5。

## 二、材质判定

pXRF主量及微量化学成分分析结果见表3.6，拉曼光谱测定结果分别见表3.7。需要说明的是，pXRF测试区域为毫米量级，而共聚焦激光拉曼光谱测试区域则为微米量级，两者在测试区域量级上存在较大差别。共聚焦激光拉曼光谱分析结果为微区分析，pXRF则为宏观区域分析。

### 1. 蛇纹石质玉器

该质地玉器有20件。其中2013XZ-1、2013XZ-8、2013XZ-12、2013XZ-13、2013XZ-15，以及2012XZ-1、2012XZ-2、2012XZ-6、2012XZ-13、2012XZ-14、2012XZ-16、2012XZ-

17、2012XZ-20 的主要化学成分为 MgO、$SiO_2$，含量范围分别为 33.64%—43.49%、42.32%—53.93%，同时含有一定量的 $Fe_2O_3$，含量范围为 4.22%—13.88%，这与蛇纹石的理论化学成分是一致的。在 2013XZ-4、2013XZ-21、2013XZ-22 和 2012XZ-4、2012XZ-5、2012XZ-7、2012XZ-8 玉石器中亦检测到了蛇纹石的存在。

图 3.14 为该质地玉钺 2013XZ-1 的特征拉曼图谱，可以看到主要拉曼特征峰位于 231cm$^{-1}$、370cm$^{-1}$、681cm$^{-1}$、1045cm$^{-1}$、3660cm$^{-1}$、3693cm$^{-1}$ 附近，其中 231cm$^{-1}$ 附近为 O—H—O 基团引起的振动，370cm$^{-1}$ 附近为 [$SiO_4$] 的对称 $\nu_{5(e)}$ 振动，681cm$^{-1}$ 附近为 $SiO_b$—Si 对称拉伸振动，1045cm$^{-1}$ 附近为 Si—$O_b$—Si 反对称拉伸振动 [7]，3660cm$^{-1}$、3693cm$^{-1}$ 附近分别为层内羟基伸缩振动和层间羟基伸缩振动 [8]。由于在 1045cm$^{-1}$ 附近出现了特征峰，且在 345cm$^{-1}$ 附近没有观测到由 [$SiO_4$] 弯曲振动产生的特征峰，所以确定该玉钺为叶蛇纹石质玉器。

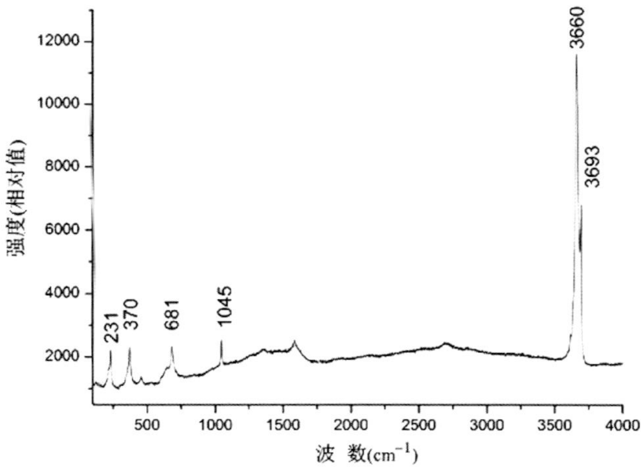

图 3.14 叶蛇纹石质玉钺 2013XZ-1 的特征拉曼图谱

2. 方解石质玉器

该质地玉器有 7 件，为 2013XZ-3、2013XZ-5、2013XZ-6、2013XZ-23、2013XZ-25 和 2012XZ-15、2012XZ-18，主要化学成分为 CaO，含量范围为 62.14%—81.67%。图 3.15 为该类玉器的特征拉曼图谱（2013XZ-3），可以看到它们的拉曼特征峰主要分布于 156cm$^{-1}$、278cm$^{-1}$、709cm$^{-1}$、1085cm$^{-1}$ 附近，其中 1085cm$^{-1}$ 为 $[CO_3]^{2-}$ 的对称拉伸振动模式，709cm$^{-1}$ 为 $[CO_3]^{2-}$ 的面内弯曲振动 [9]，因此它们属于典型的方解石型玉器。

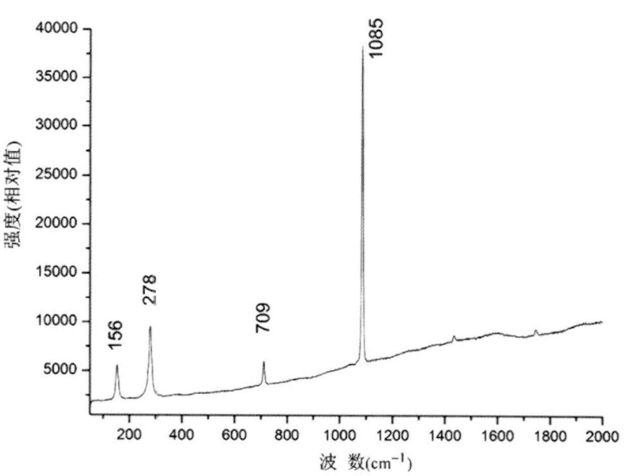

图 3.15 方解石质玉钺 2013XZ-3 的特征拉曼图谱

## 表 3.5　淅川下寨遗址玉器基本信息[①]

| 样品编号 | 器名 | 标本号 | 样品描述 | 质量／克 | 尺寸／厘米 | 时代 | 色泽 | 完残情况 |
|---|---|---|---|---|---|---|---|---|
| 2012XZ-1 | 玉钺 | 2010XTXIIT3611M67：3 | 扁体梯形，弧形刃，通体磨光，上端有一圆孔，单面管钻 | 232.64 | 长 17.2、宽 4.9—6.8、厚 1.95 | 仰韶文化晚期 | 浅，墨绿色 | 上端旧磕伤 |
| 2012XZ-2 | 玉钺 | 2010XTXIIT3611M67：2 | 扁体梯形，弧形刃，通体磨光，上端有一圆孔，单面管钻 | 381.22 | 长 18.1、宽 7.4—9.2、厚 1.7 | | 灰白色，受沁 | 完整 |
| 2012XZ-3 | 玉璜 | 2010XTXIIT3611M67：1 | 半环形，上部两端各有一个椭圆形小穿孔，体断后又穿四个小圆孔进行缀补拼接 | 74.89 | 外径 13.2、内径 3.2、厚 0.5 | | 豆青色 | 完整 |
| 2012XZ-4 | 玉钺 | 2011XTXIIT0115M115：1 | 扁体长方形，弧形刃，通体磨光，上端有一圆孔，两面相对管钻 | 441.53 | 长 21.4、宽 9.0—11.3、厚 1.2 | | 白色 | 完整 |
| 2012XZ-5 | 玉钺 | 2011XTXIIIT3914M143：1 | 扁体长方形，弧形刃，通体磨光，上端有一圆孔，两面相对管钻 | 344.22 | 长 20.9、宽 6—6.7、厚 1.7 | | 墨绿色 | 上端旧磕伤 |
| 2012XZ-6 | 玉钺 | 2011XTXIIT0114M108：1 | 扁体长方形，弧形刃，通体磨光，上端有一圆孔，两面相对管钻 | 301.13 | 长 15.9、宽 6.0—7.6、厚 1.7 | | 墨绿色 | 完整 |
| 2012XZ-7 | 石钺 | 2010XTXIIT3610M71：1 | 扁体梯形，弧形刃，通体磨光，上端有一圆孔，两面相对管钻 | 430.82 | 长 20、宽 6.9—9.8、厚 1.6 | | 深墨绿色 | 上端旧磕伤 |
| 2012XZ-8 | 玉钺 | 2010XTXIIT3611M67：4 | 扁体梯形，弧形刃，通体磨光，上端有一圆孔，两面相对管钻 | 215.82 | 长 19.2、宽 6.1—8.1、厚 1.1 | | 墨绿色 | 上端旧磕伤 |

续表

| 样品编号 | 器名 | 标本号 | 样品描述 | 质量／克 | 尺寸／厘米 | 时代 | 色泽 | 完残情况 |
|---|---|---|---|---|---|---|---|---|
| 2012XZ-10 | 石钺 | 2011XTXIIT3914M132:1 | 略呈扁体梯形，弧形刃，通体磨制，上端有一圆孔，两面钻凿而成 | 466.24 | 残长 18.4、宽 7.9—10.0、厚 1.6 | 仰韶文化晚期 | 青灰色 | 残断，仅余下半截 |
| 2012XZ-11 | 玉钺 | 2010XTXIIT3813M66:1 | 扁体梯形，弧形刃，通体磨制，上端有一圆孔，钻凿而成 | 416.57 | 长 24.2、宽 7.2—10.3、厚 0.9 | | 麻灰色 | 残，缺角 |
| 2012XZ-12 | 玉钺 | 2010XTXIIT3813M68:1 | 扁体梯形，弧形刃，通体磨制，上端有一圆孔，钻凿而成 | 272.56 | 长 24.4、宽 5.6—7.6、厚 0.9 | | 麻灰色 | 完整 |
| 2012XZ-13 | 玉钺 | 2010XTXIIT3713 ⑦:2 | 略呈扁体梯形，弧形刃，通体磨光，上端有一圆孔，两面相对管钻 | 414.64 | 长 21.7、宽 7.1—8.3、厚 1.4 | | 黑灰色 | 上端旧磕伤 |
| 2012XZ-14 | 玉钺 | 2011XTX Ⅲ T0113M128 :1 | 扁体梯形，弧形刃，通体磨光，上端有一圆孔，单面钻 | 226.28 | 长 18、宽 5.0—7.3、厚 1.1 | | 较深青灰色 | 上端旧磕伤 |
| 2012XZ-15 | 石钺 | 2010XTXIIT3510M57:1 | 扁体梯形，通体磨光，上端有一圆孔，两面相对管钻 | 381.24 | 长 20.6、宽 5.9—8.6、厚 1.4 | | 青灰色 | 空部断裂 |
| 2012XZ-16 | 玉钺 | 2011XTXIIT4014M138:1 | 略呈扁体梯形，斜弧形刃，通体磨光，上端有一圆孔，钻凿而成 | 239.8 | 长 16.3、宽 5.5—6.2、厚 1.5 | | 麻灰黄色 | 边缘磕伤 |
| 2012XZ-17 | 玉钺 | 2010XTXIIT3713 ⑦:3 | 扁体梯形，通体磨光，上端有一圆孔，两面相对管钻 | 159.73 | 长 16.9、宽 4.3—5.8、厚 1.1 | | 色泽斑驳，受沁染 | 完整 |
| 2012XZ-18 | 石钺 | 2011XTX Ⅲ T0114H1135 :1 | 器形较小，扁体近长方形，通体磨光，上端有一圆孔，单面管钻 | 76.46 | 长 10.2、宽 4.9—5.2、厚 0.8 | | 牙白色 | 边缘磕伤 |

续表

| 样品编号 | 器名 | 标本号 | 样品描述 | 质量/克 | 尺寸/厘米 | 时代 | 色泽 | 完残情况 |
|---|---|---|---|---|---|---|---|---|
| 2012XZ-19 | 玉钺 | 2010XTXIIT3713 ⑦:1 | 扁体梯形，弧形刃，通体磨制，上端有一圆孔，钻凿而成 | 902.35 | 长 28、宽 7.7—12.4、厚 1.9 | 仰韶文化晚期 | 青灰色 | 边缘磕伤 |
| 2012XZ-20 | 玉凿 | 2010XTXIIT3614 ③:2 | 扁体梯形，通体磨光，上端有一圆孔，两面相对管钻 | 85.45 | 长 2.7、宽 0.9、厚 0.5 | 仰韶文化晚期 | 墨绿色 | 残断，仅余上半截 |
| 2012XZ-21 | 石钺 | 2010XTXIIT3210 ⑥:1 | 略呈扁体梯形，下端残，通体磨制，上端有一圆孔，钻凿而成 | 213.68 | 残长 10.6、宽 9.1、厚 1.2 | 仰韶文化晚期 | 麻灰色 | 残断，仅余上半截 |
| 2012XZ-22 | 玉钺 | 2010XTXIIT3007H1215:2 | 扁体梯形，弧形刃，通体磨光，上端有大小两个圆孔，均单面钻 | 221.9 | 长 11.3、宽 7.9—10.1、厚 1.0 | 仰韶文化晚期 | 灰黄色 | 完整 |
| 2012XZ-23 | 玉钺 | 2011XTXIIIT0113M182:1 | 略呈扁体梯形，弧形刃，通体磨制，上端有一圆孔，钻凿而成 | 380.16 | 长 20.6、宽 9.3—11、厚 1.0 | 仰韶文化晚期 | 麻灰色 | 残，边缘磕伤 |
| 2013XZ-1 | 玉钺 | M129:1 | 整体呈“风”字形，微弧顶，弧刃。上部有一圆形穿孔，系单面管 | 266.28 | 长 17.99、宽 7.31、厚 1.14、孔径 1.29 | 仰韶文化晚期 | 墨绿色 | 完整 |
| 2013XZ-2 | 玉钺 | M132:1 | 整体呈“风”字形，顶端残，弧刃。上部有一圆形穿孔，系两面铤钻 | 466.27 | 残长 18.1、宽 9.8、厚 1.54 | 仰韶文化晚期 | 灰绿色 | 残 |
| 2013XZ-3 | 石钺 | M144:1 | 整体呈“风”字形，弧顶，弧刃。上部有一圆形穿孔，系两面铤钻 | 471.88 | 长 17.11、宽 10.44、厚 1.82、孔径 1.17 | 仰韶文化晚期 | 白色 | 略残 |
| 2013XZ-6 | 石钺 | M146:1 | 整体呈“风”字形，较薄，弧顶，弧刃。上部有一圆形穿孔，系两面管钻 | 533.33 | 长 24.1、宽 10.76、厚 1.22、孔径 1.8 | 仰韶文化晚期 | 灰色（表面氧化，呈灰白色） | 完整 |

续表

| 样品编号 | 器名 | 标本号 | 样品描述 | 质量／克 | 尺寸／厘米 | 时代 | 色泽 | 完残情况 |
|---|---|---|---|---|---|---|---|---|
| 2013XZ-7 | 玉钺 | M149:1 | 整体呈“风”字形，微弧顶，弧刃。上部有一圆形穿孔，系两面管钻 | 588.21 | 长25.15、宽9.8、厚1.5、孔径1.2 | 仰韶文化晚期 | 青色 | 破粘 |
| 2013XZ-8 | 玉钺 | M152:1 | 整体呈“风”字形，表面一面微弧，另一面鼓，弧顶，弧刃。上部有一圆形穿孔，系两面管钻 | 550.66 | 长22.66、宽9.5、厚2.0、孔径1.06 | | 灰色 | 完整 |
| 2013XZ-9 | 石钺 | M156:1 | 整体瘦长，呈“风”字形，弧顶，弧刃。上部有一圆形穿孔，系单面管钻 | 905.44 | 长33.2、宽9.83、厚1.64、孔径1.29 | | 灰色 | 完整 |
| 2013XZ-10 | 石钺 | M179:1 | 整体呈“风”字形，较薄，弧顶，弧刃。上部有一圆形穿孔，系两面铤钻 | 1096.48 | 长26.8、宽14.8、厚1.6、孔径0.94 | | 灰色 | 破粘 |
| 2013XZ-11 | 玉钺 | M182:1 | 整体呈“风”字形，微弧顶，弧刃。上部有一圆形穿孔，系两面铤钻 | 500.62 | 长20.92、宽9.22、厚1.67、孔径0.86 | | 青绿色 | 完整 |
| 2013XZ-15 | 玉钺 | M209:1 | 整体呈“风”字形，较薄，弧顶，弧刃。上部有一圆形穿孔，系两面管钻 | 253.75 | 长20.12、宽8.56、厚0.98、孔径1.08 | | 灰色 | 略残 |
| 2013XZ-16 | 玉饰品 | M212:1-1 | 小巧。中空，管钻成孔。束腰，横截面呈“工”字形 | 2.53 | 上面直径1.8、底面直径2.1、通高0.9、孔径1.1 | | 黑色 | 破粘 |
| 2013XZ-17 | 玉饰品 | M212:1-2 | 小巧。中空，管钻成孔。束腰，横截面呈“工”字形 | 2.13 | 上面直径1.54、底面直径1.76、通高0.74、孔径0.88 | | 黑色 | 完整 |

续表

| 样品编号 | 器名 | 标本号 | 样品描述 | 质量／克 | 尺寸／厘米 | 时代 | 色泽 | 完残情况 |
|---|---|---|---|---|---|---|---|---|
| 2013XZ-18 | 玉钺 | M213 : 1 | 整体呈“风”字形，表面一面微弧，另一面鼓，平顶，弧刃。上部有一圆形穿孔，系两面管钻 | 749.75 | 长 21.81、宽 9.4、厚 2.46、孔径 1.5 | 仰韶文化晚期 | 灰色 | 破粘 |
| 2013XZ-19 | 石钺 | M214 : 1 | 整体呈长方形，片状，平顶，平刃。上部有一圆形穿孔，系单面管钻 | 216.51 | 长 15.75、宽 7.54、厚 0.83、孔径 1.1 | 石家河文化 | 灰色 | 略残 |
| 2013XZ-20 | 玉镞 | M214 : 2 | 圆柱状，刃部呈三棱状，铤部圆锥状 | 11.59 | 通长 6.75、铤长 1.8、直径 1.06 | | 灰白色 | 完整 |
| 2013XZ-21 | 玉钺 | M216 : 1 | 整体近梯形，微弧顶，平刃。上部有一圆形穿孔，系单面管钻 | 88.33 | 长 12.96、宽 5.46、厚 0.79、孔径 1.26 | | 白色 | 完整 |
| 2013XZ-22 | 玉钻心 | M216 : 2-1 | 近圆形 | 1.79 | 直径 1.56、厚 0.54 | | 白色 | 完整 |
| 2013XZ-23 | 玉钻心 | M216 : 2-2 | 近圆形 | 1.07 | 直径 1.42、厚 0.33 | | 白色 | 完整 |
| 2013XZ-24 | 石钺 | M218 : 1 | 整体呈长方形，薄片状，平顶，平刃。上部有一圆形穿孔，系单面管钻 | 106.6 | 长 16.74、宽 6.75、厚 0.53、孔径 1.44 | | 青色 | 完整 |
| 2013XZ-25 | 石钺 | H2718 : 8 | 残存部分整体呈梯形，片状，平顶，前端残。上部有一圆形穿孔，系单面管钻 | 214.58 | 残长 12.77、残宽 10.53、厚 0.71、孔径 1.51 | | 白色 | 残 |
| 2013XZ-26 | 石钺 | 采集 | 整体呈长方形，片状，平顶，斜刃。上部有一圆形穿孔，系单面管钻 | 340.51 | 长 17.79、宽 8.2、厚 1.06、孔径 1.49 | | 灰色 | 完整 |

注：①因个别玉石器残破严重，未提供信息

## 表 3.6 淅川下寨遗址玉器

| 样品编号 | $Na_2O$ | MgO | $Al_2O_3$ | $SiO_2$ | $P_2O_5$ | $K_2O$ | CaO | $TiO_2$ |
|---|---|---|---|---|---|---|---|---|
| | wt.% | | | | | | | |
| 2013XZ-1 | 0.93 | 34.93 | 0.89 | 47.54 | 2.06 | 0.15 | 1.88 | 0.12 |
| 2013XZ-2 | 0.85 | 26.86 | 2.02 | 58.59 | n.d. | 0.15 | 1.28 | 0.03 |
| 2013XZ-3 | n.d. | 1.14 | 4.08 | 22.29 | 0.43 | 0.79 | 70.74 | 0.01 |
| 2013XZ-4 | n.d. | 19.04 | 9.69 | 42.26 | 10.82 | 0.88 | 12.95 | 0.06 |
| 2013XZ-5 | 0.79 | 1.08 | 3.65 | 23.95 | 6.9 | 0.86 | 62.14 | 0.03 |
| 2013XZ-7 | n.d. | 2.69 | 18.36 | 61.23 | 0.24 | 8.43 | 0.86 | 0.29 |
| 2013XZ-10 | 1.22 | 27.3 | 1.2 | 59.34 | n.d. | 0.09 | 1.52 | 0.01 |
| 2013XZ-12 | 1.75 | 43.18 | 5.4 | 44.66 | n.d. | 0.2 | 0.55 | 0.03 |
| 2013XZ-13 | 1.32 | 41.4 | 3.31 | 46.71 | n.d. | 0.24 | 1.13 | 0.05 |
| 2013XZ-14 | 0.64 | 7.92 | 11.99 | 46.04 | 0.19 | 0.55 | 10.94 | 1.04 |
| 2013XZ-16 大 | n.d. | 4.44 | 20.06 | 53.76 | n.d. | 14 | 1.1 | 0.14 |
| 2013XZ-16 小 | n.d. | 4.65 | 19.99 | 53.5 | n.d. | 14.2 | 1.06 | 0.13 |
| 2013XZ-17 | 0.47 | 5.72 | 26.2 | 49.21 | n.d. | 12.63 | 0.5 | 0.27 |
| 2013XZ-18 | 1.04 | 27.63 | 2.69 | 53.39 | n.d. | 0.2 | 2.13 | 0.15 |
| 2013XZ-19 | 0.13 | 1.92 | 19.57 | 60.98 | 0.19 | 9.12 | 1.46 | 0.26 |
| 2013XZ-20 | n.d. | 2.28 | 17.22 | 66.15 | n.d. | 8.69 | 0.91 | 0.28 |
| 2013XZ-21 | n.d. | 22.1 | 0.8 | 53.36 | 3.86 | 0.14 | 19.5 | n.d. |
| 2013XZ-22 | 1.36 | 28.75 | 6.1 | 50.84 | n.d. | 0.57 | 2.71 | 0.03 |
| 2013XZ-23 | 0.12 | 2.16 | 1.11 | 14.07 | 0.26 | 0.43 | 81.67 | 0.05 |
| 2013XZ-24 | n.d. | 2.03 | 16.14 | 71.12 | 1.01 | 6.93 | 1.82 | 0.08 |
| 2013XZ-25 | 1.05 | 7.5 | 0.15 | 13.42 | 3.44 | 0.06 | 74.26 | n.d. |
| 2013XZ-26 | n.d. | 17.26 | 8.77 | 53.95 | n.d. | 0.96 | 12.4 | 0.16 |

## 化学成分的 pXRF 测试结果

| $Fe_2O_3$ | CuO | Cr | Mn | Ni | Cu | Zn | Rb | Sr | Pb |
|---|---|---|---|---|---|---|---|---|---|
| | | μg/g | | | | | | | |
| 11.49 | n.d.[①] | 283 | 2107 | 1417 | 137 | 87 | n.d. | n.d. | 24 |
| 10.22 | n.d. | 3507 | 1661 | 1276 | 271 | 80 | n.d. | n.d. | 31 |
| 0.52 | n.d. | n.d. | 267 | 350 | n.d. | 271 | n.d. | 40 | n.d. |
| 4.3 | n.d. | 151 | 688 | 25 | 242 | 295 | n.d. | 60 | 11 |
| 0.59 | n.d. | n.d. | 166 | 192 | 4 | 284 | n.d. | 632 | 35 |
| 7.9 | n.d. | n.d. | 201 | 89 | 426 | 272 | 238 | 6 | 17 |
| 9.32 | n.d. | 4124 | 1687 | 1354 | 224 | 376 | n.d. | 5 | 32 |
| 4.22 | n.d. | n.d. | 515 | 22 | n.d. | 244 | n.d. | n.d. | 35 |
| 5.85 | n.d. | n.d. | 738 | 43 | 148 | 534 | n.d. | 40 | 19 |
| 20.69 | n.d. | 313 | 1901 | 3 | 254 | 257 | 9 | 251 | 46 |
| 6.51 | n.d. | n.d. | 208 | 28 | 253 | 238 | 208 | n.d. | n.d. |
| 6.48 | n.d. | n.d. | 221 | 7 | 299 | 220 | 209 | n.d. | 16 |
| 5.01 | n.d. | n.d. | 305 | 37 | 188 | 232 | 240 | n.d. | n.d. |
| 12.77 | n.d. | 2246 | 1853 | 958 | 239 | 219 | n.d. | 10 | 37 |
| 6.37 | n.d. | n.d. | 1529 | 35 | 271 | 356 | 255 | 103 | n.d. |
| 4.47 | n.d. | n.d. | 88 | 52 | 198 | 61 | 195 | 35 | 9 |
| 0.23 | n.d. | 220 | 154 | 57 | n.d. | 112 | n.d. | 40 | 37 |
| 0.77 | 8.87 | n.d. | 260 | 70 | M[②] | 193 | n.d. | 14 | 31 |
| 0.14 | n.d. | n.d. | 39 | 474 | 237 | 27 | n.d. | 15 | n.d. |
| 0.87 | n.d. | n.d. | 53 | 8 | 153 | 114 | 181 | n.d. | 8 |
| 0.11 | n.d. | n.d. | 251 | 298 | n.d. | 165 | n.d. | 281 | 18 |
| 6.5 | n.d. | n.d. | 646 | 7 | 14 | 52 | n.d. | 10 | n.d. |

| 样品编号 | $Na_2O$ | MgO | $Al_2O_3$ | $SiO_2$ | $P_2O_5$ | $K_2O$ | CaO | $TiO_2$ |
|---|---|---|---|---|---|---|---|---|
| | wt.% | | | | | | | |
| 2012XZ-1 | 1.19 | 41.91 | 1.29 | 46.82 | n.d. | 0.12 | 0.41 | n.d. |
| 2012XZ-2 | 0.7 | 36.45 | 2.31 | 49.09 | n.d. | 0.32 | 0.59 | n.d. |
| 2012XZ-3 | 1.53 | 24.14 | 1.19 | 58.64 | n.d. | 0.03 | 13.04 | n.d. |
| 2012XZ-4 | 0.4 | 38.59 | 2.4 | 44.87 | n.d. | 0.12 | 11.7 | n.d. |
| 2012XZ-5 | 0.57 | 31.66 | 1.72 | 43.62 | n.d. | 0.18 | 16.19 | n.d. |
| 2012XZ-6 | 0.59 | 36.51 | 2.59 | 50.18 | n.d. | 0.26 | 0.93 | n.d. |
| 2012XZ-7 | n.d. | 26.04 | 6.43 | 57.16 | n.d. | 1.27 | 1.7 | 0.09 |
| 2012XZ-8 | n.d. | 20.11 | 7.19 | 56.14 | n.d. | 1.35 | 1.85 | 0.07 |
| 2012XZ-9 | 0.26 | 5.58 | 15.93 | 54.22 | n.d. | 4.93 | 5.14 | 0.44 |
| 2012XZ-10 | n.d. | 21.19 | 4.31 | 63.15 | n.d. | 0.81 | 1.98 | 0.07 |
| 2012XZ-11 | 0.76 | 6.26 | 11.81 | 50.15 | 0.32 | 0.66 | 10.48 | 0.98 |
| 2012XZ-12 | 1.29 | 8.39 | 13.77 | 50.2 | n.d. | 2.02 | 5.45 | 0.44 |
| 2012XZ-13 | 0.87 | 33.83 | 2.04 | 49.01 | n.d. | 0.3 | 1.92 | n.d. |
| 2012XZ-14 | 0.72 | 33.64 | 1.47 | 53.93 | n.d. | 0.16 | 0.86 | n.d. |
| 2012XZ-15 | 0.77 | 1.82 | 2.7 | 12.37 | n.d. | 0.92 | 80.73 | n.d. |
| 2012XZ-16 | 0.75 | 37.7 | 3.66 | 42.32 | n.d. | 0.22 | 1.39 | 0.07 |
| 2012XZ-17 | 1.46 | 41.77 | 1.43 | 45.56 | n.d. | 0.09 | 1.69 | n.d. |
| 2012XZ-18 | 1.92 | 1.79 | 0.58 | 13.67 | n.d. | 0.19 | 81.65 | n.d. |
| 2012XZ-19 | n.d. | 16.23 | 6.29 | 52.48 | n.d. | 1.15 | 16.09 | 0.09 |
| 2012XZ-20 | 1.35 | 43.49 | 2.71 | 44.49 | n.d. | 0.12 | 2.35 | 0.06 |
| 2012XZ-21 | 1.42 | 8.4 | 13.32 | 50.91 | n.d. | 2.7 | 8.66 | 0.36 |
| 2012XZ-22 | 0.14 | 12.89 | 9.14 | 56.91 | n.d. | 2.08 | 13.91 | 0.15 |
| 2012XZ-23 | 1.89 | 7.89 | 15.66 | 51.57 | n.d. | 3.67 | 5.21 | 0.42 |

注：① n.d.：not detected，即氧化物或元素浓度低于仪器检出限，未检测出该化学成分。② M 表示 Cu 元素并非

续表

| $Fe_2O_3$ | CuO | Cr | Mn | Ni | Cu | Zn | Rb | Sr | Pb |
|---|---|---|---|---|---|---|---|---|---|
| | | μg/g | | | | | | | |
| 8.26 | n.d. | 2248 | 707 | 1262 | 44 | 39 | n.d. | n.d. | n.d. |
| 10.54 | n.d. | 947 | 1005 | 1016 | 144 | 85 | n.d. | n.d. | 30 |
| 1.44 | n.d. | 337 | 511 | 17 | n.d. | 49 | n.d. | 9 | 18 |
| 1.93 | n.d. | n.d. | 339 | n.d. | n.d. | 174 | n.d. | 34 | 13 |
| 6.07 | n.d. | 786 | 389 | 741 | n.d. | 162 | n.d. | 29 | n.d. |
| 8.93 | n.d. | 268 | 1408 | 1103 | n.d. | 94 | n.d. | n.d. | 7 |
| 7.31 | n.d. | 3202 | 789 | 1086 | n.d. | 21 | n.d. | n.d. | 26 |
| 13.28 | n.d. | 232 | 1610 | 733 | 30 | 131 | n.d. | n.d. | 12 |
| 13.51 | n.d. | n.d. | 2608 | 128 | 242 | 324 | 76 | 45 | 31 |
| 8.49 | n.d. | 446 | 692 | 865 | 72 | 180 | n.d. | 6 | 19 |
| 18.59 | n.d. | n.d. | 1404 | 78 | 196 | 217 | n.d. | 108 | 19 |
| 18.45 | n.d. | 64 | 2027 | 104 | 205 | 328 | 27 | 78 | 21 |
| 12.03 | n.d. | 1506 | 1122 | 1247 | 14 | 22 | n.d. | 3 | 10 |
| 9.21 | n.d. | 3550 | 2114 | 1115 | 92 | 189 | n.d. | n.d. | n.d. |
| 0.7 | n.d. | n.d. | 33 | 53 | n.d. | 60 | n.d. | 46 | n.d. |
| 13.88 | n.d. | 13081 | 3819 | 1555 | 102 | 287 | n.d. | n.d. | n.d. |
| 8.01 | n.d. | 625 | 1690 | 948 | 60 | n.d. | n.d. | n.d. | n.d. |
| 0.2 | n.d. | n.d. | 175 | 255 | n.d. | 930 | n.d. | 128 | 27 |
| 7.67 | n.d. | 1978 | 1422 | 886 | 18 | 158 | n.d. | 8 | n.d. |
| 5.42 | n.d. | 15558 | 4140 | 1749 | 28 | 62 | n.d. | n.d. | 20 |
| 14.21 | n.d. | 77 | 1795 | 87 | 191 | 80 | 38 | 43 | 25 |
| 4.78 | n.d. | 67 | 1514 | 23 | 78 | 101 | 24 | 114 | 139 |
| 13.68 | n.d. | 193 | 1887 | 119 | 235 | 201 | 44 | 32 | n.d. |

微量元素，而是主量元素。

## 表 3.7 淅川下寨遗址玉器的拉曼特征峰及物相信息

| 样品编号 | 拉曼特征振动峰（$cm^{-1}$） | 物相 | 样品编号 | 拉曼特征振动峰（$cm^{-1}$） | 物相 |
|---|---|---|---|---|---|
| 2013XZ-1 | 231，370，681，1045，3660，3693 | 叶蛇纹石 | 2013XZ-13 | 227，372，680，1041，3660，3691 | 叶蛇纹石 |
| 2013XZ-2 | 189，355，672，1050，3640，3657，3672 | 滑石 | 2013XZ-15 | 227，368，681，1045，3660，3691 | 叶蛇纹石 |
| 2013XZ-3 | 278，709，1085 | 方解石 | 2013XZ-16 | 264，699 | 云母 |
| 2013XZ-4 | 228，374，681，1041，3660，3691 | 叶蛇纹石 | 2013XZ-17 | 262，701 | 云母 |
| 2013XZ-5 | 278，709，1083 | 方解石 | 2013XZ-18 | 191，359，675，3656，3672 | 滑石 |
| 2013XZ-6 | 278，711，1086 | 方解石 | 2013XZ-21 | 227，379，683，1050，3670，3697 | 叶蛇纹石 |
| 2013XZ-7 | 126，203，462 | 石英 | 2013XZ-22 | 224，372，680，1041，3665，3692 | 叶蛇纹石 |
|  | 260，699 | 云母 | 2013XZ-23 | 278，711，1084 | 方解石 |
| 2013XZ-8 | 233，385，688，3670 | 叶蛇纹石 | 2013XZ-24 | 126，203，463 | 石英 |
| 2013XZ-9 | 191，356，675，1047，3656，3672 | 滑石 | 2013XZ-25 | 299，1093 | 方解石 |
| 2013XZ-10 | 190，359，673，3657，3673 | 滑石 | 2012XZ-1 | 228，371，680，1042，3660，3698 | 叶蛇纹石 |
| 2013XZ-11 | 218，668，1052 | 透闪石 | 2012XZ-2 | 228，370，673，1033，3668，3698 | 叶蛇纹石 |
| 2013XZ-12 | 229，374，683，1042，3658，3691 | 叶蛇纹石 | 2012XZ-3 | 174，213，394，665，929，1020，1056 | 透闪石 |

**续表**

| 样品编号 | 拉曼特征振动峰（$cm^{-1}$） | 物相 | 样品编号 | 拉曼特征振动峰（$cm^{-1}$） | 物相 |
|---|---|---|---|---|---|
| 2012XZ-4 | 221，372，680，1042，1086，3668，3692 | 叶蛇纹石 | 2012XZ-14 | 228，363，673，1049，3684，3706 | 叶蛇纹石 |
| 2012XZ-5 | 228，372，674，1035，3660，3698 | 叶蛇纹石 | 2012XZ-15 | 146，288，1094 | 方解石 |
| 2012XZ-6 | 221，363，679，1042，3668，3691 | 叶蛇纹石 | 2012XZ-16 | 213，372，687 | 叶蛇纹石 |
| 2012XZ-7 | 谱线不理想 | | 2012XZ-17 | 228，363，673，1042，3660，3691 | 叶蛇纹石 |
| 2012XZ-8 | 221，363，680，1042，3660，3691 | 叶蛇纹石 | 2012XZ-18 | 146，281，703，1086 | 方解石 |
| 2012XZ-9 | 谱线不理想 | | 2012XZ-19 | 109，184，349，670，1004，1069 | 透闪石 |
| 2012XZ-10 | 108，184，356，673，1043，3660，3683 | 滑石 | 2012XZ-20 | 233，372，681，1041，3663，3693 | 叶蛇纹石 |
| 2012XZ-11 | 665 | 透闪石 | 2012XZ-21 | 谱线不理想 | |
| 2012XZ-12 | 221，665，1056 | 透闪石 | 2012XZ-22 | 315，382，499，661，1005 | 透辉石 |
| 2012XZ-13 | 138，221，363，673，1049，3661，3706 | 叶蛇纹石 | 2012XZ-23 | 115，117，372，537，658，1024，1080 | 透闪石 |

### 3. 滑石质玉器

该质地玉器有5件，即2013XZ-2、2013XZ-9、2013XZ-10、2013XZ-18和2012XZ-10。其主要化学成分为MgO和$SiO_2$，与蛇纹石主要化学成分相似，但二者含量存在较为明显的差异。滑石类玉器中MgO的含量范围为21.19%—27.63%，低于蛇纹石中MgO的含量；$SiO_2$的含量范围为53.39%—59.34%，高于蛇纹石中$SiO_2$的含量。同时，滑石类质地玉器也含有一定量的$Fe_2O_3$，含量范围为8.49%—12.77%。

图3.16为该质地玉器的典型拉曼图谱（2013XZ-2），可以看到它们的主要特征振

动峰主要分布于 189cm$^{-1}$、355cm$^{-1}$、672cm$^{-1}$、1050cm$^{-1}$、3640cm$^{-1}$、3657cm$^{-1}$、3672cm$^{-1}$ 附近，450cm$^{-1}$ 以下为 M-O 的振动模式，670—680cm$^{-1}$ 为 Si—$O_b$—Si 对称拉伸振动模式，900—1100cm$^{-1}$ 为 Si—$O_{nb}$ 的拉伸振动模式，与滑石拉曼特征峰一致 [10]。

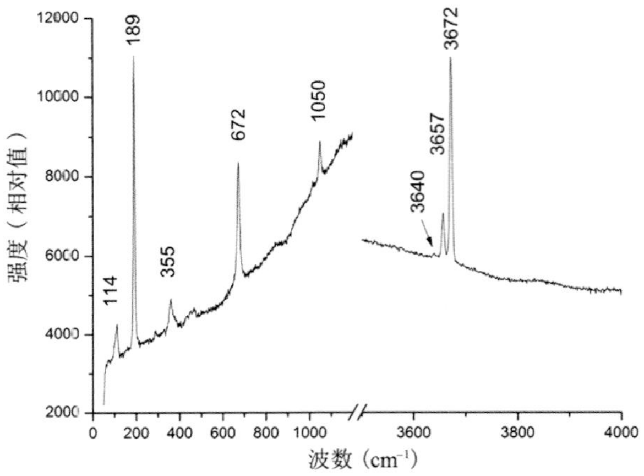


图 3.16　滑石质玉钺 2013XZ-2 的特征拉曼图谱

4. 云母质玉器

该类质地玉器有 6 件，即 2013XZ-7、2013XZ-16、2013XZ-17、2013XZ-19、2013XZ-20、2013XZ-24。其主要化学成分为 $Al_2O_3$、$SiO_2$ 和 $K_2O$，含量范围分别为 16.14%—26.20%、49.21%—71.12% 和 6.93%—14.20%。由于部分玉器与其他矿物（如石英矿物）共生，其主要组分的含量变化较大。

玉饰 2013XZ-17 的拉曼光谱如图 3.17 所示，主要特征峰分别在 262cm$^{-1}$ 和 701cm$^{-1}$ 附近，低波数的两个振动峰是由 [$MO_6$] 八面体内部振动引起的，701cm$^{-1}$ 则是由 Si—O—Si 振动引起的，与文献中报道的云母特征峰相一致 [11]。

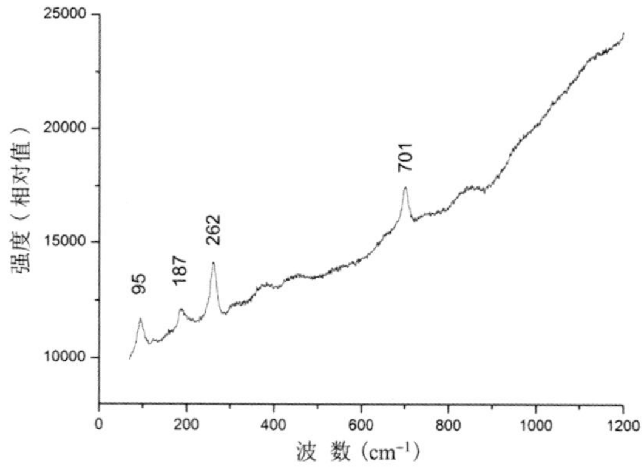


图 3.17　云母质玉饰 2013XZ-17 的特征拉曼图谱

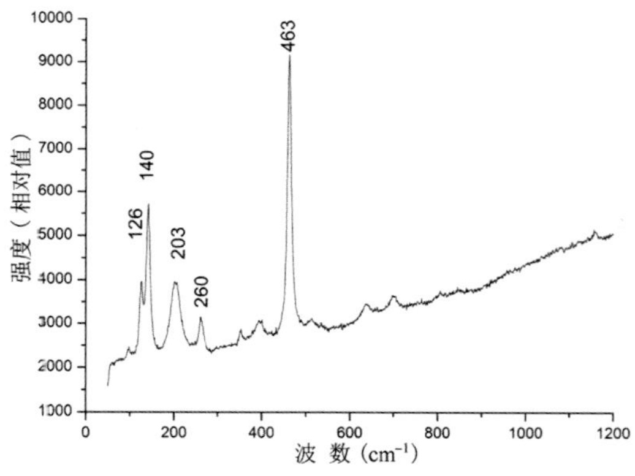


图 3.18　石英质石钺 2013XZ-24 的特征拉曼图谱

在 2013XZ-7 石钺、2013XZ-24 石钺中同时还检测到石英。图 3.18 为石英质的特征拉曼图谱，可以看出石英的主要特征振动峰分布在 126cm$^{-1}$、140cm$^{-1}$、203cm$^{-1}$ 和 463cm$^{-1}$ 附近，其中 463cm$^{-1}$ 附近的振动峰是由 Si—O 弯曲振动引起的，203cm$^{-1}$ 附近的振动峰归属于 [$SiO_4$] 的旋转振动或平移振动 [12]。

5. 透闪石质玉器

该质地玉器有 6 件，其中 2012XZ-3、2012XZ-19 的主要化学成分为 MgO、$SiO_2$ 和 CaO，含量范围分别为 16.23%—24.14%、52.48%—58.64%、13.04%—16.09%。图 3.19 为该质地玉钺 2013XZ-11 的特征拉曼图谱，可以看到 Si—$O_{br}$—Si 的反对称伸缩振动峰（1052$cm^{-1}$）、硅氧四面体链中 Si—$O_{br}$—Si 的完全对称伸缩振动峰（668$cm^{-1}$）以及 O—H—O 基团晶格振动峰（218$cm^{-1}$）[13]。2012XZ-11、2012XZ-12、2012XZ-23 三件玉器的化学成分与其他玉器存在一定差异，主要是由于它们除了主要组成矿物透闪石外，还存在其他共生或伴生矿物。

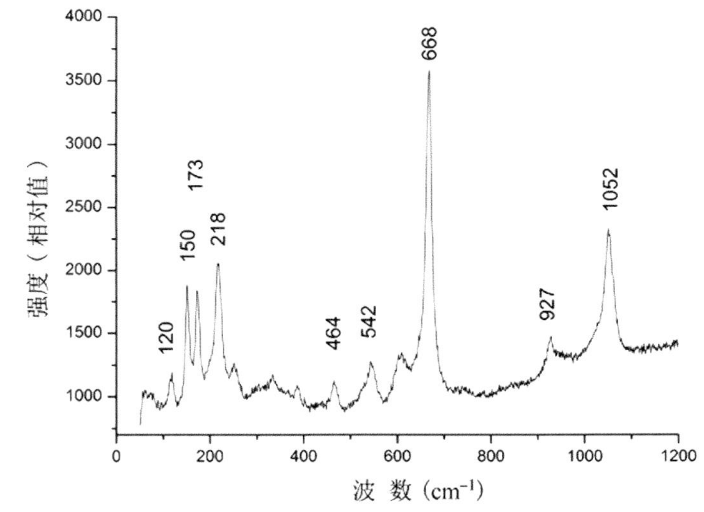


图 3.19　透闪石质玉钺 2013XZ-11 的特征拉曼图谱

6. 透辉石质玉器

该质地玉器有 5 件。玉钺 2012XZ-22 的特征拉曼图谱如图 3.20 所示，特征峰位于 315$cm^{-1}$、382$cm^{-1}$、499$cm^{-1}$、661$cm^{-1}$ 和 1005$cm^{-1}$ 附近，与透辉石拉曼特征峰一致。主要化学成分 MgO、$Al_2O_3$、$SiO_2$ 和 CaO 的含量与透辉石中相应组分的含量基本一致。

2013XZ-14、2013XZ-26 和 2012XZ-9、2012XZ-21 的拉曼测试结果不理想，拉曼特征峰不明显，但其主要化学成分与 2012XZ-22 接近，故推测其主要组成矿物也为透辉石。

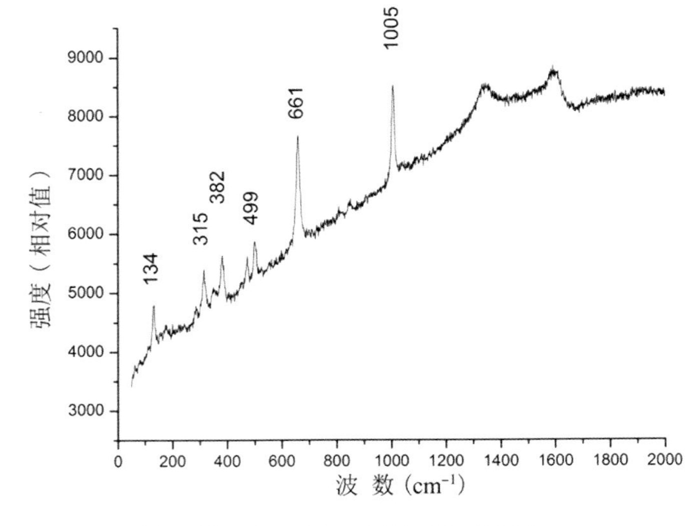


图 3.20　透辉石质玉钺 2012XZ-22 的特征拉曼图谱

## 第四节 余 论

与西辽河流域的兴隆洼文化—红山文化、长江流域的河姆渡文化—马家浜文化—崧泽文化—良渚文化以及江淮流域的薛家岗文化—凌家滩文化等新石器时代遗址相比，河南新石器时代遗址或墓地出土玉器数量相对较少，质地多样，器物种类较少，制作技术相对简单。故长期以来，不少学者认为这一地区很可能没有用玉的习俗。其实，河南新石器时代的玉文化有其自身的特点，大体可分为两个阶段：

第一阶段，即新石器时代早中期，可视为河南玉文化的萌芽时期，如早在 8000 年前裴李岗文化时期，业已出现随葬铲、斧、刀等石质生产工具的现象 [14]。裴李岗文化的贾湖遗址 [15] 出土了千余件绿松石小型饰物和玉兵器等。此次科技分析结果表明，贾湖遗址的 36 件玉器中，24 件为绿松石质，9 件为萤石质，磷灰石、蛇纹石和石英质地玉器各 1 件。这一时期的玉器以小型装饰品为主，与礼制关联不密切，玉材属于广义上的玉，即“石之美者”；也未被赋予“德”，处于玉石分野的初级阶段，侧重玉器的美学价值。

第二阶段从仰韶文化开始，河南玉器数量和种类有所增加，其中以豫西南的南阳地区最多。除小型装饰品外，出现不少由生产工具和兵器演化而来的玉器，开始注重玉器的王权和军权象征意义。如淅川下王岗遗址持续时间较长，包含仰韶文化一期、二期、三期，屈家岭文化二期及龙山文化时期。玉石类遗物数量多，大致可分为生产工具和装饰品两类。生产工具有斧、铲、刀、镰、凿、镞等，材质以岩石为主；装饰品有耳坠、环、笄、珠、管、璜等。玉料以绿松石、萤石等质地玉石为主。玉器种类较杂，且与石质生产工具共出，充分体现了玉为“石之美者”的概念。此阶段处于玉石分化的时期，人们逐渐有意识或无意识地将精美耐用的“美石”工具赋予一定的特殊内涵，从生产和军事活动中脱离出来，承载象征礼制和军权的功能。

尤其是河南灵宝西坡和淅川下寨仰韶文化墓葬两批玉器的面世，使学者开始重新审视河南乃至中原地区的用玉习俗。灵宝西坡是黄河中游仰韶文化中期的核心地区首次出土成批玉（礼）器的遗址，以蛇纹石玉钺为主，还有少量的玉环。这一发现不仅为研究黄河中游地区用玉习俗的形成和演变提供了珍贵资料，而且迫使我们不得不重新认识该地区的埋葬制度，甚至文明起源的特性、进程与动因[16]。淅川下寨遗址仰韶文化时期出土了数量较多的石钺和玉钺，到了石家河文化时期开始出现玉凿、玉锛、玉铲等。虽然玉器种类出现了变化，时代有早晚，但是它们的材质并没有明显的变化，以蛇纹石为主，另有石英、滑石、云母、方解石、透闪石和透辉石等。下寨遗址出土的玉石器最为显著的一个特点是钺的数量较多，而装饰类玉器数量极少。从材质上分有石钺和玉钺，玉钺又包含有多种矿物类型，刃部的使用痕迹并不明显，表明下寨遗址所发现的石钺和玉钺可能已经演变为象征社会地位或军权的礼器[17]。这一时期可能是《越绝书》记载的“神农以石为兵”向“黄帝以玉为兵”社会转型的一个缩影。湖北天门石家河肖家屋脊遗址出土的一件石家河文化早期陶罐（H357∶5）上刻画有羽冠持钺人像（图 3.21），可视为一种神权和军权的象征。

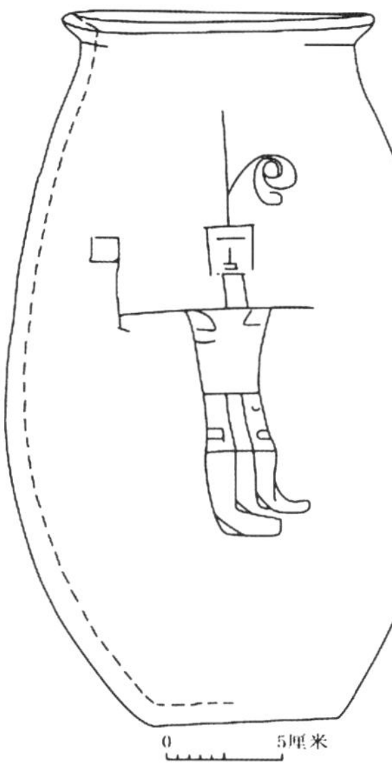

图 3.21　石家河肖家屋脊遗址出土陶罐（H357∶5）上的羽冠持钺人物像

河南登封王城岗、汤阴白营、禹州吴湾、孟津小潘沟、南阳和安阳等地也都出土了不少新石器时代中晚期的玉凿、锛、铲等工具和小饰件以及玉礼器、兵器，玉器开始朝大型化发展，有的已经脱离工具范畴，赋予了礼玉的含义。周边先进玉文化向中原地区集中的态势，在河南龙山文化晚期的遗址中已经崭露头角。如禹州瓦店（距今 4300—3700 年）是河南龙山晚期王湾三期文化中代表性的遗址[18]，处于夏立国早期活动的中心区域，不同地区文化因子在此汇聚，特别是出土的玉鸟与石家河文化肖家屋脊遗址中所出土的玉鹰（鸟）形笄的器形十分相像。

值得注意的是，郑州大河村仰韶文化大型聚落遗址也出土了 27 件玉器，除玉铲、玉刀各 1 件外，还出土了 21 件玉环、玉璜等弧形玉饰品等，且皆出土于文化层或灰坑中，没有一件玉器是墓葬中的随葬品。所以就大河村而言，这些玉器的用途要么是工具，要么是装饰品，不具宗教礼仪功能和礼器性质。大河村仰韶文化弧形玉器与黄河中上游仰韶文化其他类型的小型穿孔坠形玉饰相比，发生了较大变化，弧形玉饰基本取代了坠形玉饰，它可能是对仰韶文化早中期出现的弧形玉器的延续和承袭[19]。笔者认为，大河村这类环、璜玉饰可能与长江下游的河姆渡文化、马家浜文化和崧泽文化等遗址的同类玉器具有很大相似性，并存在文化交流情况。

从制作工艺的角度来说，与新石器时代红山文化、良渚文化和凌家滩文化相比，河南出土绿松石、萤石饰品和玉钺等玉器的加工工艺较为简单，不见复杂的纹饰和繁缛的雕琢工艺。红山文化墓葬随葬玉器，有圆雕也有片雕，在勾云形器、动物形器等玉器上一般有雕刻的花纹，纹道稀疏粗放，少则数道，多者十多道二十几道，以表现出想要表现的物象的大体轮廓为标准。良渚文化墓葬随葬的琮、冠状器、璜形器、三叉形器、圆牌饰、锥形器，甚至一些玉璧和玉钺等几乎都用细密的刀工雕出神人兽面纹，有的纹道细如发丝。而仰韶文化墓葬随葬玉器主要是圆雕，如常见的玉钺，厚重而朴拙，除了材质不同，其造型和作为工具使用的石斧、石钺几乎没有什么区别，而且不施纹饰，与红山文化和良渚文化玉器截然不同[20]。

河南新石器时代晚期（从仰韶文化至石家河文化）玉器的制作技术相对简单，大多玉钺的顶部附近未经磨制，或者只是略作磨制，可见琢制的痕迹。而器身经过精心磨制，磨制后采用了精细的抛光措施。钻孔工艺主要有 4 种，如淅川下寨遗址出土的玉钺，其一为双面相对管钻，数量最多，共 14 件；其二为单面钻孔，共 12 件；其三为凿钻成孔，共 6 件；其四为双面铤钻（实心钻），共 4 件。而灵宝西坡的玉钺，单面钻和双面钻均有使用，双面钻采用管钻钻孔。湖北天门肖家屋脊遗址出土的石家河文化晚期石钻，器形有圆锥形、竹节形器身—乳突状钻头和不规则圆柱形器身—扁圆锥形钻头三种[21]，为研究新石器时代晚期玉器的铤钻工艺提供了实物资料。灵宝西坡墓地出土玉钺主要采用线切割工艺，表面有清晰的圆弧形曲线和痕迹。线切割技术在长江下游地区，如河姆渡文化、马家浜文化、崧泽文化和良渚文化玉器中使用普遍，而黄河上游的齐家文化和中游的陶寺文化中则多采用片切割技术，西坡玉器上线切割痕迹的发现为该技术在黄河中游地区的应用提供了依据。总体而言，黄河流域仰韶文化晚期和龙山文化的玉器以锯片切割技术为主，但砂绳切割技术在局部地区仍有使用。龙山文化晚期玉器锯片切割技术开始朝着大而薄的趋势发展，这种先进的切割技术在黄河流域迅速扩散，包括石峁和齐家文化玉器均受其影响[22]。

南阳拥有丰富的玉石资源，如独山玉、淅川透闪石和蛇纹石等，早在新石器时代晚期就已经被开采制作玉器[23]。最近，南阳黄山遗址考古发掘揭露了仰韶文化晚期“前坊后居式”大型房址建筑，出土了丰富的玉石器、陶器、骨器等文物，被确认为我国目前发现的年代最早的玉石器制作大型聚落，再现了古人制造玉石器的原始场景，堪称考古奇观。其体量之大、结构之复杂、保存之完好，国内罕见，填补了中原和长江中游地区新石器时代玉器作坊遗存的空白。在黄山遗址揭露的1700平方米面积内，清理出与玉石器制作有关的仰韶文化晚期大型长方形“前坊后居木骨泥墙式”建筑3座、工棚式建筑2座，屈家岭文化中小型玉石器作坊遗址7座、活动面多处、保存较好的大小墓葬82座、祭祀坑2座、瓮棺葬73座，出土了数量丰富的钻、刻刀、磨墩石质制玉石工具、玉石料残次品、陶器、骨器等遗物。黄山遗址距离独山玉产地直线距离仅2.5千米，是南北文化交流碰撞的关键地区，仰韶文化与屈家岭文化在此交汇留下的丰厚遗存，为研究中华文明的形成提供了关键材料[24]。受埋藏环境的影响，凌家滩文化和良渚文化玉器普遍风化受沁，多呈“鸡骨白”色，而河南新石器时代蛇纹石和透闪石质玉器鲜有白化现象。

关于贾湖遗址出土绿松石的产地，目前已有诸多学者进行了研究，尽管贾湖遗址绿松石产地并未明确，但可以确定的是，贾湖遗址的绿松石来源于其附近地区[25, 26]。贾湖遗址的绿松石普遍存在类质同象替代现象，即绿松石中的 $Fe^{3+}$ 替代 $Al^{3+}$，从而向铁绿松石转变；还有 $Zn^{2+}$ 替代 $Cu^{2+}$，从而发生了向锌绿松石转变的现象。另外，这批绿松石中伴生有石英这一围岩矿物。类质同象替代和围岩矿物对寻找贾湖绿松石的矿料来源具有重要意义。河南新石器时代中期裴李岗文化贾湖遗址出土的绿松石和萤石等制品，以及新郑裴李岗遗址和沙窝李遗址出土的绿松石制品，都是河南出土年代较早的玉器[27, 28]。值得注意的是，河姆渡文化早期的浙江余姚田螺山遗址也发现较多的萤石制品，器型有玦、珠，以及半成品等[29, 30]，且出土数量比贾湖遗址更多，不排除两种文化之间存在交流的可能性。而淅川下寨和下王岗出土的蛇纹石、透闪石和方解石等玉器应该是就近取材，取自淅川本地的玉料。

综上所述，从材质属性特征来看，河南新石器时代早期玉器以绿松石矿物为主，同时还有一定量的萤石。虽然其他质地玉器也有，但数量相对较少。在仰韶文化晚期的下寨遗址中，玉器器型仍以钺为主，但其材质已经多样化，绿松石质玉器数量不再占有优势。夏代二里头遗址中仍发现有大量绿松石制品，表明绿松石在河南的使用持续了很长时间。新石器时代晚期，河南玉器已不再以绿松石质地为主，呈现出了多样化趋势，蛇纹石、透闪石、滑石、绿泥石、方解石和石英等矿物均被作为原料进行玉器加工制作，有的玉器，例如石斧，逐渐由工具向礼器（玉石钺）转变。

中原地区有着完整的文化发展谱系，其文化博大精深、源远流长，这不单是一个地域文化，也是黄河流域史前文化的主体，更是中华民族传统文化的主干和重要源头之一。在中华文明起源的过程中，特别是河南龙山文化晚期到二里头时期，中原在多元一体的史前文化格局中，起着核心作用并率先进入文明社会。这种文明的地位是建立在吸收和借鉴周边先进文化的基础上，在玉文化发展和玉器的演变过程中，这种整合形态表现得尤为突出。

## 参考资料


[1] 曹桂岑. 河南史前玉器[C]// 海峡两岸古玉学会议论文专辑(I). 台北，台湾大学理学院地质科学系印行，2001：115.

[2] 河南省文物考古研究院，中国科学技术大学科技史与科技考古系，舞阳县博物馆. 河南舞阳县贾湖遗址 2013 年发掘简报[J]. 考古，2017(12)：3–20.

[3] 张惠芬，曹俊臣，谢先德. 天然萤石的喇曼光谱和发光谱研究[J]. 矿物学报，1996, 16(4)：394–402.

[4] Jiří Cejka, Jiří Sejkora, Ivo Macek, Radana Malíková, Lina Wang, Ricardo Scholz, Yunfei Xi, Ray L. Frost. Raman and Infrared Spectroscopic Study of Turquoise Minerals [J]. Spectrochimica Acta Part A: Molecular & Biomolecular Spectroscopy, 2015 (149)：173–182.

[5] 河南省文物研究所，长江流域规划办公室考古队河南分队. 淅川下王岗[M]. 北京：文物出版社，1989.

[6] 河南省文物考古研究所，河南省文物局南水北调文物保护办公室. 河南淅川县下寨遗址 2009 — 2010 年发掘简报[J]. 华夏考古，2011(2)：3–20.

[7] Groppo, C., et al. Micro-Raman Spectroscopy for a Quick and Reliable Identification of Serpentine Minerals from Ultramafics [J]. European Journal of Mineralogy, 2006(18)：319–329.

[8] 刘锦，孙樯. 金刚石压腔蛇纹石原位拉曼光谱研究[J]. 光谱学与光谱分析，2011, 31(2)：398–401.

[9] Junmin Sun, Zeguang Wu, Hongfei Cheng, Zhanjun Zhang, Ray L. Frost, A Raman Spectroscopic Comparison of Calcite and Dolomite [J]. Spectrochimica Acta Part A: Molecular and Biomolecular Spectroscopy, 2014(117)：158–162.

[10] J. J. Blaha, G. J. Rosasco. Raman Microprobe Spectra of Individual

Microcrystals and Fibers of Talc, Tremolite, and Related Silicate Minerals [J]. Analytical Chemistry, 1978, 50(7):893–896.

[11] Gregory D. Smith, Robin J. H. Clark. Raman Microscopy in Archaeological Science [J]. Journal of Archaeological Science, 2004(31):1137–1160.

[12] Rong Wang, Weishan Zhang. Application of Raman Spectroscopy in the Nondestructive Analyses of Ancient Chinese Jades [J]. Journal of Raman Spectroscopy, 2011(42):1324–1329.

[13] H. X. Zhao, Q. H. Li, S. Liu, F. X. Gan. Nondestructive Analysis of Jade Artifacts from the Cemetery of the Ying State in Henan Province, China using Confocal Raman Microspectroscopy and Portable X-ray Fluorescence Spectroscopy [J]. Journal of Raman Spectroscopy, 2014(45):173–178.

[14] 中国社会科学院考古研究所. 临潼白家村[M]. 成都：巴蜀书社.1994.

[15] 河南省文物考古研究所. 舞阳贾湖[M]. 北京：科学出版社，1999.

[16] 马萧林，李新伟，杨海青. 灵宝西坡仰韶文化墓地出土玉器初步研究[J]. 中原文物.2006(2):69–73.

[17] 许鹏飞. 钺代表的军权意义的起源与发展[J]. 大众考古，2018(1):88–97.

[18] 河南省文物考古研究所. 禹州瓦店[M]. 北京：世界图书出版公司，2004.

[19] 戴建增. 浅谈大河村遗址出土仰韶文化玉器[J]. 华夏考古，2019(6):30–33.

[20] 李伯谦. 中国古代文明演进的两种模式——红山、良渚、仰韶大墓随葬玉器观察随想[J]. 文物，2009(3):47–56.

[21] 湖北省荆州博物馆. 天门石家河考古发掘报告之一　肖家屋脊　上册[M]. 文物出版社，1999:117–270.

[22] 叶晓红，张蕾，张鹿野. 中国早期玉器技术之管窥[N]. 中国文物报，2020–11–20(006).

[23] 南阳市文物考古研究所. 南阳古玉撷英[M]. 文物出版社，2005.

[24] "考古中国"最新进展！河南四项重要考古成果在京发布[N]. 河南日报，2020–11–25(2).

[25] 冯敏，毛振伟，潘伟斌，等. 贾湖遗址绿松石产地初探[J]. 文物保护与考古科学，2003, 15(3):9–12.

[26] 厚望. 贾湖遗址绿松石研究[D]. 合肥：中国科学技术大学硕士学位论文，2019.

[27] 河南省文物考古研究所. 舞阳贾湖[M]. 北京：科学出版社，1999.

[28] 中国社会科学院考古研究所河南一队. 河南新郑沙窝李新石器时代遗址[J]. 考古学报，1983(12):1057–1065.

[29] 李安军. 田螺山遗址　河姆渡文化新视窗[M]. 杭州：西泠印社出版社，2009.

[30] 董俊卿，孙国平，王宁远，等. 浙江三个新石器时代遗址出土玉玦科技分析[J]. 光谱学与光谱分析，2017(09):255–263.

# 第四章

# 夏商时期玉器的科学研究

夏商时期，河南地区已经处于中国多元一体文明格局的中心区域。二里头文化被学术界普遍视为是中国第一个王朝——夏朝的文化，由此开启了夏商周考古这一中国考古学中最为活跃的学术领域。二里头文化是距今 3800—3500 年前后东亚地区最早的核心文化。它向四方强势扩张，并辐射其文化影响力，在中国历史由“多元化”的邦国时代进入到“一体化”的王国时代过程中，起到了举足轻重的作用 [1]。公元前 1600 年左右，商汤灭夏之后，建立了商朝，以郑州商城、偃师商城、郑州小双桥、洹北商城和安阳殷墟等为代表的一系列都邑遗址，集中展示了王权的物化形式，对于探索中国古代早期都城的政治性特质有着极为重要的学术意义。以殷墟西北岗商王陵为代表的墓葬，保存了当时丧葬礼俗的珍贵资料，对于研究商代灿烂的青铜文明、器用与典章制度的形成和普世化过程具有重要意义。

## 第一节　二里头文化玉器

二里头遗址位于河南省洛阳市偃师区西南的二里头村附近，北临洛河，南距伊河 5 千米。遗址面积较大，约为 300 万平方米，是当时中国乃至东亚地区最大的都城遗址 [2]。

二里头文化是早于郑州二里岗文化、晚于河南龙山文化的一种文化堆积。从考古学文化层次和遗物研究来划分，二里头文化可分为四期[3]。

## 一、玉器基本信息

所测试的二里头文化玉器数量相对较少，计7件，其中3件是二里头遗址出土，另外4件出土于淅川下王岗遗址。二里头文化时期玉器基本信息见表4.1。

### 表4.1　二里头文化玉器基本信息

| 样品编号 | 器名 | 标本号 | 数量 | 样品描述 | 质量／克 | 尺寸／厘米 | 色泽 | 完残情况 | 出土地点 |
|---|---|---|---|---|---|---|---|---|---|
| HNYBI-1 | 玉柄形器 | | 1 | | | | 牙白色 | | 二里头遗址 |
| HNYBI-2 | 绿松石残片 | | 14 | | | | 蓝绿色 | | |
| HNYBI-9 | 玉钺 | | 1 | | | | 白色黄斑 | | |
| HNWKII-13 | 玉戈 | T14 ②:38 | 1 | 残，戈内有一穿 | 55.93 | 残长7.1、宽4.56、厚0.82 | 灰白色 | 残 | 淅川下王岗遗址 |
| HNWKII-14 | 绿松石饰 | T17 ②:13 | 1 | 扁珠状，厚薄不均 | 1.53 | 长1.2、宽1.08、厚0.61 | 绿色 | 残 | |
| HNWKII-15 | 玉柱形饰 | T15 ②:25 | 1 | 不规则形柱状 | 18.15 | 长6.48、宽1.35、厚0.95 | 黄褐色 | 有磕伤 | |
| HNWKII-16 | 玉环 | T22 ②:44 | 1 | 肉剖面近长方形 | 5.89 | 直径3.82、肉宽0.88、厚0.58 | 黄褐色 | 残 | |

## 二、材质判定

根据化学成分（表4.2）和物相组成分析结果，所分析的玉器大致可分为绿松石、方解石、透闪石、白云母等多种质地。

### 1. 绿松石质玉器

该质地玉器有2件，包括HNYBI-2（14颗）和HNWKII-14。图4.1给出了典型绿松石质玉器的XRD图谱。绿松石饰HNWKII-14（二里头三期）XRD衍射谱线矿物组成与绿松石（PDF卡片号为25-0215）谱线吻合。主要化学成分为$Al_2O_3$（28.82%—40.86%）、$P_2O_5$（25.07%—34.72%）、CuO（3.90%—15.26%），与绿松石的化学成分理论值相符。同时，所分析的绿松石玉器中还含有$Fe_2O_3$（4.08%—13.42%），个别绿松石玉器（HNYBI-2-3、HNYBI-2-5、HNYBI-2-8）中含有一定的ZnO，这主要是绿松石矿物成分中的类质同象导致。$Cu^{2+}$常被$Zn^{2+}$、$Ca^{2+}$、$Mn^{2+}$替代，$Al^{3+}$常被$Fe^{3+}$替代，而$SiO_2$则可能来自绿松石矿物的伴生矿物或围岩。

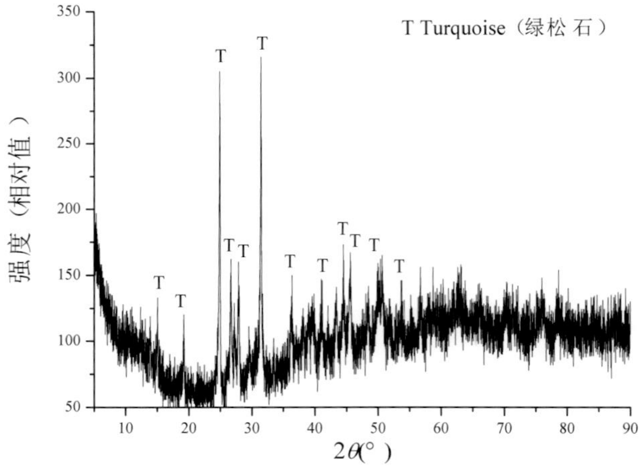

图4.1 绿松石质玉片HNYBI-2-1a的XRD图谱

### 2. 方解石质玉器

该质地玉器有2件。玉钺HNYBI-9的主要组分为CaO，含量为96.57%，其他组分含量均较低。玉戈HNWKII-13的主要组分为CaO和$SiO_2$，含量分别为66.33%和20.48%，其他组分有$Al_2O_3$、$SO_3$、MgO、$Fe_2O_3$，含量分别为5.48%、

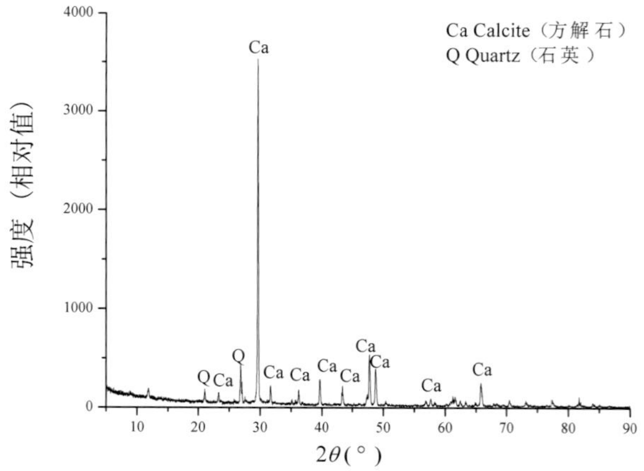

图4.2 方解石质玉戈HNWKII-13的XRD图谱

3.18%、1.13%、1.18%（表 4.2）。XRD 图谱（图 4.2）显示玉戈 HNWKII–13（二里头一期）有一组尖锐的多晶衍射峰，主要 d 值为 4.21、3.32、3.01、2.83、2.48、2.08、2.27、1.90、1.87、1.81、1.42 等，其中 3.01、2.83、2.48、2.08、2.27、1.90、1.87、1.42 与标准方解石（PDF 卡片号为 86–2335）的衍射线吻合，4.21、3.32、1.81 与石英（PDF 卡片号为 82–0511）的衍射线吻合。

### 3. 透闪石–阳起石质玉器

该质地玉器有 2 件。玉柄形器 HNYBI–1 的主要组分为 $SiO_2$、MgO 和 CaO，含量分别为 57.69%、23.15% 和 14.74%（表 4.2），与透闪石主要成分理论值非常一致。主要拉曼峰为 676$cm^{-1}$（主峰）、266$cm^{-1}$（较弱），还在 1604$cm^{-1}$、1339$cm^{-1}$、375$cm^{-1}$ 附近出现三个较弱的拉曼特征峰（图 4.3），与透闪石–阳起石类矿物拉曼特征峰吻合。

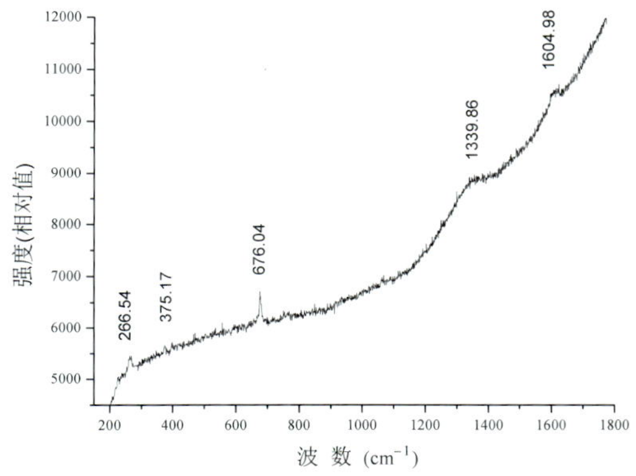


图 4.3 透闪石质玉柄形器 HNYBI–1 的特征拉曼图谱

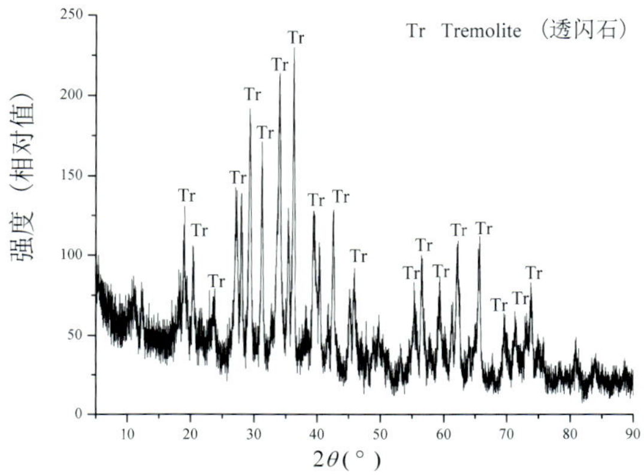


图 4.4 透闪石质玉柱形饰 HNWKII–15 的 XRD 图谱

玉柱形饰 HNWKII–15（二里头三期）的主要组分为 MgO、$SiO_2$、CaO、$Al_2O_3$，含量分别为 22.60%、58.52%、13.52%、2.17%，其他氧化物如 $Na_2O$、$P_2O_5$、$SO_3$、$K_2O$、$Fe_2O_3$ 的含量皆小于 1%，与透闪石的化学成分理论值一致。XRD 图谱（图 4.4）也显示其衍射谱线矿物组分与透闪石（PDF 卡片号为 76–1760）的衍射线非常接近（主要 d 值为 4.65、3.18、3.04、2.86、2.63、2.53、2.48、2.23、2.12 等）。

### 4. 白云母质玉器

白云母质玉器仅 1 件：玉环 HNWKII–16（二里头三期），主要成分为 $Al_2O_3$、$SiO_2$、$K_2O$，含量分别为 38.23%、45.55%、11.47%，其他成分为 $Na_2O$ 含量 1.26%、$P_2O_5$ 含量 1.04%、$SO_3$ 含量 0.80%、MgO 含量 0.71%、CaO 含量 0.49%、$Fe_2O_3$ 含量 0.34%、$TiO_2$ 含量 0.04%，主要化学成分与绢云母和白云母的理论化学成分值（$Al_2O_3$ 含量 38.40%、

## 表 4.2 二里头文化玉器化学成

| 样品编号 | 测试部位 | $Na_2O$ | MgO | $Al_2O_3$ | $SiO_2$ | $P_2O_5$ |
|---|---|---|---|---|---|---|
| HNYBI–1 | 表面 | 1.44 | 23.15 | 1.62 | 57.69 | 0.36 |
| HNYBI–2–1a | 绿面 | 0.42 | 0.96 | 35.36 | 7.26 | 32.28 |
| HNYBI–2–1b | 白色 | 3.9 | 21.9 | 8.3 | 52.2 | 1.1 |
| HNYBI–2–2 | 绿面 | 1.63 | 2.19 | 36.43 | 4.95 | 30.57 |
| HNYBI–2–3 | 绿面 | n.d. | 0.10 | 40.86 | 6.87 | 34.72 |
| HNYBI–2–4a | 绿面 | n.d. | 1.5 | 36.1 | 6.9 | 30.8 |
| HNYBI–2–4b | 黑色 | 2.79 | 1.87 | 28.82 | 8.31 | 25.07 |
| HNYBI–2–5 | 绿面 | 2.17 | 2.51 | 35.77 | 9.81 | 29.07 |
| HNYBI–2–6 | 珠体 | n.d. | 2.21 | 31.09 | 8.82 | 28.27 |
| HNYBI–2–7 | 稍深色 | 2.06 | 2.07 | 32.61 | 11.24 | 28.62 |
| HNYBI–2–8 | 淡色 | 0.90 | 0.87 | 35.36 | 7.92 | 27.14 |
| HNYBI–2–9a | 浅色 | n.d. | 0.34 | 32.12 | 12.07 | 28.27 |
| HNYBI–2–9b | 浅色 | 0.76 | 0.63 | 31.10 | 7.41 | 27.20 |
| HNYBI–9 | 珠体 | n.d. | 0.97 | 0.73 | 1.25 | 0.00 |
| HNWKII–13 | 表面 | n.d. | 1.13 | 5.48 | 20.48 | 1.29 |
| HNWKII–14 | 表面 | 1.01 | 0.97 | 36.32 | 3.85 | 32.60 |
| HNWKII–15 | 表面 | 0.82 | 22.60 | 2.17 | 58.52 | 0.94 |
| HNWKII–16 | 表面 | 1.26 | 0.71 | 38.23 | 45.55 | 1.04 |

注：① n.d.：not detected，即氧化物或元素浓度低于仪器检出限，未检测出该化学成分。

分的 PIXE 测试结果（wt.%）

| $SO_3$ | $K_2O$ | CaO | $TiO_2$ | MnO | $Fe_2O_3$ | CuO | ZnO | BaO |
|---|---|---|---|---|---|---|---|---|
| 0.46 | 0.06 | 14.74 | 0.04 | n.d.① | 0.37 | 0.03 | n.d. | n.d. |
| 2.31 | 0.28 | 0.59 | n.d. | 0.05 | 8.58 | 11.17 | 0.14 | 0.30 |
| 1.2 | 0.6 | 6.1 | n.d. | n.d. | 2.8 | 1.8 | n.d. | n.d. |
| 2.76 | 0.25 | 0.96 | n.d. | n.d. | 5.41 | 14.39 | 0.07 | n.d. |
| 2.77 | 0.42 | 2.37 | 0.10 | n.d. | 4.08 | 4.96 | 2.69 | n.d. |
| 3.1 | 0.4 | 0.9 | n.d. | n.d. | 7.7 | 12.3 | 0.4 | n.d. |
| 3.23 | 0.31 | 0.84 | n.d. | n.d. | 13.42 | 14.33 | 0.32 | n.d. |
| 3.25 | 0.50 | 3.86 | 0.09 | n.d. | 5.20 | 3.90 | 3.69 | n.d. |
| 3.65 | 0.32 | 0.74 | n.d. | n.d. | 9.48 | 15.26 | n.d. | n.d. |
| 3.58 | 0.46 | 0.93 | n.d. | n.d. | 5.18 | 11.80 | 0.83 | n.d. |
| 2.92 | 0.34 | 4.21 | 0.12 | n.d. | 6.34 | 7.33 | 5.91 | n.d. |
| 3.71 | 0.49 | 1.08 | n.d. | 0.07 | 7.46 | 13.76 | 0.38 | n.d. |
| 5.18 | 0.23 | 2.90 | n.d. | n.d. | 9.52 | 14.77 | 0.16 | n.d. |
| 0.48 | n.d. | 96.57 | n.d. | n.d. | n.d. | 0.00 | n.d. | n.d. |
| 3.18 | 0.50 | 66.33 | n.d. | n.d. | 1.18 | 0.00 | n.d. | n.d. |
| 1.18 | 0.19 | 0.32 | n.d. | n.d. | 10.39 | 12.33 | 0.41 | 0.12 |
| 0.54 | 0.18 | 13.52 | n.d. | 0.06 | 0.40 | n.d. | 0.03 | n.d. |
| 0.80 | 11.47 | 0.49 | 0.04 | n.d. | 0.34 | n.d. | n.d. | n.d. |

$SiO_2$ 含量 45.25%、$K_2O$ 含量 11.82%、$H_2O$ 含量 4.52%）一致。XRD 图谱（图 4.5）显示其衍射谱线矿物组分与白云母比较接近，但其衍射峰整体向小角度略有漂移（主要 d 值为 9.08、4.76、4.27、3.37、3.23、3.10、2.90、2.78、2.49、1.96 等）。

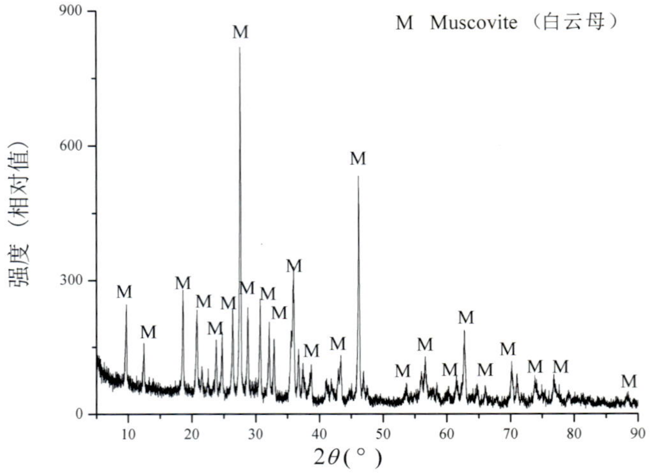


图 4.5 白云母质玉环 HNWKII-16 的 XRD 图谱

## 第二节 鹤壁刘庄遗址玉器

刘庄遗址 [4] 位于鹤壁市淇滨区大赉店镇刘庄村南，2005 年至 2007 年，河南省文物考古研究院对其进行了发掘，在下七垣文化先商墓葬中发现 9 件玉饰和 12 件绿松石饰。这些饰件主要为珠状饰，每座墓葬出土数量多少不等，共存器物主要为陶器。其中 M28、M109、M178 分别出土 1 件、2 件、4 件绿松石饰；M208 出土 14 件饰件，包括玉饰 9 件、绿松石饰 5 件。下七垣文化为夏代先商文化遗存。

### 一、玉器基本信息

选取刘庄遗址先商文化墓地出土玉器 21 件进行科技分析。玉器基本信息见表 4.3。

## 表 4.3　鹤壁刘庄遗址玉器基本信息

| 样品编号 | 出土编号 | 器物名称 | 完残程度 | 特征 | 颜色 | 质量/克 | 尺寸/厘米 | 照片 |
|---|---|---|---|---|---|---|---|---|
| HNWKIII-82 | M178：2-1 | 绿松石饰 | 残 | 体呈扁长方管状，中有孔 | 浅绿色 | 0.37 | 长 1.1、宽 0.56、厚 0.35 |  |
| HNWKIII-83 | M178：2-2 | 绿松石饰 | 完整 | 体呈扁长方管状，中有孔 | 浅绿色 | 0.41 | 长 0.92、宽 0.65、厚 0.41 | 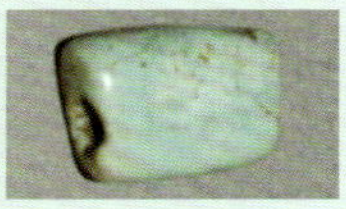 |
| HNWKIII-84 | M178：2-3 | 绿松石饰 | 完整 | 体呈珠状，中有孔 | 浅绿色 | 0.32 | 长 1.2、直径 0.5 |  |
| HNWKIII-85 | M178：2-4 | 绿松石饰 | 完整 | 体呈扁珠状，中有孔 | 浅绿色 | 0.31 | 长 0.62、直径 0.62 |  |
| HNWKIII-86 | M109：1-1 | 绿松石饰 | 完整 | 体呈扁柱状，中有孔 | 浅绿色 | 1.44 | 长 1.34、直径 0.95 |  |
| HNWKIII-87 | M109：1-2 | 绿松石饰 | 残 | 体呈扁平三角状，中有孔 | 浅绿色 | 0.89 | 长 1.24、宽 1、厚 0.46 |  |
| HNWKIII-89 | M28：1 | 绿松石饰 | 完整 | 体呈扁柱状，中有孔 | 浅绿色 | 2.24 | 长 1.8、直径 0.66—1.25 |  |
| HNWKIII-90 | M208：2-1 | 玉珠 | 完整 | 体呈扁珠状，中有孔 | 青白色 | 0.32 | 长 1.12、直径 0.41—1.18 |  |
| HNWKIII-91 | M208：2-2 | 玉珠 | 完整 | 体呈扁珠状，中有孔 | 青白色 | 0.16 | 长 0.52、直径 0.32—0.65 |  |
| HNWKIII-92 | M208：2-3 | 绿松石饰 | 完整 | 体呈珠状，中有孔 | 浅绿色 | 0.65 | 长 0.92、直径 0.65 |  |
| HNWKIII-93 | M208：2-4 | 玉饰 | 完整 | 体呈扁平状，中有孔 | 青白色 | 0.61 | 长 1.25、宽 0.81、厚 0.32 | 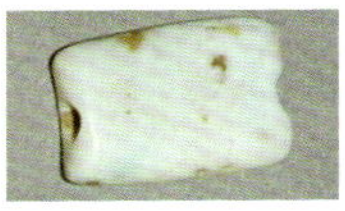 |
| HNWKIII-94 | M208：2-5 | 绿松石饰 | 完整 | 体呈珠状，中有孔 | 浅绿色 | 0.91 | 长 1.01、直径 0.71 |  |

续表

| 样品编号 | 出土编号 | 器物名称 | 完残程度 | 特征 | 颜色 | 质量/克 | 尺寸/厘米 | 照片 |
|---|---|---|---|---|---|---|---|---|
| HNWKIII-95 | M208：2-6 | 玉饰 | 完整 | 体呈扁珠状，中有孔 | 青白色 | 0.56 | 长 0.81、直径 0.6—0.8 | 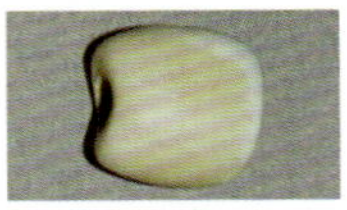 |
| HNWKIII-96 | M208：2-7 | 玉饰 | 残 | 体呈扁珠状，中有孔 | 青白色 | 0.37 | 长 1、直径 0.41—0.6 |  |
| HNWKIII-97 | M208：2-8 | 绿松石饰 | 完整 | 体呈扁珠状，中有孔 | 浅绿色 | 0.54 | 长 1.02、直径 0.56—0.73 |  |
| HNWKIII-98 | M208：2-9 | 玉饰 | 完整 | 体呈扁珠状，中有孔 | 白色 | 0.18 | 长 0.65、直径 0.36—0.51 |  |
| HNWKIII-99 | M208：2-10 | 玉饰 | 完整 | 体呈扁珠状，中有孔 | 青色 | 0.24 | 长 0.8、直径 0.4—0.52 |  |
| HNWKIII-100 | M208：2-11 | 玉饰 | 完整 | 体呈扁珠状，中有孔 | 青白色 | 0.2 | 长 0.71、直径 0.3—0.57 |  |
| HNWKIII-101 | M208：2-12 | 绿松石饰 | 残 | 体呈扁珠状，中有孔 | 浅绿色 | 0.17 | 长 0.49、直径 0.42—0.58 |  |
| HNWKIII-102 | M208：2-13 | 绿松石饰 | 完整 | 体呈扁珠状，中有孔 | 浅绿色 | 0.32 | 长 0.81、直径 0.42—0.62 |  |
| HNWKIII-103 | M208：2-14 | 玉饰 | 完整 | 体呈扁珠状，中有孔 | 青白色 | 0.43 | 长 1.18、直径 0.41—0.6 |  |

## 二、材质判定

综合玉器化学成分（表 4.4）和 XRD 物相组成分析结果，所分析的 21 件玉器中，玉器材质主要包括绿松石、纤磷钙铝石、磷铝石、准磷铝石和明矾石等 5 类。

### 1. 绿松石质玉器

该质地玉器有 11 件（HNWKIII-82、HNWKIII-83、HNWKIII-84、HNWKIII-85、HNWKIII-86、HNWKIII-87、HNWKIII-92、HNWKIII-94、HNWKIII-97、

HNWKIII-101 及 HNWKIII-102）。其中，HNWKIII-82、HNWKIII-83、HNWKIII-84、HNWKIII-92 及 HNWKIII-94 的主要化学成分为 $Al_2O_3$、$P_2O_5$ 和 CuO，其含量分布范围分别为 34.52%—39.95%、27.57%—36.71% 和 11.53%—15.06%，次要化学成分为 $SiO_2$、$Fe_2O_3$ 和 MgO，其含量分布范围分别为 4.10%—12.99%、0.47%—10.10% 和 1.66%—1.87%，其他氧化物的含量均低于 1%。这些玉器的主要化学成分与绿松石主要理论化学成分比较接近。与其他样品相比，HNWKIII-83 含有较高的 $Fe_2O_3$ 和 $SiO_2$，在 10% 左右。经 XRD 检测分析（表 4.5），玉器 HNWKIII-82、HNWKIII-83（图 4.6）、HNWKIII-84（图 4.7）、HNWKIII-85、HNWKIII-86、HNWKIII-87、HNWKIII-92、HNWKIII-94 及 HNWKIII-97 的主要物相组成为绿松石。

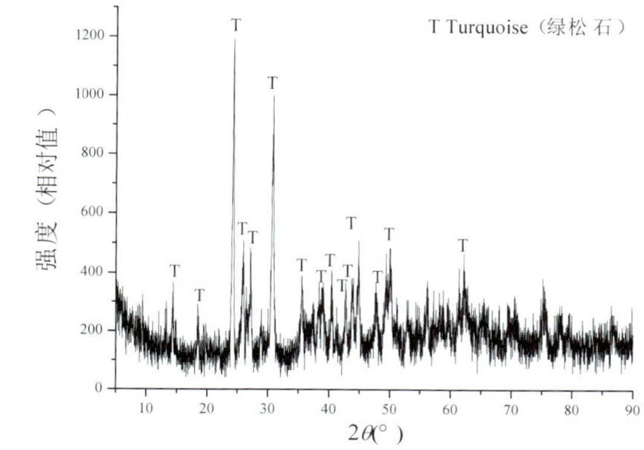


图 4.6　绿松石质玉饰 HNWKIII-83 的 XRD 图谱

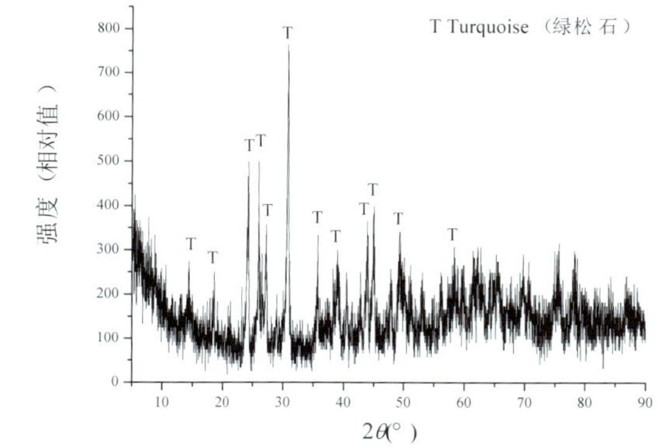


图 4.7　绿松石质玉饰 HNWKIII-84 的 XRD 图谱

表 4.6 列举了上述玉器的拉曼光谱分析结果及文献[5]中绿松石的拉曼峰值和所对应的振动模式，可以看出上述玉器的拉曼特征峰与绿松石的拉曼特征峰比较一致。图 4.8 展示了玉器 HNWKIII-84 和 HNWKIII-92 的特征拉曼图谱，可以看到在 $1040cm^{-1}$、$600cm^{-1}$、$420cm^{-1}$、$325cm^{-1}$、$228cm^{-1}$ 和 $174cm^{-1}$ 附近有明显的拉曼振动峰，其中 $1040cm^{-1}$ 附近（$1041cm^{-1}$ 和

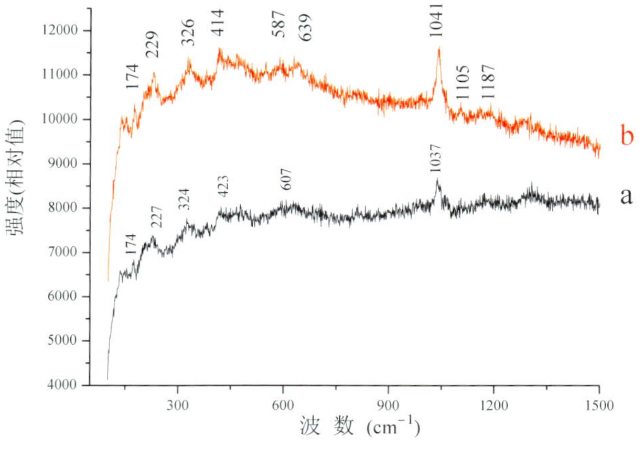


图 4.8　绿松石质玉器的特征拉曼图谱（λ=785 纳米）
a. 玉饰 HNWKIII-84　b. 玉饰 HNWKIII-92

## 表 4.4　鹤壁刘庄遗址玉器化学成分的

| 样品编号 | 出土编号 | $Na_2O$ | MgO | $Al_2O_3$ | $SiO_2$ | $P_2O_5$ | $K_2O$ | CaO | $Cr_2O_5$ | $Fe_2O_3$ |
|---|---|---|---|---|---|---|---|---|---|---|
| HNWKIII-82 | M178∶2-1 | 0.27 | 1.87 | 38.76 | 4.24 | 36.63 | 0.83 | n.d.[①] | 0.13 | 1.99 |
| HNWKIII-83 | M178∶2-2 | 0.32 | 1.82 | 34.52 | 12.99 | 27.57 | 0.70 | n.d. | 0.10 | 10.10 |
| HNWKIII-84 | M178∶2-3 | 0.22 | 1.69 | 37.16 | 6.82 | 34.43 | 0.99 | n.d. | 0.06 | 3.48 |
| HNWKIII-92 | M208∶2-3 | n.d. | 1.72 | 39.95 | 4.10 | 36.71 | 0.73 | n.d. | 0.05 | 0.70 |
| HNWKIII-94 | M208∶2-5 | n.d. | 1.66 | 39.69 | 5.40 | 36.14 | 0.89 | n.d. | 0.09 | 0.47 |
| 绿松石，$CuAl_6(PO_4)_4(OH)_8 \cdot 4H_2O$ | | | | 37.6 | | 34.9 | | | | |
| HNWKIII-89 | M28∶1 | 0.23 | 1.56 | 36.87 | 5.77 | 51.86 | 0.74 | n.d. | 0.09 | 2.26 |
| HNWKIII-96 | M208∶2-7 | 0.12 | 1.70 | 31.48 | 9.26 | 46.51 | 0.93 | n.d. | 0.10 | 9.15 |
| HNWKIII-99 | M208∶2-10 | 0.17 | 1.71 | 31.70 | 9.74 | 46.04 | 0.88 | n.d. | 0.10 | 9.19 |
| HNWKIII-103 | M208∶2-14 | 0.13 | 1.87 | 30.53 | 12.50 | 42.60 | 1.26 | n.d. | 0.08 | 10.12 |
| 磷铝石，$AlPO_4 \cdot 2H_2O$ | | | | 32.27 | | 44.92 | | | | |
| HNWKIII-93 | M208∶2-4 | 0.06 | 1.80 | 41.33 | 7.49 | 33.93 | 0.48 | 13.58 | 0.04 | 0.59 |
| HNWKIII-100 | M208∶2-11 | n.d. | 2.87 | 45.69 | 5.78 | 39.91 | 0.71 | 4.58 | 0.02 | 0.01 |
| 纤磷钙铝石，$CaAl_3(PO_4)_2(OH)_5 \cdot (H_2O)$ | | | | 36.94 | | 34.28 | | 13.54 | | |
| HNWKIII-95 | M208∶2-6 | 0.37 | 1.20 | 44.46 | 3.42 | 0.88 | 16.33 | n.d. | 0.06 | n.d. |
| 明矾石，$KAl_3(SO_4)_2(OH)_6$ | | | | 36.92 | | | 11.37 | | | |

注：① n.d.：not detected，即氧化物或元素浓度低于仪器检出限，未检测出该化学成分。

PIXE 测试结果（wt.%）及主要物相信息

| NiO | CuO | ZnO | AsO | Rb | Sr | Sn | BaO | CoO | $SO_3$ | $H_2O$ | 主要矿物 |
|---|---|---|---|---|---|---|---|---|---|---|---|
| 0.04 | 14.93 | n.d. | 0.17 | 0.01 | n.d. | n.d. | 0.14 | | | | 绿松石 |
| 0.04 | 11.53 | n.d. | 0.08 | 0.01 | n.d. | 0.00 | 0.22 | | | | 绿松石－铁绿松石 |
| 0.05 | 15.06 | n.d. | 0.03 | 0.01 | n.d. | 0.00 | 0.00 | | | | 绿松石 |
| 0.05 | 13.78 | 1.86 | 0.08 | 0.01 | n.d. | 0.00 | 0.26 | | | | 绿松石 |
| 0.04 | 14.80 | 0.61 | 0.16 | 0.01 | n.d. | n.d. | 0.06 | | | | 绿松石 |
| | 9.78 | | | | | | | | | 17.72 | |
| 0.04 | 0.03 | n.d. | 0.36 | 0.01 | n.d. | 0.01 | 0.17 | | | | 磷铝石 |
| 0.04 | 0.41 | n.d. | 0.06 | 0.01 | n.d. | 0.02 | 0.21 | | | | 磷铝石 |
| 0.04 | 0.37 | n.d. | 0.07 | 0.01 | n.d. | n.d. | n.d. | | | | 磷铝石 |
| 0.05 | 0.25 | n.d. | 0.18 | 0.01 | n.d. | 0.00 | 0.43 | | | | 磷铝石 |
| | | | | | | | | | | 22.81 | |
| 0.04 | 0.12 | n.d. | 0.01 | 0.01 | 0.02 | 0.01 | 0.50 | | | | 纤磷钙铝石 |
| 0.09 | 0.12 | n.d. | 0.00 | 0.01 | 0.04 | 0.00 | 0.16 | | | | 纤磷钙铝石 |
| | | | | | | | | | | 15.23 | |
| 0.04 | 0.67 | n.d. | 0.00 | 0.01 | 0.01 | 0.02 | 0.33 | 0.05 | 32.13 | | 明矾石 |
| | | | | | | | | | 38.66 | 13.05 | |

## 表 4.5 鹤壁刘庄遗址

| 玉器编号 | d 值（Å）和衍射强度 I（%）① | | | | | |
|---|---|---|---|---|---|---|
| HNWKIII−82<br>M178：2−1 | d（Å） | 2.90 | 3.67 | 3.27 | 3.42 | 6.16 |
| | I（%） | 100 | 79 | 46 | 41 | 27 |
| HNWKIII−83<br>M178：2−2 | d（Å） | 3.67 | 2.90 | 3.28 | 3.43 | 1.85 |
| | I（%） | 100 | 79 | 31 | 28 | 26 |
| HNWKIII−84<br>M178：2−3 | d（Å） | 2.90 | 3.66 | 3.42 | 2.02 | 1.85 |
| | I（%） | 100 | 65 | 56 | 41 | 37 |
| HNWKIII−85<br>M178：2−4 | d（Å） | 2.82 | 3.54 | 2.02 | 3.31 | 2.27 |
| | I（%） | 100 | 79 | 57 | 50 | 46 |
| HNWKIII−86<br>M109：1−1 | d（Å） | 2.90 | 3.66 | 3.41 | 2.01 | 3.27 |
| | I（%） | 100 | 74 | 32 | 32 | 29 |
| HNWKIII−87<br>M109：1−2 | d（Å） | 3.55 | 2.83 | 3.33 | 3.18 | 5.84 |
| | I（%） | 100 | 95 | 45 | 38 | 37 |
| HNWKIII−92<br>M208：2−3 | d（Å） | 2.84 | 3.57 | 2.83 | 3.33 | 1.82 |
| | I（%） | 100 | 97 | 76 | 58 | 52 |
| HNWKIII−94<br>M208：2−5 | d（Å） | 2.87 | 1.49 | 3.56 | 1.81 | 1.34 |
| | I（%） | 100 | 80 | 68 | 68 | 68 |
| HNWKIII−102<br>M208：2−13 | d（Å） | 2.85 | 3.58 | 3.34 | 1.99 | 1.26 |
| | I（%） | 100 | 76 | 42 | 42 | 38 |

## 玉器的 XRD 分析结果

| | | | | | | | 对应 PDF 卡片及物相 |
|---|---|---|---|---|---|---|---|
| 2.02<br>27 | 2.06<br>24 | 3.34<br>24 | 1.84<br>23 | 2.31<br>23 | 2.23<br>22 | 4.79<br>17 | 25-0260　绿松石 |
| 1.82<br>25 | 2.23<br>23 | 6.16<br>23 | | | | | 06-0215　绿松石 |
| 3.27<br>35 | 2.51<br>27 | 2.31<br>27 | 1.26<br>27 | 6.14<br>24 | 1.90<br>24 | 4.77<br>23 | 25-0260　绿松石 |
| 1.78<br>39 | | | | | | | 25-0260　绿松石 |
| 2.06<br>27 | 1.90<br>22 | 2.30<br>21 | 2.22<br>21 | 6.14<br>20 | 4.77<br>15 | | 25-0260　绿松石 |
| 4.58<br>33 | 2.27<br>27 | 2.02<br>25 | 3.00<br>23 | 2.46<br>23 | 1.98<br>23 | 6.30<br>22 | 06-0215　绿松石 |
| 6.03<br>46 | 1.99<br>33 | | | | | | 06-0215　绿松石 |
| 2.04<br>56 | 1.57<br>52 | | | | | | 25-0260　绿松石 |
| 3.20<br>33 | 2.04<br>33 | 1.88<br>29 | 2.29<br>29 | 1.82<br>24 | | | 06-0215　绿松石 |

| 玉器编号 | d值（Å）和衍射强度 I（%）① | | | | | |
|---|---|---|---|---|---|---|
| HNWKIII−93 M208 : 2−4 | d（Å） | 2.92 | 2.98 | 1.74 | 3.50 | 2.88 |
| | I（%） | 100 | 64 | 55 | 53 | 39 |
| HNWKIII−98 M208 : 2−9 | d（Å） | 2.87 | 3.58 | 2.49 | 1.73 | 1.88 |
| | I（%） | 100 | 100 | 86 | 48 | 38 |
| HNWKIII−100 M208 : 2−11 | d（Å） | 2.86 | 1.73 | 3.41 | 2.92 | 2.12 |
| | I（%） | 100 | 71 | 67 | 62 | 40 |
| HNWKIII−89 M28 : 1 | d（Å） | 2.70 | 4.26 | 3.49 | 2.73 | 1.95 |
| | I（%） | 100 | 60 | 37 | 35 | 29 |
| HNWKIII−90 M208 : 2−1 | d（Å） | 3.00 | 4.15 | 2.64 | 5.16 | 4.63 |
| | I（%） | 100 | 84 | 84 | 68 | 53 |
| HNWKIII−96 M208 : 2−7 | d（Å） | 4.27 | 2.70 | 5.36 | 2.74 | 3.05 |
| | I（%） | 100 | 66 | 51 | 46 | 44 |
| HNWKIII−99 M208 : 2−10 | d（Å） | 4.26 | 2.69 | 2.73 | 3.05 | 4.39 |
| | I（%） | 100 | 80 | 60 | 52 | 44 |
| HNWKIII−103 M208 : 2−14 | d（Å） | 4.28 | 2.70 | 2.74 | 3.05 | 2.47 |
| | I（%） | 100 | 60 | 51 | 42 | 40 |
| HNWKIII−95 M208 : 2−6 | d（Å） | 2.98 | 1.90 | 1.74 | 1.50 | 2.29 |
| | I（%） | 100 | 66 | 45 | 34 | 29 |

注：① d（Å）表示晶面间距，I（%）表示 X 射线衍射峰相对强度。

**续表**

| | | | | | | | 对应 PDF 卡片及物相 |
|---|---|---|---|---|---|---|---|
| 1.89<br>38 | 2.15<br>30 | 5.64<br>22 | 2.20<br>20 | 5.76<br>16 | 3.07<br>16 | 3.67<br>12 | 70–2069　纤磷钙铝石 |
| 1.48<br>38 | | | | | | | 70–2069　纤磷钙铝石 |
| 1.87<br>38 | 3.77<br>31 | 6.41<br>29 | 1.50<br>20 | | | | 70–2069　纤磷钙铝石 |
| 3.04<br>28 | 5.36<br>21 | 3.45<br>21 | 4.76<br>20 | 2.47<br>20 | 3.90<br>20 | 6.29<br>13 | 33–0032　准磷铝石 |
| 2.45<br>42 | 1.60<br>42 | 1.34<br>42 | 2.11<br>26 | | | | 25–0018　磷铝石 |
| 4.39<br>41 | 2.47<br>36 | 4.81<br>33 | 2.88<br>32 | 3.91<br>28 | 3.44<br>27 | 6.44<br>9 | 磷铝石 |
| 3.44<br>42 | 5.34<br>41 | 2.47<br>38 | 2.88<br>34 | 4.79<br>32 | 3.90<br>29 | 6.36<br>21 | 25–0018　磷铝石 |
| 4.38<br>37 | 5.35<br>33 | 1.96<br>28 | 3.90<br>26 | 3.45<br>24 | 4.80<br>23 | 6.39<br>6 | 25–0018<br>磷铝石 |
| 3.47<br>23 | 1.29<br>20 | 1.49<br>20 | 1.21<br>20 | 4.91<br>19 | 2.20<br>12 | 5.66<br>7 | 14–0136<br>明矾石 |

## 表 4.6 鹤壁刘庄遗址绿松石质玉器

| 样品编号 | 出土编号 | | | |
|---|---|---|---|---|
| HNWKIII–82 | M178 : 2–1 | 1039s① | 1020s | |
| HNWKIII–84 | M178 : 2–3 | 1037s | | |
| HNWKIII–85 | M178 : 2–4 | 1040w | | 694vw④ |
| HNWKIII–86 | M109 : 1–1 | 1038s | | |
| HNWKIII–87 | M109 : 1–2 | 1039s | | |
| HNWKIII–92 | M208 : 2–3 | 1041s | | |
| HNWKIII–94 | M208 : 2–5 | 1035s | | |
| HNWKIII–97 | M208 : 2–8 | 1041s | | |
| HNWKIII–101 | M208 : 2–12 | 1035w | | |
| HNWKIII–102 | M208 : 2–13 | 1038s | | |
| 绿松石，$CuAl_6(PO_4)_4(OH)_8 \cdot 4H_2O$ | 弗吉尼亚州绿松石 | 1042 | 1011 | |
| | 亚利桑那州绿松石 | 1042 | | |
| Assignment | | $\nu_3(PO_4)^{3-}$⑥ | $\nu_1(PO_4)^{3-}$ | |

注：① s，strong，强的。② w，weak，弱的。③ m，medium，中等强度的。④ v，very，非常的。⑤ br，broad，

## 的拉曼特征峰信息（λ=785 纳米）

| 拉曼特征峰（$cm^{-1}$） | | | | | |
|---|---|---|---|---|---|
| 644w② | | | 423m③ | 320m | 226m |
| | 607w | | 423w | 324m | 227w |
| | | | 420s | 333m | 236w |
| 632w | | | 441br⑤ | 334m | 229m |
| | 594vw | | 413m | 326w | 225m |
| | 587vw | | 414m | 326w | 229m |
| 639w | | | 423w | 330m | 225m |
| | 596w | | 419m | 319w | 231m |
| | 581w | | 415s | 326s | 229w |
| | 589w | | 421s | 324m | 222m |
| 644 | 593 | 551 | | 339 | 233 |
| 645 | 593，571 | 550 | 437，417 | 336 | 233 |
| $\nu_4(PO_4)^{3-}$ | | | $\nu_2(PO_4)^{3-}$ | T(CuO)⑦ | $T(H_2O)$ |

…。⑥ ν，弯曲振动。⑦ T，伸缩振动。

1037cm$^{-1}$处）、600cm$^{-1}$附近（639cm$^{-1}$、607cm$^{-1}$和587cm$^{-1}$处）、420cm$^{-1}$附近（423cm$^{-1}$和414cm$^{-1}$处）的拉曼特征峰分别归属于磷酸根基团的三种弯曲振动模式[$\nu_3(PO_4)^{3-}$、$\nu_4(PO_4)^{3-}$和$\nu_2(PO_4)^{3-}$]，325cm$^{-1}$附近（326cm$^{-1}$和324cm$^{-1}$处）的拉曼特征峰归属于CuO的伸缩振动，228cm$^{-1}$附近（229cm$^{-1}$和227cm$^{-1}$处）以及174cm$^{-1}$的拉曼特征峰归属于$H_2O$的伸缩振动。

2. 纤磷钙铝石质玉器

该质地玉器有3件：HNWKIII−93、HNWKIII−98和HNWKIII−100。pXRF分析了玉器HNWKIII−93和HNWKIII−100，其主要化学成分为$Al_2O_3$、$P_2O_5$、CaO、$SiO_2$、MgO，含量分别为41.33%和45.69%、33.93%和39.91%、13.58%和4.58%、7.49%和5.78%、1.8%和2.87%，其他氧化物的含量均低于1%。这与矿物纤磷钙铝石[化学结构式为$CaAl_3(PO_4)_2(OH)_5\cdot(H_2O)$]的理论化学成分（$Al_2O_3$含量36.94%、$P_2O_5$含量34.28%、CaO含量13.54%）接近。经XRD检测分析，玉器HNWKIII−93（图4.9）、HNWKIII−98和HNWKIII−100的X射线衍射谱线与纤磷钙铝石非常相似。上述玉器的拉曼光谱荧光背景比较强，拉曼峰相对较弱，分析结果见表4.7，可能的振动模式也列于表中。

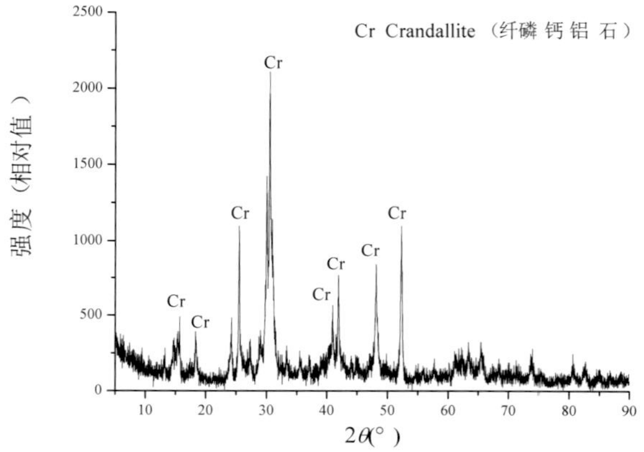

图4.9 纤磷钙铝石质玉器HNWKIII−93的XRD图谱

纤磷钙铝石属于三方晶系，常与绿松石和磷铝石共生或作为绿松石的风化次生产物存在，当硫酸根对绿松石中的磷酸根发生交代作用时，绿松石会产生磷钙铝矾[$CaAl_3(PO_4)(SO_4)(OH)_6$]等矿物[6-8]。此次测试中发现有3件样品的主要物相是纤磷钙铝石，其化学成分谱线中硫的能谱非常弱，说明样品中其他物相如磷酸铝矾等含量非常少。

3. 磷铝石和准磷铝石质玉器

该质地玉器有6件，即HNWKIII−89、HNWKIII−90、HNWKIII−91、HNWKIII−96、HNWKIII−99和HNWKIII−103。pXRF分析了玉器HNWKIII−89、HNWKIII−96、HNWKIII−99和HNWKIII−103，其主要化学组分为$Al_2O_3$、$P_2O_5$、$Fe_2O_3$、$SiO_2$、MgO，

含量分布范围分别为30.53%—36.87%、42.60%—51.86%、2.26%—10.12%、5.77%—12.50%和1.56%—1.87%，其他氧化物含量多低于1%。上述化学成分含量范围与矿物磷铝石或准磷铝石（亦称变磷铝石，化学结构式皆为 $AlPO_4 \cdot 2H_2O$）的理论化学成分（$Al_2O_3$ 含量32.27%、$P_2O_5$ 含量44.92%）接近。

XRD分析结果进一步说明，玉器HNWKIII-89主要物相为准磷铝石（图4.10），其余玉器的主要物相组成为磷铝石（图4.11）。详细的XRD分析结果见表4.5。

图4.12展示了玉器HNWKIII-89、HNWKIII-99和HNWKIII-103的特征拉曼图谱，与“RRUFF”数据库中磷铝石矿物（编号为R040180）的拉曼特征峰（图4.12d）吻合。详细分析结果见表4.7。

磷铝石和准磷铝石是由富含磷酸盐矿物的水与含有铝的岩石起化学反应而产生的，主要产于地表富铝岩石的洞穴或角砾岩表

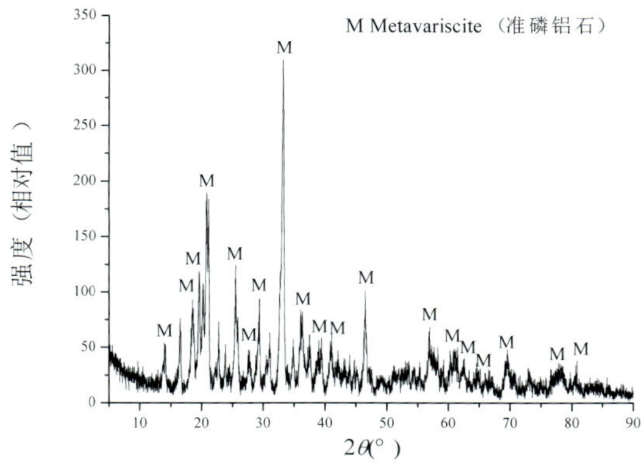

图4.10　准磷铝石质玉器HNWKIII-89的XRD图谱

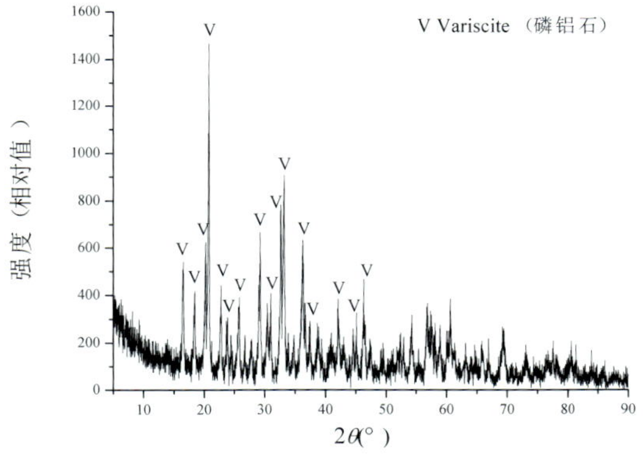

图4.11　磷铝石质玉器HNWKIII-103的XRD图谱

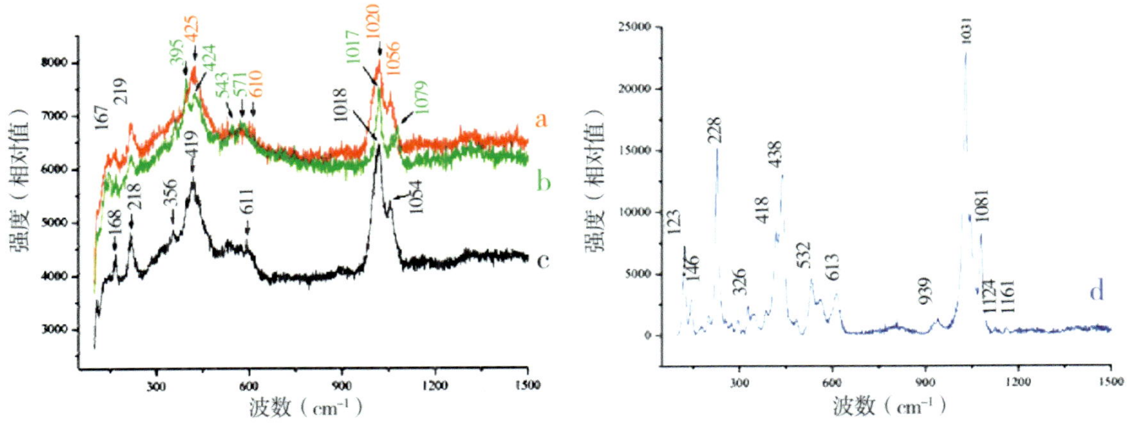

图4.12　磷铝石质玉器的特征拉曼图谱
a.HNWKIII-89　b.HNWKIII-99　c.HNWKIII-103
d.磷铝石，variscite，RRUFF　ID：R040180，拉曼激发波长514纳米

**表 4.7　鹤壁刘庄遗址非绿松石质玉**

| | 归属 | HNWKIII-89 M28：1 | HNWKIII-90 M208：2-1 | HNWKIII-91 M208：2-2 | HNWKIII-96 M208：2-7 | HNWKIII-99 M208：2-10 |
|---|---|---|---|---|---|---|
| 拉曼特征峰（$cm^{-1}$） | $\nu_3(PO_4)^{3-}$① | | | | | |
| | | | | | | |
| | | 1079m | 1061w | | 1059m | 1058m |
| | $\nu_1(PO_4)^{3-}$ | | 1020s④ | | | 1020s |
| | | 1017vs | | 1012w | 1016s | |
| | $\nu(H_2O)$ | | | | | |
| | $\nu_4(PO_4)^{3-}$ | | | | | |
| | | | | | | 610vw |
| | | 571m | | | | |
| | | 543w | | | | |
| | $\nu_2(PO_4)^{3-}$ | | | | | |
| | | | | | | |
| | | 424s | 424m | 425w | 416m | 425s |
| | | 395s | | | | |
| | $T$⑥（$M$⑦，$H_2O$） | | | | | 358vw |
| | | | | | | |
| | | 219w | 219m | 226m | 217w | 219m |
| | | | 167w | 164vw | 169vw | 167vw |
| | | | | 147vw | | 144w |

注：① ν，弯曲振动。② w，weak，弱的。③ m，medium，中等强度的。④ s，strong，强的。 ⑤ v，very，非常的

器的拉曼特征峰信息（λ=785 纳米）

| HNWKⅢ—103 M208：2—14 | HNWKⅢ—93 M208：2—4 | HNWKⅢ—98 M208：2—9 | HNWKⅢ—100 M208：2—11 | 归属 | HNWKⅢ—95 M208：2—6 |
|---|---|---|---|---|---|
| | | | | | 1186w② |
| | 1108m③ | 1107w | 1107w | $\nu_3(SO_4)^{2-}$ | |
| 1057m | | | | | 1077w |
| | 1032s | 1040s | 1036s | | 1023vs⑤ |
| 1018vs | | | | $\nu_1(SO_4)^{2-}$ | |
| | 986m | 979w | 985s | | |
| | | | | $\nu(H_2O)$ | 653s |
| 611vm | 616w | 608vw | 613w | | |
| | | | | $\nu_4(SO_4)^{2-}$ | |
| | | | | | 508m |
| | | | | | 483m |
| | | | 461vw | $\nu_2(SO_4)^{2-}$ | |
| 419s | 418w | | | | |
| | | 419w | 398vw | | |
| 356vw | 332w | 319w | | | 345w |
| | 256w | | 261m | T(M，$H_2O$) | |
| 218m | | 231w | | | 232vs |
| | | 176w | | | 160s |
| | 153w | 149w | | | |

⑥ T，伸缩振动。⑦ M，金属离子。

面，常与放射纤维磷铝石（又名银星石）、纤磷钙铝石、磷灰石等矿物相伴共生。磷铝石和准磷铝石具有相同的化学分子式，但原子结构不同。磷铝石属于斜方晶系而准磷铝石属于单斜晶系。准磷铝石通常是浅绿色的，而磷铝石的颜色范围广泛，从白色、粉红、绿色和蓝色到金黄色，以及更罕见的无色，一般呈绿色，往往颜色较深，颜色纯正的可加工成宝石或半宝石饰品。

4. 明矾石质玉器

该质地玉器仅 1 件，即 HNWKIII－95，其主要化学成分为 $Al_2O_3$、$SO_3$、$K_2O$、$SiO_2$ 和 MgO，含量分别为 44.46%、32.13%、16.33%、3.42% 和 1.20%，其他氧化物的含量均低于 1%。这与明矾石［化学结构式为 $KAl_3(SO_4)_2(OH)_6$］的理论化学成分（$Al_2O_3$ 含量 36.92%、$SO_3$ 含量 38.66%、$K_2O$ 含量 11.37%）接近。XRD 分析显示，玉器 HNWKIII－95 的主要物相组成为明矾石（图 4.13）。

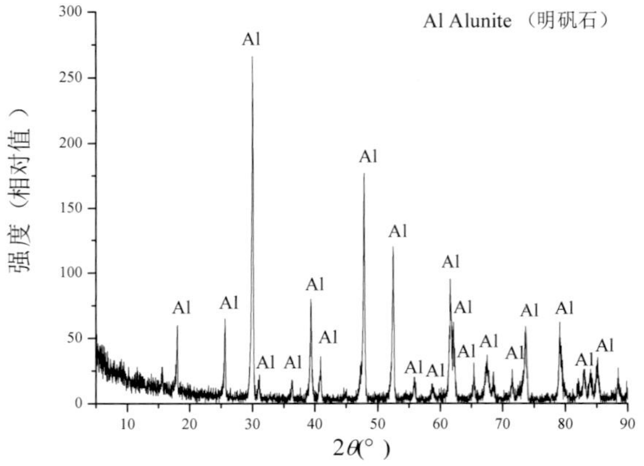


图 4.13　明矾石质玉器 HNWKIII－95 的 XRD 图谱

图 4.14a 展示了玉器 HNWKIII－95 的拉曼图谱，其拉曼特征峰形与“RRUFF”数据库中纤磷钙铝石（编号为 R060430，见图 4.14b）一致。其中，1186$cm^{-1}$ 和 1077$cm^{-1}$ 处、1024$cm^{-1}$ 处、653—508$cm^{-1}$ 处以及 483$cm^{-1}$ 处的拉曼峰分别归因于磷酸根基团的四种弯曲振动模式［$\nu_3(PO_4)^{3-}$、$\nu_1(PO_4)^{3-}$、$\nu_4(PO_4)^{3-}$、$\nu_2(PO_4)^{3-}$］，而 380$cm^{-1}$、345$cm^{-1}$、

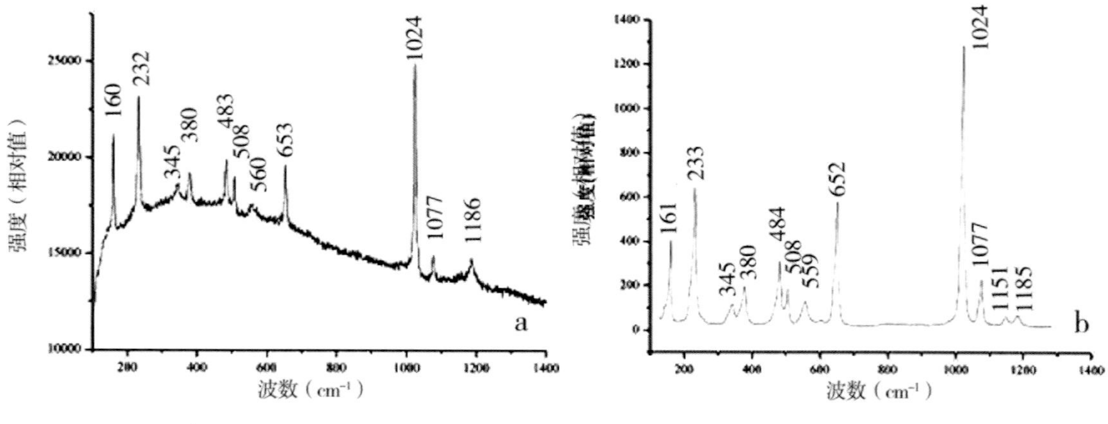


图 4.14　明矾石质玉器和明矾石矿物标本的特征拉曼图谱
a.HNWKIII－95，拉曼激发波长 785 纳米
b. 明矾石，alunite，RRUFF　ID：R060430，拉曼激发波长 780 纳米

$232cm^{-1}$ 和 $160cm^{-1}$ 处的拉曼峰归因于金属离子和 $H_2O$ 的伸缩振动。

明矾石是一种分布广泛的硫酸盐矿物，属三方晶系，一般为块状或土状。它的晶体不明显，是隐晶矿物。纯净者为白色，含有杂质后则呈浅灰、浅红、浅黄或红褐色，玻璃光泽，底面解理中等。

## 第三节　郑州商城遗址玉器

郑州商城遗址[9]位于郑州市管城回族区，20 世纪 50 年代至今，河南省文物考古研究院对其进行了不间断的发掘，出土了大量的陶器、铜器、玉石器、骨器等遗物，取得了许多重要的考古发现。截至 20 世纪 90 年代初，发现玉器和绿松石饰 130 余件，以玉器为大宗，绿松石饰相对较少。玉器主要有玉璧、玉琮、玉戚、玉钺、玉铲、玉戈、玉柄形器、玉玦、玉簪、玉璜、玉环、玉管形器、玉佩饰、玉鱼等，以装饰品数量最多，另外还有玉兵器、工具和类似礼器类玉器。这些玉器分别出自地层、墓葬和灰坑中，共存器物有陶器、陶片和石器。玉器的年代从二里岗文化一期至人民公园期，即商代前期。

### 一、玉器基本信息

所分析玉器计 21 件，器型有柄形器、戈、簪、璜、蝉形饰、管形饰等。玉器基本信息见表 4.8。

### 二、材质判定

化学成分（表 4.9）和物相结构分析结果表明，这批玉器的主要物相可分为透闪石-阳起石、石英类、绿松石类以及多种矿物集合体等多种质地。

## 表 4.8 郑州商城

| 样品编号 | 器名 | 标本号 | 数量 | 特征 |
|---|---|---|---|---|
| HNWKIII–01 | 玉柄形器 | C8M7 : 16 | 1 | 呈片状，一端有柄，另一端有刃 |
| HNWKIII–02 | 玉柄形器 | C8M2 : 14 | 1 | 呈长方体状，一端有柄，另一端 |
| HNWKIII–03 | 玉簪 | C7H128 : 10 | 1 | 两端残，呈圆锥状 |
| HNWKIII–04 | 玉戈 | C11T106 ① : 112 | 1 | 呈片状，背面有切割痕 |
| HNWKIII–05 | 玉饰 | C11H142 : 1 | 1 | 呈片状，似璜形 |
| HNWKIII–06 | 玉簪 | C11M149 : 1 | 1 | 呈圆锥状 |
| HNWKIII–07 | 玉蝉形饰 | C7H121 : 2 | 1 | 整体为蝉形，呈弧形片 |
| HNWKIII–08 | 玉管形器 | C15M17 : 1 | 1 | 整体呈管状，中有对钻孔，一端 |
| HNWKIII–09 | 玉柄形器 | C11M150 : 3 | 1 | 呈长方体状，一端有柄，另一端 |
| HNWKIII–10 | 玉柄形器 | C11M146 : 2 | 1 | 呈片状，一端有柄，另一端磨平 |
| HNWKIII–11 | 玉柄形器 | C15M11 : 1 | 1 | 呈长方体状，一端有柄，另一端 |
| HNWKIII–12 | 玉柄形器 | C11M148 : 2 | 1 | 呈长方体状，一端有柄，另一端 |
| HNWKIII–13 | 玉柄形器 | C11M148 : 1 | 1 | 呈长方体状，体中部有一单面钻<br>另一端有刃 |
| HNWKIII–14 | 玉璜 | C7M6 : 6 | 1 | 呈弧形片状，两端各有一孔 |
| HNWKIII–15 | 玉柄形器 | C7H36 : 2 | 1 | 呈长方体状，一端有柄，另一端 |
| HNWKIII–16 | 玉饰件 | C7M6 : 5 | 1 | 呈长条片状，一边为弧形 |
| HNWKIII–17 | 玉饰件 | C7M6 : 4 | 1 | 呈长方体状，一端磨出斜刃 |
| HNWKIII–18 | 玉戈 | C7M15 : 7 | 1 | 呈片状，一端有一孔 |
| HNWKIII–19 | 玉璜 | C7M15 : 6 | 1 | 呈片状，器周边有齿脊，两端各 |
| HNWKIII–20 | 玉器 | C7T36 : 49 | 1 | 呈较厚的片状，正面有直线纹 |
| HNWKIII–21 | 绿松石片 | C7T36 : 53 | 1 | 圆形片状 |

## 遗址玉器基本信息

| | 质量 / 克 | 尺寸 / 厘米 | 时代 |
|---|---|---|---|
| | 30 | 长 10、宽 2.5、厚 0.3 | 二里岗下层二期 |
| 磨平 | 24 | 长 5.8、宽 1.55、厚 0.75 | 二里岗下层二期 |
| | 4.3 | 残长 5.2 | 二里岗下层二期 |
| | 92.5 | 残长 11.5、宽 6.3、厚 0.45 | 二里岗上层一期 |
| | 20.34 | 残长 6.4、宽 2.3、厚 0.7 | 二里岗上层一期 |
| | 14.4 | 长 15.6 | 二里岗上层一期 |
| | 17.9 | 长 5、宽 2.4 | 二里岗上层一期 |
| 大，一端略小 | 97.6 | 长 7.6、直径 2.45—2.95 | 二里岗上层一期 |
| 磨尖 | 46.7 | 残长 14.3、宽 1.1、厚 0.9 | 二里岗上层一期 |
| | 29 | 长 12.2、宽 2.65、厚 0.15 | 二里岗上层一期 |
| 戋 | 39.8 | 残长 10.8、宽 1.5、厚 0.85 | 二里岗上层一期 |
| 有刃 | 43 | 长 12.95、宽 1.8、厚 0.9 | 二里岗上层一期 |
| 孔，一端有柄， | 57.1 | 长 14.1、宽 1.8、厚 0.6 | 二里岗上层一期 |
| | 21.3 | 长 6.35、宽 1.95、厚 0.4 | 人民公园二期 |
| 磨平 | 20.8 | 长 8、宽 1、厚 0.9 | 人民公园二期 |
| | 12.4 | 长 7.4、宽 1.2、厚 0.4 | 人民公园二期 |
| | 12.6 | 长 6.3、宽 1、厚 0.7 | 人民公园二期 |
| | 164.7 | 残长 12.5、宽 7.95、厚 0.6 | 人民公园一期 |
| 有一孔 | 9.2 | 长 6、宽 1.7、厚 0.2 | 人民公园一期 |
| | 58.4 | 长 4.55、宽 3.4、厚 1.3 | 人民公园一期 |
| | 0.15 | 直径 0.62 | 人民公园一期 |

## 表 4.9　郑州商城遗址玉器化

| 编号 | 测试部位 | 主要物相 | $Na_2O$ | MgO | $Al_2O_3$ | $SiO_2$ | $P_2O_5$ |
|---|---|---|---|---|---|---|---|
| HNWKIII-01 | 基体 | 透闪石 | 1.11 | 21.16 | 2.10 | 58.17 | 0.82 |
| HNWKIII-02a | 基体 | 透闪石 | 1.99 | 24.43 | 1.33 | 57.17 | 0.47 |
| HNWKIII-02b | 风化处 | 透闪石 | 1.10 | 19.87 | 0.76 | 60.01 | 0.28 |
| HNWKIII-04a | 灰白斑 1 | 透闪石 | 1.50 | 23.01 | 0.28 | 57.80 | 0.39 |
| HNWKIII-04b | 灰白斑 2 | 透闪石 | 1.38 | 23.06 | 0.02 | 58.25 | 0.69 |
| HNWKIII-04c | 深灰色基体 | 透闪石 | 1.60 | 23.03 | 0.25 | 57.54 | 0.32 |
| HNWKIII-06 | 基体 | 透闪石 | 1.94 | 24.52 | 1.01 | 57.55 | 0.45 |
| HNWKIII-07 | 基体 | 透闪石 | 1.97 | 24.37 | 1.47 | 56.90 | 0.57 |
| HNWKIII-09 | 基体 | 透闪石 | 1.22 | 22.20 | 3.66 | 56.35 | 0.57 |
| HNWKIII-10 | 基体 | 透闪石 | 1.65 | 21.79 | 1.29 | 55.60 | 0.46 |
| HNWKIII-13a | 基体 | 透闪石 | 1.79 | 24.38 | 0.36 | 57.91 | 0.35 |
| HNWKIII-14 | 基体 | 透闪石 | 2.12 | 23.02 | 1.12 | 58.39 | 0.54 |
| HNWKIII-15 | 基体 | 透闪石 | 2.33 | 24.14 | 1.59 | 56.21 | 0.49 |
| HNWKIII-16a | 未风化部分 | 透闪石 | 2.10 | 22.96 | 1.65 | 58.64 | 0.46 |
| HNWKIII-16b | 风化部分 | 透闪石 | 1.18 | 22.89 | 0.66 | 60.05 | 0.14 |

学成分 pXRF 测试结果（wt.%）

| $K_2O$ | CaO | $Cr_2O_3$ | MnO | $Fe_2O_3$ | NiO | CuO | ZnO | CoO | $Mg^{2+}/(Mg^{2+}+Fe^{3+})$ |
|---|---|---|---|---|---|---|---|---|---|
| 0.74 | 14.86 | 0.03 | 0.25 | 0.58 | n.d. | 0.18 | n.d. | n.d. | 0.986 |
| 0.61 | 13.33 | 0.04 | n.d. | 0.44 | n.d. | 0.17 | 0.03 | n.d. | 0.991 |
| 0.69 | 16.45 | 0.02 | 0.00 | 0.59 | n.d. | 0.20 | 0.03 | n.d. | 0.985 |
| 0.51 | 15.26 | 0.04 | 0.36 | 0.63 | n.d. | 0.17 | 0.03 | n.d. | 0.986 |
| 0.50 | 14.96 | 0.04 | 0.36 | 0.52 | n.d. | 0.18 | 0.02 | n.d. | 0.989 |
| 0.48 | 15.36 | 0.03 | 0.36 | 0.84 | n.d. | 0.17 | 0.03 | n.d. | 0.982 |
| 0.47 | 13.05 | n.d. | 0.08 | 0.74 | n.d. | 0.17 | 0.03 | n.d. | 0.985 |
| 0.67 | 12.98 | 0.04 | 0.00 | 0.84 | n.d. | 0.16 | 0.03 | n.d. | 0.983 |
| 0.73 | 13.87 | 0.05 | n.d. | 1.15 | n.d. | 0.18 | 0.02 | n.d. | 0.975 |
| 0.57 | 14.83 | 0.03 | n.d. | 3.58 | n.d. | 0.18 | 0.02 | n.d. | 0.924 |
| 0.57 | 14.42 | 0.03 | n.d. | n.d. | n.d. | 0.17 | 0.03 | n.d. | 1 |
| 0.69 | 13.02 | 0.03 | n.d. | 0.87 | n.d. | 0.17 | 0.03 | n.d. | 0.981 |
| 0.52 | 13.56 | 0.04 | n.d. | 0.94 | n.d. | 0.16 | 0.03 | n.d. | 0.981 |
| 0.62 | 13.00 | 0.03 | n.d. | 0.33 | n.d. | 0.18 | 0.03 | n.d. | 0.993 |
| 0.46 | 13.96 | 0.03 | n.d. | 0.41 | n.d. | 0.19 | 0.03 | n.d. | 0.991 |

| 编号 | 测试部位 | 主要物相 | $Na_2O$ | MgO | $Al_2O_3$ | $SiO_2$ | $P_2O_5$ |
|---|---|---|---|---|---|---|---|
| HNWKIII-18a | 基体 | 透闪石 | 1.56 | 21.93 | 1.61 | 59.74 | 0.43 |
| HNWKIII-18b | 沁色 | 透闪石 | 0.81 | 18.68 | 2.52 | 59.67 | 0.93 |
| HNWKIII-19 | 基体 | 透闪石 | 1.71 | 21.13 | 0.86 | 60.81 | 0.32 |
| HNWKIII-20a | 中间部分 | 透闪石 | 0.82 | 19.87 | 2.46 | 58.71 | 1.59 |
| HNWKIII-20b | 白色边缘 | 透闪石 | 1.07 | 19.49 | 1.61 | 60.36 | 1.12 |
| HNWKIII-03a | 绿色部分 | 方解石＋蛇纹石 | 0.52 | 17.13 | n.d. | 21.02 | 0.19 |
| HNWKIII-03b | 白色部分 | 方解石＋蛇纹石 | 0.00 | 2.04 | n.d. | 6.42 | 0.50 |
| HNWKIII-05 | 基体 | 方解石＋蛇纹石 | 0.62 | 2.23 | n.d. | 8.83 | 0.37 |
| HNWKIII-11 | 基体 | 方解石＋蛇纹石 | 0.08 | 7.03 | n.d. | 9.39 | 0.64 |
| HNWKIII-08 | 基体 | 石英 | 1.10 | 0.34 | 6.21 | 89.14 | 1.42 |
| HNWKIII-12a | 一面 | 石英 | 0.32 | 8.53 | 5.62 | 78.32 | 1.41 |
| HNWKIII-12b | 另一面 | 石英 | 0.80 | 14.38 | 2.44 | 72.33 | 1.06 |
| HNWKIII-21 | 基体 | 绿松石 | n.d. | n.d. | 37.09 | 10.03 | 32.84 |
| HNWKIII-13b | 中间圆柱形物 | 石英＋磷铝石 | n.d. | n.d. | 28.89 | 46.63 | 16.42 |
| HNWKIII-17 | 基体 | 滑石＋利蛇纹石＋磷灰石 | n.d. | 1.85 | 3.94 | 69.81 | 8.53 |

注：① n.d.：not detected，即氧化物或元素浓度低于仪器检出限，未检测出该化学成分。

续表

| $K_2O$ | CaO | $Cr_2O_3$ | MnO | $Fe_2O_3$ | NiO | CuO | ZnO | CoO | $Mg^{2+}$/($Mg^{2+}$+$Fe^{3+}$) |
|---|---|---|---|---|---|---|---|---|---|
| 0.54 | 13.77 | 0.04 | n.d.① | 0.35 | 0.042 | n.d. | n.d. | n.d. | 0.992 |
| 0.63 | 15.27 | 0.02 | 0.50 | 0.92 | 0.056 | n.d. | n.d. | n.d. | 0.976 |
| 0.62 | 13.57 | 0.03 | n.d. | 0.88 | 0.052 | n.d. | n.d. | n.d. | 0.980 |
| 1.44 | 14.68 | 0.04 | n.d. | 0.20 | n.d. | 0.18 | 0.03 | n.d. | 0.995 |
| 0.76 | 15.35 | 0.05 | n.d. | 0.11 | 0.052 | n.d. | n.d. | 0.024 | 0.997 |
| 0.70 | 59.12 | n.d. | n.d. | 1.01 | 0.051 | 0.20 | 0.05 | n.d. | |
| 0.81 | 89.78 | n.d. | n.d. | n.d. | 0.203 | 0.20 | 0.04 | n.d. | |
| 0.89 | 86.68 | n.d. | n.d. | n.d. | 0.156 | 0.18 | 0.06 | n.d. | |
| 0.73 | 81.60 | n.d. | n.d. | n.d. | 0.153 | 0.19 | 0.02 | 0.174 | |
| 1.49 | n.d. | 0.06 | 0.00 | 0.00 | 0.000 | 0.19 | 0.04 | n.d. | |
| 1.02 | 4.53 | 0.05 | n.d. | n.d. | n.d. | 0.18 | 0.03 | n.d. | |
| 0.66 | 8.08 | 0.05 | n.d. | n.d. | n.d. | 0.18 | 0.03 | n.d. | |
| 1.12 | 0.00 | 0.01 | n.d. | 3.49 | 0.04 | 15.38 | n.d. | n.d. | |
| 2.21 | 1.15 | 0.16 | n.d. | 4.25 | n.d. | 0.25 | 0.03 | n.d. | |
| 0.62 | 12.20 | 0.04 | 0.08 | 2.89 | 0.041 | n.d. | n.d. | n.d. | |

1. 透闪石-阳起石质玉器

该质地玉器有 14 件，主要化学组分为 MgO、$SiO_2$ 和 CaO，其含量分布范围分别为 18.68%—24.52%、55.60%—60.81% 和 12.98%—16.45%，与透闪石理论组分含量一致。其中玉柄形器 HNWKIII-10 的 R 值（$R=Mg^{2+}/Mg^{2+}+Fe^{2+(3+)}$）为 0.924，明显低于其他玉器，但含有较高的 $Fe_2O_3$（约 4%），其他玉器 $Fe_2O_3$ 含量均低于 1.20%，说明玉柄形器 HNWKIII-10 中部分 $Mg^{2+}$ 被 $Fe^{2+}$ 置换，发生了由透闪石向阳起石的转变。

玉戈 HNWKIII-4 的 XRD 图谱与透闪石 XRD 衍射特征峰非常吻合（图 4.15）。玉蝉形饰 HNWKIII-7 的拉曼图谱（图 4.16）显示，主要拉曼特征峰为 158cm$^{-1}$、176cm$^{-1}$、221cm$^{-1}$、391cm$^{-1}$、415cm$^{-1}$、672cm$^{-1}$、929cm$^{-1}$、1027cm$^{-1}$、1057cm$^{-1}$、3659cm$^{-1}$ 和 3673cm$^{-1}$，与透闪石的拉曼特征峰是一致的。其中 221cm$^{-1}$ 和 391cm$^{-1}$ 归因于晶格振动，415cm$^{-1}$ 由 Si—O 的弯曲振动引起，672cm$^{-1}$ 为硅氧四面体链中 Si—O—Si 的完全对称伸缩振动峰，929cm$^{-1}$ 和 1027cm$^{-1}$ 为硅氧四面体链中 Si—$O_{nb}$ 硅离子和非桥氧（$O_{nb}$）的伸缩振动，1057cm$^{-1}$ 为硅氧四面体链中 Si—$O_b$—Si 硅离子和桥氧（$O_b$）的反对称伸缩振动，3659cm$^{-1}$ 和 3673cm$^{-1}$ 为 O—H 的拉伸振动峰。

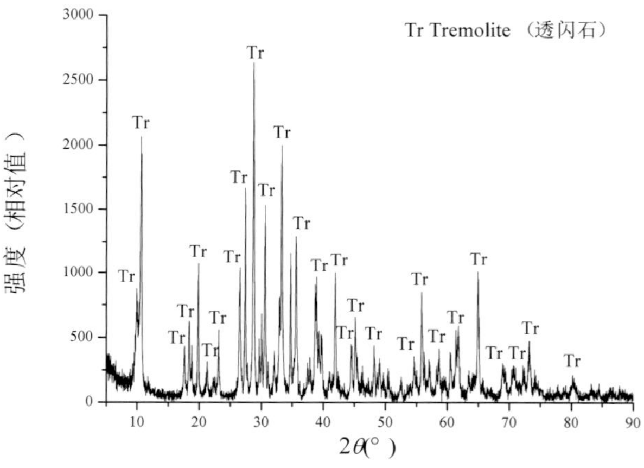


图 4.15　透闪石质玉戈 HNWKIII-4 的 XRD 图谱

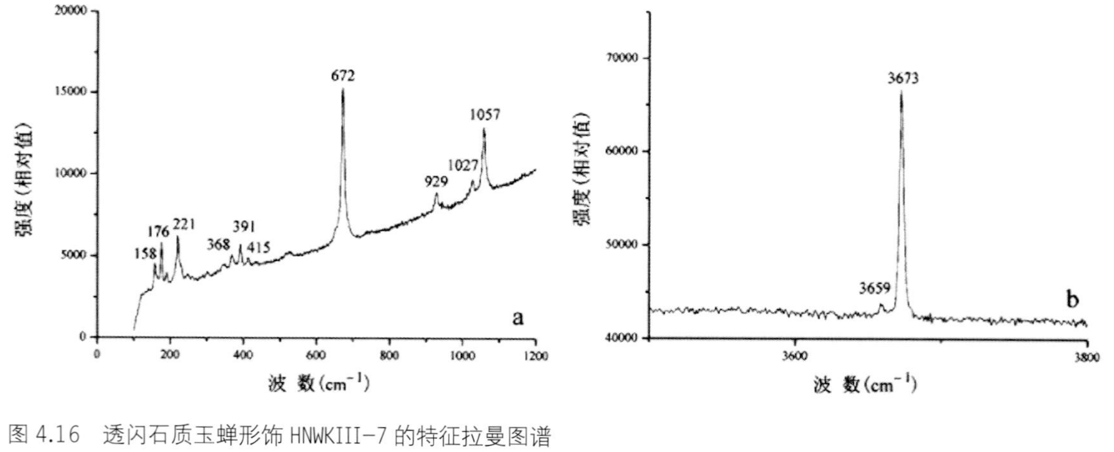


图 4.16　透闪石质玉蝉形饰 HNWKIII-7 的特征拉曼图谱
a. 低波数区特征拉曼图谱　　b. 高波数区特征拉曼图谱

2. 石英质玉器

该质地玉器仅1件，为玉管形饰HNWKIII–08，其主要化学组分$SiO_2$的含量为89.14%，同时还检测到$Al_2O_3$的含量为6.21%，其他氧化物含量均低于1.50%。XRD图谱（图4.17）显示其主要衍射峰为石英的特征峰。拉曼图谱（图4.18）显示其拉曼特征峰主要位于462cm$^{-1}$、203cm$^{-1}$和126cm$^{-1}$等处，与石英拉曼特征峰一致。其中462cm$^{-1}$处峰归属于硅氧四面体的对称伸缩振动。结合宏观特征分析，判定此件玉管形饰为石英质玉器。

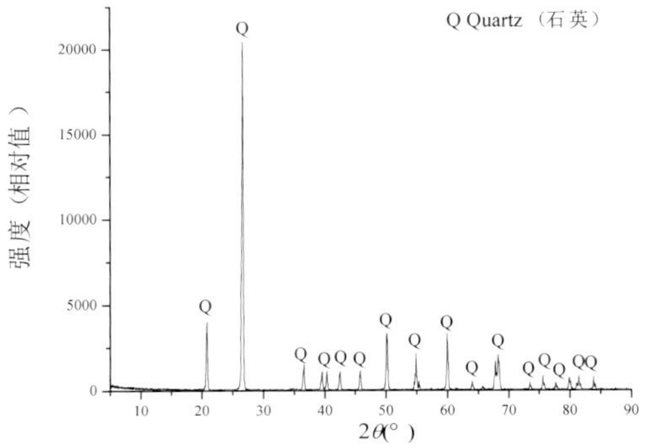

图4.17 石英质玉管形饰HNWKIII–08的XRD图谱

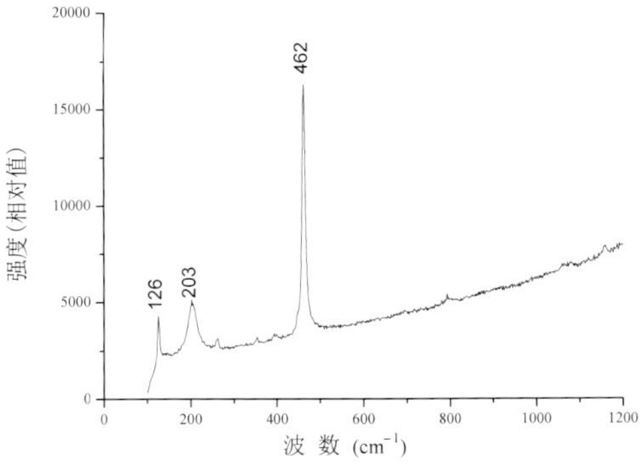

图4.18 石英质玉管形饰HNWKIII–08的特征拉曼图谱

3. 绿松石质玉器

该质地玉器有1件，绿松石片HNWKIII–21的主要化学组分为$Al_2O_3$、$P_2O_5$和CuO，含量分别是37.09%、32.84%和15.38%，还检测到一定含量的$SiO_2$（含量为10.03%）、$Fe_2O_3$（含量为3.49%）。图4.19所示此件绿松石质玉器的XRD衍射峰与绿松石矿物XRD衍射峰相一致。该玉器的拉曼特征峰强度较弱，主要出现在1040cm$^{-1}$附近，

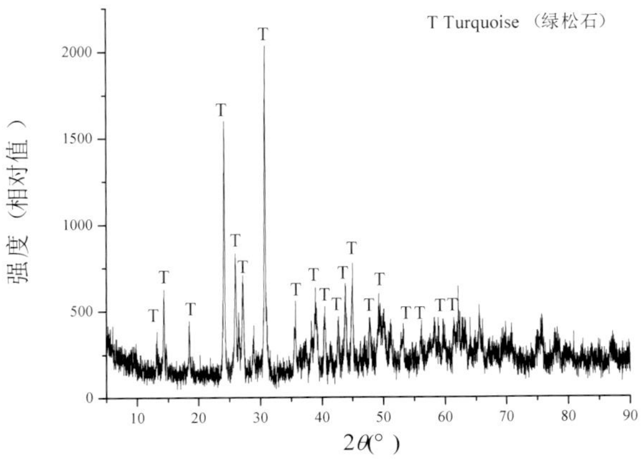

图4.19 绿松石质玉器HNWKIII–21的XRD图谱

此范围内的拉曼特征峰归因于磷酸根基团 [$PO_4$] 的伸缩振动。

4. 其他质地玉器

(1) 玉化不完全的蛇纹石质玉器

该质地玉器有 3 件，其主要化学组分为 CaO（81.60%—89.78%）、$SiO_2$（6.42%—9.39%）、MgO（2.04%—7.03%）。XRD 分析结果表明此种质地的玉器主要物相组成为方解石（化学结构式为 $CaCO_3$）和叶蛇纹石（图 4.20）。玉簪 HNWKIII-03 的拉曼特征峰（图 4.21）位于 3698cm$^{-1}$、3666cm$^{-1}$、1605cm$^{-1}$、1361cm$^{-1}$、1085cm$^{-1}$、711cm$^{-1}$、685cm$^{-1}$、374cm$^{-1}$、279cm$^{-1}$、229cm$^{-1}$ 和 155cm$^{-1}$ 附近，其中 1085cm$^{-1}$、711cm$^{-1}$、279cm$^{-1}$ 和 155cm$^{-1}$ 附近的拉曼特征峰为方解石的特征峰，在 1085cm$^{-1}$ 处的拉曼特征峰归因于方解石的 $CO_3^{2-}$ 阴离子团的对称伸缩振动，711cm$^{-1}$ 处的拉曼特征峰归因于 $CO_3^{2-}$ 阴离子团的弯曲振动，279cm$^{-1}$ 和 155cm$^{-1}$ 处的拉曼特征峰归因于 $CO_3^{2-}$ 的晶格振动，而 3698cm$^{-1}$、3666cm$^{-1}$、685cm$^{-1}$、374cm$^{-1}$ 和 229cm$^{-1}$ 附近的拉曼特征峰属于叶蛇纹石，其中 3698cm$^{-1}$ 和 3666cm$^{-1}$ 处的拉曼特征峰主要与晶体结构中明显不同的两个氢氧根群有关。由此判断这类玉器可能采用了靠近围岩区域玉化不完全的蛇纹石作为玉料。

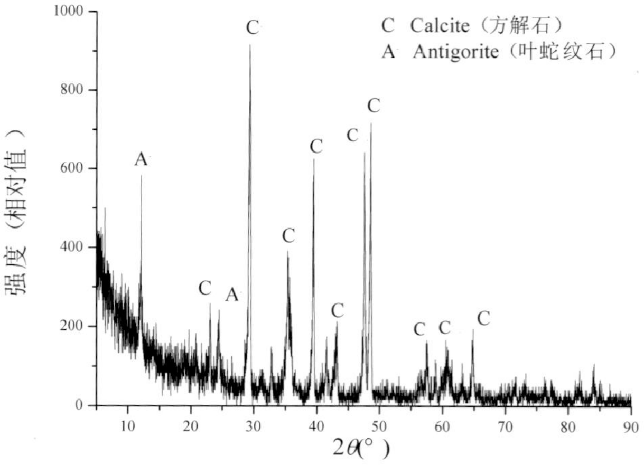


图 4.20 玉化不完全的蛇纹石质玉簪 HNWKIII-03 的 XRD 图谱

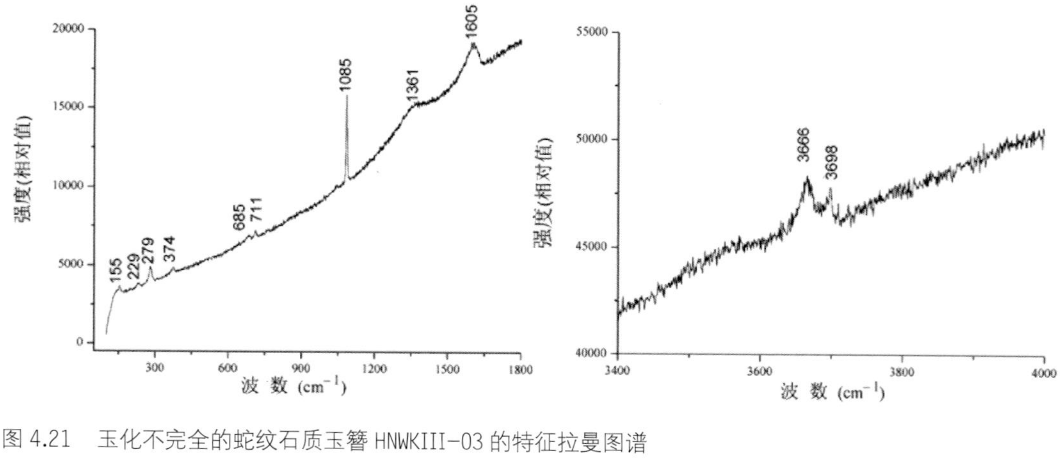


图 4.21 玉化不完全的蛇纹石质玉簪 HNWKIII-03 的特征拉曼图谱

（2）含石英的透闪石质玉器

该质地玉器有 1 件，玉柄形器 HNWKIII−12 的主要化学组分为 $SiO_2$（72.33%—78.32%）、MgO（8.53%—14.38%）、CaO（4.53%—8.08%）、$Al_2O_3$（2.44%—5.62%）。XRD 分析表明，其主要物相组成为石英和透闪石（图 4.22）。其拉曼特征峰位于 $1059cm^{-1}$、$1030cm^{-1}$、$672cm^{-1}$、$463cm^{-1}$、$391cm^{-1}$、$371cm^{-1}$、$221cm^{-1}$、$176cm^{-1}$、$159cm^{-1}$ 和 $141cm^{-1}$ 附近（图 4.23），其中 $1059cm^{-1}$、$1030cm^{-1}$、$672cm^{-1}$、$391cm^{-1}$ 和 $221cm^{-1}$ 等位置附近的拉曼特征峰属于透闪石，$463cm^{-1}$ 位置附近的拉曼特征峰则属于石英。因此判断石英为透闪石的共生或伴生矿物。

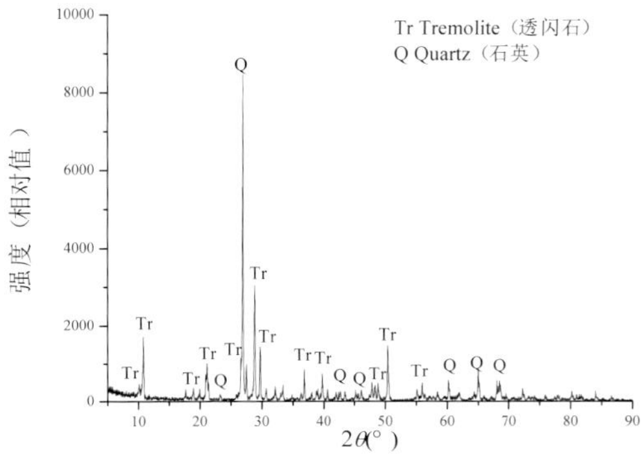


图 4.22　含石英的透闪石质玉柄形器 HNWKIII−12 的 XRD 图谱

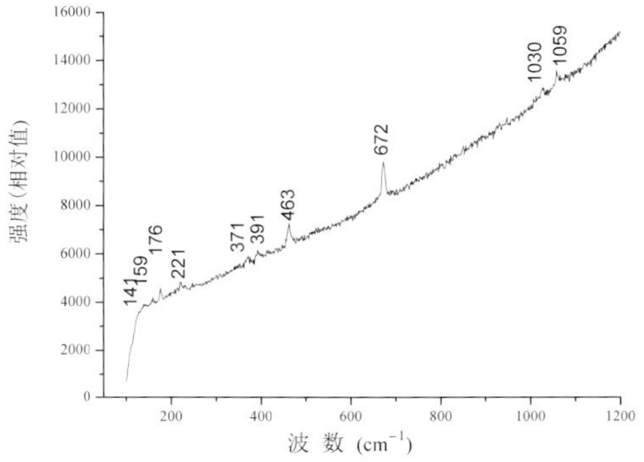


图 4.23　含石英的透闪石质玉柄形器 HNWKIII−12 的特征拉曼图谱

（3）含石英的磷铝石质玉器

该质地玉器有 1 件，为玉柄形器（HNWKIII−13a）中间的圆柱形物（HNWKIII−13b），其主要化学成分为 $SiO_2$（46.63%）、$Al_2O_3$（28.89%）和 $P_2O_5$（16.42%），其他化学组分为 $Fe_2O_3$（4.25%）、$K_2O$（2.21%）、CaO（1.15%）和 CuO（0.25%）。XRD 测试分析结果表明，石英和磷铝石（化学式为 $AlPO_4 \cdot 2H_2O$）为此种质地玉器的主要物相组成（图 4.24）。

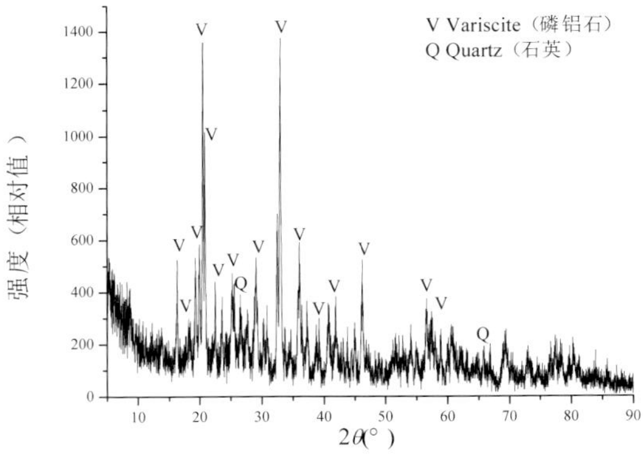


图 4.24　含石英的磷铝石质玉柄形器中间圆柱形物 HNWKIII−13b 的 XRD 图谱

（4）含滑石、蛇纹石、磷灰石质玉器

该质地玉器有 1 件，为玉饰 HNWKIII−17。化学成分分析结果表明，其主要组分为 $SiO_2$（69.81%）、CaO（12.20%）、$P_2O_5$（8.53%）、$Al_2O_3$（3.94%）、$Fe_2O_3$（2.89%）

和 MgO（1.85%）等。XRD分析结果表明，其物相组成中以滑石为主要物相，同时含有少量的利蛇纹石[化学式为 $(Mg)_3Si_2O_5(OH)_4$] 和磷灰石[化学式为 $Ca_5(PO_4)_3(OH)$]（图 4.25）。

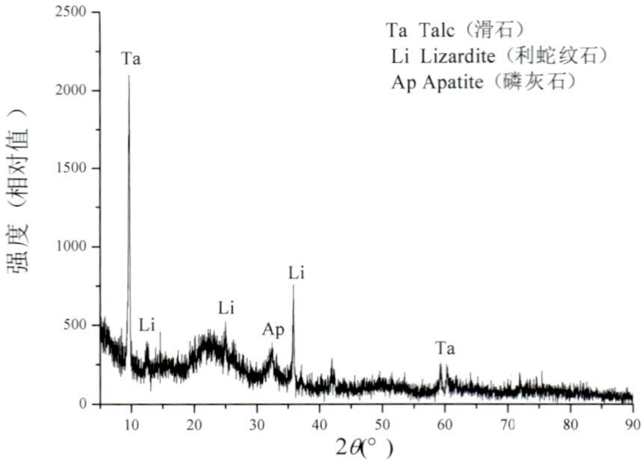


图 4.25　含滑石、蛇纹石、磷灰石质玉饰 HNWKIII-17 的 XRD 图谱

## 第四节　荥阳小胡村墓地玉器

小胡村墓地位于荥阳市广武镇小胡村东北，东南距郑州市区约 20 公里。其东约 3 公里就是著名的西山仰韶时代古城，南约 6 公里是大师姑二里头文化古城。2006 年 7 月，河南省文物考古研究院对其进行了抢救性考古勘探和发掘，共发掘商、周、宋、清时期墓葬 160 座。其中晚商墓葬 58 座，均为长方形土坑竖穴墓。在这批商代墓葬中，南北向的墓葬较多。墓葬结构包括墓室、二层台和腰坑。葬具主要有椁、棺和席子。从能够判断葬式的墓葬来看，葬式有仰身直肢和俯身直肢两种形式。殉狗主要放在填土中、二层台上和腰坑内。随葬品的放置有一定规律。铜铃一般出土于填土中，应是殉狗颈部佩戴之物。腰坑内有时出土一枚海贝。其他随葬品一般都放置于棺内，铜礼器和兵器一般放置于棺内裹尸席之上，礼器放置于墓主足端，兵器放置于墓主肩部。玉器和海贝为墓主贴身佩戴。玉器出土于 23 座墓葬中，共 44 件（套）。器型主要有玉璧、玉铲、玉戈、玉刀、玉柄形器、玉坠、玉珠、玉簪、玉鸟、玉鱼、玉璜、玉棒形饰等 12 种。其中小型玉器（玉戈、玉鸟）可能为口含玉。

### 一、玉器基本信息

选取荥阳小胡村贵族墓地晚商玉器 43 件进行检测，器型主要为玉戈、玉管、玉棒形饰、玉璜、玉珠、玉刀、玉柄形器、玉鱼等，同出器物主要为铜器、海贝等。玉器基本信息见表 4.10。

## 表 4.10　荥阳小胡村墓地玉器基本信息

| 序号 | 实验编号 | 器名 | 标本号 | 色泽 | 照片 |
|---|---|---|---|---|---|
| 1 | HC–1 | 戈 | M1∶2 | 黄褐色 |  |
| 2 | HC–2 | 珠 | M2∶1 | 青白色 |  |
| 3 | HC–3 | 戈 | M2∶2 | 白色 | 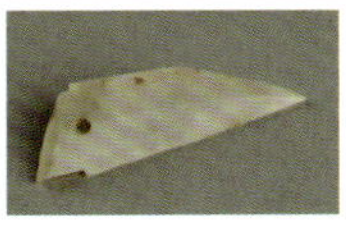 |
| 4 | HC–4 | 戈 | M2∶3 | 灰白色 |  |
| 5 | HC–5 | 管 | M2∶4 | 绿色（有白色沁） |  |
| 6 | HC–6 | 坠 | M3∶1 | 淡青色 |  |
| 7 | HC–7 | 戈 | M7∶2 | 青灰色 |  |
| 8 | HC–8 | 戈 | M13∶5 | 米黄色 |  |
| 9 | HC–9 | 管 | M13∶9 | 青色，有黄褐色土沁 |  |
| 10 | HC–10 | 三角形器 | M13∶15 | 灰黑色 |  |
| 11 | HC–11 | 棒形饰 | M13∶18 | 白色，有黄褐色沁 |  |

续表

| 序号 | 实验编号 | 器名 | 标本号 | 色泽 | 照片 |
| --- | --- | --- | --- | --- | --- |
| 12 | HC−12 | 棒形饰 | M13：19 | 浅青绿色，<br>有少量白色沁 |  |
| 13 | HC−13 | 柄形器 | M14：1 | 淡青色，表面有白色沁 |  |
| 14 | HC−14 | 戈 | M19：1 | 浅青黄色，<br>有较多的白色沁 |  |
| 15 | HC−15 | 戈 | M21：2 | 黄褐色 |  |
| 16 | HC−16 | 璜 | M22：11 | 白色 |  |
| 17 | HC−17 | 戈 | M24：7 | 浅黄色，有白色沁 |  |
| 18 | HC−18 | 戈 | M25：3 | 墨绿色，有白色沁 |  |
| 19 | HC−19 | 璜 | M25：4 | 墨绿色，有白色沁 |  |
| 20 | HC−20 | 刀 | M25：5 | 墨绿色 |  |
| 21 | HC−21 | 钺 | M27：3 | 灰白色，<br>柄部有白色和褐色沁 |  |
| 22 | HC−22 | 刀 | M27：4 | 紫黑色 |  |
| 23 | HC−23 | 铲形器 | M27：5 | 一面白色，一面浅灰色 |  |
| 24 | HC−24 | 刀 | M27：6 | 淡黄色 |  |

续表

| 序号 | 实验编号 | 器名 | 标本号 | 色泽 | 照片 |
|---|---|---|---|---|---|
| 25 | HC−25 | 戈 | M27∶7 | 米黄色 |  |
| 26 | HC−26 | 戈 | M30∶1 | 青灰色，表面颜色不均 |  |
| 27 | HC−27 | 鱼 | M32∶1 | 青色 |  |
| 28 | HC−28 | 柄形器 | M36∶2 | 黄褐色，有白色沁 |  |
| 29 | HC−29 | 刀 | M42∶7 | 褐色 |  |
| 30 | HC−30 | 戈 | M42∶8 | 青色，有白色和褐色沁 |  |
| 31 | HC−31 | 戈 | M42∶9 | 白色 |  |
| 32 | HC−32 | 管 | M43∶5 | 白色 |  |
| 33 | HC−33 | 鸟 | M43∶6 | 米黄色 |  |
| 34 | HC−34 | 簪 | M52∶3 | 青色 |  |
| 35 | HC−35 | 簪套 | M52∶4 | 白色 |  |
| 36 | HC−36 | 钺 | M52∶6 | 白色，有烟絮状黑色纹 |  |
| 37 | HC−37 | 璧 | M52∶9 | 青色，<br>有白色、黄褐色沁 |  |

续表

| 序号 | 实验编号 | 器名 | 标本号 | 色泽 | 照片 |
|---|---|---|---|---|---|
| 38 | HC-38 | 鸟 | M52∶10 | 白色 |  |
| 39 | HC-39 | 戈 | M89∶1 | 青色，有大面积白色沁 |  |
| 40 | HC-40 | 戈 | M90∶3 | 青色 |  |
| 41 | HC-41 | 刀 | M104∶2 | 青色，有白色沁 |  |
| 42 | HC-42 | 戈 | M105∶5 | 白色，有黄色沁 |  |
| 43 | HC-43 | 璧 | M118∶2 | 青色，微泛黄，<br>周缘布满白色沁 |  |

## 二、材质判定

根据化学成分（表4.11和表4.12）和物相分析结果，43件玉器中，有透闪石-阳起石质玉器34件、白云母质玉器2件（HC-2、HC-10）、叶蛇纹石质玉器1件（HC-36）、磷铝石质玉器1件（HC-5）、隐晶石英质玉器1件（HC-22）、方解石-白云石质3件（HC-1、HC-21和HC-26）、岩石器物1件（HC-29）。

### 1. 透闪石-阳起石质玉器

该质地玉器有34件，除玉戈HC-7、玉柄形器HC-28和玉戈HC-30外，其余31件玉器主要化学组分为MgO（18.34%—25.96%）、$SiO_2$（57.98%—67.52%）、CaO（10.35%—12.82%），三种主要组分的含量水平与透闪石的理论值一致。$Fe_2O_3$含量范围为0.17%—3.79%，微量元素Cr含量范围为124—352 μg/g，Ni小于61 μg/g，含量相对较低。因此，上述31件透闪石质玉器应该属于由花岗闪长岩侵入体和白云石大理岩在应力条件下接触交代作用生成的透闪石－阳起石矿物，形成温度为 300℃—340℃，矿体一般产于外接触带，主要位于透辉石带以外的透闪石化白云石大理岩中，记为 D 型[10]。其主要物相组成为透闪石，图 4.26 为这一类玉器的典型特征拉曼图谱（HC–3）。从图中可以看到氢氧根 O—H 拉伸振动峰（3669$cm^{-1}$）、Si—$O_{br}$—Si 的反对称伸缩振动（1057$cm^{-1}$）、硅氧四面体链中 Si—$O_{br}$—Si 的完全对称伸缩振动峰（670$cm^{-1}$）以及 O—H—O 基团晶格振动峰（220$cm^{-1}$）。该质地玉器的 R[$Mg^{2+}$/（$Mg^{2+}$+$Fe^{2+(3+)}$）] 值均大于 0.9。玉戈 HC–7 和玉柄形器 HC–28 的特征拉曼图谱显示，虽然它们也属于透闪石－阳起石质，但是由于表面风化腐蚀现象非常严重，呈现出白色不透明状，导致钙、镁离子流失比较严重。玉柄形器 HC–28 的化学成分中 MgO 的含量只有 14.29%，CaO 的含量也低至 7.67%，而玉戈 HC–7 中 MgO 的含量也很低（9.80%），但 CaO 的含量却异常升高（22.67%），这可能与测试点的选取有关系。

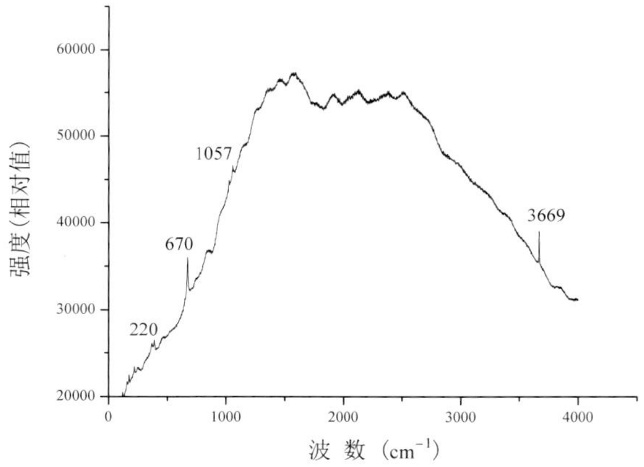

图 4.26　透闪石–阳起石质玉戈 HC–3 的特征拉曼图谱

玉戈 HC–30 中 $Fe_2O_3$ 的含量高达 17.04%，而 MgO 的含量则仅有 8.65%，如图 4.27 所示，导致比值 R 为 0.50，接近透闪石－阳起石转化的临界值。由于未检测到元素 Cr 的存在，同时元素 Ni（22μg/g）的含量低，因此它的成矿类型仍属于 D 型。此外，该件玉器的拉曼光谱显示，OH 拉伸振动峰已经发生明显的分裂现象，出现了四个特征振动

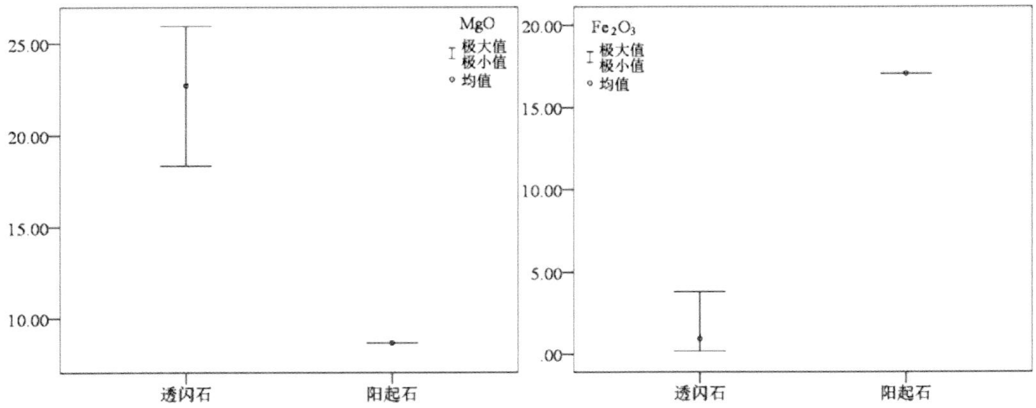

图 4.27　透闪石与阳起石质玉器中 MgO 和 $Fe_2O_3$ 含量

## 表 4.11 荥阳小胡村墓地透闪石－阳

| 实验编号 | $Na_2O$ | MgO | $Al_2O_3$ | $SiO_2$ | $P_2O_5$ | $K_2O$ | CaO | $TiO_2$ | $Fe_2O_3$ |
|---|---|---|---|---|---|---|---|---|---|
| | wt.% | | | | | | | | |
| HC-3 | 1.30 | 23.86 | 1.47 | 60.24 | 0.13 | 0.12 | 12.23 | n.d.① | 0.65 |
| HC-4 | 1.04 | 22.69 | 1.24 | 60.35 | 0.17 | 0.10 | 12.35 | n.d. | 2.07 |
| HC-6 | 1.55 | 23.53 | 1.22 | 60.39 | 0.02 | 0.14 | 12.60 | n.d. | 0.55 |
| HC-7 | 1.49 | 9.80 | n.d. | 61.53 | n.d. | 0.05 | 22.67 | 0.25 | 4.21 |
| HC-8 | 0.79 | 23.47 | 1.23 | 60.04 | 0.97 | 0.13 | 12.58 | n.d. | 0.79 |
| HC-9 | 1.92 | 23.52 | 1.04 | 60.10 | 0.11 | 0.18 | 12.39 | n.d. | 0.75 |
| HC-11 | 0.20 | 23.19 | 1.60 | 61.86 | 0.00 | 0.16 | 12.71 | n.d. | 0.28 |
| HC-12 | 1.42 | 24.65 | 0.93 | 60.13 | 0.09 | 0.07 | 12.27 | n.d. | 0.44 |
| HC-13 | 0.91 | 24.20 | 1.13 | 60.81 | n.d. | 0.11 | 12.06 | 0.02 | 0.76 |
| HC-14 | 0.88 | 22.39 | 1.93 | 60.85 | 0.13 | 0.33 | 12.30 | n.d. | 1.20 |
| HC-15 | 1.28 | 25.40 | 0.97 | 60.12 | 0.15 | 0.05 | 11.22 | n.d. | 0.82 |
| HC-16 | 0.27 | 18.34 | 1.72 | 67.52 | 0.50 | 0.13 | 10.35 | 0.01 | 1.17 |
| HC-17 | 1.16 | 24.01 | 1.26 | 60.56 | 0.11 | 0.10 | 12.03 | n.d. | 0.77 |
| HC-18 | 0.24 | 19.22 | 1.21 | 64.07 | 0.37 | 0.19 | 12.08 | n.d. | 2.61 |
| HC-19 | 0.54 | 20.57 | 1.34 | 63.43 | 0.70 | 0.11 | 12.28 | n.d. | 1.04 |
| HC-20 | 0.63 | 19.15 | 1.44 | 65.68 | 0.21 | 0.14 | 11.90 | n.d. | 0.86 |
| HC-23 | 1.22 | 23.76 | 1.23 | 59.94 | 0.30 | 0.12 | 12.82 | n.d. | 0.62 |
| HC-24 | 1.76 | 24.02 | 1.18 | 60.15 | 0.43 | 0.40 | 11.79 | n.d. | 0.26 |
| HC-25 | 0.62 | 23.08 | 0.89 | 61.06 | 1.21 | 0.36 | 12.38 | n.d. | 0.40 |
| HC-27 | 0.28 | 23.04 | 1.35 | 61.92 | 0.05 | 0.25 | 12.73 | n.d. | 0.38 |
| HC-28 | 0.00 | 14.29 | 1.67 | 75.54 | 0.17 | 0.18 | 7.67 | n.d. | 0.49 |
| HC-30 | n.d. | 8.65 | 3.46 | 58.41 | 0.12 | 0.36 | 11.96 | n.d. | 17.04 |
| HC-31 | 0.87 | 24.91 | 0.77 | 60.24 | 0.31 | 0.06 | 11.95 | 0.01 | 0.87 |
| HC-32 | 1.69 | 23.36 | 1.36 | 60.51 | 0.12 | 0.18 | 12.41 | n.d. | 0.37 |
| HC-33 | 1.27 | 21.83 | 2.17 | 60.35 | 0.72 | 0.31 | 12.70 | n.d. | 0.66 |

## 起石质玉器化学成分 pXRF 测试结果

| Cr | Mn | Ni | Cu | Zn | Rb | Sr | Pb | $Mg^{2+}$/($Mg^{2+}$+$Fe^{2+(3+)}$) |
|---|---|---|---|---|---|---|---|---|
| μg/g | | | | | | | | |
| 124 | 1267 | 13 | 32 | 54 | 2 | 11 | 34 | 0.99 |
| 208 | 1849 | 2 | 153 | 285 | n.d. | 13 | n.d. | 0.96 |
| 168 | 301 | 30 | 207 | 63 | n.d. | 20 | 30 | 0.99 |
| n.d. | n.d. | n.d. | 0 | n.d. | 0 | n.d. | n.d. | |
| 198 | 1923 | 19 | 15 | 95 | n.d. | 10 | n.d. | 0.98 |
| 194 | 188 | 13 | 90 | 58 | n.d. | 12 | 16 | 0.98 |
| 169 | 87 | 59 | 1266 | 45 | n.d. | 12 | 32 | 0.99 |
| 242 | 367 | 33 | 75 | 5 | n.d. | n.d. | 31 | 0.99 |
| 253 | 611 | 18 | 82 | 368 | n.d. | n.d. | 11 | 0.98 |
| 167 | 161 | 17 | 97 | 123 | n.d. | 18 | 20 | 0.97 |
| 206 | 1451 | 24 | 16 | 30 | n.d. | 13 | n.d. | 0.98 |
| 154 | 1072 | 20 | 59 | 196 | n.d. | n.d. | n.d. | 0.97 |
| 240 | 1633 | 36 | 33 | 178 | n.d. | n.d. | 14 | 0.98 |
| 204 | 2253 | 13 | 92 | 118 | n.d. | 18 | 18 | 0.94 |
| 295 | 529 | 19 | 108 | 120 | n.d. | n.d. | 20 | 0.98 |
| 158 | 1707 | 11 | 89 | 59 | n.d. | 16 | 14 | 0.98 |
| 352 | 1612 | n.d. | 167 | 46 | n.d. | 17 | 32 | 0.99 |
| 234 | 72 | 8 | 77 | 78 | n.d. | 34 | 30 | 0.99 |
| 216 | n.d. | 38 | 16 | 74 | n.d. | 77 | 41 | 0.99 |
| 199 | 63 | 42 | 133 | 56 | n.d. | 43 | 16 | 0.99 |
| 149 | 145 | n.d. | 128 | 231 | n.d. | 11 | n.d. | 0.98 |
| n.d. | 7044 | 22 | 561 | 258 | n.d. | 13 | 47 | 0.50 |
| 200 | 2702 | 10 | n.d. | 124 | n.d. | 14 | n.d. | 0.98 |
| 185 | 212 | 61 | 42 | 83 | 3 | 5 | 30 | 0.99 |
| 251 | 218 | 26 | 112 | 186 | n.d. | 10 | 56 | 0.99 |

| 实验编号 | $Na_2O$ | MgO | $Al_2O_3$ | $SiO_2$ | $P_2O_5$ | $K_2O$ | CaO | $TiO_2$ | $Fe_2O_3$ |
|---|---|---|---|---|---|---|---|---|---|
| | wt.% | | | | | | | | |
| HC-34 | 0.59 | 20.25 | 2.84 | 61.44 | 0.08 | 0.31 | 12.09 | n.d. | 2.40 |
| HC-35 | 1.60 | 22.38 | 1.53 | 61.30 | n.d. | 0.27 | 12.46 | n.d. | 0.46 |
| HC-37 | 1.24 | 23.41 | 1.75 | 60.05 | 0.07 | 0.23 | 12.47 | n.d. | 0.79 |
| HC-38 | 1.54 | 25.00 | 0.79 | 60.65 | 0.07 | 0.20 | 11.54 | n.d. | 0.21 |
| HC-39 | 1.36 | 21.25 | 1.27 | 63.02 | 0.23 | 0.21 | 11.70 | n.d. | 0.96 |
| HC-40 | 1.20 | 25.96 | 2.34 | 57.98 | 0.05 | 0.08 | 11.24 | n.d. | 1.15 |
| HC-41 | 0.91 | 20.70 | 1.92 | 59.72 | 0.35 | 0.07 | 12.54 | n.d. | 3.79 |
| HC-42 | 1.20 | 22.27 | 0.94 | 60.26 | 2.51 | 0.28 | 12.37 | n.d. | 0.17 |
| HC-43 | 0.39 | 21.21 | 1.30 | 63.04 | 0.88 | 0.13 | 12.33 | n.d. | 0.73 |

注：① n.d.：not detected，即氧化物或元素浓度低于仪器检出限，未检测出该化学成分。

## 表 4.12 荥阳小胡村墓地非透闪石－

| 实验编号 | $Na_2O$ | MgO | $Al_2O_3$ | $SiO_2$ | $P_2O_5$ | $K_2O$ | CaO | $TiO_2$ | $Fe_2O_3$ |
|---|---|---|---|---|---|---|---|---|---|
| | wt.% | | | | | | | | |
| HC-1 | n.d.① | 22.07 | n.d. | 38.12 | 1.30 | 0.04 | 36.13 | n.d. | 2.33 |
| HC-2 | 0.81 | 1.85 | 41.13 | 43.86 | n.d. | 11.19 | 0.31 | 0.17 | 0.67 |
| HC-5 | 1.81 | 1.61 | 24.07 | 47.99 | 18.04 | 1.58 | 1.75 | 0.07 | 3.08 |
| HC-10 | 0.87 | 2.24 | 27.07 | 52.49 | 0.55 | 7.33 | 1.32 | 1.45 | 6.69 |
| HC-21 | n.d. | 4.21 | n.d. | 3.96 | n.d. | 0.00 | 91.44 | n.d. | 0.39 |
| HC-22 | 1.08 | 0.27 | 1.09 | 93.82 | 3.22 | 0.23 | 0.23 | n.d. | 0.05 |
| HC-26 | 0.75 | 28.39 | 1.47 | 23.53 | n.d. | 0.03 | 44.91 | 0.01 | 0.91 |
| HC-29 | 2.01 | 0.89 | 26.25 | 64.87 | 0.30 | 1.90 | 0.13 | 1.11 | 2.54 |
| HC-36(白色) | 1.77 | 45.48 | 1.08 | 47.93 | n.d. | 0.10 | 0.38 | n.d. | 3.26 |
| HC-36(墨绿) | 1.64 | 39.11 | 1.67 | 43.29 | n.d. | 0.18 | 0.44 | n.d. | 13.67 |

注：① n.d.：not detected，即氧化物或元素浓度低于仪器检出限，未检测出该化学成分。

续表

| Cr | Mn | Ni | Cu | Zn | Rb | Sr | Pb | $Mg^{2+}$/($Mg^{2+}$+$Fe^{2+(3+)}$) |
|---|---|---|---|---|---|---|---|---|
| μg/g | | | | | | | | |
| 128 | 2177 | n.d. | 99 | 31 | n.d. | 14 | n.d. | 0.94 |
| 167 | 283 | 26 | 154 | 124 | 9 | 11 | 21 | 0.99 |
| 193 | 252 | 13 | 71 | 43 | 5 | 12 | 26 | 0.98 |
| 208 | 145 | 51 | 71 | 107 | n.d. | 40 | 19 | 1.00 |
| 193 | 1736 | 21 | 18 | 257 | 0 | 8 | 25 | 0.98 |
| 127 | 809 | 7 | 113 | 69 | n.d. | 12 | 7 | 0.98 |
| 171 | 1605 | n.d. | 147 | 155 | 12 | 27 | 30 | 0.92 |
| 199 | 154 | 34 | 42 | 76 | n.d. | 34 | 36 | 1.00 |
| 257 | 213 | 34 | 52 | 263 | n.d. | 14 | 22 | 0.98 |

阳起石质玉器化学成分 pXRF 测试结果

| Cr | Mn | Ni | Cu | Zn | Rb | Sr | Pb | 物相 |
|---|---|---|---|---|---|---|---|---|
| μg/g | | | | | | | | |
| 53 | 875 | 75 | n.d. | 375 | n.d. | 112 | 29 | 方解石＋白云石 |
| n.d. | 117 | 17 | 116 | 204 | 261 | 80 | 7 | 云母 |
| 374 | 86 | 24 | 890 | 104 | n.d. | 39 | 11 | 磷铝石 |
| n.d. | 305 | 15 | 583 | 299 | 131 | 26 | 38 | 云母片岩 |
| n.d. | 771 | 278 | n.d. | 293 | n.d. | 135 | 30 | 方解石 |
| 525 | n.d. | 97 | 434 | 98 | n.d. | n.d. | 30 | 隐晶质石英 |
| n.d. | 925 | 109 | 23 | 215 | n.d. | 56 | n.d. | 方解石＋白云石 |
| 139 | n.d. | 11 | 540 | 16 | 78 | 106 | 91 | 岩石 |
| n.d. | 318 | 1866 | n.d. | 89 | 2 | 5 | 35 | 蛇纹石 |
| 3260 | n.d. | 1608 | 169 | 156 | 14 | 3 | 19 | 蛇纹石 |

峰，分别位于 3619cm$^{-1}$、3638cm$^{-1}$、3655cm$^{-1}$和3667cm$^{-1}$附近（图4.28），因此，玉戈 HC-30 已经可以称为阳起石质玉器。

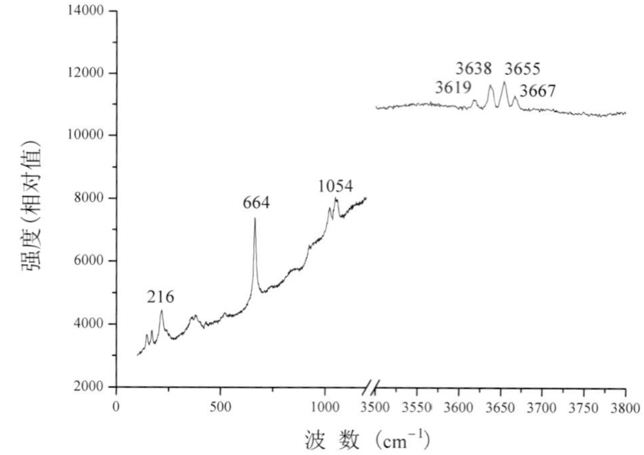


图 4.28 阳起石质玉戈 HC-30 的特征拉曼图谱

2. 白云母质玉器

该质地玉器有 2 件，即玉珠 HC-2 和玉三角形器 HC-10。根据化学成分分析结果，该质地玉器的主要组分为 $SiO_2$、$K_2O$、$Al_2O_3$，且含量水平与白云母理论化学成分（$SiO_2$ 含量 45.2%、$Al_2O_3$ 含量 38.5%、$K_2O$ 含量 11.8%、$H_2O$ 含量 4.5%）接近。玉珠 HC-2 的特征拉曼图谱（图 4.29）显示，主要拉曼特征峰分布在 193cm$^{-1}$、258cm$^{-1}$、402cm$^{-1}$、698cm$^{-1}$、3619cm$^{-1}$ 附近。低波数的两个振动峰是由 $MO_6$ 八面体内部振动引起，402cm$^{-1}$ 附近拉曼特征峰是由 OH 振动和 Si—O 振动叠加后产生，而 698cm$^{-1}$ 附近拉曼特征峰则是由 Si—O—Si 振动引起的，3619cm$^{-1}$ 附近的中强峰归属于 OH 拉伸振动，与文献中报道的云母的特征峰相一致 [11]。

玉三角形饰 HC-10 的特征拉曼图谱（图 4.30）中不仅出现了白云母的特征振动峰（197cm$^{-1}$、258cm$^{-1}$、399cm$^{-1}$、697cm$^{-1}$ 和 3620cm$^{-1}$），同时还发现有云母中常见矿物石

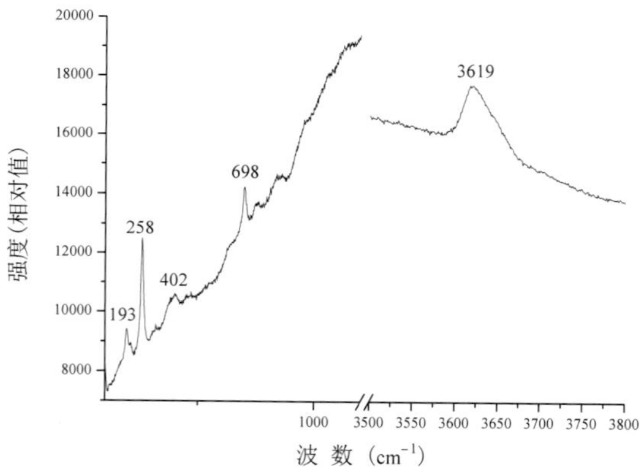


图 4.29 白云母质玉珠 HC-2 的特征拉曼图谱

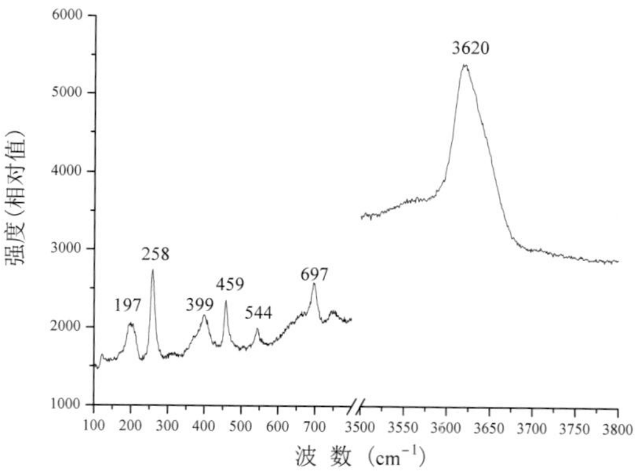


图 4.30 白云母质玉三角形饰 HC-10 的特征拉曼图谱

英（123cm$^{-1}$、459cm$^{-1}$）以及斜绿泥石（544cm$^{-1}$、670cm$^{-1}$）的存在。这一现象在玉三角形饰的化学成分中也有所体现，如 $SiO_2$ 含量偏高（52.49%），$Al_2O_3$（27.07%）和 $K_2O$（7.33%）的含量均偏低。因此，这件玉三角形饰的材质属于云母片岩矿物，主要物相组

成为白云母，同时还有石英、斜绿泥石。

3. 叶蛇纹石质玉器

该质地玉器仅有 1 件，即玉钺 HC−36。其化学成分分析结果为 MgO 含量 39.11%、$SiO_2$ 含量 43.29%，与蛇纹石的理论化学成分基本一致。玉钺中 $Fe_2O_3$ 的含量较高（13.67%），导致 MgO 的含量稍微偏低。图 4.31 显示其拉曼特征峰主要位于 $224cm^{-1}$、$372cm^{-1}$、$677cm^{-1}$、$1041cm^{-1}$、$3664cm^{-1}$ 和 $3692cm^{-1}$ 附近，其中 $224cm^{-1}$ 附近拉曼特征峰为 O—H—O 基团引起的振动，$372cm^{-1}$ 附近拉曼特征峰为 $[SiO_4]$ 的对称 $\nu_{5(e)}$ 振动，$677cm^{-1}$ 附近拉曼特征峰为 Si—$O_b$—Si 对称拉伸振动，$1041cm^{-1}$ 附近拉曼特征峰为 Si—$O_b$—Si 反对称拉伸振动 [12]。$3664cm^{-1}$ 和 $3692cm^{-1}$ 附近拉曼特征峰分别为层内羟基伸缩振动和层间羟基伸缩振动 [13]。由于在 $1041cm^{-1}$ 附近出现了拉曼特征峰，且在 $345cm^{-1}$ 附近没有观测到由 $[SiO_4]$ 弯曲振动产生的拉曼特征峰，因此，判定玉钺的主要物相组成为叶蛇纹石。

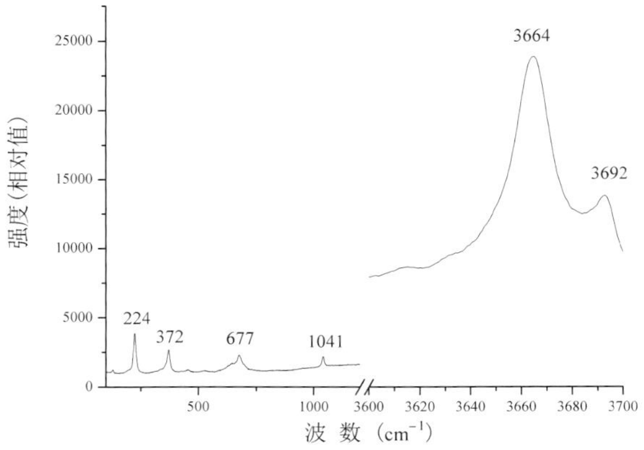

图 4.31　叶蛇纹石质玉钺 HC−36 的特征拉曼图谱

4. 磷铝石质玉器

该质地玉器仅玉管 HC−5 一件，其化学成分中 $Al_2O_3$ 的含量为 24.07%，$SiO_2$ 的含量为 47.99%，$P_2O_5$ 的含量为 18.04%。其特征拉曼图谱（图 4.32）中 $218cm^{-1}$、$418cm^{-1}$ 处拉曼特征峰为 $(PO_4)^{3-}$ 面内弯曲振动引起，$1051cm^{-1}$ 处拉曼特征峰归属为 $(PO_4)^{3-}$ 反对称拉伸振动，$3575cm^{-1}$ 处拉曼特征峰为 OH 拉伸振动引起 [14]，与文献中磷铝石（$AlPO_4 \cdot 2H_2O$）的拉曼光谱一致。

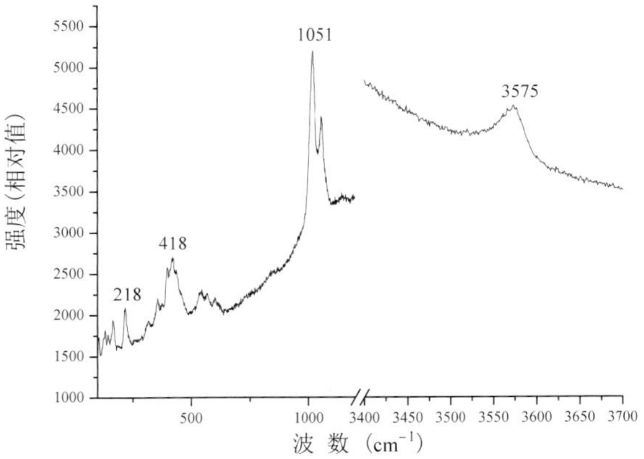

图 4.32　磷铝石质玉管 HC−5 的特征拉曼图谱

5. 石英质玉器

该质地玉器仅玉刀 HC−22 一件，其主要化学组分为 $SiO_2$，含量高达 93.82%。拉曼

特征峰主要分布在 $124cm^{-1}$、$204cm^{-1}$、$258cm^{-1}$、$351cm^{-1}$、$396cm^{-1}$ 和 $460cm^{-1}$ 附近（图 4.33），其中 $460cm^{-1}$、$396cm^{-1}$ 和 $351cm^{-1}$ 附近的拉曼特征峰由 Si—O 弯曲振动引起，$204cm^{-1}$ 及 $258cm^{-1}$ 附近的拉曼特征峰由 $[SiO_4]$ 的旋转振动引起。由于在 $501cm^{-1}$ 附近出现弱振动峰，而这个小振动峰是由斜硅石（属于单斜晶石英组）石英中 Si—O 对称弯曲振动引起的 [15]，因此，玉刀 HC-22 属于隐晶质石英。玉器照片显示玉刀呈黑色，表面有明显的贝壳状断口，可进一步推断其应该为燧石。由于其硬度很高，破碎后产生锋利的断口，推测当时可能作为加工工具使用。

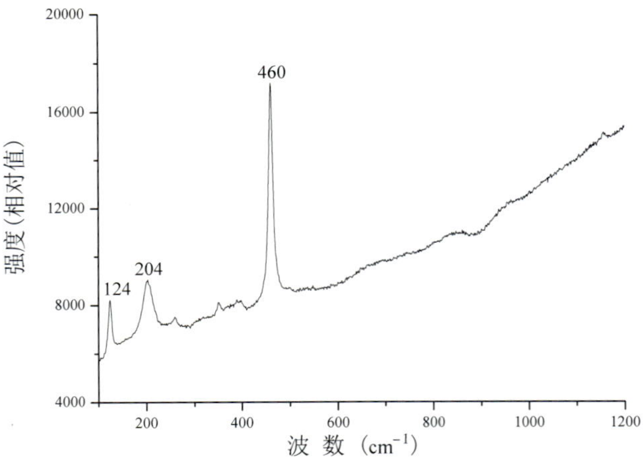


图 4.33　隐晶质石英玉刀 HC-22 的特征拉曼图谱

### 6. 方解石-白云石质玉器

该质地玉器有 3 件，即玉钺 HC-21、玉戈 HC-1 和玉戈 HC-26。其中玉钺 HC-21 中 CaO 的含量达到 91.44%，其拉曼特征峰主要分布于 $277cm^{-1}$、$708cm^{-1}$ 和 $1084cm^{-1}$ 等位置附近（如图 4.34 所示），其中 $1084cm^{-1}$ 为 $(CO_3)^{2-}$ 的对称拉伸振动模式，$708cm^{-1}$ 为 $(CO_3)^{2-}$ 的面内弯曲振动 [16]，因此玉钺属于方解石质玉器。

通过对比发现，玉戈 HC-1 和 HC-26 的化学成分较为接近，MgO 含量分别为 22.07% 和 28.39%，CaO 的含量分别为 36.13% 和 44.91%，与白云石的化学成分（MgO 含量 21.7%、CaO 含量 30.4%,）比较接近。拉曼光谱技术在玉戈 HC-26 中同时发现了

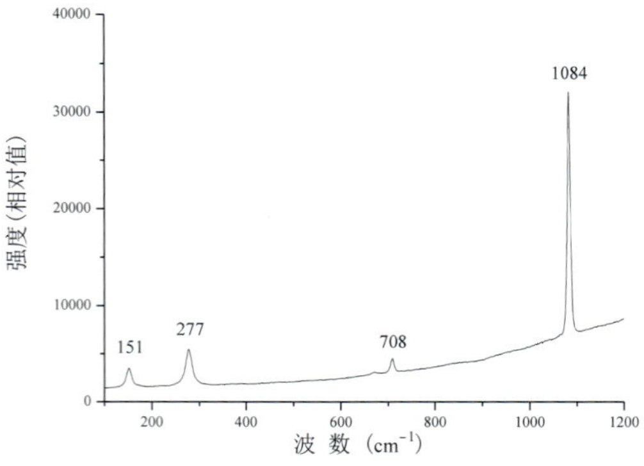


图 4.34　方解石质玉钺 HC-21 的特征拉曼图谱

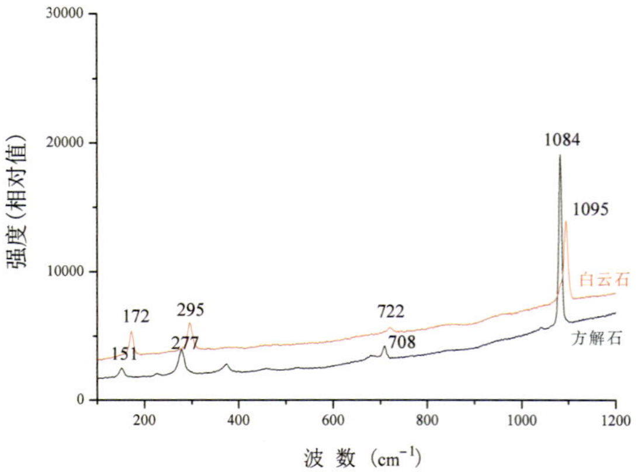


图 4.35　方解石-白云石质玉戈 HC-26 的特征拉曼图谱

方解石和白云石的存在，如图 4.35 所示，其中白云石的拉曼特征峰主要分布在 172cm$^{-1}$、295cm$^{-1}$ 和 1095cm$^{-1}$ 附近。

另外，从表 4.13 的 OCT 图像中可以看出，5 件玉器中有异质相存在，其中 3 件透闪石－阳起石类玉器中存在较大的异质相结构。玉管 HC−9 的玉质较透明，异质结构较少，对激光的衰减程度影响较小，因此可以看到整个异质颗粒。玉簪套 HC−35、玉鸟 HC−38 的玉质致密，存在较多的异质结构，对光的衰减较大，因此不能清楚地辨别出包裹体颗粒的形状，在 OCT 图像上显示为短的亮线。另外还有两件非透闪石－阳起石质玉器中存在较小的异质结构。方解石质玉钺 HC−21 在近表面处存在异质结构，但是对光的衰减作用较强，深处的信息无法获知；隐晶质石英玉刀 HC−22 中存在细小的杂质颗粒物，玉质也比较致密。未发现异质存在的玉器有 2 件，均为透闪石-阳起石质玉器。其中玉柄形器 HC−13 风化比较严重，对风化区域的测试不能反映玉石的结构，同时其 OCT 图像上也存在着明显的较透明玉质结构区域，在该区域中观察到有玉石纤维存在；玉柄形器 HC−28 玉质均匀、致密，没有发现杂质或包裹体。

## 表 4.13　荥阳小胡村墓地 7 件玉器内部结构 OCT 图像

| 编号 | 玉器照片 | OCT 图像 |
|---|---|---|
| HC−9 |  | 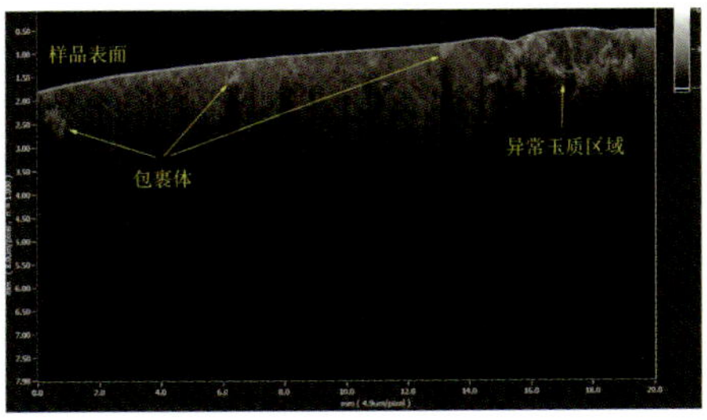 |
| HC−35 |  | 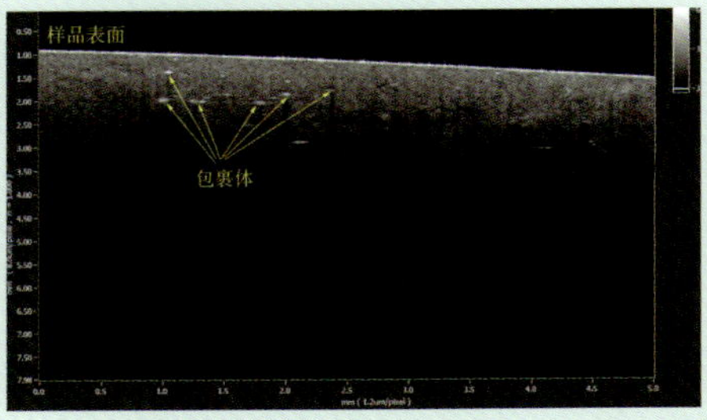 |

续表

| 编号 | 玉器照片 | OCT 图像 |
| --- | --- | --- |
| HC-38 |  | 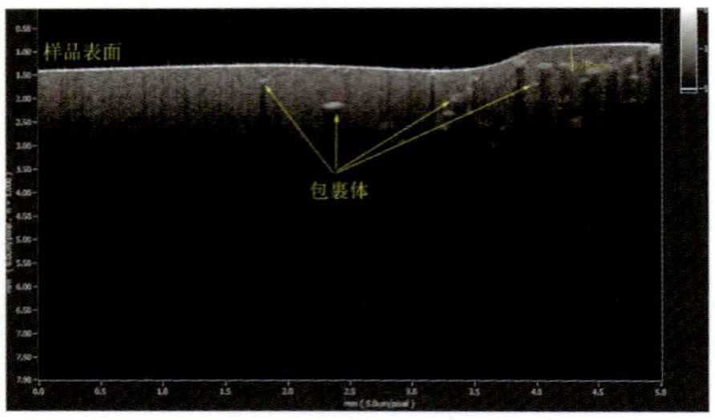 |
| HC-21 |  | 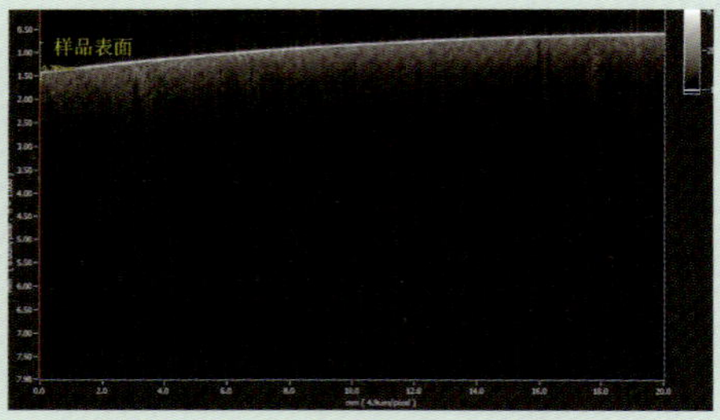 |
| HC-22 |  | 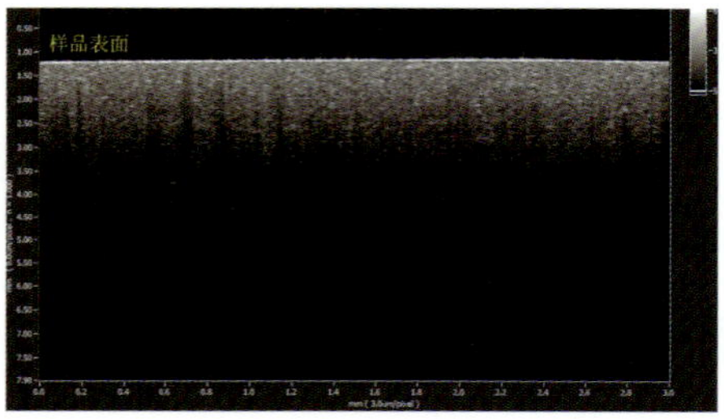 |
| HC-13 |  | 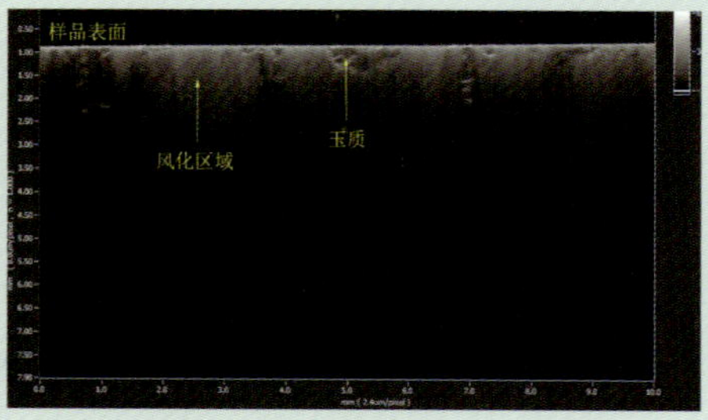 |
| HC-28 |  | 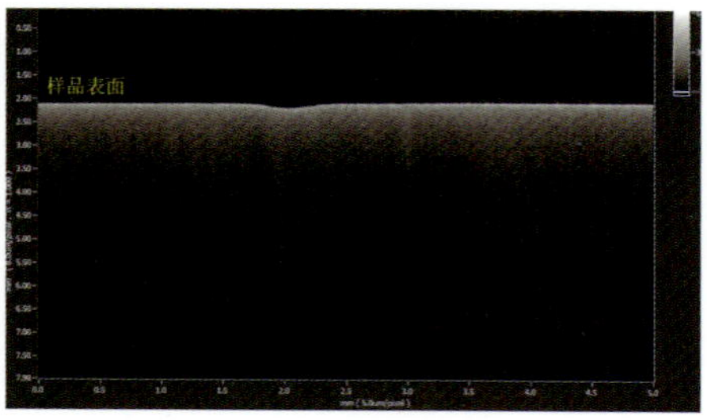 |

# 第五节　安阳殷墟玉器

殷墟位于安阳西北郊，横跨洹河南北两岸，是中国商代晚期的都城，也是中国历史上第一个有文献可考并为甲骨文和考古发掘所证实的古代都城遗址。殷墟规模巨大，范围广阔，现存有宫殿宗庙区、王陵区、后冈遗址和众多聚落遗址（族邑）、家族墓地群、甲骨窖穴、铸铜遗址、制玉作坊、制骨作坊等众多遗迹。从 20 世纪 30 年代至今，在这里相继发现了 10 座王陵大墓和 2000 多座陪葬墓、祭祀坑与车马坑，出土了数量众多、制作精美的青铜器、玉器、石器、陶器等，是中国古代文化艺术宝库中璀璨的明珠。商人酷爱玉器，特别是商代贵族死后，广泛使用玉器陪葬。殷墟玉器种类繁多，制作精美，代表了当时玉器的最高水平。

## 一、玉器基本信息

安阳殷墟玉器[17]主要为 2005 年至 2006 年于安阳市文源绿岛和赛格广场出土，选取 25 件玉器进行科技分析。玉器基本信息见表 4.14。

## 二、材质判定

表 4.15 给出了所分析玉器化学成分分析结果，结合物相分析结果，安阳殷墟出土玉器可分为透闪石质、蛇纹石质和岩石质三类，具体分析如下。

### 1. 透闪石质玉器

该质地玉器有 20 件，其主要化学组分为 $SiO_2$、MgO 和 CaO，含量分布范围分别为 57.4%—69.1%、17.8%—25.4% 和 10.4%—14.2%，还检测到 $Al_2O_3$（0.48%—3.26%）和 $Fe_2O_3$（0.19%—2.21%），其他氧化物如 $Na_2O$、$K_2O$ 等含量大多都小于 1%（表 4.15）。

表 4.14 安阳膚

| 样品编号 | 名称 | 时代 | 色泽 | 尺寸、质量 |
| --- | --- | --- | --- | --- |
| HNAY01 | 玉戈 | 商代晚期 | 黄色 | 长 4.0、宽 1.3、厚 0.3 厘米，重 3 克 |
| HNAY02 | 玉戈 | 商代晚期 | 青灰色 | 长 6.0、宽 2.5、厚 0.3 厘米，重 6.5 克 |
| HNAY03 | 玉兔 | 商代晚期 | 青灰色 | 长 5.9、宽 2.0、厚 0.3 厘米，重 8 克 |
| HNAY04 | 玉鱼 | 商代晚期 | 青黄色 | 长 3.6、宽 0.7、厚 0.4 厘米，重 0.7 克 |
| HNAY05 | 玉鱼形刻刀 | 商代晚期 | 青灰色 | 长 6.8、宽 2.3、厚 0.4 厘米，重 10.5 克 |
| HNAY06 | 玉鱼形刻刀 | 商代晚期 | 青灰色 | 长 6.7、宽 1.7、厚 0.15 厘米，重 2 克 |
| HNAY07 | 玉兔 | 商代晚期 | 青黄色 | 长 3.6、宽 1.8、厚 0.4 厘米，重 4.5 克 |
| HNAY08 | 玉兔 | 商代晚期 | 青白色 | 长 3.2、宽 1.9、厚 0.6 厘米，重 5.5 克 |
| HNAY09 | 玉璜 | 商代晚期 | 青灰色 | 长 9.7、宽 2.8、厚 0.4 厘米，重 28 克 |
| HNAY10 | 玉璜 | 商代晚期 | 青灰色 | 长 8.4、宽 2.0、厚 0.4 厘米，重 18.4 克 |
| HNAY11 | 玉刻刀 | 商代晚期 | 青黄色 | 长 4.5、宽 0.9、厚 0.6 厘米，重 5 克 |
| HNAY12 | 石镰 | 商代晚期 | 乳白色有灰斑 | 长 16.2、宽 6.3、厚 0.9 厘米，重 106 克 |

## 墟玉器基本信息

| 完残程度 | 出土地点 | 伴出器物情况 |
|---|---|---|
| 整 | 2005 文源绿岛 2 号楼 M1∶20 | 该墓保存完整，出土铜鼎 2 件、铜簋 1 件、铜觚 1 件、铜爵 1 件、玉器 7 件、陶觚 1 件、陶爵 1 件及其他器物计 23 件 |
| 整 | 2006 赛格广场 A 座 M13∶22 | 该墓出土铜鼎 2 件、铜簋 1 件、铜卣 1 件、铜觚 1 件、铜爵 1 件、玉器 7 件、陶器及其他器物计 40 余件 |
| 整 | 2005 文源绿岛 2 号楼 M1∶21 | 同 HNAY01 |
| 整 | 2005 文源绿岛 2 号楼 M1∶8 | 同 HNAY01 |
| 整 | 2005 文源绿岛 2 号楼 M1∶6 | 同 HNAY01 |
| 整 | 2006 文源绿岛 6 号楼 M27∶4 | 该墓被盗严重，在盗洞的回填土内仅出土陶觚、爵等残片，玉器 1 件为腰坑内所出 |
| 整 | 2005 文源绿岛 2 号楼 M1∶7 | 同 HNAY01 |
| 整 | 2005 文源绿岛 2 号楼 M1∶5 | 同 HNAY01 |
| 整 | 2006 文源绿岛 6 号楼 M15∶13 | 该墓早年被盗，出土铜戈、铜弓形器、铜锛、陶簋及玉器 3 件等器物计 15 件 |
| 整 | 2006 文源绿岛 6 号楼 M15∶14 | 同 HNAY09 |
| 整 | 2006 文源绿岛 6 号楼 M15∶9 | 同 HNAY09 |
| 整 | 2006 文源绿岛 6 号楼 M5∶40 | 该墓为一商代贵族墓葬，保存完整，出土铜鼎 4 件、铜甗等大型青铜礼器。墓内随葬品共计 63 件，其中青铜器 40 件，陶器 6 件，玉石器 8 件，骨器 2 件，河蚌 1 件，贝 6 件 |

| 样品编号 | 名称 | 时代 | 色泽 | 尺寸、质量 |
|---|---|---|---|---|
| HNAY13 | 玉环 | 商代晚期 | 青灰色 | 外径10.2、内径6.4、厚0.6厘米，重61.5克 |
| HNAY14 | 玉璜 | 商代晚期 | 青灰色 | 长9.2、宽2.5、厚0.4厘米，重22克 |
| HNAY15 | 石戈 | 商代晚期 | 乳白色带灰斑 | 长19.8、宽5.4、厚0.8厘米，重155克 |
| HNAY16 | 石磬 | 商代晚期 | 青色 | 长27.5、宽7.2、厚2.2厘米，重815克 |
| HNAY17 | 石戚 | 商代晚期 | 乳白色带灰斑 | 长4.7、宽3.4、厚0.5厘米，重13.5克 |
| HNAY18 | 玉兔 | 商代晚期 | 青灰色 | 长3.6、宽1.7、厚0.9厘米，重11克 |
| HNAY19 | 玉饰件 | 商代晚期 | 青色 | 高1.6、宽1.8、厚0.2厘米，重1.5克 |
| HNAY20 | 玉柄形器 | 商代晚期 | 青黄色 | 长8.8、宽2.0、厚0.4厘米，重18.5克 |
| HNAY21 | 玉柄形器 | 商代晚期 | 青灰色 | 长5.7、宽2.1、厚0.7厘米，重16.4克 |
| HNAY22 | 玉戈 | 商代晚期 | 青白色 | 长22、宽4.5、厚0.5厘米，重58克 |
| HNAY23 | 玉戈 | 商代晚期 | 青色 | 长5.2、宽1.7、厚0.2厘米，重3克 |
| HNAY24 | 玉镞形器 | 商代晚期 | 青灰色 | 长13.5、径1.7厘米，重69克 |
| HNAY25 | 玉镞形器 | 商代晚期 | 青色 | 长14.3、径1.0厘米，重24克 |

**续表**

| 完残程度 | 出土地点 | 伴出器物情况 |
|---|---|---|
| 整 | 2006 文源绿岛 6 号楼 M5 : 42 | 同 HNAY12 |
| 整 | 2006 文源绿岛 6 号楼 M5 : 21 | 同 HNAY12 |
| 残 | 2006 文源绿岛 6 号楼 M5 : 19 | 同 HNAY12 |
| 整 | 2006 文源绿岛 6 号楼 M5 : 30 | 同 HNAY12 |
| 整 | 2006 文源绿岛 6 号楼 M5 : 20 | 同 HNAY12 |
| 整 | 2006 文源绿岛 7 号楼 M1 : 13 | 该墓出土铜觚、爵各 1 件，铜锛 3 件、铜戈 3 件及其他玉、石器共计 13 件 |
| 整 | 2006 赛格广场 A 座 M13 : 8 | 同 HNAY02 |
| 残 | 2006 赛格广场 A 座 M13 : 21 | 同 HNAY02 |
| 整 | 2006 文源绿岛 6 号楼 M15 : 8 | 同 HNAY09 |
| 残 | 2006 赛格广场 A 座 M13 : 27 | 同 HNAY02 |
| 整 | 2006 赛格广场 A 座 M13 : 20 | 同 HNAY02 |
| 整 | 2006 文源绿岛 6 号楼 M5 : 18 | 同 HNAY12 |
| 残 | 2006 文源绿岛 6 号楼 M5 : 41 | 同 HNAY12 |

## 表 4.15 安阳殷墟玉器

| 样品编号 | 测试区域 | $Na_2O$ | $MgO$ | $Al_2O_3$ | $SiO_2$ | $P_2O_5$ | $SO_3$ | Cl | $K_2O$ | CaO | $TiO_2$ | MnO | $Fe_2O_3$ |
|---|---|---|---|---|---|---|---|---|---|---|---|---|---|
| | | wt.% | | | | | | | | | | | |
| HNAY01 | | 0.13 | 24.7 | 0.48 | 59.7 | 0.26 | 0.04 | 0.01 | 0.10 | 13.0 | n.d. ① | 0.48 | 1.08 |
| HNAY02 | | 0.91 | 23.3 | 1.98 | 59.1 | 0.16 | n.d. | n.d. | 0.10 | 13.2 | 0.03 | 0.44 | 0.75 |
| HNAY03 | | n.d. | 24.1 | 0.88 | 60.1 | 0.57 | n.d. | 0.02 | 0.06 | 13.1 | 0.05 | 0.02 | 1.13 |
| HNAY04 | | 0.47 | 25.4 | 0.87 | 59.5 | 0.08 | 0.05 | 0.09 | 0.13 | 12.8 | 0.03 | 0.02 | 0.50 |
| HNAY05 | 青色 | 0.40 | 24.0 | 1.38 | 59.5 | 0.38 | n.d. | n.d. | 0.12 | 12.0 | n.d. | 0.09 | 2.00 |
| HNAY05 | 白色 | 0.80 | 24.3 | 0.75 | 58.9 | 0.49 | 0.04 | 0.02 | 0.12 | 12.3 | n.d. | 0.06 | 2.21 |
| HNAY06 | | 0.42 | 24.3 | 1.49 | 59.4 | 0.63 | n.d. | 0.02 | 0.06 | 12.5 | n.d. | 0.18 | 0.95 |
| HNAY07 | | 0.47 | 25.4 | 0.95 | 59.4 | 0.35 | 0.02 | 0.02 | 0.10 | 12.5 | 0.01 | 0.05 | 0.69 |
| HNAY08 | 青色 | 0.68 | 24.6 | 1.88 | 59.0 | 0.34 | n.d. | n.d. | 0.07 | 12.5 | 0.03 | 0.07 | 0.8 |
| HNAY08 | 白色 | 0.28 | 25 | 0.94 | 60.0 | 0.09 | 0.14 | 0.02 | 0.07 | 12.6 | 0.03 | 0.05 | 0.76 |
| HNAY09 | 青色 | 0.56 | 25.2 | 1.64 | 59.2 | 0.39 | n.d. | n.d. | 0.05 | 12.5 | n.d. | 0.03 | 0.48 |
| HNAY09 | 白色 | 0.29 | 25.1 | 1.39 | 59.6 | 0.46 | n.d. | 0.02 | 0.08 | 12.5 | 0.03 | 0.05 | 0.54 |
| HNAY10 | 青色 | 0.35 | 24.2 | 1.51 | 59.3 | 0.54 | n.d. | 0.01 | 0.04 | 13.0 | n.d. | 0.06 | 0.97 |
| HNAY10 | 白色 | n.d. | 24.3 | 1.24 | 59.5 | 0.49 | n.d. | n.d. | 0.02 | 13.3 | 0.01 | 0.08 | 1.04 |
| HNAY11 | | n.d. | 24.5 | 1.54 | 59.9 | 0.60 | n.d. | n.d. | 0.15 | 12.5 | 0.03 | 0.06 | 0.7 |
| HNAY12 | 青色 1 | 0.70 | 22.6 | 1.51 | 58.8 | 1.16 | n.d. | n.d. | 0.07 | 13.2 | 0.05 | 0.71 | 1.1 |
| HNAY12 | 青色 2 | 0.56 | 24.2 | 1.28 | 59.1 | 0.53 | 0.08 | 0.02 | 0.02 | 12.7 | n.d. | 0.44 | 0.9 |
| HNAY12 | 白色 | 1.32 | 24.9 | 1.32 | 58.5 | 0.43 | 0.08 | n.d. | n.d. | 12.3 | 0.03 | 0.14 | 0.8 |
| HNAY13 | | 0.63 | 24.6 | 1.40 | 59.5 | 0.21 | 0.04 | 0.02 | 0.04 | 12.6 | n.d. | 0.08 | 0.9 |
| HNAY18 | 青色 | 0.40 | 22.6 | 1.20 | 59.2 | 0.43 | 0.14 | 0.13 | 0.18 | 14.2 | 0.06 | 0.05 | 1.5 |

## 化学成分 PIXE 测试结果

| $Mg^{2+}$/($Mg^{2+}$+$Fe^{2+(3+)}$) | Mn | Co | Ni | Cu | Zn | Ga | As | Rb | Sr | Y | Zr | Nb | Hg |
|---|---|---|---|---|---|---|---|---|---|---|---|---|---|
| | μg/g | | | | | | | | | | | | |
| 0.980 | 3744 | 26 | n.d. | 259 | 325 | 4 | n.d. | n.d. | 29 | 32 | n.d. | n.d. | 699 |
| 0.985 | 3833 | n.d. | 19 | 1241 | 116 | 17 | 13 | 6 | 36 | 16 | 66 | n.d. | 44 |
| 0.980 | 317 | 58 | 25 | 81 | 346 | n.d. | 5 | n.d. | n.d. | 18 | 56 | n.d. | 138 |
| 0.980 | 557 | n.d. | n.d. | 209 | n.d. | n.d. | n.d. | n.d. | n.d. | n.d. | n.d. | n.d. | n.d. |
| 0.955 | 541 | 103 | n.d. | 128 | 347 | 3 | 6 | n.d. | n.d. | 52 | 91 | n.d. | n.d. |
| 0.951 | n.d. | n.d. | n.d. | n.d. | n.d. | n.d. | n.d. | n.d. | n.d. | n.d. | n.d. | n.d. | n.d. |
| 0.983 | 1996 | 32 | 27 | 24 | 176 | 6 | n.d. | 4 | 12 | 21 | 70 | n.d. | n.d. |
| 0.988 | 521 | 74 | 10 | 120 | 301 | 12 | n.d. | 0 | 13 | 23 | 51 | 12 | 443 |
| 0.984 | 487 | 22 | 12 | 615 | 309 | 14 | 16 | 6 | n.d. | 27 | 79 | n.d. | 155 |
| 0.986 | 492 | 57 | 14 | 465 | 396 | 9 | n.d. | n.d. | n.d. | 28 | 36 | n.d. | 132 |
| 0.991 | 292 | 62 | n.d. | 100 | 170 | 7 | n.d. | 3 | 8 | 14 | 35 | 7 | 9 |
| 0.989 | n.d. | n.d. | n.d. | n.d. | n.d. | n.d. | n.d. | n.d. | n.d. | n.d. | n.d. | n.d. | n.d. |
| 0.982 | 638 | 23 | 45 | 62 | 197 | 4 | n.d. | n.d. | n.d. | 28 | 62 | n.d. | 17 |
| 0.980 | n.d. | n.d. | n.d. | n.d. | n.d. | n.d. | n.d. | n.d. | n.d. | n.d. | n.d. | n.d. | n.d. |
| 0.987 | 587 | 29 | 15 | 421 | 234 | 8 | 8 | n.d. | 8 | 26 | 59 | n.d. | 5 |
| 0.980 | 2660 | 72 | 28 | 2615 | 221 | 29 | 28 | n.d. | 11 | 22 | 74 | n.d. | 192 |
| 0.983 | n.d. | n.d. | n.d. | n.d. | n.d. | n.d. | n.d. | n.d. | n.d. | n.d. | n.d. | n.d. | n.d. |
| 0.985 | n.d. | n.d. | n.d. | n.d. | n.d. | n.d. | n.d. | n.d. | n.d. | n.d. | n.d. | n.d. | n.d. |
| 0.983 | 570 | 72 | 13 | 319 | 115 | 11 | n.d. | n.d. | 30 | 37 | 49 | n.d. | 327 |
| 0.975 | 569 | 69 | n.d. | 327 | 86 | 5 | 4 | 4 | n.d. | 26 | 48 | n.d. | 133 |

| 样品编号 | 测试区域 | $Na_2O$ | MgO | $Al_2O_3$ | $SiO_2$ | $P_2O_5$ | $SO_3$ | Cl | $K_2O$ | CaO | $TiO_2$ | MnO | $Fe_2O_3$ |
|---|---|---|---|---|---|---|---|---|---|---|---|---|---|
| | | wt.% | | | | | | | | | | | |
| HNAY18 | 白色 | 0.43 | 22.8 | 1.51 | 59.0 | 0.61 | 0.09 | 0.07 | 0.13 | 13.8 | 0.06 | 0.05 | 1.4 |
| HNAY19 | | 1.16 | 24.6 | 1.75 | 58.7 | 0.52 | n.d. | 0.07 | 0.15 | 12.6 | n.d. | 0.05 | 0.35 |
| HNAY20 | | 0.67 | 22.9 | 3.26 | 57.4 | 0.24 | n.d. | 0.02 | 0.15 | 13.0 | 0.06 | 0.14 | 2.16 |
| HNAY21 | | n.d. | 23.7 | 2.28 | 58.5 | 0.92 | 0.05 | 0.02 | 0.12 | 13.9 | 0.03 | n.d. | 0.46 |
| HNAY23 | | 0.07 | 23.5 | 1.96 | 59.1 | 0.40 | n.d. | n.d. | 0.08 | 13.5 | 0.03 | 0.32 | 0.98 |
| HNAY24 | 青色 | 0.41 | 24.8 | 1.04 | 59.8 | 0.30 | n.d. | 0.04 | 0.11 | 13.3 | 0.03 | n.d. | 0.19 |
| HNAY24 | 白色 | n.d. | 17.8 | 1.71 | 69.1 | 0.49 | n.d. | 0.02 | 0.11 | 10.4 | n.d. | n.d. | 0.24 |
| HNAY25 | 青色 | 0.56 | 24.3 | 1.09 | 58.9 | 0.33 | 0.05 | 0.07 | 0.13 | 13.2 | n.d. | 0.16 | 1.19 |
| HNAY25 | 白色 | 0.50 | 23.6 | 1.41 | 59.2 | 0.45 | 0.04 | 0.04 | 0.13 | 13.2 | n.d. | 0.11 | 1.27 |
| 透闪石理论成分值 | | | 24.8 | | 59.2 | | | | | 13.8 | | | $H_2O$ 2.2 |
| HNAY14 | 灰色 | n.d. | 2.58 | 1.92 | 48.9 | 0.49 | 0.53 | 0.27 | 0.39 | 41.1 | n.d. | 0.21 | 3.13 |
| HNAY14 | 青色 | 0.27 | 18.2 | 1.85 | 60.4 | 0.55 | 0.25 | 0.08 | 0.19 | 17 | n.d. | 0.05 | 1.03 |
| HNAY14 | 白色 | 0.27 | 24.9 | 1.6 | 59.4 | 0.38 | 0.05 | 0.07 | 0.11 | 12.1 | 0.03 | 0.02 | 0.89 |
| HNAY15 | 白色 | n.d. | 16.6 | 1.95 | 3.23 | 6.41 | 0.11 | 0 | 0.05 | 70.2 | n.d. | 0.78 | 0.49 |
| HNAY15 | 灰色 | 0.86 | 21.9 | 2.93 | 3.32 | 3.13 | 0.23 | 0.14 | 0.11 | 62.5 | n.d. | 3.18 | 1.5 |
| HNAY16 | | 1.67 | 1.74 | 20.7 | 52.1 | 1.37 | 0.15 | 0.1 | 7.03 | 2.13 | 0.99 | 0.18 | 11.85 |
| HNAY17 | 白色 | 0.78 | 26.1 | 8.37 | 22.8 | 0.66 | 0.66 | n.d. | 0.29 | 38.5 | 0.09 | 0.2 | 1.58 |
| HNAY22 | 青色 | 1.09 | 41.5 | 3.68 | 50.4 | 0.23 | n.d. | n.d. | 0.12 | 0.17 | n.d. | 0.05 | 2.47 |
| HNAY22 | 白色 | 1.29 | 42.2 | 3.5 | 49.6 | 0.13 | 0.14 | n.d. | 0.07 | 0.08 | n.d. | n.d. | 2.65 |
| 蛇纹石理论成分值 | | | 42 | | 48 | | | | | | | | $H_2O$ 10 |

注：① n.d.：not detected，即氧化物或元素浓度低于仪器检出限，未检测出该化学成分。

续表

| $Mg^{2+}$/($Mg^{2+}$+$Fe^{2+(3+)}$) | Mn | Co | Ni | Cu | Zn | Ga | As | Rb | Sr | Y | Zr | Nb | Hg |
|---|---|---|---|---|---|---|---|---|---|---|---|---|---|
| | μg/g | | | | | | | | | | | | |
| 0.978 | n.d. | n.d. | n.d. | n.d. | n.d. | n.d. | n.d. | n.d. | n.d. | n.d. | n.d. | n.d. | n.d. |
| 0.992 | 339 | n.d. | 22 | 232 | 120 | 5 | 1 | 3 | 9 | 22 | 37 | 5 | 7 |
| 0.952 | 1040 | 68 | 18 | 220 | 156 | 9 | n.d. | 7 | n.d. | 29 | 61 | 10 | 33 |
| 0.991 | n.d. | 911 | n.d. | 304 | n.d. | n.d. | n.d. | n.d. | n.d. | n.d. | n.d. | n.d. | 2505 |
| 0.982 | 2822 | 30 | n.d. | 874 | 92 | 14 | n.d. | n.d. | 16 | 27 | 53 | n.d. | 43 |
| 0.993 | n.d. | 104 | n.d. | 130 | n.d. | n.d. | n.d. | n.d. | n.d. | n.d. | n.d. | n.d. | n.d. |
| 0.992 | n.d. | n.d. | n.d. | n.d. | n.d. | n.d. | n.d. | n.d. | n.d. | n.d. | n.d. | n.d. | n.d. |
| 0.978 | 1472 | n.d. | 25 | 233 | 41 | 6 | n.d. | n.d. | 11 | 39 | 62 | n.d. | 26 |
| 0.976 | n.d. | n.d. | n.d. | n.d. | n.d. | n.d. | n.d. | n.d. | n.d. | n.d. | n.d. | n.d. | n.d. |
| | | | | | | | | | | | | | |
| | n.d. | n.d. | n.d. | n.d. | n.d. | n.d. | n.d. | n.d. | n.d. | n.d. | n.d. | n.d. | n.d. |
| | 538 | 42 | n.d. | 1092 | 249 | 7 | 3 | 7 | 31 | 38 | 75 | n.d. | 67 |
| | n.d. | n.d. | n.d. | n.d. | n.d. | n.d. | n.d. | n.d. | n.d. | n.d. | n.d. | n.d. | n.d. |
| | n.d. | n.d. | n.d. | n.d. | n.d. | n.d. | n.d. | n.d. | n.d. | n.d. | n.d. | n.d. | n.d. |
| | n.d. | n.d. | n.d. | n.d. | n.d. | n.d. | n.d. | n.d. | n.d. | n.d. | n.d. | n.d. | n.d. |
| | n.d. | n.d. | n.d. | n.d. | n.d. | n.d. | n.d. | n.d. | n.d. | n.d. | n.d. | n.d. | n.d. |
| | n.d. | n.d. | n.d. | n.d. | n.d. | n.d. | n.d. | n.d. | n.d. | n.d. | n.d. | n.d. | n.d. |
| | 114 | 78 | 1426 | 93 | 26 | 8 | 4 | 2 | 3 | 8 | n.d. | n.d. | 16 |
| | n.d. | n.d. | n.d. | n.d. | n.d. | n.d. | n.d. | n.d. | n.d. | n.d. | n.d. | n.d. | n.d. |
| | | | | | | | | | | | | | |

上述化学成分分析结果，与透闪石理论化学成分非常一致。比值 $Mg^{2+}$/（$Mg^{2+}Fe^{2+(3+)}$）皆大于 0.95，表明所分析玉器物相组成主要为透闪石，并未发现阳起石物相[18]。化学成分分析结果还表明，除个别玉器外，大部分玉器所含微量元素比较一致。图 4.36 至图 4.38 列举了玉器 HNAY02、HNAY03、HNAY23，以及透闪石矿物的 XRD 图谱，由图中可以看出，三件玉器主要的 X 射线衍射峰与透闪石是一致的。

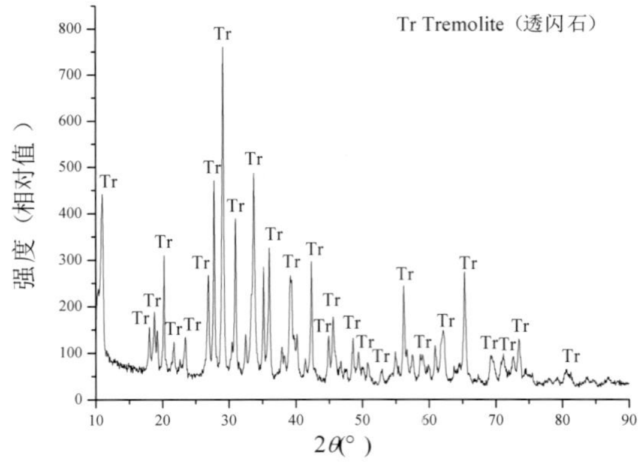


图 4.36　透闪石质玉戈 HNAY02 的 XRD 图谱

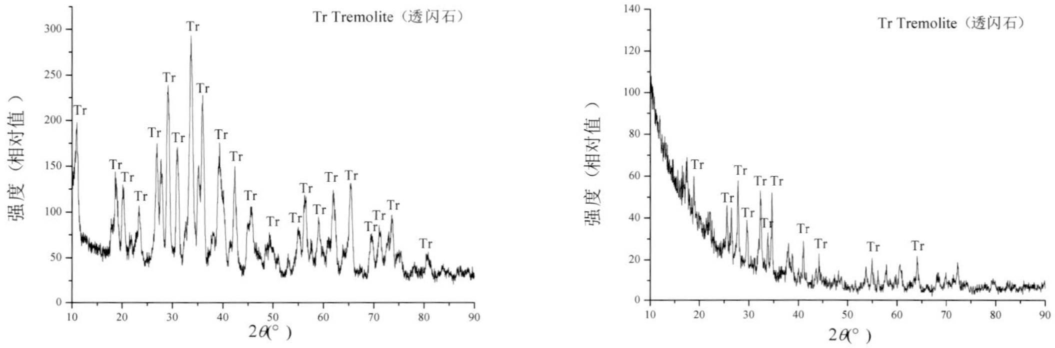


a. 青色点　　　　b. 沁色点

图 4.37　透闪石质玉兔 HNAY03 的 XRD 图谱

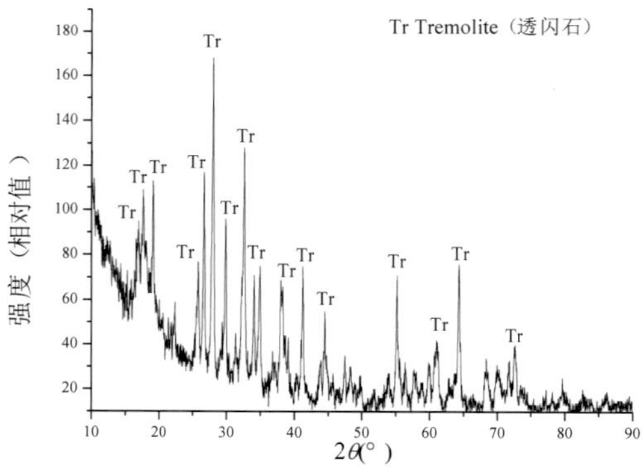


图 4.38　透闪石质玉戈 HNAY23 的 XRD 图谱

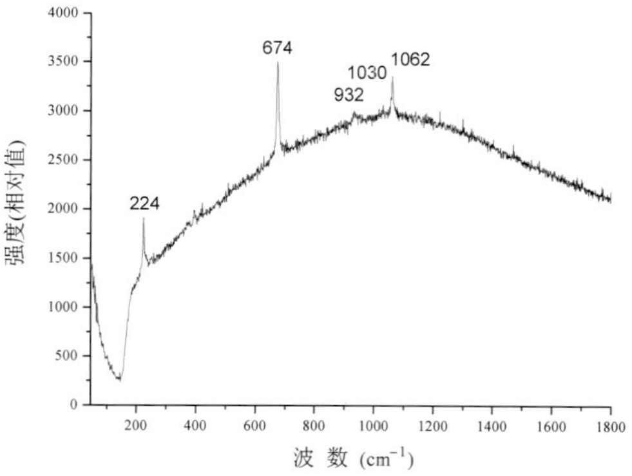


图 4.39　透闪石质玉镞形器 HNAY25 的特征拉曼图谱

由透闪石质玉镞形器 HNAY25 的特征拉曼图谱（图 4.39）可以看出，透闪石的拉曼特征峰分布在 $1054cm^{-1}$、$934cm^{-1}$、$670cm^{-1}$、$526cm^{-1}$、$393cm^{-1}$、$225cm^{-1}$ 等位置附近。

透闪石是双链结构的层状晶体，这些拉曼散射峰分别代表了链状结构中硅与非桥氧（Si—O）、硅与桥氧（Si—O—Si）的伸缩振动、弯曲振动与晶格振动。

2. 蛇纹石质玉器

该质地玉器仅有 1 件（HNAY22），其主要化学组分为 MgO 和 $SiO_2$，含量分别为 41.5% 和 50.4%，与蛇纹石理论化学成分值十分一致。从该玉戈的 XRD 图谱可以看出，玉戈的主体为利蛇纹石（图 4.40a），同时含有少量的钠长石（图 4.40b），不同颜色部位的化学成分变化很小。HNAY22 较高含量的微量元素 Ni（>1000 μg/g）可以作为今后寻找它的矿产地的重要依据。

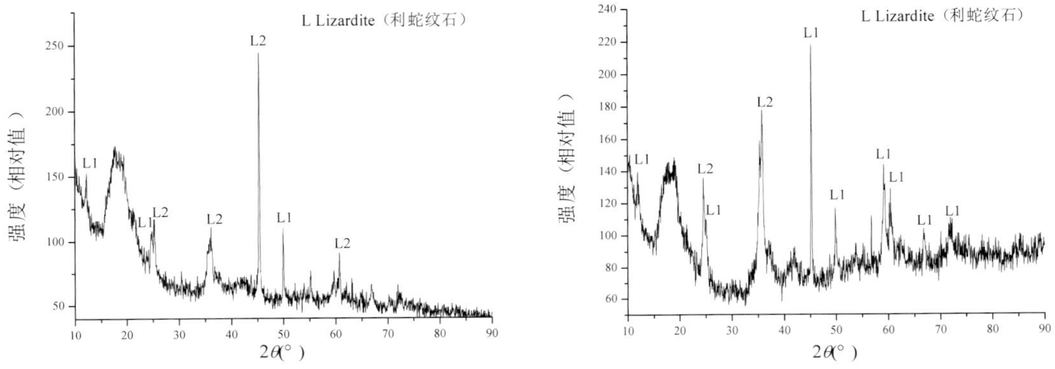


a. 青色　　b. 白色

图 4.40　蛇纹石质玉戈 HNAY22 的 XRD 图谱（1、2 代表不同结构利蛇纹石 XRD 衍射峰）

图 4.41 为蛇纹石质玉戈 HNAY22 的特征拉曼图谱。由于玉器表面风化等原因，拉曼特征峰强度较低，但仍可识别其主要拉曼特征峰位于 $1047cm^{-1}$、$685cm^{-1}$ 和 $377cm^{-1}$ 位置附近，与蛇纹石的拉曼特征峰是一致的。

3. 岩石质器物

HNAY17 为石戚，其化学成分属于铝硅酸盐和碳酸钙的混合岩相。图 4.42 为石戚

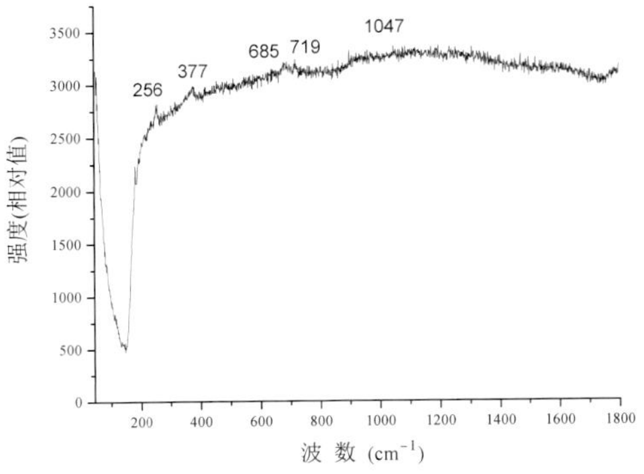


图 4.41　蛇纹石质玉戈 HNAY22 的特征拉曼图谱

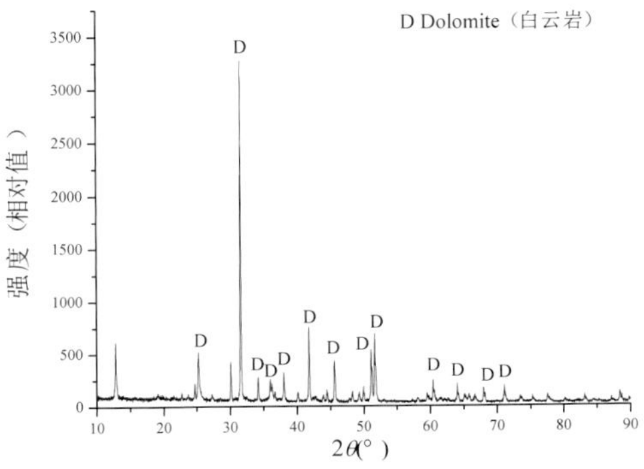


图 4.42　岩石质石戚 HNAY17 的 XRD 图谱（白色点）

HNAY17 白色点主 X 射线衍射峰，与白云石是一致的。石戚 HNAY17 白色部分的拉曼图谱(图 4.43)，进一步说明其为以方解石为基础的白云石。

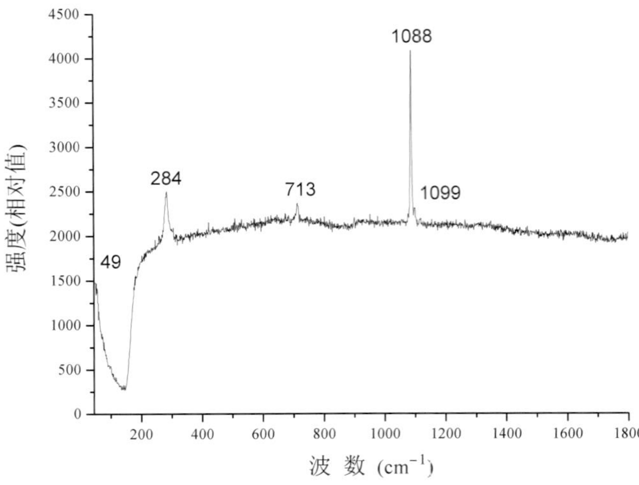


图 4.43 岩石质石戚 HNAY17 的特征拉曼图谱（白色部分）

HNAY15 为石戈，从表 4.15 的化学成分分析结果，可以看出其 CaO 和 MgO 含量相对较高，推测其为复岩白云石，即以方解石为基础的白云石岩。

玉璜 HNAY14 和石磬 HNAY16 也没有进行 XRD 测定。玉璜 HNAY-14 白色部分的化学成分分析结果表明，其可能为透闪石质，但在青色和灰色部分 MgO 有很大的流失而使 CaO 含量升高，也可能混杂属硅酸钙的辉石类型矿物；石磬 HNAY16 可能为含铁量较高的钾长石。

从上述测试分析结果和讨论中可以看出，安阳市出土的 25 件玉器中，玉石矿相属透闪石型软玉的玉器有 20 件，占 80%，而且大部分玉石料的来源为同一矿区。从器形和纹饰来看，以祀礼和装饰用为主。个别样品如玉戈（HNAY22）属蛇纹石类质玉石，石戚（HNAY17）和石戈（HNAY15）属方解石为基础的白云石岩，石磬（HNAY16）可能为钾长石质。

## 第六节 余 论

夏商时期是中华民族文化内核的成形时期，也是河南玉器繁荣发展的重要时期。中原一带的玉器考古证实该时期中原地区有一个玉器汇聚和辐射的动态聚合过程。随着夏王朝的建立，史前高度发展的几大玉文化板块不同的制玉传统开始汇集于中原。二里头遗址拥有最早的青铜器铸造和绿松石制作作坊，以及自成体系的青铜和玉器的礼器群等。这些都是在汇聚周边原始聚落先进文化基础上的整合与提升，说明一个从多元走向一体的、以中原王朝为核心的新的文化格局正在形成[19]。

河南二里头遗址是二里头文化（夏代）的典型代表。二里头文化分为四期，二里头文化玉器具有鲜明的时代特征，玉器在各期之中的使用情况差别很大，二里头一期的玉器品种和数量都很少，出土玉器以绿松石饰为主，且均为素面无纹饰，玉器制造业并不十分发达，尚未形成规律性的用玉制度。在夏文化早期遗址如登封王城岗、禹州瓦店及巩义花地嘴等遗址中，出土有玉礼器、工具和饰件，器型有玦、环、璧、串珠、凿和片等。尤其是巩义花地嘴遗址出土的一组夏代早期玉礼器，由玉铲、玉璋、玉钺和玉刀组成，其中玉钺和玉刀不见使用痕迹[20]。这些玉兵器组成的“礼权玉器”是“以玉为兵”黄帝时代社会历史的延续，也是氏族社会末期，夏朝建立的过程中长期征战和特定文化形态的反映。二里头一期，玉器尚处于初级发展阶段，直到夏代中期以后这种局面才有了彻底的改变。二里头文化二期是玉器的发展期，玉器数量和种类均有增加。在二里头文化三期，玉器数量和种类均达到高峰，这一现象与二里头文化三期时夏代王都文化繁荣的景象是密不可分的。在二里头文化四期，玉器出现明显的衰落趋势，数量和种类大大减少，体现了夏商政权交替对手工业生产所带来的影响[21]。

初步统计显示，二里头文化时期出土玉器 90 余件，另有绿松石装饰品 300 余件。二里头遗址出土玉器主要为装饰类、工具类和礼仪类等，主要器型有镯、板、环、钻孔饰、玉片、管、坠、柱形饰、尖状饰、月牙形器、刀、铲、镞、纺轮、柄形器、圭、璋、戈、钺、璧、戚和三孔刀等[22]。本书所分析的几件二里头遗址出土的玉器中，玉钺（HNYBI−9）和玉戈（HNWKII−13）的材质为方解石，玉柱形饰（HNWKII−15）为透闪石，玉环（HNWKII−16）为云母。

尽管二里头遗址的玉器种类较为多样，但从数量上来说，装饰品占有绝对优势，即占出土玉器总数量的 96.2%。绿松石饰是出土数量最多的一类器物。二里头遗址的绿松石龙形饰发现于二里头二期的一座贵族墓葬中，由 2000 余块绿松石饰片组合而成。绿松石饰片都是经过精密加工而制成的，正反两面均十分平整光润，加工工艺精良[23]。除了绿松石龙形饰之外，镶嵌绿松石铜牌饰也是二里头文化的代表性器物之一。二里头遗址发现的典型绿松石器物，不仅对研究夏代河南地区玉料的选择和来源、制作工艺等方面具有重要意义，也对夏代社会等级分化、思想意识和宗教崇拜等方面具有重要的研究价值。

下王岗遗址二里头文化遗存并不连续，主要有二里头文化一期和三期。二里头文化一期遗物较为丰富，共 303 件，其中生产工具 211 件、生活用器 68 件、装饰品及其他 24 件。生产工具中以石质生产工具数量最多，同时还有骨质工具和陶质工具。装饰品主要有绿松石耳坠 1 件、骨笄 3 件、陶环 11 件、陶珠 1 件、玉璧 1 件等。下王岗遗址二里头文化三期发现遗物共计 414 件，其中生产工具 336 件、生活用器 57 件、装饰品 21 件，材质主要有透闪石、方解石和云母[24]。

二里头时期的制玉工艺已经能够熟练地进行解玉、钻孔和表面制作，特别是在礼器上的细阴线雕刻方面极具特点，其线刚直有力，转角处结头硬朗，并开始用砣轮向外进一步扩展，形成斜面，创建了勾彻法，为几千年玉器阴线纹工艺奠定了基础[25]。二里头遗址玉器的明显特征，主要从以下两个方面体现出来：一是大型片状有刃玉器表现出高水平的玉石片状切割技术，二是器缘扉牙和阴刻直线条装饰。

二里头遗址的墓葬数量和墓葬等级、玉器墓和遗址等级、玉器和青铜器等均表现出了显著的相关性，这说明，礼制已经制度化，玉器作为礼制最重要的表征和物化形式之一在社会中发挥着重要作用。二里头文化各期墓葬中随葬的玉器有所变化，而以玉礼器和铜礼器为核心的礼器群是人们身份地位和等级的差别反映。二里头文化铜礼器的出现和发展在相当大程度上制约了玉礼器的作用，但是玉器在表现二里头文化等级制度和精神内涵方面仍处于核心的地位。二里头文化的玉器风格承继了史前诸多文化的玉器因素，并对中原以外同时期的许多考古学文化玉器产生了影响，它在很大程度上被二里岗文化吸收并有所发展[26]，正如《论语 · 为政》所云："殷因于夏礼。"夏代玉器承上启下、融汇东西，具有多元文化特征，在中国玉文化的传播过程中起着重要的承续作用。

鹤壁刘庄下七垣文化先商遗址出土的玉器也以绿松石及类似的磷酸盐矿物如准磷铝石、磷铝石、纤磷钙铝石以及明矾石等绿色玉石为主要原料，是目前已知最早使用非绿松石的磷酸盐矿物饰品，说明中原地区先民在 3000 多年前制作绿色系玉器使用原料的多样性。此前，在江西新干商代大墓中也曾发现磷铝石和磷铝锂石类玉器和饰品[27]，或可印证两地在玉器原料来源上具有一定的联系。这些和绿松石饰品共同使用的非绿松石矿物饰品的原料可能与绿松石的风化[28]或绿松石矿的共生矿物有关[29]，如马鞍山绿松石矿附近就伴有磷铝石[30]。总之，鹤壁刘庄遗址出土的这批先商时期绿松石及其他磷酸盐玉器，为研究早期中原地区绿松石制品的地质背景和产地溯源提供了重要的线索。

进入商代，中原玉器有了突飞猛进的发展，考古发掘数量近5000件，类型繁多，片状、圆雕、实用器皿一应俱全。商代在玉材开发和琢玉技术上有重大发展，走向了中国玉器发展史上的另一个高峰。商代前期以属于二里岗文化的偃师商城和郑州商城[31，32]所出玉器为代表，后期以安阳殷墟为代表，另外信阳罗山蟒张后李、柘城孟庄、固始葛藤山和新郑望京楼遗址等地亦有出土[33]。玉器的主要器型有璧、琮、柄形器、戈、铲、牙璋、凿、璜、环等，而柄形器、戈和牙璋与二里头遗址的同类器均相近。商代后期殷墟玉器中许多带有绿松石镶嵌铜器和玉器，以小片拼接镶嵌为主，也是继承了二里头夏代玉器的绿松石制作工艺。

郑州商城遗址是新中国成立以来发现最早、规模最大的商代城址，以商代前期的二里岗期遗址为主，并包含其前的龙山文化晚期、洛达庙期（一、二、三期）、郑州商代南关外期及其后的商代人民公园期、战国时期及秦汉以后的各代文化遗存在内的一处具有重要历史价值的大型商代遗址。相对于史前时代而言，郑州商城出土的商代玉器总体水平并不是很高，种类和数量也不是很丰富，但却代表了中国玉器发展史上一个承前启后的重要发展时期。郑州商城玉器仍以礼器为主，仪仗类玉器比较发达，装饰品明显增多，尤其是柄形器运用非常普遍，体现了商代前期玉器的鲜明特征。洛达庙三期及南关外期时，商城玉器少且小。到二里岗下层一、二期时，玉器种类和数量逐渐增加，至二里岗上层一期时达到了最顶峰，但在二里岗上层二期时又迅速减少。人民公园一期时商城玉器出现了第二个高峰，人民公园二期又一次衰落。郑州商城各期玉器数量、种类的变化反映了商城文化的兴衰以及商人在郑州地区统治范围的变动。

安阳殷墟是商代玉器集大成者，以妇好墓[34]为例，随葬玉器达755件之多（一些穿孔玉髓小圆片及玉器残片未计入），包括礼器、仪仗器、工具、装饰品、生活用具和杂器等。其中礼器有琮、璧、璇玑、簋、盘等。仪仗器有戈、矛、戚、钺和大刀，一般无使用痕迹，大多雕琢精致。戈的数量很多，有39件，其中较大的几件正反面都琢出阳纹脊线和对称的边刃，工艺水平相当高；一件大刀两面均雕刻极为精致的龙纹，是珍贵的艺术品。工具类有斧、凿、锛、锯、刀、弯锥形器、纺轮、铲、镰等，其中锯、镰及部分小刀有使用痕迹，可能是实用的，而斧、凿、锯及有些小刀、铲无使用痕迹，大概是象征性的。刀的种类很多，有小刀、刮刀、梯形刀和小刻刀，大多小巧玲珑，并有精细的纹饰，是难得的艺术品。出土的刻刀有23件，绝大多数柄端雕成各种动物形象，大致有夔、鸟、鱼、壁虎等，多为浮雕，两面刻纹，其中以鱼形最多，多数在动物尾端磨出刀刃。刻刀柄端多有小孔，可佩戴，既是小型艺术品，又可实用。装饰品最多，主要为用作佩戴或镶嵌的饰物，用作头饰的笄、臂饰类的镯形器、衣服或器物上的坠饰、佩戴的串珠，以及圆箍形饰和杂饰等。此外，还有一部分用途不明的饰物和少量的动物形玉雕。这些艺术品包括玉人、龙凤与怪鸟怪兽、各种动物形象。动物形象玉雕155件，包括畜兽类的虎、象、熊、猴、鹿、马、牛、狗、羊和各种兽头等，禽鸟类的鹤、鸱鸮、鹦鹉、鸽、燕雏、鸬鹚、鹅等，鱼鳖类，两栖类的蛙，昆虫类的蝉和螳螂。动物大多采用写实的手法，形象逼真。此外有生活用具9件、杂器17件，主要包括研磨朱砂的臼、杵，调色的盘，梳，耳勺，匕等，大都为实用器。

总体而言，商代玉器以装饰类为主，特别是动物形装饰品种类繁多。人物和动物形饰出自于对人和动物习性深入的观察，形象传神，且能够巧妙地利用玉材，因物赋形。礼仪类也相当重要，同时新出现了日用类玉器。

从材质角度来看，如果说二里头文化遗址的玉器尚以绿松石矿物为主，兼用透闪石、方解石、白云母等多种矿物类型的话，那么到了商代，不论是礼器类还是装饰类玉器等，透闪石矿物玉器数量已经占据优势，成为商代玉器的主要材质类型，此外还有绿松石、蛇纹石和石英等矿物。郑州商城遗址、荥阳小胡村墓地以及安阳殷墟遗址出土的玉器均以透闪石矿物为主。所测试的21件郑州商城遗址出土玉器中，14件为透闪石质玉器，器型有柄形器、玉戈、玉璜、玉簪和蝉形饰等；3件为蛇纹石质玉器，器型有玉簪、柄形器等；2件为石英质玉器，器型为管形器和柄形器；滑石和绿松石质玉器各1件，均为饰品。小胡村墓地出土的晚商时期玉器绝大多数是透闪石－阳起石质玉器（34件），少数为非透闪石－阳起石质玉器（9件，包括云母质2件、叶蛇纹石质1件、磷铝石质1件、隐晶石英质1件、方解石－白云石质3件以及1件岩石质玉器）。OCT初步揭示出了玉器玉料内部结构特征的差异，但对异质微区的具体物相和成分特征需进一步确定。安阳殷墟遗址检测的25件玉器中，有20件为透闪石，占测试玉器数量的80%。

从科技分析结果来看，晚商时期河南的主流玉器已经逐渐过渡到透闪石-阳起石质（软玉）玉器，商代以后透闪石-阳起石质玉器在中原地区大量出现，并成为随葬玉器的主流。同时非透闪石-阳起石质玉器仍在玉器中占据一定的比例，并且具有与透闪石-阳起石质玉器相似的器型，如戈、钺、刀等，反映了在该区域玉文化的发展过程中，软玉玉器与非透闪石-阳起石质玉器之间的密切关系。

商代玉器制作工艺主要有开料、减地和打磨、钻孔、掏膛、镂空、施纹、雕刻和抛光等，雕刻技法有阴刻、平雕、浮雕和圆雕。玉器加工分工明确，前后有序。同种器物、相同部位、同一加工阶段有着高度一致性，说明玉器制作已经规模化和标准化。各加工阶段及使用工具，诸如开料、钻孔、施纹、片切割和线切割等均可辨识。在选料和用料上经过缜密考虑，善于利用玉料的自然形态，设计出比较切合的题材，且加俏色的玉雕业已出现。当然，殷墟玉器中也发现有旧器改制现象。殷墟玉器中动物形象异常丰富，造型优美生动，雕刻细腻，制作精良。大部分器物为扁平片状，部分为立体圆雕。殷墟玉器造型朴拙，运用写实与夸张的表现手法，轮廓简练，注重突出人物、动物的头部、眼睛和鼻子等部位的刻画。殷墟玉器纹饰丰富，以简单的几何纹为主，直线纹、斜线纹、卷云纹、重环纹、云雷纹、菱形纹、回纹、兽面纹、饕餮纹及各种人物动物形纹饰常见。

殷墟时期玉器工艺成熟，能够根据玉器造型不同，选择不同制作工艺，如玉璧、玉环、有领璧、有领环和玉钺等圆曲类玉器，器形圆弧，有较大面积的平面，多有管钻钻孔和同心圆装饰；玉戈、柄形器及玉戚等直方类玉器，多为长条片状，轮廓方直，器平，以素面为主；而肖生器类以钻孔为重要特征，分片状与圆雕两种，动物形象多，器表多饰有纹饰，常见器类有玉鱼、玉鸟、玉兽面和玉坠等。殷墟玉器钻孔有两种，一种为实心钻，钻头为燧石等，以弓钻方式钻孔；另一种为空心钻，钻头为竹竿，同样使用弓钻形式。殷墟玉器以片切割为主，铜片可能是当时片切割的主要工具。片切割的形态特征为：剖面呈“U”形，切割底部平整，沟槽内线条密集，线条宽度与所用解玉砂粒度相关，但当切割达到一定深度时，沟槽内线条宽度基本一致。殷人开料时，在原料两侧相向切割，当两次切割即将相交时，给予外力使原料沿切割面折断，折断后再对断茬进行打磨。殷墟玉器打磨分为两种，主要区别是磨料的粒径不同，呈现的效果为打磨和抛光。打磨所用工具为磨料、水或砂岩与水，打磨方式为平面铺洒磨料，前后往复打磨玉器，这种打磨方式可以获得平整的表面；或手持砂岩棒直接打磨玉器表面，这一方法用于玉器修形、减地等。抛光所用工具为柔性的皮革绳索等。抛光后的玉器经过地下埋藏，出土后表面多呈橘皮状纹理[35]。

商代以降，随着青铜器的崛起，玉器的礼制功用式微，而装饰性和实用性增强，阴刻工艺发展成为该阶段玉器技术体系中极为突出的一类技术。自商晚期开始，在继承史前玉器传统的基础上，受青铜文化浸染，具有重复性和对称性特点的阴刻纹饰逐渐发展成为玉器的主流装饰风格。这不仅对之后的玉器艺术风格产生了深远的影响，也对一定时期内玉器技术的选择性发展起到了明显的导向性作用。妇好墓出土的玉器微痕分析表明，除了被用于少量阴刻纹饰的细节制作外，传统的手持石制工具很大程度上已被携带解玉砂的旋转砣具所取代。玉工往往将器物打磨修整之后才进行纹饰的精雕细琢，说明这一锦上添花的工序极受重视[36]。从对殷墟妇好墓出土圆雕玉器的观察和微痕分析结果看，晚商时期已经发生旋转砣具、解玉砂及“线锯”等关键性玉器技术变革，同时钻孔技术的创造性应用为圆雕玉器的制作起到了重要作用。殷墟晚商时期，玉器技术的变革与发展对后世产生了极为深远的影响[37]。叶晓红等通过对妇好墓出土玉器的微痕观察，认为砣具在晚商时期已经成熟地用于减地、圆雕和阴刻等工艺上，但尚未用于切割和打磨等工艺，说明早期砣具在玉器技术体系里的应用存在选择性和局限性。就中国玉器技术史而言，砣具的应用是加工技术从纯粹手工到半机械化的分水岭，而晚商时期正处于这个极为重要的变革阶段[38]。

中原地区新砦期的牙璋，二里头文化玉刀、牙璋、玉戈等大型玉兵器集中出现，表明锯片切割技术达到了一个前所未有的发展高峰。殷墟晚商时期，大部分玉器器形减小但端庄平整，开料工艺仍以锯片切割技术为主，直至此阶段，锯片切割技术所用的工具可能都是以硬度较高的石质材料制成。至战国秦汉时期，锯片切割技术还应用于玉器开料，推测此阶段使用了铁合金制成的锯片类工具[39]。

商代砣具、管钻和琢磨技术的高度成熟，双钩线纹的运用，将面与线结合，使阴线间阳纹自然凸出，呈现出阴阳交错的立体感觉，堪比当时青铜器上的多层浮雕纹饰。商代工艺精湛的玉器，奠定了中原文化悠久的用玉传统。

此外，王荣等对殷墟玉器的白化形成机理进行科学分析，认为殷墟透闪石和蛇纹石玉器呈现颇为丰富的白化现象，其机制包括玉质结构疏松成因和钙化成因。结构疏松成因可以导致两类玉器呈现点状和片状分布的白化现象，也可以呈现全器分布的白化现象，而钙化成因仅使两类玉器呈现点状分布的白化现象。对于同一材质玉器而言，打磨抛光形成的抛光层能够起到抗风化的作用。透闪石玉的抗风化能力强于蛇纹石玉，中碱性埋藏环境可以使两类白化玉器的结构变得异常疏松。殷墟碱性环境中某些出土玉器的白化程度非常严重，已接近南方酸性环境中严重白化玉器的程度，应注重这类玉器的预防性保护[40]。

## 参考资料


[1] 赵海涛，许宏. 中华文明总进程的核心与引领者：二里头文化的历史位置[J]. 南方文物，2019(2)：57-67.

[2] 李民，文兵. 从偃师二里头文化遗址看中国古代国家的形成和发展[J]. 郑州大学学报(哲学社会科学版)，1975(4)：84-88.

[3] 陈雪香. 二里头遗址墓葬出土玉器探析[J]. 中原文物，2003(3)：23-37.

[4] 河南省文物局. 鹤壁刘庄——下七垣文化墓地发掘报告[M]. 北京：科学出版社，2012：399-415.

[5] Frost R L, Reddy B J, Martens W N, et al. The molecular structure of the phosphate mineral turquoise-A Raman spectroscopic study [J]. Journal of Molecular Structure, 2006, 788(1-3)：224-231.

[6] 石振荣. 湖北竹山寒武纪碳硅质板岩中蓝色似绿松石的特征分析[J]. 江苏地质，2008，32(2)：109-112.

[7] 石振荣，蔡克勤. 陕西白河县月儿潭绿松石与次生磷钙铝矾研究[J]. 岩石矿物学杂志，2008，27(2)：164-170.

[8] 石振荣，蔡克勤. 月儿潭绿松石及其风化分解产物特征分析[J]. 超硬材料工程. 2007，19(4)：56-60.

[9] 河南省文物考古研究所. 郑州商城[M]. 北京：文物出版社，2001.

[10] 张朱武，干福熹，承焕生. 不同成矿机理和地质环境下形成的软玉的化学成分特征[J]. 矿物学报，2010，30(3)：367-372.

[11] A. Tlili, D. C. Smith, J. -M. Beny, H. Boyer. A Raman Microprobe Study of Natural Micas [J]. Mineral. Mag. 1989(53)：165-179.

[12] Groppo, C., et al. Micro-Raman Spectroscopy for a Quick and Reliable Identification of Serpentine Minerals from Ultramafics [J]. European Journal of Mineralogy, 2006(18)：319-329.

[13] 刘锦，孙樯. 金刚石压腔蛇纹石原位拉曼光谱研究[J]. 光谱学与光谱分析，2011，31(2)：398-401.

[14] Ray L. Frost, Matt L. Weier, Kristy L. Erickson, Onuma Carmody and

Stuart J. Mills. Raman Spectroscopy of Phosphates of the Variscite Mineral Group [J]. J. Raman Spectrosc. 2004 (35) : 1047–1055.

[15] Götze, J., Nasdala, L., Kleeberg, R. et al. Occurrence and Distribution of "Moganite" in Agate/chalcedony: A Combined Micro-Raman, Rietveld, and Cathodoluminescence Study [J]. Contrib Mineral Petrol, 1998 (133) : 96–105.

[16] Junmin Sun, Zeguang Wu, Hongfei Cheng, Zhanjun Zhang, Ray L. Frost, A Raman Spectroscopic Comparison of Calcite and Dolomite [J]. Spectrochimica Acta Part A: Molecular and Biomolecular Spectroscopy, 2014 (117) : 158–162.

[17] 干福熹，承焕生，孔德铭，等. 河南安阳市新出土殷墟玉器的无损分析检测的研究[J]. 文物保护与考古科学，2008, 20 (4) : 26–35.

[18] 伏修峰，干福熹，马波，等. 几种不同产地软玉的岩相结构和无破损成分分析[J]. 岩石学报，2007 (5) : 1197–1202.

[19] 许宏，陈国梁，赵海涛. 二里头遗址聚落形态的初步考察[J]. 考古，2004 (11) : 23–31.

[20] 李宏，姜涛. 中原文化大典·文物典·玉器 [M]. 郑州：中州古籍出版社，2008: 42–43.

[21] 陈雪香. 二里头遗址墓葬出土玉器探析[J]. 中原文物，2003 (3) : 23–37.

[22] 董俊卿，干福熹，承焕生，等. 河南境内出土早期玉器初步研究[J]. 华夏考古，2011 (3) : 30–50.

[23] 李存信. 二里头遗址绿松石龙形器的清理与仿制复原[J]. 中原文物，2006 (4) : 92–96.

[24] 河南省文物研究所，长江流域规划办公室考古队河南分队. 淅川下王岗[M]. 北京：文物出版社，1989.

[25] 顾万发，张松林. 河南巩义市花地嘴遗址"新砦期"遗存 [J]. 考古，2005 (6) : 3–6.

[26] 郝炎峰. 二里头文化玉器的考古学研究[D]. 北京：中国社会科学院研究生院硕士学位论文，2005.

[27] 江西省博物馆，江西省文物考古研究所，新干县博物馆. 新干商代大墓[M]. 北京：文物出版社，1997: 141–156.

[28] 石振荣，蔡克勤. 陕西白河县月儿潭绿松石与次生磷钙铝矾研究[J]. 岩石矿物学杂志，2008, 27 ( 2 ) : 164–170.

[29] 张青，戴慧，阳珊，等. 安徽马鞍山假象绿松石、磷铝石成因探讨[J]. 安徽地质，2016, 26 (2) : 153–157.

[30] 周彦，亓利剑，戴慧，等. 安徽马鞍山磷铝石宝石矿物学特征研究[J]. 岩矿测试，2014, 33 (5) : 690–697.

[31] 河南省文物考古研究所. 郑州商城——一九五三年至一九八五年考古发掘报告[M]. 北京：文物出版社，2001.

[32] 宋爱平. 郑州商城出土商代玉器试析[J]. 中原文物，2004 (5) : 46–58.

[33] 古方. 中国出土玉器全集 (5　河南) [M]. 北京：科学出版社，2005.

[34] 中国社会科学院考古研究所. 殷墟妇好墓[M]. 北京：文物出版社，1981.

[35] 杜金鹏主编. 玉华流映　殷墟妇好墓出土玉器 [M]. 北京：中国书店，2017: 8–10.

[36] 岳超龙．安阳殷墟出土若干玉器加工工艺研究[D]．北京：中国科学院大学博士学位论文，2017．

[37] 叶晓红，唐际根，何毓灵．殷墟妇好墓出土玉器阴刻技术试析[J]．考古学集刊，2017(1)：175–182．

[38] 叶晓红．妇好墓圆雕玉器工艺研究[J]．中原文物，2018(2)：65–76．

[39] 叶晓红，张蕾，张鹿野．见微知著"微"观中国早期玉器技术发展[N]．中国文物报，2020–11–20(6)．

[40] 王荣，唐际根，何毓灵，等．殷墟透闪石和蛇纹石玉器自然白化现象研究——兼谈重识"钙化"现象[J]．南方文物，2018(3)：79–87．

# 第五章

# 两周玉器的科学研究

周武王灭商，定都于镐（今陕西西安市长安区西北），但为了有效控制东方，在今洛阳修建洛邑作为陪都，同时在中原地区大量分封诸侯国。以鹿邑太清宫长子口墓，平顶山应国墓地，三门峡虢国墓地，信阳长台关楚墓，淅川下寺及徐家岭、和尚岭楚墓，新蔡葛陵楚墓等为代表的高级贵族墓葬（图 5.1），保存了当时丧葬礼俗的珍贵资料，对于研究两周灿烂的青铜文明、典章制度的形成和普世化过程具有重要意义。尤其是在这些贵族墓葬中出土了许多精美的玉器，为两周时期的用玉制度以及科技分析研究提供了珍贵资料。本书选取了鹿邑太清宫长子口墓、平顶山应国墓地、淅川下寺墓地、固始侯古堆一号墓、淇县宋庄墓地、淅川徐家岭墓地以及新郑郑韩故城出土的部分典型玉器进行科技分析和研究。

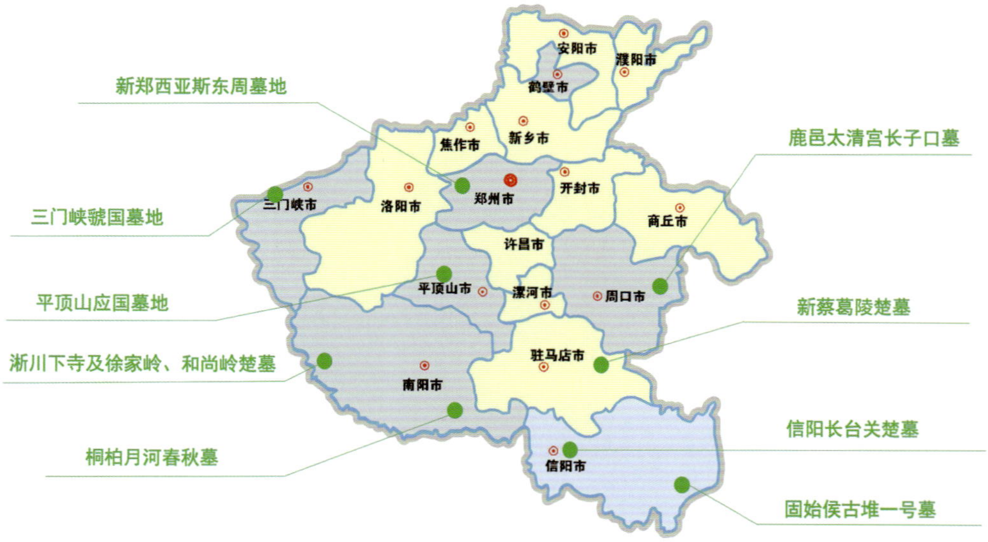


图 5.1 河南典型两周墓地分布示意图

## 第一节　鹿邑太清宫长子口墓玉器

长子口墓[1]位于河南省鹿邑县太清宫镇的太清宫遗址上。1997 年 5 月至 1998 年 1 月，河南省文物考古研究所和周口市文化局联合对长子口墓进行了发掘。长子口墓为带两个斜坡墓道的“中”字形大墓，由南墓道、北墓道、墓室三部分组成，残长 49.50 米，最宽处 7 米，墓底距地表深 8 米。墓室底部平面呈“亚”字形，中部为棺室，四面为四个长方形椁室。葬具为一椁重棺，均已朽。长子口墓共出土玉器 104 件，绝大部分随葬于棺室内，个别随葬于椁室中，并与青铜器共存，依据用途可分为礼器、仪仗器、工具、生活用具、装饰品和柄形器五类。礼器 19 件，有玉琮、玉圭、玉璋、玉璧、玉簋，其中璋 9 件，其余各 1 件，另外还有圭璋残片 6 件；仪仗器 11 件，计有玉戈 8 件，玉刀、玉钺、玉镞各 1 件；工具和生活用具 4 件，有玉锛、玉刀、玉刻刀、玉抄各 1 件；装饰品数量较多，共 41 件，计有玉片形饰 7 件，玉鸟、玉兽面形佩各 4 件，玉牛面形佩、玉觿各 3 件，玉璜、玉龙、玉鱼、玉璜形佩各 2 件，玉环、玉玦、玉虎形跽坐人、龙凤玉佩、玉鹿、玉兔、半管形玉佩、长方形玉佩、玉箍、玉圆管、玉珠、玉管形器各 1 件；另外还有玉柄形器 29 件，多已残缺。大多玉料较好，为青白色或青色等，玉质温润而富有光泽，均有多少不等的褐色和黄褐色沁，半透明或微透明，但有个别玉料较差。有的玉器表面遗留有朱砂痕。纹饰有兽面纹、双勾连云纹、涡纹、平行阴线纹、平行阳线纹、卷云纹、逗点纹等。玉器雕刻技法有圆雕、浮雕、双面雕和镂雕等。玉质纯正、制作精美的玉器数量较多，如白玉簋，圆口浅腹高圈足，腹部饰一周涡纹带。此前商周玉簋仅见于殷墟妇好墓，有 2 件，此簋为第 3 件。虎形跽坐人，圆雕，从正面看是一虎首跽坐人，从背面看为一鸮，作器者匠心独具，将虎头、人身和鸮同时表现在一件不大的器物上，生动传神，巧夺天工，是很难见到的玉雕佳品。

鹿邑长子口墓的时代为西周早期，但是墓主人既是商王朝的重臣，又是周王朝的高级贵族阶层。从墓葬的形制、随葬器物类型及组合特征等方面看，长子口墓同时包含有商和西周两种文化特征[2]。长子口墓主人历经商周两朝，其身份是长国之君还是西周早期宋国的开国国君微子启或其弟微仲衍，目前学术界尚存争议[3, 4]。该墓出土的玉器既有商代的遗风，也有西周早期的风格，甚至有的属于商代的玉器。长子口墓地的发掘对了解商末周初的历史、墓葬形制、器物断代，以及古代先民的文化交流等诸多方面都提供了翔实的实物资料，具有重要的学术意义和研究价值。

## 一、玉器基本信息

研究选取了48件出土玉器，主要包括玉柄形器、玉佩、缀饰、玉戈等（彩版一七—彩版二九），进行材料属性及其结构的相关研究，依据相应结果作出材质判定。

## 二、材质判定

对玉器进行了pXRF、拉曼光谱测定，相关化学成分分析结果见表5.1。综合上述两项分析结果可以确定，这批玉器的材质包括透闪石-阳起石、方解石、白云石、白云母、蛇纹石、石英和绿松石等质地。

### 1. 透闪石-阳起石类玉器

该质地玉器有37件。主要化学成分MgO、$SiO_2$和CaO的含量范围分别为9.83%—15.02%、66.01%—77.57%和9.01%—13.36%，$Al_2O_3$含量为0.33%—1.99%。除玉刀M1∶330和玉镞M1∶349的$Fe_2O_3$含量分别为9.34%和2.03%外，其余玉器中$Fe_2O_3$含量皆小于2%。结合玉器的拉曼光谱分析结果，应属于透闪石-阳起石质玉器。从典型玉器如玉珠M1∶366的特征拉曼图谱（图5.2）中可以看到Si−$O_{br}$−Si的反对称伸缩振动峰（1060$cm^{-1}$）、硅氧四面体链中Si−$O_{br}$−Si的完全对称伸缩振动峰（672$cm^{-1}$）以及

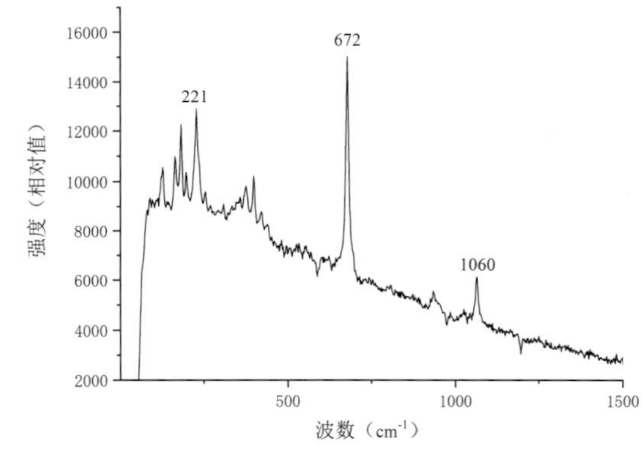

图5.2 透闪石-阳起石质玉珠M1∶366的特征拉曼图谱

O—H—O 基团晶格振动峰（$221cm^{-1}$）[5]。

2. 方解石质玉器

该质地玉器有 3 件，包括玉柄形器 M1∶282、玉抄 M1∶209、玉篦 M1∶74，其 CaO 的含量分布范围为 84.56%—95.61%，结合对应拉曼光谱分析结果，应属于方解石质玉器。从典型玉器如玉柄形器 M1∶282 的特征拉曼图谱（图 5.3a）中看出 $(CO_3)^{2-}$ 的对称拉伸振动峰（$1084cm^{-1}$）、$(CO_3)^{2-}$ 的面内弯曲振动峰（$711cm^{-1}$），均属于方解石的拉曼特征峰。

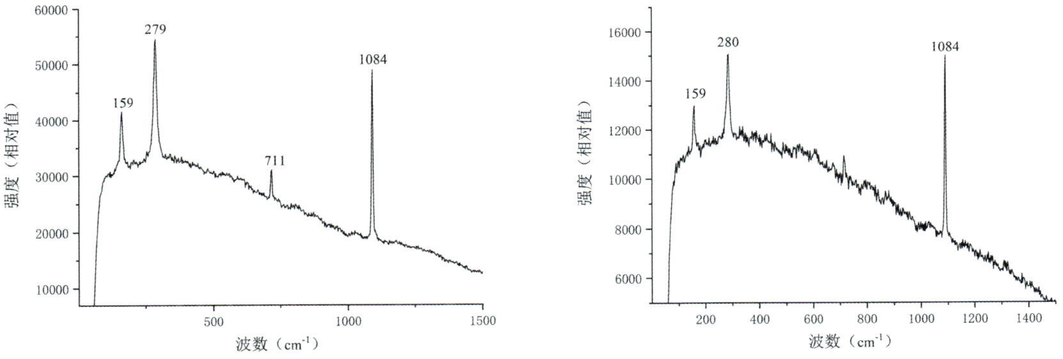


a. M1∶282　　b. M1∶212

图 5.3　玉柄形器的特征拉曼图谱

3. 白云石质玉器

该质地玉器有 2 件，即玉柄形器 M1∶212 和玉戈 M1∶281。白云石 $[CaMg(CO_3)_2]$ 与方解石同属方解石族矿物，它们的特征拉曼图谱具有相似性，但化学成分存在明显差异[6]。玉柄形器 M1∶212 的特征拉曼图谱（图 5.3b）与方解石相似，但这两件玉器中 MgO 的含量为 4.55%—16.07%，CaO 的含量为 44.92%—68.85%，$SiO_2$ 的含量为 25.31%—34.37%。综合化学成分和拉曼光谱分析结果，判断 M1∶212 和 M1∶281 为白云石质玉器。

4. 白云母质玉器

该质地玉器有 2 件，即玉钺 M1∶286 和玉柄形器 M1∶348。这两件玉器中含 $SiO_2$ 59.85%—61.83%、$Al_2O_3$ 27.68%—28.80%、$K_2O$ 8.72%—9.74% 和 $Fe_2O_3$ 0.40%—2.29%，与白云母 $\{KAl_2[Si_3AlO_{10}](OH, F)_2\}$ 的主要化学成分特征一致。

图 5.4 为玉钺 M1∶286 的特征拉曼图谱，主要拉曼特征峰分布在 $260cm^{-1}$、$407cm^{-1}$、$699cm^{-1}$。$260cm^{-1}$ 是由 $MO_6$ 八面体内部振动引起，$407cm^{-1}$ 是由 OH 振动和 Si—O 振动

## 表 5.1 鹿邑太清宫长子口墓玉器化学

| 测试编号 | 器物名称 | 测试部位 | MgO | $Al_2O_3$ | $SiO_2$ |
|---|---|---|---|---|---|
| M1 : 34 | 玉玦 | 浅黄色 | 0.67 | 0.33 | 98.97 |
| M1 : 69 | 兽面形玉佩 | 绿色 | n.d. | 44.69 | 17.35 |
| M1 : 70 | 牛面形绿松石佩 | 绿色 | 2.92 | 35.47 | 15.02 |
| M1 : 71 | 兽面形玉佩 | 黄绿色（无纹饰中间） | 12.81 | 1.39 | 72.03 |
| M1 : 72 | 玉环 | 黄绿色（标签反面位置） | 13.38 | 1.04 | 73.40 |
| M1 : 74 | 玉簋 | 侧面（中间无花纹处） | 6.42 | 1.33 | 7.05 |
| M1 : 81 | 玉柄形器 | 黄色 | 13.65 | 0.44 | 74.34 |
| M1 : 103 | 玉半管形佩 | 黄色（凸面） | 12.48 | 0.83 | 73.97 |
| M1 : 105 | 玉兽面形佩 | 青色 | 14.07 | 0.84 | 73.14 |
| M1 : 110 | 玉刻刀 | 墨绿色（中间，无标签面） | 13.62 | 1.09 | 71.86 |
| M1 : 209 | 玉抄 | 黄色 | n.d. | 1.05 | 3.08 |
| M1 : 212 | 玉柄形器 | 绿色柄部 | 4.55 | 0.87 | 25.31 |
| M1 : 229 | 玉戈 | 中间（无标签面，近孔） | 12.14 | 0.63 | 72.97 |
| M1 : 280 | 玉璧 | 边缘 | 10.81 | 0.33 | 75.16 |
| M1 : 281 | 玉戈 | 黄绿色（尾端中间） | 16.07 | 2.85 | 34.37 |
| M1 : 282 | 玉柄形器 | 灰色（无标签面） | 4.67 | 1.26 | 7.45 |
| M1 : 283 | 条形玉饰 | 浅绿色（标签面） | 13.43 | 0.70 | 73.14 |
| M1 : 284 | 玉戈 | 近柄部 | 13.88 | 0.61 | 73.25 |
| M1 : 286 | 玉钺 | 黄棕色（反面） | n.d. | 27.68 | 59.85 |
| M1 : 287 | 玉戈 | 尾部（无标签面，近孔） | 12.76 | 0.74 | 74.14 |
| M1 : 288 | 玉璧 | 尾部中间 | 14.71 | 1.94 | 72.38 |
| M1 : 289 | 玉戈 | 黄色（中部） | 13.13 | 0.63 | 73.59 |
| M1 : 290 | 玉璜 | 棕色（无标签面） | 14.29 | 0.81 | 73.19 |
| M1 : 296 | 玉柄形器 | 青色（无标签面） | 14.80 | 0.70 | 72.60 |
| M1 : 300 | 玉柄形器 | 白色 | 13.46 | 0.72 | 73.37 |
| M1 : 301 | 玉柄形器 | 黑色（标签面） | 14.67 | 0.61 | 72.44 |

## 成分测试结果（wt.%）及主要物相信息

| $P_2O_5$ | Cl | $K_2O$ | CaO | MnO | $Fe_2O_3$ | CuO | ZnO | 物相 |
|---|---|---|---|---|---|---|---|---|
| n.d. | n.d. | n.d. | 0.03 | n.d. | n.d. | n.d. | n.d. | 石英 |
| 26.32 | 0.38 | 0.98 | 1.12 | 0.07 | 1.49 | 7.23 | 0.38 | 绿松石 |
| 19.48 | 0.15 | 1.00 | 3.81 | 0.05 | 12.36 | 9.59 | 0.15 | 绿松石 |
| n.d. | 0.25 | 0.19 | 11.90 | 0.03 | 1.37 | 0.02 | n.d. | 透闪石 |
| n.d. | 0.04 | 0.09 | 11.34 | 0.02 | 0.68 | 0.01 | n.d. | 透闪石 |
| n.d. | 0.11 | 0.18 | 84.56 | 0.01 | 0.30 | 0.03 | n.d. | 方解石 |
| n.d. | 0.06 | 0.12 | 11.15 | 0.01 | 0.20 | 0.02 | n.d. | 透闪石 |
| n.d. | 0.04 | 0.12 | 12.37 | n.d. | 0.19 | n.d. | n.d. | 透闪石 |
| n.d. | 0.05 | 0.08 | 11.52 | n.d. | 0.30 | n.d. | n.d. | 透闪石 |
| n.d. | 0.05 | 0.13 | 11.76 | 0.08 | 1.39 | 0.01 | n.d. | 透闪石 |
| n.d. | 0.09 | 0.08 | 95.61 | n.d. | 0.06 | 0.03 | n.d. | 方解石 |
| n.d. | 0.06 | 0.07 | 68.85 | 0.04 | 0.21 | 0.03 | n.d. | 白云石 |
| n.d. | 0.04 | 0.24 | 11.94 | 0.23 | 1.78 | 0.02 | n.d. | 透闪石 |
| n.d. | 0.03 | 0.18 | 12.94 | 0.09 | 0.46 | n.d. | n.d. | 透闪石 |
| n.d. | 0.07 | 0.10 | 44.92 | 0.05 | 1.52 | 0.04 | 0.01 | 白云石 |
| n.d. | 0.14 | 0.20 | 86.05 | n.d. | 0.20 | 0.02 | n.d. | 方解石 |
| n.d. | 0.07 | 0.10 | 11.96 | 0.03 | 0.57 | n.d. | n.d. | 透闪石 |
| n.d. | 0.03 | 0.08 | 11.48 | 0.12 | 0.53 | 0.01 | n.d. | 透闪石 |
| n.d. | 0.07 | 9.74 | 0.22 | n.d. | 2.29 | 0.15 | n.d. | 白云母 |
| n.d. | 0.03 | 0.06 | 11.33 | 0.13 | 0.81 | n.d. | n.d. | 透闪石 |
| n.d. | 0.03 | 0.08 | 10.45 | 0.08 | 0.31 | 0.01 | n.d. | 透闪石 |
| n.d. | 0.03 | 0.07 | 11.59 | 0.16 | 0.80 | n.d. | n.d. | 透闪石 |
| n.d. | 0.03 | 0.06 | 11.40 | 0.01 | 0.20 | 0.01 | n.d. | 透闪石 |
| n.d. | 0.06 | 0.21 | 11.12 | 0.03 | 0.48 | n.d. | n.d. | 透闪石 |
| n.d. | 0.04 | 0.05 | 12.03 | 0.01 | 0.32 | n.d. | n.d. | 透闪石 |
| n.d. | 0.06 | 0.06 | 11.94 | 0.02 | 0.18 | 0.01 | n.d. | 透闪石 |

| 测试编号 | 器物名称 | 测试部位 | MgO | $Al_2O_3$ | $SiO_2$ |
|---|---|---|---|---|---|
| M1 : 304a | 玉柄形器 | 白色（标签反面位置） | 14.37 | 0.44 | 72.58 |
| M1 : 304b | 玉柄形器 | 绿色镶嵌物 | 9.59 | 10.65 | 58.20 |
| M1 : 306 | 玉柄形器 | 浅绿色（无标签面） | 13.79 | 0.89 | 72.72 |
| M1 : 312 | 牛面形佩 | 褐色 | 13.02 | 0.77 | 73.31 |
| M1 : 316 | 玉圭 | 青色 | 13.71 | 1.00 | 73.36 |
| M1 : 323 | 三角形玉饰 | 黄绿色（无标签面） | 13.84 | 0.80 | 72.50 |
| M1 : 324 | 管形玉饰 | 红绿色（侧面） | 12.24 | 0.77 | 74.53 |
| M1 : 332 | 玉龙 | 白色（无标签面） | 12.57 | 1.01 | 72.66 |
| M1 : 333 | 玉长方形佩 | 黄色中间（无标签面） | 13.11 | 0.76 | 73.49 |
| M1 : 330 | 玉刀 | 刀上部深绿色 | 9.83 | 0.80 | 66.01 |
| M1 : 335a | 玉管形器 | 白色 | 11.00 | 0.65 | 74.77 |
| M1 : 335b | 玉管形器 | 白色 | 13.36 | 0.88 | 72.95 |
| M1 : 337 | 玉琮 | 白色（侧面） | 13.78 | 0.90 | 73.07 |
| M1 : 338 | 兽面形玉佩 | 青色 | 13.98 | 0.84 | 73.05 |
| M1 : 340 | 龙凤玉佩 | 黄色 | 22.87 | 0.98 | 73.80 |
| M1 : 346 | 玉兔 | 青色 | 15.02 | 1.99 | 71.28 |
| M1 : 348 | 玉柄形器 | 黄绿色 | n.d. | 28.80 | 61.83 |
| M1 : 349 | 玉镞 | 黄色 | 13.24 | 0.60 | 71.86 |
| M1 : 362a | 玉戈 | 中间（无标签面） | 13.00 | 0.56 | 73.09 |
| M1 : 362b | 玉戈 | 中间（标签面） | 13.40 | 0.81 | 73.02 |
| M1 : 363 | 玉鸟 | 青白 | 14.07 | 0.78 | 73.46 |
| M1 : 364 | 玉鸟 | 白色 | 13.61 | 0.88 | 72.37 |
| M1 : 365 | 玉柄形器 | 浅绿色（中间） | 13.53 | 1.00 | 73.23 |
| M1 : 366 | 玉珠 | 侧面 | 15.82 | 0.66 | 72.11 |
| M1 : 368 | 玉戈 | 黄色（中间，标签面） | 12.19 | 0.60 | 77.57 |

注：①n.d.：not detected，即氧化物或元素浓度低于仪器检出限，未检测出该化学成分。

续表

| $P_2O_5$ | Cl | $K_2O$ | CaO | MnO | $Fe_2O_3$ | CuO | ZnO | 物相 |
|---|---|---|---|---|---|---|---|---|
| n.d. | 0.04 | 0.05 | 12.06 | 0.17 | 0.29 | n.d. | n.d. | 透闪石 |
| 11.06 | 0.04 | 0.13 | 8.93 | 0.12 | 1.13 | 0.01 | 0.14 | 绿松石 |
| n.d. | 0.08 | 0.09 | 11.74 | 0.02 | 0.66 | 0.01 | n.d. | 透闪石 |
| n.d. | 0.07 | 0.10 | 11.86 | 0.02 | 0.82 | 0.02 | n.d. | 透闪石 |
| n.d. | 0.04 | 0.12 | 11.09 | 0.04 | 0.64 | n.d. | n.d. | 透闪石 |
| n.d. | 0.04 | 0.06 | 11.79 | 0.01 | 0.96 | n.d. | n.d. | 透闪石 |
| n.d. | 0.05 | 0.08 | 11.88 | 0.02 | 0.41 | 0.02 | n.d. | 透闪石 |
| n.d. | 0.05 | 0.11 | 13.36 | 0.02 | 0.22 | n.d. | n.d. | 透闪石 |
| n.d. | 0.07 | 0.08 | 11.54 | 0.02 | 0.93 | n.d. | n.d. | 透闪石 |
| n.d. | 0.16 | 0.19 | 13.14 | 0.49 | 9.34 | 0.02 | 0.01 | 透闪石 |
| n.d. | 0.11 | 0.13 | 13.23 | n.d. | 0.10 | 0.01 | n.d. | 透闪石 |
| n.d. | 0.10 | 0.14 | 12.49 | n.d. | 0.07 | 0.01 | n.d. | 透闪石 |
| n.d. | 0.05 | 0.10 | 11.76 | 0.02 | 0.30 | 0.01 | n.d. | 透闪石 |
| n.d. | 0.07 | 0.11 | 11.27 | n.d. | 0.68 | n.d. | n.d. | 透闪石 |
| n.d. | 0.38 | 0.12 | 0.84 | n.d. | 1.00 | n.d. | 0.01 | 蛇纹石 |
| n.d. | 0.05 | 0.10 | 10.42 | 0.02 | 1.12 | n.d. | n.d. | 透闪石 |
| n.d. | 0.04 | 8.72 | 0.15 | n.d. | 0.40 | 0.05 | n.d. | 白云母 |
| n.d. | 0.05 | 0.11 | 11.83 | 0.28 | 2.03 | n.d. | n.d. | 透闪石 |
| n.d. | 0.04 | 0.13 | 12.18 | 0.16 | 0.83 | n.d. | n.d. | 透闪石 |
| n.d. | 0.03 | 0.12 | 11.72 | 0.13 | 0.77 | n.d. | n.d. | 透闪石 |
| n.d. | 0.06 | 0.10 | 11.16 | 0.05 | 0.31 | 0.01 | n.d. | 透闪石 |
| n.d. | 0.09 | 0.13 | 11.34 | 0.06 | 1.51 | n.d. | 0.01 | 透闪石 |
| n.d. | 0.04 | 0.07 | 11.69 | 0.02 | 0.40 | 0.01 | n.d. | 透闪石 |
| n.d. | 0.08 | 0.09 | 10.92 | 0.05 | 0.25 | 0.01 | n.d. | 透闪石 |
| n.d. | 0.02 | 0.08 | 9.01 | 0.02 | 0.50 | 0.01 | n.d. | 透闪石 |

叠加后产生，而 699$cm^{-1}$ 则是由 Si—O—Si 振动引起的 [7]。

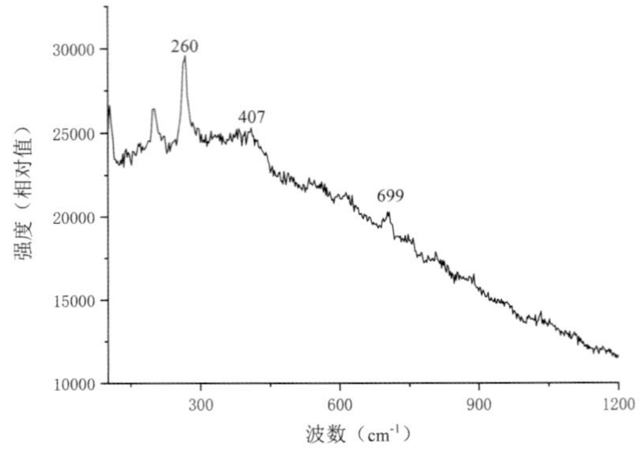


图 5.4　白云母质玉钺 M1 : 286 的特征拉曼图谱

5. 蛇纹石质玉器

该质地玉器仅 1 件，即龙凤玉佩 M1 : 340，其中 MgO 和 $SiO_2$ 的含量均较高，分别为 22.87% 和 73.80%。其拉曼特征振动峰主要位于 228$cm^{-1}$、378$cm^{-1}$、683$cm^{-1}$ 和 1045$cm^{-1}$，如图 5.5，其中 228$cm^{-1}$ 为 O—H—O 基团引起的振动，378$cm^{-1}$ 为 [$SiO_4$] 的对称 $\nu_{5(e)}$ 振动，683$cm^{-1}$ 为 Si—$O_b$—Si 对称拉伸振动，1045$cm^{-1}$ 为 Si—$O_b$—Si 反对称拉伸振动。由于在 1045$cm^{-1}$ 位置出现了特征峰，且在 345$cm^{-1}$ 附近没有观测到由 [$SiO_4$] 弯曲振动产生的拉曼特征峰，因此确认这件龙凤玉佩为叶蛇纹石质玉器。

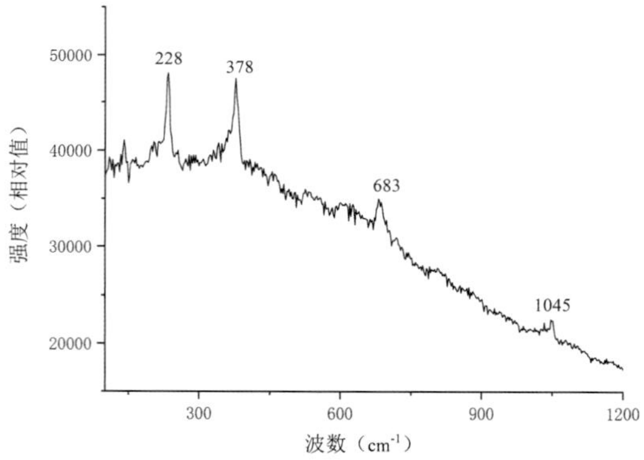


图 5.5　蛇纹石质龙凤玉佩 M1 : 340 的特征拉曼图谱

6. 石英质玉器

该质地玉器仅 1 件，即玉玦 M1 : 34，其中 $SiO_2$ 的含量高达 98.97%。其特征拉曼图谱见图 5.6，132cm$^{-1}$、214cm$^{-1}$、468cm$^{-1}$。468cm$^{-1}$ 由 Si−O 弯曲振动引起，214cm$^{-1}$ 由 $[SiO_4]$ 的旋转振动引起。根据文献[8]，显晶质石英在 500cm$^{-1}$ 附近没有弱振动峰出现，水晶在 509cm$^{-1}$ 附近有一个弱峰，玉髓和玛瑙的这个弱峰则通常在 501cm$^{-1}$ 附近。这个小振动峰是由斜硅石（属于单斜晶石英组）石英中 Si−O 对称弯曲振动引起。结合器物宏观特征，确定该玉器材质为玛瑙。

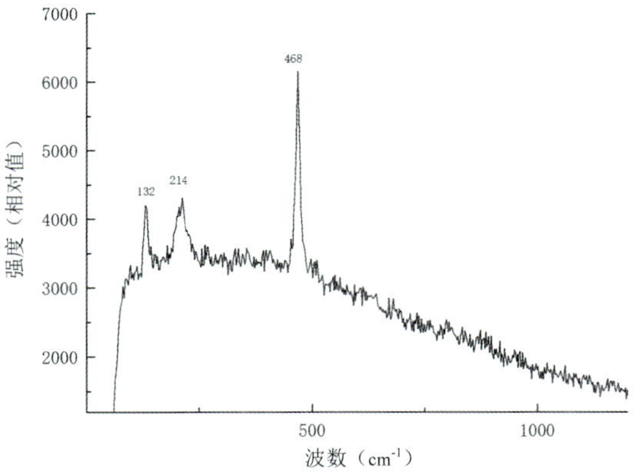


图 5.6　石英质玉玦 M1 : 34 的特征拉曼图谱

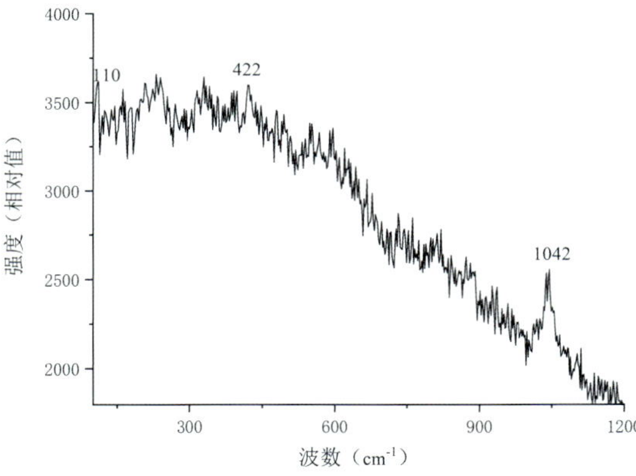


图 5.7　玉柄形器 M1 : 304 镶嵌部分的特征拉曼图谱

### 7. 绿松石质玉器

该质地玉器包括兽面形玉佩 M1 : 69 和牛面形玉佩 M1 : 70 两件，以及玉柄形器 M1 : 304 中间镶嵌部分。其拉曼特征峰主要出现于 422cm$^{-1}$ 和 1042cm$^{-1}$ 附近（图 5.7），分别归属于磷酸根基团 $(PO_4)^{3-}$ 的伸缩振动和弯曲振动[9]。这两件玉器中含 $Al_2O_3$ 35.47%—44.69%、CuO 7.23%—9.59%、$P_2O_5$ 19.48%—26.32%，与绿松石理论组分接近[10]。结合器物宏观特征，确定它们为绿松石。

## 第二节　平顶山应国墓地玉器

应国墓地[11]位于平顶山市新华区滍阳镇北滍村西一道南北向的滍阳岭上，1986 年至 1997 年、2002 年 11 月至 2007 年 7 月，河南省文物考古研究所与平顶山市文物局对其进行了长期的发掘。共发掘 500 余座古墓葬，包括两周时期的贵族墓和两汉时期的平民墓。墓地分南、中、北三区。南区是西周早期至春秋早期的应国前期贵族墓葬区，也杂有春秋晚期墓葬；中区主要是春秋晚期早段的楚国贵族墓葬区；北区是春秋晚期晚段至战国中期的应国后期贵族墓葬区。贵族墓葬多为长方形竖穴土坑墓，只有少数为“甲”字形墓。葬具一般为木质单棺单椁，个别为双棺单椁，少数为单棺。棺椁内，尤其是棺底多铺一层较厚的朱砂。随葬品多为青铜器和玉石器，也有部分陶器、釉砂珠以及少量的锡器、骨器、角器、蚌器、贝器等。较为重要的是，在一部分青铜礼器和个别铜兵器上铸有铭文。如西周早期 M231，为长方形竖穴土坑墓，墓口长 3.04—3.18 米，宽 1.9—1.98 米，墓深 1.56 米。葬具为单棺。随葬器物 2802 件（颗），可分为锡、玉、石、玛瑙、绿松石、陶、釉砂珠、蚌、海贝等类，以玉器、玛瑙器、釉砂珠和蚌器数量最多。其中玉器（含釉砂珠、石器）2257 件（颗、片），包括玉器 75 件（颗）、绿松石器 95 颗、方解石器 15 件（颗）、辉石珠 1879 颗，计有玉笄、牛首形玉佩、蚂蚱形玉佩各 1 件，鱼形玉佩 6 件，单佩联珠组合玉项饰、二璜联珠组合玉佩、黑白石珠组合项饰、二十一佩联珠组合项饰、十一佩联珠组合项饰、十列串珠组合玛瑙佩各 1 组，绿松石联珠组合项饰 2 组和玉琀（25 片，可复原为 6 件玉佩）。玉器和玛瑙器分布在棺内墓主身上及其周围。又如西周中期的 M84，为长方形竖穴土坑墓，墓口长 4 米，宽 2.65 米，墓深 1.8 米。葬具为单棺单椁。墓主为应侯爯。随葬器物 1277 件（颗），可分为铜、玉、玛瑙、绿松石、陶、瓷、釉砂珠、骨等类，以铜器为主，玉器次之。铜器有鼎、甗、盨、盘、盉、尊、卣、爵、觯等，有的铜器上铸有铭文。墓葬中出土玉器（含釉砂珠）1046 件（颗），包括礼玉 483 件（片）、佩玉 513 件（颗）、殓玉 50 件，计有玉戚、玉戈各 1 件，玉璧 2 件，玉璋（附玉、绿松石、釉砂管等缀饰）479 件，鱼形玉佩 3 件、刀形玉佩 2 件、虎形玉佩 1 件、五璜联珠组合玉佩 1 组和玉琀（50 片）。玉器和釉砂珠分布在棺内墓主身上及其周围。墓地出土了一批铸铭青铜器和玉器，为研究文献记载语焉不详的应国世系，应国与周边国家的关系，应国的政治、经济、军事、文化乃至整个周王朝的历史提供了众多实物资料，具有重大学术价值，因此应国墓地的考古发掘入选 1996 年度全国十大考古新发现。

## 一、玉器基本信息

选取西周早期至春秋早期墓葬出土的玉器（彩版三〇—彩版六六）162 件（单件玉器共 139 件，另有 4 件为组佩），器型主要包括玉璜、玉柄形器、玉佩、缀饰、玉戈和玉觿等，进行玉器材料属性及其物相结构的相关研究，依据相应结果作出材质判定。玉器基本信息见表 5.2。

### 表 5.2　平顶山应国墓地玉器基本信息

| 序号 | 编号 | 器名 | 标本号 | 色泽 | 完残情况 | 质量／克 | 尺寸／厘米 | 照片 | 时代 |
|---|---|---|---|---|---|---|---|---|---|
| 1 | HNWKV−1 | 玉璜 | M232：091 | 浅豆青色 | 略残 | 22.7 | 长 8.1、宽 2.8、厚 0.4 |  | 西周早期 |
| 2 | HNWKV−2 | 玉柄形器 | M232：0101 | 深豆青色 | 完整 | 23.6 | 长 8.0、柄端宽 2.5、厚 0.4 |  | |
| 3 | HNWKV−3 | 条形玉缀饰 | M232:0102−1 | 浅青灰色 | 完整 | 4.6 | 长 5.7、宽 0.9、厚 0.5 |  | |
| 4 | HNWKV−4 | 条形玉缀饰 | M232:0102−2 | 冰青色 | 完整 | 2 | 长 3.1、宽 0.6、厚 0.5 |  | |
| 5 | HNWKV−5 | 虎形玉佩 | M232：092 | 冰青色 | 残 | 7.9 | 残长 3.9、宽 2.6、厚 0.4 |  | |
| 6 | HNWKV−6 | 蝉形玉佩 | M232：093 | 冰青色 | 完整 | 7.2 | 长 3.9、宽 1.8、厚 0.4 |  | |

续表

| 序号 | 编号 | 器名 | 标本号 | 色泽 | 完残情况 | 质量／克 | 尺寸／厘米 | 照片 | 时代 |
|---|---|---|---|---|---|---|---|---|---|
| 7 | HNWKV-7 | 鱼形玉佩 | M232：094 | 冰青色泛白 | 完整 | 1.9 | 长 3.4、宽 1、厚 0.2 |  | |
| 8 | HNWKV-8 | 鱼形玉佩 | M232：095 | 冰青色泛白 | 完整 | 0.7 | 长 2.7、宽 0.7、厚 0.2 |  | |
| 9 | HNWKV-9 | 鱼形玉佩 | M232：096 | 鸡骨白色 | 完整 | 0.6 | 长 2.6、宽 0.7、厚 0.2 |  | |
| 10 | HNWKV-10 | 戈形玉佩 | M232：097 | 浅冰青色 | 残 | 5.6 | 残长 5.7、宽 1.5、厚 0.4 |  | |
| 11 | HNWKV-11 | 弯钩形玉佩 | M232：099 | 豆青色 | 完整 | 12.4 | 长 4.6、宽 1.6、厚 0.5 |  | |
| 12 | HNWKV-12 | 圆泡形玉佩 | M232：098 | 豆青色 | 完整 | 3.8 | 直径 1.9、厚 0.5 |  | 西周早期 |
| 13 | HNWKV-13 | 圆泡形玉佩 | M232：0107 | 黄白色 | 完整 | 0.9 | 直径 2.1、厚 0.9 |  | |
| 14 | HNWKV-14 | 鹿形玉佩 | M232：0103 | 豆青色 | 残 | 3.2 | 残高 4.3、宽 3.7、厚 0.3 |  | |
| 15 | HNWKV-15 | 刀形玉笄 | M231：17 | 豆青色 | 完整 | 12.7 | 长 8、宽 0.9、厚 0.5 |  | |
| 16 | HNWKV-16 | 鱼形玉佩 | M231：28 | 浅冰青色 | 完整 | 9.5 | 长 8.2、宽 1.9、厚 0.3 |  | |
| 17 | HNWKV-17 | 鱼形玉佩 | M231：26-1 | 黄白色 | 完整 | 1.3 | 长 3.0、宽 0.8、厚 0.3 |  | |
| 18 | HNWKV-18 | 鱼形玉佩 | M231：26-2 | 浅豆青色 | 完整 | 1.7 | 长 3.3、宽 0.8、厚 0.2 |  | |

续表

| 序号 | 编号 | 器名 | 标本号 | 色泽 | 完残情况 | 质量／克 | 尺寸／厘米 | 照片 | 时代 |
|---|---|---|---|---|---|---|---|---|---|
| 19 | HNWKV－19 | 鱼形玉佩 | M231：26－3 | 深豆青色 | 完整 | 1.4 | 长 2.9、宽 0.7、厚 0.3 |  | |
| 20 | HNWKV－20 | 鱼形玉佩 | M231：26－4 | 豆青色 | 完整 | 2.8 | 长 2.7、宽 0.9、厚 0.5 |  | |
| 21 | HNWKV－21 | 牛首形玉佩 | M231：23 | 浅冰青色 | 完整 | 9.2 | 长 3.9、宽 2.8、厚 0.4 |  | |
| 22 | HNWKV－22 | 燕形玉佩 | M231：24 | 冰青色 | 完整 | 5.3 | 长 2.2、宽 2.0、厚 0.5 |  | |
| 23 | HNWKV－23 | 蚂蚱形玉佩 | M231：25 | 冰青色 | 完整 | 2.7 | 长 1.8、宽 1.1、厚 0.5 |  | |
| 24 | HNWKV－24 | 戈形玉璜 | M230：108 | 豆青色 | 完整 | 17.4 | 长 8.9、宽 2、厚 0.4 | 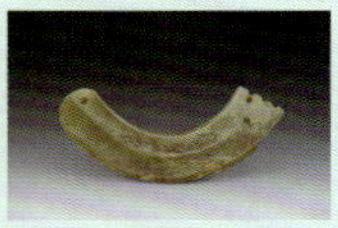 | 西周早期 |
| 25 | HNWKV－25 | 鱼形玉璜 | M230：110 | 冰青色 | 完整 | 13.7 | 长 8、宽 2.4、厚 0.32 |  | |
| 26 | HNWKV－26 | 玉柄形器 | M230：112 | 豆青色 | 完整 | 18 | 长 13.3、宽 3.3、厚 0.25 |  | |
| 27 | HNWKV－27 | 玉柄形器 | M230：116 | 深豆青色 | 完整 | 56.8 | 长 12.3、宽 2.9、厚 0.7 |  | |
| 28 | HNWKV－28 | 玉柄形器 | M230：107 | 浅冰青色 | 完整 | 41.8 | 长 12.7、宽 1.9、厚 0.7 |  | |

续表

| 序号 | 编号 | 器名 | 标本号 | 色泽 | 完残情况 | 质量／克 | 尺寸／厘米 | 照片 | 时代 |
|---|---|---|---|---|---|---|---|---|---|
| 29 | HNWKV-29 | 玉柄形器 | M230：113 | 浅豆青色 | 完整 | 23.4 | 长 8.4、宽 1.7、厚 0.7 |  | |
| 30 | HNWKV-30 | 玉柄形器 | M230：115 | 浅冰青色 | 完整 | 56.6 | 长 14.3、宽 4.2、厚 0.4 |  | |
| 31 | HNWKV-31 | 玉柄形器 | M230：121 | 豆青色 | 完整 | 24.3 | 长 9.35、宽 2.2、厚 0.6 |  | |
| 32 | HNWKV-32 | 玉柄形器 | M230：122 | 深豆青色 | 残 | 13.4 | 残长 7.9、宽 4.2、厚 0.6 |  | 西周早期 |
| 33 | HNWKV-33 | 鱼形玉佩 | M230：120 | 墨绿色 | 残 | 6.8 | 残长 9.5、宽 0.9、厚 0.4 |  | |
| 34 | HNWKV-34 | 鱼形玉佩 | M230：0142 | 冰青色 | 完整 | 3.2 | 长 4.3、宽 1.1、厚 0.35 |  | |
| 35 | HNWKV-35 | 鱼形玉佩 | M230：0143 | 鸡骨白色 | 残 | 1.6 | 残长 2.7、宽 1.6、厚 0.35 |  | |
| 36 | HNWKV-36 | 鱼形玉佩 | M230：0168 | 豆青色 | 完整 | 5.5 | 长 5、尾端宽 1.8、厚 0.42 |  | |
| 37 | HNWKV-37 | 鱼形玉佩 | M230：0109 | 冰青色 | 残 | 7.2 | 残长 8.1、宽 2.3、厚 0.2 |  | |
| 38 | HNWKV-38 | 猪首形玉佩 | M230：0162 | 鸡骨白色 | 完整 | 1.6 | 高 1.3、宽 1.25、厚 0.75 |  | |

**续表**

| 序号 | 编号 | 器名 | 标本号 | 色泽 | 完残情况 | 质量／克 | 尺寸／厘米 | 照片 | 时代 |
|---|---|---|---|---|---|---|---|---|---|
| 39 | HNWKV-39 | 鸟形玉佩 | M230∶118 | 豆青色 | 完整 | 1 | 底边长 2.4、宽 1.1、厚 0.25 |  | 西周早期 |
| 40 | HNWKV-40 | 玉戈 | M50∶32 | 深豆青色 | 断为两截 | 17.6 | 长 11.1 、援宽 2.4、厚 0.3 |  | 西周中期 |
| 41 | HNWKV-41 | 玉戈 | M50∶35 | 深豆青色 | 残 | 6.7 | 残长 5.3、援宽 2、厚 0.3 |  | |
| 42 | HNWKV-42 | 玉柄形器 | M50∶31 | 浅冰青色 | 完整 | 40.4 | 长 15.2、宽 1.4、厚 0.85 |  | |
| 43 | HNWKV-43 | 鸟形玉佩 | M50∶36 | 青黑色／豆青色 | 完整 | 5.3 | 长 6.3、宽 1.2、厚 0.4 |  | |
| 44 | HNWKV-44 | 戈式玉玱 | M50∶29 | 鸡骨白色 | 残 | 5.1 | 残长 7.2、援宽 1.5、厚 0.3 |  | |
| 45 | HNWKV-45 | 玉柄形器 | M50∶33 | 鸡骨白色 | 完整 | 8.2 | 长 6.6、宽 1.2、厚 0.6 | 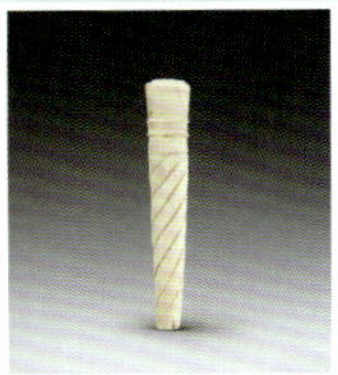 | |
| 46 | HNWKV-46 | 玉柄形器 | M50∶34 | 青白色 | 完整 | 37.1 | 长 12、宽 1.5、厚 0.9 |  | |
| 47 | HNWKV-47 | 玉戈 | M86∶0187 | 豆青色 | 残 | 6.4 | 残长 5.9、宽 1.6、厚 0.3 |  | |
| 48 | HNWKV-48 | 玉戈 | M86∶0197 | 黄褐色 | 残 | 10.7 | 残长 11、宽 2.2、厚 0.3 |  | |

**续表**

| 序号 | 编号 | 器名 | 标本号 | 色泽 | 完残情况 | 质量／克 | 尺寸／厘米 | 照片 | 时代 |
|---|---|---|---|---|---|---|---|---|---|
| 49 | HNWKV-49 | 玉柄形器 | M86 : 0186 | 冰青色 | 完整 | 38.6 | 长 11.5、宽 2.5、厚 0.3 |  | |
| 50 | HNWKV-50 | 条形玉缀饰 | M86 : 0193-1 | 冰青色 | 完整 | 1.7 | 长 4.2、宽 0.7、厚 0.3 |  | |
| 51 | HNWKV-51 | 条形玉缀饰 | M86 : 0193-2 | 冰青色 | 完整 | 1.8 | 长 1.9、宽 0.45、厚 0.8 |  | |
| 52 | HNWKV-52 | 条形玉缀饰 | M86 : 0193-3 | 冰青色 | 完整 | 2.4 | 长 2.9、宽 0.9、厚 0.4 |  | |
| 53 | HNWKV-53 | 条形玉缀饰 | M86 : 0193-4 | 冰青色 | 完整 | 0.8 | 长 2.1、宽 0.4、厚 0.2 |  | |
| 54 | HNWKV-54 | 鱼形玉佩 | M86 : 0188 | 豆青色泛青灰 | 完整 | 6.3 | 长 7.1、宽 2.1、厚 0.2 |  | 西周中期 |
| 55 | HNWKV-55 | 鱼形玉佩 | M86 : 0189 | 豆青色泛青灰 | 完整 | 2.9 | 长 5.4、宽 1.6、厚 0.15 |  | |
| 56 | HNWKV-56 | 鱼形玉佩 | M86 : 0190 | 豆青色泛青灰 | 完整 | 4 | 长 6.8、宽 1.7、厚 0.15 |  | |
| 57 | HNWKV-57 | 鱼形玉佩 | M86 : 0191 | 豆青色泛青灰 | 完整 | 3.2 | 长 5.6、宽 1.5、厚 0.15 |  | |
| 58 | HNWKV-58 | 蜗牛形玉琀 | M86 : 0194 | 冰青色 | 完整 | 2.5 | 长 2.1、宽 1.2、厚 0.6 |  | |
| 59 | HNWKV-59 | 蚕形玉琀 | M86 : 0195 | 冰青色 | 完整 | 1.6 | 长 2.7、宽 0.9、厚 0.4 |  | |

**续表**

| 序号 | 编号 | 器名 | 标本号 | 色泽 | 完残情况 | 质量／克 | 尺寸／厘米 | 照片 | 时代 |
|---|---|---|---|---|---|---|---|---|---|
| 60 | HNWKV-60 | 蝉形玉琀 | M86∶0226-1 | 豆青色 | 完整 | 0.8 | 长 1.5、宽 0.9、厚 0.4 |  | 西周中期 |
| 61 | HNWKV-61 | 扒钉形玉琀 | M86∶0228-1 | 冰青色 | 完整 | 1.1 | 高 0.8、宽 1.4、厚 0.5 | 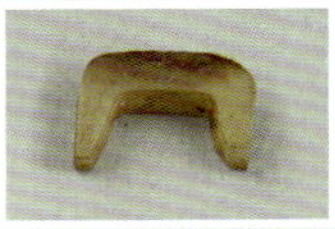 | |
| 62 | HNWKV-62 | 不规则形玉琀 | M86∶0228-3 | 冰青色 | 完整 | 0.4 | 长 1.3、宽 0.7、厚 0.2 |  | |
| 63 | YGMD-1 | 玉匕形璋 | M176∶7 | 冰青色 | 残破粘 | | 长 17.7、宽 3.9 |  | 西周晚期 |
| 64 | YGMD-2 | 玉匕形璋 | M176∶6 | 灰青色 | 破粘 | | 长 14.3、宽 2.3 |  | |
| 65 | YGMD-3 | 玉匕形璋 | M176∶4 | 豆青色 | 略残 | | 长 10.1、宽 3.3 |  | |
| 66 | YGMD-4 | 玉匕形璋 | M176∶8 | 冰青色 | 略残 | | 长 10.9、宽 3 |  | |
| 67 | YGMD-5 | 玉玦 | M176∶2 | 浅冰青色 | 完整 | | 直径 3.3 |  | |
| 68 | YGMD-6 | 玉璜 1、玉佩 6、玉珠 4、玉管 7、玛瑙珠 2 | M176∶5 | 青色 | 璜略残破 | | 长 19.4 | 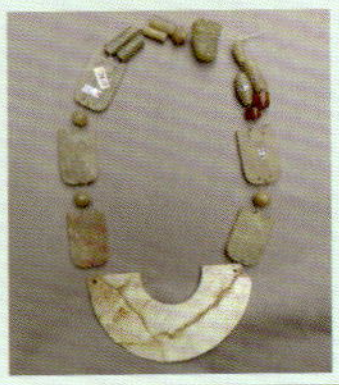 | |

**续表**

| 序号 | 编号 | 器名 | 标本号 | 色泽 | 完残情况 | 质量／克 | 尺寸／厘米 | 照片 | 时代 |
|---|---|---|---|---|---|---|---|---|---|
| 69 | YGMD-7 | 玉璜 | M76：23 | 青色 | 完整 | | 长 12.5、宽 4.1 |  | |
| 70 | YGMD-8 | 玉匕形璋 | M76：25 | 青色 | 略残破 | | 长 15.4、宽 3.4 |  | |
| 71 | YGMD-9 | 玉匕形璋 | M76：24 | 青色 | 残破粘 | | 长 14.8、宽 3.9 |  | |
| 72 | YGMD-10 | 玉匕形璋 | M76：22 | 青色 | 略残 | | 长 10.2、宽 3.8 |  | |
| 73 | YGMD-11 | 玉玦 | M76：20 | 青绿色 | 破粘 | | 直径 3.6 |  | 西周晚期 |
| 74 | YGMD-12 | 玉圭形璋 | M110：36 | 青黄色 | 略残破 | | 长 10.7、宽 3 |  | |
| 75 | YGMD-13 | 玉匕形璋 | M110：30 | 黄白色 | 破粘 | | 长 13、宽 1.4 | 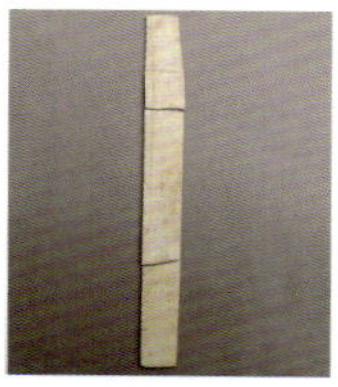 | |
| 76 | YGMD-14 | 玉玦 | M110：24 | 青色 | 完整 | | 直径 4 |  | |
| 77 | YGMD-15 | 玉玦 | M110：25 | 青色 | 完整 | | 直径 4 |  | |

**续表**

| 序号 | 编号 | 器名 | 标本号 | 色泽 | 完残情况 | 质量／克 | 尺寸／厘米 | 照片 | 时代 |
|---|---|---|---|---|---|---|---|---|---|
| 78 | YGMD-16 | 玉匕形璋 | M110∶29 | 青色 | 残 |  | 残长 7.1、宽 3.7 |  |  |
| 79 | YGMD-17 | 玉匕形璋 | M110∶33 | 青色 | 残 |  | 残长 7.4、宽 3.2 |  |  |
| 80 | YGMD-18 | 玉匕形璋 | M110∶28 | 青色 | 残 |  | 残长 8.4、宽 2.6 |  |  |
| 81 | YGMD-19 | 玉璧 | M110∶32 | 青黄色 | 略残 |  | 直径 11.1 |  |  |
| 82 | YGMD-20 | 扁玉管 | M110∶26 | 青色 | 完整 |  | 长 2.6、宽 1.2 |  | 西周晚期 |
| 83 | YGMD-21 | 扁玉管 | M110∶27 | 青色 | 完整 |  | 长 2.2、宽 1.0 |  |  |
| 84 | YGMD-28 | 玉璜 | M177∶33 | 青色 | 残 |  | 残长 11.5、宽 3.8 |  |  |
| 85 | YGMD-29 | 玉璧 | M177∶39 | 青色 | 略残 |  | 直径 11.2 |  |  |
| 86 | YGMD-30 | 玉匕形璋 | M177∶32 | 青色 | 略残 |  | 长 10.8、宽 4.2 |  |  |

**续表**

| 序号 | 编号 | 器名 | 标本号 | 色泽 | 完残情况 | 质量／克 | 尺寸／厘米 | 照片 | 时代 |
|---|---|---|---|---|---|---|---|---|---|
| 87 | YGMD-31 | 玉匕形璋 | M177∶42 | 青色 | 破粘 | | 长 13.5、宽 4.1 |  | |
| 88 | YGMD-32 | 玉匕形璋 | M177∶38 | 青黄色 | 破粘 | | 长 9.8、宽 4.5 |  | |
| 89 | YGMD-33 | 玉匕形璋 | M177∶35 | 青黄色 | 破粘 | | 长 9.2、宽 3.4 |  | |
| 90 | YGMD-34 | 玉匕形璋 | M177∶36 | 青色 | 破粘 | | 长 11.1、宽 3.5 |  | 西周晚期 |
| 91 | YGMD-35 | 玉弧形璋 | M177∶41 | 青黄色 | 破粘 | | 长 9.1、宽 3.3 |  | |
| 92 | YGMD-36 | 玉匕形璋 | M177∶37 | 青黄色 | 略残破粘 | | 长 13.3、宽 3.2 |  | |
| 93 | YGMD-37 | 玉弧形璋 | M177∶34 | 淡黄色 | 破粘 | | 长 11.4、宽 3.2 |  | |
| 94 | YGMD-38 | 玉玦 | M177∶31 | 青色 | 完整 | | 直径 3.4 |  | |

续表

| 序号 | 编号 | 器名 | 标本号 | 色泽 | 完残情况 | 质量／克 | 尺寸／厘米 | 照片 | 时代 |
|---|---|---|---|---|---|---|---|---|---|
| 95 | YGMD-39 | 玉缀饰 | M177：32 | 青色 | 破粘 | | 长 4.1、宽 1.3 |  | |
| 96 | YGMD-40 | 玉璜 | M257：32 | 青色 | 略残 | | 长 8.8、宽 3 |  | |
| 97 | YGMD-41 | 玉柄形璋 | M257：30 | 青色 | 略残 | | 长 13.5、宽 4.7 |  | |
| 98 | YGMD-42 | 玉圭形璋 | M257：12 | 青色 | 略残 | | 长 12.5、宽 5.3 |  | 西周晚期 |
| 99 | YGMD-43 | 玉圭形璋 | M257：10 | 青色 | 略残 | | 长 13.6、宽 3.6 |  | |
| 100 | YGMD-44 | 玉匕形璋 | M257：33 | 青色 | 破粘 | | 长 12.8、宽 2.6 |  | |
| 101 | YGMD-45 | 玉玦 | M31：11 | 青色 | 完整 | | 直径 5.6 |  | |
| 102 | YGMD-46 | 玉玦 | M31：10 | 青色 | 残 | | 直径 5.6 |  | |

续表

| 序号 | 编号 | 器名 | 标本号 | 色泽 | 完残情况 | 质量／克 | 尺寸／厘米 | 照片 | 时代 |
|---|---|---|---|---|---|---|---|---|---|
| 103 | YGMD–47 | 玉匕形璋 | M31 : 13 | 青色 | 残 | | 长 9、宽 3.6 |  | |
| 104 | YGMD–48 | 玉管 3、玉珠 2、扁棱珠 2 | M31 : 12 | 青色 | 完整 | | | 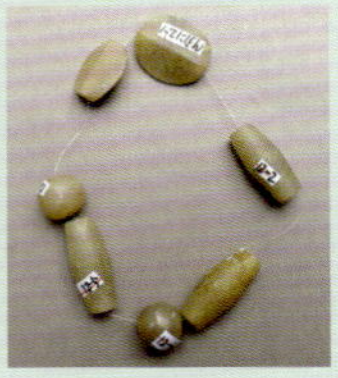 | |
| 105 | YGMD–49 | 玉匕形璋 | M269 : 16 | 青色 | 破粘 | | 长 14.5、宽 3.2 |  | |
| 106 | YGMD–50 | 玉匕形璋 | M269 : 14 | 青色 | 破粘 | | 长 12.6、宽 4.1 |  | 西周晚期 |
| 107 | YGMD–52 | 玉匕形璋 | M269 : 12 | 青色 | 残 | | 残长 10.9、宽 4.8 |  | |
| 108 | YGMD–53 | 龙形玉佩 | M269 : 10 | 青色 | 破粘 | | 直径 4.4—4.6 |  | |
| 109 | YGMD–55 | 玉匕形璋 | M71 : 19 | 青色 | 略残 | | 长 9.1、宽 2.9 |  | |
| 110 | YGMD–56 | 玉柄形璋 | M71 : 21 | 青黄色 | 残 | | 残长 9.4、宽 2.1 |  | |

续表

| 序号 | 编号 | 器名 | 标本号 | 色泽 | 完残情况 | 质量／克 | 尺寸／厘米 | 照片 | 时代 |
|---|---|---|---|---|---|---|---|---|---|
| 111 | YGMD-57 | 玉匕形璋 | M94:17 | 青色 | 完整 | | 长 10.4、宽 2.6 |  | |
| 112 | YGMD-58 | 玉匕形璋 | M94:18 | 青色 | 破粘 | | 长 10.8、宽 2.8 |  | |
| 113 | YGMD-59 | 玉匕形璋 | M94:19 | 青色 | 残 | | 残长 10.5、宽 3.5 |  | |
| 114 | YGMD-60 | 玉璜 | M111:6 | 青色 | 完整 | | 长 7.6、宽 2.1 |  | |
| 115 | YGMD-62 | 玉匕形璋 | M111:7 | 青色 | 破粘 | | 长 10、宽 4.6 |  | 西周晚期 |
| 116 | YGMD-63 | 玉琀 | M111:9 | 青色 | 残 | | 残长 3.6、残宽 1.7 |  | |
| 117 | YGMD-64 | 玉匕形璋 | M109:7 | 青色 | 残 | | 长 11.8、宽 4 |  | |
| 118 | YGMD-65 | 玉匕形璋 | M109:8 | 青色 | 破粘 | | 长 8.8、宽 2.9 |  | |

**续表**

| 序号 | 编号 | 器名 | 标本号 | 色泽 | 完残情况 | 质量／克 | 尺寸／厘米 | 照片 | 时代 |
|---|---|---|---|---|---|---|---|---|---|
| 119 | YGMD-66 | 玉匕形璋 | M109:6 | 青色 | 残 | | 残长 8.7、宽 3.6 |  | 西周晚期 |
| 120 | YGMD-67 | 玉柄形璋 | M178:34 | 青色 | 残 | | 残长 10.1、宽 2.6 |  | |
| 121 | YGMD-68 | 玉匕形璋 | M178:35 | 青色 | 破粘 | | 长 14.7、宽 3.1 |  | |
| 122 | YGMD-69 | 玉铲 | M178:31 | 深青色 | 残 | | 残长 6.8、宽 3.2 |  | |
| 123 | YGMD-70 | 玉玦 | M178:33 | 青色 | 完整 | | 直径 4.7 |  | |
| 124 | YGMD-72 | 璜形佩 1、玉贝 2、玉管 12、玉珠 11 | M178:30 | 青色 | 全完整 | | 长 20.8、宽 16.8 | 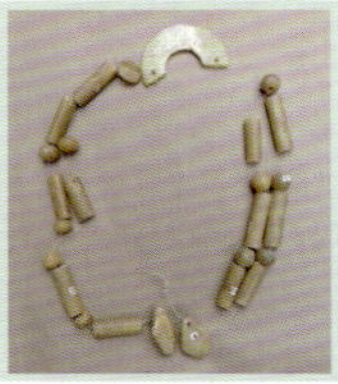 | |
| 125 | YGMD-81 | 玉管 16、玉珠 30、玛瑙珠 6、绿松石 11 | M254:7 | 青、红色 | 全完整 | | 长 38、宽 5.1 |  | |
| 126 | YGMD-22 | 玉玦 | M7:61 | 青色 | 完整 | | 直径 4.8 |  | 春秋早期 |
| 127 | YGMD-23 | 玉玦 | M7:62 | 冰青色 | 完整 | | 直径 3 |  | |

**续表**

| 序号 | 编号 | 器名 | 标本号 | 色泽 | 完残情况 | 质量／克 | 尺寸／厘米 | 照片 | 时代 |
|---|---|---|---|---|---|---|---|---|---|
| 128 | YGMD-24 | 玉坠 | M7:79 | 冰青色 | 完整 | | 长 7.8、宽 1.1 |  | |
| 129 | YGMD-25 | 玉束发器 | M7:67 | 淡青色 | 残 | | 长 6.7、宽 2.5 | 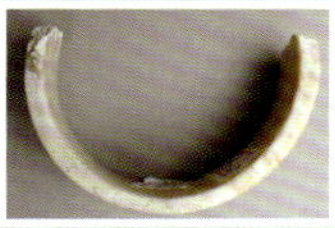 | |
| 130 | YGMD-26 | 玉贝 | M7:2-1 | 淡青色 | 完整 | | 长 3.6、宽 2.1 |  | |
| 131 | YGMD-27 | 口含玉碎块 | M7:65 | 冰青色 | 残块 | | |  | |
| 132 | YGMD-73 | 玉匕形璋 | M8:97 | 黄白色 | 完整 | | 长 14.2、宽 2.9 |  | 春秋早期 |
| 133 | YGMD-74 | 玉匕形璋 | M8:92 | 青色 | 残 | | 残长 12.5、宽 3.7 |  | |
| 134 | YGMD-75 | 玉匕形璋 | M8:5 | 青色 | 完整 | | 长 10.3、宽 1.7 |  | |
| 135 | YGMD-76 | 虎形玉佩 | M8:94 | 青色 | 略残粘 | | 长 7.1、宽 3.1 |  | |
| 136 | YGMD-77 | 虎形玉佩 | M8:95 | 青色 | 破粘 | | 长 8.1、宽 2.9 |  | |
| 137 | YGMD-78 | 玉玦 | M9:23 | 黄白色 | 完整 | | 直径 3.8 |  | |

续表

| 序号 | 编号 | 器名 | 标本号 | 色泽 | 完残情况 | 质量／克 | 尺寸／厘米 | 照片 | 时代 |
|---|---|---|---|---|---|---|---|---|---|
| 138 | YGMD-79 | 凿形握玉 | M9∶32 | 青色 | 完整 | | 长 6.8、宽 2.1 |  | 春秋早期 |
| 139 | YGMD-80 | 玉管 9、玉珠 10、绿松石 8 | M9∶28 | 青色 | 完整 | | 直径 15.2 |  | |

## 二、材质判定

对这些玉器进行了 pXRF 和拉曼光谱测定，其中 4 件玉器 YGMD-6、YGMD-72、YGMD-80 和 YGMD-81 为包含多件玉饰的组佩。pXRF 测试玉器共 162 件，相关化学成分分析结果见表 5.3。综合化学成分和组成物相分析结果可以确定，这批玉器材质主要组成矿物包括透闪石-阳起石（软玉）、白云母、绿松石、蛇纹石、方解石、滑石、孔雀石以及石英等 8 种。

### 1. 透闪石-阳起石质玉器

该质地玉器有 102 件，其主要化学成分 MgO、$SiO_2$ 和 CaO 的含量范围分别为 15.41%—25.22%、56.17%—63.07%、11.85%—16.52%，与透闪石的主要化学成分一致。其中，玉器 HNWKV-33、HNWKV-40、YGMD-38 和 YGMD-69 中微量元素 Cr、Ni 的含量较高，分别为 332 μg/g—1287 μg/g 和 529 μg/g—1368 μg/g；$Fe_2O_3$ 的含量也较高，为 2.52%—10.25%。它们属于 S 型软玉，主要是由镁橄榄石与中低温热液交代作用形成蛇纹石，此蛇纹石再与围岩（大理石或白云石）接触交代蚀变形成。其余透闪石-阳起石质玉器中 Cr 和 Ni 含量较低，属于 D 型软玉，主要由花岗闪长岩侵入体和白云石大理岩在应力条件下接触交代作用生成，形成温度为 300℃—340℃，矿体一般产于外接触带，主要位于透辉石带以外的透闪石化白云石大理岩中[12]。图 5.8 为这一类玉器的典型拉曼图谱（HNWKV-1），从图中可以看到氢氧根O-H拉伸振动峰（3670cm$^{-1}$）、Si-O$_{br}$-Si的反对称伸缩振动峰（1056cm$^{-1}$）、硅氧四面体链中Si-O$_{br}$-Si的完全对称伸缩振动峰（669cm$^{-1}$）以及O-H-O基团晶格振动峰（218cm$^{-1}$）。

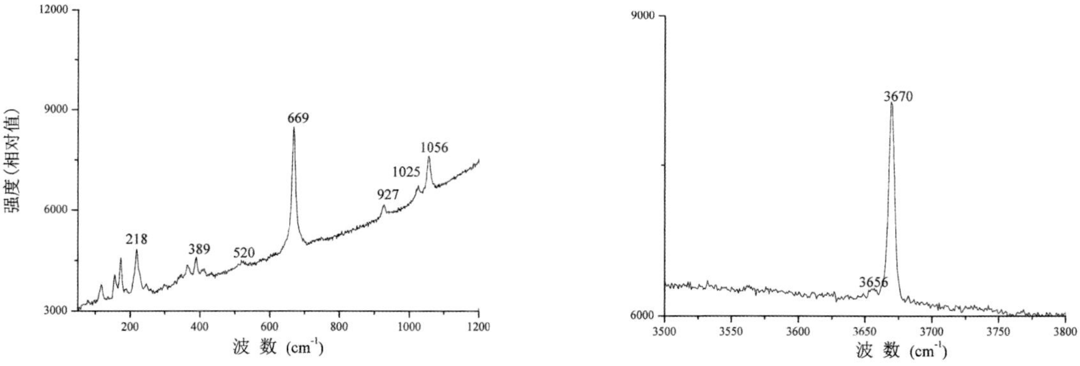


a. 低波数范围（50cm$^{-1}$—1200cm$^{-1}$）　　b. 高波数范围（3500cm$^{-1}$—3800cm$^{-1}$）

图 5.8　透闪石－阳起石质玉璜 HNWKV-1 的特征拉曼图谱

2. 白云母质玉器

该质地玉器有46件。其$SiO_2$的含量为44.35%—50.06%，$Al_2O_3$的含量为29.47%—36.75%，$K_2O$的含量为12.53%—14.48%，$Fe_2O_3$的含量为0.33%—4.19%。图5.9为玉戈HNWKV-47的特征拉曼图谱，主要拉曼特征峰分布在95cm$^{-1}$、190cm$^{-1}$、256cm$^{-1}$、405cm$^{-1}$、698cm$^{-1}$和3617cm$^{-1}$附近。其中95cm$^{-1}$、190cm$^{-1}$和256cm$^{-1}$三个振动峰是由$MO_6$八面体内部振动引起的，405cm$^{-1}$处的振动峰是由OH振动和Si-O振动叠加后产生的，698cm$^{-1}$处的振动峰则是由Si-O-Si振动引起的，3617cm$^{-1}$附近的中强峰归属于OH拉伸振动。综合化学成分和拉曼光谱分析结果，判断46件玉器为白云母质。

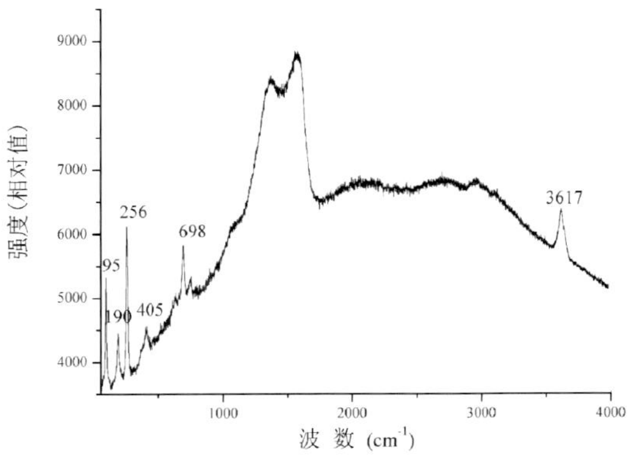


图 5.9　白云母质玉戈 HNWKV-47 的特征拉曼图谱

## 表 5.3 平顶山应国墓地玉器化学

| 实验编号 | $Na_2O$ | $MgO$ | $Al_2O_3$ | $SiO_2$ | $P_2O_5$ | $K_2O$ | $CaO$ | $TiO_2$ | $Fe_2O_3$ | $CuO$ |
|---|---|---|---|---|---|---|---|---|---|---|
| | wt.% | | | | | | | | | |
| HNWKV-1 | 0.46 | 22.54 | 2.64 | 60.95 | n.d.[1] | 0.18 | 12.35 | n.d. | 0.87 | T[2] |
| HNWKV-2 | 0.76 | 23.28 | 1.49 | 60.56 | n.d. | 0.08 | 12.62 | n.d. | 1.21 | T |
| HNWKV-3 | 0.08 | 21.09 | 2.74 | 59.91 | n.d. | 0.34 | 14.26 | n.d. | 1.58 | T |
| HNWKV-4 | n.d. | 22.66 | 2.42 | 60.59 | n.d. | 0.27 | 13.48 | n.d. | 0.58 | T |
| HNWKV-5 | 0.04 | 22.28 | 2.46 | 59.57 | n.d. | 0.23 | 13.46 | 0.22 | 1.74 | T |
| HNWKV-6 | n.d. | 22.75 | 1.78 | 60.20 | n.d. | 0.20 | 14.38 | n.d. | 0.69 | T |
| HNWKV-7 | 0.37 | 24.20 | 1.42 | 59.91 | n.d. | 0.15 | 13.28 | n.d. | 0.68 | T |
| HNWKV-8 | n.d. | 23.33 | 1.64 | 60.66 | n.d. | 0.25 | 13.33 | n.d. | 0.79 | T |
| HNWKV-9 | 0.52 | 24.22 | 1.92 | 60.00 | n.d. | 0.11 | 12.61 | n.d. | 0.59 | T |
| HNWKV-10 | n.d. | 23.22 | 1.85 | 60.44 | n.d. | 0.19 | 13.93 | n.d. | 0.37 | T |
| HNWKV-11 | 0.45 | 24.34 | 1.42 | 60.01 | n.d. | 0.13 | 13.06 | n.d. | 0.60 | T |
| HNWKV-12 | 0.68 | 24.23 | 1.61 | 59.48 | n.d. | 0.14 | 13.07 | n.d. | 0.80 | T |
| HNWKV-13 | n.d. | 1.00 | 0.37 | 2.99 | n.d. | 0.56 | 4.83 | n.d. | 0.25 | 90.01 |
| HNWKV-14 | n.d. | 18.35 | 3.47 | 59.75 | 0.17 | 0.31 | 13.66 | n.d. | 4.29 | T |
| HNWKV-15 | 0.19 | 22.45 | 1.11 | 60.20 | n.d. | 0.28 | 14.07 | n.d. | 1.69 | T |
| HNWKV-16 | 0.54 | 24.94 | 1.17 | 59.69 | n.d. | 0.07 | 13.20 | n.d. | 0.39 | T |
| HNWKV-17 | 0.01 | 23.89 | 1.79 | 60.39 | 0.17 | 0.20 | 13.19 | n.d. | 0.35 | T |
| HNWKV-18 | 0.64 | 24.63 | 1.20 | 59.3 | n.d. | 0.11 | 13.43 | n.d. | 0.69 | T |

## 成分 pXRF 测试结果及主要物相信息

| Cr | Mn | Ni | Cu | Zn | Rb | Sr | Pb | 可能物相 |
|---|---|---|---|---|---|---|---|---|
| μg/g | | | | | | | | |
| 205 | 311 | 38 | 151 | 91 | 5 | 6 | 52 | 透闪石 |
| 166 | 736 | 13 | 407 | 95 | n.d. | 7 | 26 | 透闪石 |
| 241 | 501 | 5 | 66 | 199 | 5 | 22 | 45 | 透闪石 |
| 223 | 302 | 38 | 149 | 177 | n.d. | 8 | 29 | 透闪石 |
| 227 | 472 | 20 | 407 | 106 | n.d. | 10 | 50 | 透闪石 |
| 197 | 186 | 21 | 664 | 11 | n.d. | 7 | 27 | 透闪石 |
| 292 | 1557 | 39 | 138 | 69 | 6 | 12 | 35 | 透闪石 |
| 121 | 287 | 13 | 357 | 28 | 4 | 7 | 27 | 透闪石 |
| 324 | 226 | 32 | 1197 | 28 | 3 | 6 | 45 | 透闪石 |
| 232 | 184 | 19 | 693 | 48 | n.d. | 29 | 25 | 透闪石 |
| 305 | 396 | 43 | 558 | 29 | n.d. | 13 | 61 | 透闪石 |
| 146 | 448 | 12 | 48 | 46 | n.d. | 10 | 40 | 透闪石 |
| 86 | n.d. | 22 | M[3] | n.d. | n.d. | n.d. | 37 | 孔雀石 |
| 183 | 4578 | 17 | 313 | 95 | n.d. | 15 | 24 | 透闪石 |
| 124 | 1264 | 13 | 86 | 231 | n.d. | 35 | 36 | 透闪石 |
| 213 | 264 | 26 | 33 | 194 | 6 | 9 | 24 | 透闪石 |
| 277 | n.d. | 62 | 32 | 230 | 4 | 16 | 6 | 透闪石 |
| 259 | 317 | 12 | 59 | 114 | n.d. | 11 | 12 | 透闪石 |

| 实验编号 | $Na_2O$ | $MgO$ | $Al_2O_3$ | $SiO_2$ | $P_2O_5$ | $K_2O$ | $CaO$ | $TiO_2$ | $Fe_2O_3$ | $CuO$ |
|---|---|---|---|---|---|---|---|---|---|---|
| | wt.% | | | | | | | | | |
| HNWKV-19 | 0.33 | 23.83 | 2.22 | 58.55 | n.d. | 0.12 | 13.19 | n.d. | 1.76 | T |
| HNWKV-20 | 0.80 | 24.95 | 1.20 | 59.51 | n.d. | 0.09 | 13.05 | n.d. | 0.42 | T |
| HNWKV-21 | 0.06 | 23.31 | 1.20 | 60.02 | 0.45 | 0.26 | 14.05 | n.d. | 0.64 | T |
| HNWKV-22 | 0.54 | 24.81 | 1.20 | 59.83 | n.d. | 0.13 | 13.05 | n.d. | 0.45 | T |
| HNWKV-23 | 0.87 | 24.74 | 1.26 | 59.18 | n.d. | 0.18 | 13.3 | n.d. | 0.46 | T |
| HNWKV-24 | 0.42 | 23.60 | 1.24 | 59.61 | n.d. | 0.12 | 13.33 | n.d. | 1.68 | T |
| HNWKV-25 | 0.25 | 24.15 | 1.39 | 60.22 | n.d. | 0.12 | 13.19 | n.d. | 0.68 | T |
| HNWKV-26 | 0.18 | 23.47 | 1.65 | 59.97 | n.d. | 0.12 | 13.47 | n.d. | 1.15 | T |
| HNWKV-27 | 0.76 | 22.63 | 1.38 | 59.66 | n.d. | 0.17 | 13.77 | n.d. | 1.63 | T |
| HNWKV-28 | 0.43 | 23.29 | 1.49 | 59.78 | n.d. | 0.08 | 13.78 | n.d. | 1.14 | T |
| HNWKV-29 | 0.62 | 24.88 | 1.43 | 59.37 | n.d. | 0.06 | 12.77 | n.d. | 0.87 | T |
| HNWKV-30 | 0.48 | 25.07 | 1.45 | 59.65 | n.d. | 0.12 | 12.95 | n.d. | 0.27 | T |
| HNWKV-31 | 0.55 | 25.22 | 1.09 | 59.91 | n.d. | 0.20 | 12.44 | n.d. | 0.58 | T |
| HNWKV-32 | n.d. | 22.78 | 1.39 | 60.71 | n.d. | 0.16 | 13.48 | n.d. | 1.47 | T |
| HNWKV-33 | 0.25 | 18.56 | 1.75 | 58.77 | n.d. | 0.20 | 13.6 | n.d. | 6.86 | T |
| HNWKV-34 | 0.60 | 24.22 | 1.99 | 58.66 | n.d. | 0.10 | 13.32 | n.d. | 1.11 | T |
| HNWKV-35 | n.d. | 20.72 | 2.35 | 60.20 | 1.04 | 0.21 | 14.91 | n.d. | 0.58 | T |
| HNWKV-36 | 0.03 | 23.55 | 1.43 | 60.34 | n.d. | 0.14 | 13.4 | 0.03 | 1.06 | T |

续表

| Cr | Mn | Ni | Cu | Zn | Rb | Sr | Pb | 可能物相 |
|---|---|---|---|---|---|---|---|---|
| μg/g | | | | | | | | |
| 194 | 832 | 5 | 26 | 139 | n.d. | 7 | 15 | 透闪石 |
| 265 | 257 | 23 | n.d. | 78 | n.d. | 8 | 11 | 透闪石 |
| 303 | 312 | 40 | n.d. | 56 | 4 | 10 | 14 | 透闪石 |
| 261 | 227 | 23 | 49 | 30 | n.d. | 9 | 21 | 透闪石 |
| 300 | 178 | 36 | 21 | 157 | 8 | 34 | n.d. | 透闪石 |
| 152 | 1025 | 5 | 522 | 89 | 6 | 9 | 51 | 透闪石 |
| 275 | 296 | 35 | 344 | 62 | 8 | 10 | 28 | 透闪石 |
| 280 | 400 | 39 | 41 | 82 | 3 | 5 | 31 | 透闪石 |
| 181 | 532 | 7 | 141 | 134 | 5 | 9 | 37 | 透闪石 |
| 252 | 498 | 15 | 114 | 73 | n.d. | 4 | 46 | 透闪石 |
| 221 | 323 | 26 | 74 | 72 | 3 | 8 | 21 | 透闪石 |
| 284 | 161 | 37 | 49 | 26 | 5 | 6 | 37 | 透闪石 |
| 211 | 150 | 24 | 142 | 175 | n.d. | 24 | 30 | 透闪石 |
| 206 | 1330 | n.d. | 766 | 205 | 6 | 19 | 34 | 透闪石 |
| 843 | 1432 | 529 | 415 | 107 | n.d. | 6 | 50 | 透闪石 |
| 184 | 432 | 17 | 177 | 56 | n.d. | n.d. | n.d. | 透闪石 |
| 294 | 476 | 46 | 287 | 171 | n.d. | 7 | 43 | 透闪石 |
| 180 | 908 | n.d. | 357 | 117 | n.d. | 9 | 43 | 透闪石 |

| 实验编号 | $Na_2O$ | MgO | $Al_2O_3$ | $SiO_2$ | $P_2O_5$ | $K_2O$ | CaO | $TiO_2$ | $Fe_2O_3$ | CuO |
|---|---|---|---|---|---|---|---|---|---|---|
| | wt.% | | | | | | | | | |
| HNWKV-37 | 0.89 | 24.52 | 1.19 | 59.48 | n.d. | 0.10 | 12.93 | n.d. | 0.90 | T |
| HNWKV-38 | n.d. | 22.05 | 1.49 | 61.17 | n.d. | 0.39 | 14.59 | n.d. | 0.31 | T |
| HNWKV-39 | n.d. | 22.44 | 1.89 | 60.66 | n.d. | 0.27 | 13.97 | n.d. | 0.78 | T |
| HNWKV-40 | 0.55 | 20.02 | 1.37 | 58.47 | n.d. | 0.04 | 13.47 | n.d. | 6.08 | T |
| HNWKV-41 | n.d. | 1.94 | 32.88 | 46.15 | n.d. | 14.22 | 2.11 | 0.14 | 2.57 | T |
| HNWKV-42 | 0.28 | 21.97 | 1.43 | 62.14 | n.d. | 0.15 | 13.17 | n.d. | 0.87 | T |
| HNWKV-43 | 0.48 | 24.11 | 1.26 | 60.04 | n.d. | 0.12 | 13.34 | n.d. | 0.64 | T |
| HNWKV-44 | 1.20 | 41.64 | 0.89 | 46.50 | n.d. | 0.07 | 1.57 | n.d. | 8.13 | T |
| HNWKV-45 | 0.74 | 24.38 | 0.80 | 59.93 | n.d. | 0.07 | 13.43 | n.d. | 0.65 | T |
| HNWKV-46 | 0.10 | 23.50 | 1.79 | 59.98 | n.d. | 0.15 | 13.74 | n.d. | 0.74 | T |
| HNWKV-47 | n.d. | 1.77 | 29.47 | 47.48 | n.d. | 14.26 | 2.69 | 0.13 | 4.19 | T |
| HNWKV-48 | n.d. | 19.50 | 1.86 | 63.07 | n.d. | 0.25 | 14.54 | 0.04 | 0.74 | T |
| HNWKV-49 | n.d. | 22.39 | 2.81 | 59.69 | 0.51 | 0.17 | 13.48 | n.d. | 0.95 | T |
| HNWKV-50 | n.d. | 17.60 | 3.32 | 62.02 | n.d. | 0.46 | 15.03 | 0.07 | 1.49 | T |
| HNWKV-51 | n.d. | 20.34 | 3.02 | 60.90 | n.d. | 0.38 | 13.70 | n.d. | 1.67 | T |
| HNWKV-52 | n.d. | 19.94 | 2.19 | 61.10 | n.d. | 0.31 | 15.25 | 0.02 | 1.19 | T |
| HNWKV-53 | n.d. | 20.93 | 2.35 | 61.66 | n.d. | 0.18 | 13.89 | 0.01 | 0.98 | T |
| HNWKV-54 | n.d. | 17.73 | 2.98 | 62.15 | 0.43 | 0.32 | 14.56 | n.d. | 1.82 | T |

续表

| Cr | Mn | Ni | Cu | Zn | Rb | Sr | Pb | 可能物相 |
|---|---|---|---|---|---|---|---|---|
| μg/g | | | | | | | | |
| 268 | 510 | n.d. | 164 | 62 | n.d. | 10 | 27 | 透闪石 |
| 251 | 214 | 46 | 920 | 137 | n.d. | 67 | 100 | 透闪石 |
| 280 | 260 | 42 | 113 | 113 | n.d. | 8 | 14 | 透闪石 |
| 986 | 1165 | 1368 | 70 | 29 | n.d. | 26 | 26 | 透闪石 |
| 157 | 241 | 66 | 115 | 57 | 369 | 38 | n.d. | 白云母 |
| 321 | 434 | 12 | 25 | 34 | n.d. | 5 | 41 | 透闪石 |
| 253 | 320 | 14 | 98 | 42 | n.d. | 6 | 38 | 透闪石 |
| 1036 | 1461 | 2599 | 205 | 166 | n.d. | n.d. | 100 | 蛇纹石 |
| 284 | 2066 | 23 | 33 | 92 | n.d. | 5 | 24 | 透闪石 |
| 336 | 1280 | n.d. | 135 | 145 | n.d. | 6 | 14 | 透闪石 |
| n.d. | 212 | 8 | 678 | 116 | 361 | 56 | 17 | 白云母 |
| 235 | 670 | 14 | 5052 | n.d. | n.d. | 52 | 7 | 透闪石 |
| 173 | 360 | 16 | 1476 | 192 | n.d. | 8 | 20 | 透闪石 |
| 112 | 309 | 13 | 923 | 12 | n.d. | 9 | 10 | 透闪石 |
| 125 | 820 | 23 | 824 | 109 | n.d. | 9 | n.d. | 透闪石 |
| 179 | 269 | 9 | 1250 | 31 | 7 | 10 | 14 | 透闪石 |
| 173 | 342 | 26 | 2719 | 12 | n.d. | 8 | 7 | 透闪石 |
| 23 | 1654 | 6 | 3879 | 80 | n.d. | 19 | 29 | 透闪石 |

| 实验编号 | $Na_2O$ | MgO | $Al_2O_3$ | $SiO_2$ | $P_2O_5$ | $K_2O$ | CaO | $TiO_2$ | $Fe_2O_3$ | CuO |
|---|---|---|---|---|---|---|---|---|---|---|
| | wt.% | | | | | | | | | |
| HNWKV-55 | n.d. | 20.41 | 1.85 | 61.97 | 0.15 | 0.20 | 13.77 | n.d. | 1.65 | T |
| HNWKV-56 | n.d. | 20.70 | 1.44 | 61.80 | 0.30 | 0.17 | 13.89 | n.d. | 1.69 | T |
| HNWKV-57 | n.d. | 21.42 | 1.36 | 61.76 | n.d. | 0.16 | 13.68 | n.d. | 1.62 | T |
| HNWKV-58 | n.d. | 20.76 | 2.25 | 62.36 | n.d. | 0.40 | 13.50 | n.d. | 0.73 | T |
| HNWKV-59 | n.d. | 22.03 | 1.82 | 61.23 | 0.17 | 0.22 | 13.47 | n.d. | 1.05 | T |
| HNWKV-60 | 0.38 | 0.71 | 3.50 | 91.19 | n.d. | 1.23 | 2.58 | n.d. | 0.42 | T |
| HNWKV-61 | n.d. | 22.67 | 1.42 | 60.97 | 0.23 | 0.12 | 13.64 | n.d. | 0.94 | T |
| HNWKV-62 | n.d. | 19.35 | 1.46 | 61.08 | 0.30 | 0.18 | 14.11 | n.d. | 3.52 | T |
| YGMD-1 | n.d. | 3.54 | 36.02 | 46.01 | n.d. | 13.05 | 0.75 | n.d. | 0.62 | T |
| YGMD-2 | 1.32 | 22.33 | 1.53 | 60.90 | 0.03 | 0.12 | 13.17 | n.d. | 0.60 | T |
| YGMD-3 | n.d. | 4.77 | 34.56 | 44.35 | n.d. | 13.22 | 0.65 | n.d. | 2.45 | T |
| YGMD-4 | 1.42 | 22.30 | 1.68 | 61.17 | n.d. | 0.13 | 12.50 | n.d. | 0.79 | T |
| YGMD-5 | n.d. | 1.35 | 35.94 | 47.07 | n.d. | 14.08 | 1.10 | n.d. | 0.46 | T |
| YGMD-6-1 | 3.22 | 22.84 | 1.44 | 59.13 | n.d. | 0.11 | 12.15 | n.d. | 1.12 | T |
| YGMD-6-2 | n.d. | 3.14 | 34.34 | 46.85 | n.d. | 14.13 | 0.85 | n.d. | 0.69 | T |
| YGMD-6-9 | n.d. | 4.59 | 33.43 | 47.39 | n.d. | 13.02 | 0.83 | n.d. | 0.74 | T |
| YGMD-6-10 | 0.10 | 4.31 | 33.58 | 47.68 | n.d. | 12.53 | 0.90 | n.d. | 0.89 | T |
| YGMD-6-12 | n.d. | 4.04 | 32.33 | 48.79 | n.d. | 13.18 | 1.01 | n.d. | 0.64 | T |

续表

| Cr | Mn | Ni | Cu | Zn | Rb | Sr | Pb | 可能物相 |
|---|---|---|---|---|---|---|---|---|
| μg/g | | | | | | | | |
| 211 | 1777 | n.d. | 3889 | 17 | n.d. | 13 | 45 | 透闪石 |
| 206 | 1717 | 20 | 4473 | 43 | n.d. | 17 | 100 | 透闪石 |
| 121 | 1840 | 20 | 3935 | 24 | n.d. | 14 | 38 | 透闪石 |
| 159 | 325 | n.d. | 345 | 79 | n.d. | 10 | 42 | 透闪石 |
| 187 | 506 | 29 | 1190 | 92 | n.d. | 8 | 16 | 透闪石 |
| 277 | n.d. | 135 | 1952 | 87 | n.d. | 7 | 34 | 石英 |
| 261 | 163 | 18 | 1505 | 170 | n.d. | 24 | 36 | 透闪石 |
| 125 | 1102 | 291 | 1326 | n.d. | n.d. | 6 | 60 | 透闪石 |
| n.d. | n.d. | 34 | 24 | 165 | 311 | 60 | n.d. | 白云母 |
| 193 | 161 | 20 | 61 | 39 | n.d. | 9 | 13 | 透闪石 |
| n.d. | n.d. | 46 | 74 | 60 | 193 | 91 | 8 | 白云母 |
| 156 | 351 | 19 | 67 | 117 | n.d. | 9 | 6 | 透闪石 |
| n.d. | 217 | 35 | 52 | 151 | 309 | 96 | 35 | 白云母 |
| 206 | 284 | 10 | 88 | 199 | n.d. | 7 | 5 | 透闪石 |
| n.d. | n.d. | 51 | 48 | 114 | 228 | 22 | n.d. | 白云母 |
| n.d. | n.d. | 6 | n.d. | 122 | 199 | 38 | n.d. | 白云母 |
| n.d. | n.d. | 48 | 69 | 52 | 225 | 105 | 3 | 白云母 |
| n.d. | n.d. | 10 | 35 | 150 | 237 | 33 | 5 | 白云母 |

| 实验编号 | $Na_2O$ | MgO | $Al_2O_3$ | $SiO_2$ | $P_2O_5$ | $K_2O$ | CaO | $TiO_2$ | $Fe_2O_3$ | CuO |
|---|---|---|---|---|---|---|---|---|---|---|
| | wt.% | | | | | | | | | |
| YGMD-6-11 | 0.08 | 3.88 | 33.38 | 47.73 | n.d. | 12.93 | 0.98 | n.d. | 1.01 | T |
| YGMD-7 | n.d. | 23.90 | 4.01 | 57.91 | n.d. | 0.05 | 12.31 | n.d. | 1.82 | T |
| YGMD-8 | n.d. | 1.32 | 36.38 | 47.30 | n.d. | 13.25 | 1.08 | n.d. | 0.66 | T |
| YGMD-9 | n.d. | 3.62 | 35.70 | 46.21 | n.d. | 12.92 | 0.79 | n.d. | 0.76 | T |
| YGMD-10 | 3.02 | 43.84 | 2.21 | 47.34 | n.d. | 0.18 | 0.49 | n.d. | 2.93 | T |
| YGMD-11 | 0.13 | 21.52 | 1.11 | 62.42 | n.d. | 0.07 | 13.44 | n.d. | 1.31 | T |
| YGMD-12 | 1.20 | 32.34 | 1.09 | 64.12 | 0.17 | 0.27 | 0.34 | n.d. | 0.47 | T |
| YGMD-13 | 1.67 | 23.60 | 0.85 | 61.22 | 0.23 | 0.13 | 11.85 | n.d. | 0.46 | T |
| YGMD-14 | n.d. | 1.41 | 36.42 | 46.97 | n.d. | 13.34 | 1.05 | n.d. | 0.80 | T |
| YGMD-15 | n.d. | 1.34 | 35.34 | 48.04 | 0.07 | 13.10 | 1.15 | n.d. | 0.97 | T |
| YGMD-16 | 0.59 | 20.75 | 2.54 | 60.79 | 0.08 | 0.25 | 12.12 | n.d. | 2.88 | T |
| YGMD-17 | n.d. | 1.44 | 34.94 | 48.01 | n.d. | 12.88 | 1.05 | n.d. | 1.68 | T |
| YGMD-18 | n.d. | 1.22 | 36.75 | 46.97 | n.d. | 13.55 | 1.12 | n.d. | 0.38 | T |
| YGMD-19 | 0.99 | 23.16 | 1.08 | 61.05 | 0.28 | 0.05 | 12.36 | n.d. | 1.03 | T |
| YGMD-20 | n.d. | 1.67 | 33.02 | 49.48 | 0.18 | 12.59 | 1.33 | n.d. | 1.73 | T |
| YGMD-21 | n.d. | 1.86 | 31.65 | 49.63 | 0.45 | 13.07 | 1.45 | n.d. | 1.89 | T |
| YGMD-28 | 0.98 | 22.59 | 1.62 | 60.51 | 0.52 | 0.08 | 12.23 | n.d. | 1.48 | T |
| YGMD-29 | 0.70 | 20.67 | 1.41 | 61.24 | 0.14 | 0.18 | 13.35 | n.d. | 2.32 | T |

续表

| Cr | Mn | Ni | Cu | Zn | Rb | Sr | Pb | 可能物相 |
| --- | --- | --- | --- | --- | --- | --- | --- | --- |
| μg/g | | | | | | | | |
| n.d. | 164 | 40 | 108 | 66 | 229 | 37 | n.d. | 白云母 |
| n.d. | n.d. | 5 | 43 | 73 | 6 | 8 | 18 | 透闪石 |
| n.d. | 369 | 32 | 65 | 56 | 396 | 59 | 14 | 白云母 |
| n.d. | n.d. | 53 | 99 | 50 | 318 | 44 | n.d. | 白云母 |
| 1305 | 549 | 1219 | 26 | 84 | n.d. | n.d. | 27 | 蛇纹石 |
| 116 | 388 | 21 | 69 | 272 | n.d. | 6 | 31 | 透闪石 |
| n.d. | 103 | 129 | 15 | 94 | n.d. | 3 | 11 | 滑石 |
| 227 | 354 | 24 | 61 | 96 | n.d. | 11 | 9 | 透闪石 |
| 3 | n.d. | 72 | 108 | 34 | 278 | 131 | 13 | 白云母 |
| 9 | 196 | 50 | 54 | 58 | 332 | 112 | n.d. | 白云母 |
| 160 | 1109 | 52 | 272 | 229 | 18 | 6 | 17 | 透闪石 |
| n.d. | 150 | 34 | 97 | 36 | 397 | 120 | n.d. | 白云母 |
| n.d. | 107 | 18 | 50 | 159 | 277 | 53 | 15 | 白云母 |
| 243 | 421 | 33 | 35 | 62 | 6 | 8 | 39 | 透闪石 |
| n.d. | 159 | 50 | 81 | 9 | 295 | 119 | 16 | 白云母 |
| n.d. | 226 | 10 | 134 | 110 | 303 | 414 | 26 | 白云母 |
| 189 | 280 | 13 | 347 | 199 | 5 | n.d. | 20 | 透闪石 |
| 147 | 984 | 16 | 232 | 253 | 10 | 15 | 37 | 透闪石 |

| 实验编号 | $Na_2O$ | MgO | $Al_2O_3$ | $SiO_2$ | $P_2O_5$ | $K_2O$ | CaO | $TiO_2$ | $Fe_2O_3$ | CuO |
|---|---|---|---|---|---|---|---|---|---|---|
| | wt.% | | | | | | | | | |
| YGMD-30 | n.d. | 1.44 | 35.76 | 47.60 | n.d. | 12.98 | 1.12 | n.d. | 1.10 | T |
| YGMD-31 | n.d. | 1.38 | 36.21 | 46.89 | n.d. | 13.56 | 1.10 | n.d. | 0.85 | T |
| YGMD-32 | 1.97 | 23.68 | 1.08 | 60.61 | 0.07 | 0.07 | 11.99 | n.d. | 0.53 | T |
| YGMD-33 | 0.39 | 21.09 | 2.62 | 61.81 | 0.89 | 0.22 | 12.15 | n.d. | 0.84 | T |
| YGMD-34 | 1.41 | 22.61 | 1.15 | 60.46 | 0.29 | 0.12 | 12.37 | n.d. | 1.60 | T |
| YGMD-35 | 1.06 | 23.16 | 1.27 | 60.96 | 0.27 | 0.09 | 12.39 | n.d. | 0.79 | T |
| YGMD-36 | 1.40 | 21.89 | 1.49 | 60.36 | 0.29 | 0.15 | 12.63 | n.d. | 1.78 | T |
| YGMD-37 | 0.95 | 22.91 | 1.05 | 62.15 | 0.26 | 0.20 | 11.85 | n.d. | 0.63 | T |
| YGMD-38 | 1.42 | 21.74 | 1.10 | 60.17 | 0.47 | 0.05 | 12.54 | n.d. | 2.52 | T |
| YGMD-39 | n.d. | 1.36 | 34.40 | 48.35 | n.d. | 13.01 | 1.24 | n.d. | 1.62 | T |
| YGMD-40 | 0.99 | 21.56 | 1.59 | 60.82 | 0.13 | 0.13 | 12.55 | n.d. | 2.22 | T |
| YGMD-41 | n.d. | 1.38 | 36.14 | 47.33 | n.d. | 13.47 | 1.16 | n.d. | 0.52 | T |
| YGMD-42 | n.d. | 1.45 | 36.02 | 48.22 | n.d. | 12.73 | 1.10 | n.d. | 0.47 | T |
| YGMD-43 | n.d. | 1.26 | 35.79 | 46.93 | 0.05 | 13.40 | 1.14 | n.d. | 1.43 | T |
| YGMD-44 | n.d. | 2.14 | 30.16 | 48.26 | n.d. | 13.96 | 1.72 | n.d. | 3.77 | T |
| YGMD-45 | n.d. | 1.32 | 36.22 | 47.69 | n.d. | 13.28 | 1.10 | n.d. | 0.40 | T |
| YGMD-46 | n.d. | 1.39 | 36.55 | 46.91 | n.d. | 13.74 | 1.09 | n.d. | 0.33 | T |
| YGMD-47 | n.d. | 1.67 | 33.90 | 48.33 | n.d. | 13.59 | 1.15 | n.d. | 1.35 | T |

**续表**

| Cr | Mn | Ni | Cu | Zn | Rb | Sr | Pb | 可能物相 |
|---|---|---|---|---|---|---|---|---|
| μg/g | | | | | | | | |
| n.d. | 137 | 29 | 89 | 26 | 268 | 471 | 7 | 白云母 |
| n.d. | 139 | 53 | 71 | 90 | 311 | 113 | 26 | 白云母 |
| 160 | 445 | 17 | 31 | 125 | n.d. | 5 | 24 | 透闪石 |
| 126 | 480 | 30 | 69 | 263 | n.d. | 9 | 25 | 透闪石 |
| 180 | 728 | 18 | 81 | 378 | n.d. | 7 | 17 | 透闪石 |
| 168 | 187 | 27 | 127 | 129 | n.d. | 8 | 30 | 透闪石 |
| 187 | 759 | 26 | 123 | 214 | 15 | 7 | 25 | 透闪石 |
| 117 | 281 | 25 | 9 | 223 | 22 | 3 | n.d. | 透闪石 |
| 1287 | 518 | 747 | 137 | 101 | 5 | 7 | 36 | 透闪石 |
| n.d. | n.d. | 91 | 117 | 14 | 423 | 161 | 10 | 白云母 |
| 178 | 645 | 16 | 122 | 196 | 3 | 4 | 9 | 透闪石 |
| n.d. | 89 | 41 | 146 | 153 | 287 | 29 | 24 | 白云母 |
| n.d. | n.d. | 46 | 333 | 43 | 306 | 46 | 26 | 白云母 |
| n.d. | 270 | 43 | 439 | 60 | 262 | 584 | 14 | 白云母 |
| n.d. | 271 | 40 | 231 | 76 | 408 | 112 | 14 | 白云母 |
| n.d. | 167 | 95 | 96 | 125 | 268 | 25 | n.d. | 白云母 |
| n.d. | 145 | 46 | 109 | n.d. | 254 | 30 | 35 | 白云母 |
| n.d. | 288 | 71 | 129 | 18 | 377 | 97 | 31 | 白云母 |

| 实验编号 | $Na_2O$ | MgO | $Al_2O_3$ | $SiO_2$ | $P_2O_5$ | $K_2O$ | CaO | $TiO_2$ | $Fe_2O_3$ | CuO |
|---|---|---|---|---|---|---|---|---|---|---|
| | wt.% | | | | | | | | | |
| YGMD-48 | n.d. | 1.40 | 34.41 | 46.62 | 1.23 | 13.92 | 1.69 | n.d. | 0.72 | T |
| YGMD-49 | n.d. | 1.50 | 36.09 | 46.88 | n.d. | 13.62 | 1.06 | n.d. | 0.84 | T |
| YGMD-50 | n.d. | 1.73 | 36.20 | 47.22 | n.d. | 13.42 | 0.97 | n.d. | 0.47 | T |
| YGMD-52 | n.d. | 3.64 | 35.69 | 46.17 | n.d. | 12.84 | 0.81 | n.d. | 0.86 | T |
| YGMD-53 | n.d. | 1.81 | 34.12 | 48.49 | n.d. | 13.54 | 1.14 | n.d. | 0.90 | T |
| YGMD-55 | n.d. | 3.50 | 34.07 | 46.00 | n.d. | 13.88 | 0.82 | n.d. | 1.73 | T |
| YGMD-56 | 0.82 | 22.42 | 1.45 | 61.43 | 0.55 | 0.12 | 12.29 | n.d. | 0.91 | T |
| YGMD-57 | 0.68 | 22.27 | 1.19 | 60.95 | 0.09 | 0.09 | 12.87 | n.d. | 1.84 | T |
| YGMD-58 | 0.63 | 21.37 | 1.85 | 61.65 | 0.13 | 0.15 | 12.66 | n.d. | 1.56 | T |
| YGMD-59 | 0.33 | 18.74 | 3.36 | 61.10 | 0.14 | 0.34 | 12.59 | n.d. | 3.40 | T |
| YGMD-60 | 1.08 | 21.30 | 2.62 | 60.81 | 0.10 | 0.25 | 12.78 | n.d. | 1.05 | T |
| YGMD-62 | 5.45 | 17.38 | 6.64 | 56.17 | n.d. | 0.31 | 12.62 | n.d. | 1.44 | T |
| YGMD-63 | 0.86 | 21.93 | 2.57 | 60.99 | 0.27 | 0.26 | 12.66 | n.d. | 0.46 | T |
| YGMD-64 | n.d. | 3.52 | 34.43 | 47.20 | n.d. | 13.25 | 0.89 | n.d. | 0.72 | T |
| YGMD-65 | n.d. | 3.48 | 35.29 | 45.66 | n.d. | 13.71 | 0.75 | n.d. | 1.10 | T |
| YGMD-66 | n.d. | 3.69 | 35.81 | 45.70 | n.d. | 13.22 | 0.73 | n.d. | 0.85 | T |
| YGMD-67 | 2.27 | 22.55 | 1.23 | 60.38 | n.d. | 0.17 | 13.06 | n.d. | 0.33 | T |
| YGMD-68 | 0.85 | 21.52 | 1.20 | 61.36 | 0.20 | 0.09 | 12.44 | n.d. | 2.33 | T |

续表

| Cr | Mn | Ni | Cu | Zn | Rb | Sr | Pb | 可能物相 |
|---|---|---|---|---|---|---|---|---|
| μg/g | | | | | | | | |
| 19 | 191 | 72 | 108 | 46 | 275 | 110 | 5 | 白云母 |
| n.d. | 139 | 12 | 39 | 229 | 332 | 25 | 21 | 白云母 |
| n.d. | 112 | 40 | 30 | 93 | 272 | 20 | 20 | 白云母 |
| n.d. | 139 | 22 | 31 | 43 | 222 | 243 | n.d. | 白云母 |
| n.d. | 106 | 9 | 149 | 96 | 329 | 36 | 7 | 白云母 |
| n.d. | n.d. | 69 | 105 | 128 | 324 | 67 | n.d. | 白云母 |
| 208 | 485 | 10 | 50 | 264 | n.d. | 3 | 22 | 透闪石 |
| 180 | 775 | 14 | 96 | 97 | 4 | 9 | n.d. | 透闪石 |
| 194 | 1089 | 11 | 19 | 47 | 8 | 10 | 56 | 透闪石 |
| 129 | 1101 | 4 | 241 | 158 | 11 | 11 | 10 | 透闪石 |
| 161 | 272 | 18 | 18 | 29 | n.d. | 8 | n.d. | 透闪石 |
| 65 | n.d. | n.d. | 24 | 65 | n.d. | 12 | n.d. | 透闪石 |
| 196 | 311 | 38 | n.d. | 60 | 3 | 18 | 4 | 透闪石 |
| n.d. | 130 | 62 | 31 | 42 | 274 | 30 | n.d. | 白云母 |
| n.d. | 145 | 17 | 55 | 79 | 297 | 114 | 3 | 白云母 |
| n.d. | n.d. | 44 | 73 | 85 | 283 | 171 | 33 | 白云母 |
| 280 | 859 | 20 | 32 | 96 | n.d. | 4 | 13 | 透闪石 |
| 220 | 1117 | 22 | 639 | 139 | 5 | 12 | 60 | 透闪石 |

| 实验编号 | $Na_2O$ | MgO | $Al_2O_3$ | $SiO_2$ | $P_2O_5$ | $K_2O$ | CaO | $TiO_2$ | $Fe_2O_3$ | CuO |
|---|---|---|---|---|---|---|---|---|---|---|
| | wt.% | | | | | | | | | |
| YGMD-69 | n.d. | 15.41 | 3.14 | 57.18 | 0.09 | 1.30 | 12.63 | n.d. | 10.25 | T |
| YGMD-70 | n.d. | 22.9 | 4.20 | 59.30 | n.d. | 0.16 | 12.73 | n.d. | 0.71 | T |
| YGMD-72-1 | n.d. | 23.13 | 3.91 | 58.91 | n.d. | 0.19 | 12.95 | n.d. | 0.92 | T |
| YGMD-72-13 | 0.10 | 4.74 | 34.19 | 45.68 | n.d. | 13.45 | 0.91 | n.d. | 0.93 | T |
| YGMD-72-2 | 0.13 | 4.35 | 33.60 | 46.12 | n.d. | 13.93 | 0.89 | n.d. | 0.98 | T |
| YGMD-81-51 | n.d. | 1.37 | 33.70 | 49.13 | n.d. | 13.70 | 1.21 | n.d. | 0.89 | T |
| YGMD-81-12 | n.d. | 1.35 | 34.30 | 48.63 | n.d. | 13.45 | 1.26 | n.d. | 1.02 | T |
| YGMD-81-31 | n.d. | 1.66 | 32.07 | 50.06 | n.d. | 14.06 | 1.29 | n.d. | 0.87 | T |
| YGMD-81-63 | n.d. | 1.33 | 34.92 | 48.76 | n.d. | 13.34 | 1.14 | n.d. | 0.51 | T |
| YGMD-81-23 | 0.30 | 1.99 | 35.38 | 46.28 | n.d. | 14.48 | 0.83 | n.d. | 0.74 | T |
| YGMD-22 | 1.26 | 22.92 | 1.04 | 60.93 | 0.03 | 0.14 | 12.50 | n.d. | 1.19 | T |
| YGMD-23 | 2.18 | 23.20 | 0.94 | 60.65 | n.d. | 0.17 | 12.45 | n.d. | 0.42 | T |
| YGMD-24 | 1.90 | 22.74 | 1.12 | 60.95 | 0.09 | 0.14 | 12.54 | n.d. | 0.53 | T |
| YGMD-25 | 1.71 | 24.11 | 1.03 | 60.42 | 0.03 | 0.07 | 11.87 | n.d. | 0.76 | T |
| YGMD-26 | 2.85 | 0.80 | 3.14 | 9.50 | n.d. | 0.37 | 83.09 | n.d. | 0.25 | T |
| YGMD-27 | 2.02 | 22.05 | 1.39 | 60.43 | 0.02 | 0.11 | 12.88 | n.d. | 1.09 | T |
| YGMD-73 | 1.32 | 22.98 | 1.63 | 60.96 | 0.03 | 0.12 | 12.34 | n.d. | 0.61 | T |
| YGMD-74 | 1.25 | 21.97 | 1.45 | 60.80 | 0.27 | 0.12 | 13.03 | n.d. | 1.11 | T |
| YGMD-75 | 1.18 | 21.00 | 1.20 | 60.19 | 0.01 | 0.10 | 12.94 | n.d. | 3.38 | T |

续表

| Cr | Mn | Ni | Cu | Zn | Rb | Sr | Pb | 可能物相 |
|---|---|---|---|---|---|---|---|---|
| μg/g | | | | | | | | |
| 332 | 854 | 551 | 957 | 116 | n.d. | n.d. | n.d. | 透闪石 |
| 112 | 435 | 20 | 304 | 101 | 7 | 9 | 16 | 透闪石 |
| 116 | 652 | n.d. | 162 | 92 | 4 | 10 | n.d. | 透闪石 |
| n.d. | 233 | 94 | 70 | 63 | 258 | 83 | 38 | 白云母 |
| n.d. | 155 | 83 | 116 | 81 | 265 | 107 | 5 | 白云母 |
| 23 | 160 | 80 | 107 | n.d. | 308 | 88 | 9 | 白云母 |
| n.d. | 149 | 47 | 82 | 55 | 290 | 26 | 23 | 白云母 |
| 54 | 270 | 80 | 76 | 71 | 168 | 156 | 15 | 白云母 |
| n.d. | 181 | 57 | 66 | n.d. | 260 | 23 | 27 | 白云母 |
| 14 | n.d. | 84 | 54 | 6 | 254 | 235 | 2 | 白云母 |
| 186 | 574 | 38 | 84 | 308 | 7 | 12 | 26 | 透闪石 |
| 239 | 155 | 27 | n.d. | 89 | 4 | 8 | n.d. | 透闪石 |
| 203 | 398 | 34 | 29 | 59 | 8 | 7 | 28 | 透闪石 |
| 144 | 607 | 18 | 231 | 168 | 3 | 11 | 28 | 透闪石 |
| n.d. | n.d. | 302 | 605 | 136 | n.d. | 33 | 285 | 方解石 |
| 251 | 421 | 24 | n.d. | 9 | n.d. | 6 | 29 | 透闪石 |
| 147 | 371 | 14 | 34 | 73 | n.d. | 6 | 31 | 透闪石 |
| 217 | 1026 | 23 | 54 | 87 | n.d. | 5 | 30 | 透闪石 |
| 285 | 2445 | 34 | 348 | n.d. | n.d. | 5 | 87 | 透闪石 |

| 实验编号 | $Na_2O$ | MgO | $Al_2O_3$ | $SiO_2$ | $P_2O_5$ | $K_2O$ | CaO | $TiO_2$ | $Fe_2O_3$ | CuO |
|---|---|---|---|---|---|---|---|---|---|---|
| | wt.% | | | | | | | | | |
| YGMD-76 | n.d. | 16.68 | 1.78 | 58.30 | 5.42 | 0.31 | 16.52 | n.d. | 0.99 | T |
| YGMD-77 | 0.83 | 20.32 | 1.39 | 60.85 | 0.58 | 0.20 | 13.37 | n.d. | 2.47 | T |
| YGMD-78 | 1.92 | 23.67 | 0.98 | 60.68 | 0.20 | 0.13 | 12.27 | n.d. | 0.15 | T |
| YGMD-79 | 0.22 | 19.55 | 2.63 | 62.10 | 0.71 | 0.34 | 13.51 | n.d. | 0.93 | T |
| YGMD-80-1 | 1.06 | 23.02 | 1.31 | 61.09 | 0.06 | 0.14 | 12.44 | n.d. | 0.88 | T |
| YGMD-80-5 | n.d. | 1.41 | 35.53 | 46.87 | n.d. | 14.02 | 1.17 | n.d. | 1.01 | T |
| YGMD-80-22 | n.d. | 1.19 | 35.97 | 46.65 | n.d. | 14.16 | 1.16 | n.d. | 0.86 | T |
| YGMD-80-12 | 1.18 | 20.95 | 0.97 | 60.64 | 0.03 | 0.07 | 12.55 | n.d. | 3.61 | T |
| YGMD-80-18 | n.d. | 0.51 | 1.07 | 14.56 | 0.28 | 2.32 | 81.19 | n.d. | 0.06 | T |
| YGMD-80-11 | 1.51 | 21.39 | 1.12 | 60.85 | 0.26 | 0.12 | 13.37 | n.d. | 1.40 | T |
| YGMD-80-2 | 1.65 | 0.41 | 42.97 | 3.08 | 36.02 | 0.22 | 0.38 | n.d. | 2.54 | 12.73 |
| YGMD-80-9 | 1.79 | 0.14 | 31.58 | 17.39 | 27.78 | 0.48 | 2.16 | n.d. | 10.91 | 7.79 |
| YGMD-80-10 | 0.33 | 0.39 | 40.31 | 5.34 | 48.98 | 0.20 | 1.06 | n.d. | 3.40 | n.d. |
| YGMD-80-13 | 1.66 | 0.47 | 40.59 | 3.44 | 35.00 | 0.25 | 0.57 | n.d. | 5.34 | 12.68 |
| YGMD-80-15 | 0.89 | 0.58 | 40.21 | 2.90 | 35.79 | 0.24 | 0.35 | n.d. | 7.21 | 11.83 |
| YGMD-80-17 | n.d. | 0.72 | 43.52 | 2.94 | 36.64 | 0.15 | 0.62 | n.d. | 1.49 | 13.92 |
| YGMD-80-19 | 0.92 | 0.49 | 44.50 | 2.98 | 37.11 | 0.22 | 0.87 | n.d. | 0.75 | 12.16 |

注：① n.d.：表示此种成分或元素含量低于本方法的检出限而无法检测到。② T：表示此种成分为微量元素

续表

| Cr | Mn | Ni | Cu | Zn | Rb | Sr | Pb | 可能物相 |
|---|---|---|---|---|---|---|---|---|
| μg/g | | | | | | | | |
| 227 | 192 | 47 | 350 | 32 | 4 | 4 | 103 | 透闪石 |
| 171 | 147 | n.d. | 154 | 32 | 6 | 7 | 29 | 透闪石 |
| 213 | 196 | 6 | 101 | 115 | 8 | 6 | 11 | 透闪石 |
| 367 | 721 | 20 | 61 | 158 | 3 | 14 | 19 | 透闪石 |
| 164 | 267 | 16 | 93 | 150 | 4 | 6 | 7 | 透闪石 |
| n.d. | 349 | 34 | 105 | 121 | 297 | 212 | 26 | 白云母 |
| n.d. | 193 | 153 | 151 | n.d. | 306 | 275 | 16 | 白云母 |
| 118 | 4571 | 3 | 181 | 147 | n.d. | 10 | 29 | 透闪石 |
| n.d. | 1726 | 349 | 43 | 228 | n.d. | 27 | 7 | 方解石 |
| 276 | 1772 | n.d. | 83 | 319 | 3 | 7 | 18 | 透闪石 |
| —④ | — | — | — | — | — | — | — | 绿松石 |
| — | — | — | — | — | — | — | — | 绿松石 |
| — | — | — | — | — | — | — | — | 绿松石 |
| — | — | — | — | — | — | — | — | 绿松石 |
| — | — | — | — | — | — | — | — | 绿松石 |
| — | — | — | — | — | — | — | — | 绿松石 |
| — | — | — | — | — | — | — | — | 绿松石 |

③ M：表示此种成分为主量元素。④—：表示此种元素没有检测。

3. 绿松石质玉器

该质地玉器有 7 件，为玉项链 YGMD-80 中的组合件。其中 $Al_2O_3$ 含量为 31.58%—44.50%，$P_2O_5$ 含量为 27.78%—48.98%，$Fe_2O_3$ 含量为 0.75%—10.91%，CuO 含量为 0—13.92%，与绿松石的理论组分一致。结合玉器宏观特征，确定它们属于绿松石矿物。

4. 蛇纹石质玉器

该质地玉器有 2 件，即戈式玉琀 HNWKV-44 和玉匕形璋 YGMD-10。其主要化学组分为 MgO 和 $SiO_2$，含量范围分别为 41.64%—43.84% 和 46.50%—47.34%，与蛇纹石 $\{Mg_6[Si_4O_{10}](OH)_2\}$ 的主要化学成分特征一致。

图 5.10 为戈式玉琀 HNWKV-44 的特征拉曼图谱，主要特征峰位于 $224cm^{-1}$、$372cm^{-1}$、$677cm^{-1}$、$1041cm^{-1}$、$3660cm^{-1}$、$3691cm^{-1}$ 附近。其中 $224cm^{-1}$ 附近振动峰为 O-H-O 基团引起的振动，$372cm^{-1}$ 附近振动峰为 $[SiO_4]$ 的对称 $\nu_{5(e)}$ 振动，$677cm^{-1}$ 附近振动峰为 $Si-O_b-Si$ 对称拉伸振动，$1041cm^{-1}$ 附近振动峰为 $Si-O_b-Si$ 反对称拉伸振动 [13]，$3660cm^{-1}$、$3691cm^{-1}$ 附近振动峰分别为层内羟基伸缩振动和层间羟基伸缩振动 [14]。由于在 $1041cm^{-1}$ 附近出现了特征峰，且在 $345cm^{-1}$ 附近没有观测到由 $[SiO_4]$ 弯曲振动产生的拉曼特征峰，因此进一步确认这件玉器为叶蛇纹石质。

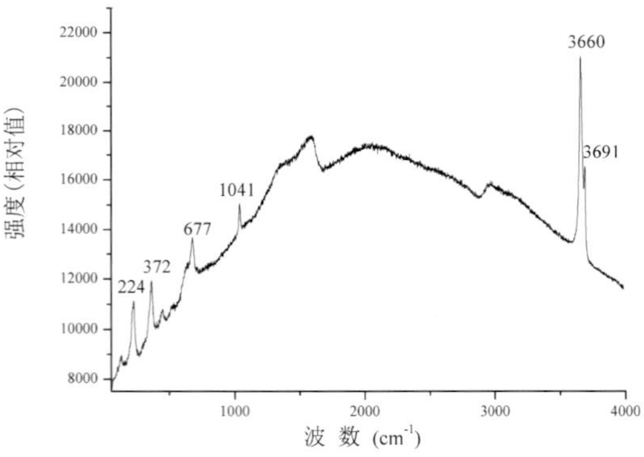


图 5.10 蛇纹石质戈式玉琀 HNWKV-44 的特征拉曼图谱

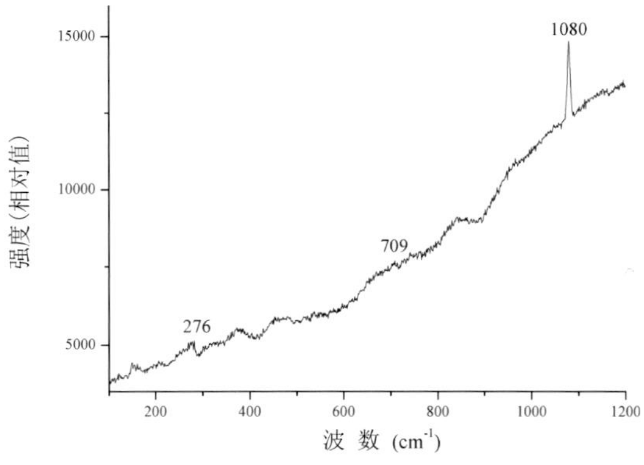


图 5.11 方解石质玉贝 YGMD-26 的特征拉曼图谱

5. 方解石质玉器

该质地玉器有 2 件，即玉贝 YGMD-26 和项饰 YGMD-80-18。它们的 CaO 含量分布范围为 81.19%—83.09%。结合玉器的拉曼光谱分析结果，应属于方解石质玉器。从玉贝 YGMD-26 的特征拉曼图谱（图 5.11）可看出 $(CO_3)^{2-}$ 的对称拉伸振动峰（$1080cm^{-1}$）、

$(CO_3)^{2-}$ 的面内弯曲振动峰（709cm$^{-1}$）[15]。

6. 滑石质玉器

该质地玉器仅玉圭形璋 YGMD-12 1 件，其 MgO 和 $SiO_2$ 的含量分别为 32.34% 和 64.12%，二者的成分含量比约为 1∶2，与滑石 $[Mg_3Si_4O_{10}(OH)_2]$ 的主要化学成分特征一致。

7. 孔雀石质玉器

该质地玉器仅圆泡状玉佩 HNWKV-13 1 件，它的颜色与绿松石非常接近，其中 CuO 的含量达到 90.01%。结合对应拉曼光谱分析结果，应属于方孔雀石质 $[Cu_2(CO_3)(OH)_2]$ 玉器。其特征拉曼图谱见图 5.12，第一组中的 1491cm$^{-1}$ 为碳酸根基团的反对称 $\upsilon_3$ 伸缩振动峰，1058cm$^{-1}$ 和 1095cm$^{-1}$ 归因于 CO 拉伸振动，816cm$^{-1}$ 是由 $(CO_3)^{2-}$ 面内弯曲振动模式引起，750cm$^{-1}$ 和 719cm$^{-1}$ 属 $\upsilon_4$ 模式。第二组振动峰包括 150cm$^{-1}$、175cm$^{-1}$、216cm$^{-1}$、267cm$^{-1}$、349cm$^{-1}$、429cm$^{-1}$、531cm$^{-1}$、563cm$^{-1}$、595cm$^{-1}$，这些均由 Cu（II）振动引起 [16]。

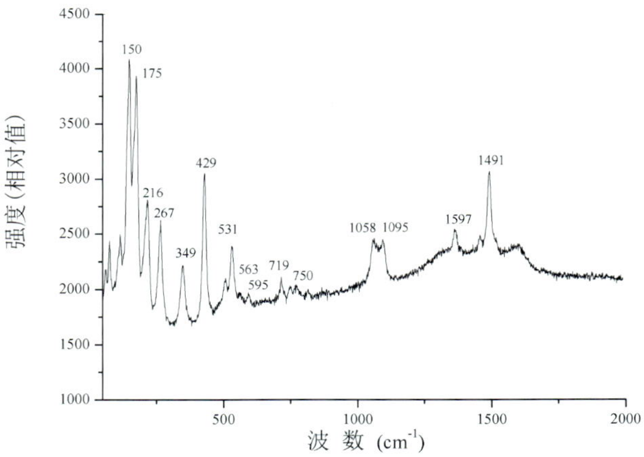

图 5.12　孔雀石质圆泡状玉佩 HNWKV-13 的特征拉曼图谱

8. 石英质玉器

该质地玉器仅蝉形玉琀 HNWKV-60 1 件，其 $SiO_2$ 含量为 91.19%，结合对应拉曼光谱分析结果，应属于石英质玉器。其特征拉曼图谱（图 5.13）显示，457cm$^{-1}$、396cm$^{-1}$ 和 351cm$^{-1}$ 由 Si-O 弯曲振动引起，202cm$^{-1}$ 和 257cm$^{-1}$ 由 $[SiO_4]$ 的旋转振动引起。结合器物宏观特征，确定其材质为石英。

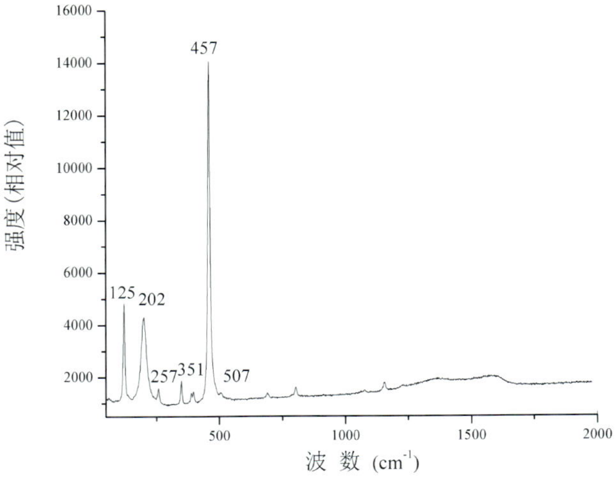

图 5.13　石英质蝉形玉琀 HNWKV-60 的特征拉曼图谱

## 三、玉器内部物理结构分析

均质玉器对于OCT系统探测激光的散射是均匀的，典型OCT图像如图5.14所示；非玉器成分、物相结构和物理结构状态的不同，对光的散射有强有弱，典型OCT图像如图5.15所示。玉器中一般都存在一些包裹体，它们与玉器基体存在折射率上的差异，会形成强散射区，同时玉器中存在的裂纹也会产生强散射区，如图5.16所示。

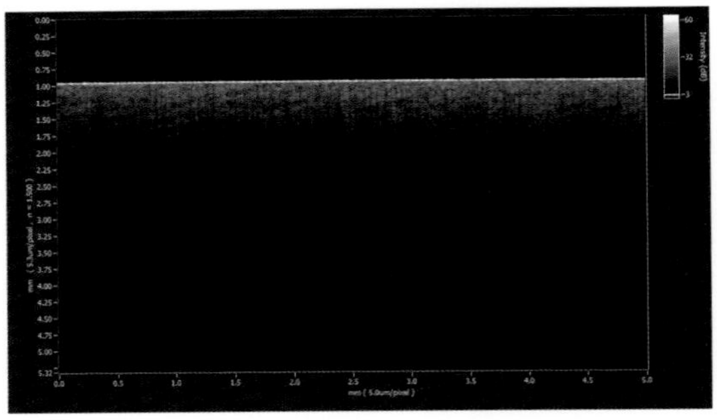

图5.14　均质玉器（玉匕形璋YGMD-2）的OCT图像

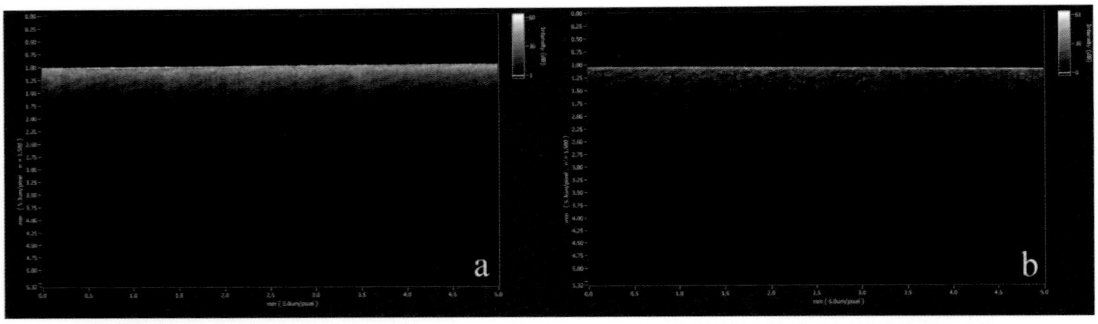


a. 强散射结构（玉匕形璋YGMD-57）　　b. 弱散射结构（玉匕形璋YGMD-8）

图5.15　均质玉器的OCT图像

古代玉器由于埋藏地下时间较长，受土壤环境、地热等因素影响，可能会受到环境物质的侵蚀，进而引起玉器结构的物理变化，使得OCT图像发生改变。

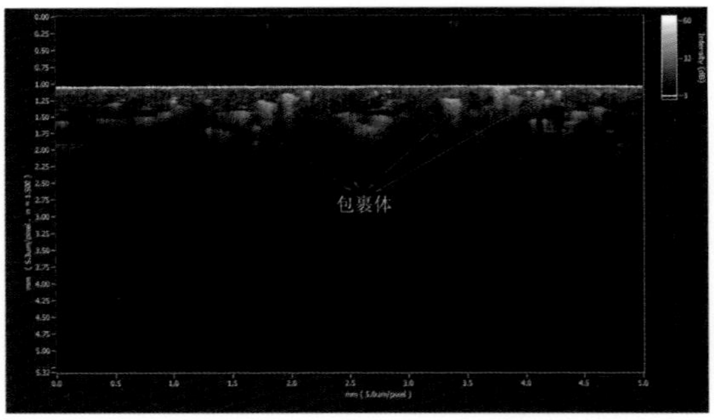


图5.16　玉匕形璋YGMD-1中包裹体的OCT图像

应国墓地出土玉器OCT图像和结构特征见表5.4。大部分白云母质玉器OCT图像呈弱散射结构，少量呈强散射结构，可能是由于风化影响程度的不同所致。透闪石质玉器均呈强散射结构，滑石质玉器OCT图像具有不均匀灰度，同时在各类材质的部分器物中发现有包裹体及裂纹。

## 表 5.4 平顶山应国墓地部分玉器 OCT 图像

| 玉器编号 | 玉器照片 | 玉器 OCT 图像 | OCT 结构特征 |
|---|---|---|---|
| YGMD−1 |  |  | 包裹体较多 |
| YGMD−2 |  |  | 均质结构，强散射 |
| YGMD−3 |  |  | 均质结构，弱散射 |
| YGMD−5 |  |  | 均质结构，弱散射 |
| YGMD−6<br>M176：5−2 |  |  | 均质结构，弱散射 |
| YGMD−6<br>M176：5−9 | 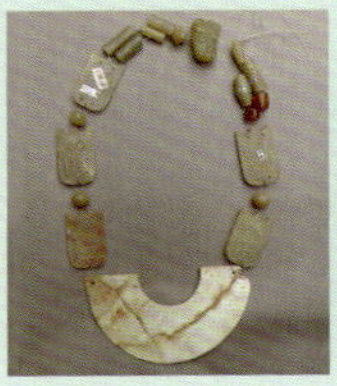 |  | 均质结构，弱散射 |
| YGMD−8 |  |  | 均质结构，弱散射 |

**续表**

| 玉器编号 | 玉器照片 | 玉器 OCT 图像 | OCT 结构特征 |
| --- | --- | --- | --- |
| YGMD-9 |  |  | 少量包裹体，弱散射 |
| YGMD-10 |  |  | 黑色斑点，强散射 |
| YGMD-12 |  |  | 不均匀 |
| YGMD-14 |  |  | 均质，弱散射 |
| YGMD-15 |  |  | 均质结构，弱散射 |
| YGMD-17 |  |  | 包裹体较多 |
| YGMD-18 |  |  | 均质，弱散射 |
| YGMD-21 |  |  | 均质，弱散射 |

续表

| 玉器编号 | 玉器照片 | 玉器 OCT 图像 | OCT<br>结构特征 |
|---|---|---|---|
| YGMD-30 |  |  | 包裹体，弱散射 |
| YGMD-31 |  |  | 均质，弱散射 |
| YGMD-32 |  |  | 均质结构，强散射 |
| YGMD-41 |  |  | 非均质结构 |
| YGMD-42 |  |  | 均质结构 |
| YGMD-43 |  |  | 包裹体 |
| YGMD-44 |  |  | 非均质结构 |
| YGMD-48 | 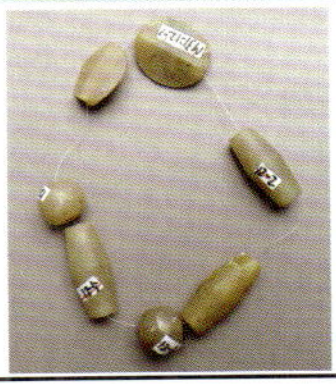 |  | 均质结构，弱散射 |

**续表**

| 玉器编号 | 玉器照片 | 玉器 OCT 图像 | OCT 结构特征 |
|---|---|---|---|
| YGMD-49 |  |  | 非均质结构，弱散射 |
| YGMD-52 |  |  | 少量包裹体，弱散射 |
| YGMD-53 |  |  | 弱散射 |
| YGMD-55 |  |  | 少量包裹体，弱散射 |
| YGMD-56 |  |  | 均质，强散射 |
| YGMD-57 |  |  | 均质，强散射 |
| YGMD-58 |  |  | 裂纹，强散射 |
| YGMD-60 |  |  | 包裹体，强散射 |

续表

| 玉器编号 | 玉器照片 | 玉器 OCT 图像 | OCT<br>结构特征 |
|---|---|---|---|
| YGMD-62 |  |  | 均质，强散射 |
| YGMD-64 |  |  | 均质，弱散射 |
| YGMD-65 |  |  | 均质结构，弱散射 |
| YGMD-66 |  |  | 均质结构，弱散射 |
| YGMD-68 |  |  | 包裹体，强散射 |
| YGMD-69 |  | 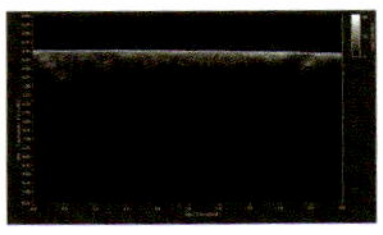 | 均质，弱散射 |
| YGMD-70 |  |  | 包裹体，强散射 |
| YGMD-72 | 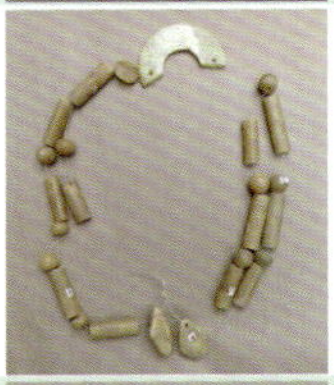 |  | 包裹体，弱散射 |
| YGMD-76 |  |  | 弱散射 |

## 四、玉器包裹体颗粒分析

平顶山应国墓地出土的少量透闪石－阳起石质玉器内存在大量黑色包裹体颗粒，为揭示包裹体颗粒的物相信息，选取3件玉器HNWKV－25、HNWKV－30和HNWKV－43进行分析，其中黑色包裹体的特征拉曼图谱见图5.17。由图中可看出这3件玉器包裹体的拉曼图谱基本一致，分别在1200—1700cm$^{-1}$和2350—3350cm$^{-1}$范围内存在多个拉曼特征峰。根据相关研究文献[17, 18]，可判定此类黑色包裹体颗粒为石墨颗粒。

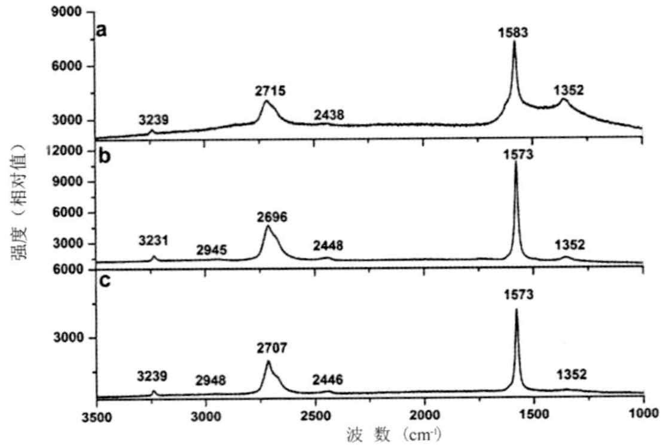


图5.17 透闪石质玉器中黑色包裹体颗粒的特征拉曼图谱
a. HNWKV－25 b. HNWKV－30 c. HNWKV－43

结晶质石墨包裹体的拉曼振动峰包括1个位于1580cm$^{-1}$附近的强峰（O峰）、2个分别位于2700cm$^{-1}$和2735cm$^{-1}$附近的次强峰（$S_1$峰和$S_2$峰），以及2个分别位于2450cm$^{-1}$和3250cm$^{-1}$附近的弱峰。无序结构的石墨包裹体的拉曼振动峰包括3个分别位于1360cm$^{-1}$（D峰）、1620cm$^{-1}$和2950cm$^{-1}$的弱峰[19-23]。O峰的宽度与石墨包裹体的结晶程度相关，而D峰和O峰的强度比值（$I_D/I_O$）则随着石墨包裹体形成时的温度升高而降低。这3件玉器中石墨包裹体的相关拉曼参数见表5.5，从表中可看出玉器HNWKV－30和HNWKV－43中石墨包裹体的O峰宽度均小于等于21，而HNWKV－25中石墨包裹体O峰宽度则大于等于21。上述差异表明，HNWKV－30和HNWKV－43中石墨包裹体的结晶程度高于HNWKV－25中的石墨包裹体的结晶程度。此外，HNWKV－30和HNWKV－43中石墨包裹体的$I_D/I_O$值（0.02—0.08）小于HNWKV－25中石墨包裹体

的 $I_D/I_O$ 值（0.13—0.48）。上述结果表明，HNWKV−30 和 HNWKV−43 中石墨包裹体形成温度高于 HNWKV−25 中石墨包裹体的形成温度。

**表 5.5　平顶山应国墓地 3 件玉器中石墨包裹体的拉曼光谱参数**

| 测试编号 | D 峰 /$cm^{-1}$ | O 峰 /$cm^{-1}$ | O 峰宽度 | $I_D/I_O$ |
|---|---|---|---|---|
| HNWKV−25−1 | 1346 | 1584 | 69 | 0.31 |
| HNWKV−25−2 | 1336 | 1583 | 81 | 0.18 |
| HNWKV−25−3 | 1343 | 1587 | 59 | 0.48 |
| HNWKV−25−4 | 1349 | 1578 | 21 | 0.13 |
| HNWKV−25−5 | 1347 | 1582 | 57 | 0.25 |
| HNWKV−25−6 | 1342 | 1581 | 74 | 0.33 |
| HNWKV−30−1 | 1347 | 1575 | 17 | 0.04 |
| HNWKV−30−2 | 1342 | 1575 | 21 | 0.08 |
| HNWKV−43−1 | 1338 | 1578 | 16 | 0.02 |
| HNWKV−43−2 | 1338 | 1577 | 17 | 0.02 |

平顶山应国墓地出土的 3 件透闪石−阳起石质玉器中的黑色石墨包裹体的特征拉曼图谱存在差异，反映出在包裹体形成时，周围环境存在一定差异。这种差异可能来源于玉料成矿于不同时期，也可能是玉料成矿于同一时期的不同地层。

测试过程中可见多数玉器表面都或多或少地留存有红色粉末，其中两件典型玉器 HNWKV−6 和 HNWKV−7 上红色物质的特征拉曼图谱见图 5.18。红色粉末的

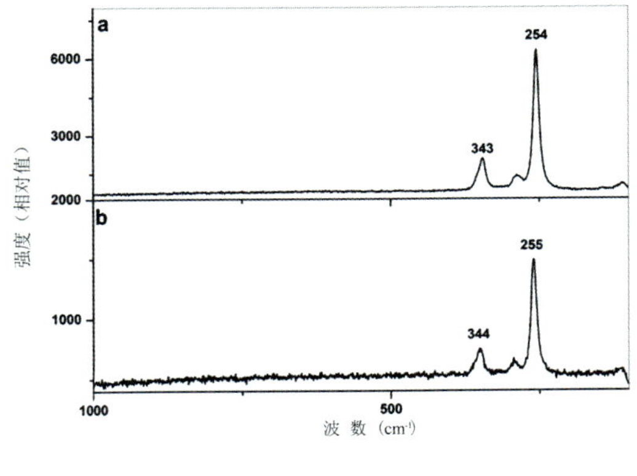


图 5.18　两件典型玉器表面红色粉末的特征拉曼图谱
a. HNWKV−6　b. HNWKV−7

拉曼特征峰主要位于 $254cm^{-1}$ 和 $343cm^{-1}$ 附近，与文献[24，25]中朱砂（HgS）的拉曼特征峰位一致。

## 第三节　淅川下寺墓地玉器

下寺墓地[26]位于淅川县城南约 50 公里的丹江口水库西岸的龙山脚下，1977 年至 1978 年，河南省文物考古研究所和淅川县博物馆等单位对其进行了发掘，共发掘大中型春秋楚墓 9 座、小型春秋楚墓 15 座。其中 9 座大中型春秋楚墓均为长方形竖穴土坑墓，葬具为一椁一棺或一椁两棺，均出土有青铜礼器和玉器、玛瑙器、釉砂珠等，在大型墓中还出土有青铜兵器、车马器和乐器等。有的青铜礼器、兵器和乐器上铸有铭文。如属于春秋中期晚段的 M8，墓口东西长 7.25 米，南北宽 5.68 米，墓深 4.30 米。葬具为一椁两棺。墓中残存器物 155 件，以铜器为主，玉石器等数量较少。青铜礼器放置于椁室东部，铜兵器置于椁室南部，椁室西部放置铜车马器，玉器和釉砂珠置于棺内。铜器可分为礼器、车马器、兵器、工具和杂器。其中铜礼器有鼎、簠、缶、匜和盉，6 件铜器上铸有铭文。玉器 28 件，计有玉环、玉人、玉牌各 1 件，玉觿 17 件，玉蚕 5 件，玉鱼 2 件。另外还有釉砂珠 5 颗。又如属于春秋晚期早段的 M2，墓口长 9.10 米、宽 6.47 米，墓深 3.88 米。葬具为一椁两棺。随葬器物 6098 件，以青铜器和玉器为主，另外还有金箔和海贝。铜礼器和少量乐器放置在椁室东部，椁室南部放置乐器，椁室西部和西南部放置大量铜车马器和铜兵器，两棺之上、椁室西部有大量金箔残留，北棺上及其北部发现多层黑色漆皮痕迹，棺内还随葬有釉砂珠、釉砂管。铜器可分为礼器、乐器、车马器、兵器、工具和杂器。其中铜礼器有鼎、鬲、簠、簋、俎、豆、禁、缶、盘、匜、盉、壶、盆、鉴、盏、斗、勺、匕、铲等，近 30 件铜器上铸有铭文。铜乐器有王孙诰甬钟一套 26 枚，每件都铸有铭文。玉器共 101 件，计有玉璧、玉簪帽、长方形穿孔玉饰、管状玉器各 2 件，玉虎 3 件，玉环 6 件，玉牌 12 件，玉冲牙 22 件，玉鱼、玛瑙管、蚀花石髓管各 1 件，玛瑙珠 42 颗，绿松石扣 5 件，另外还有釉砂管 11 件、釉砂珠 49 颗以及其他器物。再如属于春秋晚期晚段的 M11，墓口长 5.40 米、宽 3.90—4.02 米，墓深 5.10—6.10 米。葬具为一椁两棺。墓内共出土器物 395 件，以青铜器为主，另有少量玉器、金箔和骨贝等。铜器可分为礼器、车马器、兵器等，其中礼器有鼎、簠、缶、盘、匜、敦、斗、铲、勺等。青铜礼器主要置于椁室东部，铜兵器和车马器置于椁室南部，棺内主要随葬玉器和铜剑。玉器仅 3 件，计有玉环 2 件、玉管 1 件。下寺墓地群的发掘确立了淅川作为楚文化的发祥地的特殊地位，也为研究楚国早期历史、楚人丧葬制度等提供了大量实物资料。下寺墓地群出土的玉器时代早、规格高、品种多、工艺精湛，是春秋中晚期楚玉的精华。

## 一、玉器基本信息

本研究分析了淅川下寺墓地出土的 61 件玉器（彩版六七—彩版八三），器型主要包括玉牌、玉璧、玉冲牙、半环形玉饰、玉珠、玉簪帽、石髓管等，同出器物包括铜器、石器等。玉器的基本信息见表 5.6。

### 表 5.6　淅川下寺墓地玉器基本信息

| 序号 | 器名 | 标本号 | 色泽 | 完残程度 | 质量／克 | 尺寸／厘米 | 照片 | 时代 |
|---|---|---|---|---|---|---|---|---|
| 1 | 玉牌 | M8 : 65 | 青白色 | 完整 | 3.64 | 长 3.50、宽 2.50 |  | 春秋中期 |
| 2 | 玉冲牙 | M8 : 52 | 白色 | 完整 | 3.23 | 长 5.00、宽 0.90 | 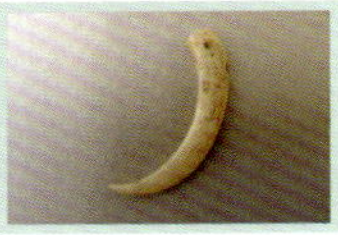 | |
| 3 | 玉冲牙 | M8 : 69 | 鸡骨白色 | 完整 | 0.83 | 长 1.80、宽 0.50 |  | |
| 4 | 玉冲牙 | M8 : 58 | 青白色 | 完整 | 0.45 | 长 2.10、宽 0.90 |  | |
| 5 | 玉冲牙 | M8 : 53 | 灰白色 | 断粘 | 2.25 | 长 4.50、宽 1.15 |  | |

**续表**

| 序号 | 器名 | 标本号 | 色泽 | 完残程度 | 质量／克 | 尺寸／厘米 | 照片 | 时代 |
|---|---|---|---|---|---|---|---|---|
| 6 | 玉冲牙 | M8:55-1 | 青白色 | 完整 | 0.93 | 长 2.90、宽 0.65 |  | 春秋中期 |
| 7 | 玉冲牙 | M8:55-2 | 青白色 | 完整 | 0.51 | 长 2.10、宽 0.90 |  | |
| 8 | 玉环 | M1:15 | 棕黄色 | 完整 | 63.29 | 直径 9.70、好径 5.60、厚 0.45 |  | 春秋晚期 |
| 9 | 虎首形玉饰 | M1:102 | 棕青色 | 残 | 6.51 | 残长 6.20、宽 0.80 |  | |
| 10 | 虎首形玉饰 | M1:106 | 棕青色 | 残 | 4.3 | 残长 5.55、宽 0.60 |  | |
| 11 | 虎首形玉饰 | M1:101 | 棕黄色 | 残 | 12.37 | 残长 7.45、宽 0.80 |  | |
| 12 | 虎首形玉饰 | M1:103 | 棕黄色 | 断粘 | 12.3 | 残长 7.60、宽 0.74 |  | |
| 13 | 虎首形玉饰 | M1:87-1 | 青色 | 完整 | 14.61 | 长 6.40、宽 1.50 |  | |
| 14 | 虎首形玉饰 | M1:87-2 | 青色 | 完整 | 15.78 | 长 7.60、宽 0.76 |  | |
| 15 | 玉牌 | M1:94 | 棕黄色 | 残 | 3.73 | 长 3.55、宽 2.55 |  | |
| 16 | 玉牌 | M1:95 | 棕黄色 | 完整 | 4.36 | 长 3.80、宽 2.80 |  | |
| 17 | 玉牌 | M1:96 | 棕黄色 | 完整 | 3.95 | 长 3.82、宽 2.75 |  | |
| 18 | 玉环 | M1:8 | 白色微黄 | 完整 | 3.38 | 直径 2.52、好径 1.15、厚 0.35 |  | |

续表

| 序号 | 器名 | 标本号 | 色泽 | 完残程度 | 质量／克 | 尺寸／厘米 | 照片 | 时代 |
|---|---|---|---|---|---|---|---|---|
| 19 | 玉冲牙 | M1∶79 | 青黄色 | 完整 | 9.92 | 长 6.20、宽 1.66 |  | 春秋晚期 |
| 20 | 玉冲牙 | M1∶105 | 青黄色 | 完整 | 6.24 | 长 5.70、宽 1.40 |  | |
| 21 | 玉冲牙 | M1∶112 | 白色 | 断粘 | 7.42 | 长 6.10、宽 0.92 | 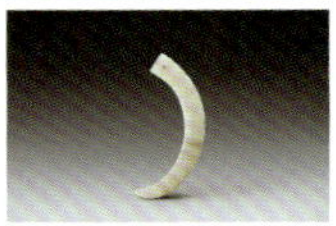 | |
| 22 | 玉冲牙 | M1∶114 | 青黄色 | 完整 | 6.97 | 长 5.55、宽 0.85 |  | |
| 23 | 玉冲牙 | M1∶113 | 棕黄色 | 断粘 | 1.41 | 长 4.95、宽 0.90 |  | |
| 24 | 玉冲牙 | M1∶107 | 青黄色 | 完整 | 2.73 | 长 4.50、宽 1.25 |  | |
| 25 | 玉冲牙 | M1∶104 | 棕黄色 | 完整 | 6 | 长 4.05、宽 1.16 | 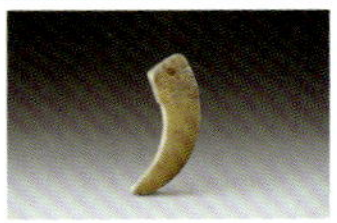 | |
| 26 | 玉珠 | M1∶116-1 | 青白色 | 完整 | 1.72 | 长 1.13、直径 0.95 | 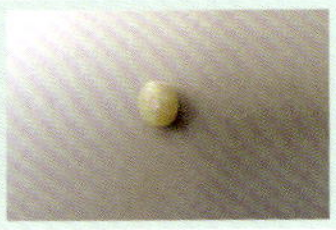 | |
| 27 | 玉珠 | M1∶116-2 | 褐黄色 | 完整 | 1 | 直径 0.90 |  | |
| 28 | 弧形玉器 | M1∶84 | 褐黄色 | 完整 | 49.04 | 长 5.10、宽 3.4、厚 1.00 |  | |
| 29 | 蚀花石髓管 | M1∶91 | 黑白相间 | 完整 | 2.47 | 长 2.12、直径 0.9 |  | |
| 30 | 蚀花石髓管 | M1∶89-1 | 黑白相间 | 完整 | 3.26 | 长 3.60、直径 0.80 |  | |
| 31 | 玛瑙管 | M1∶89-2 | 黑白相间 | 完整 | 1.13 | 长 1.60、直径 0.70 |  | |

**续表**

| 序号 | 器名 | 标本号 | 色泽 | 完残程度 | 质量/克 | 尺寸/厘米 | 照片 | 时代 |
|---|---|---|---|---|---|---|---|---|
| 32 | 玛瑙管 | M1∶89-3 | 黄白褐相间 | 残 | 0.33 | 长1.60、直径0.45 |  | 春秋晚期 |
| 33 | 玉璧 | M2∶146 | 黄白褐相间 | 完整 | 25.49 | 直径6.30—6.80、好径2.00、厚0.27 |  | |
| 34 | 玉簪帽 | M2∶160 | 浅黄、鸡骨白 | 完整 | 3.51 | 高1.55、顶径1.10、底径1.34 |  | |
| 35 | 玉簪帽 | M2∶140 | 浅黄、鸡骨白 | 完整 | 6.18 | 高1.70、顶径1.40、底径1.25 |  | |
| 36 | 长方形穿孔玉饰 | M2∶133 | 青白色 | 完整 | 30.79 | 长3.25、宽2.45、厚1.40 |  | |
| 37 | 玉冲牙 | M2∶150 | 浅黄色 | 完整 | 5.38 | 长5.90、宽1.10 |  | |
| 38 | 玉冲牙 | M2∶152 | 青白色 | 完整 | 3.56 | 长4.40、宽1.10 |  | |
| 39 | 玉冲牙 | M2∶259 | 青色、鸡骨白色 | 完整 | 16.9 | 长7.90、宽3.00 |  | |
| 40 | 玉冲牙 | M2∶272 | 青白色 | 完整 | 3.98 | 长6.55、宽0.90 |  | |
| 41 | 玉冲牙 | M2∶276 | 青色、鸡骨白色 | 完整 | 2.46 | 长4.80、宽0.84 |  | |
| 42 | 玉冲牙 | M2∶260 | 青色、鸡骨白色 | 断粘 | 13.17 | 长7.80、宽2.35 |  | |
| 43 | 玉冲牙 | M2∶275 | 深黄色 | 断粘 | 5.76 | 长7.80、宽1.10 |  | |
| 44 | 玉冲牙 | M2∶278 | 青黄色 | 完整 | 2.24 | 长4.30、宽1.00 |  | |

续表

| 序号 | 器名 | 标本号 | 色泽 | 完残程度 | 质量／克 | 尺寸／厘米 | 照片 | 时代 |
|---|---|---|---|---|---|---|---|---|
| 45 | 玉冲牙 | M2:281 | 青黄色 | 完整 | 1.44 | 长2.90、宽0.70 |  | |
| 46 | 玉冲牙 | M2:279 | 鸡骨白色 | 断粘 | 0.74 | 长2.95、宽0.60 |  | |
| 47 | 玉冲牙 | M2:280 | 鸡骨白色 | 完整 | 1.04 | 长3.60、宽0.65 |  | |
| 48 | 玉冲牙 | M2:274 | 深黄色 | 完整 | 3.19 | 长5.60、宽1.00 |  | |
| 49 | 玉冲牙 | M2:273 | 深黄色 | 完整 | 3.1 | 长5.40、宽1.05 |  | |
| 50 | 玉冲牙 | M2:277 | 鸡骨白色 | 完整 | 1.78 | 长4.10、宽0.92 |  | |
| 51 | 玉冲牙 | M2:271 | 浅黄、鸡骨白色 | 完整 | 4.33 | 长6.20、宽1.05 |  | 春秋晚期 |
| 52 | 玉环 | M2:161 | 浅黄、鸡骨白色 | 完整 | 1.64 | 直径1.5、好径0.7、厚0.6 |  | |
| 53 | 玉环 | M2:141 | 青黄色 | 完整 | 2.64 | 直径2.20、好径0.55、厚0.35 |  | |
| 54 | 玉环 | M2:285 | 乳白色 | 完整 | 0.83 | 直径1.40、好径0.65、厚0.32 |  | |
| 55 | 玉弧形饰 | M24:1 | 白黄色 | 完整 | 3.63 | 直径5.15 |  | |
| 56 | 方柱形玉饰 | M26:3 | 白黄色 | 完整 | 5.56 | 长4.15、粗0.75—0.85 | 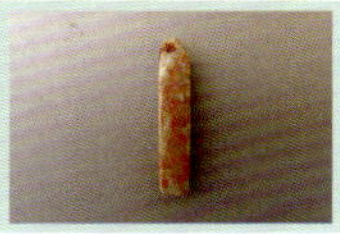 | |
| 57 | 方柱形玉饰 | M26:4 | 白色 | 完整 | 6.05 | 长4.75、粗0.70—0.75 |  | |

**续表**

| 序号 | 器名 | 标本号 | 色泽 | 完残程度 | 质量/克 | 尺寸/厘米 | 照片 | 时代 |
|---|---|---|---|---|---|---|---|---|
| 58 | 长方形玉饰 | M10:32 | 白色 | 完整 | 6.22 | 长 1.90、宽 1.60、厚 0.82 |  | 春秋晚期 |
| 59 | 玉环 | M11:45 | 青色 | 完整 | 8.49 | 直径 2.90、好径 1.15、厚 0.57 |  | |
| 60 | 玉管 | M11:46 | 青白色 | 完整 | 4.47 | 长 3.60、宽 0.85、厚 0.76 |  | |
| 61 | 蚀花石髓管 | M2:262 | 肉红色 | 完整 | 1.29 | 长 1.90、径 0.45、好径 0.30、厚 0.10 |  | |

## 二、材质判定

对这批玉器进行了 pXRF 和拉曼光谱测定，相关化学成分分析结果见表 5.7。综合化学成分和物相结构分析结果，玉器按主要物相大致可分为以下两种类型：透闪石-阳起石质玉器和石英质玉器。

### 1. 透闪石-阳起石质玉器

该质地玉器有 54 件。主要化学成分为 MgO、$SiO_2$ 和 CaO，含量范围分别为 11.89%—24.61%、59.61%—71.61% 和 8.70%—14.93%，与透闪石的理论组分一致。此外，$Fe_2O_3$ 以及微量元素 Cr、Ni 的含量较低，分别为 0.22%—2.31%、76—314 μg/g 和 0—42 μg/g。综合两方面信息判断它们属于透闪石 - 阳起石质玉器，属于 D 型软玉。从玉牌 M8:65（HNVKVⅡ -1）的特征拉曼图谱（图 5.19）中可以看到氢氧根 O-H 拉伸振动峰（3670$cm^{-1}$）、Si-$O_{br}$-Si 的反对称伸缩振动峰（1059$cm^{-1}$）、硅氧四面体链中 Si-$O_{br}$-Si 的完全对称伸缩振动峰（672$cm^{-1}$）以及 O-H-O 基团晶格振动峰（222$cm^{-1}$）。研究涉及的 54 件玉器的 R[$Mg^{2+}$/($Mg^{2+}$+$Fe^{2+(3+)}$)] 值范围为 0.944—0.995，均大于 0.9，属于透闪石 - 阳起石系列矿物中的透闪石质玉器。

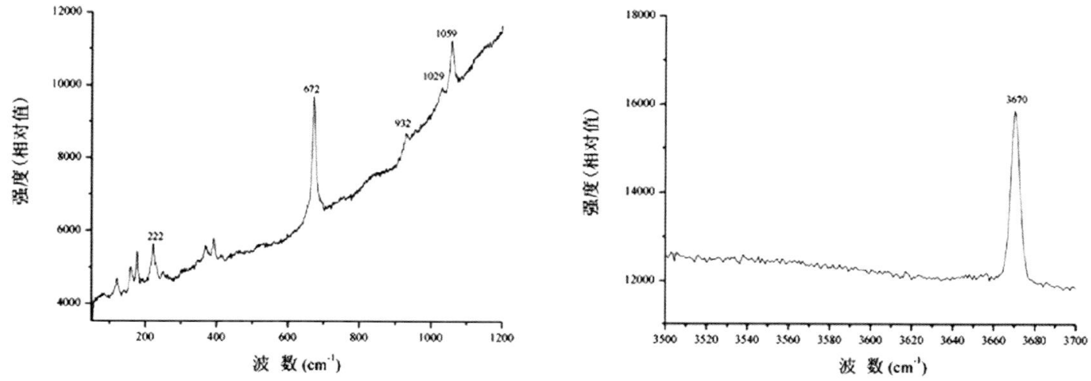


a. 低波数范围（50—1200cm⁻¹）　　b. 高波数范围（3500—3700cm⁻¹）

图 5.19　透闪石质玉牌 M8：65（HNVKV Ⅱ-1）的特征拉曼图谱

## 2. 石英质玉器

该质地玉器有 7 件，包括 2 号、21 号、29 号、30 号、31 号、32 号和 61 号标本，其中 $SiO_2$ 的含量为 92.60%—96.31%，$Al_2O_3$ 的含量为 1.52%—4.89%。结合拉曼光谱分析结果，应属于石英质玉器，进而可分为显晶质石英质玉器、隐晶质石英质玉器两类。

显晶质石英质玉器 2 件，包括 2 号、21 号，其特征拉曼图谱见图 5.20a，拉曼振动峰分布在 126$cm^{-1}$、204$cm^{-1}$ 和 462$cm^{-1}$ 附近，其中 462$cm^{-1}$ 附近的振动峰由 Si-O 弯曲振动引起，204$cm^{-1}$ 附近的振动峰归属于 $[SiO_4]$ 的旋转振动或平移振动。隐晶质石英质玉器 5 件，包括 29 号、30 号、31 号、32 号和 61 号。结合器物宏观特征，确定它们为玛瑙，典型特征拉曼图谱见图 5.20b。显晶质石英质玉器和隐晶质石英质玉器的主要区别在 501$cm^{-1}$ 附近的振动峰，它归因于斜硅石中 Si-O 的对称弯曲振动。

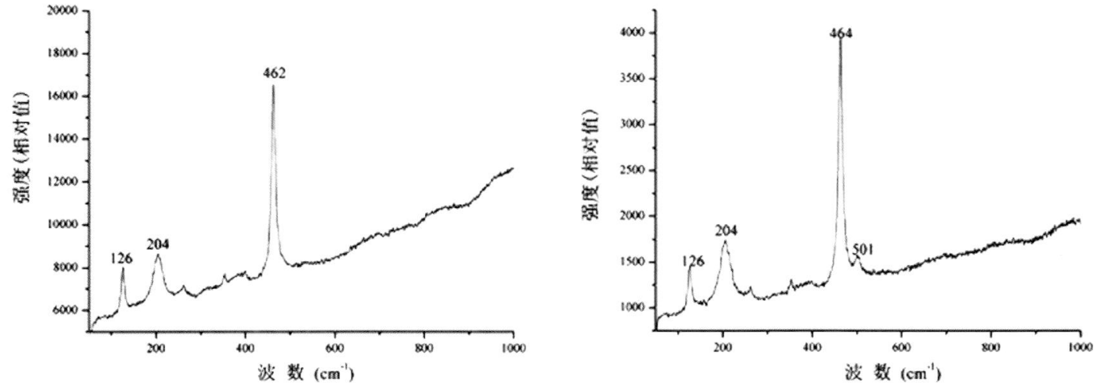


a. 2 号　　b. 29 号

图 5.20　石英质玉器的特征拉曼图谱

## 表 5.7 淅川下寺墓地玉器化学

| 序号 | 测试点 | $Na_2O$ | MgO | $Al_2O_3$ | $SiO_2$ | $P_2O_5$ | $K_2O$ | CaO | $TiO_2$ | $Fe_2O_3$ | CuO |
|---|---|---|---|---|---|---|---|---|---|---|---|
| | | wt.% | | | | | | | | | |
| 1 | 青白色 | 0.29 | 20.41 | 4.58 | 60.59 | n.d.[①] | 0.36 | 12.72 | 0.03 | 1.02 | n.d. |
| 2 | 白色 | n.d. | 0.59 | 4.89 | 92.60 | 0.55 | 0.62 | 0.57 | 0.02 | 0.17 | n.d. |
| 3 | 鸡骨白色 | 1.40 | 22.91 | 2.51 | 59.61 | n.d. | 0.14 | 12.48 | 0.02 | 0.93 | n.d. |
| 4 | 青白色 | 1.15 | 22.87 | 2.27 | 59.83 | n.d. | 0.22 | 12.50 | 0.02 | 1.15 | n.d. |
| 5 | 灰白色 | 1.25 | 22.84 | 1.46 | 60.22 | n.d. | 0.09 | 12.54 | 0.04 | 1.57 | n.d. |
| 6 | 青白色 | 0.11 | 23.05 | 1.87 | 61.24 | n.d. | 0.11 | 12.57 | 0.01 | 1.04 | n.d. |
| 7 | 青白色 | n.d. | 20.94 | 2.45 | 61.45 | n.d. | 0.22 | 12.60 | 0.02 | 2.31 | n.d. |
| 8 | 棕黄色 | 0.24 | 22.97 | 0.89 | 61.34 | n.d. | 0.06 | 13.18 | 0.02 | 1.31 | n.d. |
| 9 | 棕青色 | 0.40 | 22.90 | 0.99 | 61.49 | n.d. | 0.12 | 13.14 | 0.01 | 0.95 | n.d. |
| 10 | 棕青色 | 0.36 | 23.71 | 1.18 | 60.92 | n.d. | 0.11 | 12.68 | 0.02 | 1.03 | n.d. |
| 11 | 棕黄色 | n.d. | 22.01 | 1.66 | 61.91 | n.d. | 0.22 | 13.25 | 0.02 | 0.94 | n.d. |
| 12 | 棕黄色 | n.d. | 21.45 | 1.50 | 61.99 | n.d. | 0.14 | 13.91 | 0.02 | 0.99 | n.d. |
| 13 | 青色 | 0.42 | 23.75 | 1.15 | 61.65 | n.d. | 0.12 | 12.24 | 0.02 | 0.65 | n.d. |
| 14 | 青色 | 0.58 | 23.84 | 0.97 | 61.49 | n.d. | 0.10 | 12.43 | 0.03 | 0.56 | n.d. |
| 15 | 棕黄色 | 0.50 | 24.50 | 0.77 | 61.38 | n.d. | 0.07 | 12.47 | 0.01 | 0.32 | n.d. |
| 16 | 棕黄色 | 0.66 | 24.22 | 0.78 | 61.31 | n.d. | 0.06 | 12.62 | 0.02 | 0.34 | n.d. |
| 17 | 棕黄色 | 0.66 | 24.61 | 0.88 | 61.08 | n.d. | 0.04 | 12.39 | 0.01 | 0.32 | n.d. |

## 成分的 pXRF 测试结果及物相信息

| Cr | Mn | Ni | Cu | Zn | Rb | Sr | Pb | $Mg^{2+}$/($Mg^{2+}$+$Fe^{2+(3+)}$) | 物相 |
|---|---|---|---|---|---|---|---|---|---|
| μg/g | | | | | | | | | |
| 178 | 287 | n.d. | 21 | 108 | 8 | 7 | 16 | 0.975 | 透闪石－阳起石 |
| 489 | n.d. | 101 | 506 | 127 | n.d. | 38 | 17 | / | 石英 |
| 235 | 118 | 26 | 45 | 135 | n.d. | 3 | 24 | 0.980 | 透闪石－阳起石 |
| 104 | 301 | 5 | 260 | 177 | 10 | 11 | 42 | 0.975 | 透闪石－阳起石 |
| 192 | 1335 | 16 | 129 | 95 | n.d. | 11 | 17 | 0.966 | 透闪石－阳起石 |
| 174 | 318 | 30 | 94 | 90 | n.d. | 8 | 46 | 0.978 | 透闪石－阳起石 |
| 134 | 1108 | 5 | 415 | 90 | n.d. | 28 | 27 | 0.947 | 透闪石－阳起石 |
| 171 | 623 | 26 | 299 | 195 | n.d. | 6 | 25 | 0.972 | 透闪石－阳起石 |
| 108 | 220 | 42 | 71 | 93 | 0 | 15 | 36 | 0.979 | 透闪石－阳起石 |
| 183 | 370 | 19 | 42 | 152 | 3 | 17 | 4 | 0.979 | 透闪石－阳起石 |
| 100 | 257 | 26 | 146 | 217 | n.d. | 14 | 7 | 0.979 | 透闪石－阳起石 |
| 97 | 280 | 13 | 87 | 109 | 1 | 17 | 24 | 0.977 | 透闪石－阳起石 |
| 224 | 314 | n.d. | 95 | 203 | 1 | 7 | 35 | 0.986 | 透闪石－阳起石 |
| 240 | 228 | 10 | 184 | 228 | 2 | 11 | 2 | 0.988 | 透闪石－阳起石 |
| 157 | 298 | 26 | 94 | 38 | n.d. | 10 | 9 | 0.993 | 透闪石－阳起石 |
| 215 | 253 | 20 | 79 | 21 | 3 | 10 | 39 | 0.993 | 透闪石－阳起石 |
| 237 | 389 | 35 | 114 | n.d. | 2 | 10 | 54 | 0.993 | 透闪石－阳起石 |

| 序号 | 测试点 | $Na_2O$ | MgO | $Al_2O_3$ | $SiO_2$ | $P_2O_5$ | $K_2O$ | CaO | $TiO_2$ | $Fe_2O_3$ | CuO |
|---|---|---|---|---|---|---|---|---|---|---|---|
| | | wt.% | | | | | | | | | |
| 18 | 白色微黄 | 0.47 | 22.66 | 0.87 | 62.05 | n.d. | 0.18 | 13.52 | 0.02 | 0.22 | n.d. |
| 19 | 青黄色 | 0.80 | 24.19 | 0.89 | 60.93 | n.d. | 0.09 | 12.28 | 0.01 | 0.83 | n.d. |
| 20 | 青黄色 | 0.93 | 23.89 | 0.85 | 60.92 | n.d. | 0.08 | 12.43 | 0.01 | 0.89 | n.d. |
| 21 | 白色 | n.d. | 0.45 | 2.38 | 95.18 | 1.07 | 0.52 | 0.36 | 0.01 | 0.03 | n.d. |
| 22 | 青黄色 | 0.67 | 23.33 | 1.09 | 61.53 | n.d. | 0.09 | 12.79 | 0.01 | 0.50 | n.d. |
| 23 | 棕黄色 | n.d. | 21.20 | 0.64 | 62.20 | n.d. | 0.10 | 13.98 | 0.01 | 1.86 | n.d. |
| 24 | 青黄色 | 0.62 | 23.14 | 0.73 | 61.48 | n.d. | 0.09 | 12.77 | 0.03 | 1.14 | n.d. |
| 25 | 棕黄色 | 0.23 | 23.14 | 0.93 | 61.85 | n.d. | 0.13 | 12.90 | 0.01 | 0.81 | n.d. |
| 26 | 青白色 | 1.21 | 22.17 | 1.17 | 61.41 | n.d. | 0.21 | 13.10 | 0.02 | 0.71 | n.d. |
| 27 | 褐黄色 | 0.06 | 21.68 | 1.04 | 62.30 | n.d. | 0.21 | 13.47 | 0.02 | 1.22 | n.d. |
| 28 | 褐黄色 | 1.10 | 23.11 | 1.24 | 60.87 | n.d. | 0.18 | 13.05 | 0.03 | 0.43 | n.d. |
| 29 | 白色 | n.d. | 0.42 | 1.56 | 96.27 | 0.92 | 0.43 | 0.33 | 0.01 | 0.07 | n.d. |
| | 棕色 | 0.07 | 0.46 | 1.64 | 96.03 | 0.97 | 0.41 | 0.33 | 0.01 | 0.08 | n.d. |
| 30 | 黑色 | n.d. | 0.55 | 1.68 | 95.71 | 1.19 | 0.51 | 0.31 | 0.01 | 0.05 | n.d. |
| | 白色 | n.d. | 0.43 | 1.58 | 95.97 | 1.16 | 0.45 | 0.33 | 0.01 | 0.08 | n.d. |
| 31 | 黑色 | n.d. | 0.36 | 1.63 | 95.87 | 1.22 | 0.47 | 0.36 | 0.01 | 0.09 | n.d. |
| | 白色 | n.d. | 0.57 | 1.85 | 95.78 | 0.79 | 0.43 | 0.48 | 0.01 | 0.08 | n.d. |
| 32 | 黄白褐相间 | n.d. | 0.44 | 1.77 | 96.07 | 0.78 | 0.50 | 0.41 | 0.01 | 0.03 | n.d. |

续表

| Cr | Mn | Ni | Cu | Zn | Rb | Sr | Pb | $Mg^{2+}/(Mg^{2+}+Fe^{2+(3+)})$ | 物相 |
|---|---|---|---|---|---|---|---|---|---|
| μg/g | | | | | | | | | |
| 208 | 99 | n.d. | 151 | 197 | n.d. | 20 | 23 | 0.995 | 透闪石-阳起石 |
| 203 | 655 | 35 | 114 | 257 | 2 | 12 | 21 | 0.983 | 透闪石-阳起石 |
| 164 | 603 | n.d. | 88 | 142 | 3 | 11 | 34 | 0.982 | 透闪石-阳起石 |
| 627 | 135 | 49 | 487 | 273 | 5 | 54 | 21 | / | 石英 |
| 292 | 228 | 29 | 83 | 154 | 2 | 10 | 61 | 0.989 | 透闪石-阳起石 |
| 176 | 1075 | n.d. | 299 | 250 | n.d. | 24 | 20 | 0.958 | 透闪石-阳起石 |
| 156 | 985 | n.d. | 187 | 70 | 1 | 34 | 31 | 0.976 | 透闪石-阳起石 |
| 76 | 289 | 39 | 163 | 98 | n.d. | 4 | 12 | 0.983 | 透闪石-阳起石 |
| 126 | 277 | 21 | 221 | 134 | 6 | 9 | 33 | 0.984 | 透闪石-阳起石 |
| 169 | 364 | 23 | 394 | 264 | 10 | 8 | 22 | 0.972 | 透闪石-阳起石 |
| 198 | 95 | 14 | 146 | 36 | n.d. | 9 | 27 | 0.991 | 透闪石-阳起石 |
| 471 | 101 | 89 | 326 | 122 | n.d. | n.d. | 44 | / | 石英 |
| 508 | 76 | 88 | 335 | 72 | n.d. | n.d. | 29 | / | 石英 |
| 534 | 85 | 56 | 465 | 184 | n.d. | n.d. | 14 | / | 石英 |
| 542 | 99 | 74 | 345 | 62 | n.d. | n.d. | 24 | / | 石英 |
| 327 | 68 | 136 | 375 | 125 | n.d. | n.d. | 24 | / | 石英 |
| 390 | 51 | 105 | 365 | 146 | n.d. | 6 | 38 | / | 石英 |
| 358 | 74 | 67 | 288 | 115 | 5 | n.d. | 18 | / | 石英 |

| 序号 | 测试点 | $Na_2O$ | MgO | $Al_2O_3$ | $SiO_2$ | $P_2O_5$ | $K_2O$ | CaO | $TiO_2$ | $Fe_2O_3$ | CuO |
|---|---|---|---|---|---|---|---|---|---|---|---|
| | | wt.% | | | | | | | | | |
| 33 | 黄白褐相间 | 0.54 | 22.95 | 1.11 | 61.36 | n.d. | 0.09 | 13.01 | 0.03 | 0.93 | n.d. |
| 34 | 浅黄、鸡骨白 | 0.27 | 21.73 | 0.84 | 60.61 | 0.22 | 0.04 | 14.37 | 0.39 | 1.53 | n.d. |
| 35 | 浅黄、鸡骨白 | 0.18 | 22.23 | 1.95 | 61.40 | n.d. | 0.19 | 12.82 | 0.02 | 1.22 | n.d. |
| 36 | 青白色 | 0.94 | 23.06 | 1.46 | 60.87 | n.d. | 0.23 | 12.98 | 0.02 | 0.46 | n.d. |
| 37 | 浅黄色 | 0.70 | 22.53 | 1.42 | 61.04 | n.d. | 0.12 | 13.13 | 0.03 | 1.03 | n.d. |
| 38 | 青白色 | n.d. | 20.77 | 1.83 | 61.91 | n.d. | 0.21 | 14.10 | 0.03 | 1.16 | n.d. |
| 39 | 青色、鸡骨白色 | n.d. | 18.69 | 1.36 | 65.55 | n.d. | 0.13 | 13.48 | 0.01 | 0.78 | n.d. |
| 40 | 青白色 | 0.28 | 22.10 | 1.34 | 62.78 | n.d. | 0.11 | 12.68 | 0.02 | 0.68 | n.d. |
| 41 | 青色、鸡骨白色 | 0.05 | 22.49 | 1.18 | 62.23 | n.d. | 0.05 | 13.22 | 0.02 | 0.77 | n.d. |
| 42 | 青色、鸡骨白色 | 0.59 | 23.22 | 1.48 | 61.11 | 0.03 | 0.10 | 12.40 | 0.02 | 1.05 | n.d. |
| 43 | 深黄色 | 0.60 | 22.35 | 0.91 | 61.24 | n.d. | 0.19 | 14.02 | 0.01 | 0.66 | n.d. |
| 44 | 青黄色 | 0.70 | 23.92 | 0.92 | 60.90 | n.d. | 0.08 | 12.77 | 0.02 | 0.69 | n.d. |
| 45 | 青黄色 | n.d. | 21.85 | 2.05 | 61.80 | n.d. | 0.16 | 13.55 | 0.02 | 0.57 | n.d. |
| 46 | 鸡骨白色 | n.d. | 17.36 | 1.44 | 66.46 | 0.72 | 0.22 | 12.71 | 0.03 | 1.04 | n.d. |
| 47 | 鸡骨白色 | n.d. | 18.08 | 1.21 | 67.00 | 0.02 | 0.11 | 11.59 | 0.02 | 1.97 | n.d. |
| 48 | 深黄色 | 0.73 | 23.82 | 0.99 | 60.79 | n.d. | 0.06 | 12.85 | 0.03 | 0.72 | n.d. |
| 49 | 深黄色 | 0.52 | 24.10 | 1.06 | 60.86 | n.d. | 0.10 | 12.60 | 0.02 | 0.75 | n.d. |

续表

| Cr | Mn | Ni | Cu | Zn | Rb | Sr | Pb | $Mg^{2+}/(Mg^{2+}+Fe^{2+(3+)})$ | 物相 |
|---|---|---|---|---|---|---|---|---|---|
| μg/g | | | | | | | | | |
| 215 | 1217 | 14 | 241 | 116 | n.d. | 10 | 77 | 0.980 | 透闪石－阳起石 |
| 163 | 170 | n.d. | 3451 | 62 | n.d. | 13 | 74 | 0.966 | 透闪石－阳起石 |
| 191 | 150 | 13 | 187 | 243 | n.d. | 11 | 45 | 0.973 | 透闪石－阳起石 |
| 187 | 414 | 31 | 100 | 145 | 8 | 15 | 39 | 0.990 | 透闪石－阳起石 |
| 168 | 473 | 21 | 185 | 137 | n.d. | 11 | 32 | 0.977 | 透闪石－阳起石 |
| 176 | 915 | 13 | 151 | 476 | n.d. | 9 | 36 | 0.973 | 透闪石－阳起石 |
| 149 | 407 | 24 | 296 | 192 | n.d. | 12 | 21 | 0.979 | 透闪石－阳起石 |
| 226 | 228 | 22 | 126 | 72 | n.d. | 7 | 32 | 0.985 | 透闪石－阳起石 |
| 126 | 206 | 28 | 93 | 140 | n.d. | 9 | 35 | 0.983 | 透闪石－阳起石 |
| 148 | 308 | 37 | 386 | 147 | n.d. | 8 | 16 | 0.978 | 透闪石－阳起石 |
| 149 | 378 | 25 | 168 | 45 | n.d. | 12 | 28 | 0.985 | 透闪石－阳起石 |
| 314 | 217 | 21 | 177 | 74 | n.d. | 6 | 20 | 0.986 | 透闪石－阳起石 |
| 207 | 212 | 40 | 186 | 112 | n.d. | 5 | 46 | 0.987 | 透闪石－阳起石 |
| 213 | 1083 | n.d. | 264 | 177 | n.d. | 6 | n.d. | 0.971 | 透闪石－阳起石 |
| 129 | 1002 | 11 | 251 | 520 | n.d. | 15 | 32 | 0.948 | 透闪石－阳起石 |
| 182 | 214 | 8 | 227 | 143 | n.d. | 6 | n.d. | 0.985 | 透闪石－阳起石 |
| 205 | 205 | 18 | 198 | 80 | 6 | n.d. | 33 | 0.985 | 透闪石－阳起石 |

| 序号 | 测试点 | $Na_2O$ | MgO | $Al_2O_3$ | $SiO_2$ | $P_2O_5$ | $K_2O$ | CaO | $TiO_2$ | $Fe_2O_3$ | CuO |
|---|---|---|---|---|---|---|---|---|---|---|---|
| | | wt.% | | | | | | | | | |
| 50 | 鸡骨白色 | n.d. | 19.32 | 1.86 | 63.53 | n.d. | 0.19 | 14.08 | 0.02 | 0.99 | n.d. |
| 51 | 浅黄、鸡骨白色 | 0.12 | 21.95 | 1.25 | 63.29 | n.d. | 0.08 | 12.55 | 0.02 | 0.73 | n.d. |
| 52 | 浅黄、鸡骨白色 | n.d. | 21.47 | 1.49 | 62.39 | n.d. | 0.12 | 13.00 | 0.03 | 1.50 | n.d. |
| 53 | 青黄色 | 0.10 | 23.41 | 1.12 | 61.46 | 0.11 | 0.09 | 12.96 | 0.01 | 0.74 | n.d. |
| 54 | 乳白色 | 1.23 | 11.89 | 5.14 | 71.61 | 0.01 | 0.18 | 8.70 | 0.05 | 1.19 | n.d. |
| 55 | 白黄色 | n.d. | 15.32 | 7.45 | 63.59 | n.d. | 0.85 | 11.25 | 0.06 | 1.49 | n.d. |
| 56 | 白黄色 | n.d. | 18.10 | 3.26 | 61.52 | 2.06 | 0.31 | 13.75 | 0.03 | 0.97 | n.d. |
| 57 | 白色 | n.d. | 19.16 | 3.48 | 63.05 | 0.19 | 0.27 | 13.29 | 0.01 | 0.54 | n.d. |
| 58 | 白色 | 0.76 | 24.06 | 1.20 | 61.11 | n.d. | 0.11 | 12.34 | 0.01 | 0.40 | n.d. |
| 59 | 青色 | n.d. | 16.47 | 5.25 | 61.63 | n.d. | 0.54 | 14.08 | 0.12 | 1.92 | n.d. |
| 60 | 青白色 | n.d. | 19.34 | 2.17 | 62.35 | n.d. | 0.20 | 14.93 | 0.01 | 1.00 | n.d. |
| 61 | 白色条纹 | 0.17 | 0.44 | 1.72 | 95.81 | 0.93 | 0.47 | 0.34 | 0.01 | 0.10 | n.d. |
| | 红色 | 0.07 | 0.36 | 1.52 | 96.31 | 0.87 | 0.44 | 0.34 | 0.01 | 0.08 | n.d. |
| | 白色 | 0.39 | 0.46 | 2.02 | 95.42 | 0.59 | 0.47 | 0.49 | 0.01 | 0.14 | n.d. |

注：① n.d.：not detected，即氧化物或元素浓度低于仪器检出限，未检测出该化学成分。

续表

| Cr | Mn | Ni | Cu | Zn | Rb | Sr | Pb | $Mg^{2+}$/($Mg^{2+}$+$Fe^{2+(3+)}$) | 物相 |
|---|---|---|---|---|---|---|---|---|---|
| μg/g | | | | | | | | | |
| 122 | 251 | 14 | 142 | 160 | n.d. | 16 | 31 | 0.975 | 透闪石-阳起石 |
| 154 | 178 | 33 | 241 | 172 | n.d. | 9 | 25 | 0.983 | 透闪石-阳起石 |
| 90 | 94 | 36 | 415 | 209 | n.d. | 10 | 7 | 0.966 | 透闪石-阳起石 |
| 210 | 261 | 30 | 77 | 92 | n.d. | n.d. | 45 | 0.984 | 透闪石-阳起石 |
| 293 | 122 | 11 | 173 | 85 | n.d. | 46 | 32 | 0.952 | 透闪石-阳起石 |
| 123 | 455 | 13 | 425 | 66 | n.d. | 8 | 6 | 0.953 | 透闪石-阳起石 |
| 88 | 258 | n.d. | 50 | 19 | n.d. | 12 | n.d. | 0.974 | 透闪石-阳起石 |
| 243 | 507 | 20 | n.d. | 78 | n.d. | 10 | 7 | 0.986 | 透闪石-阳起石 |
| 201 | 378 | 24 | 37 | 58 | 5 | 10 | 44 | 0.992 | 透闪石-阳起石 |
| 104 | 432 | 17 | 91 | 101 | n.d. | 18 | 8 | 0.944 | 透闪石-阳起石 |
| 131 | 270 | 20 | 52 | 168 | 5 | 25 | 26 | 0.975 | 透闪石-阳起石 |
| 262 | 36 | 126 | 337 | 30 | n.d. | n.d. | 33 | / | 石英 |
| 301 | 41 | 98 | 290 | 20 | n.d. | n.d. | 35 | / | 石英 |
| 280 | 35 | 75 | 381 | 66 | n.d. | n.d. | 79 | / | 石英 |

# 第四节　固始侯古堆一号墓玉器

侯古堆一号墓[27]位于河南省固始县城东南1.5公里的城关镇砖瓦厂内隆起的谷堆上。1978年河南省文物考古研究所对其进行了发掘。该墓由主墓和陪葬坑两部分组成。主墓为“甲”字形竖穴土坑墓，墓上有高7米、直径55米的圆锥状封土，墓坑内积石积沙。墓道长11米，宽4米，底端深8.44米。墓室口部东西长12米，南北宽10.50米，墓深16米。葬具为重椁单棺。侯古堆一号墓出土48件玉器，主要随葬于主墓棺室内，共存器物主要为铜器和原始瓷器等。玉器主要有玉璧5件，玉环16件，玉珩3件，玉锁形饰2件，玉片形饰7件，玉珠3件，玛瑙管6件，玉璜、龙形玉佩、玉绞丝环、玉带钩、玉人、玉管形饰各1件。其中3件玉璧、3件玉环、3件玉珩、2件玉锁形饰以及龙形玉佩、玉绞丝环、玉带钩、玉人表面有纹饰，7件玉片形饰周边雕琢齿脊，余皆光素无纹。玉料较好，多为白色、青白色或青色，玉质温润而富有光泽，均有多少不等的褐色和黄褐色沁，半透明或微透明。有的玉器表面遗留有朱砂痕。纹饰有卷云纹、勾连云纹和卧蚕纹，大多为双面雕，玉人采用圆雕。没有纹饰的玉器，尤其是玉环，不仅制作粗糙，厚薄不均，而且内外也非正圆。这批玉器为研究春秋晚期玉器的玉料、形制、治玉工艺等方面提供了重要资料。侯古堆一号墓墓主是东周时期高级贵族的夫人，学术界对其身份的判断主要有两种：一是依据墓中铜器铭文，推断是吴国夫人季子，宋景公之妹[28]；二是依据出土的铜器形制与数量，推断为楚国女性贵族，其夫君职位为楚县公一级[29]。

## 一、玉器基本信息

研究选取10件典型出土玉器（彩版八四—彩版九〇），多为表面饰有繁复纹饰的片状玉器，另有1件圆雕玉人和1件玉带钩。玉器基本信息见表5.8。

### 表 5.8　固始侯古堆一号墓玉器基本信息

| 序号 | 标本号 | 器名 | 颜色与尺寸 |
| --- | --- | --- | --- |
| 1 | M1∶36-8 | 玉珩 | 乳白泛青，长 7.80 厘米，宽 1.70 厘米，厚 0.20 厘米 |
| 2 | M1∶36-7 | 玉珩 | 翠绿色，长 10.90 厘米，宽 3 厘米，厚 0.20 厘米 |
| 3 | M1∶36-10 | 玉龙佩 | 乳白色，尾部略残，龙身长 11 厘米，宽 3.90 厘米，厚 0.50 厘米 |
| 4 | M1∶36-12 | 玉环 | 乳白色，外径 10.70 厘米，内径 6.40 厘米，厚 0.50 厘米 |
| 5 | M1∶35-14 | 玉人 | 乳白泛青，高 2.50 厘米 |
| 6 | M1∶37-1 | 玉带钩 | 乳白色，长 2.10 厘米，宽 1.70 厘米，厚 1.30 厘米 |
| 7 | M1∶36-1 | 玉环 | 蜡黄和灰褐诸色，直径 11.90 厘米，孔径 5.50 厘米，厚 0.10—0.30 厘米 |
| 8 | M1∶36-3 | 玉环 | 青灰色，直径 6 厘米，孔径 2.30 厘米，厚 0.60 厘米 |
| 9 | M1∶36-17 | 玉璧 | 乳白色，直径 3.60 厘米，孔径 1.30 厘米，厚 0.35 厘米 |
| 10 | M1∶36-4-1 | 玉环 | 乳白色，外径 9.20 厘米，内径 5.90 厘米，内厚 0.30 厘米，外厚 0.20 厘米 |

## 二、材质判定

对玉器进行了 pXRF、拉曼光谱测定，相关化学成分分析结果见表 5.9。综合上述两项分析结果可将玉器材质分为两类：阳起石-透闪石质玉器和云母质玉器。

## 表 5.9　固始侯古堆一号墓玉器化学成分分析结果（wt.%）

| 标本号 | MgO | $Al_2O_3$ | $SiO_2$ | $K_2O$ | CaO | $TiO_2$ | $Fe_2O_3$ | $Mg^{2+}/(Mg^{2+}+Fe^{2+(3+)})$ |
|---|---|---|---|---|---|---|---|---|
| M1∶36−8 | 11.27 | 0.82 | 76.57 | 0.11 | 10.80 | 0.02 | 0.41 | 0.96 |
| M1∶36−7 | 11.92 | 0.84 | 76.14 | 0.12 | 10.45 | 0.02 | 0.51 | 0.96 |
| M1∶36−10 | 10.47 | 0.75 | 76.68 | 0.09 | 10.98 | 0.03 | 0.99 | 0.91 |
| M1∶36−12 | 11.60 | 1.38 | 75.72 | 0.08 | 10.71 | 0.02 | 0.50 | 0.96 |
| M1∶35−14 | 1.63 | 25.89 | 58.92 | 10.79 | 0.13 | 0.05 | 2.60 | / |
| M1∶37−1 | 11.29 | 1.34 | 75.68 | 0.15 | 11.22 | 0.02 | 0.30 | 0.97 |
| M1∶36−1 | 10.61 | 1.87 | 73.58 | 0.26 | 12.54 | 0.03 | 1.11 | 0.91 |
| M1∶36−3 | 12.39 | 1.11 | 75.94 | 0.06 | 10.18 | 0.02 | 0.31 | 0.98 |
| M1∶36−17 | 11.95 | 1.35 | 75.74 | 0.10 | 10.12 | 0.04 | 0.70 | 0.94 |
| M1∶36−4−1 | 11.06 | 1.02 | 76.64 | 0.09 | 10.88 | 0.01 | 0.29 | 0.97 |

1. 阳起石−透闪石质玉器

该质地玉器有 9 件，主要化学成分有 MgO、CaO 和 $SiO_2$，其含量范围分别为 10.47%—12.39%、10.12%—12.54% 和 73.58%—76.68%，与阳起石−透闪石系列矿物 $\{Ca_2(Mg, Fe)_5[Si_4O_{11}]_2\}$ 的理论组分接近。结合玉器的拉曼光谱分析结果，应属于阳起石−透闪石质玉器。该质地玉器的特征拉曼图谱见图 5.21a—图 5.21c，其中 $1059cm^{-1}$ 反映 Si−O−Si 的反对称伸缩振动模式，$673cm^{-1}$ 反映 Si−O−Si 的对称伸缩振动模式，$223cm^{-1}$ 反映 O−H−O 基团的晶格振动峰 [30]。

### 2. 云母质玉器

该质地玉器仅玉人 M1∶35−14 1件，主要化学成分为 $Al_2O_3$ 25.89%、$SiO_2$ 58.92% 和 $K_2O$ 10.79%，与云母{$KAl_2(Si_3Al)O_{10}(OH)_2$}的理论组分接近。其中 $SiO_2$ 含量偏高而 $Al_2O_3$ 含量偏低，可能由于玉器表面存在杂质。其特征拉曼图谱见图 5.21d，其中 265cm$^{-1}$ 反映晶格振动和阳离子交换，409cm$^{-1}$ 归因于 $O_{nb}$−Si−$O_{nb}$ 变形振动[31]。结合玉人的化学成分与拉曼分析结果，判断其为云母质玉器。

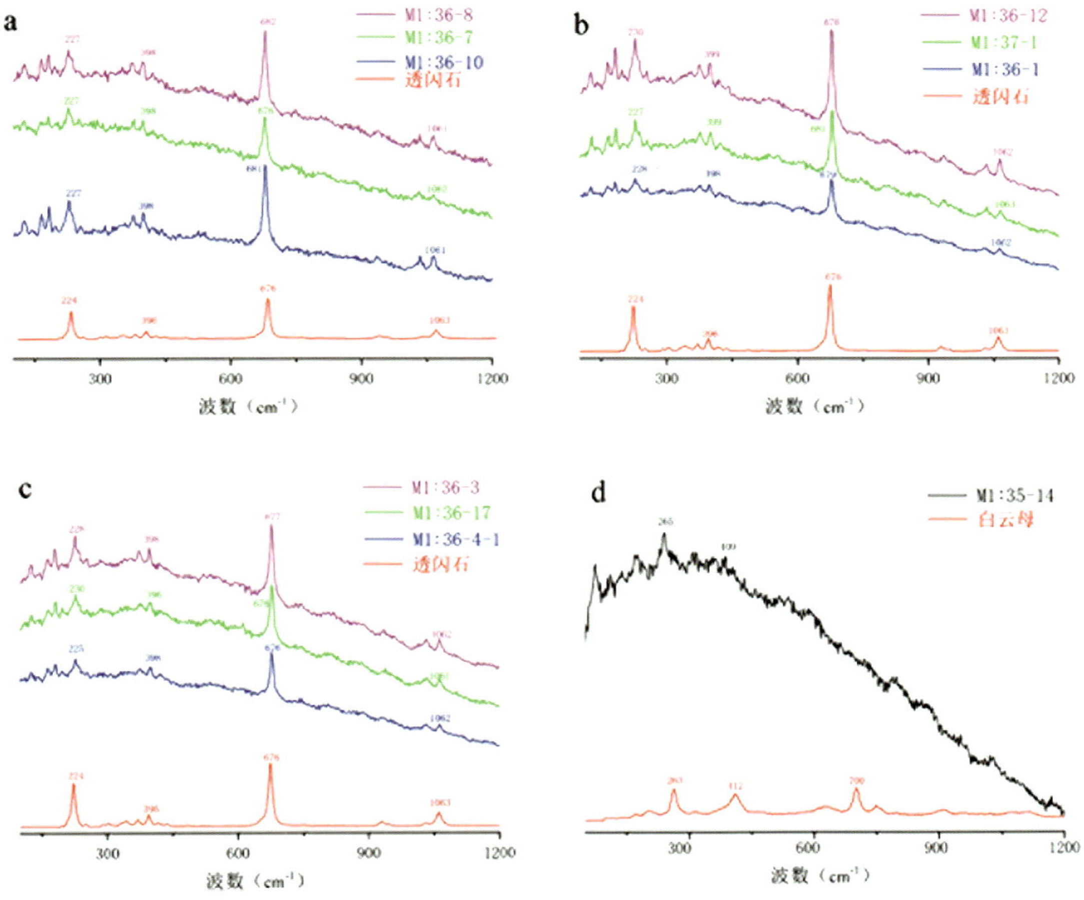


图 5.21　固始侯古堆一号墓玉器的特征拉曼图谱
a、b、c. 透闪石质玉器　d. 云母质玉器

# 第五节　淇县宋庄墓地玉器

宋庄墓地位于河南省鹤壁市淇县西岗镇宋庄村东、方寨村南淇河西岸的一级台地上。2009 年初，河南省文物考古研究所和淇县文物管理所组成联合考古队，对该墓地进行了发掘。在发掘的 19 座墓葬中，大中型的甲字形墓 7 座，大中型的长方形竖穴土坑墓 8 座，小型的长方形竖穴土坑墓 4 座。宋庄墓地出土的玉器多达 250 件（片），皆出自大中型墓中，分布于墓主四周和棺椁之间，与铜器和陶器共存。不同墓葬出土的玉器数量、质地相差悬殊。如大型长方形竖穴土坑墓 M18 仅有 2 件玉握，质地粗糙；而大中型的甲字形墓 M5 出土的玉器达 81 件（片），其中不乏精品。这些玉器功能不一，有的作为九窍塞，有的作为瞑目坠饰，有的作为服饰佩玉，也有纯粹的礼仪玉。玉器种类主要有玉璧、玉璜、玉环、玉虎、玉片、玉柱形饰、玉板、玉坠饰、玉觿、玉踏、玉塞、滑石珠、绿松石饰、玛瑙珠、水晶珠等。宋庄墓地的时代为春秋晚期至战国早期。

## 一、玉器基本信息

研究选取了淇县宋庄墓地出土的春秋战国时期的 50 件玉器，进行材料属性及其结构的相关研究，依据相应结果作出材质判定。玉器基本信息见表 5.10。

## 二、材质判定

对玉器分别进行 pXRF 和拉曼光谱测定，相关化学成分分析结果见表 5.11。综合上述 3 项分析结果可以确定，淇县宋庄墓地出土玉器的材质主要有透闪石、方解石、石英（包括水晶和玛瑙）、叶蜡石、绿松石、长石和蛇纹石等质地。

1. 透闪石-阳起石质玉器

该质地玉器有26件，主要化学成分MgO、$SiO_2$和CaO的含量范围分别为18.81%—23.89%、57.85%—61.09%和11.49%—15.16%，与透闪石化学成分理论组分一致。结合玉器的拉曼光谱分析结果，应属于透闪石-阳起石质玉器。从典型玉器如玉璜HNSZ-1的特征拉曼图谱（图5.22）中可见硅氧四面体链中Si-O-Si的伸缩振动峰（671cm$^{-1}$）、Si-O的伸缩振动峰（1055cm$^{-1}$）、晶格振动峰（176cm$^{-1}$、220cm$^{-1}$、390cm$^{-1}$）、$OH^{-1}$的伸缩振动峰（3647cm$^{-1}$、3660cm$^{-1}$）。

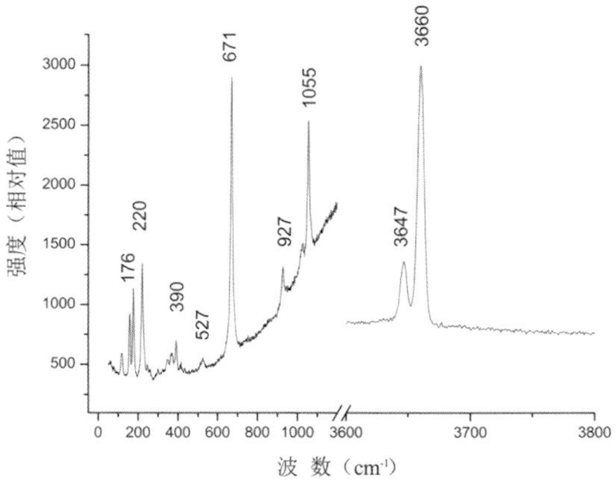


图5.22　透闪石质玉璜HNSZ-1绿色部位的特征拉曼图谱

2. 方解石质玉器

该质地玉器有10件，主要化学成分CaO、$SiO_2$和MgO的含量范围分别为80.46%—89.40%、5.40%—10.80%和2.10%—6.85%。从玉璧HNSZ-17白色部位的特征拉曼图谱（图5.23）中可看出$CO_3^{2-}$阴离子团的对称伸缩振动（1082cm$^{-1}$）、$CO_3^{2-}$阴离子团的弯曲振动（707cm$^{-1}$）及晶格振动峰（278cm$^{-1}$和152cm$^{-1}$）。该质地玉器均含有一定量的$SiO_2$，说明玉料纯度欠佳，有少量石英等伴生矿物。

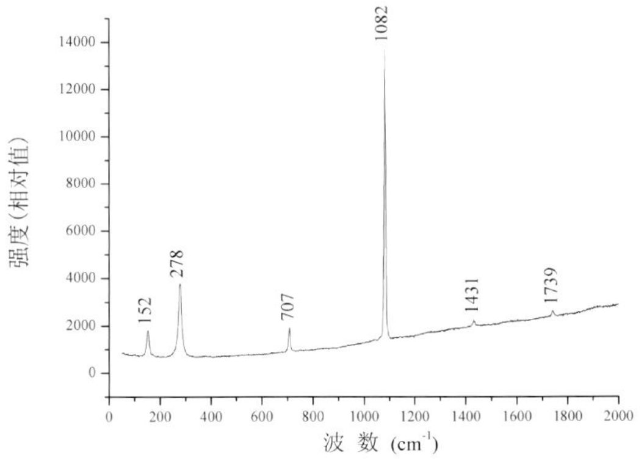


图5.23　方解石质玉璧HNSZ-17白色部位的特征拉曼图谱

3. 石英质玉器

该质地玉器有5件。典型玉器玛瑙珠HNSZ-22和紫水晶珠HNSZ-47的特征拉曼图谱见图5.24，其中100—300cm$^{-1}$的

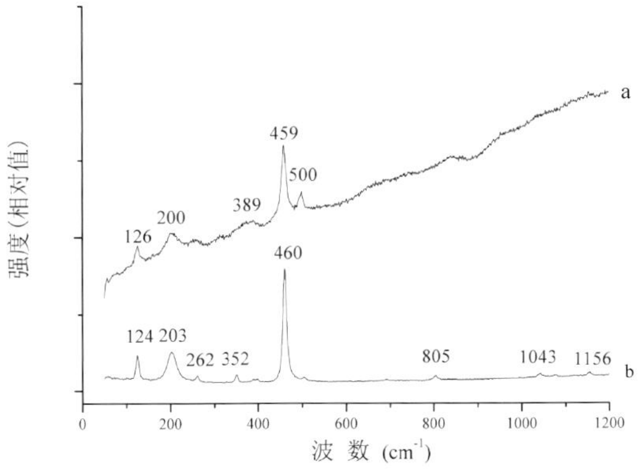


图5.24　典型石英质玉器的特征拉曼图谱
a. 隐晶质石英质玛瑙珠HNSZ-22
b. 显晶质石英质紫水晶珠HNSZ-47

## 表 5.10 淇县宋庄

| 玉器编号 | 器名 | 标本号 | 数量 | 玉器特征 | 质量／克 |
| --- | --- | --- | --- | --- | --- |
| HNSZ-1 | 玉璜 | M1 : 36 | 1 | 半环 | 21.50 |
| HNSZ-2 | 玉片 | M1 : 48 | 1 | 方形片状 | 6.20 |
| HNSZ-3 | 玉片 | M1 : 51 | 1 | 方形片状 | 3.28 |
| HNSZ-4 | 玉环 | M3 : X2-5-5 | 1 | 环状 | 4.66 |
| HNSZ-5 | 觿形器 | M3 : X2-5-4 | 1 | 扁平，一弧边有一大一小两穿孔，末端一穿。末端残缺一角 | 10.86 |
| HNSZ-6 | 水晶珠 | M3 : X2-5-3 | 1 | 白色透明，长轴贯通一穿。整体呈橄榄形，中间粗，两端细，剖面为圆形 | 6.11 |
| HNSZ-7 | 玉塞 | M3 : X2-5-1 | 1 | 圆柱形 | 13.97 |
| HNSZ-8 | 绿松石 | M3 : X1-1 | 1 | 扁平长方体，一穿贯通长轴 | 2.62 |
| HNSZ-9 | 玛瑙 | M3 : 74-3 | 1 | 圆珠 | 0.15 |
| HNSZ-10 | 绿松石珠 | M3 : 74-2 | 2 | 圆珠 | 0.18 |
| HNSZ-11 | 滑石珠 | M3 : 74-1 | 5 | 扁环 | 0.36 |
| HNSZ-12 | 玉环 | M3 : 29 | 1 | 环状 | 23.44 |
| HNSZ-13 | 玉塞 | M3 : 62 | 1 | 圆柱形 | 12.13 |
| HNSZ-14 | 玉塞 | M3 : 73 | 1 | 圆柱形 | 9.06 |
| HNSZ-15 | 条玉板 | M3 : 72 | 1 | 长条板状 | 16.01 |
| HNSZ-16 | 条玉板 | M3 : 70 | 1 | 长条板状 | 77.72 |
| HNSZ-17 | 玉璧 | M3 : 68 | 1 | 环形 | 78.73 |

## 墓地玉器基本信息

| 尺寸/厘米 | 时代 | 色泽 | 完残情况 | 考古学背景 |
|---|---|---|---|---|
| 外弧 15.00、弦长 9.76、宽 2.40、厚 0.26 | 春秋晚期 | 青灰 | 破 | 佩玉 |
| 长 3.90、宽 2.70、厚 0.23 | 春秋晚期 | 青白 | 完整 | 瞑目一组之（1） |
| 长 2.80、宽 2.60、厚 0.17 | 春秋晚期 | 青灰 | 完整 | 瞑目一组之（2） |
| 穿孔直径 0.80、外直径 2.10、厚 0.60 | 战国早期 | 青绿 | 完整 | 串饰一组之（3） |
| 整体长 6.80、宽 0.80—2.20 | 战国早期 | 乳白 | 残角 | 串饰一组之（2） |
| 长 2.40、中部直径 1.40、两端直径 0.50 | 战国早期 | 透明 | 完整 | 串饰一组之（1） |
| 直径 1.50、高 2.70 | 战国早期 | 乳白 | 完整 | 殉人鼻塞 |
| 长 2.30、宽 1.20、厚 0.60 | 战国早期 | 绿 | 稍残 | 串饰二组之（1） |
|  | 战国早期 | 黄 | 完整 | 串饰 |
| 一颗长直径 0.50、短直径 0.30，一颗长直径 0.40、短直径 0.20 | 战国早期 | 透明 | 完整 | 串饰 |
| 直径 0.70 | 战国早期 | 乳白 | 破 | 串饰 |
| 可测量内径 4.60、略直处宽 2.80、圆弧处宽 3.08、厚 0.19 | 战国早期 | 青 | 残 | 九窍塞（下体） |
| 一端直径 1.30、一端直径 1.50、高 3.00 | 战国早期 | 黄褐 | 完整 | 鼻塞 |
| 直径 1.60、高 1.80 | 战国早期 | 乳白 | 完整 | 肛塞 |
| 长 8.10、宽 2.10、厚 0.30 | 战国早期 | 乳白不透明 | 完整 | 小臂 |
| 长 9.90、宽 5.20、厚 0.30 | 战国早期 | 乳白不透明 | 残 | 大臂 |
| 外径圆弧直径 10.20、内径 5.30、宽 2.65 | 战国早期 | 乳白 | 残 | 额头，葬玉 |

| 玉器编号 | 器名 | 标本号 | 数量 | 玉器特征 | 质量／克 |
|---|---|---|---|---|---|
| HNSZ-18 | 玉虎 | M3∶67 | 1 | 细长躯干，细长首，长尾上卷，屈肢。后足、背、吻部各有一个短圆穿 | 9.54 |
| HNSZ-19 | 条玉板 | M3∶27-2 | 1 | 长条板状 | 37.36 |
| HNSZ-21 | 玉璜 | M4∶59 | 1 | 器体呈1/3圆形，素面，器表有横向切割痕迹，两侧端各有2个穿孔。外弧两端缘、侧缘均有较为圆滑的齿凸 | 21.17 |
| HNSZ-22 | 玛瑙珠 | M4∶58-2 | 2 | 圆珠 | 0.61 |
| HNSZ-24 | 玉片 | M4∶55 | 1 | 片状 | 5.61 |
| HNSZ-25 | 玉片 | M4∶54 | 1 | 片状 | 8.18 |
| HNSZ-26 | 玉璜 | M5∶93 | 1 | 半环 | 26.68 |
| HNSZ-27 | 玉片 | M5∶87 | 1 | 方形片状 | 2.31 |
| HNSZ-28 | 玉环 | M5∶80 | 1 | 环形片状 | 22.84 |
| HNSZ-29 | 玉璜 | M5∶69-1 | 1 | 半环 | 29.20 |
| HNSZ-30 | 条玉板 | M5∶174 | 1 | 乳白，长方形板，残裂为数块。一端直角锐利，一端折角圆弧。四角附近均有一细小圆穿。一面浅浮雕勾云纹，一面为素面 | 81.67 |
| HNSZ-31 | 条玉板 | M5∶175-1 | 1 | 长条 | 30.10 |
| HNSZ-32 | 玉环 | M5∶172 | 1 | 环状 | 11.79 |
| HNSZ-33 | 条玉板 | M5∶171 | 1 | 长条片状 | 15.23 |
| HNSZ-34 | 玉环 | M5∶170 | 1 | 环状 | 13.32 |
| HNSZ-35 | 玉虎 | M5∶168 | 1 | 整体粗短，首略低，短尾无卷，背部饰一道细密弦纹，腹部线刻卷云纹 | 3.26 |

续表

| 尺寸／厘米 | 时代 | 色泽 | 完残情况 | 考古学背景 |
| --- | --- | --- | --- | --- |
| 通长 8.30、通宽 17.10 | 战国早期 | 乳白 ，略透明 | 破 | 佩玉一组（1） |
| 长 18.10—19.60、平齐端宽 3.20、斜端宽 3.90、厚 0.20 | 战国早期 | 青灰 | 完整 | 右腿 |
| 长 12.90、宽 3.60、厚 0.20 | 战国早期 | 乳白 | 完整 | 佩玉 |
| 直径 0.60、高 0.77 | 战国早期 | 透明 | 完整 | 串饰 |
| 长 5.80、宽 3.50、厚 0.10 | 战国早期 | 青灰 | 残 | 瞑目 |
| 长 5.20、宽 3.60、厚 0.16 | 战国早期 | 青灰 | 残 | 瞑目 |
| 外弧弦长 9.90、内弧弦长 5.10、宽 2.50、厚 0.50 | 战国早期 | 白 | 完整 | 佩玉 |
| 长 2.30、宽 2.10、厚 2.20 | 战国早期 | 绿 | 完整 | 瞑目 |
| 外径 10.00、内径 4.50、宽 3.20、厚 0.12 | 战国早期 | 白 | 完整 | 佩玉 |
| 外弧弦长 10.30、内弧弦长 5.60、宽 2.00、厚 0.50 | 战国早期 | 乳白 | 残 | 佩玉 |
| 长 26.00、宽 4.60、厚 0.35 | 战国早期 | 乳白 | 破 | 大臂 |
| 长 9.35、宽 2.30、厚度 0.60 | 战国早期 | 乳白 | 完整 | 小臂 |
| 外径 3.90、内径 1.96、厚 0.47 | 战国早期 | 土黄 | 完整 | 佩玉 |
| 长 7.00、宽 1.80、厚 0.60 | 战国早期 | 土黄 | 完整 | 佩玉 |
| 外径 4.00、内径 9.00、宽 1.10、厚 0.50 | 战国早期 | 浅绿 | 乳白 | 佩玉 |
| 通长 1.80、通高 1.60、厚 0.50 | 战国早期 | 白，透明 | 完整 | 佩玉 |

| 玉器编号 | 器名 | 标本号 | 数量 | 玉器特征 | 质量／克 |
|---|---|---|---|---|---|
| HNSZ-36 | 玉环 | M5：166 | 1 | 乳白，扁圆环，内环边缘有弦纹一周，之间填以卷云纹 | 5.95 |
| HNSZ-37 | 玉片 | M5：164 | 1 | 长方形片状 | 3.50 |
| HNSZ-38 | 玉塞 | M5：155 | 1 | 柱形 | 14.89 |
| HNSZ-39 | 玛瑙环 | M5：151 | 1 | 环形片状 | 26.63 |
| HNSZ-40 | 玉片 | M5：122 | 1 | 长方形片状 | 4.08 |
| HNSZ-41 | 玉塞 | M5：121 | 1 | 长方体 | 43.49 |
| HNSZ-42 | 玉璧 | M5：120 | 1 | 环形 | 9.39 |
| HNSZ-43 | 玉踏 | M5：108 | 1 | 平面呈长六边形，前后齐平 | 48.83 |
| HNSZ-44 | 玉柱 | M5：105 | 1 | 柱形 | 16.52 |
| HNSZ-45 | 玉璜 | M10：99 | 1 | 半环 | 19.52 |
| HNSZ-46 | 玉片 | M10：135-1 | 1 | 长方形片状，阴线龙首纹 | 3.63 |
| HNSZ-47 | 紫水晶珠 | M10：134 | 8 | 白中泛紫，圆形，中有一穿 | 10.18 |
| HNSZ-48 | 玉璜 | M10：127 | 1 | 半环 | 9.62 |
| HNSZ-49 | 玉片 | M10：107 | 1 | 长方形片状，素面 | 3.40 |
| HNSZ-50 | 玉塞 | M10：103 | 1 | 柱形 | 27.20 |
| HNSZ-51 | 玉料 | M18：29 | 1 | 近似不规则直角三角形，直角两边较厚，斜边薄 | 7.08 |
| HNSZ-52 | 玉坠 | M19：32 | 1 | 乳白，长方体，上窄下宽，平面近似梯形。窄端面中心一圆穿，相邻侧面一穿与窄端面圆穿相通 | 11.19 |

续表

| 尺寸/厘米 | 时代 | 色泽 | 完残情况 | 考古学背景 |
|---|---|---|---|---|
| 外径 2.40、内径 1.00、宽 0.60、厚 0.70 | 战国早期 | 白 | 完整 | 佩玉 |
| 长 1.15、宽 0.70 | 战国早期 | 绿 | 完整 | 瞑目 |
| 长 3.5 | 战国早期 | 乳白 | 残 | 九窍塞 |
| 外径 7.00、内径 3.50、宽 1.80、厚 0.40 | 战国早期 | 黄褐 | 完整 | 葬玉 |
| 长 3.40、宽 2.70、厚 0.20 | 战国早期 | 绿 | 破 | 瞑目 |
| 通高 3.00、宽 2.00、厚 1.80 | 战国早期 | 乳白 | 完整 | 九窍塞 |
| 外径 5.10、内径 2.00、宽 1.50、厚 0.20 | 战国早期 | 黑灰 | 完整 | 九窍塞(下体) |
| 总长 16.00、前端宽 3.50、后端宽 3.70、厚 0.40 | 战国早期 | 乳白 | 残 | 葬玉 |
| 一端粗 1.80、一端粗 1.60、高 2.40 | 战国早期 | 乳白 | 完整 | 九窍塞 |
| 残长 7.80 | 战国早期 | 乳白 | 残为数片 | 佩玉 |
| 长 2.60、宽 2.60、厚 0.28 | 战国早期 | 白 | 完整 | 瞑目二组之(1) |
| 直径 1.10 左右 | 战国早期 | 紫 | 完整 | 串饰 |
| 残长 5.20 | 战国早期 | 青灰 | 3 片 | 佩玉 |
| 长 2.80、宽 2.10、厚 0.80 | 战国早期 | 白 | 完整 | 瞑目二组之(2) |
| 长 2.70 | 战国早期 | 乳白 | 残 | 葬玉 |
| 长 6.40 | 战国早期 | 乳白 | 残 | 玉料 |
| 上端面宽 1.50、下端面宽 1.80、厚 0.60 | 战国早期 | 乳白,不透明 | 残 | 佩玉 |

## 表 5.11 淇县宋庄墓地玉器化学成

| 玉器编号 | 主要物相 | $Na_2O$ | MgO | $Al_2O_3$ | $SiO_2$ | $P_2O_5$ | $K_2O$ | CaO |
|---|---|---|---|---|---|---|---|---|
| | | wt.% | | | | | | |
| HNSZ-1 | 透闪石 | 1.62 | 21.86 | 1.05 | 59.39 | 0.07 | 0.13 | 14.04 |
| HNSZ-2a | 透闪石 | 1.75 | 22.18 | 1.40 | 59.13 | 0.01 | 0.24 | 13.59 |
| HNSZ-2b | 透闪石 | 1.83 | 23.23 | 1.71 | 59.05 | n.d. | 0.25 | 11.49 |
| HNSZ-3 | 透闪石 | 1.47 | 20.44 | 1.49 | 58.53 | 0.01 | 0.12 | 13.98 |
| HNSZ-4 | 透闪石 | 1.92 | 23.42 | 1.35 | 57.88 | 0.29 | 0.16 | 14.24 |
| HNSZ-12 | 透闪石 | 1.02 | 19.21 | 1.97 | 60.04 | n.d. | 0.24 | 14.79 |
| HNSZ-14 | 透闪石 | 1.82 | 23.36 | 0.87 | 59.10 | 0.33 | 0.06 | 14.14 |
| HNSZ-15 | 透闪石 | 0.44 | 19.24 | 1.72 | 59.57 | n.d. | 0.17 | 15.16 |
| HNSZ-19 | 透闪石 | 1.96 | 23.68 | 1.17 | 59.02 | 0.06 | 0.09 | 13.69 |
| HNSZ-21 | 透闪石 | 1.23 | 22.67 | 1.39 | 59.54 | 0.41 | 0.15 | 13.90 |
| HNSZ-25 | 透闪石 | 1.02 | 22.19 | 1.16 | 59.57 | n.d. | 0.12 | 14.00 |
| HNSZ-26 | 透闪石 | 1.64 | 23.45 | 1.25 | 59.11 | n.d. | 0.07 | 14.19 |
| HNSZ-27 | 透闪石 | 0.96 | 23.64 | 0.97 | 60.01 | n.d. | 0.12 | 14.00 |
| HNSZ-28 | 透闪石 | 1.05 | 21.83 | 1.25 | 59.16 | 0.11 | 0.11 | 14.13 |
| HNSZ-29 | 透闪石 | 0.05 | 21.40 | 2.05 | 60.77 | n.d. | 0.16 | 15.15 |
| HNSZ-31 | 透闪石 | 0.72 | 21.77 | 1.37 | 61.09 | 0.31 | 0.12 | 14.24 |
| HNSZ-34 | 透闪石 | 0.38 | 20.87 | 1.70 | 59.98 | 0.21 | 0.23 | 14.43 |
| HNSZ-35 | 透闪石 | n.d. | 18.81 | 2.18 | 60.50 | 1.05 | 0.37 | 14.83 |
| HNSZ-36 | 透闪石 | 0.05 | 21.95 | 1.48 | 60.53 | 0.57 | 0.22 | 13.90 |
| HNSZ-37 | 透闪石 | 0.49 | 19.50 | 1.84 | 59.55 | 1.21 | 0.31 | 14.35 |

分 pXRF 测试结果及主要物相信息

| $TiO_2$ | $Fe_2O_3$ | CuO | Cr | Mn | Ni | Cu | Zn | Rb | Sr | Pb |
|---|---|---|---|---|---|---|---|---|---|---|
| | | | μg/g | | | | | | | |
| n.d. [①] | 1.84 | n.d. | 163 | 1366 | n.d. | 11 | 83 | n.d. | 8 | 13 |
| n.d. | 1.69 | n.d. | 275 | 1203 | 6 | 28 | 36 | n.d. | 13 | 36 |
| n.d. | 2.45 | n.d. | 171 | 962 | n.d. | 64 | 59 | n.d. | 7 | n.d. |
| n.d. | 3.95 | n.d. | 158 | 1489 | n.d. | 64 | 172 | n.d. | 6 | 27 |
| n.d. | 0.74 | n.d. | 231 | 522 | n.d. | 7 | 153 | n.d. | 13 | n.d. |
| n.d. | 2.73 | n.d. | 105 | 1290 | n.d. | 9 | 58 | n.d. | 6 | 24 |
| n.d. | 0.34 | n.d. | 236 | 1155 | 11 | 41 | 160 | n.d. | n.d. | 48 |
| n.d. | 3.71 | n.d. | 82 | 1694 | n.d. | 50 | 104 | n.d. | 7 | 39 |
| n.d. | 0.33 | n.d. | 270 | 168 | 13 | n.d. | 245 | n.d. | 6 | n.d. |
| n.d. | 0.70 | n.d. | 231 | 491 | 7 | 35 | 77 | n.d. | 8 | 19 |
| n.d. | 1.93 | n.d. | 191 | 893 | n.d. | 90 | 177 | n.d. | 13 | 11 |
| n.d. | 0.30 | n.d. | 245 | 386 | 13 | n.d. | 282 | 6 | 6 | 26 |
| n.d. | 0.30 | n.d. | 301 | 176 | 31 | n.d. | 70 | 3 | 6 | 24 |
| n.d. | 2.35 | n.d. | 169 | 1582 | 8 | 106 | 175 | n.d. | 10 | n.d. |
| n.d. | 0.42 | n.d. | 211 | 426 | 12 | n.d. | 151 | 2 | 6 | 19 |
| n.d. | 0.38 | n.d. | 214 | 313 | 19 | 33 | 164 | 3 | 5 | 24 |
| n.d. | 2.21 | n.d. | 169 | 1410 | 20 | 40 | 90 | n.d. | 10 | 27 |
| n.d. | 2.25 | n.d. | 197 | 1438 | n.d. | 50 | 232 | n.d. | 8 | n.d. |
| n.d. | 1.30 | n.d. | 231 | 228 | 31 | 13 | 244 | 2 | 5 | n.d. |
| 0.02 | 2.74 | n.d. | 248 | 2197 | 3 | 33 | 355 | 4 | 7 | 10 |

| 玉器编号 | 主要物相 | $Na_2O$ | MgO | $Al_2O_3$ | $SiO_2$ | $P_2O_5$ | $K_2O$ | CaO |
|---|---|---|---|---|---|---|---|---|
| | | wt.% | | | | | | |
| HNSZ-38 | 透闪石 | 0.99 | 20.57 | 1.37 | 59.43 | 0.19 | 0.17 | 14.34 |
| HNSZ-40 | 透闪石 | 1.36 | 23.89 | 0.84 | 59.36 | n.d. | 0.17 | 13.73 |
| HNSZ-43 | 透闪石 | 1.48 | 23.69 | 1.13 | 58.93 | n.d. | 0.10 | 14.22 |
| HNSZ-46 | 透闪石 | 0.90 | 22.40 | 0.76 | 57.85 | 2.97 | 0.21 | 14.23 |
| HNSZ-51 | 透闪石 | 0.05 | 20.53 | 1.88 | 59.19 | 1.75 | 0.20 | 15.02 |
| HNSZ-24 | 蛇纹石 | 1.56 | 44.54 | 1.85 | 46.11 | n.d. | 0.15 | 0.53 |
| HNSZ-5 | 方解石 | 1.20 | 4.45 | n.d. | 7.20 | n.d. | n.d. | 87.07 |
| HNSZ-17 | 方解石 | 0.64 | 6.22 | 1.60 | 10.80 | 0.01 | n.d. | 80.46 |
| HNSZ-18 | 方解石 | 0.93 | 5.98 | n.d. | 6.56 | n.d. | n.d. | 86.32 |
| HNSZ-45 | 方解石 | 0.90 | 6.80 | n.d. | 5.40 | n.d. | 0.19 | 86.64 |
| HNSZ-49 | 方解石 | 1.74 | 2.10 | 0.17 | 6.18 | 0.19 | 0.10 | 89.40 |
| HNSZ-50 | 方解石 | 0.44 | 6.85 | 0.95 | 10.09 | 0.08 | 0.23 | 81.17 |
| HNSZ-8 | 绿松石 | 2.73 | 0.55 | 42.41 | 2.75 | 35.30 | 0.34 | 1.23 |
| HNSZ-10 | 绿松石 | 1.87 | 0.61 | 38.56 | 3.30 | 34.34 | 0.25 | 7.10 |
| HNSZ-13 | 叶蜡石 | 1.64 | 0.95 | 35.92 | 60.20 | 0.57 | 0.10 | 0.19 |
| HNSZ-32 | 叶蜡石 | 1.47 | 1.18 | 36.47 | 60.38 | 0.20 | n.d. | n.d. |
| HNSZ-33 | 叶蜡石 | 0.96 | 1.01 | 34.49 | 62.29 | 0.56 | n.d. | 0.23 |
| HNSZ-42 | 长石 | 6.51 | 0.82 | 22.31 | 59.84 | 0.02 | 8.58 | 0.62 |
| HNSZ-48 | 长石 | 2.19 | 0.92 | 22.15 | 57.76 | n.d. | 15.61 | 0.79 |
| HNSZ-52a | 岩石 | 0.92 | 1.04 | 26.06 | 68.41 | n.d. | 1.88 | 0.64 |
| HNSZ-52b | 岩石 | 1.06 | 1.37 | 25.73 | 68.02 | 0.67 | 1.79 | 0.41 |

注：① n.d.：not detected，即氧化物或元素浓度低于仪器检出限，未检测出该化学成分。

续表

| $TiO_2$ | $Fe_2O_3$ | CuO | Cr | Mn | Ni | Cu | Zn | Rb | Sr | Pb |
|---|---|---|---|---|---|---|---|---|---|---|
| | | | μg/g | | | | | | | |
| n.d. | 2.94 | n.d. | 175 | 1874 | 11 | 86 | 362 | n.d. | 4 | 6 |
| n.d. | 0.66 | n.d. | 295 | 662 | 24 | 4 | 39 | n.d. | 11 | 18 |
| n.d. | 0.46 | n.d. | 261 | 409 | n.d. | 40 | 130 | n.d. | 3 | n.d. |
| n.d. | 0.68 | n.d. | 149 | 192 | 35 | 5 | 241 | n.d. | 6 | 33 |
| n.d. | 1.37 | n.d. | 215 | 3335 | 8 | 63 | 993 | n.d. | 9 | n.d. |
| 0.05 | 5.20 | n.d. | 1940 | 913 | 1843 | n.d. | 153 | n.d. | n.d. | 19 |
| n.d. | 0.08 | n.d. | n.d. | n.d. | n.d. | n.d. | n.d. | n.d. | 222 | n.d. |
| n.d. | 0.27 | n.d. | 238 | 60 | 139 | n.d. | 186 | n.d. | 110 | n.d. |
| n.d. | 0.21 | n.d. | 68 | 127 | 177 | n.d. | 65 | n.d. | 91 | 10 |
| n.d. | 0.06 | n.d. | n.d. | n.d. | 279 | n.d. | 114 | n.d. | 186 | 31 |
| n.d. | 0.11 | n.d. | n.d. | n.d. | 233 | n.d. | 121 | n.d. | n.d. | n.d. |
| n.d. | 0.19 | n.d. | n.d. | n.d. | 200 | n.d. | 234 | n.d. | 101 | 6 |
| n.d. | 2.16 | 12.52 | n.d. | n.d. | n.d. | 10 | n.d. | 10 | 1252 | n.d. |
| n.d. | 4.77 | 9.19 | n.d. | n.d. | n.d. | 10 | n.d. | 21 | 26 | n.d. |
| n.d. | 0.42 | n.d. | 302 | 309 | 68 | 73 | n.d. | n.d. | 17 | 46 |
| n.d. | 0.29 | n.d. | 80 | 153 | 15 | 61 | 61 | n.d. | n.d. | 33 |
| n.d. | 0.45 | n.d. | 245 | 145 | 36 | 75 | n.d. | n.d. | n.d. | 14 |
| 0.18 | 1.10 | n.d. | n.d. | 285 | n.d. | 21 | 14 | 307 | 50 | n.d. |
| n.d. | 0.58 | n.d. | 13 | 217 | 27 | 141 | n.d. | 535 | 11 | 27 |
| 0.34 | 0.71 | n.d. | 177 | n.d. | 58 | 247 | 66 | 22 | 80 | 44 |
| 0.24 | 0.71 | n.d. | 164 | n.d. | 28 | 199 | 50 | 13 | 76 | 44 |

拉曼振动峰归因于 Si–O–Si 的弯曲振动和畸变模式，300—600cm$^{-1}$ 的拉曼振动峰归因于 O–Si–O 的弯曲振动，700—900cm$^{-1}$ 的拉曼振动峰归因于 Si–O 键的伸缩振动，1000—1200cm$^{-1}$ 的拉曼振动峰归因于 Si–O 键的反伸缩振动。此外，隐晶质石英质玛瑙珠 HNSZ–22 在 500cm$^{-1}$ 附近有一个比显晶质石英质紫水晶珠 HNSZ–47 明显的拉曼振动峰。

4. 叶蜡石质玉器

该质地玉器有 3 件，化学成分 $SiO_2$ 和 $Al_2O_3$ 的含量范围分别为 60.20%—62.29% 和 34.49%—36.47%。玉环 HNSZ–32 黄色部位的特征拉曼图谱见图 5.25。由图 5.25 可以看出，主要拉曼特征峰在 192cm$^{-1}$、258cm$^{-1}$、383cm$^{-1}$、470cm$^{-1}$、703cm$^{-1}$、838cm$^{-1}$、1061cm$^{-1}$ 和 3657cm$^{-1}$ 附近，与叶蜡石 [$Al_2$（$Si_4O_{10}$）（$OH)_2$] 的特征峰相符。其中小于 600cm$^{-1}$ 的拉曼振动峰与 [$SiO_4$] 基团和 $OH^{-1}$ 的振动模式有关，600—800cm$^{-1}$ 的拉曼振动峰归因于 Si–$O_b$–Si 振动模式，800—1150cm$^{-1}$ 范围的振动峰归因于 [$SiO_4$] 四面体中 Si–$O_{nb}$ 的伸缩振动，3000—3800cm$^{-1}$ 范围的振动峰归因于 $OH^{-1}$ 或水分子的伸缩振动。

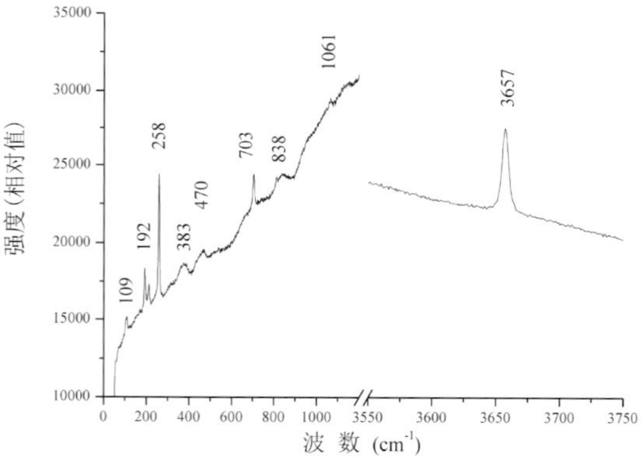


图 5.25 叶蜡石质玉环 HNSZ–32 黄色部位的特征拉曼图谱

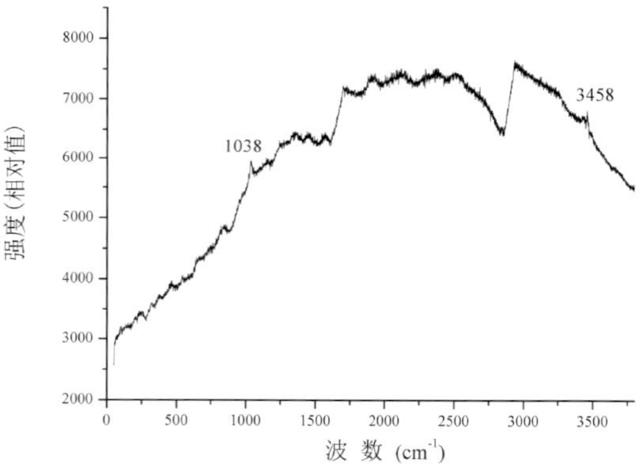


图 5.26 绿松石质玉珠 HNSZ–10 的特征拉曼图谱

5. 绿松石质玉器

该质地玉器有 2 件，主要化学成分为 $Al_2O_3$、$P_2O_5$ 和 CuO，其含量范围分别为 38.56%—42.41%、34.34%—35.30% 和 9.19%—12.52%。绿松石质玉珠 HNSZ–10 的特征拉曼图谱见图 5.26，其中 1038cm$^{-1}$ 附近归因于（$PO_4)^{3-}$ 的伸缩振动，3458cm$^{-1}$ 附近的拉曼峰归因于 $OH^{-1}$ 的伸缩振动，均属于绿松石 [$CuAl_6$（$PO_4)_4$（$OH)_8 \cdot 4H_2O$] 的特征峰。

6. 长石质玉器

该质地玉器有 2 件，主要化学成分 $SiO_2$、$Al_2O_3$ 和 $K_2O$ 含量范围分别为 57.76%—

59.84%、22.15%—22.31% 和 8.58%—15.61%，此外 $Na_2O$ 的含量为 2.19%—6.51%。玉瑛 HNSZ-48 的特征拉曼图谱见图 5.27a，其主要拉曼特征峰在 153cm$^{-1}$、281cm$^{-1}$、370cm$^{-1}$、400cm$^{-1}$、472cm$^{-1}$、510cm$^{-1}$、647cm$^{-1}$、743cm$^{-1}$、810cm$^{-1}$ 和 1121cm$^{-1}$ 附近，与 RRUFF 数据库中微斜长石（$KAlSi_3O_3$）标样的主要拉曼特征峰（图 5.27b）基本一致。

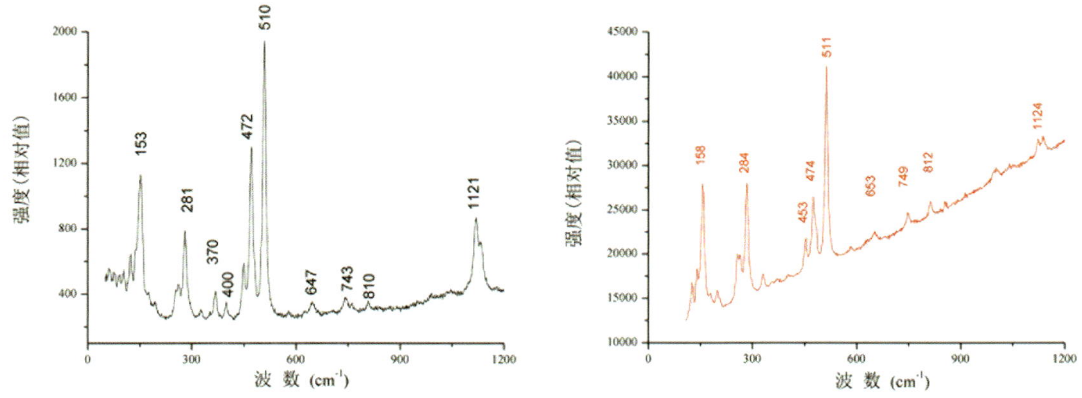


a. 玉瑛 HNSZ-48　　b. RRUFF 数据库中微斜长石标样，ID=050150

图 5.27　微斜长石质玉器及矿石标样的特征拉曼图谱

### 7. 蛇纹石质玉器

蛇纹石质玉器仅玉片 HNSZ-24 一件，主要化学成分 MgO 和 $SiO_2$ 的含量分别为 44.54% 和 46.11%，$Fe_2O_3$ 的含量为 5.20%。玉片 HNSZ-24 的特征拉曼图谱见图 5.28，主要拉曼特征峰在 228cm$^{-1}$、371cm$^{-1}$、454cm$^{-1}$、680cm$^{-1}$、1041cm$^{-1}$、3653cm$^{-1}$ 和 3684cm$^{-1}$ 附近，与叶蛇纹石 $[Mg_3Si_2O_5(OH)_4]$ 的拉曼峰一致。其中 228cm$^{-1}$ 附近的特征峰与 O—H—O 基团的振动相关，371cm$^{-1}$ 附近的振动峰归因于 $[SiO_4]$ 四面体的对称伸缩振动，680cm$^{-1}$ 和 1041cm$^{-1}$ 附近分别由 Si—$O_b$—Si 的对称伸缩和反对称伸缩振动引起，而高频区 3653cm$^{-1}$ 和 3684cm$^{-1}$ 附近主要与晶体结构中明显不同的两个氢氧根群有关。

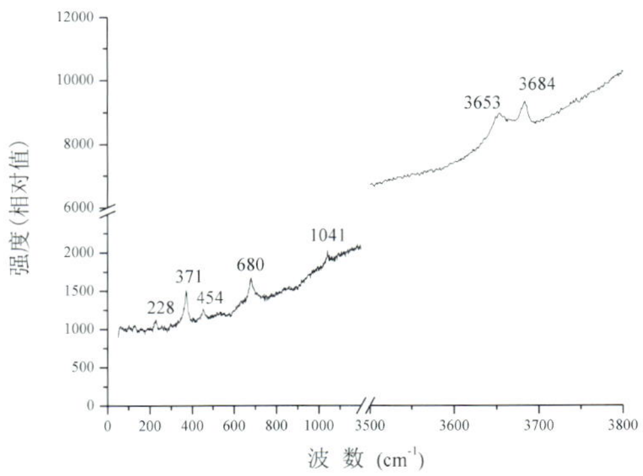


图 5.28　蛇纹石质玉片 HNSZ-24 绿色未受沁部位的特征拉曼图谱

8. 岩石质玉器

岩石质玉器仅玉坠 HNSZ-52 一件，主要化学成分 $Al_2O_3$ 和 $SiO_2$ 的含量分别为 26% 和 68%，此外 $K_2O$、$Na_2O$ 和 MgO 的含量均为 1% 左右，与普通酸性岩石的成分一致。

## 三、玉器内部物理结构分析

在不同质地中选取具有代表性的 22 件玉器（HNSZ-1、HNSZ-2、HNSZ-3、HNSZ-4、HNSZ-6、HNSZ-9、HNSZ-10、HNSZ-11、HNSZ-19、HNSZ-22、HNSZ-24、HNSZ-25、HNSZ-32、HNSZ-33、HNSZ-34、HNSZ-36、HNSZ-37、HNSZ-39、HNSZ-42、HNSZ-46、HNSZ-47、HNSZ-48）进行了 OCT 分析。图 5.29—图 5.32 中的红线表示 OCT 探测的位置。

以透闪石质玉器为例，玉璜 HNSZ-1 和玉片 HNSZ-2 的 OCT 图像衬度较为接近，总体而言，透明度低的浅色区域对光的散射较强，而深色区域对光的吸收较强（图 5.29a、b）。玉片 HNSZ-3 的深绿色区域（图 5.29c）和浅绿色区域（图 5.29d）均呈现较强的散射相，但深绿色区域较浅绿色区域的更均匀、致密。半透明的玉环 HNSZ-4 的散射相与玉璜 HNSZ-1 和玉片 HNSZ-2 略有不同，颗粒更细，对光的吸收和散射相互交错（图 5.29e、f）。而玉器的受沁部位，一般所谓的鸡骨白色，在 OCT 二维图像上呈现出较强的散射相，如条玉板 HNSZ-19 和玉环 HNSZ-34 对光的散射较强（图 5.29g、h）。玉片 HNSZ-25 和 HNSZ-46 中存在一些异质颗粒，与玉材主体呈现不同的衬度，这些异质颗粒阻止了光的通过（图 5.29i、j）。玉片 HNSZ-25 的 OCT 图像中的一些亮白斜线可能与玉材的纤维走向有关。

石英质玉器中，水晶和玛瑙的 OCT 图像衬度不同。由于水晶属于显晶质石英，透明度高，而玛瑙属于隐晶质矿物集合体石英，这些矿物集合体对光会产生散射。如图 5.30a 和图 5.30b 所示，白水晶珠 HNSZ-6 和紫水晶珠 HNSZ-47 的透明度较高，杂质较少，对光的吸收较强。而玛瑙环 HNSZ-39 质地细腻、均匀，对光既有散射又有吸收，散射相和吸收相呈交替状，且玛瑙条纹的衬度差也清晰可见（图 5.30c、d）。

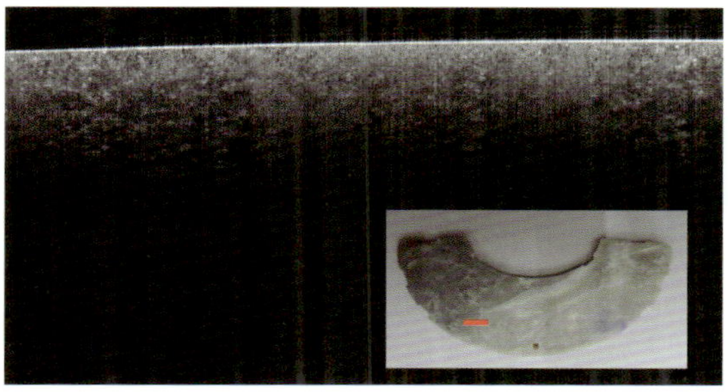

a. 玉璜 HNSZ-1（中间，浅色）

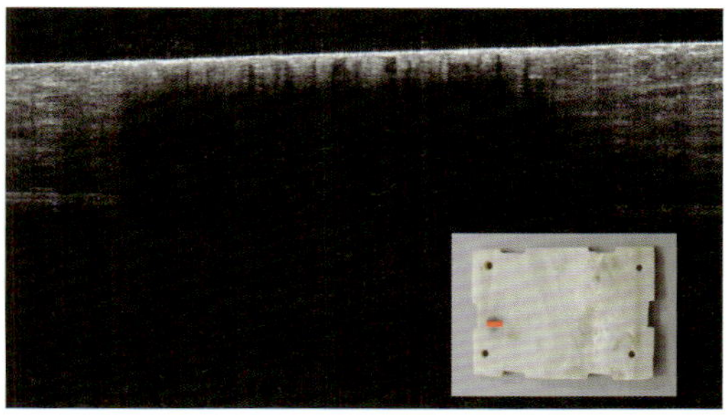

b. 玉片 HNSZ-2（黑斑）

c. 玉片 HNSZ-3（中间，深绿色）

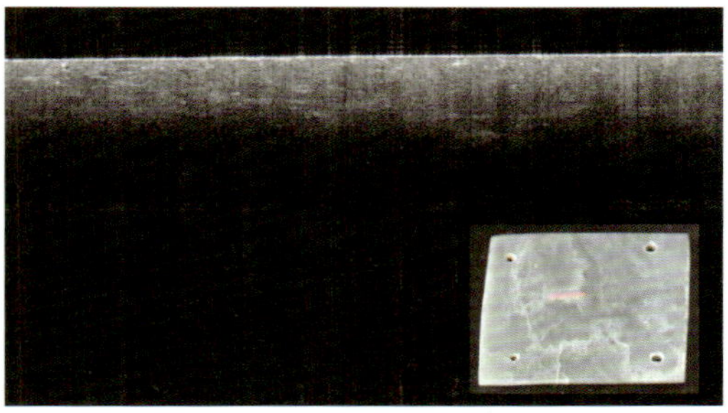

d. 玉片 HNSZ-3（中间，浅绿色）

e. 玉环 HNSZ-4（边缘 1）

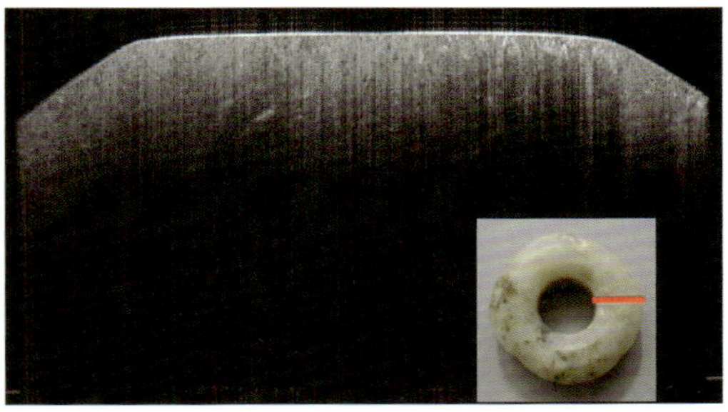

f. 玉环 HNSZ-4（边缘 2）

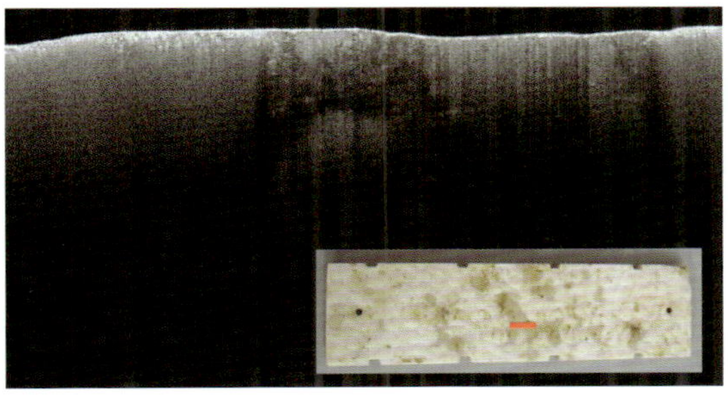

g. 条玉板 HNSZ-19（中间，白-黄）

h. 玉环 HNSZ-34（白色）

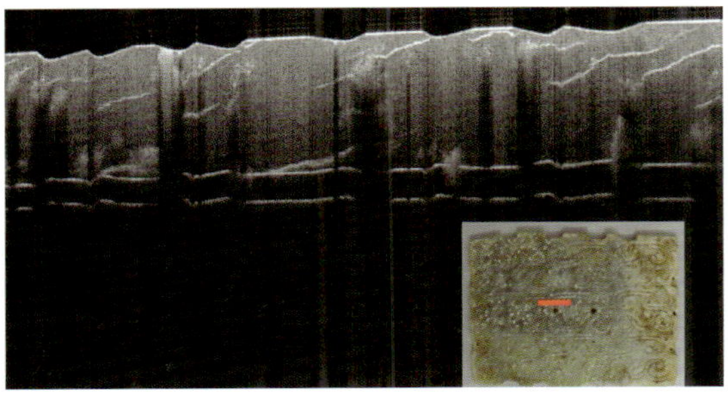

i. 玉片 HNSZ-25（中间）

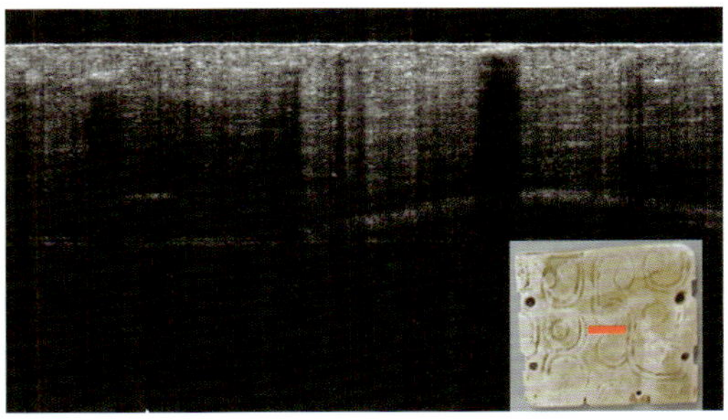

j. 玉片 HNSZ-46（中间）

图 5.29　典型透闪石质玉器的 OCT 二维图像

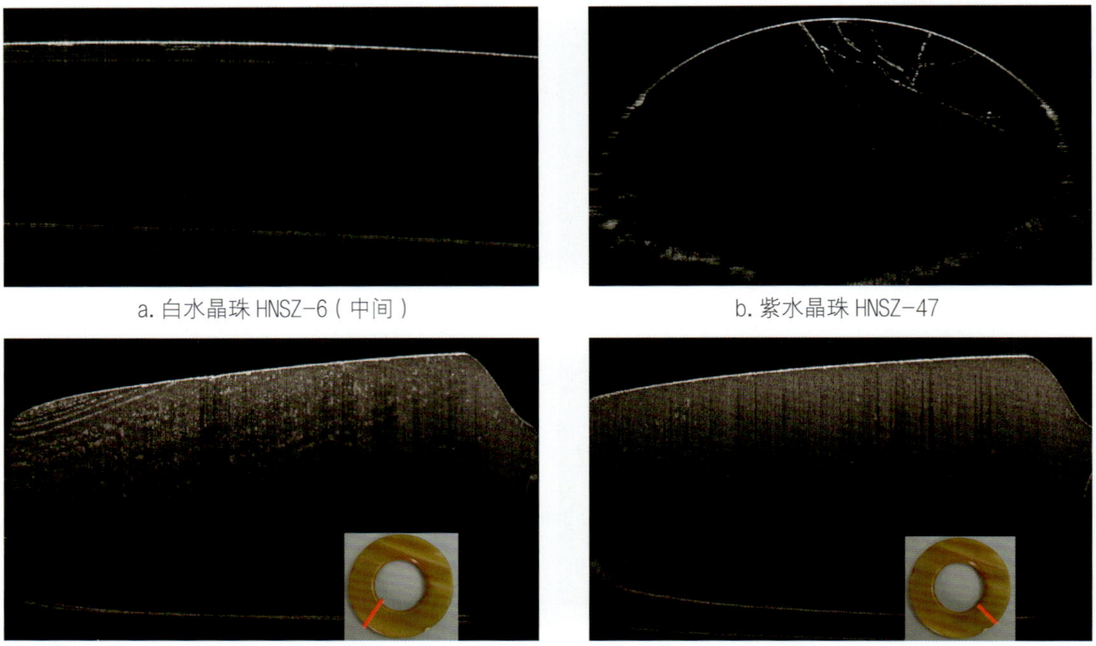

a. 白水晶珠 HNSZ-6（中间）　b. 紫水晶珠 HNSZ-47

c. 玛瑙环 HNSZ-39-1　d. 玛瑙环 HNSZ-39-2

图 5.30　典型石英质玉器的 OCT 二维图像

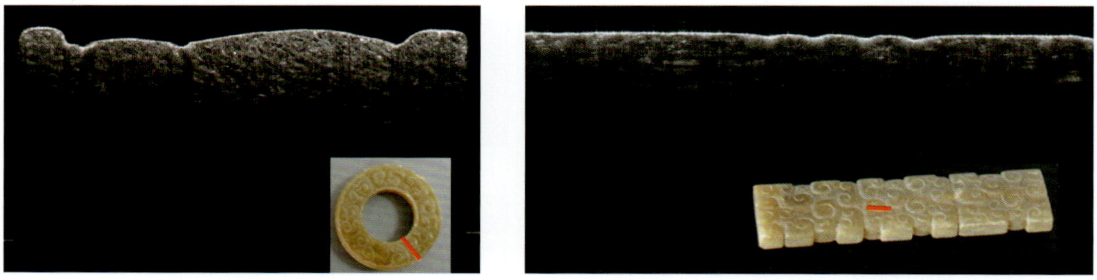

a. 玉环 HNSZ-32　b. 条玉板 HNSZ-33

图 5.31　典型叶蜡石质玉器的 OCT 二维图像

叶蜡石透明度略差，如玉环 HNSZ-32，颗粒感略强，散射相类似团簇形式，与吸收相交织在一起，与前述透闪石和石英质玉器不同（图 5.31a）。而条玉板 HNSZ-33 表面散射强，内部吸收较强，透明度略低于玉环 HNSZ-32（图 5.31b）。

长石和蛇纹石质玉器的 OCT 二维图像相似，玉质纯度欠佳，含有较多的杂质或包裹体，玉质均匀的区域对光的散射相对均匀，光可以通过表层，透过整个玉器，如图 5.32a 所示玉璧 HNSZ-42 的浅色区域。而颜色较深的玉璜 HNSZ-48 表层散射较强，由外及内，对光的吸收逐渐增强，使光不能透过整个玉器（图 5.32b）。一些较大的异质颗粒或包裹体则对光的吸收较强，与周围的散射相明显不同（图 5.32c、d）。这些杂质和包裹体一般位于玉器内部，无法通过表面分析的拉曼光谱技术获取其物相特征，尚需进一步研究。绿松石和大部分方解石质玉器不透明，表现出较强的散射相。

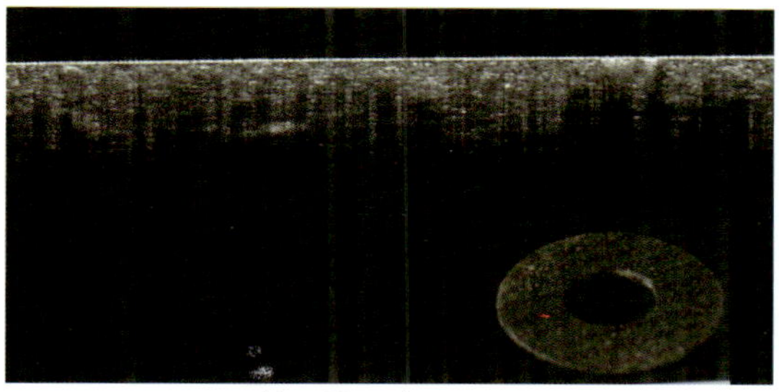

a. 长石质玉璧 HNSZ-42

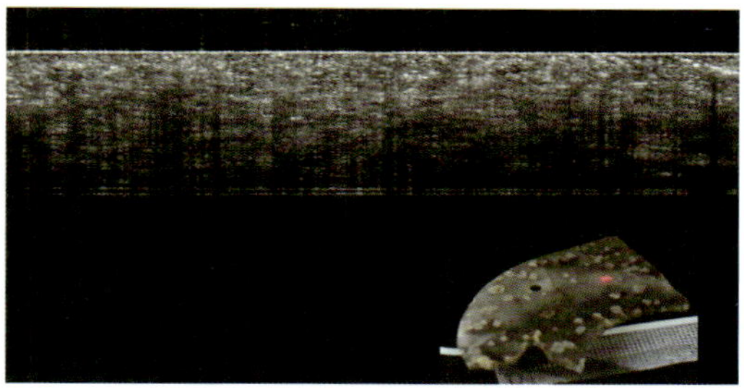

b. 长石质玉璜 HNSZ-48，中间白色

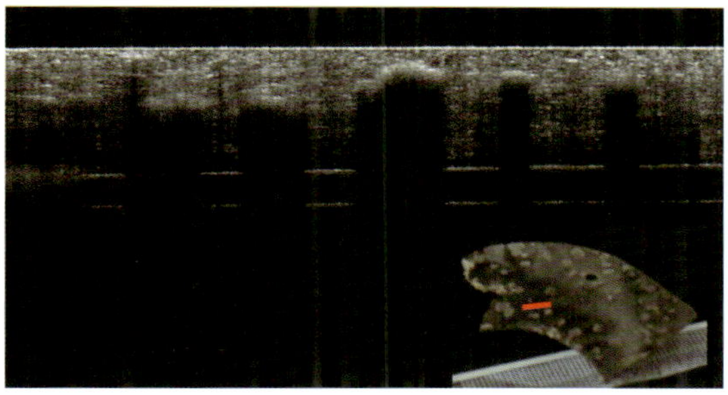

c. 长石质玉璜 HNSZ-48，边缘黑色

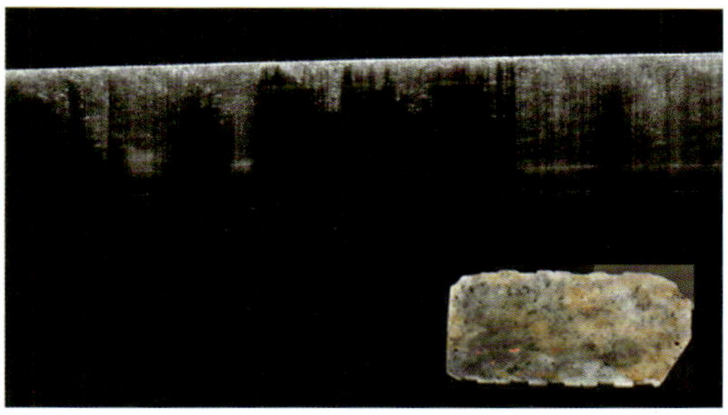

d. 蛇纹石质玉片 HNSZ-24，边缘深色

图 5.32　长石和蛇纹石质玉器的 OCT 二维图像

## 第六节　淅川徐家岭墓地十号墓玉器

徐家岭墓地[32]位于河南省淅川县城南 50 公里的沿江村、丹江口水库西岸的龙山脚下。其中 M10 位于徐家岭墓地的北部，1991 年河南省文物考古研究所、南阳市文物考古研究所和淅川县博物馆联合对其进行了发掘。该墓为甲字形竖穴土坑墓，由墓道、墓室两部分组成。墓道长 13.40 米，宽 4.20 米，底坡长 19 米，底端深 9.55 米。墓室口部东西长 13.80 米，南北宽 13 米，深 13 米。墓葬中随葬的 35 件玉器，大多出土于棺内墓主身上及其周围，共存器物主要为铜器。玉器主要有玉环、玉珩、龙形玉佩、玉柱等。其中玉环 16 件，表面有纹饰者仅 3 件；玉珩 8 件，表面有纹饰者 5 件，光素无纹饰者 3 件；玉璧 6 件，龙形玉佩 3 件，均残缺，有一件仅剩龙足部分，两面均有纹饰。玉料为青白

色或青色，表面均有多少不等的褐色和黄褐色沁，半透明或微透明。有的玉器表面遗留有朱砂痕。纹饰有卷云纹、勾连云纹、卧蚕纹、蛇纹和鸟纹，均为双面雕，另外龙形玉佩还采用了透雕技术。没有纹饰的玉器，尤其是玉环，不仅玉料差，而且制作粗糙，厚薄不均，表面多遗留有切割痕。有纹饰的玉器，有的也遗留有切割痕。另外在墓中还发现 11 颗保存完整的蜻蜓眼玻璃珠。墓葬时代为战国早期。

## 一、玉器基本信息

研究选取了 34 件出土玉器（彩版九一—彩版一〇一），器形大多是玉环、玉璧类圆形器物，也有少量龙形佩。表面多无花纹，部分玉器上刻有精美的纹饰，以对称性较好的阴刻纹饰和浅浮雕谷纹为主。玉器基本信息如表 5.12 所示。

### 表 5.12　淅川徐家岭墓地十号墓玉器基本信息

| 序号 | 标本号 | 器名 | 特征描述 |
|---|---|---|---|
| 1 | M10∶1 | 玉环 | 青白玉，局部受沁，直径 9.60 厘米，好径 4.80 厘米，厚 0.50 厘米 |
| 2 | M10∶2 | 玉环 | 青白玉，局部受沁，直径 7 厘米，好径 3.20 厘米，厚 0.50 厘米 |
| 3 | M10∶5 | 玉环 | 青玉，已修复，直径 12.60 厘米，好径 5.90 厘米，厚 0.50 厘米 |
| 4 | M10∶6 | 龙形玉佩 | 青玉，残，残长 18.50 厘米，宽 8.50 厘米，厚 0.50 厘米 |
| 5 | M10∶7 | 龙形玉佩 | 青玉，残，残长 16.50 厘米，宽 7.60 厘米，厚 0.50 厘米 |
| 6 | M10∶30 | 玉环 | 青玉，直径 10.70 厘米，好径 4.60 厘米，厚 0.80 厘米 |
| 7 | M10∶31 | 玉璧 | 青白玉，有残缺，直径 5.40 厘米，好径 2.20 厘米，厚 0.45 厘米 |
| 8 | M10∶32 | 玉环 | 青玉，直径 9.30 厘米，好径 4.70 厘米，厚 0.50 厘米 |
| 9 | M10∶34 | 玉环 | 青白玉，大部分受沁，直径 7 厘米，好径 3.50 厘米，厚 0.60 厘米 |
| 10 | M10∶35 | 玉环 | 青玉，直径 9 厘米，好径 4.30 厘米，厚 0.50 厘米 |
| 11 | M10∶36 | 玉环 | 青白玉，局部受沁，直径 6.90 厘米，好径 3.40 厘米，厚 0.40 厘米 |

续表

| 序号 | 标本号 | 器名 | 特征描述 |
| --- | --- | --- | --- |
| 12 | M10:37 | 玉璧 | 青白玉，直径5.70厘米，好径2厘米，厚0.70厘米 |
| 13 | M10:38 | 玉珩 | 青白玉，长12.40厘米，宽3厘米，厚0.60厘米 |
| 14 | M10:39 | 龙形玉佩 | 青玉，残，残长8.30厘米，宽3厘米，厚0.60厘米 |
| 15 | M10:40 | 玉棒 | 残，扁状长方形，残长3.50厘米，宽0.80厘米，厚0.60厘米 |
| 16 | M10:47 | 玉环 | 青白玉，残，直径11厘米，好径5.80厘米，厚0.45厘米 |
| 17 | M10:93 | 玉环 | 青玉，残，直径9厘米，好径5.40厘米，厚0.50厘米 |
| 18 | M10:94-1 | 玉珩 | 青白玉，稍残，残长15.70厘米，宽3.40厘米，厚0.30厘米 |
| 19 | M10:94-2 | 玉珩 | 青白玉，已修复，残长15.70厘米，宽3.40厘米，厚0.30厘米 |
| 20 | M10:96-1 | 玉珩 | 青白玉，长16.20厘米，宽4厘米，厚0.55—0.70厘米 |
| 21 | M10:96-2 | 玉珩 | 青白玉，长16.20厘米，宽4厘米，厚0.55—0.70厘米 |
| 22 | M10:148 | 玉珩 | 白玉，长10.70厘米，宽2.60厘米，厚0.45厘米 |
| 23 | M10:149 | 玉珩 | 白玉，长10.80厘米，宽2.80厘米，厚0.50厘米 |
| 24 | M10；150 | 玉环 | 青白玉，直径5.40厘米，好径2.40厘米，厚0.50厘米 |
| 25 | M10:151 | 玉璧 | 青白玉，直径9.30厘米，好径3厘米，厚0.50厘米 |
| 26 | M10:152 | 玉珩 | 青玉，长15.80厘米，宽2.60厘米，厚0.50厘米 |
| 27 | M10:153 | 玉璧 | 不透明，直径6.90厘米，好径2.70厘米，厚0.40厘米 |
| 28 | M10:154 | 玉环 | 青玉，局部受沁，直径7.20厘米，好径3.70厘米，厚0.50厘米 |
| 29 | M10:155 | 玉环 | 青白玉，局部受沁，直径6.20厘米，好径2.70厘米，厚0.40厘米 |
| 30 | M10:156 | 玉环 | 白玉，直径14.1cm，好径8.5cm，厚0.75cm |
| 31 | M10:157 | 玉璧 | 青白玉，局部受沁，直径7.60厘米，好径3厘米，厚0.60厘米 |
| 32 | M10:159 | 玉环 | 青白玉，局部受沁，直径7.50厘米，好径3.70厘米，厚0.50厘米 |
| 33 | M10:171 | 玉环 | 青白玉，局部受沁，直径9.80厘米，好径4.20厘米，厚0.60厘米 |
| 34 | M10:176 | 玉璧 | 青白玉，直径5.70厘米，好径2厘米，厚0.70厘米 |

## 二、材质判定

对这批玉器进行了 pXRF、拉曼光谱测定，相关化学成分分析结果见表 5.13。综合玉器化学成分和物相分析结果，玉器材质主要分为透闪石-阳起石和白云母两种质地。

### 表 5.13 淅川徐家岭墓地十号墓玉器化学成分 pXRF 测试结果（wt.%）及物相信息

| 标本号 | MgO | $Al_2O_3$ | $SiO_2$ | $K_2O$ | CaO | $TiO_2$ | $Fe_2O_3$ | $Mg^{2+}/(Mg^{2+}+Fe^{2+(3+)})$ | 主要物相 |
|---|---|---|---|---|---|---|---|---|---|
| M10:1 | 11.55 | 1.05 | 76.06 | 0.04 | 10.83 | n.d.① | 0.48 | 0.96 | 透闪石 |
| M10:2 | 8.85 | 1.27 | 76.88 | 0.04 | 12.21 | 0.01 | 0.74 | 0.92 | 透闪石 |
| M10:5 | 10.77 | 1.55 | 75.47 | 0.11 | 10.74 | 0.02 | 1.34 | 0.89 | 阳起石 |
| M10:6 | 10.19 | 1.40 | 76.19 | 0.09 | 10.95 | 0.04 | 1.14 | 0.90 | 透闪石 |
| M10:7 | 10.34 | 1.46 | 76.21 | 0.10 | 10.68 | 0.02 | 1.18 | 0.90 | 透闪石 |
| M10:30 | 11.89 | 0.94 | 74.76 | 0.05 | 11.19 | 0.03 | 1.14 | 0.91 | 透闪石 |
| M10:31 | 10.22 | 0.60 | 75.81 | 0.09 | 12.27 | 0.03 | 0.99 | 0.91 | 透闪石 |
| M10:32 | 9.76 | 1.94 | 75.64 | 0.17 | 11.41 | 0.06 | 1.02 | 0.91 | 透闪石 |
| M10:34 | 10.34 | 0.95 | 75.98 | 0.08 | 11.06 | 0.01 | 1.58 | 0.87 | 阳起石 |
| M10:35 | 10.08 | 2.14 | 74.87 | 0.16 | 11.44 | 0.03 | 1.28 | 0.89 | 阳起石 |
| M10:36 | 11.12 | 1.31 | 76.07 | 0.09 | 10.98 | 0.01 | 0.42 | 0.96 | 透闪石 |
| M10:37 | 0.72 | 26.97 | 60.56 | 10.88 | 0.14 | 0.06 | 0.67 | 0.52 | 白云母 |
| M10:38 | 12.36 | 0.94 | 75.70 | 0.07 | 10.21 | 0.04 | 0.69 | 0.95 | 透闪石 |
| M10:39 | 10.96 | 1.25 | 74.69 | 0.11 | 11.97 | 0.03 | 0.99 | 0.92 | 透闪石 |
| M10:40 | 10.40 | 1.43 | 76.55 | 0.13 | 10.76 | 0.03 | 0.70 | 0.94 | 透闪石 |

续表

| 标本号 | MgO | $Al_2O_3$ | $SiO_2$ | $K_2O$ | CaO | $TiO_2$ | $Fe_2O_3$ | $Mg^{2+}$/ ($Mg^{2+}$+$Fe^{2+(3+)}$) | 主要物相 |
|---|---|---|---|---|---|---|---|---|---|
| M10∶47 | 8.72 | 1.01 | 76.39 | 0.07 | 12.81 | 0.07 | 0.93 | 0.90 | 透闪石 |
| M10∶93 | 10.19 | 1.95 | 74.61 | 0.19 | 12.20 | 0.05 | 0.80 | 0.93 | 透闪石 |
| M10∶94–1 | 8.99 | 0.94 | 78.43 | 0.20 | 10.05 | 0.18 | 1.20 | 0.88 | 阳起石 |
| M10∶94–2 | 9.69 | 1.21 | 75.63 | 0.11 | 11.57 | 0.03 | 1.76 | 0.85 | 阳起石 |
| M10∶96–1 | 9.52 | 0.55 | 77.44 | 0.07 | 11.97 | n.d. | 0.46 | 0.95 | 透闪石 |
| M10∶96–2 | 9.71 | 0.77 | 76.85 | 0.10 | 11.92 | 0.02 | 0.63 | 0.94 | 透闪石 |
| M10∶149 | 10.65 | 0.88 | 76.99 | 0.14 | 11.05 | n.d. | 0.29 | 0.97 | 透闪石 |
| M10∶150 | 0.56 | 28.03 | 59.36 | 11.00 | n.d. | 0.07 | 0.99 | 0.28 | 白云母 |
| M10∶151 | 10.96 | 1.14 | 76.11 | 0.06 | 10.97 | 0.02 | 0.74 | 0.94 | 透闪石 |
| M10∶152 | 9.27 | 1.36 | 76.09 | 0.09 | 11.92 | 0.01 | 1.26 | 0.88 | 阳起石 |
| M10∶153 | 10.12 | 1.16 | 76.90 | 0.13 | 10.69 | 0.02 | 0.98 | 0.91 | 透闪石 |
| M10∶154 | 11.05 | 0.95 | 75.68 | 0.08 | 11.18 | 0.02 | 1.03 | 0.91 | 透闪石 |
| M10∶155 | 10.44 | 1.36 | 76.26 | 0.08 | 11.09 | 0.02 | 0.75 | 0.93 | 透闪石 |
| M10∶156 | 7.92 | 1.51 | 76.49 | 0.15 | 12.91 | 0.12 | 0.90 | 0.90 | 透闪石 |
| M10∶157 | 11.16 | 0.55 | 76.85 | 0.03 | 10.86 | 0.03 | 0.53 | 0.95 | 透闪石 |
| M10∶159 | 11.78 | 1.19 | 73.83 | 0.09 | 12.14 | 0.04 | 0.94 | 0.93 | 透闪石 |
| M10∶171 | 11.10 | 0.92 | 76.45 | 0.06 | 10.98 | 0.02 | 0.47 | 0.96 | 透闪石 |
| M10∶176 | 10.66 | 0.66 | 76.53 | 0.10 | 11.29 | 0.01 | 0.75 | 0.93 | 透闪石 |

注：① n.d.：not detected，即氧化物或元素浓度低于仪器检出限，未检测出该化学成分。

### 1. 白云母质玉器

该质地玉器有玉璧 M10∶37 和玉环 M10∶150 两件，特征拉曼图谱分别见图 5.33a 和图 5.33b，拉曼特征峰主要分布在 267—268cm$^{-1}$、404—405cm$^{-1}$ 和 703—705cm$^{-1}$ 等附近区

域，与云母特征峰一致。它们的主要化学成分分别为 $SiO_2$ 59.36%—60.56%、$Al_2O_3$ 26.97%—28.03%、$K_2O$ 10.88%—11.00%和 $Fe_2O_3$ 0.67%—0.99%，与白云母{$KAl_2[Si_3AlO_{10}](OH，F)_2$}的理论组分较为一致。其中 $SiO_2$ 含量较高，而其他成分含量较低，可能与玉器表面风化导致渗入泥土等杂质，或在实验过程中未对玉器表面进行清洁有关。

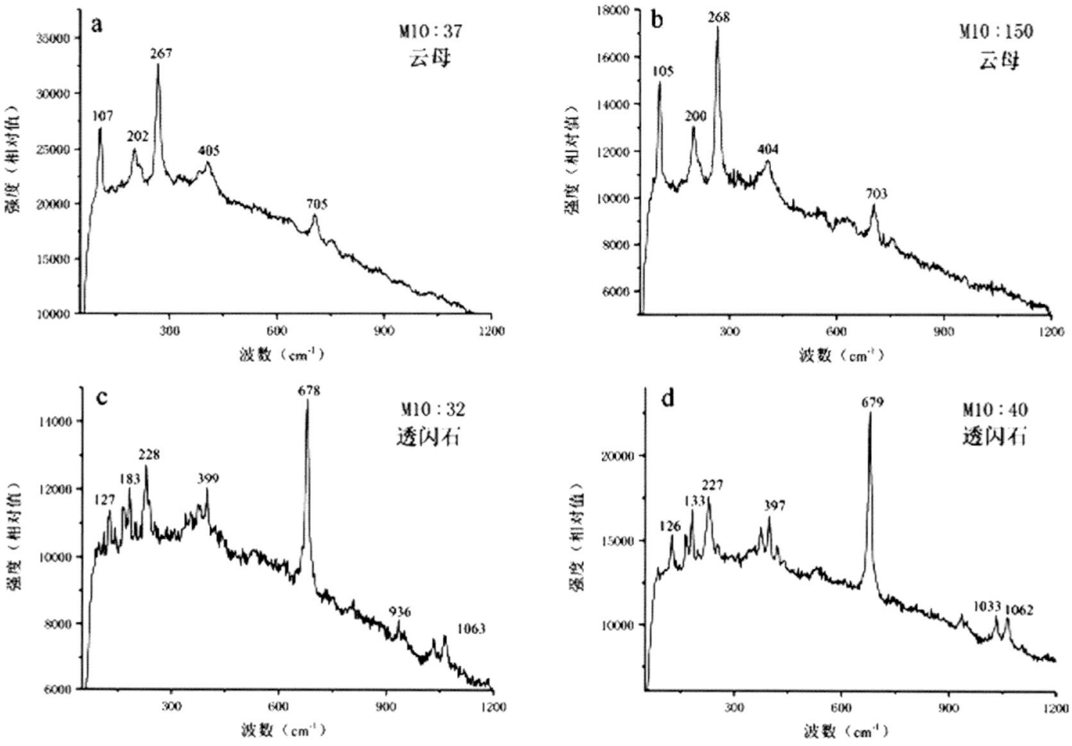


图 5.33　徐家岭十号墓典型玉器的特征拉曼图谱
a、b. 云母质玉器　c、d. 透闪石质玉器

2. 透闪石质玉器

该质地玉器有 32 件。以玉环 M10∶32、玉棒 M10∶40 为代表，特征拉曼图谱分别见图 5.33c 和图 5.33d，拉曼特征峰主要分布在 126—127cm$^{-1}$、227—228cm$^{-1}$、397—399cm$^{-1}$、678—679cm$^{-1}$、1062—1063cm$^{-1}$ 等附近区域，其中 1062—1063cm$^{-1}$ 附近拉曼特征峰反映 Si–O–Si 的反对称伸缩振动模式，678—679cm$^{-1}$ 附近拉曼特征峰反映 Si–O–Si 的对称伸缩振动模式，227—228cm$^{-1}$ 附近拉曼特征峰反映 O–H–O 基团的晶格振动峰，与阳起石 - 透闪石系列矿物拉曼特征峰一致。主要化学成分 MgO、$SiO_2$ 和 CaO 的含量范围分别为 7.92%—12.36%、73.83%—78.43% 和 10.05%—12.91%。综合两项结果，判断该类玉器为阳起石 - 透闪石质矿物。随着矿物中 $Fe^{2+}$ 对 $Mg^{2+}$ 类质同象替代的增加，透闪石会转变为阳起石。由 $R[Mg^{2+}/(Mg^{2+}+Fe^{2+(3+)})]$ 的结果可知，这 32 件玉器中玉环 M10∶5、M10∶34、M10∶35 和玉

珩 M10∶94-1、M10∶94-2、M10∶152 这 6 件为阳起石玉器，其余 26 件均为透闪石玉器。

## 第七节　新郑郑韩电器厂墓地玉器

郑韩电器厂墓地位于河南省新郑市梨河镇双楼村东炎黄大道西南侧。2012 年 7 月，为配合新郑市郑韩电力电器厂的厂房工程建设，河南省文物考古研究所新郑工作站对其进行抢救性发掘，清理东周时期墓葬 267 座，共出土各类遗物 677 件，包括铜、铁、陶、玉、玛瑙、骨、蚌和贝等，年代从春秋中期晚段到战国晚期。

### 一、玉器基本信息

郑韩电器厂墓地出土玉器 83 件，研究选取了其中 69 件进行材料属性及其结构的相关研究，包括玉佩、玉饰、玉环、玉璧、玉珠、玉管、玉圭和玛瑙环等。玉器基本信息见表 5.14。

**表 5.14　新郑郑韩电器厂墓地玉器基本信息**

| 测试编号 | 标本号 | 器名 | 照片 |
|---|---|---|---|
| HNWK-ZH-01 | M3∶4 | 玉圭 | 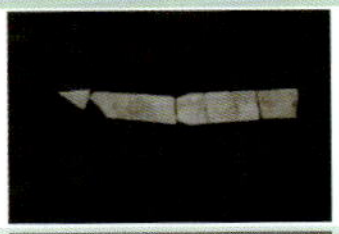 |
| HNWK-ZH-02 | M6∶1 | 玛瑙环 |  |
| HNWK-ZH-03 | M9∶5 | 玉圭 |  |
| HNWK-ZH-04 | M21∶1 | 玉圭 |  |

续表

| 测试编号 | 标本号 | 器名 | 照片 |
|---|---|---|---|
| HNWK-ZH-05 | M23 : 5 | 玉圭 |  |
| HNWK-ZH-06 | M27 : 1 | 玉圭 |  |
| HNWK-ZH-07 | M33 : 1 | 玉圭 |  |
| HNWK-ZH-08 | M33 : 2 | 玉圭 |  |
| HNWK-ZH-09 | M49 : 1 | 玉圭 |  |
| HNWK-ZH-10 | M49 : 2 | 玉饰 |  |
| HNWK-ZH-11 | M61 : 8 | 玉柱 |  |
| HNWK-ZH-12 | M68 : 7 | 玉圭 |  |
| HNWK-ZH-13 | M69 : 1 | 玉圭 | 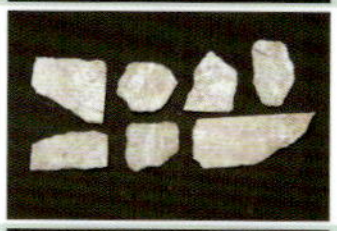 |
| HNWK-ZH-14 | M70 : 1 | 玉圭 |  |
| HNWK-ZH-15 | M81 : 1 | 玉柱 |  |
| HNWK-ZH-16 | M81 : 2-1 | 方形玉佩 |  |
| HNWK-ZH-17 | M81 : 2-2 | 方形玉佩 |  |
| HNWK-ZH-18 | M84 : 1-1 | 方形玉佩 |  |

续表

| 测试编号 | 标本号 | 器名 | 照片 |
|---|---|---|---|
| HNWK–ZH–19 | M84：1–2 | 方形玉佩 |  |
| HNWK–ZH–20 | M84：1–3 | 方形玉佩 |  |
| HNWK–ZH–21 | M84：1–4 | 方形玉佩 |  |
| HNWK–ZH–22 | M85：1 | 玉璧 |  |
| HNWK–ZH–23 | M85：3 | 玉环 |  |
| HNWK–ZH–24 | M89：1 | 玉圭 |  |
| HNWK–ZH–25 | M91：1–1 | 碎玉料 |  |
| HNWK–ZH–26 | M91：1–2 | 碎玉料 |  |
| HNWK–ZH–27 | M91：1–3 | 碎玉料 |  |
| HNWK–ZH–28 | M94：1 | 玉圭 |  |
| HNWK–ZH–29 | M99：1–1 | 玉圭 |  |
| HNWK–ZH–30 | M99：1–2 | 玉圭 |  |
| HNWK–ZH–31 | M105：1 | 玉珠 |  |
| HNWK–ZH–32 | M118：1 | 玛瑙环 |  |

续表

| 测试编号 | 标本号 | 器名 | 照片 |
| --- | --- | --- | --- |
| HNWK-ZH-33 | M123:1 | 玉管 |  |
| HNWK-ZH-34 | M164:1 | 玛瑙环 |  |
| HNWK-ZH-35 | M171:7-1 | 玉片 |  |
| HNWK-ZH-36 | M171:7-2 | 玉片 |  |
| HNWK-ZH-37 | M171:7-3 | 玉片 |  |
| HNWK-ZH-38 | M171:7-4 | 玉片 |  |
| HNWK-ZH-39 | M178:4 | 玉圭 | 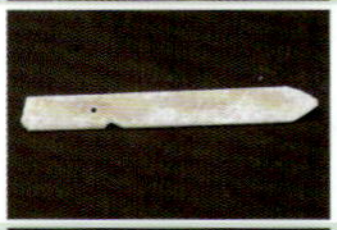 |
| HNWK-ZH-40 | M184:18 | 玉圭 |  |
| HNWK-ZH-41 | M184:20 | 玉圭 |  |
| HNWK-ZH-42 | M192:1 | 玉圭 |  |
| HNWK-ZH-43 | M195:1 | 玉饰 |  |
| HNWK-ZH-44 | M204:1 | 玉圭 |  |
| HNWK-ZH-45 | M209:11 | 玉圭 |  |
| HNWK-ZH-46 | M214:5 | 玉圭 |  |

续表

| 测试编号 | 标本号 | 器名 | 照片 |
|---|---|---|---|
| HNWK-ZH-47 | M218：1 | 玉圭 |  |
| HNWK-ZH-48 | M218：3 | 玉饰 |  |
| HNWK-ZH-49 | M224：1 | 玉圭 | 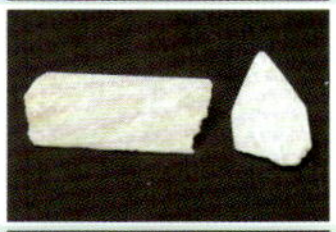 |
| HNWK-ZH-50 | M226：1 | 玉圭 | 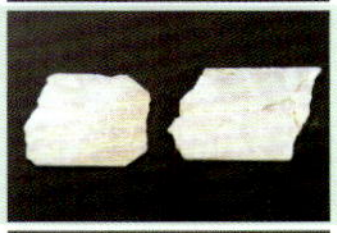 |
| HNWK-ZH-51 | M231：1 | 玉圭 |  |
| HNWK-ZH-52 | M232：1 | 玉圭 |  |
| HNWK-ZH-53 | M233：1 | 玉圭 |  |
| HNWK-ZH-54 | M237：1 | 玉圭 |  |
| HNWK-ZH-55 | M244：3-1 | 废玉料 |  |
| HNWK-ZH-56 | M244：3-2 | 废玉料 |  |
| HNWK-ZH-57 | M244：3-3 | 废玉料 |  |
| HNWK-ZH-58 | M244：5-1 | 玛瑙环 | 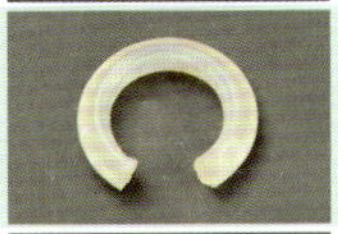 |
| HNWK-ZH-59 | M244：5-2 | 玛瑙环 |  |
| HNWK-ZH-60 | M244：5-3 | 玛瑙环 | 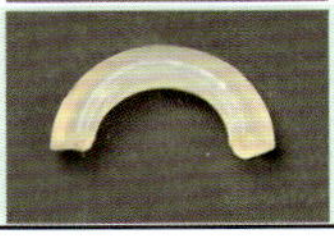 |

续表

| 测试编号 | 标本号 | 器名 | 照片 |
|---|---|---|---|
| HNWK–ZH–61 | M246∶5 | 玉片 |  |
| HNWK–ZH–62 | M247∶8 | 玉圭 | 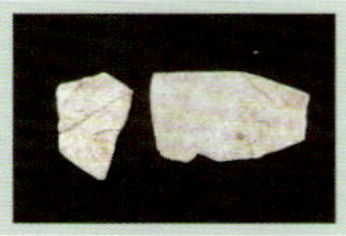 |
| HNWK–ZH–63 | M248∶1 | 玉圭 |  |
| HNWK–ZH–64 | M250∶1 | 玉圭 |  |
| HNWK–ZH–65 | M253∶8 | 玉圭 |  |
| HNWK–ZH–66 | M258∶1 | 玉圭 |  |
| HNWK–ZH–67 | M260∶1 | 玉圭 |  |
| HNWK–ZH–68 | M261∶1 | 玉圭 |  |
| HNWK–ZH–69 | M261∶2 | 玉圭 |  |

## 二、材质判定

对玉器进行了 pXRF、拉曼光谱测定，相关化学成分分析结果见表 5.15，相关物相分析结果见表 5.16。综合两项分析结果可知，69 件玉器中包括透闪石质玉器 5 件、方解石质玉器 42 件、石英质玉器 6 件、滑石质玉器 14 件和白云母质玉器 2 件。

### 1. 透闪石质玉器

该质地玉器有 5 件，占总数的 7%。其主要化学成分 MgO、$SiO_2$ 和 CaO 的含量范围分别为 19.53%—23.20%、59.76%—60.39% 和 12.12%—13.29%，与透闪石理论组分基本一致。图 5.34 为典型玉器 HNWK-ZH-56 的特征拉曼图谱，其中 672cm$^{-1}$ 为硅氧四面体链中 Si-O-Si 的伸缩振动峰，1057cm$^{-1}$ 为 Si-O 的伸缩振动峰，220cm$^{-1}$ 和 392cm$^{-1}$ 是晶格振动峰，3667cm$^{-1}$ 是 $(OH)^{-1}$ 的伸缩振动峰。

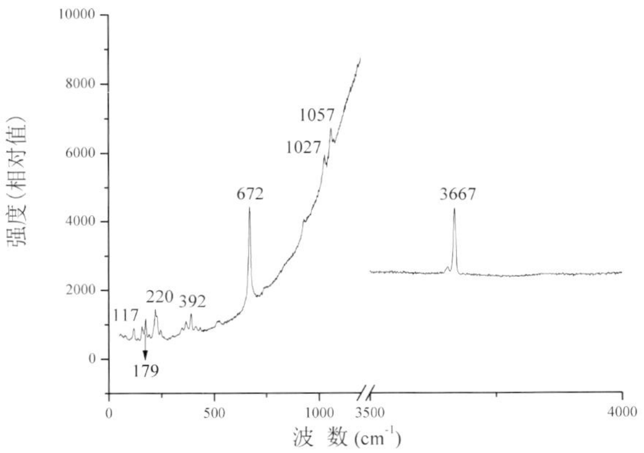


图 5.34 透闪石质玉料 HNWK-ZH-56 的特征拉曼图谱

2. 方解石质玉器

该质地玉器有 42 件，占总数的 61%。其主要化学成分 CaO 和 $SiO_2$ 的含量多为 80.46%—93.08% 和 3.69%—13.15%。图 5.35 为 HNWK-ZH-5 的特征拉曼图谱，其中 1085cm$^{-1}$ 属于方解石的 $(CO_3)^{2-}$ 阴离子团的对称伸缩振动，709cm$^{-1}$ 属于 $(CO_3)^{2-}$ 阴离子团的弯曲振动，278cm$^{-1}$ 属于 $(CO_3)^{2-}$ 的晶格振动。该类玉器中均含有一定量的 $SiO_2$，说明玉料的纯度欠佳，有少量石英等伴生矿物。玉器 HNWK-ZH-52 化学成分分析结果与其他方解石质玉器存在差异，含有较高含量的 MgO、$SiO_2$，而 CaO 的含量相对较低，表明此件玉器除了含有方解石外，同时含有富镁矿物。

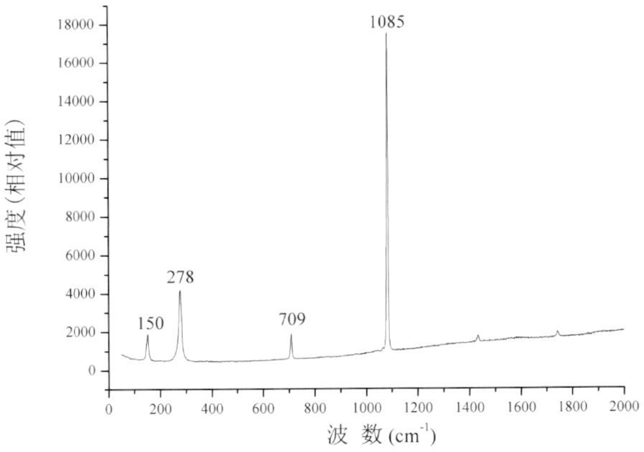


图 5.35 方解石质玉圭 HNWK-ZH-5 的特征拉曼图谱

## 表 5.15 新郑郑韩电器厂墓地玉器化

| 测试编号 | 物相 | $Na_2O$ | MgO | $Al_2O_3$ | $SiO_2$ | $P_2O_5$ | $K_2O$ | CaO |
|---|---|---|---|---|---|---|---|---|
| | | wt.% | | | | | | |
| HNWK-ZH-01 | 方解石 | n.d.[①] | 1.14 | 1.13 | 4.82 | n.d. | 1.47 | 91.25 |
| HNWK-ZH-06 | 方解石 | n.d. | 1.20 | 0.96 | 4.54 | 0.26 | 0.63 | 92.17 |
| HNWK-ZH-11 | 方解石 | n.d. | 1.12 | 1.03 | 4.56 | 0.22 | 0.28 | 92.63 |
| HNWK-ZH-15 | 滑石 | 2.36 | 32.84 | 2.17 | 61.00 | n.d. | 0.32 | 0.46 |
| HNWK-ZH-16 | 滑石 | 1.38 | 30.42 | 6.77 | 51.35 | n.d. | 0.30 | 7.53 |
| HNWK-ZH-17 | 滑石 | 1.78 | 34.87 | 9.87 | 46.68 | n.d. | 0.31 | 4.08 |
| HNWK-ZH-18 | 滑石 | 0.81 | 29.19 | 4.90 | 63.21 | n.d. | 0.47 | 0.49 |
| HNWK-ZH-19 | 滑石 | 1.01 | 32.20 | 9.37 | 52.92 | n.d. | 0.46 | 0.81 |
| HNWK-ZH-20 | 滑石 | 0.65 | 29.93 | 3.42 | 64.39 | n.d. | 0.42 | 0.41 |
| HNWK-ZH-21 | 滑石 | 1.59 | 31.61 | 3.84 | 61.22 | 0.01 | 0.40 | 0.46 |
| HNWK-ZH-22 | 滑石 | 1.17 | 34.39 | 5.08 | 56.78 | n.d. | 0.28 | 0.63 |
| HNWK-ZH-23 | 云母 | n.d. | 2.06 | 34.61 | 46.65 | n.d. | 13.41 | 0.96 |
| HNWK-ZH-25 | 滑石 | 1.24 | 26.40 | 2.78 | 59.60 | 0.03 | 0.13 | 1.07 |
| HNWK-ZH-26 | 滑石 | 1.53 | 27.97 | 1.85 | 59.28 | 0.11 | 0.10 | 0.77 |
| HNWK-ZH-27 | 滑石 | 0.83 | 27.33 | 4.48 | 54.20 | n.d. | 0.15 | 1.01 |
| HNWK-ZH-33 | 方解石 | 1.12 | 1.03 | 0.92 | 3.69 | n.d. | 0.08 | 93.08 |
| HNWK-ZH-34 | 石英 | 1.01 | 0.94 | 3.34 | 88.10 | 0.96 | 1.53 | 0.54 |
| HNWK-ZH-35 | 滑石 | 0.94 | 36.17 | 9.20 | 46.69 | n.d. | 0.22 | 1.44 |

## 学成分 pXRF 测试结果及主要物相信息

| $TiO_2$ | $Fe_2O_3$ | Cr | Mn | Ni | Cu | Zn | Rb | Sr | Pb |
|---|---|---|---|---|---|---|---|---|---|
| | | μg/g | | | | | | | |
| n.d. | 0.18 | n.d. | 91 | 315 | n.d. | 234 | 4 | 73 | 29 |
| n.d. | 0.24 | 242 | 1261 | 5 | 26 | 673 | 7 | 6 | 17 |
| n.d. | 0.17 | 91 | 646 | 82 | n.d. | 242 | n.d. | 92 | n.d. |
| n.d. | 0.85 | n.d. | 58 | 372 | 11 | 408 | 1 | 53 | 34 |
| 0.14 | 2.12 | n.d. | 99 | 366 | n.d. | 438 | n.d. | 44 | 15 |
| n.d. | 2.42 | n.d. | 254 | 72 | 310 | 62 | 328 | 66 | 119 |
| n.d. | 0.93 | 147 | 151 | 78 | n.d. | 238 | 1 | 5 | 14 |
| n.d. | 3.22 | 9 | 119 | 426 | n.d. | 69 | n.d. | 48 | 8 |
| n.d. | 0.77 | n.d. | 114 | 113 | n.d. | 65 | 2 | 5 | 20 |
| n.d. | 0.87 | 4 | n.d. | 95 | n.d. | 98 | 4 | 4 | 21 |
| n.d. | 1.67 | 2 | 102 | 67 | n.d. | 92 | n.d. | 6 | 19 |
| 0.31 | 2.01 | n.d. | n.d. | 78 | n.d. | n.d. | 2 | 1 | 18 |
| n.d. | 8.75 | n.d. | n.d. | 38 | n.d. | 79 | 3 | 3 | n.d. |
| n.d. | 8.39 | n.d. | 125 | 77 | n.d. | 24 | n.d. | 3 | n.d. |
| n.d. | 12.00 | n.d. | 123 | 81 | n.d. | 38 | n.d. | 2 | 34 |
| n.d. | 0.09 | n.d. | | 346 | n.d. | 225 | n.d. | 39 | n.d. |
| n.d. | 3.57 | n.d. | 240 | 141 | 309 | 39 | 0 | 7 | 19 |
| n.d. | 5.35 | n.d. | 320 | 60 | 215 | 87 | 1 | 3 | 24 |

| 测试编号 | 物相 | $Na_2O$ | $MgO$ | $Al_2O_3$ | $SiO_2$ | $P_2O_5$ | $K_2O$ | $CaO$ |
|---|---|---|---|---|---|---|---|---|
| | | wt.% | | | | | | |
| HNWK-ZH-36 | 滑石 | 1.05 | 31.99 | 2.25 | 63.15 | 0.10 | 0.26 | 0.59 |
| HNWK-ZH-37 | 云母 | n.d. | 2.14 | 31.39 | 48.25 | n.d. | 13.47 | 1.41 |
| HNWK-ZH-38 | 透闪石 | 0.72 | 19.53 | 3.32 | 60.39 | 0.28 | 0.35 | 13.29 |
| HNWK-ZH-48 | 滑石 | 0.71 | 31.24 | 10.69 | 52.03 | n.d. | 0.52 | 1.20 |
| HNWK-ZH-52 | 方解石 | 1.96 | 26.77 | 1.77 | 35.11 | n.d. | 0.06 | 32.96 |
| HNWK-ZH-55 | 透闪石 | 1.86 | 23.20 | 1.35 | 59.76 | 0.19 | 0.13 | 12.47 |
| HNWK-ZH-56 | 透闪石 | 1.42 | 22.56 | 1.80 | 60.13 | 0.01 | 0.28 | 12.12 |
| HNWK-ZH-57 | 透闪石 | 1.63 | 22.59 | 1.66 | 60.14 | 0.22 | 0.24 | 12.42 |
| HNWK-ZH-61 | 透闪石 | 1.46 | 22.66 | 2.07 | 60.16 | 0.15 | 0.15 | 12.31 |
| HNWK-ZH-67 | 方解石 | n.d. | 1.47 | 3.66 | 13.15 | n.d. | 0.79 | 80.46 |

注：① n.d.：not detected，即氧化物或元素浓度低于仪器检出限，未检测出该化学成分。

续表

| $TiO_2$ | $Fe_2O_3$ | Cr | Mn | Ni | Cu | Zn | Rb | Sr | Pb |
|---|---|---|---|---|---|---|---|---|---|
| | | μg/g | | | | | | | |
| n.d. | 0.61 | n.d. | 300 | 49 | 314 | 50 | 1 | 3 | 26 |
| n.d. | 3.35 | n.d. | 113 | 156 | n.d. | 349 | n.d. | 2 | 15 |
| n.d. | 2.12 | 179 | n.d. | 52 | 514 | 47 | 151 | 18 | 5 |
| n.d. | 3.61 | n.d. | 263 | 46 | n.d. | 297 | n.d. | 3 | 639 |
| n.d. | 1.35 | n.d. | 178 | 131 | n.d. | 71 | n.d. | 1 | 326 |
| n.d. | 1.05 | n.d. | 145 | 41 | 143 | 45 | 264 | 53 | 70 |
| n.d. | 1.69 | 187 | 1426 | n.d. | 16 | 57 | 3 | 13 | 138 |
| n.d. | 1.10 | 216 | 505 | n.d. | 42 | 107 | 2 | 6 | 18 |
| n.d. | 1.03 | 121 | 1568 | n.d. | 44 | 488 | 7 | 5 | 13 |
| n.d. | 0.48 | 208 | 1787 | 28 | 95 | 713 | 4 | 6 | 35 |

## 表 5.16　新郑郑韩电器厂墓地玉器的拉曼特征峰和物相信息

| 测试编号 | 拉曼特征峰 / $cm^{-1}$ | | | | | | | | 物相 |
|---|---|---|---|---|---|---|---|---|---|
| HNWK−ZH−38 | 115vw[1] | 177vw | 221vw | | 672m | | 1023vw | 1060vw | 透闪石 |
| HNWK−ZH−55 | 121w | 171w | 221w | 397w | 672m | 929vw | 1023vw | 1054vw | 透闪石 |
| HNWK−ZH−56 | 121w | 177w | 221w | 391w | 672m | 928vw | 1027vw | 1057vw | 透闪石 |
| HNWK−ZH−57 | 121w | 177w | 221w | 397w | 673m | 929vw | | 1059vw | 透闪石 |
| HNWK−ZH−61 | 120w | 177w | 221w | 391w | 671m | 927vw | 1027vw | 1054vw | 透闪石 |
| HNWK−ZH−03 | 153m | 278m | 709m | 1084vs | | | | | 方解石 |
| HNWK−ZH−04 | 154m | 281s | 709w | 1082vs | | | | | 方解石 |
| HNWK−ZH−05 | 153m | 275s | 708w | 1082s | | | | | 方解石 |
| HNWK−ZH−06 | 152m | 275m | 709w | 1085s | | | | | 方解石 |
| HNWK−ZH−07 | 153m | 281s | 712w | 1085s | | | | | 方解石 |
| HNWK−ZH−08 | 152w | 279m | 711vw | 1085m | | | | | 方解石 |
| HNWK−ZH−09 | 154m | 275m | 705w | 1082s | | | | | 方解石 |
| HNWK−ZH−10 | 171m | 296m | 722w | 1098s | | | | | 方解石 |
| HNWK−ZH−11 | 153m | 278m | 710w | 1086s | | | | | 方解石 |
| HNWK−ZH−12 | 153w | 278m | 709vw | 1085m | | | | | 方解石 |
| HNWK−ZH−13 | 154m | 281m | | 1085s | | | | | 方解石 |
| HNWK−ZH−14 | 154m | 281m | 710vw | 1088s | | | | | 方解石 |
| HNWK−ZH−24 | 154m | 281m | 709vw | 1082s | | | | | 方解石 |

续表

| 测试编号 | 拉曼特征峰／$cm^{-1}$ | | | | | | | | 物相 |
|---|---|---|---|---|---|---|---|---|---|
| HNWK-ZH-28 | 154w | 281m | 712w | 1085s | | | | | 方解石 |
| HNWK-ZH-29 | 147w | 281m | 712w | 1082s | | | | | 方解石 |
| HNWK-ZH-30 | 153w | | 709w | 1085s | | | | | 方解石 |
| HNWK-ZH-31 | 147w | 281m | 709w | 1085s | | | | | 方解石 |
| HNWK-ZH-33 | 153w | 278m | | 1085m | | | | | 方解石 |
| HNWK-ZH-39 | | 278w | | 1085w | | | | | 方解石 |
| HNWK-ZH-40 | 153w | 278m | 709w | 1085s | | | | | 方解石 |
| HNWK-ZH-41 | 153w | 281m | 712w | 1085s | | | | | 方解石 |
| HNWK-ZH-42 | 153m | 281m | 712w | 1082vs | | | | | 方解石 |
| HNWK-ZH-43 | 153m | 278m | 709w | 1085s | | | | | 方解石 |
| HNWK-ZH-44 | 154w | 281m | 712vw | 1082s | | | | | 方解石 |
| HNWK-ZH-45 | 154w | 281m | 709vw | 1085s | | | | | 方解石 |
| HNWK-ZH-46 | 154m | 281m | 710w | 1082s | | | | | 方解石 |
| HNWK-ZH-47 | 154m | 281m | 712w | 1085s | | | | | 方解石 |
| HNWK-ZH-49 | 154m | 281m | 712w | 1085vs | | | | | 方解石 |
| HNWK-ZH-50 | 154m | 281m | 712w | 1085s | | | | | 方解石 |
| HNWK-ZH-51 | 153m | 278m | 709w | 1085s | | | | | 方解石 |
| HNWK-ZH-52 | 153vw | 278w | | 1085m | | | | | 方解石 |
| HNWK-ZH-53 | 153w | 278m | 709w | 1085vs | | | | | 方解石 |

续表

| 测试编号 | 拉曼特征峰 / $cm^{-1}$ | | | | | | | | 物相 |
|---|---|---|---|---|---|---|---|---|---|
| HNWK-ZH-54 | 153w | 278w | 709vw | 1084m | | | | | 方解石 |
| HNWK-ZH-62 | 153w | 278w | 709vw | 1085m | | | | | 方解石 |
| HNWK-ZH-63 | 153w | 278m | 709vw | 1085s | | | | | 方解石 |
| HNWK-ZH-64 | 153m | 278m | 709vw | 1085m | | | | | 方解石 |
| HNWK-ZH-65 | 153w | 278m | 709vw | 1082s | | | | | 方解石 |
| HNWK-ZH-66 | 153w | 278m | 709vw | 1085m | | | | | 方解石 |
| HNWK-ZH-67 | 153w | 278w | 709vw | 1085m | | | | | 方解石 |
| HNWK-ZH-68 | 153m | 278s | 709w | 1085vs | | | | | 方解石 |
| HNWK-ZH-69 | 153m | 278m | 709vw | 1085s | | | | | 方解石 |
| HNWK-ZH-15 | | | 191m | 675w | | | | | 滑石 |
| HNWK-ZH-16 | | | 194w | | | | | | 滑石 |
| HNWK-ZH-17 | | | 187w | 678vw | | | | | 滑石 |
| HNWK-ZH-18 | | | 190w | | | | | | 滑石 |
| HNWK-ZH-19 | | | 197vw | | | | | | 滑石 |
| HNWK-ZH-20 | | | 190vw | | | | | | 滑石 |
| HNWK-ZH-21 | | | 190w | | | | | | 滑石 |
| HNWK-ZH-22 | | | 194w | | | | | | 滑石 |
| HNWK-ZH-25 | | | 190w | | | | | | 滑石 |
| HNWK-ZH-26 | 107w | | 191m | 671w | | | | | 滑石 |

续表

| 测试编号 | 拉曼特征峰 / $cm^{-1}$ | | | | | | | | 物相 |
|---|---|---|---|---|---|---|---|---|---|
| HNWK-ZH-27 | | | 190w | | | | | | 滑石 |
| HNWK-ZH-35 | | 140w | 190vw | | | | | | 滑石 |
| HNWK-ZH-36 | | | 191w | | | | | | 滑石 |
| HNWK-ZH-48 | | | 197vw | | | | | | 滑石 |
| HNWK-ZH-02 | 128m | 203m | 463s | | | | | | 石英 |
| HNWK-ZH-32 | 127m | 207m | 463s | | | | | | 石英 |
| HNWK-ZH-58 | 128w | 203w | 459m | | | | | | 石英 |
| HNWK-ZH-59 | 128w | 197w | 462m | | | | | | 石英 |
| HNWK-ZH-60 | | | 466w | | | | | | 石英 |
| HNWK-ZH-23 | 96w | 140m | | 259w | | | | | 白云母 |
| HNWK-ZH-37 | 96w | | 190vw | 259w | | | | | 白云母 |

注：① vw 为超弱峰缩写，w 为弱峰缩写，m 为中等强度峰缩写，s 为强峰缩写，vs 为超强峰缩写。

### 3. 石英质玉器

该质地玉器有 6 件，占总数的 9%。其主要化学成分 $SiO_2$ 的含量为 88.10%—95.78%。HNWK-ZH-34 的特征拉曼图谱见图 5.36，其中主要特征峰 $123cm^{-1}$、$199cm^{-1}$ 和 $464cm^{-1}$ 与石英特征峰一致。石英质矿物有多种，根据晶体的结构结晶程度可将石英分为显晶质和隐晶质两大

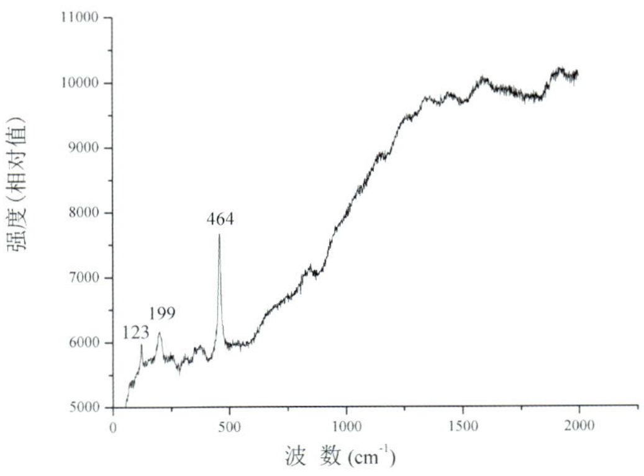


图 5.36 石英质玛瑙环 HNWK-ZH-34 的特征拉曼图谱

类，显晶质石英包括紫水晶、黄水晶、水晶、玫瑰水晶、发晶和烟水晶，而隐晶质水晶包括玛瑙、红玉髓、玉髓、绿玉髓和缟玛瑙等。结合玉器的宏观特征，进一步判断这 6 件石英质玉器为玉髓。

4. 滑石质玉器

该质地玉器有 14 件，占总数的 20%。其主要化学成分 MgO 和 $SiO_2$ 的含量范围分别为 26.4%—36.17% 和 46.68%—64.39%，与滑石 [$Mg_3Si_4O_{10}(OH)_2$] 的理论组分一致。图 5.37 为玉柱 HNWK-ZH-15 的特征拉曼图谱，主要振动峰在 3671cm$^{-1}$、1046cm$^{-1}$、672cm$^{-1}$、355cm$^{-1}$ 和 191cm$^{-1}$ 附近。

5. 白云母质玉器

白云母质玉器仅 2 件，占总数的 3%。其主要化学成分 $Al_2O_3$、$SiO_2$ 和 $K_2O$ 的含量范围分别为 31.39%—34.61%、46.65%—48.25% 和 13.41%—13.47%，与白云母 [$KAl_2$（$Si_3Al$)$O_{10}(OH)_2$] 的理论组分基本一致。图 5.38 为玉环 HNWK-ZH-23 的特征拉曼图谱，其中 258cm$^{-1}$ 属于白云母的拉曼特征峰。

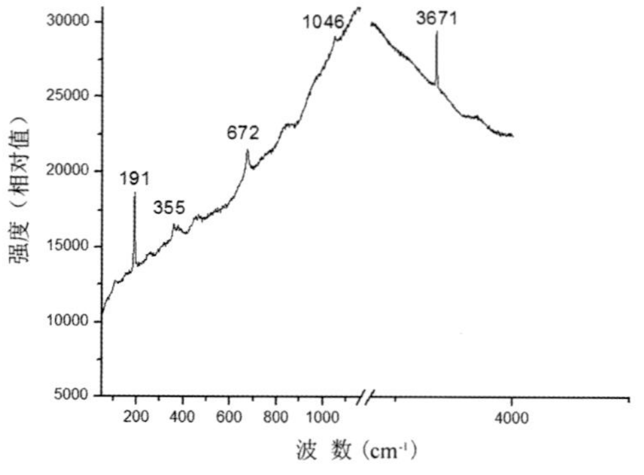


图 5.37 滑石质玉柱 HNWK-ZH-15 的特征拉曼图谱

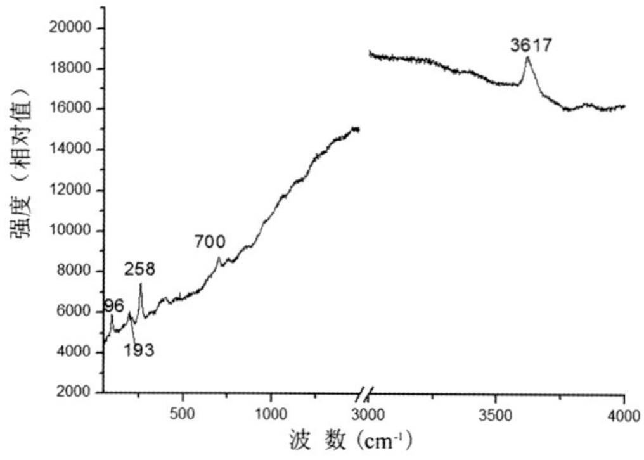


图 5.38 白云母质玉环 HNWK-ZH-23 的特征拉曼图谱

## 三、透闪石玉器中的包裹体分析

研究中发现 3 件透闪石玉器（HNWK-ZH-55、HNWK-ZH-56 和 HNWK-ZH-57）内含有包裹体，这些包裹体均为石墨，包裹体在 50 倍物镜下的显微图像见图 5.39 左列图，包裹体呈蜡状光泽，黑色、不透明。特征拉曼图谱见图 5.39 右列图，两个最强的振动峰集中在 1579cm$^{-1}$ 和 2715cm$^{-1}$ 附近，属于 C—C 振动峰包裹体的分布状况。

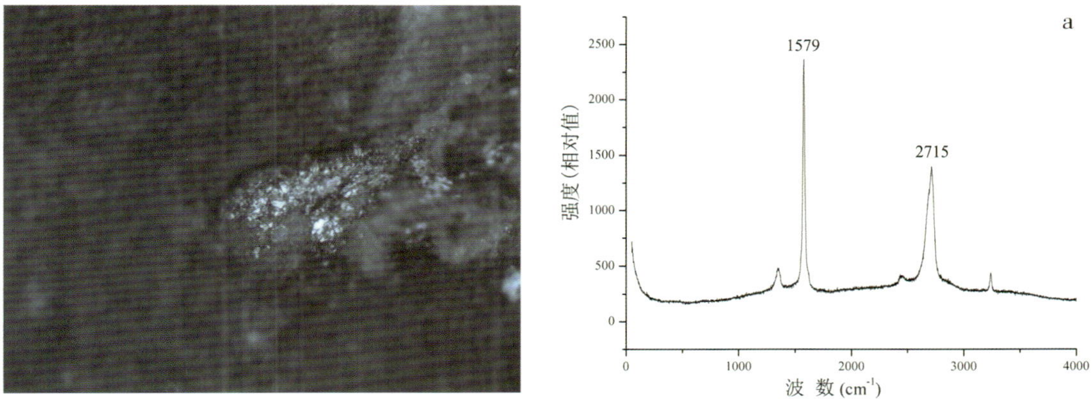


a. HNWK-ZH-55

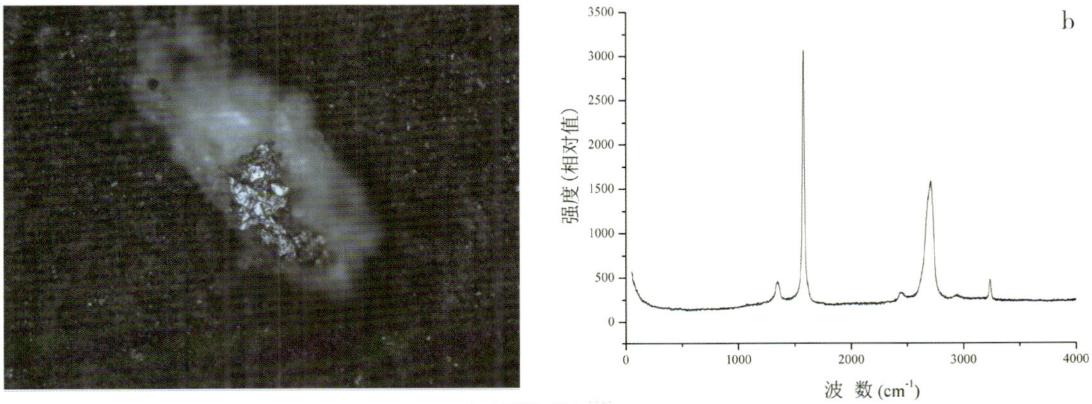


b. HNWK-ZH-56

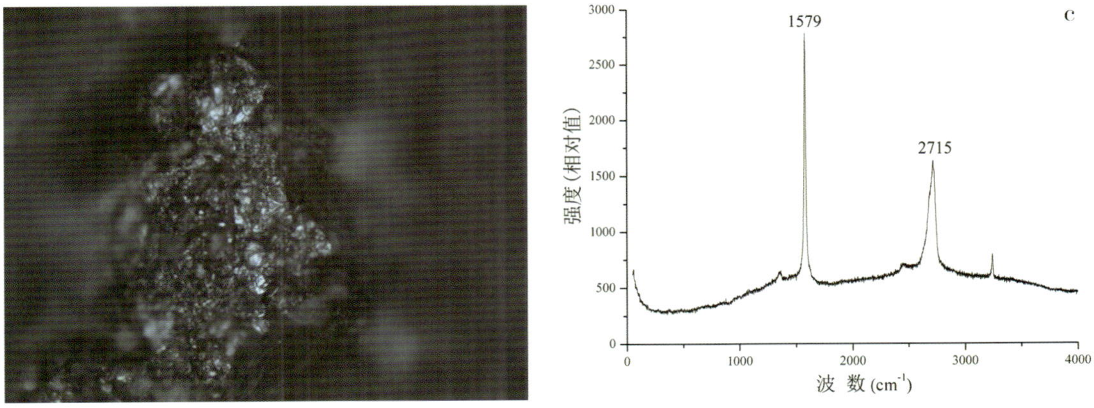


c. HNWK-ZH-57

图 5.39　透闪石质玉器中包裹体的显微图片和特征拉曼图谱

## 四、玉器内部 OCT 分析

在 5 种质地的玉器中选取典型的 18 件玉器（HNWK-ZH-02、HNWK-ZH-15、HNWK-ZH-18、HNWK-ZH-19、HNWK-ZH-20、HNWK-ZH-21、HNWK-

ZH−22、HNWK−ZH−26、HNWK−ZH−27、HNWK−ZH−35、HNWK−ZH−37、HNWK−ZH−38、HNWK−ZH−41、HNWK−ZH−48、HNWK−ZH−50、HNWK−ZH−52、HNWK−ZH−56、HNWK−ZH−57）进行OCT分析，结果见图5.40—图5.44。从图中可看出，不同质地的玉器在透明程度、均匀性、纤维粗细程度以及包裹体方面存在一定差异，即使是同种材质的玉器或同一件玉器的不同部位（如沁蚀区域与半透明区域）也不尽相同。以透闪石质玉器 HNWK−ZH−57 为例（图 5.40），OCT 图像中箭头 1 所指的亮线为玉器表面与空气之间的界面，箭头 2 指向玉器中的粗矿物纤维，箭头 3 指向玉器中的石墨包裹体，三维图像中更直观地反映出石墨包裹体在玉器中的分布状况。

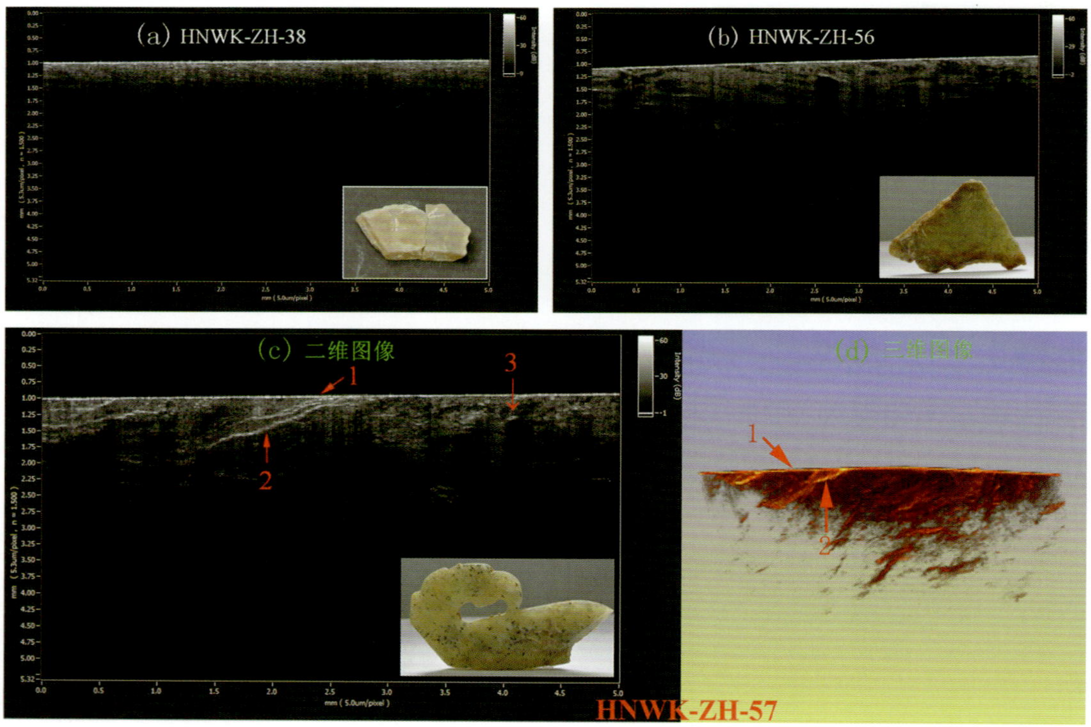


图 5.40 透闪石质玉器的 OCT 图像

从 OCT 二维图像可以看出，玉器成像散射光越弱，材料透明性越好，对光的透过率越高。相对而言，HNWK−ZH−38 玉质较差，纤维较粗，半透明区域少，不透明区域多，对光的透过率较低。而 HNWK−ZH−56 和 HNWK−ZH−57 的玉质相对较好，透明程度较高，对光的透过率较高。这两件玉器主体颜色均呈浅绿色，较为均匀，图中出现一些丝状亮线，应该是较粗的矿物纤维造成折射率改变而引起的。

方解石质玉器因晶体的结晶程度、风化程度和透明程度不同，OCT 图像特征也存在明显的差异（见图 5.41）。HNWK-ZH-05、HNWK-ZH-41 和 HNWK-ZH-50 透射率较高，均匀性一般，纤维结构较粗，多呈层状分布，白色散射区域间隙内的黑色区域为透明度较好的结晶。而 HNWK-ZH-52 由于风化严重，对光的透过率差，表现出均一的散射相。

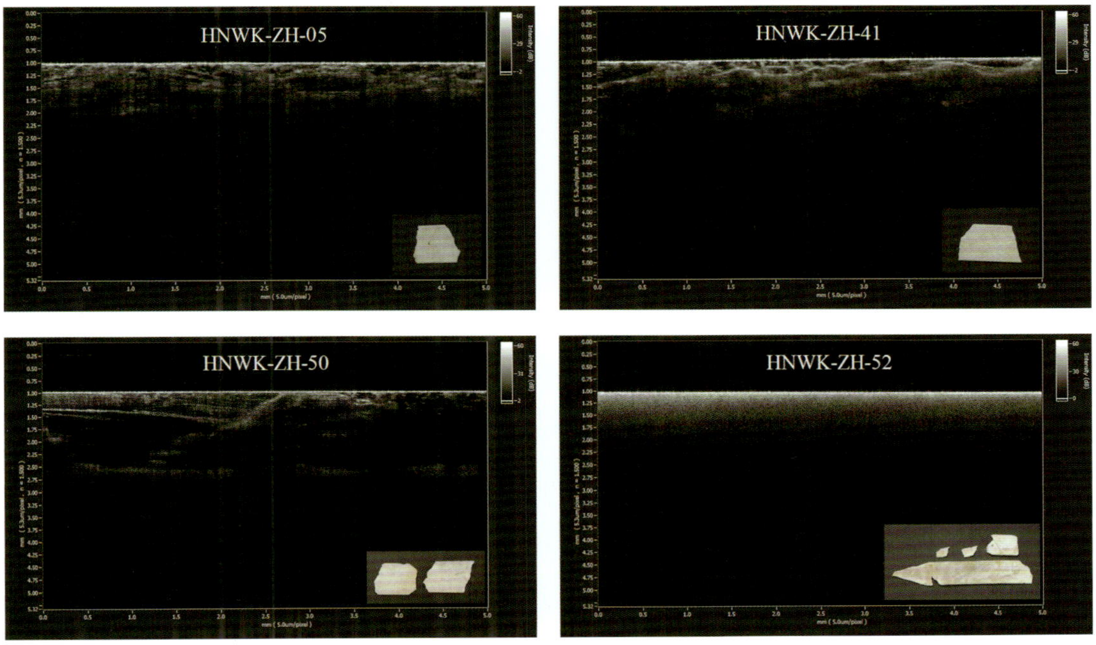


图 5.41　方解石质玉器的 OCT 图像

由图 5.42 可以看出，石英质玛瑙环 HNWK-ZH-02 的玉质均匀性较好，对光的透过率较高，纤维结构较细，较纯净的区域如图 5.42a 所示，散射颗粒较少。该玉器中也分布着大量大小不等的棕色包裹体，通过 OCT 二维图像可以清楚地看到这些包裹体的分布情况，其中小包裹体如图 5.42c 所示，呈细小的白色散射点状，这些包裹体具有透光性，与透闪石中的石墨包裹体不同；而图 5.42b 中尺寸较大的黑色条带是玉器中的大颗粒阻挡所致。由于包裹体分布在玉器内部较深的位置，拉曼光谱的表面分析未能检出其物相信息。

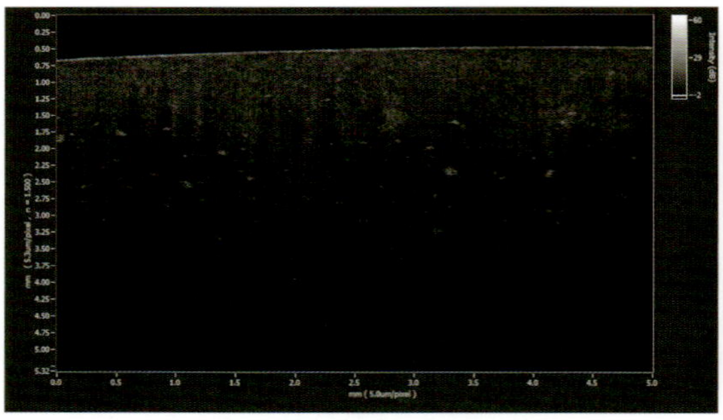

a. 相对纯净区域

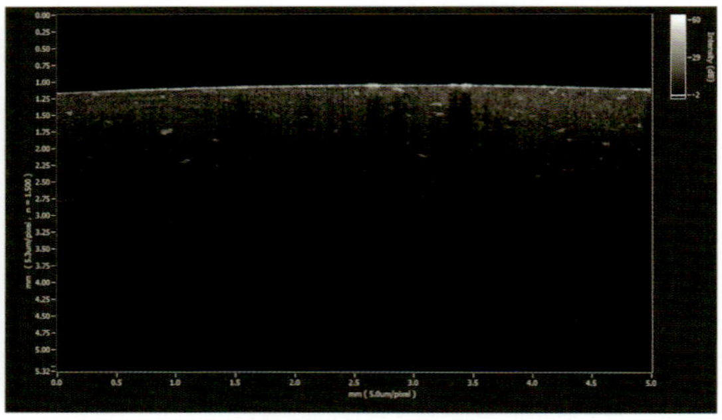

b. 大颗粒分布区域

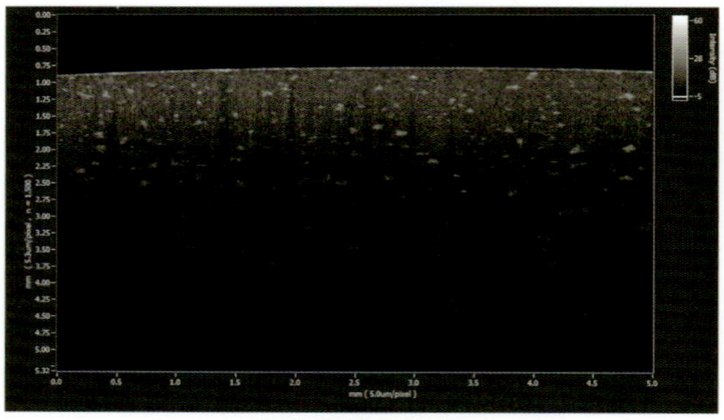

c. 细小包裹体区域

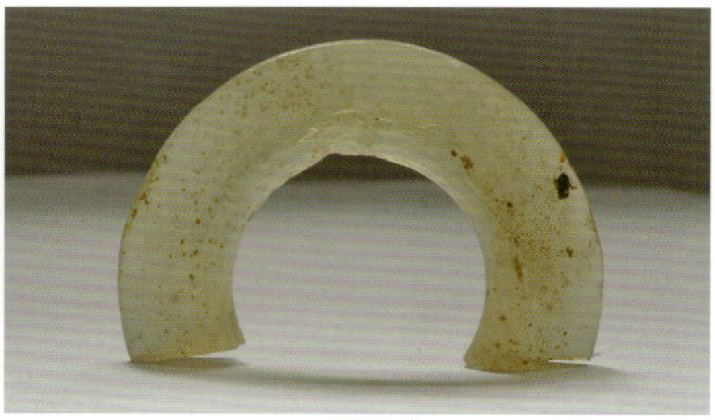

d. 玉器照片

图 5.42　石英质玛瑙环 HNWK-ZH-02 的 OCT 图像及照片

图 5.43 展示了滑石质玉器的 OCT 图像信息。这类玉器一般具有较高的透射率，纤维也多呈层状分布，多数玉器中无较大的矿物颗粒（如 HNWK-ZH-15、HNWK-ZH-19、HNWK-ZH-22）。但 HNWK-ZH-26 和 HNWK-ZH-48 的透射率相对较低一些。前者可能与玉器中矿物颗粒较小有关，后者可能是由于风化沁蚀所致。在 HNWK-ZH-35 中可见大的矿物颗粒引起的黑色条带。

从白云母质玉片 HNWK-ZH-37 三个区域的 OCT 分析图像（图 5.44）中可以看出，矿物结构均匀，无明显的大散射颗粒和条带。这件玉器较薄，对光的透过率较高，激光贯穿了整个器物，图下部一条相对弱的亮线为玉器表面与测试平台之间的界面。由于玉器埋藏时间久远，局部也出现了风化现象，见图 5.44a 中密度较大的白色散射区域。

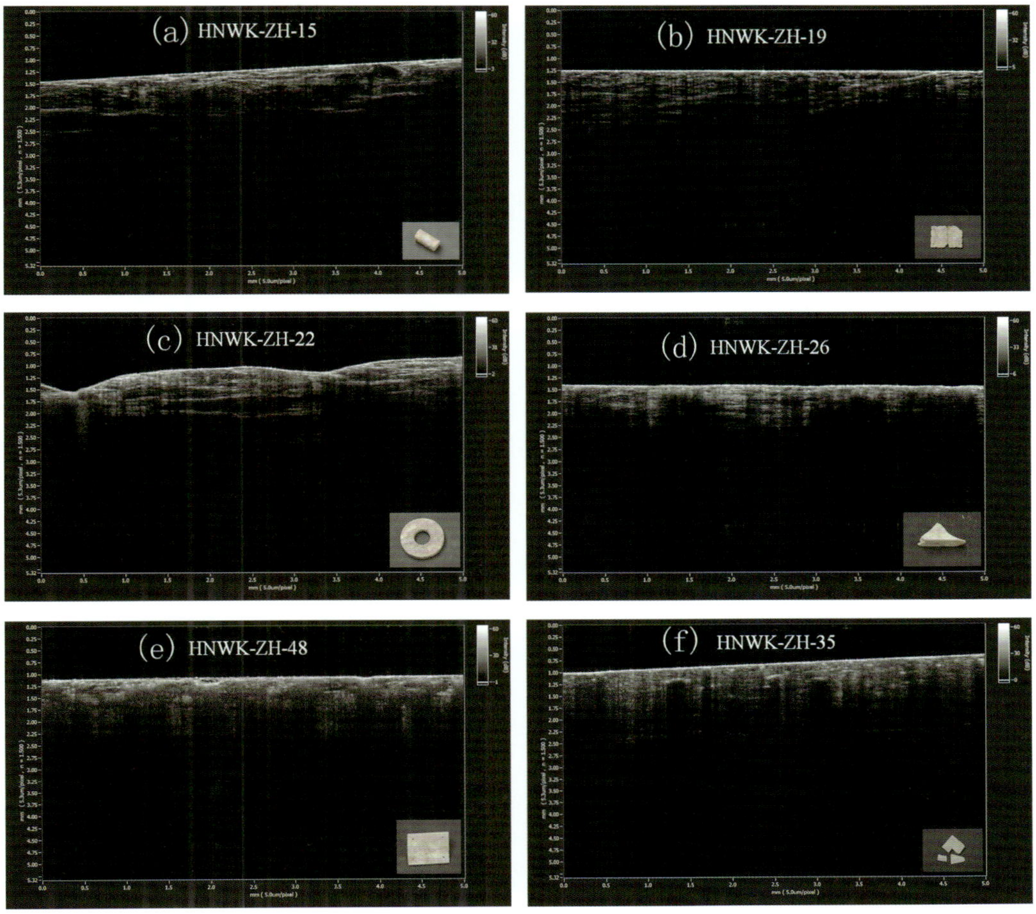


图 5.43　滑石质玉器的 OCT 图像

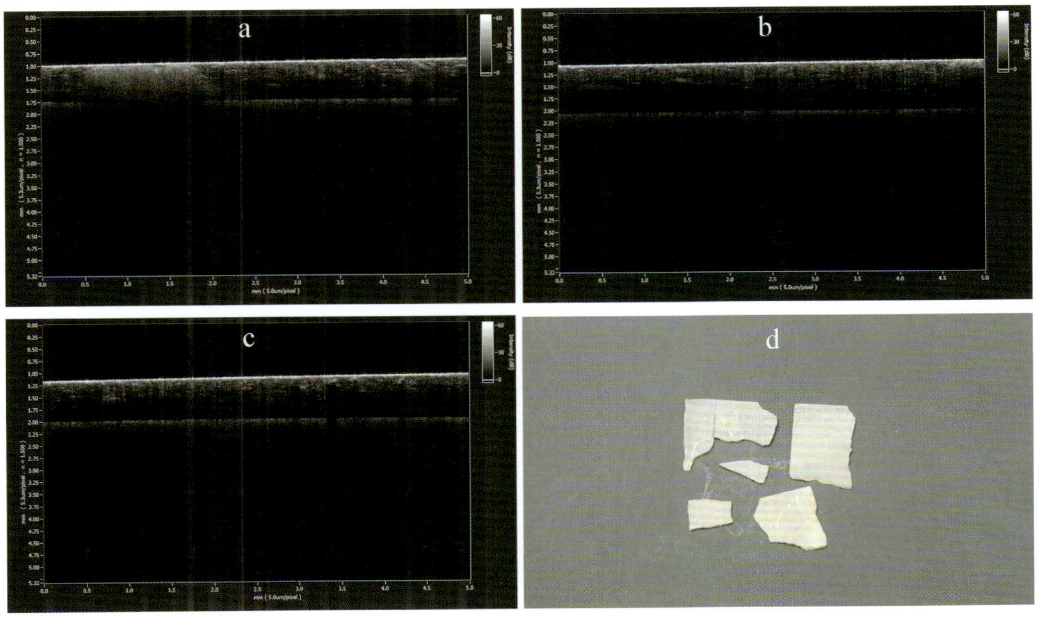


图 5.44　白云母质玉片 HNWK-ZH-37 的 OCT 图像及照片

## 第八节　新郑天成隔热材料厂墓地玉器

新郑天成隔热材料厂墓地位于新郑市梨河镇七里闫行政村，地处郑韩故城南郊，距新郑市区约 3.5 公里。2008 年至 2009 年，河南省文物考古研究所对天成隔热材料厂墓地进行发掘，共清理墓葬 171 座，其中战国时期墓葬 157 座，出土铜、陶、玉、石、骨等不同质地的文物 610 余件（套）。

### 一、玉器基本信息

选取新郑天成隔热材料厂墓地出土的玉器 117 件进行材料属性及其结构的相关研究，依据相应结果作出材质判定。玉器基本信息见表 5.17。

**表 5.17　新郑天成隔热材料厂墓地玉器基本信息**

| 测试编号 | 标本号 | 器名 | 照片 |
|---|---|---|---|
| HNWK-TC-01 | M2∶1-1 | 玉饼 |  |
| HNWK-TC-02 | M2∶1-2 | 玉饼 |  |
| HNWK-TC-03 | M2∶1-3 | 玉饼 |  |
| HNWK-TC-04 | M2∶1-4 | 玉饼 |  |

续表

| 测试编号 | 标本号 | 器名 | 照片 |
|---|---|---|---|
| HNWK-TC-05 | M2∶1-5 | 玉料 |  |
| HNWK-TC-06 | M12∶1 | 玉饰 |  |
| HNWK-TC-07 | M22∶1-1 | 水晶环 | 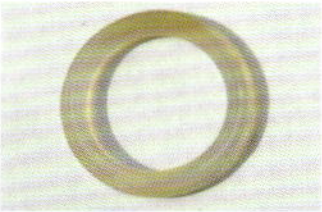 |
| HNWK-TC-08 | M22∶1-2 | 水晶环 |  |
| HNWK-TC-09 | M22∶1-3 | 水晶环 |  |
| HNWK-TC-10 | M22∶1-4 | 水晶环 |  |
| HNWK-TC-11 | M22∶1-5 | 水晶环 |  |
| HNWK-TC-12 | M22∶3-1 | 玉饰 |  |
| HNWK-TC-13 | M22∶3-2 | 玉饰 |  |
| HNWK-TC-14 | M22∶3-3 | 玉饰 |  |
| HNWK-TC-15 | M22∶4 | 玉饰 |  |
| HNWK-TC-16 | M22∶6 | 玉璜 |  |
| HNWK-TC-17 | M22∶7-1 | 方形玉佩 |  |
| HNWK-TC-18 | M22∶7-2 | 方形玉佩 |  |

续表

| 测试编号 | 标本号 | 器名 | 照片 |
|---|---|---|---|
| HNWK-TC-19 | M22：7-3 | 方形玉佩 |  |
| HNWK-TC-20 | M22：7-4 | 方形玉佩 |  |
| HNWK-TC-21 | M22：7-5 | 方形玉佩 |  |
| HNWK-TC-22 | M22：7-6 | 方形玉佩 |  |
| HNWK-TC-23 | M23：1-1 | 水晶环 |  |
| HNWK-TC-25 | M23：2 | 玉饰 |  |
| HNWK-TC-26 | M23：3 | 玉片 |  |
| HNWK-TC-27 | M23：7-1 | 玉片 |  |
| HNWK-TC-28 | M23：7-2 | 玉片 |  |
| HNWK-TC-29 | M23：7-3 | 玉片 |  |
| HNWK-TC-30 | M23：7-4 | 玉条 |  |
| HNWK-TC-31 | M32：1 | 玉环 |  |
| HNWK-TC-32 | M49：1-1 | 玉饼 |  |
| HNWK-TC-33 | M49：1-2 | 玉饼 |  |

**续表**

| 测试编号 | 标本号 | 器名 | 照片 |
|---|---|---|---|
| HNWK−TC−34 | M49 : 1−3 | 玉料 |  |
| HNWK−TC−35 | M49 : 1−4 | 玉料 |  |
| HNWK−TC−36 | M49 : 4 | 玉饼 |  |
| HNWK−TC−37 | M49 : 5−1 | 玉饼 |  |
| HNWK−TC−38 | M49 : 5−2 | 玉饼 |  |
| HNWK−TC−39 | M51 : 1 | 玉饼 |  |
| HNWK−TC−40 | M52 : 1−1 | 水晶环 |  |
| HNWK−TC−41 | M52 : 1−2 | 水晶环 |  |
| HNWK−TC−42 | M52 : 3 | 玉饰 |  |
| HNWK−TC−43 | M55 : 11 | 玉圭 |  |
| HNWK−TC−44 | M63 : 1 | 玉饰 |  |
| HNWK−TC−45 | M63 : 3 | 水晶环 |  |
| HNWK−TC−46 | M64 : 10 | 玉片 |  |
| HNWK−TC−47 | M66 : 8 | 玉饰 |  |

续表

| 测试编号 | 标本号 | 器名 | 照片 |
|---|---|---|---|
| HNWK-TC-48 | M72：2 | 玉饰 |  |
| HNWK-TC-49 | M72：3 | 玉圭 |  |
| HNWK-TC-50 | M73：1 | 玉璧 |  |
| HNWK-TC-51 | M73：3-1 | 方形玉佩 |  |
| HNWK-TC-52 | M73：3-2 | 方形玉佩 |  |
| HNWK-TC-53 | M73：3-3 | 方形玉佩 |  |
| HNWK-TC-54 | M73：3-4 | 方形玉佩 |  |
| HNWK-TC-55 | M73：3-5 | 方形玉佩 |  |
| HNWK-TC-56 | M73：3-6 | 方形玉佩 |  |
| HNWK-TC-57 | M76：1 | 玉环 |  |
| HNWK-TC-58 | M76：3-1 | 玉片 |  |
| HNWK-TC-59 | M76：3-2 | 玉片 |  |
| HNWK-TC-60 | M83：1 | 水晶环 |  |
| HNWK-TC-61 | M83：2 | 玉玦 |  |

续表

| 测试编号 | 标本号 | 器名 | 照片 |
|---|---|---|---|
| HNWK-TC-62 | M113∶1 | 水晶环 |  |
| HNWK-TC-63 | M117∶2 | 玉圭 |  |
| HNWK-TC-64 | M118∶1 | 玉圭 |  |
| HNWK-TC-65 | M121∶1 | 玉环 |  |
| HNWK-TC-66 | M121∶2 | 玉饰 |  |
| HNWK-TC-67 | M123∶6-1 | 方形石器 |  |
| HNWK-TC-68 | M123∶6-2 | 方形石器 |  |
| HNWK-TC-69 | M123∶6-3 | 方形石器 |  |
| HNWK-TC-70 | M123∶6-4 | 方形石器 |  |
| HNWK-TC-71 | M123∶6-5 | 方形石器 |  |
| HNWK-TC-72 | M123∶6-6 | 方形石器 |  |
| HNWK-TC-73 | M123∶6-7 | 方形石器 |  |
| HNWK-TC-74 | M123∶6-8 | 方形石器 |  |
| HNWK-TC-75 | M123∶6-9 | 方形石器 |  |

续表

| 测试编号 | 标本号 | 器名 | 照片 |
| --- | --- | --- | --- |
| HNWK-TC-76 | M123 : 6-10 | 方形石器 |  |
| HNWK-TC-77 | M123 : 6-11 | 方形石器 |  |
| HNWK-TC-78 | M123 : 6-12 | 方形石器 |  |
| HNWK-TC-79 | M123 : 11 | 玉饰 |  |
| HNWK-TC-80 | M124 : 1 | 玉环 |  |
| HNWK-TC-81 | M129 : 1 | 玉圭 |  |
| HNWK-TC-82 | M138 : 1 | 水晶环 | 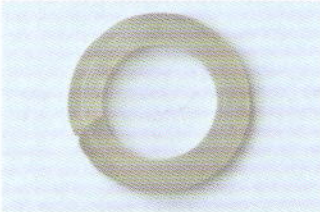 |
| HNWK-TC-83 | M142 : 3 | 玉圭 |  |
| HNWK-TC-84 | M142 : 4 | 水晶环 | 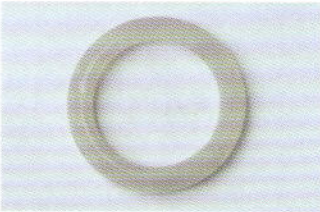 |
| HNWK-TC-85 | M144 : 3-1 | 玉玦 |  |
| HNWK-TC-86 | M144 : 3-2 | 玉玦 |  |
| HNWK-TC-87 | M144 : 5-1 | 方形玉佩 |  |
| HNWK-TC-88 | M144 : 5-2 | 方形玉佩 |  |
| HNWK-TC-89 | M144 : 5-3 | 方形玉佩 |  |

续表

| 测试编号 | 标本号 | 器名 | 照片 |
|---|---|---|---|
| HNWK-TC-90 | M144 : 5-4 | 方形玉佩 |  |
| HNWK-TC-91 | M144 : 5-5 | 玉柱 |  |
| HNWK-TC-92 | M144 : 6-1 | 玉柱 |  |
| HNWK-TC-93 | M144 : 6-2 | 玉柱 |  |
| HNWK-TC-94 | M156 : 1 | 玉圭 |  |
| HNWK-TC-95 | M164 : 1 | 玉璧 |  |
| HNWK-TC-96 | M164 : 2-1 | 玉圭 |  |
| HNWK-TC-97 | M164 : 2-2 | 玉圭 |  |
| HNWK-TC-98 | M165 : 1-1 | 水晶珠 |  |
| HNWK-TC-99 | M165 : 1-2 | 水晶珠 |  |
| HNWK-TC-100 | M165 : 2 | 玉珠 |  |
| HNWK-TC-101 | M165 : 3-1 | 方形玉佩 |  |
| HNWK-TC-102 | M165 : 3-2 | 玉圭 |  |
| HNWK-TC-103 | M167 : 1 | 玉圭 |  |

续表

| 测试编号 | 标本号 | 器名 | 照片 |
| --- | --- | --- | --- |
| HNWK-TC-104 | M172∶1 | 水晶环 |  |
| HNWK-TC-105 | M176∶1 | 玉圭 |  |
| HNWK-TC-106 | M190∶1 | 玉圭 |  |
| HNWK-TC-107 | M193∶2 | 水晶环 |  |
| HNWK-TC-108 | M196∶3-1 | 水晶珠 |  |
| HNWK-TC-109 | M196∶3-2 | 水晶珠 |  |
| HNWK-TC-110 | M196∶4-1 | 玉鸟 |  |
| HNWK-TC-111 | M196∶4-2 | 玉鸟 |  |
| HNWK-TC-112 | M196∶4-3 | 玉饰 |  |
| HNWK-TC-113 | M196∶5-1 | 玉珠 |  |
| HNWK-TC-114 | M196∶5-2 | 玉珠 |  |
| HNWK-TC-115 | M196∶6-1 | 玉珠 |  |
| HNWK-TC-116 | M196∶6-2 | 玉珠 |  |
| HNWK-TC-117 | M196∶6-3 | 玉珠 |  |
| HNWK-TC-118 | M196∶6-4 | 玉珠 |  |

## 二、材质判定

对玉器进行了 pXRF 和拉曼光谱测定，相关化学成分分析结果见表 5.18、表 5.19，玉器的便携式拉曼特征峰测试结果见表 5.20。综合上述分析结果可以确定，这批玉器的材质包括透闪石、方解石、云母、蛇纹石、石英、滑石、磷灰石和绿松石等质地。

### 1. 透闪石质玉器

该质地玉器有 36 件，其主要化学成分 MgO、$SiO_2$ 和 CaO 的含量范围分别为 18.71%—24.71%、56.22%—61.18% 和 11.75%—17.45%，与透闪石主要化学成分理论组分一致。图 5.45 为玉料 HNWK-TC-05 的特征拉曼图谱，其中 $667cm^{-1}$ 为硅氧四面体链中 Si–O–Si 的伸缩振动峰，$1057cm^{-1}$ 为 Si–O 的伸缩振动峰，$222cm^{-1}$ 和 $394cm^{-1}$ 是晶格振动峰，$3663cm^{-1}$ 附近是 $(OH)^{-1}$ 基团的伸缩振动峰。

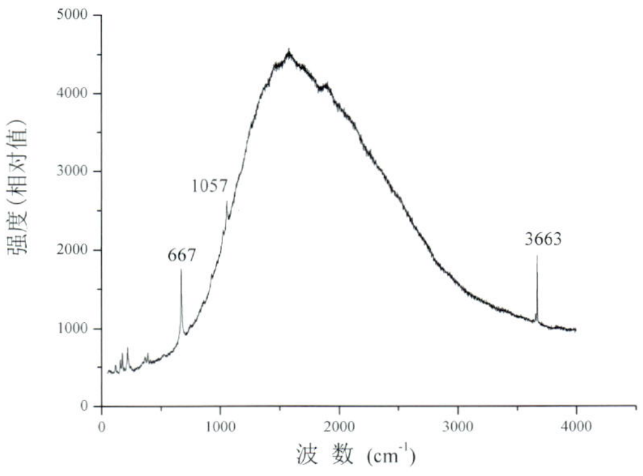

图 5.45　透闪石质玉料 HNWK-TC-05 的特征拉曼图谱

### 2. 方解石质玉器

该质地玉器有 35 件。以玉器 HNWK-TC-50 为典型代表，其主要化学成分为 CaO 83.94% 和 $SiO_2$ 8.06%。该质地玉器中皆含有一定量的 $SiO_2$，说明这些方解石玉材的纯度欠佳，有少量石英等伴生矿物。图 5.46 为玉圭 HNWK-TC-102 的特征拉曼图谱，其中 $1085cm^{-1}$ 归因于方解石的 $(CO_3)^{2-}$ 阴离子团的对称伸缩振动，$709cm^{-1}$ 归因于 $(CO_3)^{2-}$ 阴离子团的弯曲振动，$280cm^{-1}$ 归因于 $(CO_3)^{2-}$ 的晶格振动。

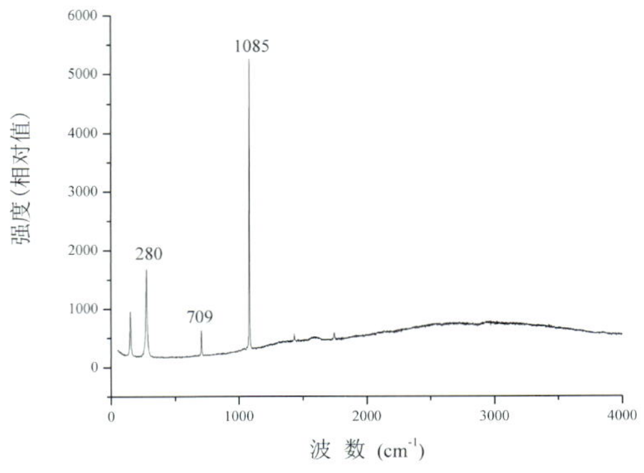

图 5.46　方解石质玉圭 HNWK-TC-102 的特征拉曼图谱

### 表 5.18 新郑天成隔热材料厂墓地部分

| 测试编号 | 主要物相 | $Na_2O$ | MgO | $Al_2O_3$ | $SiO_2$ | $P_2O_5$ | $K_2O$ | CaO |
|---|---|---|---|---|---|---|---|---|
| | | wt.% | | | | | | |
| HNWK-TC-01 | 透闪石 | 0.05 | 18.90 | 4.20 | 61.18 | 1.49 | 0.42 | 13.16 |
| HNWK-TC-02 | 透闪石 | 0.96 | 20.10 | 2.33 | 60.90 | n.d. | 0.22 | 12.89 |
| HNWK-TC-03 | 透闪石 | 0.59 | 18.90 | 2.71 | 60.30 | 0.36 | 0.20 | 14.88 |
| HNWK-TC-04 | 透闪石 | 0.69 | 23.63 | 1.61 | 59.70 | 0.48 | 0.11 | 12.83 |
| HNWK-TC-05 | 透闪石 | 1.39 | 22.31 | 1.87 | 60.42 | n.d. | 0.27 | 11.97 |
| HNWK-TC-06 | 透闪石 | 1.81 | 23.40 | 1.42 | 59.61 | 0.06 | 0.33 | 11.77 |
| HNWK-TC-12 | 透闪石 | 1.86 | 23.76 | 1.42 | 59.45 | 0.41 | 0.19 | 12.70 |
| HNWK-TC-13 | 透闪石 | 1.73 | 22.73 | 1.60 | 60.37 | n.d. | 0.18 | 12.45 |
| HNWK-TC-14 | 透闪石 | 2.08 | 24.17 | 1.46 | 59.64 | 0.16 | 0.16 | 11.90 |
| HNWK-TC-15 | 透闪石 | 1.54 | 23.37 | 1.57 | 59.93 | 0.23 | 0.07 | 13.05 |
| HNWK-TC-16 | 透闪石 | 1.44 | 22.98 | 1.35 | 59.89 | 0.24 | 0.09 | 12.84 |
| HNWK-TC-17 | 透闪石 | 2.29 | 23.37 | 1.40 | 59.30 | 0.09 | 0.09 | 12.47 |
| HNWK-TC-18 | 透闪石 | 1.59 | 24.10 | 1.35 | 59.38 | 0.10 | 0.07 | 12.42 |
| HNWK-TC-19 | 透闪石 | 1.15 | 22.29 | 2.37 | 60.12 | 0.18 | 0.14 | 12.47 |
| HNWK-TC-20 | 透闪石 | 2.16 | 24.71 | 1.39 | 58.67 | 0.19 | 0.09 | 11.75 |
| HNWK-TC-21 | 透闪石 | 0.27 | 22.86 | 1.00 | 56.22 | 4.12 | 0.07 | 14.96 |
| HNWK-TC-22 | 透闪石 | 0.93 | 22.90 | 1.84 | 59.11 | 0.32 | 0.11 | 13.49 |
| HNWK-TC-25 | 云母 | n.d. | 1.58 | 35.18 | 46.68 | n.d. | 13.71 | 1.10 |

## 玉器化学成分 pXRF 测试结果及物相信息

| $TiO_2$ | $Fe_2O_3$ | Cr | Mn | Ni | Cu | Zn | Rb | Sr | Pb |
|---|---|---|---|---|---|---|---|---|---|
| | | μg/g | | | | | | | |
| n.d.① | 0.58 | 129 | 227 | 8 | 111 | 109 | 3 | 6 | 40 |
| n.d. | 2.59 | 90 | 2293 | 14 | 64 | 79 | 4 | 21 | 5 |
| n.d. | 2.06 | 247 | 1701 | 8 | 52 | 376 | 1 | 38 | 20 |
| n.d. | 0.95 | 237 | 739 | 14 | 37 | 174 | 3 | 5 | 21 |
| n.d. | 1.76 | 78 | 1464 | n.d. | 16 | 496 | 8 | 8 | 11 |
| n.d. | 1.61 | 129 | 1850 | 8 | 49 | 526 | 19 | 6 | 33 |
| n.d. | 0.21 | 223 | 92 | 17 | 57 | 40 | 11 | 14 | 27 |
| n.d. | 0.93 | 171 | 686 | 5 | 10 | 365 | 2 | 7 | n.d. |
| n.d. | 0.43 | 212 | 285 | 17 | 16 | 59 | 1 | 8 | 14 |
| n.d. | 0.24 | 322 | n.d. | 34 | n.d. | 31 | 1 | 7 | 7 |
| n.d. | 1.18 | 195 | 283 | 15 | 33 | 77 | 0 | 9 | 4 |
| n.d. | 1.00 | 255 | 726 | 4 | 24 | 132 | n.d. | 9 | 13 |
| n.d. | 0.97 | 167 | 743 | 37 | 15 | 131 | 3 | 9 | 27 |
| n.d. | 1.28 | 196 | 407 | 7 | 47 | 75 | 1 | 7 | 18 |
| n.d. | 1.05 | 232 | 271 | 7 | n.d. | 128 | 4 | 12 | 9 |
| n.d. | 0.50 | 274 | 143 | 37 | n.d. | 165 | 4 | 8 | 26 |
| n.d. | 1.30 | 283 | 373 | 22 | 27 | 99 | 1 | 8 | n.d. |
| n.d. | 1.74 | n.d. | 196 | 19 | 46 | 45 | 248 | 104 | n.d. |

| 测试编号 | 主要物相 | $Na_2O$ | MgO | $Al_2O_3$ | $SiO_2$ | $P_2O_5$ | $K_2O$ | CaO |
|---|---|---|---|---|---|---|---|---|
| | | wt.% | | | | | | |
| HNWK-TC-26 | 透闪石 | 1.37 | 21.84 | 1.51 | 59.17 | 0.13 | 0.07 | 14.28 |
| HNWK-TC-27 | 透闪石 | 0.86 | 20.44 | 2.05 | 59.44 | n.d. | 0.09 | 15.21 |
| HNWK-TC-28 | 透闪石 | 0.43 | 18.86 | 4.47 | 60.59 | 1.01 | 0.43 | 13.58 |
| HNWK-TC-29 | 透闪石 | 0.33 | 18.71 | 2.99 | 59.76 | 0.19 | 0.15 | 17.45 |
| HNWK-TC-30 | 透闪石 | 0.31 | 18.87 | 4.01 | 60.54 | 0.98 | 0.47 | 13.29 |
| HNWK-TC-31 | 蛇纹石 | 2.51 | 45.72 | 2.04 | 44.74 | n.d. | 0.21 | 0.57 |
| HNWK-TC-32 | 透闪石 | 1.78 | 22.33 | 1.45 | 59.99 | 0.40 | 0.14 | 12.89 |
| HNWK-TC-33 | 透闪石 | 1.19 | 21.76 | 2.04 | 60.35 | 0.30 | 0.24 | 12.19 |
| HNWK-TC-34 | 透闪石 | 2.40 | 22.33 | 1.37 | 59.54 | 0.08 | 0.16 | 12.50 |
| HNWK-TC-35 | 透闪石 | 0.94 | 19.77 | 3.90 | 60.31 | n.d. | 0.65 | 12.52 |
| HNWK-TC-36 | 透闪石 | 1.17 | 22.29 | 1.54 | 60.16 | 0.22 | 0.16 | 12.21 |
| HNWK-TC-37 | 透闪石 | 0.92 | 20.15 | 2.81 | 59.98 | 0.22 | 0.20 | 12.89 |
| HNWK-TC-38 | 透闪石 | 1.47 | 21.83 | 2.38 | 60.16 | 0.22 | 0.21 | 12.25 |
| HNWK-TC-39 | 透闪石 | 1.06 | 22.30 | 1.80 | 59.97 | n.d. | 0.20 | 12.34 |
| HNWK-TC-42 | 透闪石 | 1.49 | 23.50 | 1.34 | 59.90 | 0.21 | 0.08 | 12.15 |
| HNWK-TC-50 | 方解石 | n.d. | 0.87 | 1.96 | 8.06 | 4.44 | 0.41 | 83.94 |
| HNWK-TC-57 | 透闪石 | 1.28 | 20.90 | 1.86 | 59.68 | 0.19 | 0.14 | 12.75 |
| HNWK-TC-58 | 透闪石 | 1.28 | 21.60 | 2.57 | 60.09 | 0.10 | 0.19 | 12.77 |
| HNWK-TC-59 | 岩石 | 0.96 | 2.28 | 13.45 | 73.13 | 0.32 | 2.40 | 1.32 |

续表

| $TiO_2$ | $Fe_2O_3$ | Cr | Mn | Ni | Cu | Zn | Rb | Sr | Pb |
|---|---|---|---|---|---|---|---|---|---|
| | | μg/g | | | | | | | |
| 0.21 | 1.42 | 284 | 365 | 16 | 53 | 89 | 2 | 4 | 26 |
| 0.25 | 1.66 | 295 | 394 | 4 | 29 | 24 | 6 | 9 | n.d. |
| n.d. | 0.63 | 201 | 294 | 28 | 47 | 78 | 2 | 6 | 20 |
| n.d. | 0.44 | 395 | 153 | 43 | 37 | 49 | n.d. | 7 | 34 |
| n.d. | 1.54 | 263 | 1066 | 1 | 72 | 765 | 10 | 5 | 29 |
| n.d. | 4.20 | n.d. | 307 | 173 | 1401 | 265 | n.d. | 68 | 497 |
| n.d. | 1.01 | 199 | 1516 | 15 | 9 | 671 | 1 | 6 | n.d. |
| n.d. | 1.93 | 172 | 809 | 6 | 100 | 345 | 18 | 6 | 7 |
| n.d. | 1.62 | 242 | 1746 | n.d. | 12 | 564 | 7 | 5 | 2 |
| n.d. | 1.91 | 116 | 1267 | 10 | 49 | 459 | 65 | 4 | 29 |
| n.d. | 2.26 | 149 | 1581 | 13 | 58 | 579 | 9 | 9 | n.d. |
| n.d. | 2.82 | 198 | 1113 | n.d. | 125 | 248 | 1 | 6 | 1 |
| n.d. | 1.50 | 198 | 872 | 8 | 75 | 387 | 7 | 4 | 54 |
| n.d. | 2.33 | 112 | 1247 | 18 | 193 | 332 | 9 | 4 | 34 |
| n.d. | 1.33 | 188 | 415 | 21 | 352 | 138 | 0 | 4 | 65 |
| n.d. | 0.32 | 9 | 598 | 365 | n.d. | 134 | 5 | 122 | 1 |
| n.d. | 3.19 | 160 | 1104 | n.d. | 75 | 88 | 2 | 9 | 2 |
| n.d. | 1.41 | 215 | 1536 | n.d. | 52 | 500 | 1 | 5 | 3 |
| n.d. | 6.13 | n.d. | 348 | 23 | 317 | 146 | 83 | 27 | 16 |

| 测试编号 | 主要物相 | $Na_2O$ | MgO | $Al_2O_3$ | $SiO_2$ | $P_2O_5$ | $K_2O$ | CaO |
|---|---|---|---|---|---|---|---|---|
| | | wt.% | | | | | | |
| HNWK-TC-61 | 云母 | n.d. | 1.84 | 33.53 | 47.60 | n.d. | 13.50 | 1.27 |
| HNWK-TC-65 | 滑石 | 0.50 | 30.42 | 13.87 | 46.03 | n.d. | 0.38 | 1.93 |
| HNWK-TC-66 | 透闪石 | 1.54 | 22.20 | 1.59 | 59.66 | 0.19 | 0.18 | 12.61 |
| HNWK-TC-68 | 岩石 | 0.92 | 1.92 | 14.79 | 61.24 | n.d. | 4.07 | 2.10 |
| HNWK-TC-69 | 岩石 | 0.41 | 1.52 | 18.61 | 64.99 | 0.09 | 6.28 | 1.56 |
| HNWK-TC-71 | 岩石 | 0.28 | 1.86 | 14.44 | 59.77 | n.d. | 4.01 | 2.13 |
| HNWK-TC-74 | 岩石 | 0.23 | 1.58 | 17.38 | 65.72 | 0.26 | 5.71 | 1.76 |
| HNWK-TC-79 | 滑石 | 0.74 | 36.01 | 9.66 | 45.49 | n.d. | 0.20 | 1.94 |
| HNWK-TC-80 | 透闪石 | 2.12 | 23.49 | 0.89 | 60.29 | 0.05 | 0.07 | 12.84 |
| HNWK-TC-85 | 云母 | n.d. | 1.49 | 35.28 | 46.41 | 0.28 | 13.49 | 1.34 |
| HNWK-TC-86 | 云母 | n.d. | 1.60 | 34.65 | 46.96 | 0.09 | 13.55 | 1.28 |
| HNWK-TC-88 | 云母 | n.d. | 1.67 | 33.73 | 45.95 | n.d. | 14.38 | 1.35 |
| HNWK-TC-89 | 云母 | n.d. | 2.06 | 32.55 | 47.22 | 0.43 | 13.66 | 1.95 |
| HNWK-TC-90 | 云母 | n.d. | 1.67 | 35.24 | 46.24 | 0.13 | 13.61 | 1.47 |
| HNWK-TC-91 | 云母 | 0.45 | 1.77 | 30.40 | 48.80 | 0.25 | 13.74 | 1.79 |
| HNWK-TC-95 | 滑石 | 1.71 | 32.63 | 0.89 | 63.25 | 0.18 | 0.14 | 0.76 |
| HNWK-TC-101 | 透闪石 | 1.21 | 21.58 | 1.52 | 58.79 | 0.07 | 0.13 | 15.82 |
| HNWK-TC-112 | 方解石 | 0.24 | 19.01 | 2.87 | 25.39 | n.d. | 0.19 | 50.89 |

注：① n.d.：not detected，即氧化物或元素浓度低于仪器检出限，未检测出该化学成分。

续表

| $TiO_2$ | $Fe_2O_3$ | Cr | Mn | Ni | Cu | Zn | Rb | Sr | Pb |
|---|---|---|---|---|---|---|---|---|---|
| | | μg/g | | | | | | | |
| 0.14 | 2.12 | n.d. | 236 | 36 | 94 | 95 | 250 | 79 | 1 |
| n.d. | 6.87 | n.d. | 2443 | 100 | 86 | 654 | 4 | 4 | 70 |
| n.d. | 2.02 | 181 | 1783 | 4 | 59 | 71 | 3 | 17 | 15 |
| 0.33 | 14.62 | 131 | 389 | 61 | 630 | 176 | 123 | 202 | 53 |
| 0.27 | 6.26 | n.d. | 657 | 69 | 365 | 132 | 229 | 54 | 28 |
| 0.34 | 17.17 | 85 | 249 | 71 | 600 | 190 | 118 | 168 | 33 |
| 0.24 | 7.12 | n.d. | 2397 | 59 | 315 | 174 | 256 | 39 | 31 |
| 0.45 | 5.50 | 125 | 153 | 115 | n.d. | 188 | 5 | 7 | 29 |
| n.d. | 0.24 | 219 | 184 | 22 | n.d. | 3 | 1 | 7 | 41 |
| 0.15 | 1.55 | n.d. | 237 | 50 | 56 | 30 | 252 | 138 | 10 |
| 0.22 | 1.65 | n.d. | 261 | 40 | 106 | 52 | 256 | 135 | 20 |
| 0.37 | 2.56 | n.d. | 309 | 63 | 118 | 30 | 235 | 90 | n.d. |
| 0.30 | 1.82 | n.d. | 282 | 81 | 96 | 50 | 249 | 110 | 12 |
| 0.16 | 1.47 | n.d. | 149 | 49 | 63 | 48 | 249 | 146 | n.d. |
| n.d. | 2.80 | n.d. | 180 | 8 | 26 | 60 | 267 | 41 | 23 |
| n.d. | 0.45 | n.d. | 132 | 112 | n.d. | 102 | 4 | 4 | 16 |
| n.d. | 0.88 | 240 | 432 | 18 | 67 | 44 | n.d. | 4 | 26 |
| n.d. | 1.42 | 150 | n.d. | 153 | 248 | 356 | 3 | 94 | 43 |

### 表 5.19　新郑天成隔热材料厂墓地磷灰石、

| 测试编号 | 主要物相 | $Na_2O$ | MgO | $Al_2O_3$ | $SiO_2$ | $P_2O_5$ | $K_2O$ | CaO |
|---|---|---|---|---|---|---|---|---|
| | | | | | | | | wt.% |
| HNWK-TC-115 | 磷灰石 | n.d.② | 0.72 | 0.18 | 12.05 | 44.41 | 0.11 | 39.63 |
| HNWK-TC-118 | 磷灰石 | n.d. | 0.86 | n.d. | 12.39 | 43.65 | 0.11 | 38.50 |
| HNWK-TC-87 | 磷灰石 | n.d. | 0.76 | 0.09 | 12.93 | 41.50 | 0.09 | 34.71 |
| HNWK-TC-110 | 磷灰石 | n.d. | 0.89 | n.d. | 17.41 | 39.58 | 0.06 | 25.32 |
| HNWK-TC-111 | 磷灰石 | n.d. | 0.71 | 0.64 | 12.02 | 44.10 | 0.17 | 41.41 |
| HNWK-TC-100 | 绿松石 | 1.34 | 0.57 | 40.35 | 2.40 | 36.04 | 0.15 | 0.59 |

注：①磷灰石和绿松石的主量元素和其他玉器有所区别，所以另外列表介绍其化学成分和物相信息。② n.d.：主量元素。

## 绿松石质玉器化学成分 pXRF 测试结果及物相信息①

| $TiO_2$ | $Fe_2O_3$ | CuO | PbO | ZnO | Cr | Mn | Ni | Zn | Rb | Sr |
|---|---|---|---|---|---|---|---|---|---|---|
| | | | | | μg/g | | | | | |
| n.d. | 0.49 | 0.50 | 1.91 | n.d. | 784 | n.d. | 108 | 207 | n.d. | 120 |
| n.d. | 0.86 | 1.50 | 2.13 | n.d. | 615 | 1294 | 63 | 134 | n.d. | 114 |
| n.d. | 0.42 | 3.25 | 6.27 | n.d. | 712 | 1123 | 39 | 248 | n.d. | 112 |
| n.d. | 0.37 | 1.76 | 14.61 | n.d. | 195 | 618 | 17 | 94 | n.d. | 50 |
| n.d. | 0.33 | 0.35 | 0.27 | n.d. | 1047 | 840 | 180 | 249 | n.d. | 148 |
| 0.05 | 5.28 | 13.00 | 0.12 | 0.11 | 4310 | n.d. | n.d. | M③ | 2 | 13 |

not detected，即氧化物或元素浓度低于仪器检出限，未检测出该化学成分。③ M：表示并非微量元素，而是

## 表 5.20 新郑天成隔热材料厂墓

| 测试编号 | 拉曼特征峰 | | | | | | |
|---|---|---|---|---|---|---|---|
| HNWK-TC-01 | | | | | | | |
| HNWK-TC-02 | | | | 221w | | | |
| HNWK-TC-03 | | | | | | | |
| HNWK-TC-04 | | | | 221w | | | |
| HNWK-TC-05 | | | | 221m | | | |
| HNWK-TC-06 | | 171m | | 221m | | | 391w |
| HNWK-TC-07 | 121m | | 203m | | | | |
| HNWK-TC-08 | 121m | | 203m | | | | |
| HNWK-TC-09 | 121m | | 203m | | | | |
| HNWK-TC-10 | 124m | | 203m | | | 352w | |
| HNWK-TC-11 | 128m | | 203m | | | 350w | |
| HNWK-TC-12 | 121m | 175m | | 221m | | | 391m |
| HNWK-TC-13 | 121m | 176m | | 221m | | | 397m |
| HNWK-TC-14 | 120m | 177m | | 222m | | | 393m |
| HNWK-TC-15 | 121w | 175w | | 222w | | | |
| HNWK-TC-16 | 121w | 177w | | 221w | | | 391w |
| HNWK-TC-17 | 121m | 177m | | 221m | | | 391m |
| HNWK-TC-18 | 121m | 178m | | 221m | | | 391w |
| HNWK-TC-19 | 121m | 176m | | 221m | | | 393m |
| HNWK-TC-20 | 121m | 171m | | 221m | | | 393m |

## 地玉器拉曼特征谱峰归属及物相信息

| （cm⁻¹） | | | | | | | | 物相 |
|---|---|---|---|---|---|---|---|---|
| | | 672m[①] | | | | | | 透闪石 |
| | | 672m | | | | | | 透闪石 |
| | | 672m | | | | | | 透闪石 |
| | | 672m | | | | | | 透闪石 |
| | | 672s | | | | 1054w | | 透闪石 |
| | | 672s | | | | 1054w | | 透闪石 |
| 461vs | | | | | | | | 石英 |
| 461vs | | | | | | | | 石英 |
| 459vs | 497w | | | | | | | 石英 |
| 463vs | | | | | | | | 石英 |
| 462vs | | | | | | | | 石英 |
| | | 672s | | 929w | | 1058w | | 透闪石 |
| | | 672s | | 929w | | 1054w | | 透闪石 |
| | | 672s | | 929w | | 1056w | | 透闪石 |
| | | 672m | | | | 1062vw | | 透闪石 |
| | | 675m | | | | 1060w | | 透闪石 |
| | | 672s | | 923w | | 1060w | | 透闪石 |
| | | 672s | | 929w | | 1058w | | 透闪石 |
| | | 673s | | | | 1057w | | 透闪石 |
| | | 671s | | 930w | 1027vw | 1059w | | 透闪石 |

| 测试编号 | | | | | | | 拉曼特征峰 |
|---|---|---|---|---|---|---|---|
| HNWK-TC-21 | 118w | 175m | | 222m | | | 394w |
| HNWK-TC-22 | 121m | 177m | | 221m | | | 394m |
| HNWK-TC-23 | 121m | | 203m | | | 353w | |
| HNWK-TC-25 | 96m | | 197m | | 259s | | 403w |
| HNWK-TC-28 | | | | | | | |
| HNWK-TC-29 | | | | | | | |
| HNWK-TC-30 | 115w | 176w | | 218m | | | |
| HNWK-TC-32 | 121w | 176m | | 221m | | | 391m |
| HNWK-TC-33 | 121w | 171m | | 221m | | | 391m |
| HNWK-TC-34 | 121m | 177m | | 221m | | | 391m |
| HNWK-TC-35 | | | | 221m | | | |
| HNWK-TC-36 | 118w | 176m | | 221m | | | 391w |
| HNWK-TC-37 | 97w | | 195w | | 255w | | |
| HNWK-TC-38 | 121w | 171w | | 221w | | | 391w |
| HNWK-TC-39 | 121w | 177w | | 221w | | | 391w |
| HNWK-TC-41 | 128m | | 203m | | | 353w | |
| HNWK-TC-42 | 119vw | 176w | | 223w | | | 394vw |
| HNWK-TC-43 | 153m | | | | 278m | | |
| HNWK-TC-44 | 152w | | | | 279m | | |
| HNWK-TC-45 | 128m | | 203m | | | | |

**续表**

| ($cm^{-1}$) | | | | | | | | 物相 |
|---|---|---|---|---|---|---|---|---|
| | | 672s | | 927w | | 1059w | | 透闪石 |
| | | 672s | | | | 1054w | | 透闪石 |
| 462vs | | | | | | | | 石英 |
| | | 699w | | | | | | 云母 |
| | | 672w | | | | | | 透闪石 |
| | | 672w | | | | | | 透闪石 |
| 472w | | 672s | | | | 1057vw | | 透闪石 |
| | | 672s | | 929w | 1029w | 1059w | | 透闪石 |
| | | 672s | | | 1029w | 1058w | | 透闪石 |
| | | 672s | | 929w | 1029w | 1060w | | 透闪石 |
| | | 672s | | | | 1061vw | | 透闪石 |
| | | 672s | | | 1029w | 1057w | | 透闪石 |
| | | | | | | 1254w | | 透闪石 |
| | | 672m | | | | 1058vw | | 透闪石 |
| | | 672m | | 929vw | | 1060w | | 透闪石 |
| 461vs | | | | | | | | 石英 |
| | | 672m | | 929vw | 1028vw | 1057vw | | 透闪石 |
| | | | 709w | | | | 1085s | 方解石 |
| | | | 710w | | | | 1085s | 方解石 |
| 459s | 503m | | | | | | | 石英 |

| 测试编号 | 拉曼特征峰 | | | | | | |
|---|---|---|---|---|---|---|---|
| HNWK–TC–46 | 153m | | | | 278m | | |
| HNWK–TC–47 | 153m | | | | 278m | | |
| HNWK–TC–48 | 153w | | | | 278m | | |
| HNWK–TC–49 | 153m | | | | 278m | | |
| HNWK–TC–50 | | | | | 278m | | |
| HNWK–TC–51 | | | | | 278m | | |
| HNWK–TC–52 | 153m | | | | 278s | | |
| HNWK–TC–53 | 153m | | | | 278m | | |
| HNWK–TC–54 | 128w | | 203w | | | | |
| HNWK–TC–55 | 153m | | | | 278m | | |
| HNWK–TC–56 | 153m | | | | 278s | | |
| HNWK–TC–57 | 115w | 177m | | 221m | | | 391m |
| HNWK–TC–58 | 121w | 177m | | 221m | | | |
| HNWK–TC–60 | 128m | | 203m | | | | |
| HNWK–TC–61 | 96w | | 197w | | 259w | | 409w |
| HNWK–TC–62 | 128m | | 208m | | | | |
| HNWK–TC–63 | 153m | | | | 278s | | |
| HNWK–TC–64 | 153m | | | | 278m | | |
| HNWK–TC–65 | | | 197w | | | | |
| HNWK–TC–66 | 118vw | | 176w | 221w | | | |

续表

| (cm⁻¹) | | | | | | | | 物相 |
|---|---|---|---|---|---|---|---|---|
| | | | 709w | | | | 1085s | 方解石 |
| | | | 709vw | | | | 1085s | 方解石 |
| | | | 709vw | | | | 1085m | 方解石 |
| | | | 709vw | | | | 1085s | 方解石 |
| | | | | | | | 1085m | 方解石 |
| | | | 709vw | | | | 1085m | 方解石 |
| | | | 709w | | | | 1085s | 方解石 |
| | | | 709w | | | | 1085vs | 方解石 |
| 459m | | | | | | | | 石英 |
| | | | 709vw | | | | 1085s | 方解石 |
| | | | 710w | | | | 1085vs | 方解石 |
| | | 672s | | 929w | 1029w | 1054w | | 透闪石 |
| | | 672s | | | 1029vw | 1057vw | | 透闪石 |
| 459s | 503m | | | | | | | 石英 |
| | | | | | | | | 云母 |
| 461vs | 500w | | | | | | | 石英 |
| | | | 709w | | | | 1085s | 方解石 |
| | | | 709w | | | | 1085s | 方解石 |
| | 547w | | | | | | | 滑石 |
| | | 672m | | | | 1060w | | 透闪石 |

| 测试编号 | 拉曼特征峰 | | | | | | |
|---|---|---|---|---|---|---|---|
| HNWK–TC–67 | 171m | | | | 296m | | |
| HNWK–TC–68 | | 153vw | 197vw | | | | |
| HNWK–TC–75 | 153w | | | | 278m | | |
| HNWK–TC–76 | | 171m | | | 296m | | |
| HNWK–TC–77 | | 171m | | | | | |
| HNWK–TC–78 | | | | | 278m | | |
| HNWK–TC–79 | | | | | | | |
| HNWK–TC–80 | 120w | 177w | | 220w | | | |
| HNWK–TC–81 | 153m | | | | 278m | | |
| HNWK–TC–82 | 128m | | 203m | | | | |
| HNWK–TC–83 | | | | | | | |
| HNWK–TC–84 | 128w | | 203w | | | | |
| HNWK–TC–85 | 100w | | 195vw | | 260w | | |
| HNWK–TC–86 | 102w | | 197w | | 259w | | |
| HNWK–TC–89 | | | 197vw | | 259w | | 440w |
| HNWK–TC–90 | 96w | | 197vw | | 259w | | |
| HNWK–TC–91 | 96w | | 197w | | 259w | | |
| HNWK–TC–92 | 151m | | | | 278m | | |
| HNWK–TC–93 | 153w | | | | 278m | | |
| HNWK–TC–94 | 153w | | | | 278w | | |

**续表**

| （$cm^{-1}$） | | | | | | | | 物相 |
|---|---|---|---|---|---|---|---|---|
| | | | | | | | 1097m | 方解石 |
| | | | | | | | | 滑石 |
| | | | 709vw | | | | 1085m | 方解石 |
| | | | 722w | | | | 1098w | 方解石 |
| | | | 709vw | | | | 1085m | 方解石 |
| | | | | | | | 1085m | 方解石 |
| | | | | | | | | 滑石 |
| | | 674w | | | | 1059vw | | 透闪石 |
| | | | 709w | | | | 1085s | 方解石 |
| 462s | 501w | | | | | | | 石英 |
| | | | | | | | 1085w | 方解石 |
| 464m | | | | | | | | 石英 |
| | | | | | | | | 云母 |
| | | | | | | | | 云母 |
| | 603w | | | | | | | 云母 |
| | | | | | | | | 云母 |
| | | | | | | | | 云母 |
| | | | 709w | | | | 1085s | 方解石 |
| | | | 709vw | | | | 1085s | 方解石 |
| | | | 709vw | | | | 1085s | 方解石 |

| 测试编号 | | | | | | | 拉曼特征峰 |
|---|---|---|---|---|---|---|---|
| HNWK-TC-95 | | | 190m | | | | |
| HNWK-TC-96 | 151m | | | | 278m | | |
| HNWK-TC-98 | 121m | | 203m | | | 353w | |
| HNWK-TC-99 | 128s | | 203m | | | 353w | |
| HNWK-TC-101 | | | | | | | |
| HNWK-TC-102 | 146m | | | | 278m | | |
| HNWK-TC-103 | 153m | | | | 278s | | |
| HNWK-TC-104 | 121m | | 203m | | | | |
| HNWK-TC-105 | 153m | | | | 278s | | |
| HNWK-TC-106 | 153m | | | | 278m | | |
| HNWK-TC-107 | 128m | | 203m | | | | |
| HNWK-TC-108 | 128m | | 203m | | | 353w | |
| HNWK-TC-109 | 125m | | 202m | | | | |
| HNWK-TC-111 | | | | | | 347w | |
| HNWK-TC-112 | 153m | | | | 280m | | |
| HNWK-TC-113 | 153m | | | | 278m | | |
| HNWK-TC-114 | 153m | | | | 278m | | |
| HNWK-TC-116 | 150vs | | 203vs | | | | |
| HNWK-TC-117 | 153m | | | | 278m | | |

注：① vw 为超弱峰缩写，w 为弱峰缩写，m 为中等强度峰缩写，s 为强峰缩写，vs 为超强峰缩写。

**续表**

| (cm$^{-1}$) | | | | | | | | 物相 |
|---|---|---|---|---|---|---|---|---|
| | | 678w | | | | | | 滑石 |
| | | | 711w | | | | 1085s | 方解石 |
| 462vs | | | | | | | | 石英 |
| 461vs | | | | | | | | 石英 |
| | | 672w | | | | | | 透闪石 |
| | | | 709vw | | | | 1085s | 方解石 |
| | | | 709w | | | | 1085s | 方解石 |
| 462s | 501vw | | | | | | | 石英 |
| | | | 709w | | | | 1085s | 方解石 |
| | | | 709w | | | | 1085s | 方解石 |
| 461vs | 499vs | | | | | | | 石英 |
| 461vs | | | | | | | | 石英 |
| 461vs | | | | | | | | 石英 |
| | | | | 960vw | | | | 磷灰石 |
| | | | 709w | | | | 1085s | 方解石 |
| | | | 709w | | | | 1085s | 方解石 |
| | | | 709w | | | | 1085s | 方解石 |
| | | | 702w | | | | 1085vs | 方解石 |
| | | | 709w | | | | 1085s | 方解石 |

3. 石英质玉器

石英质玉器有20件，包括玛瑙、水晶等类型。图5.47为水晶环HNWK-TC-62的特征拉曼图谱，其中特征拉曼振动峰128cm$^{-1}$、208cm$^{-1}$和461cm$^{-1}$与石英的特征峰一致。

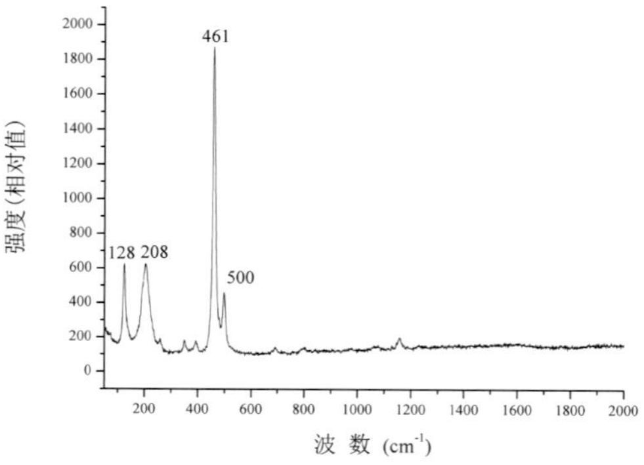


图5.47 石英质水晶环HNWK-TC-62的特征拉曼图谱

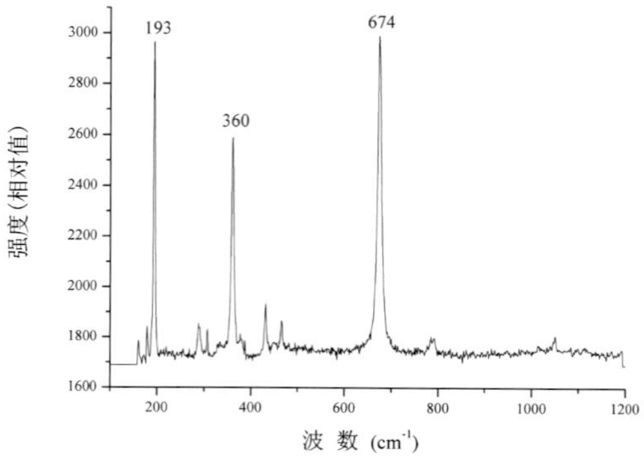


图5.48 滑石质玉饰HNWK-TC-79的特征拉曼图谱

4. 滑石质玉器

滑石质玉器有4件，其主要化学成分MgO和$SiO_2$的含量分别为30.42%—36.01%和45.49%—63.25%。图5.48为玉饰HNWK-TC-79的特征拉曼图谱，主要振动峰集中在674cm$^{-1}$、360cm$^{-1}$和193cm$^{-1}$附近。

5. 云母质玉器

云母质玉器有8件，其主要成分$Al_2O_3$、$SiO_2$和$K_2O$的含量范围分别为30.4%—35.28%、45.95%—48.80%和13.49%—14.38%，与云母的理论组分一致。图5.49为

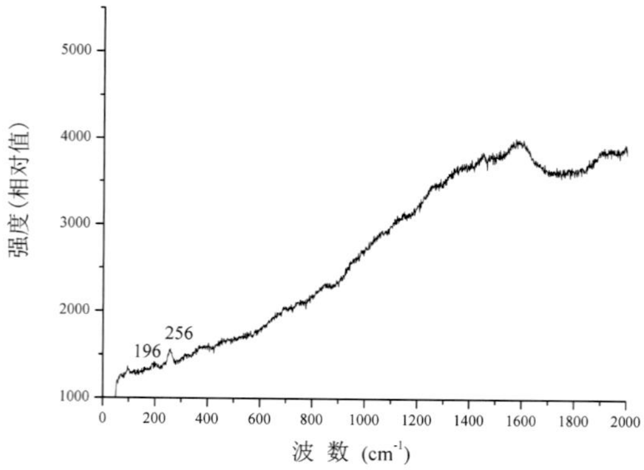


图5.49 云母质方形玉佩HNWK-TC-88的特征拉曼图谱

方形玉佩 HNWK-TC-88 的特征拉曼图谱，其中主要振动峰 256cm$^{-1}$ 与云母一致。

6. 磷灰石质玉器

磷灰石质玉器有 5 件，其主要化学成分 $SiO_2$、$P_2O_5$ 和 CaO 的含量范围分别为 12.02%—17.41%、39.58%—44.41% 和 25.32%—41.41%。图 5.50 是玉鸟 HNWK-TC-111 的特征拉曼图谱，其中主要振动峰 960cm$^{-1}$ 与磷灰石一致。

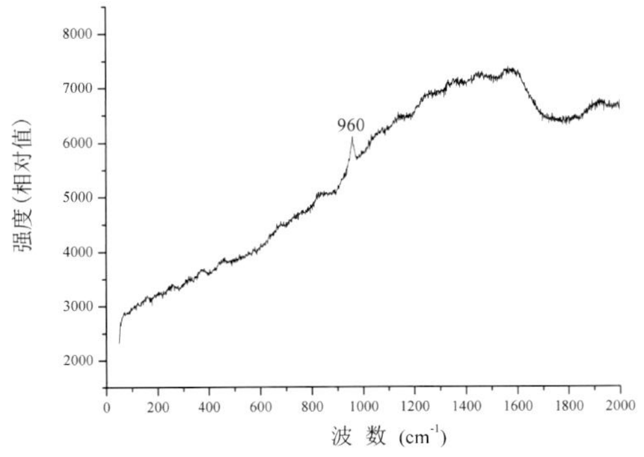


图 5.50　磷灰石质玉鸟 HNWK-TC-111 的特征拉曼图谱

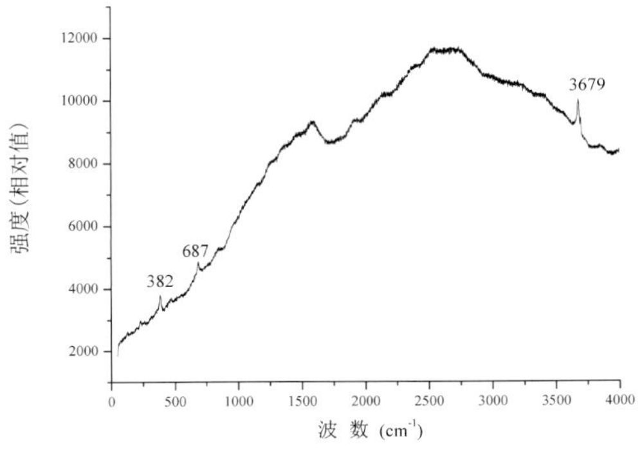


图 5.51　蛇纹石质玉环 HNWK-TC-31 的特征拉曼图谱

7. 蛇纹石质玉器

蛇纹石质玉器仅 HNWK-TC-31　1 件，其主要化学成分 MgO 和 $SiO_2$ 的含量分别为 45.72% 和 44.74%。其特征拉曼图谱见图 5.51，其中 382cm$^{-1}$ 是 [$SiO_4$] 四面体的变形振动，687cm$^{-1}$ 是 Si-O-Si 的对称伸缩振动，高频部分的 3679cm$^{-1}$ 则是 $OH^{-1}$ 的伸缩振动。

8. 绿松石质玉器

绿松石质玉器仅有 HNWK-TC-100　1 件，其主要化学成分为 $Al_2O_3$　40.35%、$P_2O_5$　36.04% 和 CuO　13.00%。

9. 岩石质玉器

该质地玉器有 7 件。化学成分分析结果表明，其主要化学成分 $SiO_2$、$Al_2O_3$、$K_2O$ 和 $Fe_2O_3$ 的含量范围分别为 59.77%—73.13%、13.45%—18.61%、2.40%—6.28% 和 6.13%—17.17%，可能是富含长石或云母类的岩石。

## 第九节　新郑西亚斯学院东周墓地玉器

西亚斯学院东周墓地[33]位于郑韩故城东城外，东依解放路，西临黄水河，南傍人民路，北接农耕地，这里应属李马墓地的一部分。至2008年底，共清理东周墓葬321座，其中竖穴土坑墓为西亚斯学院东周墓地最常见的墓葬形式，共272座，另有空心砖墓49座。西亚斯学院东周墓地共出土各类遗物千余件，质地包括陶、铜、铁、铅、玉、水晶、玛瑙、骨、蚌、贝、牙等。其中陶器300余件、铜器160余件、玉器190余件。这批墓葬的墓主应为下层贵族及平民，时代主要属于战国时期，少数墓葬的时代可早至春秋晚期。

### 一、玉器基本信息

研究选取西亚斯学院东周墓地出土玉器59件，器形包括玉玦、玉璧、玉环、玉片、玉柱、玉璜等装饰品，进行材料属性及其结构的相关研究，依据相应结果作出材质判定。玉器基本信息见表5.21。

### 二、材质判定

对这些玉器分别进行了pXRF和拉曼光谱测定，相关化学成分分析结果见表5.22。根据上述分析结果可以确定，这批玉器的材质包括透闪石－阳起石（软玉）、石英、滑石、方解石、白云母、叶蜡石和绿松石等质地及由两种或两种以上矿物组成的多物相类型。表5.23为该批玉器的物相信息，具体分析如下。

#### 1. 透闪石－阳起石质玉器

该质地玉器有12件（HNWKIV－10、HNWKIV－14、HNWKIV－15、HNWKIV－26、

HNWKIV-33、HNWKIV-35、HNWKIV-40、HNWKIV-42、HNWKIV-51、HNWKIV-55、HNWKIV-58 和 HNWKIV-59)，其主要化学成分 MgO、$SiO_2$ 和 CaO 的含量范围分别为 18.99%—21.96%、57.50%—59.20% 和 13.34%—14.78%，与透闪石的理论组分一致。XRD 图谱（图 5.52）显示其主要物相为透闪石。其典型特征拉曼图谱见图 5.53，可以看到标志氢氧根 OH 的伸缩振动峰（3673$cm^{-1}$ 和 3661$cm^{-1}$）、硅氧四面体链中 Si−O−Si 的伸缩振动峰（673$cm^{-1}$）、Si−O 的伸缩振动峰（1059$cm^{-1}$）以及晶格振动峰（222$cm^{-1}$ 和 394$cm^{-1}$）。该类玉器的 R 值 [$Mg^{2+}$／（$Mg^{2+}$+$Fe^{2+(3+)}$）] 范围为 0.947—0.993，均大于 0.9。

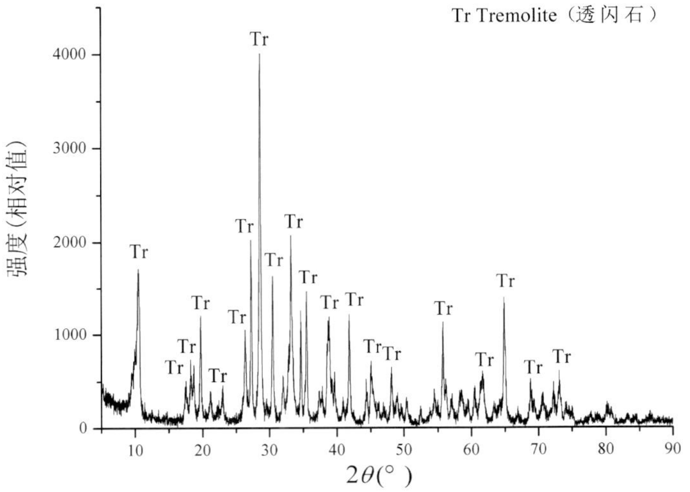


图 5.52　透闪石质玉片饰 HNWKIV-10 的 XRD 图谱

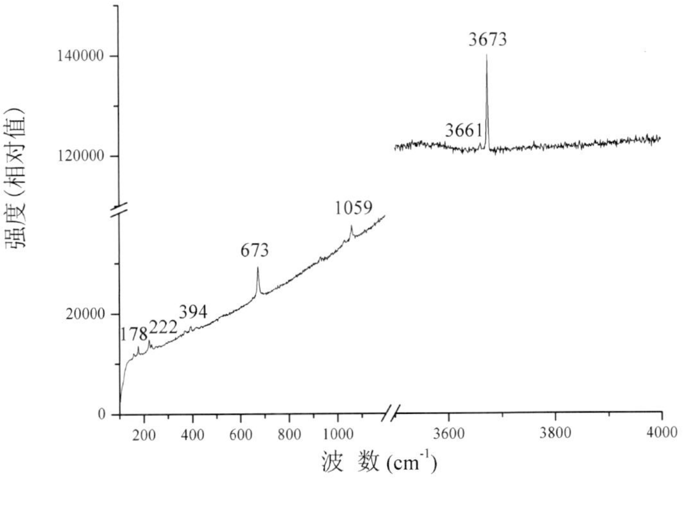


图 5.53　透闪石质玉片 HNWKIV-33 的特征拉曼图谱

## 表 5.21 新郑西亚斯学

| 编号 | 标本号 | 器名 | 完残情况 | 特征 |
|---|---|---|---|---|
| HNWKIV-01 | M3 : 1 | 玉玦 | 完整 | 近圆形，肉有缺槽，一面留有解料时两面对锯形成的茬口 |
| HNWKIV-02 | M14 : 1 | 玉璧 | 略残 | 一面略残，另一面有内外郭，其间饰一周卷云纹 |
| HNWKIV-03 | M14 : 2 | 玉佩 | 略残 | 长方形，一边残，三边有花边，两角钻小孔 |
| HNWKIV-04 | M14 : 5 | 玉加工条 | 残 | 长条形，横截面长方形，两端残 |
| HNWKIV-05 | M22 : 1 | 玉环 | 略残 | 环肉扁长方形 |
| HNWKIV-07 | M47 : 2 | 玉璧 | 残 | 小半残，一面平素，一面饰内中外三周凹弦纹，凹弦纹间饰小卷云纹 |
| HNWKIV-08 | M47 : 12-1 | 玉璧 | 残 | 大半残，一面平素，一面饰内中外三周凹弦纹，凹弦纹间饰小卷云纹 |
| HNWKIV-09 | M47 : 21 | 玉片饰 | 完整 | 近半圆形，弧顶处有一缺口 |
| HNWKIV-10 | M47 : 12-4 | 玉片饰 | 残 | 长方形，三边整，一边残，两角钻小孔，完整边有单线刻边栏 |
| HNWKIV-11 | M63 : 1 | 玉玦 | 完整 | 椭圆形，肉有缺口 |
| HNWKIV-12 | M63 : 3 | 玉片饰 | 残 | 长方形，仅存完整的两直边，有花边饰，角上有钻孔，两面平素 |
| HNWKIV-13 | M83 : 1 | 水晶环 | 完整 | 圆形，环肉内外两侧均棱，环肉截面呈不等边的六边形 |
| HNWKIV-14 | M83 : 5 | 玉环 | 完整 | 圆形，腰微鼓起，好孔单面钻，故其一面大，一面小 |
| HNWKIV-15 | M83 : 6 | 玉环 | 完整 | 圆形，上大下小，上面弧，下面平，好孔单面钻，故上面大下面小 |
| HNWKIV-16 | M83 : 25 | 玉螺形珠 | 完整 | 橄榄形，通体饰螺旋纹，两端有对钻孔相通 |
| HNWKIV-17 | M83 : 30 | 玉带钩 | 完整 | 截面呈委角方形，整体呈 S 形，俯身昂首垂尾，前足、头部均残，中部有对钻小孔 |

## 院东周墓地玉器基本信息

| 色泽 | 质量／克 | 尺寸／厘米 | 同出玉器等遗物 |
|---|---|---|---|
| 略偏紫色 | 1.63 | 直径 3、厚 0.10、好径 0.80 | 同出玉饰 |
| 浅赭色 | 8.67 | 直径 4.30、好径 1.90、肉宽 1.20、厚 0.35 | 同出陶、铜、玉、石、骨饰、海贝、蚌珠 |
| 浅赭色 | 6.49 | 长 3.40、残宽 2.90、厚 0.25 | 同出陶、铜、玉、石、骨饰、海贝、蚌环 |
| 白色 | 2.64 | 长 5.50、宽 0.60、厚 0.40 | 同出陶、铜、玉、骨饰、海贝、蚌环 |
| 略偏红色 | 5.95 | 径长 3.10、好径 1.30、厚 0.45 | 同出陶、铜饰 |
| 深赭色 | 56.26 | 直径 8.20、好径 3、肉宽 2.60、厚 0.60 | 同出陶、铜、玉、石、骨器 |
| 深赭色 | 21.39 | 残长 6.40、肉宽 2.60、厚 0.60 | 同出陶、铜、玉、石、骨器 |
| 略偏紫色 | 3.06 | 直边长 2.30、直边至弧顶 1.70 | 同出陶、铜、玉、石、骨器 |
| 半透明红白色 | 1.98 | 残长 2.40、宽 3.10、厚 0.10 | 同出陶、铜、玉、石、骨器 |
| 略偏紫色 | 0.99 | 长 2.30、宽 6、厚 0.15 | 同出陶、玉饰 |
| 赭色 | 1.88 | 长 3.80、残宽 2.20、厚 0.15 | 同出陶、玉饰 |
| 半透明 | 8.54 | 直径 3.10、好径 1.85、厚 0.75 | 同出陶、玉、水晶、玛瑙饰 |
| 半透明乳白色 | 2.65 | 直径 1.80、好径 0.70—0.90、厚 0.50 | 同出陶、水晶、玛瑙、玉饰 |
| 白色 | 2.76 | 直径 1.70—1.90、好径 0.70—0.80、厚 0.50 | 同出陶、水晶、玛瑙、玉饰 |
| 白色 | 1.14 | 长 1.80、最大径 0.80 | 同出陶、玛瑙、水晶、玛瑙饰 |
| 半透明 | 9.81 | 残长 8.10 | 同出陶、水晶、玛瑙、玉饰 |

| 编号 | 标本号 | 器名 | 完残情况 | 特征 |
|---|---|---|---|---|
| HNWKIV-18 | M83∶31 | 玉带钩 | 略残 | 整体呈S形，截面呈委角方形，俯身昂首垂尾，有前足，头部残，中部有对钻小孔 |
| HNWKIV-19 | M83∶33 | 玉珠 | 略残 | 不规则，有对钻小孔相通 |
| HNWKIV-20 | M91∶1 | 玛瑙环 | 完整 | 环肉内外侧均削棱，斜面相交于一线，使内外侧直边均不存，环肉截面呈不等边三角形 |
| HNWKIV-21 | M104∶1 | 玉璧 | 完整 | 圆形，两面平 |
| HNWKIV-22 | M104∶11 | 玉璧 | 完整 | 内外有郭，两面饰谷纹 |
| HNWKIV-23 | M105∶1 | 玉圭 | 残存少部分 | 残存部分近长方形，一面平，一面有解料时两面对锯形成的茬口 |
| HNWKIV-24 | M140∶2 | 玉环 | 残 | 环肉截面呈不规则六边形 |
| HNWKIV-25 | M153∶9 | 玉珠 | 完整 | 体型小，上下两端略残，鼓形，两面有对钻小孔相通 |
| HNWKIV-26 | M154∶2 | 青石料 | 残 | 不规则，两面平，一直边，一弧边，一边不规整 |
| HNWKIV-27 | M156∶2 | 玉环 | 残料 | 环肉截面略呈扁六棱形 |
| HNWKIV-28 | M173∶11 | 玉片饰 | 完整 | 长方形，四角有单面钻小孔，两长边有花边装饰 |
| HNWKIV-29 | M173∶13 | 玉圭 | 残 | 残存尖部，两面均有解料时两面对锯形成的茬口 |
| HNWKIV-30 | M173∶16 | 玉珩 | 完整 | 含胸曲背，两端斜直，背缘两边各有三个缺口，胸缘两边各有一个缺口，两端各有一缺口，中央靠上有一个钻孔 |
| HNWKIV-31 | M173∶21 | 玉柱形器 | 完整 | 圆柱体，顶部开槽 |
| HNWKIV-32 | M197∶2 | 玉片 | 残 | 长方形，两面平素，三边残，一边完整 |
| HNWKIV-33 | M207∶1 | 玉片 | 略残 | 圆形，极薄，近边缘有一小孔，两面均有解料时两面对锯形成的茬口 |
| HNWKIV-34 | M322∶10 | 玉璜 | 残 | 含胸曲背，一端残，一端斜直，背缘一边有两个缺口，胸缘一边有一个缺口，端边有一缺口 |

续表

| 色泽 | 质量／克 | 尺寸／厘米 | 同出玉器等遗物 |
|---|---|---|---|
| 白色半透明 | 9.07 | 残长 7.40 | 同出陶、水晶、玛瑙、玉饰 |
| 蓝色 | 1.63 | 长 1.30、宽 1.20、厚 0.70 | 同出陶、水晶、玛瑙、玉饰 |
| 红色 | 6.74 | 直径 3.85、好径 2.20、厚 0.50 | 同出铁、蚌饰 |
| 白色 | 47.75 | 直径 7.40、好径 40、肉宽 1.70、厚 0.65 | 同出陶、玉饰 |
| 淡赭色 | 5.28 | 肉宽 1.20、厚 0.44 | 同出陶、玉饰 |
| 白色 | 4.71 | 残长 5.90、宽 2.75、厚 0.20 | 同出铜饰 |
| 乳白色 | 17.43 | 直径 5.25、好径 3.40、厚 0.75 | 同出陶、铜、骨饰 |
| 橘红色 | 0.29 | 直径 0.80、厚 0.40 | 同出陶、玉、玛瑙、蚌饰 |
| 青灰色 | 14.01 | 长 8.70、宽 2、厚 0.60 | 同出陶器 |
| 白色半透明 | 11.06 | 直径 4、好径 2.15、厚 0.70 | 同出陶器、铜饰 |
| 青白色 | 2.09 | 长 2.90、宽 2.10、厚 0.15 | 同出陶、铜、石、骨、蚌饰 |
| 白色 | 5.12 | 长 5.30、宽 3 | 同出陶、铜、石、骨、蚌饰 |
| 青灰色 | 28.91 | 长 10.80、宽 2.75、厚 0.50 | 同出陶、铜、石、骨、蚌饰 |
| 白色 | 65.11 | 直径 3.60、高 2.70 | 同出陶、铜、石、骨、蚌饰 |
| 灰色 | 7.04 | 长 3.90、宽 2.30、厚 0.40 | 同出陶、铁器 |
| 白色略青 | 0.97 | 直径 2.50、厚 0.02—0.03 | 同出陶器 |
| 灰白色 | 16.92 | 残长 9.6、宽 2.7、厚 0.3 | 同出铜饰 |

| 编号 | 标本号 | 器名 | 完残情况 | 特征 |
|---|---|---|---|---|
| HNWKIV-35 | M237 : 1 | 玉佩 | 完整 | 椭圆形，上面弧，下面平，中间有一单面钻孔，故上面大，下面小 |
| HNWKIV-36 | M237 : 2 | 玉塞 | 完整 | 圆柱状 |
| HNWKIV-37 | M241 : 1 | 玉玦 | 略残 | 圆形，肉有缺槽，两面均有解料时两面对锯形成的茬口 |
| HNWKIV-38 | M241 : 4 | 玉长条柱 | 完整 | 长条形，横截面方形，两端均斜直 |
| HNWKIV-39 | M241 : 5 | 玉柱 | 完整 | 平顶锥形，器身有棱，横截面近圆形 |
| HNWKIV-40 | M243 : 1 | 玉片 | 完整 | 不规则形，一边弧，三边直，四角有对钻小孔，其中一面在四个小孔的位置均有一条凹槽 |
| HNWKIV-41 | M247 : 2 | 玉玦 | 完整 | 近方形，弧边弧角方形 |
| HNWKIV-42 | M247 : 3 | 玉柱 | 完整 | 圆柱状，横截面椭圆形，其中一端抹边 |
| HNWKIV-43 | M248 : 2 | 玉圭残片 | 残 | 残存中部，近长方形，一面平，一面留有解料时两面对锯形成的茬口 |
| HNWKIV-44 | M250 : 2 | 玉柱 | 完整 | 圆柱状 |
| HNWKIV-45 | M250 : 3 | 玉圭 | 残 | 残存圭尖一段，两面平整 |
| HNWKIV-46 | M251 : 3 | 玉柱 | 完整 | 圆柱体，顶端中间有孔 |
| HNWKIV-47 | M259 : 1 | 玉柱 | 残 | 圆柱体，顶部残 |
| HNWKIV-48 | M267 : 2 | 玉柱 | 完整 | 圆柱体，顶部中央有孔 |
| HNWKIV-49 | M285 : 1 | 玉柱 | 略残 | 骨节状，顶部中央有孔 |
| HNWKIV-50 | M323 : 5-2 | 玉饰 | 残 | 长方形，仅存一完整直边，有两缺槽，两边均饰卷云纹 |
| HNWKIV-51 | M323 : 5-3 | 玉饰 | 略残 | 长方形，四角钻小孔，一面平，一面饰卷云纹，两长边一边有两缺槽，一边有一缺槽，两短边各有一缺槽 |
| HNWKIV-52 | M323 : 5-7 | 玉饰 | 略残 | 长方形，两端各有钻孔 |

续表

| 色泽 | 质量／克 | 尺寸／厘米 | 同出玉器等遗物 |
|---|---|---|---|
| 白色 | 10.63 | 长 3.1、宽 2.6、厚 0.7、孔径 0.4—0.65 | 同出陶、玉饰 |
| 花麻色 | 5.82 | 长 2.30、直径 1.10 | 同出陶、玉饰 |
| 紫色 | 2.66 | 直径 3.10、好径 0.90、厚 0.15 | 同出玉饰 |
| 略偏紫色 | 6.06 | 长 8、横截面宽 0.60 | 同出玉饰 |
| 白色 | 4.99 | 高 1.80、底最大径 1.35、顶最大径 0.95 | 同出玉饰 |
| 白色 | 2.24 | 长 2.80、宽 2、厚 0.20 | 同出玉饰 |
| 略偏紫色 | 2.09 | 边长 2.80、好径 0.80、厚 0.12 | 同出陶器 |
| 白色微青 | 3.25 | 高 1.50、直径 1.10 | 同出陶器 |
| 白色 | 4.88 | 残长 4.25、宽 2.20、厚 0.25 | 同出蚌、贝 |
| 绿色 | 7.69 | 直径 1.45、高 1.90 | 同出铜、蚌饰 |
| 白色 | 3.42 | 残长 4.90、宽 2.10 | 同出铜、蚌饰 |
| 绿色 | 21.77 | 高 1.90、直径 2.5、孔径 0.65 | 同出玉片饰 |
| 白色 | 18.53 | 残高 1.60、直径 2.70 | 同出铜饰 |
| 白色 | 49.53 | 高 2.60、直径 3.10、孔径 0.50 | 同出玉饰 |
| 白色 | 101.05 | 宽 4.90、高 3.15、厚 3.10 | 无 |
| 淡赭色 | 3.62 | 长 2.40、残宽 1.50、厚 0.60 | 同出石、铜、玉饰 |
| 白色 | 1 | 长 2.80、宽 1.60、厚 0.15 | 同出石、铜、玉饰 |
| 青灰色 | 7.15 | 长 5.20、宽 1.80、厚 0.30 | 同出石、铜、玉饰 |

| 编号 | 标本号 | 器名 | 完残情况 | 特征 |
|---|---|---|---|---|
| HNWKIV−53 | M323 : 6 | 玉条 | 完整 | 长条形，横截面长方形，两面饰层叠的 S 形蟠螭纹 |
| HNWKIV−54 | M335 : 20 | 玉纺轮 | 完整 | 圆饼形，上面中央有孔 |
| HNWKIV−55−1 | M335 : 45 | 玉玦 | 残 | 残玉兽头，两面平 |
| HNWKIV−55−2 | M335 : 45 | 玉璧 | 残 | 残存一少部分，一面平，一面内外有郭，其间饰卷云纹 |
| HNWKIV−56 | M336 : 1 | 玉圭残片 | 残 | 残存一部分，一面有解料时两面对锯形成的茬口，一端钻小孔 |
| HNWKIV−57 | M348 : 4 | 玉柱 | 残 | 平顶锥形，器身有棱，横截面不规则圆形 |
| HNWKIV−58 | M348 : 5 | 玉璧 | 完整 | 圆形，两面饰内外两周细凹弦纹，其间饰蟠螭纹 |
| HNWKIV−59 | M348 : 6 | 玉簪 | 略残 | 长条形，上宽下窄，上端饰一鸟，昂首尾残，下端弧边 |
| HNWKIV−60 | M348 : 7 | 玉璜 | 残 | 残存小部分，含胸曲背，一端斜直，背缘一边有四缺口，胸缘一边有一缺口，端边有一缺口 |

续表

| 色泽 | 质量／克 | 尺寸／厘米 | 同出玉器等遗物 |
|---|---|---|---|
| 淡赭色 | 16.98 | 长 9.10、横面边长 1.05—0.80 | 同出石、铜、玉饰 |
| 白色 | 20.99 | 直径 3.30、厚 1、孔径 0.50 | 同出陶器、玉饰 |
| 淡赭色 | 4.36 | 残长 1.85、宽 1.65、厚 0.50 | 同出陶器、玉饰 |
| 乳白色 | | 残长 1.35、肉宽 0.95、厚 0.45 | 同出陶器、玉饰 |
| 白色 | 9.46 | 残长 8.10、宽 2.75 | 同出陶器 |
| 白色 | 7.6 | 残高 2.30、底最大径 1.50、顶最大径 1.20 | 同出陶、玉饰 |
| 白色 | 19.35 | 直径 4.90、好径 2、肉宽 1.50、厚 0.50 | 同出陶、玉饰 |
| 白色 | 9.91 | 长 11.4、上宽 1.55、下宽 0.80、厚 0.30 | 同出陶、玉饰 |
| 赭色 | 11.81 | 残长 5.00、宽 3.30、厚 0.45 | 同出陶、玉饰 |

## 表 5.22 新郑西亚斯学院东周墓

| 样品编号 | 标本号 | $Na_2O$ | MgO | $Al_2O_3$ | $SiO_2$ | $P_2O_5$ | $K_2O$ | CaO |
|---|---|---|---|---|---|---|---|---|
| HNWKIV-10a | M47：12-4 | 2.67 | 21.34 | 2.51 | 58.60 | 0.39 | 0.53 | 13.34 |
| HNWKIV-10b | M47：12-4 | 2.22 | 20.64 | 2.88 | 58.53 | 0.41 | 0.56 | 14.07 |
| HNWKIV-14 | M83：5 | 2.60 | 21.96 | 2.16 | 58.20 | 0.46 | 0.47 | 13.60 |
| HNWKIV-15 | M83：6 | 2.80 | 21.31 | 2.30 | 57.91 | 0.54 | 0.51 | 13.58 |
| HNWKIV-26 | M154：2 | 2.16 | 19.65 | 2.89 | 58.27 | 0.35 | 0.71 | 13.35 |
| HNWKIV-33 | M207：1 | 2.14 | 19.28 | 3.38 | 57.92 | 0.64 | 0.52 | 14.02 |
| HNWKIV-35 | M237：1 | 2.36 | 20.66 | 3.11 | 58.54 | 0.49 | 0.67 | 13.36 |
| HNWKIV-40 | M243：1 | 2.41 | 21.41 | 2.08 | 58.75 | 0.44 | 0.48 | 14.04 |
| HNWKIV-42 | M247：3 | 1.88 | 18.99 | 3.04 | 58.26 | 0.45 | 0.47 | 14.78 |
| HNWKIV-51 | M323：5-3 | 2.50 | 20.99 | 2.60 | 58.47 | 0.56 | 0.52 | 13.80 |
| HNWKIV-55-1 | M335：45 | 2.31 | 19.84 | 3.87 | 57.50 | 0.61 | 0.64 | 13.74 |
| HNWKIV-55-2 | M335：45 | 2.36 | 20.36 | 3.23 | 59.20 | 0.37 | 0.60 | 13.40 |
| HNWKIV-58 | M348：5 | 2.29 | 20.19 | 3.32 | 58.64 | 0.48 | 0.52 | 13.46 |
| HNWKIV-59 | M348：6 | 2.90 | 20.56 | 2.83 | 58.44 | 0.59 | 0.58 | 13.64 |
| HNWKIV-13 | M83：1 | 2.15 | 1.85 | 4.24 | 87.53 | 2.57 | 1.26 | n.d. |
| HNWKIV-17 | M83：30 | 1.71 | 1.75 | 3.46 | 89.96 | 1.85 | 1.02 | n.d. |
| HNWKIV-18 | M83：31 | 1.85 | 1.76 | 3.63 | 88.94 | 2.15 | 1.16 | n.d. |
| HNWKIV-20 | M91：1 | 2.20 | 1.97 | 3.87 | 87.43 | 2.64 | 1.44 | n.d. |
| HNWKIV-21 | M104：1 | 1.70 | 1.99 | 6.21 | 86.14 | 2.30 | 1.33 | n.d. |
| HNWKIV-24 | M140：2 | 1.87 | 1.76 | 3.72 | 88.68 | 2.32 | 1.25 | n.d. |

## 地玉器化学成分分析结果（wt.%）

| $Fe_2O_3$ | NiO | CuO | $Rb_2O$ | SrO | $SnO_2$ | BaO | $Mg^{2+}/(Mg^{2+}+Fe^{2+(3+)})$ |
|---|---|---|---|---|---|---|---|
| 0.41 | 0.04 | n.d.[1] | 0.01 | n.d. | n.d. | 0.15 | 0.990 |
| 0.50 | 0.04 | n.d. | 0.01 | n.d. | n.d. | 0.13 | 0.988 |
| 0.49 | 0.04 | n.d. | 0.01 | n.d. | 0.01 | n.d. | 0.989 |
| 0.44 | 0.04 | n.d. | 0.01 | n.d. | 0.02 | 0.53 | 0.990 |
| 2.18 | 0.04 | n.d. | 0.01 | n.d. | 0.01 | 0.38 | 0.947 |
| 2.03 | 0.05 | n.d. | 0.01 | n.d. | n.d. | n.d. | 0.949 |
| 0.54 | 0.04 | n.d. | 0.01 | n.d. | n.d. | 0.22 | 0.987 |
| 0.29 | 0.04 | n.d. | 0.01 | n.d. | n.d. | 0.07 | 0.993 |
| 1.77 | 0.06 | n.d. | 0.01 | n.d. | n.d. | 0.30 | 0.955 |
| 0.49 | 0.05 | n.d. | 0.01 | n.d. | n.d. | n.d. | 0.988 |
| 0.82 | 0.04 | n.d. | 0.01 | n.d. | 0.03 | 0.59 | 0.980 |
| 0.28 | 0.05 | n.d. | 0.01 | n.d. | n.d. | 0.16 | 0.993 |
| 0.63 | 0.04 | n.d. | 0.01 | n.d. | 0.01 | 0.41 | 0.985 |
| 0.29 | 0.05 | n.d. | 0.01 | n.d. | n.d. | 0.12 | 0.993 |
| n.d. | 0.05 | n.d. | 0.01 | n.d. | 0.01 | 0.33 | |
| n.d. | 0.06 | n.d. | 0.01 | n.d. | 0.01 | 0.17 | |
| n.d. | 0.06 | n.d. | 0.01 | n.d. | n.d. | 0.45 | |
| n.d. | 0.05 | 0.00 | 0.01 | n.d. | 0.01 | 0.38 | |
| n.d. | 0.05 | n.d. | 0.01 | n.d. | 0.01 | 0.24 | |
| n.d. | 0.06 | n.d. | 0.01 | n.d. | n.d. | 0.32 | |

| 样品编号 | 标本号 | $Na_2O$ | MgO | $Al_2O_3$ | $SiO_2$ | $P_2O_5$ | $K_2O$ | CaO |
|---|---|---|---|---|---|---|---|---|
| HNWKIV-27 | M156：2 | 1.85 | 1.87 | 3.78 | 88.22 | 2.43 | 1.32 | n.d. |
| HNWKIV-02 | M14：1 | 2.55 | 29.67 | 2.71 | 62.86 | 0.76 | 0.68 | n.d. |
| HNWKIV-03 | M14：2 | 2.68 | 30.54 | 2.03 | 63.06 | 0.58 | 0.57 | n.d. |
| HNWKIV-07 | M47：2 | 2.34 | 31.01 | 1.78 | 63.05 | 0.50 | 0.57 | n.d. |
| HNWKIV-09 | M47：21 | 2.26 | 29.78 | 4.84 | 61.01 | 0.29 | 0.66 | n.d. |
| HNWKIV-22 | M104：11 | 2.14 | 29.68 | 2.67 | 63.60 | 0.60 | 0.59 | n.d. |
| HNWKIV-36 | M237：2 | 2.26 | 29.45 | 6.07 | 59.37 | 0.44 | 0.84 | n.d. |
| HNWKIV-50 | M323：5-2 | 2.41 | 30.16 | 3.83 | 61.15 | 0.82 | 0.58 | n.d. |
| HNWKIV-53 | M323：6 | 2.27 | 31.28 | 4.31 | 59.69 | 0.48 | 0.55 | n.d. |
| HNWKIV-11 | M63：1 | 0.61 | 2.71 | 30.60 | 49.51 | n.d. | 12.15 | 1.49 |
| HNWKIV-12 绿色 | M63：3 | 0.75 | 3.21 | 33.10 | 47.70 | n.d. | 12.50 | 1.15 |
| HNWKIV-12 白色 | M63：3 | 0.77 | 2.36 | 33.36 | 47.98 | n.d. | 12.48 | 1.05 |
| HNWKIV-16 | M83：25 | 0.77 | 2.03 | 29.33 | 48.72 | 2.53 | 12.24 | 2.66 |
| HNWKIV-38 绿色 | M241：4 | 0.58 | 1.78 | 33.43 | 47.41 | n.d. | 12.73 | 0.84 |
| HNWKIV-38 黄色 | M241：4 | 0.69 | 1.85 | 33.30 | 47.59 | n.d. | 12.77 | 0.57 |
| HNWKIV-44 | M250：2 | 0.67 | 1.66 | 39.44 | 46.51 | n.d. | 10.38 | 0.63 |
| HNWKIV-19 | M83：33 | 0.22 | 1.49 | 27.59 | 5.66 | 34.30 | 0.73 | n.d. |
| HNWKIV-39 | M241：5 | 0.60 | 1.13 | 32.47 | 65.04 | 0.28 | n.d. | n.d. |
| HNWKIV-23 | M105：1 | 0.29 | 1.70 | 4.18 | 11.33 | 0.36 | 1.15 | 80.58 |
| HNWKIV-29 | M173：13 | 0.04 | 1.67 | 3.96 | 10.79 | 0.46 | 0.93 | 81.98 |

续表

| $Fe_2O_3$ | NiO | CuO | $Rb_2O$ | SrO | $SnO_2$ | BaO | $Mg^{2+}/(Mg^{2+}+Fe^{2+(3+)})$ |
|---|---|---|---|---|---|---|---|
| n.d. | 0.05 | n.d. | 0.01 | n.d. | 0.01 | 0.46 | |
| 0.24 | 0.06 | n.d. | 0.01 | n.d. | n.d. | 0.46 | 2.12 $[w(SiO_2)/w(MgO)]$ |
| 0.23 | 0.06 | n.d. | 0.01 | n.d. | 0.01 | 0.24 | 2.06 $[w(SiO_2)/w(MgO)]$ |
| 0.41 | 0.06 | n.d. | 0.01 | n.d. | 0.02 | 0.24 | 2.03 $[w(SiO_2)/w(MgO)]$ |
| 0.78 | 0.07 | n.d. | 0.01 | n.d. | 0.03 | 0.28 | 2.05 $[w(SiO_2)/w(MgO)]$ |
| 0.20 | 0.07 | n.d. | 0.01 | n.d. | 0.02 | 0.43 | 2.14 $[w(SiO_2)/w(MgO)]$ |
| 0.83 | 0.09 | n.d. | 0.01 | n.d. | 0.03 | 0.61 | 2.02 $[w(SiO_2)/w(MgO)]$ |
| 0.65 | 0.05 | n.d. | 0.01 | n.d. | 0.02 | 0.32 | 2.03 $[w(SiO_2)/w(MgO)]$ |
| 0.75 | 0.09 | n.d. | 0.01 | n.d. | 0.01 | 0.57 | 1.91 $[w(SiO_2)/w(MgO)]$ |
| 2.71 | 0.04 | n.d. | 0.05 | n.d. | n.d. | 0.14 | 2.21 $[w(SiO_2)/w(MgO)]$ |
| 1.35 | 0.03 | n.d. | 0.04 | 0.01 | n.d. | 0.17 | |
| 1.85 | 0.03 | n.d. | 0.04 | n.d. | n.d. | 0.07 | |
| 1.46 | 0.03 | n.d. | 0.08 | n.d. | n.d. | 0.15 | |
| 2.40 | 0.03 | n.d. | 0.04 | 0.02 | n.d. | 0.73 | |
| 2.45 | 0.03 | n.d. | 0.04 | 0.02 | n.d. | 0.69 | |
| 0.06 | 0.04 | n.d. | 0.03 | 0.05 | n.d. | 0.53 | |
| 20.23 | 0.04 | 9.50 | 0.01 | n.d. | n.d. | 0.23 | |
| 0.28 | 0.05 | n.d. | n.d. | n.d. | n.d. | 0.14 | |
| 0.01 | 0.12 | n.d. | 0.01 | n.d. | n.d. | 0.26 | |
| n.d. | 0.17 | n.d. | 0.01 | n.d. | n.d. | n.d. | |

| 样品编号 | 标本号 | $Na_2O$ | MgO | $Al_2O_3$ | $SiO_2$ | $P_2O_5$ | $K_2O$ | CaO |
|---|---|---|---|---|---|---|---|---|
| HNWKIV−31 | M173∶21 | 0.49 | 2.78 | 4.78 | 12.54 | 0.38 | 1.17 | 77.46 |
| HNWKIV−34 | M322∶10 | 1.67 | 1.48 | 1.92 | 7.47 | 0.55 | 1.05 | 85.30 |
| HNWKIV−46 | M251∶3 | 0.54 | 1.38 | 1.80 | 6.56 | 0.43 | 0.91 | 88.20 |
| HNWKIV−49 | M285∶1 | 1.29 | 1.28 | 1.04 | 4.65 | 0.73 | 0.85 | 89.76 |
| HNWKIV−54 | M335∶20 | 0.76 | 1.46 | 2.57 | 7.84 | 0.48 | 1.06 | 85.59 |
| HNWKIV−57 | M348∶4 | 0.41 | 1.42 | 3.33 | 8.98 | 0.61 | 0.83 | 84.01 |
| HNWKIV−60 | M348∶7 | 1.75 | 1.54 | 1.08 | 5.85 | 0.66 | 1.07 | 87.47 |
| HNWKIV−01 | M3∶1 | 1.95 | 30.74 | 24.83 | 37.76 | 0.06 | 0.98 | n.d. |
| HNWKIV−04 表面 | M14∶5 | 2.40 | 34.38 | 6.10 | 50.60 | 1.37 | 1.10 | 1.65 |
| HNWKIV−04 新鲜面 | M14∶5 | 2.19 | 33.49 | 7.02 | 51.15 | 0.35 | 1.04 | 2.47 |
| HNWKIV−30a | M173∶16 | 3.14 | 25.52 | 4.19 | 23.18 | n.d. | 0.59 | 41.25 |
| HNWKIV−30b | M173∶16 | 2.97 | 21.50 | 2.99 | 17.80 | 0.05 | 0.54 | 52.15 |
| HNWKIV−32 | M197∶2 | 1.85 | 21.94 | 13.40 | 42.32 | n.d. | 0.64 | n.d. |
| HNWKIV−37 | M241∶1 | 1.58 | 29.39 | 7.05 | 59.14 | 0.62 | 0.62 | n.d. |
| HNWKIV−28 | M173∶11 | 3.24 | 27.30 | 5.99 | 60.38 | 0.42 | 0.74 | n.d. |
| HNWKIV−45 | M250∶3 | 2.36 | 16.77 | 3.15 | 23.06 | 0.17 | 0.54 | 52.77 |
| HNWKIV−48 | M267∶2 | 1.62 | 13.76 | 0.79 | 21.48 | 0.30 | 0.59 | 60.93 |
| HNWKIV−47 | M259∶1 | 1.82 | 28.66 | 4.66 | 62.47 | 0.90 | 0.67 | n.d. |

注：① n.d.：not detected，即氧化物或元素浓度低于仪器检出限，未检测出该化学成分。

续表

| $Fe_2O_3$ | NiO | CuO | $Rb_2O$ | SrO | $SnO_2$ | BaO | $Mg^{2+}/(Mg^{2+}+Fe^{2+(3+)})$ |
|---|---|---|---|---|---|---|---|
| 0.02 | 0.14 | n.d. | 0.01 | 0.18 | 0.01 | 0.05 | |
| n.d. | 0.15 | n.d. | 0.01 | 0.02 | n.d. | 0.38 | |
| n.d. | 0.18 | n.d. | n.d. | n.d. | n.d. | n.d. | |
| n.d. | 0.19 | n.d. | 0.01 | n.d. | n.d. | 0.21 | |
| n.d. | 0.18 | n.d. | 0.01 | n.d. | 0.01 | 0.04 | |
| n.d. | 0.13 | n.d. | 0.01 | n.d. | n.d. | 0.26 | |
| 0.17 | 0.15 | n.d. | 0.01 | 0.05 | n.d. | 0.21 | |
| 3.36 | 0.08 | n.d. | 0.01 | n.d. | n.d. | 0.25 | 1.23 [$w(SiO_2)/w(MgO)$] |
| 1.92 | 0.07 | n.d. | 0.01 | n.d. | n.d. | 0.40 | 1.93 [$w(SiO_2)/w(MgO)$] |
| 2.02 | 0.06 | n.d. | 0.01 | n.d. | 0.01 | 0.18 | 2.01 [$w(SiO_2)/w(MgO)$] |
| 1.92 | 0.07 | n.d. | 0.01 | n.d. | 0.02 | 0.13 | |
| 1.34 | 0.07 | n.d. | 0.01 | n.d. | 0.01 | 0.58 | |
| 19.58 | 0.06 | n.d. | 0.01 | n.d. | 0.02 | 0.18 | 1.93 [$w(SiO_2)/w(MgO)$] |
| 1.29 | 0.07 | n.d. | 0.01 | n.d. | n.d. | 0.25 | 2.01 [$w(SiO_2)/w(MgO)$] |
| 1.52 | 0.06 | n.d. | 0.01 | n.d. | n.d. | 0.36 | 2.21 [$w(SiO_2)/w(MgO)$] |
| 0.85 | 0.10 | n.d. | 0.01 | n.d. | n.d. | 0.21 | 1.38 [$w(SiO_2)/w(MgO)$] |
| 0.36 | 0.12 | n.d. | 0.01 | 0.03 | n.d. | n.d. | 1.56 [$w(SiO_2)/w(MgO)$] |
| 0.74 | 0.07 | n.d. | 0.01 | n.d. | n.d. | n.d. | 2.18 [$w(SiO_2)/w(MgO)$] |

## 表 5.23　新郑西亚斯学院东周墓地出土玉器物相信息

| 编号 | 标本号 | 器名 | 主要物相 | 照片 |
| --- | --- | --- | --- | --- |
| HNWKIV−01 | M3∶1 | 玉玦 | 斜绿泥石<br>白云母<br>石英 |  |
| HNWKIV−02 | M14∶1 | 玉璧 | 滑石 |  |
| HNWKIV−03 | M14∶2 | 玉佩 | 滑石 |  |
| HNWKIV−04 | M14∶5 | 玉加工条 | 蛇纹石<br>石英<br>方解石 | 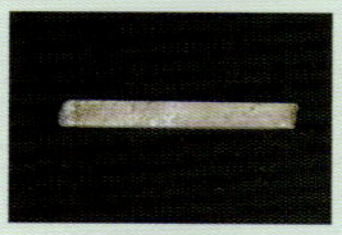 |
| HNWKIV−05 | M22∶1 | 玉环 | 滑石 |  |
| HNWKIV−07 | M47∶2 | 玉璧 | 滑石 |  |
| HNWKIV−08 | M47∶12−1 | 玉璧 | 滑石 |  |
| HNWKIV−09 | M47∶21 | 玉片饰 | 滑石 |  |
| HNWKIV−10 | M47∶12−4 | 玉片饰 | 透闪石 |  |
| HNWKIV−11 | M63∶1 | 玉玦 | 白云母 |  |
| HNWKIV−12 | M63∶3 | 玉片饰 | 白云母 | 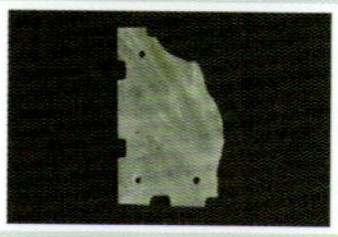 |
| HNWKIV−13 | M83∶1 | 水晶环 | 玛瑙 |  |

续表

| 编号 | 标本号 | 器名 | 主要物相 | 照片 |
|---|---|---|---|---|
| HNWKIV−14 | M83：5 | 玉环 | 透闪石 | 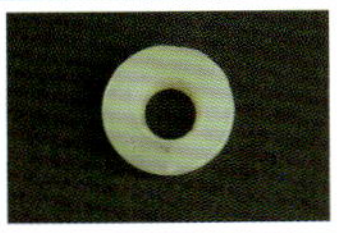 |
| HNWKIV−15 | M83：6 | 玉环 | 透闪石 | 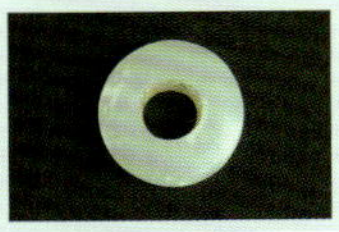 |
| HNWKIV−16 | M83：25 | 玉螺形珠 | 白云母 |  |
| HNWKIV−17 | M83：30 | 玉带钩 | 玛瑙 | 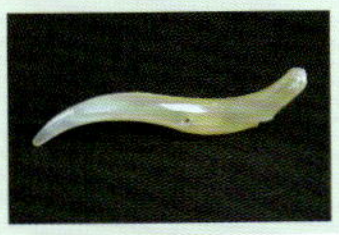 |
| HNWKIV−18 | M83：31 | 玉带钩 | 玛瑙 | 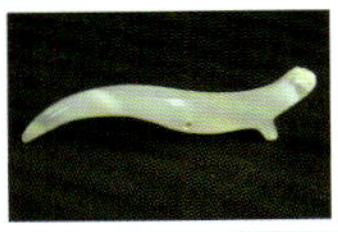 |
| HNWKIV−19 | M83：33 | 玉珠 | 绿松石−铁绿松石 |  |
| HNWKIV−20 | M91：1 | 玛瑙环 | 红玛瑙 |  |
| HNWKIV−21 | M104：1 | 玉璧 | 石英 | 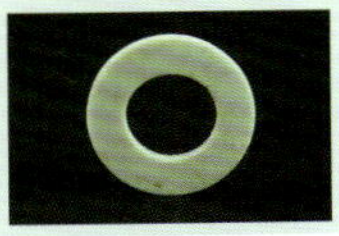 |
| HNWKIV−22 | M104：11 | 玉璧 | 滑石 | 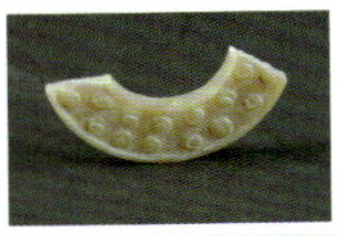 |
| HNWKIV−23 | M105：1 | 玉圭 | 方解石 |  |
| HNWKIV−24 | M140：2 | 玉环 | 玛瑙 | 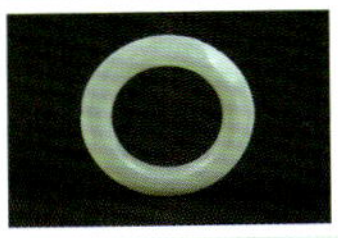 |
| HNWKIV−25 | M153：9 | 玉珠 | 红玛瑙 |  |
| HNWKIV−26 | M154：2 | 青石料 | 透闪石−阳起石 |  |

续表

| 编号 | 标本号 | 器名 | 主要物相 | 照片 |
|---|---|---|---|---|
| HNWKIV-27 | M156:2 | 玉环 | 玛瑙 | 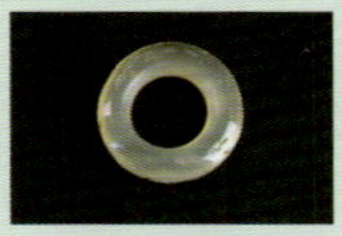 |
| HNWKIV-28 | M173:11 | 玉片饰 | 滑石<br>蛇纹石 |  |
| HNWKIV-29 | M173:13 | 玉圭 | 方解石 |  |
| HNWKIV-30 | M173:16 | 玉珩 | 白云石<br>方解石<br>镍绿泥石 |  |
| HNWKIV-31 | M173:21 | 玉柱形器 | 方解石 |  |
| HNWKIV-32 | M197:2 | 玉片 | 滑石<br>斜绿泥石 |  |
| HNWKIV-33 | M207:1 | 玉片 | 透闪石-阳起石 | 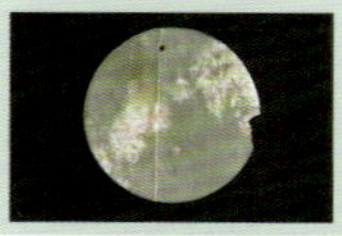 |
| HNWKIV-34 | M322:10 | 玉璜 | 方解石 |  |
| HNWKIV-35 | M237:1 | 玉佩 | 透闪石 |  |
| HNWKIV-36 | M237:2 | 玉塞 | 滑石 |  |
| HNWKIV-37 | M241:1 | 玉玦 | 滑石 |  |
| HNWKIV-38 | M241:4 | 玉长条柱 | 白云母 |  |
| HNWKIV-39 | M241:5 | 玉柱 | 叶蜡石 |  |

续表

| 编号 | 标本号 | 器名 | 主要物相 | 照片 |
|---|---|---|---|---|
| HNWKIV−40 | M243 : 1 | 玉片 | 透闪石 |  |
| HNWKIV−41 | M247 : 2 | 玉玦 | 滑石 | 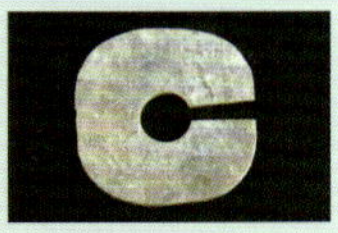 |
| HNWKIV−42 | M247 : 3 | 玉柱 | 透闪石−阳起石 |  |
| HNWKIV−43 | M248 : 2 | 玉圭残片 | 方解石 |  |
| HNWKIV−44 | M250 : 2 | 玉柱 | 白云母 |  |
| HNWKIV−45 | M250 : 3 | 玉圭残片 | 方解石<br>蛇纹石 |  |
| HNWKIV−46 | M251 : 3 | 玉柱 | 方解石 |  |
| HNWKIV−47 | M259 : 1 | 玉柱 | 方解石<br>蛇纹石 |  |
| HNWKIV−48 | M267 : 2 | 玉柱 | 方解石<br>蛇纹石 |  |
| HNWKIV−49 | M285 : 1 | 玉柱 | 方解石 | 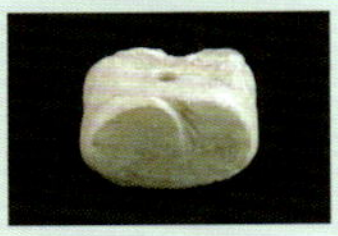 |
| HNWKIV−50 | M323 : 5−2 | 玉饰 | 滑石 |  |
| HNWKIV−51 | M323 : 5−3 | 玉饰 | 透闪石 |  |
| HNWKIV−52 | M323 : 5−7 | 玉饰 | 滑石<br>斜绿泥石 | 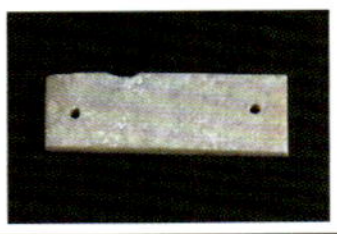 |

续表

| 编号 | 标本号 | 器名 | 主要物相 | 照片 |
|---|---|---|---|---|
| HNWKIV-53 | M323 : 6 | 玉条 | 滑石 |  |
| HNWKIV-54 | M335 : 20 | 玉纺轮 | 方解石 |  |
| HNWKIV-55-1 | M335 : 45 | 玉玦 | 透闪石 |  |
| HNWKIV-55-2 | M335 : 45 | 玉璧 | 透闪石 | |
| HNWKIV-56 | M336 : 1 | 玉圭残片 | 方解石 |  |
| HNWKIV-57 | M348 : 4 | 玉柱 | 方解石 |  |
| HNWKIV-58 | M348 : 5 | 玉璧 | 透闪石 |  |
| HNWKIV-59 | M348 : 6 | 玉簪 | 透闪石 |  |
| HNWKIV-60 | M348 : 7 | 玉璜 | 方解石 |  |

### 2. 石英质玉器

该质地玉器有8件，包括HNWKIV-13、HNWKIV-17、HNWKIV-18、HNWKIV-20、HNWKIV-21、HNWKIV-24、HNWKIV-25和HNWKIV-27，其主要化学成分 $SiO_2$ 和 $Al_2O_3$ 的含量分别为86.14%—89.96%和3.46%—6.21%。典型玉器HNWKIV-21的XRD图谱见图5.54，综合两方面结果判断

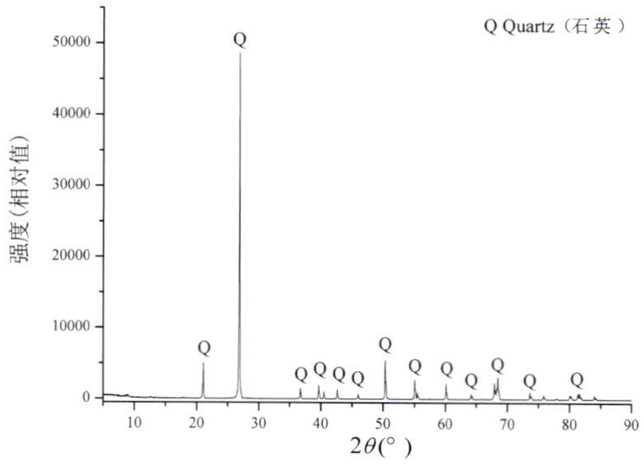


图5.54　石英质玉璧HNWKIV-21的XRD图谱

其为石英质玉器；结合其宏观特征，进一步判断上述玉器除 HNWKIV-21 外皆为隐晶质石英矿物玛瑙。

3. 滑石质玉器

该质地玉器有12件，包括HNWKIV-02、HNWKIV-03、HNWKIV-05、HNWKIV-07、HNWKIV-08、HNWKIV-09、HNWKIV-22、HNWKIV-36、HNWKIV-37、HNWKIV-41、HNWKIV-50 和 HNWKIV-53，其主要化学成分 MgO 和 $SiO_2$ 的含量范围分别为 29.45%—31.28% 和 59.37%—63.60%，w（$SiO_2$）/w（MgO）比值范围为 1.91—2.14，与滑石 [$Mg_3Si_4O_{10}(OH)_2$] 的理论组分一致。其典型玉器 HNWKIV-02 的 XRD 图谱见图 5.55，其特征拉曼图谱及 RRUFF 数据库中滑石标样的特征拉曼图谱见图 5.56，主要特征峰均在 675cm$^{-1}$、360cm$^{-1}$ 和 193cm$^{-1}$ 附近。

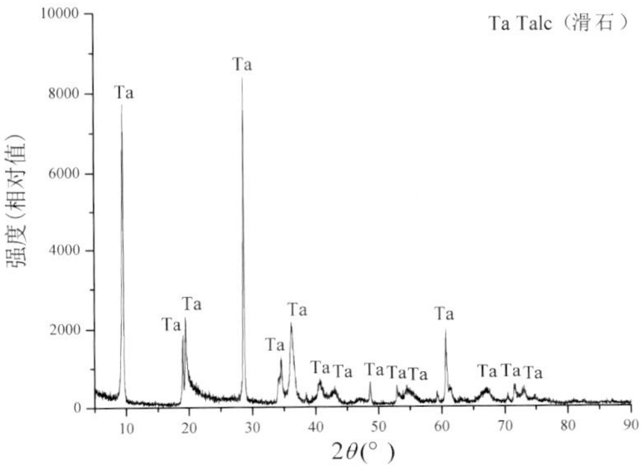


图 5.55　滑石质玉璧 HNWKIV-02 的 XRD 图谱

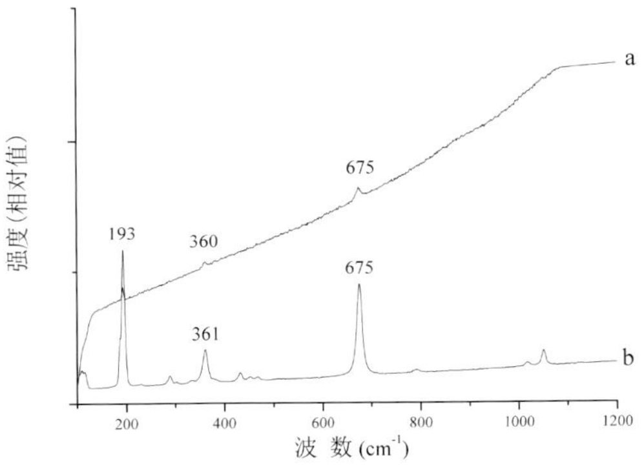


图 5.56　滑石质玉璧及滑石标样的特征拉曼图谱
a. 滑石质玉璧 HNWKIV-02，488 纳米　b. 滑石标样（RRUFF 数据库，R050087-3，514 纳米）

玉片饰 HNWKIV-28 的主要化学成分为 MgO 27.30% 和 $SiO_2$ 60.38%，次要化学成分为 $Al_2O_3$ 5.99%、$Na_2O$ 3.24% 和 $Fe_2O_3$ 1.52%，比值 w（$SiO_2$）/w（MgO）为 2.21，均与滑石理论组分一致。其 XRD 图谱见图 5.57，结果显示该玉器的主要物相为滑石，并含有少量的利蛇纹石 {化学结构式为 $Mg_6[Si_4O_{10}](OH)_8$}。

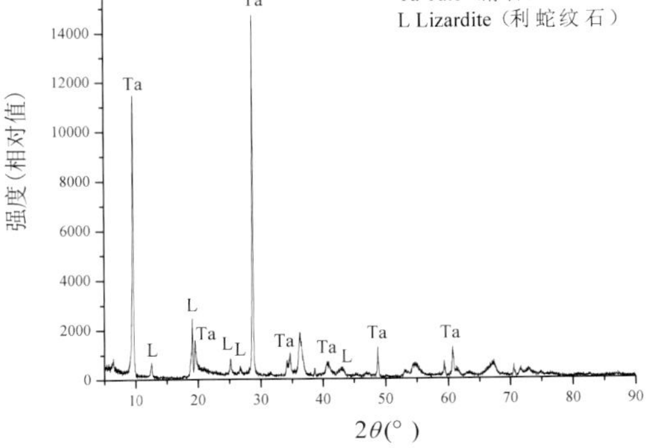


图 5.57　玉片饰 HNWKIV-28 的 XRD 图谱

4. 方解石质玉器

该质地玉器有 11 件，包括 HNWKIV−23、HNWKIV−29、HNWKIV−31、HNWKIV−34、HNWKIV−43、HNWKIV−46、HNWKIV−49、HNWKIV−54、HNWKIV−56、HNWKIV−57 和 HNWKIV−60，其主要化学成分 CaO 和 $SiO_2$ 的含量范围分别为 77.46%—89.76% 和 4.65%—12.54%。典型玉器 HNWKIV−60 的 XRD 分析结果见图 5.58，结果显示其主要物相为方解石（$CaCO_3$）。图 5.59 为 HNWKIV−60 的特征拉曼图谱，其主要特征峰为 1085cm$^{-1}$、711cm$^{-1}$ 和 280cm$^{-1}$，与方解石的标准拉曼谱峰一致。其中 1085cm$^{-1}$ 归属于方解石的（$CO_3$）$^{2-}$ 阴离子团的对称伸缩振动，711cm$^{-1}$ 归属于（$CO_3$）$^{2-}$ 阴离子团的弯曲振动，280cm$^{-1}$ 归属于（$CO_3$）$^{2-}$ 的晶格振动。该类玉器中皆含有一定量的 $SiO_2$，说明方解石的纯度欠佳，有少量石英等伴生矿物。

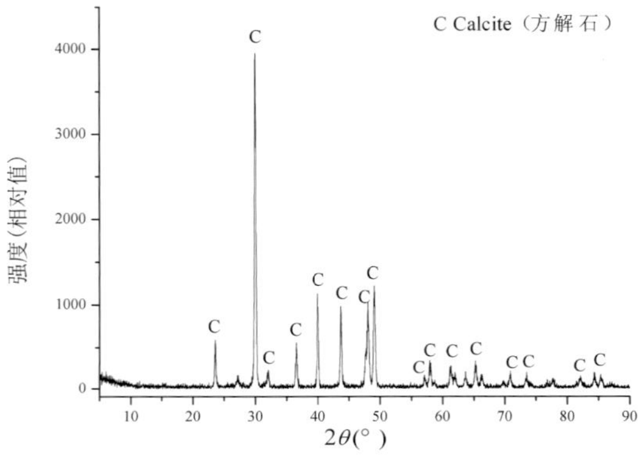


图 5.58　方解石质玉璜 HNWKIV−60 的 XRD 图谱

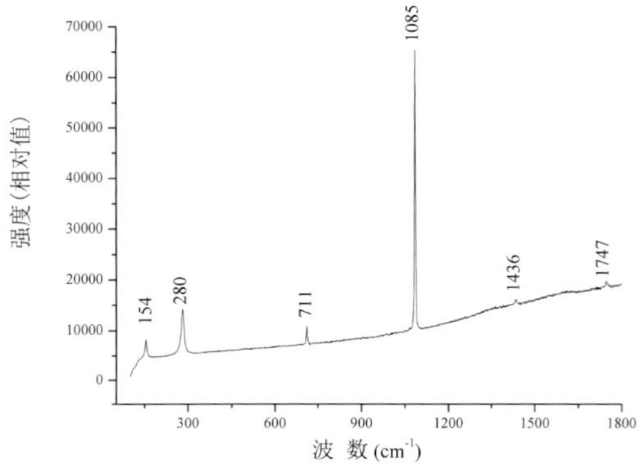


图 5.59　方解石质玉璜 HNWKIV−60 的特征拉曼图谱

HNWKIV−45、HNWKIV−47 和 HNWKIV−48 这三件玉器的主要物相为方解石，还含有少量的利蛇纹石，其中典型玉器 HNWKIV−48 的 XRD 图谱见图 5.60。玉器 HNWKIV−45 和 HNWKIV−48 的主要化学成分分别为 CaO 52.77%、60.93%，MgO 16.77%、13.76%，$SiO_2$ 23.06%、21.48%，同时还检测到 $Na_2O$ 含量为 2.36%、1.62%，比值 w（$SiO_2$）/w（MgO）分别为 1.38 和 1.56，与蛇纹石理论组分较为一致。而 HNWKIV−47 的主要化学成分为 MgO 28.66%、$SiO_2$ 62.47%、$Al_2O_3$

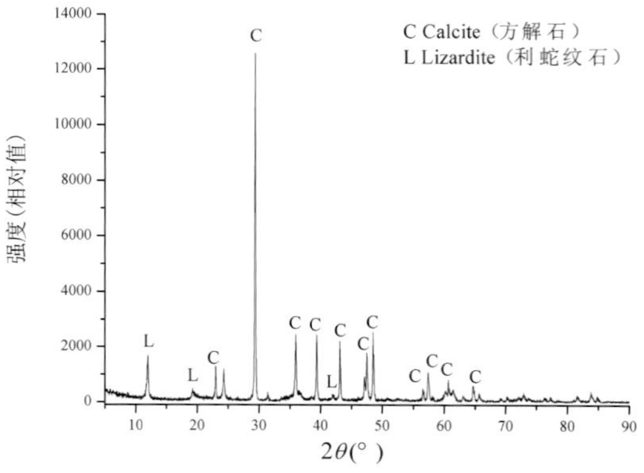


图 5.60　方解石质玉柱 HNWKIV−48 的 XRD 图谱

4.66%、$Na_2O$ 1.82%，未检测出 CaO，比值 w（$SiO_2$）/w（MgO）为 2.18，与滑石理论组分较为一致。该玉器风化严重，可能存在 MgO 和 CaO 的大量流失，具体原因有待于更详细的实验分析。

5. 白云母质玉器

该质地玉器有 5 件，包括 HNWKIV−11、HNWKIV−12、HNWKIV−16、HNWKIV−38 和 HNWKIV−44，其主要化学成分 $Al_2O_3$、$SiO_2$、$K_2O$ 的含量范围分别为 29.33%—39.44%、46.51%—49.51% 和 10.38%—12.77%，与白云母的理论组分一致。其中典型玉器 HNWKIV−12 的 XRD 图谱见图 5.61，分析表明该件玉器的主要物相为白云母。典型玉器 HNWKIV−12 的特征拉曼图谱见图 5.62，其主要拉曼特征峰位置在 757cm$^{-1}$、702cm$^{-1}$、411cm$^{-1}$、263cm$^{-1}$、218cm$^{-1}$ 和 196cm$^{-1}$ 附近，其中 757cm$^{-1}$ 和 702cm$^{-1}$ 处谱峰归属于 Si−$O_{br}$−Si 四面体伸缩和弯曲振动，还与 M2 位置 Al−O 桥氧键的伸缩振动有关，而 411cm$^{-1}$、263cm$^{-1}$、218cm$^{-1}$ 和 196cm$^{-1}$ 处谱峰与阳离子交换及较长波长的晶格振动有关。

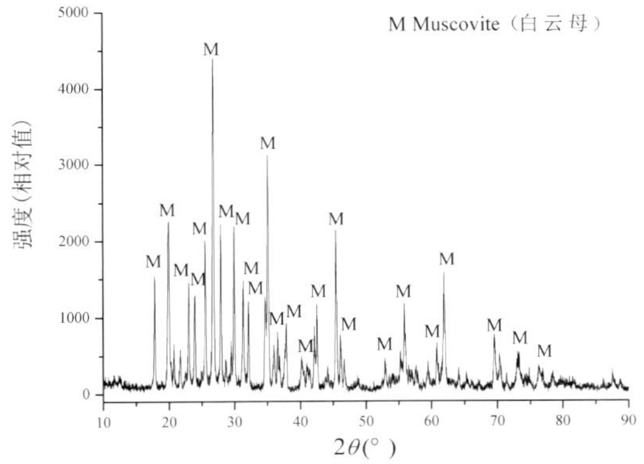


图 5.61　白云母质玉片饰 HNWKIV−12 的 XRD 图谱

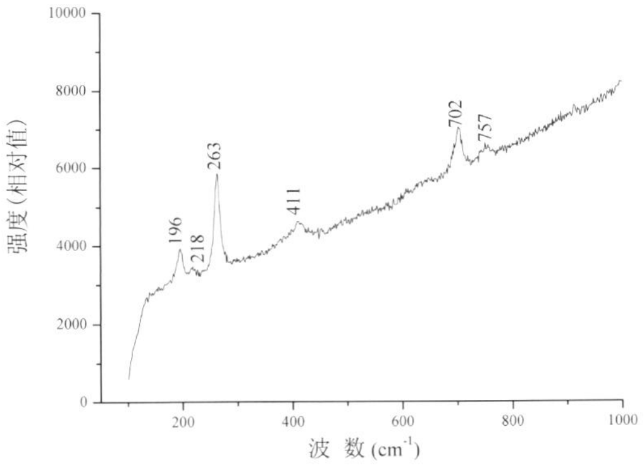


图 5.62　白云母质玉片饰 HNWKIV−12 的特征拉曼图谱

6. 叶蜡石质玉器

该质地玉器只有 HNWKIV−39 1 件，其主要化学成分 $Al_2O_3$ 和 $SiO_2$ 含量分别为 32.47% 和 65.04%，与叶蜡石 {$Al_2[Si_4O_{10}(OH)_2]$} 的理论组分一致。XRD 图谱和拉曼光谱分析表明，该玉器与叶蜡石标样的分析结果非常吻合，其 XRD 图谱和特征拉曼图谱分别见图 5.63 和图 5.64，主要拉曼特征峰在 704cm$^{-1}$、260cm$^{-1}$、213cm$^{-1}$ 和 192cm$^{-1}$ 附近，均与叶蜡石的理论分析结果吻合。

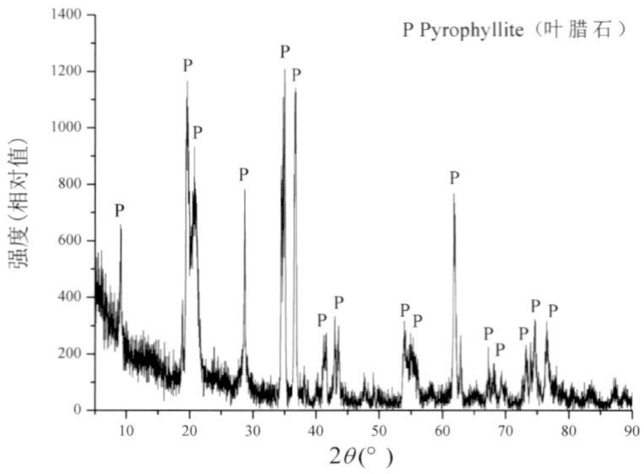


图 5.63　叶蜡石质玉柱 HNWKIV-39 的 XRD 图谱

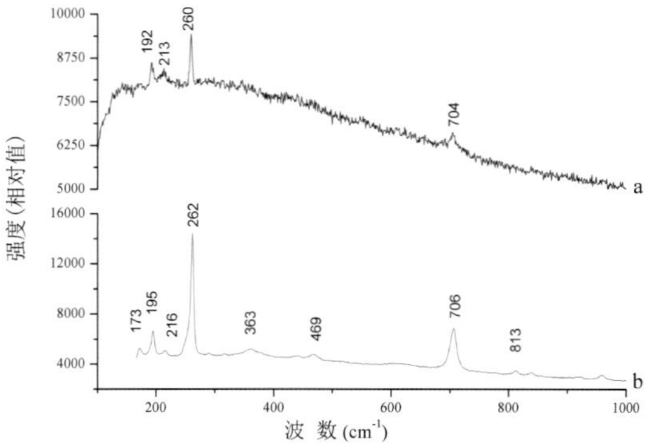


图 5.64　叶蜡石质玉器及叶蜡石标样的特征拉曼图谱
a.HNWKIV-39，785 纳米　b.RRUFF 数据库中叶蜡石标样，R050051，785 纳米

7. 绿松石-铁绿松石质玉器

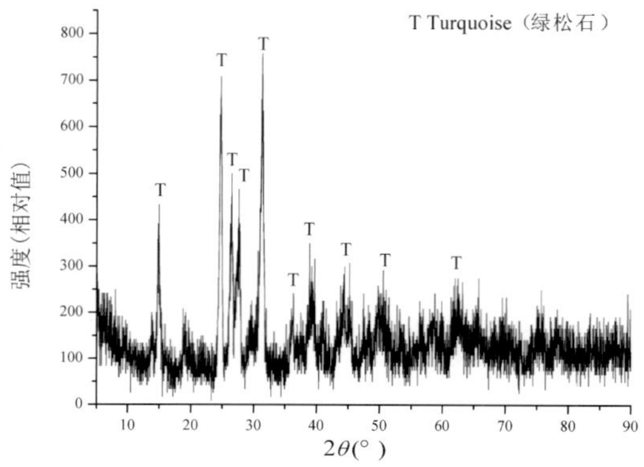


图 5.65　绿松石质玉珠 HNWKIV-19 的 XRD 图谱

该质地玉器只有 HNWKIV-19 1 件，其主要化学成分为 $Al_2O_3$ 27.59%、$P_2O_5$ 34.30%、CuO 9.50%、$Fe_2O_3$ 20.23%、$SiO_2$ 5.66% 和 MgO 1.49%，与绿松石 [$CuAl_6(PO_4)_4(OH)_8 \cdot H_2O$] 的理论组分接近。其 XRD 分析图谱见图 5.65，结果显示该玉器的主要物相为绿松石。玉器中含有较高的 $Fe_2O_3$ 和 $SiO_2$，这是由于地质环境的影响，绿松石矿物成分中发生类质同象替代和伴生围岩矿物所致。该玉器中 $Al^{3+}$ 被 $Fe^{3+}$ 大量替代，发生了向铁绿松石 [ 亦称磷铜铁矿，化学结构式为 $CuFe_6(PO_4)_4(OH)_8 \cdot 4H_2O$] 转变。此外在拉曼光谱分析中也检测到 1032cm$^{-1}$ 附近铁绿松石的特征峰。

8. 斜绿泥石质玉器

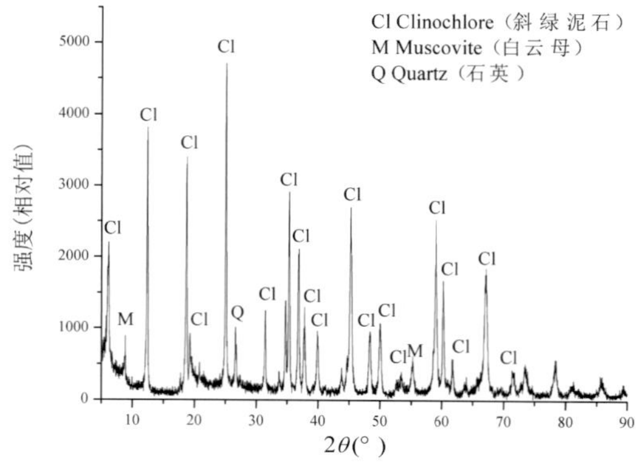


图 5.66　斜绿泥石质玉玦 HNWKIV-01 的 XRD 图谱

该质地玉器有 4 件。其中玉玦 HNWKIV-01 的主要化学成分为 MgO 30.74%、$Al_2O_3$ 24.83% 和 $SiO_2$ 37.76%，次要化学成分为 $Na_2O$ 1.95%、$Fe_2O_3$ 3.36% 和 $K_2O$ 0.98%。其 XRD 图谱见图 5.66，结果显示该玉玦的主要物相为斜

绿泥石[化学结构式为（Mg，Fe）$_5$Al(Si$_3$Al)O$_{10}$(OH)$_8$]，此外还检测到少量的白云母和石英。

经XRD分析，玉器HNWKIV－32、HNWKIV－37和HNWKIV－52的主要物相为斜绿泥石和滑石。其中HNWKIV－32的XRD图谱见图5.67，其组分以斜绿泥石为主，还含有少量的滑石。而HNWKIV－37和HNWKIV－52是以滑石为主，并含有少量的斜绿泥石。HNWKIV－37的XRD图谱见图5.68，其主要化学成分为MgO 29.39%、$Al_2O_3$ 7.05%和$SiO_2$ 59.14%，w（$SiO_2$）/w（MgO）为2.01。pXRF分析结果显示，HNWKIV－32的主要化学成分为MgO 21.94%、$Al_2O_3$ 13.40%、$SiO_2$ 42.32%和$Fe_2O_3$ 19.58%，其w（$SiO_2$）/w（MgO）为1.93。

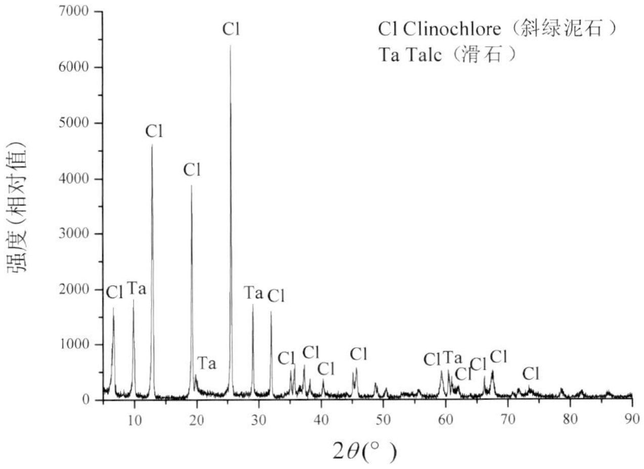


图5.67　斜绿泥石质玉片HNWKIV－32的XRD图谱

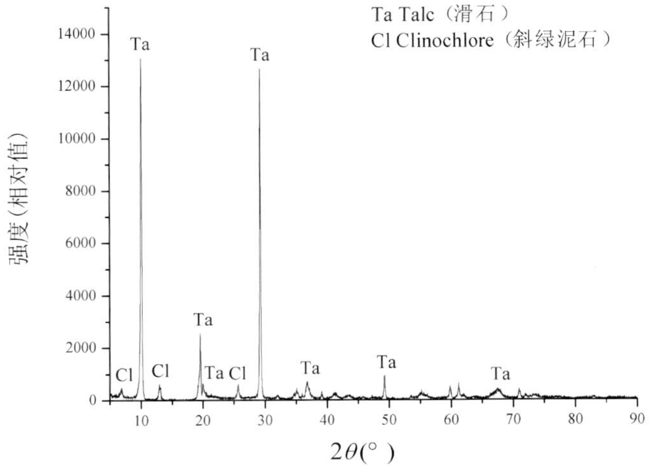


图5.68　斜绿泥石质玉饰HNWKIV－52的XRD图谱

### 9. 蛇纹石质玉器

蛇纹石质玉器仅玉加工条 HNWKIV-04 1 件，表面和新鲜面的主要化学成分分别为 MgO 34.38%、33.49%，$SiO_2$ 50.60%、51.15%，同时还检测到 $Al_2O_3$ 6.10%、7.02%，CaO 1.65%、2.47%，$Fe_2O_3$ 1.92%、2.02%。其 XRD 图谱（图 5.69）结果显示，主要物相为叶蛇纹石{化学结构式为 $Mg_6[Si_4O_{10}](OH)_8$}，此外还有少量的方解石和石英。

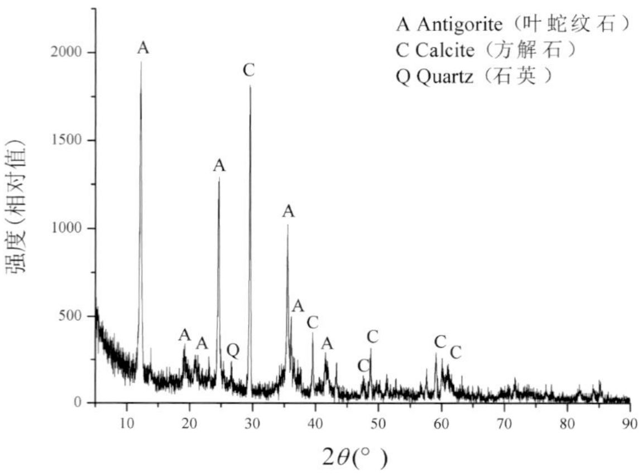


图 5.69 蛇纹石质玉加工条 HNWKIV-04 的 XRD 图谱

### 10. 白云石质玉器

该质地玉器仅玉珩 HNWKIV-30 1 件，两个测试点的主要化学成分分别为 CaO 41.25%、52.15%，MgO 25.52%、21.50%，$SiO_2$ 23.18%、17.80%，$Al_2O_3$ 4.19%、2.99%，$Na_2O$ 3.14%、2.97%。其 XRD 图谱（图 5.70）结果显示，主要物相为白云石，还含有少量的镍绿泥石[化学结构式为（Ni，Mg，Fe)$_6$(Si，Al)$_4$O$_{10}$(OH)$_8$] 和方解石。

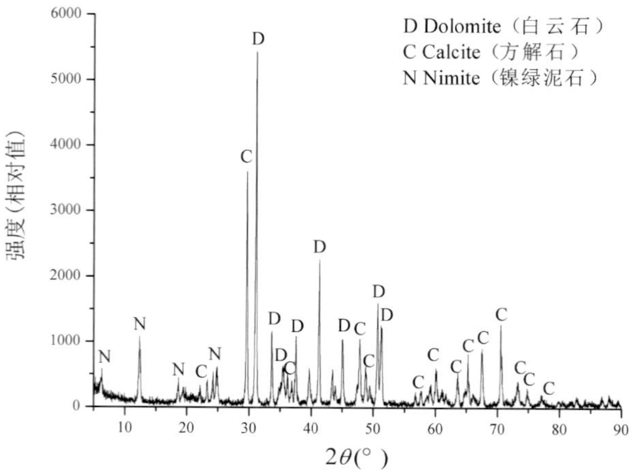


图 5.70 白云石质玉珩 HNWKIV-30 的 XRD 图谱

## 第十节　余　论

西周玉器大致可以分三个阶段，按夏商周断代工程的分法，西周早期为周武王至昭王时期（公元前1046年—前977年），中期为穆王至夷王（公元前976年—前878年），晚期为厉王至幽王（公元前877年—前771年）。两周时期，厚葬之风盛行，“事死如事生”，玉器是非常重要的一类随葬品，一定程度上反映出当时的丧葬制度、社会风尚、审美观念。

西周早期的玉器主要出土于陕西、河南、甘肃和宁夏等地，颇具代表性的遗址有扶风黄堆村、长安客省庄和张家坡、宝鸡竹园沟、灵台百草坡及固原孙家庄等，河南境内的西周早期玉器以洛阳北窑村、鹿邑太清宫长子口墓和平顶山应国墓地出土的玉器为代表。西周早期，尚未形成规范的用玉制度，这一时期的玉器器形、工艺和审美往往有浓厚的商代特征遗留，甚至是商朝遗玉或者商玉改制而成，因此西周早期的玉器在造型和纹饰方面兼具商末和周初双重特征[34]。

目前具有代表性的西周中期玉器出土于长安张家坡、扶风齐家村、岐山贺家村、灵台百草坡、济阳刘台子及北京琉璃河燕国墓地等遗址，河南境内以洛阳北窑村和平顶山应国墓地的出土玉器最为典型。西周晚期的玉器主要出土于长安新旺村、张家坡、大原村和侯马上马墓地、天马-曲村墓地、天水西垂陵区秦墓及北京琉璃河燕国墓地等遗址，河南地区以三门峡上村岭虢国墓地、洛阳中州路（西工段）、洛阳东郊和新郑唐户等最为典型。西周中晚期的玉器，在器形风格和雕刻工艺等方面都鲜明地表现出周文化的特色。

西周时期的玉器具有承上启下的作用，虽然继承了商代玉器的风格，但在玉器种类、造型、纹饰和工艺等方面都出现了很多创新，此阶段的中原玉器达到一个高峰。随着西周社会礼制的日益完善，玉器不仅是贵族在进行祭祀、朝聘、征伐、宴享、婚配和丧葬等活动时的家国重器，更是身份和地位的象征。通常认为两周时期玉器的种类主要有礼器、仪仗、工具、生活用具和装饰品等，而孙庆伟将周代玉器分为各类服饰、礼瑞以及丧葬用玉[35]。

西周玉器的礼仪性和装饰性并重，玉器成为周礼中一个重要组成部分。此外，丧葬用玉增加；日常用玉出现新品种，如玉罍等；工具类玉器明显减少。装饰类玉器有璧、环、瑗、玦、柄形器、笄、簪、珠、管、璇玑以及各类动物形饰、项饰、穿饰、腕饰等，其中复杂的大型组合佩饰最具特色。值得一提的是，虢国墓地 M2001 出土了 1 件西周晚期玉柄铁剑，由铁质柄芯和玉质剑柄嵌接组合而成，是目前我国考古发现最早的人工冶铁实物；礼仪类玉器有戈、圭、戚、钺、簋、琮、璋、璧和柄形器等，大多不见其使用痕迹；工具类玉器包含斧、刀、凿、铲、刻刀等；丧葬类玉有玉覆面、琀、握玉和踏玉等。

周平王东迁洛邑后，史称东周，又分为春秋（公元前 770 年—前 476 年）和战国（公元前 475 年—前 221 年）两个阶段。春秋时期的玉器以河南三门峡虢国墓地、淅川下寺楚墓、黄君孟夫妇墓、南阳桐柏月河墓地、山西金胜村赵卿墓和江苏吴县严山玉器窖藏等遗址的出土玉器为代表。战国时期的玉器以河南辉县固围村魏国墓地、湖北随州曾侯乙墓、河北平山中山王墓等遗址所出土的最为典型。东周时期，政治上诸侯争霸，学术上百家争鸣，文化艺术上百花齐放。在这种政治文化背景下，东周玉雕艺术呈现出光辉灿烂的面貌。受当时儒家思想的影响，主张“君子比德于玉”，将君子、玉、德三者联系在一起，“君子无故，玉不去身”，形成了“玉德”理念，中国玉文化进入“德玉”阶段。儒家的“德玉”观深深影响了士以上贵族阶层佩玉的审美风气，由此佩玉之风在更为广泛的社会阶层广为流行，并逐渐达到顶峰；组合形式与制作风格也愈发多样，组合玉佩走向成熟和趋同。但随着新的佩玉品种增多，佩戴方式和用途功能也逐渐转移，组合玉佩走向程式化，也最为流行，中原地区尤甚。

总体而言，东周玉器主要有礼器、丧葬器、装饰品和实用器四大类，玉璧、璜、圭和璋等延续了西周的传统，但与西周玉器的风格迥然相异，其器形更为华丽繁缛。兵器和工具类玉器基本绝迹，玉器的宗法礼制和祭祀礼仪的意义减弱，礼玉数量有所减少。东周时期的实用玉器数量不多，主要有梳、笄和觿等。此时玉器的制作突破了早期文化意义大于审美意义的社会功能，更加注重对美的有意识的追求，玉器的功能也由娱神逐渐转向娱人[36]。由于周王室式微，诸侯争霸，礼崩乐坏，用玉制度僭越现象非常严重，玉器数量大增，以玉为饰成为一种时代风尚和身份地位的象征，玉覆面、佩玉和装饰用玉数量明显增多，随身佩戴的玉佩盛行，如璜、环、玦、冲牙、牌饰和虎形、龙形等动物形各类片状玉佩饰，以及管、珠等串饰。

在器形风格上，河南出土的东周玉器主要有两种鲜明的风格：一是洛阳王城及郑、韩、魏等姬姓贵族的中原风格，二是豫东南淮汉平原（如南阳、信阳和固始等）的楚文化风格。淮汉平原是华夏文化、江汉楚文化以及吴越文化交流与融合的地带，因此河南出土的楚玉中往往兼具着中原玉器的特点，体现出对中原文化的改造和升华、发展与创新，同时也蕴含了一些吴越文化的信息。如叶县常庄许国贵族墓出土的玉器，既有承周制的四璜联珠组合佩和玉瞑目，也有接近楚风的兽面纹牌，是中原礼制与楚器碰撞、融会与互补的典型代表，兼有中原文化的粗犷与豪放、楚文化的细腻和浪漫；而信阳黄国淮式玉器和南阳月河养国玉器也融合楚文化、吴越文化和中原文化的特点。

两周时期玉器的器形种类和数量也因具体墓葬而异。从鹿邑太清宫长子口西周早期M1、固始侯古堆春秋晚期M1和淅川徐家岭战国早期M10出土的玉器可以看出，这三座不同时期的墓葬出土的玉器均以礼器和装饰器为主。其中长子口墓中出土了大量的玉礼器，另外还有11件玉兵器，包括玉戈、钺、刀和镞，无明显的使用痕迹，《鹿邑太清宫长子口墓》一书将其归为“仪仗类”，亦可视为礼器。而春秋末战国初的侯古堆M1和徐家岭M10出土的装饰品多礼器少，与东周时期玉礼器总体减少一致。

需要注意的是，河南淅川下寺楚墓出土有大量玉冲牙和少量玉觿，两者虽然皆为弯角形玉器，但使用功能上截然不同。玉觿是以“觿”为原型衍生出的一种弯角形玉佩，一般较厚，一端尖锐如锥，由于前端有尖锐的角，可以用以解衣服上的绳结，为实用器。而玉冲牙，一般认为“冲”意指碰撞、叩击，“牙”是指器物的形状。玉冲牙一般较薄，呈片状，细端不一定尖锐，为组合玉佩饰件，亦有成对出现。行走时，玉冲牙与玉璜相互叩击而鸣。自春秋以来，玉器品种和造型都出现了较大的创新，兼具实用性和装饰性的玉器，如带钩、剑饰等也大为流行。玉剑饰从剑的嵌缀饰物逐渐演变为剑首、剑格的装饰，也为战国时期成套玉剑饰的出现打下基础。

楚玉是河南东周玉器中的一大特色，如淅川下寺、徐家岭、和尚岭和信阳长关台、淮阳平粮台、平顶山等地楚墓都出土有大量玉器。楚国盛行巫术，楚人保留了氏族社会的遗习和风尚，想象力丰富、奇特、怪异，地域文化自成一系，具有清新脱俗、自由浪漫的风格。楚璧的透雕艺术则更富有装饰意味，其造型和纹饰更为生动、奇特、优美，显示出楚人丰富的想象和浪漫的情怀，形成雄伟奇特、恢宏壮美的艺术特色。战国时期，群雄争霸造就了强健、尚武和进取的社会风气，直接影响了玉器的审美取向。纹饰多为云纹和谷纹，强调飘逸、流畅的动态美感，既奔放又多样，化严肃为轻盈，以柔美的线条，改变了曾经给人以压抑之感的氛围[37]。

从材质角度来说，两周时期高等级贵族墓葬随葬的玉器材质均以透闪石矿物为主，同时还有少量的其他类型矿物，如红玉髓、水晶、绿松石、云母、玛瑙、方解石、石英岩、滑石、煤精和大理岩等[38]，这与本书的分析结果基本一致。

长子口墓地出土玉器共计104件，大部分为完整器，也有少量玉质差、残缺的玉器，残缺器均属于硅质大理岩或是硅质板岩制品。这次检测分析的鹿邑太清宫长子口墓出土玉器主要包括透闪石-阳起石质玉器37件、方解石质玉器3件、白云母质玉器2件、白云石质玉器2件、蛇纹石质玉器1件和石英质玉器1件。透闪石-阳起石质玉器数量最多，其他质地的玉器数量较少。需要注意的是，尽管长子口墓地年代为周初，但其墓中出土的多件玉器具有商代玉器风格，或是商代晚期的玉器。

平顶山应国墓地39件西周早期玉器中，透闪石质玉器38件、孔雀石质玉器1件；23件西周中期玉器中，透闪石质玉器19件、白云母质玉器2件、蛇纹石质玉器1件、石英质玉器1件；西周晚期74件玉器中，透闪石质玉器30件、白云母质玉器42件、蛇纹石质玉器和滑石质玉器各1件；春秋早期26件玉器中，透闪石质玉器15件、绿松石质玉器7件、白云母质玉器2件、方解石质玉器2件。不同时期玉石的材质矿物类型分布如图5.71所示。从图中不难看出，透闪石－阳起石质玉器在西周早中期以及春秋早期的数量最多，其他材质的玉器数量较少。由此可推断该时期这一区域的主流玉器已经逐渐过渡到透闪石－阳起石质玉器，表明商代以后透闪石－阳起石质玉器在中原地区大量出现，并成为贵族墓葬随葬的主流。西周晚期，白云母质玉器的数量增多，且超过了透闪石－阳起石质玉器的数量，也反映出在这一区域玉文化的发展过程中软玉玉器与非软玉玉器之间的密切关系。虽然我们利用OCT技术初步揭示出了平顶山应国墓地出土玉器内部结构特征的差异，但对异质微区的具体物相和成分特征需进一步确定。

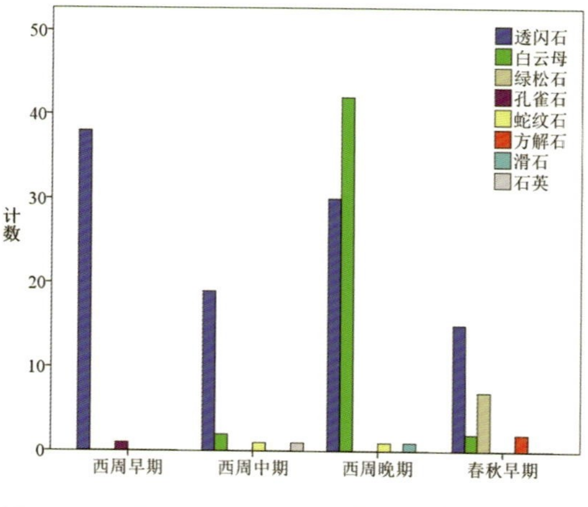

图5.71　平顶山应国墓地周代不同时期玉器的矿物类型示意图

固始侯古堆一号墓出土器物相当丰富，包括大量青铜器、漆器、玉器和骨器等，其中出土玉器48件，集中出现在主墓中，包含少量玛瑙管状饰品。测试的 10 件玉器中，9 件为透闪石类矿物，圆雕玉人的材质为云母。

淅川下寺墓地出土玉器的材质以透闪石矿物为主（54 件），除了石英质矿物类型（7 件）外，其他材质类型的矿物极少。尽管下寺楚墓中楚玉材质以透闪石矿物为主，但其中部分青玉与新疆地区的透闪石类矿物在外观特征上存在明显差异，可能采用了当地的玉料。

淇县宋庄墓地出土玉器的材质种类较多，有透闪石 26 件、方解石 10 件、石英（包括水晶和玛瑙）5 件、长石 2 件、叶蜡石 3 件、绿松石 2 件、蛇纹石和岩石各 1 件等。图 5.72a 展示了这批玉器的玉材质地种类比例，图 5.72b 展示了这批玉器的器名及类别。其中长石和叶蜡石质玉器在中原地区比较少见，在河南新郑西亚斯东周墓地曾发现 1 件叶蜡石质玉器。淇县宋庄出土的透闪石质玉器皆属于镁质大理石与中酸性岩浆（花岗岩）接触变化而成，与以往分析的河南偃师、洛阳、南阳和安阳出土的大部分透闪石质玉器的地质成因类型相似，原料的来源可能存在一定的关系。而蛇纹石质玉器与淅川蛇纹石矿的地质成因类型相似。鉴于玉器的珍贵性和非破损分析的限制，具体玉料来源还有待于进一步分析。OCT 成像技术分析为这批不同材质玉器的玉质均匀性、透明度、风化程度的评判提供科学依据，也为部分玉器的钻孔工艺及修边工艺提供重要参考，玉器的 OCT 分析结果与玉料的材料学属性及制作工艺之间的对应关系尚需要进一步探讨。由于玉器无法进行破损分析，故一些含有异质颗粒或包裹体的玉器，无法通过表面分析的拉曼光谱技术获取内部异质颗粒或包裹体的物相特征。

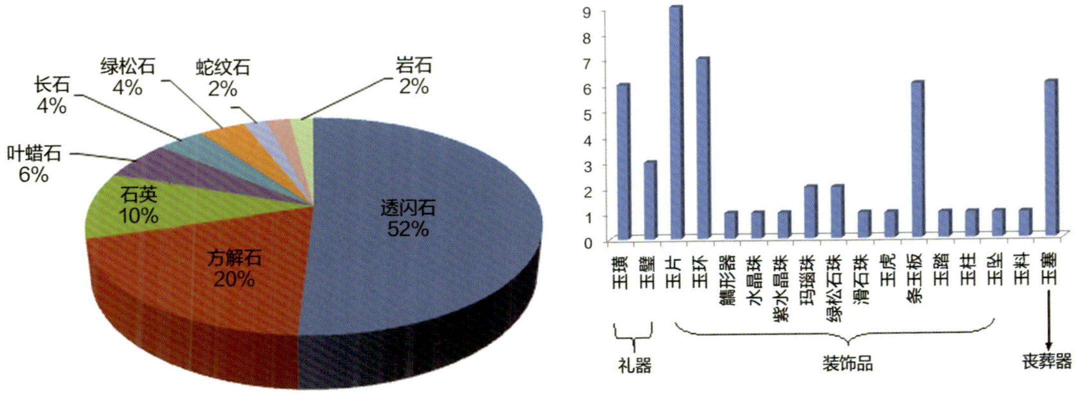


a. 玉材比例示意图　　b. 玉器名称和类别示意图

图 5.72　河南淇县宋庄出土玉器玉材比例及玉器名称和类别示意图

徐家岭楚墓与下寺楚墓同属淅川地区，为战国时期楚国的统治辖区，墓地中出土的玉器属于楚国玉器。从对玉器的测试结果看，除 2 件玉器为白云母质玉器外，其余均为透闪石质矿物。

新郑的三处东周墓地都是中下层平民墓地，虽然随葬玉器的材质不同，但不同材质所占的比例与高等级贵族墓葬随葬的玉器有别。郑韩电器厂的 47 座墓中，大部分（33 座墓）只随葬 1 件方解石质玉器，另有 1 座墓随葬 1 件白云母质玉器，1 座墓随葬 1 件透闪石质玉器，7 座墓各随葬 2 件方解石质玉器，仅 5 座墓随葬玉器超过 2 件：M244 随葬 3 件透闪石质玉器和 3 件玉髓，M171 随葬 1 件透闪石质玉器、2 件滑石质玉器和 1 件白云母质玉器，M84 随葬 4 件滑石质玉器，M81 和 M91 各随葬 3 件滑石质玉器。其中仅 M244、M171 和 M85 这 3 座墓葬随葬有透闪石质玉器。在郑韩电器厂墓群中，随葬玉器较多且随葬透闪石玉器的墓主人生前地位可能稍高，随葬多件滑石的墓主人等级应该高于只随葬 1 件玉器的墓葬。M244 中随葬的 3 件透闪石质玉器均为玉料，墓主人也可能为玉匠。随葬玉器数量以及是否随葬透闪石质玉器与墓葬等级密切相关。

近几十年来，考古工作者在洛阳东周城址和新郑郑韩故城等地发现了东周时期的制玉作坊遗址。如洛阳东周城西北战国时期的玉石器装饰品加工作坊，堆积有 0.2—1 米厚的碎石片层，共有 8000 余片，绝大多数为半成品和废品，可以看出器形的约有 450 片，形状有环、片、砺石等。从出土遗物可以看出，坚硬的石头在制石场经过多次敲砸、剥落成片，截锯成圆形和三角形，有的磨制成精致的面饰，有的加工成圭、璧等器物 [39]。由此可见，在东周时期，除透闪石这一主流玉材外，其他如玛瑙、玉髓、水晶、蛇纹石、绿松石、方解石、滑石、白云母、叶蜡石等美石乃至岩石也常被人们拿来制作“玉器”。这些美石制品可能为平民或富贵之家迫于财力不足或地位较低以石代玉随葬、祭祀之物。此外，我们在新郑郑韩故城也发现不少玉玦、玉饰等片状玉器，存在有同一件成品采用片切割切成两件甚至多件玉器的现象。这似乎也反映了东周时期玉器制作摆脱了作为统治阶级奢侈品和国家礼器的束缚，逐渐向世俗化发展的一种倾向。

## 参考资料：

[1] 河南省文物考古研究所，周口市文化局．鹿邑太清宫长子口墓 [M]．郑州：中州古籍出版社，2000．

[2] 韩维龙，张志清．长子口墓的时代特征及墓主 [J]．考古，2000（9）：26-31．

[3] 董越．鹿邑太清宫西周大墓墓主研究回

顾和指迷 [J]. 周口师范学院学报，2016 (4)：85-88.

[4] 中国社会科学院考古研究所. 中国考古学·两周卷 [M]. 北京：中国社会科学出版社，2004.

[5]Zhao H. X., Li Q. H., Liu S., Hu Y. Q., Gan F. X.. Nondestructive Analysis of Jade Artifacts from the Cemetery of the Ying State in Henan Province, China using Confocal Raman Microspectroscopy and Portable X-ray Fluorescence Spectroscopy [J]. Journal of Raman Spectroscopy, 2014,45 (2)：173-178.

[6] 杜广鹏，范建良. 方解石族矿物的拉曼光谱特征 [J]. 矿物岩石, 2010, 30 (4)：32-35.

[7]Tlili, A., Smith, D., Beny, J., Boyer, H. A Raman Microprobe Study of Natural Micas [J]. Mineralogical Magazine, 1989, 53 (370), 165-179.

[8]Gotze, J., Nasdala, L., Kleeberg, R. and Wenzel, M. Occurrence and Distribution of "Moganite" in Agate/Chalcedony: A Combined Micro-Raman, Rietveld and Cathodoluminescence Study [J]. Contrib. Mineral. Petrol, 1998 (133)：96-105.

[9] 陈全莉，亓利剑，陈敬中. 绿松石的激光拉曼光谱研究 [J]. 光谱学与光谱分析，2009, 29 (2)：406-409.

[10] 董振信. 宝玉石鉴定指南 [M]. 北京：地震出版社, 1995.

[11] 河南省文物考古研究所，平顶山市文物管理局. 平顶山应国墓地 [M]. 郑州：大象出版社，2012.

[12] 张朱武，干福熹，承焕生. 不同成矿机理和地质环境下形成的软玉的化学成分特征 [J]. 矿物学报，2010，30 (3)：367-372.

[13] Groppo C., Rinaudo C., et al. Micro-Raman Spectroscopy for a Quick and Reliable Identification of Serpentine Minerals from Ultramafics [J]. European Journal of Mineralogy, 2006, 18 (3)：319-329.

[14] 刘锦，孙樯. 金刚石压腔蛇纹石原位拉曼光谱研究 [J]. 光谱学与光谱分析，2011，31 (2)：398-401.

[15] Junmin Sun, Zeguang Wu, Hongfei Cheng, Zhanjun Zhang, Ray L. Frost. A Raman Spectroscopic Comparison of Calcite and Dolomite [J]. Spectrochimica Acta Part A: Molecular and Biomolecular Spectroscopy, 2014 (117)：158-162.

[16] R. L. Frost, W. N. Martens, L. Rintoul, E. Mahmutagic, J. T. Kloprogge. Raman Spectroscopic Study of Azurite and Malachite at 298 and 77 K [J]. Journal of Raman Spectroscopy, 2002 (33)：252-259.

[17] Wopenka B., Pasteris J. D. Structural Characterization of Kerogens to Granulite-facies Graphite-applicability of Raman Microprobe Spectroscopy [J]. American Mineralogist, 1993 (78)：533-557.

[18] S. P. Vermaak, N. Maledi, N. Wagner, J. H. P. Van Heerden, R. Van Grieken, J. H. Potgieter. Raman Spectroscopy for the Analysis of Coal: a Review [J]. Journal of Raman Spectroscopy, 2011 (42)：123-129.

[19] M. A. Pimenta, G. Dresselhaus, M. S. Dresselhaus, L. G. Cancado, A. Jorio, R. Saito. Studying Disorder in Graphite-based Systems by Raman Spectroscopy [J].

Physical Chemistry Chemical Physics, 2007 (9)：1276-1291.

[20] 谷娴子，丘志力，李银德，等. 西汉狮子山楚王陵出土玉器中的石墨包裹体 [J]. 中山大学学报（自然科学版），2007，46（6）：141-142.

[21] M. Nakamizo, H. Honda, M. Inagaki. Raman Spectra of Ground Natural Graphite [J]. Carbon, 1978, 16（4）：281-283.

[22] 熊德信，孙晓明，翟伟，等. 云南大坪金矿含金石英脉中高结晶度石墨包裹体：下地壳麻粒岩相变质流体参与成矿的证据 [J]. 地质学报，2006，80（9）：1448-1456.

[23] R. Vidano, D. B. Fischbach. New Lines in the Raman Spectra of Carbons and Graphite [J]. Journal of the American Ceramic Society, 1978（61）：13-17.

[24] P. Vandenabeele, S. Bode A. Alonso, L. Moens. Raman Spectroscopic. Analysis of the Maya Wall Paintings in EK, Balam,Mexico [J]. Spectrochimica Acta A, 2005（61），2349-2356.

[25] X. R. Zhou, K. W. Zeng, Qi Wang, Xiaoda Yang, Kui Wang. In vitro Studies on Dissolved Substance of Cinnabar: Chemical Species and Biological Properties [J]. J. Ethnopharmacol., 2010, 131（1），196-202.

[26] 河南省文物研究所，淅川县博物馆. 淅川下寺春秋楚墓 [M]. 北京：文物出版社，1991.

[27] 河南省文物考古研究所. 固始侯古堆一号墓 [M]. 郑州：大象出版社，2004.

[28] 徐少华. 固始侯古堆一号墓的年代及相关问题 [G]// 楚文化研究论集：第七集. 长沙：岳麓书社，2007.

[29] 张闻捷. 固始侯古堆一号墓的年代与墓主 [J]. 华夏考古，2015（2）：101-110.

[30] 赵虹霞，干福熹. 不同产地软玉的拉曼光谱分析及在古玉器无损研究中的应用 [J]. 光散射学报,2009，21（4）：345-354.

[31] 陈英丽，赵爱林，殷晓，等. 辽宁宽甸绿色云母玉的宝石学特征及颜色成因探讨 [J]. 宝石和宝石学杂志，2012,14（1）：46-50.

[32] 河南省文物考古研究所. 淅川和尚岭与徐家岭楚墓 [M]. 郑州：大象出版社，2004.

[33] 河南省文物考古研究所. 新郑西亚斯东周墓地 [M]. 郑州：大象出版社，2012.

[34] 李宏，姜涛. 中原文化大典文物典 玉器 [M]. 郑州：中州古籍出版社，2008：225-229.

[35] 孙庆伟. 周代用玉制度研究 [M]. 上海：上海古籍出版社，2008：139-287.

[36] 欧阳摩壹. 中国玉器通史·战国卷 [M]. 深圳：海天出版社，2014.

[37] 淅川县博物馆. 淅川楚国玉器精粹 [M]. 郑州：中州古籍出版社，2014：193-204.

[38] 吉琨璋. 中国玉器通史·周代卷 [M]. 深圳：海天出版社，2014：238-243.

[39] 俞美霞. 战国玉器研究 [M]. 台北：南天书局，1995：144.

# 璆琳琅玕

——河南古代玉器和玻璃器的科学研究

下册

河南省文物考古研究院
中国科学院上海光学精密机械研究所
著

中原出版传媒集团
中原传媒股份公司

大象出版社
·郑州·

第六章

# 两周治玉工艺分析

治玉工艺是中国古代玉器研究的主要内容之一。通过研究古代治玉工艺，可以了解当时的生产力发展水平、社会发展状态、手工业规模和专业化程度等信息，为全面深入地了解古代社会提供一个有效途径[1]。古代玉器加工工艺的传承一般借由工匠们的口传心授，清末李澄渊曾在《玉作图》中较为详细地记载了当时的玉器制作工艺，将其分为捣砂、研浆、开玉、扎砣、上花、打钻、透花、打眼、木砣和皮砣等步骤[2]。这些治玉工艺已较为成熟，并被现代玉雕行业继承发展。但现有的传世文献中对更早时期的治玉工艺记载较少，因此对早期治玉工艺的研究一般基于微痕分析法[3]，即对玉器表面加工痕迹进行观察分析，常使用硅胶印模材料复刻重要痕迹部位，对比相关模拟实验结果，反推古代玉器的制作过程。本书第三至五章侧重于河南地区出土的不同历史时期玉器“料”的分析，本章将对河南地区出土的部分玉器的“工”的部分进行研究。

## 第一节　鹿邑太清宫长子口墓玉器

本节选取了鹿邑太清宫长子口墓地出土的部分典型玉器（见彩版一七—彩版二九），造型包括片状器、圆雕器和透雕器等，分别探究了阴刻、钻孔、抛磨、镂空和减地等西周早期治玉工艺。

## 一、阴刻工艺

阴刻工艺属于玉器雕纹技法，是指将图案或文字以凹线条的形式刻在器物表面，最早出现于新石器时期并历久弥新。不同时期的阴刻工艺各具特色，西周早期的阴刻仍保留商代遗风，以线条简洁生动为特征，主要使用的工具有砣具和手持式硬质工具两种，它们雕刻出的纹饰微痕具有明显差异，表 6.1 简单总结了这两种工具在雕刻不同纹饰时的微痕特征差异。

**表 6.1　长子口墓玉器两种治玉工具阴刻纹饰的微痕特征**

| 观察区域 | 特征参数 | 手持硬质工具 | 砣具 |
|---|---|---|---|
| 直线刻痕中部均匀处 | 表面痕迹 | 宽度连续性通常不佳 | 宽度基本一致 |
| | 刻痕深度 | 深度变化不均匀 | 深度变化较小，比两端深 |
| | 截面形状 | 无下凹状沟槽特征 | 下凹状沟槽呈“U”形 |
| 直线刻痕两端 | 刻痕深度 | 深度较中部浅 | 深度较中部渐浅，过渡流畅 |
| 曲线刻痕转角处 | 表面痕迹 | 宽度增大 | 宽度增大，因解玉砂的飞溅形成放射状歧出痕迹，并随砣具运转方向呈收缩趋势 |

鹿邑太清宫长子口墓地出土玉器表面多数有阴刻纹饰，但单件器物上阴刻纹饰不多，整体造型简单精练，无繁复冗杂之感。其中曲线阴刻较短，多出现于鹿形、鸟形、兔形、龙形和凤形等动物造型的装饰类玉器中，用于勾勒动物五官、肢体等细节，以圆润光滑的曲线塑造出憨态可掬的形象；直线阴刻相对较长，多出现在仪仗器和柄形器上，线条流畅利落，更显庄重肃穆。经观测比对，这些玉器表面阴刻线段均为砣具雕刻。长直线阴刻的典型代表为玉刀 M1∶330，线段中部宽度均匀，凹槽内有平行状摩擦痕迹（图 6.1a、图 6.1b），截面图呈“U”形（图 6.1c），均符合砣刻特征。短直线阴

刻的典型代表为M1∶338玉牛面形佩，线段长度较短，中部较宽且两端尖锐，凹槽深度由中段向两端逐渐减小（图6.1d、图6.1e），截面图也呈“U”形（图6.1f）。曲线阴刻的典型代表为M1∶365玉柄形器，其截面形状和凹槽内纹理微痕特点也符合砣具雕刻特征（图6.2），但在转弯处过渡不畅，有多次刻画痕迹，推测此时的砣刻工艺还不甚成熟。

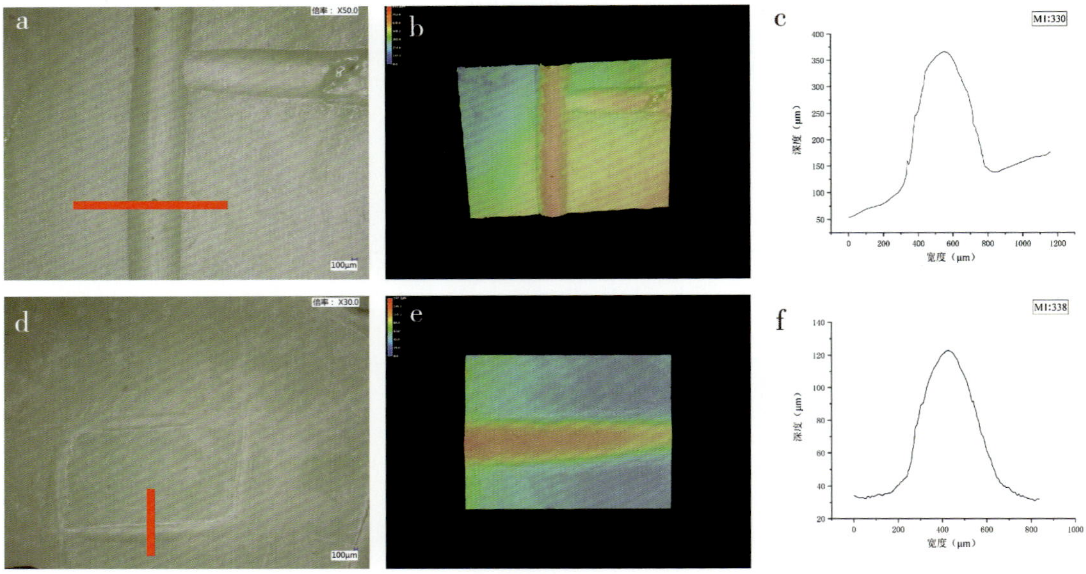


图6.1 长子口墓玉器典型直线砣刻微痕特征图
a—c. 玉刀M1∶330 d—f. 玉牛面形佩M1∶338

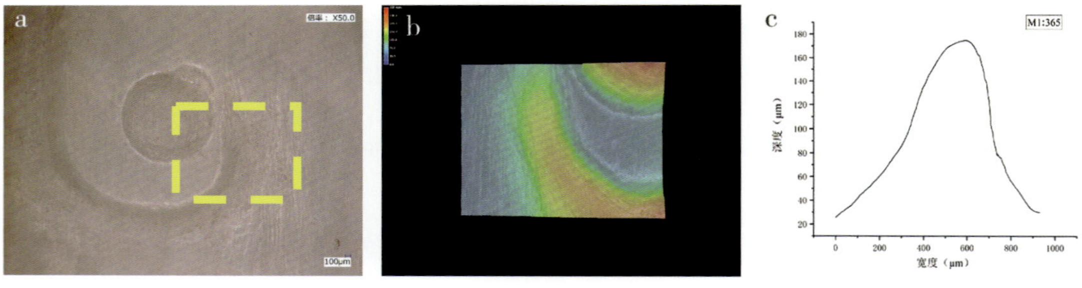


图6.2 玉柄形器M1∶365典型曲线砣刻微痕特征图

随机在每件玉器的砣刻纹饰部分选取5处进行测量，相关宽度和深度的数据见表6.2。其中平均宽度在0.36毫米到1.35毫米之间，砣刻阴线的宽度极差小于0.06毫米；平均深度在0.06毫米到0.46毫米之间，大部分玉器的阴刻深度极差均小于0.20毫米。个别差值过大的玉器多为圆雕类器物，可能采用了多次砣刻的方式扩大深度差，以增强视觉上的立体效果。此外，这些玉器阴刻线条的平均深度和平均宽度呈正比，反映出当时砣刻阴线采用多次雕刻的方式。整体来看，该批玉器砣刻阴线平均宽度在0.73毫米左右，较东周时期宽度更大，说明此时所用的砣具刃宽较大，工具制造业的发展还受当时生产力发展水平的制约。

## 表6.2　长子口墓玉器砣刻纹饰宽度、深度测量结果（毫米）

| 标本号 | 最大宽度 | 最小宽度 | 极差 | 平均宽度 | 最大深度 | 最小深度 | 极差 | 平均深度 |
|---|---|---|---|---|---|---|---|---|
| M1：69 | 0.96 | 0.60 | 0.36 | 0.78 | 0.33 | 0.22 | 0.11 | 0.26 |
| M1：70 | 0.96 | 0.78 | 0.18 | 0.85 | 0.40 | 0.23 | 0.17 | 0.32 |
| M1：71 | 0.83 | 0.61 | 0.22 | 0.73 | 0.12 | 0.10 | 0.02 | 0.11 |
| M1：81 | 1.10 | 0.96 | 0.14 | 1.01 | 0.20 | 0.17 | 0.03 | 0.18 |
| M1：103 | 0.52 | 0.41 | 0.11 | 0.48 | 0.15 | 0.06 | 0.09 | 0.10 |
| M1：105 | 0.59 | 0.52 | 0.07 | 0.56 | 0.24 | 0.04 | 0.20 | 0.11 |
| M1：110 | 0.42 | 0.40 | 0.02 | 0.40 | 0.07 | 0.04 | 0.03 | 0.06 |
| M1：283 | 0.66 | 0.61 | 0.05 | 0.63 | 0.16 | 0.09 | 0.07 | 0.12 |
| M1：284 | 1.36 | 1.25 | 0.11 | 1.30 | 0.26 | 0.17 | 0.09 | 0.20 |
| M1：296 | 0.52 | 0.47 | 0.05 | 0.49 | 0.08 | 0.05 | 0.03 | 0.06 |
| M1：301 | 1.18 | 1.00 | 0.18 | 1.08 | 0.23 | 0.17 | 0.06 | 0.20 |
| M1：306 | 0.49 | 0.42 | 0.07 | 0.46 | 0.09 | 0.07 | 0.02 | 0.08 |
| M1：312 | 1.68 | 1.11 | 0.57 | 1.35 | 0.77 | 0.24 | 0.53 | 0.46 |

续表

| 标本号 | 最大宽度 | 最小宽度 | 极差 | 平均宽度 | 最大深度 | 最小深度 | 极差 | 平均深度 |
|---|---|---|---|---|---|---|---|---|
| M1:316 | 0.77 | 0.71 | 0.06 | 0.74 | 0.13 | 0.04 | 0.09 | 0.07 |
| M1:323 | 0.60 | 0.56 | 0.04 | 0.58 | 0.11 | 0.09 | 0.02 | 0.11 |
| M1:330 | 1.38 | 0.98 | 0.40 | 1.25 | 0.32 | 0.27 | 0.05 | 0.30 |
| M1:332 | 1.06 | 0.90 | 0.16 | 1.00 | 0.13 | 0.08 | 0.05 | 0.10 |
| M1:333 | 1.00 | 0.81 | 0.19 | 0.93 | 0.07 | 0.04 | 0.03 | 0.06 |
| M1:335 | 0.61 | 0.50 | 0.11 | 0.57 | 0.42 | 0.23 | 0.19 | 0.34 |
| M1:338 | 0.60 | 0.50 | 0.10 | 0.57 | 0.12 | 0.11 | 0.01 | 0.11 |
| M1:340 | 0.68 | 0.31 | 0.37 | 0.50 | 0.13 | 0.09 | 0.04 | 0.11 |
| M1:346 | 0.51 | 0.20 | 0.31 | 0.36 | 0.52 | 0.12 | 0.40 | 0.21 |
| M1:348 | 0.61 | 0.57 | 0.04 | 0.59 | 0.19 | 0.17 | 0.02 | 0.18 |
| M1:349 | 0.77 | 0.68 | 0.09 | 0.71 | 0.13 | 0.10 | 0.03 | 0.12 |
| M1:362 | 0.55 | 0.49 | 0.06 | 0.51 | 0.41 | 0.23 | 0.18 | 0.34 |
| M1:364 | 0.55 | 0.51 | 0.04 | 0.53 | 0.11 | 0.05 | 0.06 | 0.09 |
| M1:365 | 1.02 | 0.90 | 0.12 | 0.95 | 0.18 | 0.13 | 0.05 | 0.15 |
| M1:366 | 0.68 | 0.60 | 0.08 | 0.63 | 0.14 | 0.11 | 0.03 | 0.12 |

## 二、钻孔工艺

钻孔工艺的分析主要包括对钻孔方式和对钻孔工具的判断。钻孔方式分为单面钻孔和两面对钻孔。单面钻孔是指从一端开始直至将另一端钻穿，孔形流畅无对接痕迹，当孔道较长时，易在开孔处产生破裂；两面对钻是指分别从两端进行钻孔，并在中间处贯通，在未完全钻通前难以判断是否对接准确，所以孔道内易残留对接时因错位形成的台阶痕。常用的钻孔工具有实心钻（桯钻）和管钻，实心钻穿孔留下的孔形呈喇叭形，管钻加工穿孔留下的孔形近似圆柱形，两种钻具均会在孔壁内侧留有圆周状螺旋纹。不同钻孔工艺产生的孔道形态具有不同特征（表 6.3）。此外根据国内学者研究，添加解玉砂钻孔时，由于解玉砂作为磨料对内壁不断研磨，孔壁内会更加平滑 [4, 5]。

**表 6.3　长子口墓玉器不同钻孔工艺的截面特征图**

| 钻具类型 | 单面钻孔 | 两面对钻 |
| --- | --- | --- |
| 实心钻 | 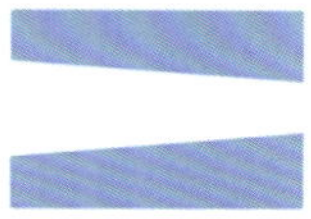 | 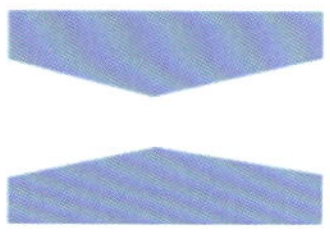 |
| 管钻 |  |  |

选取的玉器中有 27 件表面有明显钻孔痕迹，相关数据见表 6.4。钻孔方式可大致分为两类。第一类是两面对钻，典型代表为玉柄形器 M1∶81（图 6.3a、图 6.3b），孔道内有明显对接痕迹，孔形呈沙漏形（图 6.3c），两端孔口处边缘圆滑，无崩缺痕迹，孔壁无明显解玉砂痕迹，两端对钻深度基本相似，无错位现象。玉鸟 M1∶323 也是两面对钻孔，钻孔一端较深，在将近钻穿时再从另一端钻通（图 6.3d）。第二类是以 M1∶290 玉璜为代表的单面钻孔，其特征为孔道过渡平滑，无对接痕迹（图 6.3g、图 6.3h），孔形呈锥形，其中一面孔口处口径圆滑，反映出开始钻孔时钻具的晃动（图 6.3e）；另一面孔口缘有不规则破裂痕迹（图 6.3f），是钻穿时钻具与器物间应力方向改变造成的。

## 表 6.4 长子口墓玉器钻孔尺寸统计结果（毫米）

| 标本号 | 正面孔径 | 背面孔径 | 标本号 | 正面孔径 | 背面孔径 |
|---|---|---|---|---|---|
| M1 : 34 | 26.01 | 27.73 | M1 : 330 | 8.17 | 6.54 |
| M1 : 69 | 2.03 | 1.77 | M1 : 332 | 2.16 | 1.12 |
| M1 : 70 | 2.21 | 2.66 | M1 : 333 | 3.49 | 3.82 |
| M1 : 71 | 2.91 | 1.49 | M1 : 337 | 4.93 | 6.02 |
| M1 : 72 | 31.61 | 34.35 | M1 : 338 | 3.03 | 2.27 |
| M1 : 105 | 3.65 | 3.60 | M1 : 340 | 2.16 | \ |
| M1 : 286 | 5.62 | 8.78 | M1 : 346 | 1.85 | 3.31 |
| M1 : 304 | 4.06 | 4.12 | M1 : 362 | 3.63 | 3.30 |
| M1 : 312 | 3.51 | 2.61 | M1 : 363 | 3.61 | 2.76 |
| M1 : 316 | 2.79 | 4.62 | M1 : 364 | 3.53 | 2.38 |
| M1 : 323 | 2.92 | 2.20 | M1 : 366 | 7.70 | 7.07 |
| M1 : 324 | 4.87 | 5.63 | | | |

| 标本号 | 孔 A | | 孔 B | | |
|---|---|---|---|---|---|
| | 正面孔径 | 背面孔径 | 正面孔径 | 背面孔径 | |
| M1 : 81 | 10.26 | 9.79 | 8.50 | 8.74 | |
| M1 : 103 | 2.79 | 1.78 | 2.75 | 1.07 | |
| M1 : 284 | 11.30 | 10.57 | 9.06 | 9.39 | |
| M1 : 290 | 5.59 | 2.39 | 5.94 | 2.08 | |

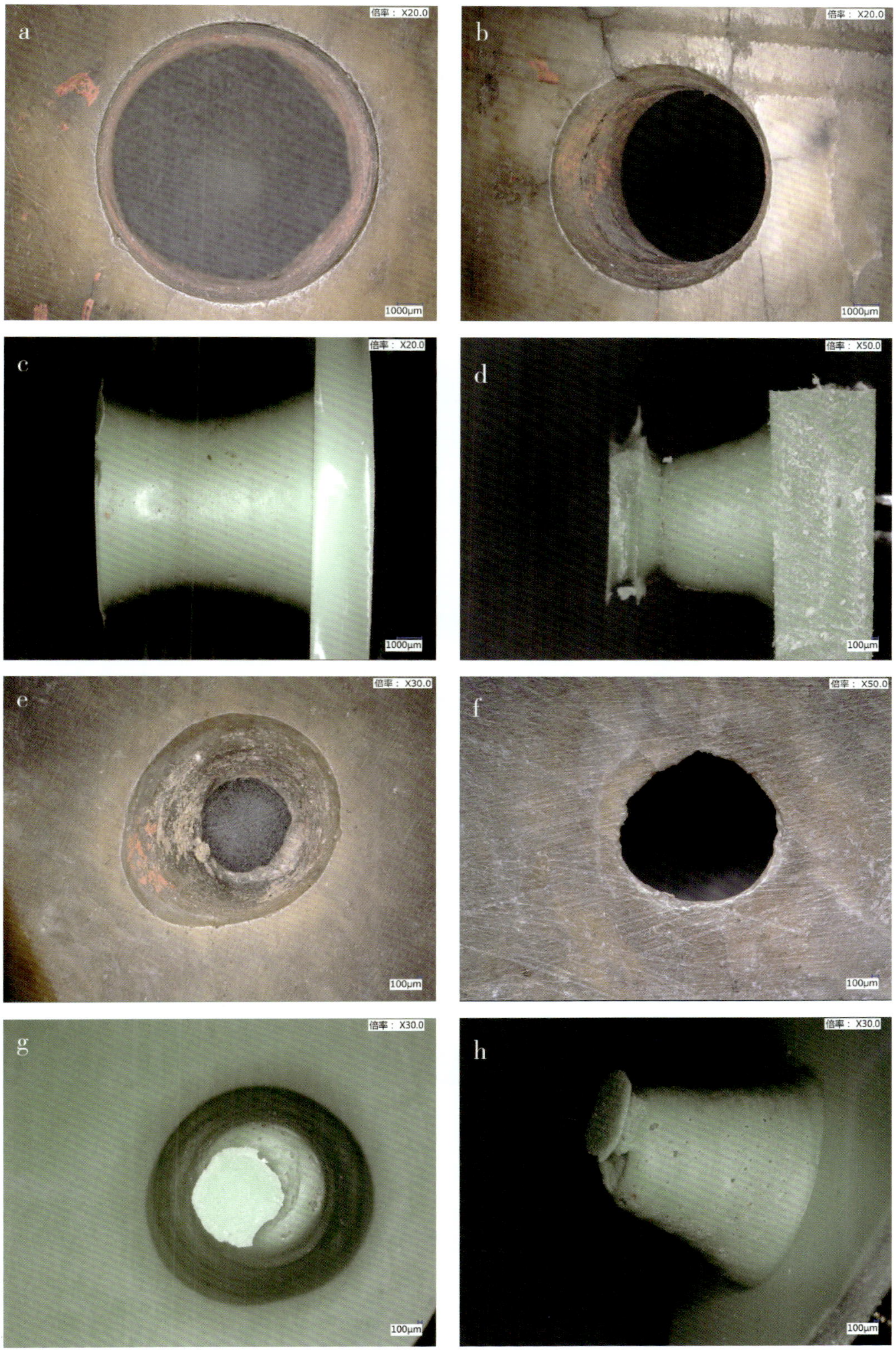


图 6.3　长子口墓玉器两种不同钻孔方式的微痕特征图
a—d. 两面对钻　e—h. 单面钻孔

在钻孔工具方面，当实心钻具在两面对钻过程中发生错位时，容易在对接处观察到钻头的形状，如玉柄形器 M1∶301 的钻孔对接处为典型锥形实心钻特征孔道形态（图 6.4a）。两面对钻产生的错位现象也多发生于圆雕类器物上，因为此时更难准确控制钻具的前进方向与深度。如牛面形佩 M1∶312 的鼻孔处，由于钻孔对接时发生了严重错位，残留了多次钻孔痕迹，并可明显看出实心钻钻头形状（图 6.4b）。实心钻单面钻孔的典型代表为 M1∶338 玉牛面形佩（图 6.4c），孔形呈锥形。而管钻钻孔的两端孔径尺寸相差不大，较多地出现在环、玦、璧类圆环状器物的中心大孔处。如玉环 M1∶72 孔壁内不仅有明显螺旋纹痕迹，孔口处还有圆环状痕迹（图 6.4d、图 6.4e），这是开始钻孔时管状钻具晃动所致。此外，管钻穿孔还出现在孔径较大的玉器上，如玉戈 M1∶284 的孔形笔直，孔壁光滑，螺旋纹痕迹不明显（图 6.4f），为管钻单面钻孔搭配解玉砂所致。

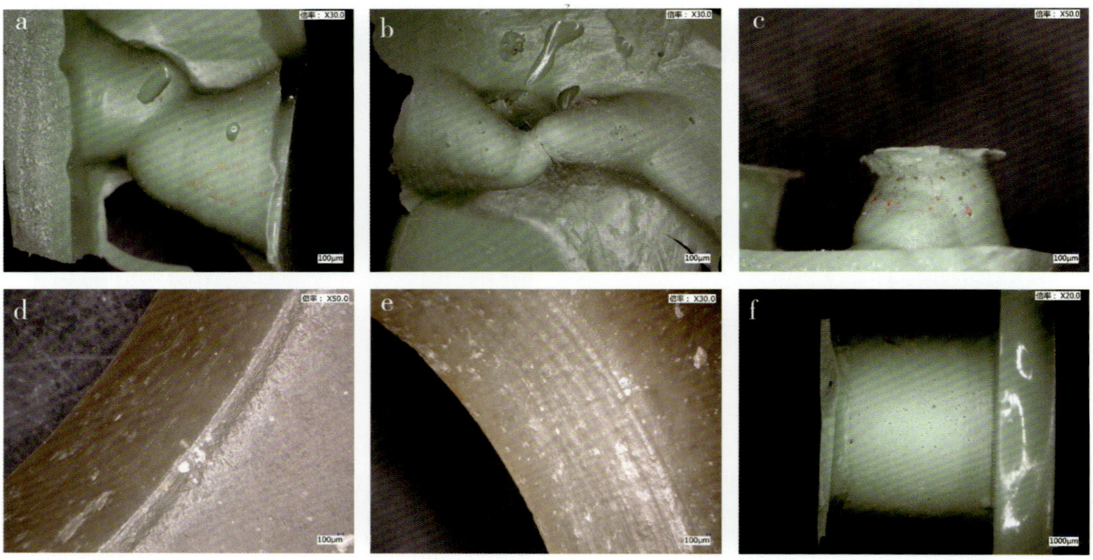


图 6.4　长子口墓玉器两种不同钻孔工具的微痕特征图
a—c. 实心钻钻具　d—e. 管钻钻具

该批玉器中还有一些特殊钻孔痕迹，如未完全钻穿的装饰性用孔（图 6.5a、图 6.5b），其形状为圆形凹坑，出现在玉刀 M1∶330 和玉柄形器 M1∶365 上。经测量，同一器物中圆形凹点的直径和深度近似相等，且凹槽内部光滑，推测采用实心钻钻具制作。其中玉柄形器 M1∶365 的圆形凹点底部还有同心圆环痕迹，为钻具晃动所致（图 6.5c、图 6.5d）。玉钺 M1∶286 的孔道呈哑铃形，直径较小的钻孔孔壁内无

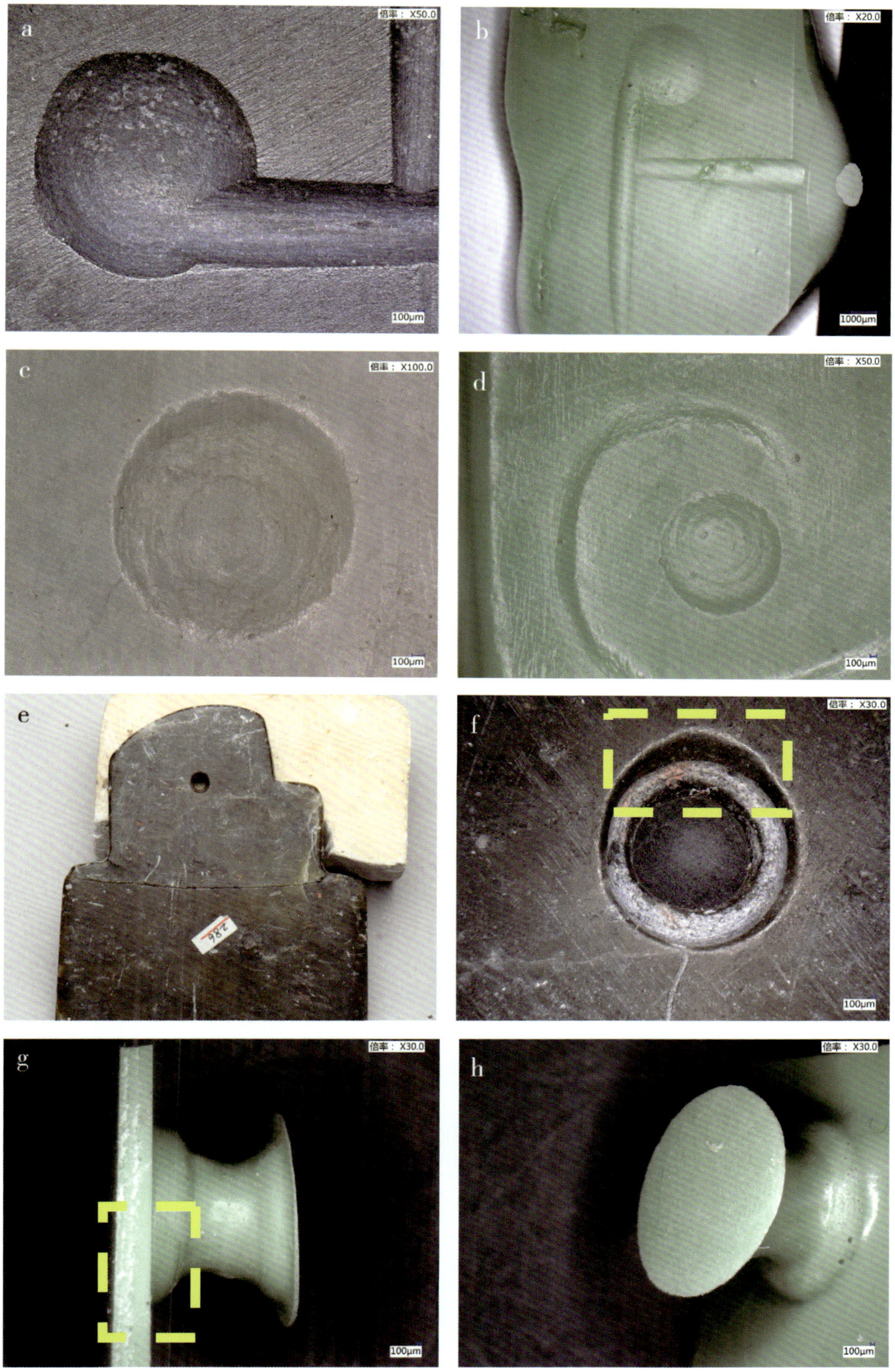

图 6.5　长子口墓玉器其他特殊钻孔的微痕特征图
a—b. 玉刀 M1∶330　c—d. 玉柄形器 M1∶365　e—h. 玉钺 M1∶286

明显管钻痕迹（图 6.5e、图 6.5f），而两面对钻台阶处留有螺旋状磨痕。直径较大的钻孔边缘处有晃动痕迹，孔形为锥形，且未在台阶处发现管钻钻具取芯时留下的圆环状痕迹（图 6.5g、图 6.5h）。因此推测该件玉钺经过二次加工，中间较小的孔或是首次加工器物所留，两端较大的孔是二次扩孔而成。扩孔采用的钻孔工艺为实心钻两面对钻，钻头尺寸比原始钻具的大，且钻入深度较浅，最终形成了哑铃状的孔道形状。

## 三、镂空工艺

早在新石器时期的良渚文化和龙山文化时期镂空技术就已初具雏形，常见的镂空技术有两种。一种是结合钻孔工艺，辅以解玉砂，使用线锯在垂直方向上下拉切镂空；另一种是砣磨镂空，使用砣具在横直方向旋磨镂空，有时也配合打孔定位[6]。龙凤玉佩 M1∶340 的龙爪和凤头处运用了透雕镂空工艺（图 6.6a），其中有一处圆形钻孔，孔径为 1.97 毫米，孔形为沙漏形，符合实心钻对钻特点（图 6.6b）。此外在不规则镂空部分也留有实心钻对钻但未钻穿的痕迹，推测这是用于镂空前对玉材的定位开料，方便后续造型工作。在不规则部分的棱边处还有多条竖直状条纹，均为线锯镂空痕迹。综上判断它的制作工序是：先使用实心钻钻孔定位，再采用线锯镂空成型（图 6.6c）。

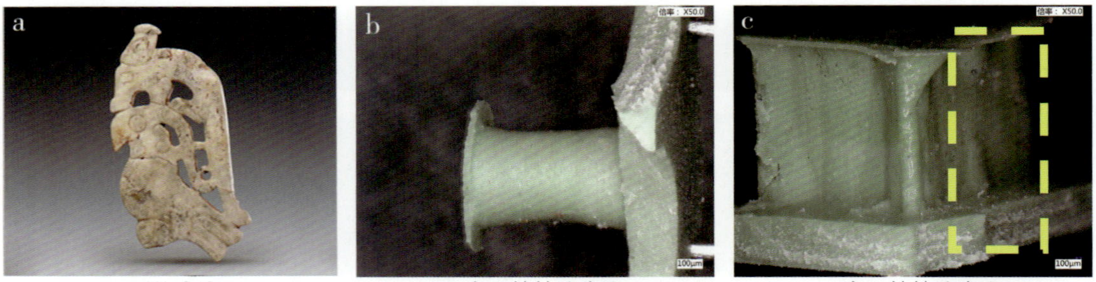

a. M1∶340　　b. 实心钻钻孔痕迹　　c. 实心钻钻孔痕迹

图 6.6　龙凤玉佩 M1∶340 镂空部分的微痕特征图

## 四、减地工艺

这批玉器中有减地工艺，但整体减地程度较小，主要出现在兽面形玉佩 M1∶69、玉圭 M1∶316 和玉鸟 M1∶323 这 3 件玉器上。兽面形玉佩 M1∶69 眼睛的凸起处为浅浮雕（图 6.7a—图 6.7c），经测量双眼凸起高度分别为 0.48 毫米和 0.50 毫米，且凸起周围有一圈方向不规则打磨痕迹，属于完全剔地浅浮雕。玉鸟 M1∶323 眼睛凸起高度为 0.13 毫米，减地幅度较小（图 6.7d），减地处切口截面呈“V”形（图 6.7f），类似早期斜刀，从对应硅胶印模处观察，底部磨痕方向不一、深浅不均（图 6.7e），有多次刻画痕迹，推测是采用手持式工具倾斜一定角度后进行的减地加工。玉鹿 M1∶316 的减地部分呈一条曲线（图 6.7g），减地处切口截面也呈“V”形（图 6.7i），经测量切口角度逐渐变大，最终与未减地部分持平；观察对处的深度三维图可知减地流畅，底部有平行状磨痕，方向较一致（图 6.7h），推测其加工工序是先阴刻后再用轧砣等工具打磨减地。

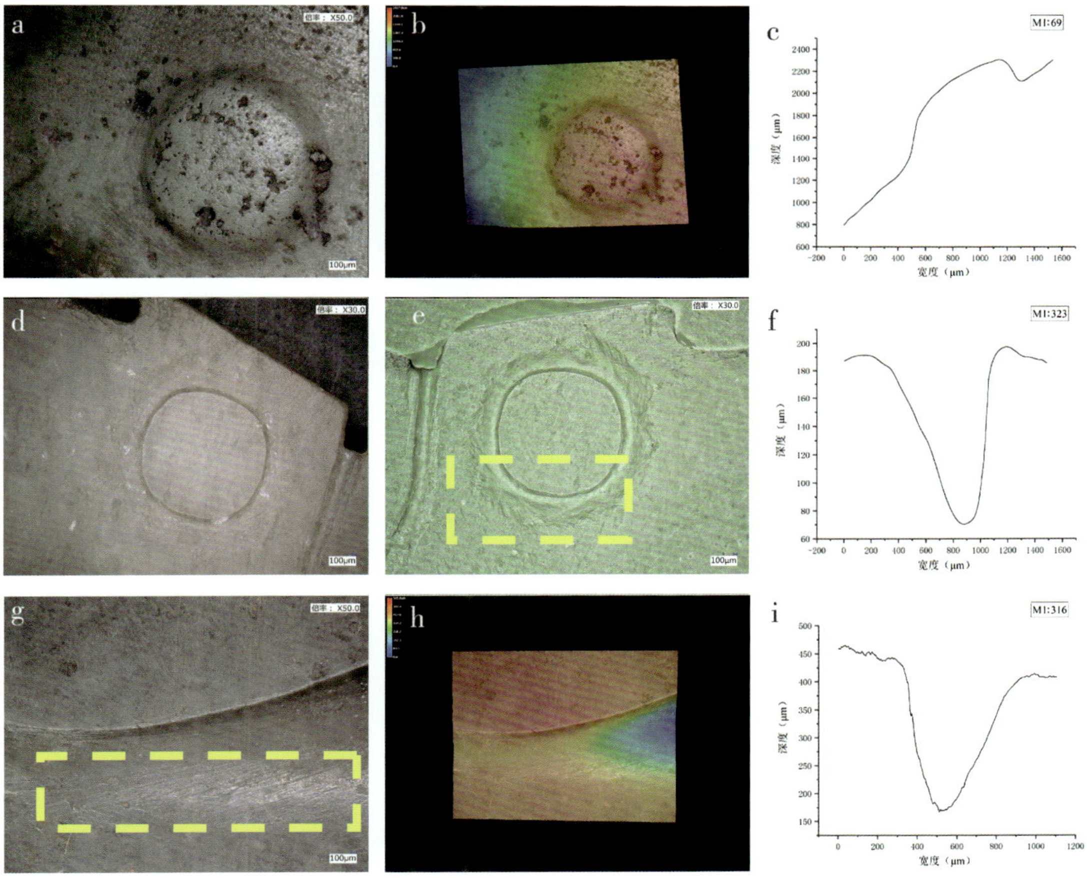


图 6.7 长子口墓玉器减地工艺的微痕特征图
a—c. 兽面形玉佩 M1∶69 d—f. 玉鸟 M1∶323 g—i. 玉鹿 M1∶316

## 五、抛磨工艺

这批玉器中大部分表面抛光度高，但由于玉料材质和埋藏环境等因素影响，其表面有不同程度的风化。部分玉器风化严重，难以观察到打磨抛光微痕。在平面型玉器表面和玉兵器刃部发现的打磨痕迹均细密有序，抛光程度较高，表面光润圆滑（图 6.8d—图 6.8f）。圆雕类玉器的抛磨痕迹也较为细密，但是抛磨痕迹纵横交错（图 6.8a—图 6.8c），因为圆雕类玉器曲面较多，抛磨过程需要多次更换方向，所以遗留痕迹相对杂乱。整体来看，不同玉器上的抛磨痕迹细密程度无明显差别，说明不同类型的玉器均采用了相似的抛磨工艺。

图 6.8　长子口墓两种不同类型玉器上的打磨工艺微痕特征图
a—c. 圆雕类玉器　d—f. 平面类玉器

## 六、材质与工艺的关系

综合上一章对长子口墓典型玉器材质的分析及本章对治玉工艺的探讨，总结其材质—工艺综合性统计结果如表 6.5 所示。

## 表 6.5　鹿邑太清宫长子口墓典型玉器材质、工艺统计结果

| 标本号 | 器物名称 | 材质 | 阴刻工具 | 钻孔方式 | 钻具类型 | 其他工艺 |
|---|---|---|---|---|---|---|
| M1 : 34 | 玉玦 | 玛瑙 | 无 | 两面对钻 | 管钻 | 打磨抛光、切割 |
| M1 : 69 | 兽面形佩 | 绿松石 | 砣具 | 两面对钻 | 实心钻 | 打磨抛光、浅浮雕 |
| M1 : 70 | 牛面形佩 | 绿松石 | 砣具 | 两面对钻 | 实心钻 | 打磨抛光 |
| M1 : 71 | 兽面形佩 | 透闪石 | 砣具 | 两面对钻 | 实心钻 | 打磨抛光 |
| M1 : 72 | 玉环 | 透闪石 | 无 | 单面钻孔 | 管钻 | 打磨抛光 |
| M1 : 81 | 柄形器 | 透闪石 | 无 | 两面对钻 | 管钻 | 打磨抛光、切割 |
| M1 : 103 | 半管形佩 | 透闪石 | 砣具 | 单面钻孔 | 实心钻 | 打磨抛光 |
| M1 : 105 | 兽面形佩 | 透闪石 | 砣具 | 两面对钻 | 实心钻 | 打磨抛光 |
| M1 : 110 | 柄形器 | 透闪石 | 砣具 | 无 | 无 | 打磨抛光、切割 |
| M1 : 212 | 柄形器 | 方解石 | 无 | 无 | 无 | 打磨抛光、切割 |
| M1 : 282 | 柄形器 | 方解石 | 无 | 无 | 无 | 打磨抛光、切割 |
| M1 : 283 | 柄形器 | 透闪石 | 砣具 | 无 | 无 | 打磨抛光 |
| M1 : 284 | 玉戈 | 透闪石 | 砣具 | 两面对钻 | 管钻 | 打磨抛光 |
| M1 : 286 | 玉钺 | 白云母 | 无 | 两面对钻 | 实心钻 | 打磨抛光、切割 |
| M1 : 290 | 玉璜 | 透闪石 | 无 | 单面钻孔 | 实心钻 | 打磨抛光 |
| M1 : 296 | 柄形器 | 透闪石 | 砣具 | 无 | 无 | 打磨抛光 |
| M1 : 300 | 柄形器 | 透闪石 | 无 | 无 | 无 | 打磨抛光 |
| M1 : 301 | 柄形器 | 透闪石 | 砣具 | 两面对钻 | 实心钻 | 打磨抛光 |
| M1 : 304 | 柄形器 | 绿松石 | 无 | 单面钻孔 | 实心钻 | 打磨抛光 |
| M1 : 306 | 柄形器 | 透闪石 | 砣具 | 无 | 无 | 打磨抛光、切割 |

续表

| 标本号 | 器物名称 | 材质 | 阴刻工具 | 钻孔方式 | 钻具类型 | 其他工艺 |
|---|---|---|---|---|---|---|
| M1∶312 | 牛面形佩 | 透闪石 | 砣具 | 两面对钻 | 实心钻 | 打磨抛光、切割 |
| M1∶316 | 玉鹿 | 透闪石 | 砣具 | 两面对钻 | 实心钻 | 打磨抛光、减地斜刀 |
| M1∶323 | 玉鸟 | 透闪石 | 砣具 | 单面钻孔 | 实心钻 | 打磨抛光、减地斜刀 |
| M1∶324 | 圆管 | 透闪石 | 无 | 两面对钻 | 实心钻 | 打磨抛光 |
| M1∶330 | 玉刀 | 透闪石 | 砣具 | 两面对钻、单面未钻穿 | 实心钻 | 打磨抛光 |
| M1∶332 | 玉龙 | 透闪石 | 砣具 | 单面钻孔 | 实心钻 | 打磨抛光 |
| M1∶333 | 长方形佩 | 透闪石 | 砣具 | 两面对钻 | 实心钻 | 打磨抛光 |
| M1∶335 | 管形器 | 透闪石 | 砣具 | 无法判断 | 管钻 | 打磨抛光 |
| M1∶337 | 玉琮 | 透闪石 | 无 | 两面对钻 | 实心钻 | 打磨抛光、切割 |
| M1∶338 | 牛面形佩 | 透闪石 | 砣具 | 单面钻孔 | 实心钻 | 打磨抛光、切割 |
| M1∶340 | 龙凤佩 | 蛇纹石 | 砣具 | 两面对钻 | 实心钻 | 打磨抛光、镂空 |
| M1∶346 | 玉兔 | 透闪石 | 砣具 | 两面对钻 | 实心钻 | 打磨抛光 |
| M1∶348 | 柄形器 | 白云母 | 砣具 | 无 | 无 | 打磨抛光 |
| M1∶349 | 玉镞 | 阳起石 | 砣具 | 无 | 无 | 打磨抛光 |
| M1∶362 | 玉戈 | 透闪石 | 砣具 | 两面对钻 | 实心钻 | 打磨抛光 |
| M1∶363 | 玉鸟 | 透闪石 | 无 | 两面对钻 | 实心钻 | 打磨抛光、阳线浮雕 |
| M1∶364 | 玉鸟 | 透闪石 | 砣具 | 两面对钻 | 实心钻 | 打磨抛光 |
| M1∶365 | 柄形器 | 透闪石 | 砣具 | 单面未钻穿 | 实心钻 | 打磨抛光 |
| M1∶366 | 玉珠 | 透闪石 | 砣具 | 两面对钻 | 实心钻 | 打磨抛光 |

这批玉器中透闪石–阳起石质玉器数量最多，器形为柄形器，牛、鸟和鹿等动物形装饰品以及戈、镞等仪仗器，大多饰有简单纹饰，采用砣具雕刻。其中器形较小、尺寸较薄的片状玉器和圆雕类玉器钻孔工具均为实心钻，单面钻孔和两面对钻的钻孔方式均被使用；器形较大、尺寸较厚的玉器孔径也大，多采用管钻单面钻孔工艺。

云母质玉器 2 件，器形为钺和柄形器。其中柄形器表面有砣刻纹饰和实心钻凹点纹；玉钺素面无纹饰，表面有使用磨损痕迹，孔道形状为哑铃形，在原有器物的钻孔基础上采用两面对钻的方式进行扩孔。

蛇纹石质玉器 1 件，器形为龙凤玉佩，白化严重。钻孔方式为实心钻对钻，透雕镂空部分首先采用实心钻对钻定位开料，然后再使用线锯切割镂空。

玛瑙质玉器 1 件，器形为玦，素面无纹饰，中心采用单面管钻取芯，光泽度高，经过了较好的抛光。

绿松石质玉器 3 件，其中 2 件为圆雕动物形饰品，表面纹饰采用砣具雕刻，另 1 件为圆形薄片，镶嵌在柄形器上。其中的圆雕牛面形饰采用实心钻对钻，并且孔道内出现明显错位，加工顺序为先成型后钻孔。

方解石质玉器 2 件，器形为柄形器，均为素面，无钻孔。

从该长子口墓典型玉器材质—工艺的统计结果可以看出，此时加工工艺的选择与玉料材质无明显联系，受器形影响较大。装饰器用玉取材丰富，礼器用玉以软玉为主；玉料材质较差的玉器制作工艺较为粗糙，器形方面多为杂器，反映出当时的玉匠已能对玉料进行简单判断并分级使用。

## 第二节 固始侯古堆一号墓玉器

本节选取固始侯古堆一号墓出土的 10 件典型玉器（见彩版八四—彩版九〇），分别从阴刻、钻孔、切割、抛磨、浮雕和掏膛等方面展开对春秋晚期玉器工艺的探讨。除玉璧 M1∶36−1 表面光素无纹饰外，其余 9 件玉器表面均雕琢有纹饰。器形包括礼器和装饰器。

### 一、阴刻工艺

典型的砣刻直线以玉璜 M1∶36−7 为代表，较低倍率下可观察到其表面的阴刻双阴

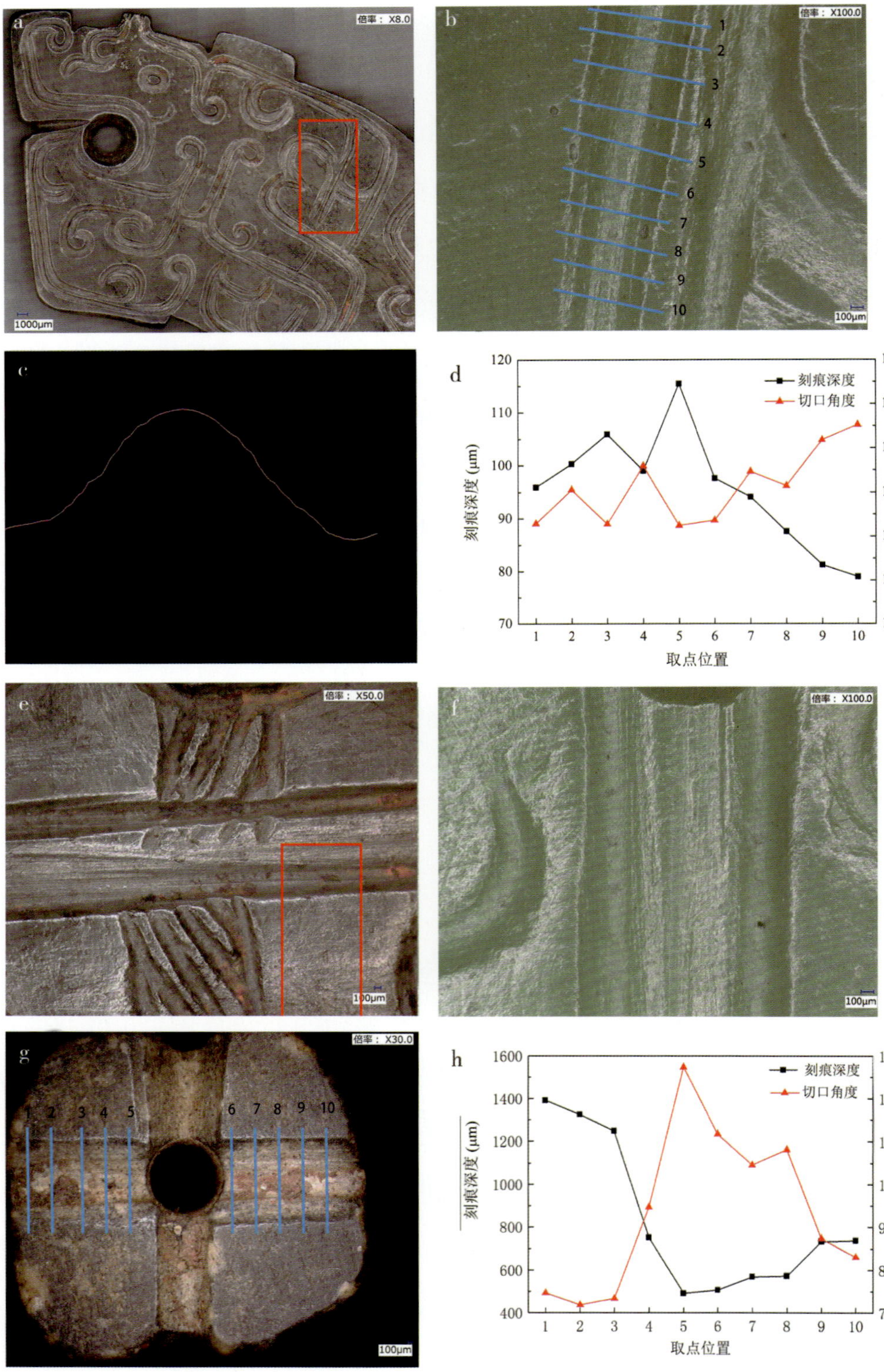


图 6.9　侯古堆一号墓典型玉器阴刻直线的显微特征图及折线图
a—d. 玉璜 M1 : 36-7　e—f. 玉璜 M1 : 36-8　g—h. 玉人 M1 : 35-14

线整体长直（图 6.9a），中部宽窄均匀且两端尖锐。对阴刻直线中部的硅胶印模间隔一段距离取点观察并测量发现（图 6.9b、图 6.9d），刻痕平均深度在 0.10 毫米左右，最大差值为 0.04 毫米，切口角度的平均值为 146.23°，标准偏差为 1.57，阴刻直线中部深度和切口角度基本一致。阴刻直线截面呈“U”形（图 6.9c），下凹的最深点为砣具的着力点。此外玉璜 M1∶36-8 上的阴刻直线宽度不均，但在较低倍率下观察（图 6.9e）发现每段阴刻直线都比较流畅，对其硅胶印模相应位置处观察并测量（图 6.9f），刻痕深度平均值在 0.07 毫米左右，最大差值为 0.03 毫米，切口角度平均值为 148.67°，标准偏差为 1.82，阴刻直线中部深度和切口角度基本不变，故推断这件玉璜也由砣具雕刻，阴刻直线宽度不均的现象可能由砣具在同一位置多次雕刻所致。典型的手持式工具雕刻的直线以玉人 M1∶35-14 为代表，玉人底部十字状交叉阴刻线在较低倍率下观察其宽度变化不均（图 6.9g），凹槽内破裂面杂乱，有多次刻画痕迹。对其硅胶印模的阴刻直线处间隔一段距离取点观察并测量（图 6.9h），平均深度在 0.83 毫米左右，最大差值为 0.90 毫米，切口角度平均值为 93.66°，标准偏差为 18.83，阴刻直线中部深度和切口角度均呈无序变化，且变化幅度较大，因此推断使用了手持式工具制作。

典型的砣刻曲线以玉环 M1∶36-12 为代表（图 6.10a），在较低倍率下观察曲线过渡均匀流畅度，对其硅胶印模阴刻曲线处间隔一段距离取点，除末端与直线部分连接处

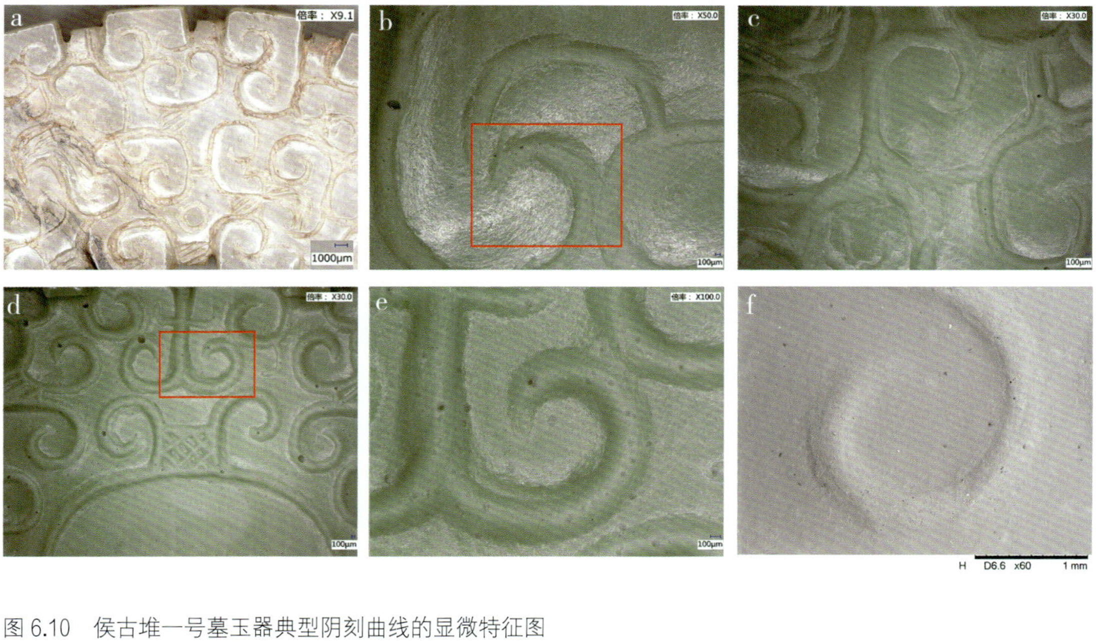


图 6.10　侯古堆一号墓玉器典型阴刻曲线的显微特征图
a—c. 玉环 M1∶36-12　d—f. 玉带钩 M1∶37-1

刻痕加深外，曲线部分深度整体呈两端较浅、中间较深的分布，平均深度在0.05毫米左右，最大差值为0.04毫米。切口角度平均值为153.12°，标准偏差为7.47，切口角度整体变化不大。截面下凹呈“U”形，且在转弯处有放射状痕迹（图6.10b），应是砣具搭配解玉砂阴刻形成的。同时在这件玉环上还存在多段短线段连续拼接、流畅度不足的阴刻曲线（图6.10c），其微痕特征也与砣具加工相符，推测是因玉匠手艺欠佳等主观因素所致。此外在玉带钩M1:37−1上也有相似阴刻曲线的出现，扫描电镜下观察其硅胶脱模（图6.10f），凸起线条流畅平整，宽窄均匀，末端尖细。观察其硅胶印模相应位置并测量（图6.10d、图6.10e），发现平均深度为0.11毫米，深度最大差值为0.04毫米。切口角度平均值为128.96°，标准偏差为4.74，切口角度变化较小，未观察到明显的解玉砂痕迹，说明解玉砂的添加并非玉器砣刻时的必要条件，这与邓峰等针对砣具雕刻是否需要添加解玉砂所做的模拟实验结果相符[7]，但也可能是解玉砂痕迹被后续的抛磨所消除。

阴刻痕迹的宽度一般与加工工具的刃宽有关，但在转弯处因刃部与玉料的接触面增多，阴刻宽度也会增大，同时在刻痕较深或者多次刻画部位宽度也略微增大。因此选取砣刻直线中间均匀部分进行测量（表6.6），可以看出这批玉器的阴刻线段宽度变化不大，根据平均值推断该时期砣具的刃宽约在0.48毫米左右，说明当时已具备加工刃部较锋利砣具的机械技术。春秋时期砣具已被普遍推广，在侯古堆一号墓中未发现大量用手持式工具雕刻的玉器。

**表6.6　侯古堆一号墓玉器砣刻阴线宽度、深度测量结果（毫米）**

| 标本号 | 最大宽度 | 最小宽度 | 平均宽度 | 最大深度 | 最小深度 | 平均深度 |
| --- | --- | --- | --- | --- | --- | --- |
| M1:36−7 | 0.57 | 0.51 | 0.54 | 0.11 | 0.07 | 0.10 |
| M1:36−8 | 0.46 | 0.41 | 0.43 | 0.08 | 0.05 | 0.07 |
| M1:36−10 | 0.45 | 0.26 | 0.35 | 0.14 | 0.07 | 0.11 |
| M1:36−12 | 0.63 | 0.48 | 0.55 | 0.07 | 0.03 | 0.05 |
| M1:37−1 | 0.62 | 0.41 | 0.51 | 0.13 | 0.09 | 0.11 |

## 二、钻孔工艺

选取的10件侯古堆一号墓出土玉器中4件上有钻孔，相关尺寸见表6.7。其中玉璜M1∶36-7有3个钻孔，均采用实心钻两面对钻开孔，两面孔径差值为0.16毫米—1.93毫米。位于中间的钻孔孔壁笔直（图6.11a），无明显对接台阶痕；位于右侧的钻孔孔道呈锥形（图6.11b），孔壁内粗糙且有螺旋纹，推测是未添加解玉砂直接采用实心钻钻孔；左侧钻孔呈不明显的锥形（图6.11c），对接处靠近一端孔口，说明钻孔时先从一端开始，临近钻穿时再从另一端对钻贯通。玉璜M1∶36-8有4个钻孔（图6.11d），均由实心钻两面对钻开孔，两面孔径的差值在0.82毫米—1.85毫米之间，孔道均呈锥形，孔壁内无明显螺旋纹，推测钻孔时添加了解玉砂。龙形玉佩M1∶36-10有8个钻孔，两面孔径的差值在0.01毫米—1.02毫米之间。观察钻孔部分的硅胶印模发现对接处有错位现象（图6.11e），钻孔方式为两面对钻，其中一处钻孔的对接处有剧烈错位，孔道为锥形，说明钻具为实心钻（图6.11f），错位的顶部反映钻具直径约为1.67毫米。这件玉璜的两面孔径差值比其他玉器的小，可能在钻孔过程中使用了机械性能更好的钻头。玉人M1∶35-14有一个较深的钻孔，纵贯头脚，孔壁内有圆周状螺旋纹，两端孔径差值为0.30毫米。因

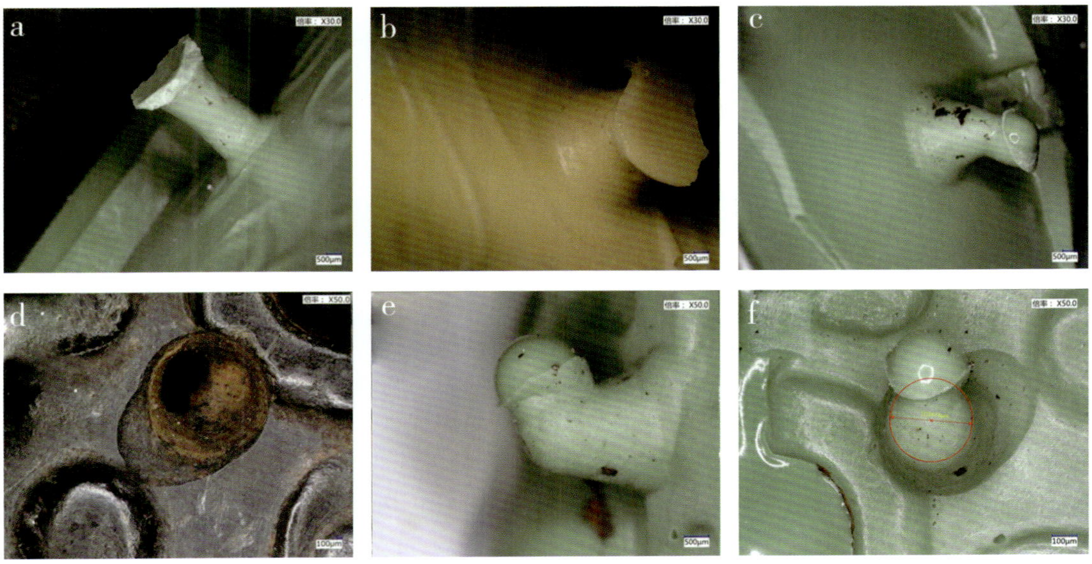

图6.11　侯古堆一号墓玉器典型钻孔方式显微特征图
a—c. 玉璜M1∶36-7　d. 玉璜M1∶36-8　e—f. 龙形玉佩M1∶36-10

孔道较长，难以进行硅胶覆膜处理，因此无法准确判断钻孔工具，考虑到两面孔径差值较小，初步判断钻孔方式为两面对钻。底部的钻孔痕迹与十字纹阴刻痕迹相切，且钻孔痕迹打破阴刻痕迹（图 6.9g），说明其加工顺序为先阴刻然后在交叉处定位的中心钻孔。

**表 6.7 侯古堆一号墓玉器钻孔孔径测量结果（毫米）**

| 标本号 | | 孔 A | 孔 B | 孔 C | 孔 D | 孔 E | 孔 F | 孔 G | 孔 H |
|---|---|---|---|---|---|---|---|---|---|
| M1∶36−10 | 正面孔径 | 2.70 | 2.58 | 2.89 | 2.74 | 2.56 | 2.54 | 2.38 | 2.58 |
| | 背面孔径 | 2.50 | 2.76 | 2.67 | 2.75 | 2.36 | 2.85 | 3.40 | 2.87 |
| M1∶36−8 | 正面孔径 | 1.90 | 2.04 | 3.76 | 2.21 | | | | |
| | 背面孔径 | 2.72 | 3.66 | 1.91 | 3.62 | | | | |
| M1∶36−7 | 正面孔径 | 2.86 | 3.40 | 2.96 | | | | | |
| | 背面孔径 | 4.79 | 5.24 | 2.80 | | | | | |
| M1∶35−14 | 正面孔径 | 2.36 | | | | | | | |
| | 背面孔径 | 2.06 | | | | | | | |

## 三、切割、抛磨工艺

这批玉器中有 2 件遗留明显切割痕迹。其中玉璧 M1∶36−1 有两处切割痕迹：第一处是在底面的长直开片痕迹（图 6.12a），放大至 100 倍可观察到平行磨痕，推测为片切割开片；第二处是在侧面的未完成的切割开片痕迹，透射模式下可看出开片过程中切割工具更换了多个切入角度（图 6.12b），切割工具与玉料相切处均为直线，切割方式为片切割。切割处的凹口宽度反映锯片刃宽，经测量约为 0.66 毫米（图 6.12c）。抛磨痕迹在每件玉器上都存在，除两面的打磨痕迹外，孔壁内侧经过了精细的打磨。如玉璧 M1∶36−17 中心大孔内缘无明显螺旋纹（图 6.12d），具有温润的光泽感，被细致地抛磨过。

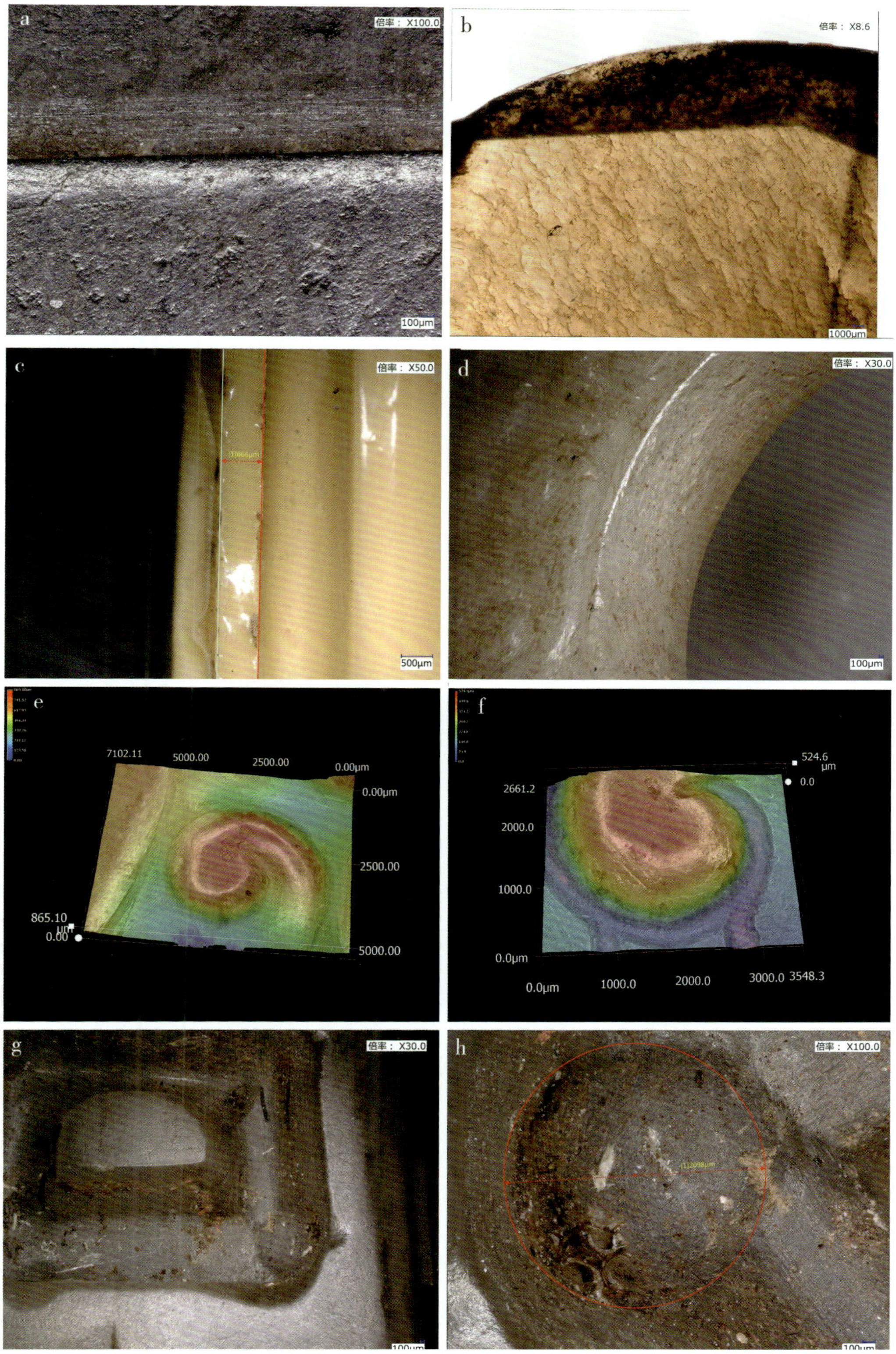


图 6.12　侯古堆一号墓玉器切割打磨及其他工艺的显微特征图
a—d. 切割工艺显微图　e—f. 浮雕工艺三维图　g—h. 掏膛工艺显微图

## 四、浮雕工艺

该批玉器的浮雕工艺主要分为两类：第一类是以玉璧 M1∶36−3 为代表的完全减地浮雕（图 6.12e），先采用压砣砣磨掉部分玉料，再使用勾砣进行阴刻加工。这种浮雕工艺还出现在玉璧 M1∶36−17、玉璧 M1∶36−3、玉环 M1∶36−4−1 和玉璜 M1∶36−7 表面，浮雕部分顶端到底端的高度差在 0.26 毫米—0.46 毫米之间。第二类是以玉璜 M1∶36−8 为代表的未完全减地浮雕（图 6.12f），浮雕部分顶端到底端的高度差为 0.48 毫米，先以雕刻好的阴线作为凹槽，再将凹槽两端琢磨成两个分离的圆形弧坡，该类浮雕风格具有早期楚玉的特征 [8]。这两类的浮雕高度均小于 2 毫米，属于浅浮雕。

## 五、掏膛工艺

掏膛工艺是一种掏去玉料内芯的加工手段，常用于制作器皿，大体可分为两类：一是使用实心钻多次钻孔去料掏膛，去料部分形状可根据钻孔的位置和数量调整；二是管钻钻孔取出内芯，去料部分呈圆柱状。玉带钩 M1∶37−1 有钩首、钩纽和钩体三部分，掏膛处位于钩体部分，呈长方体，边棱处还有一处使用过程中的摩擦痕迹。凹槽内有平行磨痕，底面的四个角均有明显的实心钻钻孔痕迹（图 6.12g），钻头直径约为 2.11 毫米（图 6.12h）。加工流程为先钻孔定位，然后用手持式工具去除多余玉料。

## 六、材质与工艺的关系

表 6.8 给出了固始侯古堆一号墓出土部分典型玉器材质与工艺关系的统计结果。固始侯古堆一号墓选取的 10 件出土玉器中，9 件材质为透闪石质玉器，1 件为云母质玉器。透闪石质玉器器形主要有璜、环、璧和龙形佩等，分为素面类和有纹饰类两种。纹饰部分以云雷纹和双阴线为主，均采用砣具雕刻而成，钻孔主要利用实心钻对钻制

作，孔径较小。其中玉带钩尺寸较小，与陕西凤翔高庄春秋墓出土的带钩相似，属于原始型带钩，用于拴系在织带上，而非直接固定在革带上[9]。其正面有砣刻的卷云纹，背面掏膛处有实心钻钻孔定位痕迹。云母质玉器仅有1件玉人，底部有手持式硬质工具刻画痕迹，面部纹饰为砣刻制作，中心钻孔采用两面对钻，但无法判断使用了何种钻孔工具。从侯古堆一号墓典型玉器材质—工艺的统计结果可以看出，玉料材质可能影响到加工工艺的选择，云母质玉器的加工使用了手持式硬质工具，而透闪石质玉器均采用砣具。但我们选取的该墓地出土玉器数量较少，结论是否具有普遍性还有待后续研究工作的进一步展开。

## 表6.8 侯古堆一号墓玉器材质、工艺统计结果

| 标本号 | 器名 | 材质 | 阴刻工具 | 钻孔方式 | 钻具类型 | 其他工艺 |
|---|---|---|---|---|---|---|
| M1∶36-8 | 玉璜 | 透闪石 | 砣具 | 两面对钻 | 实心钻 | 浅浮雕、打磨抛光 |
| M1∶36-7 | 玉璜 | 透闪石 | 砣具 | 两面对钻 | 实心钻 | 浅浮雕、打磨抛光 |
| M1∶36-10 | 玉龙佩 | 透闪石 | 砣具 | 两面对钻 | 实心钻 | 浅浮雕、打磨抛光 |
| M1∶36-12 | 玉环 | 透闪石 | 砣具 | 无 | 无 | 浅浮雕、打磨抛光 |
| M1∶35-14 | 玉人 | 白云母 | 手持硬质工具、砣具 | 两面对钻 | 无法判断 | 成型、打磨抛光 |
| M1∶37-1 | 玉带钩 | 透闪石 | 砣具 | 单面钻孔 | 实心钻 | 掏膛、打磨抛光 |
| M1∶36-1 | 玉璧 | 透闪石 | 无 | 无 | 无 | 片切割、打磨抛光 |
| M1∶36-3 | 玉璧 | 透闪石 | 砣具 | 无 | 无 | 浅浮雕、打磨抛光 |
| M1∶36-17 | 玉璧 | 透闪石 | 砣具 | 无 | 无 | 浅浮雕、打磨抛光 |
| M1∶36-4-1 | 玉环 | 透闪石 | 砣具 | 无 | 无 | 浅浮雕、打磨抛光 |

# 第三节　淅川徐家岭墓地十号墓玉器

本节选取淅川徐家岭墓地十号墓出土的34件典型玉器（见彩版九一—彩版九九），分别从阴刻、钻孔、切割、抛磨、减地和浮雕等方面展开对战国早期玉器工艺的探究。

## 一、阴刻工艺

淅川徐家岭墓地十号墓出土玉器中有11件上有阴刻痕迹，以曲线阴刻的卷云纹为主，还有少量直线阴刻的网纹和填充的短线段。按阴刻工具不同可将直线阴刻分为两种类型。第一类多出现在网纹中，以玉珩M10∶94-1为代表。阴刻直线线条过渡流畅，中部宽窄均匀，两端尖锐（图6.13a、图6.13b）；从其深度三维图可看出中部较深两端渐浅（图6.13c）；凹槽底面光滑，硅胶印模相应处的截面（图6.13d）呈对称的“U”形，符合砣具阴刻特征。第二类多出现在组纹饰内部的填充部分，以龙形玉佩M10∶7为代表。阴刻直线线条均匀度不佳，长度明显短于第一类，有多次刻画痕迹（图6.13e、图6.13f）；从其深度三维图可看出凹槽底部破裂面凹凸不平（图6.13g），深度变化不均匀；硅胶脱模对应位置处截面呈不对称的“V”形（图6.13h），符合手持硬质工具阴刻特征。

曲线阴刻典型代表为玉珩M10∶152，曲线转角过渡流畅，刻痕深度整体呈两端尖浅、中间宽深的分布，凹槽底部破裂面平整（图6.14a—图6.14b）；截面形状下凹呈“U”形（图6.14c），符合砣刻加工特点；部分谷纹中心处有若干歧出的短线段（图6.14d），为砣具多次刻画所造成。

经对两种不同加工工具的阴刻痕迹的深度和宽度的测量（表6.9）可知，砣刻线段平均宽度在0.33毫米—0.72毫米之间，平均深度在0.04毫米—0.15毫米之间，除玉环M10∶156的阴线深度极差较大之外，其余玉器的阴线深度极差较小，整体变化幅度

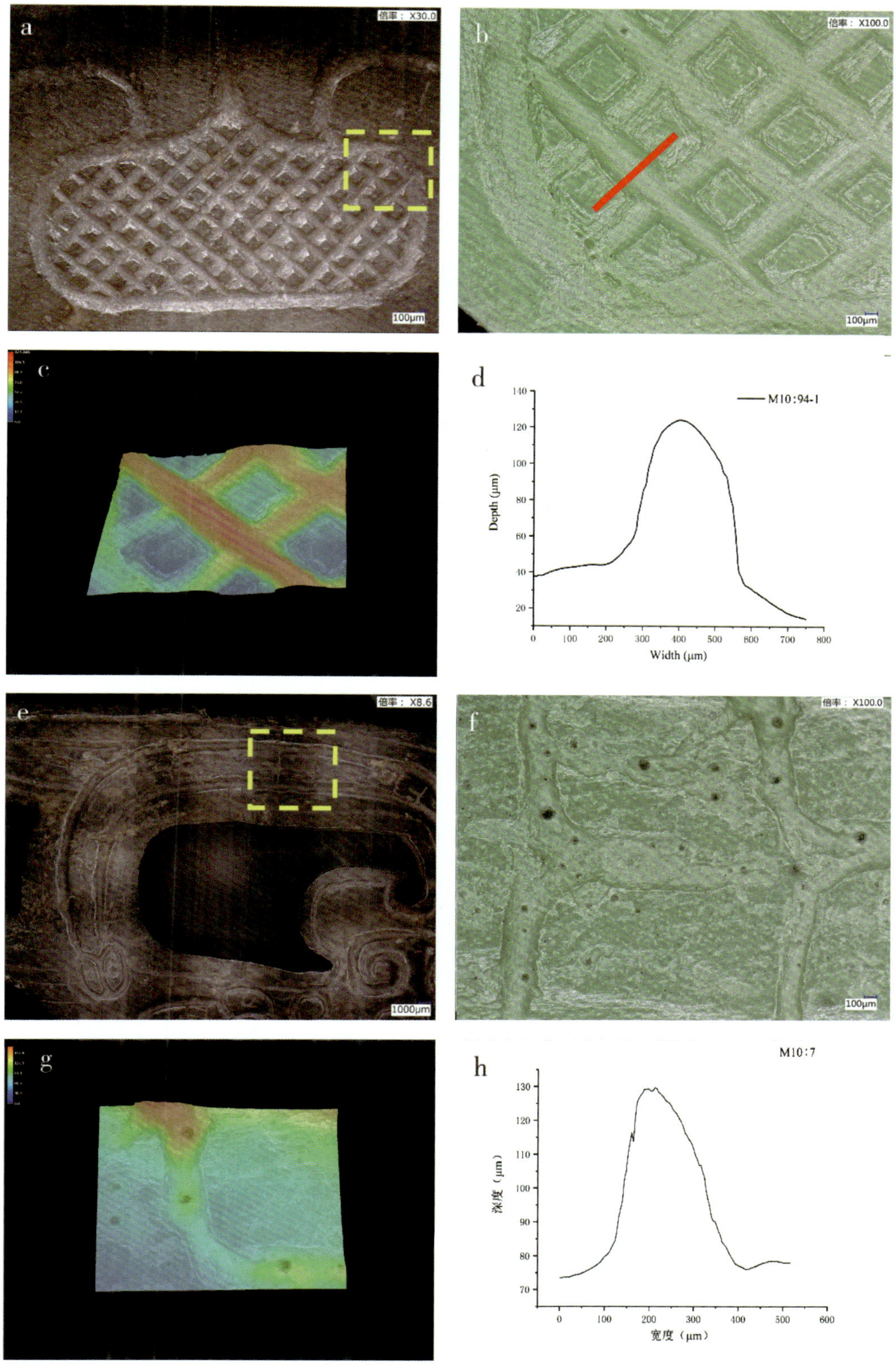


图 6.13　徐家岭墓地十号墓玉器阴刻直线痕迹的显微特征图
a—d. 玉珩 M10:94-1　e—h. 玉珩 M10:7

较小，可能采用了规格相似的砣具。手持硬质工具刻画阴线宽度在0.01毫米—0.57毫米之间，深度在0.01毫米—0.09毫米之间，深度、宽度均明显小于砣刻阴线，且深度和宽度极差较大，说明手持式硬质工具加工出的阴刻线段整体均匀度不如砣刻阴线，变化幅度较大。

## 表6.9 徐家岭墓地十号墓玉器阴刻线段宽度、深度测量结果（毫米）

| | 编号 | 最大宽度 | 最小宽度 | 极差 | 平均宽度 | 最大深度 | 最小深度 | 极差 | 平均深度 |
|---|---|---|---|---|---|---|---|---|---|
| 砣具 | M10 : 6 | 0.98 | 0.34 | 0.64 | 0.72 | 0.19 | 0.09 | 0.10 | 0.15 |
| | M10 : 7 | 0.85 | 0.53 | 0.32 | 0.67 | 0.19 | 0.11 | 0.08 | 0.14 |
| | M10 : 32 | 0.51 | 0.33 | 0.18 | 0.45 | 0.08 | 0.02 | 0.06 | 0.04 |
| | M10 : 33 | 0.87 | 0.51 | 0.36 | 0.68 | 0.15 | 0.11 | 0.04 | 0.12 |
| | M10 : 93 | 0.79 | 0.53 | 0.26 | 0.64 | 0.16 | 0.11 | 0.05 | 0.13 |
| | M10 : 94–1 | 0.61 | 0.44 | 0.17 | 0.52 | 0.08 | 0.05 | 0.03 | 0.07 |
| | M10 : 94–2 | 0.68 | 0.46 | 0.22 | 0.54 | 0.08 | 0.04 | 0.04 | 0.07 |
| | M10 : 96–1 | 0.62 | 0.30 | 0.32 | 0.48 | 0.13 | 0.05 | 0.08 | 0.11 |
| | M10 : 96–2 | 0.54 | 0.32 | 0.22 | 0.44 | 0.11 | 0.04 | 0.07 | 0.08 |
| | M10 : 152 | 0.44 | 0.28 | 0.16 | 0.33 | 0.11 | 0.08 | 0.03 | 0.09 |
| | M10 : 156 | 0.58 | 0.29 | 0.29 | 0.41 | 0.22 | 0.04 | 0.18 | 0.11 |
| 手持硬质工具 | M10 : 6 | 0.45 | 0.19 | 0.26 | – | 0.08 | 0.01 | 0.07 | – |
| | M10 : 7 | 0.57 | 0.17 | 0.40 | – | 0.09 | 0.01 | 0.08 | – |
| | M10 : 152 | 0.28 | 0.01 | 0.27 | – | 0.03 | 0.01 | 0.02 | – |

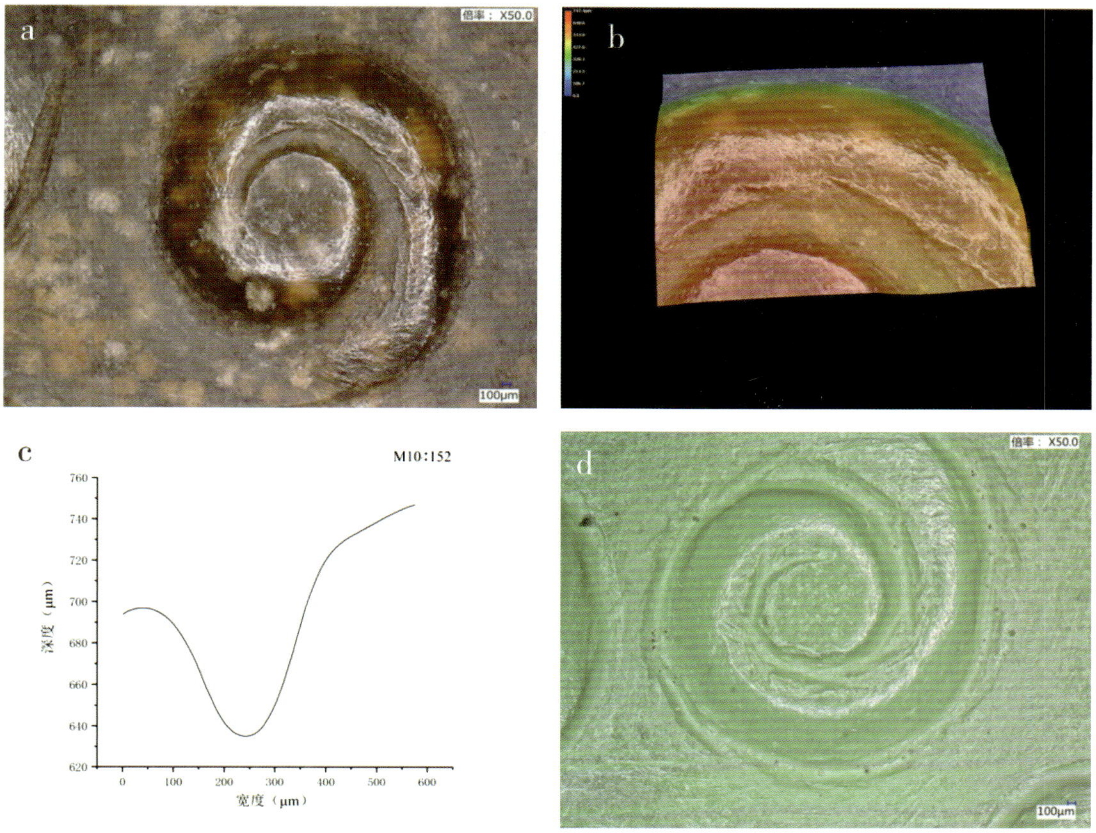


图 6.14　玉珩 M10：152 阴刻曲线的显微特征图及截面图
a. M10：152 显微照　b. M10：152 显微 3D 照　c. M10：152 阴线剖面图　d. 砣刻短线段显微照

## 二、钻孔工艺

这批玉器中共有 12 件有孔径较小的悬挂用钻孔，相关测量结果见表 6.10。综合硅胶印膜中对接处和两端孔径尺寸判断，这类钻孔方式均为两面对钻，但是对接位置有所不同。一种是以 M10：40 玉棒、M10：7 龙形玉佩为代表的 6 件玉器（图 6.15a、图 6.15b），均在玉器中部对接，这样可有效防止一面钻孔过深导致玉器开裂，两面孔径差值不大，在 0.11 毫米—0.63 毫米之间。另一种是以 M10：96-1 玉珩、M10：6 玉龙形佩为代表的 6 件玉器（图 6.15c、图 6.15d），在靠近一端孔口处对接，这样可以减少对穿时错位所导致的台阶痕，以及保证钻孔口缘的完整，但两面孔径差值较大，在 0.43 毫米—1.58 毫米之间。

## 表 6.10 徐家岭墓地十号墓玉器第一类钻孔孔径测量结果（毫米）

| 编号 | | 孔 A | 孔 B | 孔 C |
|---|---|---|---|---|
| M10∶6 | 正面孔径 | 3.05 | 5.48 | 4.87 |
| | 背面孔径 | 2.98 | 4.63 | 3.52 |
| M10∶7 | 正面孔径 | 2.79 | 4.21 | 5.33 |
| | 背面孔径 | 2.59 | 3.33 | 4.32 |
| M10∶38 | 正面孔径 | 3.11 | | |
| | 背面孔径 | 3.22 | | |
| M10∶39 | 正面孔径 | 5.92 | | |
| | 背面孔径 | 4.34 | | |
| M10∶40 | 正面孔径 | 2.11 | | |
| | 背面孔径 | 1.86 | | |
| M10∶94−1 | 正面孔径 | 2.66 | | |
| | 背面孔径 | 2.03 | | |

| 编号 | | 孔 A |
|---|---|---|
| M10∶94−2 | 正面孔径 | 2.60 |
| | 背面孔径 | 2.47 |
| M10∶96−1 | 正面孔径 | 3.51 |
| | 背面孔径 | 2.76 |
| M10∶96−2 | 正面孔径 | 2.78 |
| | 背面孔径 | 3.21 |
| M10∶148 | 正面孔径 | 2.71 |
| | 背面孔径 | 2.89 |
| M10∶149 | 正面孔径 | 3.34 |
| | 背面孔径 | 3.02 |
| M10∶152 | 正面孔径 | 2.82 |
| | 背面孔径 | 1.94 |

结合孔道形态可以判断钻具类型，大部分玉器孔呈锥形，以玉珩 M10∶148 为典型代表（图 6.16a），龙形玉佩 M10∶6 的孔壁内还有钻孔过程中钻头晃动形成的痕迹（图 6.16b），但玉珩 M10∶94−2、玉珩 M10∶152 及龙形玉佩 M10∶6 上的另一个装饰用孔锥形渐缩趋势不明显（图 6.16c、图 6.16e），其对接处过渡流畅，仔细观察未发现管钻对接处形成的圆环痕迹（图 6.16d、图 6.16f），故推测其也使用了实心钻钻具。孔道的形态差异可能与钻具材质、工匠手艺和玉料材质等因素有关，经比较这 3 件玉器上的孔径与其他玉器的钻孔无明显差异，并且这 3 件玉器的材质均为透闪石，所以孔形笔直的原因可

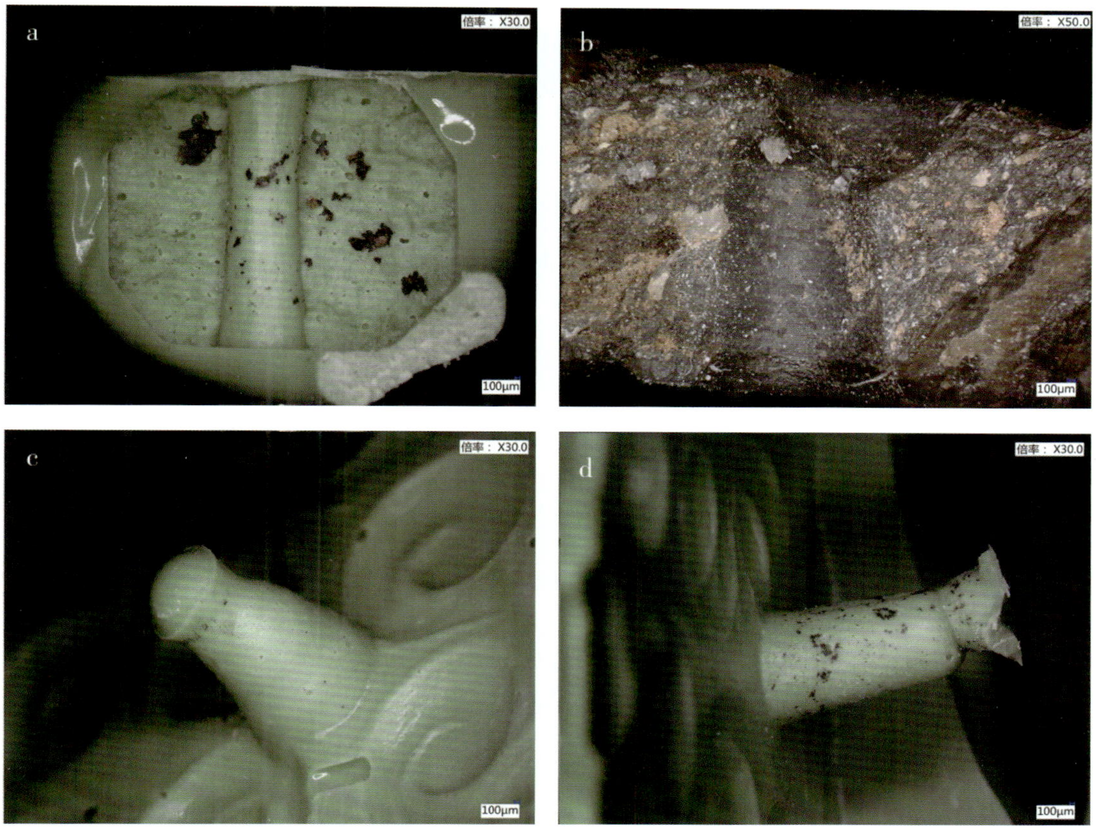


图 6.15　徐家岭墓地十号墓玉器两种两面对钻类型的显微特征图
a. 玉棒 M10∶40　b. 龙形玉佩 M10∶7　c. 玉珩 M10∶96-1　d. 龙形玉佩 M10∶6

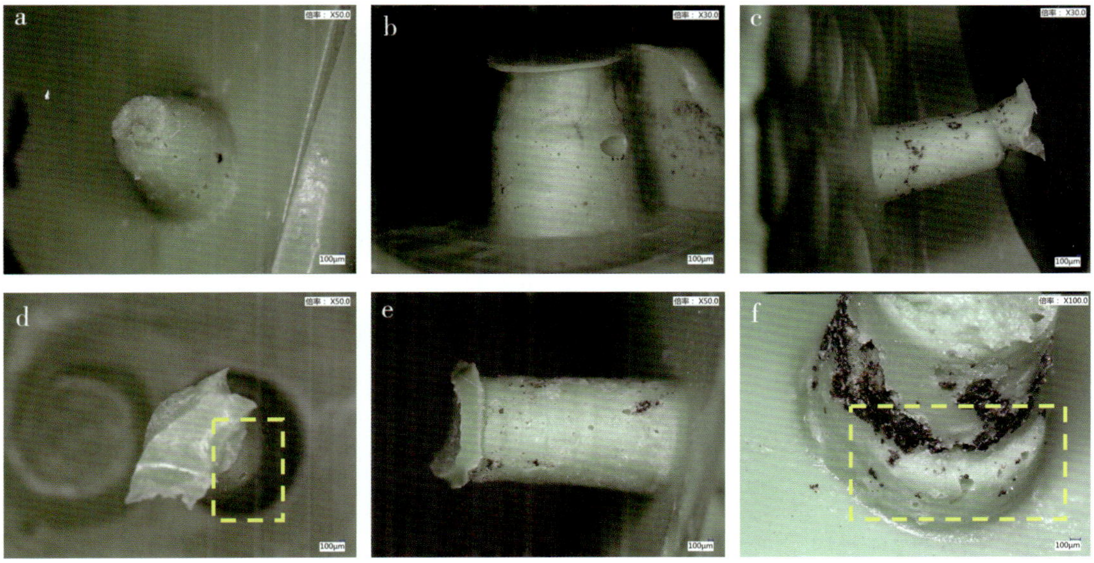


图 6.16　徐家岭墓地十号墓玉器实心钻钻孔痕迹的显微特征图
a. 玉珩 M10∶148　b. 龙形玉佩 M10∶6　c. 玉珩 M10∶94-2　d—f. 玉珩 M10∶152

能并非使用了硬度更高的钻具，而是与工匠的手艺高低有关。

此外还有一类孔径较大的钻孔，它们多出现在玉环、玉璧等器形内部。该类钻孔孔形笔直，无明显减缩趋势，孔壁内大多有均匀的螺旋纹，与管钻特征相符。在玉环M10∶1和玉环M10∶35孔壁内侧边缘处有不规则锯齿状痕迹（图6.17a、图6.17b），未被后续打磨过程消除，应为管钻单面钻孔时取芯过程中所遗留。玉环M10∶154孔壁内部还有台阶痕（图6.17c），推测是管钻过程中钻具发生晃动所致。玉璧M10∶176孔口周围有圆环形痕迹（图6.17d），应为开始钻孔时管钻钻头晃动所致。综上判断该类玉器的钻孔工艺为单面管钻钻孔。

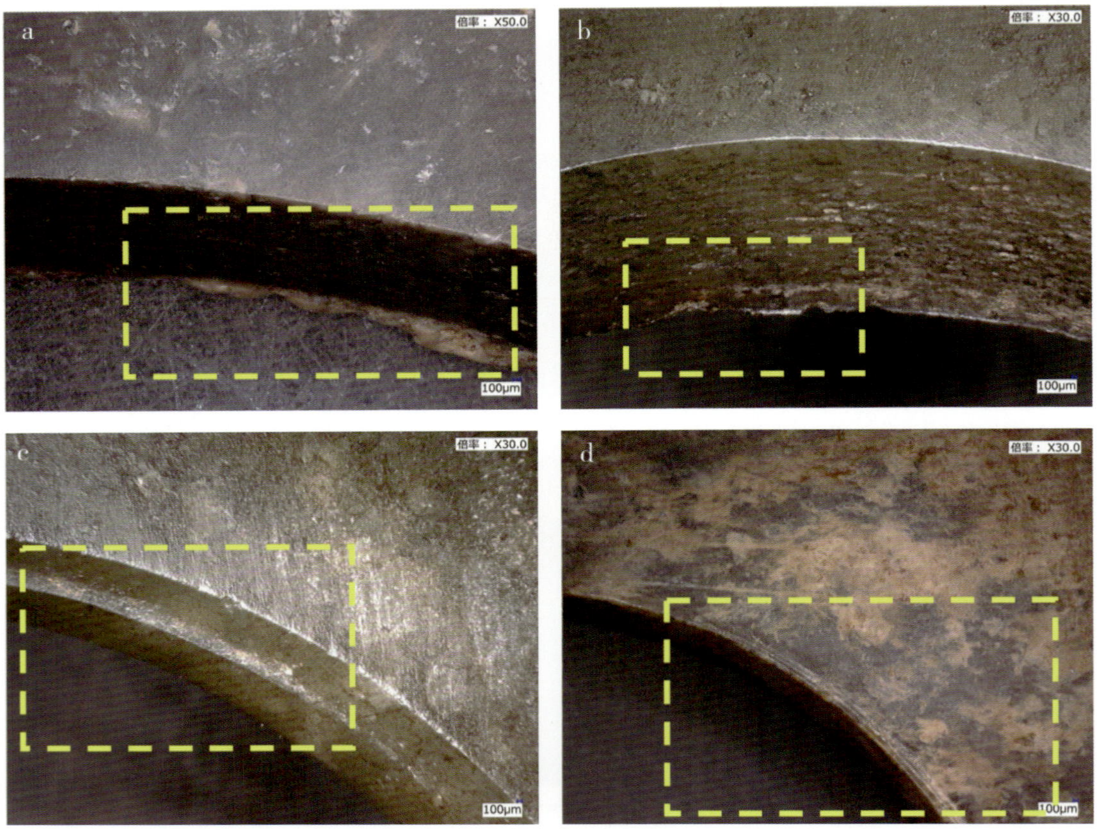


图6.17　徐家岭墓地十号墓管钻钻孔的显微特征图
a. 玉环M10∶1　b. 玉环M10∶35　c. 玉环M10∶154　d. 玉璧M10∶176

## 三、切割工艺

切割工艺往往是治玉流程的开端，春秋时期的切割工艺有柔性线切割和片切割两种。国内相关学者[10]对此进行的模拟实验发现，柔性线切割开片时，由于工具在切割过程中产生弹性形变，玉器表面会留下短弧线，而片切割和线锯在开片过程中无明显形变，遗留的切割痕迹多是长直线。

这批玉器上出现有大量片切割痕迹，主要出现在平面上和棱边处（图 6.18a），一些切割痕迹还遗留在玉器纹饰中。通过对玉珩 M10∶152 谷纹上遗留的片切割痕迹进行观察，可以看出当时的工匠在雕琢创作过程中刻意避开了切割痕（图 6.18b）。两件大小、形制、纹饰基本相同的玉珩 M10∶94−1 和 M10∶94−2 表面均有切割痕，其中玉珩 M10∶94−1 的切割痕位于顶部边缘（图 6.18d），而玉珩 M10∶94−2 的切割痕迹出现在器物中部（图 6.18c），两处切割痕迹的位置和方向并不对应，进而印证了切割工序先于雕琢工序。玉珩 M10∶96−1 顶部有长直切割痕，经测量其宽度为 0.68 毫米（图 6.18e），与这批玉器的砣刻线条宽度基本相同，说明当时已能生产机械性能良好的硬质工具，也有可能是砣具或者是线锯开片。

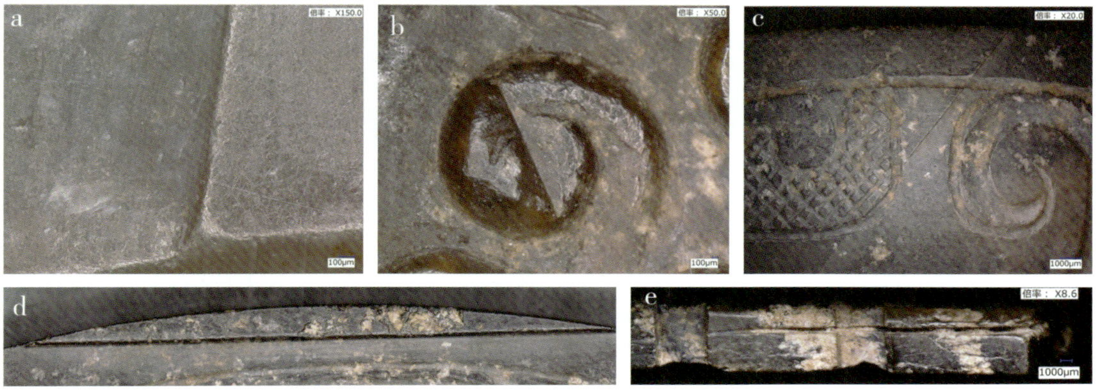


图 6.18　徐家岭墓地十号墓切割痕迹的显微特征图
a—b. 玉珩 M10∶152　c. 玉珩 M10∶94−2　d. 玉珩 M10∶94−1　e. 玉珩 M10∶96−1

## 四、抛磨工艺

抛磨痕迹主要出现在玉器的平面和侧缘上，两件云母质玉器侧缘的平行磨痕比透闪石质玉器相同位置的磨痕更为凸显，磨痕深度更大，但磨痕宽度没有明显变化（图 6.19a—图 6.19d），推测是在抛磨工序中采用了相同质地的抛光粉，磨痕深度的不同与玉料自身硬度有关，玉料硬度大者磨痕浅，玉料硬度小者则磨痕深。

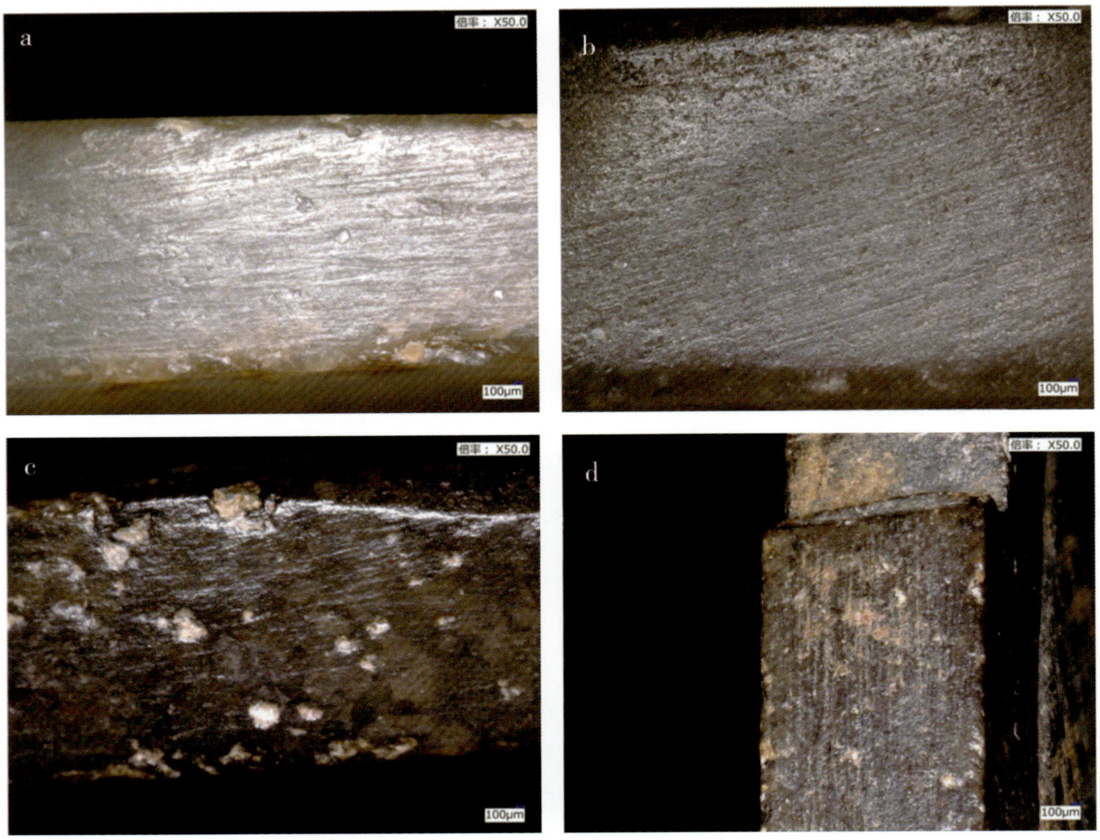


图 6.19　徐家岭墓地十号墓玉器抛光痕迹的显微特征图
a—b. 云母质玉器　c—d. 透闪石质玉器

## 五、减地工艺

斜刀工艺是流行于西周时期的一种特殊的减地工艺，这批玉器中有 4 件采用了斜刀工艺，分别是玉环 M10∶32 和 M10∶33 及玉珩 M10∶94−1 和 M10∶94−2。以玉珩 M10∶94−2 为例，在 30 倍下观察发现斜面过渡流畅，凹槽处平整光滑（图 6.20a），砣刻曲线和斜刀部分对应位置处的截面图大致相似，均为对称的“U”形（图 6.20c、图 6.20d），因此判断斜刀部分所使用的加工工具也为砣具。但是斜刀部分的深度大于砣刻部分，说明制作过程可能是先砣刻，再将砣具倾斜一定角度后减地。当砣具加工过程中转弯时，携带的解玉砂会因惯性作用而向外运动，留下放射状痕迹，由此可判断砣具的加工方向如图 6.20a 中箭头所示。相似的痕迹还出现在玉环 M10∶32 上，该件玉器纹饰两端斜刀部分加工方向相反，如图 6.20b 箭头所示。

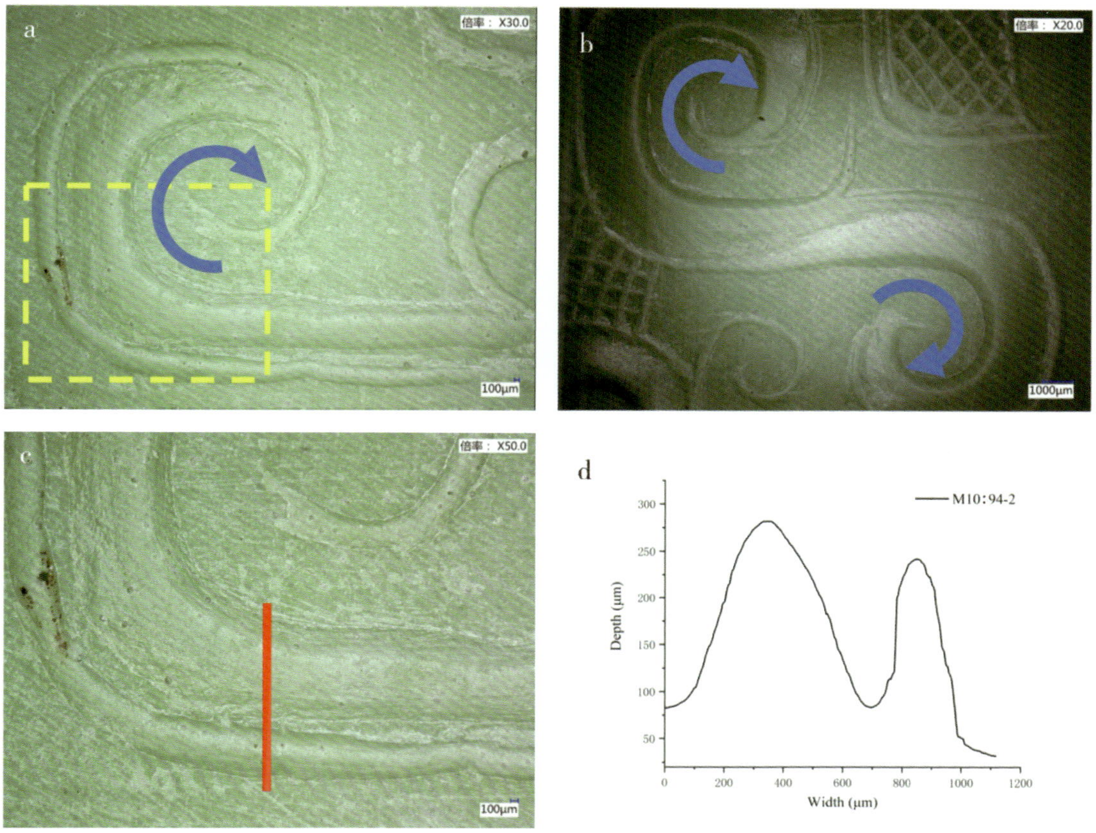


图 6.20　徐家岭墓地十号墓斜刀工艺的显微特征图
a、c、d. 玉珩 M10：94-2　b. 玉环 M10：32

## 六、浮雕工艺

浮雕工艺是指利用减地的方式，除去线纹或图像外围的底子，形成凸起的效果，进而增强造型的立体感和空间感的加工方法。一般将凸起深度不超过 2 毫米的部分称为浅浮雕，深度在 2 毫米—5 毫米之间的称为中浮雕，大于 5 毫米的接近于圆雕的称为高浮雕 [11]。这批玉器中有 4 件采用了浮雕工艺制作出凸起的谷纹，均为剔地浮雕。推测其制作方法为先用阴线勾勒出轮廓，再将除轮廓外的部分打磨除去，降低底子。

以玉环 M10：156 为例（图 6.21），观察谷纹凸起部分的三维特征图，选取浮雕部分凸起顶端最高处至底子最低平台处的高度差为整体高度，凸起顶端最高处至底子次低平台处的高度差为一阶高度，最外圈圆环为直径。每件玉器随机选取 5 个谷纹测量，相应结果见表 6.11。4 件玉器的浮雕部分平均整体高度在 0.61 毫米—0.88 毫米之间，属于浅浮雕，其中玉环 M10：156 表面的谷纹高度差较大。谷纹平均直径均在 3.89 毫米—4.35 毫米之间。

每件玉器的谷纹直径尺寸相差不大，推测是先打稿后雕刻以控制每个谷纹尺寸大小均一。谷纹浮雕部分一阶高度与整体高度的比值反映出第一次减地的比例，比值越大说明第一次减地越少，经计算玉珩 M10∶96–1、M10∶96–2 和玉环 M10∶152 的比值在 0.68—0.71 之间，而玉环 M10∶156 的比值为 0.49，说明后者第一次减地较多，造型立体感更强。

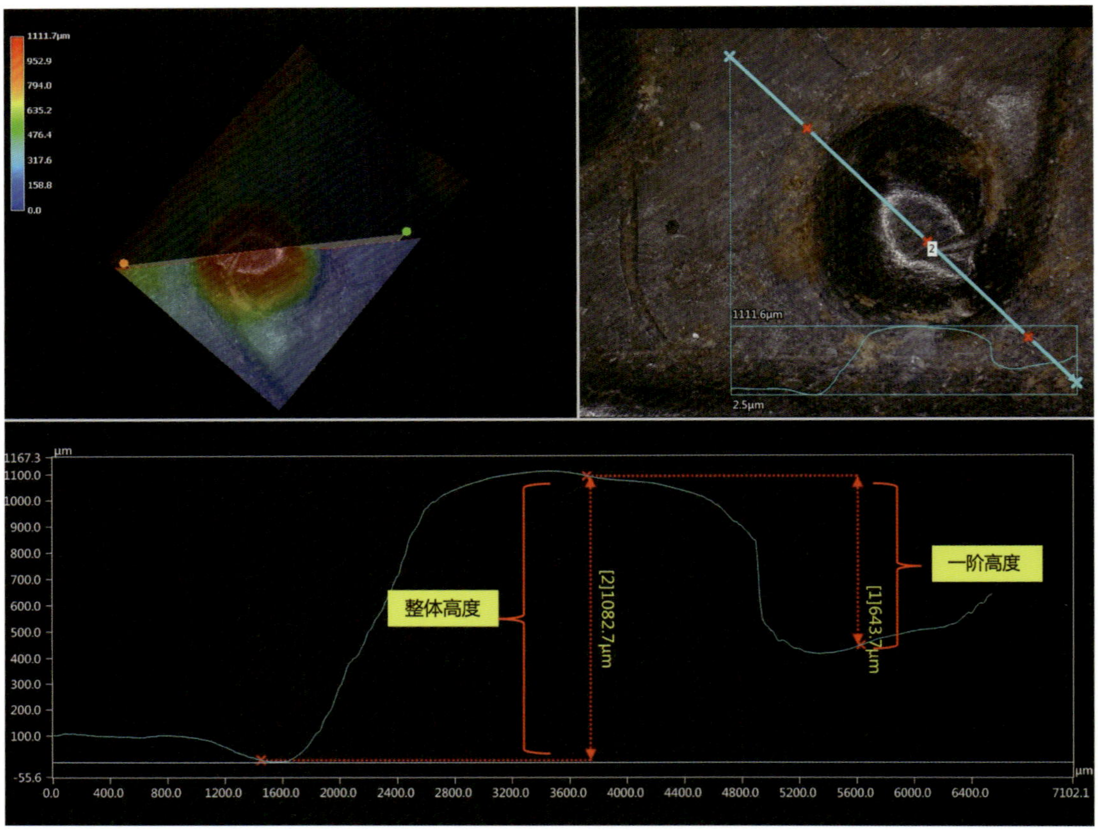


图 6.21　徐家岭墓地十号墓玉环 M10∶156 浅浮雕部分的三维特征图

## 表 6.11　徐家岭墓地十号墓玉器浮雕谷纹高度、直径测量结果（毫米）

| 标本号 | 最小一阶高度 | 最大一阶高度 | 平均一阶高度 | 最小整体高度 | 最大整体高度 | 平均整体高度 | 最小直径 | 最大直径 | 平均直径 |
|---|---|---|---|---|---|---|---|---|---|
| M10∶96–1 | 0.38 | 0.51 | 0.42 | 0.50 | 0.67 | 0.61 | 4.10 | 4.60 | 4.35 |
| M10∶96–2 | 0.35 | 0.45 | 0.41 | 0.53 | 0.63 | 0.58 | 3.93 | 4.45 | 4.20 |
| M10∶152 | 0.23 | 0.40 | 0.34 | 0.43 | 0.55 | 0.50 | 4.03 | 4.52 | 4.32 |
| M10∶156 | 0.40 | 0.47 | 0.43 | 0.76 | 1.03 | 0.88 | 3.81 | 3.96 | 3.89 |

## 七、材质与工艺的关系

通过对徐家岭墓地 M10 出土的 34 件玉器材质和加工工艺的关系总结（表 6.12）可知，这批玉器的材质以透闪石−阳起石质为主，共计 32 件，其中 6 件材质为阳起石，另外 26 件均为透闪石，另有 2 件白云母质玉器。这批玉器的器形涵盖玉环、玉璧、玉棒、玉珩和龙形玉佩，多为素面，部分玉器双面饰纹，纹饰造型精美繁复，采用砣具制作。玉器表面多有切割痕迹，切割工具为片状硬质工具或线锯；悬挂类钻孔多采用实心钻对钻，而直径较大的管钻钻具应用于环、璧类器物的中心开孔。此外，部分玉器还采用了斜刀、浅浮雕等复杂工艺。云母质玉器器形为玉璧和玉环，均为素面，因受沁脱落导致表面粗糙，中心大孔采用单面管钻钻孔制作。

综合上述结果分析可知，徐家岭墓地 M10 出土玉器的材质与器形之间无明显联系，透闪石−阳起石质玉料和云母质玉料均应用于礼器的制作中。但玉料材质可能影响到加工工艺的选择，云母质玉器均为素面，而部分软玉玉器表面雕琢有精美纹饰，推测该时期玉匠已能将不同矿物类型的玉料分门别类，采取不同的工艺进行加工。

### 表 6.12　徐家岭墓地十号墓典型玉器材质、工艺统计结果

| 标本号 | 器名 | 材质 | 阴刻工具 | 钻孔方式 | 钻具类型 | 其他工艺 |
|---|---|---|---|---|---|---|
| M10∶1 | 玉环 | 透闪石 | 无 | 单面钻孔 | 管钻 | 切割、打磨抛光 |
| M10∶2 | 玉环 | 透闪石 | 无 | 单面钻孔 | 管钻 | 切割、打磨抛光 |
| M10∶5 | 玉环 | 阳起石 | 无 | 单面钻孔 | 管钻 | 切割、打磨抛光 |
| M10∶6 | 龙形玉佩 | 透闪石 | 砣具、手持硬质工具 | 两面对钻 | 实心钻 | 切割、打磨抛光 |
| M10∶7 | 龙形玉佩 | 透闪石 | 砣具、手持硬质工具 | 两面对钻 | 实心钻 | 切割、打磨抛光 |
| M10∶30 | 玉环 | 透闪石 | 无 | 单面钻孔 | 管钻 | 打磨抛光 |

续表

| 标本号 | 器名 | 材质 | 阴刻工具 | 钻孔方式 | 钻具类型 | 其他工艺 |
|---|---|---|---|---|---|---|
| M10∶31 | 玉璧 | 透闪石 | 无 | 单面钻孔 | 管钻 | 切割、打磨抛光 |
| M10∶32 | 玉环 | 透闪石 | 砣具 | 单面钻孔 | 管钻 | 切割、打磨抛光、斜刀 |
| M10∶34 | 玉环 | 阳起石 | 无 | 单面钻孔 | 管钻 | 打磨抛光 |
| M10∶35 | 玉环 | 阳起石 | 无 | 单面钻孔 | 管钻 | 切割、打磨抛光 |
| M10∶36 | 玉环 | 透闪石 | 无 | 单面钻孔 | 管钻 | 切割、打磨抛光 |
| M10∶37 | 玉璧 | 白云母 | 无 | 单面钻孔 | 管钻 | 切割、打磨抛光 |
| M10∶38 | 玉珩 | 透闪石 | 无 | 两面对钻 | 实心钻 | 打磨抛光 |
| M10∶39 | 龙形玉佩 | 透闪石 | 砣具 | 两面对钻 | 实心钻 | 切割、打磨抛光 |
| M10∶40 | 玉棒 | 透闪石 | 无 | 两面对钻 | 实心钻 | 打磨抛光 |
| M10∶47 | 玉环 | 透闪石 | 无 | 单面钻孔 | 管钻 | 打磨抛光 |
| M10∶93 | 玉环 | 透闪石 | 砣具 | 单面钻孔 | 管钻 | 打磨抛光 |
| M10∶94−1 | 玉珩 | 阳起石 | 砣具 | 两面对钻 | 实心钻 | 切割、打磨抛光、斜刀 |
| M10∶94−2 | 玉珩 | 阳起石 | 砣具 | 两面对钻 | 实心钻 | 切割、打磨抛光、斜刀 |
| M10∶96−1 | 玉珩 | 透闪石 | 砣具 | 两面对钻 | 实心钻 | 切割、打磨抛光、浅浮雕 |
| M10∶96−2 | 玉珩 | 透闪石 | 砣具 | 两面对钻 | 实心钻 | 切割、打磨抛光、浅浮雕 |
| M10∶148 | 玉珩 | 透闪石 | 无 | 两面对钻 | 实心钻 | 切割、打磨抛光 |
| M10∶149 | 玉珩 | 透闪石 | 无 | 两面对钻 | 实心钻 | 切割、打磨抛光 |
| M10∶150 | 玉环 | 白云母 | 无 | 单面钻孔 | 管钻 | 打磨抛光 |
| M10∶151 | 玉璧 | 透闪石 | 无 | 单面钻孔 | 管钻 | 切割、打磨抛光 |
| M10∶152 | 玉珩 | 阳起石 | 砣具、手持硬质工具 | 两面对钻 | 实心钻 | 切割、打磨抛光、浅浮雕 |

续表

| 标本号 | 器名 | 材质 | 阴刻工具 | 钻孔方式 | 钻具类型 | 其他工艺 |
|---|---|---|---|---|---|---|
| M10∶153 | 玉璧 | 透闪石 | 无 | 单面钻孔 | 管钻 | 切割、打磨抛光 |
| M10∶154 | 玉环 | 透闪石 | 无 | 单面钻孔 | 管钻 | 切割、打磨抛光 |
| M10∶155 | 玉环 | 透闪石 | 无 | 单面钻孔 | 管钻 | 切割、打磨抛光 |
| M10∶156 | 玉环 | 透闪石 | 砣具、手持硬质工具 | 单面钻孔 | 管钻 | 切割、打磨抛光、浅浮雕 |
| M10∶157 | 玉璧 | 透闪石 | 无 | 单面钻孔 | 管钻 | 切割、打磨抛光 |
| M10∶159 | 玉环 | 透闪石 | 无 | 单面钻孔 | 管钻 | 切割、打磨抛光 |
| M10∶171 | 玉环 | 透闪石 | 无 | 单面钻孔 | 管钻 | 切割、打磨抛光 |
| M10∶176 | 玉璧 | 透闪石 | 无 | 单面钻孔 | 管钻 | 切割、打磨抛光 |

## 第四节　新郑地区出土东周玉器

本节选取了新郑地区出土的部分东周玉器，典型玉器照片如图 6.22 所示，分别从阴刻、钻孔、减地、镂空和其他方面展开对东周时期玉器加工工艺的探究。

### 一、阴刻工艺

对新郑 9 件刻有纹饰的玉器进行阴刻工艺分析，根据阴刻线的特点可大致分为两类。第一类以玉饰 HNXYS-2 为代表，从图 6.23a 中可以看出阴线连续性较好，长直处宽度几乎没有变化，转弯时略微变宽，末梢尖锐且有变浅趋势。放大至 200 倍可见转弯处有明显放射状歧出（图 6.23b），表明加工时添加了解玉砂。当运动方向改变时，附着的解

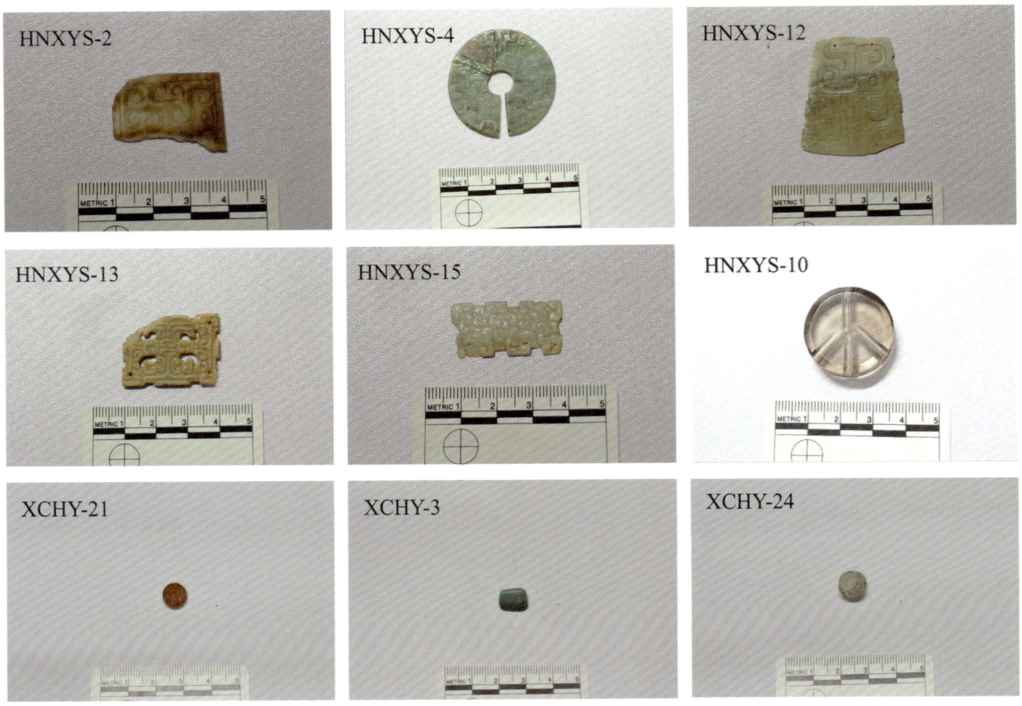


图 6.22　新郑地区出土的东周典型玉器

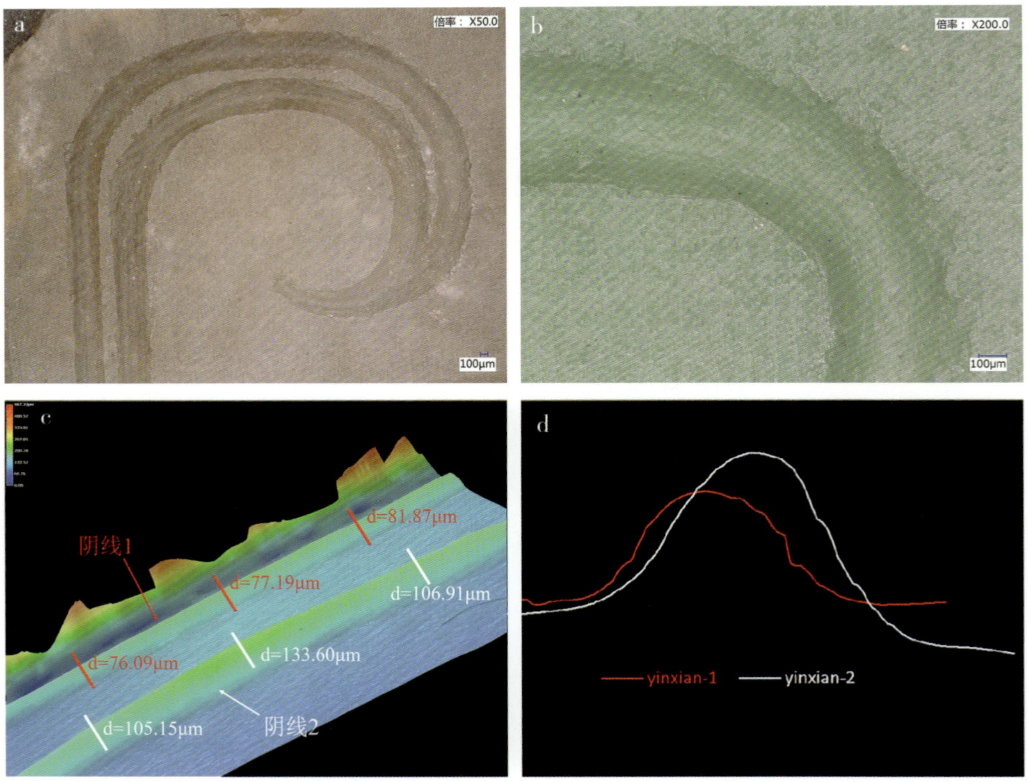


图 6.23　玉饰 HNXYS-2 表面阴刻纹饰的微痕显微图
a—b. 平面图　c. 印模三维深度图　d. 阴线截面轮廓图

玉砂由于惯性作用会在玉器表面形成这种放射状歧出[12]。观察硅胶印模三维深度图像的截面图（图 6.23c），底部长直处颜色基本不变，说明其底部平直，深度较为一致；而较短的弧形刻线，底部中间位置颜色明显变深，表明中间为略凹的弧形槽底（印模显示为弧形凸脊），刻痕截面均呈下凹弧形（图 6.23d），与砣刻阴线特征较为一致。砣刻阴线微痕主要在透闪石质玉饰 HNXYS-2、玉饰 HNXYS-12、玉饰 HNXYS-15 和云母质玉玦 HNXYS-4 上出现。

第二类典型代表玉器如玉饰 HNXYS-13，从图 6.24a 上可以看出刻痕宽度变化稍大，凹槽底部和减地斜面凹凸不平，放大至 150 倍（图 6.24b），阴线底部呈现多次刻画的痕

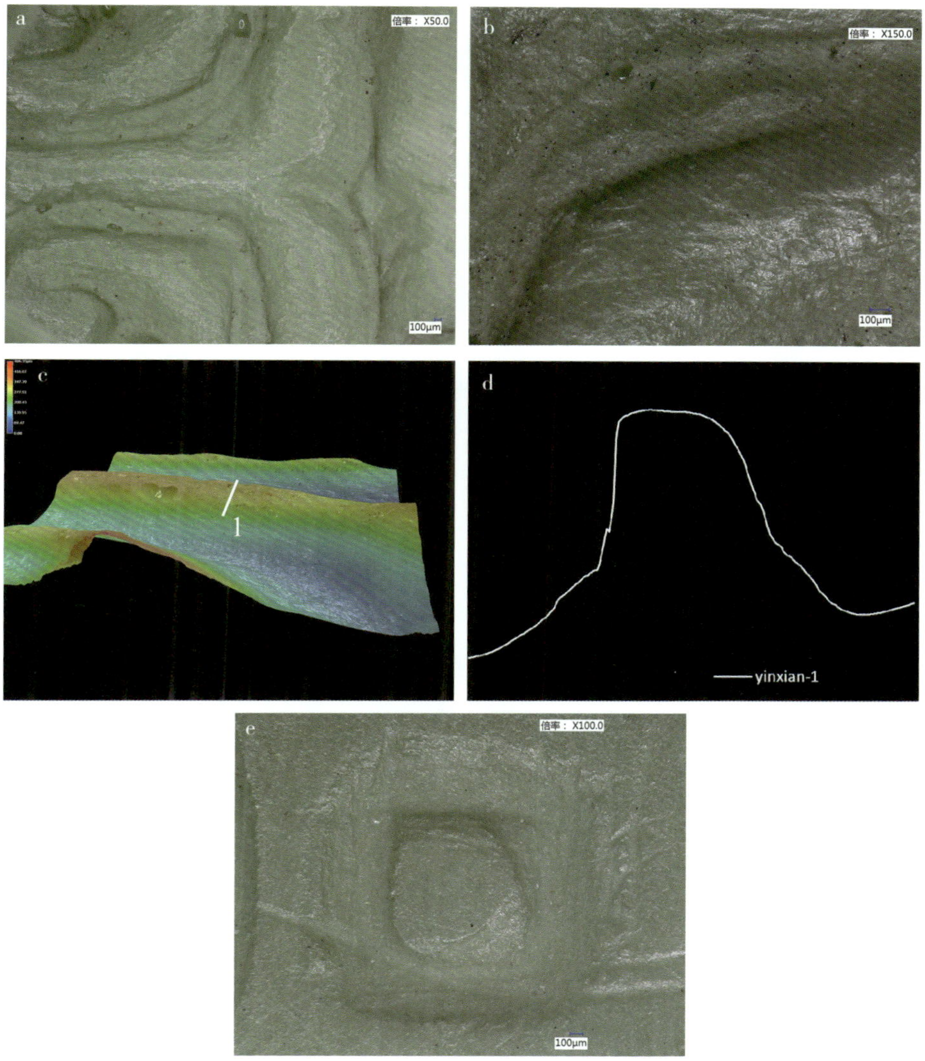


图 6.24　新郑东周玉器手持硬质工具刻画的阴线微痕显微图
a—b. 玉饰 HNXYS-13 阴线平面图　c. 玉饰 HNXYS-13 印模三维深度图
d. 玉饰 HNXYS-13 阴线截面轮廓图　e. 玉玦 HNXYS-4 阴线平面图

迹。观察刻痕侧面特征（图 6.24c），颜色的变化显示出其底部起伏不平，没有下凹弧形特征，且阴线截面轮廓底部平直（图 6.24d），与第一类刻痕的下凹特征明显不同。这些微痕特征说明阴线应为手持尖刃工具刻画而成。滑石质玉饰 HNXYS-13、玉饰 HNXYS-14、玉饰 HNXYS-16、玉柱 HNXYS-18 及玉箫 XCHY-8 表面均有此类微痕。此外，在云母质玉玦 HNXYS-4 部分阴线底部也观察到较明显的多次无序刻画的痕迹（图 6.24e），且刻痕宽度比纹饰阴线宽度窄得多，推测采用了手持式硬质工具对阴线进行二次修整。

较为特殊的是，玉饰 HNXYS-12 表面有两组阴刻特征存在差异的蟠螭纹。一组刻痕连续性好，基本无间断点（图 6.25a）；另一组连续性差（图 6.25b），部分刻痕由多段短线交叠而成。放大至 100 倍观察，均有两头尖浅、中间宽深的特征（图 6.25c），且观察到其截面有明显下凹弧形特征，说明两组纹饰均为砣具加工。推测造成差异的原因与工匠治玉水平有关，可能是由同一时期治玉水平不同的玉工分别制作，或者是在不同时期

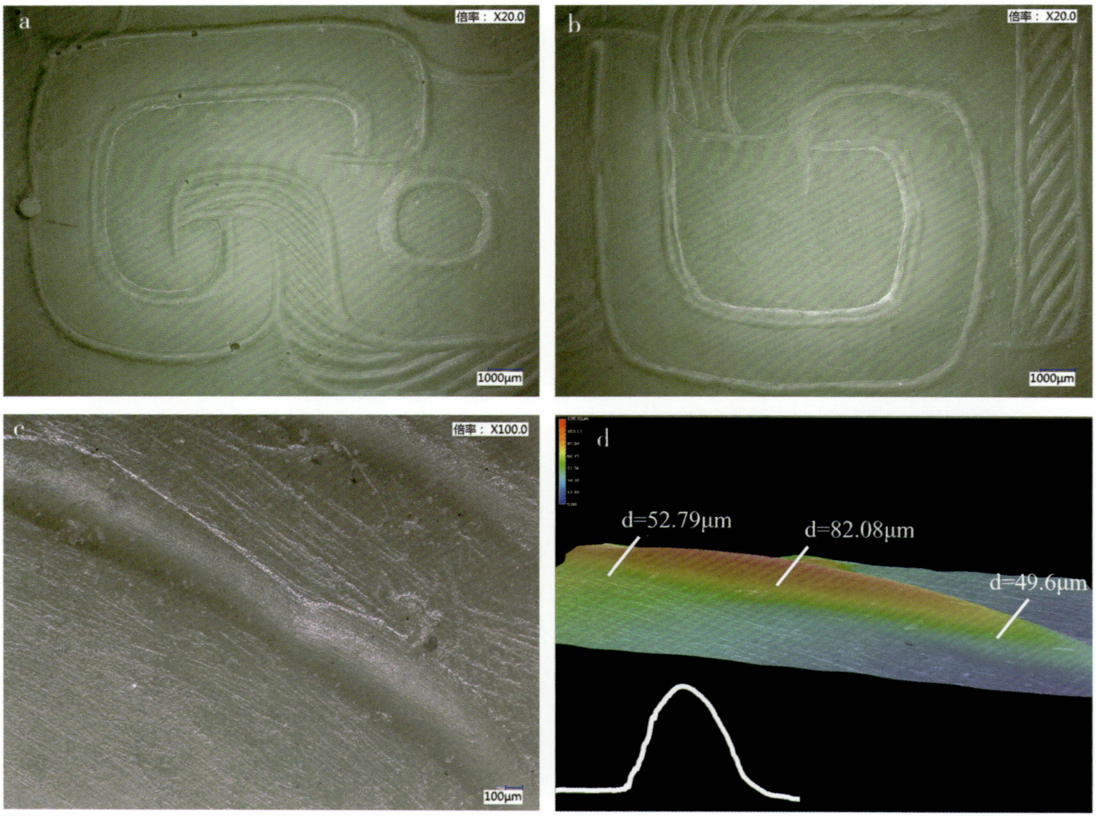


图 6.25　玉饰 HNXYS-12 两组不同特征的阴刻纹饰
a. A 组纹饰　b. B 组纹饰　c. B 组纹饰细节放大图
d. B 组纹饰印模三维深度图及截面轮廓图

雕琢完成。

对两类阴线的宽度和深度进行测量，结果见表 6.13。从宽度上来看，砣刻阴线刻痕普遍较细，宽度较均匀，平均宽度在 0.5 毫米以内，说明所用砣具的刃口非常窄薄。手持式硬质工具加工的阴线宽度变化较大，约为 0.34 毫米—1.01 毫米。从深度上来看，砣刻阴线深度变化较均匀，且相对较浅，均在 0.15 毫米以内，云母质玉器刻痕深度大于透闪石质玉器。手持式硬质工具加工的阴线多见于滑石类玉器，深度变化范围较大，在 0.03 毫米—0.38 毫米之间，除 XCHY-8 刻痕深度较浅外，其余玉器刻痕均比透闪石和云母更深。从该批玉器综合性结果可看出，阴线深度呈现玉料硬度越大阴线深度越浅的趋势。

**表 6.13　新郑东周玉器砣刻阴线宽度测量结果（毫米）**

| 测试编号 | 最大宽度 | 最小宽度 | 平均宽度 | 最大深度 | 最小深度 | 平均深度 |
|---|---|---|---|---|---|---|
| HNXYS-2 | 0.54 | 0.39 | 0.42 | 0.13 | 0.08 | 0.11 |
| HNXYS-12 | 0.43 | 0.34 | 0.38 | 0.10 | 0.07 | 0.09 |
| HNXYS-15 | 0.40 | 0.35 | 0.38 | — | — | — |
| HNXYS-4 | 0.62 | 0.47 | 0.51 | 0.19 | 0.10 | 0.15 |
| HNXYS-13 | 0.92 | 0.43 | — | 0.38 | 0.17 | — |
| HNXYS-16 | 1.01 | 0.40 | — | 0.25 | 0.22 | — |
| HNXYS-14 | 0.95 | 0.34 | — | 0.35 | 0.18 | — |
| XCHY-8 | 0.77 | 0.39 | — | 0.15 | 0.03 | — |

## 二、钻孔工艺

通过对 18 件玉器的穿孔进行微痕观察，发现其加工方式有单面钻孔和两面（多面）钻孔两种。如图 6.26a—图 6.26c，玉饰 HNXYS-12 背面开孔痕迹明显，而正面没有钻孔痕迹，玉饰HNXYS-14穿孔笔直，孔壁内没有对钻时留下的台阶痕，这些均符合单面钻孔方式的典型微痕特征，玉玦HNXYS-4也具有相似特点。其余玉器均为两面对钻，典型微痕如图6.26d—图6.26f，玉饰HNXYS-15钻孔处的硅胶印模显示其穿孔为两孔对接而成。透明的水晶质器物可直接观察孔道形态，如水晶珠HNXYS-10和水晶饰HNXYS-8，孔道特征表明连通处有轻微错位，反映此类钻孔也为两面（多面）钻孔方式。

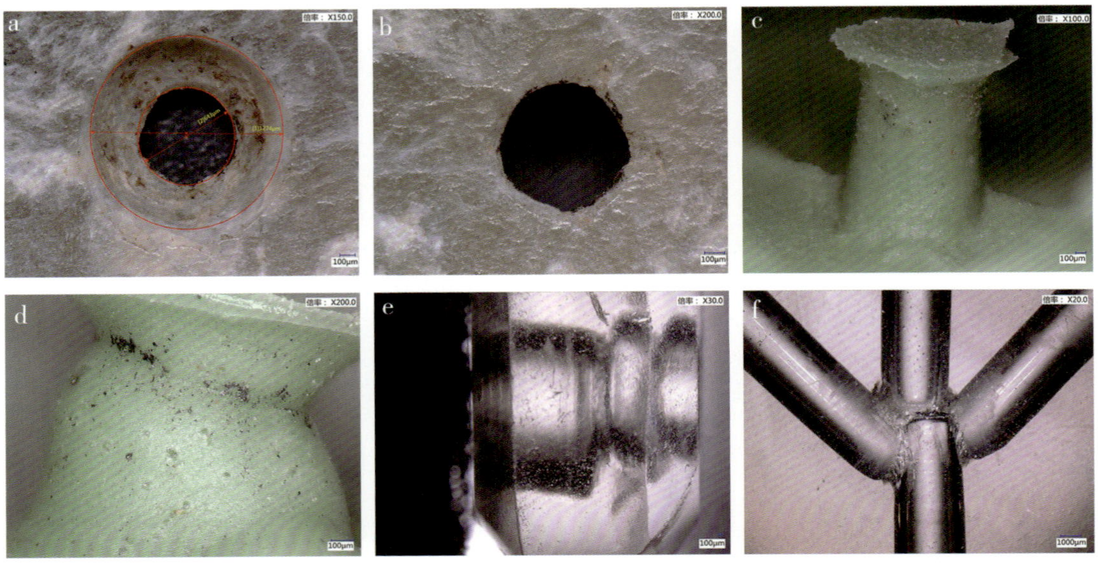


图6.26　新郑东周玉器钻孔方式微痕特征显微图
a—b. 玉饰HNXYS-12　c. 玉饰HNXYS-14　d. 玉饰HNXYS-15　e. 水晶珠HNXYS-10　f. 水晶饰HNXYS-8

图6.27为实心钻工具加工的典型微痕特征。从图中可以看出，玉饰HNXYS-15、玉玦XCHY-3、玉饰HNXYS-13和玉珠XCHY-25的穿孔均呈现典型锥形，符合实心钻工具加工的特点。结合孔壁内微痕来看，玉饰HNXYS-13孔壁粗糙，圆周状沟槽十分明显，而玉饰HNXYS-15、玉玦XCHY-3和玉珠XCHY-25的孔壁相对光滑，少见圆周状沟槽，因此推测玉饰HNXYS-13采用了实心钻直接加工，而另外3件的穿孔为实心钻添加解玉砂工艺而成。结合其他玉器的微痕特征来看，玉饰HNXYS-12、玉饰HNXYS-2、玉柱HNXYS-18、玉箫XCHY-8、玉饰XCHY-36和玉珠XCHY-24采用了实心钻添加解玉砂加工，而玉饰HNXYS-16采用实心钻直接加工。

图 6.27　新郑东周玉器实心钻微痕特征显微图
a—b. 玉饰 HNXYS-15　c—d. 玉玦 XCHY-3　e—f. 玉饰 HNXYS-13　g—h. 玉珠 XCHY-25

如图 6.28 所示，玉玦 HNXYS-4 玦孔内壁陡直，玉饰 HNXYS-14、玉珠 XCHY-21 及玉珠 HNXYS-10 穿孔部分硅胶印模呈圆柱形，为管钻工具加工穿孔的典型特征，玉珠 HNXYS-6、玉珠 XCHY-20 和水晶饰 HNXYS-8 均属于此类。从图 6.28d 还可以看出，玉珠 HNXYS-10 孔壁有环形凸出，可能是由钻孔时钻头晃动所致。俯瞰穿孔底部（图 6.29），发现底部有一圈环形痕迹，反映出管钻钻头的形状，测量环形宽度约为 0.30 毫米，说明管钻所钻孔采用的钻头具有很薄的钻壁。环形痕迹内部还有明显自然崩缺纹理，这是去除管钻内芯时留下的。

18 件玉器孔径测量结果见表 6.14。从实心钻工具加工穿孔的孔径来看，片饰穿孔尺寸较小，基本都在 2 毫米以内；珠饰穿孔相比片饰大，在 2.40 毫米—2.80 毫米之间；大尺寸玉柱穿孔较大，孔径约为 7 毫米。这说明用于加工这批东周玉器的实心钻头尺寸至少有三种规格。从管钻工具加工穿孔的孔径来看，管钻工具也具备多种规格，小的在 1.40 毫米—4.10 毫米之间（片饰和珠饰），大的可达 8.70 毫米、38.90 毫米（玉玦中心

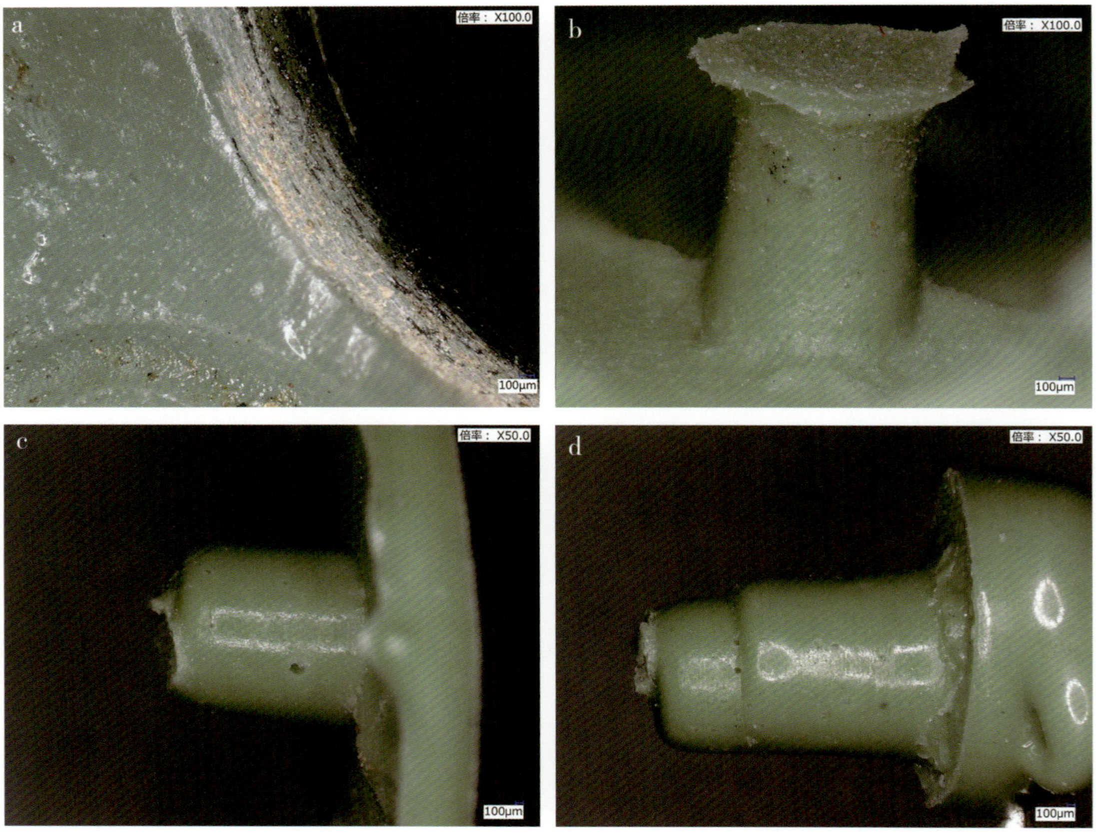


图 6.28　新郑东周玉器管钻工艺微痕特征显微图
a. 玉玦 HNXYS-4　b. 玉饰 HNXYS-14　c. 玉珠 XCHY-21　d. 玉珠 HNXYS-10

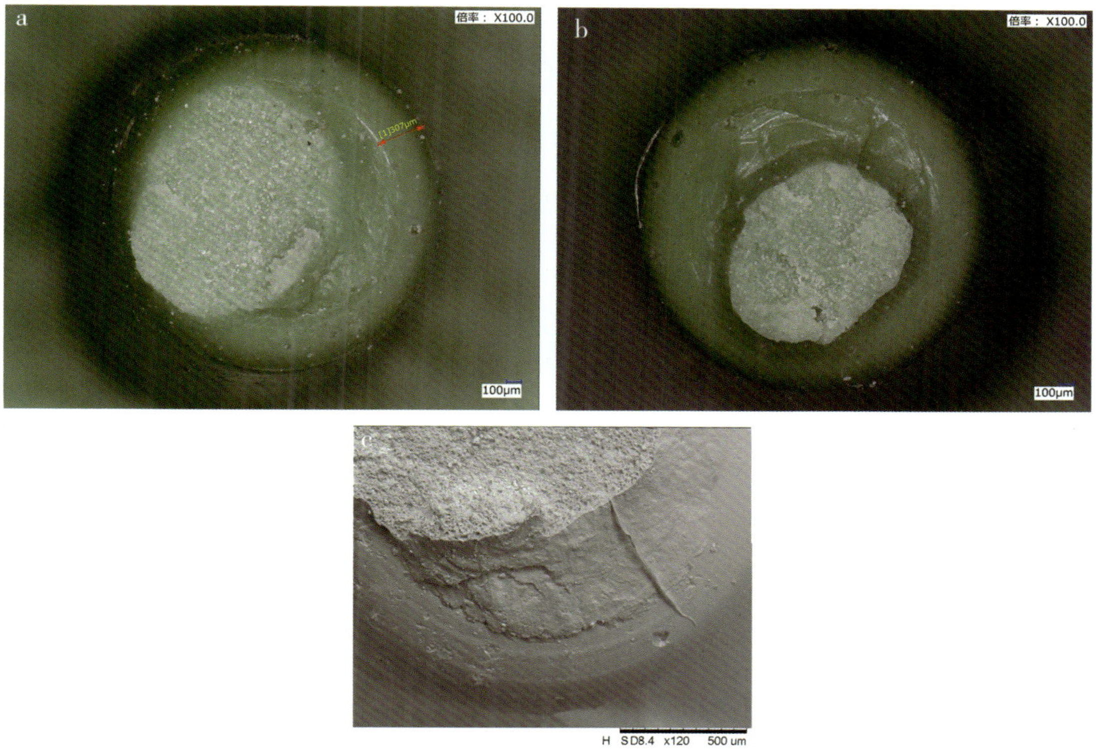


图 6.29　新郑东周玉器穿孔底部微痕光学显微图和 SEM 图
a、c. 玉珠 XCHY-21　b. 玉珠 HNXYS-10

部分）。综合该批玉器信息，可以推断东周时期的钻孔技术已经成熟，玉匠能针对不同器形的玉器采用不同的钻孔工艺，且每种工艺所使用的钻头也具备了不同的规格。

## 表 6.14　新郑东周玉器钻孔孔径测量结果（毫米）

| 测试编号 | 孔 1 | 孔 2 | 孔 3 | 孔 4 | 平均孔径 |
|---|---|---|---|---|---|
| XCHY-8 | 1.02 | 1.10 | 1.09 | 1.15 | 1.09 |
| HNXYS-12 | 1.07 | 1.27 | — | — | 1.17 |
| HNXYS-15 | 1.49 | 1.57 | 1.50 | 1.44 | 1.50 |
| HNXYS-2 | 1.60 | 1.54 | — | — | 1.57 |
| HNXYS-16 | 2.04 | 2.05 | — | — | 2.05 |
| HNXYS-13 | 2.07 | 2.09 | — | — | 2.08 |

续表

| 测试编号 | 孔 1 | 孔 2 | 孔 3 | 孔 4 | 平均孔径 |
|---|---|---|---|---|---|
| XCHY−3 | 2.62 | 2.10 | — | — | 2.36 |
| XCHY−24 | 2.71 | 2.69 | — | — | 2.70 |
| XCHY−25 | 2.83 | 2.80 | — | — | 2.82 |
| XCHY−36 | 2.83 | — | — | — | 2.83 |
| HNXYS−18 | 6.97 | — | — | — | 6.97 |
| HNXYS−14 | 1.41 | — | — | — | 1.41 |
| XCHY−20 | 2.43 | 2.41 | — | — | 2.42 |
| XCHY−21 | 2.56 | 2.40 | — | — | 2.48 |
| HNXYS−10 | 2.59 | 2.63 | — | — | 2.61 |
| HNXYS−8 | 3.84 | 3.83 | 3.86 | 3.91 | 3.86 |
| HNXYS−6 | 4.05 | 4.09 | — | — | 4.07 |
| HNXYS−4 | 8.70 | 38.90 | — | — | 23.80 |

## 三、减地工艺

减地工艺是东周时期常见的用于营造立体视觉效果的工艺，我们观察到的减地工艺包括斜刀工艺（HNXYS−2、HNXY−14、XCHY−8）、浅浮雕工艺（HNXYS−15、HNXYS−16）等。

斜刀工艺，又称“一面坡”[13]，是西周时期流行的一种特殊工艺，在部分东周玉器上也有所表现，在双阴线内侧以减地方式磨出斜面，通过光影的配合，给人一种近似立体半浮雕的视觉效果（图 6.30）。如图 6.30d 所示，HNXYS−2 斜面平整光滑，推测所使用的加工工具为砣具。与 HNXYS−2 相比，HNXYS−14 和 XCHY−8 斜面较为粗糙，表面起伏不平，XCHY−8 的斜面还可见长条状凸脊与凹洼，推测采用了手持工具进行加工。从图 6.30f 还可看出，XCHY−8 斜刀面上留有两处明显垂直加工方向的痕迹，推测为加工时的收刀点，从其形状可判断玉匠所使用的工具可能为短边刃片状工具，经过测量刃宽约为 1.30 毫米。

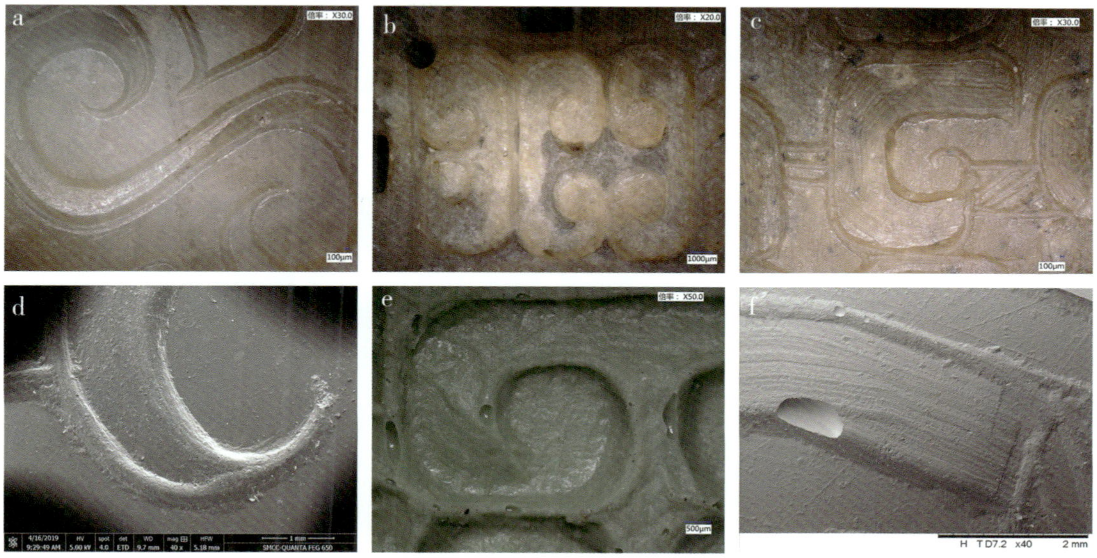

图 6.30 新郑东周玉器斜刀工艺微痕光学显微图及 SEM 图
a、d. 玉饰 HNXYS-2 b. 玉饰 HNXYS-14 c、f. 玉箫 XCHY-8 e. 玉饰 HNXYS-14

对玉饰 HNXYS-2 砣刻斜刀面的角度进一步分析，其测量结果如图 6.31。不同斜刀面测量得到的倾斜角度具有较大差异（9° 和 16° ），这说明用于玉饰 HNXYS-2 斜刀处的加工工具不是工作面为斜面的砣具，而可能采用了普通的平面砣具手动倾斜玉器来加工。

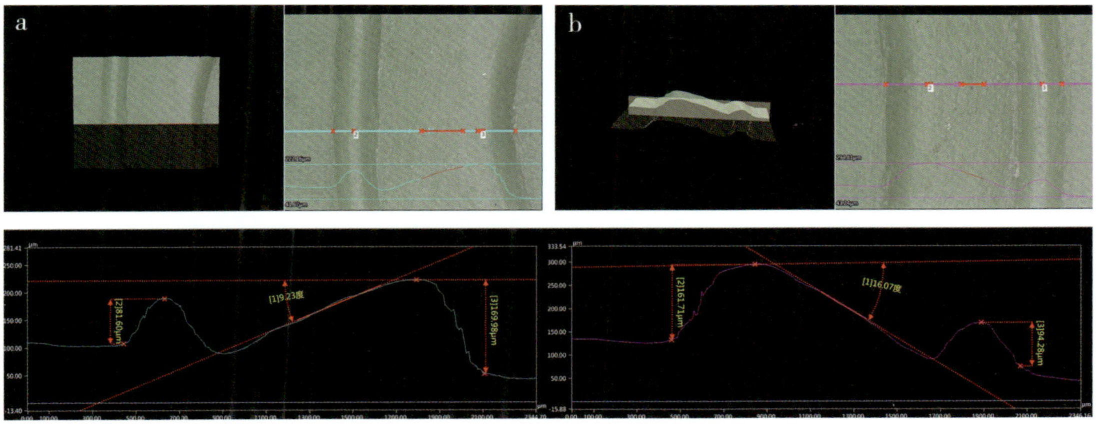

图 6.31 玉饰 HNXYS-2 斜刀面倾斜角度测量结果

浅浮雕工艺是在平面上雕刻出凹凸起伏形象的一种工艺，东周时颇为兴盛，在这批玉器中共观察到剔地浅浮雕和阳线浮雕两种不同类型的浮雕工艺。如图 6.32a 所示，玉饰 HNXYS-15 表面纹饰由阴线刻出轮廓后，将除纹饰以外的部分均通过减地打磨，使地子整体减低，从而突出了纹饰，此为剔地浅浮雕的典型特征。阳线浮雕则是将阴线两侧打磨成斜面，如图 6.32b 所示，玉饰 HNXYS-13 玉器表面纹饰在光的反射下，即使平面图形也具有立体感。类似的工艺特征在玉饰 HNXYS-16 上也有发现。

图 6.32　新郑东周玉器浅浮雕工艺微痕特征 3D 显微图
a. 玉饰 HNXYS-15　b. 玉饰 HNXYS-13

## 四、镂空工艺

玉饰 HNXYS-13（图 6.33）和玉饰 HNXYS-16 表面有多处逗号形镂空纹饰。其中，

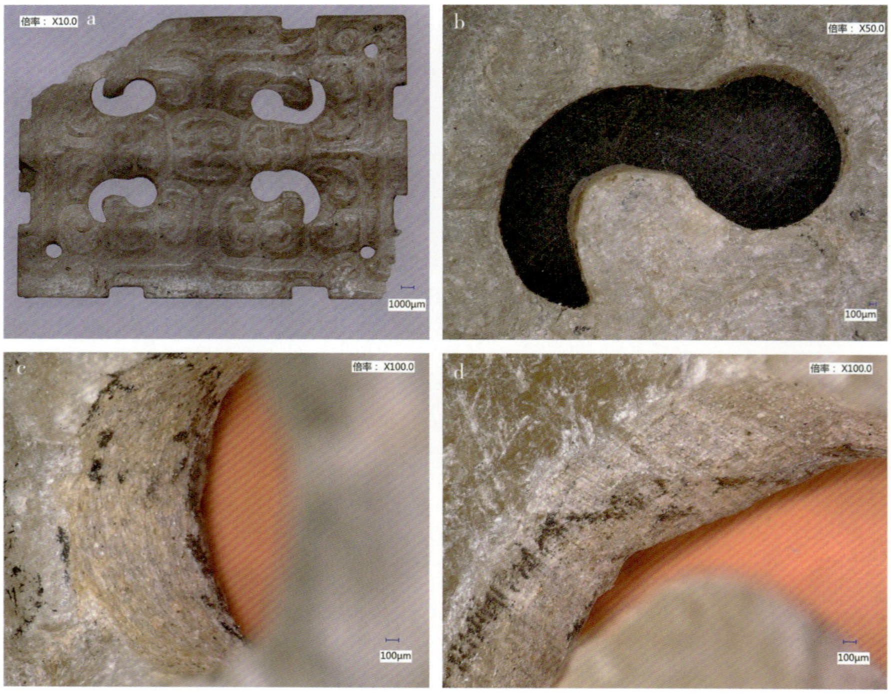


图 6.33　玉饰 HNXYS-13 镂空工艺微痕特征显微图

圆形孔孔壁陡直，孔径约为2.67毫米，符合管钻微痕特征（图6.33c）；弯钩部分孔壁布满了竖直条纹（图6.33d），为柔性线切割技术加工，推测采用线锯加工而成，镂空纹饰的加工工序可能是先用管钻工具钻出一个孔，再以线锯切割成弯钩状。

## 五、其他工艺

除上述加工工艺外，研究选取的18件玉器还使用了切割和打磨抛光等加工工艺，其典型微痕特征见图6.34。图6.34a中玉珠HNXYS-15背面（红色箭头处）及图6.34b

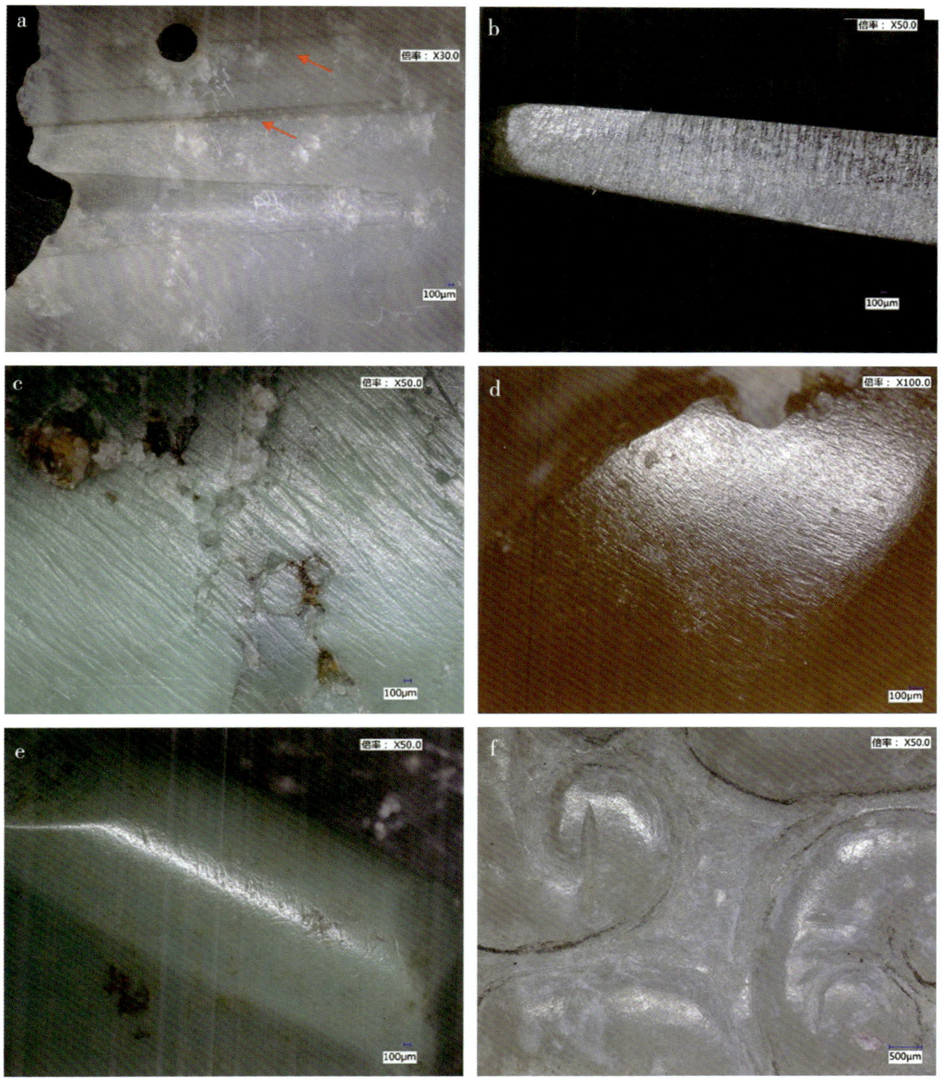


图6.34　新郑东周玉器其他工艺微痕特征显微图
a. 玉珠HNXYS-15　b. 玉玦 HNXYS-4　c. 绿松石珠 XCHY-36
d. 玉珠 XCHY-21　e. 绿松石珠 XCHY-3　f. 水晶环 HNXYS-5

中玉玦 HNXYS−4 玦口处有明显切割痕，对比分析可知，玉珠 HNXYS−15 的切割线十分平直，而玉玦 HNXYS−4 的切割痕在两端末梢处呈弧形。这两种切割痕的特征分别与片切割及线切割的微痕特征基本一致[14]。图 6.34c—图 6.34f 为玉器表面不同程度的打磨抛光痕迹。绿松石珠 XCHY−36 表面的磨痕深刻，而玉珠 XCHY−21、绿松石珠 XCHY−3 和水晶环 HNXYS−5 的磨痕相对较浅，且已经具备光泽度，其打磨抛光程度较高。

## 六、材质与工艺的关系

在选取的 18 件新郑出土的东周时期玉器中，有 3 件水晶、2 件玛瑙、3 件透闪石、2 件绿松石、2 件方解石、1 件云母和 5 件滑石。各自所采用的部分加工工艺总结如表 6.15。

水晶和玛瑙材质玉器硬度高，莫氏硬度为 7，以珠和环等器形为主，表面无任何纹饰。珠饰钻孔时均采用了管钻加解玉砂工艺，主要的钻孔方式为两面（多面）钻孔。

### 表 6.15 新郑东周玉器材料属性、工艺总结

| 编号 | 材质 | 器形 | 莫氏硬度 | 阴刻工艺 | 钻孔方式 | 钻孔工艺 | 其他工艺 |
|---|---|---|---|---|---|---|---|
| HNXYS−6 | 水晶 | 珠饰 | 7 | 无 | 两面对钻 | 管钻 + 解玉砂 | 切割、琢型、抛光 |
| HNXYS−8 | 水晶 | 珠饰 | 7 | 无 | 多面钻孔 | 管钻 + 解玉砂 | 切割、琢型、抛光 |
| HNXYS−10 | 水晶 | 珠饰 | 7 | 无 | 两面对钻 | 管钻 + 解玉砂 | 切割、琢型、抛光 |
| XCHY−21 | 玛瑙 | 珠饰 | 7 | 无 | 两面对钻 | 管钻 + 解玉砂 | 切割、琢型、抛光 |
| XCHY−22 | 玛瑙 | 珠饰 | 7 | 无 | 两面对钻 | 管钻 + 解玉砂 | 切割、琢型、抛光 |

续表

| 编号 | 材质 | 器形 | 莫氏硬度 | 阴刻工艺 | 钻孔方式 | 钻孔工艺 | 其他工艺 |
|---|---|---|---|---|---|---|---|
| HNXYS-2 | 透闪石 | 片饰 | 5—6 | 砣具 + 解玉砂 | 两面对钻 | 实心钻头 + 解玉砂 | 斜刀（砣具加工） |
| HNXYS-12 | 透闪石 | 片饰 | 5—6 | 砣具 + 解玉砂 | 单面钻孔 | 实心钻头 + 解玉砂 | |
| HNXYS-15 | 透闪石 | 片饰 | 5—6 | 砣具 + 解玉砂 | 两面对钻 | 实心钻头 + 解玉砂 | 剔地浅浮雕、抛光 |
| XCHY-3 | 绿松石 | 珠饰 | 5—6 | 无 | 两面对钻 | 实心钻头 + 解玉砂 | 切割、琢型、抛光 |
| XCHY-36 | 绿松石 | 珠饰 | 5—6 | 无 | 两面对钻 | 实心钻头 + 解玉砂 | 切割、琢型、抛光 |
| XCHY-24 | 方解石 | 珠饰 | 3 | 无 | 两面对钻 | 实心钻头 + 解玉砂 | 切割、琢型、抛光 |
| XCHY-25 | 方解石 | 珠饰 | 3 | 无 | 两面对钻 | 实心钻头 + 解玉砂 | 切割、琢型、抛光 |
| HNXYS-4 | 云母 | 玉玦 | 2—3 | 砣具 + 解玉砂、手持硬质工具 | 单面钻孔 | 管钻 + 解玉砂 | 线切割 |
| HNXYS-13 | 滑石 | 片饰 | 1 | 手持硬质工具 | 两面对钻 | 实心钻头 | 镂空、阳线浮雕 |
| HNXYS-14 | 滑石 | 片饰 | 1 | 手持硬质工具 | 单面钻孔 | 管钻 + 解玉砂 | 斜刀、剔地浅浮雕 |
| HNXYS-16 | 滑石 | 片饰 | 1 | 手持硬质工具 | 两面对钻 | 实心钻头 | 镂空、阳线浮雕 |
| XCHY-8 | 滑石 | 片饰 | 1 | 手持硬质工具 | 两面对钻 | 实心钻头 + 解玉砂 | 斜刀（手持工具加工） |
| HNXYS-18 | 滑石 | 玉柱 | 1 | 手持硬质工具 | 未钻穿 | 实心钻头 + 解玉砂 | |

透闪石质玉器以玉片饰为主，单面纹饰，莫氏硬度为5—6，虽硬度不及水晶，但普通铁质或铜质工具都无法对其进行直接加工，需配合硬度高的解玉砂进行雕刻。砣具的旋转速度带动解玉砂高速向前运动，能在表面刻出流畅的阴刻线。因此，此类材质均采用砣刻工艺配合解玉砂来加工玉器表面纹饰。钻孔方式有单面钻孔和两面对钻两种，均采用了实心钻头配合解玉砂的工艺进行加工。同时，透闪石玉质较好、价值较高，通常还结合斜刀、剔地浅浮雕和抛光等复杂工艺使纹饰更加生动，充分发挥玉料的价值。斜刀工艺通常采用砣具加工。

绿松石和方解石质玉器莫氏硬度分别为5—6和3，器形以珠饰为主，方解石质玉器虽然还有玦、圭和柱等器形，但均为素面。穿孔主要采用实心钻添加解玉砂进行加工，钻孔方式为两面对钻。

云母质玉器莫氏硬度约2—3，表面纹饰兼用了砣具添加解玉砂的工艺和手持硬质工具加工工艺。对云母质玉玦HNXYS-4进行研究时发现，加工微痕特征表明采用了管钻工具，钻孔方式为单面钻孔。这说明玉器的加工工艺不仅与材料属性有关，还与玉器器形有一定联系。

滑石莫氏硬度为1，质地较软，普通工具就能直接在表面刻出阴线。滑石类玉器以玉片饰为主，部分玉片单面雕有纹饰，且纹饰均采用手持工具进行加工。穿孔采用了两面对钻和单面钻孔两种方式，两面对钻的穿孔使用了实心钻头工具，而单面钻孔的穿孔则采用了管钻工艺。由于质地较软，斜刀、镂空和阳线浮雕等一些复杂的工艺在滑石上也比较容易实现，斜刀工艺主要采用手持式工具完成。

上述分析表明，当时玉匠根据玉器材料属性的不同，会选择不同的阴刻工艺、钻孔工具和其他相关的治玉工艺，说明了玉器材料属性与治玉工艺之间是存在一定联系的，进一步反映了东周时期治玉工艺趋于成熟。

## 第五节　淅川下寺墓地石髓管制作工艺

淅川下寺墓地除了精美的玉器，还出土了5件石髓管（图6.35。见彩版七三，1、2、5、6；彩版七八，2），分别来自两座春秋晚期前段（前620年—前476年）的大型墓M1和M2，均呈枣核状（腰鼓状），中心有孔。其中石髓管M1∶89，长3.50 厘米，腹径0.75 厘米，两端黑色，中间为棕褐色和乳白色相间彩条纹；石髓管M1∶91，长2.15 厘米，腹径0.80 厘米，两端棕褐色，中间为乳白色；石髓管M1∶118，长1.60 厘米，腹径0.60 厘米，一端为棕褐色，另一端有5条棕白色相间彩纹；石髓管M1∶119，长1.60 厘米，腹径0.45厘米，橘黄色，间有白色条纹，一面残；石髓管M2:262，长1.90 厘米，腹径0.45 厘米，橘红色，中间有3圈白色条纹。由前文（第五章第三节）共焦显微拉曼仪和pXRF分析可知，这5件石髓管的主要化学成分均为$SiO_2$，主要物相为石英。为揭示这5件石髓管的制作工艺，采用OCT以及多光谱成像系统对其进行深入分析。

图6.35　淅川下寺墓地M1、M2出土石髓管

## 一、内部物理结构特征

采用 OCT 成像系统对 M1 出土的 4 件石髓管进行分析，分析结果见图 6.36。棕白色条纹石髓管 M1 : 89 的白色部位对光的散射明显比棕色部位强，呈半圆形，最深处约 0.50 毫米。从 OCT 图像的纹理特征看，白色打破了棕色的纹理，白色部位应该是材料被改性之后，导致散射增强。而棕白色条纹石髓管 M1 : 91 整体对光的散射和吸收衬度基本一致，未见纵向纹理被打破的痕迹。棕色和白色部位区别不明显，与石髓管 M1 : 89 的棕色部位相似。另一件棕白色石髓管 M1 : 118，一半以棕色为主，一半以白色为主，从 OCT 二维图像上看，白色部位对光的散射略强于棕色为主的部位，且白色部位中无机分散着一些细小的散射颗粒，但白色和棕色部位的纵向纹理没有明显的被打破迹象。橙白色石髓管 M1 : 119 的白色部位对光的散射强于橙色部位，且橙色部位中夹杂有明显的散射颗粒，但棕色和白色的纵向纹理都非常清晰，无明显的被打破痕迹。

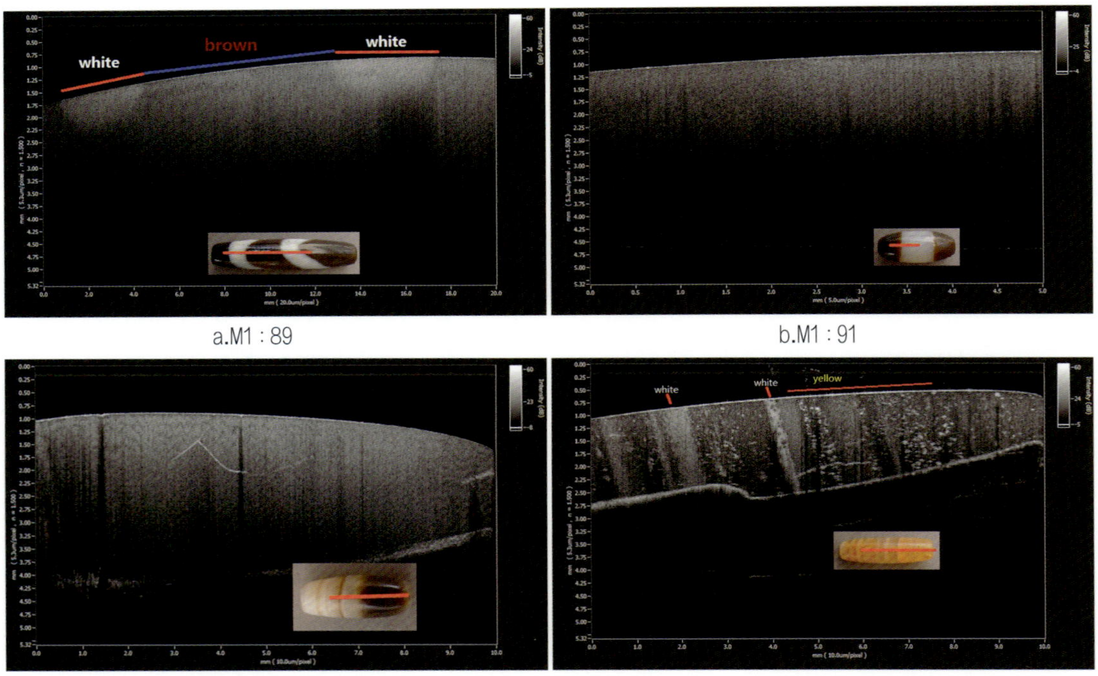


a.M1 : 89　　b.M1 : 91

c.M1 : 118　　d.M1 : 119

图 6.36　淅川下寺墓地石髓管 OCT 二维图像

由于 M2 出土的橙白石髓管 M2 : 262 不便出库进行 OCT 分析，选取一件与之类似的

图 6.37　东南亚采集的红白石髓管 L1-18-SK-1

在东南亚采集的石髓管 L1-18-SK-1（图 6.37）进行对比分析。其珠体较完整，在一条白色蚀刻线上有一残坑。通过显微观察可以看出，白色条纹是蚀刻所致，叠压在橙红色珠体之上，条纹粗细不均，橙色珠体部分半透明（图 6.38）。OCT 二维分析显示（图 6.39），白色纹饰具有强散射相，蚀刻深度深浅不一（深 100 微米—300 微米）。橙色部位对光的散射相对较弱，比较均匀，具有一定的透过率，可见穿孔。白色蚀刻条纹打破橙红色的均匀吸收—散射相，近似呈漏斗或半圆形。橙色珠体不见玛瑙的天然条纹纹理，可能是先经过了高温处理。天然玛瑙中铁离子在高温状态下发生价

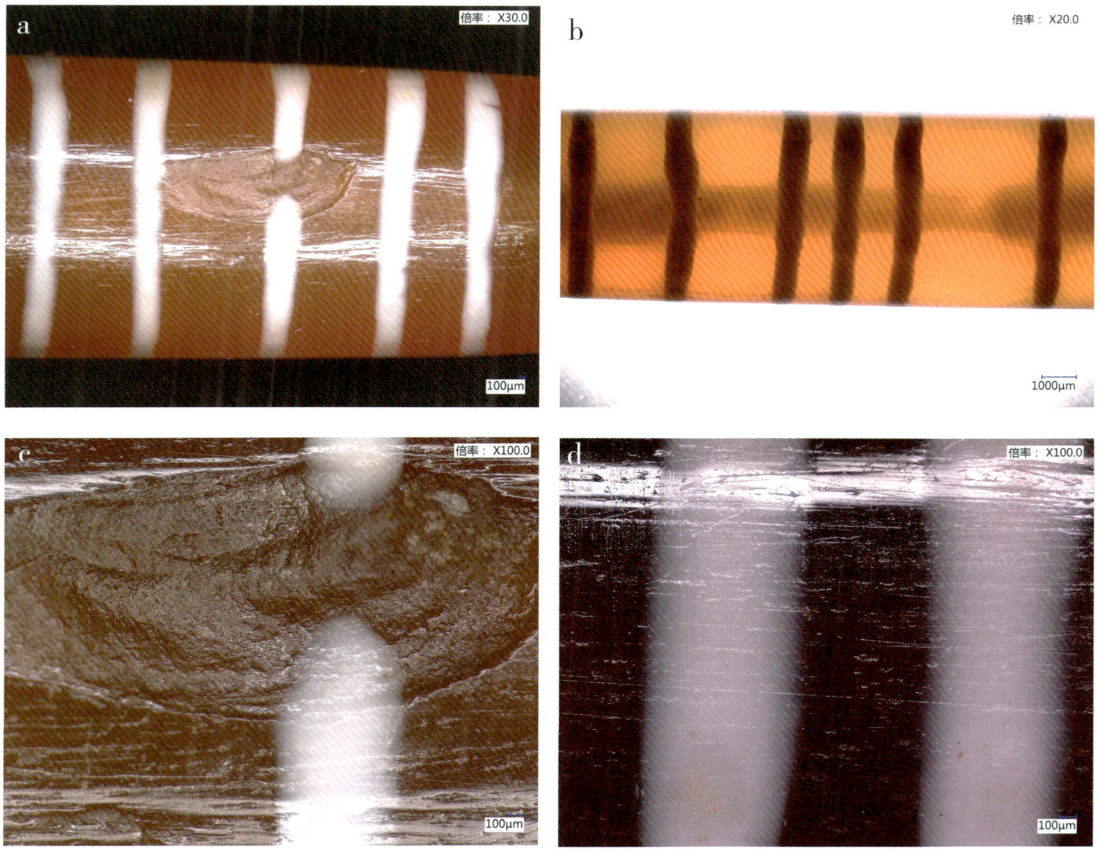


图 6.38　东南亚采集的红白石髓管 L1-18-SK-1 显微形貌图
a. 30 倍物镜下白色蚀刻线细节　b. 20 倍物镜下透射图　c. 100 倍物镜下残损白色蚀刻线细节　d. 100 倍物镜下白色蚀刻线细节

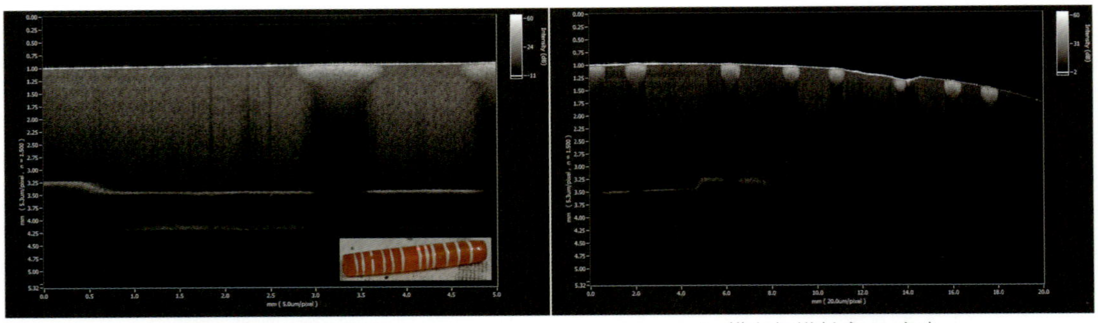

a. 横向扫描长度 5 毫米　　　　b. 横向扫描长度 20 毫米

图 6.39　东南亚采集的红白石髓管 L1-18-SK-1 OCT 二维图像

态变化，由二价转变为三价，进而产生红色。孟国强等[15]对河北宣化“战国红”玛瑙进行热处理实验后，对其表面进行分析，认为红色部分主要由赤铁矿致色，黄色部分主要由针铁矿致色，加热到 400℃ 时，针铁矿会转化为赤铁矿，玛瑙条带会由黄色变成红色。

## 二、多光谱分析结果

为进一步探索不同棕白、橙白相间石髓管的光学特征，采用多光谱成像仪对淅川下寺 M1 出土的 4 件石髓管进行多光谱成像分析，分别在可见光、红外光源和紫外光源发光源激发下，获取石髓管在不同激光源下的光学特征。图 6.40 为石髓管在波长为 365 纳米的紫外光源激发下的可见光谱图像，石髓管 M1∶91 和 M1∶89 白色部分在 500 纳米、610 纳米和 700 纳米光谱图像中均出现明显的可见荧光，其中 M1∶91 白色部分荧光更强、更通透、更均匀，而石髓管 M1∶89 白色部分荧光则更为昏暗，具有乳浊感。条纹状结构明显的 M1∶118 在光谱图像中也显示出层状荧光现象，白色物质在 610 纳米、700 纳米光谱图像显现的荧光强度相对较弱，而石髓管 M1∶119 中荧光物质很少且分散，荧光微弱。石髓管 M1∶118 和 M1∶119 的白色荧光虽然不强，但也具有一定的通透性。使用 254 纳米紫外光源激发时，4 件石髓管也均在相同部位出现了可见荧光，但强度较弱，荧光范围缩窄，仅在 610 纳米光谱图像中荧光较为明显。综上，4 件石髓管中具有紫外荧光特性的物质集中于白色区域，相对于 254 纳米光源，365 纳米紫外光源激发效果更好。但石髓管 M1∶89 的白色条纹荧光最为昏暗，呈较强的乳浊感，通透性差。

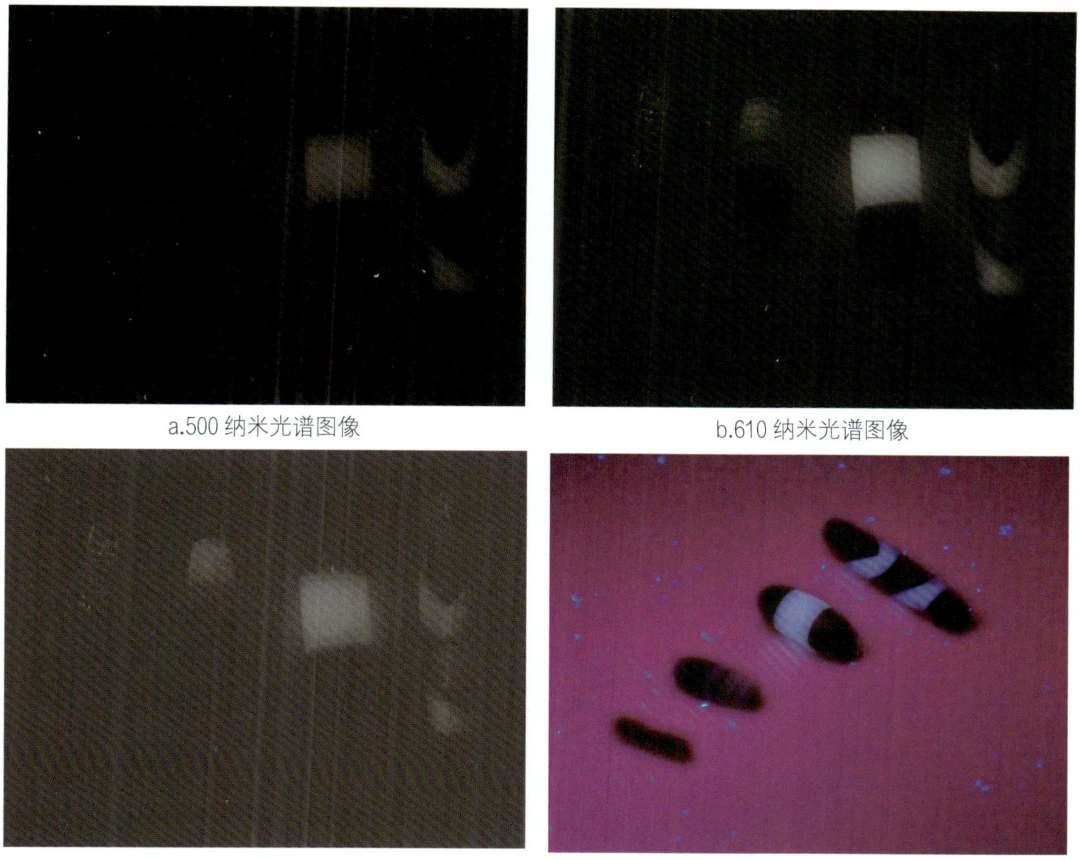

a.500 纳米光谱图像　　b.610 纳米光谱图像

c.700 纳米光谱图像　　d. 紫外光源下的光学照片（D300， f/3.5， 1/15 s）

图 6.40　紫外光源（365 纳米）激发下淅川石髓管的多光谱图像
（自左至右样品编号依次是：M1：119、M1：118、M1：91、M1：89）

综合以上分析可知，淅川下寺楚墓出土的石髓管 M1∶89、M2∶262 以及东南亚采集的石髓管 L1-18-SK-1 的白色部位属于人工蚀刻所致，而石髓管 M1∶91、M1∶118 和 M1∶119 中的白色部位属于玛瑙的天然纹理，未经人工蚀刻处理。不过，对于棕白相间的石髓管而言，石髓管 M1∶91、M1∶118 以及 M1∶89 的棕色部位可能系人工染色所致，可称之为表面改性石髓管。有学者认为似乎是为了加深天然玛瑙管的颜色，工匠利用氧化气氛糖液有意将玛瑙管染成黑色或棕色[16, 17]。虽然 OCT 分析结果尚不能排除石髓管 M1∶89 和 M1∶91 棕色区域是否采用氧化气氛的糖液这种有机染料处理的可能，但由紫外光源激发下的多光谱分析可知，棕色部位均未发现明显的可见荧光，说明至少没有使用有荧光效应的有机染料对珠子进行过处理。经人工刻蚀的石髓管的白色部位对光的散射强度明显高于天然部位，其纵向纹理被打断，而天然玛瑙呈弱散射相。因此，根据 OCT 二维图像中灰度特征差异以及石髓管内部纵向纹理的打破关系，可以作为判断石髓管是否经过人工腐蚀刻蚀处理的重要依据之一。

## 三、蚀刻石髓管的来源

在淅川下寺春秋楚墓发现了5件石髓管，其中4件属于人工蚀刻石髓管。蚀刻管制作工艺起源于印度河谷的哈拉帕文明时期（Harappan Civilization，公元前2600年—前1900年）。在美索不达米亚地区的乌尔王朝，也出土了与哈拉帕文明相似的蚀刻管，学者们一致认为美索不达米亚地区出土的蚀刻管来自印度河谷地区的哈拉帕文明[18]。哈拉帕文明时期的蚀刻管主要以在红玉髓表面蚀刻白色条纹为特征。塔克西拉（Taxila）遗址是印度北部一处年代较早的重要的文化遗址。此遗址中也出土了蚀刻管，主要包括蚀刻红玉髓管和蚀刻玛瑙管两种类型。红玉髓蚀刻管中出现了将红玉髓白化后在表面蚀刻黑色纹饰形饰的蚀刻管，蚀刻玛瑙管中则出现了在黑色玛瑙表面蚀刻白色条纹形饰的蚀刻管，这两种形饰的蚀刻管数量较少[19，20]。蚀刻管出现于东南亚地区的时代相对于南亚地区较晚。据Ian Glover等[21]研究，东南亚地区发现的蚀刻管，90%为在红色和黑色表面蚀刻白色条纹，其中黑色表面蚀刻白色条纹的占75%，而且几乎所有的黑色部分均经过人为处理。我国的蚀刻管主要发现于新疆、青海、陕西、河南、湖南、云南、广东和广西等地，相对而言，北方地区发现的时间较早，主要集中在西周早期至春秋晚期，而南方则主要流行于汉代。

越南沙莹文化遗址（图6.41a）[22]、云南江川李家山滇国的西汉晚期至东汉早期墓葬（图6.41b）[23]、晋宁石寨山（西汉中期）[24]、广东广州恒福路银行疗养院西汉中期墓[25]（图6.41c）和广西贵县（今属贵港市）火车站东汉墓（图6.41d），均发现有橙白相间蚀刻石髓管。而棕白相间石髓管在广州西湾路旧广州铸管厂东汉早期墓（图6.41e）和贵县新村东汉墓（图6.41f）等地也有发现，但年代皆晚于淅川下寺楚墓。

淅川下寺橙白相间蚀刻石髓管出土于M2，为楚国令尹子庚墓，其年代为春秋晚期前段（约公元前552年）[26]，该墓同出的还有1件蓝色植物灰型钠钙玻璃环[27]。另3件棕白相间石髓管出土于M1，墓主人可能是子庚夫人，年代略早于M2。植物灰型钠钙玻璃与西亚地区存在密切关系，推测淅川下寺楚墓出土的蚀刻管与玻璃环是通过陆上丝绸之路，从西亚或印度传入到中原地区的，与云南和两广地区的汉代蚀刻管来源不同。两广地区发现的蚀刻石髓管系由海上丝绸之路传入的，而云南出土的蚀刻石髓管可能直接经由越南传入，也可能是经由“西夷道”从印度经缅甸传入。

a. 越南沙莹文化遗址出土的蚀刻管[22]

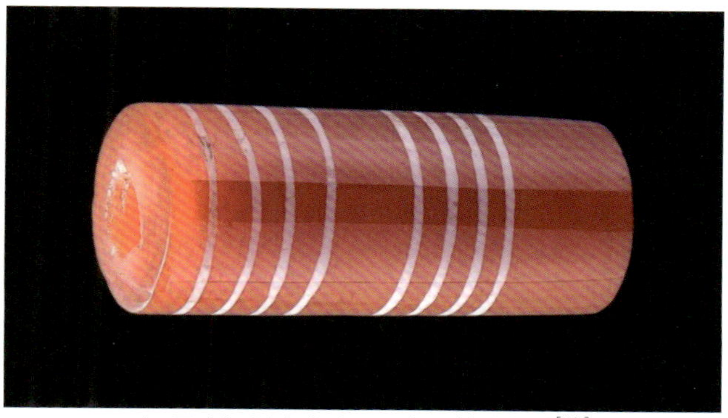

b. 云南江川李家山 M69 出土的蚀刻管[23]

c. 广州恒福路银行疗养院 2004BHM46 : 143-4[25]

d. 广西贵县（今属贵港市）火车站 M58

e. 广州西湾路旧广州铸管厂 2010GXZM35 : 97-2

f. 1955 年贵县（今属贵港市）新村 M1

图 6.41　国内外出土的典型蚀刻石髓管

## 第六节　余　论

两周玉器的加工工艺承袭二里头文化和商代，在治玉技法上不断创新，将中国古代治玉工艺和玉文化推向又一个高峰。西周玉器的造型趋于写实和简化，在雕琢技法上以平面片状玉器的阴刻为主，浮雕与阴刻相结合，圆雕和镂雕为辅，出现“斜刻”工艺。西周玉器在殷商玉器双线勾勒技艺的基础上，创造出“一面坡”粗线或细阴线镂刻的琢玉技艺，在动物造型（如鸟形玉刀和兽面纹玉饰）的玉器雕刻方面起到独特的作用。西周玉器的纹饰有简、繁两种风格，线条有单阴线和双钩线两种。单阴线多采用斜砣琢线，两侧深浅不同且呈坡状。而双钩线多粗细相间，斜刀和直刀结合，与殷商的双钩线有所不同。“一面坡”的粗阴线和细阴线对照应用，勾彻结合，立体醒目，线条的装饰感更加浓烈[13]。

东周玉器纹饰主要有凤鸟纹、云纹和谷纹等，一般均为通体纹饰，饱满和谐。春秋战国时期，镂雕、镶嵌手法较为流行。阴线刻浅浮雕、游丝刻等新工艺的出现，使得装饰更加繁缛，并且镂雕镶嵌手法较为流行，玉器线条遒劲，钻孔光滑。综观东周时期中原玉器，与西周相比判然有别，其器形变为华丽繁缛，在装饰上肢解整体，将其局部加以抽象化，演变为细密的二方连续或四方连续图案。战国时期是我国古代玉器工艺史上玉器最为精致的时代，创造了精雕细刻、生动传神、具有高度艺术造诣的新型玉器，体现了当时的时代精神和艺术思潮[28]，在玉器设计、创作、构思、艺术和工艺等诸多方面都表现出崭新的面貌。春秋晚期最为常见的阴刻纹饰片状玉器一般经过开片、打磨、制作外缘、阴刻纹饰及钻孔等加工工序，而浅浮雕玉器通常经过开片、打磨、制作外缘、打磨、阴刻纹饰、减地及钻孔等加工工序。一些形制相近、玉料相同的牌饰类玉器是由大块的原料连续生产而成。

战国时期，玉器钻孔和开片技术出神入化，立体器皿大量出现，镂空和活环套练器陡然增多，玉与金、银、铜等不同金属材料的结合工艺趋于纯熟，反映了治玉工具的改进和琢玉技术的成熟，从洛阳金村大墓所出的玉器可见一斑。中原所出的战国玉器，不仅不同器形的玉器采用不同的工艺，而且同一器物上还会综合采用多种工艺，阴刻与隐起平凸和镂空等琢法的穿插运用，构成婉转飞动的造型和缛密精致的纹饰[29]。

两周时期，中国青铜冶炼技术更加繁荣发展，应用更加广泛。考古发现表明，中原地区早在商代中晚期就已经出现陨铁制品，如铁刃铜钺、铁刃铜戈等。西周晚期出现了块炼铁渗碳钢，如河南三门峡上岭村虢季墓地出土的玉柄铁剑。春秋早期是人工冶铁发展的初期阶段，中晚期之后技术趋向成熟，铁制品数量日益增多，种类逐渐丰富。至战国时期，涌现出大量的人工冶铁制品，而且冶铁遗址丰富。因此，不少学者认为金属工具在商周时期的琢玉成器过程中发挥了重要作用，殷墟妇好墓的玉器可能使用了青铜砣具制作，战国时期也可能大量使用铁质砣具、铁条、铁丝等琢玉工具[29]。春秋晚期玉器形制流畅而多变，与金属线锯的成熟使用有很大关系，推测可能已经将人工冶铁工具用于精细玉工加工制作流程。

不过，截至目前，尚未发现两周时期的金属治玉工具。最近，我们在淇县宋庄战国早期的M3出土的一件透闪石玉环中发现有残存的石英岩片切割工具，厚度仅0.52毫米—0.58毫米，说明至迟在战国早期，石片依然是玉器加工的重要工具。铁质工具的莫氏硬度在6左右，而石英岩的莫氏硬度为7左右，略高于铁质工具。石片配合解玉砂对玉器进行切割加工，是比较行之有效的手段之一。如南阳桐柏月河M1出土的春秋晚期玉器，使用的是砺石类工具进行粗细分级打磨。在开料时使用的也是具有平直刃部的薄片状锯片切割工具，并在加工过程中添加解玉砂[13]，这种薄片状锯片可能也是一种石片。两周时期金属工具在治玉工艺方面的应用可能并不广泛，尤其是东周时期应用值得深入研究，当然这还有赖于考古发现的实物证据。

本章对河南两周时期少数典型墓葬和遗址出土玉器的治玉工艺进行了科技分析，获取了玉器表面加工纹饰的微痕特征，基于微痕特征参数，对加工微痕进行了量化表征。结合前文的玉器材质信息，本章探讨了古代玉器材质、器形、功能、加工工艺之间的关系，获得了一些有价值的信息。

采用低倍微痕分析法对河南鹿邑、固始和淅川等地出土的近百件典型玉器的阴刻、钻孔、斜刀和浅浮雕等多方面进行系统的分析，可以看出河南周代玉器的材料材质、加工工艺和器形功能之间具有一定联系，器形功能是影响加工工艺的主要条件，玉料材质是划分不同等级器物的一个参考标准。结合其他地区墓葬出土玉器资料来看，河南出土的玉器自西周早期至战国时期，在治玉工具和工艺方面都发生过巨大的变革，加工工艺的选择和创新与时代发展也是关系密切。

河南出土的两周玉器中除中国传统玉器品种外，还有一些舶来品，如淅川下寺楚墓出土春秋晚期的蚀刻石髓管和表面改性石髓管，以及平顶山应国墓地出土西周时期的红玉髓玛瑙珠和热处理滑石珠饰等，反映了早在两周时期，中原地区已通过陆上丝绸之路与西亚和印度河谷流域展开贸易往来和文化交流。

河南出土的大量自新石器时代至汉代玉器，为研究中国古代玉器治玉工艺的发展与演变提供了丰富的实物资料。本章仅选取了少量典型玉器进行了探索性研究，河南古代玉器的治玉工艺研究还存在很多不足，很多工作还需要进一步深入研究。

1. 玉器纹饰微痕特征参数的选取。玉器微痕特征参数是对治玉工艺进行量化表征的关键，是判断不同类型治玉工艺的基础。针对不同类型的治玉工艺，选取哪些微痕特征参数才能有效区分同种纹饰所采用的不同加工工艺，需建立在大量观测玉器表面微痕，并对微痕进行测量，进而对不同参数数值进行统计分析的基础之上，同时结合多种显微形貌分析技术，对实验结论进行多种方法验证。

2. 玉器材质—器形—功能—治玉工艺逻辑关系模型的建立。古代玉器的材质、器形、功能、治玉工艺之间必然存在一定的逻辑关系，若要建立上述四者之间的关系模型，需要对墓葬或遗址出土的玉器进行系统性分析，结合考古学材料，明确不同材质、器形、功能、治玉工艺之间的数量关系，才能进一步探讨中国古代玉器材质—器形—功能—治玉工艺之间的逻辑关系模型。

3. 河南古代玉器治玉工艺的发展与演变规律。首先针对某一地区，系统开展不同历史时期玉器治玉工艺研究，总结归纳该地区古代玉器治玉工艺发展的规律。然后选择相同历史时期、不同文化背景的地区，系统开展玉器治玉工艺研究，探讨不同文化背景对治玉工艺的影响，以及不同文化之间的碰撞、交流与融合。

4. 古代治玉工艺的模拟实验研究。在有条件的情况下，可开展与古代治玉工艺相关的模拟实验研究，以验证科技分析结论，为理论分析结果提供有利依据。

## 参考资料：

[1] 孔富安. 中国古代制玉技术研究 [D]. 太原：山西大学,2007.

[2] S. W. Bushell, G. F. Kunz. Investigation and studies in jades: the Heber R. Bishop collection（Ⅰ，Ⅱ）[M]. New York, 1996.

[3] M. Sax, N. D. Meeks. Methods of engraving mesopotamian quartz cylinder seals [J]. Archaeometry, 1995, 37.

[4] 叶晓红，刘新，蒋宏杰，等. 河南省南阳市桐柏县月河一号春秋墓出土玉器阴刻技术的微痕分析 [J]. 南方文物,2015（4）：112–119.

[5] 杜金鹏主编. 临朐西朱封龙山文化玉器研究 [M]. 北京：科学出版社，2015：199–266.

[6] 徐琳. 中国古代治玉工艺 [M]. 北京：紫禁城出版社，2011：99–140.

[7] 邓峰，罗武干，杨益民. 砣具配合解玉砂雕刻玉器纹饰的可能性分析 [J]. 人类学学报，2015（4）：537–543.

[8] 杨建芳. 长江流域玉文化 [M]. 武汉：湖北教育出版社，2006.

[9] 王仁湘. 带钩概论 [J]. 考古学报，1985（3）：267–312.

[10] Z. Gu, W. Pan, G. Song, et al. Investigating the tool marks of stone reliefs from the Mausoleum of Cao Cao (AD155–AD220) in China [J]. Journal of Archaeological Science, 2014, 43: 31–37.

[11] 章藻藻，王晓辉. 玉石雕刻 [M]. 上海：上海人民美术出版社，2014：8–57.

[12] 杨建芳. 关于线切割、砣切割和砣刻——兼论始用砣具的年代 [J]. 文物，2009（7）：53–67.

[13] 陆建芳主编. 中国玉器通史　战国卷 [M]. 深圳：海天出版社，2014：220–292.

[14] 叶晓红，唐际根，徐飞. 殷墟晚商玉器切割技术试析 [J]. 南方文物，2016（4）：128–140.

[15] 孟国强，陈美华，蒋佳丽，等. 河北宣化“战国红”玛瑙的结构特征及颜色成因 [J]. 宝石和宝石学杂志，2016, 18（6）：28–34.

[16] Ian C. Glover, Bérénice Bellina. Alkaline Etched Beads in Southeast Asia. In: Ornaments form the past: bead studies after Beck [C]. Eds. Ian C. Glover, Helen Hugher-Brock, and Julian Henderson. London and Bangkok: Bead Study Trust, 2003: 92–107.

[17] Nassau. S. Gemstone Enhancement: History, Science, and State of the Art. (2nd ed.) [M]. Oxford: Butterworth-Heinemann, London, 1994: 69–76.

[18] L. S. Dubin. The History of Beads: From 100,000 B. C. to the Present [J]. Abrams, 2009.

[19] Beck H C. Etched Carnelian Beads [J]. The Antiquaries Journal, 1933, 13（4）: 384–398.

[20] Beck H C. The Beads from Taxila (Memoirs of the archaelolgocal survey of India No. 65) [M]. New Delhi: Manager of Publications, 1999.

[21] Glover I C, Bellina B. Alkaline Etched Beads in Southeast Asia [M]//Glover

I C, Helen H B, Julian H. Ornaments from the Past: Bead Study after Beck. Bangkok: Bead Study Trust, 2003: 92–107.

[22] Dzung L T M. Sa Huynh Regional and Inter-regional Interactions in the Thu Bon valley, Quang Nam Province, Central ietnam [J]. Bulletin of the Indo-Pacific Prehistory Association, 2009, 29: 68–75.

[23] 云南省文物考古研究所，玉溪市文物管理所，江川县文化局. 云南江川县李家山古墓群第二次发掘 [J]. 考古，2001（12）：25–40.

[24] 赵美，张杨，王丽明. 滇国玉器 [M]. 北京：科学出版社，2003.

[25] 广州市文物考古研究院. 广州出土汉代珠饰研究 [M]. 北京：科学出版社，2020.

[26] 河南省文物研究所，河南省丹江库区考古发掘队，淅川县博物馆. 淅川下寺春秋楚墓 [M]. 北京：文物出版社，1991：342–348.

[27] 淅川县博物馆编. 淅川楚国玉器精粹 [M]. 郑州：中州古籍出版社，2014：193–204.

[28] 李宏，姜涛. 中原文化大典　文物典　玉器 [M]. 郑州：中州古籍出版社，2008：217–229.

[29] 张国硕，汤洁娟. 中原地区早期冶铁问题分析 [J]. 中原文物，2017（2）：64–69.

# 玻璃器

## 第七章

# 中国古代玻璃科学研究概述

玻璃与陶瓷、青铜一样，均是人类发明和使用的人工材料，数千年来，在人类文明的发展进程中扮演了重要的角色。随着社会生产力的不断发展和提高，人类制作玻璃的原料、技术方法、技术水平以及玻璃艺术设计等不断进步。由于中国古代玻璃的主要成分体系、物理化学性质、器形、功能（礼仪、装饰、丧葬等）和西方的钠钙硅酸盐玻璃存在明显差异，因此，研究其技术起源和发展的独特脉络是十分必要的。

过去十多年来，中国古代玻璃研究取得了重要进展，逐步勾勒出了中国古代玻璃技术发展的基本轮廓，但是若干基础科学问题仍需深入探讨。而考古发掘出土的新材料和科技分析的不断推进，为探讨中国古代玻璃技术的起源提供了新契机。

玻璃，从本质上讲属于非晶态物质，在结构上具有近程有序、中程和远程无序的特点。玻璃是最古老的人工材料之一，它是人类在创造文明社会过程中，伴随着生产和生活的不断进步而发现与创造的，在人类文明进程中具有里程碑意义。真正的玻璃诞生之前，存在一类被称为釉砂（费昂斯，faience）的人工材料，它最早出现在公元前4000年的古埃及和两河流域，是一种非黏土质硅酸盐制品，由石英砂和少量的碱及黏结剂混合成形，在700℃—1000℃的温度下烧制而成。真正的玻璃制品大约出现在距今5000年的两河流域，以钠钙硅酸盐玻璃（$Na_2O-CaO-SiO_2$，简称钠钙玻璃）为主。中国本土玻璃大概出现于战国早期至中期，历代均以氧化铅和氧化钾作为主要助熔剂，包括铅钡玻璃（$PbO-BaO-SiO_2$）、铅玻璃（$PbO-SiO_2$）、钾钙玻璃（$K_2O-CaO-SiO_2$）、钾玻璃（$K_2O-SiO_2$）及钾铅玻璃（$K_2O-PbO-SiO_2$），均为硅酸盐玻璃。

最早的玻璃器皿采用卷心法，后来发展成模制法，在公元前40年前后叙利亚发明了吹制玻璃工艺，大大促进了玻璃手工业的发展[1]。本文所述的中国古代玻璃是指中国境内出土的玻璃器，主要包括外来输入玻璃、中国本土自制玻璃以及吸收外来技术采用本土配方制作的玻璃三大类。关于第三类玻璃，始见于《魏书》记载，最晚在北魏时期，中国已采用铅钡配方引入吹制技术制作玻璃容器，如河北定县（今定州市）北魏塔基中出土的吹制玻璃钵[2]。通过吸收外来玻璃技术，新疆工匠也于公元4世纪之后在当地制作玻璃器皿[3]。

在中国，古代玻璃常被称为琉璃和料器，古文献中亦有“玻黎”“缪琳”“琉琳”“陆离”“陆琳”“硝子”“罐子玉”“罐玉”“药玉”等别称，常与宝玉石一起组成佩饰。古代玻璃主要用作装饰品、仿礼器、随葬明器及佛教器皿等，常见器型有单色珠、蜻蜓眼镶嵌珠、管、璧、蝉、剑饰、衣片、耳珰、簪、瓶和碗等，具有明显的时代演变特征和地理区域分布特征。古代玻璃曾经和黄金、宝石等物品一样珍贵，被视为地位、权力和财富的象征。玻璃自从发明以来，一直与人类的生产和生活密切相关，当今社会更是离不开玻璃。对古代玻璃的科学研究涉及材料学、物理、化学、文物学、考古学、历史学和美术学等多学科的交叉与融合。

## 第一节　中国古代玻璃研究历程

### 一、中国本土铅钡玻璃和釉砂的发现与初步探索

20世纪初至20世纪70年代，是中国古代玻璃研究的初始阶段。章鸿钊在1921年所著的《石雅》一书中科学系统地介绍了宝玉石、琅玕等矿物和文物，首先提出有关中国古代玻璃问题，认为中国的玻璃器最早是由东罗马传入，直到北魏时期中国才开始制作玻璃器[4]。1928年，位于汉魏洛阳城遗址东北隅的河南洛阳金村东周王室墓因雨后地陷暴露出来，墓内许多精美文物被盗掘，并大量流失海外[5]。其中的蜻蜓眼玻璃珠，是目前所知中国发现最早的战国时期的玻璃制品之一，但当时没有引起人们的关注。20世纪30年代，英国学者贝克（H.C.Beck）和塞利格曼（C.G.Seligman）[6]对金村出土

的玻璃珠进行了化学成分分析，发现它们属于铅钡硅酸盐玻璃（$PbO-BaO-SiO_2$），明显区别于世界上已知的玻璃化学组分，并认为铅钡玻璃起源于中国 [7]。其研究结果发表在著名期刊 *Nature* 上，进而引起了学界广泛关注，并由此开启了有关中国古代玻璃起源的讨论。铅钡玻璃是中国古代的一项重要发明，而作为一种具有高折射率、低散射的近代含钡玻璃直到 1884 年才开始出现 [6, 8]。我国学者最早关注古玻璃研究的是著名考古学家夏鼐先生，他于 1944 年在开罗期间，曾专门讨论过埃及古代玻璃 [9]。但由于当时中国时局动荡，此后关于中国古代玻璃的研究一度中断，直到 20 世纪五六十年代，随着科学考古发掘逐渐增多，古代玻璃器逐渐进入人们的视野。这一时期在全国大部分地区都出土了古代玻璃制品，考古发掘资料中常用玻璃、琉璃、料珠和料管等进行描述。基于材质，按照时间顺序大致可分为以下几个阶段。

第一阶段，西周至春秋时期的蓝绿色釉砂（费昂斯，faience）珠管。一些西周墓地如陕西沣西张家坡西周墓地 [10]、西安斗门区普渡村 [11]、河南三门峡上村岭虢国墓地 [12] 等出土了许多蓝绿色料珠，经科学分析确认许多为釉砂珠。

第二阶段，春秋末期至汉代的玻璃装饰品。比较著名的是战国时期的金属器上镶嵌玻璃珠和玻璃片，如河南辉县固围村魏国墓地出土的 1 件镶嵌蜻蜓眼玻璃珠的鎏金银带钩 [13]，湖北荆州江陵望山一号墓出土的越王勾践剑剑格上镶嵌 3 块蓝色玻璃 [14, 15]。但这一时期，出土最多的还是蜻蜓玻璃珠、璧、印玺、剑饰、矛和耳珰等，如湖南长沙和常德 [16–20] 楚墓出土的玻璃剑首、璧和蜻蜓眼珠，河南洛阳中州路西工段 M2717 [21]、洛阳烧沟 M1035 和 M641 [22, 23]、郑州二里岗 [24]、山西长治分水岭 [25]、山东郎家庄 M1 [26] 以及四川成都羊子山 [27] 出土的蜻蜓眼玻璃珠。值得注意的是，安徽亳县（今亳州）曹操宗族墓出土的 2 件聚光玻璃器 [28]，是中国最早具有光学作用的玻璃器。此外，在我国西北、西南和东北地区也都发现了早期玻璃制品，如陕西西汉茂陵发现的 1 件直径 23.4 厘米的深蓝色半透明谷纹高铅大玻璃璧 [29]，内蒙古自治区鄂尔多斯市杭锦旗发现的桃红巴拉游牧民族墓群以及新疆尼丰尼雅遗址出土的玻璃珠饰 [30, 31]，贵州清镇平坝汉墓出土的 9 件蓝玻璃耳珰 [32]，云南江川李家山 M22 出土的 1 枚汉代浅蓝色透明玻璃六棱柱 [33]，辽宁抚顺莲花堡出土的战国晚期至西汉初期的 2 颗玻璃珠和 1 件玻璃耳珰 [34]。

第三阶段，魏晋南北朝至宋辽时期，以玻璃器皿为主，多与佛教相关，不少出土于塔基或佛寺之中。如北京西晋华芳墓出土的萨珊乳突玻璃碗 [35]，顺义（今顺义区）净光舍利塔基出土的 1 件辽代葫芦形玻璃器 [36]；河北景县封魔奴和祖氏北魏墓分别出土的 1 件玻璃碗和 1 件玻璃杯 [37]，定县（今定州市）石函出土的玻璃钵、瓶和珠饰等 [38]，定县北宋静志寺塔基地宫真身舍利塔出土的玻璃缸、瓶、盆和葡萄等几十件玻璃器 [39]；河南密县（今新密市）北宋塔基中出土的 50 余件玻璃瓶和玻璃饰品等 [40]；甘肃泾川大云寺舍利石函墓出土的玻璃瓶 [41]；陕西三原县李寿墓出土的唐代玻璃瓶残片和料珠 [42]；西安南郊何家村唐代窖藏中出土的 1 件玻璃碗，同出的银罐上发现写有“颇黎”和“琉璃杯碗各一”的唐人题记，为研究古代“玻璃”一词的源流提供了重要实物证据 [43–45]；辽宁义县清河门辽墓出土的 30 片玻璃小碗残片 [46]；广东广州沙河镇狮子岗晋墓出土的 7 颗玻璃珠 [47]；江苏南京象山 M7 出土的 2 件东晋磨花筒形玻璃杯 [48]，南京大学北园东晋墓出土的 1 件玻璃杯残片 [49]，宜兴晋墓（M1 和 M2）出土的 1 颗玻璃珠和 2 颗料珠 [50]，镇江甘露寺铁塔塔基中出土的 1 件北宋玻璃瓶和 3 件玻璃珠 [51]；浙江瑞安慧光塔出土的北宋玻璃瓶、珠 [52]；安徽无为宋塔出土的 1 件磨花蓝玻璃瓶 [53]；广西合浦西汉木椁墓出土的 3 串玻璃珠饰，发掘者认为这些玻璃珠与玛瑙、水晶和琥珀珠饰应该是由东南亚经由海路传入的 [54]。

20 世纪五六十年代，虽然全国范围内发掘出土了不同时期的不少玻璃器，但基本上只是在发掘报告中简单介绍一下，尚未引起重视。国内学者对古代玻璃的研究首先是从科技史的角度开始的。最早对古代玻璃科技史进行讨论的是科技史专家袁翰青，1954 年他首次提到 Beck 等人关于洛阳金村出土铅钡玻璃的分析结果，并提出中国先民可能在春秋战国时期就会制造玻璃 [55]，呼吁对中国古代玻璃的起源以及玻璃和琉璃的关系进行研究 [56]。接着，又发表了一些洛阳和长沙等地出土玻璃珠和璧的化学分析结果，证明战国与汉代玻璃的化学成分不同于当时西方玻璃的成分 [57]，为中国“玻璃自创说”增添了一个重要的证据。1959 年湖南省博物馆的文道义基于长沙楚墓出土的玻璃器，也认为这些玻璃是国产的 [17]。1964 年袁翰青又发文，列举有关古玻璃的最新研究成果，讨论了中国古代玻璃的起源问题 [58]。

蒋玄佁和上官碧（沈从文）等就“玻璃”一词的含义及名称源流进行了考证。1959 年蒋玄佁著文《古代的琉璃》指出，“琉璃”一词在古代涵盖三类器物：一为玻璃器，二为自然宝石，三为釉彩。蒋玄佁从中国洛阳金村、长沙和辉县等地墓葬出土的战国时期玻璃文物，推测中国在公元前 4 世纪就已经能够生产玻璃，起源时间可能更早。并就《魏书·西域传》"大月氏"条中"世祖时，其国人商贩京师，自云能铸石为五色琉璃，于是采矿山中，于京师铸之。既成，光泽乃美于西方来者。乃诏为行殿，容百余人，光色映彻，观者见之，莫不惊骇，以为神明所作。自此中国琉璃遂贱，人不复珍之"这段话，对琉璃进行了解读，认为这里所说的琉璃，并非很多人认为的玻璃，而是琉璃装饰[59]。上官碧[60]于1960年著文从历史文献和出土文物两个方面讨论中国古代玻璃器，对与玻璃相关的名词如"缪琳""球琳""火齐""琉璃""琅玕""明月珠""玻璨""药玉""罐子玉""硝子"和"料器"等进行了考证和梳理。他指出最迟在西周中期，中国已经出现"人造杂色玉石"（作者注：应该是指釉砂珠、管），真正的玻璃出现在春秋战国之际。他还基于西安、洛阳、辉县、长沙、寿县等地春秋战国墓葬中出土的琉璃珠饰按单色玻璃珠、复色（蜻蜓眼）玻璃珠和釉陶（蜻蜓眼）珠进行了归纳，对中国古代不同时期的玻璃制造技术和使用功能等进行了探讨，并提到了玻璃的镶嵌及与佛教相关装饰的功能，如制作精美的复色（蜻蜓眼）玻璃珠常与玉器组合，或单独镶嵌在金银和青铜器上。

学者们在谈及中原、成都、浙江、新疆、内蒙古、甘肃和河北等地汉至隋代墓葬中出土的大量玻璃珠、璧、蝉、矛、碗和瓶等时，着重强调了我国玻璃的本土发展，并视为中国量产。但由于时代局限，尚缺乏科技分析结果对玻璃器化学成分体系的区分和产地来源判断的科技支撑。我们推测晋、隋时期的一些玻璃器应该是经丝绸之路而来的舶来品。此外也有学者指出，唐代玻璃手工业受瓷器和丝织品大发展影响而衰落。史树青指出，新疆尼雅遗址出土的汉晋时期的玻璃珠可能是中亚商人带来的[31]。20世纪70年代，国内外学者陆续开展对中国古代玻璃的科学研究。如日本的山崎一雄[61]分析了1件战国时期的绿色铅钡玻璃，安妮塔·恩格尔（Antia Engle）关注了中国古代玻璃的制作工艺[62]，美国著名玻璃专家布里尔（R.H.Brill）等人发表了收集到的600多件考古发掘文物（包括来自中国的汉代或汉代以前的铅钡玻璃）和方铅矿的部分同位素数据[63]。通过铅同位素分析，认为中国古代铅钡玻璃与中国铅矿的同位素比值相似，为铅钡玻璃起源于中国提供了科学依据。

著名玻璃科学家、中国科学院上海光学精密机械研究所干福熹院士是较早系统开展中国古代玻璃科学分析与研究的学者代表。他对上海博物馆收藏的战国和西汉时期4种不透明的玻璃器进行了X射线衍射分析，从玻璃的本质、化学成分、高温技术和制作技术等方面详细论述了中国古代本土玻璃起源问题，对中国玻璃"西来说"进行了批判，辩证地看待汉通西域之后的中外交流以及玻璃物品的输入。同时也收集了新中国成立后中国出土的一些古代玻璃资料和科学分析数据[64]，从玻璃起源、发展、特点及外来影响四个方面论述了中国古代玻璃的相关问题，坚持并论证了“玻璃自创说”。杨伯达[65]阐述了中国出土西周至明清时期玻璃相关文物及其特点，并提到外来玻璃技术对中国玻璃的影响，为研究中国古代玻璃提供了有益的线索。不过，他将西周时期的蓝绿色釉砂珠及白色料珠（可能是滑石类珠饰）也视为真正的玻璃，将中国自制玻璃的起点提到公元前11世纪，值得商榷。

## 二、中国古代玻璃研究的第一个高峰

20世纪八九十年代，中国古代玻璃研究呈现三个特点：其一，考古发掘出土的玻璃制品不断涌现；其二，有关古代玻璃的专题研究持续发展；其三，文物考古界与自然科学界合作日趋加强，大量的古代玻璃得到了科技分析，一些发掘报告也开始重视并列出古代玻璃的科技分析结果，“玻璃科技考古”大规模展开，迎来第一次高潮。

这一时期出土的玻璃器主要有玻璃器皿、仿玉玻璃器和玻璃珠饰等。其中玻璃器皿主要有碗、杯、盘、瓶、耳杯等生活用具及舍利瓶等与佛教相关的玻璃器皿，时代从汉代至宋辽时期；仿玉玻璃器主要有璧、剑饰、蝉等，还有耳珰、单色珠和蜻蜓眼玻璃珠等装饰品，时代主要在战国汉代时期。具有代表性的发现有：河南固始侯古堆出土的春秋晚期钠钙蜻蜓眼玻璃珠[66, 67]，洛阳西工区出土的镶嵌有蜻蜓眼玻璃珠的“六山镜”[68]；湖北荆州江陵和湖南长沙先后发掘清理四五千座除楚王陵之外的其他各社会阶层的楚国墓葬，出土了许多蜻蜓眼玻璃珠及玻璃璧[69–72]；岭南地区如广东广州西汉南越王墓出土的蓝色平板玻璃[73]，广西合浦汉墓出土的千余颗玻璃珠[74]；江苏邗江甘泉西汉墓出土的钠钙玻璃容器残片[75]，徐州北洞山出土的西汉早期绿色铅钡玻璃杯和玻璃兽、深蓝色玻璃块[76]；安徽天长三角圩西汉墓出土的1件绿色玻璃蝉[77]；河北满城中山靖王刘胜墓出土的我国发现最早的本土自制铅钡玻璃容器——绿色玻璃盘和耳杯[78, 79]；宁夏固原北周李贤墓出土的萨珊玻璃碗[80]；陕西西安东郊隋舍利墓（清禅寺塔基）出土的一组罕见的赌博游戏用的玻璃玛瑙双陆子[81]，特别著名的是扶风法门寺地宫出土的20件唐代伊斯兰玻璃瓶、盘等[82]，临潼唐庆山寺舍利塔基也出土有玻璃瓶和玻璃果[83]；河南邓州福胜寺宋塔地宫出土的 1 件玻璃舍利瓶、3 件玻璃葫芦瓶 [84]；内蒙古通辽奈曼旗陈国公主及驸马合葬墓出土的辽代玻璃杯、瓶、盘等 [85]。

尤为重要的是古代玻璃作坊的发现。1982 年，山东省淄博市博物馆在博山大街建筑工地发掘了 1 处元末明初玻璃作坊遗址，这是目前我国第一个经过科学发掘的古代玻璃生产作坊遗址，发现有硝罐、硝罐盖、坩埚、模范、炉壁砖等玻璃炉炉具，玻璃原料、玻璃料、丝头、玻璃器等主要为钾钙玻璃体系 [86]。另外，在新疆若羌县巴什夏尔宋至元初遗址，除了出土有玻璃瓶和罐等，还发现了可能为烧制玻璃的作坊遗存。不过，其玻璃制品属于富钾和镁的钠钙玻璃体系 [87]。

这一时期，中国古代玻璃的研究更加趋向专题性和区域性。鉴于古代玻璃的重要性和独特性，夏鼐先生主编的《中国大百科全书 · 考古学》中专门设置了“东周琉璃器”一个词条，对东周出土的玻璃器进行了归纳 [88]。由中国美术全集委员会主编的《中国美术全集》也出版了 1 辑《金银玻璃珐琅器》[89]，其中收集了许多典型的古代玻璃器。

1980年前后，在古代玻璃发展史研究方面，有杨伯达 [90]、范世民 [91，92] 以及容镕 [93] 等。周庆基探讨了中国古代玻璃的制作工艺 [94]。这一时期学界注重化学成分分析，但是受当时检测技术和设备的限制，多是定性分析，尚不能做到精确定量。由于受到大气环境和自身基体对 X 射线激发出来的特征峰的吸收，早期的检测分析往往没有钠元素的分析数据。不过，多数人仍然将西周时期的釉砂归为玻璃。而后德俊在谈到中国古代玻璃起源的问题时，强调了西周时期釉砂珠管还不能算是真正的玻璃，应是西周时期对古代玻璃生产工艺的探索 [95，96]。王世雄也将陕西出土的西周料珠作为原始玻璃进行讨论 [97]。同时，在古玻璃史料和文字资料考证方面也有所涉及 [98–100]。20 世纪 80 年代后期至 90 年代，学界更关注中国古代玻璃技术的区域性发展和中外交流的研究，如黄启善对广西出土汉代玻璃器的研究 [101，102]，安家瑶对中国出土罗马和伊斯兰玻璃器进行的系统研究 [79，103–105]。在蜻蜓眼玻璃珠的中外交流方面，安家瑶认为中国的蜻蜓眼玻璃珠是由游牧民族从西亚沿着丝绸之路经新疆再传入到中原地区的 [106]，而张正明认为很可能是从印度且从陆路传入的 [107]。姚勤德 [108] 对江浙地区出土早期玻璃器和中西文化交流进行了研究。后德俊也关注了楚国玻璃的中外交流和制造问题，提出“玻璃之路”，认为西方玻璃主要经过两条路线传入楚国境地，一条是由南亚经云南的陆路，一条是由印度通过东南亚的海路传入两广再传入楚地 [109，110]。

我国古代玻璃研究的一个重要进展是科技分析的大量开展，如干福熹院士、姜中宏院士、史美光、李家治、张福康、后德俊等都对我国古代玻璃进行了较多的科技分析与研究。尤为重要的是，干福熹院士于 1984 年组织召开了第一次全国古代玻璃专题学术研讨会，会后出版了论文集 [111]，收录了大量出土玻璃资料及古玻璃科技分析结果，第一次系统展示了中国古代玻璃研究成果。

除铅钡玻璃外，中国钾基玻璃也逐渐被关注，如越王勾践剑剑格上镶嵌的钾玻璃片 [95，112]、合浦和广州汉墓出土的钾玻璃 [113，114]。在中国铅基玻璃和钾基玻璃矿料来源方面，安家瑶 [79] 和后德俊 [95] 认为植物灰可能是钾基玻璃中助熔剂钾的来源，而赵匡华 [115] 则认为是硝石，并认为铅钡玻璃中的助熔剂氧化铅（PbO）和氧化钡（BaO）来源于一种与重晶石共生的方铅矿，长沙一带就有这样的矿源。在铅同位素产地来源研究方面，巴恩斯（L.Barnes）、布里尔（R.H.Brill）[116–118]、姜中宏 [119] 和 Li Feng [120] 等分析了中国出土的铅钡玻璃、釉砂和中国铅矿，认为中国早期铅钡玻璃蜻蜓眼珠和釉砂等是用中国铅料制作的。王俊新 [114] 等人通过铅同位素分析，认为广西合浦堂排汉墓出土的钾玻璃是由中国本土的矿料制成，排除了从国外输入的可能。其铅同位素比值与布里尔所分析的铅钡玻璃的比值接近。

姜中宏等根据中国古代铅钡玻璃化学成分仿制了一批古玻璃样品，并对其高温黏度、转变点、热膨胀及玻璃的化学稳定性等物理化学性能进行了测试分析，为仿制古代玻璃提供了重要的工艺参数 [121]。史美光等还对南越王墓出土汉代平板玻璃 [122] 及其他地区出土铅玻璃 [123] 的密度、折射率等物理化学性能进行科学测试分析。李家治等 [124，125] 分析了江苏扬州出土铅钡玻璃的膨胀系数、转变温度、软化温度、折射率和显微硬度等物理性能，并对腐蚀层和偏硅酸钡（$\beta-BaSi_2O_5$）析晶进行研究。古玻璃的风化和保护也受到了关注 [126，127]。王夔山对安徽亳县曹操宗族墓葬出土的玻璃凸透镜进行了光学性能研究 [128]。此外，青海（大通玻璃耳珰和玻璃珠）、安徽（亳州玻璃璧、寿县宋塔玻璃杯）、湖北（荆门罗坡岗、鄂城区等地玻璃器和玻璃珠等）、河南（固始侯古堆钠钙蜻蜓眼玻璃珠、洛阳北魏大市玻璃珠、密县宋代玻璃器）、江苏（南京东晋玻璃器、扬州邗江玻璃片）、陕西（扶风法门寺地宫和西安李静训墓出土隋唐玻璃器皿等）、山东（淄博博山玻璃块与坩埚）、河北（定县辽代玻璃器）、甘肃（武威、灵台玻璃瓶）、辽宁（朝阳玻璃珠和佛像、西官营冯素弗墓北燕玻璃钵）和新疆（楼兰、喀什、叶城等）等地出土的许多古代玻璃器也得到了检测分析，获得了较为难得的科学数据[67，111，123，129—133]。

硅酸铜钡颜料（中国蓝、中国紫），作为与中国古代玻璃密切相关的一类人工合成材料也被研究人员发现并开始深入研究。20 世纪 80 年代，美国科学家 Elisabeth West Fitzhugh 和 Lynda A. Zycherman[134，135] 在中国出土的彩绘陶器、蓝紫色八棱柱和彩绘青铜器中，首次鉴定出中国紫和中国蓝。她们利用多种分析仪器解析了部分蓝色颜料的成分和结构，发现它为当时自然界中尚未发现的蓝色无机矿物，并确定其化学式为 $BaCuSi_4O_{10}$。依据蓝色颜料颗粒自身环境中大量 Pb 元素和玻璃体的事实，她们认为这是一种中国古代人工合成蓝色颜料，由于此颜料出现在中国西汉时期青铜器和陶器上，将其定名为汉蓝。瑞士科学家从中国蓝的化学分子式和晶体结构特点出发，认为中国蓝与埃及蓝为同系物。考虑到埃及和中国同为文明古国，所以将其定名为中国蓝。由于分子结构的差异，中国紫的稳定性弱于中国蓝[136]。现代中国蓝（$BaCuSi_4O_{10}$）是美国科学家 Pabst A 于 1959 年在研究超导材料时合成的新化合物[137]。1994 年，奥地利维也纳大学的矿物学家研究了在南非发现的天然中国蓝矿物，并以该校一位矿物学家的名字命名这种矿物为 Effenbergerite[138]。

中国蓝与中国紫自从被发现以来，就受到世界上较多博物馆、大学和研究所的科学家的密切关注。美国科学家 W.T.Chase、Elisabeth West FitzHugh、Robert H Brill[139]、David Scott，瑞士的 G.Bayer 教授、Heinz Berke 教授[140] 和 Hans-Georg Wiedemann 教授[141，142]，都进行过诸多研究及合成模拟，得出中国蓝和中国紫的合成温度在 900℃—1100℃。日本科学家 Takayasu KOEZUKA 对日本 Akasaka-imai（Kyoto）、Arimoto site（Okayama）、Miyauchi site（Tottori）和 Minami-hachiman（Fukuoka）出土的公元前 1 世纪到公元 2 世纪的管状费昂斯珠子进行了研究，发现了中国蓝，并在 1 件日本玻璃上也发现了中国蓝[143]。国内关于中国蓝和中国紫的研究工作也逐渐增多，周铁研究员与德国科学家合作对秦俑彩绘颜料中的中国蓝与中国紫进行了研究[144—146]。

## 三、中国古代玻璃发展演变谱系的确立

21 世纪初期，国内新发掘出土古代玻璃的资料相对较少，国内学者侧重于对 20 世纪国内出土的古代玻璃器进行系统性梳理归纳。2004 年，杨伯达主编了一套关于中国古

代金银、玻璃和珐琅器的丛书，其中玻璃器单独成一卷，对其所蕴含的艺术价值、历史价值和考古价值进行了探讨[147]；2005年，我国著名的文学家、中国古代服饰研究专家沈从文先生的《玻璃史话》一书出版，对玻璃在我国的发展进行了详细论述[148]；2005年，故宫博物院编的《光凝秋水：清宫造办处玻璃器》一书，系统介绍了故宫博物院所藏清代康熙朝至宣统朝玻璃器[149]；2010年由齐东方主编的《中国美术全集　金银器玻璃器卷》展示了中国不同历史时期出土的典型古代玻璃器物[150]；2018年，齐东方、李雨生从我国古代玻璃发展角度，对各个时期国内发现的玻璃进行了梳理[151]。赵德云对西周至汉晋时期外来珠饰的考古学资料进行了详细搜集与整理，其中玻璃珠饰占有较大分量[152]。

21世纪以来，科技考古越来越得到重视，利用现代科技分析技术对古代玻璃进行科技研究受到古玻璃研究者的青睐。干福熹院士于21世纪初期加盟复旦大学，他首先与复旦大学近代物理所合作，改进质子激发X射线发射分析技术（Proton Induced X-ray Emission，PIXE），并将其应用于中国古代玻璃的无损成分分析。著名的越王勾践剑剑格中镶嵌的蓝色玻璃，便是利用PIXE技术进行测试分析的，并确定其属于钾钙硅酸盐玻璃，为中国自制玻璃[153]。干福熹团队还利用PIXE技术对新疆出土西周至春秋时期和扬州出土西汉的玻璃珠饰等进行了科技分析，确定了其成分体系[154，155]。

在积极探索新的可适用于古代玻璃无损分析测试的同时，干福熹院士团队特别关注中国西北、北方以及西南和南方的古代玻璃研究，分别于2002年、2004年、2005年在南宁、乌鲁木齐和上海召开了“中国南方古代玻璃学术研讨会”“中国北方古玻璃研讨会”和“2005上海国际玻璃考古研讨会”，就中国古玻璃技术的起源与发展以及与古代玻璃相关的中外文化交流、民族迁徙和相关问题进行讨论，并出版了两本论文集[156，157]。

通过对我国古代玻璃多年研究和对实验结果的分析、归纳与总结，干福熹院士明确了中国本土制作的玻璃成分体系特征，包括钾钙硅酸盐玻璃、铅钡硅酸盐玻璃、钾硅酸盐玻璃及钾铅硅酸盐玻璃等，并确立了我国古代玻璃成分体系的发展与演变谱系[158]。干福熹院士在专著《中国古代玻璃技术的发展》中，首次系统阐明了我国古代玻璃技术的起源、发展与演变，极大地提升了我国古代玻璃史的研究水平，是我国古代玻璃研究的一座里程碑。鉴于中国古代玻璃的资料不断涌现、科学技术不断进步以及古代玻璃的科学研究成果的不断丰富，2016年，干福熹院士对《中国古代玻璃技术的发展》一书进行了补充再版，更名为《中国古代玻璃技术发展史》，增加了 10 余年来中国古代玻璃研究领域的最新研究成果 [159, 160]。

2009 年由新加坡世界科学出版社（World Scientific Publishing Company）出版的 *Ancient Glass Research along the Silk Road* 一书 [161]，受到了国内外学者的一致好评 [162]。2012 年，在上海召开国际古代玻璃学术研讨会，就古代玻璃的材质和溯源、中国釉砂、古代陶质和瓷质釉料与古代玻璃的关系进行了探讨。2016 年出版了 *Recent Advances in the Scientific Research on Ancient Glass and Glaze* 论著 [163]。干福熹院士培养的 3 名材料学硕士研究生，专门从事古代玻璃、釉砂和玻砂的科学分析研究 [164–171]。其中段浩参考古代玻璃的化学成分分析结果，按照不同的化学成分体系，采用现代原料，通过掺杂 Cu、Fe、Mn 和 Cr 等过渡金属元素，仿烧了不同颜色的玻璃。进而利用 EPR、分光光度计及 XRF 等分析技术进行表征，探讨了过渡金属离子对不同化学成分体系玻璃颜色的影响。

干福熹团队在中国古代玻璃研究领域的研究工作与成果受到国内外科技考古工作者的广泛关注，也使得中国古代玻璃研究在国内外得到了前所未有的重视，促进了国内古代玻璃研究工作者与国外同行之间的合作与交流。更多研究机构也逐渐开展了对古代玻璃的科学研究，如：复旦大学张斌等利用 PIXE 对中国南方和新疆地区出土的古代玻璃进行了化学成分分析 [172, 173]；北京大学崔剑锋等利用激光剥蚀电感耦合等离子体发射光谱技术（LA−ICP−AES）分析了湖南沅水流域楚墓、台湾地区出土的玻璃珠饰 [174, 175]；北京科技大学林怡娴采用多种分析技术，对尼雅遗址出土玻璃珠饰进行了检测，并深入探讨了玻璃器物的成分体系、原料及来源 [176]；中国科学技术大学秦颍等运用偏光显微镜、X 射线衍射和 X 射线荧光光谱等手段，对湖北随州擂鼓墩二号墓出土的蓝色玻璃管和部分蜻蜓眼式玻璃珠进行了物相和成分分析 [177]。

玻璃，往往被称为“料珠”，是一类容易被忽视的文物。经过科技考古工作者多年的不懈努力，玻璃文物在复原古代社会的发展面貌、研究古代社会生产力发展水平及探讨中外交流等方面的作用日益显现，也逐渐得到了玻璃文物持有单位的重视及研究。新疆文物考古研究所张平 [178]、湖南省博物馆傅举有 [179]、贵州省博物馆刘明琼 [180] 和内蒙古博物馆傅宁 [181] 等对本单位所藏的古代玻璃器物进行了诸多科学研究，进一步丰富了我国古代玻璃器的研究成果。香港独立学者关善明，与香港中文大学物理系和南京博物院等单位合作，整理出中国出土古代玻璃一览表，登载了众多玻璃文物彩照，同时展示了他个人所收藏的古代玻璃照片及有关化学成分，于 2001 年出版了《中国古代玻璃》一书[182]，这对中国古代玻璃研究具有重要的参考价值。

硅酸铜钡人工合成颜料的研究也取得一些进展，如马清林与美国盖蒂保护研究所及瑞士苏黎世大学合作，对中国春秋战国时期出土的部分料珠和料器中紫色与蓝色色粒进行了研究[183，184]；左健[185]对陕西阳陵出土的汉代紫色颜料进行了分析；Liu Z 等[186]分析了兵马俑中的中国紫颜料；夏寅等[187]分析了山东危山西汉墓出土彩绘陶器中使用的合成颜料。

## 四、中国古代钾玻璃和釉砂的科学研究

钾玻璃是一类较为特殊的玻璃体系，主要分布于印度、东南亚和我国华南、西南等地，主要流行于汉代，在我国尤以岭南地区最为典型。需要说明的是，战国时期钾钙玻璃从助熔剂的角度来说，也属于钾玻璃体系，但其玻璃基体中同时有较高含量的钙，因此被称为钾钙玻璃。与岭南汉墓中常见的钾玻璃相比，战国时期钾钙玻璃在化学成分、器形、制作技术、地理分布范围和流行年代等方面均存在差异。

干福熹团队对新疆[188]、广西[189]、广东、内蒙古、湖南、湖北[190]、青海、辽宁和山东等地出土的古代玻璃开展了系统研究，岭南汉墓出土钾玻璃的研究是其中一个重要的专题。尽管之前有部分学者已对岭南地区钾玻璃做了研究[101，113，191]，但并不系统，钾玻璃与海上丝绸之路之间的联系也没有得到重视。2004 年至 2006 年期间，该团队与黄启善、熊昭明等人及广西文博单位合作，利用改进的 PIXE 分析技术和电感耦合等离子体原子发射光谱等分析技术，对广西合浦风门岭、九只岭和母猪岭等地出土的 46 件汉代玻璃器的化学成分进行了分析。随后，又采用便携式能量色散型 XRF 对广西出土汉代钾玻璃进行了科学研究。根据钾玻璃中 CaO 和 $Al_2O_3$ 的含量，可将钾玻璃划分为三个亚类，分别是中等钙铝型钾玻璃、低钙型钾玻璃和低铝型钾玻璃[192]。但由于古代玻璃存在风化现象，会影响钾玻璃基体中 CaO 和 $Al_2O_3$ 的定量分析结果，他们首次提出利用微量元素 Rb 和 Sr 含量，结合 CaO 和 $Al_2O_3$ 含量，对钾玻璃进行亚类划分，取得了良好的效果[189]。随后又开展了广西出土汉代钾玻璃的系统性研究，于 2011 年与广西文物保护与考古研究

所熊昭明合作出版了《广西出土汉代玻璃器的考古学与科技研究》[193]一书。该书采用了考古学和科技分析有机结合的科学方法，对广西出土的汉代玻璃制品进行了综合性研究。该书的重要意义在于将科技考古与传统考古紧密融合，突出了科技分析结果要为解决考古学问题提供有益线索的作用。以广西合浦地区出土汉代珠饰为主题，他们又与广西合浦申遗中心叶吉旺合作出版了《珠光琉影——合浦出土汉代珠饰》[194]一书，以图文并茂的形式展示了广西合浦出土的汉代珠饰。以珠饰形状为中心，打破珠饰材质的局限，将同种器形不同材质的珠饰放在一起，阐明了珠饰器形与材质之间的联系。

同时，干福熹团队还与广州市文物考古研究院开展合作，对广州出土汉代玻璃质及其他材质的珠饰进行了系统研究，研究成果收录至《广州汉代珠饰研究》一书。《广西出土汉代玻璃器的考古学与科技研究》与《广州汉代珠饰研究》不仅从材料学角度探讨了汉代岭南地区钾玻璃的材质属性，还对玻璃珠饰及器皿的制作工艺和产地等方面进行了研究，同时，对岭南地区与海上丝绸之路沿线不同地区之间的贸易往来与交流进行了阐述[195]。除岭南地区汉代钾玻璃之外，干福熹团队也对新疆克孜尔水库墓地和碗泉墓地出土的早期玻璃珠饰[196]、湖北曾侯乙墓出土的蜻蜓眼珠饰[190]、湖北荆州楚墓出土的玻璃[197]、河南淅川楚墓出土的玻璃珠饰、江苏盱眙大云山出土的汉代玻璃磬[198]、陕西扶风县法门寺地宫出土的伊斯兰早期玻璃器皿[199]、唐代李倕墓出土的冠饰、隋炀帝萧后冠饰[200]以及湖南里耶古城遗址出土的战国至汉代的玻璃器等进行了成分分析，并初步确定了其产地来源。

除关注玻璃文物本身，探索先进的现代科技分析技术在无机硅酸盐质文物认知中的应用，也是干福熹团队主要关注点之一。他们探索了辉光放电质谱（GD-MS）仪和LA-ICP-MS 等分析技术在古代玻璃成分分析和着色剂等方面的应用[201，202]；利用便携式 XRF 在古代玻璃无损分析应用方面建立了钠钙玻璃、钾（钙）玻璃及铅钡玻璃的定量工作曲线[203，204]；利用显微共焦拉曼光谱技术在古代玻璃化合物着色方面中的应用，对铅钡玻璃和铅钡釉砂等开展了专题研究[205-208]；在国内率先将光学相干层析成像技术（Optical Coherence Tomography，OCT）系统应用于中国古代玻璃和瓷釉的科学研究中，取得了良好的应用效果，并成功获取了蜻蜓眼珠制作工艺及瓷器釉层物理结构等相关信息[209，210]。

进入 21 世纪的第二个十年，古代玻璃的研究在国内已经蔚然成风。教育部、中国科学院和国家文物局等更多的高校和机构加入到了古代玻璃的研究队伍中[211-217]。国内科技考古工作者对中国古代玻璃器研究十分重视，同时，国外的古玻璃研究领域的专家也对中国古代玻璃产生了浓厚兴趣[218]。

随着时代的飞速发展，涌现出了许多新的科技分析技术。借助于新技术，古代釉砂制品的信息被全面揭示，釉砂制品的研究再次成为大家研究的焦点。釉砂，作为古代玻璃的先驱，由干福熹院士首次提出，用以对应英文文献中的 faience 一词[158]。针对中国内蒙古、甘肃及河南等地出土的西周至战国时期的釉砂制品，干福熹院士提出了中国本土釉砂以富钾助熔剂为特征，而西方同类制品以富钠助熔剂为主要特征，而且我国战国时期的玻璃制作工艺可能是釉砂工艺的继承和发展[167, 219, 220]。釉砂的原料及制作工艺与古代玻璃密切相关，对其进行科学研究，无疑将会对中国古代玻璃技术的起源问题提供极为有利的线索和信息。得益于现代科学技术的飞速发展，作为玻璃前身的釉砂，在此阶段得到了前所未有的重视，多种新型现代分析技术应用于古代釉砂制品的科技分析中。林怡娴以四川凉山州博物馆自盐源地区征集的一串青铜时代至早期铁器时代费昂斯管珠为研究对象，利用 LA-ICP-AES 和扫面电镜分析技术（SEM-EDS）对其进行了成分分析，推测此串费昂斯制品可能为沙子与牛粪二元原料经埋粉烧结法施釉的高钾费昂斯，应为我国本土制作，并与战国时期西北地区的西戎文化存在密切关系[221]。雷勇等利用 SEM-EDS 对中国出土的 20 件西周至东周釉砂制品进行了成分分析和显微形貌观察。分析结果表明，这些釉砂制品可分为两类：一类是富钠助熔剂类型，为输入品；另一类是富钾助熔剂类型，为国内自制[222]。王颖竹等以黄河和长江中下游地区发现的两周时期的釉砂制品为研究对象，通过显微结构和成分分析，对我国釉砂制品的工艺及原料进行了研究；同时借助类型学方法，结合传统考古出土器物、组合及使用情况，探讨了中国釉砂制品的起源、发展和衰落的历史过程，并从釉砂的角度探讨了复原我国古代社会面貌和当时的中外文化交流等相关问题[223]。谷舟等人利用同步辐射显微 CT、XRD、EDXRF 等技术对西周倗国墓地出土的一颗釉砂珠开展无损分析，探讨了该釉砂制品的制作工艺[224]。此外，秦颍[225, 226]、谷舟[227]、陈茜[228]和张治国[229]等人在古代釉砂、玻璃和硅酸铜钡合成颜料模拟实验方面也取得了一些进展。

## 第二节　中国古代玻璃的材料学研究概述

对古代玻璃的研究主要集中于化学成分体系、产地来源、制作工艺、原料及物品贸易、传播和交流路径等方面。在国内，除新疆若羌县巴什夏尔[230]、喀什汗诺依古城[231]和山东淄博[232]发现的唐宋和元明时期玻璃作坊遗址外，我国尚未发现其他更早的玻璃作坊遗迹，古代玻璃制作流程中的相关遗物如坩埚、原料残留、半成品等也极少发现，故出土玻璃器就成为研究中国古代玻璃技术发展和制作工艺的最直接证据。而现代光学与光谱学技术的不断进步，为研究古代玻璃制作工艺提供了技术保障。制作工艺是古代玻璃制作过程中的核心要素，涉及原料配方工艺，助熔剂，成型、着色、乳浊和脱色等工艺。

### 一、古代玻璃的原料配方和铅同位素研究

一般认为，西方钠钙玻璃主要采用天然泡碱（Natron，$NaCO_3$）和富钠植物灰作为熔剂的主要来源；中国铅钡玻璃采用方铅矿（Galena，PbS）、重晶石（Barite，$BaSO_4$）或毒重石（Witherite，$BaCO_3$）作为铅钡玻璃的助熔剂。中国铅钡玻璃中很容易检测到白铅矿（Cerusite，$PbCO_3$），如江苏江都王陵出土的铅钡玻璃编磬[198]，学界认为是铅钡玻璃风化的次生产物，而不是原料。秦颍[226]和陈茜[228]等人通过模拟实验，认为毒重石是古代制作铅钡玻璃的主要助熔剂和乳浊剂原料。干福熹团队[207]曾在湖北江陵地区出土战国中晚期的铅钡玻璃中检测到重晶石。钾钙玻璃的助熔剂原料可能来自硝石（Nitre，$KNO_3$）和微斜长石（Microcline，$KAlSi_3O_8$）等富钾矿物。夏晓伟等[233]在江苏无锡鸿山越墓出土战国早期钾钙玻璃管中检测到微斜长石和石英（quartz）颗粒，这为研究钾钙玻璃的助熔剂原料提供了重要信息。截至目前，鲜有发现古玻璃中这些助熔剂原料的直接证据。通过对埃及和印度河流域施釉石质珠饰和釉砂的釉层中主量及微量化

学成分分析，根据 $Al_2O_3$、$Fe_2O_3$、CaO 和 $K_2O$ 等组分的含量高低，可以对 $SiO_2$ 的原料来源进行判断。埃及的施釉石质珠中铝较低，采用了鹅卵碎屑或较纯的石英砂，而印度河流域的施釉石中含有较高的铝，其早期釉料中加入有黏土，公元 1 千纪开始采用高铝的花岗岩砂石。美索不达米亚地区的釉砂中含有较高的铝、铁、钙和钾等，釉料中使用了含长石等杂质的石英砂[234]。

另外，铅同位素在古代釉砂[97，235]和玻璃[119，198，236，237]的产地来源方面也具有十分重要的指示作用，但由于需要破损取样，截至目前，在中国古代玻璃产地研究方面应用仍十分有限。

## 二、古代玻璃的成型工艺研究

最早的玻璃采用卷心法，后来发展了镶嵌法、模制法和拉制法等，约公元前 40 年前后叙利亚发明了吹制玻璃工艺，大大促进了玻璃手工业的发展。后德俊对楚国玻璃器的模压法、铸造法和烧结法进行了考证[238]。一般认为，中国本土玻璃以铸造为主，如璧、剑饰、蝉、衣片和璜等器物的成型工艺相对简单。因成像速度快、灵敏度高及非接触无损伤等优点，OCT 成像技术在材料纵向结构表征方面应用广泛。基于弱相干光干涉基本原理，通过检测样品不同深度层面对入射弱相干光的背向反射或几次散射信号，可获取样品剖面的二维或三维结构图像。近几年，OCT 成像技术在战国时期的蜻蜓眼玻璃珠[239]以及汉代的夹金珠、分段夹银珠和印度太平洋拉制玻璃珠[240]的制作工艺研究方面取得了阶段性成果。通过蜻蜓眼珠不同颜色和透明度衬度差异及叠压打破关系，可以探索其层叠、镶嵌和范铸工艺，同时 OCT 在汉代的分段夹银珠和印度太平洋拉制玻璃珠的制作工艺识别方面也能发挥重要作用。Yang 等人[211]采用同步辐射显微 CT 技术对河南申明铺遗址出土的战国中晚期蜻蜓眼玻璃珠和釉陶珠进行了分析，获取的高分辨率下视蜻蜓眼珠的内部结构信息，具有明显的胎釉分层结构，基于 CT 切片的三维重建，推断使用了范铸工艺。微痕分析也是探索古代玻璃成型工艺的重要手段，干福熹团队[195]采用显微镜微痕分析并总结了岭南出土汉代玻璃珠饰中的拉制工艺、缠绕工艺、铸造工艺和钻孔工艺等。温睿等[216]通过显微镜对新疆哈密巴里坤西沟遗址 1 号墓出土战国晚期至西汉早期的钠钙玻璃珠的缠绕工艺进行了分析。

## 三、古代玻璃质材料的着色工艺研究

中国本土玻璃以蓝绿色为主，也有紫、白、黄、棕和黑色等装饰点缀其中，多为透明至半透明，亦有不少不透明者。着色是古代玻璃质文物的重要内容，常规化学成分分析可揭示古代玻璃中的着色金属元素，但不能获取元素的价态。国外学者对古代玻璃着色工艺的研究较为成熟，如 Koleini F 等人[241]对古代玻璃中的着色剂和乳浊剂进行了详细的归纳。国内学者在中国出土古代玻璃的着色方面也进行过一些探索，但不及古代瓷釉的着色机理研究深入。中国出土战国汉代时期的玻璃主要采用过渡金属离子着色和化合物晶体着色。基于现有研究结果，大体可将古代玻璃质材料的着色工艺分为非晶态着色、晶态着色及结构着色等几种类型。

总体上，国内外学者对古代玻璃和相关材料的研究主要集中于产地判定、原料配方及原料来源、着色特征、制作工艺、原料及制品的贸易和交流路径等方面，特别是对技术起源与各发展阶段遗物和遗迹的研究。研究涉及的学科领域包括材料学、物理学、化学、文物学、考古学、历史学及美术学等学科。

在研究的技术方法上，所有可用于现代玻璃研究的分析技术均已不同程度应用于古代玻璃研究。但是，考虑到文物的不可再生性，对完整文物需要采用无损分析检测技术。

## 参考文献：

[1] 黄振发．中国古代玻璃的史料［M］//干福熹．中国古代玻璃技术发展史．上海：上海科学技术出版社，2016：101-118.

[2] 安家瑶．中国黄河和长江中下游地区魏、晋、南北朝时期的玻璃技术［M］//干福熹．中国古代玻璃技术发展史．上海：上海科学技术出版社，2016：150-167.

[3] 李青会，董俊卿．中国古代玻璃技术的本土发展与丝绸之路上的中外交流［J］．故宫文物月刊，2018（421）：42-51.

[4] 章鸿钊．石雅［M］．北京：农商部地质调查所印行，1921.

[5] 王世明．金村古墓［M］//夏鼐主编．

中国大百科全书·考古学．北京：中国大百科全书出版社，1986：232–233.

[6]H.C.Beck, C.G.Seligman, Barium in ancient glass [J]. Nature,1934,133（33）：982–983.

[7]Seligman C G,Ritchie P D,Beck H C. Early Chinese glass from Pre–Han to Tang times [J]. Nature,1936,138：721–724.

[8]Sayre E V,Smith R W. Compositional categories of ancient glass [J]. Science,1961,133：1824–1826.

[9]Shiah T N. The Date of Certain Egyptian Stratified Eye–Beads of Glass [J]. American Journal of Archaeology,1944,48（3）：269–273.

[10] 中国科学院考古研究所．澧西发掘报告 [M]. 北京：文物出版社,1963.

[11] 李长庆．陕西长安斗门镇发现周代文物简报 [J]. 文物参考资料，1955（2）：133–134.

[12] 中国科学院考古研究所．上村岭虢国墓地 [M]. 北京：科学出版社，1959：22–26.

[13] 中国科学院考古研究所．辉县发掘报告 [M]. 北京：科学出版社，1956：94–108.

[14] 湖北省文物局文物工作队．湖北江陵三座楚墓出土大批重要文物 [J]. 文物，1966（5）：33–55.

[15] 吕荣芳．望山一号墓与越王剑的关系 [J]. 厦门大学学报（哲学社会科学版），1977（4）：84–86.

[16] 李正光，彭青野．长沙沙湖桥一带古墓发掘报告 [J]. 考古学报，1957（4）：37–71.

[17] 交道义．长沙楚墓 [J]. 考古学报，1959（1）：41–60.

[18] 高至喜．长沙烈士公园 3 号木椁墓清理简报 [J]. 文物，1959（10）：65–70.

[19] 高至喜．记长沙、常德出土弩机的战国墓——兼谈有关弩机、弓矢的几个问题 [J]. 文物，1964（6）：37–49.

[20] 杨桦．湖南常德德山楚墓发掘报告 [J]. 考古，1963（9）：461–473.

[21] 中国科学院考古研究所．洛阳中州路（西工段）[M]. 北京：科学出版社，1959：111–124.

[22] 中国科学院考古研究所洛阳区考古发掘队．洛阳烧沟汉墓 [M]. 北京：科学出版社，1959：210–212.

[23] 王仲殊．洛阳烧沟附近的战国墓葬 [J]. 考古学报，1954（2）：130–165.

[24] 河南省文化局文物工作队．郑州二里岗 [M]. 北京：科学出版社，1959：78–79.

[25] 边成修，叶学明，沈振中．山西长治分水岭战国墓第二次发掘 [J]. 考古，1964（3）：111–137.

[26] 山东博物馆．临淄郎家庄一号东周殉人墓 [J]. 考古学报，1977（1）：73–104.

[27] 四川省文物管理委员会．成都羊子山第 172 号墓发掘报告 [J]. 考古学报，1956（3）：1–20.

[28] 李灿．亳县曹操宗族墓葬 [J]. 文物，1978（8）：34–47.

[29] 王志杰，朱捷元．汉茂陵及其陪葬冢附近新发现的重要文物 [J]. 文物，1976（7）：51–56.

[30] 田广金．桃红巴拉的匈奴墓 [J]. 考古学报，1976（1）：136–148.

[31] 史树青．谈新疆民丰尼雅遗址 [J]. 文物，1962（8）：20–27.

[32] 贵州省博物馆．贵州清镇平坝汉至宋

墓发掘简报［J］. 考古，1961（4）：3−44.

[33] 张增祺，王大道．云南江川李家山古墓群发掘报告［J］. 考古学报，1975（2）：101−160.

[34] 王增新．辽宁抚顺市莲花堡遗址发掘简报［J］. 考古，1964（6）：286−293.

[35] 郑仁．北京西郊西晋王浚妻华芳墓清理简报［J］. 文物，1965（12）：21−26.

[36] 苏天钧．顺义县辽净光舍利塔基清理简报［J］. 文物，1964（8）：49−54.

[37] 张季．河北景县封氏墓群调查记［J］. 考古通讯，1957（3）：28.

[38] 刘来成．河北定县出土北魏石函［J］. 考古，1966（5）：268−275.

[39] 定县博物馆．河北定县发现两座宋代塔基［J］. 文物，1972（8）：41−74.

[40] 金戈．密县北宋塔基中的三彩琉璃塔和其它文物［J］. 文物，1972（10）：65−77.

[41] 黄玉祥．甘肃省泾川县出土的唐代舍利石函［J］. 文物，1966（3）：8−14.

[42] 陕西省博物馆，陕西省文管会．唐李寿墓发掘简报［J］. 文物，1974（9）：71−88.

[43] 陕西省博物馆革委会写作小组，陕西省文管会革委会写作小组．西安南郊何家村发现唐代窖藏文物［J］. 文物,1972（1）：34−46.

[44] 陕西省博物馆文管会写作小组．从西安南郊出土的医药文物看唐代医药的发展［J］. 文物，1972（6）：52−55.

[45] 南京大学历史系考古组．南京大学北园东晋墓［J］. 文物，1973（4）：38−52.

[46] 李文信．义县清河门辽墓发掘报告［J］. 考古学报，1954（2）：163−202.

[47] 麦英豪．广州沙河镇狮子岗晋墓［J］. 考古，1961（5）：4−25.

[48] 袁俊卿．南京象山5号、6号、7号墓清理简报［J］. 文物，1972（11）：23−41.

[49] 南京大学历史系考古组．南京大学北园东晋墓［J］. 文物，1973（4）：38−52.

[50] 罗宗真．江苏宜兴晋墓发掘报告——兼论出土的青瓷器［J］. 考古学报，1957（4）：87−110.

[51] 江苏省文物工作队镇江分队，镇江市博物馆．江苏镇江甘露寺铁塔塔基发掘记［J］. 考古，1961（6）：6−39.

[52] 浙江省博物馆．浙江瑞安北宋慧光塔出土文物［J］. 文物，1973（1）：48−53.

[53] 无产阶级文化大革命期间出土文物展览简介：无为宋塔下出土的文物［J］. 文物，1972（1）：77.

[54] 广西壮族自治区文物考古写作小组．广西合浦西汉木椁墓［J］. 考古，1972（5）：21−31.

[55] 袁翰青．我国化学史的研究概况与参考资料［J］. 化学通报，1954（10）：41−50.

[56] 袁翰青．中国化学史论文集［M］. 北京：生活·读书·新知三联书店，1956：3.

[57] 袁翰青．我国化学工艺史中的制作玻璃问题［G］// 中国化学学会1957年度论文摘要，中国化学会上海分会出版，1957：80−81.

[58] 袁翰青．近年来中国化学史研究工作的进展［J］. 化学通报，1964（1）：55−64.

[59] 蒋玄佁．古代的琉璃［J］. 文物，1959（6）：10−12.

[60] 上官碧．玻璃工艺的历史探讨［J］. 美术研究，1960（1）：38−41.

[61] 干福熹，黄振发，肖炳荣．我国古代玻璃的起源问题［J］. 硅酸盐学报，1978，6（1−2）：99−104.

[62] Antia Engle. Glassmaking in China. Readings in glass history [J]. Technology &

Culture, 1976（6–7）：1–39.

[63]Brill R H, Yamasaki K, Barnes I L, et al. Lead isotopes in some Japanese and Chinese glasses [J]. Ars Orientalis, 1979（11）：87–109.

[64] 干福熹，黄振发，肖炳荣．我国古代玻璃的起源问题 [J]. 硅酸盐学报，1978，6（1–2）：99–104.

[65] 杨伯达．关于我国古玻璃史研究的几个问题 [J]. 文物，1979（5）：78–80.

[66] 固始侯古堆一号墓发掘组．河南固始侯古堆一号墓发掘简报 [J]. 文物，1981（1）：1–8.

[67] 张福康，程朱海，张志刚．中国古琉璃的研究 [J]. 硅酸盐学报，1983（1）：67–76.

[68] 黄吉博．洛阳市西工区 C1M3943 战国墓 [J]. 文物，1999（8）：4–13.

[69] 陈祖全．一九七九年纪南城古井发掘简报 [J]. 文物，1980（10）：42–49.

[70] 湖北省荆州地区博物馆．江陵马山一号楚墓 [M]. 北京：文物出版社，1985：92–93.

[71] 杨定爱，韩楚文．湖北江陵县九店东周墓发掘纪要 [J]. 考古，1995（7）：15–31.

[72] 湖北省文物考古研究所．江陵望山沙冢楚墓 [M]. 北京：文物出版社，1996：49–130.

[73] 广州市文物管理委员会，中国社会科学院考古研究所，广东省博物馆．西汉南越王墓 [M]. 北京：文物出版社，1991：134–426.

[74] 广西壮族自治区文物工作队．广西合浦县堂排汉墓发掘简报 [J]. 文物资料丛刊，1981（4）：46.

[75] 纪仲庆．江苏邗江甘泉二号汉墓 [J]. 文物，1981（11）：3–13.

[76] 李银德．徐州发现一批重要西汉玻璃器 [J]. 东南文化，1990（1–2）：109–111.

[77] 杨德标，贾庆元，杨鸠霞．安徽天长县三角圩战国西汉墓出土文物 [J]. 文物，1993（9）：3–33+99–104.

[78] 中国社会科学院考古研究所，河北省文物管理处．满城汉墓发掘报告 [M]. 北京：文物出版社，1980：212.

[79] 安家瑶．中国的早期玻璃器皿 [J]. 考古学报，1984（4）：413–448.

[80] 韩兆民．宁夏固原北周李贤夫妇墓发掘简报 [J]. 文物，1985（11）：1–20.

[81] 郑洪春．西安东郊隋舍利墓清理简报 [J]. 考古与文物，1988（1）：61–65.

[82] 韩伟，王占奎，金宪镛，等．扶风法门寺塔唐代地宫发掘简报 [J]. 文物，1988（10）：1–28.

[83] 赵康民．临潼唐庆山寺舍利塔基精室清理记 [J]. 文博，1985（5）：15–40.

[84] 郭建邦，陈觉，郭木森．河南邓州市福胜寺塔地宫 [J]. 文物，1991（6）：38–47.

[85] 孙建华，张郁．辽陈国公主驸马合葬墓发掘简报 [J]. 文物，1987（11）：4–24.

[86] 于加方．淄博元末明初玻璃作坊遗址 [J]. 考古，1985（6）：530–539.

[87] 张平．若羌县巴什夏尔遗址出土的古代玻璃器皿 [J]. 新疆社会科学，1986（3）：87–92.

[88] 夏鼐．中国大百科全书·考古学 [M]. 北京：中国大百科全书出版社，1986：103.

[89] 中国美术全集委员会．中国美术全集·工艺美术编 10·金银玻璃珐琅器 [M]. 北京：文物出版社，1987.

[90] 杨伯达．西周玻璃的初步研究 [J]. 故宫博物院院刊，1980（2）：14–24.

[91] 范世民，周宝中．馆藏部分玻璃制品的研究——兼谈玻璃史的若干问题［J］. 中国历史博物馆馆刊，1983（5）：97–104.

[92] 范世民，周宝中．网纹玻璃杯考略［J］. 文物，1982（8）：67–69.

[93] 容镕．周代古玻璃是我国自创的［J］. 中国科技史料，1981（3）：95–100.

[94] 周庆基．关于中国古代玻璃的几个问题［J］. 河北大学学报（哲学社会科学版），1985（3）：83–87.

[95] 后德俊．谈我国古代玻璃的几个问题［J］. 江汉考古，1985（1）：90–96.

[96] 后德俊．从出土文物看我国玻璃的起源［J］. 华中建筑，1987（3）：70–74.

[97] 王世雄．陕西西周原始玻璃的鉴定与研究［J］. 文博，1986（2）：26–30.

[98] 吴德铎．何家村出土医药文物补证［J］. 考古，1982（5）：528–531.

[99] 戴应新，韩伟，吴德铎．关于《何家村出土医药文物补证》一文的讨论［J］. 考古，1983（2）：95–96.

[100] 李素桢，田育诚．中国古代诗文中的玻璃史料［J］. 故宫博物院院刊，1986（2）：70–73.

[101] 黄启善．广西古代玻璃制品的发现及其研究［J］. 考古，1988（3）：74–86.

[102] 黄启善．广西发现的汉代玻璃器［J］. 文物，1992（9）：46–48.

[103] 安家瑶．北周李贤墓出土的玻璃碗——萨珊玻璃器的发现与研究［J］. 考古，1986（2）：173–181.

[104] 安家瑶．试探中国近年出土的伊斯兰早期玻璃器［J］. 考古，1990（12）：62–72.

[105] 马文宽．辽墓辽塔出土的伊斯兰玻璃——兼谈辽与伊斯兰世界的关系［J］. 考古，1994（8）：736–743.

[106] 安家瑶．镶嵌玻璃珠的传入及发展［C］// 联合国教科文组织，中国社会科学院考古研究所．十世纪前的丝绸之路和东西文化交流　沙漠路线考察乌鲁木齐国际讨论会．北京：新世界出版社，1996：351–368.

[107] 张正明．料器与先秦的楚滇关系和中印交通［J］. 江汉论坛，1988（12）：68–72.

[108] 姚勤德．江、浙地区的早期玻璃器和先秦时期的中西文化交流［J］. 东南文化，1990（5）：186–190.

[109] 后德俊．楚国制造玻璃问题试探［J］. 中原文物，1989（4）：26–31.

[110] 后德俊．楚国的矿冶髹漆和玻璃制造［M］. 湖北教育出版社，1995：258–268.

[111] 干福熹．中国古玻璃研究　1984 年北京国际玻璃学术讨论会论文集［G］. 北京：中国建筑工业出版社，1986.

[112] 复旦大学静电加速器实验室，中国科学院上海原子核研究所活化分析组，北京钢铁学院《中国冶金史》编写组．越王剑的质子 X 荧光非真空分析［J］. 复旦学报（自然科学版），1979（1）：76–84.

[113] 史美光，何欧里，周福征．一批中国汉墓出土钾玻璃的研究［J］. 硅酸盐学报，1986（3）：53–59.

[114] 王俊新，李平，陈树瑜，等．广西合浦堂排西汉古玻璃的铅同位素示踪研究［J］. 核技术，1994，17（8）：499–502.

[115] 赵匡华．试探中国传统玻璃的源流及炼丹术在其间的贡献［J］. 自然科学史研究，1991，010（2）：145–156.

[116]Barnes L，Brill R H，Deal E C. 中国早期玻璃的铅同位素研究［G］// 干福熹．中国古玻璃研究　1984 年北京国际玻璃学术讨论

会论文集 [M]. 北京：中国建筑工业出版社，1986：199.

[117]Brill R H. Scientific research in early Chinese glass [M]. New York:Elimira Quality Printers, 1991：31-64.

[118]Brill R H,Shirahata H.Lead isotope analyses of some Asian glasses [J]. In：Proc 17th Inter Congress on Glass (Beijing) , Vol6 —— Glass Technology, Glass Arch eometry, Beijing：International Academic Publishers, 1995：491.

[119] 姜中宏，张勤远 . 用铅同位素特征研究中国古代铅（钡）玻璃 [J]. 硅酸盐学报，1998, 26 (1)：109-113.

[120]Feng Li.Elemental and isotopic analysis of ancient Chinese glass [D]. University of Hong Kong, 1999.

[121] 姜中宏，高文燕 . 中国古代玻璃物化性能的研究 [J]. 玻璃与搪瓷，1992 (1)：42-45.

[122] 史美光 . 汉代平板玻璃的研究 [J]. 中国建筑材料科学研究院学报，1991, 003 (1)：36-40.

[123] 史美光，何欧里，吴宗道，等 . 一批中国古代铅玻璃的研究 [J]. 硅酸盐通报，1986 (1)：23-29.

[124] 李家治，陈显求 . 扬州西汉 PbO-BaO-$SiO_2$ 系玻璃及其腐蚀层的研究 [J]. 硅酸盐学报，1986 (3)：39-42+133.

[125]Li J Z,Chen X Q.A study on West Han PbO·BaO·SiO2 glass and its corroded layer unearthed at Yangzhou [J]. Journal of Wuhan University of Technology (Materials Science Edition),1988 (2)：3-11.

[126] 吴宗道，周福征，史美光 . 几个古玻璃的显微形貌、微区成分及其风化的初步研究 [J]. 电子显微学报，1984 (4)：132.

[127] 陆寿麟 . 古代玻璃及其保护 [J]. 上海博物馆集刊，1987 (0)：397-404.

[128] 王夔山 . 亳县曹操宗族墓葬出土透镜的初步研究 [J]. 自然科学史研究，1987 (1)：28-31.

[129] 史美光，曲长芝，张日清，等 . 中国早期玻璃器检验报告 [J]. 考古学报，1984 (4)：449-457.

[130] 王步毅，王昌燧，林淑钦，等 . 安徽古玻璃璧分析 [J]. 考古与文物，1995 (5)：75-77.

[131] 何堂坤，后德俊，张宏礼 . 荆门罗坡岗战国墓出土料珠的初步考察 [J]. 江汉考古，1984 (4)：80-84.

[132] 刘壮，张志红 . 洛阳北魏大市遗址出土玻璃珠成分分析 [J]. 光谱实验室，1999 (1)：74-78.

[133]Brill R H.Chemical analyses of early glass [C]// The Coming Museum of Glass Corning.New York,1999,volume 1：150-161；volume 2：350-369.

[134]Fitzhugh E W,Zycherman L A.An early man-made blue pigment from China-barium copper silicate [J]. Studies in Conservation.1983,28 (1)：15-23.

[135]Fitzhugh E W, Zycherman L A. A purple barium copper silicate pigment from early China [J].Studies in Conservation, 1992,37 (3)：145-154.

[136] 甘肃省博物馆 . 战国与秦汉时期人工合成的中国蓝与中国紫研究 [J]. 中国文化遗产，2004 (3)：26-26.

[137]Pabst A.Structures of some

tetragonal sheet silicates [J]. Acta Crystallographica, 2010, 12 (10) : 733–739.

[138]Giester G, Rieck B Effenbergerite. BaCu [$Si_4O_{10}$], a New Mineral from the Kalahari Manganese Field, South Africa: Description and Crystal Structure [J]. Mineralogical Magazine, 1994, 58: 663–670.

[139]Brill R H, Tong S S C, Dohrenwend D. Chemical analyses of some early Chinese glasses (Chapter 4) and Fenn P M, Brill R H, Shi M G. Addendum to Chapter 4 [C]// Brill R H, Martin J H (eds). Scientific Research in Early Chinese Glass; The Corning Museum of Glass. Corning NY, 1991: 31–64.

[140]Berke H. Chemistry in ancient times: the development of blue and purple pigments [J]. Angewandte Chemie, 2010, 33 (42) : 251.

[141]Wiedemann H G, Bayer G, Reller A. Egyptian Blue and Chinese Blue–production technologies and applications of two historically important blue pigments [J]. Actes de Table Ronde Ravello, 1997: 195–203.

[142]Wiedemann H G, Berke H. Chemical and physical investigations of Egyptian Blue and Chinese Blue and Purple [C]// Proceeding of the Conference the Polychromy of Antique Sculptures and the Terracotta Army of the First Chinese Emperor. Xi'an, 1999: 154–170.

[143]Takayasu K. Investigation of ancient glass found in Japan—Historical evolution of ancient glass systems [C] // Proceedings of International congress on the conservation and restoration for archaeological objects, Independent administrative Institution–Nara National Research Institute for Cultural Properties, 2002: 147–157.

[144]Zhou T. New developments in the conservation of the polychromy of the Terracotta Army [C]// Proceeding of the Conference the Polychromy of Antique Sculptures and the Terracotta Army of the First Chinese Emperor. Xi'an, 1999: 23–30.

[145]Thieme C, Emmerling E, Herm C, et al. Research on paint materials, paint techniques and conservation experiments on the polychrome terracotta army of the First Emperor Qin Shi Huang, Techna [C] // Monographs in Material and Society 2, The Ceramics Cultural Heritage, edited by P. Vincenzini, CIMTEC Conference Proceedings, Florence, Italy July 1994. Faenza, 1995: 59–60.

[146]Thieme C. Paint layers and pigments on the Terracotta Army: A comparison with other cultures of antiquity [C]// Proceeding of the Conference The Polychromy of Antique Sculptures and the Terra–cotta Army of the First Chinese Emperor. Xi'an, 1999: 52–58.

[147] 杨伯达 . 中国金银玻璃珐琅器全集 [M]. 石家庄：河北美术出版社，2004.

[148] 沈从文 . 玻璃史话 [M]. 沈阳：万卷出版公司，2005.

[149] 故宫博物院 . 光凝秋水：清宫造办处玻璃器 [M]. 北京：紫禁城出版社，2005.

[150] 齐东方．中国美术全集　金银器玻璃器 [M]. 合肥：黄山书社, 2010.

[151] 齐东方，李雨生．中国古代物质文化史（玻璃器皿卷）[M]. 北京：开明出版社, 2018.

[152] 赵德云．西周至汉晋时期中国外来珠饰研究 [D]. 成都：四川大学, 2008.

[153] 干福熹．丝绸之路上的古代玻璃研究 [M]. 上海：复旦大学出版社, 2007：1–29.

[154] 干福熹，李青会，顾冬红，等．新疆拜城和塔城出土早期玻璃珠的研究 [J]. 硅酸盐学报, 2003（7）：663–668.

[155] 李青会，顾冬红，干福熹，等．扬州西汉墓出土古玻璃的质子激发 X 荧光分析 [J]. 核技术, 2003, 26（12）：922–925.

[156] 干福熹．中国南方古玻璃研究 [M]. 上海：上海科学技术出版社，2003.

[157] 干福熹．丝绸之路上的古代玻璃研究 [M]. 上海：复旦大学出版社，2007.

[158] 干福熹．中国古代玻璃技术的发展 [M]. 上海：上海科学技术出版社，2005.

[159] 干福熹．中国古代玻璃技术发展史 [M]. 上海：上海科学技术出版社，2016.

[160] 何强．干福熹等《中国古代玻璃技术发展史》评介 [J]. 中国科技史杂志，2017（3）：371–376.

[161]Gan F X,Brill R,Tian S Y. Ancient Glass Research Along the Silk Road [M].Singapore：World Scientific, 2009.

[162]Lankton J.Review Article about Ancient Glass along the Silk Road [J]. EASTM，2015（41）：93–105.

[163]Gan F X,Li Q H,Henderson J. Recent Advances in the Scientific Research on Ancient Glass and Glaze [M]. Singapore：World Scientific, 2016.

[164] 李飞，李青会，干福熹，等．四川地区出土古玻璃的质子激发 X 荧光分析 [J]. 核技术，2007（2）：119–124.

[165] 李飞，李青会，干福熹，等．一批中国古玻璃化学成分的质子激发 X 射线荧光分析 [J]. 硅酸盐学报, 2005, 33（5）：581–586.

[166] 李飞．若干南方和北方中国古玻璃的研究 [D]. 上海：中国科学院上海光学精密机械研究所，2005.

[167] 伏修锋，干福熹．中国古代釉砂和玻砂 [J]. 硅酸盐学报，2006，34（04）：427–431.

[168] 伏修锋，干福熹．基于多元统计分析方法对一批中国南方和西南地区的古玻璃成分的研究 [J]. 文物保护与考古科学, 2006, 18（4）：6–13.

[169] 伏修锋．中国古代釉砂、玻砂和三种玉石的岩相结构分析 [D]. 上海：中国科学院上海光学精密机械研究所,2006.

[170] 段浩，干福熹，赵虹霞．实验室模拟过渡金属离子掺杂的中国古代玻璃的着色现象 [J]. 硅酸盐学报, 2009, 37（12）：1982–1989.

[171] 段浩．中国古代玻璃着色的研究 [D]. 上海：中国科学院上海光学精密机械研究所，2009.

[172]Zhang B,Li Y H,Li Q H,et al.Non–destructive analysis of early glass unearthed in south China by external–beam PIXE [J].Journal of Radioanalytical & Nuclear Chemistry, 2004, 261（2）：387–392.

[173]Zhang B,Cheng H S,Ma B, et al.PIXE and ICP–AES analysis of early

glass unearthed from Xinjiang (China) [J].Nuclear Instruments and Methods in Physics Research B: Beam Interactions with Materials and Atoms,2005,240 (1–2) : 559–564.

[174] 崔剑锋，何传坤，刘克竑，等．台湾出土部分古代玻璃珠的科学分析 [J]. 南方文物，2008 (4) : 115–120.

[175] 崔剑锋，吴小红，谭远辉，等．湖南沅水流域战国时期楚墓出土古代玻璃器的成分分析 [J]. 硅酸盐学报，2009，39 (11) : 1909–1913.

[176] 林怡娴．新疆尼雅遗址玻璃器的科学研究 [D]. 北京：北京科技大学，2009.

[177] 秦颍，佘玲珠，李小莉，等．湖北随州擂鼓墩二号墓出土的战国玻璃组成 [J]. 硅酸盐学报，2009，37 (4) : 574–576.

[178] 张平，潜伟，李青会．拜城克孜尔墓地出土的玻璃珠及其相关问题 [J]. 龟兹学研究，2006，1：104–113.

[179] 傅举有，徐克勤．湖南出土的战国秦汉玻璃璧 [J]. 上海文博论丛，2010 (2) : 27–38.

[180] 刘明琼．贵州省博物馆馆藏玻璃器略述 [C]// 干福熹．中国南方古玻璃研究——2002 南宁中国南方古玻璃研讨会论文集．上海：上海科学技术出版社，2003：37–40.

[181] 傅宁．内蒙古地区发现的辽代伊斯兰玻璃器——兼谈辽时期的对外贸易和文化交流 [J]. 内蒙古文物考古，2006 (2).

[182] 关善明．中国古代玻璃 [M]. 香港中文大学，2001.

[183]Ma Q L,Scott D A. Unpublished research report of the Getty Conservation Institute.2001.

[184]Ma Q L, Portmann A, Wild F, et al. Raman and SEM Studies of Man–Made Barium Copper Silicate Pigments in Ancient Chinese Artifacts [J]. Studies in Conservation, 2006, 51 (2) : 81–98.

[185]Zuo J, Zhao X C, Wu R, et al. Analysis of the pigments on painted pottery figurines from the Han Dynasty's Yangling Tombs by Raman microscopy [J]. Journal of Raman Spectroscopy, 2003, 34: 121–125.

[186]Liu Z,Mehta A,Tamura N,et al. Influence of Taoism on the invention of the purple pigment used on the Qin terracotta warriors [J]. Journal of Archaeological Science, 2007, 34: 1878–1883.

[187] 夏寅，吴双成，崔圣宽，等．山东危山西汉墓出土陶器彩绘颜料研究 [J]. 文物保护与考古科学，2008 (2) : 13–19.

[188]Liu S,Li Q H,Gan F X,et al. Silk Road glass in Xinjiang,China: chemical composition analysis and interpretation using a high–resolution portable XRF spectrometer [J]. Journal of Archaeological Science, 2012, 39 (7) : 2128–2142.

[189]Liu S,Li Q H,Fu Q,et al. Application of a portable XRF spectrometer for classification of potash glass beads unearthed from Tombs of Han Dynasty in Guangxi [J]. China. X–Ray Spectrometry, 2013, 42 (6) : 470–479.

[190]Zhao H X,Li Q H,Liu S,et al. In situ analysis of stratified glass eye beads from the tomb of Marquis Yi of the Zeng

State in Hubei Province, China using XRF and micro-Raman spectrometry [J]. X-ray Spectrometry, 2014, 43 (6): 316-324.

[191] 冯永驱．广州发现的汉代玻璃器[C]// 干福熹．中国南方古玻璃研究——2002 南宁中国南方古玻璃研讨会论文集．上海：上海科学技术出版社，2003：25-30.

[192]Lankton J W, Dussubieux L. Early Glass in Asian Maritime Trade: A Review and an Interpretation of Compositional Analyses [J]. Journal of Glass Studies, 2006, 48: 121-144.

[193] 熊昭明，李青会．广西出土汉代玻璃器的考古学与科技研究 [M]. 北京：文物出版社，2011.

[194] 叶吉旺，李青会，刘琦．珠光疏影——合浦出土汉代珠饰 [M]. 南宁：广西美术出版社，2019.

[195] 刘松，吕良波，李青会，等．岭南汉墓出土玻璃珠饰与汉代海上丝绸之路中外交流 [J]. 文物保护与考古科学，2019 (4): 30-38.

[196]Li Q H, Liu S, Zhao H X, et al. Characterization of some ancient glass beads unearthed from the Kizil Reservoir and Wanquan cemeteries in Xinjiang, China [J]. Archaeometry, 2014, 56 (4): 601-624.

[197] 李青会，董俊卿，苏伯民，等．湖北荆州出土战国玻璃珠的 PXRF 无损分析及相关问题研究 [J]. 敦煌研究, 2013 (1): 92-97.

[198]Li Q H, Li Z B, Gu D H. Archaeological and technical study of Western Han Dynasty Lead Barium Glass Chimes (Bian Qing) unearthed from the Jiangdu King's Mausoleum [M]// Gan F X, Li Q H, Henderson J (Eds). Recent Advances in the Scientific Research on Ancient Glass and Glaze. Singapor: World Century Publing Corp, 2016: 113-128.

[199]Li Q H, Jiang J, Li X L, et al. Chemical analysis of Tang Dynasty glass vessels unearthed from the underground Palace of the Famen Temple using a portable XRF spectrometer [M]// Gan Fuxi, Li Qinghui and Julian Henderson (Eds). Recent Advances in the Scientific Research on Ancient Glass and Glaze. Singapore: World Century Publing Corp, 2016: 157-178.

[200] 中国科学院上海光学精密机械研究所科技考古中心．隋炀帝萧后冠饰样品测试分析报告 [M]// 陕西省文物保护研究院，扬州市文物考古研究所．花树摇曳钿钗生辉——隋炀帝萧后冠实验室考古报告．北京：文物出版社，2019: 345-362.

[201]Siqin B, Li Q H, Gan F X. Analysis of Some Chinese Potash Glass by Laser Ablation-Inductively Coupled Plasma-Atomic Emission Spectrometry and Laser Ablation-Inductively Coupled Plasma-Mass Spectrometry [J]. Chinese Journal of Analytical Chemistry, 2013, 41 (9): 1328-1333.

[202] 斯琴毕力格．玉石及中国古代玻璃的微量元素分析 [D]. 北京：中国科学院大学，2012.

[203] 刘松，李青会，干福熹．古代玻璃样品表面因素对便携式 X 射线荧光定量分析的影响 [J]. 光谱学与光谱分析，2011, 31 (7): 1954-1959.

[204] Liu S, Li Q H, Gan F X. Chemical Analyses of Potash-Lime Silicate Glass Artifacts from the Warring States Period in China [J]. Spectroscopy Letters, 2015, 48 (4): 302-309.

[205] Li Q H, Yang J C, Li L, et al. Identification of the man-made barium copper silicate pigments among some ancient Chinese artifacts through spectroscopic analysis [J]. Spectrochim Acta A Mol Biomol Spectrosc, 2015, 138: 609-616.

[206] 赵虹霞．中国古代硅酸盐质文物的显微拉曼光谱研究［D］. 北京：中国科学院大学，2014.

[207] Dong J Q, Li Q H, Liu S. The native development of ancient Chinese glassmaking: a case study on some early lead-barium-silicate glasses using a portable XRF spectrometer [J]. X-ray Spectrometry, 2015, 44 (6): 458-467.

[208] 付强，赵虹霞，董俊卿，等．河南宝丰和新郑出土硅酸盐制品的无损分析研究［J］. 光谱学与光谱分析，2014，34（01）：257-262.

[209] 董俊卿，李青会，严鑫．基于 OCT 成像技术对常见陶瓷文物断面结构的无损分析［J］. 自然杂志，2015，37（5）：325-331.

[210] Zhao H X, Li Q H. Combined spectroscopic analysis of stratified glass eye beads from China dated to the Warring States Period [J]. Journal of Raman Spectroscopy: An International Journal for Original Work in All Aspects of Raman Spectroscopy, Including Higher Order Processes, and Also Brillouin- and Rayleigh Scattering, 2017, 48: 1103-1110.

[211] Yang Y M., Wang L H, Wei S, et al. Nondestructive Analysis of Dragonfly Eye Beads from the Warring States Period, Excavated from a Chu Tomb at the Shenmingpu Site, Henan Province [J]. China. Microscopy and Microanalysis, 2013, 19 (2): 335-343.

[212] 成倩，张建林．北周武帝孝陵出土玻璃珠的科学分析与研究［J］. 考古与文物，2011（1）：107-112.

[213] 成倩，王博，郭金龙．新疆且末扎滚鲁克墓地出土玻璃杯研究［J］. 文物，2011（7）：88-92.

[214] 成倩，王博，郭金龙，等．丝绸之路且末古国墓地出土玻璃器成分特点研究［J］. 玻璃与搪瓷，2012，40（2）：21-29.

[215] 温睿，赵志强，马健，等．新疆巴里坤石人子沟遗址群出土玻璃珠的成分分析［J］. 光谱学与光谱分析，2016，36（9）：2961-2965.

[216] 温睿，赵志强，马健，等．新疆哈密巴里坤西沟遗址 1 号墓出土玻璃珠的科学分析［J］. 文物，2016（5）：92-96.

[217] 温睿，曹诗媛，刘瑞俊，等．新疆宋元时期也木勒遗址出土玻璃的工艺与成分研究［J］. 文物保护与考古科学，2019，31（4）：47-54.

[218] Henderson J, An J Y, Ma H J. The Archaeometry and Archaeology of Ancient Chinese Glass: a Review [J]. Archaeometry, 2018, 60 (1): 88-104.

[219] 干福熹，胡永庆，董俊卿，等．河南平顶山应国墓地出土料珠和料管的分析［J］. 硅酸盐学报，2009，37（6）：1005-1016.

[220] 李青会，董俊卿，干福熹．中国早期釉砂和玻璃制品的化学成分和工艺特点探讨 [J]. 广西民族大学学报（自然科学版），2009，15（4）：31-41.

[221] 林怡娴．凉山州博物馆藏盐源征集费昂斯串珠的考察 [J]. 四川文物，2017（6）：60-71.

[222]L Yong,X Yin. Study on production techniques and provenance of faience beads excavated in China [J].Journal of Archaeological Science, 2015, 53：32-42.

[223] 王颖竹．两周时期费昂斯技术研究 [D]. 北京：北京科技大学, 2019.

[224] 谷舟，谢尧亭，杨益民，等．显微 CT 在早期釉砂研究中的应用：以西周倗国出土釉砂珠为例 [J]. 核技术, 2012, 35（4）：265-269.

[225] 秦颖，陈茜，李小莉，等．湖北枣阳郭家庙曾国墓地出土“石英珠”（釉砂）的测试分析及其制作工艺模拟实验分析 [J]. 硅酸盐学报，2012，40（4）：567-576.

[226]Qin Y,Wang Y,Chen X,et al. The research of burning ancient Chinese lead-barium glass by using mineral raw materials [J]. Journal of Cultural Heritage, 2016, 21：796-801.

[227] 谷舟．中国釉砂与早期玻璃关系的探讨 [D]. 北京：中国科学院大学，2015.

[228] 陈茜．中国古代人造含钡硅酸盐制品模拟烧制的初步研究 [D]. 合肥：中国科学技术大学，2012.

[229] 张治国，马清林，梅建军，等．中国古代人造硅酸铜钡颜料模拟制备研究 [J]. 中国国家博物馆馆刊，2012（2）：128-140.

[230] 张平．若羌县巴什夏尔遗址出土的古代玻璃器皿 [J]. 新疆社会科学，1986（3）：91-96.

[231] 艾力江．寻找大唐疏勒镇 [J]. 中国社会科学报，2019 年 1 月 24 日第 1623 期．

[232] 于加方．淄博元末明初玻璃作坊遗址 [J]. 考古，1985（6）：530-539.

[233] 夏晓伟，刘松，王卿，等．鸿山越墓出土战国玻璃的无损分析及相关认识 [J]. 南方文物，2013（3）：143-149.

[234]Tite M S, Shortland A J, Production technology of faience and related early vitreous materials [M]. Oxford University School of Archaeology. 2008.

[235]Brill R H,Vocke R D,Wang S X, et al.A note on lead isotope analysis of faience beads from China [J]. Glass Studies, 1991, 33：116-118.

[236]Brill R H,Martin J H. Scientific research in early Chinese glass [C].The Corning Museum of Glass,Corning, New York, 1991：65-89.

[237]Cui J F,Zhao D Y,Huang W, et al.Chemical and lead isotope analysis of glass wares found in Lijiaba site,Yunyang County,Chongqing City [M]// In Gan Fuxi,Robert Brill,Tian Shouyun.Ancient Glass Research Along the Silk Road. Singapore：World Scientific, 2009：179-192.

[238] 后德俊．中国黄河流域和长江中下游地区先秦和汉代的玻璃技术 [M]// 干福熹．中国古代玻璃技术发展史．上海：上海科学技术出版社，2016：119-149.

[239]Zhao H X, Li Q H.Combined spectroscopic analysis of stratified glass eye beads from China in the Warring States

Period [J]. Journal of Raman Spectroscopy, 2017, 48 (8): 1103-1110.

[240] 广州市文物考古研究院. 广州出土汉代珠饰研究 [M]. 北京：科学出版社，2020.

[241] Koleini F, Colomban P, Pikiayi I, et al. Glass Beads, Markers of Ancient Trade in Sub-Saharan Africa: Methodology [J]. State of the Art and Perspectives, Heritage, 2019 (2): 2343-2369.

# 第八章

# 西周时期滑石珠饰的科学研究

## 第一节 平顶山应国墓地出土西周早期滑石珠饰简况

西周时期，除传统玉器之外，还有一类小型滑石质珠饰，多为白色和黑色，往往被称为“料珠”。在平顶山应国墓地西周早期晚段墓葬 M231 中出土了大量这类黑白料珠项饰，其中白色珠 30 颗，黑色珠达 1931 颗。该墓为西周早期应侯或应公的侍妾墓，位于墓地最南端，属于墓地南区的南部。

其中，M231∶22a，由 26 颗绿松石珠、8 颗红玛瑙珠和 769 颗黑色滑石珠（直径 0.10—0.30 厘米）组成（彩版三九，1）；M231∶22b，由 25 颗绿松石珠、1 颗红玛瑙珠和 272 件黑色滑石珠（长度 0.20—0.30 厘米、直径 0.30 厘米）组成（彩版四〇，1）；M231∶22c，由 23 颗白色珠（长度 0.30—0.40 厘米、直径 0.33 厘米）和 315 颗黑色珠（长度 0.20—0.30 厘米、直径 0.25—0.30 厘米）组成（图 8.1；彩版四〇，2）；M231∶22d，由 7 件蚕形玉佩、14 件贝形玉、6 件圆球形玉珠和 321 颗黑色滑石珠（长度 0.20—0.40 厘米、直径 0.20—0.30 厘米）组成（彩版四一，1）；M231∶22e，由 11 件蚂蚱形方解石佩、5 件鼓腹形蓝色釉砂珠（其中 2 颗粉碎）和 179 颗黑色滑石珠（长度 0.20—0.40 厘米、直径 0.20—0.30 厘米）组成（彩版四一，2）；M231∶11，由 404 件环形薄片蚌珠单独串联为一段，7 颗白色珠（长度 0.15—0.30 厘米、直径 0.25 厘米）和 75 颗黑色珠（长度 0.35—0.40 厘米、直径 0.25—0.30 厘米）单独串联为一段，然后两段连接组成串饰 [1]。黑色珠大多以 9—15 颗为组，尤以 14 颗最为常见，表面光洁，呈细圆管形，管孔规整，质地细腻，硬度较高，长度为0.20—0.40厘米，尤其以0.20—0.30厘米最多，直径大多为0.20厘米，少量为0.30厘米[2]。

科学研究这些石质珠饰对明确其质地、来源和文化交流等信息具有十分重要的意义。选取了应国墓地西周早期墓葬M231出土的10件黑色和白色石珠，采用PIXE、XRD和拉曼光谱仪对其进行测试分析，白色珠编号为M231：22b–1、M231：22b–14、M231：22b–27、M231：22b–38（图8.2a），黑色珠编号为M231：22b–22、M231：22b–25、M231：22b–32、M231：22b–34（图8.2b）。另有2件残片M231：22c–48和M231：22c–49。此外，也对比分析了战国中期信阳楚墓[3]出土的1件白色滑石管M1：145（图8.2c），呈圆管状，中有穿孔，重0.40克，长1.22厘米、直径0.50厘米、孔径0.22厘米。

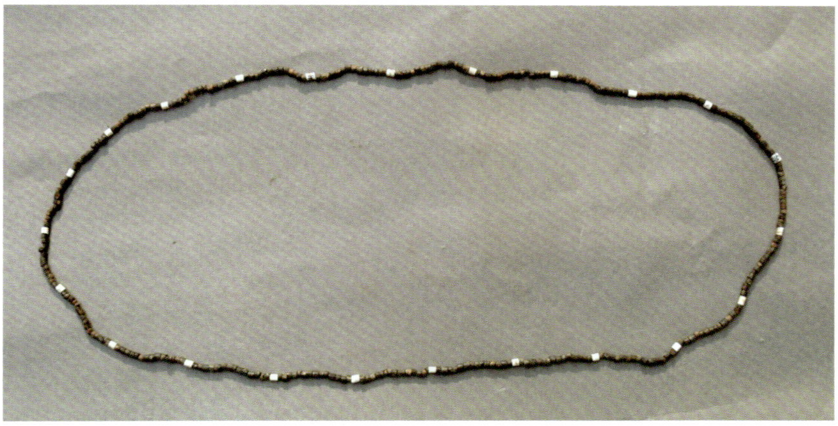

图 8.1　平顶山应国墓地西周早期白石珠和黑石珠组合项链M231：22c

a　b　c

图8.2　所分析的黑白滑石珠、管
a—b. 平顶山应国墓地出土　c. 信阳楚墓出土

## 表 8.1 平顶山应国墓地和信阳楚墓出土黑

| 器名 | 编号 | $Na_2O$ | MgO | $Al_2O_3$ | $SiO_2$ | $P_2O_5$ | $SO_3$ | Cl |
|---|---|---|---|---|---|---|---|---|
| 白石珠 | M231 : 22b−1 | 0.42 | 31.80 | 0.55 | 63.30 | 1.75 | 0.13 | 0.03 |
| 白石珠 | M231 : 22b−14 | 0.18 | 25.50 | 4.30 | 58.30 | n.d. | 1.53 | 0.14 |
| 白石珠 | M231 : 22b−27 | 0.61 | 34.80 | 1.85 | 58.20 | n.d. | 1.60 | 0.05 |
| 白石珠 | M231 : 22b−38 | 1.37 | 33.00 | 1.12 | 61.10 | 0.19 | 0.21 | 0.25 |
| 黑石珠 | M231 : 22b−22 | 0.78 | 29.30 | 3.13 | 64.70 | 0.69 | 0.43 | 0.02 |
| 黑石珠 | M231 : 22b−25 | 2.38 | 27.40 | 3.77 | 61.70 | n.d. | 1.92 | 0.31 |
| 黑石珠 | M231 : 22b−32 | 2.13 | 21.00 | 9.63 | 61.80 | n.d. | 1.54 | 0.09 |
| 白石珠 | M231 : 22c−49−E | 1.82 | 22.47 | 1.55 | 55.76 | 8.58 | n.d. | n.d. |
| 白石珠 | M231 : 22c−49−I | 0.81 | 33.34 | 0.87 | 60.04 | 2.57 | n.d. | n.d. |
| 黑石珠 | M231 : 22c−48−E | 2.02 | 30.46 | 2.62 | 63.91 | 0.24 | n.d. | n.d. |
| 黑石珠 | M231 : 22c−48−I | 0.88 | 31.33 | 1.33 | 65.41 | 0.00 | n.d. | n.d. |
| 白料管 | M1 : 145 | 1.71 | 30.06 | 2.40 | 63.22 | 0.66 | 0.16 | |
| 滑石（Talc） | $Mg_3[(OH)_2Si_4O_{10}]$ | | 31.88 | | 63.37 | | | |
| 顽火辉石 (Enstatite) | $Mg_2$（$Si_2O_6$） | | 40.15 | | 59.85 | | | |

注：① I—内部（Interior），E—外表（Exterior）。② n.d.：not detected，即氧化物或元素浓度低于仪器检出限，

白石珠化学成分的 PIXE 测试结果（wt.%）

| $K_2O$ | CaO | $TiO_2$ | $Cr_2O_3$ | MnO | $Fe_2O_3$ | CoO | CuO | ZnO | $H_2O$ | $SiO_2$／MgO |
|---|---|---|---|---|---|---|---|---|---|---|
| 0.45 | 1.12 | 0.02 | n.d. | 0.02 | 0.29 | n.d. | 0.06 | n.d. | | 1.99 |
| 0.68 | 6.25 | 0.06 | n.d. | 0.02 | 1.75 | n.d. | 0.02 | 0.01 | | 2.29 |
| 0.55 | 0.73 | 0.08 | n.d. | 0.03 | 0.59 | n.d. | 0.11 | 0.06 | | 1.67 |
| 1.12 | 0.95 | n.d. | n.d. | 0.11 | 0.60 | n.d. | n.d. | n.d. | | 1.85 |
| 0.05 | 0.39 | n.d. | n.d. | 0.08 | 0.34 | n.d. | n.d. | 0.03 | | 2.21 |
| 0.65 | 0.86 | n.d. | n.d. | 0.10 | 0.77 | n.d. | 0.10 | 0.10 | | 2.25 |
| 0.64 | 1.35 | 0.29 | n.d. | n.d. | 1.38 | n.d. | n.d. | 0.11 | | 2.94 |
| 0.47 | 8.74 | 0.02 | 0.03 | 0.01 | 0.50 | n.d. | n.d. | 0.05 | | 2.48 |
| 0.04 | 1.91 | n.d. | n.d. | 0.02 | 0.26 | n.d. | n.d. | 0.03 | | 1.80 |
| 0.18 | 0.36 | n.d. | n.d. | 0.01 | 0.16 | n.d. | n.d. | n.d. | | 2.10 |
| 0.13 | 0.44 | 0.04 | 0.02 | 0.01 | 0.19 | 0.01 | n.d. | 0.04 | | 2.09 |
| 0.62 | 0.27 | 0.03 | n.d. | n.d. | 0.50 | n.d. | 0.04 | 0.02 | | 2.10 |
| | | | | | | | | | 4.75 | 1.99 |
| | | | | | | | | | | 1.49 |

测出该化学成分。

# 第二节　科学分析结果

## 一、PIXE 化学成分分析结果

表 8.1 列举了这批石珠和石管的 PIXE 化学成分常量元素分析结果，其主要化学成分为 $SiO_2$（55.76%—65.41%）和 MgO（21.00%—34.80%），质量比 w（$SiO_2$）/w（MgO）为 1.67—2.94，次要化学成分为 $Al_2O_3$、CaO、$Na_2O$、$Fe_2O_3$ 及 $K_2O$ 等。白石珠 M231∶22c−49 和黑石珠 M231∶22c−48 的外表与内部的化学成分相比，外表的 MgO 和 $SiO_2$ 含量相对较低，而 $P_2O_5$、$Na_2O$、$Al_2O_3$ 及 $K_2O$ 等的含量相对较高。值得注意的是，白石珠的外表受沁处含有约 9% 的 $P_2O_5$ 和 CaO，明显高于其内部以及黑石珠，可能与磷酸钙有关。滑石 {Talc，$Mg_3[(OH)_2Si_4O_{10}]$ } 和顽火辉石 [Enstatite，$Mg_2(Si_2O_6)$] 是两种常见的硅酸镁质矿物，其理论化学成分值也列于表 8.1，比值 $SiO_2$/MgO 分别为 1.99 和 1.49。化学成分分析表明，应国墓地西周早期的石珠和信阳楚墓出土的白色料管为硅酸镁质矿物，比较接近于滑石。

## 二、XRD 物相分析结果

经 XRD 检测分析，平顶山应国墓地出土黑白石珠的衍射峰都比较弱，不少石珠表面甚至只是一条弥散的曲线，如白石珠 M231∶22c−48 和 M231∶22c−49（图 8.3 曲线 2）。对照 JCPDS 卡片，发现白石珠的衍射谱线，主要物相与顽火辉石（JCPDS 卡片号为 88−1912）非常接近，同时还含有少量的滑石（JCPDS 卡片号为 83−1768）。如 M231∶22c−14 的外表面及 M231∶22c−49 新鲜面粉晶，其主要晶面指数 d 值分别为 3.16、2.87、2.52 和 9.42、4.40、3.16、2.88、2.53、2.48、1.61 和 1.52。（M231∶22c−49

的 XRD 图谱见图 8.3 曲线 1）黑石珠 HNZZ-34 和 M231∶22c-48 的 XRD 图谱中，矿物组分与滑石（JCPDS 卡片号为 83-1768）相当吻合，如图 8.3 曲线 3 和曲线 4 所示 M231∶22c-48 的粉末和外表面 XRD 图谱（其 XRD 峰主要 d 值分别为 9.36、4.55、3.12、2.59、2.40、1.87、1.52 和 9.45、4.58、3.13、2.63、2.59、2.49、2.48 和 1.53）。信阳楚墓出土白色料管的 X 射线衍射峰也比较弥散，其主要物相为顽火辉石（图 8.4）。

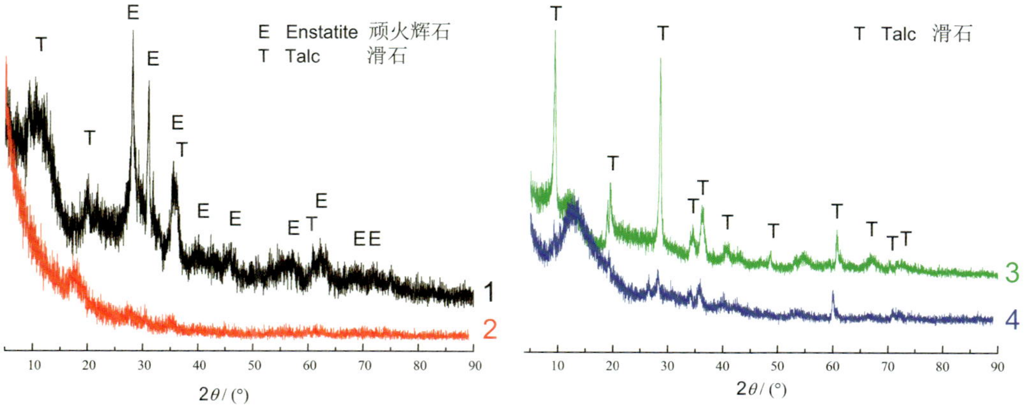


图 8.3 西周早期白石珠和黑石珠的 XRD 图谱
1.M231∶22c-49，粉末 2.M231∶22c-49，固体表面 3.M231∶22c-48，粉末 4.M231∶22c-48 固体表面

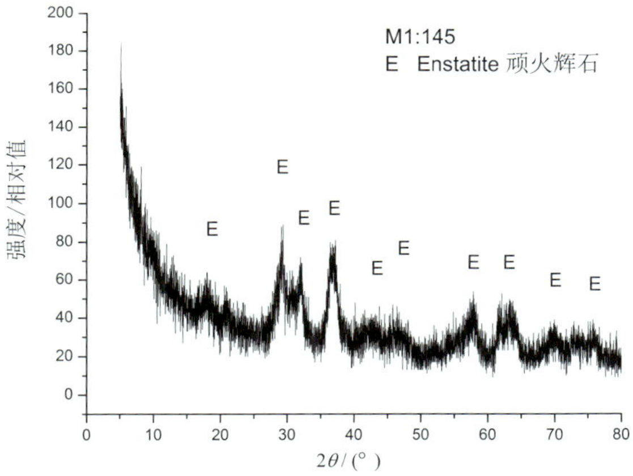


图 8.4 信阳楚墓白色料管 M1∶145 的 XRD 图谱

## 三、黑白石珠的拉曼光谱分析结果

这些石珠黑白分明，颜色截然不同，而化学组分却十分相似，况且黑石珠中未见明显的致色元素。为了探明黑石珠的呈色机理，对其进行了显微拉曼光谱测试。石珠存在很强的荧光背景和散射损失，白石珠的拉曼峰被完全覆盖。黑石珠（M231∶22c-25、

M231：22c–48）仅在 $1357cm^{-1}$（弱）和 $1600cm^{-1}$（强）附近出现两个宽的拉曼散射峰，且这一组拉曼峰存在于黑石珠各个区域。在碳材料的拉曼光谱一级序区（First order region）的频率范围（$1100cm^{-1}$—$1800cm^{-1}$）内，单晶石墨仅在 $1575cm^{-1}$ 处有一特征 G（Graphite）谱线，该谱线是天然石墨所固有的，属于石墨晶格面内 C–C 键的伸缩振动，振动模式为 $E_{2g}$。其他碳材料除 G 谱线外，随着石墨晶格缺陷、边缘无序排列和低对称碳结构的增加，在 $1360cm^{-1}$ 附近还有另外一个 D（Defacts）谱线，属于石墨微晶的 $A_{1g}$ 振动模式，称为结构无序峰[4]。$1357cm^{-1}$ 和 $1600cm^{-1}$ 附近的拉曼峰可能来源于碳质材料的振动。说明黑石珠中存在单晶石墨或其他碳质有机材料，且在黑石珠中呈细分散状均匀分布，而白石珠则没有，这是黑石珠颜色区别于白石珠的原因所在。

## 四、黑白石珠的 SEM–EDS 分析结果

对石珠 M231：22c–48 和 M231：22c–49 进行 SEM 表面形貌和化学成分定性分析，结果表明：白石珠内部组成矿物颗粒以大小不等的块状、絮状等形式存在，矿物之间纹结较为疏松，结合力较弱（图 8.5a）；而黑石珠内部较为致密、均匀，矿物组成颗粒呈絮状，矿物延伸方向杂乱无序，相互之间纹结较为紧密，结合力较强（图 8.5b）。石珠主要呈现 Si 和 Mg 的能谱峰，个别区域亦出现较强的 Ca 的能谱峰。

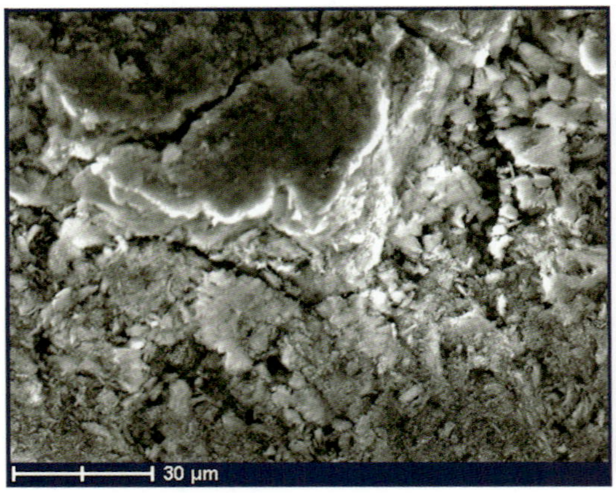


a. 白石珠 M231：22c–49

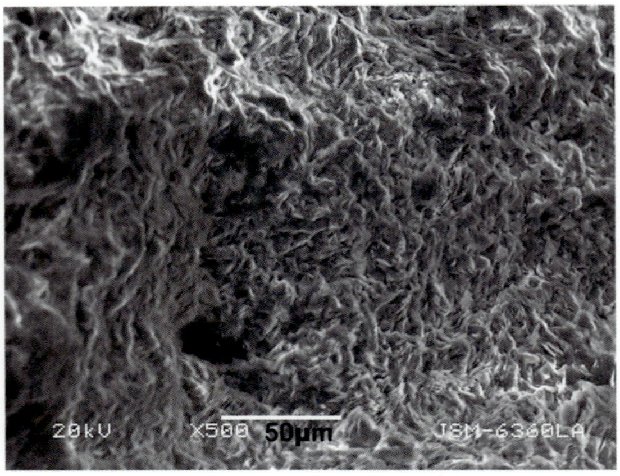


b. 黑石珠 M231：22c–48

图 8.5　西周早期石珠 SEM 的显微形貌图像

# 第三节 相关问题探讨

## 一、滑石煅烧实验

滑石是我国比较常见的一种矿物，分布广泛。我国工业滑石按颜色划分为白滑石、黑滑石、红滑石、绿滑石和灰滑石五种[5]。我国黑滑石资源十分丰富，目前所探明的矿点均分布在我国的中南地区和西南地区，如江西东部的广丰和九江、湖南西北的北龙山—保靖一带、广西的上林、重庆的南川以及广东的平远等地。按成矿地质特征可分为区域变质型、热液交代型和风化沉积型三大类型。黑滑石的主要矿物成分有滑石、石英、方解石、海泡石、有机碳等，颜色呈黑色或灰黑色[5]。陈正国[6]、童银洪[7]、许芳芳[8]等对黑滑石分别进行了增白实验，并探讨了其致黑机理。他们认为黑滑石矿石中的碳质呈浸染状均匀地分布于晶体间，是滑石致黑的主要原因而焙烧可以使黑滑石增白。根据差热分析结果，黑滑石中的有机碳在400℃左右开始分解，随着焙烧温度升高，白度逐渐提高，黑滑石中的有机碳逐渐挥发掉。黑滑石中的碳在690℃附近发生氧化反应，出现放热峰，滑石至600℃—700℃时，黑滑石中的碳可被氧化而除去，使滑石白度增加，在850℃时滑石发生相变，逐步变成顽火辉石，950℃以后全部转变为顽火辉石和石英，失去结构水。

我们也对白色滑石矿物标本进行了热处理，热处理温度分别为200℃、400℃、600℃、850℃、900℃和950℃。热处理前后的XRD对比结果表明：室温（20℃）至煅烧600℃，滑石标本的物相未发生明显变化，煅烧到850℃后，则发生明显相变，转化为顽火辉石（图8.6）。

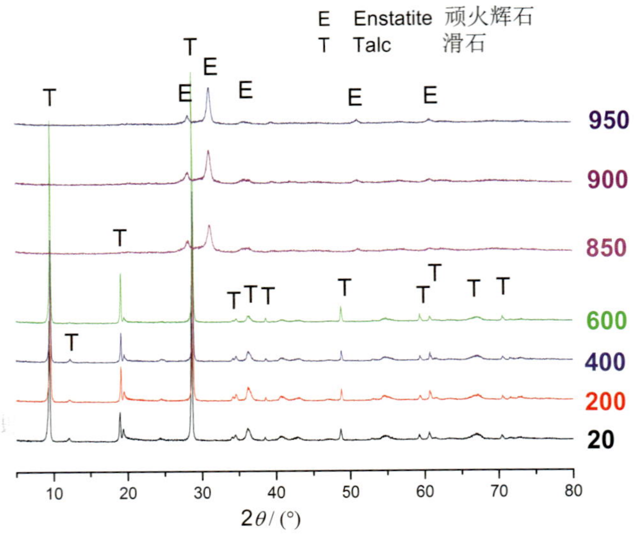


图 8.6 不同煅烧温度下白色滑石矿物的 XRD 图谱

这些石珠表面 X- 射线衍射峰相对较弱，峰形宽而低，都存在不同程度的弥散现象，甚至出现非晶化（玻璃化），而石珠新鲜面的粉晶衍射峰相对较尖锐，说明石珠表面发生了晶态到非晶态转变、非晶态包裹晶态的现象，此类现象在其他地区如内蒙古林西井沟子墓地 [9] 和吉林长白干沟子墓群 * 出土的玉器中也存在，初步认为这种现象可能与热处理有关。

平顶山应国墓地出土的西周早期石珠的主要化学成分为 $SiO_2$（约 60%）、MgO（约 30%），且表面多存在 $Mg^{2+}$ 的流失。其 w（$SiO_2$）/w（MgO）与滑石比较接近，相对而言，黑石珠的比值 w（$SiO_2$）/w（MgO）较白石珠高。白石珠的主要物相为顽火辉石，并含有少量的滑石；黑石珠的主要物相为滑石，且含有石墨类碳质成分。由此，可以认为应国墓地出土的石珠是由黑滑石矿石加工而成的，黑石珠未经高温处理，可能是直接加工或经 400℃以下的低温处理。由于白石珠中有少量的滑石存在，尚未完全转化为顽火辉石，说明白石珠经 900℃左右的高温焙烧过。而信阳楚墓出土的白色料管为顽火辉石，结合表面的细裂纹，说明其应该也经过了高温处理。可见，早在西周早期（约公元前 1000 年），我国先民已经开始使用热处理技术加工滑石制品了。

* 中国科学院上海光学精密机械研究所科技考古中心与吉林省文物考古研究所合作测试数据，待发表。

## 二、近东和南亚地区早期滑石制品

在印度河谷、阿曼、美索不达米亚、阿拉伯联合酋长国、安纳托利亚以及埃及等地[10]也分布有丰富的滑石矿，滑石材料在这些早期文明发祥地区很早就得到了应用。如印度河谷地区在距今9000年的梅赫尔格尔时期（Mehrgarh）[11]已使用黑色或深褐色的滑石珠，并与白色贝壳珠连用；美索不达米亚欧贝德时期（Ubaid，公元前6000年—前4000年）、上埃及八达里时期（Badari，公元前5000年—前4000年）均使用了滑石珠。距今8000—6000年，印度河谷地区梅赫尔格尔文化的人们已使用了热处理滑石（Heated Talc/steatite），既是为了提高硬度，也是为了获取所需白色。此后，热处理滑石质的白色珠、印章、圣甲虫和护身符等在印度河谷、埃及和安纳托利亚等多个遗址均有出土。而一些地区仍使用天然滑石材料，如美索不达米亚使用氧化铁着色的红色滑石材料以及有机碳着色的深绿色至黑色滑石材料，叙利亚使用深绿色至黑色滑石质材料[12]。近东地区的滑石饰品最早可能是受到南亚印度河谷的影响而发展起来的[2]。

施釉滑石（Glazed steatite）制品约在公元前第5千纪末叶最早出现于埃及、近东和印度河谷地区，釉色为蓝色或绿色，多为项饰和带饰上的圆盘形珠饰，还有印章、圣甲虫、护身符等，与前述热处理滑石制品类似[13]。距今7000年—6000年，美索不达米亚地区最先制作出了滑石釉砂（steatite faience），如以色列Peqi’in[14]和伊拉克Arpachiyah、Tepe Gawra、Nineveh等遗址，早于印度河谷流域（前印度河时期，Pre Indus period，c. 公元前3500年—前2500年）约1000年[2]。

综上可见，滑石的热处理技术促进了施釉滑石、滑石釉砂的出现，在一定程度上为古代玻璃的产生提供了技术条件。

## 三、平顶山应国墓地滑石珠的来源探讨

虽然滑石矿产资源在我国分布广泛，且早在距今9000年的新石器时代业已出现滑石珠饰，但数量不多，且直径均大于1厘米。到青铜时代早期（如甘肃临潭磨沟遗址），这一局面发生了转变，滑石珠数量大增，尺寸变小。西周时期，滑石珠和热处理滑石珠分

布区域不断扩大，出土数量也有所增加，直径多小于0.5厘米，属于小型珠饰，与近东和南亚的圆柱体珠饰非常相似[2]。值得注意的是，在中原地区的河南平顶山应国墓地，以及陕西和山西等地的西周贵族墓地也出土了不少红玉髓珠，与绿松石、釉砂和玉器组成项饰和佩饰。而红玉髓珠饰自公元前3000年以来就在印度河谷流域、中亚、埃及和美索不达米亚地区流行。目前，主流观点认为，红玉髓珠可能起源于印度次大陆[15]。由此，平顶山应国墓地出土的小型滑石珠饰，可能受到南亚印度河谷流域或近东地区影响，不排除经古代丝绸之路传入的可能。

### 四、滑石珠的风化沁蚀

平顶山应国墓地出土的西周早期白料珠较黑料珠容易腐蚀受沁，表面含有较高的$P_2O_5$和CaO，如M231∶22c−49含有约9%的$P_2O_5$和CaO，这可能与尸骨的腐蚀有关。白石珠较黑石珠容易腐蚀受沁，晶体结构较黑石珠复杂。由于这些石珠和釉砂管是作为墓主人的项饰随葬在墓葬中的，墓主人的尸骨富含钙和磷，它们以一种结晶度很差的羟磷灰石的形式存在，羟磷灰石分解，导致墓室中含有较多磷和钙，釉砂管长期受其腐蚀，致使表面风化严重，故含有较高的$P_2O_5$和CaO，其XRD衍射峰存在较多的弥散现象也可证明。$P_2O_5$与西周早期石珠中的化学元素发生化学反应，是西周早期石珠表面发生晶态向非晶态转变的主要原因之一，其非晶化的过程和动力学问题仍需进一步研究。

## 第四节　余　论

综合以上分析，平顶山应国墓地出土的西周早期的黑白石珠是由黑滑石加工而成的，矿物中的碳质呈分散状均匀分布是黑滑石致黑的原因。黑石珠可能是黑滑石未经热处理直接加工而成或经过400℃以下低温处理后制成。而白石珠则先由黑滑石加工成型，再经过900℃高温焙烧而成，以达到增白的效果。这说明早在公元前1000年左右我国先民已经开始使用或掌握了对滑石矿物进行热处理的技术，不过，考虑到南亚等地使用热处理滑石的传统以及同出具有异域风格的红玉髓等珠饰，也不排除平顶山应国墓地出土的这些黑白滑石珠饰从南亚或近东地区通过古代丝绸之路传入的可能。

## 参考文献：

[1] 河南省文物考古研究所，平顶山市文物管理局．平顶山应国墓地［M］．郑州：大象出版社，2012．

[2] 王荣，董俊卿．中国先秦时期热处理滑石器初探［J］．东南文化，2021（1）：88—96．

[3] 河南省文物考古研究所．信阳楚墓［M］．北京：文物出版社，1986．

[4] 李东风，王浩静，王心葵．PAN 基碳纤维在石墨化过程中的拉曼光谱［J］．光谱学与光谱分析，2007，27（11）：2249—2253．

[5] 田红．黑滑石增白试验研究［J］．建材地质，1991（5）：31—32．

[6] 陈正国，邱素梅，祝强．广丰黑滑石的增白试验及致黑机理探讨［J］．非金属矿，1993，96（6）：6—8．

[7] 童银洪．上林黑滑石增白技术实验研究［J］．桂林冶金地质学院学报，1993，13（4）：430．

[8] 许芳芳，李金洪，王宇才．江西广丰黑滑石煅烧增白及物相变化特征［J］．非金属矿，2010，33（6）：15—17．

[9] 付琳，董俊卿，李青会，等．林西井沟子西区墓葬出土滑石珠的科技分析及相关问题［J］．边疆考古研究，2015（2）：361—370．

[10] M.J.Harrower，H. David-Cuny，S. Nathan，et al. First discovery of ancient soft stone (chlorite) vessel production in Arabia：Aqiral Shamoos (Oman)［J］. Arabian Archaeology and Epigraphy，2016，27（2）：197—207．

[11] A. Bouquillon，et al. Glazed Steatite Beads from Merhgarh and Nausharo (Pakistani Balochistan)［M］. MRS Proceedings，1995：352．

[12] D.E. Bar-Yosef Mayer，et al. Steatite beads at Peqi'in：long distance trade and pyro-technology Chalcolithic of the Levant［J］. Journal of Archaeological Science，2004，31（4）：493—502．

[13] M. S. Tite，A. J. Shortland. Production technology of faience and related early vitreous materials［D］. London：Oxford University School of Archaeology，2008．

[14] D.E.Bar-Yosef Mayer，et al. Steatite beads at Peqi'in：long distance trade and pyro-technology during the Chalcolithic of the Levant［J］. Journal of Archaeological Science，2004，31（4）：493—502．

[15] Aruz J，Wallenfels R. Art of the First Cities，Metropolitan Museum of Art［M］. New York：Yale University Press，2003：279．

## 第九章

# 两周釉砂珠饰的科学研究

# 第一节 两周釉砂珠饰

## 一、平顶山应国墓地出土釉砂

### 1. 平顶山应国墓地考古学背景

应国墓地位于河南省平顶山市新华区滍阳镇北滍村的滍阳岭上，主要是西周至东周时期应国贵族的埋葬地，也包括应国灭亡后部分楚国贵族墓葬与两汉时期的一些平民墓。1986年至2007年共发掘墓葬500余座，其中应国国君及夫人墓近20座，出土文物1万余件，包括铜礼器、铜兵器、陶器以及许多由玉、釉砂、玛瑙、蚌壳或骨头组成的精美项链和饰物。鉴于其在学术研究上的重要意义，应国墓地被评为1996年中国十大考古发现之一[1]。

在西周早期到春秋早期的数座墓葬中出土了大量的蓝绿色釉砂珠和管（表9.1），其中多数已经风化或碎裂。我们对应国墓地不同时期出土釉砂珠和管的数量及墓葬数进行了统计（图9.1，表9.2）。其中西周早期仅M231一座墓发现11颗釉砂珠，说明釉砂在西周早期非常少见。这些釉砂珠同玛瑙和绿松石珠搭配组成串饰（彩版三八）。西周中期，出土釉砂的数量和墓葬数量都显著增多，共7座墓葬出土有2069件釉砂珠（管），墓主人身份包括从应侯到低级贵族（士）各级贵族。例如，仅在一座应侯爯少夫人的墓

（M85）中就出土了1106件釉砂。这一时期，釉砂常与玛瑙和玉器组成组合佩饰，如组合玛瑙佩饰（图9.2a，彩版六五）、组合玉项饰（彩版六四，1）、组合玉佩（彩版五〇）、束腰管联料珠组合玉握（彩版五九，3）和组合玉发饰（彩版五六，1）等。西周晚期，釉砂数量又开始急剧下降，3座贵族墓仅出土119件釉砂制品。图9.2b和图9.2c展示了西周晚期釉砂管组合玉佩饰。到了春秋早期，出土釉砂的墓葬只发现1座，系一位大夫级夫人墓，出土釉砂珠（管）224件。

**表9.1　平顶山应国墓地西周早期至春秋早期出土釉砂情况统计表**

| 墓葬编号 | 时代 | 墓主人身份 | 釉砂出土数量 |
|---|---|---|---|
| M231 | 西周早期晚段 | 应公夫人 | 11 |
| M213 | 西周中期早段 | 上士级贵族 | 12 |
| M210 | 西周中期早段偏晚 | 大夫一级贵族 | 58 |
| M86 | 西周中期 | 应侯 | 17 |
| M201 | 西周中期 | 士一级贵族 | 252 |
| M202 | 西周中期 | M201妻子 | 218 |
| M84 | 西周中期早段 | 应侯 | 406 |
| M85 | 西周中期晚段 | 应侯爯少夫人 | 1106 |
| M96 | 西周晚期 | 大夫级应国贵族夫人墓 | 82 |
| M269 | 西周晚期 | 士一级小贵族 | 6 |
| M107 | 西周晚期 | 上士级贵族 | 31 |
| M7 | 春秋早期 | 大夫级应国贵族夫人墓 | 224 |

表 9.2　平顶山应国墓地不同时期出土釉砂统计表

| 时期 | 釉砂数量 | 出土釉砂墓葬数量 |
|---|---|---|
| 西周早期 | 11 | 1 |
| 西周中期 | 2069 | 7 |
| 西周晚期 | 119 | 3 |
| 春秋早期 | 224 | 1 |

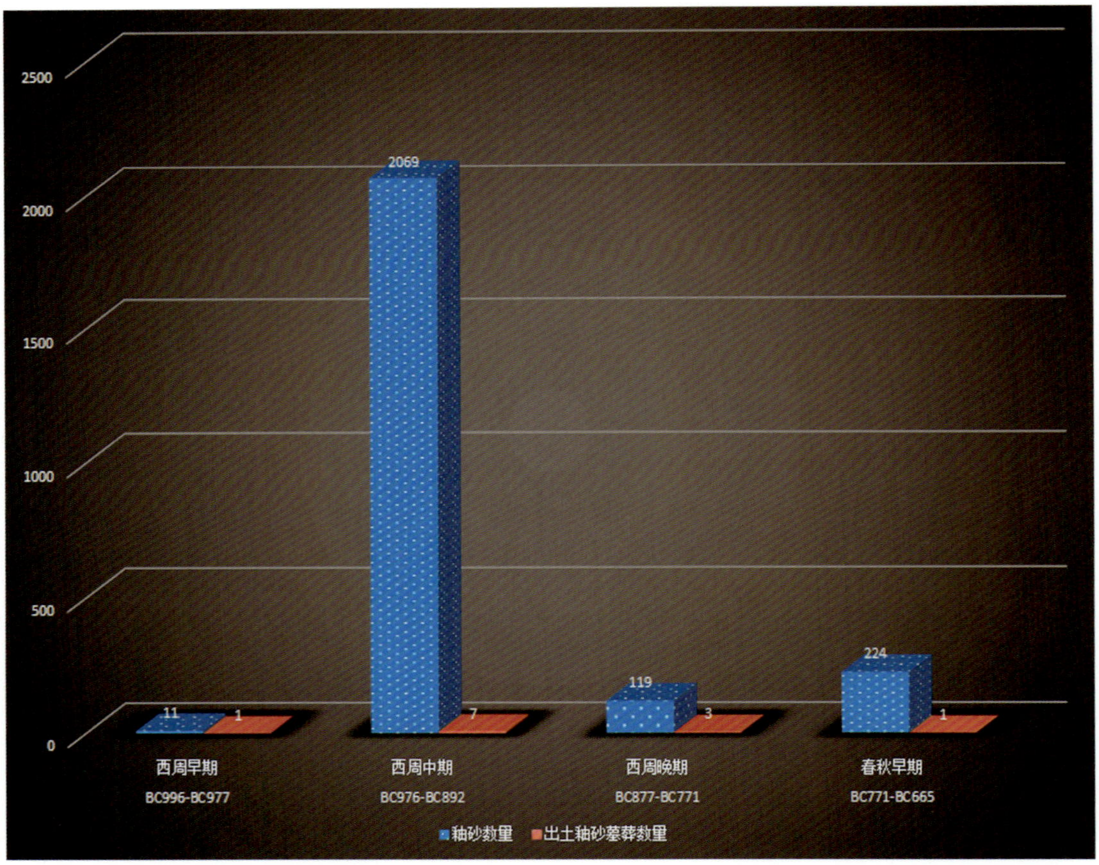


图 9.1　平顶山应国墓地不同时期出土的釉砂柱状图

a. 西周中期 M201 : 5

b. 西周晚期 M96 : 82

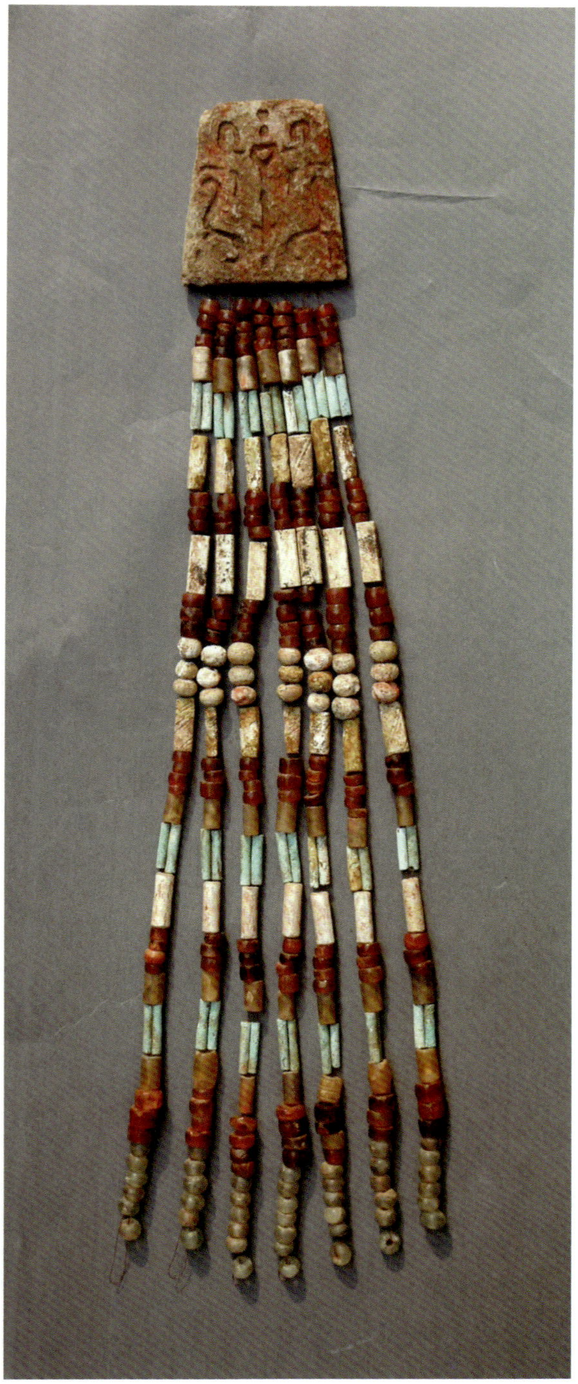

c. 西周晚期 M96 : 84

图 9.2　平顶山应国墓地出土釉砂珠饰组合佩饰

选取应国墓地出土的 53 件典型釉砂珠（管）进行无损分析，典型釉砂照片如图 9.3 所示。其中西周早期 3 件，编号为 M231 : 21e、M231 : 27−1 及 M231 : 27−2。西周中期 32 件，出土于 M84、M85 和 M213 中，编号为 M84 : 128−1—M84 : 128−5、M85 : 39−

1、M85：39−2、M85：34−1—M85：34−3、M85：34−4、M85：39−3—M85：39−8、M85:128−6—M85:128−14和M213:25−1—M213:25−6，颜色有月白色、绿白色和绿色。M84的釉砂珠保存相对较为完整，个别釉砂珠（如M84:128−8和M8:128−9）珠体较薄，表面光滑发亮。M85釉砂珠的表面风化较为严重，有的残为数片。西周晚期14件，出土于M96和M107中，编号为M96:84a31、M96:84a32、M96:84a33、M96:84a22、M96:80−5、M96:80−6、M96:80−14—M96:80−17、M96:82−22和M96:82−23，系西周玉联牌组玉佩（图9.2c）、五璜联珠组玉佩及珠联牌组玉佩中的蓝色釉砂管。釉砂管呈细圆管形，基体为浅绿色，外观粗糙，断面或表面有一些红褐色杂质。春秋早期4件，编号为M7:57−2—M7:57−5。其中料管1件，呈圆管状，绿色；料珠3件，呈圆柱状，基体呈绿色或绿白色，外观粗糙。

a．M231:27−2，珠，西周早期

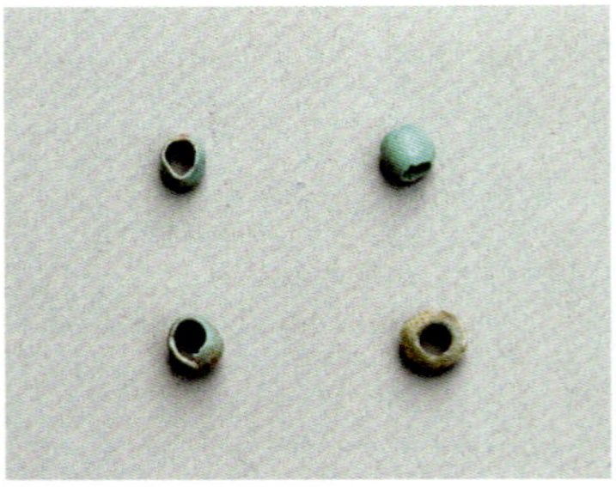

b．M84:128−1—M84:128−4，珠，西周中期

c．M84:128−8，珠，西周中期

d．M85:34−2，珠，西周中期

e．M213:25−3，管，西周中期

f．M96:80−14，管，西周晚期

图9.3　平顶山应国墓地西周早期至西周中期釉砂珠和釉砂管

### 2. 分析结果

选取24件釉砂珠（管）进行XRD测试，26件进行PIXE化学成分检测，20件进行pXRF化学成分分析。少数釉砂珠蓝色部位的衍射峰是一条弥散的曲线，如应国墓地西周中期的釉砂珠M84:34−1、M84:128−1和M84:128−3（图9.4），其珠体较薄，表面光亮，说明这些釉砂的表面存在一定的玻璃相。

显微拉曼光谱分析显示，这些釉砂中也存在大量石英晶体的拉曼特征峰，如西周中期的 M84∶34–3、西周晚期的 M96∶80–14 和春秋早期的 M7∶57–5，其主要拉曼位移在 204cm$^{-1}$、261cm$^{-1}$、356cm$^{-1}$、400cm$^{-1}$ 和 462cm$^{-1}$ 附近（图 9.5），其中最强峰 462cm$^{-1}$ 归属于硅氧四面体（O–Si–O）角的弯曲振动，中等强度的拉曼峰 203cm$^{-1}$—265cm$^{-1}$ 归属于硅氧四面体（O–Si–O）角的弯曲和扭曲振动，351cm$^{-1}$—400cm$^{-1}$ 归属于硅氧四面体（O–Si–O）的弯曲和伸缩振动，689cm$^{-1}$—1161cm$^{-1}$ 归属于 Si–O 键的伸缩模式[2]。

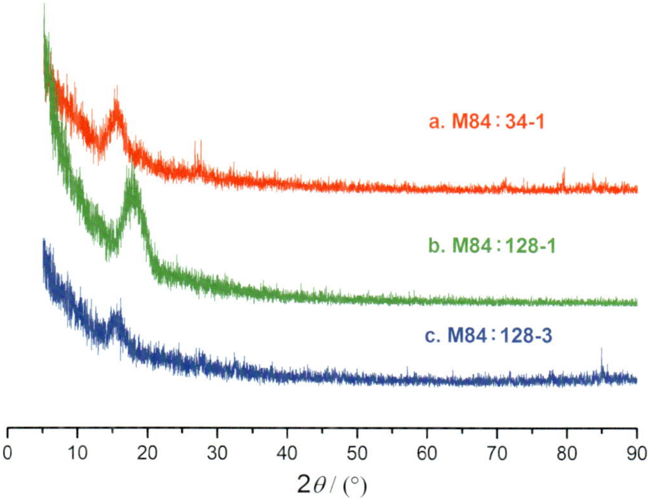


图 9.4　平顶山应国墓地釉砂非晶化包络的 XRD 图谱

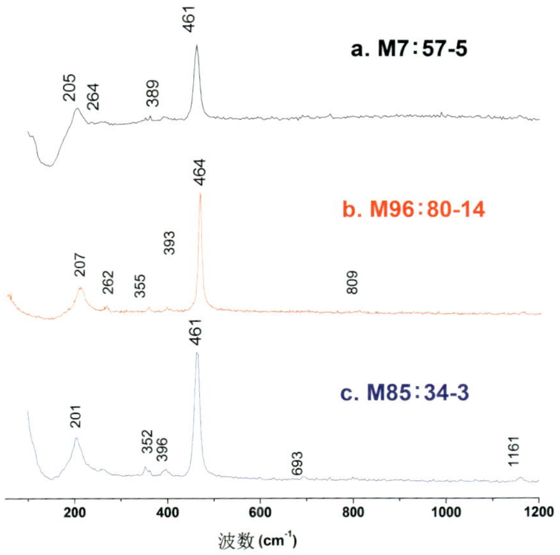


图 9.5　平顶山应国墓地釉砂的特征拉曼图谱

（1）西周早期的釉砂珠

西周早期的蓝绿色釉砂珠非常少，多为残片，经 PIXE 测试分析的有 HNZZ-81、HNWKII-91 和 HNWKII-92 3 件，主要化学成分为 $SiO_2$（91.29%—91.56%），次要化学成分为 CuO（1.71%—2.95%）、$P_2O_5$（0%—1.25%）、$Al_2O_3$（1.18%—3.10%）、$Na_2O$（0.55%—1.20%），其他氧化物如 CaO、MgO、$K_2O$ 及 $Fe_2O_3$ 含量皆小于 1%。但釉砂珠 HNWKII-92-1 却含有 2.63% 的 PbO，高于其他釉砂（见表 9.3），可能与助熔剂有关。经 XRD 检测分析，西周早期的釉砂珠有一组明显的石英衍射峰（见图 9.6）。

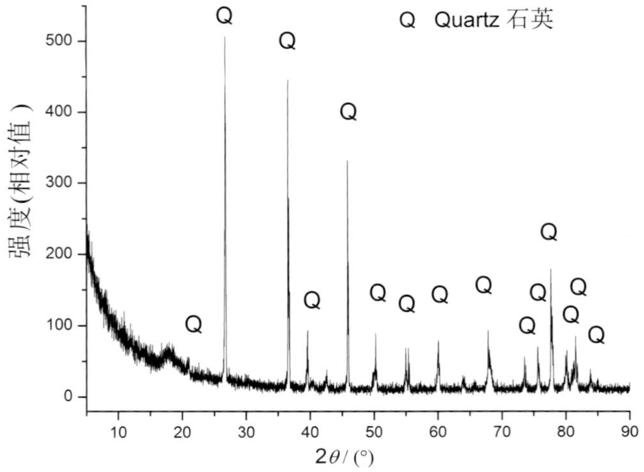


图 9.6　西周早期釉砂珠 HNZZ—81 的 XRD 图谱

（2）西周中期的釉砂珠和釉砂管

PIXE 化学成分分析结果（表 9.3）显示，西周中期釉砂珠（HNWKII-64—HNWKII-73）的主要化学组分为 $SiO_2$（83.18%—94.82%），次要化学成分为 CuO（0.89%—9.07%）、$Al_2O_3$（0.94%—5.71%）、$Na_2O$（0—1.77%）　和 $K_2O$（0.04%—0.91%），其他氧化物如 $P_2O_5$、CaO 及 $Fe_2O_3$ 等含量皆小于 1%。保存相对完整的釉砂珠厚度一般不超过 0.55 厘米（如 HNWKII-64、HNWKII-69、HNWKII-70、HNWKII-71 及 HNWKII-73 等），比其他风化腐蚀严重甚至残碎者（如 HNWKII-65、HNWKII-66、HNWKII-68 及 HNWKII-72）含有较高的 CuO、$Na_2O$ 和 $K_2O$，而 $SiO_2$ 的含量略低，前者 CuO 皆大于 2%，个别釉砂（如 HNWKII-69 和 HNWKII-70）的 CuO 则大于 7%，后者皆小于 2%。

利用 pXRF 对西周中期的另一批釉砂珠和釉砂管（HNWKIII-60—HNWKIII-81）

进行了测试分析。由表 9.4 的测试结果可知，它们的主要化学成分 $SiO_2$ 的含量有一定差别，按照 $SiO_2$ 和 $Al_2O_3$ 的含量高低可分为三种类型。第一类如包括 HNWKIII-61、HNWKIII-65、HNWKIII-67—HNWKIII-70、HNWKIII-72—HNWKIII-74 和 HNWKIII-76，其 $SiO_2$ 含量较高（大于 92%）而 $Al_2O_3$ 含量较低（小于 2%），$SiO_2$ 含量为 92.01%—97.92%，次要化学成分为 $Al_2O_3$（0%—1.66%）、CuO（0.49%—4.28%）、$K_2O$（0.85%—1.50%）、$P_2O_5$（0.28%—1.62%），其他氧化物如 $Na_2O$、MgO、CaO 和 $Fe_2O_3$ 等含量皆小于 1%。其中，$SiO_2$ 含量最高（约 98%）的釉砂管 HNWKIII-76 的 CuO 含量明显低于料珠，仅为 0.49%，不含 $Al_2O_3$。第二类包括 HNWKIII-60、HNWKIII-62—HNWKIII-64、HNWKIII-71 和 HNWKIII-77—HNWKIII-79，其 $SiO_2$ 含量较低（小于 90%）而 $Al_2O_3$ 含量较高（大于 5%），$SiO_2$ 含量为 70.20%—89.79%，$Al_2O_3$ 含量为 5.31%—10.56%，次要化学成分 CuO 的含量与第一类较接近，为 1.25%—4.05%，而 $P_2O_5$ 和 $K_2O$ 含量略高于第一类釉砂，$P_2O_5$ 为 0%—5.65%（一般都大于 1%），$K_2O$ 为 1.38%—4.04%。其中，$SiO_2$ 含量最低（约 70%）的釉砂珠 HNWKIII-62 中 $P_2O_5$、$K_2O$ 和 CuO 的含量也明显高于其他釉砂珠。第三类介于前两者之间，包括 HNWKIII-80 和 HNWKIII-81，其 $SiO_2$ 含量分别为 90.80% 和 91.90%，$Al_2O_3$ 含量分别为 4.41% 和 4.54%，其他氧化物如 CuO 含量分别为 2.09% 和 0.36%，$K_2O$ 含量分别为 1.36% 和 1.64%，$P_2O_5$ 含量分别为 1.26% 和 0.93%。

经 XRD 检测分析，西周中期釉砂珠和釉砂管的 XRD 图谱都存在不同程度的弥散现象，XRD 峰较弱，但大多数釉砂都出现了石英的 XRD 峰，如 HNWKII-64、HNWKII-65（见图 9.7a）、HNWKII-67、HNWKII-68、HNWKII-70、HNWKII-72、HNWKII-73、HNWKIII-60、HNWKIII-62、HNWKIII-68、HNWKIII-69、HNWKIII-71 及 HNWKIII-76，个别釉砂的 XRD 图谱甚至是一条弥散的曲线，如 HNWKII-66、HNWKII-69 及 HNWKIII-67 等。

（3）西周晚期的釉砂管

西周晚期的釉砂管，主要化学成分为 $SiO_2$（81.10%—94.00%），次要化学成分为 CuO（1.36%—3.24%）、$P_2O_5$（1.05%—6.20%）、$Al_2O_3$（1.39%—4.57%）、CaO（0.32%—6.65%）及少量的 $P_2O_5$、$Na_2O$ 及 $K_2O$ 等。与西周中期的釉砂珠相比，西周晚期釉砂管的 $SiO_2$ 和 $P_2O_5$ 含量略高，而 CuO 和 $Al_2O_3$ 的含量相对较低。其中 HNZZ-19 和 HNZZ-22

## 表 9.3 平顶山应国墓地西周早期至春秋早期釉砂珠

| 时代 | 编号 | 出土编号 | 器名 | $Na_2O$ | MgO | $Al_2O_3$ | $SiO_2$ | $P_2O_5$ | $SO_3$ |
|---|---|---|---|---|---|---|---|---|---|
| 西周早期 | HNZZ–81 | M231：21e | 料珠 | 0.55 | 0.91 | 3.10 | 91.29 | 1.25 | 0.00 |
| | HNWKII–91–1 | M231：27–1 | 料珠 | 1.20 | 0.72 | 1.91 | 91.56 | n.d. | n.d. |
| | HNWKII–92–1 | M231：27–2 | 料珠 | 1.16 | 0.16 | 1.18 | 91.30 | 0.64 | n.d. |
| 西周中期 | HNWKII–64 | M85：39–1 | 料珠 | 1.50 | 0.84 | 5.71 | 86.30 | n.d. | 0.54 |
| | HNWKII–65 | M85：39–2 | 料珠 | n.d. | 1.02 | 3.79 | 90.39 | 0.68 | n.d. |
| | HNWKII–66 | M8：34–1 | 料珠 | 0.61 | 0.47 | 1.93 | 94.37 | 0.91 | n.d. |
| | HNWKII–67 | M8：34–2 | 料珠 | 1.38 | 0.68 | 1.26 | 92.98 | 0.47 | n.d. |
| | HNWKII–68–1 | M85：34–3 | 料珠 | n.d. | 0.56 | 3.01 | 93.10 | 0.87 | n.d. |
| | HNWKII–69 | M84：128–1 | 料珠 | 1.69 | 0.87 | 2.26 | 83.18 | n.d. | 1.43 |
| | HNWKII–70 | M84：128–2 | 料珠 | n.d. | 0.24 | 2.08 | 85.26 | 0.84 | 0.55 |
| | HNWKII–71–1 | M84：128–3 | 料珠 | 0.99 | 0.82 | 3.17 | 89.06 | n.d. | n.d. |
| | HNWKII–72 | M84：128–4 | 料珠 | n.d. | 0.29 | 1.83 | 94.82 | n.d. | n.d. |
| | HNWKII–73–1 | M84：128–5 | 料珠 | 0.42 | 0.52 | 0.94 | 93.77 | 0.86 | n.d. |
| | HNWKII–73–2 | M84：128–5 | 料珠 | 1.77 | 0.93 | 1.48 | 91.31 | 0.39 | n.d. |
| 西周晚期 | HNZZ–17 | M96：84a31 | 料管 | n.d. | 0.40 | 1.71 | 92.50 | 1.91 | 0.28 |
| | HNZZ–18 | M96：84a32 | 料管 | n.d. | 0.34 | 1.94 | 89.20 | 3.11 | 0.51 |
| | HNZZ–19 | M96：84a33 | 料管 | 1.06 | 0.37 | 2.64 | 81.30 | 4.83 | 0.61 |
| | HNZZ–20 | M96：84a22 | 料管 | 0.60 | 0.33 | 1.73 | 93.70 | 1.28 | 0.08 |
| | HNZZ–21 | M96：80–5 | 料管 | 0.39 | 0.49 | 4.57 | 87.40 | 1.62 | 0.69 |
| | HNZZ–22 | M96：80–6 | 料管 | 0.42 | 0.11 | 2.39 | 81.10 | 6.20 | 0.33 |
| | HNZZ–23 | M96：80–14 | 料管 | 0.61 | 0.14 | 1.39 | 92.20 | 1.24 | n.d. |
| | HNZZ–24 | M96：80–15 | 料管 | n.d. | 0.41 | 1.84 | 94.00 | 1.05 | 0.23 |
| | HNZZ–25 | M96：82–16 | 料管 | n.d. | 0.45 | 1.94 | 93.60 | 1.30 | 0.10 |
| | HNZZ–26 | M96：82–17 | 料管 | 0.45 | 0.27 | 2.05 | 88.90 | 1.50 | 0.18 |
| 春秋早期 | HNWKII–75–1 | M7：57–2 | 料管 | n.d. | 0.11 | 1.10 | 94.99 | 0.41 | n.d. |
| | HNWKII–78a | M7：57–5 | 料珠 | n.d. | 0.27 | 1.79 | 95.37 | 0.31 | n.d. |
| | HNWKII–78b | M7：57–5 | 料珠 | 0.81 | 0.69 | 2.10 | 92.83 | 1.04 | n.d. |

注：① n.d.：not detected，即氧化物或元素浓度低于仪器检出限，未检测出该化学成分。

## 釉砂管化学成分的 PIXE 分析测试结果（wt.%）

| Cl | $K_2O$ | CaO | $TiO_2$ | $Cr_2O_3$ | MnO | $Fe_2O_3$ | CoO | NiO | CuO | ZnO | HgO | PbO |
|---|---|---|---|---|---|---|---|---|---|---|---|---|
| 0.00 | 0.17 | 0.19 | 0.23 | n.d. | n.d. | 0.59 | n.d. | n.d. | 1.71 | n.d. | n.d. | n.d. |
| n.d. | 0.24 | 0.68 | n.d. | n.d. | 0.07 | 0.63 | n.d. | n.d. | 2.95 | n.d. | n.d. | 0.71 |
| n.d. | 0.23 | 0.29 | 0.03 | n.d. | n.d. | 0.27 | 0.03 | n.d. | 2.08 | n.d. | n.d. | 2.63 |
| n.d. | 0.91 | 0.35 | 0.06 | n.d. | n.d. | 0.77 | n.d. | n.d. | 2.52 | 0.09 | 0.40 | n.d. |
| n.d. | 0.34 | 0.69 | 0.10 | 0.02 | n.d. | 0.48 | 0.03 | 0.04 | 1.81 | n.d. | 0.55 | n.d. |
| n.d. | 0.32 | 0.20 | n.d. | n.d. | n.d. | 0.18 | n.d. | n.d. | 0.95 | 0.03 | n.d. | n.d. |
| n.d. | 0.51 | 0.30 | 0.04 | 0.02 | n.d. | 0.31 | n.d. | n.d. | 2.06 | n.d. | n.d. | n.d. |
| n.d. | 0.34 | 0.59 | 0.01 | n.d. | n.d. | 0.26 | n.d. | n.d. | 0.89 | 0.03 | 0.32 | n.d. |
| n.d. | 0.38 | 0.95 | n.d. | n.d. | n.d. | 0.22 | n.d. | n.d. | 7.16 | n.d. | 1.85 | n.d. |
| n.d. | 0.35 | 0.62 | n.d. | n.d. | n.d. | 0.10 | n.d. | n.d. | 9.07 | n.d. | 0.90 | n.d. |
| n.d. | 0.39 | 0.59 | 0.06 | n.d. | 0.03 | 0.60 | n.d. | n.d. | 3.61 | n.d. | 0.68 | n.d. |
| n.d. | 0.54 | 0.41 | 0.04 | n.d. | n.d. | 0.45 | n.d. | n.d. | 1.46 | n.d. | 0.17 | n.d. |
| n.d. | 0.08 | 0.44 | n.d. | n.d. | n.d. | 0.09 | n.d. | n.d. | 2.89 | n.d. | n.d. | n.d. |
| n.d. | 0.04 | 0.28 | 0.08 | n.d. | n.d. | 0.23 | n.d. | n.d. | 3.50 | n.d. | n.d. | n.d. |
| 0.41 | 0.25 | 0.65 | n.d. | n.d. | n.d. | 0.08 | n.d. | 0.02 | 1.71 | 0.02 | n.d. | n.d. |
| 0.28 | 0.25 | 2.23 | 0.04 | n.d. | n.d. | 0.26 | n.d. | n.d. | 1.86 | 0.03 | n.d. | n.d. |
| 0.47 | 0.27 | 5.32 | n.d. | n.d. | n.d. | 0.14 | n.d. | n.d. | 3.00 | n.d. | n.d. | n.d. |
| 0.18 | 0.32 | 0.32 | n.d. | n.d. | n.d. | 0.09 | n.d. | n.d. | 1.37 | n.d. | n.d. | n.d. |
| 0.38 | 0.67 | 1.79 | 0.05 | n.d. | n.d. | 0.18 | n.d. | n.d. | 1.71 | n.d. | n.d. | n.d. |
| 0.24 | 0.32 | 6.65 | 0.07 | n.d. | n.d. | 0.22 | n.d. | n.d. | 1.80 | 0.06 | n.d. | n.d. |
| 0.07 | 1.73 | 0.39 | 0.11 | n.d. | n.d. | 0.12 | n.d. | n.d. | 1.93 | 0.03 | n.d. | n.d. |
| 0.18 | 0.18 | 0.30 | 0.05 | n.d. | n.d. | 0.09 | n.d. | n.d. | 1.60 | 0.04 | n.d. | n.d. |
| 0.15 | 0.20 | 0.73 | 0.03 | n.d. | n.d. | 0.09 | n.d. | n.d. | 1.36 | n.d. | n.d. | n.d. |
| 0.76 | 0.32 | 2.11 | n.d. | n.d. | n.d. | 0.10 | n.d. | n.d. | 3.24 | 0.13 | n.d. | n.d. |
| n.d. | 0.18 | 0.20 | 0.03 | n.d. | n.d. | 0.21 | n.d. | n.d. | 2.77 | n.d. | n.d. | n.d. |
| n.d. | 0.34 | 0.10 | 0.06 | n.d. | n.d. | 0.13 | n.d. | n.d. | 1.65 | n.d. | n.d. | n.d. |
| n.d. | 0.26 | 0.24 | 0.14 | n.d. | n.d. | 0.32 | n.d. | n.d. | 1.56 | n.d. | n.d. | n.d. |

## 表 9.4 平顶山应国墓地西周中期的釉砂珠和釉砂管化学成分的 pXRF 分析测试结果（wt.%）

| 编号 | 出土编号 | 器名 | $Al_2O_3$ | $SiO_2$ | $P_2O_5$ | $K_2O$ | CaO | $Cr_2O_3$ | $Fe_2O_3$ | NiO | CuO | ZnO | total |
|---|---|---|---|---|---|---|---|---|---|---|---|---|---|
| HNWKIII-60 | M85：34-4 | 料珠 | 10.25 | 77.13 | 3.80 | 2.31 | 1.67 | 0.04 | 2.43 | 0.056 | 2.32 | n.d. | 100 |
| HNWKIII-61 | M85：39-3 | 料珠 | n.d. | 94.57 | 0.28 | 1.24 | n.d. | n.d. | n.d. | 0.088 | 3.82 | n.d. | 100 |
| HNWKIII-62 | M85：39-4 | 料珠 | 10.56 | 70.20 | 5.65 | 4.04 | 3.93 | n.d. | 1.51 | 0.065 | 4.05 | n.d. | 100 |
| HNWKIII-63 | M85：39-5 | 料珠 | 8.49 | 85.58 | 1.85 | 1.58 | n.d. | 0.01 | 0.50 | 0.061 | 1.93 | n.d. | 100 |
| HNWKIII-64 | M85：39-6 | 料珠 | 6.68 | 89.16 | n.d. | 2.63 | n.d. | n.d. | n.d. | n.d. | 1.46 | 0.07 | 100 |
| HNWKIII-65 | M85：39-7 | 料珠 | 1.34 | 92.40 | 0.70 | 1.33 | 0.20 | n.d. | n.d. | n.d. | 4.02 | n.d. | 100 |
| HNWKIII-67 | M85：128-6 | 料珠 | 1.66 | 92.01 | 1.24 | 0.97 | 0.38 | 0.02 | n.d. | n.d. | 3.69 | 0.04 | 100 |
| HNWKIII-68 | M85：128-7 | 料珠 | 0.04 | 93.78 | 1.34 | 0.95 | n.d. | 0.01 | n.d. | 0.066 | 3.81 | n.d. | 100 |
| HNWKIII-69 | M85：128-8 | 料珠 | 1.52 | 92.11 | 1.62 | 0.85 | n.d. | 0.02 | n.d. | n.d. | 3.86 | 0.03 | 100 |
| HNWKIII-70 | M85：128-9 | 料珠 | n.d. | 96.65 | 0.32 | 1.25 | n.d. | n.d. | n.d. | 0.121 | 1.66 | n.d. | 100 |
| HNWKIII-71 | M85：128-10 | 料珠 | 5.31 | 88.06 | 2.05 | 1.29 | 0.40 | 0.02 | 0.02 | n.d. | 2.82 | 0.03 | 100 |
| HNWKIII-72 | M85：128-11 | 料珠 | n.d. | 96.77 | 0.31 | 1.21 | n.d. | 0.01 | n.d. | n.d. | 1.65 | 0.05 | 100 |
| HNWKIII-73 | M85：128-12 | 料珠 | n.d. | 93.38 | 1.05 | 1.13 | n.d. | n.d. | n.d. | 0.102 | 4.28 | 0.05 | 100 |
| HNWKIII-74 | M85：128-13 | 料珠 | 1.31 | 93.17 | 1.61 | 1.50 | n.d. | 0.03 | n.d. | 0.079 | 2.29 | n.d. | 100 |
| HNWKIII-76 | M213：25-1 | 料管 | n.d. | 97.92 | 0.04 | 1.43 | n.d. | n.d. | n.d. | 0.119 | 0.49 | n.d. | 100 |
| HNWKIII-77 | M213：25-2 | 料管 | 7.07 | 85.10 | 3.11 | 1.42 | 0.44 | 0.03 | 0.33 | 0.061 | 2.44 | n.d. | 100 |
| HNWKIII-78 | M213：25-3 | 料管 | 9.07 | 85.99 | 0.95 | 1.38 | n.d. | n.d. | 0.13 | 0.071 | 2.40 | n.d. | 100 |
| HNWKIII-79 | M213：25-4 | 料管 | 6.28 | 89.79 | 1.00 | 1.62 | n.d. | 0.01 | n.d. | n.d. | 1.25 | 0.04 | 100 |
| HNWKIII-80 | M213：25-5 | 料管 | 4.41 | 90.80 | 1.26 | 1.36 | n.d. | n.d. | n.d. | 0.077 | 2.09 | n.d. | 100 |
| HNWKIII-81 | M213：25-6 | 料管 | 4.54 | 91.90 | 0.93 | 1.64 | n.d. | 0.01 | 0.54 | 0.089 | 0.36 | n.d. | 100 |

注：① n.d.：not detected，即氧化物或元素浓度低于仪器检出限，未检测出该化学成分。

都含有较高的 $P_2O_5$（4.83%、6.20%）和 CaO（5.32%、6.65%）（见表 9.3）。

经 XRD 检测分析，西周晚期釉砂管的主要物相为石英，如 HNZZ-17、HNZZ-18、HNZZ-21、HNZZ-23（见图 9.7b）、HNZZ-24、HNZZ-25、HNZZ-85（图 9.7c）及 HNZZ-86，除个别釉砂管如 HNZZ-17、HNZZ-23 及 HNZZ-24 的 XRD 峰较强外，其余釉砂管的 XRD 图谱都存在不同程度的弥散现象，XRD 峰较弱。

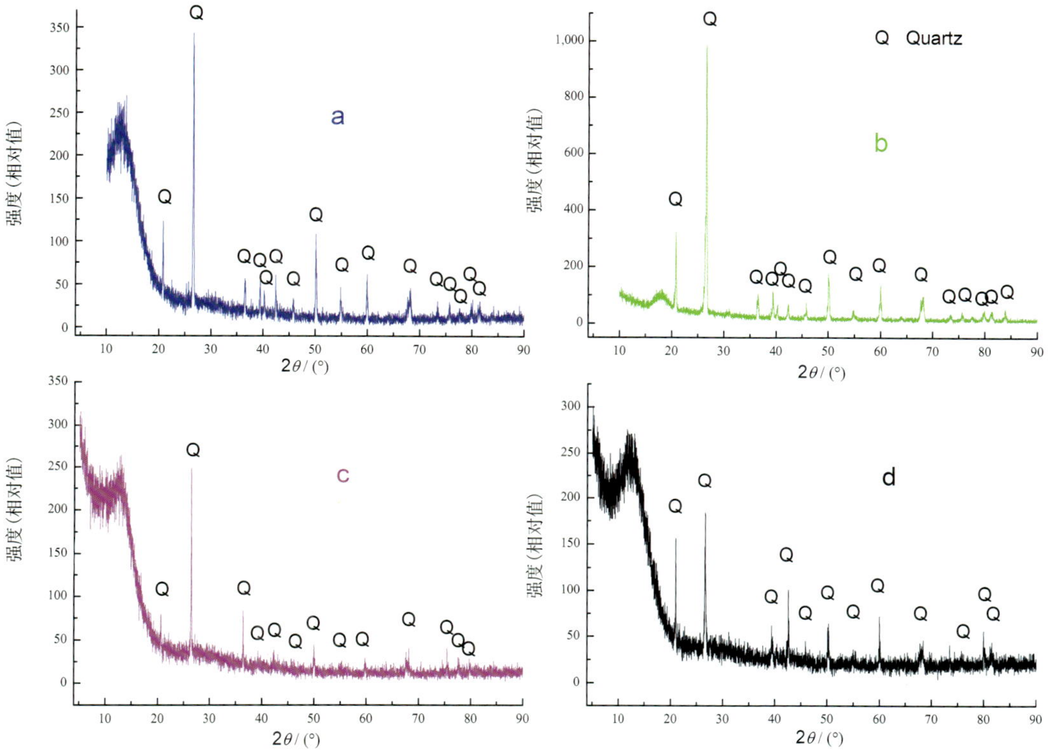


图 9.7　西周中期至春秋早期釉砂珠和釉砂管的 XRD 图谱
a.HNWKII-65，西周中期　b.HNZZ-23，西周晚期　c.HNZZ-85，西周晚期　d.HNWKII-75-1，春秋早期

（4）春秋早期的釉砂珠和釉砂管

春秋早期釉砂珠和釉砂管的主要组分为 $SiO_2$（92.83%—95.37%），其他组分有 CuO（1.56%—2.77%）、$P_2O_5$（0.31%—1.04%）和 $Al_2O_3$（1.10%—2.10%），其他氧化物如 CaO、MgO、$K_2O$ 及 $Fe_2O_3$ 皆小于 1%（见表 9.3）。XRD 检测分析显示，春秋早期的釉砂，只有石英砂一种物相，但其 X 射线衍射谱图都存在不同程度的弥散现象，衍射峰较弱，如 HNWKII-75-1（图 9.7d）、HNWKII-77 及 HNWKII-78。

## 二、叶县常庄、淅川下寺和淇县宋庄出土春秋时期釉砂科学分析

### 1. 叶县、淅川和淇县出土釉砂考古背景

平顶山市叶县旧县乡，位于澧河以南、烧车河以东的十数平方千米范围内，分布有数十座春秋战国至两汉时期的墓葬，主要为楚国和许国的贵族墓葬。其中，旧县常庄墓地 4 号墓为春秋晚期（约公元前 547 年）的许国国君许灵公（宁）墓，该墓出土了数十件蓝色算珠形釉砂珠（图 9.8），有的与玛瑙珠组成左右手腕饰，有的与玉器组成佩饰 [3]。

YJM4：152–1

YJM4：152–2

图 9.8　叶县常庄 M4（许灵公墓）出土的春秋晚期釉砂珠

淅川下寺墓地位于河南省淅川县丹江口水库西岸的仓房镇下寺东沟村，属于春秋中晚期楚国贵族墓群，出土有青铜、玉、石、骨和料器等数千件，许多青铜器上还有铭文，对研究先秦历史，特别是对研究楚史及其与周边地区的关系有着极其重要的作用。淅川下寺春秋楚墓共出土 214 件浅绿色或绿色釉砂珠（“料珠”）和釉砂管（“料管”），时代多为春秋晚期前段，少数为春秋中期后段。不同墓葬出土釉砂珠和釉砂管数量见图 9.9。其中大部分为釉砂珠，计 182 件，多为菱形，正中有孔，四周起棱，直径 0.80 厘米—1.60 厘米，孔径 0.20 厘米—0.50 厘米，高 0.80 厘米—1.30 厘米。釉砂管 32 件，分为两型。I 型为细长直管形，直管外壁有 3—8 个乳状点，直径 0.40 厘米—0.80 厘米，孔径约 0.30 厘米，长 1.60 厘米—2.50 厘米；II 型呈枣核状，两端细，中间粗，表面有突点，直径 0.70 厘米—1.10 厘米，孔径约 0.30 厘米，长 1.40 厘米—2.00 厘米 [4]。

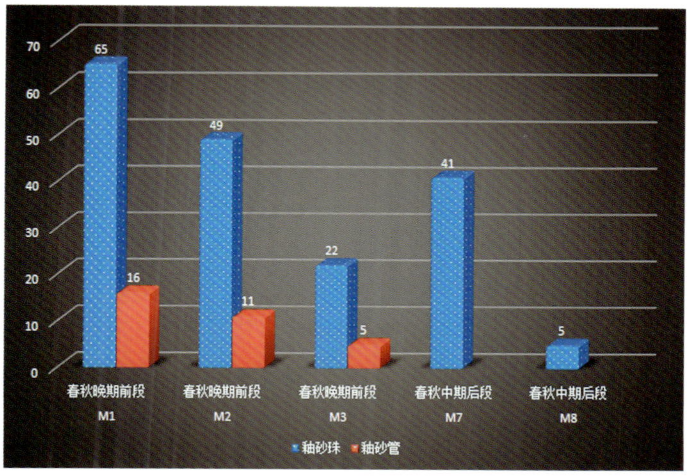


图 9.9　淅川下寺春秋楚墓出土釉砂柱状图

淇县宋庄墓地 [5] 位于河南鹤壁市淇县西岗乡宋庄村东，方寨村南，淇河西岸的一级台地上。2009 年至 2010 年河南省文物考古研究所对宋庄墓地进行了抢救性考古发掘，共发掘墓葬 19 座，其中东周墓葬 17 座、汉代墓葬 2 座。其中 M4 为春秋晚期一座贵族墓，出土了 2 件釉砂珠，呈菱形，中有穿孔，外表蓝色，内部为浅蓝色。

选取淅川下寺楚墓 M1、M2 和 M3 出土春秋中晚期的 37 件釉砂和釉砂管以及淇县宋庄春秋晚期墓地出土的 2 件釉砂珠进行科学分析，典型釉砂珠照片见图 9.10。

a. XXM7 : 18–1—XXM7 : 18–6　b. XXM1 : 80–1—XXM1 : 80–4　c. XXM1 : 92–1、2、4、6、8

d. XXM2 : 135–1—XXM2 : 135–3　e. XXM2 : 118–1—XXM2 : 118–4　f. XXM2 : 136–2　g. QSM4 : 58–1

图 9.10　淅川下寺和淇县宋庄出土春秋时期釉砂珠和釉砂管

2. 分析结果

（1）物相分析结果

物相分析显示，叶县、淅川和淇县出土春秋时期的料珠和料管，与平顶山应国墓地出土釉砂相似，存在大量未熔融的石英颗粒，主要物相为石英，如 XXM7∶18–31、XXM1∶92–7（图 9.11a）、XXM1∶92–8 和 YJM4∶152–1（图 9.11b）都检测出石英的 X 射线衍射特征峰，但也有 XXM2∶136–2（图 9.11c）的表面出现非晶化，说明该釉砂表面部分出现玻璃化。拉曼光谱也很容易检出料珠中石英特征峰，如 XXM8∶68–1（图 9.12a）、XXM7∶18–31（图 9.12b）、XXM2∶135–1（图 9.12c）、XXM1∶92–1（图 9.12d）、XXM2∶118–1（图 9.12e）和 XXM1∶80–1（图 9.12f），淇县宋庄出土的釉砂（如 QSM4∶58–1）的主要物相也是石英。

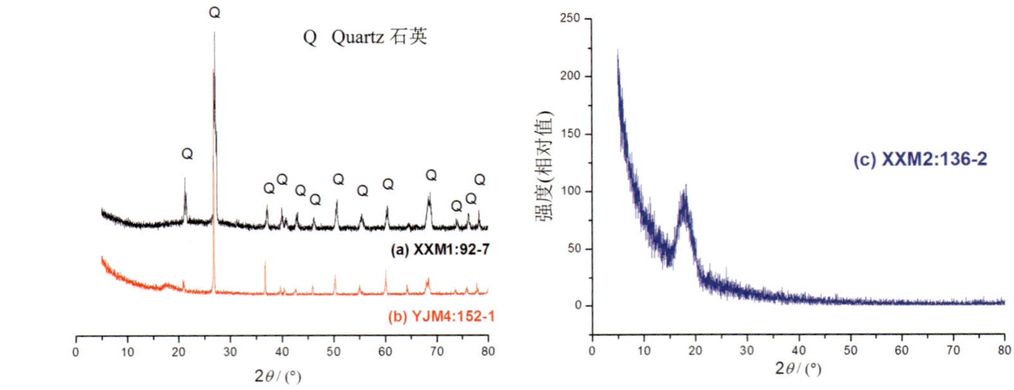


图 9.11 叶县和淅川出土春秋时期釉砂珠的 XRD 图谱

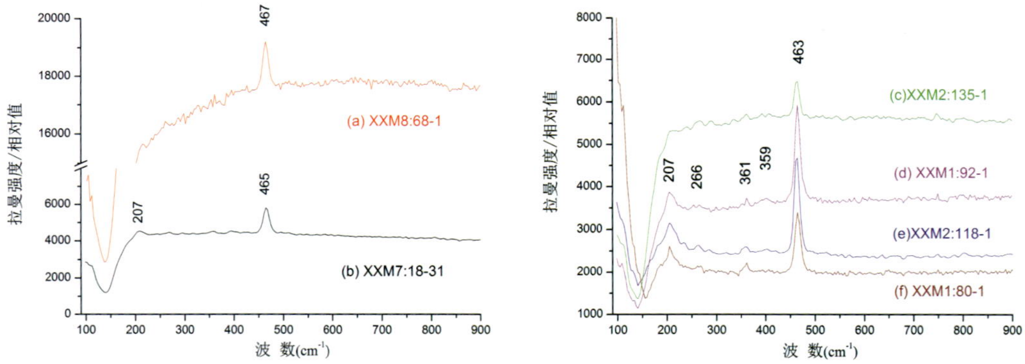


图 9.12 淅川下寺出土春秋时期釉砂的特征拉曼图谱（λ=488 纳米）

（2）化学成分分析结果

采用 PIXE 对其表面进行无损化学成分分析，结果如表 9.5 所示。其中，叶县常庄 4 号墓出土的春秋晚期釉砂珠 YJM4∶152–2 的主要化学成分为 $SiO_2$，含量为 85.65%，次

要化学成分为 $Al_2O_3$、CuO、$K_2O$、$Na_2O$ 和 $P_2O_5$，含量分别为 3.46%、2.37%、2.39%、2.14%、1.33%，其他氧化物 MgO、CaO、$Fe_2O_3$ 和 PbO 等的含量皆小于 1%。

淅川下寺楚墓春秋中期的釉砂珠 $SiO_2$ 含量一般偏低，大部分小于 85%（66.43%—84.19%），但含有很高的 $Al_2O_3$（5.61%—10.26%）、$K_2O$（1.03%—3.40%）、$Na_2O$（0.58%—2.18%）、$SO_3$（1.48%—7.86%）、CuO（0%—2.48%），且往往 $K_2O$ 的含量高于 $Na_2O$，即 wt（$K_2O$）/wt（$Na_2O$）比值大于 1。个别表面脱落（XXM7∶18-6）或残碎（XXM7∶18-31）的釉砂珠 $SiO_2$ 含量较高，在 92% 以上。另有 3 个釉砂珠 XXM7∶18-5、XXM7∶18-31 和 XXM8∶68-1 的 $K_2O/Na_2O$ 比值小于 1。这些料珠颜色较深，呈绿色、蓝绿色，表面多有脱落现象，珠体呈菱形，四周起棱，珠壁较厚，为 0.62 厘米—1.62 厘米。大部分釉砂珠保存相对完整。

淅川下寺楚墓春秋晚期前段的釉砂管和釉砂珠的主要化学组分为 $SiO_2$，分布范围（除 XXM2∶136-1 外）为 86.01%—95.10%，次要化学成分为 $Al_2O_3$ 和 CuO，分布范围为 $Al_2O_3$ 1.39%—6.05%，CuO 1.24%—5.50%，其他氧化物如 $K_2O$ 含量为 0.11%—2.73%、$Na_2O$ 为 0%—1.14%，而 CaO、$P_2O_5$、$Na_2O$、MgO 和 $Fe_2O_3$ 的含量均小于 1.5%。另有 1 个釉砂珠 XXM2∶136-1 的 $SiO_2$ 含量相对较低，为 76.95%，而 CuO 的含量较高，达 11.19%，$Al_2O_3$ 的含量为 4.61%，$K_2O$ 的含量为 1.47%，$Na_2O$ 的含量为 1.10%，MgO 的含量为 1.02%，其他氧化物如 $P_2O_5$、$Fe_2O_3$ 和 ZnO 含量皆小于 1%。该釉砂珠保存完整，珠壁较薄（约 0.5 厘米厚），表面呈鲜艳的蓝绿色，光泽度好。

同时也选取 13 件釉砂采用 pXRF 进行化学成分对比分析。由表 9.6 分析结果可以看出，这些釉砂的主要化学组分 $SiO_2$ 含量在 85% 以上，次要化学成分为着色剂 CuO，分布范围为 0.78%—5.58%。助熔剂 $Na_2O$ 含量高于 $K_2O$，前者分布范围为 0.80%—2.55%，一般大于 1.5%，而后者一般低于 0.5%，仅 2 件大于 1%（分别为 1.52% 和 1.16%）。此外，这批釉砂中还含有少量的 $Al_2O_3$（0.23%—3.61%）和 MgO（0%—2.33%）。淇县宋庄墓地的釉砂珠 QSM4∶58-1 表面绿色中 CuO 含量较高，均大于 2%，而内部的 $Al_2O_3$ 和 $Fe_2O_3$ 含量略高。由于助熔剂容易流失，pXRF 表面无损分析较难获取到真实的助熔剂含量，而这批釉砂珠和釉砂管相对完整，不允许取样以进行 SEM-EDS 微区分析。尽管这些釉砂的 $Na_2O/K_2O$ 皆大于 1，且大部分大于 1.5，但 pXRF 获取的表面总碱（$Na_2O+K_2O$）较低，不足 3.5%，尚无法判断其确切的助熔剂类型，有待于进一步分析。

## 表 9.5 淅川下寺和叶县常庄春秋时期

| 实验编号 | 出土编号 | 名称 | 时代 | $Na_2O$ | MgO | $Al_2O_3$ | $SiO_2$ | $P_2O_5$ |
|---|---|---|---|---|---|---|---|---|
| HNWKII−19a | XXM7∶18−1a | 料珠 | 春秋中期 | 0.89 | 1.35 | 9.58 | 75.39 | 1.06 |
| HNWKII−19b | XXM7∶18−1b | 料珠 | 春秋中期 | 0.86 | 2.40 | 10.26 | 66.43 | 0.12 |
| HNWKII−20 | XXM7∶18−2 | 料珠 | 春秋中期 | 0.94 | 0.74 | 5.61 | 84.19 | 0.57 |
| HNWKII−21 | XXM7∶18−3 | 料珠 | 春秋中期 | 0.91 | 0.89 | 7.26 | 83.12 | 1.16 |
| HNWKII−22 | XXM7∶18−4 | 料珠 | 春秋中期 | 0.58 | 1.13 | 10.03 | 77.77 | 0.81 |
| HNWKII−23 | XXM7∶18−5 | 料珠 | 春秋中期 | 2.18 | 1.09 | 7.04 | 81.07 | 1.02 |
| HNWKII−24 | XXM7∶18−6 | 料珠 | 春秋中期 | n.d. | 0.83 | 3.65 | 92.13 | 1.31 |
| HNWKII−25 | XXM7∶18−31 | 料珠 | 春秋中期 | 0.40 | 0.23 | 2.30 | 95.36 | 0.84 |
| HNWKII−26 | XXM8∶68−1 | 料珠 | 春秋中期 | 1.32 | 1.41 | 7.62 | 79.07 | 0.75 |
| HNWKII−30 | XXM1∶80−1 | 料珠 | 春秋晚期前段 | 0.57 | 0.39 | 1.47 | 94.25 | 0.44 |
| HNWKII−32 | XXM1∶80−3 | 料珠 | 春秋晚期前段 | 0.59 | 0.34 | 4.30 | 88.13 | 0.53 |
| HNWKII−34 | XXM1∶92−1 | 料管 | 春秋晚期前段 | n.d. | 0.50 | 6.05 | 89.39 | 0.41 |
| HNWKII−37a | XXM1∶92−6a | 料管 | 春秋晚期前段 | 1.26 | 0.52 | 2.70 | 90.61 | 0.61 |
| HNWKII−37b | XXM1∶92−6b | 料管 | 春秋晚期前段 | 0.19 | 0.50 | 1.39 | 95.10 | 0.69 |
| HNWKII−38 | XXM1∶92−7 | 料饰 | 春秋晚期前段 | 0.54 | 0.39 | 2.69 | 90.52 | 0.08 |
| HNWKII−40 | XXM1∶92−10 | 料管 | 春秋晚期前段 | 1.14 | 0.51 | 2.11 | 86.01 | 0.62 |
| HNWKII−44 | XXM2∶136−1 | 料珠 | 春秋晚期前段 | 1.10 | 1.02 | 4.61 | 76.95 | 0.23 |
| HNWKII−49 | XXM2∶135−1 | 料管 | 春秋晚期前段 | n.d. | 0.26 | 2.12 | 91.81 | 1.17 |
| HNWKII−52 | XXM2∶118−1 | 料珠 | 春秋晚期前段 | 0.68 | 0.51 | 2.85 | 90.51 | 0.85 |
| HNWKII−82 | YJM4∶152−2 | 料珠 | 春秋晚期 | 2.14 | 0.67 | 3.46 | 85.65 | 1.33 |

注：① n.d.：not detected，即氧化物或元素浓度低于仪器检出限，未检测出该化学成分。

砂化学成分的 PIXE 测试结果（wt.%）

| $SO_3$ | $K_2O$ | CaO | $TiO_2$ | $V_2O_5$ | $Cr_2O_3$ | MnO | $Fe_2O_3$ | CuO | ZnO | BaO | PbO | HgO |
|---|---|---|---|---|---|---|---|---|---|---|---|---|
| 1.48 | 3.40 | 0.44 | 0.15 | n.d. | 0.87 | 5.26 | 0.02 | n.d. | n.d. | n.d. | n.d. | n.d. |
| 7.86 | 2.63 | 3.88 | 0.36 | n.d. | 2.36 | 1.27 | n.d. | n.d. | n.d. | n.d. | n.d. | n.d. |
| 2.02 | 1.07 | 0.92 | 0.16 | n.d. | n.d. | n.d. | 0.80 | 2.48 | n.d. | n.d. | n.d. | 0.47 |
| 1.75 | 1.12 | 0.67 | 0.19 | n.d. | n.d. | n.d. | 1.12 | 1.54 | 0.03 | n.d. | n.d. | n.d. |
| 2.52 | 1.46 | 1.23 | 0.46 | n.d. | n.d. | 0.03 | 2.05 | 1.16 | n.d. | n.d. | n.d. | 0.70 |
| 2.48 | 1.04 | 1.64 | 0.17 | 0.05 | n.d. | n.d. | 1.04 | 0.78 | 0.03 | n.d. | n.d. | n.d. |
| 0.18 | 0.43 | 0.13 | 0.03 | n.d. | n.d. | n.d. | 0.33 | 0.96 | 0.02 | n.d. | n.d. | n.d. |
| n.d. | 0.17 | 0.07 | 0.06 | n.d. | n.d. | 0.02 | 0.07 | 0.39 | n.d. | n.d. | n.d. | n.d. |
| 3.20 | 1.02 | 1.37 | 0.27 | n.d. | 0.04 | n.d. | 1.56 | 2.18 | 0.03 | n.d. | n.d. | n.d. |
| 0.43 | 0.37 | 0.39 | 0.04 | n.d. | n.d. | 0.01 | 0.12 | 1.49 | n.d. | n.d. | n.d. | n.d. |
| 0.13 | 1.31 | 0.90 | 0.13 | 0.05 | n.d. | n.d. | 0.63 | 2.81 | n.d. | n.d. | n.d. | n.d. |
| 0.07 | 0.79 | 0.38 | 0.20 | n.d. | n.d. | n.d. | 0.38 | 1.76 | n.d. | n.d. | n.d. | n.d. |
| 1.12 | 0.22 | 0.69 | 0.07 | n.d. | n.d. | n.d. | 0.32 | 1.34 | n.d. | n.d. | n.d. | 0.55 |
| 0.06 | 0.11 | 0.29 | 0.04 | n.d. | n.d. | n.d. | 0.10 | 1.24 | n.d. | n.d. | n.d. | / |
| 0.50 | 0.52 | 0.60 | 0.06 | n.d. | n.d. | n.d. | 0.38 | 3.27 | 0.12 | n.d. | n.d. | 0.33 |
| 0.34 | 2.73 | 0.57 | 0.06 | n.d. | n.d. | n.d. | 0.15 | 5.50 | 0.08 | n.d. | n.d. | n.d. |
| 1.27 | 1.47 | 1.00 | n.d. | n.d. | n.d. | n.d. | 0.58 | 11.19 | 0.13 | n.d. | n.d. | n.d. |
| 0.06 | 0.99 | 0.39 | 0.04 | n.d. | n.d. | n.d. | 0.22 | 2.72 | n.d. | n.d. | n.d. | n.d. |
| 0.27 | 1.19 | 0.24 | 0.07 | 0.04 | n.d. | n.d. | 0.19 | 2.54 | n.d. | n.d. | n.d. | n.d. |
| n.d. | 2.39 | 0.47 | 0.11 | n.d. | n.d. | n.d. | 0.35 | 2.37 | n.d. | 0.10 | 0.96 | n.d. |

## 表 9.6　淅川下寺和淇县宋庄出土

| 编号 | $Na_2O$ | MgO | $Al_2O_3$ | $SiO_2$ | $P_2O_5$ | $K_2O$ | CaO | $TiO_2$ | $Fe_2O_3$ | CuO |
|---|---|---|---|---|---|---|---|---|---|---|
| | wt.% | | | | | | | | | |
| XXM1:80-1 | 2.09 | 2.33 | 1.41 | 89.13 | 0.92 | 0.18 | n.d. | n.d. | 0.15 | 3.70 |
| XXM1:80-2 | 2.55 | 2.17 | 0.94 | 89.87 | 0.68 | 0.03 | n.d. | n.d. | 0.08 | 2.65 |
| XXM1:80-3 | 1.95 | 1.85 | 3.61 | 85.10 | 0.76 | 1.52 | 0.11 | 0.09 | 0.22 | 4.80 |
| XXM1:80-4 | 2.22 | 1.90 | 1.54 | 90.19 | 0.80 | 0.15 | n.d. | n.d. | 0.11 | 3.08 |
| XXM1:92-4 | 1.89 | 0.99 | 2.34 | 90.84 | n.d. | 0.04 | n.d. | n.d. | 0.29 | 3.61 |
| XXM1:92-6 | 2.35 | 2.15 | 1.22 | 91.53 | 0.65 | n.d. | n.d. | n.d. | 0.11 | 1.99 |
| XXM1:92-17 | 1.96 | 1.79 | 2.06 | 88.16 | 0.06 | 0.14 | n.d. | n.d. | 0.26 | 3.05 |
| XXM2:118-1 | 1.88 | 2.16 | 1.53 | 87.62 | 0.95 | 1.16 | n.d. | n.d. | 0.09 | 4.53 |
| XXM2:118-2 | 0.80 | 0.72 | 1.98 | 89.21 | 1.18 | 0.24 | 0.07 | n.d. | 0.23 | 5.58 |
| XXM2:118-3 | 1.68 | 1.46 | 3.45 | 88.83 | 0.54 | 0.33 | 0.06 | n.d. | 0.25 | 3.25 |
| XXM2:118-4 | 2.34 | 2.33 | 1.99 | 88.89 | 1.15 | 0.07 | n.d. | n.d. | 0.23 | 2.99 |
| QSM4:58-1-1a | 1.39 | 0.43 | 1.47 | 92.28 | 1.59 | 0.56 | n.d. | n.d. | 0.20 | 2.08 |
| QSM4:58-1-1b | 1.30 | n.d. | 2.78 | 91.94 | 0.48 | 0.70 | 0.23 | 0.02 | 1.77 | 0.78 |
| QSM4:58-1-2a | 1.58 | 0.45 | 0.23 | 93.64 | 1.12 | 0.38 | n.d. | n.d. | 0.18 | 2.41 |
| QSM4:58-1-2b | 1.74 | / | 1.98 | 91.44 | 1.49 | 0.47 | 0.05 | 0.03 | 1.55 | 1.24 |

注：① n.d.：not detected，即氧化物或元素浓度低于仪器检出限，未检测出该化学成分。 ② tr，微量；M，主量

## 釉砂化学成分的 pXRF 测试结果

| PbO | $SnO_2$ | $Na_2O/Ka_2O$ | $Na_2O+K_2O$ | Cr | Ni | Zn | Rb | Sr | Zr | Pb |
|---|---|---|---|---|---|---|---|---|---|---|
| | | | | μg/g | | | | | | |
| tr | 0.12 | 11.61 | 2.27 | 381 | 196 | 83 | 27 | n.d. | 55 | 18 |
| tr | 1.03 | 85.00 | 2.58 | 396 | 28 | 42 | 32 | n.d. | 32 | 28 |
| tr | n.d. | 1.28 | 3.47 | 267 | n.d. | 109 | 14 | n.d. | 155 | n.d. |
| tr | n.d. | 14.80 | 2.37 | 446 | 96 | 61 | 6 | n.d. | 80 | 101 |
| tr | n.d. | 47.25 | 1.93 | 246 | 11 | 61 | 27 | n.d. | 22 | 497 |
| tr | n.d. | | 2.35 | 454 | 50 | 26 | 32 | n.d. | 22 | 396 |
| 2.53 | n.d. | 14.00 | 2.10 | 292 | 47 | 90 | n.d. | n.d. | 38 | M |
| tr | 0.08 | 1.62 | 3.04 | 296 | 111 | 100 | 47 | n.d. | 74 | 100 |
| tr | n.d. | 3.33 | 1.04 | 351 | n.d. | 142 | 42 | n.d. | 29 | 24 |
| tr | 0.14 | 5.09 | 2.01 | 357 | 18 | 104 | 28 | n.d. | 299 | 56 |
| tr | n.d. | 33.43 | 2.41 | 395 | 72 | 60 | 10 | n.d. | n.d. | 43 |
| tr | n.d. | 2.48 | 1.95 | 479 | 56 | 20 | 15 | n.d. | n.d. | 28 |
| tr | n.d. | 1.86 | 2.00 | 396 | 58 | n.d. | 45 | 11 | n.d. | 18 |
| tr | n.d. | 4.16 | 1.96 | 510 | 48 | n.d. | 65 | n.d. | n.d. | 20 |
| tr | n.d. | 3.70 | 2.21 | 472 | 48 | n.d. | 76 | n.d. | n.d. | 29 |

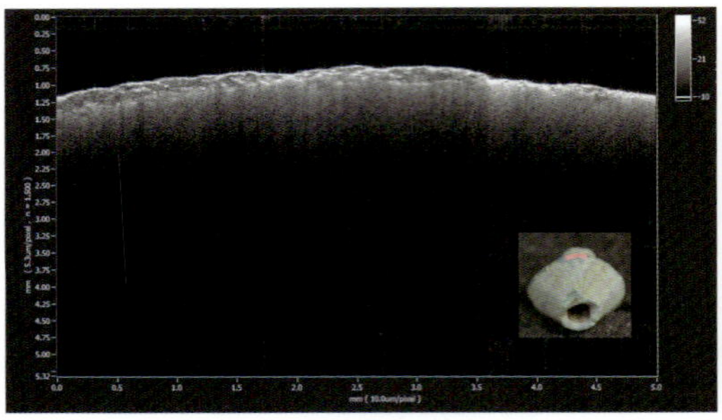

a．XXM1：80—1

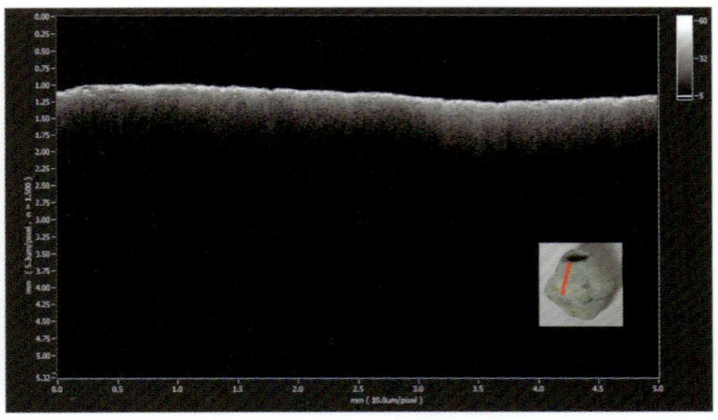

b．XXM1：80—2

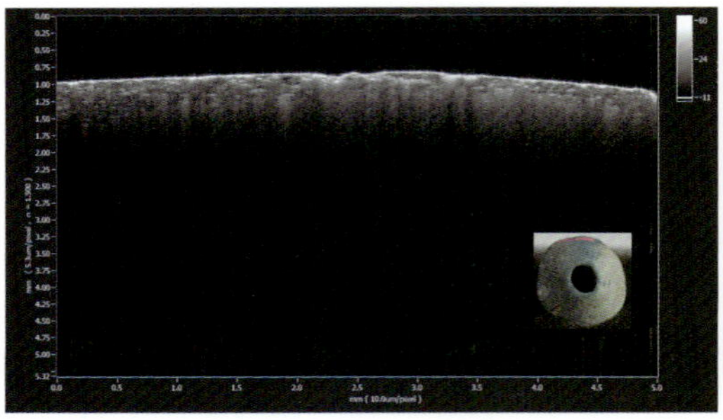

c．XXM1：80—3

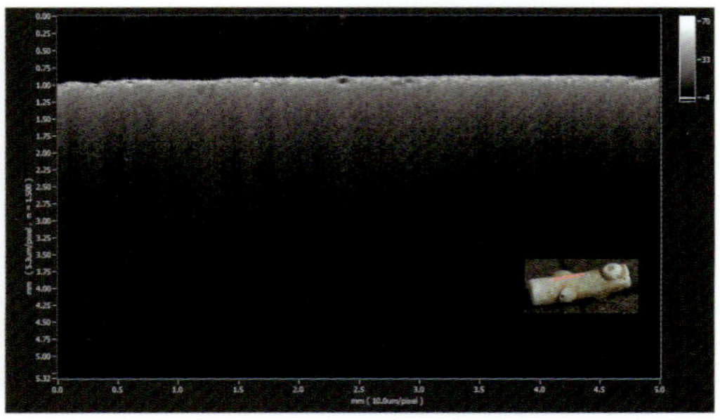

d．XXM1：92—4

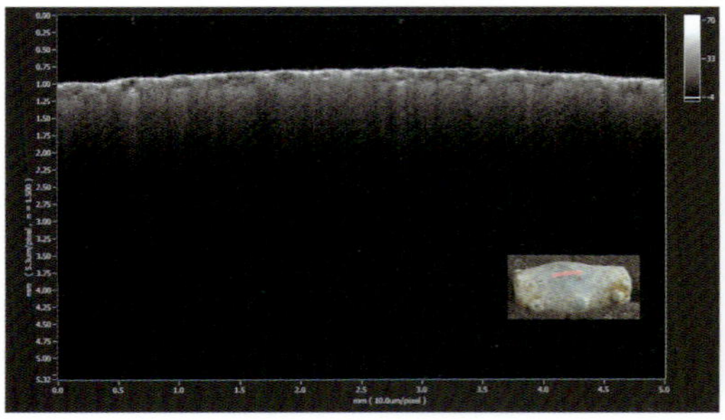

e．XXM1：92—17

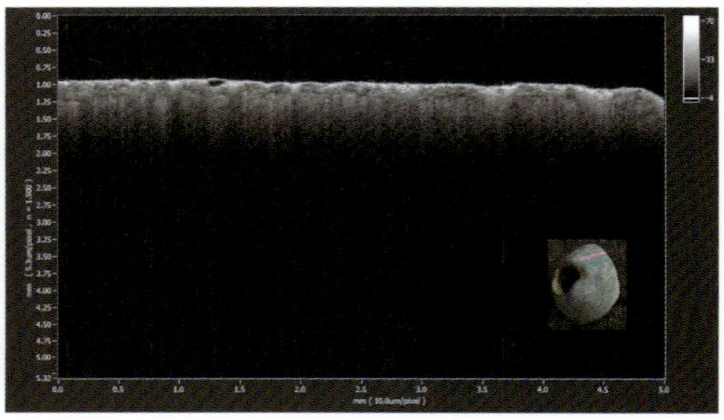

f．XXM2：118—1

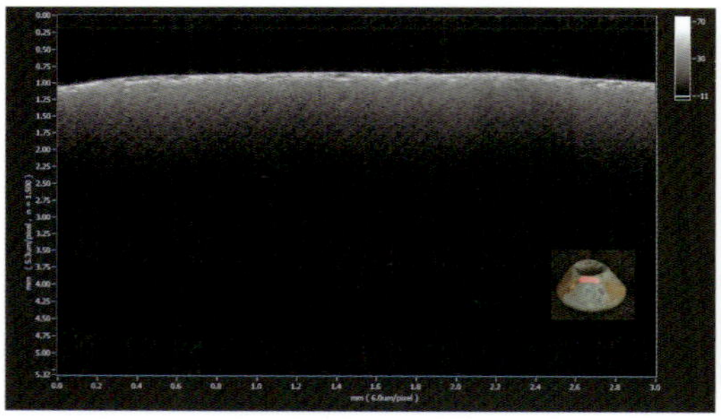

g．XXM2：118—2

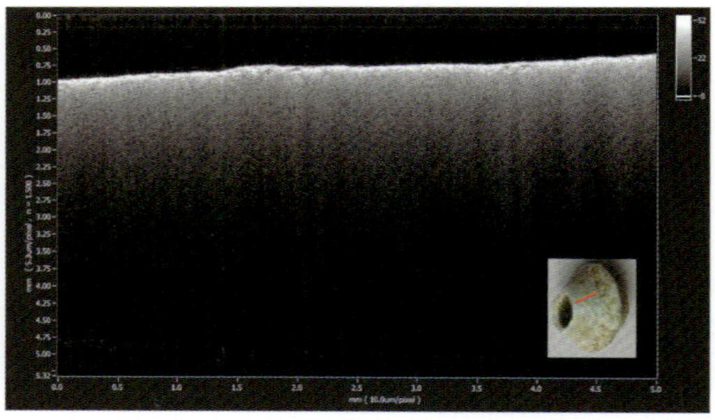

h．XXM2：118—4

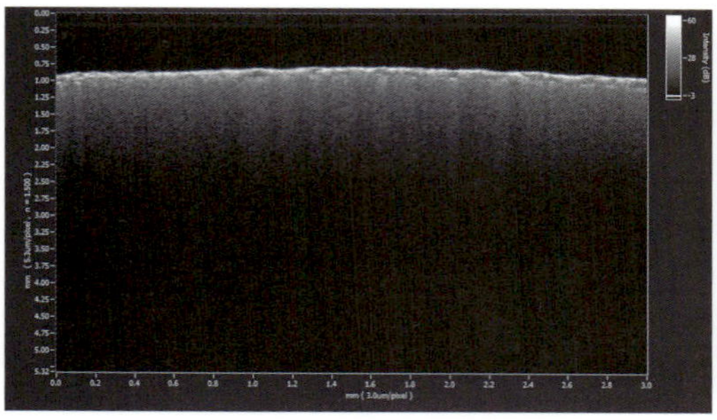

l．QSM4：58—1—1a

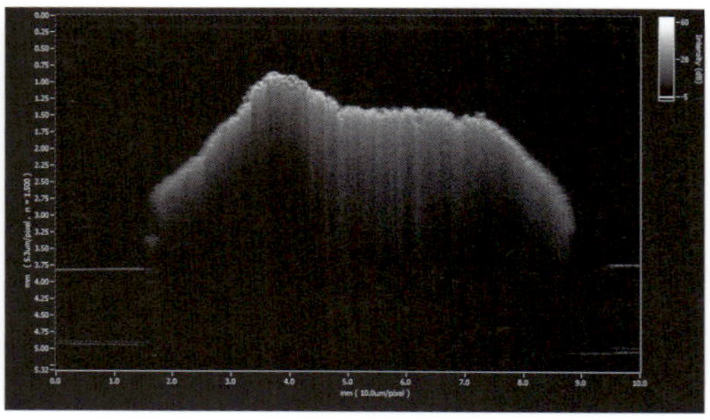

m．QSM4：58—1—2a

图 9.13　淅川下寺和淇县宋庄出土釉砂的典型 OCT 二维图像

（3）OCT 成像分析结果

采用 OCT 对淅川和淇县出土的典型釉砂进行了纵向结构分析，典型二维图像如图 9.13 所示。淅川下寺楚墓出土春秋中晚期的釉砂普遍存在不均匀性，大部分釉砂的表层和胎体部位均呈现一种强散相（图 9.13b、图 9.13g、图 9.13h），而部分釉砂如 XXM1：80−1（图 9.13a）、XXM1：80−3（图 9.13c）、XXM1：92−17（图 9.13e）表层或棱角处“釉层”略厚，在 0.20 毫米—0.30 毫米，烧结程度略高，对光有一定的吸收作用，与胎体形成一条界线。淇县宋庄春秋晚期的釉砂不透明，整体对光的散射强，外表蓝色与内部浅蓝色或白色在 OCT 二维图像上呈现出细微差异，从图 9.13l 可以看出两者之间的分界线。釉砂珠的孔径较直，孔壁较薄，外表对光散射，但光也被釉砂中石英颗粒缝隙所吸收，使得散射相呈竖条纹状（图 9.13m）。

## 第二节　平顶山应国墓地出土釉砂珠饰的扫描电镜分析

### 一、所分析釉砂珠和釉砂管

为进一步确定釉砂珠饰的成型和施釉工艺及助熔剂体系，选取了应国墓地出土的西周早期至春秋早期四个不同时期的 20 件釉砂珠、管及残片，采用 SEM−EDS 和显微镜进行微区分析。同时，也选取了出土于平顶山市叶县常庄 M4 的 1 件春秋晚期（公元前 547 年）蓝色釉砂进行对比研究。釉砂照片见图 9.14。

a. PYM231：21e，
珠，西周早期

b. PYM213：25–1，
珠，西周中期

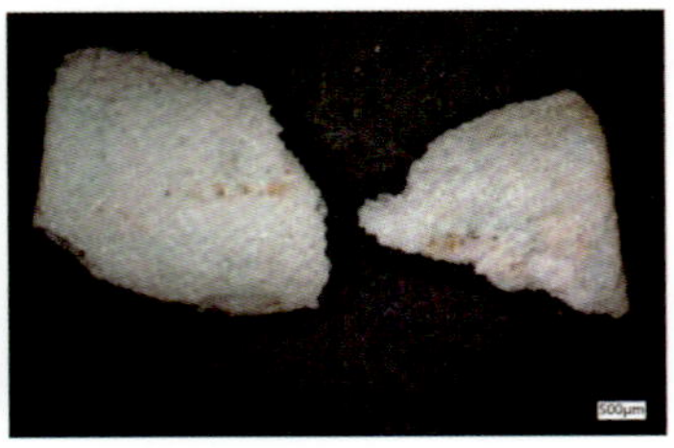

c. PYM213：25–2，
珠，西周中期

d.PYM213：25–3，
管，西周中期

e. PYM213：25–4，
珠，西周中期

f. PYM213：25–6，
管，西周中期

g. PYM84：34–1、PYM84：34–3，
珠，西周中期

h. PYM84：128–14，
珠，西周中期

i. PYM84：128–5–2、
PYM84：128–5–1，珠，西周中期

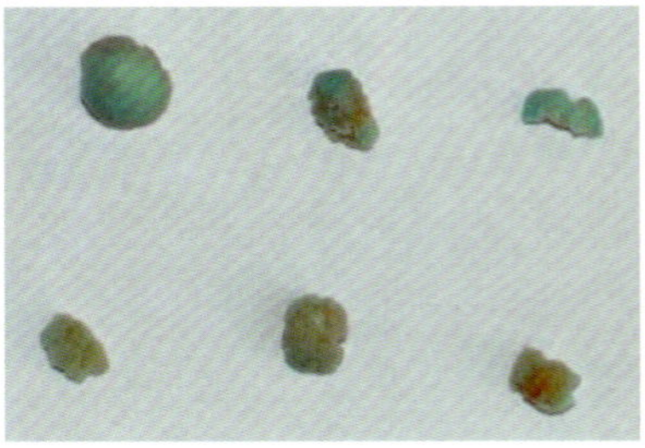

j. PYM85：39，
珠，西周中期

k. PYM107：30，
管，西周晚期

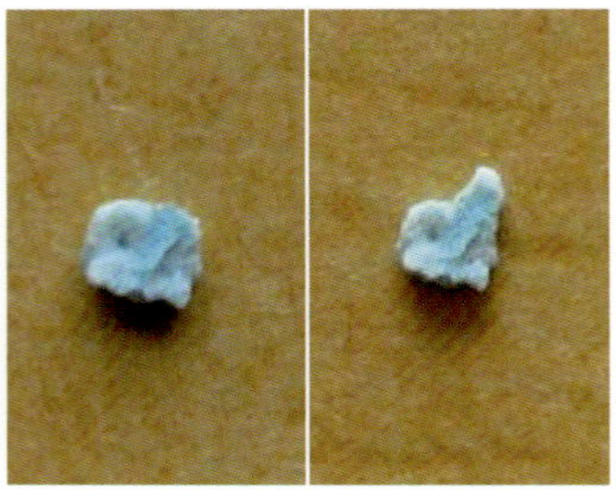

l. PYM269：17–5，
珠，西周晚期

m. PYM7：57–2，
管，春秋早期

n. PYM7：57–5，
珠，春秋早期

o.YJM4：152–1，
春秋晚期

图 9.14　所分析的应国墓地和叶县常庄墓地 M4 出土的釉砂

## 二、应国墓地釉砂 SEM-EDS 微区分析结果

由于釉砂中玻璃相较少以及普遍存在助熔剂流失现象，表面化学成分分析技术如 PIXE 和 pXRF 很难获取釉砂助熔剂的真实含量。为了更好地获取平顶山应国墓地和叶县常庄墓地出土釉砂的助熔剂和显微结构信息，选取部分残片进行 SEM-EDS 分析。用环氧树脂涂覆釉砂残片上，并用 1 微米厚的金刚石膏抛光，以获得平坦的表面。对 PYM7：57-2 和 YJM4：152-1 表面进行镀金处理，采用 COXEM EM-30Plus 型 SEM 进行分析，分析结果见表 9.7 和表 9.9；其余釉砂表面均进行镀碳处理，采用 QUANTA650 型 ESEM 对 PYM84：128-5-1、PYM84：128-14、PYM85：34-3、PYM85：39、PYM85：39-1、PYM85：39-2、PYM213：25-1、PYM213：25-2、PYM213：25-3、PYM213：25-4 和 PYM213：25-6 进行分析；采用 S-4800 场发射 SEM 对釉砂 PYM84：128-5-2、PYM85：39-1、PYM85：39-2、PYM213：25-3 和 PYM107：30 进行分析，分析结果见表 9.8 和表 9.9；采用 TESCAN VEGA3 XMU 型 SEM-EDS 对 PYM7：57-2、PYM7：57-5、PYM84：128-5-1、PYM84：128-5-2、PYM84：128-14、PYM85：34-3、PYM85：39-1、PYM85：39-2、PYM107：30、PYM213：25-3、PYM213：25-6、PYM231：21e-1、PYM231：21e-2、PYM231：21e-3 和 PYM269：17 进行分析，分析结果见表 9.9。化学成分含量均采用无标样的 ZAF 进行定量分析，其中 TESCAN VEGA3 XMU 型 SEM-EDS 分析采用了康宁 B、C、D 玻璃标样进行评估，分析结果见表 9.9。

# 表 9.7 釉砂珠 YJM4:152–1 和 PYM7:57–2

| 编号 | Phases | $SiO_2$ | $K_2O$ | $Na_2O$ | CuO |
|---|---|---|---|---|---|
| YJM4:152–1–m1 | IAL–BYD–CGM | 91.25 | 2.99 | 1.50 | 2.62 |
| YJM4:152–1–m2 | IAL–BYD–CGM | 90.78 | 2.74 | 1.24 | 2.62 |
| YJM4:152–1–m3 | IAL–BYD–CGM | 92.13 | 3.26 | 1.00 | 1.25 |
| YJM4:152–1–m4 | IAL–BYD–CGM | 91.08 | 2.79 | 1.26 | 2.77 |
| YJM4:152–1–m7 | I–BYD–CGM | 91.72 | 2.10 | 1.18 | 2.07 |
| YJM4:152–1–m8 | O–IAL | 88.18 | 3.86 | 2.00 | 3.67 |
| YJM4:152–1–m10 | O–IAL | 88.13 | 3.97 | 1.95 | 3.68 |
| YJM4:152–1–m12 | I–BYD–CGM | 92.79 | 1.80 | 0.76 | 2.08 |
| PYM7:57–2–m1 | BYD | 95.24 | 0.33 | n.d. | 1.53 |
| PYM7:57–2–m2 | BYD–CGM | 94.15 | 1.01 | 0.46 | 1.28 |
| PYM7:57–2–m4 | BYD | 92.52 | 0.48 | 0.32 | 1.18 |
| PYM7:57–2–m6 | BYD–CGM | 93.21 | 1.36 | 0.33 | 0.89 |
| PYM7:57–2–m8 | BYD | 97.23 | 0.22 | n.d. | 1.03 |
| PYM7:57–2–m11 | BYD | 90.47 | 0.38 | 0.33 | 0.35 |
| PYM7:57–2–m12 | BYD | 96.16 | 0.33 | n.d. | 1.17 |

注：① BYD，胎体；I：inner，内侧；O：Outer，外侧。 ② BYD–CGM：body consisting of quartz particles

素浓度低于仪器检出限，未检测出该化学成分。

## 的扫描电镜面扫描区主要化学成分（wt.%）

| Cl | $Al_2O_3$ | CaO | $Fe_2O_3$ | $SO_3$ | MgO | $ZrO_2$ | $P_2O_5$ | $Na_2O/K_2O$ |
|---|---|---|---|---|---|---|---|---|
| 0.41 | 0.54 | 0.40 | 0.28 | n.d. | n.d. | n.d. | n.d. | 0.5 |
| 0.46 | 0.60 | 0.39 | 0.43 | 0.74 | n.d. | n.d. | n.d. | 0.5 |
| 0.72 | 0.58 | 0.54 | 0.53 | n.d. | n.d. | n.d. | n.d. | 0.3 |
| 0.40 | 0.55 | 0.37 | 0.26 | 0.53 | n.d. | n.d. | n.d. | 0.5 |
| 0.87 | 0.64 | 0.29 | 0.26 | 0.87 | n.d. | n.d. | n.d. | 0.6 |
| 0.44 | 0.84 | 0.46 | 0.29 | n.d. | 0.25 | n.d. | n.d. | 0.5 |
| 0.26 | 1.08 | 0.37 | 0.56 | n.d. | n.d. | n.d. | n.d. | 0.5 |
| 0.46 | 0.42 | n.d. | n.d. | n.d. | n.d. | 1.69 | n.d. | 0.4 |
| 0.81 | 0.65 | 0.31 | 0.56 | 0.57 | n.d. | n.d. | n.d. | |
| 0.55 | 0.66 | 0.32 | 1.58 | n.d. | n.d. | n.d. | n.d. | 0.5 |
| 0.50 | 0.81 | 0.39 | 0.69 | 0.71 | n.d. | 2.40 | n.d. | 0.7 |
| 0.32 | 0.46 | 0.22 | 2.13 | n.d. | n.d. | n.d. | 1.09 | 0.2 |
| 0.27 | 0.58 | 0.18 | 0.50 | n.d. | n.d. | n.d. | n.d. | |
| 1.77 | 0.42 | 0.70 | 0.47 | 0.58 | n.d. | 4.53 | n.d. | 0.9 |
| 0.41 | 0.76 | 0.19 | n.d. | 0.98 | n.d. | n.d. | n.d. | |

1 essentially continuous glass matrix，由连续玻璃相和石英颗粒组成的胎体。③ n.d.：not detected，即氧化物或元

## 表 9.8　釉砂珠 PYM213∶25-3 和 PYM84∶128-14 的扫描电镜面扫描区主要化学成分（wt.%）

| 编号 | 相 | $Al_2O_3$ | $SiO_2$ | CuO | Cl | $K_2O$ | CaO |
|---|---|---|---|---|---|---|---|
| PYM 213∶25-3a | Si/O/Cu/Al（11789 Pixels） | 8.00 | 78.91 | 8.97 | n.d. | 2.48 | 1.64 |
| | O/Si/Al（6352 Pixels） | 16.97 | 68.37 | 4.56 | n.d. | 5.58 | 4.52 |
| | Si/O（100475 Pixels） | 0.90 | 95.97 | 2.51 | n.d. | 0.34 | 0.28 |
| | O/Al/Si/K/Ca（1205 Pixels） | 38.61 | 46.53 | 4.52 | n.d. | 7.28 | 3.05 |
| PYM 213∶25-3b | Si/Al/K/O（1111 Pixels） | 36.19 | 52.23 | 0.60 | 0.31 | 9.94 | 0.73 |
| | Si/Al/O/K/Cu（5518 Pixels） | 16.59 | 70.19 | 5.18 | 0.65 | 6.13 | 1.25 |
| | Si/O（107815 Pixels） | 0.68 | 97.36 | 1.48 | 0.11 | 0.24 | 0.13 |
| | Si/O（60013 Pixels） | 2.61 | 92.11 | 3.31 | 0.64 | 0.72 | 0.61 |
| PYM 84∶128-14a | Si/O（163626 Pixels） | 0.55 | 97.46 | 1.62 | 0.38 | n.d. | n.d. |
| | Si/O/Cl/Al/Cu（7086 Pixels） | 4.28 | 83.73 | 6.91 | 5.08 | n.d. | n.d. |
| PYM 84∶128-14b | Si/O（151722 Pixels） | 0.44 | 97.48 | 1.18 | 0.29 | 0.61 | n.d. |
| | Si/O（39550 Pixels） | 1.80 | 92.32 | 3.79 | 1.20 | 0.88 | n.d. |

注：① n.d.：not detected，即氧化物或元素浓度低于仪器检出限，未检测出该化学成分。

1. 平顶山出土釉砂的显微结构和成型工艺

根据模拟实验以及 SEM-EDS 显微形貌和微区化学成分特征，可以很容易地区分基本不含石英的釉层（quartz-free glaze layer，简称GLZ）、相互作用层（the interaction layer，简称交互层，IAL）和石英胎体（quartz body，简称 BYD）这三种结构以及不同施釉方法。Vandiver 等 [6] 关于西方古代釉砂的研究表明，通过风干法（起霜法）施釉，且石英胎体中未添加釉料混合物的釉砂制品，其主要特征是胎体中含有大量隙间玻璃相（interparticle glass，简称 IPG），釉层变化范围较大，且外表面和边缘的釉面厚度最大；包埋法（埋粉法）施釉的釉砂主要特征是，胎体中一般没有隙间玻璃相，釉层厚度均匀；而采用直接施釉法制作的釉砂，釉层厚度变化较大，当然还存在因为流釉形成的釉滴以及边缘流釉痕。不过，对于一些采用包埋法或直接施釉法制作的截面很薄的釉砂而言，胎体中也存在隙间玻璃相，交互层和胎体之间界限不明显。不同的施釉工艺可以通过釉层与交互层之间的差异、交互层与胎体之间的界限以及是否存在隙间玻璃相这些特征进行区分 [7, 8]。

根据本实验所获取的显微结构分析结果，可将平顶山出土的釉砂分为三种类型。I 型以釉砂 YJM4：152–1 和 PYM213：25–1 为代表；II 型以 PYM213：25–3、PYM84：128–5–2、PYM84：128–14、PYM107：30 和 PYM7：57–2 为代表；III 型以 PYM85：39–1、PYM7：57–2、PYM7：57–5、PYM269：17、PYM231：21e–1、PYM231：21e–2、PYM231：21e–3、PYM213：25–4 和 PYM213：25–6 为代表。从观察到的显微结构来看，这些釉砂珠和釉砂管的壁厚度不一，变化较大。可能是由于风化作用，极少发现不含石英颗粒的釉层。

I 型：以平顶山叶县常庄出土釉砂珠 YJM4：152–1 为例。从显微图像上可以看出，该釉砂珠明显存在蓝色表层和浅蓝色胎体两层结构，珠壁厚约 200 微米（图 9.15b）。从扫描电镜背散射（SEM–BSE）图像（图 9.15a）可以看出，较厚的蓝色外层（150 微米—260 微米）不属于不含石英釉层，而是属于含有棱角分明的石英颗粒的交互层。内部的胎体也是由棱角分明的石英颗粒组成的，这些石英颗粒存在于基本上是连续玻璃相（continuous glass matrices）之间。相对而言，外层比内部胎体更加致密，内部胎体中还分散着许多孔洞。

## 表9.9 平顶山应国墓地出土釉砂釉层

| 编号 | 相 | $Na_2O$ | $K_2O$ | CuO | $SiO_2$ | $Al_2O_3$ | CaO | $Fe_2O_3$ | Cl |
|---|---|---|---|---|---|---|---|---|---|
| PYM231：21e-1a1 | IPG1 | 15.80 | 2.90 | 5.30 | 70.30 | 3.40 | n.d. | 1.30 | 0.90 |
| PYM231：21e-1a2 | IPG2 | 18.20 | 3.60 | 7.50 | 64.90 | 2.80 | 0.70 | 1.20 | 1.10 |
| PYM231：21e-1-IPG-STD | | 1.20 | 0.35 | 1.10 | 2.70 | 0.30 | / | 0.05 | 0.10 |
| PYM231：21e-1-Average | | 17.00 | 3.25 | 6.40 | 67.60 | 3.10 | 0.70 | 1.25 | 1.00 |
| PYM231：21e-2a1 | IPG1 | 10.50 | 4.00 | 6.80 | 69.90 | 3.50 | n.d. | 2.10 | 1.30 |
| PYM231：21e-2a2 | IPG2 | 16.50 | 3.70 | 5.30 | 67.70 | 4.20 | n.d. | 1.70 | 0.90 |
| PYM231：21e-2a3 | IPG3 | 16.20 | 3.40 | 6.00 | 68.40 | 3.30 | n.d. | 1.50 | 1.10 |
| PYM231：21e-2-IPG-STD | | 2.76 | 0.24 | 0.61 | 0.92 | 0.39 | / | 0.25 | 0.16 |
| PYM231：21e-2-Average | | 14.40 | 3.70 | 6.03 | 68.67 | 3.67 | / | 1.77 | 1.10 |
| PYM231：21e-3a1 | IPG1 | 4.50 | 11.80 | 6.50 | 72.90 | 2.70 | 1.00 | n.d. | n.d. |
| PYM231：21e-3b2 | IPG2 | 5.50 | 12.50 | 6.20 | 70.80 | 1.40 | 3.10 | n.d. | n.d. |
| PYM231：21e-3c3 | IPG3 | 4.60 | 14.30 | 8.70 | 68.80 | 1.30 | 2.30 | n.d. | n.d. |
| PYM231：21e-3-IPG-STD | | 0.45 | 1.05 | 1.11 | 1.67 | 0.64 | 0.87 | / | / |
| PYM231：21e-3-Average | | 4.87 | 12.87 | 7.13 | 70.83 | 1.80 | 2.13 | / | / |
| PYM213：25-1a1 | IPG | 5.96 | 10.81 | 7.35 | 73.71 | 0.97 | 1.20 | n.d. | n.d |
| PYM213：25-1a2 | IPG | 6.55 | 10.98 | 6.69 | 72.78 | 1.32 | 1.68 | n.d. | n.d |
| PYM213：25-1-STD | IPG | 0.30 | 0.09 | 0.33 | 0.46 | 0.18 | 0.24 | n.d. | n.d |
| PYM213：25-1-Average | IPG | 6.26 | 10.90 | 7.02 | 73.25 | 1.15 | 1.44 | n.d. | n.d |
| PYM213：25-3s1 | IPG1 | 0.10 | 0.20 | 6.80 | 90.40 | 1.10 | 0.40 | n.d. | 0.9 |

和 IPG 相 SEM-EDS 分析结果（wt.%）

| $SO_3$ | MgO | $ZrO_2$ | $TiO_2$ | MnO | $P_2O_5$ | BaO | $Na_2O/K_2O$ | $Na_2O+K_2O$ | $Na_2O/(Na_2O+K_2O)$ | 类型 |
|---|---|---|---|---|---|---|---|---|---|---|
| n.d. | n.d. | n.d. | n.d. | n.d. | n.d. | n.d. | 5.45 | 18.70 | 0.845 | 富钠 |
| n.d. | n.d. | n.d. | n.d. | n.d. | n.d. | n.d. | 5.06 | 21.80 | 0.835 | 富钠 |
| n.d. | n.d. | n.d. | n.d. | n.d. | n.d. | n.d. | 0.20 | 1.55 | 0.774 | |
| n.d. | n.d. | n.d. | n.d. | n.d. | n.d. | n.d. | 5.25 | 20.25 | 0.840 | 富钠 |
| n.d. | n.d. | n.d. | 1.80 | n.d. | n.d. | n.d. | 2.63 | 14.50 | 0.724 | 富钠 |
| n.d. | n.d. | n.d. | n.d. | n.d. | n.d. | n.d. | 4.46 | 20.20 | 0.817 | 富钠 |
| n.d. | n.d. | n.d. | n.d. | n.d. | n.d. | n.d. | 4.76 | 19.60 | 0.827 | 富钠 |
| / | / | / | / | / | / | / | 0.94 | 2.56 | 0.046 | |
| / | / | / | 1.80 | / | / | / | 3.95 | 18.10 | 0.789 | 富钠 |
| n.d. | 0.50 | n.d. | n.d. | n.d. | n.d. | n.d. | 0.38 | 16.30 | 0.276 | 富钾 |
| n.d. | 0.50 | n.d. | n.d. | n.d. | n.d. | n.d. | 0.44 | 18.00 | 0.306 | 富钾 |
| n.d. | n.d. | n.d. | n.d. | n.d. | n.d. | n.d. | 0.32 | 18.90 | 0.243 | 富钾 |
| / | / | / | / | / | / | / | 0.05 | 1.08 | 0.025 | |
| / | 0.50 | / | / | / | / | / | 0.38 | 17.73 | 0.275 | 富钾 |
| n.d. | n.d. | n.d. | n.d. | n.d. | n.d. | n.d. | 0.55 | 16.77 | 0.355 | 混合碱 |
| n.d. | n.d. | n.d. | n.d. | n.d. | n.d. | n.d. | 0.60 | 17.53 | 0.374 | 混合碱 |
| n.d. | n.d. | n.d. | n.d. | n.d. | n.d. | n.d. | 0.02 | 0.38 | /9 | |
| n.d. | n.d. | n.d. | n.d. | n.d. | n.d. | n.d. | 0.57 | 17.15 | 0.365 | 混合碱 |
| n.d. | 0.10 | n.d. | n.d. | n.d. | n.d. | n.d. | 0.50 | 0.30 | 0.333 | |

| 编号 | 相 | $Na_2O$ | $K_2O$ | CuO | $SiO_2$ | $Al_2O_3$ | CaO | $Fe_2O_3$ | Cl |
|---|---|---|---|---|---|---|---|---|---|
| PYM213:25-3s2 | IPG2 | 0.10 | / | 6.90 | 91.20 | 0.80 | 0.10 | n.d. | 0.90 |
| PYM213:25-3-STD | | 0.00 | 0.10 | 0.05 | 0.40 | 0.15 | 0.15 | / | 0.00 |
| PYM213:25-3s-Average | | 0.10 | 0.10 | 6.85 | 90.80 | 0.95 | 0.25 | / | / |
| PYM213:25-4a1 | IPG | 4.46 | 10.03 | 2.75 | 77.77 | 2.60 | n.d. | n.d. | n.d. |
| PYM213:25-6a1 | IPG | 18.13 | 1.58 | 7.80 | 68.71 | 1.97 | 1.20 | 0.60 | n.d. |
| PYM213:25-6a2 | IPG | 17.33 | 1.64 | 7.91 | 69.60 | 2.31 | 1.20 | n.d. | n.d. |
| PYM213:25-6-STD | IPG | 0.40 | 0.03 | 0.06 | 0.45 | 0.17 | n.d. | 0.00 | n.d. |
| PYM213:25-6-Average | IPG | 17.73 | 1.61 | 7.86 | 69.16 | 2.14 | 1.20 | 0.60 | n.d. |
| PYM84:128-5-1s1 | IPG1 | 0.20 | n.d. | 7.20 | 91.10 | 0.20 | 0.10 | n.d. | 0.80 |
| PYM84:128-5-1s2 | IPG2 | 0.50 | n.d. | 5.50 | 91.50 | 0.80 | 0.20 | 0.10 | 0.90 |
| PYM84:128-5-1-STD | IPG | 0.15 | n.d. | 0.85 | 0.20 | 0.30 | 0.05 | 0.05 | 0.05 |
| PYM84:128-5-1-Average | IPG | 0.35 | n.d. | 6.35 | 91.30 | 0.50 | 0.15 | 0.05 | 0.85 |
| PYM84:128-5-2s1 | IPG1 | n.d. | n.d. | 9.30 | 88.20 | 0.40 | n.d. | n.d. | 2.00 |
| PYM84:128-5-2s2 | IPG2 | n.d. | n.d. | 6.90 | 90.90 | n.d. | 0.40 | n.d. | 1.50 |
| PYM84:128-5-2-STD | | / | / | 1.20 | 1.35 | 0.20 | 0.00 | / | 0.25 |
| PYM84:128-5-2-Average | | / | / | 8.10 | 89.55 | 0.20 | 0.40 | / | 1.75 |
| PYM84:128-14s1 | GLZ1 | n.d. | n.d. | 7.12 | 91.08 | n.d. | n.d. | n.d. | 1.80 |
| PYM84:128-14s2 | GLZ2 | n.d. | n.d. | 5.89 | 92.43 | n.d. | n.d. | n.d. | 1.69 |
| PYM84:128-14-s4 | GLZ4 | n.d. | n.d. | 5.58 | 93.69 | n.d. | n.d. | n.d. | 0.73 |
| PYM84:128-14-GLZ-STD | | / | / | 0.67 | 1.07 | / | / | / | 0.48 |
| PYM84:128-14-GLZ-Average | | / | / | 6.20 | 92.40 | / | / | / | 1.41 |

**续表**

| $SO_3$ | MgO | $ZrO_2$ | $TiO_2$ | MnO | $P_2O_5$ | BaO | $Na_2O/K_2O$ | $Na_2O+K_2O$ | $Na_2O/(Na_2O+K_2O)$ | 类型 |
|---|---|---|---|---|---|---|---|---|---|---|
| n.d. | 0.10 | n.d. | n.d. | n.d. | n.d. | n.d. |  | 0.10 | 1.000 |  |
| / | 0.00 | / | / | / | / | / | 0.00 | 0.10 | 0.333 |  |
| / | 0.10 | / | / | / | / | / | 0.50 | 0.20 | 0.667 |  |
| n.d. | n.d. | n.d. | n.d. | n.d. | n.d. | n.d. | 0.44 | 14.49 | 0.308 | 富钾 |
| n.d. | n.d. | n.d. | n.d. | n.d. | n.d. | n.d. | 11.47 | 19.71 | 0.920 | 富钠 |
| n.d. | n.d. | n.d. | n.d. | n.d. | n.d. | n.d. | 10.57 | 18.97 | 0.914 | 富钠 |
| n.d. | n.d. | n.d. | n.d. | n.d. | n.d. | n.d. | 0.45 | 9.86 | 0.003 |  |
| n.d. | n.d. | n.d. | n.d. | n.d. | n.d. | n.d. | 11.02 | 19.34 | 0.917 | 富钠 |
| n.d. | n.d. | n.d. | 0.30 | 0.10 | n.d. | n.d. |  |  |  |  |
| n.d. | 0.30 | n.d. | 0.10 | n.d. | n.d. | n.d. |  |  |  |  |
| n.d. | 0.15 | n.d. | 0.10 | 0.05 | n.d. | n.d. |  |  |  |  |
| n.d. | 0.15 | n.d. | 0.20 | 0.05 | n.d. | n.d. |  |  |  |  |
| n.d. | n.d. | n.d. | n.d. | n.d. | n.d. | n.d. |  |  |  |  |
| n.d. | 0.30 | n.d. | n.d. | n.d. | n.d. | n.d. |  |  |  |  |
| / | 0.00 | / | / | / | / | / |  |  |  |  |
| / | 0.30 | / | / | / | / | / |  |  |  |  |
| n.d. | n.d. | n.d. | n.d. | n.d. | n.d. | n.d. |  |  |  |  |
| n.d. | n.d. | n.d. | n.d. | n.d. | n.d. | n.d. |  |  |  |  |
| n.d. | n.d. | n.d. | n.d. | n.d. | n.d. | n.d. |  |  |  |  |
| / | / | / | / | / | / | / |  |  |  |  |
| / | / | / | / | / | / | / |  |  |  |  |

| 编号 | 相 | $Na_2O$ | $K_2O$ | CuO | $SiO_2$ | $Al_2O_3$ | CaO | $Fe_2O_3$ | Cl |
|---|---|---|---|---|---|---|---|---|---|
| PYM84：128–14–s3 | IPG3 | n.d. | n.d. | 4.75 | 94.39 | n.d. | n.d. | n.d. | 0.86 |
| PYM84：128–14–s5 | IPG5 | n.d. | n.d. | 6.60 | 93.40 | n.d. | n.d. | n.d. | n.d. |
| PYM84：128–14–IPG–STD | | / | / | 0.93 | 0.49 | / | / | / | 0.00 |
| PYM84：128–14–IPG–Average | | / | / | 5.68 | 93.90 | / | / | / | / |
| PYM85：39–1s1 | IPG1 | 3.60 | 13.30 | 3.40 | 75.40 | 1.10 | 2.50 | n.d. | 0.20 |
| PYM85：39–1s2 | IPG2 | 3.00 | 15.50 | 3.30 | 73.70 | 0.80 | 2.10 | 0.20 | 0.10 |
| PYM85：39–1–STD | | 0.30 | 1.10 | 0.05 | 0.85 | 0.15 | 0.20 | 0.00 | 0.05 |
| PYM85：39–1–Average | | 3.30 | 14.40 | 3.35 | 74.55 | 0.95 | 2.30 | 0.20 | 0.15 |
| PYM85：39–1b–s1 | IPG | 1.94 | 17.39 | 3.60 | 72.54 | 1.81 | 1.09 | 0.30 | n.d. |
| PYM85：39–2s1 | IPG1 | 0.30 | 0.60 | 5.80 | 86.70 | 4.00 | 1.20 | 0.20 | 0.80 |
| PYM85：39–2s2 | IPG2 | n.d. | 0.30 | 5.00 | 89.90 | 2.70 | 0.90 | 0.20 | 0.70 |
| PYM85：39–2–STD | IPG | 0.15 | 0.15 | 0.40 | 1.60 | 0.65 | 0.15 | 0.00 | 0.05 |
| PYM85：39–2–Average | IPG | 0.15 | 0.45 | 5.40 | 88.30 | 3.35 | 1.05 | 0.20 | 0.75 |
| PYM85：39–2b–s1 | IPG–1 | 3.91 | 15.57 | 3.61 | 72.20 | 4.72 | n.d. | n.d. | n.d. |
| PYM107：30s1 | IPG1 | 0.80 | 19.90 | 1.40 | 58.60 | 0.20 | 0.10 | 18.70 | 0.30 |
| PYM107：30s2 | IPG2 | 1.00 | 15.50 | 0.90 | 70.90 | 0.40 | n.d. | 11.20 | 0.10 |
| PYM107：30–STD | | 0.10 | 2.20 | 0.25 | 6.15 | 0.10 | 0.00 | 3.75 | 0.10 |
| PYM107：30–Average | | 0.90 | 17.70 | 1.15 | 64.75 | 0.30 | 0.10 | 14.95 | 0.20 |
| PYM269：17 | IPG3 | 2.10 | 3.50 | 3.90 | 72.60 | n.d. | 5.10 | n.d. | 5.20 |
| PYM7：57–5a1 | IPG | 4.69 | 12.93 | 3.79 | 75.68 | 2.64 | n.d. | n.d. | n.d. |
| PYM7：57–5a2 | IPG | 3.96 | 11.70 | 3.80 | 77.61 | 2.37 | n.d. | 0.56 | n.d. |

**续表**

| $SO_3$ | MgO | $ZrO_2$ | $TiO_2$ | MnO | $P_2O_5$ | BaO | $Na_2O/K_2O$ | $Na_2O+K_2O$ | $Na_2O/(Na_2O+K_2O)$ | 类型 |
|---|---|---|---|---|---|---|---|---|---|---|
| n.d. | n.d. | n.d. | n.d. | n.d. | n.d. | n.d. | | | | |
| n.d. | n.d. | n.d. | n.d. | n.d. | n.d. | n.d. | | | | |
| / | / | / | / | / | / | / | | | | |
| / | / | / | / | / | / | / | | | | |
| n.d. | 0.40 | n.d. | n.d. | n.d. | n.d. | n.d. | 0.27 | 16.90 | 0.213 | 富钾 |
| n.d. | 1.40 | n.d. | n.d. | n.d. | n.d. | n.d. | 0.19 | 18.50 | 0.162 | 富钾 |
| / | 0.50 | / | / | / | / | / | 0.04 | 0.80 | 0.025 | |
| / | 0.90 | / | / | / | / | / | 0.23 | 17.7 | 0.188 | 富钾 |
| n.d. | 1.31 | n.d. | n.d. | n.d. | n.d. | n.d. | 0.11 | 19.33 | 富钾 | 富钾 |
| n.d. | 0.30 | n.d. | n.d. | n.d. | n.d. | n.d. | 0.50 | 0.90 | 0.333 | |
| n.d. | 0.20 | n.d. | n.d. | n.d. | n.d. | n.d. | / | 0.30 | / | |
| n.d. | 0.05 | n.d. | n.d. | n.d. | n.d. | n.d. | 0.25 | 0.30 | 0.167 | |
| n.d. | 0.25 | n.d. | n.d. | n.d. | n.d. | n.d. | 0.25 | 0.60 | 0.167 | |
| n.d. | n.d. | n.d. | n.d. | n.d. | n.d. | n.d. | 0.25 | 19.48 | 0.201 | 富钾 |
| n.d. | n.d. | n.d. | n.d. | n.d. | n.d. | n.d. | 0.04 | 20.70 | 0.039 | 富钾 |
| n.d. | n.d. | n.d. | n.d. | n.d. | n.d. | n.d. | 0.06 | 16.50 | 0.061 | 富钾 |
| / | / | / | / | / | / | / | 0.01 | 2.10 | 0.011 | |
| / | / | / | / | / | / | / | 0.05 | 18.60 | 0.0496 | 富钾 |
| 6.40 | 1.00 | n.d. | n.d. | n.d. | n.d. | n.d. | 0.60 | 5.60 | 0.375 | 混合碱 |
| n.d. | n.d. | n.d. | n.d. | n.d. | n.d. | 0.27 | 0.36 | 17.62 | 0.266 | 富钾 |
| n.d. | n.d. | n.d. | n.d. | n.d. | n.d. | n.d. | 0.34 | 15.66 | 0.253 | 富钾 |

| 编号 | 相 | $Na_2O$ | $K_2O$ | CuO | $SiO_2$ | $Al_2O_3$ | CaO | $Fe_2O_3$ | Cl |
|---|---|---|---|---|---|---|---|---|---|
| PYM7:57-5-STD | | 0.37 | 0.62 | 0.00 | 0.96 | 0.14 | / | / | |
| PYM7:57-5-Average | | 4.33 | 12.32 | 3.80 | 76.65 | 2.51 | / | / | / |
| PYM7:57-2 | IPG1 | 2.14 | 12.98 | 1.42 | 70.79 | 0.66 | n.d. | 11.73 | 0.26 |
| YJM4:152-1s9 | IPG9 | 5.47 | 8.96 | 7.25 | 73.63 | 1.67 | 1.08 | 0.55 | 0.77 |
| YJM4:152-1s9 | IPG9 | 5.47 | 8.96 | 7.25 | 73.63 | 1.67 | 1.08 | 0.55 | 0.77 |
| YJM4:152-1s10 | IPG10 | 4.02 | 10.88 | 9.13 | 70.73 | 2.16 | 1.33 | 0.59 | 0.68 |
| YJM4:152-1s11 | IPG11 | 4.92 | 4.75 | 2.80 | 20.63 | 34.03 | n.d. | 32.49 | 0.39 |
| YJM4:152-1s12 | IPG12 | 5.13 | 9.91 | 8.91 | 71.01 | 1.87 | 1.02 | 0.73 | 0.67 |
| YJM4:152-1s13 | IPG13 | 1.92 | 2.71 | 2.74 | 91.54 | 0.82 | n.d. | n.d. | n.d. |
| YJM4:152-1s16 | IPG16 | 5.06 | 8.82 | 9.24 | 72.13 | 2.08 | 0.96 | 0.51 | 0.48 |
| YJM4:152-1-STD | | 1.20 | 2.93 | 2.84 | 21.80 | 12.05 | 0.53 | 11.93 | 0.26 |
| YJM4:152-1-Average | | 4.42 | 7.67 | 6.68 | 66.61 | 7.10 | 0.73 | 5.81 | 0.50 |
| Glass standards | | $Na_2O$ | $K_2O$ | CuO | $SiO_2$ | $Al_2O_3$ | CaO | $Fe_2O_3$ | Cl |
| Corning glass B（PB ZAF） | | 20.10 | 1.40 | 2.80 | 57.80 | 4.40 | 8.80 | 0.50 | n.d. |
| Reference content | | 17.00 | 1.00 | 2.66 | 61.55 | 4.36 | 8.56 | 0.34 | n.d. |
| Corning glass C | | 0.90 | 2.80 | 1.40 | 28.30 | 0.70 | 5.90 | 0.40 | n.d. |
| Reference content | | 1.07 | 2.84 | 1.13 | 34.87 | 0.87 | 5.07 | 0.34 | n.d. |
| Corning glass D（PB ZAF） | | 1.20 | 15.00 | 0.30 | 47.20 | 4.90 | 21.70 | 0.70 | n.d. |
| Reference content | | 1.20 | 11.30 | 0.38 | 55.24 | 5.30 | 14.80 | 0.52 | n.d. |

注：① IPG：interparticle glass，隙间玻璃相。② s：EDS Spot，EDS 测试点；a：EDS Area，EDS 测试面。③ ST

**续表**

| $SO_3$ | MgO | $ZrO_2$ | $TiO_2$ | MnO | $P_2O_5$ | BaO | $Na_2O/K_2O$ | $Na_2O+K_2O$ | $Na_2O/(Na_2O+K_2O)$ | 类型 |
|---|---|---|---|---|---|---|---|---|---|---|
| / | / | / | / | / | / | / | 0.01 | 8.27 | 0.007 | |
| / | / | / | / | / | / | / | 0.35 | 16.64 | 0.260 | 富钾 |
| n.d. | n.d. | n.d. | n.d. | n.d. | n.d. | n.d. | 0.16 | 15.12 | 0.142 | 富钾 |
| n.d. | 0.62 | n.d. | n.d. | n.d. | n.d. | n.d. | 0.61 | 14.43 | 0.379 | 混合碱 |
| n.d. | 0.62 | n.d. | n.d. | n.d. | n.d. | n.d. | 0.61 | 14.43 | 0.379 | 混合碱 |
| n.d. | 0.47 | n.d. | n.d. | n.d. | n.d. | n.d. | 0.37 | 14.90 | 0.270 | 富钾 |
| n.d. | n.d. | n.d. | n.d. | n.d. | n.d. | n.d. | 1.04 | 9.67 | 0.509 | 混合碱 |
| n.d. | 0.76 | n.d. | n.d. | n.d. | n.d. | n.d. | 0.52 | 15.04 | 0.341 | 混合碱 |
| n.d. | 0.27 | n.d. | n.d. | n.d. | n.d. | n.d. | 0.71 | 4.63 | 0.414 | 混合碱 |
| n.d. | n.d. | 0.71 | n.d. | n.d. | n.d. | n.d. | 0.57 | 13.88 | 0.365 | 混合碱 |
| 0.00 | 0.29 | 0.26 | 0.00 | / | / | / | 0.21 | 3.80 | 0.073 | |
| / | 0.35 | 0.12 | / | / | / | / | 0.64 | 12.09 | 0.379 | 混合碱 |
| $SO_3$ | MgO | $ZrO_2$ | $TiO_2$ | MnO | $P_2O_5$ | BaO | PbO | $Sb_2O_5$ | CoO | 总量 |
| n.d. | 1.10 | n.d. | 0.10 | 0.30 | 0.90 | n.d. | 0.30 | 0.50 | / | 99 |
| n.d. | 1.03 | n.d. | 0.09 | 0.25 | 0.82 | 0.12 | 0.61 | 0.46 | 0.05 | 99 |
| n.d. | 2.80 | n.d. | 0.60 | 0.80 | / | 12.90 | 40.10 | / | / | 98 |
| n.d. | 2.76 | n.d. | 0.79 | 0.82 | 0.14 | 11.40 | 36.70 | 0.03 | 0.18 | 99 |
| n.d. | 3.50 | n.d. | 0.60 | 0.80 | 4.00 | n.d. | / | / | / | 100 |
| n.d. | 3.94 | n.d. | 0.38 | 0.55 | 3.93 | 0.51 | 0.48 | 0.97 | 0.02 | 100 |

andard deviation，标准偏差。④ n.d.：not detected，即氧化物或元素浓度低于仪器检出限，未检测出该化学成分。

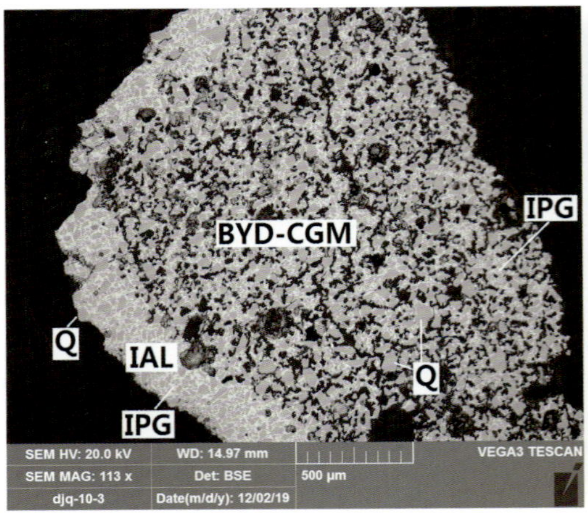


a.COXEM EM-30Plus 型扫描电镜背散射图

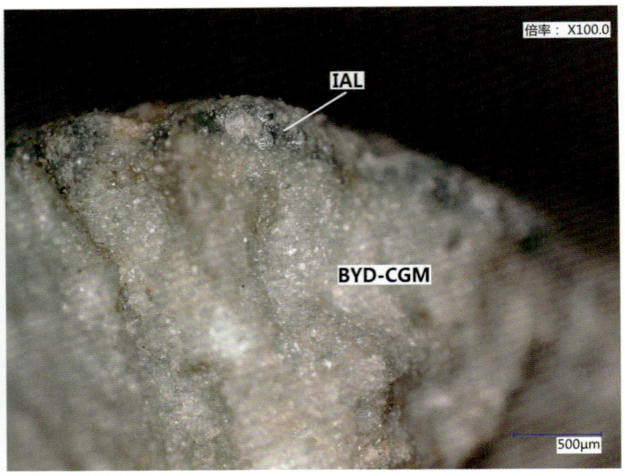


b.VHX-5000 数字显微镜显微照片

图 9.15　釉砂珠 YJM4：152-1 的断面显微形貌图像
交互层　BYD-CMG：含石英颗粒的基本连续的玻璃相　IPG：隙间玻璃相　Q：石英颗粒

图 9.16 展示了釉砂珠 YJM4：152-1 中 K、Na 和 Cu 的面扫描（mapping）图像及所在区域的 SEM-BSE 图像，釉砂珠外侧的交互层（O-IAL）和内部胎体（I-BYD-CGM）清晰、界限分明。Mapping 图像中相对较亮区域元素含量相对较高。显然，隙间玻璃相中含有较高的富 K 和富 Na 的碱熔剂以及着色元素 Cu。Shortland 和 Tite [9] 认为釉砂芯层中较厚的 IAL 层和 IPG 表明，在釉砂胎体成型之前，磨碎的石英粉中会掺入少量的釉料混合物和有机黏合剂（如树胶或树脂），这样做可能是为了使胎体在烧制成型后更加坚固。因为倘若仅仅使用石英和水的混合料很难使釉砂塑性成型。因此，制作石英胎体时加入釉料混合物，有利于制作胎体，并可以增强其在烧制前后的强度。这可能使得石英颗粒散布在整个基本上连续的玻璃相中 [10]。该釉砂珠中棱角分明的石英颗粒存在于 IAL 层和连续玻璃相胎体（BYD-CGM）中，且 IAL 和 BYD 之间边界清晰。这些特征说明这件釉砂珠可能采用风干法（起霜法）施釉工艺。

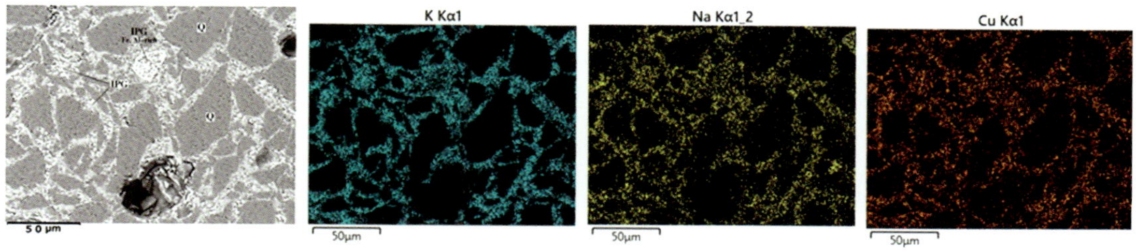


a.YJM4：152–1–m10，外侧交互层

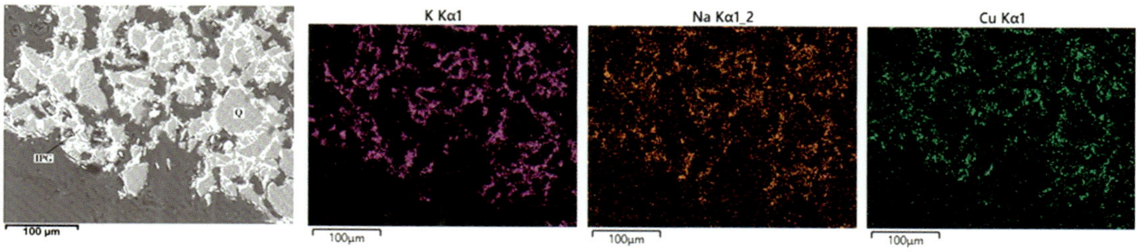


b.YJM4：152–1–m7，内部含石英颗粒和连续玻璃相的胎体

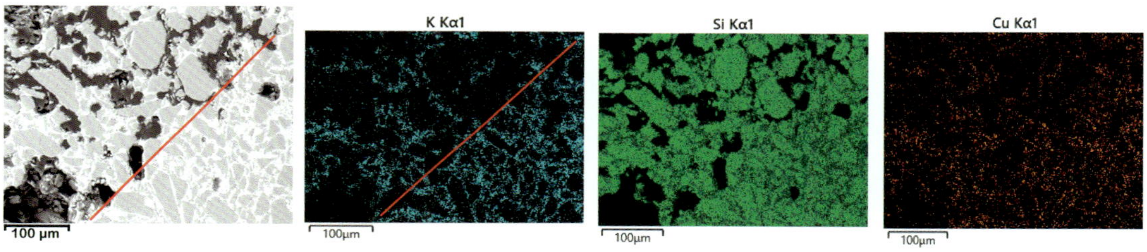


c.YJM4：152–1–m3，内部胎体 – 外侧交互层

图 9.16　釉砂珠 YJM4：152–1 的扫描电镜背散射图像和主要元素面分布图像

根据 EDS 定量分析结果（表 9.7、图 9.17），釉砂珠 YJM4∶152–1 的釉料比胎体中添加了更多的碱助熔剂和含铜的着色剂，故蓝色的 IAL 层形成于胎体表面，说明该釉砂可能采用了风干法成型之后又使用了包埋法的施釉工艺。Kiefer 和 Allibert [11] 也曾通过模拟实验采用风干法和包埋法成功烧制出釉砂制品。釉砂珠 PYM213∶25–1 与 YJM4∶152–1 类似，也存在一个明显 IAL 层，厚 500 微米—900 微米（图 9.18a），胎体内部也分布着许多隙间玻璃相（图 9.18），且外边多于内部（图 9.18b 和图 9.18c）。从光学显微图像（图 9.18d、图 9.18e）可以看出该釉砂珠的珠壁厚在 700 微米—1400 微米（图 9.18e），石英颗粒清晰可见，整个珠体呈绿色。因此，该釉砂珠的石英胎体混合料中应该添加了含铜的着色原料和少量的碱水，可能采用的是包埋法施釉工艺。

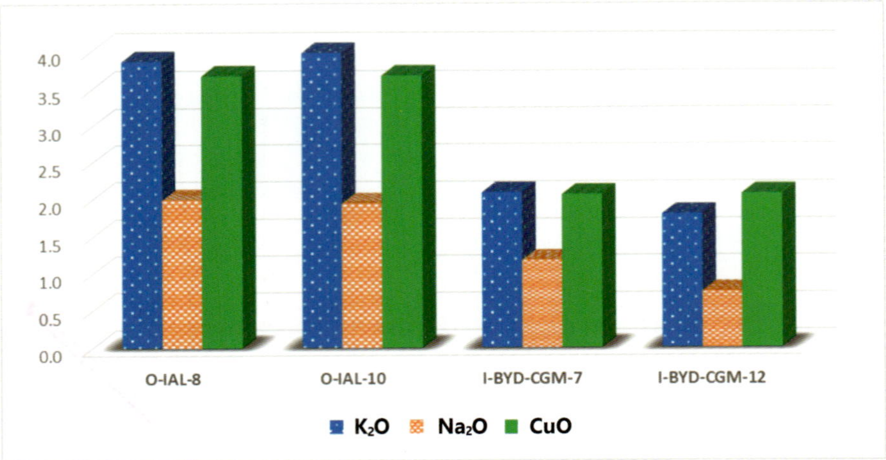


图 9.17 釉砂珠 YJM4：152-1 的表层和内部主要元素含量的柱状图

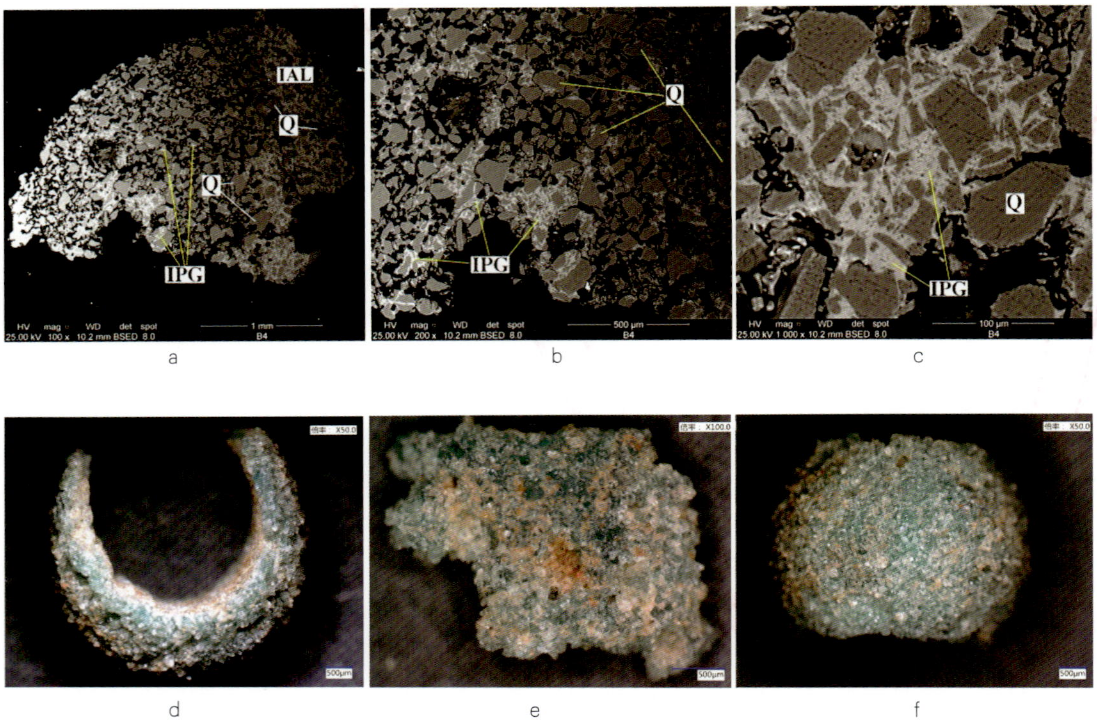


图 9.18 釉砂珠 PYM213：25-1 的微观形貌图像
a-c. 扫描电镜背散射图像 d-f. 显微图像

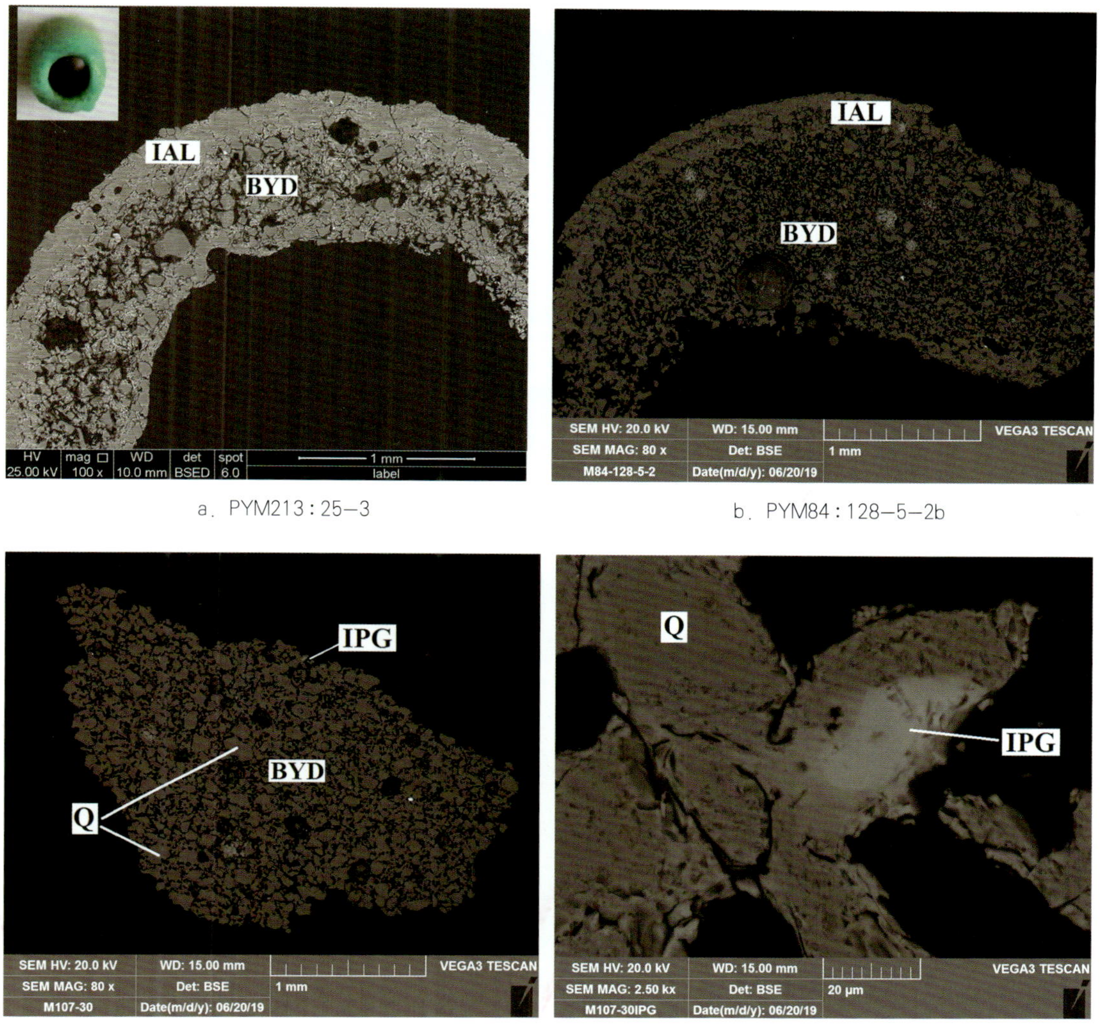


a．PYM213：25—3　　b．PYM84：128—5—2b

c．PYM107：30　　d．PYM7：57—2

图 9.19　类型Ⅱ釉砂的扫描电镜背散射图像

II 型：釉砂管（壁厚 800 微米—900 微米）和釉砂珠（壁厚 1000 微米—1300 微米），IAL 层厚 200 微米—250 微米（图 9.19a 和图 9.19b），胎体由大量棱角分明的石英颗粒组成，孔洞较多，几乎不见 IPG 相（图 9.19c、图 9.19d），说明该类釉砂制品在成型过程中可能使用了风干法或直接施釉法，一些含铜的着色剂原料可能与有机黏合剂（如树胶等）一起添加到胎体混合料中，但成型过程中应该没有添加碱水助熔剂。据 Vandiver [12] 研究，即使石英胎体中未添加釉料混合物，但采用风干法或直接施釉法制作的釉砂，其 IAL 层仍能渗透一定的深度。与外表致密的 IAL 层相比，内部胎体比较疏松，孔隙较多，这可能是由于有机黏结剂在燃烧过程中挥发所致。

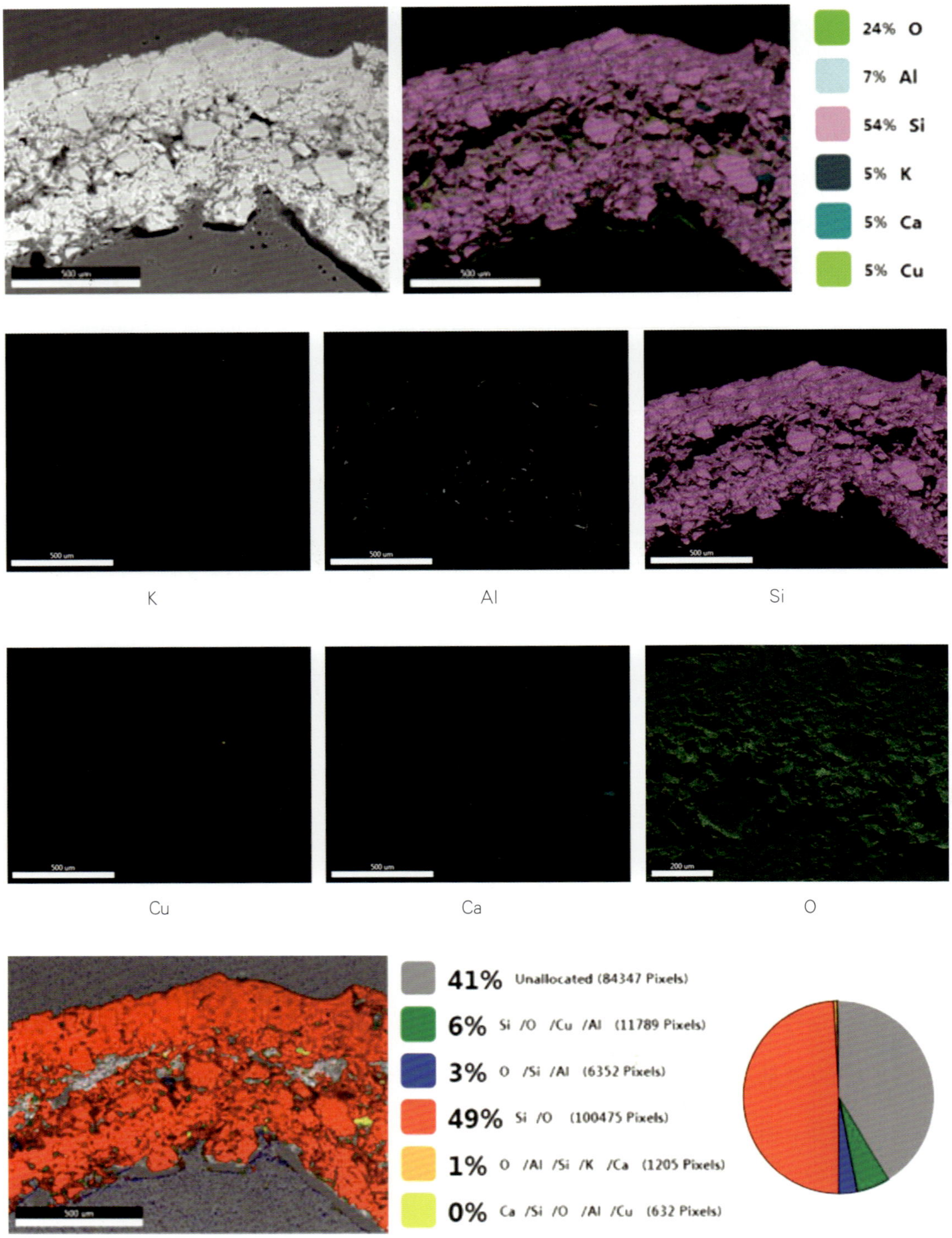


图 9.20 釉砂珠 PYM213：25—3a 的扫描电镜主要元素分布图

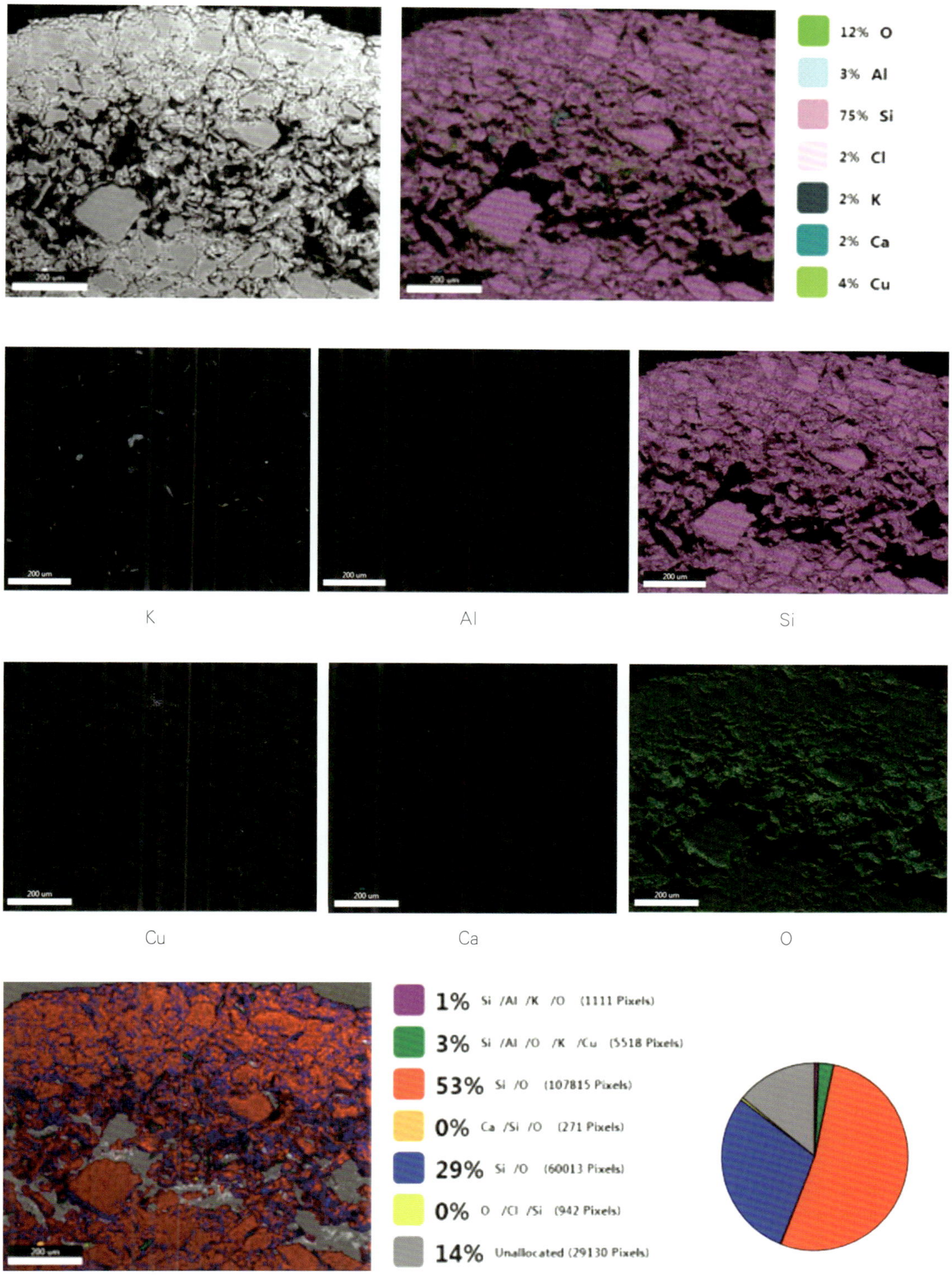


图 9.21　釉砂珠 PYM213：25—3b 的扫描电镜主要元素分布图

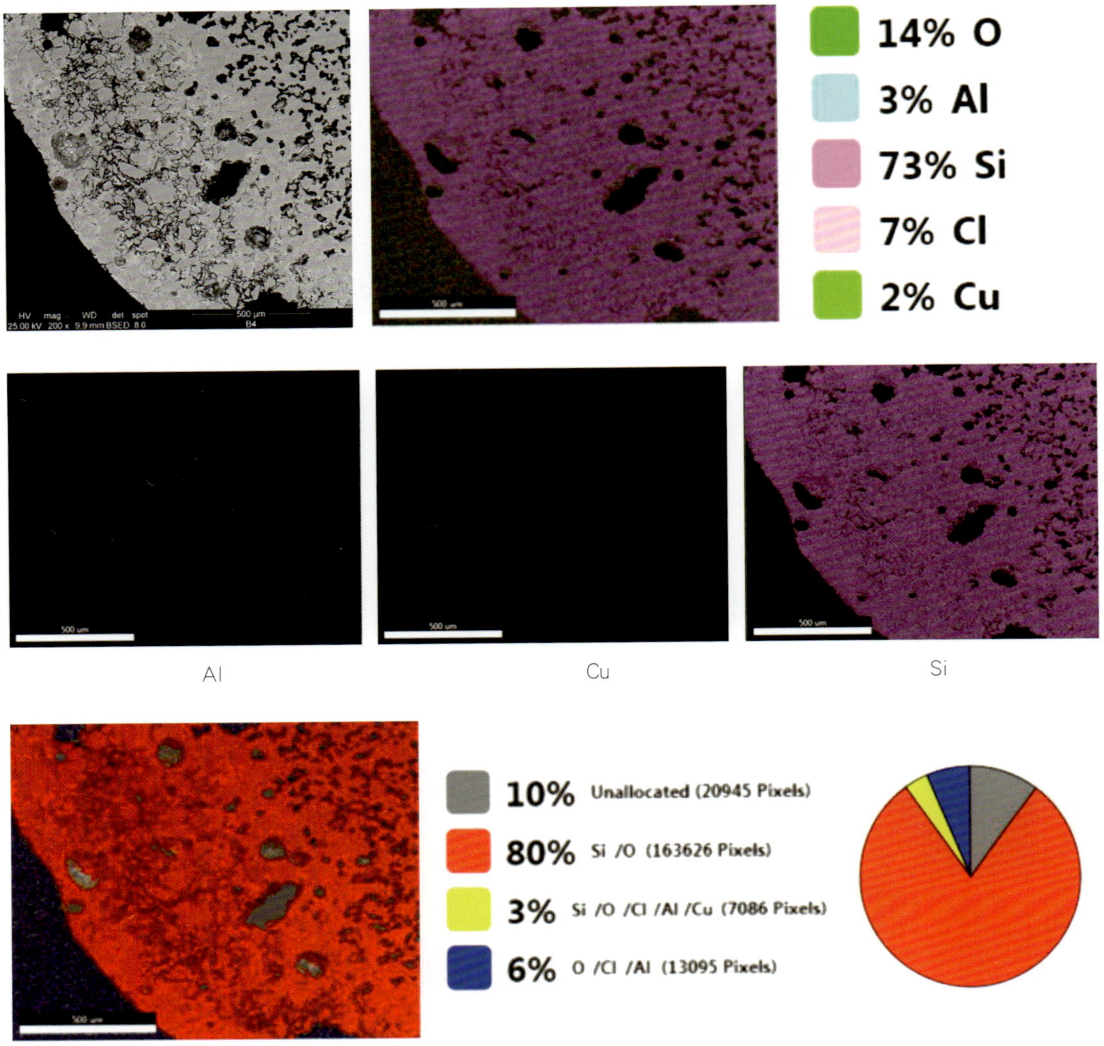


图 9.22　釉砂珠 PYM84：128—14a 的扫描电镜主要元素分布图

图9.20和图9.21分别展示了釉砂管PYM213:25—3两个区域的主要元素mapping图。釉砂管通体成绿色，从 mapping 区域内不同相的定性和半定量分析结果（表 9.8）可以看出，该釉砂胎体中石英颗粒间隙里面含有较高的 CuO，石英胎体中加入了富 Cu 的着色剂原料，存在富 K—Al—Si 相，说明可能引入钾长石矿物作为助熔剂或掺合料。

釉砂珠 PYM84：128—14 两个区域的主要元素 mapping 图如图 9.22 和图 9.23 所示，从 mapping 区域内不同相的定性和半定量分析结果（表 9.8）可以看出，该釉砂的胎体中石英颗粒间隙里面含有较高 CuO 和 $Al_2O_3$，说明在石英胎体原料中加入了黏土和富 Cu 的原料。

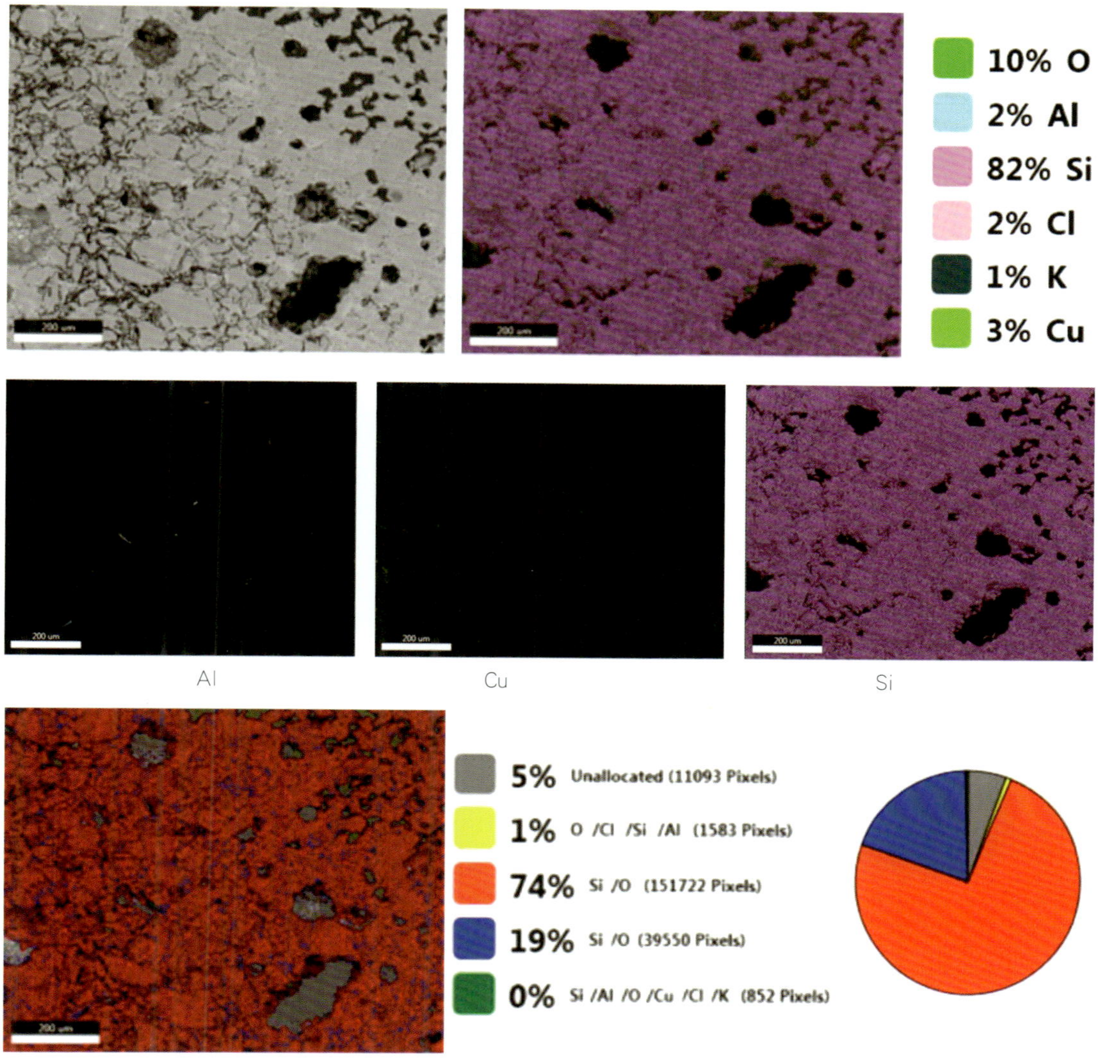


图 9.23　釉砂珠 PYM84 : 128—14b 的扫描电镜主要元素分布图

III 型：釉砂的胎体中存在大量的 IPG 相，且棱角分明的石英颗粒散布在连续玻璃相之间（图 9.24）。结合 EDS 定性和半定量分析结果（表 9.9），可知 IPG 相富含 CuO，说明该类釉砂的石英胎体原料中添加了含铜的原料及碱水作为黏合剂。不少釉砂残损严重，只剩下部分横截面，不能获取从内到外完整的断面结构信息。尽管这样，在釉砂珠 PYM85 : Y39—1 中，仍残存 40 微米—80 微米厚的釉层附着在胎体上，整个胎体由棱角分明、大小不一的石英颗粒及连续玻璃基质组成，基本看不到 IAL 层（图 9.24a）。胎体中存在大量的 IPG 相及石英颗粒，说明该类釉砂可能采用了风干法施釉工艺。

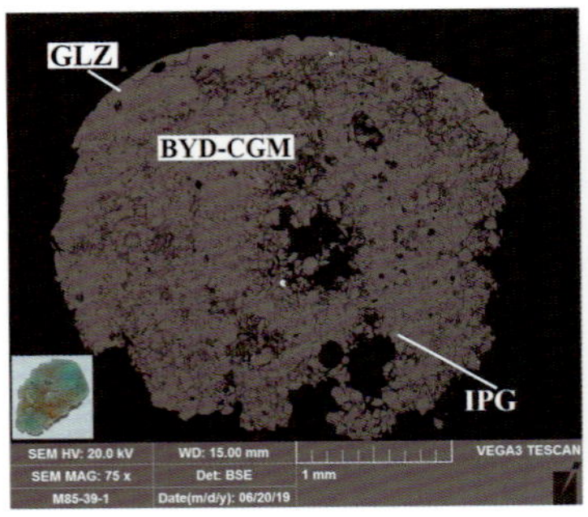


a.PYM85：39—1

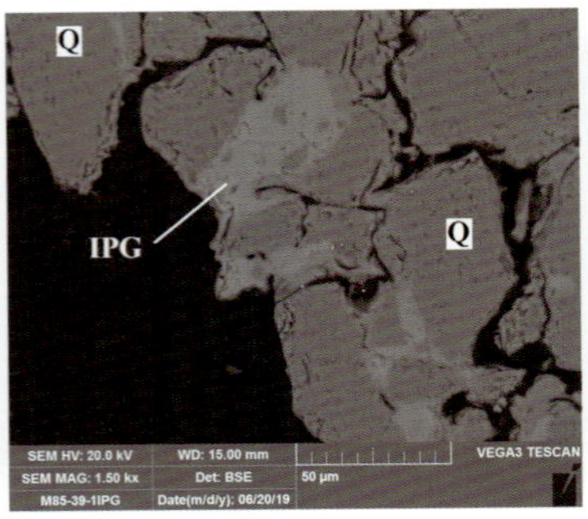


b.PYM85：39—1

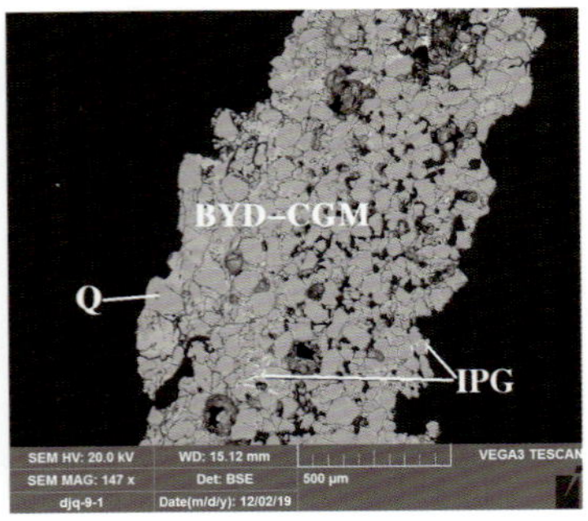


c.PYM85：57—2

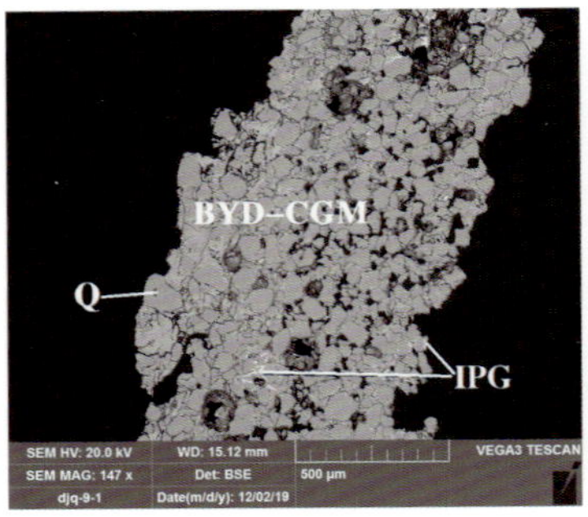


d.PYM85：57—2

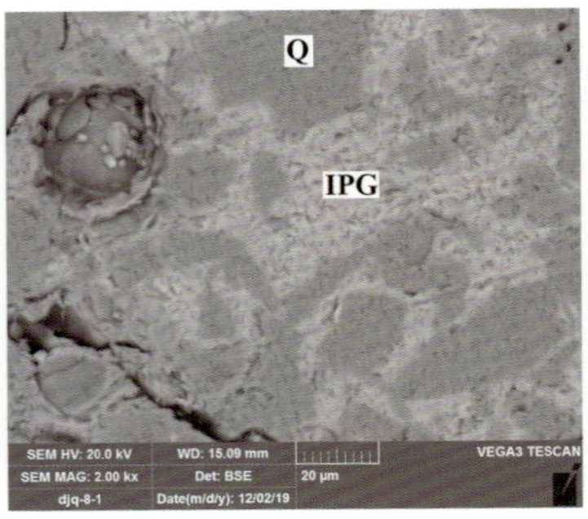


e.PYM7：57—5

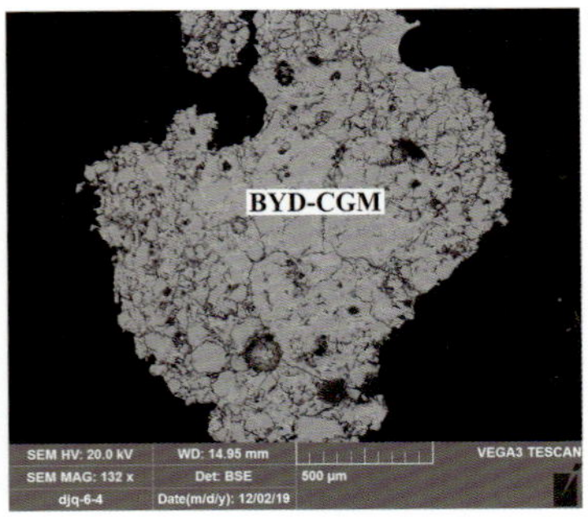


f.PYM269：17

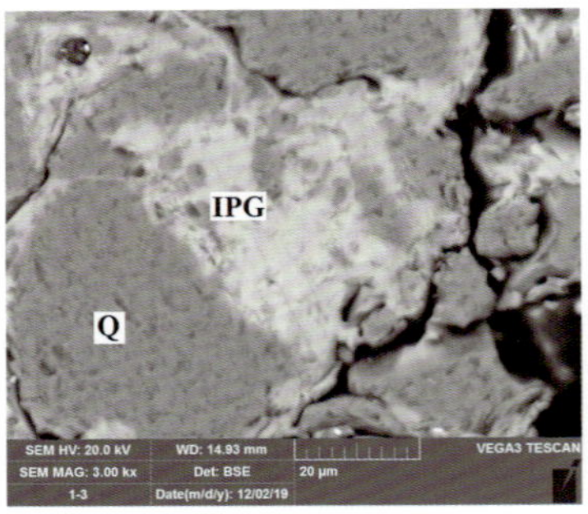


g.PYM231：21e—1

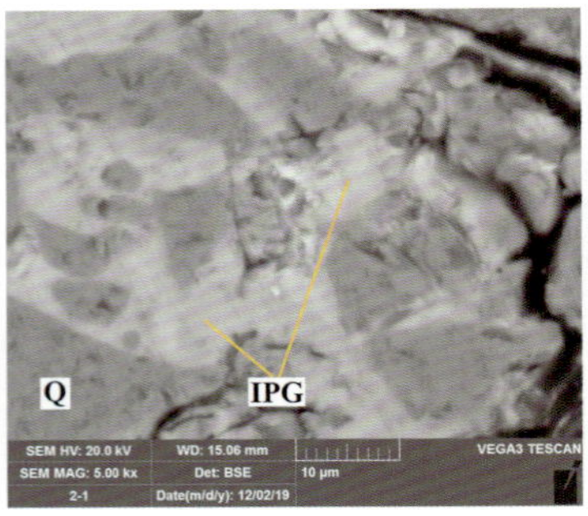


h.PYM231：21e—2

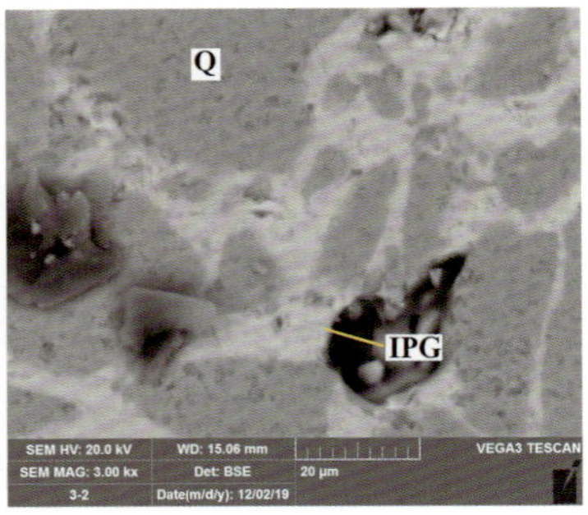


i.PYM231：21e—3

j.PYM213：25—4

k.PYM213：25—6

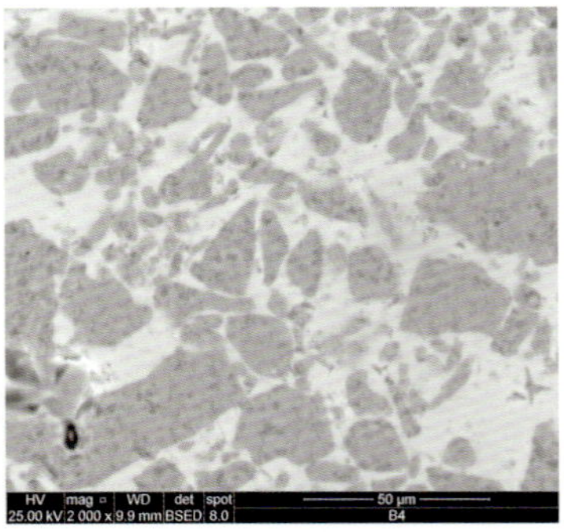

l.PYM213：25—6

图 9.24　类型Ⅲ釉砂的扫描电镜背散射图像

在釉砂烧制过程中，由于碱助熔剂挥发并与胎体中石英发生反应，会在表面形成一层薄薄的釉层，而釉料中的铜离子挥发起到着色作用[13]。不过，这些釉层很容易风化，从 IAL 层或胎体上脱落。PYM85∶39-1 和 PYM84∶128 中残存釉层的主要化学成分为 CuO（大约 6%）和 $SiO_2$（大约 92%），未检测到助熔剂 $K_2O$ 和 $Na_2O$。

上述三型釉砂，大多数的 IPG 相中 CuO 含量一般都高于 3.5%，有的甚至高达 6%—8%，表明当时的工匠为了获取蓝绿色的珠饰，通常使用含铜的原料作为着色剂。

此外，还有 3 件浅色釉砂珠残片，未发现 IPG 相和釉层，暂时无法归类。如 PYM213∶25-2，表面呈非常淡的绿色，内部胎体为白色，SEM 分析显示，胎体由各种

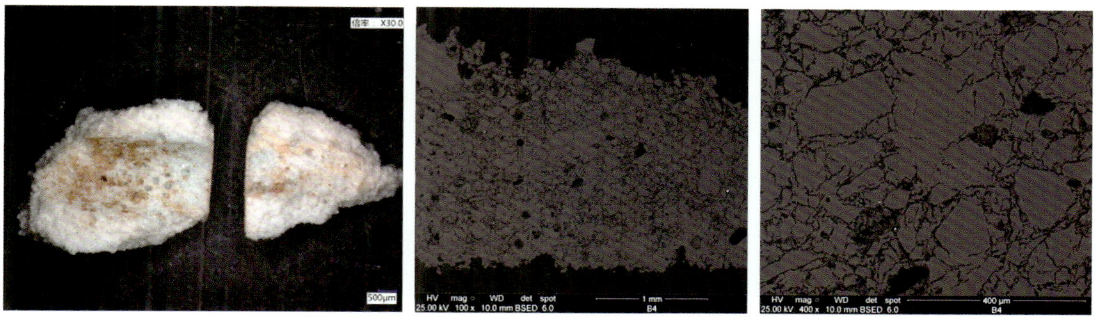

a．PYM213∶25—2

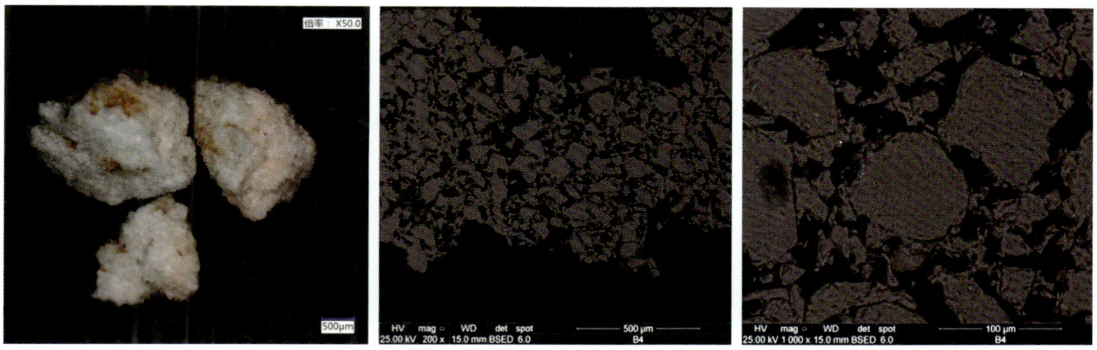

b．PYM85∶34—3

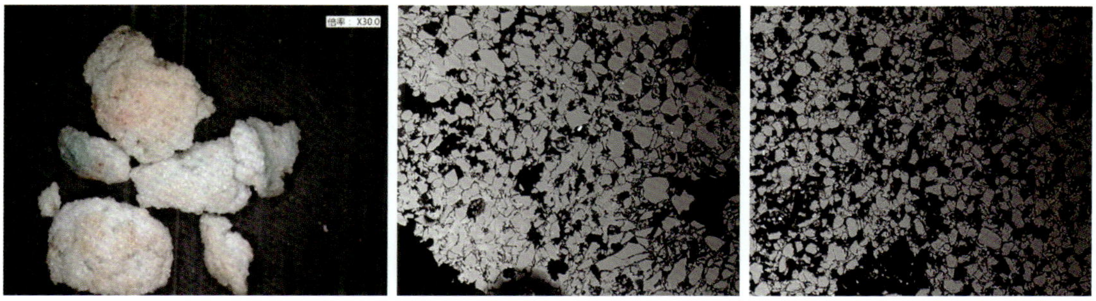

c．PYM85∶39

图 9.25　釉砂 PYM213∶25—2、PYM85∶34—3 和 PYM85∶39 的显微图像和扫描电镜背散射图像

尺寸的石英颗粒组成，较为致密，也存在少量孔洞（图 9.25a），但未发现 IPG 相，也未检测到明显的助熔剂 $K_2O$ 和 $Na_2O$。而 PYM85 : 34−3（图 9.25b）和 PYM85 : 39（图 9.25c）的胎体则较为疏松，存在大量孔洞，也未发现 IPG 相。以上这 3 件釉砂在制作过程中，胎体原料内应该未添加碱水和含铜的着色原料，可能采用包埋法或直接施釉法工艺。从 PYM85 : 39−8 和 PYM85 : 39−9 的胎体中大量的孔洞来看，其在胎体成型过程中可能添加了有机树胶等黏合剂，以便于成型，孔洞可能是有机黏合剂烧制过程中挥发所致。

2. 平顶山出土釉砂的助熔剂类型

表 9.9 列举了平顶山出土釉砂 IPG 相和釉层的主要化学成分 SEM−EDS 定量分析结果，受风化影响，助熔剂（如 $Na_2O$ 和 $K_2O$）存在不同程度的流失甚至消失，因此为了尽可能获取更真实的信息，在每件釉砂上酌情选择 2—5 个测试点进行分析，个别 IPG 相残存极少的釉砂仅获取 1 个有效的助熔剂数据。其中，PYM231 : 21e−1、PYM231 : 21e−2、PYM231 : 21e−3、PYM85 : 39−1、PYM107 : 30、PYM7 : 57−2、PYM213 : 25−4、PYM213 : 25−6 和 YJM4 : 152−1 的 IPG 相中助熔剂含量明显高于其他釉砂，其总碱（$Na_2O$+$K_2O$）含量平均值分布范围为 13.60%—20.30%。PYM269 : 17 的 IPG 相中总碱含量相对较低，仅 5.60%，而 PYM213 : 25−3 和 PYM84 : 128−5−2 中的总碱含量低于 0.50%。尽管多次尝试，但在 PYM213 : 25−2 和 PYM7 : 57−5 中依然未检测到助熔剂（$Na_2O$ 和 $K_2O$）。

一般来说，西方釉砂以富钠为主要特征，助熔剂主要为富钠草木灰（soda−rich plant ashes）和天然泡碱（natron）[14]。根据釉砂釉层和 IPG 相中碱助熔剂含量和 $Na_2O/K_2O$ 比值，可以将釉砂分为富钠（soda−rich）、混合碱（mixed−alkali）和富钾（potash−rich）三种类型。Vandiver [15] 给出了富钠和混合碱釉砂的划分标准，在此基础上，林怡娴（Lin）等 [16] 以中国青海和新疆等地出土青铜时代混合碱和富钾釉砂为例，初步讨论了富钾釉砂的划分标准。依据上述分类标准，釉层或 IPG 相中 $Na_2O/K_2O$ 比值高于 1.50 的釉砂归为富钠类型，而混合碱釉的 $Na_2O/K_2O$ 比值通常为 0.50—1.50，且总碱（$Na_2O$+$K_2O$）含量一般大于 7%，但对部分富钠釉砂而言，总碱含量最低可至 4%。林怡娴建议将 $Na_2O/K_2O$ 比值低于 0.40 且总碱含量至少为 7% 作为富钾釉砂的标准。

参考上述分类标准，根据表 9.9 中平顶山出土釉砂的 IPG 相中助熔剂平均值，这些釉砂涵盖富钠、混合碱和富钾三种助熔剂类型。

富钠类型：3 件，包括西周早期的 PYM231∶21e–1 和 PYM231∶21e–2 以及西周中期的 PYM213∶25–6，釉砂中含有较高的 $Na_2O$（14.40%—17.73%）和较低的 $K_2O$（1.61%—3.70%），比值 $Na_2O/K_2O$ 分布范围为 3.95—11.02。

富钾类型：数量最多，共 7 件，包括西周早期的 PYM231∶21e–3，西周中期的 PYM85∶39–1、PYM85∶39–2 和 PYM213∶25–4，西周晚期的 PYM107∶30 以及春秋早期的 PYM7∶57–2 和 PYM7∶57–5，釉砂中含有 10.03%—17.70% 的 $K_2O$ 和 0.90 %—4.87% 的 $Na_2O$，$Na_2O/K_2O$ 比值皆低于 0.5。

混合碱类型：3 件，包括西周中期的 PYM213∶25–1、西周晚期的 PYM269∶17 和春秋晚期的 YJM4∶152–1，其 $Na_2O$ 含量分布范围为 2.10%—6.26%，$K_2O$ 含量分布范围为 3.50%—10.90%，$Na_2O/K_2O$ 比值约 0.60，介于前两者之间。虽然 YJM4∶152–1 的一个测试点的 $Na_2O/K_2O$ 比值落入富钾区域，但综合其他 4 个测试点的分析结果，其还应属于混合碱类型。不过，PYM269∶17 的助熔剂含量略低，总碱（$Na_2O+K_2O$）为 5.60%，不足 7%，可能与因风化而流失严重有关，暂时归为混合碱类型。

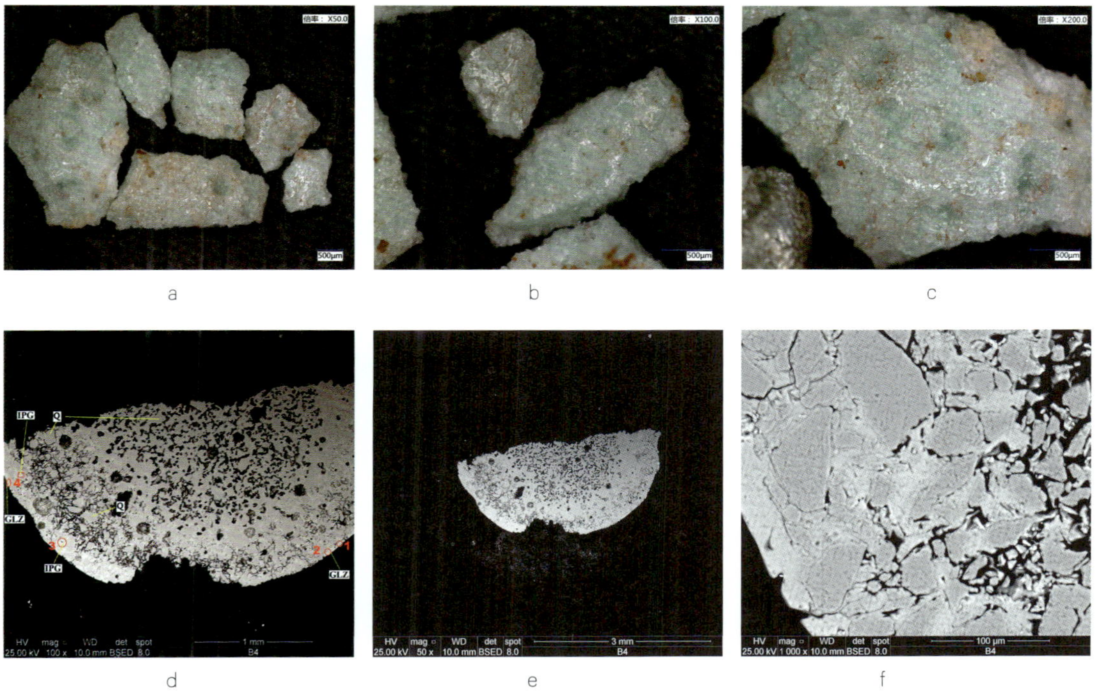


图 9.26　釉砂珠 PYM84∶128–14 的显微图像和扫描电镜背散射图像
a–c．50 倍、100 倍、200 倍物镜下显微图像　　d–f．不同倍率下扫描电镜背散射图像

从SEM-EDS分析结果来看，不少釉砂存在助熔剂流失现象。如釉砂PYM84∶128-14，淡绿色表层光亮致密（图9.26a—图9.26c）。从SEM显微形貌来看，外表尚残存一些不连续的釉层（图9.26d—图9.26f），胎体内部也存在一些IPG相（图9.26d和图9.26f）。但经SEM-EDS半定量分析，该釉砂的IPG相和釉层中除主要化学成分$SiO_2$（约93%）外，还含有较高的着色剂CuO（约6%）（表9.9）。由于助熔剂流失严重，未检测到$Na_2O$和$K_2O$。在PYM213∶25-2、PYM8∶34-3和PYM85∶39中亦未检测到助熔剂。

3. 平顶山出土釉砂胎体中异质颗粒

对部分釉砂中的胎体进行了微区化学成分分析，结果显示（表9.9、表9.10），大部分胎体都是由较为纯净的石英颗粒组成，$SiO_2$含量大于80%，也含有少量的CuO和$Al_2O_3$等，个别测试点为纯净石英颗粒。此外，在一些釉砂的胎体中也检测出一些异质颗粒，如PYM213∶25-3（图9.27a）和PYM85∶39-2（图9.27b）中富含$K_2O$（8.26%和18.40%）、$Al_2O_3$（25.44%和20.50%）和$SiO_2$（63.60%和58.60%）颗粒（表9.10），可能是钾长石类矿物颗粒。PYM213∶25-3胎体中还存在富铁（图9.27c）和富磷（图9.27e）颗粒，$Fe_2O_3$和$P_2O_5$含量分别高达46.20%和65.95%（表9.10）。PYM107∶30（图9.27d）的IPG相和胎体中也检测出较高的$Fe_2O_3$（11.20%—18.70%）（表9.9和表9.10）。PYM84∶128-5-1的胎体中检测出富锆的颗粒（图9.27f），$ZrO_2$含量高达70.30%（表9.10）。

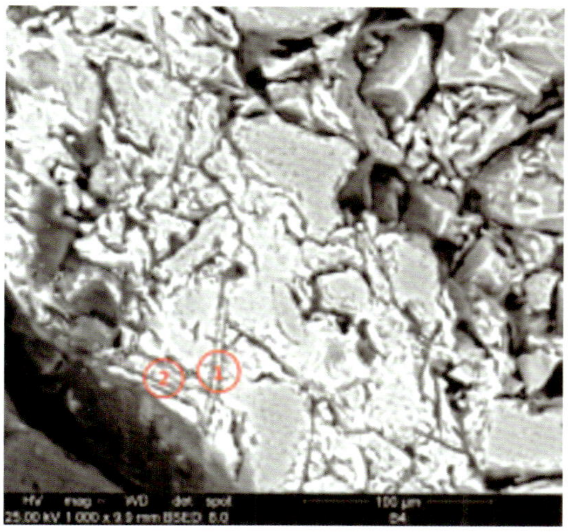

a．PYM213：25—3s1、PYM213：25—3s2

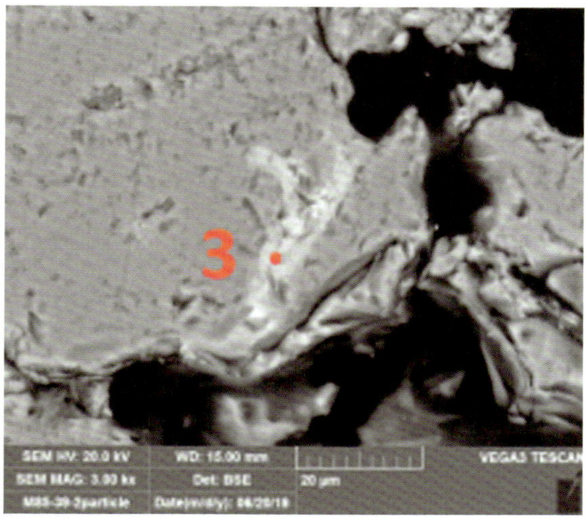


b．PYM85：39—2—s3

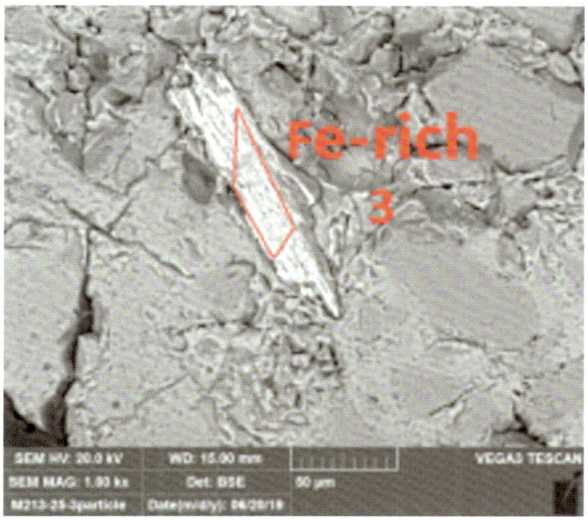


c．PYM213：25—3a3

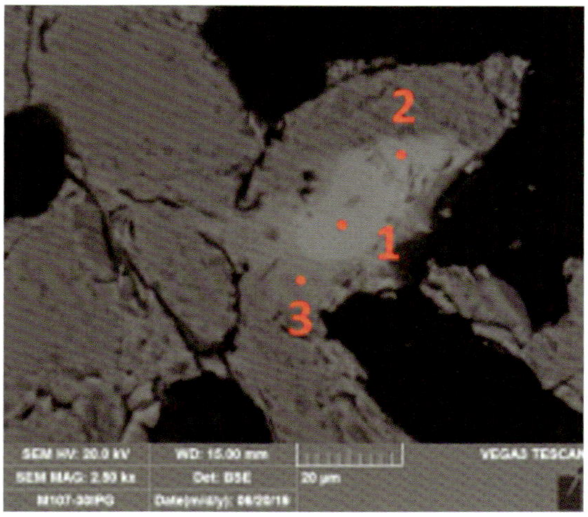


d．PYM107：30s1，s2，s3

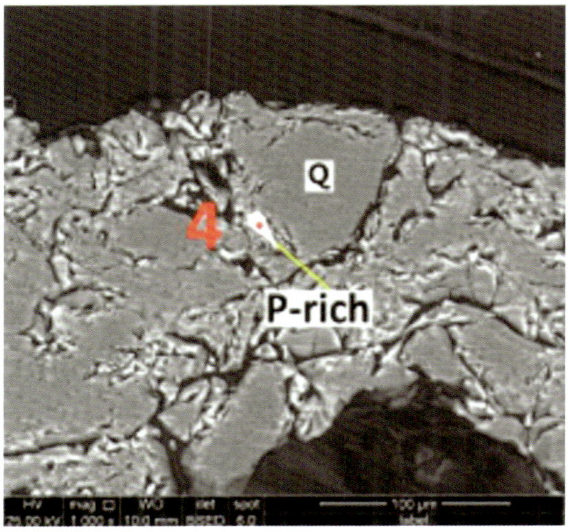


e．PYM213：25—3a4

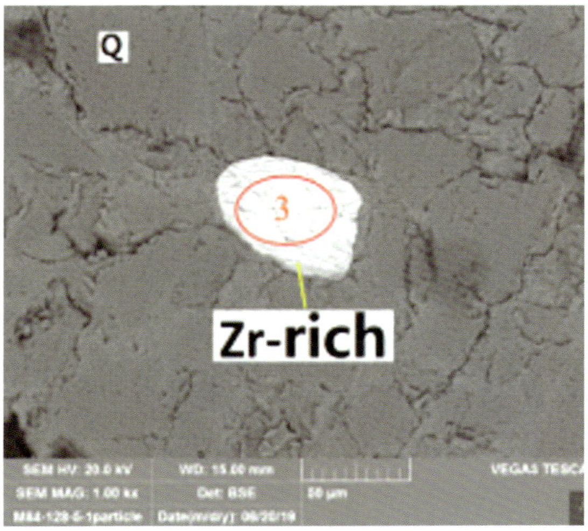


f．PYM84：128—5—1a3

图 9.27　平顶山应国墓地出土釉砂胎体异质颗粒扫描电镜背散射图像

## 表 9.10 平顶山应国墓地釉砂珠饰胎体

| 编号 | 相 | $Na_2O$ | $K_2O$ | CuO | $SiO_2$ | $Al_2O_3$ | CaO | $Fe_2O_3$ | $P_2O_5$ |
|---|---|---|---|---|---|---|---|---|---|
| PYM213:25–3s1 | Particle | n.d. | 8.26 | 1.83 | 63.60 | 25.44 | n.d. | 0.88 | n.d. |
| PYM213:25–3s2 | BYD | n.d. | 2.71 | 4.80 | 82.87 | 7.86 | 0.94 | 0.81 | n.d. |
| PYM213:25–3a3 | Particle | 1.00 | 0.50 | 4.00 | 7.40 | 24.90 | 7.30 | 46.20 | n.d. |
| PYM213:25–3a4 | Particle | n.d. | 0.07 | 1.18 | 31.88 | 0.75 | 0.16 | n.d. | 65.95 |
| PYM213:25–4a2 | BYD | n.d. | n.d. | n.d. | 100.00 | n.d. | n.d. | n.d. | n.d. |
| PYM84:128–5–1a3 | Particle | n.d. | 0.80 | n.d. | 28.80 | n.d. | n.d. | n.d. | n.d. |
| PYM85:39–1b–a2 | BYD | n.d. | n.d. | n.d. | 100.00 | n.d. | n.d. | n.d. | n.d. |
| PYM85:39–1b–a3 | BYD | n.d. | n.d. | 4.59 | 94.68 | n.d. | 0.73 | n.d. | n.d. |
| PYM84:128–5–2s3 | Particle | 3.41 | 9.49 | 1.10 | 40.16 | n.d. | n.d. | n.d. | n.d. |
| PYM85:39–2–s3 | Particle | 1.40 | 18.40 | 0.50 | 58.60 | 20.50 | n.d. | 0.60 | n.d. |
| PYM85:39–2b–a2 | BYD | n.d. | n.d. | n.d. | 100.00 | n.d. | n.d. | n.d. | n.d. |
| PYM85:39–2b–s3 | BYD | 0.51 | 1.20 | 5.18 | 86.83 | 5.48 | 0.80 | n.d. | n.d. |
| YJM4:152–1s5 | Particle | 2.85 | n.d. | 1.72 | 5.25 | 1.75 | 1.85 | n.d. | 8.65 |
| YJM4:152–1s6 | BYD | n.d. | 0.44 | n.d. | 99.21 | 0.35 | n.d. | n.d. | n.d. |
| YJM4:152–1s7 | BYD | n.d. | n.d. | n.d. | 100.00 | n.d. | n.d. | n.d. | n.d. |
| YJM4:152–1s8 | BYD | 0.83 | 3.49 | 5.84 | 84.77 | 2.88 | 0.75 | 0.45 | n.d. |
| YJM4:152–1s13 | BYD | 1.92 | 2.71 | 2.74 | 91.54 | 0.82 | n.d. | n.d. | n.d. |
| YJM4:152–1s14 | Particle | n.d. | n.d. | n.d. | 32.51 | n.d. | n.d. | n.d. | 2.98 |
| YJM4:152–1s15 | Particle | n.d. | n.d. | n.d. | 40.64 | 2.15 | 2.00 | 9.67 | n.d. |
| PYM7:57–2s3 | BYD | 0.20 | n.d. | n.d. | 98.95 | n.d. | n.d. | n.d. | n.d. |
| PYM7:57–2s8 | Particle | 0.87 | 0.31 | 0.57 | 3.31 | 10.11 | 6.69 | 36.20 | 38.69 |
| PYM7:57–2s9 | Particle | 1.44 | 0.44 | 0.69 | 4.78 | 9.50 | 6.63 | 39.09 | 36.36 |
| PYM7:57–2s10 | BYD | n.d. | 2.27 | 3.99 | 81.20 | 10.18 | 0.51 | 1.14 | n.d. |

注：① BYD：body，胎体；Particle：异质颗粒。② s：EDS Spot，EDS 测试点。③ n.d.：not detected，即氧化

和异质颗粒 SEM-EDS 分析结果（wt.%）

| Cl | MgO | $ZrO_2$ | $TiO_2$ | MnO | $SnO_2$ | CeO | $La_2O_3$ | BaO | $SO_3$ | Hf |
|---|---|---|---|---|---|---|---|---|---|---|
| n.d. | n.d. | n.d. | n.d. | n.d. | n.d. | n.d. | n.d. | n.d. | n.d. | n.d. |
| n.d. | n.d. | n.d. | n.d. | n.d. | n.d. | n.d. | n.d. | n.d. | n.d. | n.d. |
| 0.20 | 4.60 | n.d. | 3.80 | 0.20 | n.d. | n.d. | n.d. | n.d. | n.d. | n.d. |
| n.d. | n.d. | n.d. | n.d. | n.d. | n.d. | n.d. | n.d. | n.d. | n.d. | n.d. |
| n.d. | n.d. | n.d. | n.d. | n.d. | n.d. | n.d. | n.d. | n.d. | n.d. | n.d. |
| n.d. | n.d. | 70.30 | n.d. | n.d. | n.d. | n.d. | n.d. | n.d. | n.d. | n.d. |
| n.d. | n.d. | n.d. | n.d. | n.d. | n.d. | n.d. | n.d. | n.d. | n.d. | n.d. |
| n.d. | n.d. | n.d. | n.d. | n.d. | n.d. | n.d. | n.d. | n.d. | n.d. | n.d. |
| n.d. | n.d. | n.d. | n.d. | n.d. | 45.84 | n.d. | n.d. | n.d. | n.d. | n.d. |
| n.d. | n.d. | n.d. | n.d. | n.d. | n.d. | n.d. | n.d. | n.d. | n.d. | n.d. |
| n.d. | n.d. | n.d. | n.d. | n.d. | n.d. | n.d. | n.d. | n.d. | n.d. | n.d. |
| n.d. | n.d. | n.d. | n.d. | n.d. | n.d. | n.d. | n.d. | n.d. | n.d. | n.d. |
| 3.19 | n.d. | n.d. | n.d. | n.d. | n.d. | 68.87 | 4.46 | n.d. | 1.42 | n.d. |
| n.d. | n.d. | n.d. | n.d. | n.d. | n.d. | n.d. | n.d. | n.d. | n.d. | n.d. |
| n.d. | n.d. | n.d. | n.d. | n.d. | n.d. | n.d. | n.d. | n.d. | n.d. | n.d. |
| 0.58 | 0.40 | n.d. | n.d. | n.d. | n.d. | n.d. | n.d. | n.d. | n.d. | n.d. |
| n.d. | 0.27 | n.d. | n.d. | n.d. | n.d. | n.d. | n.d. | n.d. | n.d. | n.d. |
| n.d. | n.d. | 63.34 | n.d. | n.d. | n.d. | n.d. | n.d. | n.d. | n.d. | 1.17 |
| 6.45 | n.d. | 39.10 | n.d. | n.d. | n.d. | n.d. | n.d. | n.d. | n.d. | n.d. |
| 0.22 | n.d. | n.d. | n.d. | n.d. | n.d. | n.d. | n.d. | n.d. | 0.63 | n.d. |
| n.d. | 0.48 | n.d. | n.d. | n.d. | n.d. | n.d. | n.d. | 2.77 | n.d. | n.d. |
| 0.45 | 0.61 | n.d. | n.d. | n.d. | n.d. | n.d. | n.d. | n.d. | n.d. | n.d. |
| 0.71 | n.d. | n.d. | n.d. | n.d. | n.d. | n.d. | n.d. | n.d. | n.d. | n.d. |

元素浓度低于仪器检出限，未检测出该化学成分。

为进一步了解釉砂胎体中异质颗粒的元素分布情况，以釉砂珠 YJM4∶152–1 和釉砂管 PYM7∶57–2 为例，采用 SEM–EDS 对其主要元素进行 mapping 分析。结果显示，YJM4∶152–1 的胎体中含有富 Al–Fe 颗粒（图 9.28a）和富 Zr（图 9.28b）颗粒，PYM7∶57–2 的胎体中含有富 Al–Fe–P–Ca 颗粒（图 9.29a）和富 K–Al（图 9.29b）颗粒。SEM–EDS 半定量分析结果表明，YJM4∶152–1 的富 Zr 颗粒（图 9.30b）中含有 63.34% 的 $ZrO_2$（表 9.10）。另外，在该釉砂珠中还检测出富 Ce 颗粒（图 9.30a），含有约 69% 的 CeO 及约 5% 的 $La_2O_3$（表 9.10）。釉砂管 PYM7∶57–2 胎体中富 Fe–P 颗粒（图 9.29a）的 $Fe_2O_3$ 和 $P_2O_5$ 含量约为 38%，还含有较高的 $Al_2O_3$（约 10%）和 CaO（约 7%）（表 9.10）。此外，该釉砂管的胎体（图 9.29b）中也含有较高 $Al_2O_3$（约 10%）。这些釉砂中的异质颗粒应该是随胎体混合料原料引入，可能与石英矿物或胎体中添加的黏土矿物有关。

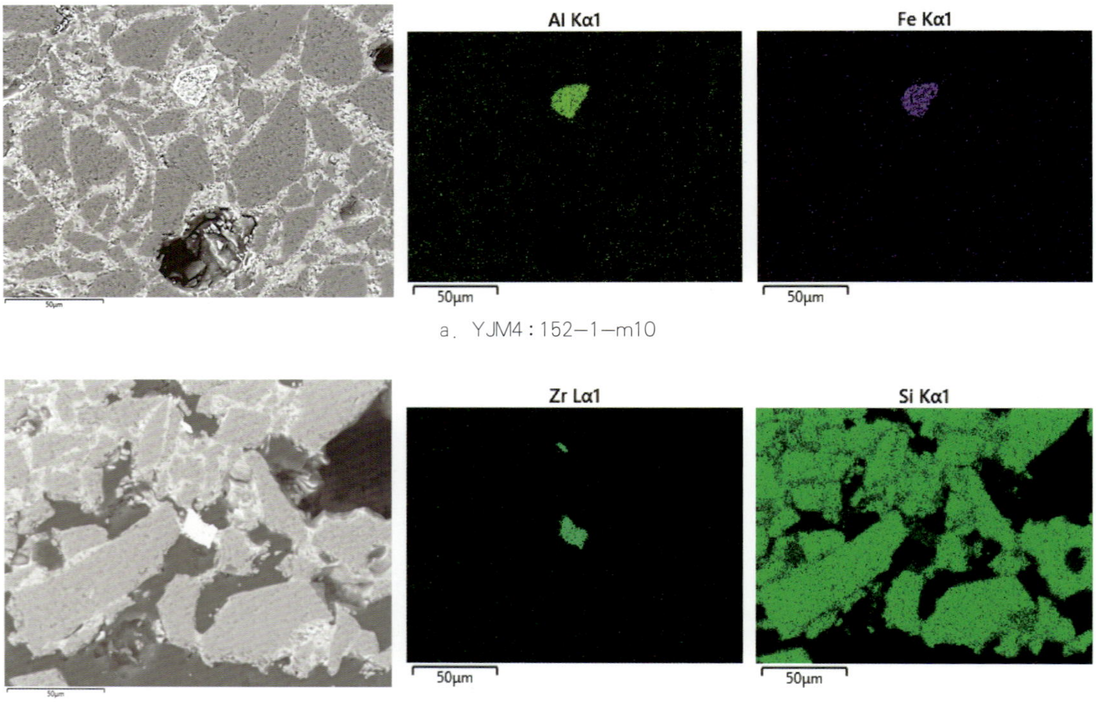


a. YJM4∶152–1–m10

b. YJM4∶152–1–m12

图 9.28　釉砂珠 YJM4∶152–1 胎体中异质颗粒的扫描电镜背散射图像及主要元素分布图

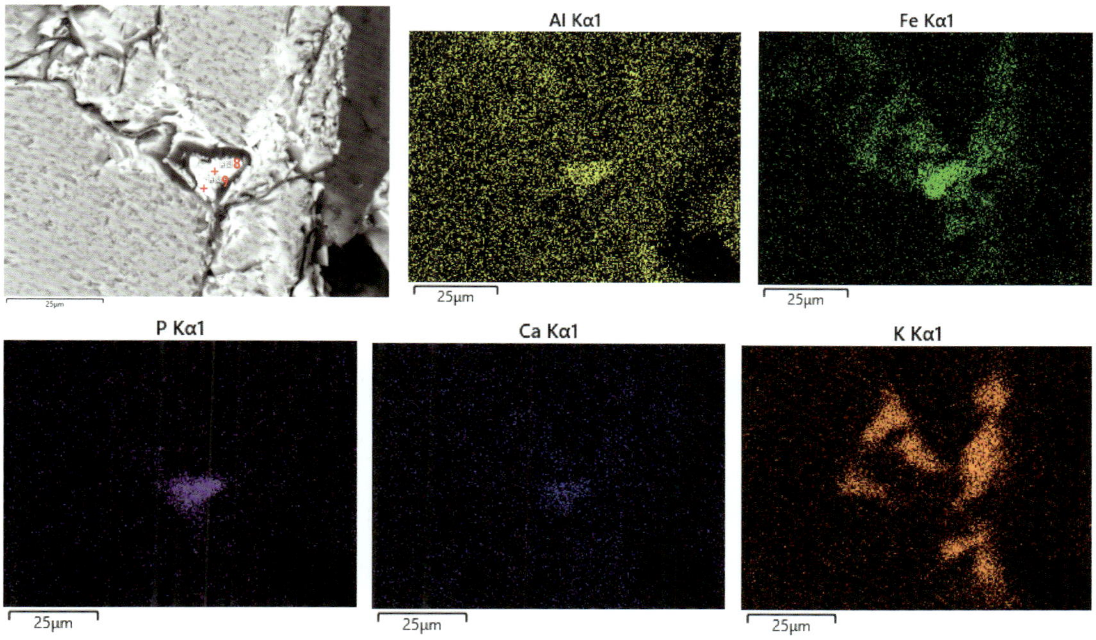


a．PYM7：57－2－m6

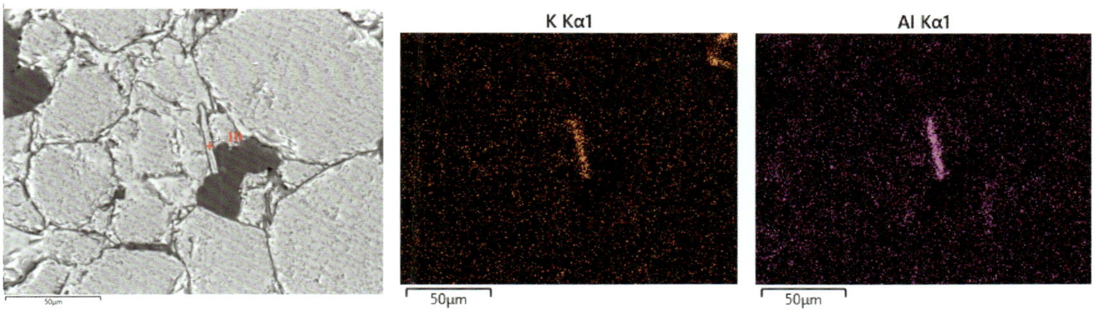


b．PYM7：57－2－m8

图 9.29　釉砂管 PYM7：57－2 胎体中异质颗粒的扫描电镜背散射图像及主要元素分布图

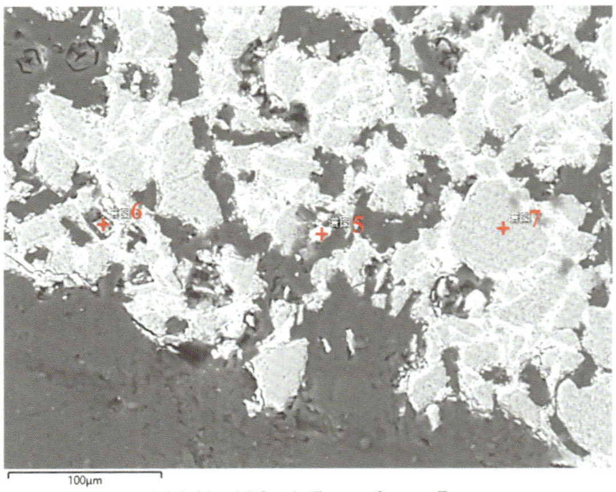

a．YJM4：152－1s5，　s6，　s7

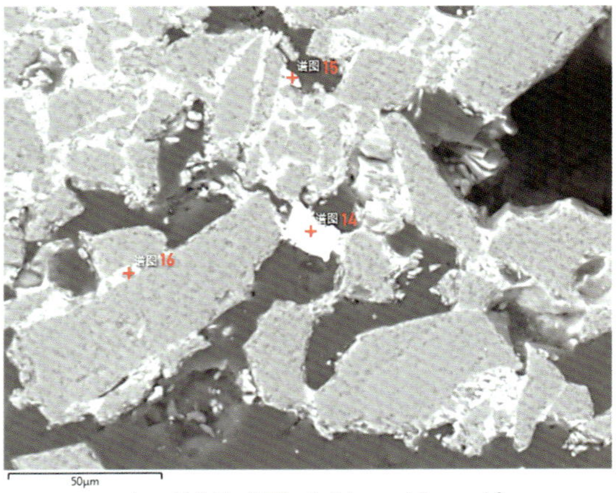

b．YJM4：152－1s14，　s15，　s16

图 9.30　釉砂珠 YJM4：152－1 和釉砂管 PYM7：57－2 胎体中异质颗粒的扫描电镜背散射图像

## 三、中国釉砂的助熔剂类型探讨

从现有的报道来看，中国出土釉砂典型遗址主要分布在中国西部和中部，包括新疆、青海、甘肃、陕西、山西、河南和山东等省，近年来在中国东南部如江苏、湖北和四川等地（表 9.11）也发现不少西周至战国时期的釉砂。迄今为止，中国最早的釉砂出土于新疆境内，如新疆西部的阿敦乔鲁墓地，这是一个青铜时代的早期遗址（公元前 1689 年—前 1528 年）。而中国出土釉砂主要集中在黄河流域的周代遗址中，长江流域（如湖北、四川和江苏）出土的釉砂比黄河流域的时代略晚，流行时间自西周中期至战国时期（公元前 10 世纪中叶至公元前 3 世纪）[17–21]。

**表 9.11　公元前 7– 前 5 世纪中国境内出土釉砂的典型遗址或墓地**

| 地点 | 平顶山应国墓地 | 叶县旧县许国墓地 | 西安沣西 | 渭南韩城梁带村芮国墓地 | 宝鸡茹家庄弓鱼国墓地 | 翼城大河口墓地 | 曲沃翼城天马–曲村晋侯墓地 |
|---|---|---|---|---|---|---|---|
| 时代 | 西周早期至春秋早期 | 春秋晚期 | 西周 | 春秋时期 | 西周中期 | 西周中期 | 西周早期至晚期 |
| 地点 | 曲沃羊舌晋侯墓地 | 绛县衡水倗国墓地 | 崇信于家湾墓地 | 礼县大堡子山遗址 | 枣阳郭家庙曾国墓地 | 宜昌万福垴 | 随州曾侯乙墓 |
| 时代 | 两周之际 | 西周中期 | 西周中期 | 春秋时期 | 西周晚期至春秋早期 | 西周中期至春秋 | 战国早期 |
| 地点 | 苏州真山大墓 | 苏州严山吴国玉器窖藏 | 沂水纪王崮墓地 | 淅川下寺楚墓 | 淇县宋庄东周墓地 | 南阳物资城 | 温泉阿敦乔鲁墓地 |
| 时代 | 春秋中晚期 | 春秋晚期 | 春秋晚期 | 春秋中晚期 | 春秋晚期 | 春秋时期 | 青铜时代早期 |
| 地点 | 大通上孙家寨遗址 | 温泉萨恩萨伊墓地 | 若羌小河墓地 | 哈密天山北路墓地 | 哈密亚尔墓地 | 博乐保尔德一号墓地 | 石河子十户窑墓群 |
| 时代 | 青铜时代卡约文化中晚期 | 青铜时代早期 | 青铜时代早期 | 青铜时代早期 | 青铜时代 | 青铜时代早期 | 青铜时代中期 |

为探讨所分析釉砂的可能来源或交流途径，鉴于中原地区和北方出土的釉砂多、延续时间长、器型和助熔剂种类多样，且助熔剂经过 SEM-EDS 分析的案例多，本文结合已发表中国出土釉砂 SEM-EDS 分析结果[22-27]，对其 IPG 相或釉层中的助熔剂 $Na_2O$ 和 $K_2O$ 进行了比较分析。由于 PIXE 和 XRF 表面无损分析的结果无法准确反映釉砂助熔剂

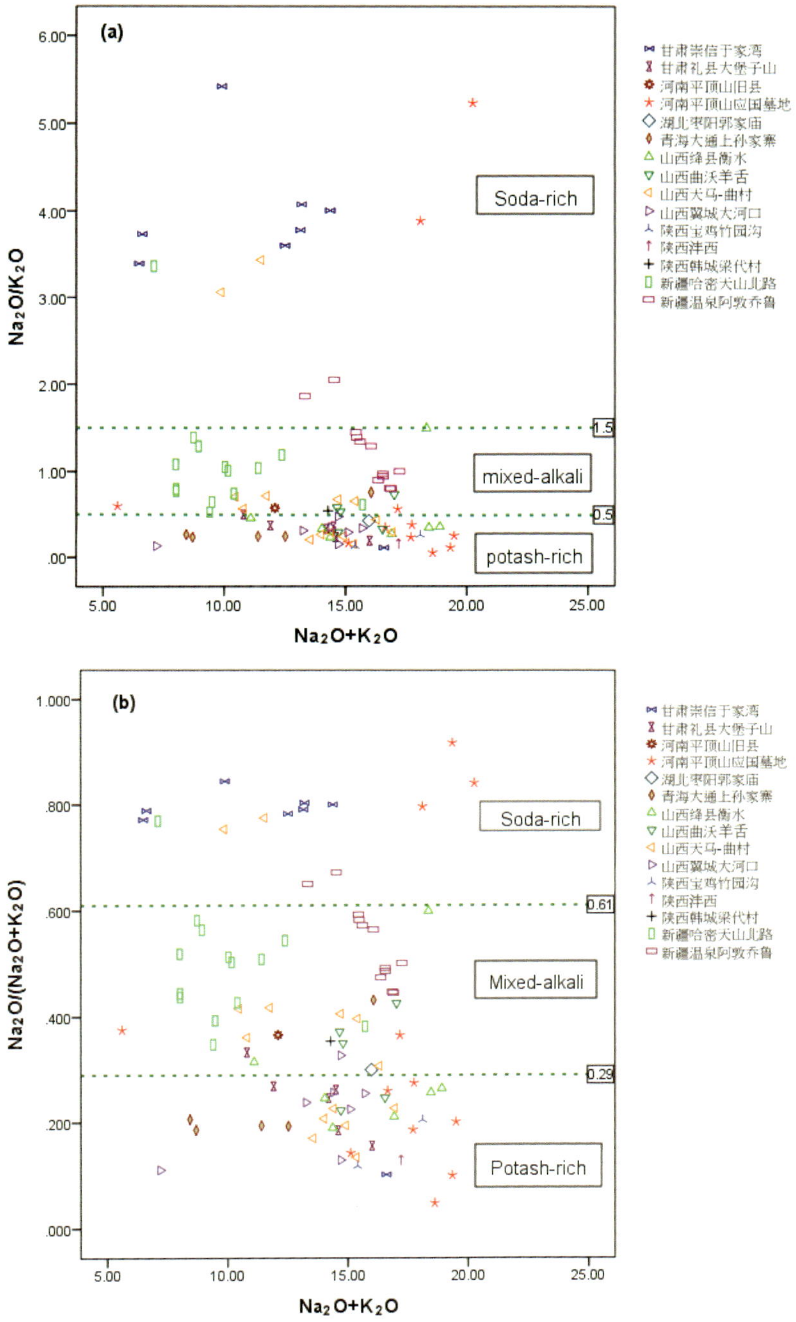


图 9.31　中国出土三种助熔剂类型釉砂的助熔剂散点图

a. $Na_2O/K_2O$ 与总碱（$Na_2O/K_2O$）　　b. $Na_2O/$（$Na_2O+K_2O$）与总碱（$Na_2O/K_2O$）

的含量，本书暂不考虑。依据前文所述助熔剂分类标准，根据 $Na_2O/K_2O$ 比值和 $Na_2O$ 和 $K_2O$ 含量之和，作出中国出土典型釉砂散点图，如图 9.31a 所示，去除 1 个富钠类型异常点（即平顶山应国墓地出土釉砂管 PYM213：25−6，其 $Na_2O/K_2O$ 的平均比值为 11.01），$Na_2O/K_2O$ 比值小于 0.50 的釉砂为富钾类型（Potash−rich）。由于富钾类型的釉砂与 $Na_2O/K_2O$ 比值小于 1 的混合碱型（Mixed−alkali）比较接近，不易区分，故尝试使用 $Na_2O/(Na_2O+K_2O)$ 比值来区分它们（图 9.31b）。可以看出，富钠（Soda−rich）釉砂的 $Na_2O/(Na_2O+K_2O)$ 比值大于 0.60，混合碱釉砂介于 0.30—0.60，而富钾釉砂小于 0.30。富钠类型主要出自甘肃崇信于家湾周墓；混合碱类型主要出自新疆，其次出自山西等地。对于混合碱类型而言，新疆哈密天山北路墓地出土釉砂总碱（$Na_2O+K_2O$）含量低于温泉阿敦乔鲁墓地出土的釉砂。中原地区三种类型都有，而青海以富钾类型为主，仅发现 1 例混合碱类型。枣阳郭家庙出土的 1 件釉砂属于富钾釉砂。

值得注意的是，中原地区和青海（上孙家寨遗址）以及湖北（枣阳郭家庙）所有釉砂的 $Na_2O/K_2O$ 比值均小于 0.5，即 $K_2O$ 含量均高于 $Na_2O$；而新疆出土釉砂的 $Na_2O/K_2O$ 比值则介于 0.5—1，$K_2O$ 含量存在高于或低于 $Na_2O$ 两种情况。此外，长江流域出土的釉砂也具有 $K_2O$ 含量大于 $Na_2O$ 的特点，如苏州严山窖藏出土的 1 件春秋时期釉砂珠 SWJ2：122−1，经 PIXE 表面无损分析，检测出助熔剂 $Na_2O$ 和 $K_2O$ 之和为 9.57%，大于 7%，$Na_2O/K_2O$ 和 $Na_2O/(Na_2O+K_2O)$ 比值分别为 0.48 和 0.325，也属于混合碱类型。而湖北宜昌万福垴遗址出土的西周中期至春秋时期釉砂中 $K_2O$ 含量皆大于 $Na_2O$，存在混合碱和富钾两种类型 [28]。另外，Yang Y M [29] 和秦颍等人 [30] 分别在河南淅川申明铺西周中晚期遗址和湖北枣阳郭家庙西周晚期至春秋早期遗址中发现钾钙体系釉砂。

图 9.32 展示了中原地区出土西周至春秋时期（公元前 1046 年—前 476 年）釉砂的助熔剂类型变化情况。西周早期只有 3 件富钠釉砂和 1 件富钾釉砂，到了西周中期（公元前 976 年—前 878 年），这两种类型的釉砂数量大增，尤其是富钾釉砂数量更多，同时还发现 1 件混合碱釉砂。之后，釉砂数量逐渐减少，且富钠釉砂消失，在西周晚期（公元前 877 年—前 771 年）至春秋末期（公元前 547 年），富钠釉砂被混合碱釉砂取代。中原地区釉砂助熔剂类型的转变可能是其产地来源变化的一种反映。

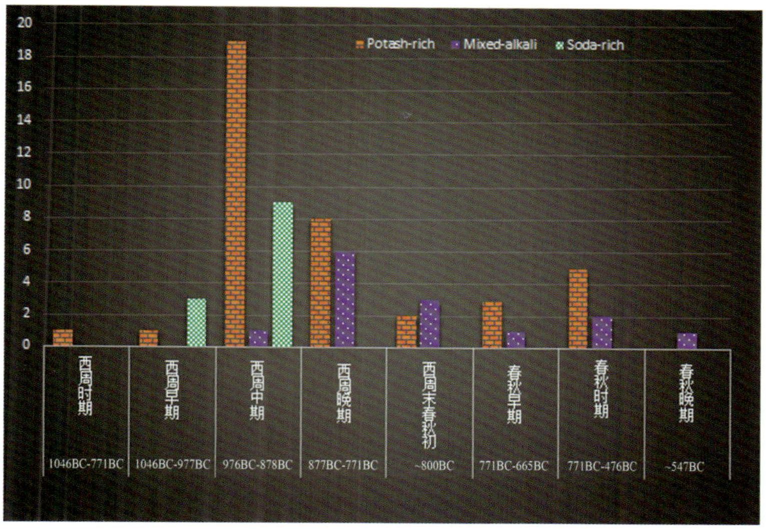


图 9.32　中原地区出土两周时期不同阶段釉砂的助熔剂类型

## 四、中国釉砂的产地来源与传播探讨

从以往的研究来看，富钠釉砂是西方釉砂的典型特征，因此本书所分析的平顶山应国墓地西周早期的 2 件和西周中期的 1 件富钠釉砂应该是属于外来输入品，可能来自从埃及到中国中部这条贸易路线上的某个地点，与陕西和山西出土该类釉砂来源相似 [31]。

Brill 等人曾分析过陕西沣西出土的 1 件西周时期富钾釉砂（编号 5895，Pb-3400），结果表明，其 IPG 相中 $K_2O$ 含量为 15.00%，$Na_2O$ 含量为 2.85%，CuO 含量为 9.16%，铅同位素比值（208Pb/206Pb=1.9621，207Pb/206Pb=0.79111 和 204Pb/206Pb=0.04938）属于典型的低比值高放射性铅 [32, 33]。低比值高放射性铅被视为中国的一个典型铅同位素特征，因此，这也是一个富钾釉砂在中国本土制作的有力证据。

最近，Lin Y X 等人 [34] 认为青海卡约文化的游牧部落最早于公元前第 2 千纪后半叶就开始生产和使用高钾配方的釉砂，早于西周王朝（公元前 1046 年—前 771 年）的中原地区（如陕西和山西等地），进而推测中原的周人是从其周边的牧民部落即卡约人那里学习这些高钾釉砂的制作技术并加以完善的。

其实，富钾釉砂广泛分布于黄河流域，如表 9.11 和图 9.31 所示，主要集中在中原地区，包括陕西沣西、宝鸡竹园沟，山西翼城曲沃天马—曲村、羊舌、大河口和绛县衡水，河南平顶山，甘肃崇信于家湾周墓，以及周边的甘肃礼县大堡子山秦公大墓、江苏苏州严山、湖北枣阳郭家庙和宜昌万福垴遗址等。相对而言，青海仅 1 个上孙家寨遗址发现 5 件高钾釉砂（包括 4 件富钾和 1 件混合碱釉砂）。另外，上孙家寨遗址卡约文化墓葬的年代尚存在一定争议 [35, 36]。Yang Y M [37] 认为，目前尚无确凿的证据支持上孙家寨出土富钾釉砂珠的墓葬时代早于西周时期，可能略早于公元前 900 年，因此，不能推断周人是从卡约人那里学习了生产富钾釉砂技术。无论从流行时间还是从分布区域来看，西周时期中原地区的工匠比青海上孙家寨卡约文化的游牧部落生产富钾釉砂的可能性更大。所以，本书所分析的平顶山应国墓地出土的富钾釉砂，应该属于本地或附近（周朝范围内）生产的本土釉砂。

富含钾是中国釉砂的一个典型特征，正因为如此，$Na_2O/K_2O$ 比值小于 1 曾被视为区分中国本土釉砂和西方输入釉砂的主要标准 [38–42]。事实上，含钾高的釉砂也涵盖部分混合碱釉砂，混合碱釉砂中 $K_2O$ 或大于或等于或小于 $Na_2O$。

Wang Y Z 等人 [43] 认为新疆阿敦乔鲁墓地出土的中国境内时代最早的混合碱釉砂与欧洲的混合碱釉砂存在很强的相关性。Liu N [44] 和 Yang Y M 等人 [45] 认为，约在 3000 年前，西亚可能通过新疆向中原地区传播釉砂生产技术。此外，在巴基斯坦的哈拉帕遗址（公元前 2600 年—前 1900 年）以及印度河谷其他遗址也发现很多混合碱釉砂和所谓“sajji-khar”（一种富含苏打的植物灰）釉砂 [46]。值得注意的是，在中原地区的河南（图 9.2）以及陕西和山西均出土了许多由釉砂与红玉髓珠等组成的玉串饰，而这些红玉髓珠自公元前 3000 年以来就在印度河流域、中亚、埃及和美索不达米亚等地流行。目前，主流观点认为红玉髓珠可能起源于印度次大陆 [47]。Rawson [48] 通过对中东和中亚出土的与大英博物馆收藏的红玉髓珠的比较研究，认为西周墓葬中突然出现的红玉髓珠是受到外部刺激的结果。中国使用的一些双锥型红玉髓珠与伊朗发现的非常相似，因此很有可能或者至少有一部分是进口而来。

综上所述，可以认为平顶山应国墓地、叶县常庄墓地等中原地区最初的混合碱釉砂制品，可能是通过古代丝绸之路从欧洲或印度河流域等地进口的。在这条交流路线上，新疆无疑是一个重要的中转站。在这一传播过程中，釉砂和红玉髓珠的一些器型风格和制作技术逐渐被西周先民采用，并最终学会了利用当地资源制作高钾釉砂珠和釉砂管，用以仿制域外输入的舶来品 [49]。另外，他们还将这一技术向周边地区推广和传播。中国高钾釉砂中所用的碱性熔剂原料可能来自当地富钾的矿物（如硝石或钾长石）或富钾植物灰。

## 第三节　余　论

通过对平顶山应国墓地、叶县常庄墓地、淅川下寺墓地、淇县宋庄墓地出土西周早期至春秋晚期釉砂的多方法科学分析，探讨了这些釉砂的助熔剂类型、成型工艺、施釉工艺、风化作用、可能的来源以及技术和产品的交流等情况。本书首次对中原地区同一个墓地应国墓地出土年代跨度较长（西周早期至春秋时期，约公元前 11 世纪中叶至公元前 6 世纪）的釉砂制品进行了系统研究。

中国釉砂的胎体原料主要有两种类型，西周早期至春秋早期，具有高硅低铝的特点。不过，仅仅用石英砂和水是不可能塑性成型釉砂的，需要掺入釉料混合物。根据隙间玻璃相中 $Na_2O$、$K_2O$ 和 CuO 的含量和釉砂的显微结构分析结果，这些釉料混合物包括含碱（$Na_2O$ 或 $K_2O$）助熔剂、有机黏合剂（如树胶或果胶）等。为了着色，通常还要添加较多的含铜着色剂原料。在某些情况下，石英砂中掺入碱助熔剂和含铜的着色原料，可有利于成型，并使其在烧制前后更加坚固，以及产生蓝绿色的装饰效果。在烧制过程中，有机黏结剂挥发导致石英胎体出现大量分散的孔隙，与外侧交互层致密的结构形成对比，尤其是石英胎体中没有添加碱助熔剂的釉砂更为明显。对于珠体较薄的釉砂，一般采用风干法施釉工艺，而对于珠体较厚的多采用包埋法或包埋法与风干法结合的施釉工艺。而到了春秋时期，釉砂往往具有高铝低硅的特点。这些釉砂珠壁或管壁一般较厚，可能添加了少量黏土。

与直接施釉法相比，中国小型釉砂珠可能更适合采用风干法和包埋法施釉工艺。由于风化作用，釉砂表面薄薄的釉层容易脱落，因此，在区分釉层和交互层时需谨慎。釉层与交互层的区别主要在于是否存在棱角分明的石英颗粒，釉层中石英颗粒已经熔融，其 $SiO_2$ 是以离子形式存在，而交互层中的 $SiO_2$ 则是以石英晶体形式存在。

结合已刊布的新疆、甘肃、青海、陕西和山西等地出土釉砂的研究成果，我们对西周早期至战国早期不同阶段的助熔剂演变以及中原地区釉砂的可能来源进行了探讨。在西周早期，只发现了极少量的富钠和富钾釉砂，西周中期这两种类型的釉砂数量大增。早在西周早期，中原地区就已经开始制作和使用富钾釉砂了，西周中期及其以后，在中原及周边地区广泛传播。西周中期也出现极少量的混合碱釉砂，并在西周晚期取代了西方输入的富钠釉砂。除新疆外，中原及其他地区出土的所有混合碱釉砂制品都具有 $K_2O$ 大于 $Na_2O$ 的特点，它们可能与富钾釉砂具有相同的产地来源，不过，也不能排除来自中国西部或欧亚大草原、欧洲和印度河谷流域的可能性。新疆是古代丝绸之路上连接中国中原地区与埃及、美索不达米亚、欧洲、中亚和印度河谷流域等地区贸易往来、文化交流最重要的中转站和桥梁之一。中原地区出土釉砂制品中助熔剂的演变，是中国釉砂从产品输入到吸收外来技术利用当地资源本土制作的一种反映。地处中原腹地的平顶山，连接着中国西部和东部，在西周至东周时期釉砂的传播中发挥了重要作用。本研究可为我国黄河流域出土的高钾釉砂的技术交流和起源研究提供参考。

## 参考文献：

[1] 河南省文物考古研究所，平顶山市文物管理局．平顶山应国墓地［M］．郑州：大象出版社，2012.

[2]Etchepare J，Merian M，Smetankine L．Vibrational normal modes of $SiO_2$．I．α and β quartz［J］．Journal of Chemical Physics，1974，60（5）：1873–1876.

[3] 鲁红卫，钟镇远，郑永东，等．河南叶县旧县四号春秋墓发掘简报［J］．文物，2007（9）：4–37.

[4] 河南省文物研究所，河南省丹江库区考古发掘队，淅川县博物馆．淅川下寺春秋楚墓［M］．北京：文物出版社，1991.

[5] 郭移洪，鲁红卫，祝贺，等．河南淇县宋庄东周墓地 M4 发掘简报［J］．华夏考古，2015（4）：3–11.

[6]Vandiver P B．Raw materials and fabrication methods used in the production of faience［M］// Production Technology of Faience and Related Early Vitreous Materials，Tite M S，Shortland A J (Eds.)，Oxford，Britain：Oxford School of Archaeology，2008：37–55.

[7]Tite M S，Bimson M．Faience：an investigation of the microstructures associated with the different methods of glazing［J］．Archaeometry，2010，28（1）：69–78.

[8]Tite M S，Freestone I C，Bimson M．Egyptian faience：an investigation of the methods production［J］．Archaeometry，

2010, 25 (1) : 17–27.

[9]Shortland A J, Tite M S. Technological study of Ptolemaic–early Roman faience from Memphis, Egypt [J]. Archaeometry, 2005,47: 31–46.

[10]Vandiver P B. Raw materials and fabrication methods used in the production of faience [M]// Production Technology of Faience and Related Early Vitreous Materials, Tite M S, Shortland A J (Eds.), Oxford, Britain: Oxford School of Archaeology, 2008: 37–55.

[11]Kiefer C, Allibert A. Pharaonoic blue ceramics: the process of self–glazing [J]. Archaeology, 1971,24: 107–117.

[12]Vandiver P B. Raw materials and fabrication methods used in the production of faience [M]// Production Technology of Faience and Related Early Vitreous Materials, Tite M S, Shortland A J (Eds.), Oxford, Britain: Oxford School of Archaeology, 2008: 37–55.

[13]Wulff H E, Wulff H S, Koch L. Egyptian faience: a possible survival in Iran [J]. Archaeology, 1968, 21: 98–107.

[14]Vandiver P B. Raw materials and fabrication methods used in the production of faience [M]// Production Technology of Faience and Related Early Vitreous Materials, Tite M S, Shortland A J (Eds.), Oxford, Britain: Oxford School of Archaeology, 2008: 37–55.

[15]Vandiver P B. Raw materials and fabrication methods used in the production of faience [M]// Production Technology of Faience and Related Early Vitreous Materials, Tite M S, Shortland A J (Eds.), Oxford, Britain: Oxford School of Archaeology, 2008: 37–55.

[16]Lin Y X, Rehren T, Wang H, et al. The beginning of faience in China: A review and new evidence [J]. Journal of Archaeological Science, 2019, 105: 97–115.

[17] 林怡娴 . 凉山州博物馆藏盐源征集费昂斯串珠的考察 [J]. 四川文物, 2017 (6) : 60–71.

[18] 王颖竹 . 两周时期费昂斯技术研究 [D]. 北京: 北京科学技术大学, 2019.

[19]Qin Y, Wang Y, Chen X, et al. The research of burning ancient Chinese lead–barium glass by using mineral raw materials [J]. Journal of Cultural Heritage, 2016, 21: 796–801.

[20]Zhao H X, Cheng H S, Li Q H, et al. Nondestructive identification of ancient Chinese glasses by Raman and proton–induced X–ray emission spectroscopy [J]. Chinese Optics Letters, 2011,9 (3).

[21] 陈天然, 崔剑锋, 黄文新, 等 . 湖北宜昌万福垴遗址出土费昂斯珠科技分析与研究 [J]. 文物保护与考古科学, 2021, 33 (1).

[22]L Yong, X Yin. Study on production techniques and provenance of faience beads excavated in China [J]. Journal of Archaeological Science, 2015, 53: 32–42.

[23]Wang Y Z, Rehren T, Tan Y C, et al. New evidence for the transcontinental spread of early faience [J]. Journal of Archaeological Science, 2020, 116: 1–8.

[24]Lin Y X, Rehren T, Wang H, et al. The beginning of faience in China: A review and new evidence [J]. Journal of Archaeological Science, 2019,105: 97–115.

[25]Liu N, Yang Y, Wang Y, et al. Nondestructive characterization of ancient faience beads unearthed from Ya'er cemetery in Xinjiang, Early Iron Age China [J]. Ceramics International, 2017, 43 (13): 10460–10467.

[26]Robert H. Brill, Stephen Shap Chow Tong, et al. The chemical composition of a faience bead from China [J]. Journal of Glass Studies, 1989, 31: 11–15.

[27] 董俊卿．中国古代玻璃的技术起源与发展再研究 [D]．北京：中国科学院大学，2020.

[28] 陈天然，崔剑锋，黄文新，等．湖北宜昌万福垴遗址出土费昂斯珠科技分析与研究 [J]. 文物保护与考古科学，2021，33（1）：51–63.

[29]Yang Y M., Wang L H, Wei S, et al. Nondestructive Analysis of Dragonfly Eye Beads from the Warring States Period, Excavated from a Chu Tomb at the Shenmingpu Site, Henan Province,China [J]. Microscopy and Microanalysis, 2013, 19 (2): 335–343.

[30] 秦颖，陈茜，李小莉，等．湖北枣阳郭家庙曾国墓地出土“石英珠”（釉砂）的测试分析及其制作工艺模拟实验分析 [J]．2012，40（4）：567–576.

[31]L Yong, X Yin. Study on production techniques and provenance of faience beads excavated in China [J]. Journal of Archaeological Science, 2015, 53: 32–42.

[32]Brill R H, Vocke R D,Wang S X, et al. A note on lead isotope analysis of faience beads from China [J]. Glass Studies, 1991, 33: 116–118.

[33]Brill R H, Martin J H. Scientific research in early Chinese glass [C]. The Corning Museum of Glass, Corning, New York, 1991: 65–89.

[34]Lin Y X, Rehren T, Wang H, et al. The beginning of faience in China: A review and new evidence [J]. Journal of Archaeological Science, 2019, 105: 97–115.

[35] 张文立．青海地区青铜时代文化研究 [D]. 长春：吉林大学，2003.

[36] 张文立．对卡约文化青铜器一种分期意见的看法 [J]．边疆考古研究，2009（0）：74–80.

[37]Yang Y M. Archaeometry should be based on Archaeology. A comment on Lin et al [J]. Journal of Archaeological Science, 2020, 119.

[38] 伏修锋．中国古代釉砂、玻砂和三种玉石的岩相结构分析 [D]．上海：中国科学院上海光学精密机械研究所，2006.

[39]L Yong, X Yin. Study on production techniques and provenance of faience beads excavated in China [J]. Journal of Archaeological Science, 2015, 53: 32–42.

[40]Liu N, Yang Y, Wang Y, et al. Nondestructive characterization of ancient faience beads unearthed from Ya'er

cemetery in Xinjiang, Early Iron Age China [J]. Ceramics International, 2017, 43 (13): 10460–10467.

[41] 刘勇，王颖竹，陈坤龙，等．大河口西周墓地 M6043 出土釉砂珠饰的科学分析研究 [J]．考古与文物，2019 (2)：114–119.

[42]Gu Z, Zhu J, Xie Y T, et al. Nondestructive analysis of faience beads from the Western Zhou Dynasty, excavated from Peng State cemetery, Shanxi Province, China [J]. Journal of Analytical Atomic Spectrometry, 2014, 29 (8): 1438–1443.

[43]Wang Y Z, Rehren T, Tan Y C, et al. New evidence for the transcontinental spread of early faience [J]. Journal of Archaeological Science, 2020, 116: 1–8.

[44]Liu N, Yang Y, Wang Y, et al. Nondestructive characterization of ancient faience beads unearthed from Ya'er cemetery in Xinjiang, Early Iron Age China [J]. Ceramics International, 2017, 43 (13): 10460–10467.

[45]Yang Y M. Archaeometry should be based on Archaeology. A comment on Lin et al [J]. Journal of Archaeological Science, 2020, 119.

[46]Gu Z, Kenoyer J M, Yang Y M. Investigation of ancient Harappan faience through LA-ICP-AES and SR-μ CT [J]. Journal of Instrumentation, 2016, 11 (4): C04001.

[47]Aruz J, Wallenfels R. Art of the First Cities, Metropolitan Museum of Art [M]. New York: Yale University Press, 2003: 279.

[48]Rawson J. In Search of Ancient Red Beads and Carved Jade in Modern China [J]. Cabiersd' Extrême—Asie, 2008, 17: 10–11.

[49]Yang Y M.Archaeometry should be based on Archaeology. A comment on Lin et al [J]. Journal of Archaeological Science, 2020,119.

# 第十章

# 战国至汉代玻璃器及相关材料的科学研究

# 第一节　舶来蜻蜓眼玻璃珠

## 一、蜻蜓眼玻璃珠基本信息

淅川徐家岭墓地战国早期楚国贵族墓M10出土了11颗完整的钠钙蜻蜓眼玻璃珠[1]（彩版一〇〇、一〇一，图10.1）和一些蜻蜓眼玻璃珠残片。这些珠子形状相似，湖蓝色基体，白色眼底上镶嵌深蓝色眼珠和棕色眼圈。其中2颗珠子呈柱状，9颗呈球状。高为1.15厘米—1.90厘米，最大直径1.40厘米—2.10厘米，孔径0.16厘米—0.52厘米。选取蜻蜓眼珠残片HXX-M10进行科学分析。新郑天成隔热材料厂墓地M23也出土1件战国时期蜻蜓眼珠，风化严重，眼珠为深蓝色，基体为黄色（图10.2a）。叶县常庄许灵公（宁）墓M4出土1件春秋晚期的深蓝色蜻蜓眼珠残片（图10.2b）。此外，洛阳也出土2件类似的蜻蜓眼珠残片（图10.2c、图10.2d）。所分析的玻璃珠的编号、名称、年代、外形、色泽、出土地点及伴出器物等情况见表10.1。

图 10.1　淅川徐家岭十号墓出土战国早期蜻蜓眼玻璃珠

a．XTM23：1—2　　b．HNWKII—83

c．HNLY—08　　d．HNLY—09

图 10.2　叶县、新郑、洛阳出土春秋战国时期蜻蜓眼玻璃珠

## 表 10.1　叶县常庄墓地、淅川徐家岭墓地和新郑天成

| 编号 | 出土编号 | 描述 | 重量／克 |
|---|---|---|---|
| HNZZ–01 | M10∶3 | 体近圆柱形，断面为圆形，两端近平，中有一圆形穿孔 | 11.4 |
| HNZZ–02 | M10∶41 | 体近圆柱形，断面为圆形，两端近平，中有一圆形穿孔 | 9.1 |
| HNZZ–03 | M10∶4 － 1 | 体近珠形，断面为圆形，两端近平，中有一圆形穿孔 | 6.3 |
| HNZZ–04 | M10∶4 － 2 | 体近珠形，断面为圆形，两端近平，中有一圆形穿孔 | 7.0 |
| HNZZ–05 | M10∶4 － 3 | 体近珠形，断面为圆形，两端近平，中有一圆形穿孔 | 6.6 |
| HNZZ–06 | M10∶4 － 4 | 体近珠形，断面为圆形，两端近平，中有一圆形穿孔 | 6.4 |
| HNZZ–07 | M10∶4 － 5 | 体近珠形，断面为圆形，两端近平，中有一圆形穿孔 | 6.4 |
| HNZZ–08 | M10∶4 － 6 | 体近珠形，断面为圆形，两端近平，中有一圆形穿孔 | 5.5 |
| HNZZ–09 | M10∶95–1 | 体近珠形，断面为圆形，两端近平，中有一圆形穿孔 | 5.5 |
| HNZZ–10 | M10∶95–2 | 体近珠形，断面为圆形，两端近平，中有一圆形穿孔 | 5.3 |
| HNZZ–11 | M10∶95–3 | 体近珠形，断面为圆形，两端近平，中有一圆形穿孔 | 3.1 |
| HXX–M10 | M10 | | |
| HNWKII–83 | M4∶0220 | | 0.5 |
| XTM23∶1–2 | XTM23∶1–2 | 体近珠形，中有一圆形穿孔 | |
| HNLY–08 | M8371 | | |
| HNLY–09 | M3943 | | |

## 隔热材料厂墓地出土春秋战国时期蜻蜓眼玻璃珠信息

| 尺寸/厘米 | 完残情况 | 时代 | 色泽 | 出土 | |
|---|---|---|---|---|---|
| | | | | 时间 | 地点 |
| 高 1.90，体径 2.10，孔径 0.75 | 磕伤 | 战国早期 | 天蓝色蜻蜓眼，眼为深蓝色，并有赭石色圆圈，白底 | 1991 年 10 月 | 淅川徐家岭墓地 |
| 高 1.80，体径 2.00，孔径 0.75 | 磕伤 | | | | |
| 高 1.50，体最大径 1.88 | 残 | | | | |
| 高 1.49，体最大径 1.87 | 完整 | | | | |
| 高 1.48，体最大径 1.81 | 完整 | | | | |
| 高 1.42，体最大径 1.81 | 残 | | | | |
| 高 1.41，体最大径 1.75 | 磕伤 | | | | |
| 高 1.39，体最大径 1.79 | 残 | | | | |
| 高 1.46，体最大径 1.71 | 残 | | | | |
| 高 1.37，体最大径 1.61 | 磕伤 | | | | |
| 高 1.15，体最大径 1.40 | 完整 | | | | |
| | 残片 | | | | |
| 残长 1.05 | 残片 | 春秋晚期 | 蓝色基体，白色眼圈，黄色眼珠 | 2002 年 | 叶县旧县许灵公（宁）墓 |
| | | 战国 | 黄色基体，白色眼圈，深蓝色眼珠 | | 新郑天成隔热材料厂 |
| | 残片 | 战国 | 天蓝色蜻蜓眼，眼为深蓝色，并有棕色和白色眼圈 | 2004 年 6 月 | 洛阳国贸大厦 |
| | 残片 | 战国 | 风化严重，内芯蓝色，外表呈黄色，残存有深蓝色眼珠和白色眼圈 | 1992 年 12 月 | 洛阳针织厂 |

## 二、无损分析

### 1. XRD 物相分析结果

选取淅川徐家岭出土战国早期的蜻蜓眼玻璃珠 HNZZ−01、HNZZ−03 和 HNZZ−05 进行 XRD 表面分析，结果显示，其蓝色基体为弥散的衍射峰（图 10.3a—图 10.3c），主要为玻璃态，未见明显的晶体特征峰。而在玻璃珠 HNZZ−03 和 HNZZ−05 的深蓝色−白色眼圈部位检测出石英（Quartz）和锑酸钙（Calcium Antimony Oxide，$CaSb_2O_6$）的晶体衍射峰（图 10.3d—图 10.3e）。

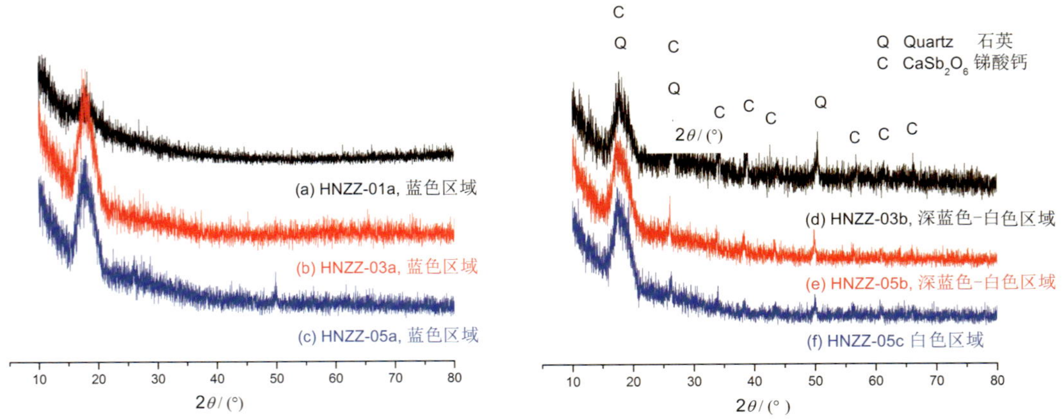


图 10.3　淅川徐家岭十号墓蜻蜓眼玻璃珠的 XRD 图谱

### 2. 拉曼光谱分析结果

显微拉曼光谱分析表明，这些玻璃珠主要为玻璃态，如玻璃珠 HNZZ−01 和 HNZZ−03（图 10.4a）的蓝色基体、XTM23∶1−2（图 10.4d）的深蓝色眼珠等部位，其拉曼图谱为玻璃态包络峰。但在个别玻璃珠如 HNZZ−01、HNZZ−03 和 HNWKII−83（图 10.4b）的白色眼圈，以及玻璃珠 XTM23∶1−2 的棕色眼圈（图 10.4c）中均检测出六角晶系的锑酸钙位于 670cm$^{-1}$ 附近的拉曼特征峰。

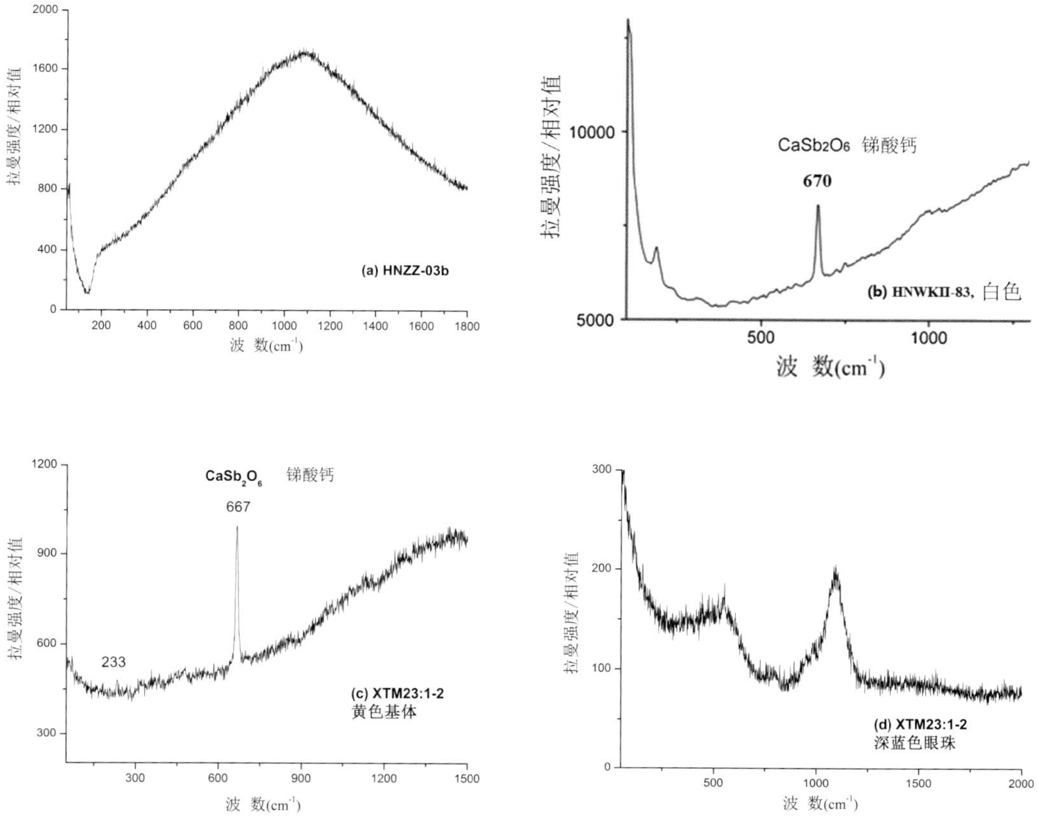


图 10.4　淅川、叶县和新郑出土蜻蜓眼玻璃珠的特征拉曼图谱

### 3. 化学成分分析结果

采用 PIXE 和 pXRF 对淅川徐家岭、叶县常庄 M4 以及洛阳和新郑出土的这些春秋晚期至战国时期的蜻蜓眼玻璃珠进行了无损检测，结果（表 10.2）表明，这些玻璃珠的体系皆为钠钙硅酸盐（$Na_2O$−CaO−$SiO_2$）玻璃。一般而言，$Na_2O$ 含量为 7%—11%，CaO 含量为 5%—9%，$SiO_2$ 含量为 67%—79%，其他氧化物如 $Al_2O_3$ 含量在 3%—5% 之间，$K_2O$ 含量在 0.50%—2% 之间，MgO 含量小于 1%，这些玻璃珠的基体主成分含量与古代东地中海地区的泡碱型钠钙玻璃相似。固始侯古堆一号墓也曾出土一批类似的钠钙蜻蜓眼玻璃珠，墓主为春秋晚期“勾吴夫人”[2]，但也有学者认为是战国早期楚国番县贵族[3]。

### 表 10.2 淅川徐家岭十号墓战国早期

| 编号 | 测试点 | $Na_2O$ | MgO | $Al_2O_3$ | $SiO_2$ | $P_2O_5$ | $SO_3$ | Cl | $K_2O$ | CaO |
|---|---|---|---|---|---|---|---|---|---|---|
| HNZZ-01a | 淡蓝基体 | 9.53 | 0.19 | 3.41 | 72.8 | 0.31 | 0.45 | 0.61 | 2.15 | 8.54 |
| HNZZ-01b | 深蓝眼珠 | 9.91 | 0.97 | 3.53 | 70.5 | 0.22 | 0.56 | 0.68 | 1.17 | 8.62 |
| HNZZ-01c | 白色 | 7.37 | 1.17 | 3.84 | 75.0 | 0.23 | 0.67 | 0.83 | 1.01 | 8.73 |
| HNZZ-02a | 淡蓝基体 | 10.4 | 0.56 | 3.90 | 72.5 | 0.11 | 0.60 | 0.67 | 1.62 | 7.87 |
| HNZZ-02b | 深蓝眼珠 | 7.54 | 0.42 | 4.00 | 71.2 | 0.29 | 0.85 | 0.81 | 1.12 | 8.78 |
| HNZZ-02c | 另一眼珠 | 10.0 | 0.56 | 3.40 | 71.8 | 0.15 | 0.50 | 0.70 | 0.88 | 7.89 |
| HNZZ-02d | 白褐相间 | 6.49 | 0.31 | 3.50 | 69.0 | 0.42 | 0.93 | 1.11 | 0.89 | 9.85 |
| HNZZ-03a | 淡蓝基体 | 8.89 | 0.35 | 3.03 | 76.7 | 0.69 | 0.60 | 0.64 | 1.06 | 6.73 |
| HNZZ-03b | 蓝色眼珠 | 6.65 | 0.77 | 5.67 | 71.3 | 0.33 | 0.54 | 0.75 | 1.16 | 8.21 |
| HNZZ-03c | 白色部分 | 0.73 | n.d. | 3.28 | 57.5 | 0.25 | 0.81 | 1.19 | 2.23 | 26.6 |
| HNZZ-03d | 白色换点 | 6.17 | 0.33 | 5.05 | 67.0 | 0.54 | 0.84 | 0.77 | 1.05 | 12. |
| HNZZ-04a | 淡蓝基体 | 8.87 | 0.49 | 3.01 | 75.8 | 0.29 | 0.52 | 0.59 | 1.26 | 7.16 |
| HNZZ-04b | 深蓝眼珠 | 7.14 | 0.15 | 2.63 | 72.9 | n.d. | 0.46 | 0.74 | 1.34 | 8.20 |
| HNZZ-04c | 白色 | 6.13 | n.d. | 3.31 | 70.3 | 0.78 | 0.78 | 0.82 | 1.19 | 12. |
| HNZZ-05a | 淡蓝基体 | 10.2 | 0.93 | 4.46 | 69.7 | 0.59 | 0.25 | 0.52 | 1.43 | 8.6 |
| HNZZ-05b | 深蓝眼珠 | 8.03 | 0.96 | 3.00 | 73.3 | 0.30 | 0.33 | 0.88 | 0.74 | 8.0 |
| HNZZ-05c | 白色 | 4.90 | 0.33 | 3.80 | 68.5 | 0.45 | 0.49 | 0.99 | 1.43 | 13. |
| HNZZ-06a | 淡蓝基体 | 10.3 | 0.55 | 2.87 | 71.9 | 0.22 | 0.47 | 0.62 | 1.37 | 8.5 |
| HNZZ-06b | 深蓝眼珠 | 10.7 | 0.63 | 2.87 | 70.9 | 0.80 | 0.36 | 0.44 | 1.51 | 8.7 |
| HNZZ-06c | 白色 | 6.59 | n.d. | 2.83 | 69.7 | 0.44 | 0.55 | 0.72 | 1.45 | 13. |
| HNZZ-06d | 白色换点 | 7.79 | n.d. | 3.39 | 69.6 | 0.73 | 0.58 | 0.72 | 1.31 | 11. |
| HNZZ-07a | 淡蓝基体 | 10.6 | 0.75 | 3.62 | 73.1 | 0.36 | 0.40 | 0.57 | 1.32 | 7.4 |
| HNZZ-07b | 深蓝眼珠 | 9.85 | 0.38 | 3.60 | 72.0 | 0.21 | 0.23 | 0.50 | 1.69 | 7.8 |
| HNZZ-07c | 白色 | 2.23 | n.d. | 3.01 | 72.7 | 0.29 | 1.11 | 1.02 | 1.00 | 12. |

## 璃珠化学成分的 PIXE 测试结果（wt.%）

| $TiO_2$ | MnO | $Fe_2O_3$ | CoO | NiO | CuO | ZnO | PbO | BaO | $Sb_2O_5$ | $Cr_2O_3$ | I | Sc | Hg |
|---|---|---|---|---|---|---|---|---|---|---|---|---|---|
| 0.04 | 0.03 | 0.58 | 0.03 | n.d. | 1.21 | 0.03 | n.d. | n.d. | n.d. | n.d. | n.d. | 0.05 | n.d. |
| 0.11 | 0.04 | 2.86 | 0.25 | n.d. | 0.48 | 0.04 | n.d. | n.d. | n.d. | n.d. | n.d. | 0.06 | n.d. |
| 0.11 | 0.04 | 0.76 | 0.04 | n.d. | 0.13 | 0.04 | n.d. | n.d. | n.d. | n.d. | n.d. | 0.03 | n.d. |
| 0.08 | n.d. | 0.62 | n.d. | n.d. | 0.84 | 0.06 | n.d. | n.d. | n.d. | n.d. | n.d. | 0.10 | n.d. |
| 0.07 | 0.05 | 4.00 | 0.16 | n.d. | 0.53 | 0.11 | n.d. | n.d. | n.d. | n.d. | n.d. | 0.04 | n.d. |
| 0.11 | 0.04 | 3.15 | 0.17 | n.d. | 0.50 | 0.08 | n.d. | n.d. | n.d. | n.d. | n.d. | 0.03 | n.d. |
| n.d. | n.d. | 6.08 | n.d. | 0.24 | 1.16 | n.d. | n.d. | n.d. | n.d. | n.d. | n.d. | n.d. | n.d. |
| 0.05 | n.d. | 0.48 | n.d. | n.d. | 0.72 | n.d. | n.d. | n.d. | n.d. | n.d. | n.d. | 0.09 | n.d. |
| 0.24 | 0.05 | 3.27 | 0.14 | n.d. | 0.72 | 0.09 | n.d. | n.d. | n.d. | n.d. | n.d. | 0.14 | n.d. |
| 1.27 | 0.42 | 3.88 | 0.55 | n.d. | 0.41 | n.d. | n.d. | n.d. | n.d. | n.d. | n.d. | 0.87 | n.d. |
| 0.28 | 0.09 | 1.29 | 0.08 | n.d. | 0.21 | n.d. | n.d. | n.d. | n.d. | n.d. | 3.38 | 0.23 | n.d. |
| 0.07 | n.d. | 0.42 | n.d. | n.d. | 1.47 | n.d. | n.d. | n.d. | n.d. | n.d. | n.d. | 0.08 | n.d. |
| 0.15 | n.d. | 4.25 | 0.24 | n.d. | 1.51 | 0.23 | n.d. | n.d. | n.d. | n.d. | n.d. | n.d. | n.d. |
| 0.24 | 0.15 | 0.89 | 0.04 | n.d. | 0.04 | n.d. | n.d. | n.d. | n.d. | n.d. | 2.99 | 0.23 | n.d. |
| .13 | 0.03 | 0.88 | n.d. | 0.03 | 1.83 | n.d. | 0.28 | n.d. | n.d. | n.d. | n.d. | 0.12 | n.d. |
| .07 | 0.06 | 3.21 | 0.28 | n.d. | 0.72 | 0.05 | n.d. | n.d. | n.d. | n.d. | n.d. | n.d. | n.d. |
| .59 | 0.10 | 1.13 | 0.20 | 0.10 | 0.10 | n.d. | n.d. | n.d. | n.d. | n.d. | 3.28 | 0.51 | n.d. |
| .08 | n.d. | 0.68 | n.d. | n.d. | 2.26 | n.d. | n.d. | n.d. | n.d. | n.d. | n.d. | 0.05 | n.d. |
| .10 | 0.04 | 2.17 | 0.11 | n.d. | 0.44 | 0.11 | n.d. | n.d. | n.d. | n.d. | n.d. | 0.09 | n.d. |
| .24 | 0.08 | 0.85 | 0.05 | 0.02 | 0.06 | 0.03 | n.d. | n.d. | n.d. | n.d. | 2.68 | 0.19 | n.d. |
| .19 | 0.07 | 0.77 | 0.02 | n.d. | 0.04 | 0.02 | n.d. | n.d. | n.d. | n.d. | 2.58 | 0.22 | n.d. |
| .07 | n.d. | 0.49 | n.d. | n.d. | 1.16 | 0.03 | n.d. | n.d. | n.d. | n.d. | n.d. | 0.05 | n.d. |
| .08 | n.d. | 2.72 | 0.12 | n.d. | 0.62 | 0.11 | n.d. | n.d. | n.d. | n.d. | n.d. | 0.05 | n.d. |
| .32 | 0.16 | 1.36 | 0.16 | n.d. | n.d. | n.d. | n.d. | n.d. | n.d. | n.d. | 3.82 | 0.19 | n.d. |

| 编号 | 测试点 | $Na_2O$ | MgO | $Al_2O_3$ | $SiO_2$ | $P_2O_5$ | $SO_3$ | Cl | $K_2O$ | CaO |
|---|---|---|---|---|---|---|---|---|---|---|
| HNZZ-08a | 淡蓝基体 | 5.51 | 0.69 | 3.02 | 77.6 | 0.41 | 0.59 | 0.71 | 1.21 | 7.63 |
| HNZZ-08b | 深蓝眼珠 | 8.78 | 0.46 | 3.27 | 72.2 | 0.48 | 0.35 | 0.62 | 1.17 | 8.06 |
| HNZZ-08c | 白色 | 6.54 | n.d. | 3.26 | 65.4 | 0.19 | 1.03 | 0.99 | 0.99 | 14.5 |
| HNZZ-09a | 淡蓝基体 | 4.63 | 0.84 | 3.19 | 78.4 | 0.13 | 0.42 | 0.62 | 1.49 | 8.04 |
| HNZZ-09b | 深蓝眼珠 | 7.26 | 0.57 | 2.85 | 74.8 | 0.30 | 0.65 | 0.60 | 0.83 | 7.66 |
| HNZZ-09c | 白色 | 3.98 | n.d. | 3.34 | 69.9 | 0.42 | 0.91 | 0.91 | 1.20 | 12.9 |
| HNZZ-10a | 淡蓝基体 | 10.50 | 0.44 | 2.86 | 73.9 | 0.53 | 0.36 | 0.52 | 0.91 | 7.58 |
| HNZZ-10b | 深蓝眼珠 | 5.46 | 1.01 | 3.06 | 69.0 | n.d. | 0.51 | 0.81 | 0.98 | 7.6 |
| HNZZ-10c | 白色 | 5.03 | n.d. | 2.58 | 66.1 | n.d. | 0.74 | 0.89 | 0.93 | 15. |
| HNZZ-11a | 淡蓝基体 | 10.50 | 0.70 | 2.88 | 72.9 | 0.24 | 0.39 | 0.71 | 1.30 | 8.8 |
| HNZZ-11b | 深蓝眼珠 | 10.50 | 0.73 | 2.87 | 72.1 | 0.40 | 0.51 | 0.61 | 1.05 | 8.5 |
| HNZZ-11c | 白色 | 4.40 | 0.12 | 3.15 | 67.1 | 0.49 | 0.53 | 1.35 | 1.41 | 14. |
| HNWKII-83a | 表面蓝色基体 | 1.89 | 0.92 | 3.52 | 77.01 | 1.06 | 0.67 | n.d. | 0.86 | 9.5 |
| HNWKII-83b | 黄色眼珠 | n.d. | 1.59 | 3.75 | 79.32 | 1.01 | 1.29 | n.d. | 0.44 | 9.8 |
| HNWKII-83c * | 蓝色断面 | 14.99 | 1.31 | 3.82 | 67.76 | 0.31 | n.d. | n.d. | 0.40 | 7.2 |
| HNWKII-83d * | 白色眼底 | 2.82 | 1.26 | 2.87 | 55.43 | 0.15 | n.d. | n.d. | 0.29 | 5.5 |
| HNLY-08a | 蓝色基体 | 7.78 | 1.01 | 7.57 | 71.30 | 0.56 | 0.91 | 0.55 | 0.51 | 7.9 |
| HNLY-08b | 白色眼底 | n.d. | 1.97 | 9.19 | 54.40 | 2.41 | 1.97 | 0.53 | 0.32 | 22.1 |
| HNLY-08c | 深蓝色眼珠 | 9.75 | 0.72 | 4.65 | 69.50 | 0.33 | 0.72 | 0.58 | 1.40 | 8.2 |
| HNLY-09a | 深蓝色眼珠 | 2.35 | 2.30 | 11.96 | 67.94 | 0.64 | 2.17 | n.d. | 3.62 | 4.8 |
| HNLY-09b | 黄色基体 | 0.97 | 0.86 | 8.49 | 77.75 | 0.59 | 1.03 | n.d. | 0.96 | 4.6 |
| HNLY-09c | 蓝色断面 | 0.70 | 1.17 | 7.38 | 78.50 | 0.68 | 0.05 | n.d. | 1.84 | 4.0 |
| HNLY-09d | 玻璃基体 | 0.76 | 0.94 | 5.76 | 85.60 | 0.26 | n.d. | 0.06 | 0.68 | 2.5 |
| HNLY-09e※ | 玻璃基体 | 8.27 | 2.28 | 3.72 | 73.35 | n.d. | 0.01 | n.d. | 3.58 | 5.6 |
| XTM23：1-2-db * | 棕色眼圈 | 4.13 | 0.86 | 4.83 | 74.32 | n.d. | n.d. | n.d. | 0.69 | 9.0 |
| XTM23：1-2-y * | 黄色基体 | 2.34 | 1.45 | 10.05 | 67.28 | n.d. | n.d. | n.d. | 1.54 | 9.8 |

注：① n.d.：not detected，即氧化物或元素浓度低于仪器检出限，未检测出该化学成分。② * 为 pXRF 分析结

**续表**

| $TiO_2$ | MnO | $Fe_2O_3$ | CoO | NiO | CuO | ZnO | PbO | BaO | $Sb_2O_5$ | $Cr_2O_3$ | I | Sc | Hg |
|---|---|---|---|---|---|---|---|---|---|---|---|---|---|
| n.d. | n.d. | 0.93 | n.d. | n.d. | 1.56 | n.d. | n.d. | n.d. | n.d. | n.d. | n.d. | 0.12 | n.d. |
| 0.12 | n.d. | 3.27 | 0.18 | n.d. | 0.87 | 0.17 | n.d. | n.d. | n.d. | n.d. | n.d. | n.d. | n.d. |
| 0.55 | 0.11 | 1.41 | 0.10 | n.d. | n.d. | n.d. | n.d. | n.d. | n.d. | n.d. | 4.69 | 0.25 | n.d. |
| n.d. | n.d. | 0.56 | n.d. | n.d. | 1.55 | 0.07 | n.d. | n.d. | n.d. | n.d. | n.d. | 0.06 | n.d. |
| 0.07 | 0.06 | 3.14 | 0.27 | n.d. | 0.86 | n.d. | n.d. | n.d. | n.d. | n.d. | n.d. | 0.04 | n.d. |
| 0.30 | 0.12 | 1.36 | 0.06 | n.d. | 0.06 | n.d. | n.d. | n.d. | n.d. | n.d. | 4.27 | 0.27 | n.d. |
| 0.05 | n.d. | 0.54 | 0.04 | n.d. | 1.67 | n.d. | n.d. | n.d. | n.d. | n.d. | n.d. | 0.06 | n.d. |
| n.d. | n.d. | 6.95 | 0.52 | n.d. | 3.55 | 0.25 | n.d. | n.d. | n.d. | n.d. | n.d. | 0.20 | n.d. |
| 0.59 | 0.15 | 1.27 | 0.23 | n.d. | 0.07 | n.d. | n.d. | n.d. | n.d. | n.d. | 5.28 | 0.47 | n.d. |
| 0.09 | 0.03 | 0.45 | 0.03 | n.d. | 0.82 | n.d. | n.d. | n.d. | n.d. | n.d. | n.d. | 0.11 | n.d. |
| 0.10 | n.d. | 1.75 | 0.26 | n.d. | 0.26 | 0.18 | n.d. | n.d. | n.d. | n.d. | n.d. | 0.06 | n.d. |
| 0.41 | 0.05 | 1.17 | 0.23 | n.d. | 0.09 | 0.04 | n.d. | n.d. | n.d. | n.d. | 5.01 | 0.46 | n.d. |
| 0.03 | 0.07 | 0.84 | n.d. | n.d. | 2.80 | n.d. | 0.59 | n.d. | n.d. | 0.03 | n.d. | n.d. | n.d. |
| 0.25 | n.d. | 0.95 | n.d. | n.d. | 0.92 | n.d. | 0.48 | n.d. | n.d. | 0.11 | n.d. | n.d. | n.d. |
| n.d. | n.d. | 0.27 | n.d. | n.d. | 2.00 | n.d. | n.d. | 0.19 | 0.72 | 0.04 | n.d. | n.d. | n.d. |
| n.d. | n.d. | n.d. | n.d. | n.d. | 0.03 | n.d. | n.d. | 0.06 | 4.68 | 0.03 | n.d. | n.d. | n.d. |
| 0.10 | n.d. | 0.69 | n.d. | n.d. | 1.06 | n.d. | n.d. | n.d. | n.d. | n.d. | n.d. | n.d. | n.d. |
| 0.32 | 0.34 | 2.44 | 0.67 | n.d. | 0.49 | n.d. | n.d. | n.d. | n.d. | 1.54 | n.d. | n.d. | n.d. |
| 0.12 | n.d. | 3.31 | 0.28 | n.d. | 0.36 | n.d. | n.d. | n.d. | n.d. | / | n.d. | n.d. | / |
| 0.39 | n.d. | 3.39 | n.d. | n.d. | 0.33 | n.d. | n.d. | n.d. | n.d. | 0.04 | n.d. | n.d. | n.d. |
| 0.34 | n.d. | 2.98 | 0.03 | n.d. | 1.00 | n.d. | n.d. | n.d. | n.d. | 0.04 | n.d. | n.d. | n.d. |
| 0.15 | n.d. | 3.04 | n.d. | n.d. | 2.45 | n.d. | n.d. | n.d. | n.d. | n.d. | n.d. | n.d. | n.d. |
| 0.09 | n.d. | 1.69 | 0.07 | n.d. | 1.55 | n.d. | n.d. | n.d. | n.d. | n.d. | n.d. | n.d. | n.d. |
| n.d. | 0.02 | 1.14 | n.d. | n.d. | 1.70 | n.d. | n.d. | n.d. | n.d. | n.d. | n.d. | n.d. | n.d. |
| 0.02 | 0.02 | n.d. | 0.48 | n.d. | 0.20 | n.d. | n.d. | n.d. | 3.48 | n.d. | n.d. | n.d. | n.d. |
| 0.36 | 0.04 | n.d. | n.d. | n.d. | n.d. | n.d. | n.d. | n.d. | 4.18 | n.d. | n.d. | n.d. | / |

为扫描电镜能谱（SEM-EDS）分析结果，余皆为 PIXE 分析结果。

这些玻璃也存在不同程度的风化，进而导致助熔剂流失。如玻璃珠 HNZZ-08、HNZZ-09、HNLY-08b、HNLY-09a 和 XTM23∶1-2 中的 $Na_2O$ 含量略低，低于 6%，有的甚至低于 1%，但新鲜断面（如玻璃珠 HNWKII-83c）则检测出高达约 15% 的 $Na_2O$。又如玻璃珠 HNLY-09，表面不同颜色区的 $Na_2O$ 均比较低，多低于 1%，仅 1 个深蓝色眼珠略高，但也只有 2.35%，而 SEM-EDS 微区分析显示，该玻璃珠含有 8.27% 的 $Na_2O$。

基体玻璃的杂质含量较少，应是使用了较纯的原料。$Fe_2O_3$ 含量小于 1%，而 CuO 含量高于 $Fe_2O_3$，在 1.50% 左右，基体玻璃呈淡绿色至绿色，系 $Cu_2^+$ 和 $Fe_3^+$ 离子所致。蜻蜓眼玻璃珠蓝色眼珠部分的主要化学成分与基体玻璃相似，但增加了 0.10%—0.30% 的 CoO 作为蓝色的着色剂（而基体不含 CoO），系人为设计的添加剂，且钴料具有低锰的特点。白底的棕色部分的化学成分也是 $Na_2O$-CaO-$SiO_2$ 玻璃系统，但 $Na_2O$ 的含量普遍较低一些。CoO 具有很强的着色作用，一般百分之零点几即可使玻璃呈深蓝色，西方古代两河流域（美索不达米亚平原）和古埃使用钴蓝约在公元前 1000 年 [4]。

值得注意的是，玻璃珠 HNWKII-83 和 HNLY-08 的白色眼底部位分别含有较高的 $Sb_2O_5$（含量为 4.68%）和 CaO（含量为 22.10%），远高于其他部位，而 $Na_2O$ 含量较低。新郑出土蜻蜓眼珠 XTM23∶1-2 的深蓝色眼珠和黄色基体检测出约 4% 的 $Sb_2O_3$，这与 XRD 和拉曼光谱分析检测到锑酸钙 [5] 的结果相吻合。锑酸钙是西方钠钙玻璃中常见的乳浊剂、着色剂 [6]。从化学成分体系、着色剂的使用来看，叶县常庄墓地、淅川徐家岭墓地及新郑和洛阳出土的这批春秋晚期至战国时期的蜻蜓眼玻璃珠是西方传入的古代玻璃，所以，中国中原地区与西方直接或间接的文化交流可以追溯到春秋末战国初。

4. 徐家岭墓地出土钠钙蜻蜓眼玻璃珠制作工艺科学研究

从利用 OCT 获得的蜻蜓眼珠不同角度的三维伪彩色图像及其切片图像（图 10.5）中可以看出，当折射率突变时，散射光会增强，在 OCT 灰度图像上表现为灰度值较高的亮点。玻璃和陶瓷表面、胎釉结合面、彩绘层以及釉层中的气泡、包裹体（析晶、未熔融的原材料颗粒等）和液液分相等，均存在折射率突变，故而会在 OCT 图像上表现为灰度值较高的亮点。但它们却具有不同的结构特征，依据其各自的结构特征，可以在 OCT 图像中将其区分开来。均一玻璃态对入射探测光无任何散射，所以在 OCT 图像中呈现灰度值较低的黑色。由于对光的散射和吸收能力不同，光在湖蓝色基体、深蓝色眼珠、棕色眼圈和白色眼底中呈现出明显不同的均匀性和透过率。透明度高的深蓝色眼球对光具有较强光吸收能力，但也能观察到少量散射粒子（图 10.5b）。如图 10.5c—图 10.5e 所示，深蓝色的眼球并未贯穿整个珠体，而是镶嵌在白色眼圈和湖蓝色基体中；不透明的白色眼圈以均匀的散射相为主；透明度较低的湖蓝色基体中分布着大量的散射粒子；而棕色的眼圈对光吸收能力和透明度则处于深蓝眼珠与湖蓝色基体之间。

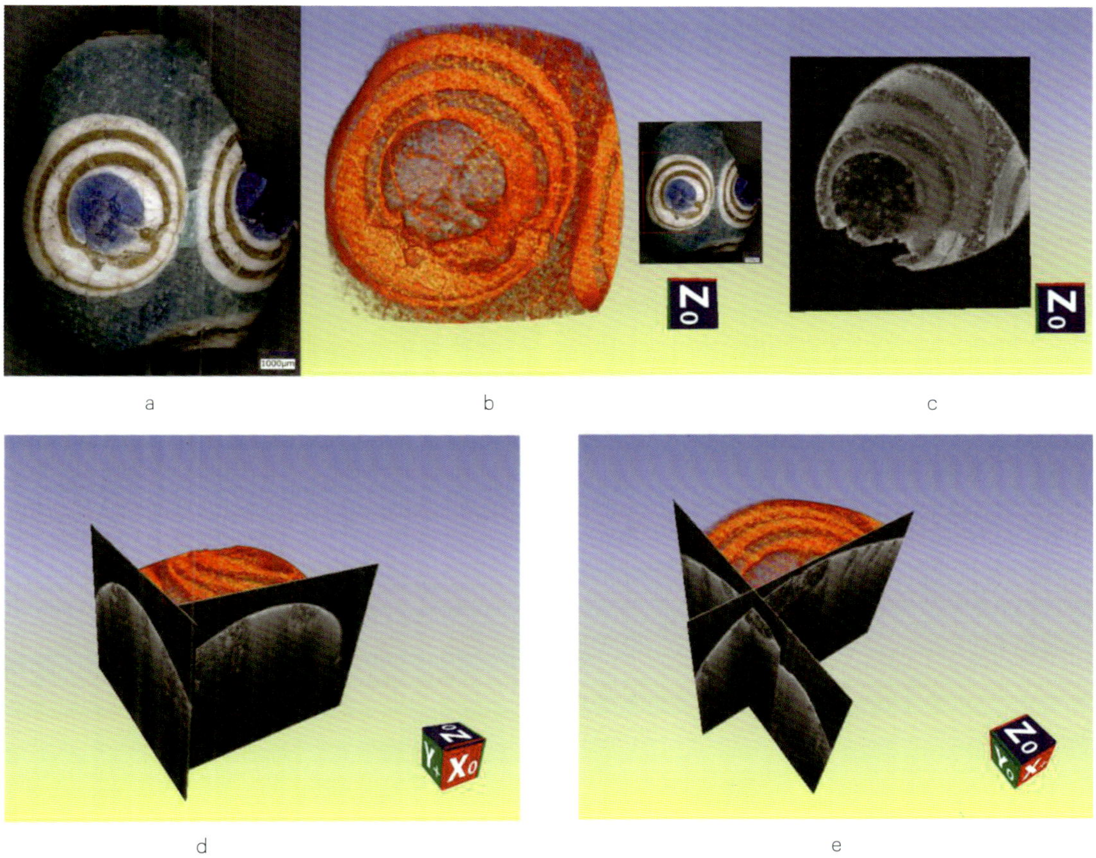


图 10.5　蜻蜓眼珠 HXX-M10 的 OCT 二维图像及三维伪彩色图像
a. 蜻蜓眼珠残片的显微照片　b. 俯视图及测试区域　c. 垂直于 Z 轴的切片，位于距顶部 184 像素的位置
d、e. 沿 X 和 Y 轴不同角度的 3D 切片示意图

为获得不同颜色区域的更多结构特征信息，利用 OCT 对玻璃珠残片 HXX-M10 进行了详细的二维扫描分析。由图 10.6 展示的蜻蜓眼玻璃珠内部 OCT 二维图像显示，由于对光的散射和吸收的差异，不同的颜色区域边界清晰可见（图 10.6a—图 10.6d）。分布在湖蓝色基体和棕色眼圈中的散射颗粒可能与玻璃熔融过程中的析结有关。相对而言，在湖蓝色基体中的散射颗粒比棕色眼圈中更多、更大。在深蓝色的眼珠中可见不同尺寸

的气泡（图 10.6d、图 10.6e）。大气泡呈椭圆形，边缘为白色，内部为黑色，而小气泡的边缘几乎呈两条平行的直线。棕色眼圈中也可以观察到许多小气泡（图 10.6d），但在湖蓝色基质中基本上没有明显的气泡（图 10.6f）。

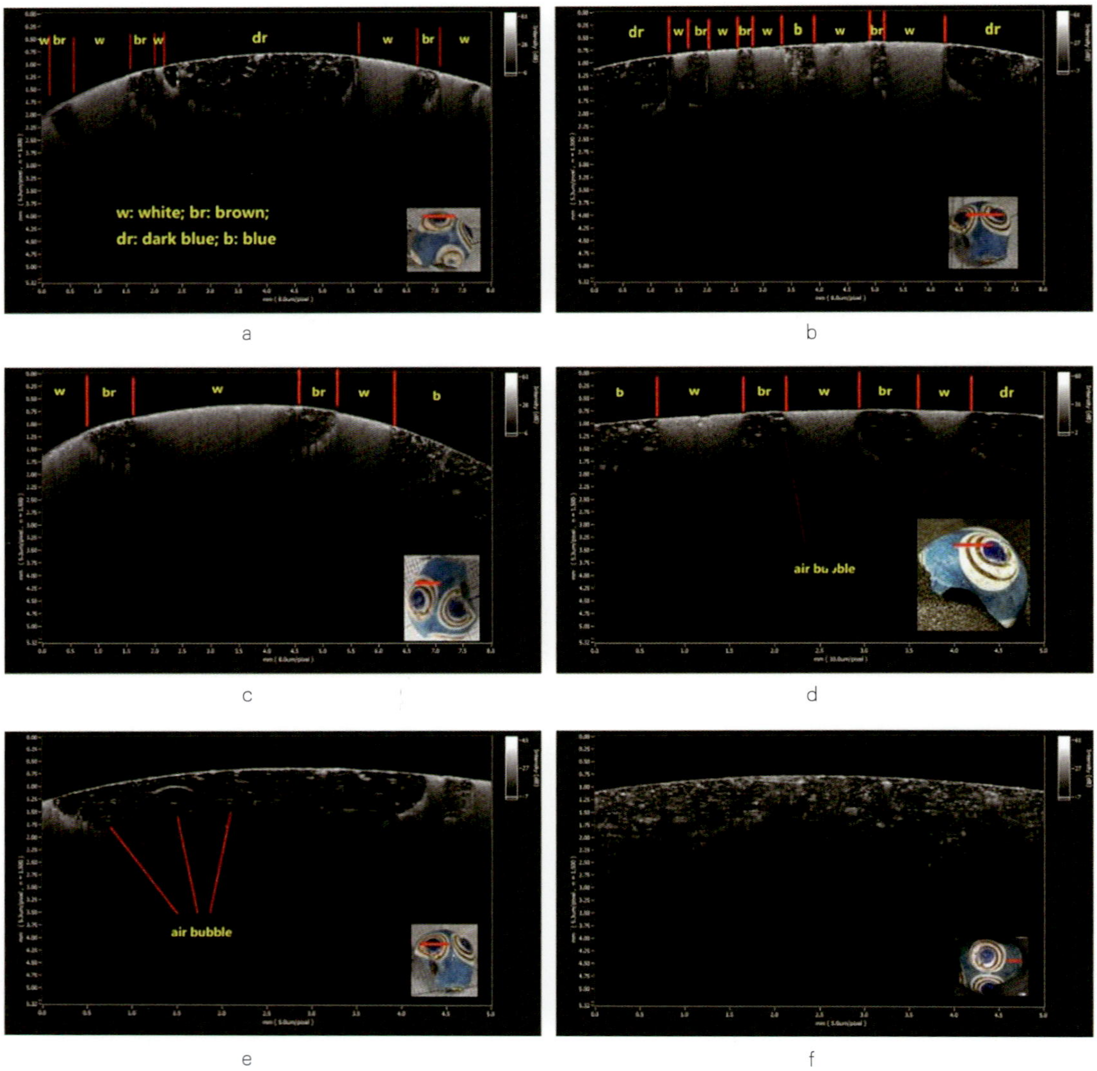


图 10.6　蜻蜓眼珠 HXX–M10 不同部位的 2D–OCT 图像

从 2D–OCT 图像可以看出，白色和棕色层厚度不均匀，深蓝色眼珠、白色层和棕色层的横截面由表及里逐渐收缩。在光学显微镜下也可以观察到这 4 种颜色区域减缩的趋势和不同的透明度（图 10.7）。根据以上分析推测，这件层叠蜻蜓眼玻璃珠是采用热加工工艺制作而成的，即先烧制出湖蓝色基体，然后在半凝固状态下，依次在基体中嵌入白色眼底、棕色眼圈和深蓝色眼珠。因此，后一种颜色的玻璃棒会挤压并渗透到前一种玻璃棒中，导致白色和棕色层厚度不均匀、边界变化大（图 10.7a—图 10.7c），深蓝色的眼珠颜色也随着直径减小的趋势从外到内逐渐变淡（图 10.7a、图 10.7d）。

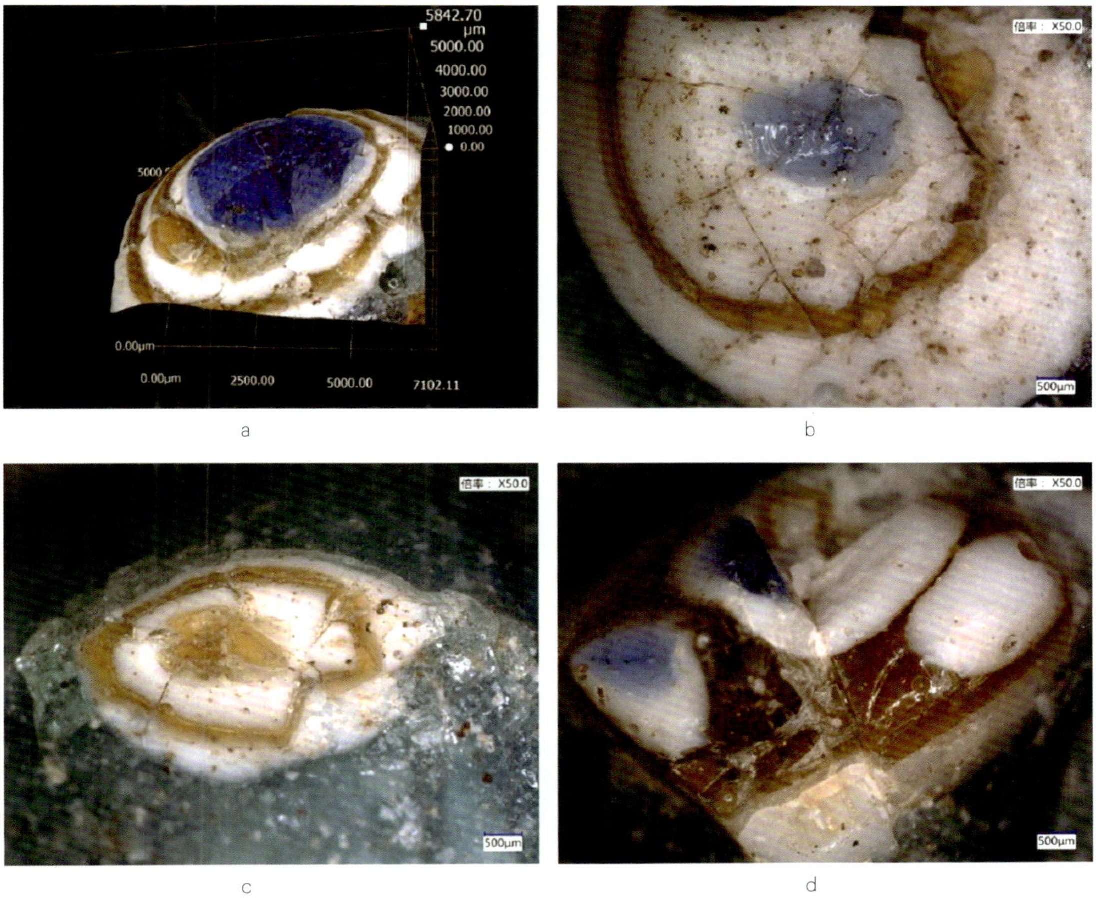


图 10.7　蜻蜓眼珠 HXX–M10 的显微图像
a. 蜻蜓眼珠 3D 显微图像　　b–d. 蜻蜓眼珠不同区域 2D 显微图像

为了确定蜻蜓眼珠中 4 个颜色区的化学成分上的差异，采用 μ-XRF 对其进行主要化学元素 mapping 分析和定量分析，mapping 的宽度和高度分别为 8.448 毫米（128 像素）和 9.240毫米（128像素）。mapping 分析显示，较亮的区域对应较高的元素浓度，深蓝色眼珠、湖蓝色基体、棕色眼圈和白色眼底的化学元素存在明显差异，分别与 Co 和 Fe、Cu、Fe 和 Mn、Ca 和 Sb 密切相关。此外，深蓝色和棕色区域也检测到一些 Sb 元素（图 10.8）。

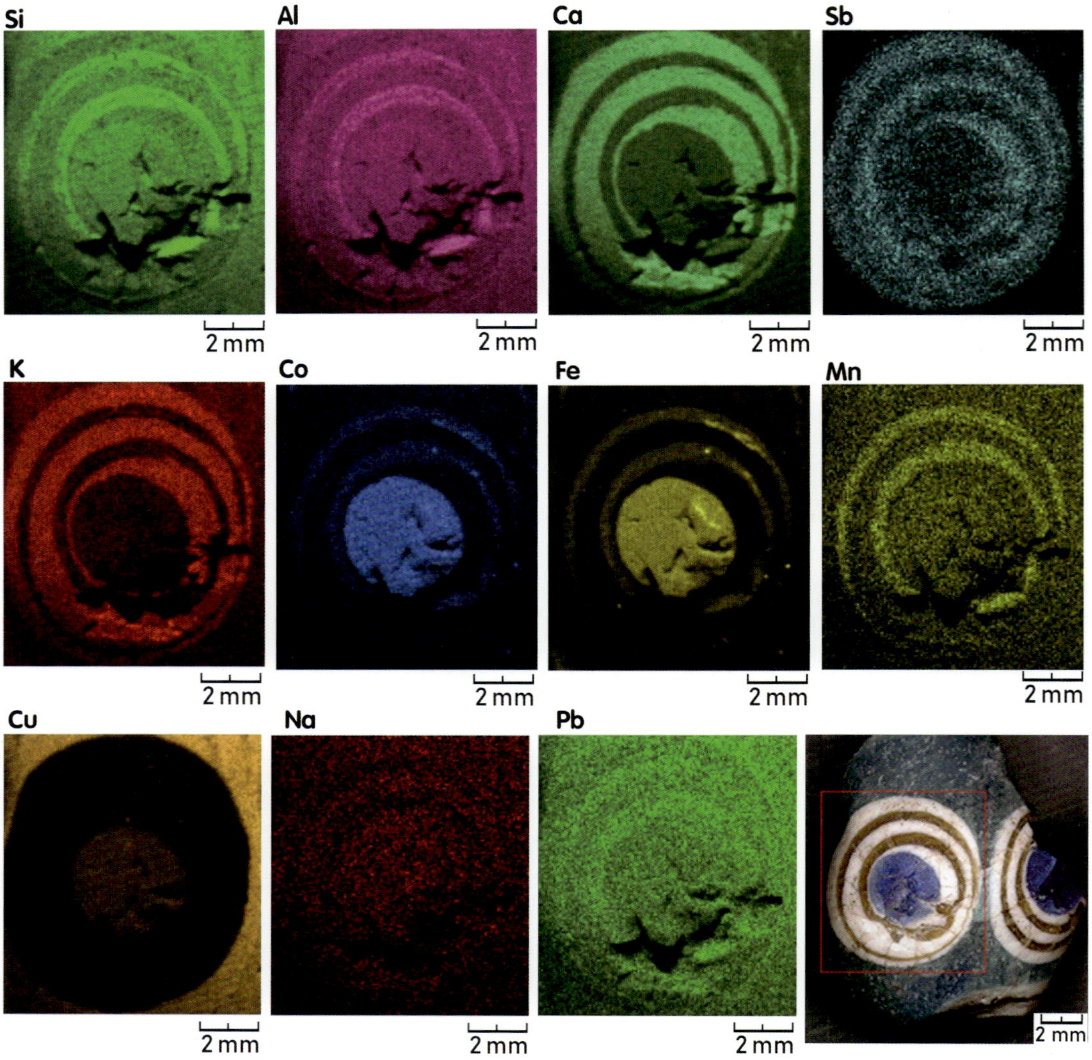


a. 蜻蜓眼珠显微照片

图 10.8　蜻蜓眼珠 HXX–M10 的元素分布图像

化学成分定量分析表明，该蜻蜓眼玻璃珠为泡碱型钠钙玻璃（表 10.3）。mapping 分析显示，玻璃珠的主要化学组分 $SiO_2$（70.56%）是形成玻璃立体网状结构的氧化物（glass network–forming oxide），而玻璃网状结构修饰剂（glass network–modifying）碱金属氧化物 $Na_2O$ 和玻璃网络稳定剂（glass network–stabilizer）碱土氧化物 CaO 含量分别为 9.78% 和 9.29%，其他网络修饰剂，如 MgO（0.63%）和 $K_2O$（0.84%）含量较低。

考虑到古代玻璃的不均匀性，为避免随机取样的主观片面性，我们对每个色域的多个点进行了测试分析，并将各测色区域的平均值列于表 10.3。结果表明，助熔剂 $Na_2O$

和 CaO 的含量分别为 0.12%—22.11% 和 5.33%—10.49%，变化范围较大，一般认为是由于古代玻璃表面风化造成助熔剂损失所致[7-9]。因此，在每个颜色区域选取 3—8 个测量点的平均化学成分较为合理。由表 10.3 可以看出，4 种颜色区域中 $Fe_2O_3$、CuO、$Sb_2O_3$、CoO 和 $Mn_2O_3$ 的含量差异显著（图 10.9）。

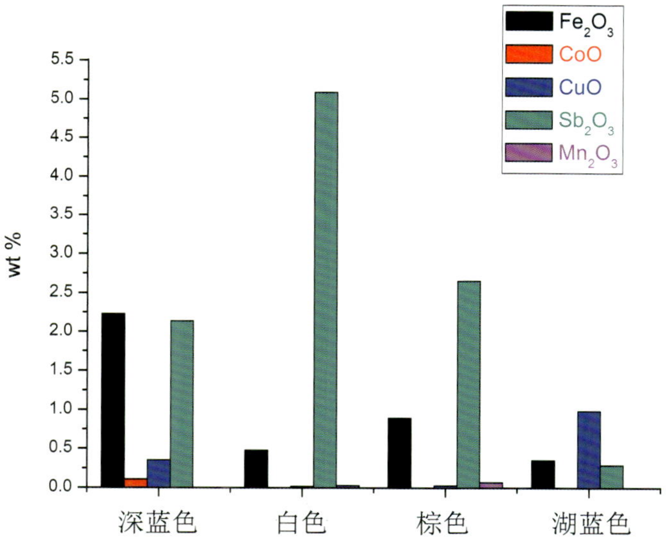


图 10.9　蜻蜓眼珠 HXX-M10 的不同颜色中 $Fe_2O_3$、CuO、$Sb_2O_3$、CoO、$Mn_2O_3$ 柱状图

深蓝眼珠含有较高的 CoO（0.11%）和 $Fe_2O_3$（2.23%），不含 $Mn_2O_3$，而其他颜色区域不含 CoO（表 10.3），说明着色剂钴料中可能含有较高的铁。少量的 $Co^{2+}$ 离子便可以使玻璃呈现半透明到透明的蓝色[10]。相对而言，棕色区域含有略高的 $Fe_2O_3$（0.90%）和 $Mn_2O_3$（0.07%），铁离子和锰离子被认为是古代玻璃中棕色的着色剂[11]。实验结果中所有的铁都以 $Fe^{3+}$ 的形式给出，事实上，$Fe^{3+}$ 和 $Fe^{2+}$ 在古代玻璃中都具有着色作用，玻璃的颜色取决于两者不同的比例。根据前人的研究[12]，古代玻璃中的琥珀色，可能是氧化气氛下 $Fe^{3+}$ 离子引起的。该蜻蜓眼玻璃珠的湖蓝色基体中着色剂 CuO 含量较高（0.72%—1.20%）。一般来说，二价 $Cu^{2+}$ 离子使玻璃呈蓝色，在玻璃配方中加入一些铜，会使黄色珠子的颜色变为绿色[13]。而白色眼底中检测出较高的 $Sb_2O_3$（5.10%）和 CaO（7.90%）。此外，在湖蓝色、棕色和深蓝色区域也检测到少量 $Sb_2O_3$。根据 OCT 和显微分析结果，推测可能是白色玻璃料在热镶嵌到基体时 $Sb_2O_3$ 的渗入所致。

## 表 10.3 淅川徐家岭十号墓蜻蜓眼珠残片 HX

| 测试颜色 | | $Na_2O$ | MgO | $Al_2O_3$ | $SiO_2$ | Cl | $K_2O$ | CaO | $TiO_2$ |
|---|---|---|---|---|---|---|---|---|---|
| mapping 区域 | | 9.78 | 0.63 | 4.14 | 70.56 | 0.45 | 0.84 | 9.29 | n.d. |
| 深蓝色 | 1 | 7.79 | 0.58 | n.d. | 76.3 | 0.49 | 1.01 | 8.32 | 0.09 |
| | 2 | 15.81 | 0.35 | n.d. | 70.48 | n.d. | 0.77 | 7.44 | 0.07 |
| | 3 | 2.37 | 1.02 | 1.36 | 78.33 | n.d. | 1.24 | 9.73 | 0.12 |
| | 4 | 6.26 | 0.48 | n.d. | 77.01 | 0.68 | 0.07 | 9.06 | 0.11 |
| | 5 | 12.74 | 0.38 | n.d. | 73.27 | n.d. | 0.85 | 8.00 | 0.08 |
| | average | 8.99 | 0.56 | 0.27 | 75.08 | 0.23 | 0.79 | 8.51 | 0.09 |
| | STD | 4.76 | 0.24 | 0.54 | 2.84 | 0.29 | 0.39 | 0.80 | 0.02 |
| 湖蓝色 | 1 | 8.75 | n.d. | 0.44 | 78.72 | 0.46 | 1.65 | 7.39 | 0.06 |
| | 2 | 20.07 | n.d. | 0.35 | 70.78 | 0.37 | 1.14 | 5.75 | 0.04 |
| | 3 | 0.34 | n.d. | 0.39 | 86.44 | 0.47 | 1.46 | 7.84 | 0.08 |
| | average | 9.72 | n.d. | 0.39 | 78.65 | 0.43 | 1.42 | 6.99 | 0.06 |
| | STD | 8.08 | n.d. | 0.04 | 6.39 | 0.04 | 0.21 | 0.90 | 0.02 |
| 棕色 | 1 | 22.11 | n.d. | 1.24 | 65.61 | 0.45 | 1.16 | 6.12 | 0.15 |
| | 2 | 2.41 | n.d. | 0.92 | 82.28 | 0.68 | 0.98 | 8.07 | 0.12 |
| | 3 | 1.53 | n.d. | 0.99 | 82.56 | 0.70 | 1.01 | 7.81 | 0.13 |
| | 4 | 1.35 | n.d. | 0.43 | 82.89 | 0.73 | 0.92 | 8.26 | 0.14 |
| | average | 6.85 | n.d. | 0.90 | 78.34 | 0.64 | 1.02 | 7.57 | 0.14 |
| | STD | 8.82 | n.d. | 0.29 | 7.35 | 0.11 | 0.09 | 0.85 | 0.01 |
| 白色 | 1 | 7.24 | 0.92 | 0.62 | 79.67 | 0.74 | 0.01 | 7.24 | 0.10 |
| | 2 | 0.49 | n.d. | 0.66 | 80.46 | 0.55 | 0.79 | 9.38 | n.d. |
| | 3 | 13.07 | n.d. | 0.69 | 75.46 | n.d. | 0.02 | 6.94 | n.d. |
| | 4 | 13.23 | 0.22 | n.d. | 71.58 | n.d. | n.d | 10.49 | n.d. |
| | 5 | 0.12 | n.d. | 0.92 | 82.18 | n.d. | 0.06 | 8.13 | n.d. |
| | 6 | 19.54 | n.d. | 0.28 | 68.26 | n.d. | 0.46 | 5.33 | n.d. |
| | 7 | 0.13 | n.d. | 0.38 | 78.26 | n.d. | 0.62 | 8.32 | n.d. |
| | 8 | 20.97 | n.d. | 0.79 | 64.94 | 0.39 | 0.47 | 7.36 | n.d. |
| | average | 9.35 | 0.14 | 0.54 | 75.10 | 0.21 | 0.30 | 7.90 | 0.01 |
| | STD | 8.07 | 0.30 | 0.28 | 5.83 | 0.28 | 0.29 | 1.47 | 0.03 |
| Lower detection limit（ppm） | | 350 | 150 | 100 | 50 | 10 | 10 | 10 | 1 |

注：① n.d.：not detected，即氧化物或元素浓度低于仪器检出限，未检测出该化学成分。② STD，标准偏差。

-M10 化学成分的 μ-XRF 测试结果（wt.%）

| $Fe_2O_3$ | CoO | CuO | $Sb_2O_3$ | $Mn_2O_3$ | ZnO | $SnO_2$ | PbO | $SO_3$ | SrO | BaO | $ZrO_2$ |
|---|---|---|---|---|---|---|---|---|---|---|---|
| 0.79 | 0.01 | 0.28 | 2.67 | 0.03 | n.d. | n.d. | n.d. | 0.46 | 0.03 | 0.03 | n.d. |
| 2.23 | 0.11 | 0.35 | 2.44 | n.d | 0.07 | 0.05 | 0.01 | 0.11 | 0.04 | n.d. | n.d. |
| 1.94 | 0.10 | 0.28 | 2.29 | n.d | 0.06 | 0.09 | 0.01 | 0.27 | 0.03 | n.d. | n.d. |
| 2.51 | 0.13 | 0.42 | 1.94 | n.d. | 0.08 | 0.09 | 0.01 | 0.50 | 0.05 | 0.12 | n.d. |
| 2.48 | 0.13 | 0.40 | 2.47 | n.d. | 0.08 | 0.12 | 0.01 | 0.42 | 0.06 | 0.16 | n.d. |
| 1.98 | 0.10 | 0.32 | 1.54 | n.d. | 0.06 | 0.10 | 0.01 | 0.37 | 0.04 | 0.17 | n.d. |
| 2.23 | 0.11 | 0.35 | 2.14 | n.d. | 0.07 | 0.09 | 0.01 | 0.33 | 0.04 | 0.09 | n.d. |
| 0.24 | 0.01 | 0.05 | 0.35 | n.d. | 0.01 | 0.02 | 0.00 | 0.13 | 0.01 | 0.08 | n.d. |
| 0.37 | n.d. | 1.04 | 0.35 | n.d. | n.d. | 0.19 | 0.06 | 0.41 | 0.04 | 0.08 | n.d. |
| 0.27 | n.d. | 0.72 | 0.10 | 0.01 | n.d. | 0.11 | 0.04 | 0.12 | 0.03 | 0.10 | n.d. |
| 0.41 | n.d. | 1.20 | 0.42 | n.d. | n.d. | 0.31 | 0.06 | 0.41 | 0.04 | 0.11 | n.d. |
| 0.35 | n.d. | 0.99 | 0.29 | n.d. | n.d. | 0.20 | 0.05 | 0.31 | 0.04 | 0.10 | n.d. |
| 0.06 | n.d. | 0.20 | 0.14 | 0.00 | n.d. | 0.08 | 0.01 | 0.14 | 0.00 | 0.01 | n.d. |
| 0.76 | n.d. | 0.01 | 1.82 | 0.06 | 0.01 | 0.05 | 0.01 | 0.41 | 0.03 | n.d. | n.d. |
| 0.94 | n.d. | 0.06 | 2.83 | 0.07 | 0.02 | 0.08 | 0.01 | 0.33 | 0.04 | 0.15 | n.d. |
| 0.93 | n.d. | 0.02 | 3.15 | 0.07 | 0.02 | 0.10 | 0.01 | 0.65 | 0.05 | 0.27 | n.d. |
| 0.97 | n.d. | 0.02 | 2.84 | 0.08 | 0.02 | 0.09 | 0.01 | 1.06 | 0.05 | 0.14 | 0.02 |
| 0.90 | n.d. | 0.03 | 2.66 | 0.07 | 0.02 | 0.08 | 0.01 | 0.61 | 0.04 | 0.14 | 0.01 |
| 0.08 | n.d. | 0.02 | 0.50 | 0.01 | 0.00 | 0.02 | 0.00 | 0.28 | 0.01 | 0.06 | 0.00 |
| 0.68 | n.d. | 0.01 | 2.09 | 0.05 | n.d. | 0.05 | 0.01 | 0.55 | 0.04 | n.d. | n.d. |
| 0.54 | n.d. | 0.02 | 6.32 | 0.03 | n.d. | 0.09 | 0.02 | 0.61 | 0.05 | n.d. | n.d. |
| 0.46 | n.d. | 0.01 | 2.61 | 0.02 | n.d. | 0.10 | 0.02 | 0.55 | 0.04 | n.d. | n.d. |
| 0.37 | n.d. | 0.01 | 3.33 | 0.02 | n.d. | 0.06 | 0.03 | 0.44 | 0.04 | 0.19 | n.d. |
| 0.57 | n.d. | 0.04 | 6.81 | 0.03 | n.d. | 0.11 | 0.02 | 0.63 | 0.05 | 0.34 | n.d. |
| 0.28 | n.d. | 0.01 | 5.22 | 0.01 | n.d. | 0.03 | 0.01 | 0.38 | 0.03 | 0.14 | n.d. |
| 0.59 | n.d. | 0.04 | 10.46 | 0.02 | n.d. | 0.22 | 0.05 | 0.64 | 0.05 | 0.24 | n.d. |
| 0.35 | n.d. | 0.01 | 3.94 | 0.02 | n.d. | 0.06 | 0.02 | 0.56 | 0.03 | 0.10 | n.d. |
| 0.48 | n.d. | 0.02 | 5.10 | 0.03 | n.d. | 0.09 | 0.02 | 0.55 | 0.04 | 0.13 | n.d. |
| 0.13 | n.d. | 0.01 | 2.57 | 0.01 | n.d. | 0.06 | 0.01 | 0.09 | 0.01 | 0.12 | n.d. |
| 1 | 1 | 1 | 1 | 1 | 0.1 | 1 | 0.5 | 10 | 0.1 | 1 | 0.1 |

下限基于尺寸为 7 毫米的光斑，检测下限取决于玻璃珠基质或共存元素。

为表征不同颜色区域的物相组成，利用共焦显微拉曼光谱仪对该蜻蜓眼玻璃珠进行了无损分析。深蓝色、湖蓝色、棕色和白色区域中存在明显的玻璃包络峰，在 $1000cm^{-1}$ 和 $500cm^{-1}$ 附近（图 10.10a），分别归属于硅氧键伸缩振动和弯曲振动，表明该蜻蜓眼珠主体为玻璃质材料。不过，通过共焦显微拉曼分析，在白色区域中很容易识别出晶相，其中大部分为六方晶系的锑酸钙（$CaSb_2O_6$）晶体，其拉曼特征峰位于 $234cm^{-1}$、$320cm^{-1}$、$332cm^{-1}$ 和 $668cm^{-1}$ 附近。在深蓝色眼珠中还发现六方晶系的 $CaSb_2O_6$ 晶体特征峰与 Si−O 键弯曲振动包络峰共存现象（图 10.10c），这与 μ−XRF 分析结果一致。此外，在白色眼底中检测到一组拉曼峰，位于 $261cm^{-1}$、$329cm^{-1}$、$480cm^{-1}$、$507cm^{-1}$、$567cm^{-1}$ 和 $791cm^{-1}$ 附近（图 10.10d），与奥长石 [Oligoclase，(Na、Ca)(Si、Al)$_4$O$_8$] 晶体的拉曼特征峰较为吻合 [14]，可能是未熔合的玻璃原料。

淅川徐家岭墓地出土的钠钙蜻蜓眼玻璃珠是先制作蓝绿色基体，然后在半凝固状态下将白色、棕色和深蓝色玻璃料依次嵌入到玻璃基体中。古代玻璃工匠有意识地选择不同的着色材料来呈现玻璃的多种色彩，深蓝色、湖蓝色和棕色分别由钴、铜、铁和锰离子着色。除过渡金属离子外，化合物晶体如六方晶系的 $CaSb_2O_6$ 是白色眼底的着色剂和乳浊剂。

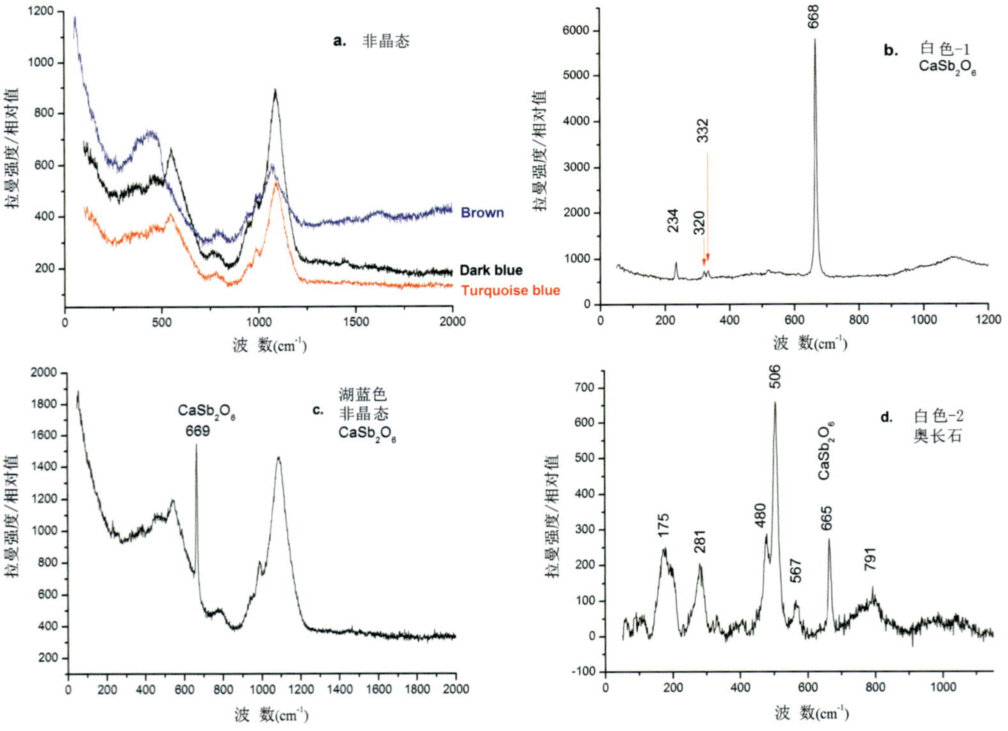


图 10.10 蜻蜓眼珠 HXX−M10 不同颜色区的特征拉曼图谱（λ =532 纳米）
a. 深蓝眼珠、湖蓝色基体和棕色眼圈的拉曼图谱　b. 白色圆圈中 $CaSb_2O_6$ 晶体
c. 湖蓝色基体中 $CaSb_2O_6$ 晶体和玻璃包络峰　d. 白色层中的奥长石和 $CaSb_2O_6$ 晶体

# 第二节　战国至汉代铅钡釉砂珠饰

## 一、 信阳楚墓出土铅钡釉砂珠科学研究

### 1. 铅钡釉砂珠及考古背景

信阳楚墓位于河南省信阳市北 20 千米的长台关西北小刘庄后的土岗上。岗脊上分布着 6 个土冢，淮河从岗南绕过，向东北流去，地势崎岖，甚为险要，相传岗东为战国时代的“楚王城”和“太子城”。1957 年和 1958 年分别发掘清理了 M1 和 M2，出土了铜器、漆器、木器、玉器、陶器、竹简、车马器和丝织品等众多精美文物 [15]。其中战国中期的 M1 出土了4颗蓝紫色釉砂珠（图10.11），体呈圆珠状，中有小穿孔，重0.09克—0.15克，直径 0.55 厘米—0.70 厘米，孔径 0.33 厘米—0.41 厘米，壁厚 0.34 厘米—0.45 厘米。

a．XYM1∶144 侧视图

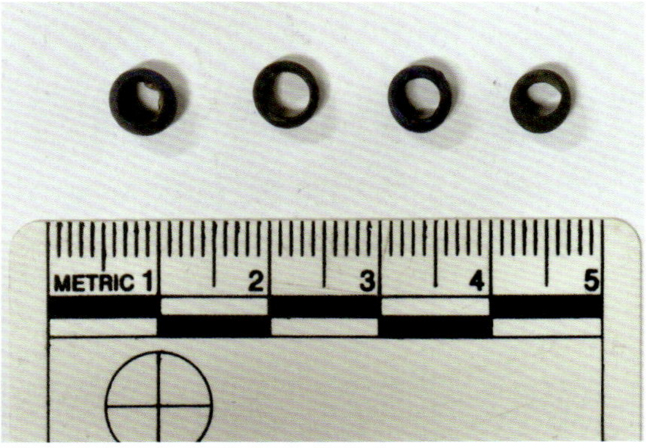


b．XYM1∶144 正视图

图 10.11　信阳楚墓出土的蓝紫色珠饰

### 2. 分析结果

（1）化学成分分析结果

pXRF 化学成分分析结果（表 10.4）显示，4 件紫色釉砂珠的主要化学组分为 PbO、

表 10.4 信阳楚墓铅钡釉砂

| 实验编号 | 仪器 | $Na_2O$ | MgO | $Al_2O_3$ | $SiO_2$ | $P_2O_5$ | $K_2O$ | CaO | $Fe_2O_3$ |
|---|---|---|---|---|---|---|---|---|---|
| | | wt.% | | | | | | | |
| XYM1∶144-1 | pXRF | 1.22 | 0.59 | 6.88 | 50.26 | 0.40 | 2.49 | 1.48 | 1.10 |
| XYM1∶144-2 | pXRF | 1.39 | 0.31 | 3.74 | 43.49 | 0.35 | 2.84 | 2.36 | 0.97 |
| XYM1∶144-3 | pXRF | 1.37 | 0.30 | 4.40 | 50.54 | 0.49 | 2.05 | 1.69 | 0.89 |
| XYM1∶144-4 | pXRF | 1.79 | 0.41 | 4.16 | 44.90 | 0.03 | 2.12 | 1.69 | 0.99 |
| XYM1∶144-1 | PIXE | 3.72 | 1.72 | 4.88 | 50.58 | / | 1.45 | 1.21 | 0.98 |
| XYM1∶144-2 | PIXE | 3.99 | 1.43 | 5.47 | 51.73 | 0.60 | 1.43 | 0.92 | 0.75 |

注：① n.d.：not detected，即氧化物或元素浓度低于仪器检出限，未检测出该化学成分。

BaO 和 $SiO_2$，含量分布范围分别为 18.37%—21.34%、11.08%—15.84% 和 43.49%—50.54%，且含有较高的 CuO（6.01%—8.59%），但 $Fe_2O_3$ 含量较低，基本低于 1%，未检测到 MnO。这些紫色珠饰的着色与 CuO 密切相关。另外，也选取了其中 2 颗釉砂珠（XYM1∶144-1 和 XYM1∶144-2）采用 PIXE 进行对比分析（见表 10.4），与 pXRF 测试结果基本一致，但 PbO 含量偏低，约 10%，可能是仪器系统误差或釉砂珠不均匀所致。

（2）物相分析结果

选取其中 3 件进行 XRD 物相分析，结果（图 10.12）显示，这些铅钡釉砂珠的表面存在明显非晶化现象，未检出明显晶体 X 射线衍射峰，说明信阳楚墓出土的这些紫色珠饰存在一定的玻璃化。

为进一步探索这些珠饰的物相结构和着色剂，采用共焦显微拉曼光谱仪对这 4 件紫色珠饰进行微区分析，结果显示，4 件铅钡釉砂珠中均检测出较多中国蓝（Chinese blue）的特征峰（图 10.13），主要在 $91cm^{-1}$、$125cm^{-1}$、$376cm^{-1}$、$420cm^{-1}$、$783cm^{-1}$、$980cm^{-1}$ 和 $1094cm^{-1}$ 附近。在釉砂珠 XYM1∶144-2 中还检测出中国蓝与中国紫（Chinese purple）共存现象。中国紫的主要拉曼特征峰在 $173cm^{-1}$、$281cm^{-1}$、$472cm^{-1}$、$505cm^{-1}$

## 朱化学成分的 pXRF 测试结果

| CuO | PbO | BaO | $V_2O_5$ | MnO | $SO_3$ | Cr | Ni | Zn | Sr | Zr |
|---|---|---|---|---|---|---|---|---|---|---|
| | | | | | | μg/g | | | | |
| 6.12 | 18.37 | 11.08 | n.d. | n.d. | n.d. | 424 | n.d. | 76 | 534 | 63 |
| 7.37 | 21.34 | 15.84 | n.d. | n.d. | n.d. | 520 | 11 | 112 | 660 | 72 |
| 6.01 | 20.51 | 11.76 | n.d. | n.d. | n.d. | 427 | n.d. | 48 | 496 | n.d. |
| 8.59 | 20.24 | 15.09 | n.d. | n.d. | n.d. | 283 | 18 | 95 | 499 | 50 |
| 8.61 | 10.39 | 12.51 | 0.31 | n.d. | 1.72 | n.d. | n.d. | n.d. | n.d. | n.d. |
| 7.40 | 9.99 | 12.49 | 0.12 | 0.08 | 2.14 | n.d. | n.d. | n.d. | n.d. | n.d. |

附近（图 10.13c），与文献 [16, 17] 中中国蓝和中国紫拉曼峰较为吻合。

此外，在 XYM1∶144−1 和 XYM1∶144−3 中还检测到未熔融的石英晶体及共存的中国蓝晶体（图 10.13d、图 10.13e）。由此可知，信阳楚墓出土的紫色釉砂珠的着色剂为人工合成硅酸钡铜化合物晶体（中国蓝、中国紫），而非 Cu 离子。虽然珠饰表面部分已

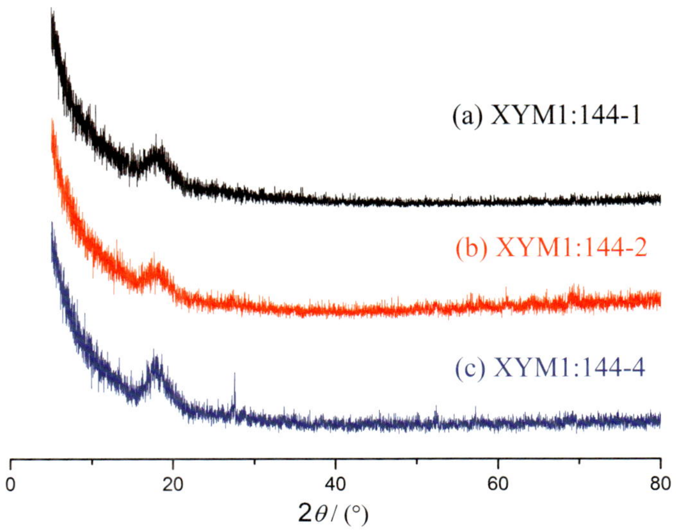


图 10.12　信阳楚墓出土蓝紫色珠饰的 XRD 图谱

玻璃化，但还存在较多的化合物晶体，尚未形成铅钡玻璃，当属于铅钡釉砂。

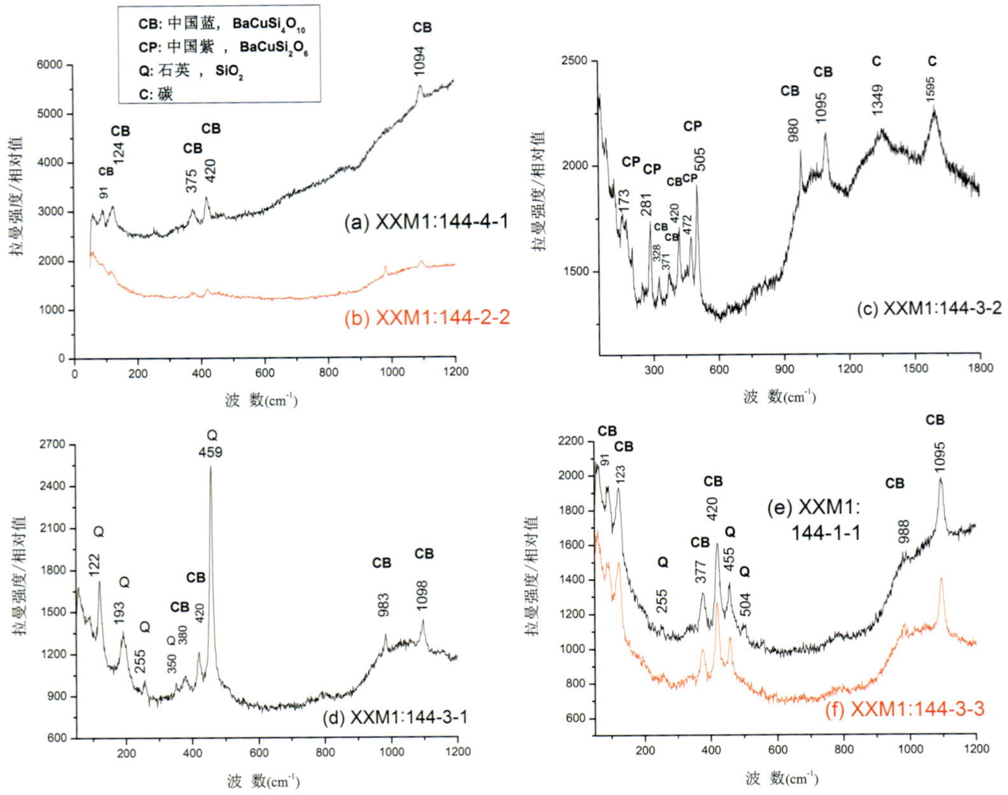


图 10.13　信阳楚墓出土蓝紫色珠饰的特征拉曼图谱（λ =532 纳米）

## 二、郑州二里岗出土铅钡釉砂珠科学研究

### 1．铅钡釉砂珠及考古背景

二里岗战国墓地位于河南省郑州市管城回族区二里岗，1953 年河南省文化局文物工作队对其进行了发掘，共清理墓葬 212 座，主要为土坑墓和竖穴空心砖墓两种。发掘出土陶器 684 件、铜器 582 件。根据其陶器组合，可分战国中期、战国中期偏晚和战国晚期三个时期。二里岗战国墓地的发掘对揭示战国时期社会、家族组织、经济生活等以及建立郑州地区战国墓葬年系表，具有重要意义 [18]。其中战国晚期晚段的 M11、M47、M48、M142、M269、M272 和 M307 中出土了一批多色蜻蜓眼珠（图 10.14a—图 10.14n），其胎体可分为两种：一种为较细腻的灰白色，一种为粗糙的深灰色。胎体表面先施釉一层类似化妆土的白色底层，然后再在白色层上施红蓝相间的几何彩绘，眼多为蓝色和黄色。铅钡釉砂 ZEM48 : 5-2 的蓝色装饰为变形龙纹。此外，在战国中期晚段

M420 中出土 1 件与上述略有不同的蜻蜓眼珠 ZEM420∶3（图 10.14o），直径约 1 厘米，风化严重，但烧结程度较高，珠体为浅绿色，施白色大眼圈，白色眼圈上施棕色眼纹，中间再点缀深蓝色眼珠，眼珠大多已脱落，孔壁呈浅黄色。

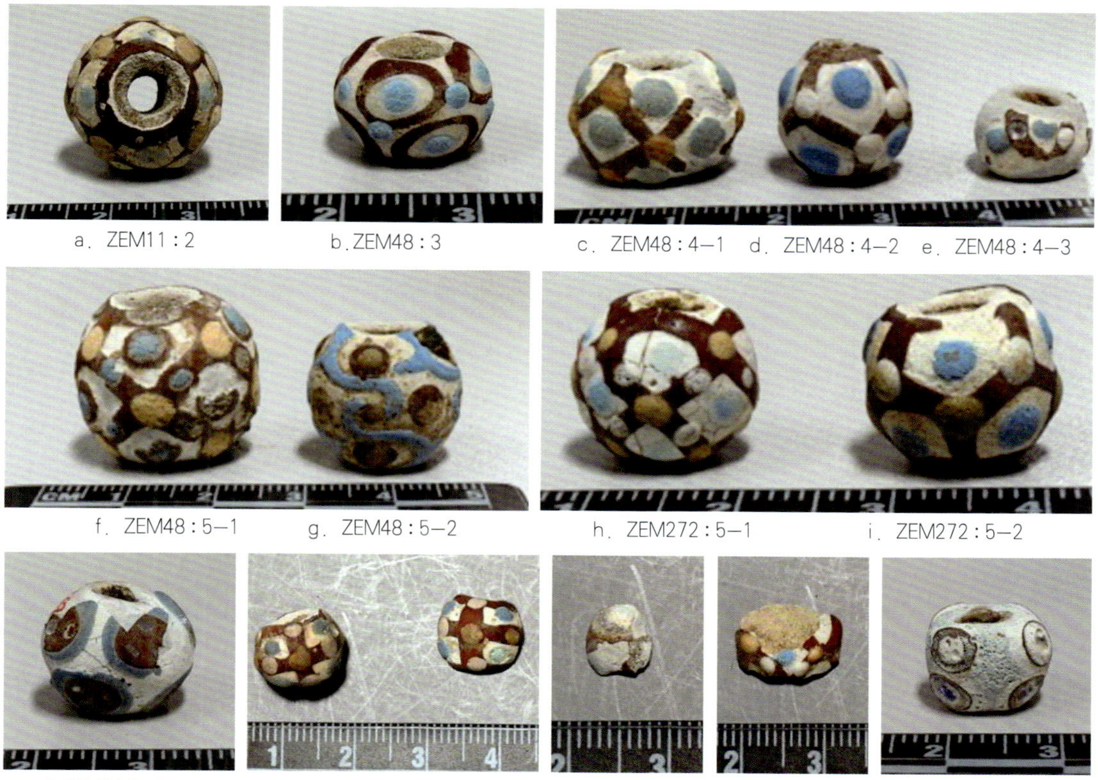

a. ZEM11∶2　b. ZEM48∶3　c. ZEM48∶4—1　d. ZEM48∶4—2　e. ZEM48∶4—3

f. ZEM48∶5—1　g. ZEM48∶5—2　h. ZEM272∶5—1　i. ZEM272∶5—2

j. ZEM269∶7　k. ZEM307∶11—1　l. ZEM307∶11—2　m. ZEM11∶8　n. ZEM272∶5—3　o. ZEM420∶3

图 10.14　郑州二里岗墓地出土战国中晚期多色蜻蜓眼珠

## 2. 分析结果

（1）化学成分分析结果

pXRF 化学成分分析结果（表 10.5）显示，郑州二里岗多色蜻蜓眼珠均含有较高的 PbO 和 $SiO_2$，含量分布范围较大，PbO 一般在 15%—33%，也有少数小于 10%，$SiO_2$ 含量在 21%—68%。相对而言，蓝色、深棕色和白色装饰层中 BaO 含量较高，可达 28%，而灰色胎体中 BaO 含量较少，甚至不含 BaO。$Al_2O_3$ 含量皆低于 12%，一般在 6% 左右，蓝色区域含有较高的 CuO（1.96%—10.64%），红色、棕色和黄色区域含有较高的 $Fe_2O_3$（1.83%—21.02%）。另外，蜻蜓眼珠 ZEM48∶5—2 的绿色部位含有高达 45.76% 的 CuO。值得注意的是，蜻蜓眼珠的白色、黄色等装饰区域中大都检测出 CaO 和 $P_2O_5$，尤其在灰色胎体中含量更高，分别可达 25% 和 10.86%。

## 表 10.5 郑州二里岗墓地多色蜻

| 编号 | 测试区域 | BaO | PbO | $Na_2O$ | MgO | $Al_2O_3$ | $SiO_2$ | $P_2O_5$ | $K_2O$ | CaO |
|---|---|---|---|---|---|---|---|---|---|---|
| | | wt.% | | | | | | | | |
| ZEM11:2 | 白色 | 4.98 | 21.64 | 1.01 | 0.39 | 6.11 | 48.06 | 2.04 | 1.57 | 4.48 |
| ZEM11:2 | 蓝色 | 5.99 | 13.60 | 0.95 | 0.34 | 3.71 | 58.79 | 3.36 | 0.58 | 5.12 |
| ZEM11:2 | 深棕色 | 5.34 | 18.62 | 0.96 | 0.33 | 3.27 | 31.34 | 7.90 | 1.06 | 8.05 |
| ZEM11:2 | 黄色 | 9.41 | 17.44 | 0.94 | 0.11 | 5.06 | 21.39 | 10.86 | 1.05 | 8.29 |
| ZEM269:7 | 白色 | tr | 19.66 | 0.95 | 1.35 | 6.61 | 67.07 | 2.32 | 2.29 | 9.69 |
| ZEM269:7 | 灰色 | tr | 26.85 | 0.94 | 6.81 | 5.15 | 52.55 | 8.47 | 1.49 | 25.0 |
| ZEM269:7 | 深棕色 | tr | 29.11 | 0.92 | 0.47 | 7.12 | 43.63 | 0.83 | 2.14 | 5.89 |
| ZEM269:7 | 蓝色 | 0.73 | 18.61 | 1.03 | 0.65 | 5.12 | 61.54 | 1.62 | 1.81 | 2.74 |
| ZEM269:7 | 内芯基体 | tr | 9.27 | 0.93 | 1.76 | 4.67 | 55.47 | 17.59 | 2.05 | 35.0 |
| ZEM269:7 | 灰色 2 | tr | 28.99 | 0.95 | 5.35 | 6.04 | 55.63 | 6.53 | 1.93 | 21.2 |
| ZEM11:8 | 基体内芯 | tr | 10.93 | 0.96 | 7.67 | 5.62 | 63.94 | 8.35 | 3.19 | 25.8 |
| EZM11:8 | 白色 | n.d. | 6.19 | 0.96 | 5.29 | 3.73 | 44.09 | 5.53 | 2.07 | 17.2 |
| ZEM11:8 | 深棕色 | 0.06 | 31.86 | 0.94 | 0.33 | 4.63 | 32.03 | 0.46 | 1.02 | 2.8 |
| ZEM48:5-1 | 蓝色 | 4.63 | 17.81 | 0.95 | 0.21 | 4.50 | 35.93 | 0.93 | 0.57 | 4.7 |
| ZEM48:5-1 | 黄色 | 3.84 | 28.78 | 0.94 | 0.55 | 6.80 | 26.10 | 1.26 | 1.59 | 7.3 |
| ZEM48:5-1 | 深棕色 | 2.56 | 25.46 | 0.96 | 0.65 | 6.88 | 42.19 | 1.38 | 1.05 | 7.2 |
| ZEM48:5-1 | 白色 | 0.16 | 32.47 | 0.97 | 0.37 | 8.87 | 29.54 | 1.48 | 2.13 | 7.3 |
| ZEM48:5-1 | 基体内芯 | tr | 17.90 | 0.92 | 3.04 | 6.72 | 45.73 | 6.33 | 2.10 | 18.7 |
| ZEM48:5-2 | 蓝色 | 8.19 | 20.69 | 0.94 | 0.27 | 3.89 | 42.01 | 0.94 | 1.10 | 2.3 |
| ZEM48:5-2 | 白色 | 5.67 | 22.90 | 0.97 | 0.25 | 5.19 | 51.02 | 1.27 | 1.37 | 2.5 |
| ZEM48:5-2 | 深棕色 | 5.23 | 21.25 | 0.92 | 0.51 | 7.05 | 35.98 | 2.72 | 2.30 | 6.6 |

## 眼珠化学成分的 pXRF 分析结果

| $TiO_2$ | $Fe_2O_3$ | CuO | $SnO_2$ | Rb | Sr | Zr | Cr | Mn | Ni | Zn | Ba |
|---|---|---|---|---|---|---|---|---|---|---|---|
| | | | | μg/g | | | | | | | |
| / | 0.52 | 0.97 | 0.06 | n.d. | 698 | 113 | 463 | 286 | 11 | n.d. | M |
| / | 0.86 | 7.08 | 0.04 | n.d. | 629 | 103 | 747 | 437 | n.d. | 125 | M |
| / | 15.06 | 1.26 | 0.05 | n.d. | 508 | 76 | 289 | 187 | 6 | 95 | M |
| / | 6.82 | 1.32 | 0.04 | n.d. | 372 | 73 | 607 | 253 | n.d. | 64 | M |
| 0.36 | 5.26 | 2.29 | 0.05 | n.d. | 297 | 70 | 71 | 666 | 9 | 91 | 89 |
| 0.22 | 0.92 | 1.14 | 0.04 | n.d. | 281 | 74 | 170 | 3703 | 32 | 60 | 27 |
| 0.24 | 15.40 | 0.55 | 0.05 | n.d. | 100 | 30 | n.d. | 613 | 31 | 71 | 89 |
| / | 0.39 | 3.96 | 0.05 | 8 | 465 | 85 | 401 | 738 | n.d. | 115 | M |
| 0.18 | 1.27 | 0.49 | 0.04 | n.d. | 417 | 68 | 258 | 3138 | n.d. | 154 | 57 |
| 0.24 | 0.92 | 0.85 | 0.05 | n.d. | 258 | 62 | 149 | 2945 | 47 | 63 | 35 |
| 0.18 | 1.53 | 0.54 | 0.05 | 0.8 | 418 | 93 | 121 | 1397 | n.d. | 17 | 42 |
| 0.19 | 1.52 | 0.38 | 0.02 | n.d. | 289 | 44 | 137 | 206 | n.d. | n.d. | n.d. |
| / | 1.83 | 0.30 | 0.07 | n.d. | 173 | 38 | 213 | 98 | n.d. | n.d. | 103 |
| / | 2.08 | 4.59 | 0.12 | n.d. | 502 | 66 | 476 | 254 | 12 | 105 | M |
| / | 3.73 | 0.10 | 0.15 | n.d. | 208 | 52 | 617 | 286 | n.d. | 74 | M |
| / | 5.70 | 3.14 | 0.18 | n.d. | 339 | 66 | 419 | 270 | 3 | 112 | M |
| / | 4.52 | 0.15 | 0.12 | n.d. | 271 | 70 | 354 | 212 | n.d. | 36 | M |
| .36 | 1.05 | 0.08 | 0.05 | n.d. | 372 | 80 | 96 | 167 | 6 | 39 | 48 |
| / | 0.40 | 6.10 | 0.07 | n.d. | 864 | 131 | 806 | 475 | n.d. | 137 | M |
| / | 0.73 | 3.85 | 0.05 | n.d. | 745 | 118 | 700 | 381 | n.d. | 86 | 241 |
| / | 9.16 | 2.94 | 0.06 | n.d. | 432 | 79 | 194 | 527 | 7 | 107 | M |

| 编号 | 测试区域 | BaO | PbO | $Na_2O$ | MgO | $Al_2O_3$ | $SiO_2$ | $P_2O_5$ | $K_2O$ | CaO |
|---|---|---|---|---|---|---|---|---|---|---|
| | | wt.% | | | | | | | | |
| ZEM48:5−2 | 黄色 | 5.32 | 19.95 | 0.95 | 0.24 | 5.65 | 28.58 | 4.01 | 1.69 | 5.53 |
| ZEM48:5−2 | 绿色 | 1.76 | 3.02 | 1.14 | 0.22 | 2.72 | 26.87 | 1.37 | 0.80 | 4.75 |
| ZEM48:5−2 | 基体内芯 | n.d. | 3.79 | 0.96 | 1.32 | 6.23 | 50.50 | 7.03 | 2.89 | 14.53 |
| ZEM307:11−1 | 蓝色 | 2.95 | 22.42 | 0.95 | 0.83 | 8.93 | 45.01 | 0.54 | 3.50 | 4.02 |
| ZEM307:11−1 | 黄色 | 1.13 | 29.37 | 0.97 | 0.99 | 8.85 | 39.39 | 0.72 | 2.38 | 3.90 |
| ZEM307:11−1 | 深棕色 | 0.61 | 27.90 | 0.96 | 0.89 | 9.02 | 41.05 | 0.67 | 3.40 | 4.43 |
| ZEM307:11−1 | 白色 | 4.97 | 33.42 | 1.03 | 0.37 | 6.35 | 39.05 | 0.30 | 1.76 | 3.42 |
| ZEM307:11−1 | 灰色 | n.d. | 23.70 | 0.94 | 1.66 | 7.77 | 43.55 | 2.19 | 4.62 | 10.9 |
| ZEM307:11−2 | 基体内芯 | tr | 7.09 | 1.01 | 4.06 | 6.20 | 57.76 | 6.24 | 1.62 | 21.5 |
| ZEM307:11−2 | 白色 | 2.21 | 27.47 | 1.00 | 0.18 | 6.57 | 44.29 | 0.51 | 1.42 | 3.31 |
| ZEM307:11−2 | 黄色 | 3.48 | 33.17 | 0.97 | 0.30 | 6.48 | 28.89 | 1.84 | 1.39 | 3.61 |
| ZEM307:11−2 | 蓝色 | 4.34 | 25.58 | 1.00 | 0.22 | 3.33 | 36.11 | 0.54 | 1.43 | 1.94 |
| ZEM48:3 | 白色（较窄） | 6.92 | 19.66 | 1.02 | 0.24 | 3.92 | 36.93 | 0.59 | 1.14 | 4.0 |
| ZEM48:3 | 蓝色 | 10.77 | 15.58 | 1.02 | 0.34 | 3.73 | 45.77 | 0.43 | 1.10 | 2.4 |
| ZEM48:3 | 深棕色 | 6.21 | 17.47 | 0.97 | 0.39 | 3.66 | 32.44 | 1.54 | 1.55 | 5.1 |
| ZEM48:3 | 基体内芯 | 6.82 | 16.44 | 0.93 | 0.39 | 4.98 | 33.62 | 1.48 | 2.22 | 8.4 |
| ZEM420:3 | 深蓝色 | 25.78 | 15.73 | 0.98 | 0.37 | 11.40 | 32.80 | 0.50 | 2.25 | 5.6 |
| ZEM420:3 | 深棕色 | 24.05 | 12.74 | 1.01 | 0.24 | 11.64 | 29.05 | 0.25 | 2.29 | 5.0 |
| ZEM420:3 | 白色 | 23.20 | 16.82 | 0.99 | 0.30 | 11.80 | 33.74 | 0.45 | 1.96 | 6.4 |
| ZEM420:3 | 浅蓝色 | 28.64 | 8.79 | 1.09 | 0.61 | 10.63 | 38.11 | 0.36 | 2.37 | 3.8 |
| ZEM48:4−1 | 黄色 | 3.77 | 22.52 | 1.00 | 1.43 | 9.92 | 42.44 | 1.12 | 2.01 | 9.4 |
| ZEM48:4−1 | 深棕色 | 4.45 | 19.67 | 1.03 | 0.92 | 8.23 | 50.32 | 1.12 | 1.26 | 4.8 |
| ZEM48:4−1 | 蓝色 | 7.61 | 22.52 | 1.02 | 0.45 | 4.85 | 57.17 | 1.15 | 1.04 | 3.0 |

续表

| $TiO_2$ | $Fe_2O_3$ | CuO | $SnO_2$ | Rb | Sr | Zr | Cr | Mn | Ni | Zn | Ba |
|---|---|---|---|---|---|---|---|---|---|---|---|
| | | | | μg/g | | | | | | | |
| / | 7.21 | 2.32 | 0.05 | n.d. | 419 | 68 | 417 | 210 | n.d. | 84 | M |
| / | 1.72 | 45.76 | 0.78 | n.d. | 105 | 46 | 22 | 201 | 114 | 1156 | M |
| 0.23 | 1.74 | 1.60 | 0.04 | n.d. | 376 | 81 | 121 | 329 | n.d. | 72 | n.d. |
| / | 0.73 | 2.06 | 0.05 | n.d. | 643 | 105 | 326 | 371 | 12 | 97 | M |
| / | 2.32 | 0.84 | 0.06 | n.d. | 372 | 61 | 295 | 203 | 6 | 14 | M |
| / | 3.95 | 0.54 | 0.07 | n.d. | 324 | 65 | 202 | 283 | 14 | 73 | M |
| / | 1.07 | 0.57 | 0.06 | n.d. | 441 | 66 | 434 | 219 | n.d. | 21 | M |
| 0.51 | 3.36 | 0.48 | 0.05 | n.d. | 502 | 122 | 238 | 257 | 10 | 19 | n.d. |
| 0.20 | 1.49 | 1.56 | 0.03 | n.d. | 586 | 123 | 156 | 1648 | n.d. | 88 | 60 |
| / | 1.46 | 1.00 | 0.05 | n.d. | 460 | 85 | 474 | 265 | 8 | 62 | M |
| / | 6.53 | 1.32 | 0.05 | n.d. | 294 | 66 | 581 | 189 | n.d. | 32 | M |
| / | 2.29 | 3.27 | 0.06 | n.d. | 515 | 79 | 489 | 233 | 3 | 139 | M |
| / | 8.94 | 0.61 | 0.05 | n.d. | 206 | 42 | 274 | 69 | 16 | 36 | M |
| / | 0.85 | 4.32 | 0.04 | n.d. | 548 | 73 | 824 | 283 | n.d. | 117 | M |
| / | 2.97 | 0.72 | 0.04 | n.d. | 299 | 55 | 306 | 190 | n.d. | 31 | M |
| / | 4.76 | 0.82 | 0.06 | n.d. | 329 | 87 | 264 | 210 | n.d. | 27 | M |
| / | 2.32 | 2.47 | 0.14 | n.d. | 637 | 109 | 1068 | 446 | 31 | 77 | M |
| / | 2.37 | 0.37 | 0.12 | n.d. | 664 | 115 | 874 | 342 | n.d. | 20 | M |
| / | 1.26 | 0.46 | 0.11 | n.d. | 632 | 126 | 965 | 347 | 5 | 15 | M |
| / | 0.36 | 1.96 | 0.12 | n.d. | 1391 | 215 | 1044 | 488 | 17 | 32 | M |
| / | 8.08 | 0.36 | 0.06 | n.d. | 243 | 67 | 192 | 142 | 5 | 63 | M |
| / | 2.96 | 1.73 | 0.05 | n.d. | 497 | 109 | 575 | 253 | n.d. | 33 | M |
| / | 0.46 | 3.97 | 0.05 | n.d. | 747 | 117 | 616 | 275 | n.d. | 108 | M |

| 编号 | 测试区域 | BaO | PbO | $Na_2O$ | MgO | $Al_2O_3$ | $SiO_2$ | $P_2O_5$ | $K_2O$ | CaO |
|---|---|---|---|---|---|---|---|---|---|---|
| | | wt.% | | | | | | | | |
| ZEM48：4-1 | 白色 | 3.13 | 21.69 | 0.99 | 0.71 | 7.51 | 47.86 | 1.36 | 1.16 | 6.14 |
| ZEM48：4-1 | 灰色 | n.d. | 17.59 | 1.00 | 3.34 | 8.22 | 53.83 | 5.24 | 4.60 | 18.32 |
| ZEM48：4-2 | 蓝色 | 14.56 | 8.62 | 0.97 | 0.42 | 2.53 | 46.04 | 1.04 | 0.97 | 2.09 |
| EZM48：4-2 | 深棕色 | 11.60 | 15.83 | 0.97 | 2.35 | 10.96 | 42.93 | 1.00 | 1.39 | 8.37 |
| ZEM48：4-2 | 白色 | 9.60 | 17.57 | 1.10 | 1.21 | 7.89 | 53.22 | 1.06 | 1.71 | 5.81 |
| ZEM48：4-3 | 蓝色 | 1.11 | 14.47 | 0.97 | 0.80 | 5.99 | 38.12 | 1.91 | 2.10 | 5.48 |
| ZEM48：4-3 | 深棕色 | n.d. | 8.66 | 0.99 | 0.79 | 6.93 | 24.20 | 0.87 | 0.79 | 5.21 |
| ZEM48：4-3 | 白色 | 1.00 | 15.28 | 1.03 | 0.66 | 8.40 | 40.74 | 1.53 | 0.88 | 4.92 |
| ZEM48：4-3 | 灰色 | n.d. | 30.18 | 0.95 | 2.26 | 10.31 | 53.37 | 6.00 | 3.81 | 17.0 |
| ZEM272：5-1 | 深棕色 | 2.63 | 17.42 | 0.93 | 0.73 | 7.42 | 36.96 | 1.89 | 1.81 | 7.48 |
| ZEM272：5-1 | 蓝色 | 3.76 | 17.54 | 1.02 | 0.42 | 5.21 | 51.80 | 0.70 | 1.31 | 1.80 |
| ZEM272：5-1 | 白色 | 3.53 | 22.08 | 1.02 | 0.34 | 7.47 | 47.65 | 0.64 | 1.63 | 3.88 |
| ZEM272：5-1 | 黄色 | 3.43 | 20.66 | 0.95 | 0.50 | 7.85 | 35.02 | 0.35 | 1.23 | 9.93 |
| ZEM272：5-1 | 基体内芯 | 1.61 | 16.79 | 0.93 | 0.65 | 6.33 | 32.75 | 1.46 | 1.51 | 7.86 |
| ZEM272：5-3 | 蓝色 | 2.49 | 10.68 | 0.93 | 0.54 | 5.77 | 34.12 | 2.20 | 1.45 | 7.26 |
| ZEM272：5-3 | 白色 | 3.69 | 19.89 | 0.95 | 0.34 | 4.67 | 29.92 | 1.24 | 1.19 | 5.18 |
| ZEM272：5-3 | 基体内芯 | tr | 5.53 | 1.00 | 1.98 | 7.64 | 38.01 | 11.38 | 3.37 | 25.5 |
| ZEM272：5-2 | 蓝色 | 4.41 | 18.61 | 0.96 | 0.37 | 4.57 | 39.78 | 0.59 | 2.70 | 3.11 |
| ZEM272：5-2 | 深棕色 | 5.85 | 22.23 | 0.98 | 0.34 | 4.58 | 35.71 | 0.99 | 1.14 | 3.76 |
| ZEM272：5-2 | 白色 | tr | 9.45 | 0.97 | 2.47 | 6.65 | 50.02 | 4.15 | 5.12 | 13.8 |
| ZEM272：5-2 | 黄色 | 6.88 | 21.28 | 0.96 | 0.23 | 4.59 | 26.04 | 0.36 | 1.25 | 4.36 |
| ZEM272：5-2 | 基体内芯 | tr | 2.22 | 0.95 | 5.17 | 4.39 | 41.65 | 8.16 | 2.23 | 26.3 |

注：① n.d.：not detected，即氧化物或元素浓度低于仪器检出限，未检测出该化学成分。②由于谱线重叠，Ba

续表

| $TiO_2$ | $Fe_2O_3$ | CuO | $SnO_2$ | Rb | Sr | Zr | Cr | Mn | Ni | Zn | Ba |
|---|---|---|---|---|---|---|---|---|---|---|---|
| | | | | μg/g | | | | | | | |
| / | 7.02 | 1.61 | 0.04 | 1 | 467 | 89 | 406 | 149 | 20 | 103 | M |
| 0.48 | 0.98 | 0.16 | n.d. | n.d. | 410 | 82 | 179 | 170 | n.d. | 2 | n.d. |
| / | 0.28 | 10.64 | 0.05 | n.d. | 986 | 128 | 945 | 559 | 15 | 181 | n.d. |
| / | 21.02 | 0.28 | 0.04 | n.d. | 435 | 80 | 131 | 167 | 81 | 106 | n.d. |
| / | 6.27 | 0.18 | 0.04 | n.d. | 495 | 68 | 462 | 129 | 12 | 40 | n.d. |
| / | 0.59 | 3.73 | 0.04 | n.d. | 581 | 90 | 625 | 165 | n.d. | 139 | n.d. |
| 0.28 | 2.85 | 0.13 | 0.02 | n.d. | 98 | 20 | 119 | 58 | n.d. | 17 | n.d. |
| / | 0.60 | 2.27 | 0.03 | n.d. | 419 | 90 | 479 | 189 | n.d. | 68 | / |
| 0.47 | 0.80 | 0.15 | 0.05 | n.d. | 336 | 82 | 226 | 167 | 10 | 25 | n.d. |
| / | 14.20 | 0.93 | 0.05 | n.d. | 360 | 90 | 120 | 247 | 44 | 68 | M |
| / | 0.87 | 3.12 | 0.05 | n.d. | 654 | 149 | 805 | 336 | 9 | 49 | M |
| / | 4.60 | 0.39 | 0.06 | n.d. | 580 | 128 | 611 | 166 | 14 | 88 | M |
| / | 8.34 | 0.44 | 0.06 | n.d. | 542 | 122 | 575 | 105 | 2 | 59 | M |
| / | 11.45 | 0.80 | 0.04 | n.d. | 402 | 97 | 144 | 199 | 60 | 101 | M |
| / | 2.11 | 2.86 | 0.04 | n.d. | 533 | 119 | 587 | 296 | 5 | 113 | M |
| / | 9.90 | 0.61 | 0.05 | n.d. | 461 | 83 | 401 | 117 | 9 | 97 | M |
| 0.25 | 2.68 | 0.69 | 0.06 | 22 | 453 | 211 | 119 | 478 | 13 | 10 | 52 |
| / | 3.17 | 2.66 | 0.06 | 1 | 649 | 113 | 900 | 264 | n.d. | 113 | M |
| / | 6.78 | 0.57 | 0.06 | n.d. | 573 | 100 | 525 | 170 | 7 | 72 | M |
| 0.48 | 0.80 | 0.77 | 0.04 | n.d. | 612 | 121 | 312 | 305 | 1 | 23 | 78 |
| / | 6.14 | 1.32 | 0.05 | n.d. | 383 | 85 | 832 | 252 | n.d. | 123 | M |
| 0.20 | 2.16 | 0.94 | 0.02 | n.d. | 556 | 112 | 126 | 313 | 2 | 24 | 60 |

勺不计算 Ti 含量，用“/”表示。③ tr：表示该元素含量为微量；M：表示该元素含量为主量。

(2) 物相分析结果

采用共焦显微拉曼光谱仪对蜻蜓眼珠的不同区域进行了微区物相分析，通过与数据库对比，主要物相如表10.6所示，典型拉曼图谱见图10.15—图10.22。多色蜻蜓眼珠的表面和胎体均检测到玻璃态包络峰，如蜻蜓眼珠ZEM272∶5−3−17的棕色眼珠部位

**表10.6 郑州二里岗墓地多色蜻蜓眼珠主要物相**

| 编号 | 白色颗粒 | 棕色 | 蓝色 | 紫色 | 绿色 |
|---|---|---|---|---|---|
| ZEM420∶3 | | 赤铁矿 | | 中国蓝、中国紫、石英 | |
| ZEM11∶2 | 石英、磷酸钙、方解石、钙长石 | 赤铁矿、碳 | 中国蓝、石英 | | |
| ZEM11∶8 | 透辉石、碳、磷酸钙 | 赤铁矿 | | | |
| ZEM48∶4−1 | 磷酸钙、方解石 | 赤铁矿 | 中国蓝、石英 | | |
| ZEM48∶4−2 | 石英＋包络、石英 | 赤铁矿、石英 | 中国蓝、石英 | | |
| ZEM48∶4−3 | | 赤铁矿 | 中国蓝、石英 | | |
| ZEM48∶5−1 | 透辉石、白铅矿 | 赤铁矿、碳 | 中国蓝、石英 | | |
| ZEM48∶5−2 | 石英、重晶石、磷酸钙 | 赤铁矿 | 中国蓝、石英 | | |
| ZEM269∶7 | 透辉石、石英 | 赤铁矿、碳、石英 | 中国蓝、石英 | | |
| ZEM272∶5−1 | 透辉石、石英 | | 中国蓝、中国紫 | | 孔雀石 |
| ZEM272∶5−2 | 透辉石、钙长石 | 赤铁矿 | 中国蓝 | | |
| ZEM272∶5−3 | 磷酸钙、石英、透辉石、玻璃态包络 | 赤铁矿 | 中国蓝、中国紫、石英 | | |
| ZEM307∶11−1 | 石英、磷酸钙、透辉石 | 赤铁矿＋碳 | 中国蓝、石英 | | |
| ZEM307∶11−2 | 透辉石、磷酸钙、石英 | 赤铁矿 | | | |

（图 10.15a）。在蜻蜓眼珠如 ZEM48∶4–2–10 的白色区域（图 10.15b）和 ZEM272∶5–3–15 的灰色胎体（图 10.15c）中，分别发现了玻璃态包络与石英和玻璃态包络与透辉石（Diopside，$CaMgSi_2O_6$）共存现象。

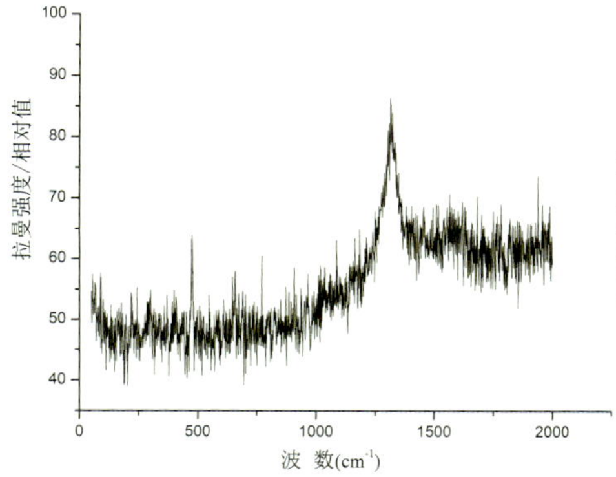


a．ZEM272∶5–3–17，棕色眼珠

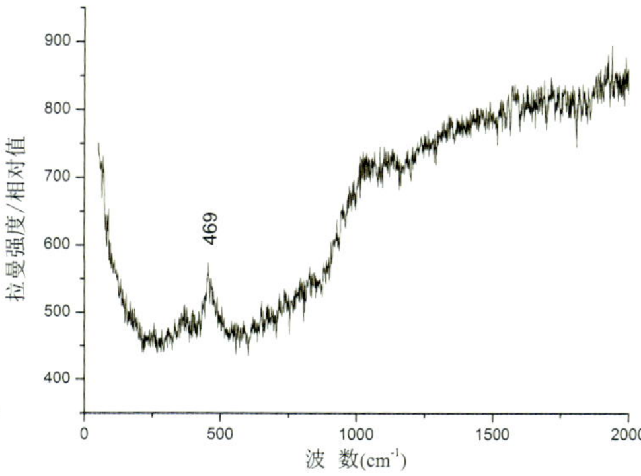


b．ZEM48∶4–2–10，白色，石英

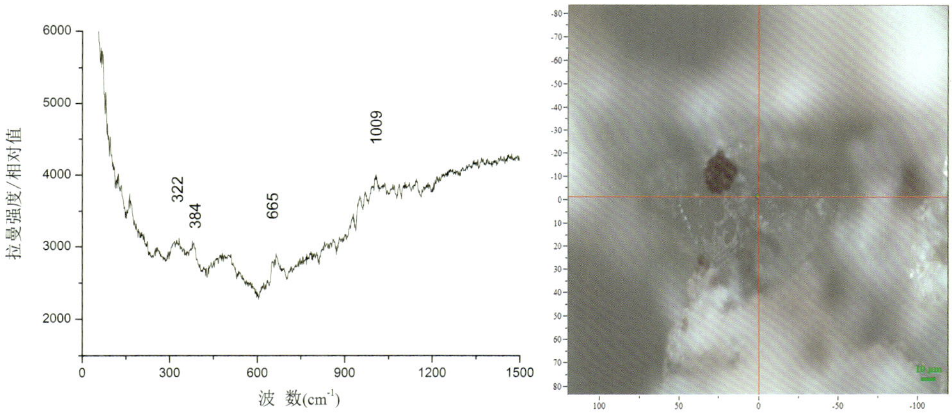


c．ZEM272∶5–3–15，灰色，透辉石

图 10.15 郑州二里岗蜻蜓眼珠中玻璃态包络的特征拉曼图谱（λ =532 纳米）

在战国中期晚段的多色蜻蜓眼珠的紫色眼珠中检测出中国紫（图 10.16）；所有多色蜻蜓眼珠蓝色眼珠和蓝色装饰层均检出中国蓝，如蜻蜓眼珠 ZEM272∶5–2–5（图 10.17a），这些中国蓝晶体往往与石英共存，如蜻蜓眼珠 ZEM48∶5–2–7（图 10.17b）和 ZEM307∶11–1–6（图 10.17c）。个别蜻蜓眼珠如 ZEM272∶5–3 的蓝色区域发现中国蓝与中国紫共存现象。蜻蜓眼珠的红色或棕色部位均检测到赤铁矿的特征峰，如蜻蜓眼珠 ZEM11∶8–3（图 10.18），部分蜻蜓眼珠也存在赤铁矿与石英或玻璃态包络共存现象。蜻蜓眼珠 ZEM272∶5–1–3 绿色部位检测到孔雀石 [Malachite，$Cu_2(OH)_2CO_3$] 特征峰（图

10.19)，与 pXRF 分析结果中该蜻蜓眼珠绿色区域较高的 CuO 含量相符。在这些蜻蜓眼珠的灰色胎体中存在许多未熔融的白色颗粒，多为石英（如 ZEM48∶5−2−3，见图 10.20）；还有一些富钙颗粒，主要为透辉石（如 ZEM307∶11−1−9，见图 10.21）、磷酸钙（如 ZEM307∶11−1−11，见图 10.22a）以及少量钙长石（Anorthite，$CaAl_2Si_2O_8$，如 ZEM272∶5−2−6，见图 10.22b）和方解石（Calcite，$CaCO_3$，如 ZEM11∶2−9，见图 10.22c）；另外，在 ZEM48∶5−1−9 和 ZEM48∶5−2−4 中分别检测到角铅矿（Phosgenite，$Pb_2CO_3Cl_2$，见图 10.23a）和重晶石（Barite，$BaSO_4$，见图 10.23b）。

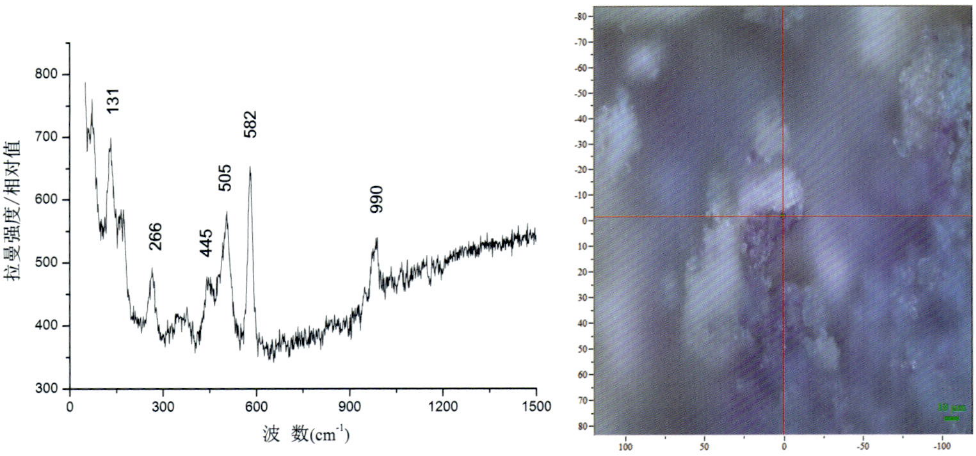

a．ZEM420∶3−4，紫色眼珠，中国紫

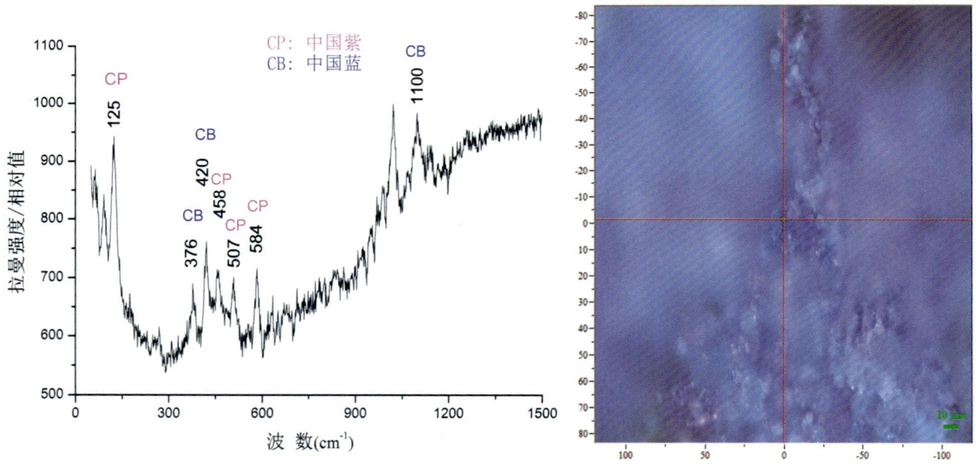

b．ZEM420∶3−5，紫色眼珠，中国紫 + 中国蓝

图 10.16　多色蜻蜓眼珠 ZEM420∶3 紫色眼珠的特征拉曼图谱（λ =532 纳米）

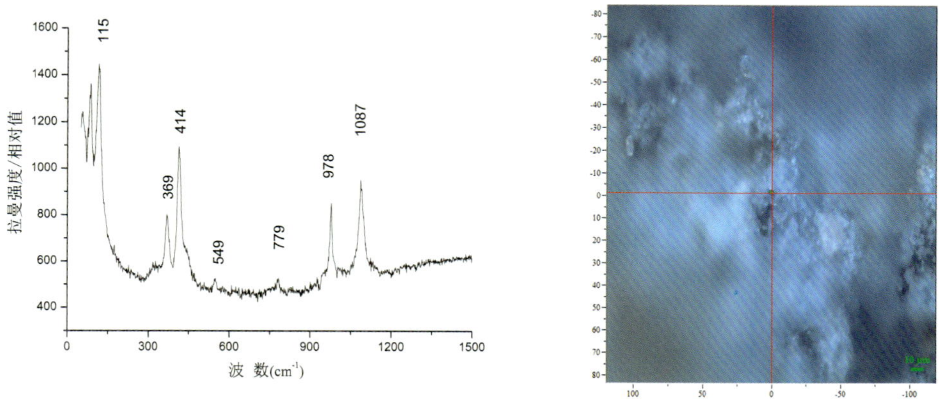


a．ZEM272：5—2—5，蓝色，中国蓝

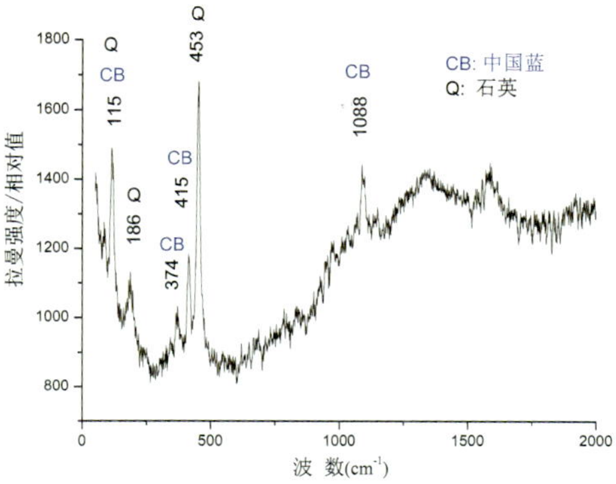


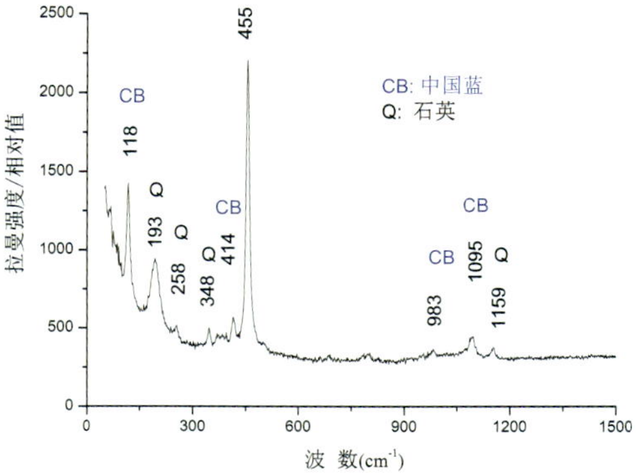


b．ZEM48：5—2—7，蓝色，中国蓝＋石英　　c．ZEM307：11—1—6，石英＋中国蓝

图 10.17　多色蜻蜓眼珠蓝色区域的特征拉曼图谱（λ=532 纳米）

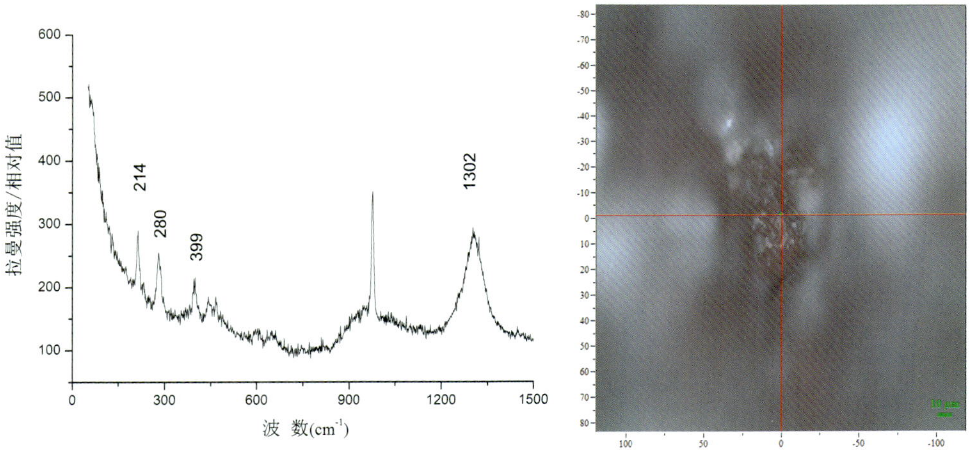


图 10.18　多色蜻蜓眼珠 ZEM11：8—3 棕色区域赤铁矿的特征拉曼图谱（λ=532 纳米）

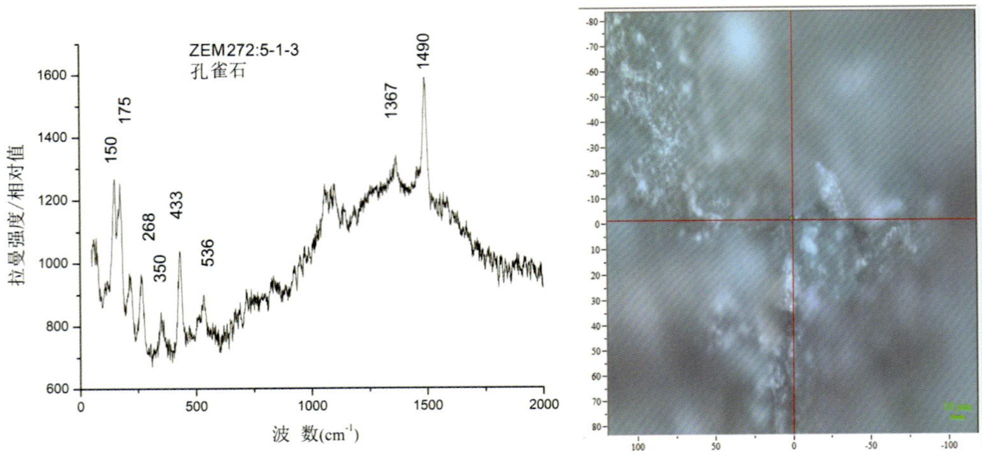


图 10.19 多色蜻蜓眼珠 ZEM272：5—1—3 绿色部位特征拉曼图谱及其显微图像（λ=532 纳米）

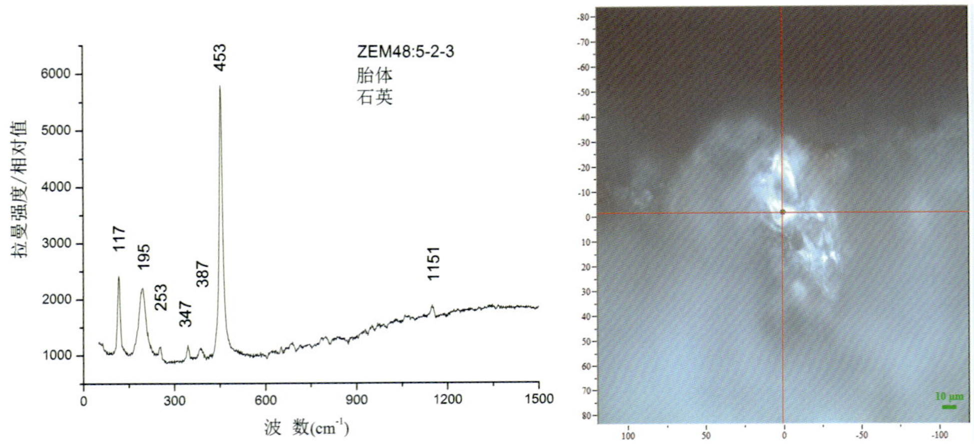


图 10.20 多色蜻蜓眼珠 ZEM48：5—2—3 胎体中白色石英颗粒特征拉曼图谱及其显微图像（λ=532 纳米）

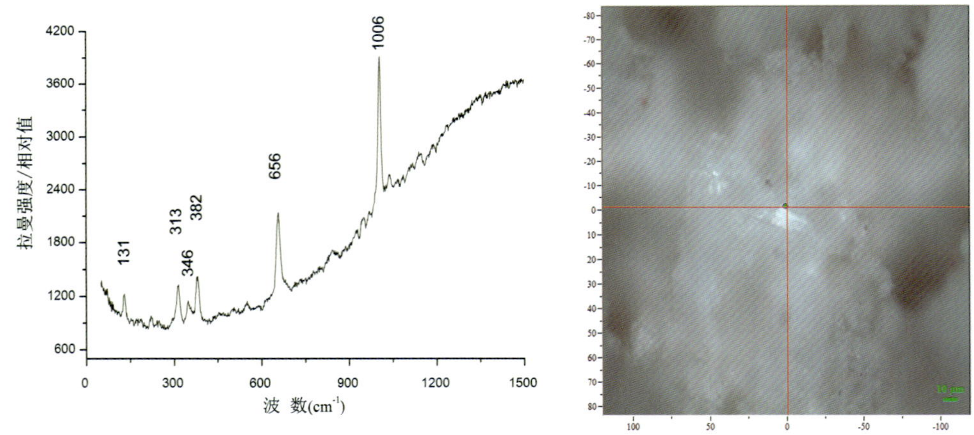


图 10.21 多色蜻蜓眼珠 ZEM307：11—1—9（透辉石）胎体中白色富钙颗粒的特征拉曼图谱及其显微图像（λ=532 纳米）

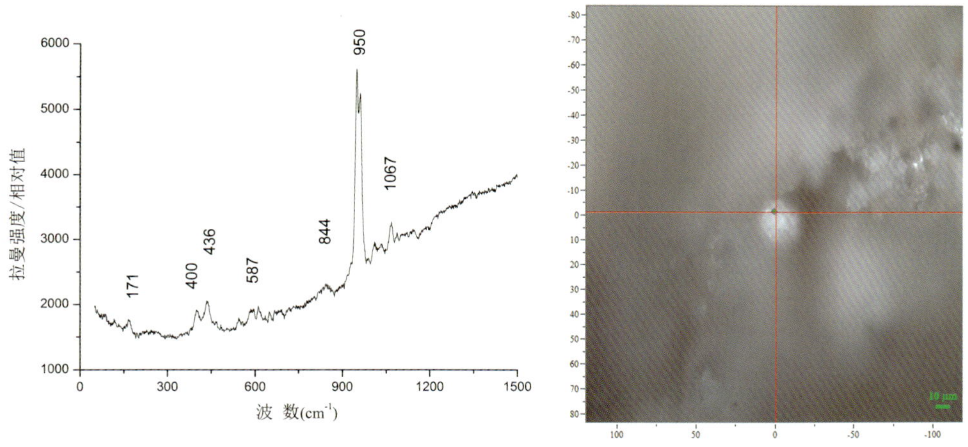


a．ZEM307：11—1—11，磷酸钙

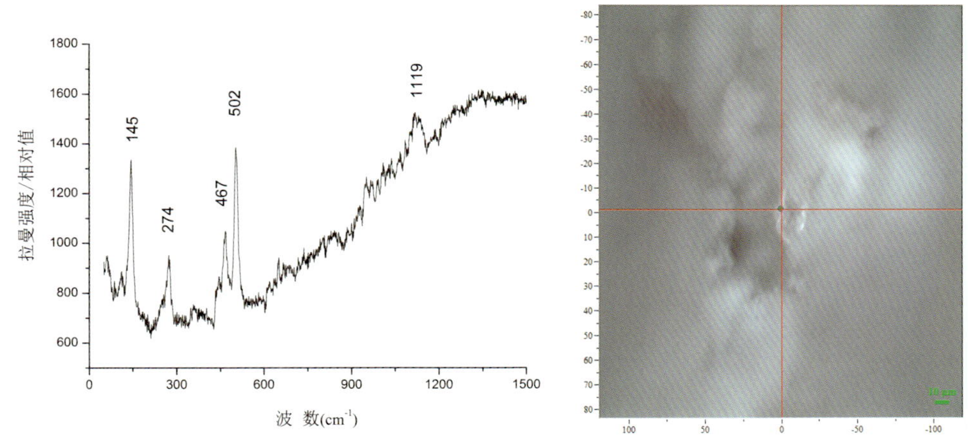


b．ZEM272：5—2—6，钙长石

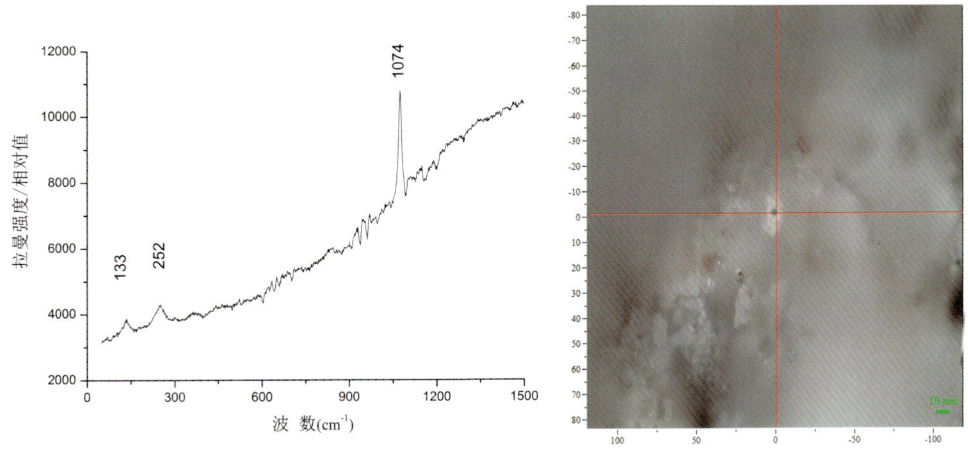


c．ZEM11：2—9，方解石

图 10.22　多色蜻蜓眼珠胎体中白色富钙颗粒的特征拉曼图谱及其显微图像（λ =532 纳米）

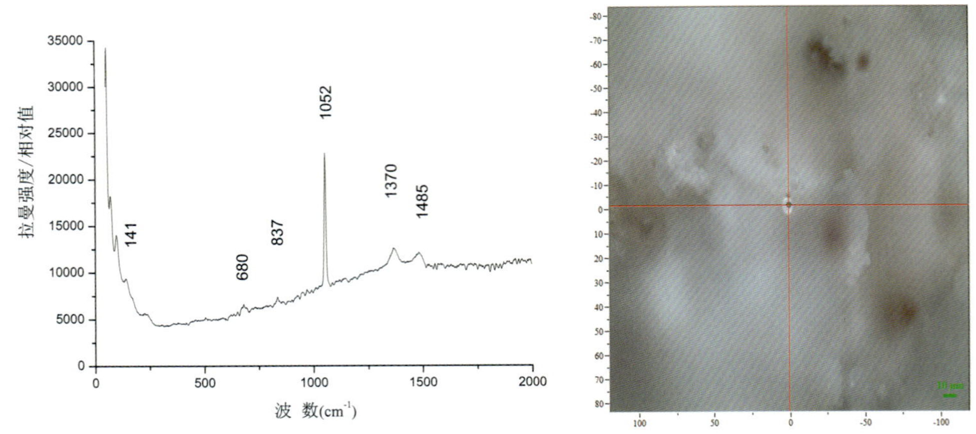


a. ZEM48:5—1—9，角铅矿

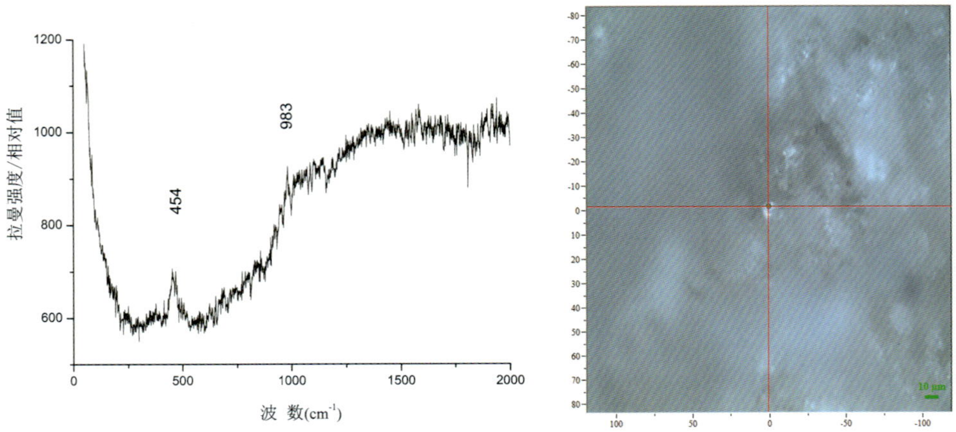


b. ZEM48:5—2—4，重晶石

图 10.23　多色蜻蜓眼珠胎体中白色富铅和富钡颗粒的特征拉曼图谱及其显微图像（λ =532 纳米）

（3）OCT 和显微分析结果

OCT 二维扫描分析显示，郑州二里岗出土的这批多色蜻蜓眼珠都未达到玻璃态程度，对光具有较强的散射。对烧结程度略高的战国中期蜻蜓眼珠 ZEM420:3 而言，绿色基体表面呈均匀的散射相，但在约 1.50 毫米以下，又呈较强的吸收相（图 10.24a）。而棕色眼圈与绿色基体相似，但表面散射层更薄，中间紫色眼珠呈不均匀散射，可能与中国紫、中国蓝人工合成颜料晶体的颗粒大小和分布有关（图 10.24b）。战国晚期的蜻蜓眼珠基本相似，皆以散射相为主，棕色区域散射相较强，光的穿透深度浅，而白色、黄色和蓝色装饰层以均匀散射相为主，光的穿透深度更深（图 10.24c—图 10.24g），从蜻蜓眼珠 ZEM307:11—2 断面的 OCT 图像来看，灰色胎体与蓝色和白色装饰层相似（图 10.24h）。

显微分析显示，白色层和棕色层的烧结程度略高，可见细小的冰裂纹，如蜻蜓眼珠 ZEM48:3（见图 10.25a）；蓝色眼珠叠加白色脱落，如蜻蜓眼珠 ZEM48:5—1（见图

10.25b)。棕色层厚 130 微米—255 微米，蓝色层厚 120 微米—170 微米，中间类似化妆土的白色层，较胎体细腻，厚 170 微米—410 微米（图 10.25c 和图 10.25d）。蜻蜓眼珠 ZEM272∶5-1 表层残存少许的绿色（图 10.25e）。蜻蜓眼珠 ZEM269∶7-1 胎体的颜色较其他蜻蜓眼珠深，白色层的烧结程度也较其他蜻蜓眼珠低（图 10.25f）。

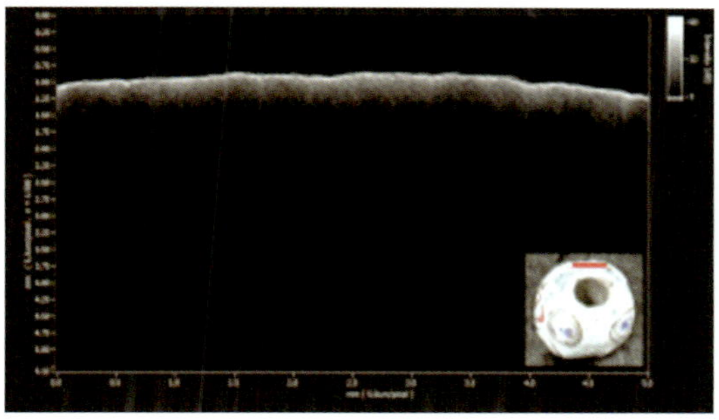
a．ZEM420∶3，绿色基体

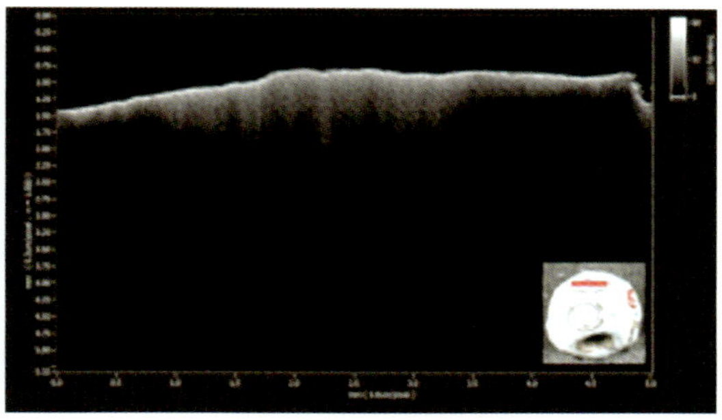
b．ZEM420∶3，棕色－绿色－紫色－绿色－棕色

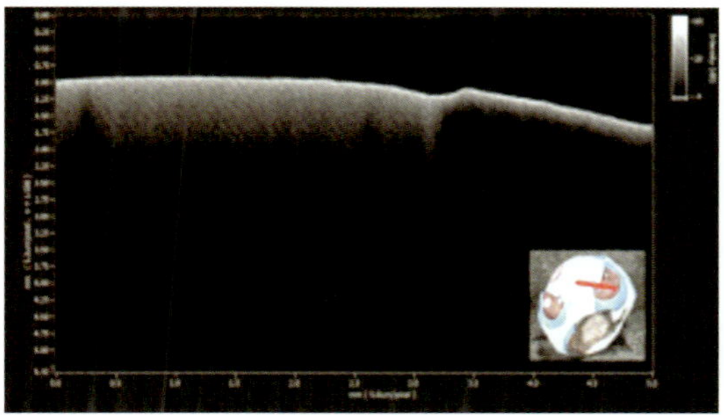
c．ZEM269∶7，白色－棕色

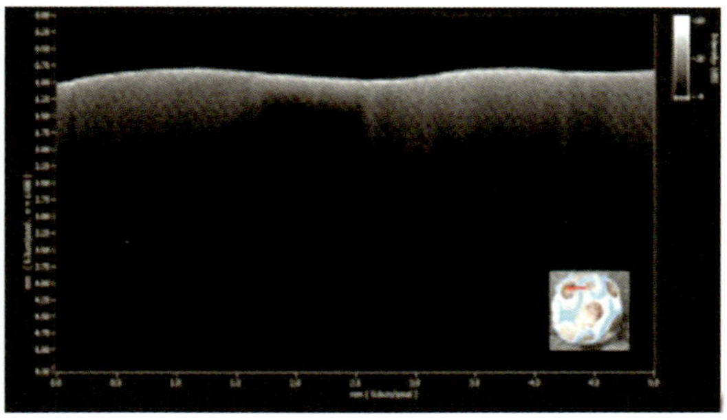
d．ZEM48∶5-2，灰色－棕色－黄色－蓝色－黄色

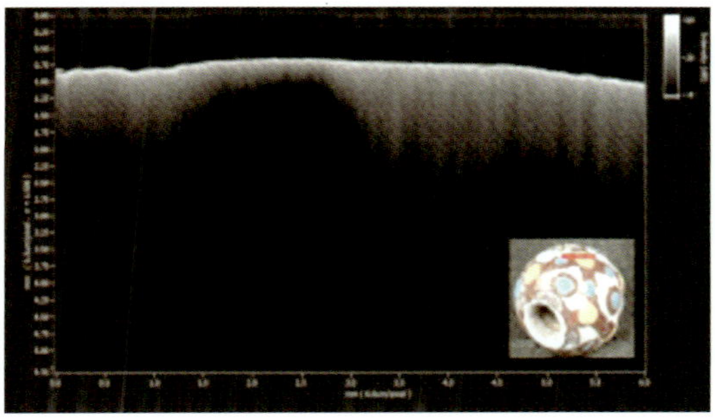
e．ZEM48∶5-1，蓝色－棕色－黄色

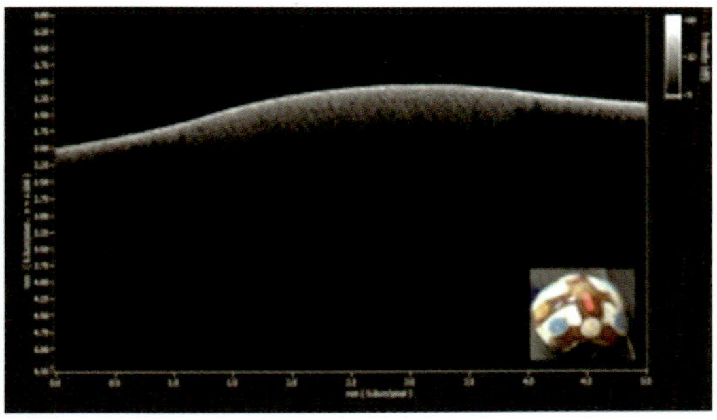
f．ZEM307∶11-2，棕色－黄色－棕色

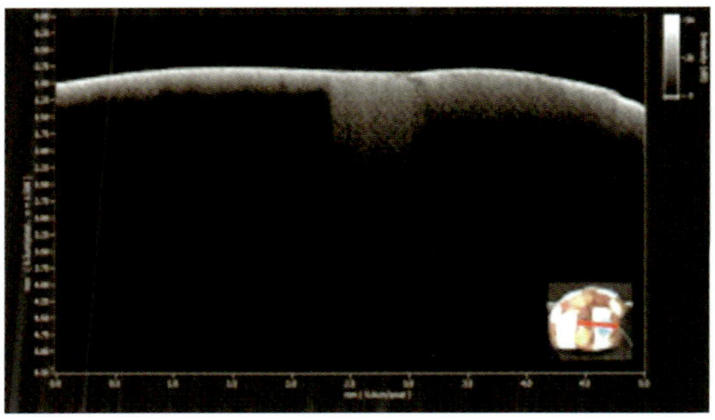
g．ZEM307∶11-2，棕色－白色－蓝色－棕色

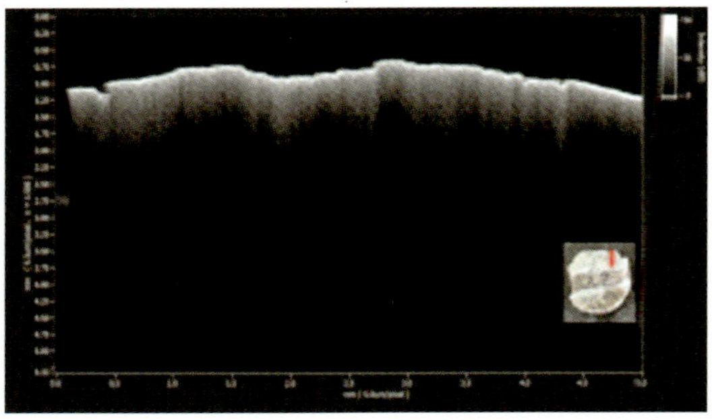
h．ZEM307∶11-2，断面，蓝色－白色－灰色胎体

图 10.24 多色蜻蜓眼珠的 OCT 二维图像

a．ZEM48：3—3D—3b

b．ZEM48：5—1

c．ZEM307：11—1

d．ZEM307：11—2

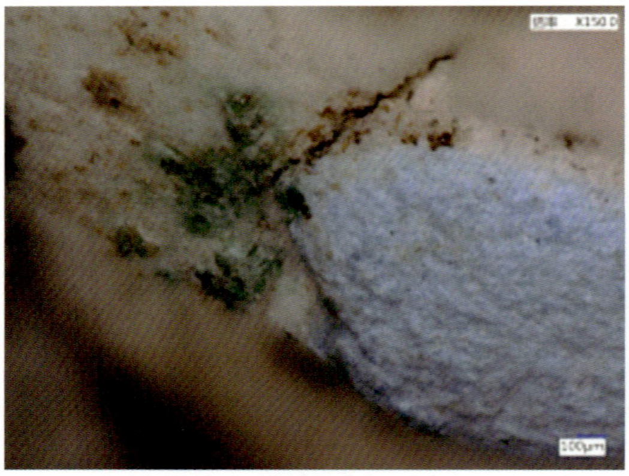

e．ZEM272：5—1

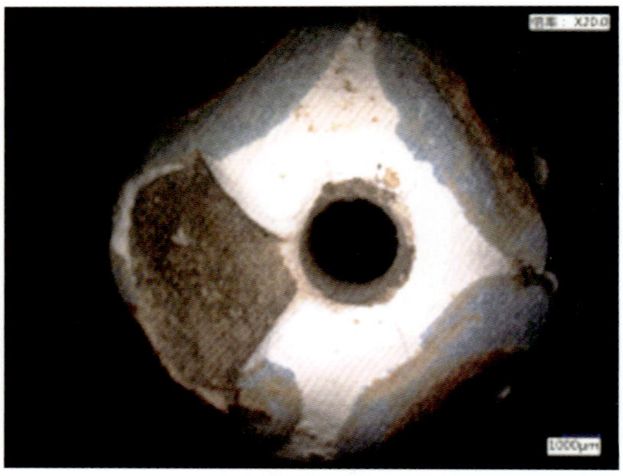

f．ZEM269：7—1

图 10.25　多色蜻蜓眼珠的显微图像

### 3. 小结

郑州二里岗出土的这些蜻蜓眼珠，不属于传统的铅钡玻璃，也与普通的黏土质釉陶存在明显区别，应属于石英砂中添加了含有 PaO 和 BaO 等原料的铅钡釉砂制品。不同颜色部位使用了不同的着色剂，如绿色区域为孔雀石，蓝色为中国蓝或中国蓝和中国紫，紫色为中国紫或少量的中国蓝，棕色和黄色为赤铁矿。胎体的主要原料为石英砂，但除了添加含有PbO和BaO的原料，还添加了富钙矿物，如钙长石、方解石和透辉石。此外，蜻蜓眼珠中检测到较高的P和Ca，应与胎体中加入含磷酸钙的原料有关，这种原料可能为矿物原料，也可能为骨质材料。蓝色、紫色和胎体中可能使用了角铅矿和重晶石作为助熔剂原料，而蓝色和紫色区域的着色剂原料可能来自孔雀石，棕色和黄色原料来自赤铁矿。

## 三、新郑、叶县出土铅钡釉砂珠科学研究

### 1. 所分析铅钡釉砂珠及考古背景

和一正墓地位于河南省新郑市梨河镇韩城路东段北，部楼村南，东邻乡村道路，南依郑州市天利食品有限公司，西接七里闫村耕地，面积22950.57平方米。河南省文物考古研究院于2013年11月至2014年1月对其进行了发掘清理，共发掘战国时期的墓葬150余座，出土骨、玉和铜等不同质料的文物数百件。其中M110出土了2件多色蜻蜓眼珠，时代不晚于战国晚期。XHM110∶3-1，灰色砂胎，外表是白色彩绘，可见玻璃态裂纹，白色层上施釉红色眼圈，红色眼纹上再施3个黄色点纹，红色眼纹中间穿插蓝色变形龙纹（图10.26a）。XHM110∶3-2，绿色基体，不透明，基体内圈呈黄色，外表白色眼圈，眼圈上再施棕色眼纹，多已脱落，眼纹成对排列（图10.26b）。

新郑天成隔热材料厂墓地一座战国中期晚段墓中也出土1件类似的蜻蜓眼珠XTM63∶4（图10.26d），灰白胎，胎质较细，胎体表面先施釉一层白色装饰，可见玻璃态裂纹，白色层上施釉棕红色眼圈，眼纹圈上再点缀白色眼珠，棕红色眼圈眼纹中间穿插绘蓝色变形龙纹，蜻蜓眼珠有残损，棕红色眼圈和白色眼珠大多脱落，珠孔周围白色装饰亦有脱落。

1997年新郑中国银行祭祀遗址出土了7颗多彩蜻蜓眼珠。其中标本T616M818∶1（HNWK-V-63），基体呈蓝色，表面有8个对称的浅绿色凸形圆圈（图10.26c）。标本T573H1880∶182（HNWK-V-69）近方圆体，表面有暗蓝色图案，四角有白色、黑色小圆圈（图10.26e）。标本T603M840∶1-1—T603M840∶1-4（HNWK-V-64—HNWK-V-67），4颗，体呈圆环状，基体为灰白色，表面饰朱红色和蓝色，但大多已脱

落（图 10.26g—图 10.26j）。标本 T604M769：11（HNWK-V-68），体呈圆球形，灰白底，上涂朱红色，表面凸出湖蓝色眼珠（图 10.26k）。

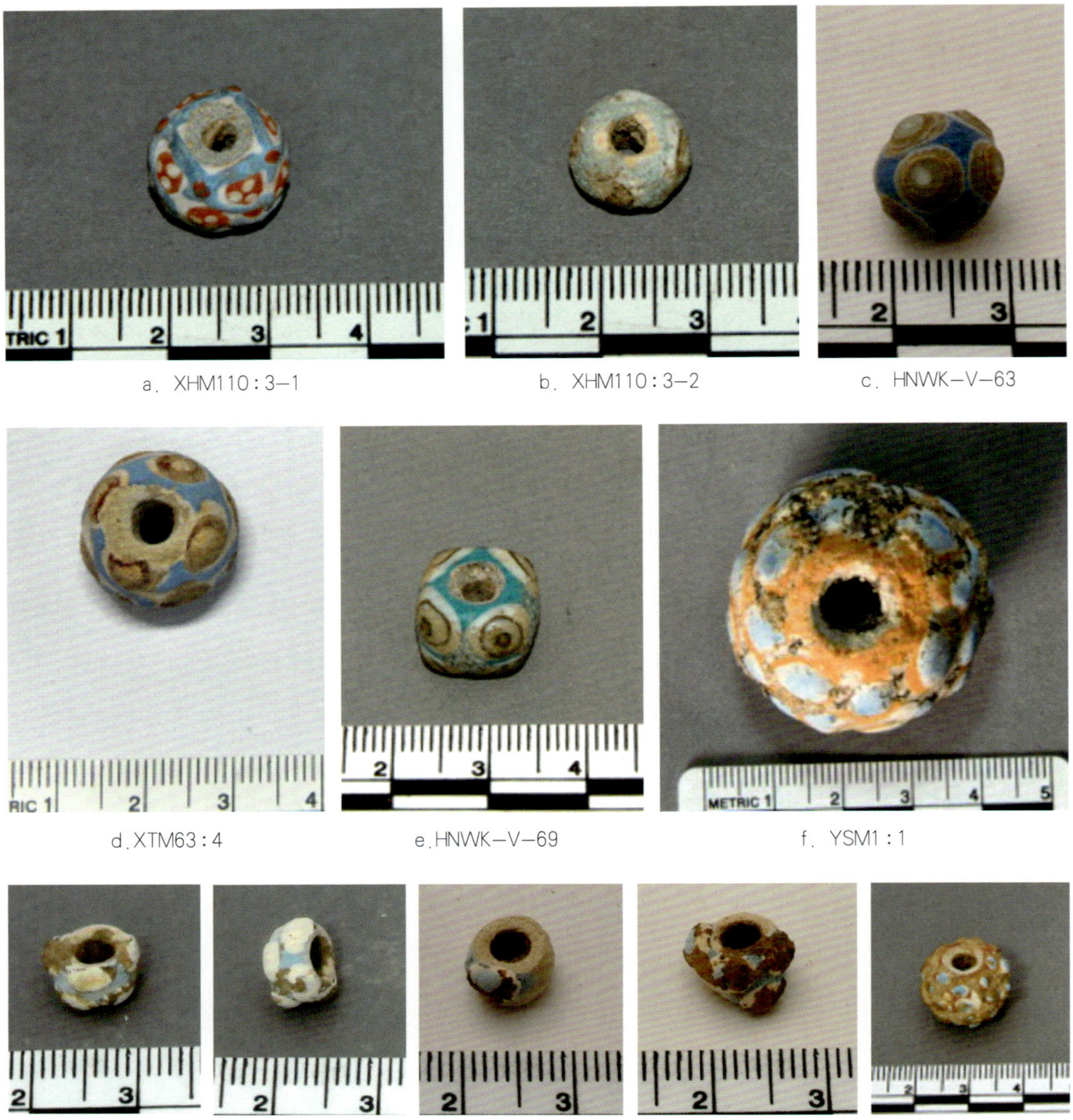

a. XHM110：3-1　b. XHM110：3-2　c. HNWK-V-63

d. XTM63：4　e. HNWK-V-69　f. YSM1：1

g. HNWK-V-64　h. HNWK-V-65　i. HNWK-V-66　j. HNWK-V-67　k. HNWK-V-68

图 10.26　新郑、叶县出土的铅钡釉砂珠

叶县大竹园双冢子墓地位于平顶山市叶县辛店镇大竹园村，南北长约 100 米，东西宽约 80 米，包括 2 座大型墓、4 座小型墓及 2 个车马坑。其中，2 座大型墓位于墓地北端，呈南北向排列；4 座小型墓位于南部，大致呈东西向排列；2 个车马坑分别位于 2 座大型墓的西侧。M1 为战国早期的楚国贵族墓，平面为“甲”字形，被盗严重。墓壁呈阶梯状

内收，计有11层台阶。车马坑整体近长方形，坑内发现4辆车和1个肩舆[19]。M1出土1颗多彩蜻蜓眼珠YSM1∶1（图10.26f），直径较大，约3.50厘米，略有残损，灰白色砂胎，表面施橙黄色装饰，其上点缀白色眼底和蓝色眼珠。

2. 分析结果

（1）pXRF化学成分分析结果

pXRF化学成分分析结果（表10.7）表明，新郑中国银行出土的蜻蜓眼珠HNWK-V-65、HNWK-V-66、HNWK-V-67和HNWK-V-68风化较为严重，其CuO含量在1.32%—4.61%，BaO含量在13.28%—32.70%。有1件多色蜻蜓眼珠保存相对较好，其CuO含量为5.97%，BaO含量为1.03%。HNWK-V-69中PbO和BaO的含量分别为24.29%—29.75%、5.02%—8.53%，暗蓝色眼珠部分CuO的含量为2.00%，$Fe_2O_3$的含量为1.86%，应是$Cu^{2+}$和$Fe^{3+}/Fe^{2+}$共同着色的结果。HNWK-V-64的主要组分为PbO（21.68%—33.66%）和$SiO_2$（约49%），蓝色装饰中含有略高的CuO（2.45%）和BaO（1.20%），白色眼珠中$Al_2O_3$含量略高（约8%），其他部位约4%，胎体中含有较高的$P_2O_5$（约12%）和CaO（约8%）。新郑其他地点和叶县出土的多色蜻蜓眼珠，其蓝色眼珠、蓝色纹饰、绿色基体、白色装饰和棕色装饰的主要组分为PbO、BaO和$SiO_2$，蓝色区域的PbO和BaO含量为11%—15%，且含有较高的CuO（4%—8%）。XHM110∶3-2的绿色基体中BaO含量较高（约27%），但CuO和$Fe_2O_3$含量低（约1%），并含有2%左右的MnO。白色和棕色区域一般含有较高的PbO，如XHM110∶3-1的棕色纹饰中含有约21%的PbO，YSM1∶1的白色眼圈含有约24%的PbO，XTM63∶4的棕色眼圈中BaO含量较低，约8%，YSM1∶1的黄色装饰不含BaO。棕色和黄色区域含有较高的着色剂$Fe_2O_3$，含量在8.41%—21.08%。XTM63∶4的灰色胎体中PbO和BaO的含量分别在13%和7%左右，YSM1∶1的灰色胎体中含有约14%的PbO，不含BaO，但这两件的胎体中均含有较高的CaO，约10%。XTM63∶4中$Al_2O_3$的含量略高于其他蜻蜓眼珠，在12%左右，其余蜻蜓眼珠一般低于10%。

铅在中国蓝的烧结过程中起到熔助剂和催化剂的作用。值得注意的是，除HNWK-V-63外，其他多色蜻蜓眼珠蓝色颜料中均含有0.29%—33.66%的PbO，而HNWK-V-63的蓝色颜料中仅有1.03%的PbO，明显低于其他蜻蜓眼珠，这在以往发现的中国蓝和中国紫中比较少见，具体原因有待于进一步研究。多色蜻蜓眼珠

表 10.7 新郑、叶县铅钡釉

| 实验编号 | 测试区域 | 主量元素（wt.%） | | | | | | |
|---|---|---|---|---|---|---|---|---|
| | | $Na_2O$ | MgO | $Al_2O_3$ | $SiO_2$ | $P_2O_5$ | $K_2O$ | CaO |
| XHM110:3-1-blue | 蓝色 | 1.15 | 0.65 | 4.88 | 52.69 | 0.79 | 1.68 | 1.70 |
| XHM110:3-1-brown | 棕色 | 1.04 | 0.71 | 3.26 | 33.50 | 1.76 | 0.95 | 3.78 |
| XHM110:3-1-white | 白色 | 1.15 | 0.54 | 4.73 | 46.51 | 0.63 | 1.30 | 2.28 |
| XHM110:3-2-green | 绿色基体 | 1.50 | 1.00 | 10.71 | 36.75 | 0.31 | 2.53 | 2.75 |
| XHM110:3-2-brown | 棕色 | 1.14 | 0.68 | 7.34 | 37.03 | 0.65 | 3.07 | 4.13 |
| XHM110:3-2-white | 白色 | 1.47 | 0.66 | 7.67 | 39.40 | 0.32 | 2.68 | 3.17 |
| XTM63:4-blue | 蓝色 | 1.05 | 1.33 | 5.44 | 56.78 | 0.77 | 1.53 | 0.58 |
| XTM63:4-white | 白色 | 0.99 | 1.15 | 7.80 | 52.27 | 0.52 | 1.62 | 2.00 |
| XTM63:4-white | 白色眼珠 | 1.00 | 2.88 | 13.56 | 45.73 | 0.77 | 3.36 | 6.15 |
| XTM63:4-brown | 棕色眼圈 | 1.02 | 2.81 | 12.65 | 40.87 | 0.69 | 3.09 | 7.72 |
| XTM63:4-body | 胎体 | 1.22 | 2.23 | 11.78 | 46.79 | 0.85 | 3.97 | 10.29 |
| HNWKV-64-white | 白色眼珠 | 2.56 | 0.44 | 7.67 | 49.31 | 2.17 | 0.66 | 2.34 |
| HNWKV-64-body | 胎体 | 0.78 | 1.34 | 3.95 | 49.31 | 11.90 | 0.87 | 8.23 |
| HNWKV-64-blue | 蓝色装饰 | 2.08 | 0.36 | 4.65 | 49.45 | 3.08 | 0.32 | 1.95 |
| YSM1:1-blue | 蓝色眼珠 | 0.93 | 1.53 | 10.83 | 48.71 | 2.45 | 1.51 | 1.55 |

## …化学成分的 pXRF 测试结果

| | | | | | 微量元素（μg/g） | | | | | | |
|---|---|---|---|---|---|---|---|---|---|---|---|
| MnO | $Fe_2O_3$ | CuO | PbO | BaO | Cr | Mn | Ni | Zn | Rb | Sr | Zr |
| 0.83 | 3.05 | 3.91 | 13.78 | 14.88 | 654 | M | 22 | 35 | n.d. | 828 | n.d. |
| 0.24 | 21.08 | 1.25 | 20.69 | 11.75 | 198 | M | 16 | 44 | n.d. | 367 | n.d. |
| 0.69 | 6.88 | 1.75 | 21.69 | 11.84 | 438 | M | n.d. | 28 | n.d. | 604 | n.d. |
| 1.89 | 1.28 | 1.16 | 13.18 | 26.96 | 679 | M | n.d. | n.d. | n.d. | 986 | n.d. |
| 1.16 | 8.41 | 2.25 | 17.99 | 16.16 | 417 | M | 6 | 40 | n.d. | 722 | n.d. |
| 1.72 | 2.17 | 0.38 | 18.37 | 21.99 | 398 | M | n.d. | n.d. | n.d. | 692 | n.d. |
| n.d. | 0.78 | 8.26 | 11.93 | 11.55 | n.d. | n.d. | n.d. | 137 | n.d. | 747 | n.d. |
| n.d. | 0.48 | 2.41 | 22.43 | 8.33 | n.d. | n.d. | n.d. | 48 | n.d. | 565 | n.d. |
| n.d. | 7.00 | 0.27 | 11.16 | 8.12 | n.d. | n.d. | 22 | 10 | n.d. | 296 | n.d. |
| tr | 11.09 | 0.24 | 11.98 | 7.84 | n.d. | 266 | 48 | 38 | n.d. | 269 | n.d. |
| tr | 2.70 | 0.01 | 13.09 | 7.09 | n.d. | 281 | n.d. | 37 | n.d. | 304 | n.d. |
| n.d. | 1.20 | 0.11 | 33.52 | 0.03 | n.d. | n.d. | n.d. | n.d. | n.d. | 145 | n.d. |
| 0.03 | 1.69 | 0.23 | 21.68 | n.d. | n.d. | n.d. | n.d. | n.d. | n.d. | 312 | n.d. |
| n.d. | 0.81 | 2.45 | 33.66 | 1.20 | n.d. | n.d. | n.d. | n.d. | n.d. | 239 | n.d. |
| n.d. | 0.98 | 6.77 | 12.80 | 11.94 | 445 | n.d. | 18 | 132 | n.d. | 576 | 67 |

| 实验编号 | 测试区域 | 主量元素（wt.%） | | | | | | |
|---|---|---|---|---|---|---|---|---|
| | | $Na_2O$ | MgO | $Al_2O_3$ | $SiO_2$ | $P_2O_5$ | $K_2O$ | CaO |
| YSM1 : 1-white | 白色眼圈 | 1.05 | 0.97 | 8.72 | 51.42 | 1.05 | 1.27 | 1.34 |
| YSM1 : 1-yellow | 黄色 | 1.08 | 0.82 | 4.45 | 35.59 | 5.74 | 0.87 | 22.85 |
| YSM1 : 1-body | 灰色胎体 | 1.22 | 2.67 | 5.73 | 54.09 | 6.52 | 2.56 | 10.97 |
| HNWK-V-63 | 蓝色基体 | 2.63 | 0.27 | 2.64 | 56.08 | 0.07 | 1.01 | 0.64 |
| HNWK-V-63 | 浅绿色眼珠 | 2.43 | 0.34 | 7.62 | 39.99 | n.d. | 0.54 | 0.59 |
| HNWK-V-65 | 蓝色颜料 | 2.61 | 0.38 | 6.22 | 50.96 | 1.55 | 0.47 | 1.39 |
| HNWK-V-65 | 白色胎体 | 0.76 | 1.24 | 3.76 | 44.50 | 12.56 | 0.47 | 6.88 |
| HNWK-V-66 | 蓝色眼部 | 3.33 | 0.73 | 2.98 | 64.95 | 2.42 | n.d.. | 2.43 |
| HNWK-V-66 | 白色胎体 | 0.64 | 0.80 | 2.95 | 56.66 | 12.38 | 0.57 | 7.91 |
| HNWK-V-67 | 蓝色颜料 | 1.18 | 1.05 | 3.77 | 48.90 | 8.25 | 0.94 | 5.62 |
| HNWK-V-67 | 白色胎体 | 0.77 | 2.43 | 2.11 | 46.35 | 12.87 | 0.48 | 8.85 |
| HNWK-V-68 | 蓝色颜料 | 2.20 | 0.41 | 2.22 | 59.63 | n.d. | 0.11 | 1.87 |
| HNWK-V-68 | 红色胎体 | 0.44 | 2.64 | 1.21 | 49.60 | 17.02 | 0.37 | 14.02 |
| HNWK-V-69 | 蓝色基体 | 3.75 | 0.47 | 4.99 | 51.93 | n.d. | 1.51 | 1.84 |
| HNWK-V-69 | 暗蓝色眼部 | 1.32 | 0.92 | 6.72 | 50.11 | n.d. | 1.79 | 3.25 |
| HNWK-V-69 | 白色眼圈 | 2.13 | 0.73 | 5.47 | 48.26 | n.d. | 1.22 | 2.95 |

注：① n.d.：not detected，即氧化物或元素浓度低于仪器检出限，未检测出该化学成分。② tr：表示该元素含量

续表

| | | | | | 微量元素（μg/g） | | | | | | |
|---|---|---|---|---|---|---|---|---|---|---|---|
| MnO | $Fe_2O_3$ | CuO | PbO | BaO | Cr | Mn | Ni | Zn | Rb | Sr | Zr |
| n.d. | 0.54 | 1.62 | 23.87 | 8.14 | 388 | n.d. | n.d. | n.d. | n.d. | 461 | 74 |
| n.d. | 18.41 | 0.21 | 9.98 | n.d. | 13 | n.d. | n.d. | 43 | n.d. | 195 | 34 |
| n.d. | 1.85 | 0.24 | 14.15 | n.d. | 35 | n.d. | n.d. | n.d. | 37 | 250 | 81 |
| n.d. | 0.43 | 5.97 | 1.03 | 29.22 | n.d. | n.d. | n.d. | n.d. | n.d. | 1366 | n.d. |
| n.d. | 0.17 | 0.28 | 32.27 | 15.76 | n.d. | n.d. | n.d. | n.d. | n.d. | 810 | n.d. |
| n.d. | 0.70 | 1.95 | 32.70 | 1.08 | n.d. | n.d. | n.d. | n.d. | n.d. | 231 | n.d. |
| 0.03 | 1.38 | 0.22 | 27.74 | 0.46 | n.d. | n.d. | n.d. | n.d. | n.d. | 209 | n.d. |
| n.d. | 1.24 | 4.61 | 13.28 | 4.04 | n.d. | n.d. | n.d. | n.d. | n.d. | 114 | n.d. |
| 0.03 | 1.22 | 0.14 | 16.71 | n.d. | n.d. | n.d. | n.d. | n.d. | n.d. | 254 | n.d. |
| n.d. | 1.44 | 1.32 | 27.25 | 0.29 | n.d. | n.d. | n.d. | n.d. | n.d. | 324 | n.d. |
| 0.04 | 1.26 | 0.21 | 24.31 | 0.32 | n.d. | n.d. | n.d. | n.d. | n.d. | 264 | n.d. |
| n.d. | 2.96 | 3.62 | 19.91 | 7.07 | n.d. | n.d. | n.d. | n.d. | n.d. | 287 | n.d. |
| 0.08 | 1.91 | 0.01 | 12.08 | 0.61 | n.d. | n.d. | n.d. | n.d. | n.d. | 467 | n.d. |
| n.d. | 0.17 | 0.56 | 5.02 | 29.75 | n.d. | n.d. | n.d. | n.d. | n.d. | 1789 | n.d. |
| n.d. | 1.86 | 2.00 | 7.74 | 24.29 | n.d. | n.d. | n.d. | n.d. | n.d. | 1021 | n.d. |
| n.d. | 1.57 | 0.14 | 8.53 | 28.99 | n.d. | n.d. | n.d. | n.d. | n.d. | 1247 | n.d. |

量；M：表示该元素含量为主量。

HNWK-V-65、HNWK-V-66、HNWK-V-67 和 HNWK-V-68 胎体均含有相当高的磷和钙，$P_2O_5$ 的含量为 12.38%—17.02%，CaO 的含量为 6.88%—14.02%，这可能是由于墓中的尸骨富含钙和磷，蜻蜓眼珠长期受其腐蚀而造成，也可能与胎体的配方有关。

（2）物相分析结果

共焦显微拉曼光谱分析显示，蜻蜓眼珠 XHM110∶3-2 的绿色基体和白色眼底未检测到明显的晶体特征峰，主要物相为非晶体态包络（图 10.27），表明该蜻蜓眼珠绿色和白色区域的烧结程度较高。除此之外，该蜻蜓眼珠的棕色眼圈和其他蜻蜓眼珠均检测到晶体特征峰，如 XHM110∶3-1（见图 10.28a）、XHM110∶3-2、XTM63∶4 的棕色眼圈以及 YSM1∶1 的黄色装饰层，其主要物相为赤铁矿。中国蓝主要发现在 XHM110∶3-1（图 10.28b）、XTM63∶4（图 10.28c）、HNWK-V-63—HNWK-V-68 的蓝色纹饰及 YSM1∶1 的蓝色眼珠部位，其拉曼峰存在一定的弥散现象，且往往与石英共存。在 YSM1∶1 的白色眼圈中还检测到中国紫（图 10.28d）。石英的特征峰比较常见，在蓝色眼珠（如 YSM1∶1，图 10.28e）、蓝色条纹（如 XHM110∶3-1）、白色装饰层（如 XHM110∶3-1 和 XTM63∶4）及白色眼底（如 XTM63∶4）中均有发现。此外，在 YSM1∶1 的灰色胎体中还检测到磷酸钙（图 10.28f）。

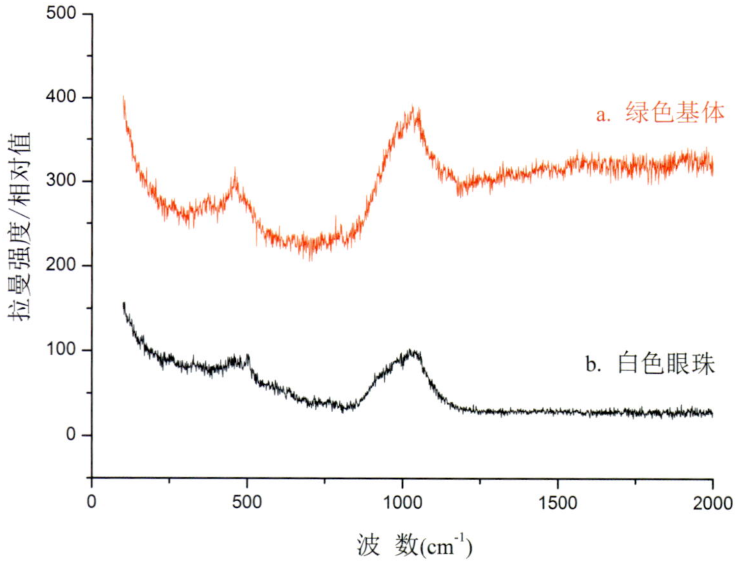


图 10.27 蜻蜓眼珠 XHM110∶3-2 的特征拉曼图谱（λ=532 纳米）

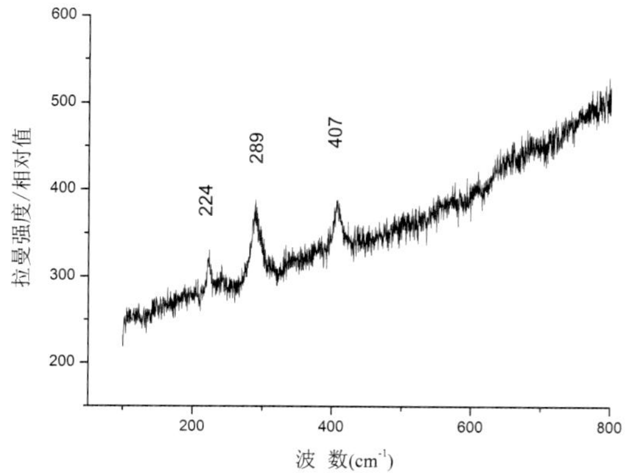


a．XHM110：3—1—5，　棕色眼圈，赤铁矿

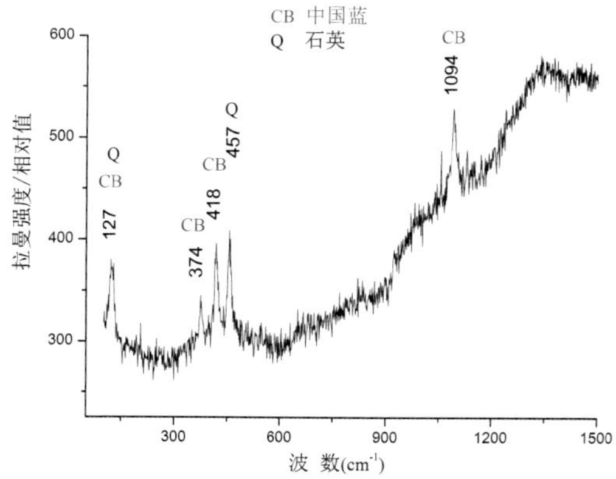


b.XHM110：3—1—2，蓝色纹饰，中国蓝＋石英

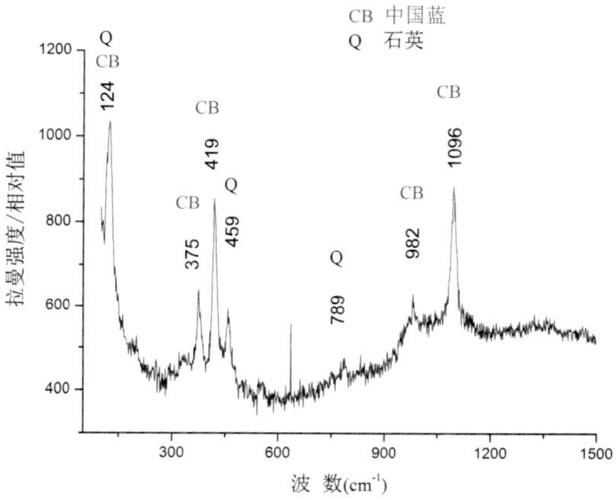


c．XTM63：4—4，蓝色纹饰，中国蓝＋石英

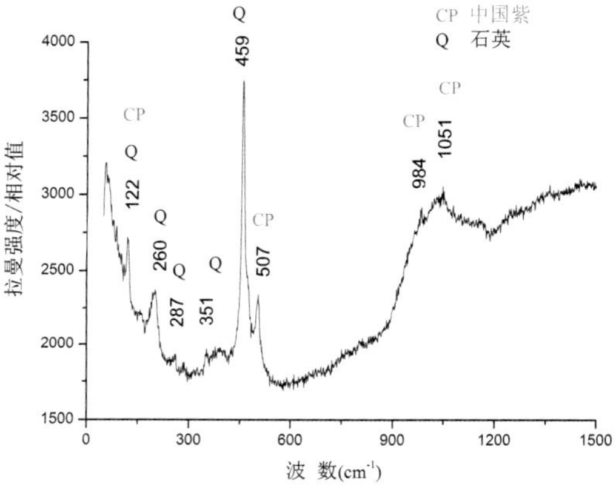


d．YSM1：1—5，白色眼圈，中国紫＋石英

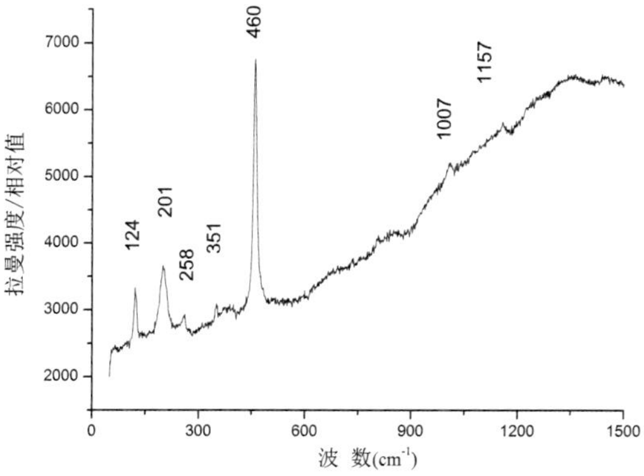


e．YSM1：1—2，蓝色眼珠，石英

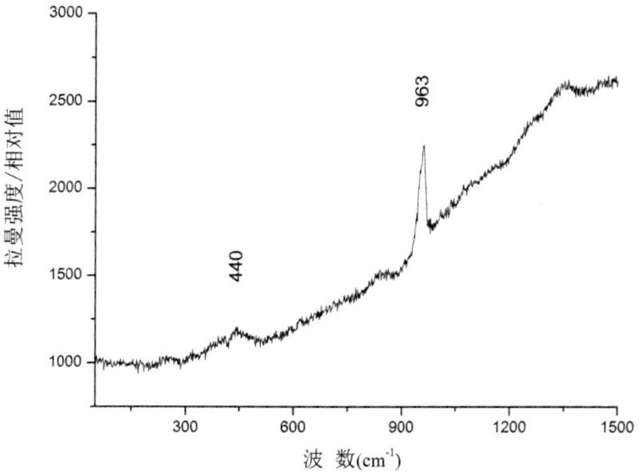


f．YSM1：1—9，灰色胎体，磷酸钙

图 10.28　新郑、叶县出土铅钡釉砂珠的特征拉曼图谱　（λ＝532 纳米）

图 10.29a 中 122cm$^{-1}$、375cm$^{-1}$、419cm$^{-1}$、983cm$^{-1}$ 和 1096cm$^{-1}$ 处的谱峰为 HNWK-V-63 之中国蓝（$BaCuSi_4O_{10}$）的拉曼特征峰，512cm$^{-1}$ 处的谱峰为中国紫（$BaCuSi_2O_6$）的最强拉曼特征峰，新郑中国银行的 7 件蜻蜓眼珠都检测到中国蓝。与此同时，在 HNWK-V-65、HNWK-V-66 和 HNWK-V-68 中发现了中国深蓝（$BaCu_2Si_2O_7$），如图 10.29b 中 457cm$^{-1}$、552cm$^{-1}$ 和 611cm$^{-1}$ 处的谱峰即为中国深蓝的拉曼特征峰[20]。与以往文物中发现的紫色或蓝色颜料以中国紫为主不同，本研究的蓝色颜料是以中国蓝为主要物相，仅个别蜻蜓眼珠中发现有少量中国紫。另外，HNWK-V-69 检测出谱峰为方解石的特征振动峰（275cm$^{-1}$、1081cm$^{-1}$）[21]（图 10.29c）。

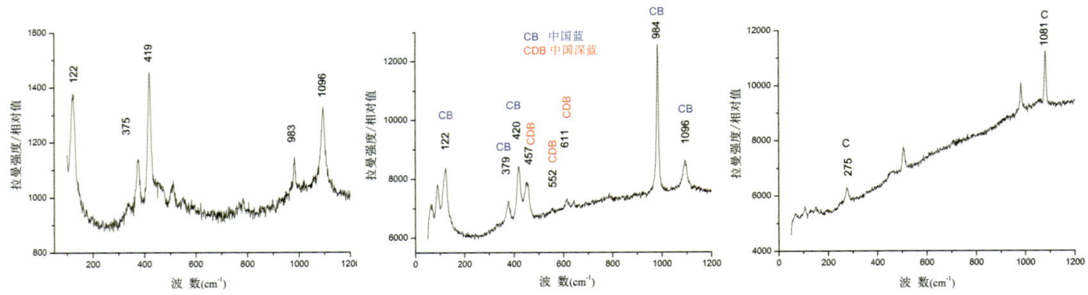


a．HNWK-V-63，蓝色颜料　　b．HNWK-V-68，蓝色颜料　　c．HNWK-V-69，白色眼圈

图 10.29　新郑出土铅钡釉砂珠饰的特征拉曼图谱（λ =532 纳米）

（3）OCT 和显微分析结果

OCT 分析结果表明，这批蜻蜓眼珠的不同颜色部位对光散射和吸收能力存在明显差异，并且由于烧结程度不同，在散射衬度上也存在一定的差异。以 XTM63∶4（图 10.30a、图 10.30b）为例，蜻蜓眼珠表面与空气界面形成一条粗且高亮的散射相，相对而言，光穿透棕色的深度最浅，蓝色和黄色次之，白色区域则呈均匀散射相，且光的穿透深度最深。至于烧结程度略低的蜻蜓眼珠（如 YSM1∶1-2），其表面与空气界面所形成的亮线略细，黄色装饰层的散射最强，蓝色次之，白色最弱，光在三者中的穿透深度依次递增（见图 10.30c）。由于灰色胎体中颗粒较粗，其散射相均匀性略差（图 10.30d）。

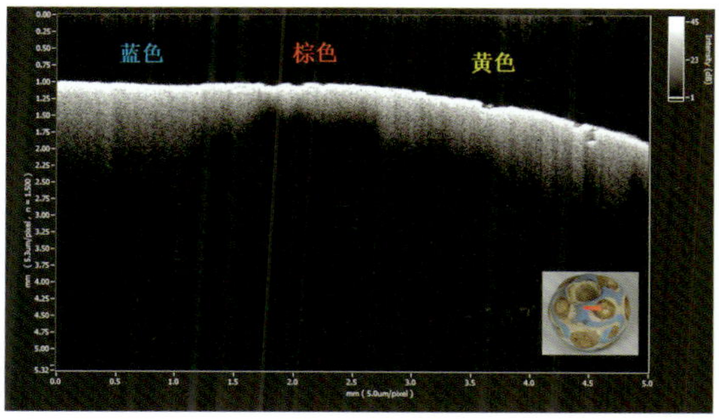


a．XTM63：4−1，蓝色 − 棕色 − 黄色

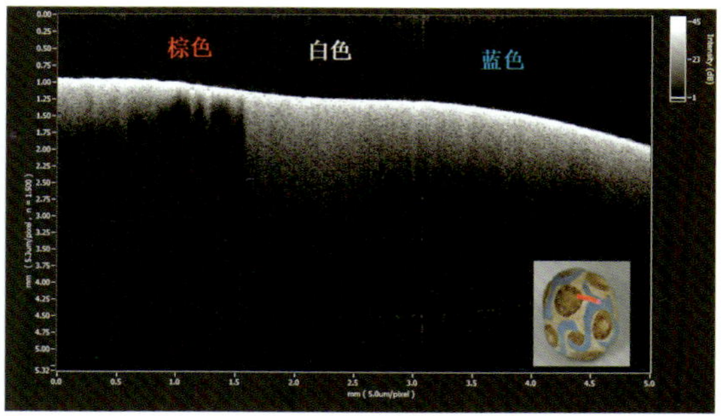


b．XTM63：4−2，棕色 − 白色 − 蓝色

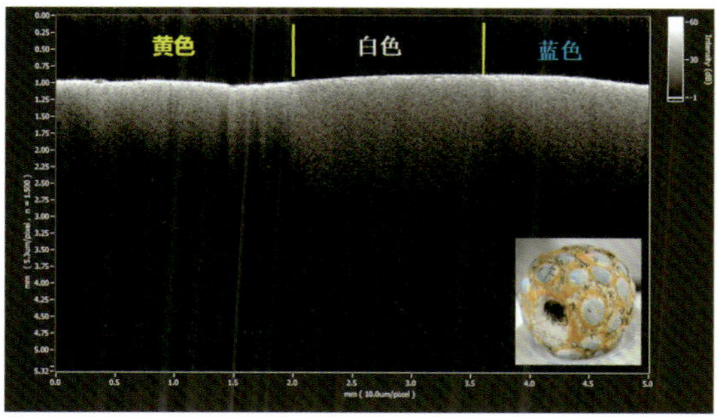


c．YSM1：1−1，黄色 − 白色 − 蓝色

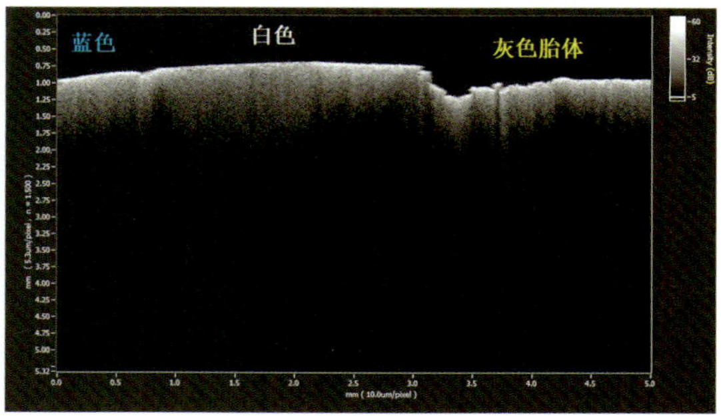


d．YSM1：1−2，蓝色 − 白色 − 灰色胎体

图 10.30　新郑、叶县出土铅钡釉砂蜻蜓眼珠典型 OCT 二维图像

显微分析表明，蜻蜓眼玻璃珠 XTM63∶4 和 YSM1∶1 的三层结构清晰可见，如图 10.31a—图 10.31d 所示，灰色胎体中颗粒和杂质较多，胎体表面的白色装饰层较为细腻，杂质少，具有类似后世瓷器中的化妆土功能，在白色层上施中国蓝纹饰或黄色装饰，可以增强效果，削弱胎体颜色的影响。蓝色纹饰和眼珠中可见中国蓝晶体颗粒与石英颗粒相互交融（图 10.31b、图 10.31e、图 10.31f）。

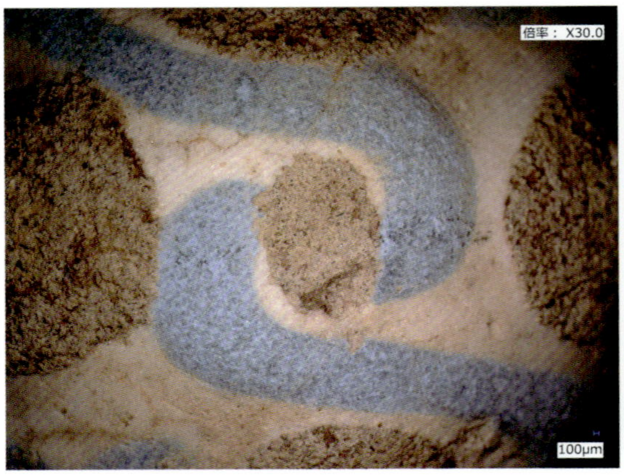


a. XTM63：4—1

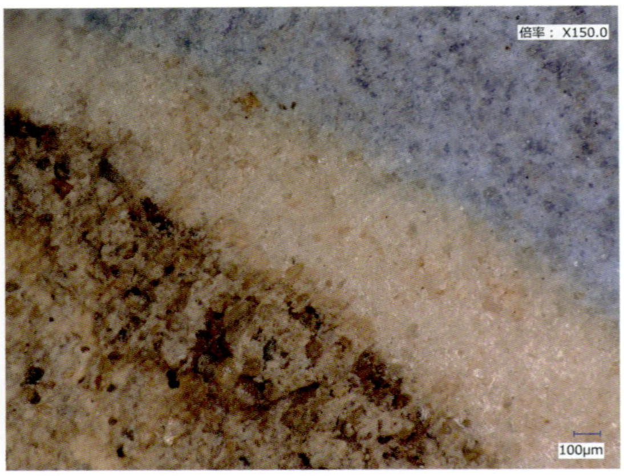


b. XTM63：4—2

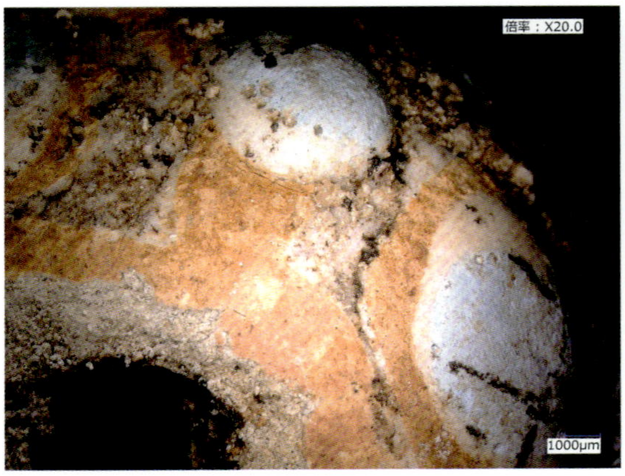


c. YSM1：1—2

d. YSM1：1—3

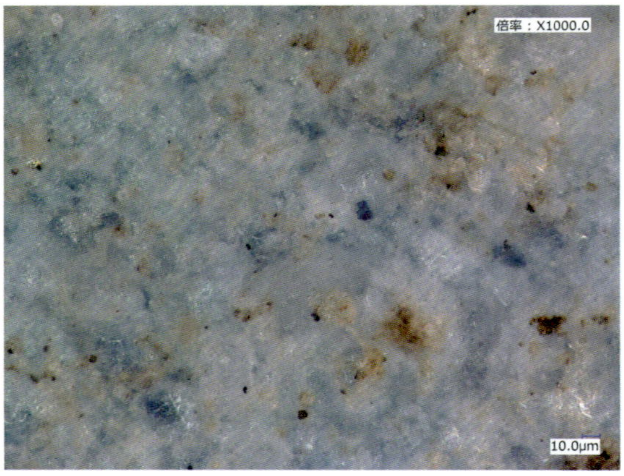


e. YSM1：1—4

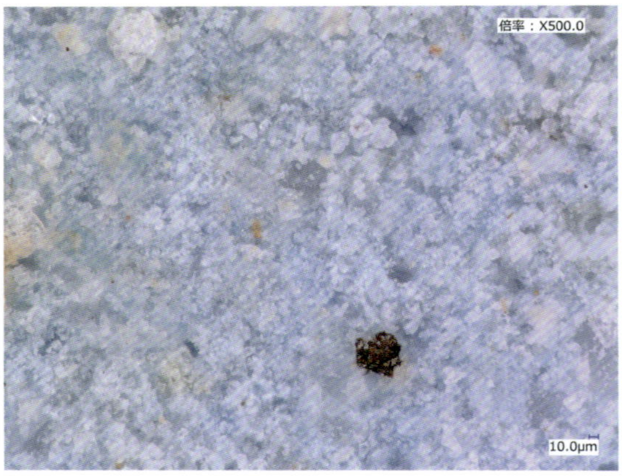


f. YSM1：1—5

图 10.31　新郑、叶县出土铅钡釉砂显微形貌图像

## 四、讨论

从成分和结构来看，河南出土战国早期至战国晚期的多色蜻蜓眼珠的胎体和基体都含有较高的 PbO，一般也含有 BaO，同时含有一定量的 $Al_2O_3$、CaO 和 $P_2O_5$。其中 $Al_2O_3$ 含量一般低于 10%，甚至更低，也有个别蜻蜓眼珠在 12% 左右。不少蜻蜓眼珠中 CaO 含量高于 10%，有的甚至可达 20% 左右。

铅钡釉砂主要流行于战国时期，汉代以后，其制作技术有所衰退，比较少见。在宝丰廖旗营汉代墓葬中出土了几件小型蜻蜓眼珠（HNWK-V-82—HNWK-V-84，图 10.32a—图 10.32c）。化学成分分析显示，其 PbO、BaO 和 CuO 的含量分布范围分别为 14.67%—17.81%、11.00%—16.46% 和 4.85%—5.37%。显微拉曼光谱分析表明，这些蜻

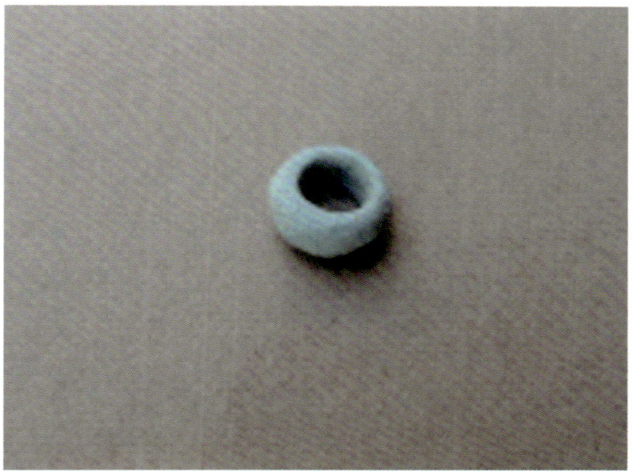

a.HNWK-V-82

b.HNWK-V-83

c.HNWK-V-84

d.HNLY-17（M2：15）

图 10.32　宝丰廖旗营和洛阳出土汉代铅钡釉砂珠

蜓眼珠的蓝色胎体皆含有中国蓝和中国紫人工合成颜料[22]。蓝色胎体上饰白色装饰，与新郑出土的3件（HNWK-V-65—HNWK-V-67）装饰风格相似，但珠体更小，表层眼纹和装饰也脱落殆尽。其胎体为蓝色，添加了含铜的着色剂原料，属于人工合成硅酸钡铜颜料着色。另外，1955年在洛阳人委楼48工区M2中出土了1件汉代蜻蜓眼珠，胎体呈灰色，表面施一层棕色装饰，并镶嵌白色和蓝色眼珠（图10.32d）。经PIXE分析，表面主要为PbO、BaO和$SiO_2$，且含有较高的$P_2O_5$。而灰色胎体中含有较高的PbO、$P_2O_5$和$Fe_2O_3$（表10.8）[23]，与前文所述战国时期铅钡釉砂相似。

### 表10.8 宝丰和洛阳汉代铅钡釉砂珠化学成分分析结果（wt.%）

| 编号 | 出土编号 | 测试部位 | $Na_2O$ | MgO | $Al_2O_3$ | $SiO_2$ | $K_2O$ | $P_2O_5$ | CaO | $Fe_2O_3$ | CuO | CoO | BaO | PbO |
|---|---|---|---|---|---|---|---|---|---|---|---|---|---|---|
| HNWK-V-82 | M22：20-1 | 不透明蓝色 | 2.10 | 0.26 | 1.71 | 61.56 | n.d. | n.d. | 0.22 | 0.35 | 4.99 | n.d. | 11.00 | 17.81 |
| HNWK-V-83 | M22：20-2 | 不透明蓝色 | 1.99 | 0.15 | 1.28 | 59.60 | n.d. | n.d. | 0.12 | 0.36 | 5.37 | n.d. | 16.46 | 14.67 |
| HNWK-V-84 | M22：20-3 | 不透明蓝色 | 2.35 | 0.24 | 1.16 | 60.67 | n.d. | n.d. | 0.01 | 0.35 | 4.85 | n.d. | 13.26 | 17.11 |
| HNLY-17a | M2:15 | 胎体 | 0.22 | 1.09 | 6.68 | 31.70 | 0.46 | 17.00 | 4.69 | 16.99 | 0.75 | 0.14 | 18.60 | 0.58 |
| HNLY-17b | M2:15 | 蓝色眼珠 | 0.00 | 0.58 | 5.17 | 23.80 | 0.68 | 18.00 | 6.82 | 2.25 | 2.24 | 0.00 | 33.30 | 3.72 |
| HNLY-17c | M2:15 | 白色眼珠 | 1.63 | 1.85 | 12.60 | 54.50 | 1.39 | 7.01 | 3.41 | 1.39 | 0.12 | 0.02 | 9.46 | 4.29 |

注：① HNLY-17三个点为PIXE测试，其余铅钡釉砂珠为pXRF测试。② n.d.：not detected，即氧化物或元素浓度低于仪器检出限，未检测出该化学成分。

通过以上分析可以看出，河南出土的战国早期至战国晚期的这些珠、管和多色蜻蜓眼珠都未完全烧结成玻璃态，皆含有铅、钡和铜，大致可以分为以下三类：

第一类，整体为同一种结构和原料配方，无明显分层结构，以$SiO_2$、PbO和BaO为主要化学组分，含有较高的 CuO，大多检测出中国蓝、中国紫等人工合成硅酸钡铜颜料和石英晶体，主要为中间有穿孔的管形和珠形饰品[24,25]等，此外，甘肃等地发现有无穿孔的八棱柱形颜料棒[26]。这类制品的原料配方介于石英砂釉砂和铅钡玻璃之间，在石英砂中添加了含铅和钡的矿物原料以及含铜的着色剂原料，但尚未达到玻璃化温度，归为铅钡釉砂。

第二类，一般存在三层结构，即内层为灰白色胎体，中层为白色装饰打底层，外层为在白色装饰层上施的蓝色、棕色、黄色或白色等彩色纹饰及眼纹。它们既不属于玻璃，又与传统黏土质釉陶不同，其芯层原料的配方介于富硅釉砂与黏土胎体之间。为了便于成型和烧结，应该是在石英砂中加入黏土原料以及富钙和富铅（钡）的助熔剂原料作为黏合剂，但未添加着色剂原料。这种芯层材料的配方与釉料配方更接近，只是烧成温度尚未达到熔融温度，属于石英砂釉砂向釉陶过渡阶段的产物，暂且也归为铅钡釉砂。20 世纪 90 年代末英国学者 Nigel Wood 等人[27]曾报道过类似的铅钡蜻蜓眼珠，认为该类蜻蜓眼珠是在釉砂胎体上先施白色底釉，再施红色、棕色和蓝色釉。这类铅钡釉砂的表面彩色装饰采用直接施釉法制作，其工艺可追溯到春秋时期内芯为黄色、表面为蓝绿色的石英砂釉砂。河南文物商店（今与河南博物院合并）有 1 颗类似的多色蜻蜓眼珠，国外知名博物馆如英国大英博物馆、美国波士顿美术博物馆和布鲁克林博物馆等皆收藏有多色蜻蜓眼珠，但无法确定属于战国时期的哪个阶段。2011 年安徽当涂陶庄越国贵族土墩墓曾出土 1 件类似的战国早期多色蜻蜓眼珠[28]，这是目前已知最早的实物。在陕西咸阳塔儿坡秦墓中也出土有类似的多色蜻蜓眼珠，如标本 48292∶3，“扁球形，底色乳白，珠面施朱红色带纹及黄色、朱红、浅蓝圆圈纹”[29]，与郑州二里岗出土的蜻蜓眼珠 ZEM48∶5−1 相似。

除上述多色蜻蜓眼珠外，还有一类装饰相对简单但蓝色釉层玻璃化程度较高的蜻蜓眼珠，之前曾将其视为铅钡釉陶。如江苏无锡鸿山越墓出土的 3 颗在白色胎体上饰蓝色釉层的蜻蜓眼珠，时代较早，属于战国早期[30]；战国晚期的如湖北江陵九店 M903 出土的灰胎白底蓝釉蜻蜓珠，胎体中含有 PbO、BaO、$P_2O_5$ 和 CaO[31]。此外，甘肃礼县大堡子山春秋中晚期秦公大墓[32]、陕西寨头河战国早中期墓葬[33]发现有结构相似的铅钡釉砂管，主要物相为中国蓝、中国紫和石英等。秦公大墓出土的铅钡釉砂管表层含有较高的 $SiO_2$（约 70%）和 PbO（约 20%）及少量的 CuO（约 3%），但不含 $Al_2O_3$。而寨头河出土铅钡釉砂管的内部胎体主要组分为PbO（32%—41%）、BaO（8%—15%）、$SiO_2$（23%—43%），基本不含CuO，胎体和表面蓝色釉层中$Al_2O_3$含量也比较高，分布范围为10%—24%[34]，应该是添加了更多的黏土。在四川成都蒲砚村战国晚期船棺墓M4中也发现有铅钡釉砂管[35]。

第三类，数量不多，以多色蜻蜓眼珠为主，烧结程度介于上述第二类和玻璃之间，其芯层材料与表面彩色装饰结合度更好，也存在一定的非晶态，但不透明，珠体的OCT图像呈较强的散射相，与陶瓷胎体相似，仍存在一定的未熔融晶体。如郑州二里岗（XHM110∶3-2）和新郑和一正（ZEM420∶3）出土的战国中前期蜻蜓眼珠，可称为玻璃化铅钡釉砂。

除上述铅钡釉砂之外，还有一类蜻蜓眼珠制品，主要组分为$SiO_2$，以$K_2O$和CaO为助熔剂，不含PbO和BaO，以CuO为着色剂。如河南淅川申明铺战国中晚期墓葬出土的蜻蜓眼珠，基体和眼珠均为绿色，眼圈为白色，绿色基体和白色眼圈中$K_2O$和CaO含量分别为11%—18%和4%—9%，同步辐射CT分析显示，存在内部胎体和表面釉层两层结构，表面致密，内部疏松，可称为玻璃化钾钙釉砂[36]。这类钾钙釉砂可追溯到西周晚期至春秋早期的湖北枣阳郭家庙曾国墓地出土的釉砂珠，其组分主要为$SiO_2$（93%以上），不含PbO和BaO，表层蓝色含有较高的助熔剂$K_2O$（2%—4%）和CaO（10%—12%）以及着色剂CuO（1%—3%），并含有11%左右的$Al_2O_3$[37]，可称为钾钙釉砂。在四川成都青白江区双元村战国早中期M33中也发现有类似的钾钙釉砂管[38]。

## 第三节　战国至汉代本土自制玻璃器

### 一、淮阳、新郑和南阳出土战国时期铅钡玻璃科学研究

平粮台遗址位于河南省周口市淮阳区东南4千米的大朱庄西南地，是一座龙山文化古

城址，古城废弃后，成为战国、两汉的墓葬区。1979 年至 1980 年河南省文物考古研究所和淮阳县文物保管所在平粮台清理了一批战国、两汉墓葬。其中以十六号楚墓形制最大，出土遗物也比较丰富，墓中出土了 2 件深蓝色蜻蜓眼玻璃珠，一整一碎，与铜镜出在一处。标本 HPM16∶8 已残破，天蓝色底，用米黄色绘出旋涡纹，用白色绘出圆涡纹，图案组合是圆圈中有七星纹或同心圆涡纹，周边用圆涡纹组成交叉直线。标本 HPM16∶75（图 10.33a），呈圆球形，底为天蓝色，用白色绘出涡纹和圆涡纹，孔的周边用细线绘出绳纹，图案组合是 5 个小圆涡纹围绕 1 个大的椭圆形涡纹，直径 2.80 厘米，孔径 1.00 厘米 [39]。采用手持式 HXRF 在河南省文物考古研究院对 M16∶75 进行无损分析。

2006 年新郑胡庄大墓（M2）出土 3 颗战国晚期的蜻蜓眼玻璃珠，呈球形，湖蓝色基体，镶嵌白色眼圈和 3 颗湖蓝色眼珠，直径 0.72 厘米，孔径 0.25 厘米，重 0.90 克（图 10.33e—图 10.33g）。采用 pXRF 对其进行科学分析。1997 年在新郑郑韩故城 I 区宫城区 T30130 中出土 1 件绿色玻璃耳珰（图 10.33c）和 1 件深蓝色玻璃耳瑱（图 10.33d）。耳珰长约 1.00 厘米，微残，中有穿孔；耳瑱风化严重，微残，表面呈黄色，残损处呈深蓝色，高约 1.80 厘米。采用手持式 HXRF 在河南省文物考古研究院新郑工作站对其进行无损分析。

2010 年河南省文物考古研究院在新郑市西亚斯学院华信新校区战国墓地发掘墓葬 208 座，共出土各类遗物 226 件，包括铜、陶、铁、玉、玛瑙、骨等。其中在一座战国墓（M22）中出土 1 件蓝色玻璃环（图 10.33b），饰点纹，表面有风化。2004 年在新郑西亚斯学院战国墓地 M38 中出土 1 件深蓝色蜻蜓眼珠，眼珠均已脱落（图 10.33h）。另外，在南阳万家园战国晚期墓葬 M24 中出土 2 件蜻蜓眼玻璃珠，有残损，深蓝色至黑色基体，镶嵌绿色眼珠，残存白色眼底（图 10.33i、图 10.33j）。

a．HPM16：75

b．XHXM22：1

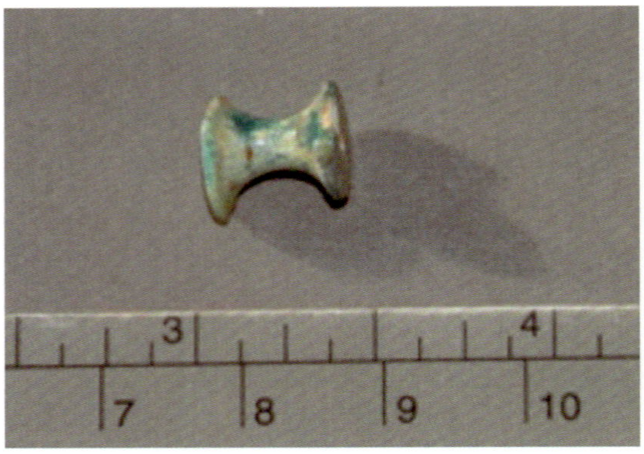

c.97ZHIT30130③：9

d.97ZHIT30130③：10

e.HNWK−V−70（XHM2：1）

f.HNWK−V−71（M152：1）

g.HNWK−V−72（M102：3）

h.HNWK−Ⅳ−06

i．NYWKⅠ−5−1　　j．NYWKⅠ−5−2

图10.33　河南出土战国时期典型铅钡玻璃

化学成分分析结果（表 10.9）显示，淮阳平粮台蜻蜓眼珠的主要化学成分为 PbO（15.56%—20.21%）、BaO（约 9%）和 $SiO_2$（约 58%）。而新郑胡庄大墓 XHM2∶1 蜻蜓眼珠的蓝色基体和白色眼圈中 PbO 含量较高，分别为 41.92% 和 45.10%，BaO 约 8%，两个部位中 $SiO_2$ 含量分别为 42.64% 和 38.11%。新郑出土的耳珰和耳瑱的 PbO 含量为 19.81%—34.70%，BaO 和 $SiO_2$ 含量分别为 6.62%—12.47% 和 21.79%—48.32%，并含有较高的 $P_2O_5$（2.42%—12.60%）和 CaO（2.94%—9.87%），但残损处新鲜面的 $P_2O_5$ 和 CaO 含量远低于风化面，新鲜面的 PbO 含量也低于风化面，说明风化可能导致表面 PbO 富集，并且表面较高的 $P_2O_5$ 和 CaO 含量也与风化有关。这几件玻璃制品皆为铅钡玻璃。

从表 10.9 化学成分结果可以看出，新郑出土的 3 件蜻蜓眼珠（HNWK−V−70、HNWK−V−71 和 HNWK−V−72），各自基体与眼珠部分的主要化学成分基本相同，PbO 和 BaO 的含量分别为 29.26%—48.06%、4.59%—14.92%。南阳出土的 2 件蜻蜓眼珠（NYWKI−5−1 和 NYWKI−5−2），PbO 和 BaO 的含量分别为 17.73%—36.36%、2.57%—7.08%，白色部位 BaO 含量最低。另外，NYWKI−5−1 基体部位含有较高的 $Fe_2O_3$（15.31%）。淮阳平粮台蜻蜓眼珠 HPM16∶75 的深蓝色眼珠中含有 0.11% 的 CoO，而新郑的蜻蜓眼珠 HNWK−V−71 和 HNWK−V−72 的半透明蓝色眼珠部位中钴元素含量分别为 553 微克／克和 347 微克／克。钴元素在玻璃中以稳定的 $Co^{2+}$ 存在，少量的 $Co^{2+}$（通常是每克含几百微克）便可以使玻璃呈现 [40]，因此，这 2 个蜻蜓眼珠的眼珠部位为 $Co^{2+}$ 致色。与之不同的是，南阳出土的 2 颗蜻蜓眼珠的眼珠部位为半透明蓝色，含有较高的 CuO（约 1.5%），应为 $Cu^{2+}$ 离子着色。

对 HNWK−V−71 白色眼圈部位进行了拉曼光谱测试，主要为石英（在 $199cm^{-1}$ 和 $460cm^{-1}$ 处）的特征峰及玻璃包络峰（在 $503cm^{-1}$ 和 $1009cm^{-1}$ 附近）（图 10.34），说明 HNWK−V−71 因白色眼圈部位烧结不完全而形成部分玻璃态的物质，并残留有石英原料。

## 表 10.9 河南出土战国时

| 编号 | 器名 | 测试部位 | PbO | BaO | $SiO_2$ | $Al_2O_3$ | CuO | $Fe_2O_3$ | $K_2O$ | CaO | Mn |
|---|---|---|---|---|---|---|---|---|---|---|---|
| | | | wt.% | | | | | | | | |
| HPM16：75a | 蜻蜓眼珠 | 眼珠 | 15.56 | 9.00 | 58.87 | 5.89 | 0.17 | 1.14 | 1.85 | 2.12 | 0.2 |
| HPM16：75b | 蜻蜓眼珠 | 眼珠 | 17.00 | 9.39 | 58.54 | 5.15 | 0.14 | 0.81 | 1.46 | 1.64 | 0.2 |
| HPM16：75c | 蜻蜓眼珠 | 白色眼圈 | 20.21 | 8.58 | 57.66 | 5.91 | 0.06 | 0.57 | 1.16 | 1.43 | 0.2 |
| HNWK-V-70a | 蜻蜓眼珠 | 蓝色基体 | 41.92 | 8.44 | 42.64 | 3.10 | 0.17 | 0.37 | n.d. | 1.17 | n.d |
| HNWK-V-70b | 蜻蜓眼珠 | 白色眼圈 | 45.10 | 8.21 | 38.11 | 3.66 | 0.59 | 0.83 | n.d. | 1.47 | n.d |
| HNWK-V-71a | 蜻蜓眼珠 | 蓝色基体 | 29.26 | 10.37 | 50.76 | 6.46 | n.d. | 0.23 | n.d. | 1.68 | n.d |
| HNWK-V-71b | 蜻蜓眼珠 | 蓝色眼部 | 37.55 | 13.77 | 41.91 | 2.36 | n.d. | 0.72 | n.d. | 0.97 | n.d |
| HNWK-V-71c | 蜻蜓眼珠 | 白色眼圈 | 35.69 | 13.50 | 43.63 | 4.13 | n.d. | 0.30 | n.d. | 0.65 | n.d |
| HNWK-V-72a | 蜻蜓眼珠 | 蓝色基体 | 34.61 | 14.92 | 44.65 | 0.79 | n.d. | 0.30 | n.d. | 1.74 | n. |
| HNWK-V-72b | 蜻蜓眼珠 | 蓝色眼部 | 38.32 | 9.41 | 43.98 | 3.26 | n.d. | 0.50 | n.d. | 2.05 | n. |
| HNWK-V-72c | 蜻蜓眼珠 | 土黄色线 | 48.06 | 4.59 | 24.71 | 1.88 | n.d. | 1.77 | n.d. | 5.03 | n. |
| 97ZHIT30130 ③：9a | 耳珰 | 下端绿色 | 34.43 | 7.02 | 21.79 | 6.91 | 0.36 | 0.40 | 0.59 | 9.87 | 0.1 |
| 97ZHIT30130 ③：9b | 耳珰 | 上端绿色 | 34.70 | 6.62 | 27.38 | 8.11 | 0.36 | 0.46 | 0.72 | 7.20 | 0.1 |
| 97ZHIT30130 ③：10a | 耳瑱 | 灰色底端面 | 29.76 | 12.47 | 28.45 | 6.94 | 0.10 | 2.31 | 0.58 | 6.14 | 0.1 |
| 97ZHIT30130 ③：10b | 耳瑱 | 蓝色端面 | 19.81 | 11.86 | 48.32 | 7.75 | 0.07 | 2.45 | 1.00 | 2.94 | 0. |
| XHXM22：1 | 玻璃环 | 蓝色基体 | 38.93 | 2.05 | 49.84 | 3.66 | 0.69 | 0.42 | n.d. | 1.74 | 0. |
| HNWK-IV-06a | 蜻蜓眼珠 | 基体 | 33.92 | 0.55 | 40.77 | 1.90 | 1.84 | 0.18 | 0.16 | n.d. | n. |
| HNWK-IV-06b | 蜻蜓眼珠 | 眼珠脱落处 | 38.34 | 0.69 | 33.11 | 4.67 | 1.64 | 0.36 | n.d. | 0.06 | n. |
| NYWKI-5-1a | 蜻蜓眼珠 | 蓝色眼珠 | 17.73 | 7.08 | 57.05 | 5.38 | 1.49 | 0.38 | 0.42 | 1.07 | n. |

## 钡玻璃化学成分的测试结果

| $_2O_5$ | Cl | $Na_2O$ | MgO | $SnO_2$ | $Sb_2O_3$ | CoO | Ni | Cr | V | Cd | Sr | Zn | Co | Sn | 分析仪器 |
|---|---|---|---|---|---|---|---|---|---|---|---|---|---|---|---|
| | | | | | | | μg/g | | | | | | | | |
| .39 | 1.05 | n.d. | 1.79 | 1.46 | 0.22 | 0.11 | n.d. | n.d. | n.d. | 100 | 700 | 200 | M | M | HXRF |
| .39 | 1.16 | n.d. | 2.26 | 1.30 | 0.24 | 0.11 | n.d. | n.d. | n.d. | n.d. | 700 | 200 | M | M | HXRF |
| .47 | 1.44 | n.d. | 1.26 | 0.54 | 0.31 | 0.06 | n.d. | n.d. | n.d. | 100 | 600 | 200 | M | M | HXRF |
| .d. | n.d. | 1.92 | 0.27 | n.d. | n.d. | n.d. | n.d. | n.d. | n.d. | n.d. | 223 | n.d. | n.d. | n.d. | pXRF |
| .d. | n.d. | 1.84 | 0.19 | n.d. | n.d. | n.d. | n.d. | n.d. | n.d. | n.d. | 158 | n.d. | n.d. | n.d. | pXRF |
| .d. | n.d. | 0.86 | 0.38 | tr | n.d. | tr | n.d. | n.d. | n.d. | n.d. | 385 | n.d. | 178 | 178 | pXRF |
| .d. | n.d. | 2.28 | 0.45 | tr | n.d. | tr | n.d. | n.d. | n.d. | n.d. | 413 | n.d. | 553 | 584 | pXRF |
| .d. | n.d. | 1.82 | 0.28 | tr | n.d. | n.d. | n.d. | n.d. | n.d. | n.d. | 353 | n.d. | n.d. | 363 | pXRF |
| .13 | n.d. | 2.58 | 0.27 | tr | n.d. | tr | n.d. | n.d. | n.d. | n.d. | 464 | n.d. | 270 | 231 | pXRF |
| .d. | n.d. | 1.92 | 0.56 | tr | n.d. | tr | n.d. | n.d. | n.d. | n.d. | 328 | n.d. | 347 | 290 | pXRF |
| .76 | n.d. | 0.77 | 0.44 | tr | n.d. | n.d. | n.d. | n.d. | n.d. | n.d. | 89 | n.d. | n.d. | 223 | pXRF |
| .60 | 1.40 | n.d. | 4.12 | 0.32 | n.d. | n.d. | 2800 | n.d. | 2700 | 2700 | n.d. | 2600 | n.d. | n.d. | HXRF |
| .18 | 1.30 | n.d. | 3.45 | 0.35 | n.d. | n.d. | 5600 | n.d. | n.d. | 2800 | n.d. | 3300 | n.d. | n.d. | HXRF |
| .97 | 1.26 | n.d. | 3.77 | 0.10 | n.d. | 0.23 | 5700 | n.d. | 3500 | 1700 | 1500 | 3000 | n.d. | n.d. | HXRF |
| .42 | 1.17 | n.d. | 1.80 | 0.07 | n.d. | 0.41 | 7800 | 1700 | n.d. | n.d. | 5200 | 1900 | n.d. | n.d. | HXRF |
| .06 | n.d. | 1.59 | 0.43 | n.d. | n.d. | n.d. | 3 | 126 | n.d. | n.d. | 204 | 15 | n.d. | n.d. | pXRF |
| d. | n.d. | 3.06 | 1.21 | n.d. | n.d. | n.d. | n.d. | 100 | n.d. | n.d. | n.d. | n.d. | n.d. | n.d. | pXRF |
| d. | n.d. | 1.39 | 1.08 | n.d. | n.d. | n.d. | n.d. | 200 | n.d. | n.d. | n.d. | n.d. | n.d. | n.d. | pXRF |
| 27 | n.d. | 4.87 | 1.34 | n.d. | n.d. | n.d. | n.d. | n.d. | n.d. | n.d. | n.d. | n.d. | n.d. | n.d. | PIXE |

| 编号 | 器名 | 测试部位 | PbO | BaO | $SiO_2$ | $Al_2O_3$ | CuO | $Fe_2O_3$ | $K_2O$ | CaO | Mn( |
|---|---|---|---|---|---|---|---|---|---|---|---|
| | | | | | | | | | | | wt.% |
| NYWKI-5-1b | 蜻蜓眼珠 | 黑色基体 | 36.36 | 6.66 | 26.73 | 2.25 | 0.15 | 15.31 | 0.36 | 1.27 | 0.1 |
| NYWKI-5-1c | 蜻蜓眼珠 | 白色部位 | 32.19 | 2.75 | 51.56 | 2.49 | 0.21 | 4.66 | 0.08 | 0.51 | n.d |
| NYWKI-5-2a | 蜻蜓眼珠 | 蓝色眼珠 | 19.36 | 6.93 | 57.99 | 5.91 | 1.51 | 0.46 | 0.33 | 1.17 | n.d |
| NYWKI-5-2b | 蜻蜓眼珠 | 白色表面 | 28.74 | 2.57 | 53.48 | 7.02 | 0.61 | 1.22 | 0.26 | 1.57 | n.d |

注：① n.d.：not detected，即氧化物或元素浓度低于仪器检出限，未检测出该化学成分。② tr：表示该元素含量

目前，国内外学者普遍认为铅钡玻璃是我国战国时期自创的一类独特的古代玻璃[41, 42]，其在西汉时期广泛存在，到东汉时数量开始减少并逐渐被铅玻璃替代。结合铅钡玻璃化学成分、微区物相分析及考古学背景，我们认为上述河南出土的铅钡玻璃为我国自制。

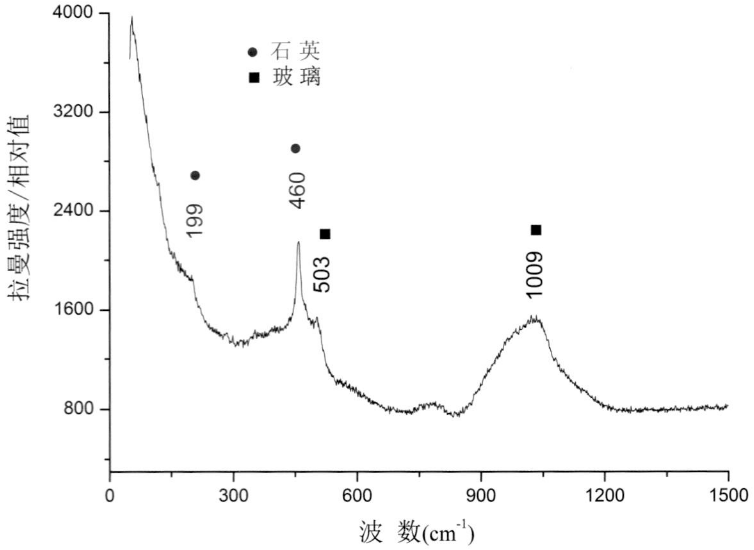


图 10.34　蜻蜓眼珠 HNWK-V-71 白色眼圈的特征拉曼图谱（λ=532 纳米）

## 二、河南出土汉代本土铅钡和铅玻璃制品科学研究

### 1. 河南出土铅钡和铅玻璃制品简况

河南出土的汉代本土玻璃制品以铅（钡）玻璃为主，还有少量钾玻璃。其中铅钡玻

续表

| $P_2O_5$ | Cl | $Na_2O$ | MgO | $SnO_2$ | $Sb_2O_3$ | CoO | Ni | Cr | V | Cd | Sr | Zn | Co | Sn | 分析仪器 |
|---|---|---|---|---|---|---|---|---|---|---|---|---|---|---|---|
| | | | | | | | μg/g | | | | | | | | |
| 7.05 | n.d. | 1.78 | 0.68 | n.d. | n.d. | n.d. | n.d. | 200 | n.d. | n.d. | n.d. | n.d. | n.d. | n.d. | PIXE |
| 2.75 | n.d. | 1.00 | 1.23 | n.d. | n.d. | n.d. | n.d. | 800 | n.d. | n.d. | n.d. | n.d. | n.d. | n.d. | PIXE |
| .41 | n.d. | 2.46 | 1.10 | n.d. | n.d. | n.d. | n.d. | n.d. | n.d. | n.d. | n.d. | n.d. | n.d. | n.d. | PIXE |
| 0.98 | n.d. | 0.03 | 1.38 | n.d. | n.d. | n.d. | n.d. | 600 | n.d. | n.d. | n.d. | n.d. | n.d. | n.d. | PIXE |

量。

璃主要为耳珰、蜻蜓眼珠、蝉、单色珠，以及耳鼻塞、耳瑱、兽形饰等，主要出自洛阳、南阳、新郑、荥阳、宝丰、商水等地（表10.10、图10.35—图10.37）。根据耳珰两个端面直径的相对大小、腰部形状（束腰形、直腰形）、腰部长度、腰径与端面直径的相对比例等，可将河南出土的汉代玻璃耳珰分为腰鼓形、不对称腰鼓形、喇叭形（图10.35）。腰鼓形耳珰两个端面的直径基本一致，并稍微大于腰部的直径；喇叭形耳珰两个端面的直径相差较大，较大端面的直径明显大于腰部直径；不对称腰鼓形两个端面直径的相对大小则介于腰鼓形和喇叭形之间。

2. 化学成分分析结果

（1）铅钡玻璃制品

化学成分分析（表10.11、表10.12）表明，这些玻璃主要为铅钡体系，共计31件。其中耳珰数量最多，计15件，另外还有蜻蜓眼珠、蝉、兽形玻璃饰等。

铅钡耳珰主要为蓝色，着色离子主要为 $Co^{2+}$ 和 $Cu^{2+}$。着色剂可分为两类：一类为CuO和 $Fe_2O_3$ 综合着色，两者的含量分别在0%—7.90%和0.29%—11.63%；另一类为CoO着色，含量在0.03%—0.07%，个别耳珰未检测出明显的着色剂。相对而言，另外3颗可能属于铅钡玻璃的HNWK Ⅳ－06、HNLY－18和HNZZ－58均为蜻蜓眼玻璃珠，风化残损严重，眼珠均已脱落。HNWKⅣ－06a、HNWKⅣ－06b和HNZZ－58的PbO含量分别为33.92%、38.34%和26.70%，但其BaO含量非常低，均不足1%（0.24%—0.69%）；而HNLY－18的PbO和BaO含量也均非常低，分别为5.67%和0.83%，这可

表 10.10 河南各地出土汉

| 实验编号 | 出土／馆藏编号 | 器名 | 时代 | 颜色 |
|---|---|---|---|---|
| HNLY-04 | M1026 : 27 | 耳珰 | 东汉早期 | 绿色 |
| HNLY-06 | M29 : 1 | 耳珰 | 东汉早中期 | 蓝色 |
| HNLY-13 | M27 : 41（2 : 5563） | 耳珰 | 汉 | 绿色 |
| HNLY-19 | M042 : 12（9 : 2037） | 耳珰 | 汉 | 绿色 |
| NYWKI-10 | 00647 | 耳珰 | 汉 | 蓝色 |
| HNZZ-56 | 2006XXIIM243 : 45-1 | 耳珰 | 东汉中晚期 | 浅湖蓝色 |
| HNZZ-57 | 2006XXIIM243 : 45-2 | 耳珰 | 东汉中晚期 | 面风化成银釉状 |
| HNZZ-62 | 2006XXIIT0919M251 : 6 | 耳珰 | 新莽至东汉早期 | 浅褐色 |
| HNZZ-63 | 2006XXIIT1110M217 : 3 | 耳珰 | 西汉以后 | 湖蓝色 |
| HNZZ-67 | 2006XXIVM48 : 5-1 | 耳珰 | 东汉早期以后 | 湖蓝色 |
| HNZZ-69 | 2006XXIVM66 : 1 | 耳珰 | 东汉中晚期 | 湖蓝色 |
| HNZZ-70 | 2006XXIM76 : 22 | 耳珰 | 东汉中晚期 | 湖蓝色 |
| HNZZ-71 | 2006XXIIT1110M217 : 2 | 耳珰 | 西汉以后 | 湖蓝色 |
| HNZZ-72 | 2006XXIVM92 : 3-1 | 耳珰 | 新莽时期 | 湖蓝色 |
| HNZZ-78 | 2005XXIIT0715M22 : 3 | 耳珰 | 东汉早中期 | 深蓝（黑？） |
| HNLY-02 | M1015 : 10 | 耳塞 | 王莽时期 | 白色 |
| HNWKII-84 | Mb-0515-36 | 蝉 | 汉 | |
| HNWKII-85 | II M11 : 5 | 蝉 | 汉 | |

## 代铅钡和铅玻璃制品一览表

| 尺寸／厘米 | 出土时间和地点 | 描述 |
|---|---|---|
| 长 1.60 | 1953 年洛阳烧沟 | 腰鼓形，中有穿孔，一端残，表面风化严重，不透明 |
| 长 1.10 | 1953 年洛阳烧沟 | 喇叭形，中有穿孔，表面部分风化脱落，半透明 |
| 长 1.50 | 1973 年洛阳铜加工厂储运车间 | 喇叭形，中有穿孔，风化严重，不透明 |
| 长 1.00 | 1957 年 8 月洛阳铁占线 401 工区 | 喇叭形，中有穿孔，表面风化为银釉状，半透明 |
|  | 1993 年南阳万龙公司 M1 | 喇叭形，中有穿孔，部分风化，半透明 |
| 长 1.64 | 2006 年河南荥阳市薛村遗址 | 喇叭形，中有穿孔，穿芯呈白色，透明度高 |
| 长 1.44 | 2006 年河南荥阳市薛村遗址 | 表面风化成银釉状，破损严重，中有穿孔 |
| 长 1.79 | 2006 年河南荥阳市薛村遗址 | 喇叭形，表面风化严重，中有穿孔，透明度较差 |
| 长 1.12 | 2006 年河南荥阳市薛村遗址 | 表面风化脱落，露出湖蓝色实体，腰鼓形，中有一穿孔，穿芯呈白色，透明度高 |
| 长 1.13 | 2006 年河南荥阳市薛村遗址 | 对称腰鼓形，表面风化，中有一较粗穿孔，有白色穿芯 |
| 长 0.94 | 2006 年河南荥阳市薛村遗址 | 腰鼓形，表面风化较重，中有穿孔 |
| 长 1.05 | 2006 年河南荥阳市薛村遗址 | 喇叭形，表面风化较重，风化层脱落殆尽，中有穿孔 |
| 长 1.14 | 2006 年河南荥阳市薛村遗址 | 腰鼓形，表面风化较重，风化层脱落殆尽，中有穿孔，透明度高 |
| 长 1.54 | 2006 年河南荥阳市薛村遗址 | 喇叭形，表面风化脱落，中有穿孔 |
| 长 1.70 | 2005 年河南荥阳市薛村遗址 | 喇叭形，表面风化，一端破损，中有穿孔 |
| 长 2.50 | 1953 年洛阳烧沟 M1015 : 10 | 玻璃耳塞 |
| 4.75，宽 2.98，厚 0.70 | 2006 年河南荥阳市薛村遗址 | 扁体蝉形 |
| 4.59，宽 2.80，厚 0.55 | 2005 年河南荥阳市薛村遗址 | 扁体蝉形 |

| 实验编号 | 出土／馆藏编号 | 器名 | 时代 | 颜色 |
|---|---|---|---|---|
| HNWKII–86 | IVM52 : 3 | 塞 | 汉 | |
| HNWKII–87 | IIM243 : 66 | 蝉 | 汉 | |
| HNWKII–88 | IIT1110M217 : 7 | 兽形玻璃饰品 | 汉 | |
| HNZZ–58 | 2006XXIIT1110M217 | 蜻蜓眼珠 | 汉 | |
| HNZZ–65 | 2006XXIIM243 : 22–1 | 蜻蜓眼珠 | 汉 | |
| HNZZ–66 | 2006XXIIM243 : 22–2 | 蜻蜓眼珠 | 汉 | |
| HNLY–03 | M1026 : 26 | 蝉 | 东汉早期 | |
| HNLY–05 | M18 | 料珠 | 西汉中期 | |
| HNLY–18 | M21 : 6（9 : 857） | 蜻蜓眼珠 | 西汉 | |
| HNLY–20 | 401 工区 –129 : 24 | 料珠 | 汉 | |
| HNWK–V–76 | M22 : 7–1 | 球形蜻蜓眼珠 | 汉 | |
| HNWK–V–77 | M22 : 7–2 | 管状蜻蜓眼珠 | 汉 | |
| HNWK–V–78 | M22 : 7–3 | 管状蜻蜓眼珠 | 汉 | |
| HNWK–V–79 | M22 : 7–4 | 管状蜻蜓眼珠 | 汉 | |
| HNWK–V–80 | M22 : 8–1 | 玻璃珠 | 汉 | |
| HNWK–V–81 | M22 : 8–2 | 玻璃珠 | 汉 | |
| HNWK–V–82 | M22 : 20–1 | 玻璃珠 | 汉 | |
| HNWK–V–83 | M22 : 20–2 | 料珠 | 汉 | |
| HNWK–V–84 | M22 : 20–3 | 料珠 | 汉 | |

续表

| 尺寸／厘米 | 出土时间和地点 | 描述 |
|---|---|---|
| 长 1.90，最大直径 0.88 | 2006 年河南荥阳市薛村遗址 | 截尖圆锥体 |
| 长 3.50，宽 2.20，厚 0.60 | 2006 年河南荥阳市薛村遗址 | 扁体蝉形 |
| 长 1.20，高 0.80 | 2006 年河南荥阳市薛村遗址 | 兽形 |
| 长 1.24，直径 1.57 | 2006 年河南荥阳市薛村遗址 | 表面风化成浅褐色，类算珠状，中有一较大穿孔，突出的“眼”均风化下凹，脱落 |
| 长 1.00，直径 1.28 | 2006 年河南荥阳市薛村遗址 | 表面风化成浅褐色，类算珠状，中有一较大穿孔，突出的“眼”均风化下凹，脱落粉末 |
| 长 0.61，直径 0.72 | 2006 年河南荥阳市薛村遗址 | 表面风化成浅褐色，类算珠状，中有一较大穿孔，突出的“眼”均风化下凹，脱落粉末 |
|  | 1953 年洛阳烧沟单穹窿 | 表面风化，微残，深绿色 |
|  | 1953 年洛阳烧沟平顶 | 单色珠 |
|  | 1954 年 7 月<br>洛阳防洪渠二段 22 工区② | 风化眼珠，眼珠脱落，深蓝色珠体 |
|  | 1957 年 11 月铁占线 401 工区 | 风化，珠体中间有一穿孔 |
| 高 0.80，直径 1.06 | 2010 年宝丰县廖旗营遗址 | 酱色底，呈珠状，中间有一穿孔 |
| 高 0.90，直径 1.02 | 2010 年宝丰县廖旗营遗址 | 酱色底，呈珠状，中间有一穿孔 |
| 高 0.82，直径 0.86 | 2010 年宝丰县廖旗营遗址 | 酱色底，呈珠状，中间有一穿孔 |
| 高 0.80，直径 0.84 | 2010 年宝丰县廖旗营遗址 | 酱色底，呈珠状，中间有一穿孔 |
| 高 0.55，直径 1.09 | 2010 年宝丰县廖旗营遗址 | 酱色底，呈珠状，中间有一穿孔 |
| 高 0.54，直径 1.02 | 2010 年宝丰县廖旗营遗址 | 酱色底，呈珠状，中间有一穿孔 |
| 高 0.40，直径 0.63 | 2010 年宝丰县廖旗营遗址 | 湖蓝色，呈珠状，中间有一穿孔 |
| 高 0.35，直径 0.64 | 2010 年宝丰县廖旗营遗址 | 湖蓝色，呈珠状，中间有一穿孔 |
| 高 0.36，直径 0.62 | 2010 年宝丰县廖旗营遗址 | 湖蓝色，呈珠状，中间有一穿孔 |

| 实验编号 | 出土／馆藏编号 | 器名 | 时代 | 颜色 |
|---|---|---|---|---|
| HNWK-V-85 | M6：6-1 | 料珠 | 汉 | |
| HNWK-V-86 | M6：6-2 | 料珠 | 汉 | |
| NYWK Ⅰ-5-1 | M242 | 蜻蜓眼珠 | 西汉晚期 | |
| NYWK Ⅰ-5-2 | M242 | 蜻蜓眼珠 | 西汉晚期 | |
| NYWK Ⅰ-3 | M21：4 | 鼻塞 | 西汉 | |
| SYM58：4-1—4 | M58：4 | 珠 | 西汉 | |

能与风化导致 BaO 流失有关。其他玻璃蝉和耳鼻塞的 PbO 和 BaO 含量相对较高，分别为 24.90%—59.47% 和 3.54%—17.46%。

在商水杨单庄墓地发现 4 件西汉时期的铅钡玻璃珠 SYM58：4-1—SYM58：4-4（图 10.36k），整体呈分段形，两端较小，中间较大，上下有穿孔。这 4 件玻璃珠中 PbO、BaO 的含量分别为 38.37%—41.93% 和 9.64%—12.29%。值得注意的是，商水杨单庄墓地这 4 件铅钡玻璃含有较高的 $Fe_2O_3$，含量在 6.86%—16.74%，一方面是由于玻璃珠饰本身含铁量较高，另一方面也可能与埋藏环境存在一定关系，珠饰表面可能受到了污染。因为与铁器共存，导致测试结果中 $Fe_2O_3$ 的含量偏高，珠饰表面也检测到 $Fe_2O_3$ 的拉曼特征峰。这 4 件玻璃珠风化严重，表面粗糙不平。显微形貌分析表明，玻璃珠表面是由于风化作用而形成的粗糙表面。

（2）铅玻璃制品

属于铅玻璃体系的珠饰有 7 件，分别为 HNZZ-78、NYWKI-3、HNLY-05、HNZZ-65、HNZZ-66、HNWK-V-85、HNWK-V-86，不含 BaO，PbO 含量为 31.40%—89.65%。

续表

| 尺寸／厘米 | 出土时间和地点 | 描述 |
| --- | --- | --- |
| 高 0.85，直径 1.07 | 2010 年宝丰县廖旗营遗址 | 白底，白色蜻蜓眼，呈珠状，中间有一穿孔 |
| 高 0.61，直径 0.80 | 2010 年宝丰县廖旗营遗址 | 白色，呈珠状，中间有一穿孔 |
|  | 2005 年 5 月 3 日南阳万家园 |  |
|  | 2005 年 5 月 3 日南阳万家园 |  |
|  | 2005 年 5 月 3 日南阳万家园 | 白色，风化严重，内有泥土，较重 |
|  | 2018 年商水杨单庄墓地 | 棕色，整体呈分段形，两端较小，中间较大，上下有穿孔 |

其中耳珰只有 1 件（HNZZ-78），其化学组分中 PbO 含量为 52.80%，$SiO_2$ 含量为 16.90%，$P_2O_5$ 含量为 9.78%，CaO 含量为 6.03%，着色剂可能为 $Fe_2O_3$（含量为 11.63%），CuO 含量仅为 0.20%。

在宝丰廖旗营汉代墓地中发现 2 颗铅玻璃珠。其中 HNWK-V-85（图 10.36i）为白底蜻蜓眼珠，饰红褐色眼圈和眼珠，风化严重，重 1.40 克，高 0.85 厘米，直径 1.07 厘米；HNWK-V-86（图 10.36j）呈珠状，中间有一穿孔，重 1.05 克，高 0.61 厘米，直径 0.80 厘米，土黄色，表面饰白色条带。化学成分分析结果（表 10.12）显示，这 2 件玻璃珠均含有较高的 PbO，含量为 70.04%—78.09%，不含 BaO，较高的 PbO 可能与风化导致表面铅富积有关。

此外，部分铅钡和高铅玻璃（如 HNLY-04、HNLY-06、HNLY-13、HNLY-19、HNZZ-56、HNZZ-62 和 HNZZ-78）的化学成分中含有较高的 $P_2O_5$，这可能与墓葬中的尸骨腐化引起的腐蚀有关，也可能与胎体的配方有关。

a. HNLY-04 b. HNLY-06 c. HNLY-13 d. HNLY-19
e. HNZZ-56 f. HNZZ-57 g. HNZZ-62 h. HNZZ-63
i. HNZZ-67 j. HNZZ-68 k. HNZZ-69 l. HNZZ-70
m. HNZZ-71 n. HNZZ-72 o. HNZZ-78 p. NYWK Ⅰ-10 q. HNLY-02

图 10.35 河南出土铅钡玻璃耳珰和耳瑱

a. HNLY—18　b. HNZZ—58　c. HNZZ—65　d. HNZZ—66

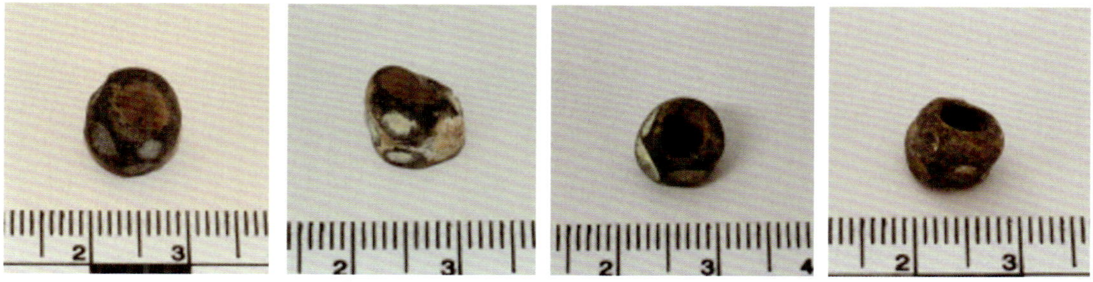

e. HNWK—V—76　f. HNWK—V—77　g. HNWK—V—78　h. HNWK—V—79

i. HNWK—V—85　j. HNWK—V—86

k. SYM58 : 4—1—SYM58 : 4—4　l. HNLY—20　m. HNWK Ⅱ—88

图 10.36　河南出土汉代本土铅钡和铅玻璃珠饰

a. HNWKⅡ−84　b. HNWKⅡ−85　c. HNWKⅡ−87

d. HNLY03　e. NYWKⅠ−3　f. HNWKⅡ−86

图 10.37　河南出土本土铅（钡）玻璃蝉和鼻塞

## 表10.11　河南出土汉代铅(钡)玻璃耳珰主要化学成分分析结果(wt.%)

| 编号 | $Na_2O$ | $Al_2O_3$ | $SiO_2$ | $P_2O_5$ | $K_2O$ | CaO | MnO | $Fe_2O_3$ | CoO | CuO | ZnO | PbO | BaO | 体系 |
|---|---|---|---|---|---|---|---|---|---|---|---|---|---|---|
| HNLY−04 | 0.47 | 4.20 | 34.10 | 20.10 | n.d. | 5.25 | 0.06 | 1.12 | n.d. | 4.91 | n.d. | 26.8 | 1.12 | 铅钡玻璃 |
| HNLY−06 | 2.38 | 6.02 | 68.2 | 4.04 | 0.20 | 2.47 | 0.22 | 1.20 | n.d. | n.d. | n.d. | 9.49 | 3.66 | 铅钡玻璃 |
| HNLY−13 | n.d. | 7.73 | 56.00 | 6.52 | n.d. | 1.99 | 0.11 | 2.03 | 0.06 | 7.90 | n.d. | 13.6 | 3.28 | 铅钡玻璃 |
| HNLY−19 | 0.97 | 5.25 | 37.1 | 12.40 | 0.24 | 1.35 | 0.06 | 0.29 | 0.03 | 0.31 | 0.03 | 33.8 | 6.68 | 铅钡玻璃 |
| NYWKI−10 | 4.33 | 8.01 | 58.60 | 0.93 | 1.63 | 3.00 | 0.10 | 1.47 | 0.03 | 0.12 | n.d. | 14.15 | 5.46 | 铅钡玻璃 |
| HNZZ−56 | 1.16 | 7.53 | 54.30 | 5.93 | 1.58 | 3.80 | 0.37 | 2.93 | n.d. | 0.21 | 0.05 | 14.4 | 6.29 | 铅钡玻璃 |

续表

| 编号 | $Na_2O$ | $Al_2O_3$ | $SiO_2$ | $P_2O_5$ | $K_2O$ | CaO | MnO | $Fe_2O_3$ | CoO | CuO | ZnO | PbO | BaO | 体系 |
|---|---|---|---|---|---|---|---|---|---|---|---|---|---|---|
| HNZZ-57 | 0.35 | 3.47 | 72.30 | 1.84 | 0.24 | 1.73 | 0.07 | 1.23 | 0.07 | 0.39 | n.d. | 14.9 | 2.66 | 铅钡玻璃 |
| HNZZ-62 | n.d. | 2.79 | 61.70 | 11.30 | 0.33 | 8.33 | 0.04 | n.d. | n.d. | n.d. | n.d. | 10.5 | 3.42 | 铅钡玻璃 |
| HNZZ-63 | 1.62 | 11.5 | 65.00 | 0.50 | 0.59 | 3.36 | 0.14 | 1.09 | 0.07 | 0.07 | n.d. | 11.6 | 3.23 | 铅钡玻璃 |
| HNZZ-67 | 1.30 | 9.70 | 63.90 | 1.36 | 0.36 | 3.91 | 0.05 | n.d. | n.d. | n.d. | n.d. | 11.4 | 5.44 | 铅钡玻璃 |
| HNZZ-69 | 0.96 | 12.3 | 68.60 | 0.76 | 0.17 | 4.74 | 0.25 | 1.16 | 0.06 | 0.06 | n.d. | 6.52 | 2.93 | 铅钡玻璃 |
| HNZZ-70 | 0.24 | 12.7 | 69.50 | 0.62 | 0.32 | 4.65 | 0.17 | 1.28 | n.d. | 0.11 | n.d. | 5.80 | 3.21 | 铅钡玻璃 |
| HNZZ-71 | 1.35 | 9.37 | 62.20 | 1.10 | 0.63 | 3.65 | 0.06 | n.d. | n.d. | n.d. | n.d. | 13.7 | 6.12 | 铅钡玻璃 |
| HNZZ-72 | n.d. | 11.1 | 63.90 | 1.12 | 0.06 | 3.35 | n.d. | 1.05 | n.d. | 3.29 | n.d. | 11.8 | 3.76 | 铅钡玻璃 |
| HNLY-02 | 0.77 | 7.72 | 72.90 | 4.50 | 0.12 | 1.01 | n.d. | 0.30 | n.d. | n.d. | n.d. | 7.91 | 3.81 | 铅钡玻璃 |
| HNZZ-78 | n.d. | 0.82 | 16.90 | 9.78 | 0.05 | 6.03 | 0.05 | 11.63 | n.d. | 0.20 | n.d. | 52.80 | n.d. | 铅玻璃 |

注：① n.d.：not detected，即氧化物或元素浓度低于仪器检出限，未检测出该化学成分。

（3）铅钡分段玻璃珠 OCT 成像科学分析结果

河南商水杨单庄墓地 4 件汉代铅钡玻璃分段珠 SYM58∶4-1—SYM58∶4-4 的 OCT 图像（图 10.38）显示，玻璃珠以玻璃相为主，异质相较少，含有一定量的气泡，珠饰表面风化严重，导致表面局部或大部分区域对光的散射较强。

## 表 10.12 河南出土玻璃制品化

| 编号 | 测试位置 | $Na_2O$ | MgO | $Al_2O_3$ | $SiO_2$ | $P_2O_5$ | $SO_3$ | Cl | $K_2O$ |
|---|---|---|---|---|---|---|---|---|---|
| HNWKIV-06a | 黑色基体 | 3.06 | 1.21 | 1.90 | 40.77 | n.d. | n.d. | n.d. | 0.16 |
| HNWKIV-06b | 眼珠位置 | 1.39 | 1.08 | 4.67 | 33.11 | n.d. | n.d. | n.d. | n.d. |
| NYWKI-3 | 白色表面 | n.d. | n.d. | 2.89 | 5.00 | 0.49 | n.d. | n.d. | 0.17 |
| HNLY-05 | 黄色基体 | n.d. | 1.37 | 4.18 | 41.00 | 8.08 | n.d. | 0.16 | 0.10 |
| NYWKI-5-1a | 绿色眼珠 | 4.87 | 1.34 | 5.38 | 57.05 | 1.27 | n.d. | n.d. | 0.42 |
| NYWKI-5-1b | 黑色基体 | 1.78 | 0.68 | 2.25 | 26.73 | 7.05 | n.d. | n.d. | 0.36 |
| NYWKI-5-1c | 白色眼部 | 1.00 | 1.23 | 2.49 | 51.56 | 2.75 | n.d. | n.d. | 0.08 |
| NYWKI-5-2a | 绿色眼珠 | 2.46 | 1.10 | 5.91 | 57.99 | 1.41 | n.d. | n.d. | 0.33 |
| NYWKI-5-2b | 白色表面 | 0.03 | 1.38 | 7.02 | 53.48 | 0.98 | n.d. | n.d. | 0.26 |
| HNLY-18 | 黑色基体 | 0.26 | 1.18 | 13.50 | 66.60 | 2.88 | 1.94 | 0.10 | 0.43 |
| HNLY-03a | 风化部位 | n.d. | n.d. | 4.86 | 23.80 | 26.40 | n.d. | 0.53 | 0.43 |
| HNLY-03b | 绿色点 | 1.08 | 0.76 | 3.30 | 54.00 | 12.60 | n.d. | 0.59 | 0.9 |
| HNWKII-84a | 正面表面 | 0.23 | 0.40 | 1.34 | 30.08 | 15.58 | n.d. | n.d. | 0.4 |
| HNWKII-84b | 背面深色 | 0.00 | 1.05 | 1.70 | 12.10 | 15.45 | 1.27 | n.d. | 0.1 |
| HNWKII-84c | 正面打磨 | 1.52 | 0.06 | 0.88 | 39.77 | 1.23 | n.d. | n.d. | 0.0 |
| HNWKII-84d | 断面 | 0.56 | 0.20 | 0.78 | 37.15 | 4.13 | n.d. | n.d. | 0.1 |
| HNWKII-85a | 正面表面 | n.d. | 0.37 | 1.01 | 42.11 | 6.24 | n.d. | n.d. | 0.2 |

## 分的 pXRF 测试结果（wt.%）

| CaO | $TiO_2$ | $Cr_2O_3$ | MnO | $Fe_2O_3$ | CoO | CuO | PbO | BaO | 测试方法 | 体系 |
|---|---|---|---|---|---|---|---|---|---|---|
| n.d. | n.d. | 0.01 | n.d. | 0.18 | n.d. | 1.84 | 33.92 | 0.55 | pXRF | 铅钡玻璃 |
| 0.06 | n.d. | 0.02 | n.d. | 0.36 | n.d. | 1.64 | 38.34 | 0.69 | pXRF | 铅钡玻璃 |
| 0.09 | n.d. | n.d. | n.d. | 0.49 | 0.10 | n.d. | 89.65 | n.d. | PIXE | 铅玻璃 |
| 1.72 | 0.96 | n.d. | n.d. | 0.23 | n.d. | 0.62 | 41.60 | n.d. | PIXE | 铅玻璃 |
| 1.07 | n.d. | n.d. | n.d. | 0.38 | n.d. | 1.49 | 17.73 | 7.08 | PIXE | 铅钡玻璃 |
| 1.27 | n.d. | 0.02 | 0.13 | 15.31 | n.d. | 0.15 | 36.36 | 6.66 | PIXE | 铅钡玻璃 |
| 0.51 | n.d. | 0.08 | n.d. | 4.66 | n.d. | 0.21 | 32.19 | 2.75 | PIXE | 铅钡玻璃 |
| 1.17 | n.d. | n.d. | n.d. | 0.46 | n.d. | 1.51 | 19.36 | 6.93 | PIXE | 铅钡玻璃 |
| 1.57 | 0.03 | 0.06 | n.d. | 1.22 | n.d. | 0.61 | 28.74 | 2.57 | PIXE | 铅钡玻璃 |
| 5.42 | n.d. | n.d. | n.d. | 0.78 | n.d. | 0.40 | 5.67 | 0.83 | PIXE | 铅钡玻璃 |
| 12.6 | 0.30 | n.d. | n.d. | 0.63 | n.d. | 0.22 | 30.20 | n.d. | PIXE | 铅钡玻璃 |
| 2.93 | n.d. | n.d. | 0.05 | 0.30 | n.d. | 0.13 | 19.70 | 3.55 | PIXE | 铅钡玻璃 |
| 4.44 | n.d. | n.d. | n.d. | 0.17 | n.d. | n.d. | 28.75 | 6.82 | pXRF | 铅钡玻璃 |
| 5.32 | 0.13 | 0.23 | n.d. | 0.22 | n.d. | 0.05 | 44.08 | 6.83 | pXRF | 铅钡玻璃 |
| .18 | n.d. | 0.08 | n.d. | 0.05 | n.d. | n.d. | 38.64 | 17.46 | pXRF | 铅钡玻璃 |
| 3.27 | n.d. | 0.04 | n.d. | 0.04 | n.d. | n.d. | 40.73 | 12.04 | pXRF | 铅钡玻璃 |
| 3.50 | n.d. | 0.07 | n.d. | 0.06 | n.d. | 0.06 | 40.60 | 3.54 | pXRF | 铅钡玻璃 |

| 编号 | 测试位置 | $Na_2O$ | MgO | $Al_2O_3$ | $SiO_2$ | $P_2O_5$ | $SO_3$ | Cl | $K_2O$ |
|---|---|---|---|---|---|---|---|---|---|
| HNWKII-85b | 断面 | n.d. | 0.59 | 1.58 | 23.54 | 4.35 | 0.11 | n.d. | 0.16 |
| HNWKII-86a | 表面 | n.d. | 0.75 | 1.55 | 22.48 | 4.87 | n.d. | n.d. | n.d. |
| HNWKII-86b | 断面 | n.d. | 0.68 | 1.76 | 25.33 | 4.26 | n.d. | n.d. | n.d. |
| HNWKII-87a | 表面 | n.d. | 0.62 | 3.05 | 38.52 | 1.00 | n.d. | n.d. | 0.30 |
| HNWKII-87b | 断面 | n.d. | 0.26 | 0.68 | 15.59 | 4.80 | 6.41 | n.d. | 0.16 |
| HNWKII-87c | 断面 | n.d. | n.d. | 1.62 | 13.84 | 15.08 | 3.18 | n.d. | 0.19 |
| HNWKII-88 | 表面 | 2.11 | 1.43 | 4.43 | 51.80 | 1.44 | n.d. | n.d. | 0.09 |
| HNZZ-58 | 基体 | n.d. | 1.21 | 3.01 | 57.00 | 7.30 | n.d. | 0.51 | 0.35 |
| HNZZ-65 | 基体 | n.d. | 0.49 | 1.19 | 62.50 | 2.03 | n.d. | 0.33 | 0.09 |
| HNZZ-66 | 基体 | 0.77 | 0.57 | 1.82 | 58.70 | 3.73 | n.d. | 0.44 | 0.17 |
| SYM58：4-1 | 基体 | 1.54 | 0.85 | 0.62 | 37.36 | n.d. | n.d. | n.d. | n.d. |
| SYM58：4-2 | 基体 | 1.25 | 1.33 | 0.26 | 27.42 | 1.47 | n.d. | n.d. | n.d. |
| SYM58：4-3 | 基体 | n.d. | 0.23 | 0.47 | 34.14 | 0.62 | n.d. | n.d. | n.d. |
| SYM58：4-4 | 基体 | n.d. | 0.64 | 0.31 | 25.27 | 1.97 | n.d. | n.d. | n.d. |
| YQM22：2 | 基体 | 2.05 | 0.51 | 2.21 | 15.62 | 0.33 | n.d. | n.d. | 0.22 |
| HNWK-V-85a | 基体 | 0.71 | 0.52 | 1.40 | 25.25 | n.d. | n.d. | n.d. | n.d. |
| HNWK-V-85b | 褐色 | 0.89 | 0.27 | n.d. | 24.65 | n.d. | n.d. | n.d. | n.d. |
| HNWK-V-86 | 白色 | 0.81 | 0.48 | 0.71 | 18.71 | n.d. | n.d. | n.d. | n.d. |

注：① n.d.：not detected，即氧化物或元素浓度低于仪器检出限，未检测出该化学成分。

续表

| CaO | $TiO_2$ | $Cr_2O_3$ | MnO | $Fe_2O_3$ | CoO | CuO | PbO | BaO | 测试方法 | 体系 |
|---|---|---|---|---|---|---|---|---|---|---|
| 3.58 | n.d. | 0.06 | n.d. | 0.13 | n.d. | 0.06 | 410.15 | 15.13 | pXRF | 铅钡玻璃 |
| 4.39 | n.d. | 0.05 | n.d. | 0.27 | n.d. | n.d. | 59.47 | 4.54 | pXRF | 铅钡玻璃 |
| 2.91 | n.d. | / | n.d. | 0.21 | n.d. | n.d. | 57.85 | 4.03 | pXRF | 铅钡玻璃 |
| 2.44 | n.d. | 0.09 | n.d. | 0.62 | n.d. | n.d. | 36.24 | 14.24 | pXRF | 铅钡玻璃 |
| 2.72 | 0.09 | 0.23 | n.d. | 0.07 | n.d. | n.d. | 42.15 | 23.63 | pXRF | 铅钡玻璃 |
| 16.21 | n.d. | 0.19 | n.d. | 0.27 | n.d. | n.d. | 32.42 | 14.71 | pXRF | 铅钡玻璃 |
| 3.21 | n.d. | 0.07 | n.d. | 0.47 | n.d. | 0.35 | 24.90 | 7.69 | pXRF | 铅钡玻璃 |
| 2.74 | 0.12 | n.d. | n.d. | 0.41 | n.d. | 0.36 | 26.70 | 0.24 | PIXE | 铅钡玻璃 |
| 0.41 | n.d. | n.d. | n.d. | 0.21 | n.d. | 0.23 | 32.40 | n.d. | PIXE | 铅玻璃 |
| 1.16 | 0.04 | n.d. | 0.03 | 0.98 | 0.03 | 0.09 | 31.40 | n.d. | PIXE | 铅玻璃 |
| 3.30 | n.d. | n.d. | n.d. | 6.86 | n.d. | 0.22 | 38.71 | 9.64 | pXRF | 铅钡玻璃 |
| 3.15 | n.d. | n.d. | n.d. | 11.61 | n.d. | 2.19 | 38.37 | 12.29 | pXRF | 铅钡玻璃 |
| 1.50 | n.d. | n.d. | n.d. | 7.98 | n.d. | 0.76 | 41.93 | 12.21 | pXRF | 铅钡玻璃 |
| 2.95 | n.d. | n.d. | n.d. | 16.74 | n.d. | 1.65 | 38.49 | 10.95 | pXRF | 铅钡玻璃 |
| 1.38 | n.d. | n.d. | n.d. | 0.79 | n.d. | 1.87 | 73.05 | 1.76 | pXRF | 铅钡玻璃 |
| 0.11 | n.d. | n.d. | n.d. | 1.87 | n.d. | 0.08 | 70.04 | n.d. | pXRF | 铅玻璃 |
| 0.04 | n.d. | n.d. | n.d. | 3.88 | n.d. | 0.09 | 70.18 | n.d. | pXRF | 铅玻璃 |
| n.d. | n.d. | n.d. | n.d. | 1.19 | n.d. | n.d. | 78.09 | n.d. | pXRF | 铅玻璃 |

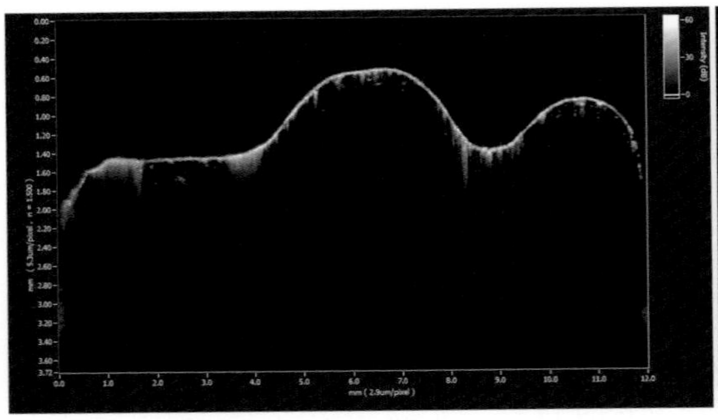

a．SYM58：4−1

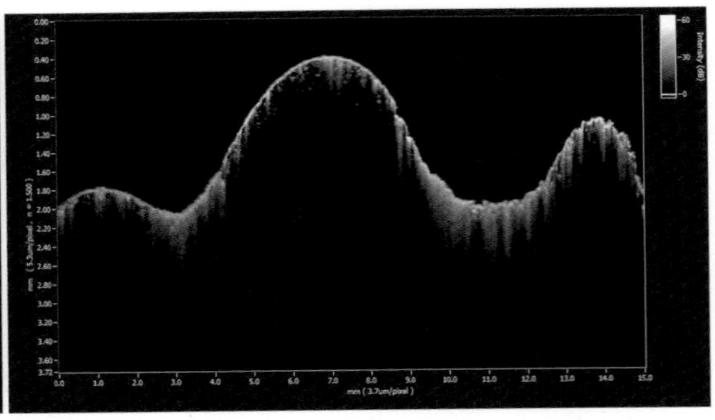

b．SYM58：4−2

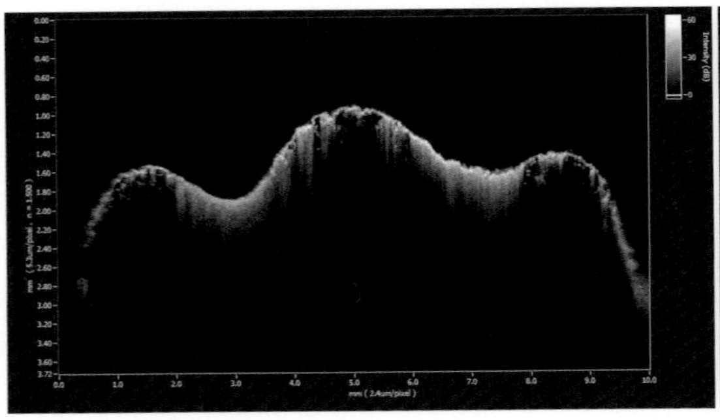

c．SYM58：4−3

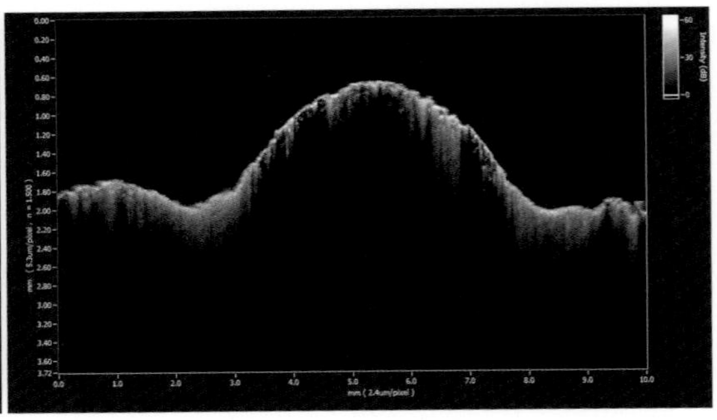

d．SYM58：4−4

图 10.38　商水杨单庄出土汉代铅钡珠饰的 OCT 图像

## 三、河南出土汉代钾玻璃制品科学研究

### 1. 河南出土汉代钾玻璃制品

钾硅酸盐（$K_2O$−CaO）玻璃，简称钾玻璃，玻璃基体助熔剂主要为氧化钾（$K_2O$）。河南出土的汉代钾玻璃数量不多，主要为蓝色耳珰（图 10.39），以荥阳薛村遗址出土的为主，计 8 件，另外洛阳也出土了 1 件（图 10.39a）。这些耳珰主要为喇叭形，另有 1 件腰鼓形（图 10.39f）。此外，荥阳薛村遗址和商水杨单庄遗址分别出土了 1 颗白色玻璃珠（图 10.39j）和 1 颗蓝色玻璃珠（图 10.39k）。除小型装饰品外，南阳还发现 2 件西汉晚期钾玻璃杯。一为 2002 年陈棚村汉墓出土，编号为 M68∶27（图 10.40a），无色，透明，直口，圆唇，深弧腹，平底，唇外饰两周凹弦纹，口径 6.20 厘米，底径 3.00 厘米，高 3.40 厘米；其二为 2000 年南阳理工学院汉墓出土，绿色半透明，侈口，圆唇，深腹弧底，唇外和下腹部饰三周凹弦纹（图 10.40b）。所分析钾玻璃制品详细描述见表 10.13。

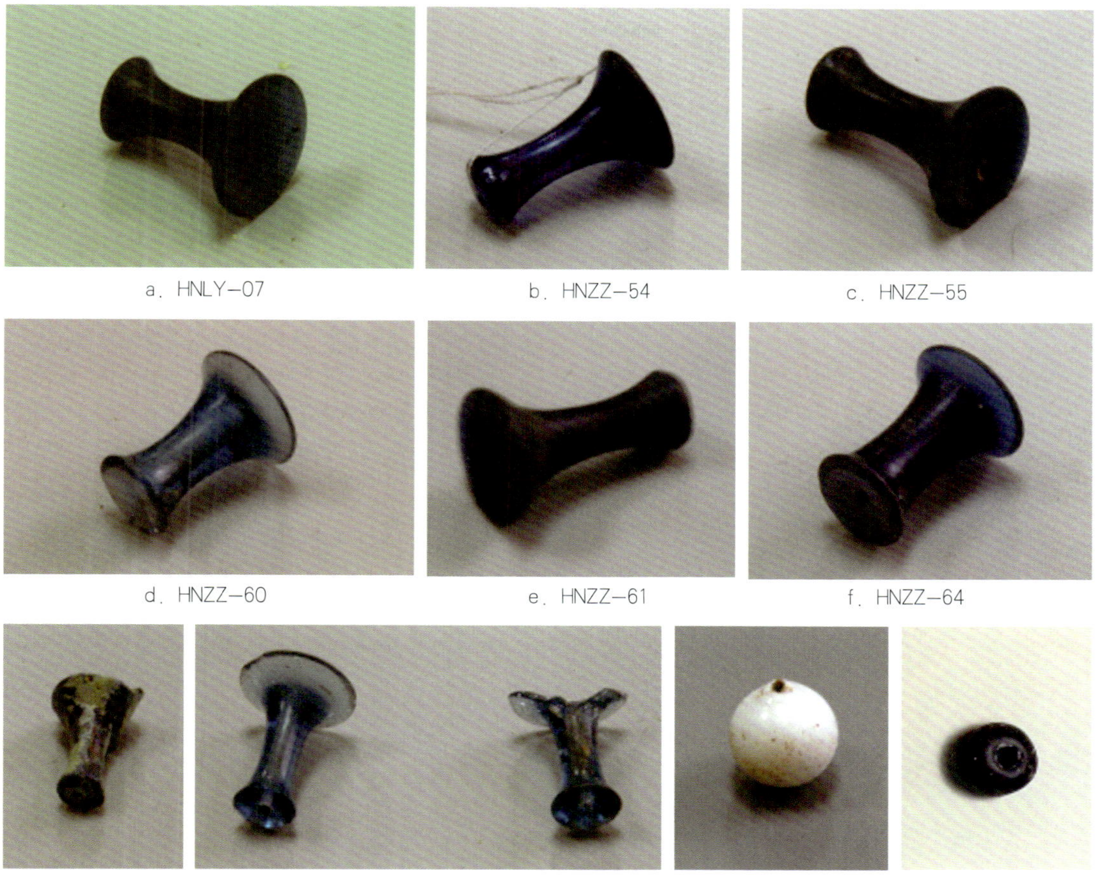

a. HNLY-07 b. HNZZ-54 c. HNZZ-55

d. HNZZ-60 e. HNZZ-61 f. HNZZ-64

g. HNZZ-73 h. HNZZ-74 i. HNZZ-75 j. HNZZ-59 k. SYM89:13

图 10.39 洛阳和荥阳出土汉代钾玻璃耳珰和珠

a. 南阳陈棚村 M68:27 b. 南阳理工学院 NL-1

图 10.40 南阳出土西汉晚期玻璃杯

### 2. 河南出土汉代钾玻璃制品分析结果

经化学成分分析（表 10.14），这些玻璃器的主要化学成分 $SiO_2$ 和 $K_2O$ 含量分别为 72.20%—87.80% 和 1.65%—16.36%，$Al_2O_3$ 和 CaO 含量分别为 2.14%—7.32% 和

## 表 10.13　河南洛阳和荥阳

| 实验编号 | 出土／馆藏编号 | 器名 | 时代 | 颜色 | 尺寸／厘米 |
|---|---|---|---|---|---|
| HNLY-07 | M21 : 39 | 耳珰 | 东汉早期 | 蓝紫色 | 长 1.80 |
| HNZZ-54 | 2006XXIM26 : 1 | 耳珰 | 新莽或晚 | 深湖蓝色 | 长 1.97 |
| HNZZ-55 | 2006XXIM26 : 2 | 耳珰 | 新莽或晚 | 深湖蓝色 | 长 2.18 |
| HNZZ-60 | 2006XXIIM242 : 7 | 耳珰 | 东汉或更晚 | 湖蓝色 | 长 1.56 |
| HNZZ-61 | 2006XXIM40 : 10 | 耳珰 | 东汉早中期 | 蓝色 | 长 2.24 |
| HNZZ-64 | 2006XXIM58 : 12 | 耳珰 | 汉 | 湖蓝色 | 长 1.69 |
| HNZZ-73 | 2006XXIVM92 : 3-2 | 耳珰 | 新莽时期 | 湖蓝色 | 长 1.54 |
| HNWK-V-74 | M9 : 55 | 耳珰 | 汉 | 青白色 | 高 1.10，口径 1.20，底径 0.95 |
| HNWK-V-75 | M9 : 56 | 玻璃珠 | 汉 | 酱色 | 残高 1.06，直径 0.70 |
| HNZZ-59 | 2006XXIIT1210M221 : 3 | 珠 | 汉 | 白色 | 直径 1.20 |
| SYM89 : 13 | M89 : 13 | 珠 | 汉 | 蓝色 | |
| NCM68 : 27 | M68 : 27 | | 西汉晚期 | 无色 | 口径 6.20，底径 3.00，高 3.40 |
| NL-1 | | | 西汉晚期 | 深绿色 | 口径 10.7，高 7.50 |

## 表 10.14　河南出土汉代钾玻

| 编号 | 亚类 | $Na_2O$ | MgO | $Al_2O_3$ | $SiO_2$ | $P_2O_5$ | $K_2O$ | CaO | $TiO_2$ | $Fe_2O_3$ |
|---|---|---|---|---|---|---|---|---|---|---|
| | | wt.% | | | | | | | | |
| SYM89 : 13a | 低钙高铝型 | 0.95 | 0.49 | 5.96 | 73.58 | 0.68 | 13.05 | 1.70 | n.d. | 1.47 |
| SYM89 : 13b | 低钙高铝型 | 1.03 | 0.80 | 5.80 | 72.86 | 0.73 | 13.33 | 1.76 | n.d. | 1.5[illegible] |

## 出土汉代钾玻璃制品一览表

| 出土时间和地点 | 描述 |
|---|---|
| 1953 年洛阳烧沟 | 喇叭形，中有穿孔，半透明，保存较好 |
| 2006 年河南荥阳市薛村遗址 | 喇叭形，中有穿孔 |
| 2006 年河南荥阳市薛村遗址 | 喇叭形，中有穿孔，透明度较差 |
| 2006 年河南荥阳市薛村遗址 | 喇叭形，中有穿孔，穿芯呈白色，透明度高 |
| 2006 年河南荥阳市薛村遗址 | 喇叭形，中有穿孔，透明度较差 |
| 2006 年河南荥阳市薛村遗址 | 腰鼓形，中有穿孔，有透明度，白色穿芯 |
| 2006 年河南荥阳市薛村遗址 | 表面风化脱落，喇叭形，中有穿孔 |
| 2010 年宝丰县廖旗营遗址 | 青白色，喇叭口，中间为圆柱，平底，上下中间有一穿孔 |
| 2010 年宝丰县廖旗营遗址 | 酱色底，长圆形，中间有一穿孔 |
| 2006 年河南荥阳市薛村遗址 | 白色泛青，圆珠状，表面有许多小气孔，中有一穿孔未透<br>穿孔内残留有一截锈蚀严重的铜丝 |
| 2018 年商水杨单庄遗址 | 蓝色半透明珠 |
| 2002 年南阳陈棚村 | 无色，透明，直口，圆唇，深腹，平底，唇外有两周凹弦纹 |
| 2000 年南阳理工学院墓葬 | 呈深绿色，半透明，碗壁附着一层白色风化层。侈口，圆唇，深腹弧底<br>该器模制成形，制作精巧，是难得的玻璃艺术珍品 |

## 制品主要化学成分的测试结果

| CoO | MnO | CuO | PbO | Cr | Ni | Zn | Rb | Sr | Zr | Ba | Pb | 分析方法 |
|---|---|---|---|---|---|---|---|---|---|---|---|---|
| | | | | μg/g | | | | | | | | |
| ).20 | 1.66 | 0.16 | 0.11 | 49 | 47 | 69 | 257 | 32 | 62 | n.d. | M | pXRF |
| ).19 | 1.65 | 0.19 | 0.12 | / | 96 | 69 | 261 | 30 | 58 | n.d. | M | pXRF |

| 编号 | 亚类 | $Na_2O$ | MgO | $Al_2O_3$ | $SiO_2$ | $P_2O_5$ | $K_2O$ | CaO | $TiO_2$ | $Fe_2O_3$ |
|---|---|---|---|---|---|---|---|---|---|---|
| | | wt.% | | | | | | | | |
| HNLY-07 | 中等钙铝型 | 0.61 | 0.91 | 3.88 | 72.20 | 0.37 | 11.5 | 1.53 | n.d. | 3.48 |
| HNZZ-54 | 中等钙铝型 | 0.68 | 0.48 | 2.59 | 87.80 | 1.51 | 2.92 | 1.18 | n.d. | 1.17 |
| HNZZ-55 | 中等钙铝型 | 1.38 | 0.65 | 3.95 | 72.30 | 0.67 | 7.98 | 3.82 | n.d. | 3.82 |
| HNZZ-60 | 中等钙铝型 | 1.20 | 1.22 | 2.86 | 85.70 | 1.92 | 2.02 | 1.98 | n.d. | 1.79 |
| HNZZ-61 | 中等钙铝型 | 0.93 | 0.79 | 4.24 | 74.70 | 1.09 | 11.4 | 1.21 | n.d. | 2.16 |
| HNZZ-64 | 中等钙铝型 | n.d. | 0.20 | 3.67 | 84.20 | 0.81 | 2.55 | 3.46 | n.d. | 2.10 |
| HNZZ-73 | 中等钙铝型 | 0.69 | 0.43 | 4.04 | 84.00 | 0.39 | 1.65 | 4.31 | n.d. | 2.57 |
| HNZZ-59 | 中等钙铝型 | 0.82 | 0.51 | 7.32 | 74.80 | 1.79 | 6.05 | 7.46 | 0.04 | 0.46 |
| NCM68∶27 | 中等钙铝型 | 0.66 | 0.41 | 2.14 | 82.12 | n.d. | 12.18 | 1.91 | 0.15 | 0.34 |
| NL-1 | 中等钙铝型 | 0.31 | 0.32 | 2.86 | 76.07 | n.d. | 16.36 | 1.69 | 0.07 | 0.33 |

注：① n.d.：not detected，即氧化物或元素浓度低于仪器检出限，未检测出该化学成分。② “M” 表示此种微量

1.18%—7.46%，属于钾玻璃体系。通过对商水杨单庄遗址出土的蓝色玻璃珠 SYM89∶13 进行微量元素测试，可知其 Rb 和 Sr 分别在 260 微克 / 克和 30 微克 / 克左右，且具有高铝低钙的特点，可归属于低钙高铝亚类。其他玻璃未进行微量元素测试，根据铝和钙的含量，暂归为中等钙铝型钾玻璃亚类。需要注意的是，荥阳薛村遗址出土的白色玻璃珠 HNZZ-59 中含有约 7% 的 $Al_2O_3$ 和 CaO，明显高于其他样品，与汉代典型的钾玻璃不同。不少玻璃制品中 $K_2O$ 含量略低，在 1%—3%，这与风化引起 $K_2O$ 的大量流失有关。

续表

| CoO | MnO | CuO | PbO | Cr | Ni | Zn | Rb | Sr | Zr | Ba | Pb | 分析方法 |
|---|---|---|---|---|---|---|---|---|---|---|---|---|
| | | | | μg/g | | | | | | | | |
| 0.16 | 4.51 | 0.08 | n.d. | n.d. | n.d. | n.d. | n.d. | n.d. | n.d. | n.d. | n.d. | PIXE |
| 0.07 | 1.16 | n.d. | n.d. | n.d. | n.d. | n.d. | n.d. | n.d. | n.d. | n.d. | n.d. | PIXE |
| 0.25 | 2.76 | 0.24 | 0.89 | n.d. | n.d. | n.d. | n.d. | n.d. | n.d. | n.d. | M | PIXE |
| 0.07 | 0.47 | 0.13 | n.d. | n.d. | n.d. | n.d. | n.d. | n.d. | n.d. | n.d. | n.d. | PIXE |
| 0.16 | 2.56 | 0.05 | n.d. | n.d. | n.d. | 500 | n.d. | n.d. | n.d. | n.d. | n.d. | PIXE |
| 0.15 | 1.82 | 0.07 | n.d. | n.d. | n.d. | n.d. | n.d. | n.d. | n.d. | n.d. | n.d. | PIXE |
| n.d. | 0.66 | 0.21 | n.d. | n.d. | n.d. | n.d. | n.d. | n.d. | n.d. | n.d. | n.d. | PIXE |
| 0.03 | n.d. | 0.03 | n.d. | n.d. | n.d. | n.d. | n.d. | n.d. | n.d. | n.d. | n.d. | PIXE |
| n.d. | 0.05 | n.d. | n.d. | n.d. | n.d. | 200 | n.d. | n.d. | n.d. | 200 | n.d. | LA-ICP-AES |
| n.d. | 0.06 | 1.89 | n.d. | n.d. | n.d. | 100 | n.d. | n.d. | n.d. | 400 | n.d. | LA-ICP-AES |

为次量组分。③该表数据由北京大学考古文博学院崔剑峰分析测试，分析结果由南阳市文物考古研究所提供，谨致谢忱。

在这些蓝色耳珰和玻璃珠中，除蓝色耳珰HNZZ-73不含CoO外，其余玻璃的着色氧化物主要为$Fe_2O_3$（含量为0.33%—3.82%）、MnO（含量为0.05%—4.51%）和CoO（含量为0.07%—0.25%），其他氧化物如$Na_2O$、MgO和PbO等含量皆小于1.50%，为$Co^{2+}$离子着色。尤其是HNLY-07、HNZZ-55、HNZZ-61和HNZZ-64，CoO含量大于0.10%，其中MnO和$Fe_2O_3$的含量均明显高于其他玻璃，所以其采用的应该是高锰高铁钴料。从前文对淅川徐家岭战国早期墓葬出土蜻蜓眼玻璃珠的分析结果看，这些钠钙玻璃与西亚和埃及等地早期蜻蜓眼玻璃珠的纹饰和化学成分都十分相似，为西方传入的玻璃制品。徐家岭蜻蜓眼玻璃珠的蓝色眼部均采用 $Co^{2+}$ 着色，CoO 含量在 0%—0.52%，MnO 含量均低于 0.06%，而 $Fe_2O_3$ 含量在 1.75%—6.95%，其采用的钴料具有低锰高铁的特点，与本书所分析汉代玻璃耳珰中钴料的特点明显不同。

玻璃耳珰 HNZZ-73 的着色剂是铁离子，$Fe_2O_3$ 含量为 2.57%。而绿色玻璃杯为 $Cu^{2+}$ 离子着色，含有约 2% 的 CuO，明显高于其他玻璃，且不含 CoO，$Fe_2O_3$ 和 MnO 含量较低，均低于 0.50%。这些玻璃耳珰多为预制孔，也有模铸完成后，两面对钻冷加工穿孔，如荥阳薛村出土的蓝玻璃耳珰 HNZZ-60 属于后者。

3. 河南出土汉代钾玻璃制品的来源探讨

相对于铅钡玻璃耳珰的来源，钾玻璃耳珰的来源更加复杂。钾玻璃是印度、东南亚以及我国华南和西南等地区特有的一种古代玻璃体系，以 $K_2O$ 为主要助熔剂。通常来说，$K_2O$ 含量不低于 10%，CaO 含量多低于 4%。但古代玻璃由于长期埋藏于地下，不可避免地会受到风化作用的影响，进而导致玻璃基体中 $K_2O$ 大量流失，并在玻璃器表面形成一薄层风化层，使风化层中 $K_2O$ 的含量可低至 1% 以下。由于风化因素的影响，古代玻璃中 CaO、$Al_2O_3$ 的含量与真实值之间存在一定差异，但玻璃器中所含微量元素受风化作用影响较小，且不同亚类钾玻璃之间微量元素存在差异 [8, 41]。因此，关于钾玻璃亚类的划分，在充分考虑 CaO、$Al_2O_3$ 含量的基础上，还需要结合微量元素铷（Rb）、锶（Sr）的含量。根据钾玻璃中 CaO、$Al_2O_3$ 的含量，可将钾玻璃划分为中等钙铝型钾玻璃、低钙高铝型钾玻璃和低铝高钙型钾玻璃 [41] 三个亚类。

低铝高钙型（低铝型）钾玻璃：m-$K_2O$-CaO-$SiO_2$ 玻璃，简称为 m-K-Ca 钾玻璃。这个亚类的钾硅酸盐玻璃中 $Al_2O_3$ 含量通常低于 1%（最高不超过 3%），而 CaO 含量多在 3%—8%。

低钙高铝型（低钙型）钾玻璃：m-$K_2O$-$Al_2O_3$-$SiO_2$ 玻璃，简称为 m-K-Al 钾玻璃。这个亚类的钾玻璃中 CaO 含量通常低于 1%，$Al_2O_3$ 含量多为 5%—10%。

中等钙铝型钾玻璃：m-$K_2O$-CaO-$Al_2O_3$-$SiO_2$ 玻璃，简称为 m-K-Ca-Al 钾玻璃。该亚类的钾玻璃中 CaO、$Al_2O_3$ 含量通常都在 1%—4%。

从目前掌握的材料看，钾玻璃主要出现在公元前 4 世纪到公元 3 世纪，相当于我国战国晚期至东汉。战国时期，钾玻璃在新疆哈密和云南江川李家山偶有发现。汉代的钾玻璃分布广泛，主要集中在西南和华南地区，如广西、广东、贵州、云南和四川等地，在江苏、湖南、甘肃和青海等地亦有少量出土。两广地区出土的汉代钾硅酸盐玻璃数量最多，种类也最丰富。我国学者根据器形、纹饰、同位素特征、出土数量等方面判断，其中有一部分是我国自制的[43，44]。

中等钙铝型钾玻璃是分布最广泛的一类，在海上丝绸之路沿线的南亚、东南亚、东亚地区广泛分布，在中国、印度、泰国、缅甸、柬埔寨、韩国等国家均有发现。除海上丝绸之路沿线外，我国新疆多地发现的钾玻璃的年代主要集中在战国至汉晋[7]，韩国发现的各亚类钾玻璃的年代主要在公元1—3世纪[45]，在俄罗斯和哈萨克斯坦边境地区波克罗夫卡（Pokrovka）的萨尔马提亚人早期墓葬（公元前2世纪—公元4世纪）[46]中也有发现中等钙铝钾玻璃。在南亚、东南亚及我国均存在玻璃制作中心。一般认为，印度的阿里卡梅度（Arikamedu，印度古代著名的港口城市，可能是文献中的“Poduca”）及其附近地区为中等钙铝型钾玻璃的主要制作产地。阿里卡梅度形成于大约公元前250年，一直持续至公元200年。随着阿里卡梅度逐渐衰弱，玻璃制作工艺被引入到与其具有密切关系的其他三座城市，分别是越南俄厄（Oc-Eo或Go Oc Eo）、斯里兰卡曼泰（Mantai）和泰国空统（Klong Thom）[47]。我国岭南地区、河南、青海和辽宁等地也发现许多中等钙铝钾玻璃，以岭南最为典型，说明我国岭南也可能是一个中等钙铝钾玻璃的制作中心[48]。

低钙高铝型钾玻璃则主要发现于我国广西地区，同时在越南东山文化遗址、泰国三乔山（Khao Sam Kaeo）遗址、缅甸北部等地也有发现，而这个亚类的玻璃器皿主要发现于广西合浦汉墓，属于环南海贸易圈的一个钾玻璃亚类[49]。目前学者们比较一致的看法是，印度（北部和南部）、东南亚、中国广西合浦周边地区可能分别存在钾玻璃的生产或制作中心。其中，低钙高铝型钾玻璃制作中心可能在我国汉代交趾郡地区。广州横枝岗M2出土1件青绿色玻璃带钩，年代为西汉中期，化学成分分析结果表明其为钾玻璃。带钩为中国传统器形，该带钩的发现为我国自制玻璃器提供了较为可信的实物证据[50]。而东南亚，如越南南部等地是低铝高钙型钾玻璃的制作中心[51]。

汉代钾玻璃杯集中发现于广西合浦、贵港和梧州等地，在广东、湖南和江苏等地也零星发现几件汉代玻璃杯等器皿。如广州横枝岗西汉中期墓（M2061）出土3件大小略同的玻璃碗，侈口，圆形，平底，唇下有凹形宽弦纹，深蓝色半透明，器内壁光滑，外壁经打磨呈毛玻璃状，与广西汉墓出土的玻璃杯器形风格差异较大。横枝岗出土的玻璃碗，早年虽经过化学成分分析，并检测到一定量的 K 和 Ca。但由于受当时分析技术的局限，无法对轻元素 Na 进行定量分析，尚不能确定是钾玻璃还是钠钙玻璃，故无论从器形还是从成分体系上，尚无法确定其产地来源。湖南省常德市发现 1 件新莽时期的玻璃杯，经检测，其化学成分为低钙高铝型钾玻璃，与广西合浦出土的玻璃杯器形相似。

综上所述，根据战国到西汉时期各地出土玻璃器的种类和数量所反映的玻璃制造水平，以及玻璃制造技术的发展演变过程，与此相关的各地区间文化、技术交流情况，可以认为河南所出土的汉代铅钡玻璃耳珰应为本地制作。而钾玻璃耳珰来源相对复杂，洛阳和荥阳出土的蓝色中等钙铝钾玻璃耳珰和低钙高铝玻璃珠，可能是我国自制的钾玻璃，但也不排除有南亚或东南亚输入的可能。尽管广西是一个可能的玻璃制品制造地，但全国范围内发现的钾玻璃耳珰的制造地尚不能确定。钾玻璃的来源问题，需要在更大的地域范围内，综合国内外考古学和科技分析的结果，再进行深入探讨。南阳出土的 2 件钾玻璃杯，尽管从器形上来说，与广西汉墓出土的玻璃杯存在一定差异，但我们认为应该来自广西。

## 第四节　古代玻璃器的主要功能

从功能上来讲，中国古代玻璃的种类可分为装饰类、礼器类、明器类、乐器类、生活用具类和宗教用具类等 6 种。其中以装饰类最多，且延续时间最长。

### 一、装饰类玻璃器

#### 1. 珠、管等小型玻璃装饰品

装饰类玻璃器可分为小型玻璃装饰品和青铜器或陶瓷器上镶嵌的玻璃装饰品。前者主要为服饰、耳饰和头饰用装饰品，主要包括釉砂珠，各种造型的钠钙（图 10.41a）、钾钙（图 10.41h）、铅钡（图 10.41c、图 10.41g）蜻蜓眼玻璃珠，铅钡釉砂珠（图 10.41d—图 10.41f）、单色钾玻璃珠（图 10.41i），玻璃管饰（图 10.41j）、坠饰、狮子等动物形饰（图 10.41k、图 10.41l）、胜形饰（图 10.41o），以及马赛克玻璃珠（图 10.41m）和马赛克人面纹玻璃珠（图 10.41n）。

a. 淅川徐家岭楚墓战国 M10 钠钙玻璃珠

b. 淮阳平粮台 M16：75

c. 南阳万家园西汉墓铅钡玻璃珠

d. 新郑和一正出土战国铅钡釉砂珠

e. 二里岗战国铅钡釉砂玻璃珠

f. 河南省文物商店藏铅钡釉砂玻璃珠

g. 曲阜鲁国故城战国铅钡玻璃珠

h. 江陵九店 M294 战国钾钙玻璃珠

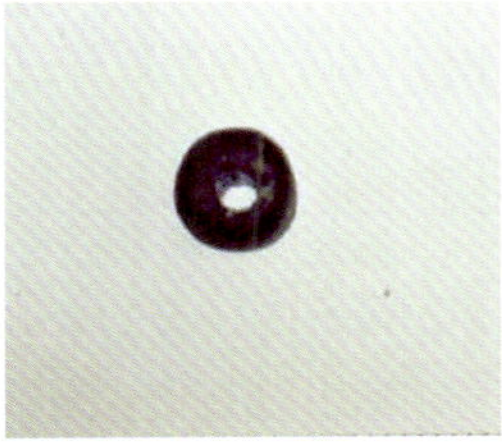
i. 商水杨单庄汉代钾玻璃珠

j. 广州增城浮扶岭 M511 钠钙玻璃和钾钙玻璃管

k. 合浦汉代钾玻璃狮形饰

l. 荥阳薛村汉代玻璃兽形饰 M217：7

m. 贵港铁路卫生所出土汉代含锑泡碱型钠钙马赛克玻璃串

n. 营盘汉晋人面纹钠钙玻璃珠

o. 合浦汉代钾玻璃胜形饰

图 10.41 战国至汉代的小型玻璃装饰品

早在西周时期，蓝绿色釉砂就与玛瑙和玉器组合成玉组佩，如陕西宝鸡弓鱼国墓地、山西曲沃晋侯墓地、绛县衡水倗国墓地、平顶山应国墓地和三门峡虢国墓地等均有发现。战国时期玻璃珠饰和管饰也往往与玉器组成组玉佩，如湖北荆州马山一号楚墓出土的荒帏之上的棺饰[52]，河南信阳楚墓出土的彩绘木俑上有蜻蜓眼玻璃珠与玉器组成的佩饰[16]。喻燕姣根据湖南澧县新洲M1玉器和蜻蜓眼玻璃珠的出土情况，复原了可能是组玉佩的排列组合方式[53]。随着海上丝绸之路的开通，西汉中期以后，印度—太平洋玻璃珠在我国岭南、东北等地区广为流行。这些玻璃珠往往与玛瑙、水晶、红玉髓、琥珀、金珠和宝石等组合成串饰。

2. 玻璃耳珰、环等耳饰

玻璃耳珰是战国至两晋时期，尤其是两汉时期较为流行的一种装饰品，因其色泽鲜艳、温润如玉的特性，受到人们的喜爱。主要有铅钡玻璃和钾玻璃两种体系，形制主要为腰鼓形和喇叭形，前者以铅钡玻璃为主，后者以钾玻璃为主。典型的腰鼓形铅钡玻璃耳珰有新郑郑韩故城战国墓出土的绿色耳珰（图 10.42a）和荥阳薛村汉墓出土的蓝色耳珰（图 10.42b）等，喇叭形铅钡玻璃耳珰有洛阳汉墓出土的 HNLY−13（图 10.42c）等。荥阳薛村也出土有腰鼓形耳珰（图 10.42d）和喇叭形钾玻璃耳珰（图 10.42e、图 10.42f）。除玻璃耳珰外，还有玉、青金石、骨质、红玉髓、琥珀和金质耳珰[54]。汉魏两晋南北朝时期，妇女佩戴玻璃耳珰已相当普遍，这从当时的文学作品中可见一斑。这些文学作品中常提及的“明珰”“明月珰”“明月之（珠）珰”，可能都是玻璃耳珰。有着“乐府双壁”之一美誉的《孔雀东南飞》，在汉末建安年间广为流传，诗中描写焦仲卿之妻“腰若流纨素，耳著明月珰”。汉刘桢《鲁都赋》载：“插曜日之珍笄，珥明月之珠珰。”魏曹植《洛神赋》曰：“无微情以效爱兮，献江南之明珰。”晋傅玄《艳歌行 · 有女篇》曰：“头安金步摇，耳系明月珰。”南朝梁刘孝绰《淇上人戏荡子妇示行事》云：“美人要杂珮，上客诱明珰。”北魏王容《大堤女》诗云：“宝髻耀明珰，香罗鸣玉佩。”

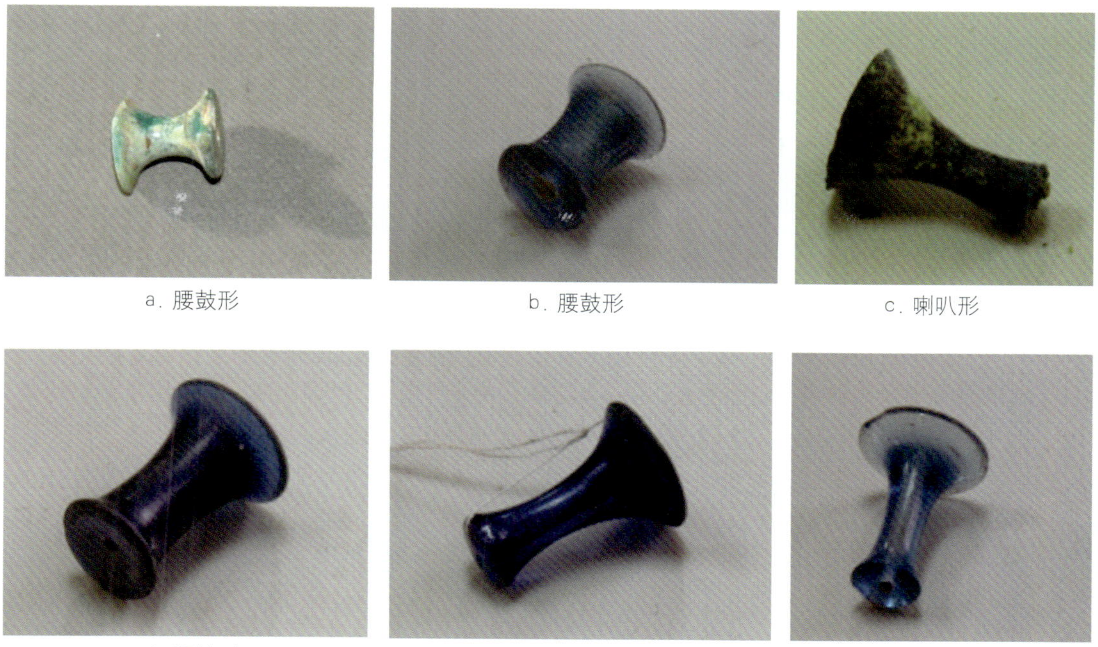

a. 腰鼓形　b. 腰鼓形　c. 喇叭形

d. 腰鼓形　e. 喇叭形　f. 喇叭形

图 10.42 河南出土战国至汉代典型玻璃耳珰
a–c. 铅钡玻璃耳珰　d–f. 钾玻璃耳珰
（a. 新郑郑韩故城，战国　c. 洛阳汉墓出土　b、d–f. 荥阳薛村汉墓出土）

### 3. 环、璜、带钩等玻璃佩饰

玻璃环是战国时期流行的一种玻璃装饰品，器形和纹饰都是模仿玉环，颜色有蓝色、绿色、黄色和白色，主要饰谷纹和蟠螭纹，有的为素面，主要由铅钡玻璃制作而成，时代一般为战国中晚期，如河南新郑（图 10.43a）、湖北荆州、湖南长沙和郴州 [55] 楚墓出土的玻璃环。其中荆州楚墓出土的蓝玻璃环（图 10.43b）制作最为规整和精美，堪称玻璃环的巅峰之作。此外，在浙江长兴鼻子山越墓出土 1 件战国早期的绿色玻璃素面玻璃环 [56]（图 10.43c），与楚墓出土的铅钡玻璃环差别较大，可能为钾钙玻璃，也是我国目前发现最早的玻璃环。

战国时期的玻璃璜相对较少。2006 年湖北襄阳陈坡楚墓出土了 1 件战国中晚期的深蓝色钾钙玻璃璜 [57]（图 10.43d）。江苏无锡鸿山越墓也出土了 1 件类似的蓝绿色玻璃璜，并且同出了一批蓝绿色钾钙玻璃管和玻璃珠，故推测该玻璃璜为钾钙玻璃制作而成。玻璃璜是仿玉而作，与玉璜具有相同的使用功能，主要作为玉组佩中的组件。

a. 新郑华信新校区 M22

b. 荆州楚墓蓝玻璃杯

c. 长兴鼻子山越墓 M1：39

d. 襄阳陈坡 M10：41 钾钙玻璃璜

图 10.43　战国时期的玻璃环和璜

### 4. 玻璃发饰和戒指

古代发钗和发簪也有用玻璃制作的，玻璃钗和玻璃簪均呈乳浊状，多为不透明蓝色。洛阳博物馆藏有 1 件洛阳邙岭乡龙泉新村铁路医院宋代壁画墓出土的玻璃簪（图 10.44a）。我们曾采用 PIXE 检测分析了洛阳工区出土的 1 件宋代玻璃簪（M71：1，图 10.44b），其为国产钾铅玻璃，由于表面风化严重，PbO 含量较高（约 59%），$K_2O$ 含量较低（约 2%）[23]。

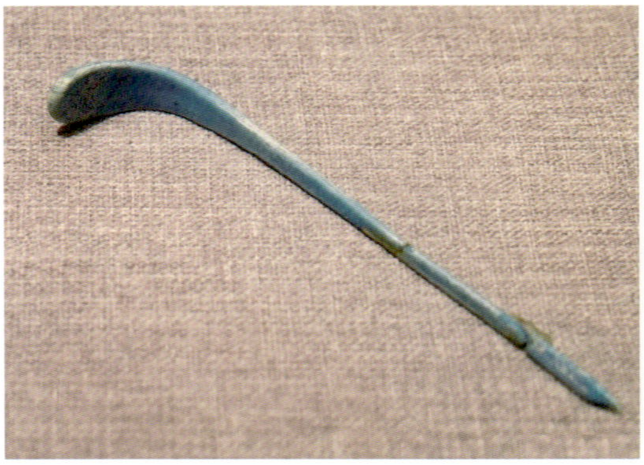

a. 洛阳博物馆藏玻璃簪

b. 洛阳工区 M71 出土钾铅玻璃簪

图 10.44　宋代玻璃发饰

### 5. 镶嵌玻璃装饰

古代玻璃也被用作金属、陶瓷和漆器等上的镶嵌装饰物，其中以蜻蜓眼玻璃珠居多，如美国纳尔逊艺术博物馆藏的汉代鎏金铜盘上镶嵌有蜻蜓眼玻璃珠、银和绿松石（图10.45a），哈佛大学博物馆藏洛阳金村出土的战国铜镜上镶嵌有蜻蜓眼玻璃珠和玉环（图10.45b）[30]，1992年洛阳西工区战国墓出土的镶嵌蜻蜓眼玻璃珠的“山”字纹铜镜（图10.45c）[58]，加拿大安大略博物馆藏的镶嵌蜻蜓眼珠的鎏金铜饰（图10.45d），安徽巢湖北山头一号墓出土的1件西汉时期镶嵌蜻蜓眼玻璃珠的漆罐（图10.45e）[59]，河北满城汉墓出土的镶嵌有绿色玻璃的鎏金银宽带乳钉纹铜壶（图10.45f），大同博物馆收藏1件2013年江西大同御昌佳园北魏墓葬M108 出土的镶嵌玻璃片的莲纹酱釉瓷罐（图10.45g）。

图10.45 中国古代镶嵌玻璃的铜盘、铜镜和陶瓷器
a. 引自美国纳尔逊艺术馆官网 b. 引自《中国古代玻璃技术发展史》 c. 引自《丝绸之路与中原》
d. 覃春雷摄 e. 引自《中国美术全集 · 工艺美术编10 · 金银玻璃珐琅器》 g. 引自《文博山西》公众号

战国时期的金、银带钩上也用蜻蜓眼玻璃珠作装饰，如河南辉县出土的战国时期镶嵌蜻蜓眼玻璃珠的包金镶玉银带钩（图10.46a），以及哈佛大学博物馆藏的战国时期镶

嵌蜻蜓眼玻璃珠的铜镜金带钩（图10.46b），制作都相当考究，彰显了主人的尊贵与奢华。战国时期，吴国和越国拥有一流的铸剑水平，著名的越王勾践剑和吴王夫差剑（图10.46c）上都镶嵌有当时十分稀有的蓝色玻璃片，经科技分析，湖北江陵望山越王勾践剑上镶嵌的蓝色玻璃为钾钙玻璃[30]。

a. 河南辉县出土的战国时期镶嵌蜻蜓眼玻璃珠的包金镶玉银带钩[55]

b. 哈佛大学博物馆藏的战国时期镶嵌蜻蜓眼玻璃珠的铜镜金带钩

c. 河南辉县出土的战国时期镶嵌蓝玻璃片的吴王夫差铜剑

图10.46 中国古代镶嵌玻璃的金银器

### 6. 其他玻璃装饰品

古代玻璃除了作为金属和陶瓷等器物上的点缀镶嵌装饰，还有以玻璃为主体的镶嵌装饰。如广州南越王墓出土的西汉早期蓝色平板玻璃牌饰，计11对22件，由长方形铜框镶嵌一块浅蓝色透明平板玻璃构成，铜框外表饰有鎏金穗状纹。经科技分析，蓝色玻璃为铅钡玻璃[60]。

玻璃剑饰也是战国至汉代较为常见的一种仿玉玻璃装饰，最早出现于战国中期，战国晚期盛行，流行至西汉早期，以湖南楚墓出土数量最多。器形主要有玻璃剑璏、剑首、剑格等，多数装饰在青铜剑上，也有装饰在铁剑上的。剑璏一般呈长方形，两端略向下弯曲，一端下面有长方形穿孔，用于扣接剑鞘。玻璃剑饰上往往装饰有谷纹、兽面纹、柿蒂纹和蟠螭纹中的一种或多种 [61]。

## 二、礼仪用具

玉璧是古代一种重要礼器，《周礼》有“子执谷璧，男执蒲璧”“以苍璧礼天”“疏璧琮以敛尸”的记载。玉璧是在各种仪礼如祭祀、下聘、婚礼、朝会等活动中必不可少的器物。同时在战国至汉代的厚葬之风中，随葬玉璧也是墓主人尊贵身份的一种体现。战国时期，佩玉已蔚然成风，但玉璧较为贵重难得，只有具有一定身份的贵族才能够享用。战国时期的高等级楚墓往往用玉璧随葬，而中小型墓则普遍使用玻璃璧随葬。随着战国中期本土玻璃技术的兴起，楚国工匠开始用铅钡玻璃仿制玉璧，尤其是可以批量生产的玻璃璧迎合了中下阶层的需求。玻璃璧多饰谷纹，以湖南楚墓出土数量最多，湖南省博物馆藏有多件长沙出土的战国时期玻璃璧。我们曾分析过安徽蚌埠双墩（图 10.47a）[62]、湖南益阳电厂（图 10.47b）和龙山里耶麦茶（图 10.47c）出土的战国时期铅钡玻璃璧 [63]。

a. 安徽蚌埠双墩 M3　　b. 湖南益阳电厂 97YHDM22 : 9　　c. 湖南龙山县里耶镇麦茶村 M338 : 1

图 10.47　战国时期谷纹玻璃璧

## 三、玻璃明器

### 1. 玻璃衣片和玻璃席

汉代盛行厚葬之风，皇帝和王侯往往随葬金、银及丝缕玉衣片，由于地位和等级以及玉材的限制，也有用玻璃片代替玉片制成玻璃衣片和玻璃席者。如江西南昌海昏侯刘贺及其子刘充国墓葬中随葬有玻璃席、玻璃衣片、金缕和丝缕，衣片外包裹金箔。其中玻璃席长约 1.80 米，宽约 0.65 米。大英博物馆也收藏 1 件西汉玻璃席，可能出自河南洛阳金村。

2. 玻璃耳瑱、耳塞、鼻塞和蝉

玻璃耳瑱、耳塞、鼻塞和蝉常置于墓主人七窍内，是一种随葬明器组合。耳瑱，本来是装饰在冠饰上垂于耳旁的装饰物，又名充耳，用以警示，多为玉质。汉代流行用铅钡玻璃制作的耳瑱，主要作为明器，是七窍玉中玉耳塞的一种替代品。常见玻璃耳瑱呈 T 字形，有蓝色、绿色和深蓝色等，如河南新郑郑韩故城出土的 1 件战国时期铅钡玻璃耳瑱（图 10.48b），吉林帽儿山出土的东汉晚期铅钡玻璃耳瑱（图 10.48c）[63]，葫芦岛喇嘛洞遗址出土的数枚蓝色、深蓝色（图 10.48d）和绿色玻璃耳瑱。耳塞和鼻塞，常见有乳钉形和圆柱形，如洛阳烧沟汉墓出土的乳钉形玻璃耳瑱（图 10.48a），南阳万家园和荥阳薛村出土的圆柱形玻璃耳鼻塞（图 10.48e、图 10.48f）。

玻璃蝉在汉代也十分流行，仿制玉蝉，模制成型，多为乳白色、绿色和蓝色等。如荥阳薛村遗址（图 10.48g）和洛阳烧沟汉墓（图 10.48h）及西安等地出土的各种造型玻璃蝉。

a. 耳瑱，洛阳烧沟汉墓

b. 耳瑱，郑韩故城，战国

c. 耳瑱，吉林帽儿山东汉晚期

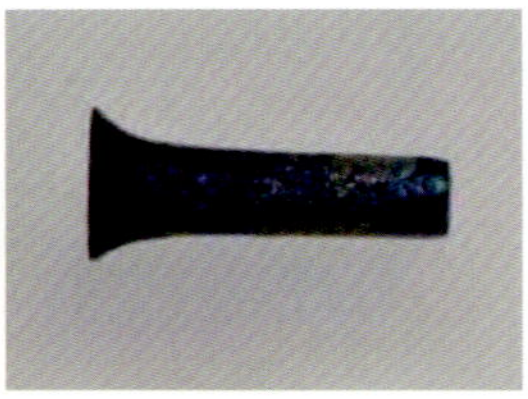
d. 耳瑱，葫芦岛喇嘛洞魏晋十六国 M47：8

e. 耳鼻塞，南阳万家园，西汉晚期

f. 耳鼻塞，荥阳薛村，汉代

g. 蝉，荥阳薛村，汉代

h. 蝉，洛阳烧沟汉墓

图 10.48　玻璃明器及玉蝉

## 四、宗教用具

魏晋南北朝时期，佛教已经传入我国广大地区，“南朝四百八十寺”是佛教在中国南方盛行的一个写照。而在北方，佛教也得到了拓跋鲜卑建立的北魏政权上层的扶植和推广，这一时期是中国历史上佛教发展的重要时期之一。魏晋至宋元各朝代的舍利塔基中均有玻璃器出土，有明确资料的已达 40 余座，在出土的中国古代玻璃器中占相当大的一部分[64]。随着佛教在中国的传播，与之相关的玻璃器也一起传入我国，并与金、银、砗磲、玛瑙等被称为佛教“七宝”。河北定州北魏佛塔遗址是目前所知中国最早的舍利塔基遗迹，塔基内出土 1 件太和五年（481）埋于夯土中的石函，石函内放置有多件北魏皇室供奉的珍贵物品，其中玻璃器皿有 7 件，管、珠等玻璃装饰品达几千件[65]。洛阳北魏永宁寺西门遗址出土了 15 万余枚印度—太平洋玻璃珠（图 10.49），有绿、黄、黑、红、深蓝、无色透明等多种颜色，但皆为单色拉制珠，经科技分析，为钠钙玻璃[66]。这类珠饰在汉代岭南地区十分流行，主要用作日常装饰品，而北魏这批玻璃串珠出土于佛寺遗址而非墓葬，说明与佛教活动关系密切，其用途也发生了转变。

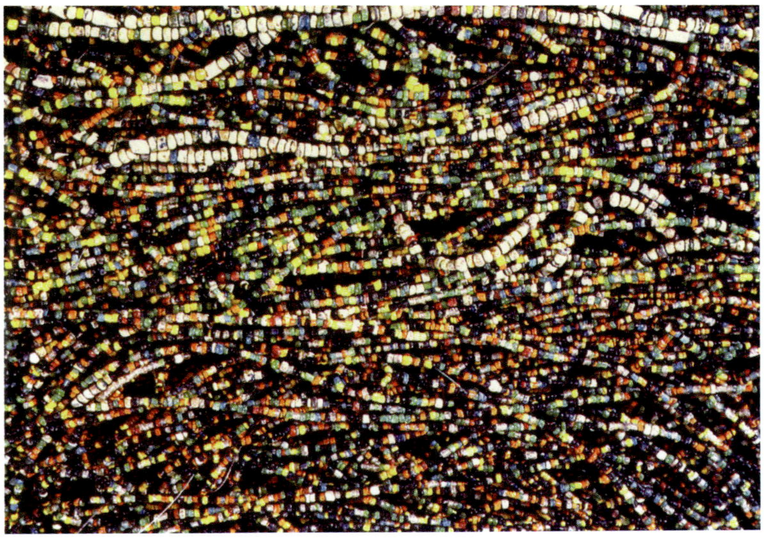

图 10.49　洛阳北魏永宁寺遗址出土的印度—太平洋玻璃珠

## 五、玻璃容器及乐器等

除装饰品和明器之外，玻璃器还被用作生活容器，主要有碗、杯、盘、瓶等各种玻璃器皿，如南阳出土的 2 件西汉晚期本土钾玻璃杯（图 10.40）和洛阳出土域外输入的罗马玻璃瓶（图 10.50a）。另外还有铅钡耳杯和盘等，如河北满城汉墓出土的绿色耳杯（图

10.50b)，很可能是仿制当时的玉耳杯或漆耳杯。

a. 洛阳出土的罗马玻璃瓶

b. 满城汉墓出土的铅钡玻璃耳杯（耿朔摄）

图 10.50　汉代典型玻璃器皿

江苏盱眙大云山江都王刘非墓出土的 1 套 20 件玻璃编磬，最大的一件长 70 厘米，厚 4.40 厘米，重达 17 千克，时代为西汉时期 [67]。这是中外罕见的古代玻璃制品，经科技分析为国产铅钡玻璃。另外，古代玻璃器中还有印章、腰带饰、戒指等 [54]。

## 参考文献：

[1] 河南省文物研究所，河南省丹江库区考古发掘队，淅川县博物馆．淅川下寺春秋楚墓 [M]. 北京：文物出版社，1991.

[2] 河南省文物考古研究所．固始侯古堆一号墓 [M]. 郑州：大象出版社，2004：99-105.

[3] 张闻捷．固始侯古堆一号墓的年代与墓主 [J]. 华夏考古，2015（2）：101-110.

[4]Robert H. Brill. Chemical Analyses of early Glasses [J].The Corning Museum of Glass, Corning, New York, 1999, 29-55.

[5]Husson E, Repelin Y, Vandenborre M T. Vibrational spectra and force field of calcium antimonate（$CaSb_2O_6$）and calcium

arsenate ($CaAs_2O_6$) [J]. Spectrochimica Acta Part A：Molecular Spectroscopy，1984，40 (11-12)：1017-1020.

[6]Tite M S，Shortland A J. Production technology of faience and related early vitreous materials [D]. Oxford University School of Archaeology. London，2008.

[7]Liu S，Li Q H，Gan F X，et al. Silk Road glass in Xinjiang，China：chemical composition analysis and interpretation using a high-resolution portable XRF spectrometer [J]. Journal of Archaeological Science，2012，39 (7)：2128-2142.

[8]Liu S，Li Q H，Fu Q，et al. Application of a portable XRF spectrometer for classification of potash glass beads unearthed from Tombs of Han Dynasty in Guangxi China [J]. X-Ray Spectrometry，2013，42 (6)：470-479.

[9]Liu S，Li Q H，Gan F X. Chemical Analyses of Potash-Lime Silicate Glass Artifacts from the Warring States Period in China [J]. Spectroscopy Letters，2015，48 (4)：302-309.

[10]Franquelo M L，Duran A，Castaing J，et al. XRF，μ-XRD and μ-spectroscopic techniques for revealing the composition and structure of paint layers on polychrome sculptures after multiple restorations [J]. Talanta，2012，89：426-469.

[11]Gan F X，Li Q H，Henderson J. Recent Advances in the Scientific Research on Ancient Glass and Glaze [M]. Singapore：World Scientific，2016.

[12] 伏修锋．中国古代釉砂、玻砂和三种玉石的岩相结构分析 [D]. 上海：中国科学院上海光学精密机械研究所，2006.

[13]Wedepohl K H. Glas in Antike und Mittelalter：Geschichte eines Werkstoffs [J]. E.Schweizerbart'sche Verlagsbuchhandlung，Stuttgart，2003：38.

[14]Mernagh T P. Use of the laser Raman microprobe for discrimination amongst feldspar minerals [J]. Journal of Raman Spectroscopy，1991，22 (8)：453-457.

[15] 河南省文物考古研究所．信阳楚墓 [M]. 北京：文物出版社，1986.

[16]Ma Q L，Portmann A，Wild F，et al. Raman and SEM Studies of Man-Made Barium Copper Silicate Pigments in Ancient Chinese Artifacts [J]. Studies in Conservation，2006，51 (2)：81-98.

[17] 张治国，马清林，Heinz Berke. 山东青州西汉彩绘陶俑紫色颜料研究 [J]. 文物，2010 (9)：87-97.

[18] 河南省文化局文物工作队．郑州二里岗 [M]. 北京：科学出版社，1959：78-79.

[19] 吴伟华．叶县大竹园双冢子墓地考古发掘汇报 [EB/OL].(2017-01-18). 河南省文物考古研究院 2016 年度考古工作汇报会（上）. http://www.kaogu.cn/cn/xueshudongtai/xueshudongtai/xueshuhuiyi/2017/0118/56876.html.

[20] 夏寅，吴双成，崔圣宽，等．山东危山西汉墓出土陶器彩绘颜料研究 [J]. 文物保护与考古科学．2008 (2)：13-19.

[21] 王世霞，郑海飞．方解石高压相变的

拉曼光谱研究 [J]. 光谱学与光谱分析，2011，31（8）：2117–2119.

[22] 付强，赵虹霞，董俊卿，等．河南宝丰和新郑出土硅酸盐制品的无损分析研究 [J]. 光谱学与光谱分析，2014，34（1）：257–262.

[23] 董俊卿，李青会，干福熹，等．一批河南出土东周至宋代玻璃器的无损分析 [J]. 中国材料进展，2012，31（11）：9–15.

[24]Li Q H, Yang J C, Li L, et al. Identification of the man–made barium copper silicate pigments among some ancient Chinese artifacts through spectroscopic analysis [J]. Spectrochim Acta A Mol Biomol Spectrosc，2015，138：609–616.

[25] 王颖竹．两周时期费昂斯技术研究 [D]. 北京：北京科技大学，2019.

[26] 马清林，张治国，大卫·斯科特，等．中国战国时期八棱柱状费昂斯制品成分及结构研究 [J]. 中国国家博物馆馆刊，2012（12）：112–132.

[27]Wood N, Freestone Ian C, Stapleton Colleen P. 战国时期中国陶瓷琉璃釉珠上的早期多彩釉 [M]// 郭景坤．古陶瓷科学技术 4 1999 年，国际讨论会论文集．上海：上海科学技术文献出版社，1999：29–37.

[28] 安徽省文物考古研究所，马鞍山市文物局，当涂县文物管理所．安徽当涂陶庄战国土墩墓发掘简报 [J]. 文物，2013（10）：23–35.

[29] 咸阳文物考古研究所．塔儿坡秦墓 [M]. 西安：三秦出版社，1998：176–179.

[30] 干福熹．中国古代玻璃技术发展史 [M]. 上海：上海科学技术出版社，2016.

[31] 李青会，董俊卿，干福熹．中国早期釉砂和玻璃制品的化学成分和工艺特点探讨 [J]. 广西民族大学学报（自然科学版），2009，15（4）：31–41.

[32]Li Q H, Yang J C, Li L, et al. Identification of the man–made barium copper silicate pigments among some ancient Chinese artifacts through spectroscopic analysis [J]. Spectrochim Acta A Mol Biomol Spectrosc，2015，138：609–616.

[33]Wang Y Z, Ma H J, Chen K L, et al. Identification of PbO (BaO) faience from an early and middle Warring States period cemetery at Zhaitouhe, northern Shanxi, China [J]. Archaeometry，2019,61（1）：43–54.

[34]Wang Y Z, Ma H J, Chen K L, et al. Identification of PbO (BaO) faience from an early and middle Warring States period cemetery at Zhaitouhe, northern Shanxi, China [J]. Archaeometry，2019,61（1）：43–54.

[35] 岳依桐．考古表明成都出土战国时期玻璃珠为中国先民自制 [EB/OL].（2018–07–12）.http://www.chinanews.com/cul/2018/07–12/8565218.shtml；李慧颖．神奇！成都战国“蜻蜓眼”珠属“中国制造”灵感来自西方 [EB/OL].（2018–07–12）.http://scnews.newssc.org/system/20180712/000890626.html.

[36]Yang Y M., Wang L H, Wei S, et al. Nondestructive Analysis of Dragonfly Eye Beads from the Warring States Period, Excavated from a Chu Tomb at the Shenmingpu Site, Henan Province China [J]. Microscopy and Microanalysis，2013，19（2）：335–343.

[37] 秦颖，陈茜，李小莉，等．湖北枣阳郭家庙曾国墓地出土“石英珠”（釉砂）的测试分析及其制作工艺模拟实验分析［J］．硅酸盐学报，2012，40（4）：567–576.

[38] 李慧颖．神奇！成都战国“蜻蜓眼”珠属“中国制造”灵感来自西方[EB/OL].(2018–07–12). http://scnews.newssc.org/system/20180712/000890626.html.

[39] 曹桂岑，张玉石．河南淮阳平粮台十六号楚墓发掘简报［J］. 文物，1984（10）：20–29.

[40] 段浩，干福熹，赵虹霞．实验室模拟过渡金属离子掺杂的中国古代玻璃的着色现象［J］. 硅酸盐学报，2009，37（12）：1982–1989.

[41]J. W. Lankton, L. Dussubieux. Early Glass in Asian Maritime Trade: A Review and an Interpretation of Compositional Analyses [J]. Journal Of Glass Studies, 2006, 48: 121–144.

[42] 李家治，陈显求．扬州西汉 PbO–BaO–$SiO_2$ 系玻璃及其腐蚀层的研究［J］. 硅酸盐学报，1986，14（3）：293–296.

[43] 黄启善．广西古代玻璃的研究［C］//干福熹．中国南方古玻璃研究．上海：上海科学技术出版社，2003：10–20.

[44] 史美光，何欧里，周福征．一批中国汉墓出土钾玻璃的研究［J］. 硅酸盐学报，1986（3）：307–313.

[45]Lankton J W, Lee I S. Treasures from the southern Sea: glass ornaments from Gimhae–Yangdong and Bokcheondong, compositional analysis and interpretation [J]. Archaeology: Traces of Time and Space, Studies in Honor of Kim Byung–Mo, Seoul, 2006, 329–354.

[46]Hall M, Yablonsky L. Chemical analyses of Sarmatian glass beads from Pokrovka, Russia [J]. Journal of Archaeological Science, 1998, 25: 1239–1245.

[47]Francis P. Glass Beads in Asia: part II. Indo–Pacific Beads [J]. Asian Perspectives, 1990, 29（1）: 1–23.

[48] 熊昭明，李青会．广西出土汉代玻璃器的考古学与科技研究［M］. 北京：文物出版社，2011.

[49] 邝桂荣．广州出土汉代珠饰研究［M］. 北京：科学出版社，2019.

[50]Dzung L T M. Sa Huynh regional and inter–regional interactions in the Thu Bon valley, Quang Nam province, central Vietnam [J]. Bulletin of the Indo–Pacific Prehistory Association, 2009, 29: 68–75.

[51] 蒋宏杰，赫玉建，张海滨．河南南阳市陈棚村 68 号汉墓［J］. 考古，2008（10）：33–39.

[52] 湖北省荆州地区博物馆．江陵马山一号楚墓［M］. 北京：文物出版社，1985：92–93.

[53] 佘燕姣．湖南出土珠饰研究［M］. 长沙：湖南人民出版社，2018.

[54] 董俊卿．中国古代玻璃的技术起源与再研究［D］. 上海：中国科学院上海光学精密机械研究所，2020.

[55] 郴州市文物事业管理处．郴州馆藏文物精品图录［M］. 北京：中国文史出版社，2010.

[56] 浙江省文物考古研究所．浙江越墓［M］. 北京：科学出版社，2009.

[57] 干福熹，赵虹霞，李青会，等．湖北省出土战国玻璃制品的科技分析与研究［J］．江汉考古，2010（2）：108–116．

[58] 河南博物院．丝绸之路与中原［M］．北京：文物出版社，2018：83．

[59] 中国美术全集委员会：中国美术全集·工艺美术编 10·金银玻璃珐琅器［M］．北京：文物出版社，1987．

[60] 李林娜．南越藏珍［M］．北京：中华书局，2002．

[61] 高至喜．论我国春秋战国时期的玻璃器及相关问题［J］．文物，1985（12）：54–65．

[62] 董俊卿，李青会，顾冬红，等．蚌埠双墩一号墓和三号墓出土玉器及玻璃器研究［J］．南方文物，2012（2）：170–179．

[63]Dong J Q，Li Q H，Liu S．The native development of ancient Chinese glassmaking：a case study on some early lead–barium–silicate glasses using a portable XRF spectrometer [J]．X–ray Spectrometry，2015，44（6）：458–467．

[64] 赵永．论魏晋至宋元时期佛教遗存中的玻璃器［J］．中国国家博物馆馆刊，2014，135（10）：044–065．

[65] 刘来成．河北定县出土北魏石函［J］．考古，1966（5）：268–275．

[66] 干福熹．中国古代玻璃技术的发展［M］．上海：上海科学技术出版社，2005．

[67] 李则斌，陈刚．江苏盱眙县大云山西汉江都王陵一号墓［J］．考古，2013（10）：3–68．

# 后记

河南是我国的文物大省之一，历年来的河南考古发现展示了中华文明的灿烂成就和中华文明对世界文明的重要贡献。加强人文社科和自然科学领域的多学科合作，运用现代科学技术，做好考古成果的挖掘、整理和阐释工作，揭示文物价值，促进文化遗产的保护和利用，是一项长期的基础性研究。

在河南省文物考古研究院与中国科学院上海光学精密机械研究所科技考古中心10余年的合作实践中，我们不断深化了对文物本身的价值认知，提高了多学科交叉研究的深度，促进了双方的人才培养、学术交流和科研平台建设。将不同阶段的合作成果系统梳理并以专著的形式进行发表，是研究团队这两年来希望达到的一个目标。

在长期的合作实践中，对于工作方式和方法、研究对象和技术手段的选择、研究方案的设计、研究结果的分析和解析，进而对于考古学问题的回答，我们都在不断地改进和优化。研究成果的获得首先得益于河南省文物考古研究院长久以来的大力支持，安阳市文物考古研究所、南阳市文物考古研究所、洛阳市文物考古研究院、偃师商城博物馆等诸多文博单位也提供了珍贵器物用以研究，同时也离不开研究团队的精诚合作和辛勤工作。工作过程中先后有中国科学院上海光学精密机械研究所科技考古中心的顾冬红研究员、赵虹霞博士，以及研究生刘志勇、张朱武、段浩、王永亚、斯琴毕力格、付强、严鑫、王凯、王雪培、王亚伟、赵灵委、钟丹霞、刘珺、袁依梦，复旦大学承焕生教授、马波女士等参与到河南出土玉器和玻璃器的科学分析与研究工作。河南省文物考古研究院的王聪敏、韩越、蒋中华、郭亮等参与了测试文物的收集、测量和安全保卫工作。

虽然取得了阶段性成果，但我们深知在学科融合深度、重大考古学问题的回答、研究理论的应用等方面，仍存在较大发展空间和明显不足。书中错漏之处，敬请大家批评指正。当前，中国的考古学研究正处于一个蓬勃发展的时期，众多考古学和科技考古研究成果将为我们今后的合作提供坚实基石。

本书由多位学者合作写成，其中前言由胡永庆负责撰写，第一章由李青会、胡永庆负责撰写，第二章由刘松负责撰写，第三章由张羽、胡永庆负责撰写，第四章、第五章由胡永庆负责撰写，第六章由刘松、胡永庆负责撰写，第七章由李青会、侯彦峰负责撰写，第八章由董俊卿负责撰写，第九章由董俊卿、侯彦峰负责撰写，第十章由董俊卿、刘松、胡永庆负责撰写。彩版照片由祝贺、聂凡拍摄，全书由胡永庆统稿。

写作过程中得到诸多学者无私帮助，山东大学邓聪、四川大学李映福、湖南省博物馆喻燕姣、广州市文物考古研究院张强禄、广东省博物馆吴沫、西汉南越王博物馆林冠男、上海博物馆熊樱菲、上海博物馆谷娴子、中国社会科学院考古研究所叶晓红、首都博物馆何秋菊、南京博物院左骏、辽宁省文物考古研究院柏艺萌、复旦大学王荣、良渚博物院夏勇、陕西省考古研究院邵安定、甘肃省文物考古研究所张伟等师友，提供了相关的研究资料并进行了有益的探讨，在此一并致谢。

感谢河南省文物局副局长贾连敏先生，河南省非物质文化遗产保护中心主任楚小龙先生，以及河南省文物考古研究院蔡全法、樊温泉、马俊才、韩朝会、梁法伟、曾晓敏、武志江、曹艳鹏、朱树政、高振龙等先生，他们无私地将尚未公布的考古资料同意本书研究使用！特别感谢河南省文物考古研究院院长刘海旺先生对本书出版的大力支持！还要感谢大象出版社郭一凡女士以及责任编辑石更新先生、王军敏女士为本书出版付出的辛勤劳动！

本书中古代玻璃及相关材料研究受到“十三五”国家重点研发计划项目“可移动文物价值认知及关键技术研究”（项目编号 2019YFC1520200）的课题“玻璃文物价值认知及关键技术（2019YFC1520203）”和中国科学院仪器设备功能开发技术创新项目“光学相干层析成像仪成像优化及智能图像识别分类系统功能开发（21XY102301）”和中国科学院仪器设备功能开发技术创新项目“光学相干层析成像仪成像优化及智能图像识别分类系统功能开发(21XY102301)”资助。

河南省文物考古研究院　中国科学院上海光学精密机械研究所

2021 年 1 月于郑州

舞阳贾湖遗址

# 玉器

## 彩版一　舞阳贾湖遗址出土新石器时代裴李岗文化圆形穿孔绿松石坠饰

1. M121∶3-1

2. M121∶3-2

3. M121∶3-3

4. M121∶3-4

5. M121∶3-5

6. M121∶3-6

# 彩版二　舞阳贾湖遗址出土新石器时代裴李岗文化圆形穿孔绿松石坠饰

1. M121：3-7

2. M121：3-8

3. M121：3-9

4. M121：3-10

5. M274：1

6. M342：13

## 彩版三　舞阳贾湖遗址出土新石器时代裴李岗文化圆形穿孔绿松石坠饰

1. M58:4

2. M275:15

3. M275:16

4. M275:17

5. M385:4

6. M385:5

# 彩版四　舞阳贾湖遗址出土新石器时代裴李岗文化圆形穿孔绿松石坠饰

1. H273∶1

2. M335∶17

3. M386∶14

4. M386∶15

5. M396∶10

6. M396∶11

# 彩版五 舞阳贾湖遗址出土新石器时代裴李岗文化三角形绿松石坠饰

1. M58：12

2. M58：1

3. M243：3

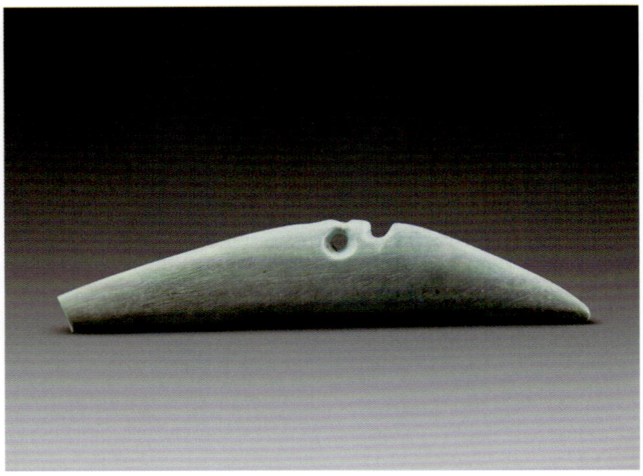

4. M243：4

5. M249：4

6. M249：5

# 彩版六 舞阳贾湖遗址出土新石器时代裴李岗文化绿松石坠饰

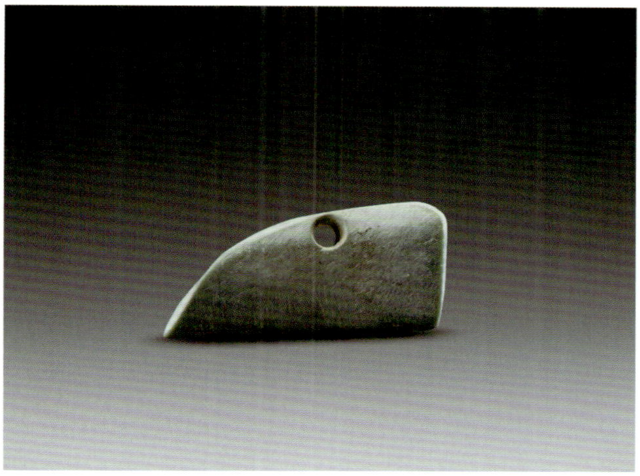

1. H115：16 三角形绿松石坠饰

2. H127：19 梭形绿松石坠饰

3. M58：10 三角形绿松石坠饰

4. M58：3 三角形绿松石坠饰

5. M58：5 三角形绿松石坠饰

6. M121：12 梭形绿松石坠饰

# 彩版七　舞阳贾湖遗址出土新石器时代裴李岗文化绿松石坠饰

1. H127∶7　长方形绿松石坠饰

2. M5∶2　长方形绿松石坠饰

3. M58∶9　长方形绿松石坠饰

4. M115∶5　长方形绿松石坠饰

5. M335∶18　方形绿松石坠饰

6. T12③∶6　方形绿松石坠饰

# 彩版八　舞阳贾湖遗址出土新石器时代裴李岗文化玉器

1. H113：4　管形绿松石饰

2. H114：1　绿松石残块

3. M67：1　不规则形绿松石坠珠

4. T11③：13　棒形水晶饰

5. T12③：1　棒形绿松石饰

6. T15③：8　棒形绿松石饰

# 彩版九　舞阳贾湖遗址出土新石器时代裴李岗文化萤石珠饰

1. M318：1　圆形穿孔萤石串饰

2. M318：1-1（左）、2（右）　圆形穿孔萤石珠

淅川下寨遗址

# 玉石器

## 彩版一〇　淅川下寨遗址出土新石器时代仰韶文化玉石钺

1. M57∶1　石钺

2. M68∶1　玉钺

3. M70∶1　玉斧

4. M71∶1　石钺

## 彩版一一　淅川下寨遗址出土新石器时代仰韶文化玉钺

1．M108：1

2．M128：1

3．M129：1

4．M138：1

## 彩版一二　淅川下寨遗址出土新石器时代仰韶文化玉石钺

1. M143∶1　玉钺

2. M146∶1　石钺

3. M149∶1　玉钺

4. M152∶1　玉钺

## 彩版一三　淅川下寨遗址出土新石器时代仰韶文化玉石钺

1. M156：1　石钺

2. M179：1　石钺

3. M182：1　玉钺

4. M209：1　玉钺

# 彩版一四　淅川下寨遗址出土新石器时代仰韶文化玉钺

1. M213∶1

2. T3713⑦∶3

3. T3713⑦∶1

4. T3713⑦∶2

# 彩版一五 淅川下寨遗址出土新石器时代玉石钺

1. M66：1 玉钺（仰韶文化）

2. M144：1 石钺 （仰韶文化）

3. M214：1 石钺 （石家河文化）

4. H1135：2 玉钺（仰韶文化）

# 彩版一六　淅川下寨遗址出土新石器时代石家河文化玉石器

1. M207:6　玉环

2. M207:7　玉锛

3. M207:8　玉钺

4. M218:1　石钺

鹿邑太清宫长子口墓

# 玉器

## 彩版一七　鹿邑太清宫长子口墓出土西周早期玉璧

M1：280

## 彩版一八　鹿邑太清宫长子口墓出土西周早期玉簋

M1：74

# 彩版一九　鹿邑太清宫长子口墓出土西周早期玉器

1. M1：337　玉琮

2. M1：111　龙凤玉佩

## 彩版二〇 鹿邑太清宫长子口墓出土西周早期玉戈

1. M1：284

2. M1：288

3. M1：289

## 彩版二一　鹿邑太清宫长子口墓出土西周早期玉器

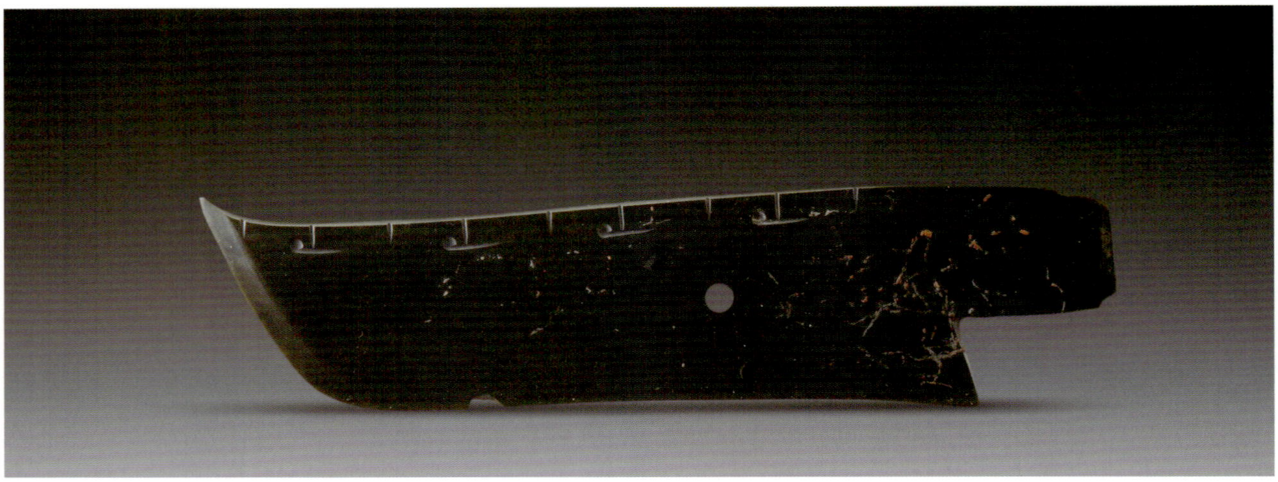

1. M1:330　玉刀

2. M1:362　玉戈

3. M1:368　玉戈

# 彩版二二　鹿邑太清宫长子口墓出土西周早期玉器

1. M1：286　玉钺

2. M1：349　玉镞

3. M1：367　玉虎形跽坐人（侧面）

4. M1：367　玉虎形跽坐人（背面）

## 彩版二三　鹿邑太清宫长子口墓出土西周早期玉器

1. M1：34　玉玦

2. M1：72　玉环

3. M1：103　半管形玉佩（正面）

4. M1：103　半管形玉佩（侧面）

5. M1：290　玉璜

6. M1：335　管形玉器

# 彩版二四　鹿邑太清宫长子口墓出土西周早期玉器

1．M1：70　牛面形绿松石佩

2．M1：312　牛面形玉佩

3．M1：332　玉龙

4．M1：340　龙凤玉佩

## 彩版二五　鹿邑太清宫长子口墓出土西周早期玉器

1. M1:69　兽面形绿松石佩

2. M1:71　兽面形玉佩

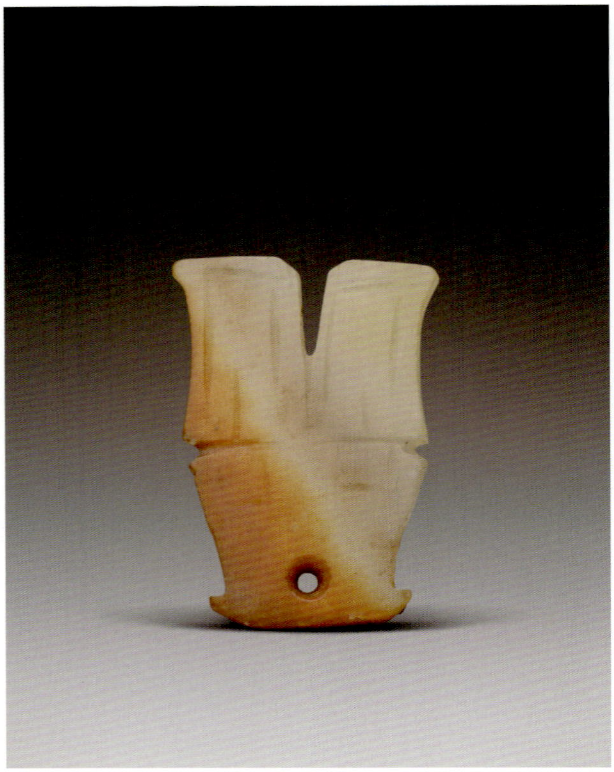

3. M1:105　兽面形玉佩

4. M1:338　牛面形玉佩

## 彩版二六　鹿邑太清宫长子口墓出土西周早期玉器

1. M1：316　玉鹿

2. M1：323　玉鸟

3. M1：346　玉兔

4. M1：363　玉鸟

5. M1：364　玉鸟

6. M1：366　玉珠

## 彩版二七 鹿邑太清宫长子口墓出土西周早期玉柄形器

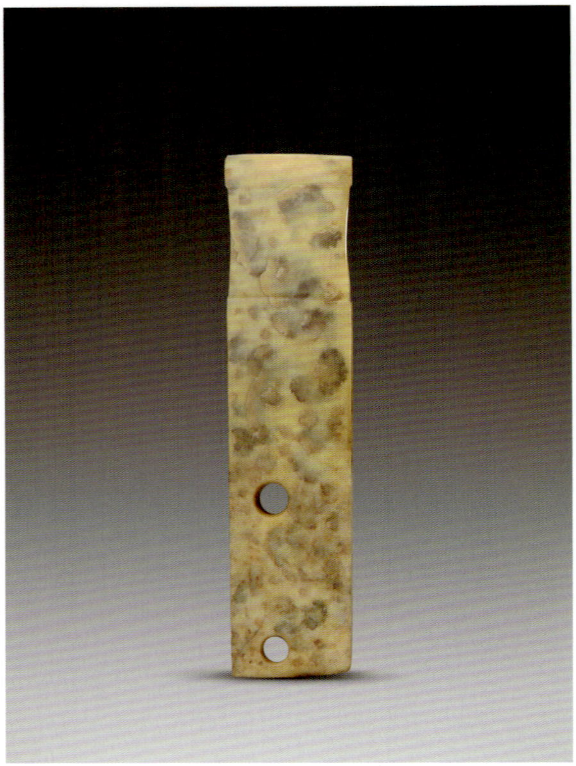

1. M1:81

2. M1:283

3. M1:301

4. M1:365

## 彩版二八　鹿邑太清宫长子口墓出土西周早期玉柄形器

1. M1：110

2. M1：296

3. M1：304

4. M1：306

# 彩版二九　鹿邑太清宫长子口墓出土西周早期玉器

1. M1∶209　玉抄

2. M1∶324　玉管

3. M1∶333　长方形玉佩

4. M1∶344　玉觿

5. M1∶348　玉柄形器

平顶山应国墓地

# 玉器

## 彩版三〇 平顶山应国墓地 M230 出土西周早期玉器

1. M230：42 直援玉戈

2. M230：108 戈形玉璜

3. M230：110 鱼形玉璜

4. M230：114 曲援玉戈

5. M230：0136 曲援玉戈

6. M230：109 鱼形玉佩

# 彩版三一　平顶山应国墓地 M230 出土西周早期玉器

1.　M230：117　弧形玉佩

2.　M230：119　鱼形玉佩

3.　M230：120　鱼形玉佩

4.　M230：0142　鱼形玉佩

5.　M230：0162　猪首形玉佩

6.　M230：0168　鱼形玉佩

## 彩版三二　平顶山应国墓地 M230 出土西周早期玉器

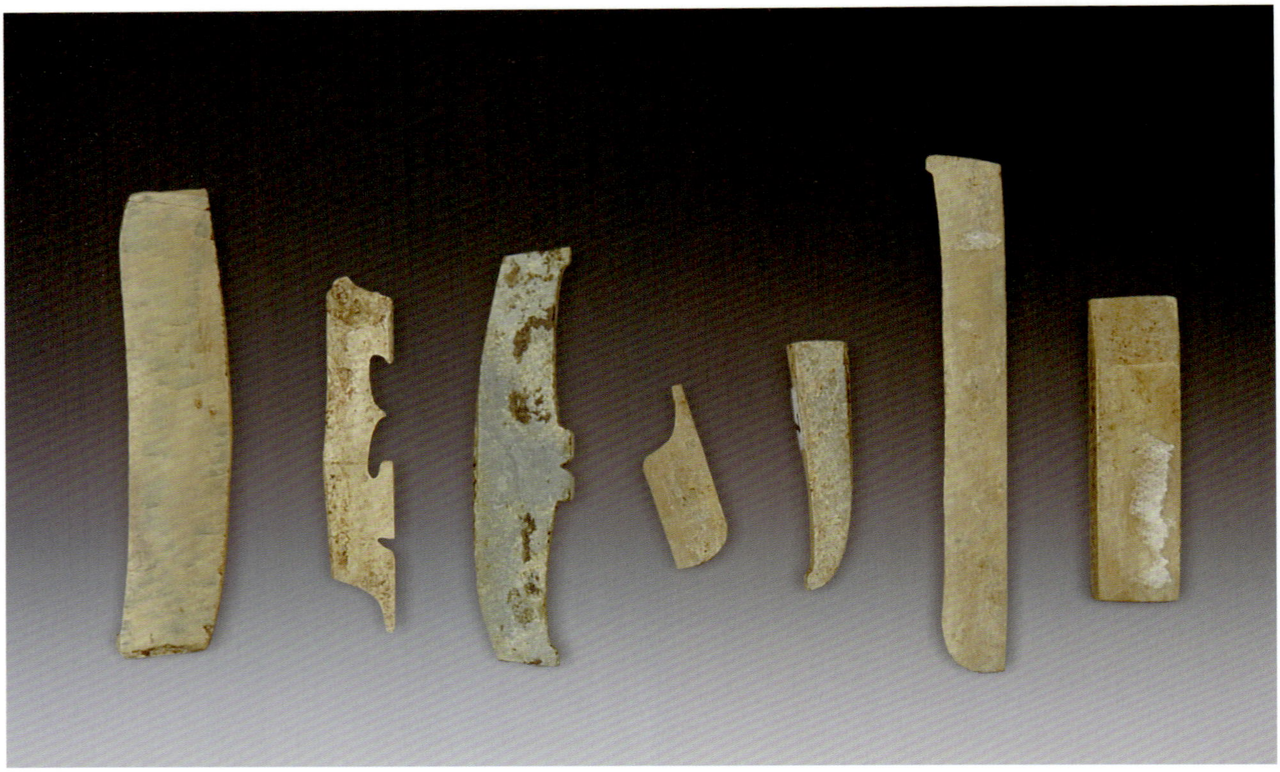

1. M230∶123　条形玉缀饰

2. M230∶0135　玉管联珠组合玉项饰

# 彩版三三　平顶山应国墓地 M230 出土西周早期玉柄形器

1. M230：115

2. M230：116

3. M230：122

4. M230：113

## 彩版三四 平顶山应国墓地 M231 出土西周早期玉器

1. M231：17 刀形玉笄

2. M231：19-1 鱼形佩式口琀玉

3. M231：19-2 鱼形佩式口琀玉

4. M231：19-4（上）、3（下）
鱼形佩饰口琀玉

5. M231：19-5 鱼形璜式口琀玉

6. M231：25 蚱蜢形玉佩

# 彩版三五　平顶山应国墓地 M231 出土西周早期单佩联珠组合玉项饰

M231：20

## 彩版三六　平顶山应国墓地 M231 出土西周早期二璜联珠组合玉佩

M231：21

# 彩版三七　平顶山应国墓地 M231 出土西周早期玉器

1. M231：21-1
二璜联珠组合玉佩之戈形玉璜

2. M231：21-22
二璜联珠组合玉佩之璧形玉佩

3. M231：21-43
二璜联珠组合玉佩之鱼形玉璜

4. M231：26-4（上）、1（下）
鱼形玉佩

5. M231：28　鱼形玉佩

6. M231：29　鱼形玉佩

## 彩版三八　平顶山应国墓地 M231 出土西周早期十列串珠组合玛瑙佩

M231：27

# 彩版三九　平顶山应国墓地 M231 出土西周早期玉器

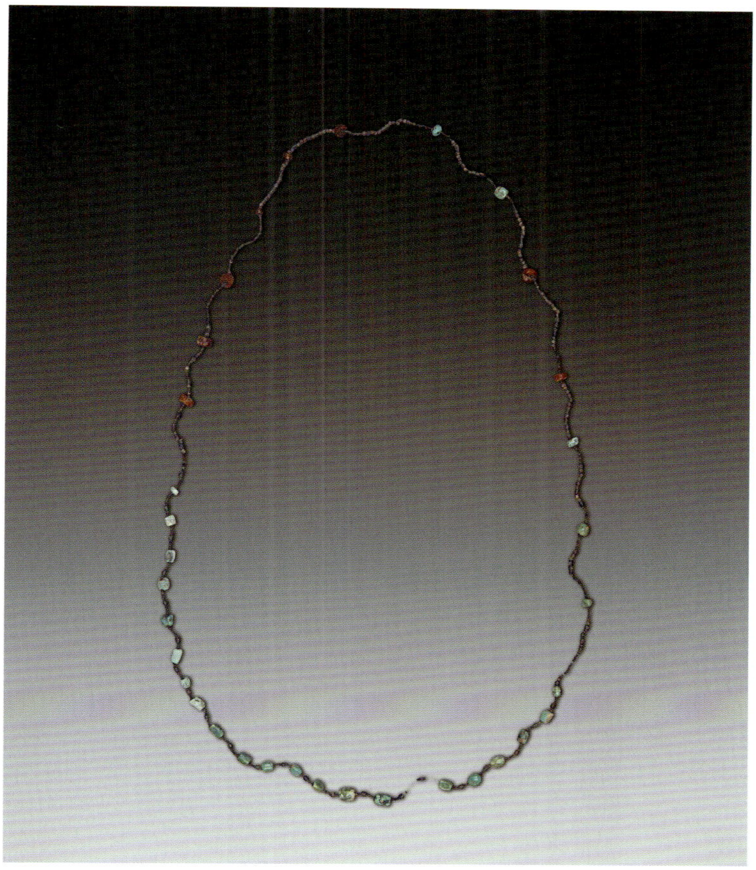

1. M231：22a　松石联珠组合玉项饰

2. M231：23　牛首形玉佩

3. M231：24　燕形玉佩

# 彩版四〇 平顶山应国墓地 M231 出土西周早期玉器

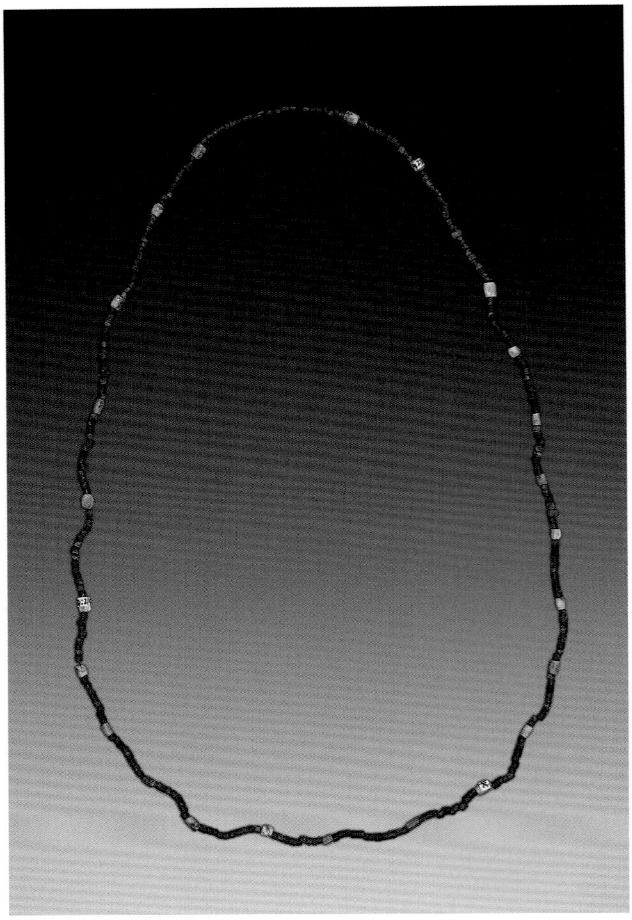

1. M231∶22b 松石联珠组合玛瑙项饰

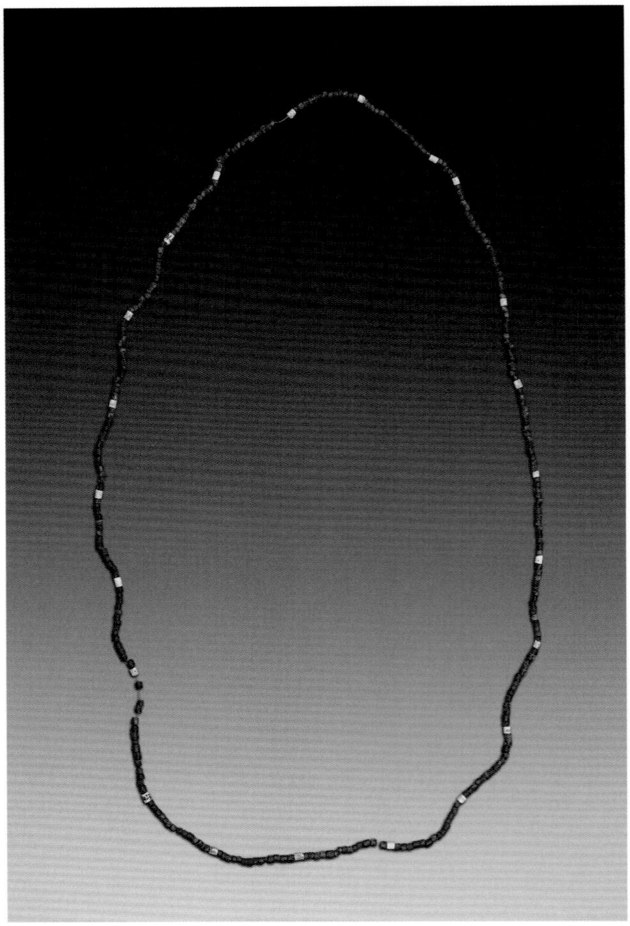

2. M231∶22c 黑白料珠组合项饰

# 彩版四一　平顶山应国墓地 M231 出土西周早期玉器

1. M231：22d　二十一佩联珠组合玉项饰

2. M231：22e　十一佩联珠组合石项饰

## 彩版四二 平顶山应国墓地 M232 出土西周早期玉器

1. M232：091 玉璜

2. M232：093 蝉形玉佩

3. M232：094（上）、095（下左）、096（下右） 鱼形玉佩

4. M232：097 戈形玉佩

5. M232：098 圆泡形玉佩

6. M232：0102-1—6 条形玉缀饰

# 彩版四三　平顶山应国墓地 M232 出土西周早期玉器

1. M232：0100-1—6　竹节形红玛瑙管

2. M232：099　弯钩形玉佩

3. M232：0101　玉柄形器

# 彩版四四　平顶山应国墓地 M242 出土西周早期玉器

1. M242：41　鱼形玉佩

2. M242：40　鱼形玉佩

3. M242：42　鸟形玉佩

4. M242：44　蚕形玉佩

5. M242：45　璧形玉佩

6. M242：50 龙形玉佩

# 彩版四五　平顶山应国墓地 M242 出土西周早期玉器

1. M242:8　玉刻刀

2. M242:8（左）玉刻刀、M242:9（右）蚌帽及玉坠饰组合

3. M242:46（左）、47（右）鸟形玉佩

4. M242:48　鱼形玉佩

5. M242:49　鱼形玉佩

## 彩版四六　平顶山应国墓地 M50 出土西周中期玉器

1. M50：31　玉柄形器

2. M50：33　玉柄形器

3. M50：34　玉柄形器

4. M50：36　鸟形玉佩

# 彩版四七 平顶山应国墓地 M84 出土西周中期玉戚

M84 : 124

## 彩版四八　平顶山应国墓地 M84 出土西周中期玉器

1. M84：128-5　玉璜

2. M84：128-3　玉璜

3. M84：128-4　玉璜

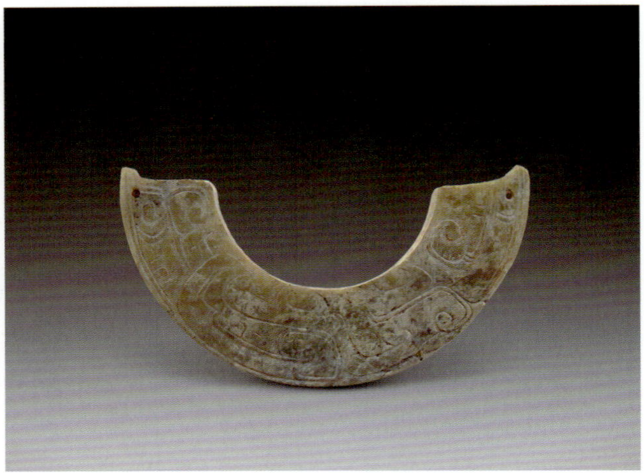

4. M84：128-6　玉璜

5. M84：133　玉璧

6. M84：137　玉璧

## 彩版四九　平顶山应国墓地 M84 出土西周中期玉器

1. M84∶119　刀形玉佩

2. M84∶120　双尾鱼形玉佩

3. M84∶122　刀形玉佩

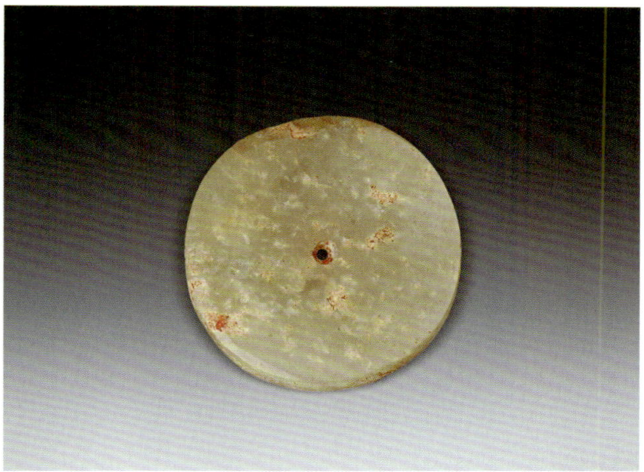

4. M84∶128-1　璧形玉佩

5. M84∶121　虎形玉佩

## 彩版五〇　平顶山应国墓地 M84 出土西周中期五璜联珠组合玉佩

M84：128

# 彩版五一　平顶山应国墓地 M84 出土西周中期玉器

1. M84：118（上）、123（下）　长条鱼形玉佩

2. M84：128-2　长圆玉管

3. M84：131-1　梯形玉饰（背面）

4. M84：131-1　梯形玉饰（正面）

5. M84：136　玉戈

## 彩版五二　平顶山应国墓地 M84 出土西周中期玉柄形器

1. M84：18

2. M84：19

3. M84：20

4. M84：21

# 彩版五三 平顶山应国墓地 M84 出土西周中期玉柄形器

1. M84：22

2. M84：25

3. M84：125

4. M84：126

## 彩版五四　平顶山应国墓地 M84 出土西周中期玉柄形器

1. M84：129

2. M84：132

3. M84：134

4. M84：135

# 彩版五五 平顶山应国墓地 M85 出土西周中期玉器

1. M85：22 玉玦

2. M85：23 玉玦

3. M85：24 玉玦

4. M85：26-1 玉玦

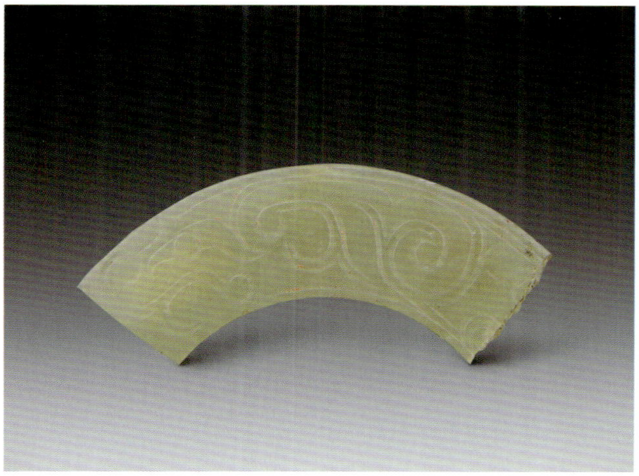

5. M85：26-2 玉玦

6. M85：38 兔形玉握

## 彩版五六 平顶山应国墓地 M85 出土西周中期玉器

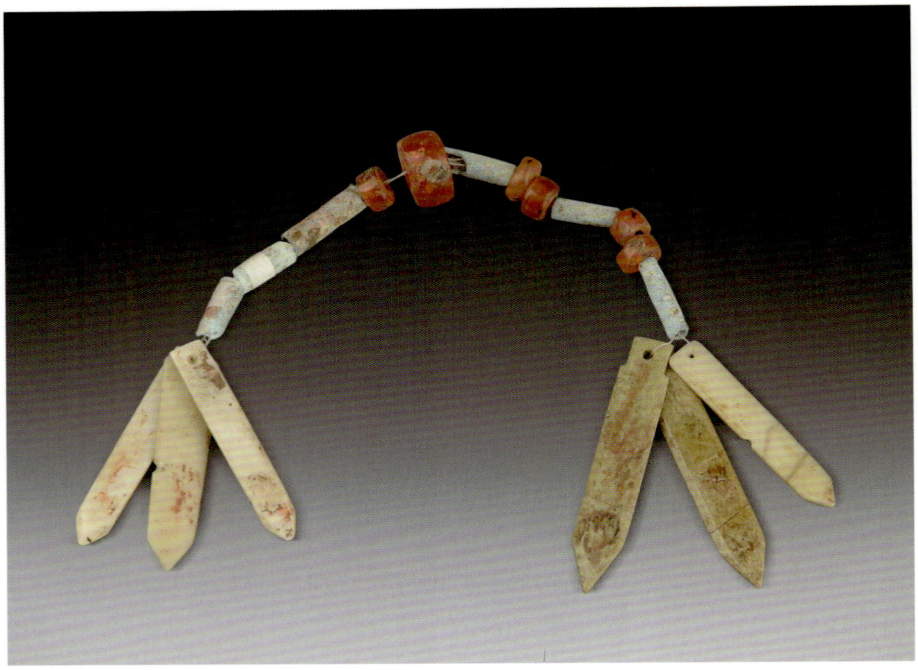

1. M85：27 戈圭联珠组合玉发饰

2. M85：32 条形玉佩

3. M85：34 五佩联珠组合玉项饰

# 彩版五七　平顶山应国墓地 M85 出土西周中期玉器

1. M85：28　蚕形玉笄

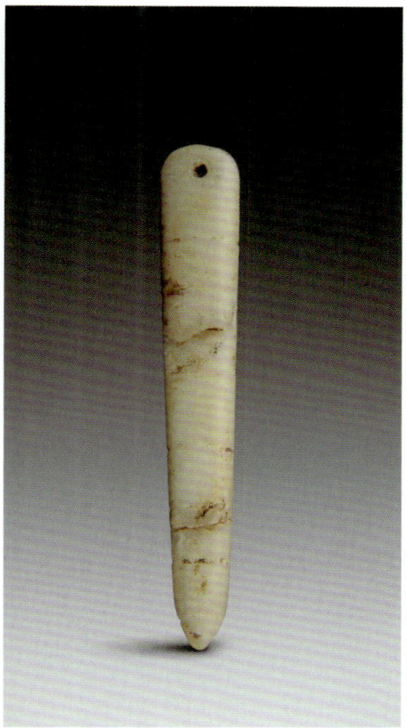

2. M85：29　蚕形玉笄

3. M85：33-2—9　匕形玉琀

4. M85：33-1　鱼形口琀玉

5. M85：41-1　玉璜

6. M85：41-4　戈形佩式玉握

7. M85：41-5　戈形佩式玉握

# 彩版五八　平顶山应国墓地 M85 出土西周中期玉柄形器

1. M85:20

2. M85:21

3. M85:35

4. M85:37-1

# 彩版五九　平顶山应国墓地 M85 出土西周中期玉器

1. M85：25　匕形玉璋

2. M85：36-1　匕形玉璋

3. M85：40　管联料珠组合玉握

4. M85：41-2　鱼形佩式玉握

5. M85：41-3　鱼形佩式玉握

# 彩版六〇　平顶山应国墓地 M86 出土西周中期玉器

1. M86：0194（左）　蜗牛形玉琀　2. M86：0195（中）　蚕形玉琀
3. M86：0226-1（右）　蝉形玉琀

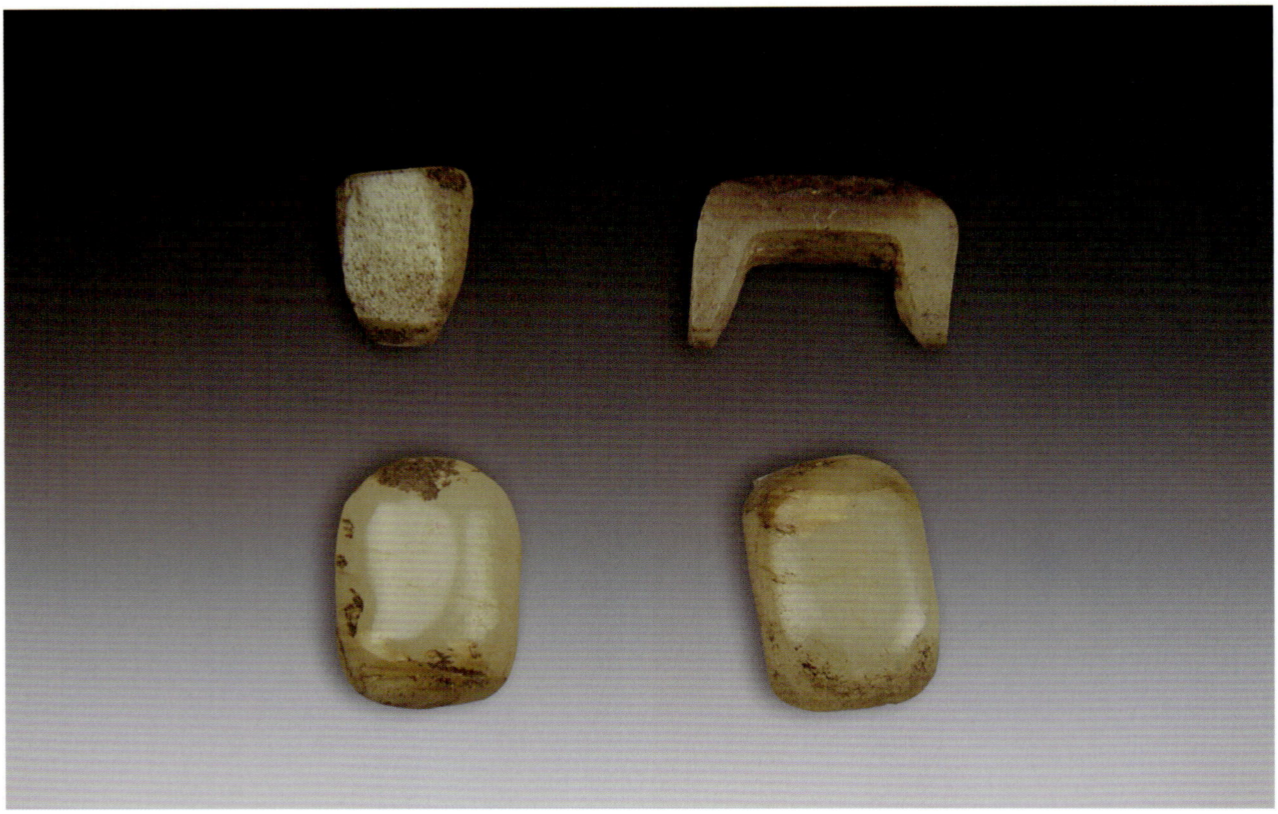

4. M86：0228-3（上左）　不规则形玉琀　5. M86：0228-1（上右）　扒钉形玉琀
6. M86：0227-1（下左）、2（下右）　方泡形玉琀

# 彩版六一　平顶山应国墓地 M86 出土西周中期玉器

1．M86：0193-1—8　条形玉缀饰

2．M86：0186　玉柄形器

3．M86：0197（上）、0187（下）　玉戈

## 彩版六二 平顶山应国墓地 M210 出土西周中期玉器

1. M210：44（上）、45（下） 长条鱼形玉佩

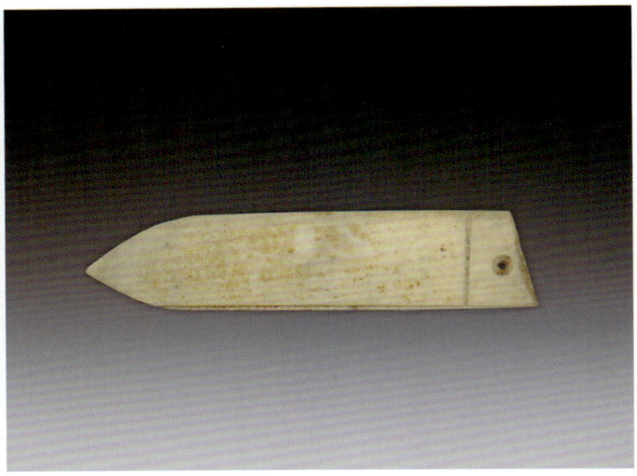

2. M210：46 玉戈

3. M210：47 玉戈

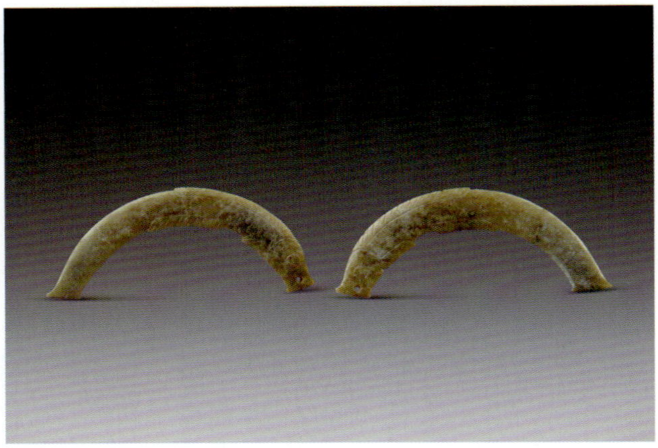

4. M210：50（左）、51（右） 弓背鱼形玉佩

5. M210：54（左）、53（右） 蝉形玉佩

6. M210：52-1—5 口琀玉片

# 彩版六三　平顶山应国墓地 M210 出土西周中期玉器

1. M210：55　单佩联珠组合玉项饰

2. M210：57-1　玉柄形器

3. M210：58　玉钺

# 彩版六四　平顶山应国墓地 M213、M231 出土西周中期玉器

1. M213：25　单佩联珠组合玉项饰

2. M213：23　玉柄形器

3. M231：26-2　鱼形玉佩

4. M231：26-3　鱼形玉佩

# 彩版六五　平顶山应国墓地 M201 出土西周中期五列串玛瑙玉佩

M201：6

# 彩版六六　平顶山应国墓地 M201、M207 出土西周中期玉器

1. M201：5　单佩联珠组合玉项饰

2. M201：4-1—6　觿式口琀玉

3. M207：6　长尾鸟形玉佩

淅川下寺墓地

# 玉器

## 彩版六七　淅川下寺墓地 M1 出土春秋晚期玉器

1. M1:1　玉璧

2. M1:6　玉环

3. M1:8　玉环

4. M1:10　玉玦

5. M1:11　玉玦

6. M1:15　玉环

# 彩版六八　淅川下寺墓地 M1 出土春秋晚期虎形玉饰

1. M1:3

2. M1:4

# 彩版六九　淅川下寺墓地 M1 出土春秋晚期玉牌饰

1. M1：12

2. M1：95

3. M1：96

# 彩版七〇　淅川下寺墓地 M1 出土春秋晚期玉器

1. M1：77　龙首形玉饰

2. M1：78-1　扁长条形玉饰

3. M1：97　玉牌饰

4. M1：98　玉牌饰

## 彩版七一　淅川下寺墓地 M1 出土春秋晚期玉器

1. M1:79　玉冲牙

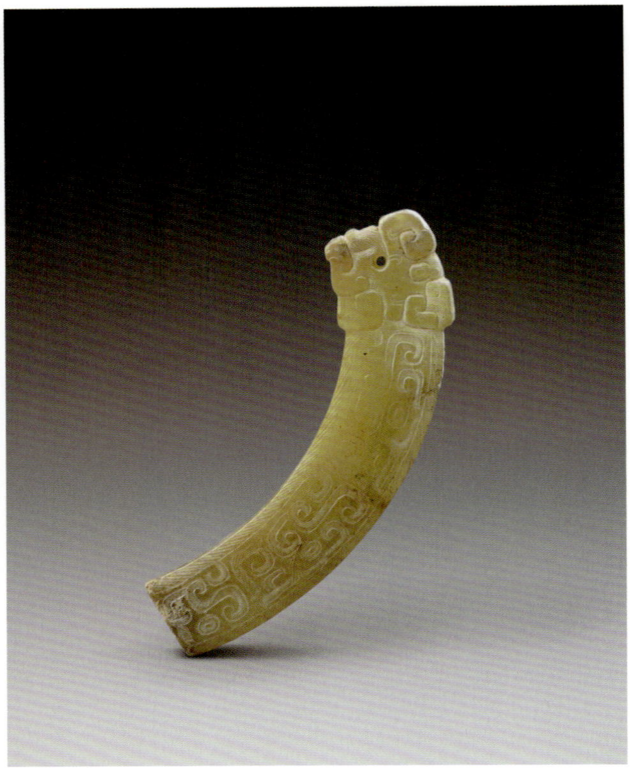

2. M1:87-1　虎首形玉饰

3. M1:87　虎首形玉饰

4. M1:105　玉冲牙

# 彩版七二 淅川下寺墓地 M1 出土春秋晚期玉器

1. M1：101 虎首形玉饰

2. M1：102、106 虎首形玉饰

3. M1：103 虎首形玉饰

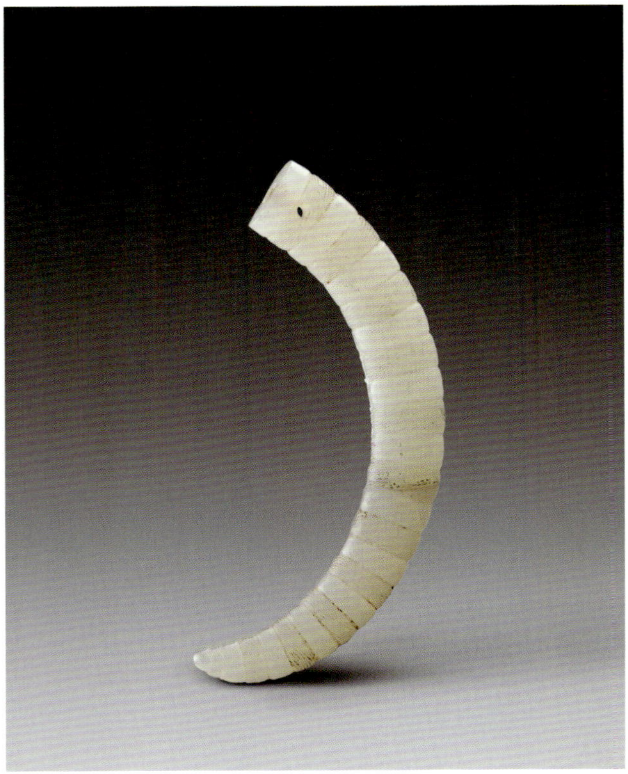

4. M1：112 玉冲牙

## 彩版七三　淅川下寺墓地 M1 出土春秋晚期玉器

1. M1：89　蚀花石髓管

2. M1：91　蚀花石髓管

3. M1：104　玉冲牙

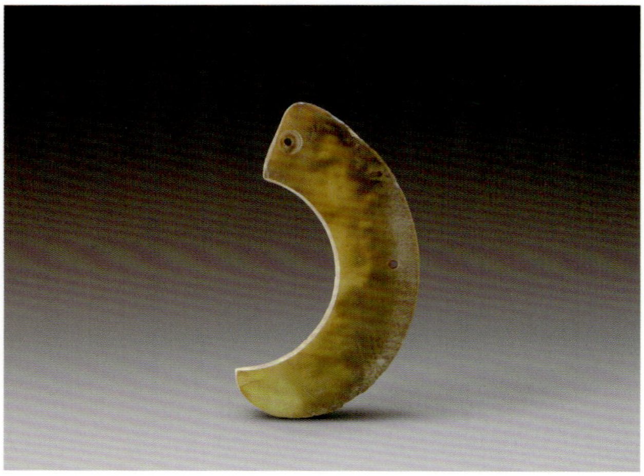

4. M1：107　玉冲牙

5. M1：118　玛瑙管

6. M1：119　玛瑙管

# 彩版七四　浙川下寺墓地 M2 出土春秋晚期玉器

1. M2：120-1　玉牌饰

2. M2：120-2　玉牌饰

3. M2：146　玉璧

# 彩版七五　淅川下寺墓地 M2 出土春秋晚期玉牌饰

1. M2：137-1

2. M2：137-2

3. M2：137-3

4. M2：137-4

# 彩版七六 淅川下寺墓地 M2 出土春秋晚期玉器

1. M2：137-5 玉牌饰

2. M2：137-6 玉牌饰

3. M2：159 管形玉饰

## 彩版七七　淅川下寺墓地M2出土春秋晚期玉冲牙

1. M2：150

2. M2：152

3. M2：153

4. M2：269

# 彩版七八　淅川下寺墓地 M2 出土春秋晚期玉器

1. M2∶260　玉冲牙

2. M2∶262　蚀花石髓管

3. M2∶273　玉冲牙

4. M2∶281　玉冲牙

# 彩版七九　淅川下寺墓地 M7、M22、M24 出土春秋玉器

1. M7：11　玉玦

2. M7：12　玉玦

3. M22：14　玉环

4. M24：1　玉弧形饰

## 彩版八〇　淅川下寺墓地 M3 出土春秋晚期扁条状玉饰

1. M3：35

2. M3：49

3. M3：51

## 彩版八一　淅川下寺墓地 M3 出土春秋晚期虎形玉饰

1. M3：31-1

2. M3：31-2

3. M3：31-5

# 彩版八二　淅川下寺墓地 M3 出土春秋晚期玉器

1. M3∶44-1　玉冲牙

2. M3∶31-3　虎形玉饰

3. M3∶31-4　虎形玉饰

4. M3∶44-7　玉冲牙

## 彩版八三　淅川下寺墓地 M3 出土春秋晚期玉冲牙

1. M3：44-2

2. M3：44-4

3. M3：44-5

4. M3：44-9

固始侯古堆一号墓

# 玉器

# 彩版八四　固始侯古堆一号墓出土春秋晚期玉环

M1:36-12

# 彩版八五 固始侯古堆一号墓出土春秋晚期玉环

1. M1∶36-4-1

2. M1∶36-17

## 彩版八六　固始侯古堆一号墓出土春秋晚期玉环

M1：36-1

## 彩版八七　固始侯古堆一号墓出土春秋晚期玉环

M1∶36-3

## 彩版八八　固始侯古堆一号墓出土春秋晚期玉珩

1. M1:36-7 （正面）

2. M1:36-7 （背面）

## 彩版八九　固始侯古堆一号墓出土春秋晚期玉器

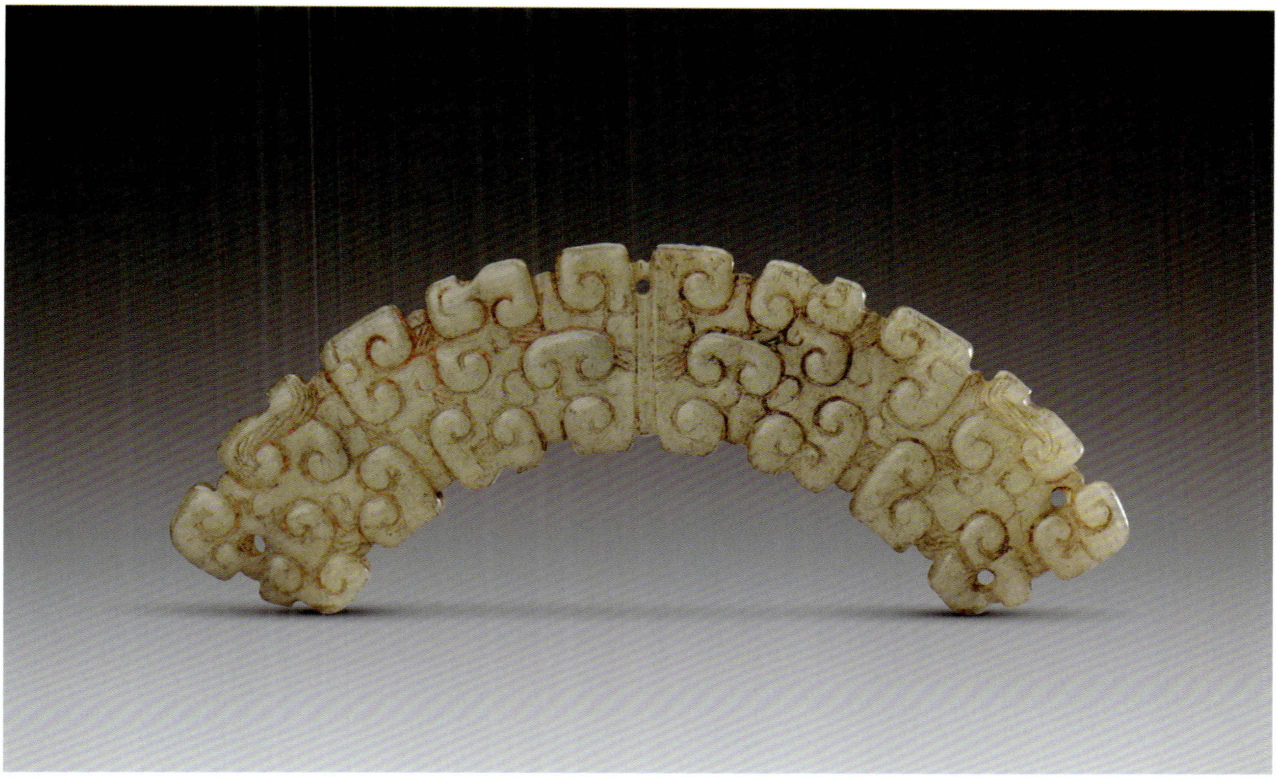

1. M1∶36-8　玉璜

2. M1∶36-10　龙形玉佩

# 彩版九〇　固始侯古堆一号墓出土春秋晚期玉器

1. M1：35-14　玉跽坐人（侧面）

2. M1：35-14　玉跽坐人（背面）

3. M1：37-1　玉带钩（上面）

4. M1：37-1　玉带钩（侧面）

徐家岭十号墓

# 玉器　玻璃器

## 彩版九一　淅川徐家岭墓地 M10 出土战国玉环

1. M10：33 （正面）

2. M10：32 （背面）

# 彩版九二 淅川徐家岭墓地 M10 出土战国玉环

1. M10:93

2. M10:156

## 彩版九三　淅川徐家岭墓地 M10 出土战国玉环

1. M10：1

2. M10：2

3. M10：31 （正面）

4. M10：31 （背面）

5. M10：30

6. M10：34

# 彩版九四　淅川徐家岭墓地 M10 出土战国玉环

1. M10：35

2. M10：36

3. M10：37

4. M10：47

5. M10：150

6. M10：151

## 彩版九五 淅川徐家岭墓地 M10 出土战国玉环

1. M10：153

2. M10：154

3. M10：155

4. M10：157

5. M10：171

6. M10：176

# 彩版九六 淅川徐家岭墓地M10出土战国玉珩

1. M10∶94-1

2. M10∶94-2

# 彩版九七　淅川徐家岭墓地 M10 出土战国玉珩

1. M10:96-1

2. M10:96-2

## 彩版九八　淅川徐家岭墓地 M10 出土战国玉珩

1. M10：148 （正面）

2. M10：148 （背面）

3. M10：149 （正面）

4. M10：149 （背面）

5. M10：152

# 彩版九九　淅川徐家岭墓地 M10 出土战国龙形玉佩

1. M10:6

2. M10:7

## 彩版一〇〇　淅川徐家岭墓地 M10 出土战国蜻蜓眼玻璃珠

1. M10：3-1

2. M10：3-2

3. M10 出土　蜻蜓眼玻璃珠

## 彩版一〇一　淅川徐家岭墓地 M10 出土战国蜻蜓眼玻璃珠

1. M10：4-1

2. M10：4-2

3. M10：4-3

4. M10：4-4

5. M10：4-5

6. M10：4-6

7. M10：95-1

8. M10：95-2

9. M10：95-3